caderno de revisão

Português

conecte

Editora Saraiva

Conecte Português – Caderno de revisão
Volume Único

Direitos desta edição:
Saraiva S.A. – Livreiros Editores, São Paulo, 2014
Todos os direitos reservados

Gerente editorial	M. Esther Nejm
Editor responsável	Noé G. Ribeiro
Editores	Mônica Rodrigues de Lima, Paula Junqueira, Caroline Zanelli Martins, Fernanda Vilany de Carvalho
Texto de introdução	Novo + Enem – Ético Sistema de Ensino
Coordenador de revisão	Camila Christi Gazzani
Revisores	Clara Altenfelder Caratta, Gustavo de Moura, Rachel Reis
Coordenador de iconografia	Cristina Akisino
Pesquisa iconográfica	Camila Loos Von Losimfeldt
Licenciamento de textos	Ricardo Gimenez Corridoni
Gerente de artes	Ricardo Borges
Coordenador de artes	José Maria de Oliveira
Design	Homem de Melo & Troia Design
Fotos de capa	LatinContent/Getty Images, Iatã Cannabrava/Sambaphoto, Gallo Images/Getty Images, Lonely Planet Images/Getty Images
Diagramação	Cristina Nogueira da Silva
Produtor gráfico	Robson Cacau Alves
Impressão e acabamento	Bercrom Gráfica e Editora

575.936.001.009

Rua Henrique Schaumann, 270 – Cerqueira César – São Paulo/SP – 05413-909

Sumário

Literatura

Trovadorismo / Humanismo   6

Classicismo / Luís de Camões   13

Quinhentismo e Barroco   20

Arcadismo   28

Ideais românticos / Romantismo em Portugal   36

Romantismo no Brasil   41

A prosa romântica brasileira   50

Realismo   55

Naturalismo / Parnasianismo / Simbolismo   62

Vanguardas / Pré-Modernismo / Modernismo português   70

Semana de Arte Moderna / Primeira geração modernista   81

Segunda geração modernista   89

Terceira geração modernista   100

Tendências contemporâneas   110

Gramática

Acentuação gráfica / Ortografia / Estrutura e formação das palavras   116

Classes de palavras I   124

Classes de palavras II   133

Classes de palavras III   138

Período simples   145

Colocação pronominal / Período composto por coordenação   153

Período composto por subordinação / Orações substantivas   159

Orações adjetivas   164

Orações adverbiais   171

Orações reduzidas e período misto   179

Concordância nominal e verbal   186

Regência verbal e nominal / Crase   197

Funções do **se** e do **que** / Pontuação   206

Figuras de linguagem   216

Literatura

Trovadorismo / Humanismo

1. O Trovadorismo

Na Idade Média, a produção literária sofreu forte influência da religião, que marcou a cultura europeia com uma **visão teocêntrica** do mundo.

A literatura medieval portuguesa tem sua origem no século XII e não só é marcada pela presença de poemas de natureza sentimental, apelos amorosos, paixões não correspondidas, como também por sátiras.

No Trovadorismo, música e poesia complementam-se, daí a designação de **cantigas** às composições desse período.

CANTIGA DE AMOR

De origem provençal, a **cantiga de amor** retrata a vida da corte, o que lhe confere um ar refinado e culto. Tipicamente urbana, tem sua temática centralizada na **coita d'amor**, ou seja, no sofrimento de um homem pelo amor não correspondido de uma mulher. Portanto, o **eu lírico** é **masculino**.

O trecho a seguir é de *Cantiga da Ribeirinha*, primeira obra em língua portuguesa:

No mundo non me sei parelha,
mentre me for como me vai,
ca já moiro por vós — e ai!
mia senhor branca e vermelha,
queredes que vos retraia
quando vos eu vi en saia!
Mao dia me levantei,
que vos enton non vi fea!
E, mia senhor, dês aquel di', ai!

me foi a mi mui mal,
e vós, filha de don Paai
Moniz, e ben vos semelha
d'haver eu por vós guarvaia,
pois eu, mia senhor, d'alfaia
nunca de vós houve nen hei
valia d'ua correa.

Paio Soares de Taveirós

CANTIGA DE AMIGO

De origem ibérica, as cantigas de amigo eram escritas por homens; entretanto, tinham eu lírico feminino: mulher ingênua, do povo, casadoira, que se queixa com a mãe, com as amigas ou com os seres da natureza da saudade que sente do amado que partiu e ainda não voltou, como havia prometido. Leia o excerto a seguir:

— Ai flores, ai flores do verde pino,
se sabedes novas do meu amigo!
ai, Deus, e u é? [...]
Se sabedes novas do meu amado,
aquel que mentiu do que me á jurado!
ai, Deus, e u é?

D. Dinis (trecho)

CANTIGAS DE ESCÁRNIO E DE MALDIZER

A **cantiga de escárnio** faz uma crítica indireta, de forma irônica, sem aludir ao nome da pessoa criticada; a terminologia é elegante e discreta, e a crítica fica subentendida.

Na **cantiga de maldizer**, a pessoa criticada é literalmente citada; a terminologia é vulgar, às vezes de baixo calão, e a crítica é direta.

Leia um trecho de uma cantiga de escárnio e de uma de maldizer, respectivamente.

> Ai dona fea! foste-vos queixar
> porque vos nunca louv'en meu trobar
> mais ora quero fazer un cantar
> en que vos loarei toda via;
> e vedes como vos quero loar:
> dona fea, velha e sandia!
> [...]
>
> João Garcia de Guilhade

> Martim jogral, que defeita,
> sempre convosco se deita
> vossa mulher!
> Vedes-me andar suspirando;
> e vós deitado, gozando
> vossa mulher!
> Do meu mal não vos doeis;
> morro eu e vós fodeis
> vossa mulher!
>
> João Garcia de Guilhade

2. O Humanismo

No Humanismo, a posição servil diante da Igreja é abandonada em nome da valorização dos estudos da Antiguidade clássica e do privilégio da razão. Assim, o **antropocentrismo** substitui o **teocentrismo**.

O HUMANISMO EM PORTUGAL

Cronologicamente, o Humanismo português praticamente coincide com o período das **grandes navegações**. Compreende-se entre 1434 (quando Fernão Lopes é escolhido para o cargo de cronista-mor do reino) e 1527 (quando Sá de Miranda retorna da Itália, trazendo novas tendências estéticas, aprendidas com os autores renascentistas italianos).

A HISTORIOGRAFIA DE FERNÃO LOPES

A historiografia portuguesa surge com os **nobiliários** (ou **livros de linhagem**), obras que se prestavam simplesmente a traçar a genealogia das famílias nobres. O cronista **Fernão Lopes** mudou esse conceito ao produzir uma historiografia em forma de crônicas intencionalmente artísticas. Em 1434, ele recebe a missão de escrever a história dos reis de Portugal. Sua capacidade crítica e a meticulosidade documental deram um valor inestimável a seu trabalho. A *Crônica d'el-rei d. Pedro*, a *Crônica d'el-rei d. Fernando* e a *Crônica d'el-rei d. João I* são obras comprometidas com a arte e a história.

A POESIA PALACIANA

Embora a chamada **poesia palaciana** tenha tratado de numerosos temas, nela a temática amorosa ganhou nova abordagem: a súplica pungente da poesia medieval deu lugar a um texto em que a mulher é tratada com mais intimidade; deixou-se de lado a veneração platônica e a imagem idealizada, próprias dos trovadores; houve a separação entre a música e o texto.

> A produção palaciana foi reunida no *Cancioneiro geral*, publicado por Garcia de Resende em 1516, obra que coleta mais de mil poemas, de 300 autores.

A inovação também repercutiu nos aspectos formais da poesia — por exemplo, quanto ao número de sílabas métricas dos versos. O uso da **redondilha maior** dá ao poema um ritmo mais ágil e facilita a memorização.

3. Vida e obra de Gil Vicente

Gil Vicente legou uma vasta obra, cujo marco inicial foi a peça *Auto da visitação* (ou *Monólogo do vaqueiro*), de 1502, uma homenagem à rainha d. Maria pelo nascimento de d. João III. Como não se conhecem autores teatrais portugueses anteriores a Gil Vicente, ele é considerado "o pai do teatro português".

Sua obra mostra traços da influência do teatro medieval, que tratava de temas religiosos. Apesar de viver em pleno período renascentista, Gil Vicente esteve ligado às concepções cristãs da vida.

Gil Vicente tratava os temas universais com simplicidade, sem perder a autenticidade crítica, testemunhando seu senso artístico em perfeita sintonia com o público. Não mostrava apenas uma visão da sociedade, mas um retrato do homem em sua totalidade.

Os autos e as farsas vicentinos eram voltados à edificação do homem e à subordinação a princípios divinos.

Sua obra é dividida em:

- **Autos pastoris**: influência do dramaturgo castelhano Juan del Encina.
- **Autos de moralidade**: *Auto da alma* e *Trilogia das barcas* (*Auto da barca do inferno*, *Auto da barca da glória* e *Auto da barca do purgatório*).
- **Farsas**: presença de tipos populares e temas ligados aos costumes e problemas morais da sociedade, como a *Farsa de Inês Pereira* e *O velho da horta*.

Como todo artista de um período de transição, Gil Vicente caminhou entre duas vertentes, ora vestindo a roupagem do teatro medieval (com uma visão moralista e religiosa), ora demonstrando a vitalidade característica de uma vanguarda (como a crítica social).

Outra característica marcante do Humanismo, presente na obra de Gil Vicente, é a batalha pela recuperação dos preceitos originais do cristianismo, deturpados pelo clero do século XVI.

O teatro vicentino também se caracterizou por desconsiderar a divisão em classes sociais, trazendo para o centro do palco pobres e ricos, plebeus e nobres.

ATIVIDADES

1 Sobre as cantigas medievais, assinale a alternativa incorreta:

a) As cantigas de amor se caracterizam por apresentar eu lírico masculino, apaixonado por uma mulher inacessível, pois ela pertence a uma classe superior à sua.

b) As cantigas de amigo, apesar de terem sido escritas por homens, apresentam eu lírico feminino, sofrendo pela ausência de seu namorado.

c) As cantigas de maldizer se caracterizam por apresentar uma sátira indireta, sutil, irônica, evitando citar o nome da pessoa satirizada.

d) Nas cantigas de amor o cenário é cortês, local onde vive a sua senhora.

e) Nas cantigas de amigo o estribilho ou refrão e o paralelismo são frequentes.

2 Leia o texto a seguir para responder à questão.

Estava a formosa seu fio torcendo

(paráfrase de Cleonice Berardinelli)

Estava a formosa seu fio torcendo,
Sua voz harmoniosa, suave dizendo
Cantigas de amigo.

Estava a formosa sentada, bordando,
Sua voz harmoniosa, suave cantando
Cantigas de amigo.

— Por Jesus, senhora, vejo que sofreis
De amor infeliz, pois tão bem dizeis
Cantigas de amigo.

— Por Jesus, senhora, eu vejo que andais
Com penas de amor, pois tão bem cantais
Cantigas de amigo.

— Abutre comestes, pois que adivinhais.

In: BERARDINELLI, Cleonice. *Cantigas de trovadores medievais em português moderno*. Rio de Janeiro: Simões, 1953.

O paralelismo é um dos recursos estilísticos mais comuns na poesia lírico-amorosa trovadoresca. Consiste na ênfase de uma ideia central, às vezes repetindo expressões idênticas, palavra por palavra, em séries de estrofes paralelas. Com base nessas observações, releia o texto e responda:

a) O poema estrutura-se em quantas séries de estrofes paralelas? Identifique-as.

b) Que ideias centrais são enfatizadas em cada série paralelística?

3 Sobre Gil Vicente, é incorreto afirmar que:

a) apesar de sua formação teológica, atacou a sociedade da época para conscientizá-la e reaproximá-la de Deus.

b) para construir as suas comédias, tomou como referência o seguinte lema em latim: *ridendo castigat mores*, "rindo, castigam-se os costumes".

c) sua produção teve início em 1502 ao representar para os reis portugueses a peça *O monólogo do vaqueiro* ou o *Auto da visitação*, em homenagem ao futuro rei, d. João III.

d) no Brasil, vários foram os autores influenciados por Gil Vicente, dentre eles, o padre José de Anchieta, o poeta João Cabral de Melo Neto e o teatrólogo Ariano Suassuna.

e) no *Auto da barca do inferno*, Gil Vicente critica a nobreza e os comerciantes; entretanto, defende a Igreja e os magistrados.

4 Leia o texto a seguir, retirado do *Auto da barca do inferno* de Gil Vicente, e responda ao que se pede:

> **Onzeneiro:** — Eu para o Paraíso vou.
> **Anjo:** — Pois quanto mui fora estou
> de te levar para lá:
> essa outra te levará; vai para quem te enganou.
> **Onzeneiro:** — Por quê?
> **Anjo:** — Porque esse bolsão
> tomará todo o navio.
> **Onzeneiro:** — Juro a Deus que vai vazio!
> **Anjo:** — Não já no teu coração.
> **Onzeneiro:** — Lá me ficam de roldão
> vinte e seis milhões
> numa arca.
> **Diabo:** — Pois que juros tanto abarca,
> não lhe deis embarcação.

a) Por que o Onzeneiro é impedido de entrar na barca do Anjo? Transcreva do texto a expressão que indica o motivo.

b) Por que o Anjo diz ao Onzeneiro que ele deve ir para quem o enganou? A quem se refere o Anjo com o pronome grifado?

EXERCÍCIOS COMPLEMENTARES

1 Assinale a alternativa incorreta com relação ao Trovadorismo:

a) O pensamento da época era teocêntrico, isto é, tinha Deus como o centro do Universo.

b) A língua adotada na época trovadoresca era o galego-português, originário da Galiza, na península Ibérica.

c) As cantigas de amor exploram o amor platônico, já que o eu lírico é um homem apaixonado por uma mulher inacessível.

d) As cantigas líricas e satíricas foram organizadas nos cancioneiros.

e) O Trovadorismo foi um movimento exclusivamente poético, não dando qualquer espaço para a prosa.

2 (Vunesp)

Cantiga

Bailemos nós já todas três, ai amigas,

so aquestas avelaneiras frolidas,

e quen for velida, como nós, velidas,

se amig' amar,

so aquestas avelaneiras frolidas

verrá bailar.

Bailemos nós já todas três, ai irmanas,

so aqueste ramo destas avelanas,

e quem for louçana, como nós, louçanas,

se amig' amar,

so aqueste ramo destas avelanas

verrá bailar.

Por Deus, ai amigas, mentr'al non
    fazemos,

so aqueste ramo frolido bailemos

e quen ben parecer, como nós
    parecemos

se amigo amar,

so aqueste ramo so lo que nós bailemos

verrá bailar.

Aires Nunes. In: SPINA, Segismundo. *Presença da literatura portuguesa — Era medieval*. São Paulo: Difusão Europeia do Livro, 1966.

Confessor medieval

Irias à bailia com teu amigo,

Se ele não te dera saia de sirgo? (sirgo = seda)

Se te dera apenas um anel de vidro

Irias com ele por sombra e perigo?

Irias à bailia sem teu amigo,

Se ele não pudesse ir bailar contigo?

Irias com ele se te houvessem dito

Que o amigo que amavas é teu inimigo?

Sem a flor no peito, sem saia de sirgo,

Irias sem ele, e sem anel de vidro?

Irias à bailia, já sem teu amigo,

E sem nenhum suspiro?

MEIRELES, Cecília. *Poesias completas de Cecília Meireles*. Rio de Janeiro: Civilização Brasileira, 1974.

Tanto na cantiga como no poema de Cecília Meireles, verificam-se diferentes personagens: um eu lírico que assume a palavra e um interlocutor (ou interlocutores) a quem se dirige a palavra. Com base nessa informação, releia os dois poemas e faça o que se pede:

a) Indique o interlocutor ou interlocutores do eu lírico em cada um dos textos.

_____

_____

_____

_____

_____

b) Identifique, em cada poema, com base na flexão dos verbos, a pessoa gramatical utilizada pelo eu lírico para dirigir-se ao interlocutor ou interlocutores.

3 Sobre a prosa medieval, em especial as novelas de cavalaria, é incorreto afirmar que:

a) os hagiógrafos eram aqueles que escreviam sobre a vida e milagres dos santos.

b) nos livros de linhagem (ou nobiliários) constavam listas com nomes de pessoas pertencentes à nobreza.

c) as novelas de cavalaria narravam as aventuras heroicas dos cavaleiros cristãos.

d) no ciclo bretão, o destaque ficou para *A demanda do Santo Graal*, narrando as aventuras dos cavaleiros da távola redonda.

e) no ciclo carolíngeo, temos as aventuras dos heróis da cultura helênica.

4 Para construir a *Farsa de Inês Pereira*, Gil Vicente baseou-se no seguinte mote: "Mais quero um asno que me carregue do que um cavalo que me derrube". Comente, sucintamente, a peça, tomando como referência o provérbio citado.

Leia os textos a seguir para responder às questões 5 e 6.

Texto I

Anjo: Tu passarás, se quiseres;
porque não tens afazeres,
por malícia não erraste;
tua simpleza te baste
para gozar dos prazeres.

Espera, no entanto, aí:
veremos se vem alguém
merecedor de tal bem
que deva de entrar aqui.

Texto II

Tornaram a prosseguir, cantando, seu caminho direito à barca da Glória, e tanto que chegam diz o Anjo:

Ó Cavaleiros de Deus,
a vós estou esperando,
que morrestes pelejando
por Cristo, Senhor dos Céus!
Sois livres de todo o mal,
mártires da Madre Igreja,
que quem morre em tal peleja,
merece paz eternal.

E assim embarcam.

5 No primeiro texto, o Anjo dirige-se a Joane, o parvo.

a) Por que o Anjo permite que Joane embarque junto com ele? Em que se baseia o julgamento do Anjo para permitir que ele vá para o céu?

b) Por que o Anjo afirma que Joane não errou por malícia?

6 No segundo texto, o Anjo se dirige a quatro cavaleiros cruzados.

a) Segundo o Anjo, por que os cavaleiros merecem seguir na sua barca?

b) Ao comparar os dois textos, percebe-se que, no primeiro, o perdão decorre da inocência da personagem e, no segundo, os cavaleiros ganharão a paz eterna em decorrência de serviços prestados à Igreja, ainda que tenham conscientemente pecado ao tirar as vidas de seus inimigos. Explique a aparente incoerência do Anjo ao julgar os merecedores de acompanhá-lo em sua barca.

Classicismo / Luís de Camões

1. O nascimento de um novo mundo

O despertar do mundo para a Renascença esteve atrelado a diversos fatores, tais como: o enfraquecimento do poder religioso, a tomada de Constantinopla pelos turcos, o descobrimento e a exploração de novos continentes, a criação de universidades, a Reforma protestante, a invenção da imprensa e o fortalecimento e a ascensão da burguesia.

A partir do século XIII, com o progressivo declínio do feudalismo e da economia rural, as cidades conquistaram sua importância, e as atividades comerciais sobrepuseram-se às do mundo rural. As rotas comerciais estendiam-se, permitindo a troca de experiências entre povos distintos. Diminuía o poder da Igreja católica.

As ciências transformam-se aos saltos. Galileu e Copérnico, por exemplo, ousam desafiar um dogma, a visão geocêntrica do Universo, substituída pela organização heliocêntrica. Todas essas mudanças econômicas e sociais, aliadas aos notáveis avanços científicos, tiveram profundos reflexos na produção artística dessa época.

2. O Classicismo em Portugal

A literatura do primeiro momento do Classicismo português procurou seguir os modelos clássicos: busca da perfeição formal, universalismo, racionalismo; enfim, a objetividade e o equilíbrio. A *Ilíada*, de Homero, e a *Eneida*, de Virgílio, serviram de fontes de influência para os poetas do Classicismo, cujo modelo girava em torno das disputas entre deuses a respeito da vida humana. Guerras, aventuras e outros feitos constituíam o cenário em que os homens demonstravam seu caráter heroico.

Considera-se que o Classicismo em Portugal teve início com **Francisco Sá de Miranda**, que trouxe para lá o *dolce stil nuovo*, ao lançar a obra *Os estrangeiros*, primeiro passo de um dos mais ricos e importantes períodos culturais vividos pelo povo português.

> A chamada **medida nova** e os estilos advindos da literatura clássica contrapunham-se à **medida velha**, estilo popular entre os antigos poetas de Portugal. Os **versos decassílabos** representaram a grande novidade estilística trazida por Sá de Miranda. A medida nova não substituiu abruptamente a medida velha portuguesa; ao contrário, as duas correntes apareciam, simultaneamente, na maioria dos autores lusos, o que confere ao Classicismo português uma considerável peculiaridade literária.

CAMÕES

O século XVI passou para a história como um dos mais pródigos. No mundo todo, apareceram nomes geniais, que compuseram algumas das mais ricas páginas da literatura universal. Na Itália, surgiram Ariosto e Tasso; na França, Montaigne e Rabelais; na Espanha, Cervantes; na Inglaterra, William Shakespeare; na Alemanha, Erasmo e Lutero. Portugal apresentou ao mundo Camões.

Filho de nobres empobrecidos, Luís de Camões provavelmente nasceu em 1524 ou 1525.

Tomando como herói o navegador luso Vasco da Gama, personificou toda a bravura e a grandeza de seu povo. Mais que um herói quase divino, nascia a **pátria heroica**. Em *Os lusíadas*, a história de Portugal é contada, tendo como eixo a viagem de Vasco da Gama às Índias, em 1498.

Figura 1

Luís Vaz de Camões (1524?-1580).

Como marinheiro, Camões viveu no mar as experiências que serviriam de inspiração para a composição de *Os lusíadas*, poema épico que consagraria o autor e o Classicismo lusitano. De volta a Lisboa, viveu desolado e em dificuldades financeiras. Em 1572, teve sua obra máxima publicada. Em recompensa, o rei d. Sebastião determinou o pagamento de uma pensão por serviços prestados ao reino. Em 1580, Camões morreu, em completa miséria.

Os lusíadas foram compostos em dez cantos e inspirados nas grandes epopeias clássicas, por isso obedecem a uma rígida estrutura. Suas 1 102 estrofes de oito versos exaltam os feitos e a glória do povo de Portugal, por meio das aventuras de Vasco da Gama.

A obra organiza-se em **versos decassílabos** e em **oitava-rima**, com três rimas alternadas e uma paralela (AB AB AB CC): o primeiro verso rima com o terceiro e com o quinto; o segundo rima com o quarto e com o sexto; o sétimo verso rima com o oitavo. Observe isso na seguinte estrofe:

E também as memórias glori**osas** (A)
Daqueles reis que foram dila**tando** (B)
A fé, o Império, e as terras vici**osas** (A)
De África e de Ásia andaram devas**tando**, (B)
E aqueles que por obras valer**osas** (A)
Se vão da lei da Morte liber**tando**, (B)
Cantando espalharei por toda p**arte**, (C)
Se a tanto me ajudar o engenho e **arte** (C)

A obra pode ser dividida em cinco partes, cada uma com finalidade específica, seguindo a construção da epopeia clássica:

• **Proposição** (ou introdução). Apresentação do poema, em que são identificados o herói e o tema.

As armas e os Barões assinalados
Que, da Ocidental praia Lusitana,
Por mares nunca dantes navegados,
Passaram ainda além da Taprobana,
E em perigos e guerras esforçados,
Mais do que prometia a força humana,
E entre gente remota edificaram
Novo Reino, que tanto sublimaram.

• **Invocação**. Por se tratar de obra inspirada na cultura greco-romana, Camões pediu auxílio às musas (as Tágides, ninfas do Tejo, principal rio português).

E vós, Tágides minhas, pois criado
Tendes em mi um novo engenho ardente,
Se sempre, em verso humilde, celebrado
Foi de mi vosso rio alegremente,
Dai-me agora um som alto e sublimado,
Um estilo grandíloco e corrente,
Por que de vossas águas Febo ordene
Que não tenham enveja às de Hipocrene.

• **Dedicatória**. A obra é dedicada a d. Sebastião, rei de Portugal.

Vós, poderoso Rei, cujo alto Império
O Sol, logo em nascendo, vê primeiro,
Vê-o também no meio do Hemisfério,
E quando desce o deixa derradeiro;
Vós, que esperamos jugo e vitupério
Do torpe Ismaelita cavaleiro,
Do Turco Oriental e do Gentio
Que inda bebe o licor do santo Rio:

- **Narração**. A narrativa inicia-se com os portugueses já em pleno oceano Índico. Nesta, que é a parte mais longa do poema, são relatados os episódios ocorridos durante a viagem de Vasco da Gama e é narrada a história de antigos reis portugueses.

> Já no largo Oceano navegavam,
> As inquietas ondas apartando;
> Os ventos brandamente respiravam,
> Das naus as velas côncavas inchando;
> Da branca escuna os mares se mostravam
> Cobertos, onde as proas vão cortando
> As marítimas águas consagradas,
> Que do gado de Próteu são cortadas,

- **Epílogo**. É o fecho da obra, no qual o poeta, desiludido com a própria pátria, pede que as musas calem seu canto.

> No [não] mais, Musa, no mais, que a Lira
> [tenho
> Destemperada e a voz enrouquecida,
> E não do canto, mas de ver que venho
> Cantar a gente surda e endurecida.
> O favor com que mais se acende o engenho
> Não no dá a pátria, não, que está metida
> No gosto da cobiça e na rudeza
> Duma austera, apagada e vil tristeza.
>
> E não sei por que influxo de Destino
> Não tem um ledo orgulho e geral gosto,
> Que os ânimos levanta de contino
> A ter pera trabalhos ledo o rosto.
> Por isso vós, ó Rei, que por divino
> Conselho estais no régio sólio posto,
> Olhai que sois (e vede as outras gentes)
> Senhor só de vassalos excelentes.

Os lusíadas dividem-se em dez cantos. Muitos são os episódios narrados ou descritos, tais como: *O concílio dos deuses*, *A chegada a Melinde*, *A morte de Inês de Castro* (Canto III, estrofes 118-135), *O velho do Restelo* (Canto IV, estrofes 94-104), *O gigante Adamastor* (Canto V, estrofes 37-60) e *A ilha dos amores* (Canto IX, estrofes 68-95).

Camões também deixou registrada sua genialidade em poemas escritos nas mais diversas formas e técnicas. Por exemplo, são conhecidas suas redondilhas, nas quais se observam um mote e uma ou mais voltas.

Voltas a mote alheio

> Menina dos olhos verdes,
> *Por que me não vedes?*
>
> Eles verdes são,
> E têm por usança,
> Na cor, esperança,
> E nas obras, não.
> Vossa condição
> Não é de olhos verdes,
> Porque me não vedes.
>
> Isenções a molhos
> Que eles dizem terdes,
> Não são de olhos verdes,
> Nem de verdes olhos.
> Sirvo de geolhos,
> E vós não me credes,
> Porque me não vedes.
>
> Havia de ver,
> Por que possa vê-los,
> Que uns olhos tão belos
> Não se hão-de esconder.
> Mas fazeis-me crer
> Que já não são verdes,
> Porque me não vedes.
>
> Verdes não o são
> No que alcanço deles;
> Verdes são aqueles
> Que esperança dão.
> Se na condição
> Está serem verdes,
> Por que me não vedes?

É com os sonetos que a lírica camoniana se expressa melhor. Em geral, cada soneto camoniano inclui **duas premissas** e **uma conclusão** (que se revela no último terceto).

Sete anos de pastor Jacó servia
Labão, pai de Raquel, serrana bela;
Mas não servia ao pai, servia a ela,
E a ela só por prêmio pretendia.

Os dias, na esperança de um só dia,
Passava, contentando-se com vê-la;
Porém o pai, usando de cautela,
Em lugar de Raquel lhe dava Lia.

ATIVIDADES

1 (Inatel-MG) Uma das características a seguir não é própria do Renascimento cultural. Assinale-a.

a) O racionalismo do homem.

b) A paixão pelos prazeres mundanos.

c) O repúdio aos ideais medievais.

d) A intensificação do monopólio cultural exercido pela Igreja.

e) O individualismo do homem.

2 (PUC-SP)

I

Um mover de olhos, brando e piedoso,
Sem ver de quê; um riso brando e honesto,
Quase forçado; um doce e humilde gesto,
De qualquer alegria duvidoso;
[...]
Esta foi a celeste formosura
Da minha Circe, e o mágico veneno
Que pôde transformar meu pensamento.

Luís Vaz de Camões

II

Uma noite, eu me lembro… Ela dormia
Numa rede encostada molemente…
Quase aberto o roupão… solto o cabelo
E o pé descalço do tapete rente.

Castro Alves

III

Um dia ela veio para a rede,
Se enroscou nos meus braços,
Me deu um abraço,
Me deu as maminhas
Que eram só minhas.
A rede virou,
O mundo afundou.

Carlos Drummond de Andrade

Os três fragmentos possuem o mesmo tema: a figura feminina. Tendo em vista a temática, assinale a alternativa incorreta:

a) O fragmento I mostra uma figura feminina de maneira idealizada, transfigurada, divinizada, tornando a relação amorosa impossível.

b) No fragmento II, a figura feminina é vista de maneira humana, carnal, sensual, tornando a relação amorosa possível.

c) No fragmento III, a figura feminina é mostrada de maneira a tornar a relação amorosa materializada.

d) Os três fragmentos representam, respectivamente, a figura feminina em concepções diferenciadas: clássica, romântica e moderna.

e) Os três fragmentos, ao retratarem a figura feminina, desviam-se dos princípios literários românticos e modernos.

As questões 3 e 4 tomam por base uma citação da *Bíblia Sagrada* e o "Soneto 88", de Luís Vaz de Camões (1524?-1580):

Jacó encontra-se com Raquel

Depois disse Labão a Jacó: Acaso, por seres meu parente, irás servir-me de graça? Diz-me, qual será o teu salário? Ora, Labão tinha duas filhas: Lia, a mais velha, e Raquel, a mais moça. Lia tinha olhos baços, porém Raquel era formosa de porte e de semblante. Jacó amava Raquel, e disse: Sete anos te servirei por tua filha mais moça, Raquel. Respondeu

Labão: Melhor é que eu ta dê, em vez de dá-la a outro homem; fica, pois, comigo.

Assim, por amor a Raquel, serviu Jacó sete anos; e estes lhe pareceram como poucos dias, pelo muito que a amava. Disse Jacó a Labão: Dá-me minha mulher, pois já venceu o prazo, para que me case com ela. Reuniu, pois, Labão todos os homens do lugar, e deu um banquete. À noite, conduziu Lia, sua filha, e a entregou a Jacó. E coabitaram [...] Ao amanhecer, viu que era Lia, por isso disse Jacó a Labão: Que é isso que me fizeste? Não te servi por amor a Raquel? Por que, pois, me enganaste? Respondeu Labão:

Não se faz assim em nossa terra, dar-se a mais nova antes da primogênita. Decorrida a semana desta, dar-te-emos também a outra, pelo trabalho de mais sete anos que ainda me servirás.

Concordou, Jacó, e se passou a semana desta; então Labão lhe deu por mulher Raquel, sua filha [...] E coabitaram. Mas Jacó amava mais a Raquel do que a Lia; e continuou servindo a Labão por outros sete anos.

Gênesis, 29: 15-30. *Bíblia Sagrada* (Trad. João Ferreira de Almeida.) Rio de Janeiro: Sociedade Bíblica do Brasil, 1962.

Soneto 88

Sete anos de pastor Jacó servia
Labão, pai de Raquel, serrana bela,
Mas não servia ao pai, servia a ela,
E a ela só por prêmio pretendia.

Os dias, na esperança de um só dia,
Passava, contentando-se em vê-la;
Porém o pai, usando de cautela,
Em lugar de Raquel lhe dava Lia.

Vendo o triste pastor que com enganos
Lhe fora assim negada a sua pastora,
Como se a não tivera merecida,

Começa de servir outros sete anos,
Dizendo: — Mais servira, se não fora
Pera tão longo amor, tão curta a vida!

Camões. *Obra completa*. Rio de Janeiro: Aguilar, 1963. p. 298.

3 (Vunesp) O racionalismo é uma das características mais frequentes da literatura clássica portuguesa. A logicidade do pensamento quinhentista repercutiu no rigor formal de seus escritores, e no culto à expressão "verdades eternas", sem que isso implicasse tolhimento da liberdade imaginativa e poética. Com base nessas observações, releia os dois textos apresentados e:

a) aponte um procedimento literário de Camões que comprove o rigor formal do Classicismo.

b) indique o dado da passagem bíblica que, por ter sido omitido por Camões, revela a prática da liberdade poética e confere maior carga sentimental ao seu modo de focalizar o mesmo episódio.

4 Retire o verso do soneto de Camões que nos dá a ideia de efemeridade da vida, um dos temas centrais da sua poesia lírica.

EXERCÍCIOS COMPLEMENTARES

Leia o texto a seguir, para responder às questões de 1 a 3.

Cessem do sábio Grego e do Troiano
As navegações grandes que fizeram;
Cale-se de Alexandre e de Trajano
A fama das vitórias que tiveram;
Que eu canto o peito ilustre Lusitano,
A quem Neptuno e Marte obedeceram.
Cesse tudo o que a Musa antiga canta,
Que outro valor mais alto se alevanta.

O trecho transcrito é a terceira estrofe de *Os lusíadas*, de Luís Vaz de Camões. O poema, publicado em 1572, é considerado a obra máxima do Classicismo português.

1 Que tipo de verso empregado é uma das características do "doce estilo novo" dos italianos? Que nome se dá a esse tipo de poema?

_____

_____

_____

_____

_____

2 Quanto ao gênero literário empregado por Camões, responda:

a) A que gênero literário filiam-se *Os lusíadas*?

_____

_____

b) De que maneira esse gênero valoriza a tendência clássica na literatura?

_____

_____

_____

_____

_____

3 Quanto ao conteúdo do poema:

a) Qual o ponto de partida histórico e que serve de núcleo narrativo do poema? Comprove sua resposta com uma passagem transcrita do texto.

_____

_____

_____

_____

_____

_____

_____

_____

_____

_____

_____

_____

b) Que outras epopeias clássicas são sugeridas no trecho transcrito?

_____

_____

_____

_____

_____

_____

4 (U. F. São Carlos-SP)

Os bons vi sempre passar
No mundo graves tormentos;
E pera mais me espantar
Os maus vi sempre nadar
Em mar de contentamentos.
Cuidando alcançar assim
O bem tão mal ordenado,
Fui mau, mas fui castigado,
Assim que só pera mim
Anda o Mundo concertado.

> CAMÕES, Luís Vaz de. "Ao desconcerto do mundo". In: Rimas. *Obra completa*. Rio de Janeiro: Aguilar, 1963. p. 475-476.

Esse curto poema de Camões compõe-se de partes correspondentes ao destaque dado às personagens (o eu poemático e os outros). Quanto ao significado, o poema baseia-se em antíteses desdobradas, de tal maneira trançadas que parecem refletir o "desconcerto do mundo". Posto isso:

a) identifique a antítese básica do poema e mostre os seus desdobramentos:

b) explique a composição do texto com base nas rimas.

5 Faça a metrificação dos três primeiros versos. Pela medida encontrada, Camões recebeu influência da tradição _____.

6 Além de Luís Vaz de Camões, outros dois autores também se destacaram no Classicismo português. São eles:

a) Antônio Ferreira e Francisco de Sá de Miranda.

b) Gil Vicente e Garcia de Resende.

c) Bernardim Ribeiro e Rui de Pina.

d) D. Dinis e Paio Soares de Taveirós.

e) Padre Manuel Bernardes e padre Antônio Vieira.

Quinhentismo e Barroco

1. O Quinhentismo

Nos cem primeiros anos de colonização da América portuguesa, os textos escritos prestaram-se a dois propósitos: catequizar os índios e informar o povo português sobre as riquezas e peculiaridades do Brasil. Produziam-se, então, a **literatura jesuítica** (ou **catequética**) e a **literatura de informação**.

Criada para orientar os que desejavam se informar sobre o solo, o povo, o clima e as possíveis riquezas brasileiras, a literatura de informação visava especialmente aos que pretendiam para cá se dirigir. Baseava-se em crônicas de viagem, epístolas (cartas) e documentos históricos. Seu valor literário, contudo, é questionável.

Em geral, os autores dessas obras apontavam o novo território como uma espécie de paraíso. Era uma forma de atrair para cá novos moradores, que povoassem o território recém-conquistado; e, também, a visão de mundo da época ainda sofria influência da tradição medieval teocêntrica. A existência de um verdadeiro paraíso só poderia ser consequência da infinita bondade divina. Assim, a idealização da terra, já observada na *Carta* de Pero Vaz de Caminha, continuava a ser característica presente nos textos dos viajantes que por aqui passavam.

> Até agora não pudemos saber se há ouro ou prata nela, ou outra coisa de metal, ou ferro; nem lha vimos. Contudo a terra em si é de muito bons ares frescos e temperados como os de Entre-Douro-e-Minho, porque neste tempo d'agora assim os achávamos como os de lá. Águas são muitas; infinitas. Em tal maneira é graciosa que, querendo-a aproveitar, dar-se-á nela tudo; por causa das águas que tem!

> Contudo, o melhor fruto que dela se pode tirar parece-me que será salvar esta gente. E esta deve ser a principal semente que Vossa Alteza em ela deve lançar.

A literatura dos jesuítas prestava-se apenas aos interesses da Companhia de Jesus, que, por meio dela, buscava evangelizar os índios que aqui viviam ("gentios"), apresentando-lhes de forma doutrinária os princípios do cristianismo.

A tendência pedagógica ou doutrinária prevalecia em todos os sentidos. Além do gentio, o colonizador analfabeto também era alvo desse tipo de proposta.

O nome mais representativo desse período foi o padre **José de Anchieta**, que escreveu autos doutrinários. Os mais importantes são *Auto representado na festa de S. Lourenço, na Vila de Vitória* e *Visitação de Santa Isabel*. Sua obra-prima é um poema escrito em latim: *De Beata Virginae Dei Matre Maria* (*Poema à Virgem Maria, Mãe de Deus*).

2. O Barroco

O Renascimento substituiu a visão de mundo medieval teocêntrica pela perspectiva antropocêntrica, nos moldes preconizados pela cultura clássica greco-romana. A **Reforma protestante** ocorreu nesse contexto e abalou os alicerces da Igreja católica.

Para fazer frente à Reforma protestante, a Igreja católica desencadeou uma série de medidas que, em conjunto, constituíram a **Contrarreforma**. Entre essas medidas, uma que repercutiu fortemente na América portuguesa e espanhola foi o fortalecimento da **Companhia de Jesus**.

Com esse espírito fortemente vinculado à Contrarreforma católica, surgia o **Barroco**, caracterizado pelo exagero, rebuscamento e excessiva ornamentação. Como corrente estética e cultural, o Barroco persistiu do século XVI ao século XVIII e denomina, genericamente, todas as manifestações artísticas dessa época. Iniciou-se na Itália, de onde alcançou outros países europeus e o Brasil.

O Barroco representou a **fusão** entre a perspectiva renascentista antropocêntrica e a retomada de valores marcadamente ligados à fé católica, estimulados pela Contrarreforma.

A estética barroca caracteriza-se por alguns aspectos importantes:

- **Pessimismo**. Desvalorização da vida e visão depressiva da existência. As pinturas revelam tristeza; os textos têm caráter melancólico.

- **Contraste**. Tendência de aproximação entre valores antagônicos, como o velho e o novo, o claro e o escuro, o céu e a terra, o espiritual e o terreno.

- **Conflito** permanente entre a razão e a fé.

- **Fusionismo**. Como sugere o nome, trata-se da fusão entre as perspectivas renascentista e medieval. Na pintura, expressava-se, principalmente, pelo contraste entre luz e sombra; na literatura, buscava associar o racional e o irracional, a fé e a razão, o místico e o lógico.

- **Feísmo**. Exploração da miséria humana, abandonando o culto renascentista ao belo, ao esteticamente agradável ao olhar ou à audição; às vezes, chegava a desviar-se para o feio e o repugnante.

- **Rebuscamento**. Arte excessivamente trabalhada, trejeitosa. Os textos — como que reproduzindo os excessos da pintura e da arquitetura — excediam-se nas antíteses (contradições) e nas inversões (que tornavam o fraseado rebuscado e "difícil"). Isso foi o Barroco, uma arte que traduziu o conflito, o jogo dos contrários, aliada ao requinte e à dramática exuberância das formas.

O poeta espanhol Gôngora é o mais típico autor do **cultismo** (ou gongorismo), em que o rebuscamento se intensifica no jogo de palavras (hipérbatos e sínquises), no exagero (hipérboles), na contrariedade (antíteses e paradoxos), no sensorialismo (sinestesias), nos enigmas, nos trocadilhos verbais, na temática centrada na instabilidade do ser e das coisas, na sonoridade das palavras (aliteração, assonância e eco), na obscuridade da expressão (elipses), na não nomeação dos objetos (substituídos por metáforas e alusões).

O **conceptismo** (ou quevedismo) evidencia-se mais no plano das ideias; nele, persiste o rebuscamento, porém menos intenso.

As metáforas são empregadas como mecanismos de comparação sutil, que levam a um jogo imagético de construções engenhosas e até extravagantes.

O BARROCO EM PORTUGAL

O ano de 1580 trouxe dois fortes acontecimentos à vida de Portugal: a morte de Luís Vaz de Camões e o domínio espanhol sobre o território luso (que durou até 1640).

O extraordinário momento cultural vivido por Portugal no século XVI não encontrou eco no século seguinte, voltando a ter ímpeto e força apenas em meados do século XVIII.

Foram poucos os destaques desse período: a poesia de d. Francisco Manuel de Melo, a oratória conceptista do padre Antônio Vieira, as cartas amorosas de sóror Mariana Alcoforado e as lendas, as anedotas e os exemplos do padre Manuel Bernardes.

Outro destaque desse período foi o **teatro de costumes**, desenvolvido sobretudo por Antônio José da Silva, o Judeu, que retratou caricaturalmente a sociedade portuguesa da época.

O BARROCO NO BRASIL

Tradicionalmente, atribuiu-se ao poema épico *Prosopopeia* (1601), de Bento Teixeira, o início do Barroco na América portuguesa, que vivia o ciclo da cana-de-açúcar. O território ainda se organizava; aos poucos, as cidades estruturavam-se.

Os poetas barrocos brasileiros cultuavam o estilo gongórico e buscavam as "academias", ponto de encontro obrigatório dos artistas, espécie de grêmios eruditos e literários, de onde irradiavam as tendências barrocas e manifestavam-se os primeiros sinais de cultura em nosso país.

ANTÔNIO VIEIRA

Os sermões do padre Antônio Vieira, pregador emérito, fizeram fama e deram-lhe todo o sentido para uma vida agitada, repleta de situações antagônicas, oscilando entre a glória e o desterro.

Os sermões representaram a parte mais significativa de sua obra. Eram inquietantes, doutrinadores e intensos em carga política. De inspiração conceptista, provocavam reflexões profundas e denunciavam as mazelas da alma humana. Para Vieira, o sermão não era apenas uma forma de edificação moral e espiritual; era também um instrumento de intervenção na vida política e social, uma arma que manejava com destreza, em defesa das grandes causas a que se dedicou. "Sermão da Sexagésima", "Sermão de Santo Antônio" e "Sermão pelo bom sucesso das armas de Portugal contra as de Holanda" são os principais.

GREGÓRIO DE MATOS

Crítico mordaz da sociedade baiana — sobretudo dos "caramurus" (fidalgos baianos que, segundo ele, eram mestiços de índios com portugueses) —, chegou a ser deportado para Angola.

Recebeu a alcunha de "Boca do Inferno" por causa de sua poesia satírica, embora tenha sido também um poeta lírico-amoroso, como se observa neste soneto:

Primeiro soneto
a Maria dos Povos

Discreta e formosíssima Maria,
Enquanto estamos vendo a qualquer hora,
Em tuas faces a rosada Aurora,
Em teus olhos e boca, o Sol e o dia;

Enquanto, com gentil descortesia,
O ar, que fresco Adônis te enamora,
Te espalha a rica trança voadora,
Da madeixa que mais primor te envia;

Goza, goza da flor da mocidade,
Que o tempo trota a toda ligeireza,
E imprime em toda flor sua pisada.

Oh! não aguardes, que a madura idade,
Te converta essa flor, essa beleza,
Em terra, em cinza, em pó, em sombra,
     em nada.

Além da poesia lírica, Gregório de Matos escreveu poesias sacras, nas quais se mostrava um pecador arrependido, e poesias satíricas, pelas quais ganhou notoriedade.

Leia, a seguir, um dos sonetos da fase sacra de sua poesia.

Buscando a Cristo

A vós correndo vou, braços sagrados,
Nessa cruz sacrossanta descobertos;
Que, para receber-me, estais abertos,
E, por não castigar-me, estais cravados.

A vós, divinos olhos, eclipsados,
De tanto sangue e lágrimas cobertos,
Pois, para perdoar-me, estais despertos,
E, por não condenar-me, estais fechados.

A vós, pregados pés, por não deixar-me,
A vós, sangue vertido, para ungir-me,
A vós, cabeça baixa, p'ra chamar-me.

A vós, lado patente, quero unir-me,
A vós, cravos preciosos, quero atar-me,
Para ficar unido, atado e firme.

ATIVIDADES

1 (UFMG) Leia a afirmativa a seguir, em que José de Alencar critica a visão dos cronistas europeus sobre os indígenas:

Os historiadores, cronistas e viajantes da primeira época, se não de todo o período colonial, devem ser lidos à luz de uma crítica severa [...]. Homens cultos, filhos de uma sociedade velha e curtida por longo trato de séculos, queriam esses forasteiros achar nos indígenas de um mundo novo e segregado da civilização universal uma perfeita conformidade de ideias e costumes.

Apesar de sua visão crítica, Alencar, em *Iracema*, adota a mesma atitude, quando:

a) apresenta metaforicamente o índio como representante do homem brasileiro.

b) atribui às personagens indígenas um comportamento baseado em códigos europeus.

c) recupera para a literatura a memória da fauna, da flora e da toponímia indígenas.

d) tenta ser fiel ao espírito da língua indígena na composição das imagens.

2 Assinale a alternativa incorreta em relação à *Carta* de Pero Vaz de Caminha:

a) Documento literário que apresenta a certidão de nascimento do Brasil e a primeira visão de um colonizador sobre a terra recém-descoberta.

b) Narrativa de viagem que procura exaltar as qualidades naturais da nova terra para informar o rei sobre a necessidade de colonização.

c) Crônica descritiva sobre a terra recém-descoberta que valoriza o nativismo e inicia o indianismo na literatura brasileira.

d) Espécie de diário de viagem que procura destacar os usos e costumes dos nativos como atitudes de um povo selvagem e de difícil aculturação.

3 Leia o texto:

Não é o homem um mundo pequeno que está dentro do mundo grande, mas é um mundo grande que está dentro do pequeno. Basta por prova o coração humano, que, sendo uma pequena parte do homem, excede na capacidade a toda a grandeza do mundo. [...] O mar, com ser um monstro indômito, chegando às areias, para; as árvores, onde as põem, não se mudam; os peixes contentam-se com o mar, as aves com o ar, os outros animais com a terra. Pelo contrário, o homem, monstro ou quimera de todos os elementos, em nenhum lugar para, com nenhuma fortuna se contenta, nenhuma ambição ou apetite ou falta: tudo confunde e como é maior que o mundo, não cabe nele.

Podemos reconhecer nesse trecho do padre Antônio Vieira:

a) o caráter argumentativo típico do estilo barroco (século XVII).

b) a pureza de linguagem e o estilo rebuscado do escritor árcade (século XVIII).

c) uma visão de mundo centrada no homem, própria da época romântica (princípio do século XIX).

d) o racionalismo comum dos escritores da escola realista (final do século XIX).

e) a consciência da destruição da natureza pelo homem, típica de um escritor moderno (século XX).

4 (U. F. Viçosa-MG) Leia atentamente o poema:

Nasce o Sol, e não dura mais que um dia,
Depois da Luz se segue a noite escura,
Em tristes sombras morre a formosura,
Em contínuas tristezas a alegria.

Porém, se acaba o Sol, por que nascia?
Se é tão formosa a Luz, por que não dura?
Como a beleza assim se transfigura?
Como o gosto da pena assim se fia?

Mas no Sol, e na Luz falte a firmeza,
Na formosura não se dê constância,
E na alegria sinta-se tristeza.

Começa o mundo enfim pela ignorância,
E tem qualquer dos bens por natureza
A firmeza somente na inconstância.

> MATOS, Gregório de. *Poemas escolhidos*.
> São Paulo: Cultrix, 1997. p. 317.

Todas as afirmativas que seguem inserem autor e seu texto em uma visão de mundo do século XVII, exceto:

a) A retomada de elementos da natureza e da melancolia identifica o soneto com a produção poética de inspiração byroniana.

b) A aproximação de sentimentos contrastantes, como a tristeza e a alegria, confirma a tendência paradoxal da poesia do século XVII.

c) O poema explora a inconstância dos bens mundanos por meio de um jogo de ideias e palavras que tanto motivou o escritor barroco.

d) O poeta baiano vale-se da linguagem figurada para persuadir o leitor e convencê-lo da instabilidade da beleza e da felicidade.

e) O traço temático caracteristicamente barroco presente no texto é o caráter fugidio das coisas do mundo.

EXERCÍCIOS COMPLEMENTARES

Leia o texto a seguir para responder à questão.

A carta de Pero Vaz de Caminha

Num dos trechos de sua carta a d. Manuel, Pero Vaz de Caminha descreve como foi o contato entre os portugueses e os tupiniquins, que aconteceu em 24 de abril de 1500: "O Capitão, quando eles vieram, estava sentado em uma cadeira, aos pés de uma alcatifa por estrado; e bem-vestido, com um colar de ouro, muito grande, ao pescoço [...] Acenderam-se tochas. E eles entraram. Mas nem sinal de cortesia fizeram, nem de falar ao Capitão; nem a ninguém. Todavia um deles fitou o colar do Capitão, e começou a fazer acenos com a mão em direção à terra, e depois para o colar, como se quisesse dizer-nos que havia ouro na terra. E também olhou para um castiçal de prata, e assim mesmo acenava para a terra, e novamente para o castiçal, como se lá também houvesse prata! [...] Viu um deles umas contas de rosário, brancas; fez sinal que lhas dessem, folgou muito com elas, e lançou-as ao pescoço, e depois tirou-as e meteu-as em volta do braço, e acenava para a terra e novamente para as contas e para o colar do Capitão, como se davam ouro por aquilo. Isto tomávamos nós nesse sentido, por assim o desejarmos! Mas se ele queria dizer que levaria as contas e mais o colar, isto não queríamos nós entender, por que não lho havíamos de dar! E depois tornou as contas a quem lhas dera. E então estiraram-se de costas na alcatifa, a dormir sem procurarem maneiras de esconder suas vergonhas, as quais não eram fanadas; e as cabeleiras delas estavam raspadas e feitas. O Capitão mandou pôr por de baixo de cada um seu coxim; e o da cabeleira esforçava-se por não a estragar. E deitaram um manto por cima deles; e, consentindo, aconchegaram-se e adormeceram.

> Coleção *Brasil 500 anos*. Fasc. I. São Paulo:
> Abril, 1999.

1 (UFSC) De acordo com o texto, assinale a(s) proposição(ões) verdadeira(s):

(01) Pero Vaz de Caminha, um dos escrivães da armada portuguesa, escreve para o rei de Portugal, d. Manuel, relatando como foi o contato entre os portugueses e os tupiniquins.

(02) Em "E eles entraram. Mas nem sinal de cortesia fizeram, nem de falar ao Capitão; nem a ninguém", fica implícito que os tupiniquins desconheciam hierarquia ou categoria social lusitanas.

(04) Nada, na embarcação portuguesa, pareceu despertar o interesse dos tupiniquins.

(08) O trecho "... e acenava para a terra e novamente para as contas e para o colar do Capitão, como se davam ouro por aquilo. Isto tomávamos nós nesse sentido, por assim o desejarmos" evidencia que havia problemas de comunicação entre portugueses e tupiniquins.

Dê a soma dos números dos itens corretos.

_____

2 O Barroco ficou conhecido também por outros nomes, exceto:

a) Escola Gongórica.

b) Seiscentismo.

c) Barroquismo.

d) Escola baiana.

e) Neoclassicismo.

3 Se considerarmos a *Carta* como um documento descritivo-narrativo sobre uma terra virgem e carregada de possibilidades econômicas, que aspectos dessa natureza selvagem poderiam ser destacados como possíveis de exploração comercial? De que maneira o índio poderia ser visto neste contexto?

_____

_____

4 (Fatec-SP) Leia atentamente o texto a seguir:

Os ouvintes ou são maus ou são bons; se são bons, faz neles grande fruto a palavra de Deus; se são maus, ainda que não faça neles fruto, faz efeito. A palavra de Deus é tão fecunda, que nos bons faz muito fruto e é tão eficaz, que nos maus, ainda que não faça fruto, faz efeito; lançada nos espinhos não frutificou, mas nasceu até nos espinhos; lançada nas pedras não frutificou, mas nasceu até nas pedras. Os piores ouvintes que há na Igreja de Deus são as pedras e os espinhos. E por quê? — Os espinhos por agudos, as pedras por duras.

Ouvintes de entendimentos agudos e ouvintes de vontades endurecidas são os piores que há. Os ouvintes de entendimentos agudos são maus ouvintes, porque vêm só a ouvir sutilezas, a esperar galantarias, a avaliar pensamentos, e às vezes também a picar quem os não pica.

Mas os de vontades endurecidas ainda são piores, porque um entendimento agudo pode-se ferir pelos mesmos fios, e vencer-se uma agudeza com outra maior; mas contra vontades endurecidas nenhuma coisa aproveita a agudeza, antes dana mais, porque quanto as setas são mais agudas, tanto mais facilmente se despontam na pedra.

E com os ouvintes de entendimentos agudos e os ouvintes de vontades endurecidas serem os mais rebeldes, é tanta a força da divina palavra, que, apesar da agudeza, nasce nos espinhos, e apesar da dureza, nasce nas pedras.

Padre Antônio Vieira. *Sermão da sexagésima.*

Julgue (V ou F) as afirmações seguintes sobre o texto de Vieira.

I. Trata-se de texto predominantemente argumentativo, no qual Vieira emprega as metáforas do espinho e da pedra para referir-se àqueles em quem a palavra de Deus não prospera.

II. Nota-se no texto a metalinguagem, pois o sermão trata da própria arte da pregação religiosa.

III. À vista da construção essencialmente fundada no jogo de ideias, fazendo progredir o tema pelo raciocínio, pela lógica, o texto caracteriza-se como conceptista.

IV. Efeito da Revolução Industrial, que reforçou a perspectiva capitalista e o individualismo, esse texto traduz a busca da natureza (pedras, espinhos) como refúgio para o eu lírico religioso.

V. Vincula-se ao Barroco, movimento estético entre cujos traços se destaca a oscilação entre o clássico (de matriz pagã) e o medieval (de matriz cristã), a qual se traduz em estados de conflito religioso.

5 Explique a seguinte afirmação barroca: "o homem barroco procura fazer da Terra o espelho do Céu!"

6 (U. E. Maringá-PR) Para responder à questão, leia o texto que segue.

Buscando a Cristo

A vós correndo vou, braços sagrados,
Nessa cruz sacrossanta descobertos,
Que, para receber-me, estais abertos,
E, por não castigar-me, estais cravados.

A vós, divinos olhos, eclipsados,
De tanto sangue e lágrimas cobertos,
Pois para perdoar-me estais despertos,
E por não condenar-me estais fechados.

A vós, pregados pés por não deixar-me,
A vós, sangue vertido para ungir-me,
A vós, cabeça baixa pra chamar-me;

A vós, lado patente, quero unir-me,
A vós, cravos preciosos, quero atar-me,
Para ficar unido, atado e firme.

MATOS, Gregório de. In: CANDIDO, A. e CASTELLO, J. A. *Presença da literatura brasileira.* v. 1. São Paulo: Difusão Europeia do Livro, 1966. p. 72.

Com relação a Gregório de Matos e sua obra, assinale o que for correto.

(01) O poema "Buscando a Cristo" mostra o processo de reconciliação de um eu pecador com o Salvador, através da descrição do Cristo crucificado. Essa descrição projetada nos detalhes dos braços, olhos, pés e cabeça torna-se mais clara pelo emprego das antíteses, como se observa, por exemplo, em "braços abertos/cravados" (1ª estrofe) e "olhos despertos/fechados" (2ª estrofe).

(02) A marca lírica do poema "Buscando a Cristo" evidencia-se no processo de presentificação do eu lírico, marcado pelo registro dos aspectos temporais e número-pessoais dos verbos ("vou", "quero"), a que se acrescentam os juízos de valor manifestados pela adjetivação presentificada, por exemplo, em "braços sagrados", "cruz sacrossanta" e "divinos olhos".

(04) Em seu aspecto formal, o poema "Buscando a Cristo" apresenta a forma fixa do soneto: catorze versos de doze sílabas métricas, distribuídos em dois quartetos e dois tercetos. A estrutura rítmica segue o esquema ABBA, nos quartetos, e CDC, nos tercetos.

(08) Entre as figuras de linguagem usadas por Gregório de Matos, na construção do poema "Buscando a Cristo", destaca-se o emprego da anáfora, notadamente nos dois tercetos, em que a repetição de "A vós", no início dos versos, serve para enfatizar a divindade.

(16) As contradições da alma humana, evidenciando o conflito advindo do confronto entre o materialismo renascentista e o espiritualismo medieval, compõem o quadro estético do Arcadismo brasileiro, movimento literário em vigor no século XVII, do qual Gregório de Matos foi um dos maiores representantes.

Dê a soma dos números dos itens corretos.

Arcadismo

1. Os anos setecentos

No século XVIII, os **iluministas** procuraram "reacender as luzes" do Renascimento, que haviam sido temporariamente ofuscadas pela Contrarreforma e pelo Barroco. A sustentação filosófica do iluminismo tinha três pilares: a **natureza**, a **razão** e a **verdade**.

Os **enciclopedistas**, como Diderot e D'Alembert, procuraram compilar o conhecimento filosófico, histórico e científico acumulado pela humanidade.

Ao mesmo tempo que Voltaire, Rousseau, Montesquieu e outros pensadores submetiam as questões filosóficas, sociais e políticas à **razão**, homens da ciência, como Isaac Newton, procuravam interpretação para os fatos naturais. Assim como havia uma razão para os fenômenos humanos, deveria existir uma explicação precisa para os fenômenos da **natureza**.

2. O Arcadismo

O **Arcadismo** (ou **Neoclassicismo**) representou a retomada de temas e formas da estética clássica greco-romana, que já havia marcado o século XVI (no Renascimento).

Esses artifícios e temas clássicos constituem o que se denominou *topoi*. São exemplos:

- *Carpe diem* ("viver o instante"). Convite que o pastor faz à pastora para que, juntos, gozem a vida e o momento presente, sem se importar com o amanhã. Fundamental é o hoje.
- *Inutilia truncat* ("cortar o inútil"). Cortar o excedente, buscar o equilíbrio comedido, moderado, conciso e simples, contrário ao exagero barroco.
- *Locus amoenus* ("lugar agradável"). Lugar propício ao amor, onde reina a paz.
- *Aurea mediocritas* ("equilíbrio de ouro"). O ideal de simplicidade, paz e tranquilidade, sem excesso.
- *Fugere urbem* ("fugir da cidade"). A idealização bucólica pastoril, o paraíso no campo.

Figura 1

Orfeu e Eurídice, de Poussin, retrata à perfeição o ambiente idílico em cenário bucólico.

3. Arcadismo em Portugal

No reinado de d. José I (1750-1777), o país ganhou força, fazendo ressurgir com ímpeto a chama da intelectualidade portuguesa. Com o poder de fato exercido por Sebastião José de Carvalho, o marquês de Pombal, foi avante uma grande transformação portuguesa, conhecida como **reforma pombalina**.

A **educação laica** (os leigos assumiram a gestão da educação, e o ensino religioso foi banido das escolas), o **retorno de intelectuais exilados** e a **expulsão dos jesuítas** (de Portugal e de todas as colônias) permitiram um extraordinário avanço no pensamento científico-cultural. Prova disso foi a criação, em 1756, da **Arcádia Lusitana**, marco inicial do Arcadismo português.

Algumas características da Arcádia Lusitana (e de outras arcádias contemporâneas) foram:

- a adoção, pelos poetas árcades, de nomes de pastores celebrados pela cultura grega;
- a obediência restrita a regras clássicas de composição;
- a periódica apresentação de trabalhos, em declamações dos poemas;
- a realização de seminários sobre aspectos que alimentavam a estética neoclássica.

Esses procedimentos, bem como a restrição da liberdade criadora de seus membros, contribuíram para o fim da Arcádia Lusitana, que, anos mais tarde, ressurgiria com o nome de **Nova Arcádia**.

BOCAGE

Adotou o pseudônimo pastoril de Elmano Sadino e associou-se à Nova Arcádia. Como poeta, cultuou várias formas líricas. Ao lado de Camões e de Antero de Quental, é considerado um grande sonetista da literatura portuguesa.

Muitos estudiosos veem em Bocage um escritor **pré-romântico**, embora a maior parte de seus versos tenha o bucolismo, a mitologia, a leveza e o equilíbrio, características próprias da estética árcade. Estão presentes, contudo, o sentimentalismo, o pessimismo e a autopiedade.

Chorosos versos meus desentoados,
sem arte, sem beleza e sem brandura,
urdidos pela mão da Desventura,
pela baça tristeza envenenados:

Vede a luz, não busqueis, desesperados,
no mundo esquecimento e sepultura;
se os ditosos vos lerem sem ternura,
ler-vos-ão com ternura os desgraçados.

Não vos inspire, ó versos, cobardia
da sátira mordaz o furor louco,
da maldizente voz a tirania.

Desculpa tendes, se valeis tão pouco;
que não pode cantar com melodia
um peito, de gemer cansado e rouco.

4. Árcades brasileiros

A reforma pombalina, que tantas modificações provocara em Portugal, teve repercussão também entre os brasileiros, fazendo consolidar o Neoclassicismo. De fato, foi a primeira manifestação de cunho artístico organizada em terras nacionais, pois nossos artistas da época, por uma questão de convivência com o clima neoclássico português, transferiam para cá as novas tendências.

O marco inicial do Arcadismo brasileiro foi a publicação de *Obras poéticas*, em 1768, escrita pelo mineiro Cláudio Manuel da Costa. Além desse autor, destacam-se também Tomás Antônio Gonzaga, Silva Alvarenga, Alvarenga Peixoto, Basílio da Gama e Santa Rita Durão.

A arte brasileira no período árcade foi contemporânea de Antônio Francisco Lisboa, o Aleijadinho. Não se pode dizer, no entanto, que as obras de Aleijadinho reproduzam as características marcantes do Neoclassicismo europeu. Seus trabalhos estão mais voltados ao Barroco e ao rococó do que, propriamente, ao Arcadismo.

CLÁUDIO MANUEL DA COSTA

Diferencia-se de outros árcades por seus textos apresentarem um cenário típico de Minas Gerais, mais característico da região de Vila Rica e Mariana: montanhas, montes, pedras, penhas, penhascos etc.

Sou pastor; não te nego; os meus montados
São esses, que aí vês; vivo contente
Ao trazer entre a relva florescente
A doce companhia dos meus gados;

Ali me ouvem os troncos namorados,
Em que se transformou a antiga gente;
Qualquer deles o seu estrago sente;
Como eu sinto também os meus cuidados.

Vós, ó troncos, (lhes digo) que algum dia
Firmes vos contemplastes, e seguros
Nos braços de uma bela companhia;

Consolai-vos comigo, ó troncos duros;
Que eu alegre algum tempo assim me via;
E hoje os tratos de Amor choro perjuros.

Em 1773, compôs o poema épico *Vila Rica*, publicado em 1839. Trata-se da descrição da epopeia dos bandeirantes paulistas ao desbravarem os sertões, suas lutas com indígenas e a fundação de Vila Rica. Embora fiel aos preceitos do Arcadismo, *Vila Rica* destaca-se pela temática brasileira.

TOMÁS ANTÔNIO GONZAGA

Adotou o pseudônimo de Dirceu. Escreveu duas obras: os poemas líricos de *Marília de Dirceu* e a sátira *Cartas chilenas*, na qual ridiculariza o governador de Minas, Luís da Cunha Meneses.

Eu, Marília, não sou algum vaqueiro,
Que viva de guardar alheio gado;
De tosco trato, de expressões grosseiro,
Dos frios gelos e dos sóis queimado.
Tenho próprio casal e nele assisto;
Dá-me vinho, legume, fruta, azeite;
Das brancas ovelhinhas tiro o leite,

E mais as finas lãs, de que me visto.
Graças, Marília bela,
Graças à minha *estrela*!

Eu vi o meu semblante numa fonte:
Dos anos inda não está cortado;
Os pastores que habitam este monte
Respeitam o poder do meu cajado.
Com tal destreza toco a sanfoninha,
Que inveja até me tem o próprio Alceste:
Ao som dela concerto a voz celeste
Nem canto letra, que não seja minha.
Graças, Marília bela,
Graças à minha Estrela!
[...]

Esses versos são do poema *Marília de Dirceu*, considerado obra-prima de Gonzaga. Neles, Dirceu dirige-se à pastora Marília. A obra evidencia características do Arcadismo: tom pastoril, bucolismo, simplicidade campestre e ingenuidade. Na segunda parte, escrita na prisão, o tom pessimista e confessional dará aos textos uma caracterização pré-romântica.

Cartas chilenas são assinadas por Critilo (um pseudônimo) e escritas em versos decassílabos. Relatam desmandos, corrupção, abuso de poder, ignorância e incúria administrativa praticados por Fanfarrão Minésio (Luís da Cunha Meneses) no governo do Chile (na verdade, Vila Rica). As treze *Cartas* são dirigidas a Doroteu (Cláudio Manuel da Costa). Durante muito tempo, Cláudio Manuel foi tido como o autor das cartas.

ALVARENGA PEIXOTO

Sua obra literária — pequena, irregular e longe de acompanhar a qualidade dos outros árcades — mostrava as características do Arcadismo, em versos que apelavam para sentimentos bucólicos e nativistas.

SILVA ALVARENGA

Usou o pseudônimo de Alcindo Palmireno. Sua obra fundamental é *Glaura* (1799).

BASÍLIO DA GAMA

Como prova de seu antijesuitismo, Basílio da Gama dedicou seu poema épico *O Uraguai* (1769) ao seu protetor, o marquês de Pombal. O poema apresenta cinco cantos em estrofes irregulares e versos decassílabos brancos. A irregularidade estrutural, que foge aos padrões camonianos, atinge, entretanto, qualidade satisfatória. O tema era a nefasta ação dos jesuítas nos Sete Povos das Missões e cantava feitos tidos por heroicos, atribuídos a Pombal.

SANTA RITA DURÃO

Sua obra-prima é o poema épico *Caramuru*, que descreve paisagens brasileiras e costumes indígenas, assumindo caráter nativista. Composto por dez cantos, versos decassílabos organizados em oitava rima, segue o modelo camoniano. O poema conta a história de Diogo Álvares Correia, que, depois de um naufrágio, chega às costas baianas, é recebido por índios e dá tiros para assustar os nativos. Passa a ser chamado de Caramuru. Diogo divide-se entre o amor de Paraguaçu e Moema. Volta para a Europa acompanhado pela bela Paraguaçu. Abandonada, Moema segue a nado a embarcação e morre afogada.

ATIVIDADES

1 Sobre o Arcadismo, assinale a alternativa incorreta:

a) O período nasceu como uma reação ao Barroco.

b) Os poemas desta escola são embasados em lemas latinos, como *carpe diem, locus amoenus, fugere urbem, inutilia truncat* e *aurea mediocritas*.

c) Teve como expoentes na poesia Gregório de Matos (no Brasil) e Bocage (em Portugal).

d) No Brasil, ficou também conhecido como *escola mineira,* coincidindo com o ciclo do ouro.

e) Em Portugal teve início com a formação da Arcádia Lusitana, cujo lema era *inutilia truncat*, "cortar o inútil".

2 (U. F. Juiz de Fora-MG) Leia atentamente o soneto de Manuel Maria Barbosa du Bocage, a seguir:

Incultas produções da mocidade
Exponho a vossos olhos, ó leitores.
Vede-as com mágoas, vede-as com
[piedade,
Que elas buscam piedade e não louvores.

Ponderai da Fortuna a variedade
Nos meus suspiros, lágrimas e amores;
Notai dos males seus a imensidade,
A curta duração dos seus favores.

E se entre versos mil de sentimento
Encontrardes alguns, cuja aparência
Indique festival contentamento.

Crede, ó mortais, que foram com violência
Escritos pela mão do Fingimento,
Cantados pela voz da Dependência.

Considerando o soneto anterior e a relação do poeta com o Arcadismo português, é correto afirmar:

a) Criticamente, pode-se dividir a obra poética de Bocage em duas fases: uma árcade — quando a obediência do autor a normas da escola neoclássica é observada — e outra pré-romântica — quando a individualidade, o pessimismo e o sentimentalismo levam o autor a discordar dos ideais seguidos na fase anterior.

b) Criticamente, pode-se considerar a obra poética de Bocage integralmente árcade, com o poeta revelando pleno domínio das técnicas propostas pela escola neoclássica e demonstrando uma atitude de conformismo com o conteúdo dessas propostas.

c) Criticamente, pode-se dizer que Bocage representa o mais autêntico estilo romântico na totalidade de sua produção, com o poeta ultrapassando as normas estéticas do Arcadismo do século XVIII.

d) Criticamente, a obra poética de Bocage é vista como um divisor de águas entre a estética da poesia do Renascimento e os propósitos de valorização do individualismo no movimento do Realismo.

3 (UFPB) Considere o trecho seguinte:

Tenho próprio casal e nele assisto;
Dá-me vinho, legume, fruta, azeite;
Das brancas ovelhinhas tiro o leite,
E mais as finas lãs de que me visto.
[...] É bom, minha Marília, é bom ser dono
De um rebanho, que cubra monte e prado;
Porém, gentil pastora, o teu agrado
Vale mais que um rebanho e mais que
[um trono.

O fragmento transcrito demonstra que o seu autor, Tomás Antônio Gonzaga, vinculou-se ao Arcadismo e foi, ao mesmo tempo, um antecipador do movimento romântico. Justifique.

_____
_____
_____
_____
_____
_____
_____
_____
_____
_____
_____
_____

Leia com atenção o texto a seguir.

Marília, de que te queixas?
De que te roubou Dirceu
O sincero coração?
Não te deu também o seu?
E tu, Marília, primeiro
Não lhe lançaste o grilhão?
Todos amam, só Marília
Desta lei da natureza
Queria ter isenção?

Em torno das castas pombas
Não rulam ternos pombinhos?
E rulam, Marília, em vão?
Não se afagam c'os biquinhos?
E a prova de mais ternura
Não os arrasta a paixão?
Todos amam: só Marília
Desta lei da natureza
Queria ter isenção?

Já viste, minha Marília,
Avezinhas, que não façam
Os seus ninhos no verão?
Aquelas, com quem se enlaçam,
Não vão cantar-lhes defronte
Do mole pouso, em que estão?
Todos amam: só Marília
Desta lei da natureza
Queria ter isenção?

Se os peixes, Marília, geram
Nos bravos mares, e rios,
Tudo efeitos de amor são.
Amam os brutos ímpios,
A serpente venenosa,
A onça, o tigre, o leão.
Todos amam: só Marília
Desta lei da natureza
Queria ter isenção?
[...]

4 (UERJ, adaptada) Na interlocução com a mulher amada, o poeta utiliza elementos da natureza.

a) Caracterize a presença da natureza no poema.

_____
_____
_____
_____
_____
_____
_____
_____
_____

b) Indique dois traços da tradição clássica presentes no poema.

_____
_____
_____
_____
_____
_____
_____

EXERCÍCIOS COMPLEMENTARES

1 (U. F. Ouro Preto-MG) Com relação a *Marília de Dirceu*, de Tomás Antônio Gonzaga, assinale a alternativa incorreta:

a) As liras que compõem o livro são quase sempre poemas de lirismo amoroso que invocam a pastora Marília, amada do pastor Dirceu.

b) Apesar de invocarem com grande frequência o tema do amor, as liras não apresentam a atmosfera atormentada dos conflitos da paixão, antes exaltam a serenidade e a naturalidade na relação amorosa.

c) Muitas das liras são dedicadas à tarefa de demonstrar à bem-amada a ordem e a harmonia das coisas naturais.

d) Tendo sido Gonzaga um inconfidente, escreveu esse livro para descrever a situação geral da Colônia, oprimida pela exploração ferrenha da metrópole portuguesa.

e) Algumas liras são destinadas a afirmar a dignidade e a valia do pastor Dirceu. Grande parte delas foi escrita no período em que Gonzaga esteve preso e, assim, revela-se, sob o disfarce do pastor, a presença dos dramas pessoais do autor, caído em desgraça, no momento da produção dos poemas.

2 (Mackenzie-SP) Assinale a alternativa em que aparece uma característica imprópria do Arcadismo.

a) Bucolismo.

b) Presença de entidades mitológicas.

c) Exaltação da natureza.

d) Tranquilidade no relacionamento amoroso.

e) Evasão pela morte.

3 (Vunesp) Leia o poema:

Alteia

Aquele amor amante,
Que nas úmidas ribeiras
Deste cristalino rio
Guiava as brancas ovelhas;

Aquele, que muitas vezes
Afinando a doce avena,
Parou as ligeiras águas,
Moveu as bárbaras penhas;

Sobre uma rocha sentado
Caladamente se queixa:
Que para formar as vozes,
Teme, que o ar as perceba.

COSTA, Cláudio Manuel da. *Poemas.*
São Paulo: Cultrix, 1966. p. 156.

Nesse fragmento do romance *Alteia*, de Cláudio Manuel da Costa, acumulam-se características peculiares do Arcadismo. Releia o texto que lhe apresentamos e a seguir:

a) aponte duas dessas características.

_____

_____

_____

_____

_____

b) justifique sua resposta com, pelo menos, duas citações do texto.

_____

_____

_____

_____

_____

4 (PUC-MG)

Texto I

Discreta e formosíssima Maria,
Enquanto estamos vendo claramente
Na vossa ardente vista o sol ardente,
E na rosada face a aurora fria;

Enquanto pois produz, enquanto cria
Essa esfera gentil, mina excelente
No cabelo o metal mais reluzente,
E na boca a mais fina pedraria.

Gozai, gozai da flor da formosura,
Antes que o frio da madura idade
Tronco deixe despido o que é verdura.

Que passado o zênite da mocidade,
Sem a noite encontrar da sepultura,
É cada dia ocaso da beldade.

Gregório de Matos

Texto II

Minha bela Marília, tudo passa;
A sorte deste mundo é mal segura;
Se vem depois dos males a ventura,
Vem depois dos prazeres a desgraça.
Estão os mesmos Deuses
Sujeitos ao poder do ímpio Fado:
Apolo já fugiu do céu brilhante,
Já foi Pastor de gado.

Ah! enquanto os Destinos impiedosos
Não voltam contra nós a face irada,
Façamos, sim façamos, doce amada,
Os nossos breves dias mais ditosos.
Um coração, que, frouxo,
A grata posse de seu bem difere
A si, Marília, a si próprio rouba,
E a si próprio fere.

Ornemos nossas testas com as flores
E façamos de feno um brando leito;
Prendamo-nos, Marília, em laço estreito,
Gozemos do prazer de sãos Amores.
Sobre as nossas cabeças,
Sem que o possam deter, o tempo corre;
E para nós o tempo, que se passa,
Também, Marília, morre.

Tomás Antônio Gonzaga

O texto I é barroco; o texto II é árcade. Comparando-os, é correto afirmar, exceto:

a) Os barrocos e os árcades expressam sentimentos.

b) As construções sintáticas barrocas revelam um interior conturbado.

c) O desejo de viver o prazer é dirigido à amada nos dois textos.

d) Os árcades têm uma visão de mundo mais angustiada que os barrocos.

5 Julgue (V ou F) as afirmações:

I. *O Uraguai*, poema épico clássico que antecipa em várias direções o Romantismo, é motivado por dois propósitos indisfarçáveis: exaltação da política pombalina e antijesuitismo radical.

II. O(A) autor(a) do poema épico *Vila Rica*, no qual exalta os bandeirantes e narra a história da atual Ouro Preto, desde a sua fundação, cultivou a poesia bucólica, pastoril, na qual menciona a natureza como refúgio.

III. Em *Marília de Dirceu*, Marília é quase sempre um vocativo; embora tenha a estrutura de um diálogo, a obra é um monólogo — só Gonzaga fala, raciocina; constantemente cai em contradição quanto à sua postura de pastor e sua realidade de burguês.

6 Complete: o Arcadismo é uma reação ao
_____ .

Justifique a sua resposta, evidenciando as características dos dois períodos.

Ideais românticos / Romantismo em Portugal

1. Os ideais românticos

Ainda no final do século XVIII, a arte perde o tom clássico e, lentamente, pende ao gosto de uma plateia não tão seleta: a burguesia, que mantinha os traços da influência religiosa, o apego ao amor pátrio, o gosto pelas lendas e o exotismo das novas terras, a admiração pela natureza idílica e pueril, o culto da história — especialmente histórias da Idade Média. Cultivavam-se o admirável mundo dos sonhos, as fugas e a loucura, a inspiração medieval das novelas de cavalaria.

Por outro lado, ainda sob forte influência do fracasso ideológico, havia a tentativa de reformar o mundo, de construir o homem feliz, de resgatar o homem bom e puro, ainda que essa tradução de realidade refletisse uma concepção utópica de sociedade.

Figura 1

Não somente os escritores viam a natureza em consonância com seus estados de alma. Friedrich pintou quase exclusivamente paisagens com grande subjetividade. Ao lado, *O viajante acima do mar de nuvens*, de Caspar David Friedrich (óleo sobre tela, 1818).

No espírito romântico, estão presentes os dramas da existência, a incerteza, a insatisfação do viver e a ideia da morte. O abandono e o sofrimento sobressaem: o poeta não consegue ter um amor que o satisfaça; por isso, encontra-se sozinho, mas crê na realização de seus sonhos.

2. O romantismo português

Em Portugal, o Romantismo tem início em 1825, com a publicação do poema *Camões*, de Almeida Garrett.

Os principais expoentes do Romantismo luso foram, entre outros, Almeida Garrett, Alexandre Herculano e Camilo Castelo Branco.

ALMEIDA GARRETT

Na **poesia** de Garrett, destacam-se *Retrato de Vênus* (1821), *Camões* (1825), *Dona Branca* (1826), *Folhas caídas* (1853). Seus **romances** foram *O arco de Sant'Ana* (1845-1850), *Viagens na minha terra* (1846). Suas mais importantes obras para o **teatro** foram *Lucrécia* (1819), *Catão* (1821), *O alfageme de Santarém* (1842) e *Frei Luís de Sousa* (1844).

Com a obra *Folhas caídas*, Garrett demonstra sua maturidade como autor romântico. A seguir, trecho de um dos poemas desse livro.

Quando eu sonhava

Quando eu sonhava, era assim
Que nos meus sonhos a via;
E era assim que me fugia,
Apenas eu despertava,
Essa imagem fugidia
Que nunca pude alcançar.
[...]

ALEXANDRE HERCULANO

Sua obra é marcada pela capacidade de investigação histórica. Seus romances, contos e poesias procuram conciliar aspectos ficcionais e precisão histórica. Essa particularidade dá à obra de Herculano uma característica mais clássica e menos romântica pelo seu caráter de verossimilhança. Outro ponto de destaque é o nacionalismo e o moralismo católico presentes em suas obras.

Suas produções mais conhecidas são os romances *O bobo* (1843), *Eurico, o presbítero* (1844) e *O monge de Cister* (1841-1848), os contos de *Lendas e narrativas* (1851) e sua poesia reunida em *A voz do profeta* (1836) e *Harpa do crente* (1838).

CAMILO CASTELO BRANCO

Entre as dezenas de romances, novelas, contos, poesias, peças teatrais e críticas literárias produzidas por Camilo Castelo Branco, podem-se destacar as novelas, ponto máximo de sua obra: *Coração, cabeça e estômago* (1861), *Amor de perdição* (1862), *Amor de salvação* (1864), *A queda de um anjo* (1866), *Novelas do Minho* (1877), *Eusébio Macário* (1879), por exemplo. Camilo faz parte do Ultrarromantismo; entretanto, conviveu com o surgimento do Realismo. Seus últimos romances e novelas apresentam forte ligação com as teorias que fundamentaram o estilo realista, mas sem abandonar de todo certos sentimentalismos românticos.

ATIVIDADES

1 (Fuvest-SP)

Quero me casar

Quero me casar
na noite na rua
no mar ou no céu
quero me casar.
Procuro uma noiva
loura morena
preta ou azul
uma noiva verde
uma noiva no ar
como um passarinho.

Depressa, que o amor
não pode esperar!

Carlos Drummond de Andrade. *Alguma poesia*.

a) Caracterize brevemente a concepção de amor presente nesse poema.

_____

_____

_____

_____

_____

b) Compare essa concepção de amor com a que predominava na literatura do Romantismo.

_____

_____

_____

_____

_____

_____

2 (UFABC-SP) Assinale a alternativa em que se encontram três características do movimento literário ao qual se dá o nome de Romantismo.

a) Predomínio da razão, perfeição da forma, imitação dos antigos gregos e romanos.

b) Reação anticlássica, busca de temas nacionais, sentimentalismo e imaginação.

c) Anseio de liberdade criadora, busca de verdades absolutas e universais, arte pela arte.

d) Desejo de expressar a realidade objetiva, erotismo, visão materialista do Universo.

e) Preferência por temas medievais, rebuscamento de conteúdo e de forma, tentativa de expressar a realidade inconsciente.

Texto para as questões 3 e 4.

Estranha forma de vida

Foi por vontade de Deus
Que eu vivo nesta ansiedade,
Que todos os ais são meus
Que é toda a minha saudade
Foi por vontade de Deus.

Que estranha forma de vida
Tem este meu coração;
Vive de vida perdida
Quem lhe daria o condão,
Que estranha forma de vida!

Coração independente
Coração que não comando,
Vives perdido entre a gente
Teimosamente sangrando,
Coração independente!

Eu não te acompanho mais.
Para, deixa de bater.
Se não sabes aonde vais,
Por que teimas em correr?
Eu não te acompanho mais!

Se não sabes aonde vais,
Para, deixa de bater.
Eu não te acompanho mais!

Amália Rodrigues – *álbum duplo em vinil n.C1874-15672*, Paris: Pathe Marconi / EMI, 1975.

3 (Vunesp) Embora tenha-se originado no Brasil, de onde desapareceu, o fado é uma poesia-canção portuguesa e representa uma das mais fortes expressões populares de identidade nacional. Do ponto de vista literário, identifica-se em muito com o ideário poético do Romantismo, como, de resto, também acontece com significativa parcela de gêneros da chamada Música Popular Brasileira. Tendo em vista essas observações, releia a letra do fado que lhe apresentamos e a seguir:

a) identifique duas características da poética romântica;

_____

_____

_____

_____

b) comprove sua resposta com elementos extraídos do texto.

_____

_____

_____

_____

4 (Vunesp) Uma das características formais mais evidentes em "Estranha forma de vida" é a construção das primeiras estrofes de acordo com um processo de reiteração na distribuição dos versos. Releia o texto e a seguir responda: Que reiterações acontecem na estruturação das quatro primeiras estrofes de "Estranha forma de vida"?

_____

_____

_____

_____

EXERCÍCIOS COMPLEMENTARES

1 (UFRS) Leia:

A revolução romântica altera e subverte quase tudo o que era tido como consagrado no Classicismo. Assim, na proposta do Classicismo, o valor básico é situado na própria obra. O artista apaga-se por trás de sua realização [...]. O Romantismo não aceita essa concepção. Para ele, o peso não está mais no produto; o que lhe importa é o artista e sua autoexpressão. A objetividade da obra como valor por si deixa de ser um elemento vital do fazer artístico. A criação [...] serve apenas de recurso, de via de comunicação para a mensagem do criador.

A. Rosenfeld e J. Guinsburg

Em relação ao texto lido, é correto afirmar:

a) O Romantismo altera os padrões clássicos de Verdade e Beleza, mas o artista mantém sua posição de objetividade diante da obra.

b) Na concepção romântica de arte, o mais importante é a subjetividade do criador e o seu modo de expressá-la na obra.

c) Por não aceitar a concepção clássica, o Romantismo acaba enfatizando a obra em si mesma e isentando o artista de uma participação efetiva nela.

d) Embora Classicismo e Romantismo discordem quanto à presença do artista na obra, a concepção de valor artístico, em ambos, permanece inalterada.

2 (Enem-MEC) No trecho a seguir, o narrador, ao descrever a personagem, critica sutilmente outro estilo de época: o Romantismo.

Naquele tempo contava apenas uns quinze ou dezesseis anos; era talvez a mais atrevida criatura da nossa raça e, com certeza, a mais voluntariosa. Não digo que já lhe coubesse a primazia da beleza, entre as mocinhas do tempo, porque isto não é romance, em que o autor sobredoura a realidade e fecha os olhos às sardas e espinhas; mas também não digo que lhe maculasse o rosto nenhuma sarda ou espinha, não. Era bonita, fresca, saía das mãos da natureza, cheia daquele feitiço, precário e eterno, que o indivíduo passa a outro indivíduo, para os fins secretos da criação.

Machado de Assis. *Memórias póstumas de Brás Cubas.*

A frase do texto em que se percebe a crítica do narrador ao Romantismo está transcrita na alternativa:

a) "... o autor sobredoura a realidade e fecha os olhos às sardas e espinhas..."

b) "... era talvez a mais atrevida criatura da nossa raça..."

c) "Era bonita, fresca, saía das mãos da natureza, cheia daquele feitiço, precário e eterno..."

d) "Naquele tempo contava apenas uns quinze ou dezesseis anos..."

e) "... o indivíduo passa a outro indivíduo, para os fins secretos da criação."

3 A obra ... , de ..., tem como tema central os conflitos amorosos envolvendo os irmãos Pedro e Daniel, e as irmãs Clara e Guida, apaziguados pela figura simpática do padre Antônio.

A alternativa que preenche corretamente as lacunas é:

a) *Viagens na minha terra* / Almeida Garrett

b) *As pupilas do senhor reitor* / Júlio Dinis

c) *Eurico, o presbítero* / Alexandre Herculano

d) *Amor de perdição* / Camilo Castelo Branco

e) *A noite do castelo* / Antônio Feliciano Castilho

4 Camilo Castelo Branco é, inevitavelmente, o mais profícuo escritor romântico. Sua prosa é carregada de sentimentalismo, caindo no gosto do leitor da época, daí a sua enorme popularidade. A que tipo de texto o escritor deu preferência? Que características ele apresenta? Cite uma obra representativa desse estilo.

_____

_____

_____

_____

_____

_____

_____

_____

_____

_____

_____

5 (Vunesp)

Sim, leitor benévolo, e por esta ocasião te vou explicar como nós hoje em dia fazemos a nossa literatura. Já me não importa guardar segredo. [...]

Trata-se de um romance, de um drama. Cuidas que vamos estudar a história, a natureza, os monumentos, as pinturas, os sepulcros, os edifícios, as memórias da época? Não seja pateta, senhor leitor, nem cuide que nós o somos. Desenhar caracteres e situações do vivo da natureza, colori-los das cores verdadeiras da história [...] isso é trabalho difícil, longo, delicado; exige um estudo, um talento, e sobretudo um tacto! [...] Não, senhor, a coisa faz-se muito mais facilmente. [...] Todo o drama e todo o romance precisa de:

Uma ou duas damas,

Um pai,

Dois ou três filhos de dezenove a trinta anos,

Um criado velho,

Um monstro, encarregado de fazer as maldades,

Vários tratantes, e algumas pessoas capazes para intermédios.

Ora bem; vai-se aos figurinos franceses de Dumas, de Eugénio Sue, de Vítor Hugo, e recorta a gente, de cada um deles, as figuras de que precisa, gruda-as sobre uma folha de papel da cor da moda, verde, pardo, azul — como fazem as raparigas inglesas aos seus álbuns e *scrapbooks*; forma com elas os grupos e situações que lhe parece; não importa que sejam mais ou menos disparatados. Depois vai-se às crônicas, tiram-se uns poucos de nomes e palavrões velhos; com os nomes crismam-se os figurões; com os palavrões iluminam-se... (estilo de pintor pinta-monos). — E aqui está como nós fazemos a nossa literatura original.

> In: GARRETT, Almeida. *Obra completa.*
> Porto: Lello & Irmão, 1963. p. 27-28.

Almeida Garrett (1799-1854), que pertenceu à primeira fase do Romantismo português, é poeta, prosador e dramaturgo dos mais importantes da literatura portuguesa. Em *Viagens na minha terra* (1846), mistura, em prosa rica, variada e espirituosa, o relato jornalístico, a literatura de viagens, as divagações sobre temas da época e os comentários críticos, muitas vezes mordazes, sobre a literatura em voga no período. Releia o texto que lhe apresentamos e, a seguir, responda:

a) A que gêneros literários se refere Almeida Garrett?

b) Quais os principais defeitos, segundo Garrett, dos escritores que elaboravam obras de tais gêneros?

6 Julgue (V ou F) as proposições a seguir:

I. Alexandre Herculano é um dos maiores escritores românticos portugueses, com destaque para a historiografia.

II. A Idade Média é um dos motivadores para a criação literária de Alexandre Herculano.

III. Eurico e Hermengarda são duas personagens de *Eurico, o presbítero*.

Romantismo no Brasil

1. Primeira geração romântica brasileira (poesia)

O Romantismo no Brasil inicia-se em 1836, com a publicação de *Suspiros poéticos e saudades*, de Gonçalves de Magalhães, e o lançamento, em Paris, da revista *Niterói, a revista brasiliense*, produzida por Gonçalves de Magalhães, Araújo Porto Alegre, Sales Torres Homem e Pereira da Silva.

GONÇALVES DE MAGALHÃES

Domingos José Gonçalves de Magalhães, embora tenha lançado o Romantismo no Brasil, nunca foi um autêntico romântico, por causa de sua formação clássica. Escreveu *Urânia* e *Cantos fúnebres*, entre outras obras, e foi o primeiro autor de uma tragédia para teatro: *Antônio José ou O poeta e a Inquisição*.

GONÇALVES DIAS

Gonçalves Dias é considerado o primeiro grande poeta romântico brasileiro. Recebeu uma forte influência da literatura medievalista portuguesa, com acentuada tendência clássica.

Suas principais obras foram:

- na **poesia**, *Primeiros cantos* (1846), *Segundos cantos* e *Sextilhas de frei Antão* (1848), *Últimos cantos* (1851, na qual se encontra um poema clássico do Romantismo brasileiro da primeira geração: "I-Juca-Pirama") e *Os timbiras* (1857);
- no **teatro**, *Leonor de Mendonça* (1847).

Evidenciando o **nacionalismo** próprio dos românticos, Gonçalves Dias descreve a terra brasileira com tons acentuadamente idealizados, de modo que ela adquire cores paradisíacas.

Canção do exílio

Minha terra tem palmeiras,
Onde canta o Sabiá;
As aves que aqui gorjeiam
Não gorjeiam como lá.

Nosso céu tem mais estrelas,
Nossas várzeas têm mais flores,
Nossos bosques têm mais vida,
Nossa vida mais amores.

Em cismar, sozinho, à noite,
Mais prazer encontro eu lá;
Minha terra tem palmeiras,
Onde canta o Sabiá.

Minha terra tem primores,
Que tais não encontro eu cá;
Em cismar — sozinho, à noite —
Mais prazer encontro eu lá;
Minha terra tem palmeiras,
Onde canta o Sabiá.

Não permita Deus que eu morra,
Sem que eu volte para lá;
Sem que desfrute os primores
Que não encontro por cá;
Sem qu'inda aviste as palmeiras,
Onde canta o Sabiá.

Outra característica inerente aos autores do Romantismo brasileiro, principalmente da primeira geração, é o **indianismo**.

I-Juca-Pirama

Meu canto de morte,
Guerreiros, ouvi:
Sou filho das selvas,
Nas selvas cresci;
Guerreiros, descendo
Da tribo tupi. [...]

Da tribo pujante,
Que agora anda errante
Por fado inconstante,
Guerreiros, nasci:
Sou bravo, sou forte,
Sou filho do Norte;
Meu canto de morte,
Guerreiros, ouvi.
[...]

2. Segunda geração romântica brasileira

Conhecidos como ultrarromânticos, os autores da segunda geração receberam a influência dos franceses Lamartine e Musset e do inglês Byron. O desejo de morrer, a incompreensão do mundo, o escapismo, a dualidade entre a liberdade existencial e a religiosidade, o exagero fantasioso, o gosto pelo mórbido — às vezes, pelo satânico — e a melancolia profunda (*spleen*, para os ingleses; mal do século, para os franceses) são características presentes nos textos dos autores dessa geração romântica. Os principais nomes brasileiros dessa geração foram Álvares de Azevedo, Casimiro de Abreu, Fagundes Varela e Junqueira Freire.

ÁLVARES DE AZEVEDO

Manuel Antônio Álvares de Azevedo é considerado o mais importante poeta da segunda geração romântica brasileira; bem cedo começou a se interessar pela obra de poetas românticos europeus, principalmente Byron e Musset, que o influenciaram profundamente. Em São Paulo, iniciou o curso de direito, que não chegou a concluir. Foi ainda em São Paulo que escreveu toda a sua obra; contudo, morreu sem vê-la publicada. *Lira dos vinte anos* é seu mais expressivo trabalho em poesia. *Noite na taverna*, uma reunião de contos fantásticos, expressa verdadeiramente a influência de Byron e aproxima-se dos contos de Edgar Allan Poe. Na poesia, Álvares de Azevedo deixou três obras: *Conde Lopo*, *Poema do frade* e *Pedro Ivo*. Escreveu também a peça teatral *Macário*.

Álvares de Azevedo representou o que de melhor existiu na segunda geração romântica brasileira. Profundamente sintonizada com o estilo de autores românticos europeus, sua poesia ganhou força na melancolia, na fantasia, no sonho e nos ardores juvenis de seu tempo, com declarado exagero existencial e um tom melodioso nos versos. Notam-se, em seu estilo, a idealização da mulher e certo apelo à figura materna; seus ambientes são mórbidos, acinzentados pela presença constante da morte e da necessidade de fuga.

Se eu morresse amanhã

Se eu morresse amanhã, viria ao menos
Fechar meus olhos minha triste irmã;
Minha mãe de saudades morreria
Se eu morresse amanhã!

Quanta glória pressinto em meu futuro!
Que aurora de porvir e que manhã!
Eu perdera chorando essas coroas
Se eu morresse amanhã!

Que sol! que céu azul! que doce n'alva
Acorda a natureza mais louçã!
Não me batera tanto amor no peito
Se eu morresse amanhã!

Mas essa dor da vida que devora
A ânsia de glória, o dolorido afã...
A dor no peito emudecera ao menos
Se eu morresse amanhã!

Álvares de Azevedo ironiza a própria condição romântica. Com o uso da metalinguagem e um tom juvenil um tanto debochado, aborda o exagero e a fantasia, próprios do Romantismo.

É ela! É ela! É ela! É ela!

[...]

Afastei a janela, entrei medroso...
Palpitava-lhe o seio adormecido...
Fui beijá-la... roubei do seio dela
um bilhete que estava ali metido...

Oh! decerto... (pensei) é doce página
onde a alma derramou gentis amores;
são versos dela... que amanhã decerto
ela me enviará cheios de flores...

[...]

É ela! é ela! — repeti tremendo;
mas cantou nesse instante uma coruja...
Abri cioso a página secreta...
Oh! meu Deus! era um rol de roupa suja!
[...]

Noite na taverna é uma narrativa constituída de sete partes (ou contos), rondando a seguinte situação: jovens embriagados encontram-se numa taverna, em noite de temporal. Depois de discutirem sobre o amor, a vida e a delícia dos vinhos, acham por bem cada um contar uma história, ou casos fantásticos, quase sempre com temática ligada à morte, à sensualidade, ao canibalismo, ao incesto e à necrofilia.

CASIMIRO DE ABREU

Casimiro José Marques de Abreu, com uma linguagem simples, de fácil assimilação, traduziu os temas românticos mais acessíveis: amores platônicos e quase sempre impossíveis, o medo de se entregar e de se revelar à pessoa amada, a delicadeza dos sentimentos,

a ingenuidade das intenções, a pureza da infância e da natureza, que convergem para a melancolia e para a tristeza.

Meus oito anos

Oh! souvenirs! printemps! aurores!
Victor Hugo

Oh! que saudades que tenho
Da aurora da minha vida,
Da minha infância querida
Que os anos não trazem mais!
Que amor, que sonhos, que flores,
Naquelas tardes fagueiras
À sombra das bananeiras,
Debaixo dos laranjais!

Como são belos os dias
Do despontar da existência!
— Respira a alma inocência
Como perfumes a flor;
O mar é — lago sereno,
O céu — um manto azulado,
O mundo — um sonho dourado,
A vida — um hino d'amor!
[...]

Canção do exílio

Se eu tenho de morrer na flor dos anos
Meu Deus! Não seja já;
Eu quero ouvir na laranjeira, à tarde,
Cantar o sabiá!

Meu Deus, eu sinto e tu bem vês que eu
[morro
Respirando este ar;
Faz que eu viva, Senhor! Dá-me de novo
Os gozos do meu lar!

O país estrangeiro mais belezas
Do que a pátria não tem;
E este mundo não vale um só dos beijos
Tão doces duma mãe!

Dá-me os sítios gentis onde eu brincava
Lá na quadra infantil;
Dá que eu veja uma vez o céu da pátria,
O céu do meu Brasil!

[...]

FAGUNDES VARELA

Fagundes Varela produziu uma poesia que se destaca pela ausência de artificialismo. A vida boêmia e, principalmente, a morte do filho marcaram seu texto com um caráter quase confessional, em que a palavra se associa ao sentimento, num momento de pura comoção e eloquência.

Cântico do calvário

*À memória de meu filho,
morto a 11 de dezembro de 1863*

Eras na vida a pomba predileta
Que sobre um mar de angústias conduzia
O ramo da esperança. — Eras a estrela
Que entre as névoas do inverno cintilava
Apontando o caminho ao pegureiro.
Eras a messe de um dourado estio.
Eras o idílio de um amor sublime.
Eras a glória, — a inspiração, — a pátria,
O porvir de teu pai! — Ah! no entanto,
Pomba, — varou-te a flecha do destino!
Astro, — engoliu-te o temporal do norte!
Teto, — caíste! — Crença, já não vives!
[...]

3. Terceira geração romântica brasileira

A terceira geração romântica brasileira, inspirada pelos princípios libertários defendidos por Victor Hugo, tornou-se conhecida como **geração condoreira**.

CASTRO ALVES

Filho da burguesia liberal, Castro Alves enfatizou essa tendência em seus trabalhos. Seus versos são revolucionários e não reproduzem o estilo melancólico-depressivo de seus antecessores. Seu idealismo é contagiante; abraça com entusiasmo as causas públicas, principalmente a abolicionista, e recebe, por isso, a alcunha de "Poeta dos Escravos".

Os dois poemas mais conhecidos de Castro Alves sobre o tema da escravidão são: "Vozes d'África" e "Navio negreiro", ambos do livro *Os escravos*.

Navio negreiro (fragmentos)

IV

Era um sonho dantesco... O tombadilho
Que das luzernas avermelha o brilho,
 Em sangue a se banhar.
Tinir de ferros... estalar do açoite...
Legiões de homens negros como a noite,
 Horrendos a dançar...

Negras mulheres, suspendendo às tetas
Magras crianças, cujas bocas pretas
 Rega o sangue das mães.
Outras, moças... mas nuas, espantadas,
No turbilhão de espectros arrastadas,
 Em ânsia e mágoa vãs!
E ri-se a orquestra, irônica, estridente...
E da ronda fantástica a serpente
 Faz doudas espirais...
Se o velho arqueja, se no chão resvala...
Ouvem-se gritos... o chicote estala.
 E voam mais e mais...

[...]

VI

E existe um povo que a bandeira empresta
P'ra cobrir tanta infâmia e cobardia!...
E deixa-a transformar-se nessa festa
Em manto impuro de bacante fria!...
Meu Deus! meu Deus! mas que bandeira
 [é esta,

Que impudente na gávea tripudia?!...
Silêncio!... Musa! chora, chora tanto
Que o pavilhão se lave no teu pranto...

Auriverde pendão de minha terra,
Que a brisa do Brasil beija e balança,
Estandarte que a luz do sol encerra
E as promessas divinas da esperança...
Tu, que da Liberdade após a guerra,
Foste hasteado dos heróis na lança,
Antes te houvessem roto na batalha,
Que servires a um povo de mortalha!...

Fatalidade atroz que a mente esmaga!
Extingue nesta hora o brigue imundo
O trilho que Colombo abriu na vaga,
Como um íris no pélago profundo!...
... Mas é infâmia demais... Da etérea plaga
Levantai-vos, heróis do Novo Mundo...
Andrada! arranca esse pendão dos ares!
Colombo! fecha a porta de teus mares!

Escravos, de Jean-Baptiste Debret (litografia).

O elemento reformador, influência direta de Victor Hugo, reforça o condoreirismo: a visão mais alta do mundo, a busca pela justiça e pela liberdade, essenciais ao espírito humano. A função conativa impera, há uso de verbos no imperativo e dos vocativos (numa sugestão de cumplicidade, de dialogismo). O uso de hipérboles — dos exageros metafóricos — sugere um tom de grandiosidade e imensidão. O poeta expande a percepção em expressões típicas, como espaços, vasto universo, tufões, oceano, vasto sertão, águia, condor, astros, tempestades.

O lirismo em Castro Alves assume tonalidade diferente da dos poetas da segunda geração: mais sensual, erótico, observador e sedutor, aproximando-se mais da visão realista que romântica do mal do século.

ATIVIDADES

1 (U. Amazônia-PA)

XV

[...]
És doutro agora, e pr'a sempre!
Eu a mísero desterro
Volto, chorando o meu erro,
Quase descrendo dos céus
Dói-te de mim, pois me encontras
Em tanta miséria posto,
Que a expressão deste desgosto
Será um crime ante Deus!
[...]

XVIII

Lerás porém algum dia
Meus versos, d'alma arrancados,
D'amargo pranto banhados,
Com sangue escritos; — e então
Confio que te comovas,
Que a minha dor te apiade,
Que chores, não de saudade,
Nem de amor, — de compaixão.

Gonçalves Dias

Nessas estrofes do poema "Ainda uma vez, adeus", de Gonçalves Dias, o eu lírico:

a) insatisfeito, evade-se da realidade por meio da morte.
b) transfere à poesia o que ele próprio não conseguira: a missão de comover a amada.
c) rompe com o platonismo contemplativo e seduz a amada.
d) resigna-se diante da impossibilidade de viver com a amada.

2 (Unicamp-SP) Casimiro de Abreu é um poeta romântico e Cacaso é um poeta contemporâneo. "E com vocês a modernidade", de Cacaso, remete-nos ao poema "Meus oito anos", de Casimiro de Abreu. Leia, com atenção, os dois textos abaixo transcritos e, aproximando seus elementos comuns e distinguindo os elementos divergentes, explique como o poema contemporâneo dialoga com a tradição romântica.

Oh! que saudades que tenho

Da aurora da minha vida,

Da minha infância querida,

Que os anos não trazem mais!

Que amor, que sonhos, que flores,

Naquelas tardes fagueiras

À sombra das bananeiras

Debaixo dos laranjais!

Casimiro de Abreu. "Meus oito anos."

Meu verso é profundamente romântico.

Choram cavaquinhos luares se derramam
[e vai

Por aí a longa sombra de rumores e
[ciganos.

Ai que saudade que tenho de meus
[negros verdes anos!

Cacaso. "E com vocês a modernidade".

a) Casimiro de Abreu faz referência a um poeta brasileiro, de um período anterior ao Romantismo. De que poeta se trata? A que escola ele pertence? Qual é a sua obra-prima?

b) Apesar de Casimiro de Abreu homenagear o poeta e sua amada, o trecho recebe uma forte influência de um terceiro poeta. De que poeta se trata?

4 (U. F. Juiz de Fora-MG) As estrofes apresentadas a seguir foram retiradas do poema "Vozes d'África", de Castro Alves, que é um dos textos em que o poeta expressa sua indignação diante da escravidão.

Vozes d'África

Deus! ó Deus, onde estás que não
[respondes?

Em que mundo, em qu'estrela tu t'escondes,

Embuçado nos céus?

Há dois mil anos te mandei meu grito,

Que embalde, desde então, corre o
[infinito...

Onde estás, Senhor Deus?...

[...]

Mas eu, Senhor!... Eu triste, abandonada,

Em meio das areias esgarrada,

Perdida marcho em vão!

Se choro... bebe o pranto a areia ardente;

Talvez... pra que meu pranto, ó Deus
[clemente!

Não descubras no chão!...

[...]

3 Leia esta estrofe, retirada de *Primaveras*, de Casimiro de Abreu.

Quando Dirceu e Marília

Em terníssimos enleios

Se beijavam com ternura

Em celestes devaneios;

Da selva o vate inspirado,

O sabiá namorado,

Na laranjeira pousado

Soltava ternos gorjeios.

a) Cite e explique a figura de linguagem pela qual o poeta estrutura esse fragmento do poema.

b) Identifique os elementos que representam, figuradamente, o abandono e o desespero advindos da escravidão.

EXERCÍCIOS COMPLEMENTARES

1 Dividimos a poesia romântica brasileira em três gerações, cada qual com o seu principal representante. Sobre isso, dê o nome e o tema de cada uma das gerações e o respectivo poeta.

2 (U. F. Santa Maria-RS) Leia o soneto a seguir:

Pálida, à luz da lâmpada sombria,
Sobre o leito de flores reclinada,
Como a lua por noite embalsamada,
Entre as nuvens do amor ela dormia!

Era a virgem do mar! na escuma fria
Pela maré das águas embalada!
Era um anjo entre nuvens d'alvorada
Que em sonhos se banhava e se esquecia!

Era mais bela! O seio palpitando…
Negros olhos as pálpebras abrindo…
Formas nuas no leito resvalando…

Não te rias de mim, meu anjo lindo!
Por ti — as noites eu velei chorando,
Por ti — nos sonhos morrerei sorrindo!

Álvares de Azevedo

Considere as seguintes afirmativas a respeito do soneto:

I. O fato de que, no poema, afetividade e natureza se relacionam situa-o claramente como produção barroca.

II. As palavras "virgem" (v. 5) e "anjo" (v. 7 e v. 12) indicam que a mulher observada se caracteriza pela pureza.

III. A alusão à morte, encontrada no verso 14, é um traço frequente na produção poética de Álvares de Azevedo.

Está(ão) correta(s):

a) I

b) III

c) I e III

d) II e III

e) I, II e III

3 (PUC-SP)

Oh! ter vinte anos sem gozar de leve
A ventura de uma alma de donzela!
E sem na vida ter sentido nunca
Na suave atração de um róseo corpo
Meus olhos turvos se fechar de gozo!
Oh! nos meus sonhos, pelas noites minhas
Passam tantas visões sobre meu peito!
Palor de febre meu semblante cobre,
Bate meu coração com tanto fogo!
Um doce nome os lábios meus suspiram,
Um nome de mulher... e vejo lânguida
No véu suave de amorosas sombras
Seminua, abatida, a mão no seio,
Perfumada visão romper a nuvem,
Sentar-se junto a mim, nas minhas
                         [pálpebras
O alento fresco e leve como a vida
Passar delicioso... Que delírios!
Acordo palpitante... inda a procuro;
Embalde a chamo, embalde as minhas
                         [lágrimas
Banham meus olhos, e suspiro e gemo...
Imploro uma ilusão... tudo é silêncio!
Só o leito deserto, a sala muda!
Amorosa visão, mulher dos sonhos,
Eu sou tão infeliz, eu sofro tanto!
Nunca virás iluminar meu peito
Com um raio de luz desses teus olhos?

Os versos citados integram a obra *Lira dos vinte anos*, de Álvares de Azevedo. Da leitura deles, podemos depreender que o poema:

a) ilustra a dificuldade de conciliar a ideia de amor com a de posse física.

b) manifesta o desejo de amar e a realização amorosa se dá concretamente em imagens de sonho.

c) concilia sonho e realidade e ambos se alimentam da presença sensual da mulher amada.

d) espiritualiza a mulher e a apresenta em recatado pudor sob "véu suave de amorosas sombras".

e) revela sentimento de frustração, provocado pelo medo de amar e pela recusa doentia e deliberada à entrega amorosa.

4 (UFGO) Leia o fragmento poético a seguir:

Lembrança de morrer

[...]

De meu pai... de meus únicos amigos,
Poucos, — bem poucos — e que não
                         [zombavam
Quando, em noites de febre endoidecido,
Minhas pálidas crenças duvidavam.

[...]

Descansem o meu leito solitário
Na floresta dos homens esquecida,
À sombra de uma cruz, e escrevam nela:
— Foi poeta — sonhou — e amou na vida.

CANDIDO, Antonio. *Melhores poemas de Álvares de Azevedo*. 5. ed. São Paulo: Global, 2002.

O significado do título "Lembrança de morrer" e a própria construção textual revelam o caráter diferenciado da poesia ultrarromântica de Álvares de Azevedo, que se expressa nesses versos pela:

a) idealização amorosa.

b) tensão reflexivo-crítica.

c) veia humorístico-satânica.

d) manifestação erótico-sensual.

e) celebração do amor demoníaco.

5 (Unifesp) O estilo dos versos de Casimiro de Abreu:

a) é brando e gracioso, carregado de musicalidade nas redondilhas maiores.

b) traduz-se em linguagem grandiosa, por meio das quais estabelece a crítica social.

c) é preciso e objetivo, deixando em segundo plano o subjetivismo.

d) reproduz o padrão romântico da morbidez e da melancolia.

e) é rebuscado e altamente subjetivo, o que o aproxima do estilo de Castro Alves.

6 (UFRS)

Boa noite

Boa noite, Maria! Eu vou-me embora.
A lua nas janelas bate em cheio.
Boa noite, Maria! É tarde… é tarde…
Não me apertes assim contra teu seio.

Boa noite!… E tu dizes — Boa noite.
Mas não digas assim por entre beijos…
Mas não mo digas descobrindo o peito,
— Mar de amor onde vagam meus desejos.
[…]
Julieta do céu! Ouve… a calhandra

Já rumoreja o canto da matina.
Tu dizes que eu menti?… Pois foi mentira…
… Quem cantou foi teu hálito, divina!
[…]

Castro Alves

Em "Boa noite", Castro Alves:

a) apresenta uma cena de amor interrompida pelo canto de um pássaro que anuncia o surgimento de uma terceira pessoa na sala.

b) despede-se da amada, que retribui o adeus, demonstrando em sua atitude a vontade de que o amante permaneça.

c) despede-se da amada, alegando que o luar, ao bater nas janelas, há de denunciá-los aos demais moradores da casa.

d) apresenta uma cena em que o amante amedrontado avalia depreciativamente os dotes físicos da amada.

e) despede-se da amada, que se encontra no leito, desnuda e temerosa de que eles sejam surpreendidos.

A prosa romântica brasileira

1. O Romantismo na prosa

Os folhetins foram indispensáveis para a ampla difusão da prosa romântica brasileira. Publicados em capítulos nos jornais, exerciam grande fascínio sobre os leitores, ávidos por conhecer as soluções das tramas apresentadas.

O romance romântico brasileiro expôs todas as vertentes da cultura da época: foi urbano, regionalista, histórico, indianista e até crítico da sociedade burguesa.

2. Principais autores

JOAQUIM MANUEL DE MACEDO

Joaquim Manuel de Macedo foi o mais popular dentre os escritores da prosa romântica brasileira, e a razão dessa popularidade estava na fácil identificação da sociedade da época com seus romances. O modelo era invariavelmente o mesmo: o herói escondia um segredo só revelado no final do romance; os desencontros amorosos eram solucionados de forma surpreendente. Em 1844, publica *A Moreninha*.

JOSÉ DE ALENCAR

José Martiniano de Alencar, com um espírito inquieto e crítico, foi um dos mais fecundos autores da literatura brasileira. Escreveu: **romances indianistas** (*O guarani, Iracema, Ubirajara*); **romances históricos** (*As minas de prata, A Guerra dos Mascates*); **romances regionalistas** (*O gaúcho, Til, O sertanejo, O tronco do ipê*); **romances urbanos** (*Cinco minutos, A viuvinha, Lucíola, Diva, A pata da gazela, Senhora, Encarnação, Sonhos d'ouro*).

José de Alencar foi nacionalista, indianista, regionalista e historiógrafo, sem deixar de retratar a paisagem urbana e os costumes da corte. Exaltou a diversidade regional do Brasil. Inventou histórias heroicas; deu ao índio um ar de nobreza e superioridade por meio de uma roupagem heroica e cavalheiresca; transformou o exotismo em bravura; fez questão de assinalar as diferenças entre a língua "brasileira" e a portuguesa.

IRACEMA

Publicada em 1865, a obra *Iracema* — ou *A lenda do Ceará*, como classificava o próprio autor — representa um dos mais belos textos da prosa poética brasileira. Conta a fundação do Ceará, a partir da história de Martim Soares Moreno, homem branco que é ferido pela flecha de Iracema (anagrama da palavra *América*), índia tabajara.

Iracema cuida do ferimento de Martim, desagradando aos tabajaras, principalmente Irapuã, guerreiro apaixonado por ela. Martim vê-se dividido entre a saudade de Portugal e a atração que sente por Iracema.

Martim e Iracema acabam se envolvendo, o que afronta o voto de castidade feito pela moça, que abandona sua tribo para viver com o amado. Dessa união nasce Moacir, "o filho da dor". Cumprindo a profecia de seu pai, Araquém, Iracema morre nos braços de Martim, que enterra a esposa e parte com o filho para a Europa.

SENHORA

Senhora (1875) pode ser considerada uma das obras-primas da literatura brasileira. O romance trata do tema do casamento burguês, ou seja, do casamento que se baseia no interesse econômico, o que faz a obra ser considerada precursora do Realismo. José de Alencar classifica o romance dentro de seus "perfis de mulher".

MANUEL ANTÔNIO DE ALMEIDA

Memórias de um sargento de milícias foi a única grande obra de Manuel Antônio de Almeida. Publicada como folhetim, foi assinada com o pseudônimo de "Um brasileiro". O romance conta a história de Leonardinho, espécie de "malandro" ou pícaro carioca do começo do século XIX. Como anti-herói, reúne em si não as qualidades de um típico protagonista romântico, mas de um indivíduo ocioso, malandro, vingativo e irresponsável, que prefere aproveitar-se da boa sorte para levar a vida bem no "jeitinho brasileiro". Enfim, um indivíduo que traduz a tendência cômica por meio de suas trapalhadas.

A obra é singular, porque foge aos padrões estéticos tradicionais do Romantismo que ainda dominavam a literatura brasileira. Em lugar de focalizar a sociedade burguesa, como era comum nos romances urbanos, caracteriza a sociedade mais humilde do Rio de Janeiro das primeiras décadas do século XIX. O tempo da narrativa é cronológico e mostra o período de governo de d. João VI. Em lugar do romance de cenário, típico do Romantismo, Manuel cria um romance de costumes com tendência à novela picaresca, utiliza um enredo fragmentado, o que antecipa os romances digressivos que seriam comuns a partir do Realismo. Suas personagens são mais realistas do que idealizadas. Outro aspecto relevante é a ausência de final feliz tradicional, o que aproxima o texto da definição de obra aberta, uma vez que o final fica no ar ao reunir uma sucessão de fatos alegres e tristes e sugerir que outros poderiam ocorrer.

BERNARDO GUIMARÃES

Bernardo Guimarães nasceu em Ouro Preto (MG), em 1825. Foi juiz de direito em Goiás e depois em Minas Gerais. Boêmio e divertido, gostava de música e tocava violão. Faleceu em 1884. Suas principais obras foram *A escrava Isaura*, *O garimpeiro* e *O seminarista*.

ATIVIDADES

1. Sobre *Iracema*, de José de Alencar, assinale a alternativa incorreta:
   a) Tem como tema central a lenda da colonização do Ceará.
   b) Martim, Iracema e Moacir podem ser considerados personagens alegóricos, já que representam o velho mundo, o mundo selvagem e o novo mundo, respectivamente.
   c) Devido à sua linguagem repleta de metáforas e símiles, já foi considerada poema em prosa.
   d) Ao lado de *O Guarani* e *Ubirajara* forma a tríade indianista do autor.
   e) *Iracema* foi totalmente concebida sem nenhuma referência histórica, sendo, essencialmente, indianista.

2. Não pertence aos grupos dos romances regionalistas de José de Alencar:
   a) *O tronco do ipê*
   b) *O gaúcho*
   c) *O sertanejo*
   d) *As minas de prata*
   e) *Til*

3 (PUC-SP, adaptada) "Verdes mares bravios de minha terra natal, onde canta a jandaia nas frondes da carnaúba;

Verdes mares que brilhais como líquida esmeralda aos raios do sol nascente, perlongando as alvas praias ensombradas de coqueiros; / Serenai, verdes mares, e alisai docemente a vaga impetuosa para que o barco aventureiro manso resvale à flor das águas."

Esse trecho é o início do romance *Iracema*, de José de Alencar. Dele é possível afirmar que:

a) Iracema é uma lenda criada por Alencar para explicar poeticamente as origens das raças indígenas da América.

b) as personagens Iracema, Martim e Moacir participam da luta fratricida entre os tabajaras e os pitiguaras.

c) o romance, elaborado com recursos de linguagem figurada, é considerado o exemplar mais perfeito da prosa poética na ficção romântica brasileira.

d) o nome da personagem-título é anagrama de América, e essa relação caracteriza a obra como um romance histórico.

e) a palavra *Iracema* é o resultado da aglutinação de duas outras da língua guarani e significa "lábios de fel".

4 (Fuvest-SP)

Era este um homem todo em proporções infinitesimais, baixinho, magrinho, de carinha estreita e chupada, e excessivamente calvo; usava óculos, tinha pretensões de latinista, e dava bolos nos discípulos por dá cá aquela palha. Por isso era um dos mais acreditados da cidade. O barbeiro entrou acompanhado pelo afilhado, que ficou um pouco escabriado à vista do aspecto da escola, que nunca tinha imaginado.

Manuel A. de Almeida.
Memórias de um sargento de milícias.

Observando-se, nesse trecho, os elementos descritivos, o vocabulário e, especialmente, a lógica da exposição, verifica-se que a posição do narrador frente aos fatos narrados caracteriza-se pela atitude:

a) crítica, em que os costumes são analisados e submetidos a julgamento.

b) lírico-satírica, apontando para um juízo moral pressuposto.

c) cômico-irônica, com abstenção de juízo moral definitivo.

d) analítica, em que o narrador onisciente prioriza seu afastamento do narrado.

e) imitativa ou de identificação, que suprime a distância entre o narrador e o narrado.

EXERCÍCIOS COMPLEMENTARES

1 (IME-RJ) Na visão romântica de José de Alencar, o índio é:

a) descrito como um ser preguiçoso, que passa o tempo sentado à porta da cabana.

b) um defensor árduo dos animais que são por ele atraídos.

c) idealizado para assumir características europeias.

d) exterminado para que os cristãos povoem as nossas terras.

e) nenhuma das repostas anteriores.

2 (PUC-SP) Considere os dois fragmentos extraídos de *Iracema*, de José de Alencar.

I. Onde vai a afoita jangada, que deixa rápida a costa cearense, aberta ao fresco terral a grande vela? Onde vai como branca alcíone buscando o rochedo pátrio nas solidões do oceano? Três entes respiram sobre o frágil lenho que vai singrando veloce, mar em fora. Um jovem guerreiro cuja tez branca não cora o sangue americano; uma criança e um rafeiro que viram a luz no berço das florestas, e brincam irmãos, filhos ambos da mesma terra selvagem.

II. O cajueiro floresceu quatro vezes depois que Martim partiu das praias do Ceará, levando no frágil barco o filho e o cão fiel. A jandaia não quis deixar a terra onde repousava sua amiga e senhora. O primeiro cearense, ainda no berço, emigrava da terra da pátria. Havia aí a predestinação de uma raça?

Ambos apresentam índices do que poderia ter acontecido no enredo do romance, já que constituem o começo e o fim da narrativa de Alencar. Desse modo, é possível presumir que o enredo apresenta:

a) o relacionamento amoroso de Iracema e Martim, a índia e o branco, de cuja união nasceu Moacir, e que alegoriza o processo de conquista e colonização do Brasil.

b) as guerras entre as tribos tabajara e pitiguara pela conquista e preservação do território brasileiro contra o invasor estrangeiro.

c) o rapto de Iracema pelo branco português Martim como forma de enfraquecer os adversários e levar a um pacto entre o branco colonizador e o selvagem dono da terra.

d) a vingança de Martim, desbaratando o povo de Iracema, por ter sido flechado pela índia dos lábios de mel em plena floresta e ter-se tornado prisioneiro de sua tribo.

e) a morte de Iracema, após o nascimento de Moacir, e seu sepultamento junto a uma carnaúba, na fronde da qual canta ainda a jandaia.

3 (U. E. Londrina-PR) Examine as proposições a seguir e assinale a afirmativa incorreta.

a) A relevância da obra de José de Alencar no contexto romântico decorre, em grande parte, da idealização dos elementos considerados como genuinamente brasileiros, notadamente a natureza e o índio. Essa atitude impulsionou o nacionalismo nascente, por ser uma forma de reação política, social e literária contra Portugal.

b) Ao lado de *O guarani* e *Ubirajara*, *Iracema* representa um mito de fundação do Bra-

sil. Nessas obras, a descrição da natureza brasileira possui numerosas funções, com destaque para a "cor local", isto é, o elemento particular que o escritor imprimia à literatura, acreditando contribuir para a sua nacionalização.

c) Embora tendo sido escrito no período romântico, *Iracema* apresenta traços da ficção naturalista tanto na criação das personagens quanto na tematização dos problemas do país.

d) A leitura de *Iracema* revela a importância do índio na literatura romântica. Entretanto, sabe-se que a presença do índio não se restringiu a esse contexto literário, tendo desembocado inclusive no Modernismo, por intermédio de escritores como Mário de Andrade e Oswald de Andrade.

e) O contraponto poético da prosa indianista de Alencar é constituído pela lírica de Gonçalves Dias. Indiscutivelmente, em "O canto do guerreiro" e em "O canto do piaga", dentre outros poemas, o índio é apresentado de maneira idealizada, numa perpetuação da imagem heroica e sublime adequada aos ideais românticos.

4 (UFAL) Sobre o romance *Senhora*, de José de Alencar, julgue (V ou F) as proposições a seguir:

I. Fernando Seixas e Aurélia constituem o par romântico central, cuja relação é basicamente tensionada pelo ciúme.

II. Em pleno império, os protagonistas do romance vivem um conflito tipicamente burguês: amor *versus* interesse.

III. Os títulos das partes desse romance prendem-se mais ao mundo das finanças que ao desenvolvimento de uma paixão.

VI. Nessa obra, o autor busca retratar a sociedade urbana de seu tempo, o que implica alguns traços de cunho realista.

V. Se no início do romance havia certa equivalência nas posições sociais dos protagonistas, no desenvolver dele esse equilíbrio é rompido.

5 (Fuvest-SP) Sobre o romance indianista de José de Alencar, pode-se afirmar que:

a) analisa as reações psicológicas da personagem como um efeito das influências sociais.

b) é um composto resultante de formas originais do conto.

c) dá forma ao herói, amalgamando-o à vida da natureza.

d) representa contestação política ao domínio português.

e) mantém-se preso aos modelos legados pelos clássicos.

6 (PUC-SP) *Iracema* constitui com *O Guarani* e *Ubirajara* a trilogia dos romances indianistas de José de Alencar. Na poesia, Gonçalves Dias também exaltou o índio em textos como *I-Juca Pirama*, *Leito de folhas verdes*, *Marabá*, *O canto do piaga*, além do poema épico "Os Timbiras". Pergunta-se: o que representou o indianismo na literatura romântica brasileira?

_____

_____

_____

_____

_____

_____

_____

_____

_____

Realismo

1. O "novo século das luzes"

Na segunda metade do século XIX, como efeito da Revolução Industrial, a velha nobreza e o clero começam a sofrer abalos estruturais que mudariam o curso da história e, por conseguinte, da arte. Alguns autores chamavam esse período de o "novo século das luzes", uma vez que o pensamento científico-filosófico provocou uma mudança radical no comportamento da sociedade e nos rumos das próximas gerações.

Para entender melhor, é preciso conhecer um pouco alguns "ismos":

- **Evolucionismo**. O cientista inglês Charles Darwin acreditava que os seres mais bem adaptados às condições do ambiente poderiam evoluir para formas cada vez mais complexas.

- **Positivismo**. Augusto Comte afirmava que a humanidade evoluiu em três estágios: **teológico**, **metafísico** e **positivista**. O teológico associava-se à religião. O estágio metafísico está associado ao abstracionismo. Somente no positivismo o homem encontraria respostas e ordenação à sua conduta, pois as leis científicas governam o mundo.

- **Socialismo**. Conjunto de doutrinas políticas que propunham uma mudança da organização político-social, buscando o interesse geral, contra os interesses de classes privilegiadas.

- **Determinismo**. Princípio filosófico que procura negar a ideia do livre-arbítrio e afirmar que os seres estão sujeitos ao meio, à raça e ao momento. O principal nome do determinismo é Hippolyte Taine.

- **Pessimismo**. Arthur Schopenhauer aponta para a impossibilidade de mudança da realidade, sempre adversa.

Nesse contexto, o sonho, a fantasia e a exaltação românticos foram substituídos pelo conhecimento. As crises do coração eram trocadas pela análise do comportamento; a idealização cedia espaço à realidade; havia uma busca frenética pela causa, amparada em conceitos científicos e sociais. A objetividade e a exatidão assumiam um papel preponderante.

Na literatura, uma corrente expunha o homem em seu viés psicológico (**corrente realista**); outra descrevia o homem sob o caráter biológico e determinista (**corrente naturalista**).

2. Realismo em Portugal

O Realismo português representou um dos mais férteis movimentos da literatura portuguesa. A qualidade das obras superou a dos demais momentos, evidenciada pela prosa de Eça de Queirós e pela poesia de Antero de Quental, Cesário Verde e Guerra Junqueiro.

ANTERO DE QUENTAL

Foi Antero de Quental quem desencadeou a Questão Coimbrã, tendo participado ativamente das Conferências do Cassino Lisbonense em 1865, marco inaugural do Realismo português.

Sua obra afrontava o catolicismo e o tradicionalismo. Em seus versos, notam-se o ímpeto reformador e o pendor entusiasmado pelas causas sociais.Traduzia também a busca pelo sentido interior, uma razão para a existência.

A dúvida entre o materialismo dialético do socialismo e a fé religiosa recebida na infância separou sua poesia. Assim, pode-se falar em dois Anteros: um que exalta o progresso, o socialismo e a razão e outro que faz uma poesia sombria, melancólica e pessimista.

Hino à razão

Razão, irmã do Amor e da Justiça,
Mais uma vez escuta a minha prece.
É a voz dum coração que te apetece,
Duma alma livre, só a ti submissa.

Por ti é que a poeira movediça
De astros, sóis e mundos permanece;
E é por ti que a virtude prevalece,
E a flor do heroísmo medra e viça.

[...]

Antero de Quental

GUERRA JUNQUEIRO

Guerra Junqueiro aderiu ao Realismo depois de ter publicado sua primeira obra, *A morte de d. João*, ainda sob o domínio da estética romântica. Seus primeiros momentos realistas não representam grande impacto, pois ainda não possuem a força de sua principal característica: o apelo ao místico e à simplicidade, numa crise entre religiosidade e razão (*A velhice do padre eterno*).

A bênção da locomotiva

A obra está completa. A máquina flameja,
Desenrolando o fumo em ondas pelo ar.
Mas, antes de partir, mandem chamar a
[Igreja,

Que é preciso que um bispo a venha
[batizar.

Como ela é com certeza o fruto de Caim,
A filha da razão, da independência
[humana,
Botem-lhe na fornalha uns trechos em
[latim,
E convertam-na à fé católica romana.

Devem nela existir diabólicos pecados,
Porque é feita de cobre e ferro; e estes
[metais
Saem da natureza, ímpios, excomungados,
Como saímos nós dos ventres maternais!
[...]

Guerra Junqueiro

CESÁRIO VERDE

A poesia de Cesário Verde pode ser analisada como estética de transição entre o Realismo e o Parnasianismo. Seus versos valorizam o elemento pictórico, o descritivismo acentuado tanto do cenário quanto das personagens, trazendo sempre um retrato da realidade social de Lisboa.

O confronto entre a burguesia e o proletariado é um traço marcante em seus poemas de cunho social, mas com forte apelo irônico e humorístico.

O sentimento de um ocidental

I

Ave-marias

Nas nossas ruas, ao anoitecer,
Há tal soturnidade, há tal melancolia,
Que as sombras, o bulício, o Tejo, a
[maresia
Despertam-me um desejo absurdo de sofrer.

[...]

Batem os carros de aluguer, ao fundo,
Levando à via férrea os que se vão. Felizes!
Ocorrem-me em revista, exposições, países:
Madrid, Paris, Berlim, S. Petersburgo, o
[mundo!

[...]
Vêm sacudindo as ancas opulentas!
Seus troncos varonis recordam-me pilastras;
E algumas, à cabeça, embalam nas
[canastras
Os filhos que depois naufragam nas
[tormentas.

Descalças! Nas descargas de carvão,
Desde manhã à noite, a bordo das fragatas;
E apinham-se num bairro aonde miam
[gatas,
E o peixe podre gera os focos de infecção!

Cesário Verde

EÇA DE QUEIRÓS

A obra de Eça de Queirós tem o povo português, principalmente a burguesia, como alvo de análise e crítica. Pode ser dividida em três fases:
- **Primeira fase (romântica)**: *O mistério da estrada de Sintra, Prosas bárbaras.*
- **Segunda fase (realista-naturalista)**: *O crime do padre Amaro, O primo Basílio, O mandarim, A relíquia* e *Os Maias.*
- **Terceira fase (realista-fantasiosa)**: *A ilustre casa de Ramires, A correspondência de Fradique Mendes, A cidade e as serras, A capital, O conde d'Abranhos.*

3. Machado de Assis e o Realismo no Brasil

Em 1881, com a publicação de *Memórias póstumas de Brás Cubas*, de Machado de Assis, e de *O mulato*, de Aluísio Azevedo, o Realismo e o Naturalismo, respectivamente, aparecem no cenário da literatura brasileira.

MACHADO DE ASSIS

Joaquim Maria Machado de Assis (1839-1908) nasceu e morreu no Rio de Janeiro.

Figura 1

Machado de Assis, "o bruxo do Cosme Velho".

Sua obra pode ser dividida em duas fases:
- **Fase romântica** ou de **amadurecimento**: fase transitória que foge aos padrões típicos do período, porque em seus romances e contos não há o sentimentalismo exagerado e as personagens não são lineares.
- **Fase realista** ou da **maturidade**: período em que se nota a influência dos realistas Flaubert e Proudhon e de autores como Sterne, Swift e Xavier de Maistre, por exemplo.

As obras da segunda fase procuram utilizar recursos como o leitor incluso, ou seja, a preocupação em estabelecer um diálogo com o leitor e a reflexão sobre a própria obra (metalinguagem).

A crítica aos valores sociais, principalmente à hipocrisia da sociedade, é colocada de forma irônica e humorística em *Memórias póstumas de Brás Cubas*, por meio do defunto-autor que analisa o vazio da sua existência. Em *Dom Casmurro*, a desilusão resulta da suspeita do adultério e do ciúme doentio de Bentinho. A dúvida é o mal que corrói a alma do protagonista e mantém a ambiguidade em todo o romance.

Sua principal produção literária:
- **Romances**: *Ressurreição, A mão e a luva, Helena, Iaiá Garcia, Memórias póstumas de Brás Cubas, Quincas Borba, Dom Casmurro, Esaú e Jacó* e *Memorial de Aires.*

- **Contos**: *Contos fluminenses, Histórias da meia-noite, Papéis avulsos, Histórias sem data, Várias histórias, Páginas recolhidas* e *Relíquias da casa velha*.

ATIVIDADES

1 Uma das características seguintes não pertence ao Realismo:
a) Personagens reais, tirados do cotidiano.
b) Preocupação formal.
c) Volta ao passado.
d) Crítica à burguesia.
e) Objetivismo.

2 Sobre Eça de Queirós, maior representante da prosa realista em Portugal, assinale a alternativa incorreta:
a) Participou, ao lado de Antero de Quental, da polêmica Questão Coimbrã, defendendo os ideais realistas e atacando os ideais românticos.
b) Em sua primeira fase, nota-se uma visível imaturidade, consequência de sua ainda incipiente literatura. Dela, resultou a obra *Prosas bárbaras*.
c) Com a obra *O crime do padre Amaro* engaja-se no Naturalismo. A ela, juntam-se outras obras como *O primo Basílio* e *Os Maias*.
d) No Brasil, o autor que mais se identificou com Eça de Queirós foi Aluísio Azevedo, autor de *O mulato, O cortiço* e *Casa de pensão*.
e) Em sua última fase, surgem obras decorrentes de sua consciência nacional, tais como *A cidade e as serras* e *A ilustre casa de Ramires*.

3 (Fazu-MG) Leia o texto a seguir para responder à questão.

Capítulo XV – Marcela

Gastei trinta dias para ir do Rocio Grande ao coração de Marcela, não já cavalgando o corcel do cego desejo, mas o asno da paciência, a um tempo manhoso e teimoso. Que, em verdade, há dous meios de granjear a vontade das mulheres: o violento, como o touro de Europa, e o insinuativo, como o cisne de Leda e a chuva de ouro de Dânae, três inventos do padre Zeus, que, por estarem fora de moda, aí ficam trocados no cavalo e no asno. Não direi as traças que urdi, nem as peitas, nem as alternativas de confiança e temor, nem as esperas baldadas, nem nenhuma outra dessas cousas preliminares.

Afirmo-lhes que o asno foi digno do corcel — um asno de Sancho, deveras filósofo, que me levou à casa dela, no fim do citado período; apeei-me, bati-lhe na anca e mandei-o pastar.

Primeira comoção da minha juventude, que doce que me foste! Tal devia ser, na criação bíblica, o efeito do primeiro sol. Imagina tu esse efeito do primeiro sol, a bater de chapa na face de um mundo em flor. Pois foi a mesma cousa, leitor amigo, e se alguma vez contaste dezoito anos, deves lembrar-te que foi assim mesmo.

Teve duas fases a nossa paixão, ou ligação, ou qualquer outro nome, que eu de nomes não curo; teve a fase consular e a fase imperial. Na primeira, que foi curta, regemos o Xavier e eu, sem que ele jamais acreditasse dividir comigo o governo de Roma; mas quando a credulidade não pôde resistir à evidência, o Xavier depôs as insígnias, e eu concentrei todos os poderes na minha mão; foi a fase cesariana. Era meu o universo; mas, ai triste! não o era de graça. Foi-me preciso coligir dinheiro, multiplicá-lo, inventá-lo.

Machado de Assis. *Memórias póstumas de Brás Cubas*.

Em relação ao romance de Machado de Assis, *Memórias póstumas de Brás Cubas*, é correto afirmar:
a) A característica mais acentuada do romance reside na fuga insistente da realidade.
b) A obra não apresenta especificamente traços que a definam como um texto realista.
c) O texto apresenta otimismo no que se refere às relações humanas.

d) O narrador apresenta ao leitor os indícios necessários para que sejam visualizadas a história pregressa de alguém que está morto e a própria tragédia do homem diante de si mesmo.

e) O narrador não se refere em nenhum momento ao leitor.

4 (UEAL) Leia o texto a seguir.

Capítulo CXXIII / Olhos de ressaca

Enfim, chegou a hora da encomendação e da partida. Sancha quis despedir-se do marido, e o desespero daquele lance consternou a todos. Muitos homens choravam também, as mulheres todas. Só Capitu, amparando a viúva, parecia vencer-se a si mesma. Consolava a outra, queria arrancá-la dali. A confusão era geral. No meio dela, Capitu olhou alguns instantes para o cadáver tão fixa, tão apaixonadamente fixa, que não admira-lhe saltassem algumas poucas lágrimas e caladas...

As minhas cessaram logo. Fiquei a ver as dela; Capitu enxugou-as depressa, olhando a furto para a gente que estava na sala. Redobrou de carícias para a amiga, e quis levá-la, mas o cadáver parece que a retinha também. Momentos houve em que os olhos de Capitu fitaram o defunto, quais os da viúva, sem o pranto nem palavras desta, mas grandes e abertos, como a vaga do mar lá fora, como se quisesse tragar também o nadador da manhã.

Sobre o texto e sobre *Dom Casmurro*, julgue (V ou F) as seguintes afirmações:

( ) O capítulo CXXIII é de capital importância para o romance em questão, pois relata o momento em que, para Bento Santiago, Capitu deixou claros indícios de que o traía com Escobar.

( ) "Só Capitu, amparando a viúva, parece vencer-se a si mesma." Esse trecho indica que Capitu, ao contrário dos outros que estavam no velório, não sentia tristeza.

( ) "Capitu enxugou-as depressa, olhando a furto para a gente que estava na sala." Ao se referir ao gesto furtivo de Capitu para enxugar as lágrimas, o narrador chama a atenção para a timidez e o recato da esposa, característica indicada em outros momentos do romance.

EXERCÍCIOS COMPLEMENTARES

1 (Fuvest-SP) Como se sabe, Eça de Queirós concebeu o livro *O primo Basílio* como um romance de crítica da sociedade portuguesa, cujas "falsas bases" ele considerava um "dever atacar". A crítica que ele aí dirige a essa sociedade incide mais diretamente sobre:

a) o plano da economia, cuja estagnação estava na base da desordem social.

b) os problemas de ordem cultural, como os que se verificavam na educação e na literatura.

c) a excessiva dependência de Portugal em relação às colônias, responsável pelo parasitismo da burguesia metropolitana.

d) a extrema sofisticação da burguesia de Lisboa, cujo luxo e requinte conduziam à decadência dos costumes.

2 (Fuvest-SP)

A marquesa de Alegros ficara viúva aos quarenta e três anos, e passava a maior parte do ano retirada na sua quinta de Carcavelos. [...] As suas duas filhas, educadas no receio do Céu e nas preocupações da Moda, eram beatas e faziam o chique, falando com igual fervor da humildade cristã e do último figurino de Bruxelas. Um jornalista de então dissera delas:

— Pensam todos os dias no toalete com que hão de entrar no Paraíso.

Eça de Queirós. *O crime do padre Amaro.*

Paralelismo sintático e oposição semântica são recursos na caracterização das filhas da marquesa de Alegros.

a) Transcreva do texto os segmentos em que isso ocorre.

b) Identifique os efeitos de sentido que discorrem do emprego de tais recursos.

3 (Unicamp-SP) No final de *O crime do padre Amaro*, o cônego Dias e Amaro reencontram-se em Lisboa, juntando-se a eles o conde de Ribamar. Ao referir-se ao ambiente daquela cidade (e, consequentemente, de Portugal) naquele momento, o conde diz: "— Que paz, que animação, que prosperidade!" A essa observação, o narrador acrescenta uma descrição das ruas modorrentas de Lisboa, que pode ser resumida no seguinte trecho: "... pelos bancos de praça gente estirava-se num torpor de vadiagem; um carro de bois, aos solavancos sobre as suas altas rodas, era como o símbolo de agriculturas atrasadas de séculos". A contraposição das duas passagens citadas produz um efeito irônico. Explique.

4 (UFES) Quincas Borba, criador da filosofia do humanitismo, resumia o princípio do "humanitas" em um lema: "Ao vencedor, as batatas". Ao término da leitura do livro de Machado de Assis, pode-se afirmar que esse lema está intimamente associado ao desenvolvimento e ao desfecho do enredo. Emblematicamente, a narrativa *Quincas Borba* demonstra esse princípio filosófico ao colocar as personagens em confronto permanente no espaço social, procurando sempre uma pilhagem da outra. Com base nesse contexto, é incorreto dizer que:

a) o narrador é onisciente, expondo todas as personagens ao dissecamento moral.

b) o narrador, em primeira pessoa, isenta-se de comentar os fatos da narrativa.

c) o tema do humanitismo pode ser resumido em "o homem é o lobo do homem".

d) Palha e Sofia são personagens que encarnam a ética da tribo vencedora do "humanitas".

e) Quincas Borba, cão, é uma personagem que leva a fidelidade às últimas consequências.

5 (U. Metodista-SP) Assinale a alternativa correta:

a) A prosa realista, com o intuito moralizador, desmascara o casamento por interesse, tão comum no século XIX, para defender uma relação amorosa autêntica, segundo princípios filosóficos do platonismo.

b) A prosa romântica analisa mais profundamente a natureza humana, evitando a apresentação de caracteres padronizados em termos de paixões, virtudes e defeitos.

c) A prosa realista põe em cena personagens tipificados que, metamorfoseados em heróis valorosos, correspondem à expressão da consciência e valores coletivos.

d) A prosa realista, apoiando-se em teorias cientificistas do século XIX, empreende a análise de instituições burguesas, como o casamento, por exemplo, denunciando as bases frágeis dessa união.

e) A prosa romântica recria o passado histórico com o intuito de ironizar os mitos nacionais.

6 (PUC-SP)

A confusão era geral. No meio dela, Capitu olhou alguns instantes para o cadáver tão fixa, tão apaixonadamente fixa, que não admira-lhe saltassem algumas lágrimas poucas e caladas.

As minhas cessaram logo. Fiquei a ver as dela; Capitu enxugou-as depressa, olhando a furto para a gente que estava na sala. Redobrou de carícias para a amiga, e quis levá-la; mas o cadáver parece que a retinha também. Momento houve em que os olhos de Capitu fitaram o defunto, quais os da viúva, sem o pranto nem palavras desta, mas grandes e abertos, como a vaga do mar lá fora, como se quisesse tragar também o nadador da manhã.

O trecho acima, do romance *Dom Casmurro*, de Machado de Assis, autoriza o narrador a caracterizar os olhos da personagem do ponto de vista metafórico, como:

a) olhos de viúva oblíqua e dissimulada, apaixonada pelo nadador da manhã.

b) olhos de ressaca, pela força que arrasta para dentro.

c) olhos de bacante fria, pela irrecusável sensualidade e sedução que provocam.

d) olhos de primavera, pela cor que emanam e doçura que exalam.

e) olhos oceânicos, pelo fluido misterioso e enérgico que envolvem.

Naturalismo/Parnasianismo/Simbolismo

1. Naturalismo

O que difere o Naturalismo do Realismo é a abordagem temática. Enquanto os realistas buscam analisar a realidade interior, procurando investigar a intimidade psicológica das personagens de maneira sutil, com recursos expressivos, como a ironia e o sarcasmo, o Naturalismo expõe, de forma objetiva, fotográfica, as circunstâncias da realidade.

No Naturalismo, os princípios do evolucionismo, do determinismo e do socialismo estão intimamente associados, o que limita a concepção de vida do ser humano. As mazelas sociais são alvos temáticos: incesto, prostituição, imoralidade, miséria, promiscuidade, entre outros, são os assuntos preferidos. O homem é visto como um ser passivo, resultante das leis biológicas e sociais.

O autor naturalista, além de atribuir às suas personagens um instinto animalesco (zoomorfização), descreve detalhadamente suas características e as do local em que elas vivem, o que torna, por vezes, a narrativa lenta.

Os naturalistas optaram por descrever a gente que pertencia às camadas menos favorecidas, criticando a burguesia. Outra característica dos romances naturalistas é o sexualismo, tema considerado degradante para a época.

O francês Émile Zola é o grande nome do Naturalismo literário. Sua obra *Thérèse Raquin* serviu de inspiração para vários outros autores adeptos desse novo estilo.

Figura 1

Nessa tela, pode-se observar uma cena da realidade, retratada por Kirchner.

2. Naturalismo no Brasil

O Naturalismo brasileiro é contemporâneo do Realismo. Seu marco inicial se dá com a obra *O mulato*, de Aluísio Azevedo, publicada em 1881.

ALUÍSIO AZEVEDO

Influenciado por Zola e Eça de Queirós, foi um autor de personagens-tipos. Em suas obras *O cortiço*, *O mulato* e *Casa de pensão*, percebe-se uma preocupação caricatural, e as circunstâncias eram pautadas por explicações científicas, normalmente deterministas ou darwinistas, as quais, muitas vezes, reduziam as criaturas ao nível animal ou buscavam nas certezas ou "verdades naturais" as razões daquele estado de coisas. *O mulato* é considerado o primeiro romance de tese no Brasil, pois denuncia o preconceito racial por parte da sociedade maranhense, além de atacar o clero da época.

O trabalho de maior destaque de Aluísio Azevedo é *O cortiço*, publicado em 1890. Trata-se de um romance de tipos, com uma enorme galeria de personagens que assumem os mais diversos comportamentos, em que a decadência moral, norteada por fatores "perfeitamente" explicados pela ciência, traduz seu objetivo máximo.

RAUL POMPEIA

O Ateneu é o trabalho mais importante de Raul Pompeia. Esse romance pode ser classificado como de formação, uma vez que focaliza o período de dois anos em que o narrador-personagem, Sérgio, foi aluno interno do colégio Ateneu. As experiências traumáticas vividas no internato — o autoritarismo do diretor (Aristarco), a passividade maternal de d. Ema (mulher do diretor), a falsidade dos colegas, a sexualidade, o homossexualismo disseminado entre os estudantes e a hipocrisia de um ensino de aparências — sugerem que o incêndio da escola tenha sido uma espécie de vingança contra a sociedade aristocrática brasileira da segunda metade do século XIX.

A obra foi classificada por Mário de Andrade como "escândalo autobiográfico" e "romance de vingança". A maior parte da crítica aponta que uma das grandes marcas do romance é o caráter eclético de seu estilo pela combinação de Realismo, Naturalismo, Impressionismo e Expressionismo.

> Também participaram do Naturalismo:
> Adolfo Caminha, Inglês de Sousa, Júlio Ribeiro, Domingos Olímpio e Manuel de Oliveira Paiva.

3. Parnasianismo

A poesia do final do século XIX apresenta tendências distintas: de um lado, um sentimento antirromântico expresso em versos impregnados de um racionalismo intenso, em que a beleza ou a estética superavam o ímpeto; de outro, a reação oposta, ou seja, uma necessidade de valorização do espírito, a sondagem do místico, a volubilidade do ser e das coisas, a busca pelo etéreo, pelo transitório.

O nome da escola (Parnasianismo) vem da França, designação dada às antologias publicadas a partir de 1866 sob o título de *Parnasse Contemporain* (*Parnaso contemporâneo*), que continham poemas de Gautier, Banville e Leconte de Lisle.

Dotado de um racionalismo temático, o Parnasianismo retoma o culto à forma, o rigor da métrica e das rimas. Elementos ligados à mitologia grega povoam os poemas, elaborados com precisão e requinte.

Os estudiosos divergem quanto ao início do Parnasianismo no Brasil. Segundo alguns, começa com *Sonetos e rimas* (1880), de Luís Guimarães Júnior. Outros apontam *Fanfarras* (1882), de Teófilo Dias. Entre os poetas parnasianos brasileiros que se destacaram, podem-se mencionar Alberto de Oliveira, Raimundo Correia e Olavo Bilac. Fizeram também parte do estilo Vicente de Carvalho e Francisca Júlia.

ALBERTO DE OLIVEIRA

A preferência pela descrição objetiva de objetos e cenas exteriores e o culto excessivo da forma tornam a poesia de Alberto de Oliveira artificial e fria.

Vaso chinês

Estranho mimo aquele vaso! Vi-o,
Casualmente, uma vez, de um perfumado
Contador sobre o mármor luzidio,
Entre um leque e o começo de um
[bordado.

Fino artista chinês, enamorado,
Nele pusera o coração doentio
Em rubras flores de um sutil lavrado,
Na tinta ardente de um calor sombrio.

Mas, talvez por contraste à desventura,
Quem o sabe?... de um velho mandarim
Também lá estava a singular figura;

Que arte em pintá-la! a gente acaso vendo-a
Sentia um não sei quê com aquele chim
De olhos cortados à feição de amêndoa.

Alberto de Oliveira

Nesse poema, pode-se observar que, na tentativa de tornar-se objetivo, o poeta parnasiano opta pelas descrições, principalmente no que diz respeito à natureza e aos objetos.

RAIMUNDO CORREIA

Raimundo Correia mantém uma vertente de filosofismo que sugere influência romântica e chega a compor alguns poemas de tendência simbolista, como "Banzo" e "Plenilúnio". Suas principais obras são: *Primeiros sonhos* (1879), *Sinfonias* (1883), *Versos e versões* (1887) e *Aleluias* (1891).

As pombas

Vai-se a primeira pomba despertada…
Vai-se outra mais… mais outra… enfim
[dezenas
De pombas vão-se dos pombais, apenas
Raia sanguínea e fresca a madrugada…

E à tarde, quando a rígida nortada
Sopra, aos pombais, de novo elas, serenas,
Ruflando as asas, sacudindo as penas,
Voltam todas em bando e em revoada…

Também dos corações onde abotoam,
Os sonhos, um por um, céleres voam,
Como voam as pombas dos pombais;

No azul da adolescência as asas soltam,
Fogem… Mas aos pombais as pombas
[voltam,
E eles aos corações não voltam mais…

Raimundo Correia

OLAVO BILAC

Em seus poemas conseguiu fundir o estilo parnasiano francês à tradição lírica lusitana.

Mantém o formalismo, mesmo com um conteúdo ainda romântico.

Via Láctea

"Ora (direis) ouvir estrelas! Certo
Perdeste o senso!" E eu vos direi, no
[entanto,
Que, para ouvi-las, muita vez desperto
E abro as janelas, pálido de espanto…

E conversamos toda a noite, enquanto
A Via Láctea, como um pálio aberto,
Cintila. E, ao vir do sol, saudoso e em
[pranto,
Inda as procuro pelo céu deserto.

Direis agora: "Tresloucado amigo!
Que conversas com elas? Que sentido
Tem o que dizes, quando estão contigo?"

E eu vos direi: "Amai para entendê-las!
Pois só quem ama pode ter ouvido
Capaz de ouvir e de entender estrelas".

Olavo Bilac

4. Simbolismo

Os simbolistas reagem contra os parnasianos a fim de evitar o aprisionamento da criatividade a modelos pré-elaborados, excessivamente formais e que se descuidam do conteúdo e do espírito. No Simbolismo há uma procura pela recuperação dos valores emocionais, da riqueza expressiva, do sonho, da fantasia e da musicalidade.

Tem início na França, e seus principais autores são Verlaine, Mallarmé e Rimbaud. O Simbolismo levou o nome de Decadentismo ou "arte dos decadentes" por retomar elementos reprimidos pelos realistas e parnasianos, especialmente a espiritualidade.

A força da espiritualidade, os sentimentos morais, o mistério da existência, o consciente e o subconsciente, o sonho e a metafísica formam o universo simbolista. Essa subjetivação colocou o homem à margem da realidade, o que conferiu aos simbolistas o apelido de **nefelibatas**, ou seja, aqueles que vivem no mundo das nuvens.

No aspecto da linguagem, o Simbolismo explora as combinações sonoras e sensoriais. Vale-se, portanto, das aliterações, das assonâncias, das onomatopeias para extrair a musicalidade das palavras. Recorre à sinestesia para emaranhar as sensações.

O Simbolismo português inicia-se no ano de 1890, quando Eugênio de Castro publica a obra *Oaristos*. Antônio Nobre e Camilo Pessanha são outros expoentes dessa escola literária em Portugal. No Brasil, Cruz e Sousa, no ano de 1893, dá início ao Simbolismo com as obras *Missal* (prosa) e *Broquéis* (poesia).

CAMILO PESSANHA

Camilo de Almeida Pessanha nasceu em Coimbra, onde estudou e formou-se em direito, e faleceu tuberculoso em Macau, onde foi professor secundário de filosofia, conservador do registro predial e juiz.

A poesia de Pessanha funde apelos sensoriais suaves a uma vaga melodia, como se a alma do artista e o cenário se integrassem de maneira sutil. Sua única obra é *Clepsidra* (1922).

> [...]
> Águas claras do rio! Águas do rio,
> Fugindo sob o meu olhar cansado,
> Para onde me levais meu vão cuidado?
> Aonde vais, meu coração vazio?
> [...]

CRUZ E SOUSA

Cruz e Sousa empregou em seus textos os recursos mais expressivos do Simbolismo. Seus versos sugerem musicalidade intensa, sensorialismo ligado à cor branca, transcendentalismo e sensualismo.

Antífona

> Ó Formas alvas, brancas, Formas claras
> de luares, de neves, de neblinas!...

> Ó Formas vagas, fluidas, cristalinas...
> Incensos dos turíbulos das aras...

> Formas do Amor, constelarmente puras,
> de Virgens e de Santas vaporosas...
> Brilhos errantes, mádidas frescuras
> e dolências de lírios e de rosas...

> Indefiníveis músicas supremas,
> harmonias da Cor e do Perfume...
> Horas do Ocaso, trêmulas, extremas,
> Réquiem do Sol que a Dor da Luz
>   [resume...
> [...]

Cruz e Sousa

ALPHONSUS DE GUIMARAENS

A morte de sua prima e noiva Constança Guimarães foi o tema principal de sua poesia. Conhecido como "o solitário de Mariana" ou "poeta lunar", por causa de sua preferência pelos tons sombrios e pela luminosidade frouxa, Alphonsus de Guimaraens (poeta simbolista brasileiro) domina o cenário de sua terra natal.

A temática do amor e da morte, o misticismo católico e a religiosidade estão presentes em todos os seus poemas.

Ismália

> Quando Ismália enlouqueceu,
> Pôs-se na torre a sonhar...
> Viu uma lua no céu,
> Viu outra lua no mar.
> No sonho em que se perdeu,
> Banhou-se toda em luar...
> Queria subir ao céu,
> Queria descer ao mar...

> E, no desvario seu,
> Na torre pôs-se a cantar...
> Estava longe do céu,
> Estava longe do mar...
> [...]

Alphonsus de Guimaraens

ATIVIDADES

1 (Unifesp)

[...]

Fechou-se um entra e sai de marimbondos defronte daquelas cem casinhas ameaçadas pelo fogo. Homens e mulheres corriam de cá para lá com os tarecos ao ombro, numa balbúrdia de doidos. O pátio e a rua enchiam-se agora de camas velhas e colchões espocados. Ninguém se conhecia naquela zumba de gritos sem nexo, e choro de crianças esmagadas, e pragas arrancadas pela dor e pelo desespero. Da casa do barão saíam clamores apopléticos; ouviam-se os guinchos de Zulmira que se espolinhava com um ataque. E começou a aparecer água. Quem a trouxe? Ninguém sabia dizê-lo; mas viam-se baldes e baldes que se despejavam sobre as chamas.

Os sinos da vizinhança começaram a badalar.

E tudo era um clamor.

A Bruxa surgiu à janela da sua casa, como à boca de uma fornalha acesa. Estava horrível; nunca fora tão bruxa. O seu moreno trigueiro, de cabocla velha, reluzia que nem metal em brasa; a sua crina preta, desgrenhada, escorrida e abundante como as das éguas selvagens, dava-lhe um caráter fantástico de fúria saída do inferno. E ela ria-se, ébria de satisfação, sem sentir as queimaduras e as feridas, vitoriosa no meio daquela orgia de fogo, com que ultimamente vivia a sonhar em segredo a sua alma extravagante de maluca.

Ia atirar-se cá para fora, quando se ouviu estalar o madeiramento da casa incendiada, que abateu rapidamente, sepultando a louca num montão de brasas. [...]

Aluísio Azevedo. *O cortiço.*

O caráter naturalista dessa obra de Aluísio Azevedo oferece, de maneira figurada, um retrato de nosso país, no final do século XIX. Põe em evidência a competição dos mais fortes, entre si, e estes, esmagando as camadas de baixo, compostas de brancos pobres, mestiços e escravos africanos. No ambiente de degradação de um cortiço, o autor expõe um quadro tenso de misérias materiais e humanas. No fragmento, há várias outras características do Naturalismo.

Aponte a alternativa em que as duas características apresentadas são corretas:

a) Exploração do comportamento animal e dos instintos baixos; enfoque da vida e dos fatos sociais contemporâneos ao escritor.

b) Visão subjetivista dada pelo foco narrativo; tensão conflitiva entre o ser humano e o meio ambiente.

c) Preferência pelos temas do passado, propiciando uma visão objetiva dos fatos; crítica aos valores burgueses e predileção pelos mais pobres.

d) A onisciência do narrador imprime-lhe o papel de criador e se confunde com a ideia de Deus; utilização de preciosismos vocabulares, para enfatizar o distanciamento entre a enunciação e os fatos enunciados.

e) Exploração de um tema em que o ser humano é aviltado pelo mais forte; predominância de elementos anticientíficos, para ajustar a narração ao ambiente degradante das personagens.

2 (Unicamp-SP) No capítulo VII de *O Ateneu*, ao descrever a exposição de quadros dos alunos do colégio, o narrador assim se refere aos sentimentos de Aristarco:

Não obstante, Aristarco sentia-se lisonjeado pela intenção. Parecia-lhe ter na face a cocegazinha sutil do creiom passando, brincando na ruga mole da pálpebra, dos pés de galinha, contornando a concha da orelha, calcando a comissura dos lábios, entrevista na franja pelas dobras oblíquas da pele ao nariz, varejando a pituitária, extorquindo um espirro agradável e desopilante.

a) A que intenção se refere o narrador?

_____

_____

_____

_____

b) Quais características de Aristarco estão sugeridas neste comentário do narrador?

_____

_____

_____

_____

_____

_____

_____

c) Lendo esta descrição, você considera que o narrador compartilha dos mesmos sentimentos de Aristarco? Justifique.

_____

_____

_____

_____

Leia o texto a seguir para responder à questão.

Rio abaixo

Treme o rio, a rolar, de vaga em vaga...
Quase noite. Ao sabor do curso lento
Da água, que as margens em redor alaga,
Seguimos. Curva os bambuais o vento.
Vivo há pouco, de púrpura sangrento,
Desmaia agora o Ocaso. A noite apaga
A derradeira luz do firmamento...
Rola o rio, a tremer, de vaga em vaga,
Um silêncio tristíssimo por tudo
Se espalha. Mas a lua lentamente
Surge na fímbria do horizonte mudo:
E o seu reflexo pálido, embebido
como um gládio de prata na corrente,
Rasga o seio do rio adormecido.

Olavo Bilac

3 (FMU-PR) Desse poema, só não se conclui que:

a) o poeta se preocupou com a perfeição formal do poema, demonstrada pela métrica perfeita e pelo vocabulário rigorosamente escolhido.

b) o sentimento de angústia e tristeza está presente no poema, provocado pela impossibilidade de fugir à realidade.

c) "Rio abaixo" parece fruto da observação. É o estilo do Realismo na poesia.

d) o vocabulário do poema é poético, próprio, expressivo e erudito.

e) todos os versos se encontram no presente do indicativo, prova de que o assunto nasce da observação, não da imaginação.

4 Leia o trecho seguinte, retirado de *Antífona*, do simbolista Cruz e Sousa:

Ó Formas alvas, brancas, Formas claras...
De luares, de neves, de neblinas! ...
Ó Formas vagas, fluidas, cristalinas...
Incensos dos turíbulos das aras...

Formas do Amor, constelarmente puras...
De Virgens e de Santas vaporosas...
Brilhos errantes, mádidas frescuras...
E dolências de lírios e de rosas...

Indefiníveis músicas supremas...
Harmonias da Cor e do Perfume...
Horas do Ocaso, trêmulas, extremas,
Réquiem do Sol que a Dor da Luz
                                        [resume...

Todas as características listadas a seguir são pertinentes ao trecho simbolista lido, com exceção de:

a) maiúsculas alegorizantes.

b) misticismo e espiritualidade.

c) obsessão pelo branco.

d) uso de sinestesias.

e) objetividade.

EXERCÍCIOS COMPLEMENTARES

1 (U. F. São Carlos-SP) Leia com atenção este texto.

Eram cinco horas da manhã e o cortiço acordava, abrindo, não os olhos, mas a sua infinidade de portas e janelas alinhadas.

[...]

Daí a pouco, em volta das bicas era um zum-zum crescente; uma aglomeração tumultuosa de machos e fêmeas. Uns, após outros, lavavam a cara, incomodamente, debaixo do fio de água que escorria da altura de uns cinco palmos. O chão inundava-se. As mulheres precisavam já prender as saias entre as coxas para não as molhar; via-se-lhes a tostada nudez dos braços e do pescoço, que elas despiam, suspendendo o cabelo todo para o alto do casco; os homens, esses não se preocupavam em molhar o pelo, ao contrário, metiam a cabeça bem debaixo da água e esfregavam com força as ventas e as barbas, fossando e fungando contra as palmas da mão.

Aluísio Azevedo. *O cortiço.*

Aluísio Azevedo pertence ao Naturalismo.

a) Cite duas características desse estilo de época.

_____

_____

_____

_____

_____

_____

b) Exemplifique, no texto, essas duas características.

_____

_____

_____

_____

_____

_____

_____

_____

2 (UFTM-MG) Sobre a obra de Raul Pompeia, Mário de Andrade escreveu:

O *Ateneu* é uma caricatura sarcástica [...] da vida psicológica dos internatos. Digo caricatura no sentido de se tratar de uma obra em que os traços estão voluntariamente exagerados numa intenção punitiva.

Pode-se considerar como caricatural e sarcástico:

I. o modo pelo qual Aristarco é descrito pelo narrador, oferecendo de maneira episcopal a mão peluda ao beijo contrito e filial dos alunos.

II. o modo pelo qual o narrador observa que Aristarco consagrava as manhãs ao governo financeiro do colégio, conferindo as anotações feitas em um grande livro que se abria em colunas maciças de escrituração e linhas encarnadas.

III. o fato de o narrador ter associado os movimentos da cadeira giratória ocupada por Aristarco às mudanças de atitude deste, a cadeira funcionando como metáfora da personalidade do diretor.

Está correto o que se afirma em:

a) II, apenas.

b) I e II, apenas.

c) I e III, apenas.

d) II e III, apenas.

e) I, II e III.

3 (Fuvest-SP)

Fulge de luz banhado, esplêndido e
[suntuoso,
O palácio imperial de pórfiro luzente
E mármor da Lacônia. O teto caprichoso
Mostra, em prata incrustado, o nácar do
[Oriente.

O texto dado é a primeira estrofe do soneto "A sesta de Nero", de Olavo Bilac. Cite uma característica do estilo parnasiano que se comprova no texto.

_____

_____

_____

_____

_____

4 (PUC-PR) Medeiros e Albuquerque, anunciando o Simbolismo, escreveu:

> Pode a Música somente
>
> do Verso nas finas teias
>
> conservar no tom fluente
>
> tênue fantasma de ideias;
>
> Que importa a Ideia, contanto
>
> que vibre a Forma sonora,
>
> Se da Harmonia do canto
>
> Vaga ilusão se evapora?

Nesses versos, o poeta defende valores simbolistas. Aponte a alternativa que discrimina esses valores.

a) Imprecisão das ideias, verso fácil e fluente, musicalidade.

b) Musicalidade, pensamento esquisito, fluidez e formalismo.

c) Harmonia forma-conteúdo, imprecisão, verso sem rimas nem ideias fixas.

d) Sonoridade, ideias sobrenaturais, despreocupação com o sentido das palavras.

e) Sobrevalorização da sonoridade, musicalidade, sobreposição da forma à ideia.

5 Julgue (V ou F) as seguintes afirmativas:

I. Os poetas simbolistas ficaram conhecidos como "nefelibatas", isto é, aqueles que vivem nas nuvens.

II. A poesia simbolista é marcada pela musicalidade, numa tentativa de aproximar a poesia da música.

III. Para os poetas simbolistas o importante era sugerir e não nomear diretamente o objeto.

IV. Misticismo e espiritualidade marcam a poesia simbolista como forma de combater a poesia romântica.

V. No Brasil, o destaque ficou para Camilo Pessanha, o conhecido poeta de *Clepsidra*.

6 Leia as afirmações a seguir:

I. Enquanto os realistas e naturalistas combateram a sociedade com romances e contos, os parnasianos usaram a poesia para fazer crítica social.

II. Olavo Bilac, Alberto de Oliveira e Raimundo Correia formaram a tríade parnasiana, destacando-se como os maiores representantes do período.

III. Uma das técnicas adotadas pelos poetas parnasianos era o *enjambement*, que consistia em iniciar uma frase num verso e terminá-la no meio do verso seguinte.

IV. Os poetas parnasianos escreviam como se fossem monges enclausurados, no alto de uma torre.

V. O lema seguido pelos poetas parnasianos era "arte pela arte", isto é, a poesia era a mais pura expressão da beleza.

Estão corretas as afirmações:

a) II, III e IV

b) I, II e V

c) II, III, IV e V

d) I, II, III e V

e) II, III e V

Vanguardas / Pré-Modernismo / Modernismo português

1. Vanguardas europeias

Os avanços técnico-científicos do final do século XIX e começo do século XX aguçavam ainda mais a burguesia, maior compradora e, consequentemente, principal incentivadora do consumismo. Aliava-se a isso certa melancolia dos decadentistas do Simbolismo, decorrente da crise provocada pela possível dependência do homem em relação à máquina. Surgiram, então, as chamadas **vanguardas europeias**, movimentos artísticos com uma postura inovadora, que anunciavam um mundo em transformação.

Em 1905 ocorreu, em Paris, a exposição do primeiro movimento de vanguarda do século XX, o Fauvismo. O termo vem do francês, *fauve* ("fera"). Ao ver a exposição, um crítico de arte classificou aquilo como arte irracional, própria de feras, daí Fauvismo.

O grito, de Münch, a mais conhecida obra expressionista (têmpera sobre prancha, 1893).

EXPRESSIONISMO

O Expressionismo é o estilo artístico que traduz, com intensidade, a angústia moderna. A temática é sobrecarregada de força e desespero. Retrata a dor, a loucura, o desejo sexual, o medo, a solidão. Vários críticos definem o Expressionismo como a "arte dos sanatórios". Seu maior representante é o norueguês Edvard Münch.

CUBISMO

O Cubismo foi, certamente, um dos mais revolucionários movimentos da arte no século XX. Trata-se da quebra, do corte do objeto em faces geométricas em que se sobrepõem planos, redimensionando a realidade em cubos, trapézios, cones, hexágonos etc. Seu maior representante é o espanhol Pablo Picasso.

FUTURISMO

Em 1909, o italiano Filippo Tommaso Marinetti lançou o *Manifesto Futurista*, que propunha uma ampla renovação no conceito artístico e cujas características principais baseavam-se na coragem e na audácia do novo, tendo a liberdade e o recomeço de uma nova era como objetivos fundamentais.

O Futurismo foi um movimento incendiário contra os velhos padrões artísticos. Incitava a renovação dos modelos, propunha a derrubada do decadentismo e dava à arte um poder libertário. Estabelecia um contato direto com a fala do povo, desprovida das formas e dos padrões limitadores.

Leia, a seguir, um fragmento da *Fundação e Manifesto do Futurismo*.

1. Queremos cantar o amor do perigo, o hábito da energia e da temeridade.

2. A coragem, a audácia e a rebelião serão elementos essenciais da nossa poesia.

3. Até hoje a literatura tem exaltado a imobilidade pensativa, o êxtase e o sono. Queremos exaltar o movimento agressivo, a insônia febril, a velocidade, o salto mortal, a bofetada e o murro.

4. Afirmamos que a magnificência do mundo se enriqueceu de uma beleza nova: a beleza da velocidade. Um carro de corrida adornado de grossos tubos semelhantes a serpentes de hálito explosivo… um automóvel rugidor, que parece correr sobre a metralha, é mais belo que a *Vitória de Samotrácia*. […]

DADAÍSMO

O romeno Tristan Tzara, em 1916, lidera em Zurique um grupo de artistas que converge para um estranho estilo artístico sem sentido: o **Dadá**.

O Dadaísmo é provocador, anárquico, absurdo, *nonsense* (ausência de lógica) e perturbador, e sua finalidade é protestar contra os horrores da guerra e acordar a imaginação do mundo. Seus maiores representantes foram: Tristan Tzara, Marcel Duchamp e Jean Arp.

Para fazer um poema dadaísta

Pegue um jornal.

Pegue uma tesoura.

Escolha neste jornal um artigo que tenha o comprimento que você queira dar ao seu poema.

Corte o artigo.

Corte em seguida com cuidado cada palavra dele e ponha-as em um saco.

Agite delicadamente.

Pegue, depois, um recorte após outro.

Copie as palavras rigorosamente na ordem em que saíram.

O poema se parecerá com você.

E ei-lo um escritor infinitamente original e de sensibilidade graciosa, ainda que incompreendido pelo público.

> TELES, Gilberto Mendonça. *Vanguarda europeia e Modernismo brasileiro*. Petrópolis: Vozes, 1972.

SURREALISMO

Movimento nascido do Dadaísmo, o Surrealismo buscava a arte do automatismo, ou seja, a criação sem controle consciente, numa tentativa de atingir o imaginário inconsciente. Nada poderia ter lógica.

André Breton, um de seus idealizadores, compunha suas obras a partir dos sonhos freudianos. O improviso e a alucinação são pontos essenciais no movimento. Seus maiores representantes são André Breton, René Magritte, Salvador Dalí e Joan Miró.

2. Pré-Modernismo

Com a proclamação da República, em 1889, várias foram as transformações pelas quais o Brasil passou, não só politicamente, como social e culturalmente.

Os conflitos regionais (Canudos, Contestado), o fim da escravidão e a consequente imigração estrangeira, o poder nas mãos da oligarquia rural, o crescimento das grandes cidades, aliados às turbulências internacionais (Primeira Guerra Mundial, Revolução Bolchevista), imprimiram um perfil diferente ao contexto artístico que culminaria com a realização da Semana de Arte Moderna, no ano de 1922.

Nos primeiros anos do século XX havia uma miscelânea de estilos e correntes agindo sobre a arte nacional. Os autores direcionavam a temática com a nítida preocupação com a realidade nacional. Suas obras, fossem elas de ficção, ensaios ou artigos de jornal, demonstravam uma tendência à denúncia social, criticando as instituições e o descuido governamental com os graves problemas nacionais.

Muitos autores combatiam a alienação dos escritores consagrados e lutavam pela acessibilidade à linguagem. Havia também uma forte preocupação com a falsa estereotipação dos tipos e cenários brasileiros criados pelo regionalismo romântico, tais como o servilismo do sertanejo, a fortaleza do homem interiorano, sem contar a visão bucólica e agradável do sertão nordestino. A realidade deveria ser resgatada em forma de crítica e de denúncia.

EUCLIDES DA CUNHA

Quando ocorreu a insurreição de Canudos, em 1897, Euclides da Cunha escreveu dois artigos, que lhe valeram um convite do jornal *O Estado de S. Paulo* para presenciar o final do conflito. Foi quando conseguiu reunir informações para, durante cinco anos, elaborar *Os sertões*: campanha de Canudos (1902), sua obra-prima.

Euclides morreu a tiros, no dia 15 de agosto de 1909, ao invadir a casa do amante de sua esposa.

Suas principais obras são *Os sertões* (1902), *Contrastes e confrontos* (1907), *Peru* versus *Bolívia* (1907).

Os sertões é uma mistura de reportagem, ensaio científico, ficção e rica literatura. A obra é dividida em três partes: **A terra**, **O homem** e **A luta**.

- **A terra**. Euclides da Cunha apresenta, com riqueza de detalhes, toda a topografia do lugar. Trata-se de um trabalho de cunho científico. O homem é visto como um ser estranho ao cenário hostil.

- **O homem**. Nessa parte, Euclides da Cunha toma características sociais e psicológicas do perfil do homem nordestino. Faz comparações com o gaúcho, acentuando as diferenças entre o homem do sul e o sertanejo. Apoia-se no positivismo determinista e nas teorias evolucionistas para justificar as características inerentes ao indivíduo e apresenta o homem (sertanejo) como um ser moldado àquelas circunstâncias (raciais, temporais e espaciais). O autor ressalta a bravura e a fortaleza do nordestino na frase mais famosa do seu livro: "O sertanejo é, antes de tudo, um forte".

- **A luta**. Conta como Antônio Conselheiro, fanático, profeta e visionário, comandou uma legião de pessoas, sob o pretexto da salvação. Euclides da Cunha fundamenta o conflito lembrando não se constituir apenas em um ato messiânico, mas também em uma dura revolta contra o coronelismo latifundiário, o servilismo, a fome, a miséria e o abandono.

O livro termina com a destruição de Canudos.

Canudos não se rendeu

Fechemos este livro.

Canudos não se rendeu. Exemplo único em toda a história, resistiu até ao esgotamento completo. Expugnado palmo a palmo, na precisão integral do termo, caiu no dia 5, ao entardecer, quando caíram os seus últimos defensores, que todos morreram. Eram quatro apenas: um velho, dois homens feitos e uma criança, na frente dos quais rugiam raivosamente 5 mil soldados.

Forremo-nos à tarefa de descrever os seus últimos momentos. Nem poderíamos fazê-lo. Esta página, imaginamo-la sempre profundamente emocionante e trágica; mas cerramo-la vacilante e sem brilhos.

Vimos como quem vinga uma montanha altíssima. No alto, a par de uma perspectiva maior, a vertigem...

Ademais, não desafiaria a incredulidade do futuro a narrativa de pormenores em que se amostrassem mulheres precipitando-se nas fogueiras dos próprios lares, abraçadas aos filhos pequeninos...

E de que modo comentaríamos, com a só fragilidade da palavra humana, o fato singular de não aparecerem mais, desde a manhã de 3, os prisioneiros válidos colhidos na véspera, e entre eles aquele Antônio Beatinho, que se nos entregara, confiante — e a quem devemos preciosos esclarecimentos sobre esta fase obscura da nossa história?

Caiu o arraial a 5. No dia 6 acabaram de o destruir desmanchando-lhe as casas, 5.200, cuidadosamente contadas.

LIMA BARRETO

Afonso Henriques de Lima Barreto fez uma arte panfletária, denunciadora, crítica, com acentuado foco nos subúrbios cariocas, traduzindo as angústias e humilhações sofridas pela gente humilde e mestiça, inexplicavelmente passiva e acomodada nas questões políticas.

O trabalho mais conhecido de Lima Barreto é *Triste fim de Policarpo Quaresma*. Narrado em terceira pessoa, o livro conta a vida do major Policarpo Quaresma, funcionário público respeitado, cumpridor dos seus deveres, xenófobo (avesso a estrangeiro), numa caricatura irônica do nacionalismo republicano.

AUGUSTO DOS ANJOS

Augusto de Carvalho Rodrigues dos Anjos traz no seu trabalho a influência direta de Schopenhauer, Darwin e Spencer. Traduz um pessimismo doentio, numa visão fatalista da humanidade. Recebeu fortes influências simbolistas e de outras escolas, mas seu vocabulário, suas divagações metafísicas, associam-no ao Pré-Modernismo, por não ser possível encaixá-lo em qualquer outra escola ou tendência literária.

Psicologia de um vencido

Eu, filho do carbono e do amoníaco,
Monstro de escuridão e rutilância,
Sofro, desde a epigênese da infância,
A influência má dos signos do zodíaco.

Profundissimamente hipocondríaco,
Este ambiente me causa repugnância...

Sobe-me à boca uma ânsia análoga à ânsia
Que se escapa da boca de um cardíaco.

Já o verme — este operário das ruínas —
Que o sangue podre das carnificinas
Come, e à vida em geral declara guerra,

Anda a espreitar meus olhos para roê-los,
E há de deixar-me apenas os cabelos,
Na frialdade inorgânica da terra!

> São também considerados pré-modernistas Monteiro Lobato e Graça Aranha.

3. Modernismo português

O Modernismo português abarca as vanguardas europeias sem abrir mão do sentimento decadentista ou simbolista. Essas ideias se firmam por meio das revistas literárias, que passaram a ter papel decisivo para a consolidação do Modernismo em Portugal.

Em 1915, surge *Orpheu*, uma revista literária ousada para os padrões artísticos da época, cuja intenção essencial era a propagação da arte "nova", vibrante. Foi o marco inicial do movimento modernista português.

A geração Orpheu compreende toda a produção literária de 1915 a 1927. Voltada inicialmente ao questionamento dos valores burgueses, numa busca pelo anárquico, evidenciando a poesia como manifestação artística preponderante, invocava os princípios da metafísica simbolista em sintonia com os movimentos "modernos". O produto dessa fusão foi uma literatura que o público considerava próxima da loucura, abusada e questionadora.

Os maiores representantes da geração do orfismo foram os poetas Mário de Sá-Carneiro e Fernando Pessoa.

Nos anos 1920, a situação da política portuguesa agravou-se. A proclamação da República não trazia mais a esperança por causa da grave crise que o país enfrentava. O ditador António de Oliveira Salazar reprimia e censurava o povo com a polícia política.

É nesse contexto que, em 1927, cria-se a revista *Presença*, por meio da qual se dá continuidade aos ideais da geração Orpheu.

Em 1930 surge o movimento **neorrealista** com a intenção de enfrentar a ditadura imposta por Salazar. Os neorrealistas pretendiam, por meio dos textos literários, fazer com que o povo tomasse consciência dos males da censura à qual era submetido.

Em 1949, o **Surrealismo** surge em Portugal por meio de uma exposição realizada em praça pública com o propósito de chocar e questionar os valores burgueses.

A partir de 1950, novas revistas literárias compõem o cenário artístico nacional, e os portugueses, desta vez influenciados por Proust e Kafka, dão novos contornos à produção artística.

MÁRIO DE SÁ-CARNEIRO

Mário de Sá-Carneiro traduz o rompimento com a tradição literária, revelando a inquietação, a angústia, a condição humana desfavorável, a inclinação para a poética metafísica (evidenciada pela ausência de Deus), a insegurança, o desespero do homem. Em alguns de seus poemas se pode observar a influência do decadentismo simbolista.

Dispersão

Perdi-me dentro de mim
Porque eu era labirinto,
E hoje, quando me sinto,
É com saudades de mim.

Passei pela minha vida
Um astro doido a sonhar.
Na ânsia de ultrapassar,
Nem dei pela minha vida…

[…]

FERNANDO PESSOA

Fernando Antônio Nogueira Pessoa perde o pai muito cedo e sua mãe casa-se novamente. Em 1906, Fernando Pessoa muda-se para Lisboa e matricula-se no curso superior de Letras.

No ano de 1914, ele cria os heterônimos Alberto Caeiro, Ricardo Reis e Álvaro de Campos.

Com o fim da revista *Orpheu*, passa a escrever para a revista *Contemporânea e a Athena*. Torna-se também colaborador da revista *Presença* e de vários jornais portugueses. Em 1934, publica *Mensagem*, seu único livro em língua portuguesa.

Considerado o melhor poeta moderno português, Fernando Pessoa tinha uma personalidade literária marcada por profunda complexidade. Ele representou um caso incomum na literatura por escrever não só poemas, mas criar poetas, personagens poéticas e máscaras. Às personagens-poetas que criou chamou **heterônimos**. Os poemas que escreveu e assinou como Fernando Pessoa formam a **poesia ortônima** (próprio nome).

Figura 2

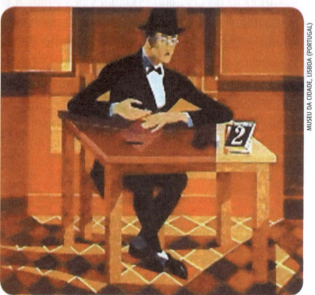

"Se, depois de eu morrer, quiserem escrever minha biografia, não há nada mais simples. Tem só duas datas: a da minha nascença e a da minha morte. Entre uma e outra todos os dias são meus." (Fernando Pessoa)
Retrato de Fernando Pessoa, feito por Almada Negreiros.

FERNANDO PESSOA, "ELE MESMO"

Fernando Pessoa, "ele mesmo", é o poeta da metalinguagem, da preocupação com o "ser poeta". Busca o equilíbrio, embora não lhe falte a percepção mística. Traz a influência da literatura portuguesa de origem, como os versos em medida velha; é de um saudosismo intenso, busca nas raízes do tradicionalismo a fonte segura para a sua inspiração.

Mensagem é a obra mais importante de Fernando Pessoa. Dividindo-a em três partes — "Brasão", "Mar portuguez" e "O encoberto" —, o poeta traça uma espécie de diálogo com *Os lusíadas*, numa revisão épica da história portuguesa.

Mar portuguez

Ó mar salgado, quanto do teu sal
São lágrimas de Portugal!
Por te cruzarmos, quantas mães choraram,
Quantos filhos em vão rezaram!
Quantas noivas ficaram por casar
Para que fosses nosso, ó mar!

Valeu a pena? Tudo vale a pena
Se a alma não é pequena.
Quem quer passar além do Bojador
Tem que passar além da dor.
Deus ao mar o perigo e o abysmo deu,
Mas nelle é que espelhou o céu.

Fernando Pessoa

OS OUTROS EUS

ALBERTO CAEIRO

Nascido em Lisboa, ficou órfão muito cedo. Viveu com uma tia velha numa cabana no campo. Pode ser considerado o poeta-camponês, porque valoriza a vida simples junto da natureza, numa espécie de bucolismo livre das influências árcades.

Sua poesia é simples, direta, marcada pela repetição de termos e pela oralidade. A forma de seus versos é livre, espontânea. Sua visão de mundo é marcada pelo realismo sensorial, ou seja, a única verdade está no que ele sente e não no que pensa.

Sua obra mais importante é *O guardador de rebanhos*.

Há metafísica bastante em não pensar em
[nada.

O que penso eu do mundo?
Sei lá o que penso do mundo!
Se eu adoecesse pensaria nisso.

Que ideia tenho eu das cousas?
Que opinião tenho sobre as causas e os
[efeitos?
Que tenho eu meditado sobre Deus e a
[alma

E sobre a criação do Mundo?
Não sei. Para mim pensar nisso é fechar
[os olhos
E não pensar. É correr as cortinas
Da minha janela (mas ela não tem
[cortinas).
[...]

Alberto Caeiro

RICARDO REIS

Apaixonado pela cultura clássica, foi influenciado pelo Neoclassicismo. Estão presentes em seus versos o bucolismo, o *carpe diem* e uma visão de mundo marcada pelo epicurismo e estoicismo. Sua preocupação com a brevidade da vida conduz à necessidade de aproveitar o momento presente e tornar-se indiferente aos males do mundo.

Para ser grande, sê inteiro

Para ser grande, sê inteiro: nada
Teu exagera ou exclui.
Sê todo em cada coisa. Põe quanto és
No mínimo que fazes.
Assim em cada lago a lua toda
Brilha, porque alta vive.

Ricardo Reis

ÁLVARO DE CAMPOS

Engenheiro mecânico e naval, é o "poeta das sensações modernas", da euforia futurista, do século XX. Álvaro de Campos não se apega a coisa alguma, pois tem consciência de que nada é, nada representa e não passa de uma máscara, de uma personagem construída por outrem. Ele comunica as sensações por meio de uma linguagem forte, densa e com necessidade de expressão. Seus versos são longos e livres, marcados pela oralidade e pela necessidade de extravasar o momento e a angústia que atormentam o poeta.

Sua poesia é complexa e com três fases distintas: a decadentista, a futurista e a do sensacionismo e niilismo.

Tabacaria

Não sou nada.
Nunca serei nada.
Não posso querer ser nada.
À parte isso, tenho em mim todos os
                    [sonhos do mundo.
[...]
O mundo é para quem nasce para o
                    [conquistar
E não para quem sonha que pode
[conquistá-lo, ainda que tenha razão.
[...]

Álvaro de Campos

ATIVIDADES

1 Leia as seguintes considerações:

I. Falta de lógica, uma busca constante do imaginário inconstante.

II. Expressão da angústia moderna, do desespero, da dor, da loucura.

III. Ampla renovação do estilo artístico, tomando como parâmetro a energia.

Assinale a alternativa que corresponda, respectivamente, aos conceitos apresentados:

a) Dadaísmo – Impressionismo – Futurismo

b) Surrealismo – Impressionismo – Futurismo

c) Surrealismo – Dadaísmo – Cubismo

d) Dadaísmo – Futurismo – Expressionismo

e) Surrealismo – Expressionismo – Futurismo

2 A linguagem adotada por Euclides da Cunha na obra *Os sertões* criou espanto, tanto por parte da crítica especializada quanto por parte do leitor. Explique o porquê dessa reação.

_____

_____

_____

_____

_____

_____

_____

_____

3 (UFMG) Leia o trecho a seguir, do romance *Triste fim de Policarpo Quaresma*, de Lima Barreto.

O major logo organizou um museu dos produtos naturais do "Sossego". As espécies florestais e campesinas foram etiquetadas com seus nomes vulgares e quando era possível com os científicos. [...] Os azares de leituras tinham-no levado a estudar as ciências naturais e o furor autodidata dera a Quaresma sólidas noções de botânica, zoologia, mineralogia e geologia [...] acabado esse inventário, passou duas semanas a organizar a sua biblioteca agrícola e uma relação de instrumentos meteorológicos para auxiliar os trabalhos da lavoura. Encomendou livros nacionais, franceses, portugueses; comprou termômetros, barômetros, pluviômetros, higrômetros, anemômetros.

Anastácio assistia a todos esses preparativos com assombro. Para que tanta cousa, tanto livro, tanto vidro? Estaria o seu antigo patrão dando para farmacêutico? A dúvida do preto velho não durou muito. Estando certa vez Quaresma a ler o pluviômetro, Anastácio, ao lado, olhava-o espantado, como quem assistisse a um passe de feitiçaria. O patrão notou o espanto do criado e disse:

— Sabes o que estou fazendo, Anastácio?

— Não, "sinhô".

— Estou vendo se choveu muito.

— Para que isso, patrão? A gente sabe logo "de olho" quando choveu muito ou pouco.

Sobre o trecho pode-se afirmar que:

a) as ciências naturais, aprendidas por Quaresma em suas leituras, são vistas no texto como um instrumento necessário à apreensão da realidade.

b) o autor, por meio do preto velho, demonstra a inutilidade dos recursos técnicos postos à disposição da agricultura.

c) o museu botânico, a biblioteca agrícola e os instrumentos meteorológicos provam que Quaresma dominava o conhecimento na área das ciências naturais.

d) o narrador, no diálogo entre as duas personagens, utiliza-se da fala de Anastácio para criticar o falso cientificismo de Quaresma.

4 A seguir estão trechos de poemas de Fernando Pessoa e de seus heterônimos. Identifique-os.

I. À dolorosa
    Luz das lâmpadas elétricas da fábrica
    Tenho febre e escrevo.
    Escrevo rangendo os dentes, fera
    [para a beleza disto,
    Para a beleza disto, totalmente
    [desconhecida dos antigos.

II. Não me importo com as rimas. Raras
    [vezes
    Há duas árvores iguais, uma ao lado
    [da outra.
    Penso e escrevo como as flores têm
    [cor
    Mas com menos perfeição no meu
    [modo de exprimir-me
    Porque me falta a simplicidade divina
    De ser todo só o meu exterior.

    Olho e comovo-me,
    Comovo-me como a água corre
    [quando o chão é inclinado,
    E a minha poesia é natural como o
    [levantar-se vento...

III. Vem sentar-te comigo, Lídia, à beira
     [do rio.
     Sossegadamente fitemos o seu curso
     [e aprendamos
     Que a vida passa, e não estamos de
     [mãos enlaçadas.
     (Enlacemos as mãos).

     Depois pensemos, crianças adultas,
     [que a vida
     Passa e não fica, nada deixa e nunca
     [regressa.
     Vai para um mar muito longe, para ao
     [pé do Fado,
     Mais longe que os deuses.

Desenlacemos as mãos, porque não
[vale a pena cansarmo-nos.
Quer gozemos, quer não gozemos,
[passamos como o rio.

[...]

IV. Deus quer, o homem sonha, a obra
[nasce.
Deus quis que a terra fosse toda uma,
Que o mar unisse, já não separasse.
Sagrou-te, e foste desvendando a
[espuma.

A sequência correta é:

a) I – Fernando Pessoa; II – Álvaro de Campos; III – Alberto Caeiro; IV – Ricardo Reis.

b) I – Álvaro de Campos; II – Fernando Pessoa; III – Ricardo Reis; IV – Alberto Caeiro.

c) I – Alberto Caeiro; II – Ricardo Reis; III – Fernando Pessoa; IV – Álvaro de Campos.

d) I – Álvaro de Campos; II – Alberto Caeiro; III – Ricardo Reis; IV – Fernando Pessoa.

e) I – Alberto Caeiro; II – Fernando Pessoa; III – Ricardo Reis; IV – Álvaro de Campos.

EXERCÍCIOS COMPLEMENTARES

1 Na literatura, o _____ equivale ao verso livre, numa clara oposição ao soneto, exemplo maior de academicismo.

A alternativa que preenche corretamente a lacuna é:

a) Expressionismo

b) Surrealismo

c) Dadaísmo

d) Futurismo

e) Cubismo

2 (U. E. Londrina-PR) Assinale a afirmativa incorreta sobre o Pré-Modernismo:

a) Não se caracterizou como uma escola literária com princípios estéticos bem delimitados, mas como um período de prefiguração das inovações temáticas e linguísticas do Modernismo.

b) Algumas correntes de vanguarda do início do século XX, como o Futurismo e o Cubismo, exerceram grande influência sobre nossos escritores pré-modernistas, sobretudo na poesia.

c) Tanto Lima Barreto quanto Monteiro Lobato são nomes significativos da literatura pré-modernista produzida nos primeiros anos do século XX, pois problematizam a realidade cultural e social do Brasil.

d) Euclides da Cunha, com a obra *Os sertões*, ultrapassa o relato meramente documental da batalha de Canudos para fixar-se em problemas humanos e revelar a face trágica da nação brasileira.

e) Nos romances de Lima Barreto, observa-se, além da crítica social, a crítica ao academicismo e à linguagem empolada e vazia dos parnasianos, traço que revela a postura moderna do escritor.

3 (Vunesp)

Eu, filho do carbono e do amoníaco,
Monstro da escuridão e rutilância,
Sofro, desde a epigênese da infância,
A influência má dos signos do zodíaco.

Profundissimamente hipocondríaco,
Este ambiente me causa repugnância...
Sobe-me à boca uma ânsia análoga à ânsia
Que se escapa da boca de um cardíaco.

Já o verme — este operário das ruínas —
Que o sangue podre das carnificinas
Come, e à vida em geral declara guerra,

Anda a espreitar meus olhos para roê-los,

E há de deixar-me apenas os cabelos,

Na frialdade inorgânica da terra!

> ANJOS, Augusto dos. "Psicologia de um vencido". In: *Eu e outras poesias*. 5. ed. São Paulo: Nacional, s.d. p. 52.

Uma das temáticas mais enfatizadas por Augusto dos Anjos é a duplicação do ser ou a dialética do Eu e do Outro. Identifique no poema apresentado as palavras e expressões que explicitam essa duplicação.

_____

_____

_____

_____

_____

_____

_____

_____

_____

4 (U. F. Lavras-MG) Uma atitude comum caracteriza a postura literária de autores pré-modernistas, a exemplo de Lima Barreto, Graça Aranha, Monteiro Lobato e Euclides da Cunha.

Pode ser ela definida como:

a) a necessidade de superar, em termos de um programa definido, as estéticas romântica e realista.

b) a pretensão de dar um caráter definitivamente brasileiro à nossa literatura, que julgavam por demais europeizada.

c) a necessidade de fazer crítica social, já que o Realismo havia sido ineficaz nessa matéria.

d) aproveitamento estético do que havia de melhor na herança literária brasileira, desde suas primeiras manifestações.

e) a preocupação com o estudo e com a observação da realidade brasileira.

5 Leia as afirmativas a seguir:

I. Fernando Pessoa, "ele mesmo", é tradicionalista e traz a influência da literatura portuguesa de origem.

II. Intimamente ligado à natureza, Alberto Caeiro escrevia de maneira simples.

III. Ricardo Reis preocupava-se com a brevidade da vida, fazendo com que o *carpe diem* estivesse presente em seus versos.

IV. Álvaro de Campos representa o mundo moderno e a vanguarda futurista.

Estão corretas:

a) I e II.

b) I, II e III.

c) II, III e IV.

d) I e IV.

e) todas as afirmativas.

6 O poema a seguir foi retirado da obra *Mensagem*, de Fernando Pessoa:

> O mito é o nada que é tudo.
>
> O mesmo sol que abre os céus
>
> É um mito brilhante e mudo —
>
> O corpo morto de Deus,
>
> Vivo e desnudo.
>
> Este, que aqui aportou,
>
> Foi por não ser existindo.
>
> Sem existir nos bastou.
>
> Por não ter vindo foi vindo
>
> E nos criou.
>
> Assim toda a lenda se escorre
>
> A entrar na realidade,
>
> E a fecundá-la decorre.
>
> Em baixo, a vida, metade,
>
> De nada, morre.

Sabendo que *Mensagem* é uma obra de caráter nacionalista, responda:

a) Qual é o assunto central dessa obra?

_____

_____

_____

_____

_____

b) Como a obra está dividida?

_____

_____

_____

_____

_____

c) Quanto ao gênero literário, qual a diferença entre *Mensagem* e *Os lusíadas*, de Camões?

_____

_____

_____

_____

_____

_____

_____

_____

_____

_____

Semana de Arte Moderna / Primeira geração modernista

1. Pelo fim da arte encarcerada

O Modernismo no Brasil tem como data inicial o mês de fevereiro de 1922. Entretanto, essa data apenas registra um fato que era há tempos preparado, uma vez que esse movimento já se prefigurava bem antes de 1922. Os pré-modernistas, por exemplo, vinham criticando a alienação da arte diante dos reais problemas nacionais. Alguns intelectuais, sobretudo Oswald de Andrade, encantavam-se com os manifestos artísticos europeus, principalmente com o Futurismo, de Marinetti.

Transformações culturais começaram a ocorrer naquele que podemos chamar de primeiro momento modernista: paródias, exposições de pinturas expressionistas, lançamentos de livros. No dia 12 de dezembro de 1917, Anita Malfatti, que três anos antes surpreendera a crítica com sua exposição de arte, realiza uma segunda exposição, desta vez com motivação expressionista.

A reação da crítica é intensa. Monteiro Lobato, crítico de arte do jornal *O Estado de S. Paulo*, foi o mais mordaz de todos. Sua crônica intitulada "Paranoia ou mistificação?" acabou servindo de motivo para a Semana de Arte Moderna.

Figura 1

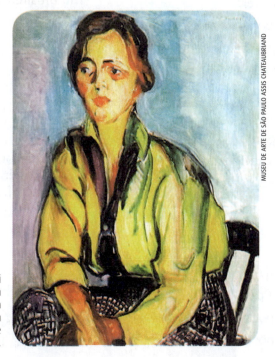

Na exposição de 1917, Anita Malfatti contrapõe-se às normas da pintura clássica, mostrando toda a influência do Cubismo e da modernidade em suas obras. *A estudante* foi um de seus quadros expostos.

2. Semana de Arte Moderna

Em 1922, um grupo de intelectuais paulistas procura ajuda da burguesia industrial para financiar um evento que abalaria as estruturas artísticas brasileiras e seria o símbolo de uma renovação estética.

Em uma comissão organizadora liderada por Mário de Andrade, reúnem-se Oswald de Andrade, Graça Aranha, Paulo Prado, Menotti del Picchia, entre outros.

Em três noites de gala, no Teatro Municipal de São Paulo, os jovens artistas, misturados a nomes conhecidos e reverenciados da época, como a pianista Guiomar Novaes e o jovem maestro Heitor Villa-Lobos, fariam desfilar os conceitos e as propostas da arte moderna.

Ronald de Carvalho, em uma das noites, leu "Os sapos", de Manuel Bandeira.

Os sapos

Enfunando os papos,
Saem da penumbra,
Aos pulos, os sapos.
A luz os deslumbra.

Em ronco que aterra,
Berra o sapo-boi:
    "Meu pai foi à guerra!"
    "Não foi!" — "Foi!" — "Não foi!"

O sapo-tanoeiro,
Parnasiano aguado,
Diz: — "Meu cancioneiro
É bem martelado.

[...]

Clame a saparia
Em críticas céticas:
Não há mais poesia,
Mas há artes poéticas".

Urra o sapo-boi:
    "Meu pai foi rei" — "Foi!"
    "Não foi!" — "Foi!" — "Não foi!"

[...]

Manuel Bandeira

3. Desdobramentos da Semana de Arte Moderna

Em março de 1922, ocorre o lançamento da revista *Klaxon*, que concretiza o Modernismo e difunde suas ideias.

Em 1924, publica-se o *Manifesto Pau-Brasil*, de Oswald de Andrade, no *Correio da Manhã*. Um ano depois, ele lança o livro *Pau-Brasil*. Nessa mesma época, Tarsila do Amaral adere ao movimento modernista.

OS MANIFESTOS

No *Manifesto Pau-Brasil*, Oswald de Andrade faz uma paródia da história oficial do Brasil, criticando-a. Esse manifesto traduz os princípios do primeiro momento do Modernismo brasileiro.

Manifesto Pau-Brasil

A poesia existe nos fatos. Os casebres de açafrão e de ocre nos verdes da favela, sob o azul cabralino, são fatos estéticos.

O Carnaval no Rio é o acontecimento religioso da raça. Pau-Brasil. Wagner submerge ante os cordões de Botafogo. Bárbaro e nosso. A formação étnica rica. Riqueza vegetal. O minério. A cozinha. O vatapá, o ouro e a dança. [...]

A poesia para os poetas. Alegria dos que não sabem e descobrem.

[...]

A poesia pau-brasil. Ágil e cândida. Como uma criança.

[...] A língua sem arcaísmos, sem erudição. Natural e neológica. A contribuição milionária de todos os erros. Como falamos.

Como somos.

Não há luta na terra de vocações acadêmicas. Há só fardas. Os futuristas e os outros.

Uma única luta — a luta pelo caminho. Dividamos: poesia de importação. E a poesia pau-brasil, de exportação. [...]

Em 1925, surge o movimento Verde-Amarelo, ou ainda, Verde-Amarelismo. Menotti del Picchia, Plínio Salgado, Cassiano Ricardo e Guilherme de Almeida buscam na temática nacionalista e ufanista uma forma de criação brasileirista. Suas ideias políticas, porém, associam-se ao integralismo, uma facção brasileira do nazifascismo europeu.

Em 1925, é lançada *A Revista*, que tem como principal articulista Carlos Drummond de Andrade; *Terra Roxa* e *Outras Terras*, em São Paulo, em 1926; *Festa*, no Rio de Janeiro, em 1927 (tendo como colaboradora Cecília Meireles). Em 1927 é lançada a revista *Verde*, em Cataguazes (MG).

Em 1928, Oswald de Andrade lança outro manifesto, intitulado *Manifesto Antropófago*.

A antropofagia de que Oswald se valia era uma metáfora do que ele propunha: repúdio a certas características para que se alcançasse independência cultural. No *Manifesto Antropófago*, há a síntese das conquistas do primeiro momento modernista e o lançamento do lema: "Tupy or not tupy, that is the question".

4. Primeira geração modernista

Aproveitando-se da febre cultural crescente no país, muitos artistas brasileiros iniciavam a busca pela consolidação de uma arte verdadeiramente nacional, desvinculada de valores europeus, rompedora com os modelos preconcebidos, estruturados, alienantes e destruidores da criatividade.

Esses artistas promoveram a liberdade da arte, rompendo com a sintaxe, valorizando a língua brasileira (o coloquialismo, os erros comuns da fala cotidiana), estabelecendo a liberdade formal (versos livres, ausência de rimas, poema-piada), trabalhando o sarcasmo, a ironia, e buscando no folclore as raízes da cultura local. A essa fase deu-se o nome de **fase heroica** ou **de destruição**.

MÁRIO DE ANDRADE

Mário Raul de Morais Andrade escreveu seu primeiro poema aos 11 anos de idade. A consagração da nova estética será atingida em 1922, quando publica *Pauliceia desvairada*, em que critica a elite paulistana, endinheirada e maleducada. O prefácio do livro, intitulado "Prefácio interessantíssimo", é uma síntese de suas propostas modernistas.

Prefácio interessantíssimo

Dans mon pays de fiel et d'or j'en suis la loi.
E. Verhaeren

Leitor: Está fundado o Desvairismo.

Este prefácio, apesar de interessante, inútil...

Alguns dados. Nem todos. Sem conclusões. Para quem me aceita são inúteis ambos. Os curiosos terão prazer em descobrir minhas conclusões, confrontando obra e dados. Para quem me rejeita trabalho perdido explicar o que, antes de ler, já não aceitou.

Quando sinto a impulsão lírica escrevo sem pensar tudo o que meu inconsciente me grita. Penso depois: não só para corrigir,

Figura 2

Tarsila do Amaral homenageou Oswald de Andrade com essa obra de arte. *Abaporu* (*aba* = "homem", *poru* = "que come") é o símbolo do movimento antropofágico (óleo sobre tela, 1928).

como para justificar o que escrevi. Daí a razão deste prefácio interessantíssimo.

Aliás, muito difícil nesta prosa saber onde termina a blague, onde principia a seriedade. Nem eu sei.

E desculpe-me por estar tão atrasado dos movimentos artísticos atuais. Sou passadista, confesso. Ninguém pode se libertar duma só vez das teorias-avós que bebeu; e o autor deste livro seria hipócrita si pretendesse representar orientação moderna que ainda não compreende bem.

Mário de Andrade

Macunaíma, publicado em 1928, é apontado como a obra-prima de Mário de Andrade. Baseia-se sobretudo no folclore indígena. Nessa obra, o autor cria o "herói de nossa gente", ou, ainda, o anti-herói. *Macunaíma* representa a crítica ao individualismo.

Algumas das principais obras de Mário de Andrade são: *Há uma gota de sangue em cada poema* (1917); *Pauliceia desvairada* (1922); *Losango cáqui* (1926); *Amar, verbo intransitivo* (1927); *Macunaíma* (1928); *Poesias* (1941), *Lira paulistana* (1946).

OSWALD DE ANDRADE

José Oswald de Sousa Andrade foi o mais radical dos modernistas. A influência sofrida por Marinetti fez dele um grande anarquista cultural. Sua obra é satírica, debochada, com acentuada crítica aos "monstros sagrados" das artes nacionais.

Irreverente e irônico, não perdia a oportunidade de castigar aqueles que não estivessem de acordo com seus ideais revolucionários.

As principais obras de Oswald de Andrade na poesia são: *Pau-Brasil* (1925); *Primeiro caderno do aluno de poesia Oswald de Andrade* (1927); *Cântico dos cânticos para flauta e violão* (1945);

O escaravelho de ouro (1945). No romance: *Os condenados* (trilogia, 1922-1934); *Memórias sentimentais de João Miramar* (1924); *Serafim Ponte Grande* (1933); *Marco zero* (1943). No teatro: *O rei da vela* (1933); *O homem e o cavalo* (1934); *A morta* (1937).

Pronominais

Dê-me um cigarro
Diz a gramática
Do professor e do aluno
E do mulato sabido
Mas o bom negro e o bom branco
Da Nação Brasileira
Dizem todos os dias
Deixa disso camarada
Me dá um cigarro

Oswald de Andrade

O texto transcrito demonstra um dos mais importantes traços modernistas dessa primeira fase: a valorização da linguagem coloquial.

MANUEL BANDEIRA

Manuel Carneiro de Sousa Bandeira nasceu no Recife e estudou no Rio de Janeiro. Chegou a ingressar na Escola Politécnica para estudar engenharia, mas teve de abandonar o curso por causa da tuberculose.

Em 1917, publicou *A cinza das horas*, ainda com traços parnasianos e simbolistas. A morte, como fio condutor de seu trabalho, é refletida na poesia por meio do pessimismo, da melancolia, da solidão e do tédio. Em seus versos há intimismo e subjetividade.

Há no poeta uma refinada técnica de manipulação de versos, principalmente no tocante ao verso livre. Seus poemas ganham em sonoridade, ritmo e equilíbrio.

Poética

Estou farto do lirismo comedido

Do lirismo bem comportado

Do lirismo funcionário público e com
[livro de ponto expediente protocolo e
[manifestações de apreço ao Sr. diretor

Estou farto do lirismo que para e vai
[averiguar no dicionário o cunho
[vernáculo de um vocábulo

Abaixo os puristas

Todas as palavras sobretudo os
[barbarismos universais

Todas as construções sobretudo as
[sintaxes de exceção

Todos os ritmos sobretudo os inumeráveis

Estou farto do lirismo namorador

Político

Raquítico

Sifilítico

De todo lirismo que capitula ao que quer que
[seja fora de si mesmo.

De resto não é lirismo

Será contabilidade tabela de cossenos
[secretário do amante exemplar com
[cem modelos de cartas e as diferentes
[maneiras de agradar às mulheres etc.

Quero antes o lirismo dos loucos

O lirismo dos bêbedos

O lirismo difícil e pungente dos bêbedos

O lirismo dos *clowns* de Shakespeare

— Não quero mais saber do lirismo que
[não é libertação.

Suas principais obras são: *A cinza das horas* (1917); *Libertinagem* (1930); *Estrela da manhã* (1936); *Estrela da tarde* (1960).

Alcântara Machado, Menotti del Picchia, Guilherme de Almeida, Cassiano Ricardo e Raul Bopp também fizeram parte da primeira geração.

ATIVIDADES

1 Leia as afirmações a seguir:

I. A Semana de Arte Moderna foi realizada em 1922, ano em que o Brasil comemorava o centenário da Independência. Assim, os realizadores deixaram uma pergunta no ar: "O Brasil é mesmo independente?!".

II. Vários foram os eventos que antecederam a Semana de 1922, dentre eles, as exposições de Anita Malfatti e Lasar Segall, adeptos das vanguardas europeias.

III. Mário de Andrade, Oswald de Andrade, Cassiano Ricardo, Raul Bopp e Menotti del Picchia foram alguns dos participantes da Semana de 1922.

IV. O objetivo central da Semana de 1922 era romper definitivamente com o passado e criar uma arte nova e independente.

V. A Semana de 1922 foi realizada nas noites dos dias 13, 15 e 17 de fevereiro nas dependências do Teatro Municipal do Rio de Janeiro. A música, a escultura e a arquitetura foram representadas, respectivamente, por Heitor Villa-Lobos, Victor Brecheret e Antônio Moya.

VI. Humberto de Campos foi o único pré-modernista a participar da Semana de 1922. Após a sua participação, ficou conhecido como "o padrinho dos novos escritores".

Estão corretas as afirmações:

a) I, III, V e VI.

b) II, III e VI.

c) I, II, III e IV.

d) II, III e V.

e) III, IV, V e VI.

2 (FEI-SP) Assinale a afirmação incorreta quanto aos princípios básicos divulgados pelos participantes da Semana de Arte Moderna:

a) Desejo de expressão livre e a tendência para transmitir, sem os embelezamentos tradicionais do academicismo, a emoção e a realidade do país.

b) Rejeição dos padrões portugueses, buscando uma expressão mais coloquial, próxima do falar brasileiro.

c) Combate a tudo que indicasse o *status quo*, o conhecido.

d) Manutenção da temática simbolista e parnasiana.

e) Valorização do prosaico e do humor, que, em todas as suas gamas, lavou e purificou a atmosfera sobrecarregada pelos acadêmicos.

3 (Fatec-SP) A "Carta pras Icamiabas" contrasta, pelo estilo, com os demais capítulos de *Macunaíma*. Afirma-se que a carta escrita pelo herói a suas súditas, no contexto do romance:

I. parodia o estilo parnasiano, o que se constata pela escolha de vocabulário preciosista, pelo tratamento em segunda pessoa do plural e pelo emprego da ordem indireta na frase.

II. ironiza o artificialismo parnasiano, cuja poesia desprezava soluções coloquiais, próximas da língua falada.

III. expressa, pela ironia, a tese modernista da incorporação de contribuições do linguajar do imigrante, integrado à população nacional.

IV. representa o antimodernismo, pois traz soluções de linguagem e de estilo que o Modernismo negou, em nome da nacionalização da língua literária.

São corretas as afirmações:

a) I, II, III e IV.

b) I e IV apenas.

c) I, II e III apenas.

d) II e IV apenas.

e) I, II e IV apenas.

4 Uma das características centrais da geração modernista de 1922 era o nacionalismo crítico, como podemos comprovar no poema "Erro de português", de Oswald de Andrade:

> Quando o português chegou
> Debaixo duma bruta chuva
> Vestiu o índio
> Que pena!
> Fosse uma manhã de sol
> O índio tinha despido o português.

Qual o sentido dos verbos "vestir" e "despir" no contexto do poema?

_____

_____

_____

_____

_____

_____

EXERCÍCIOS COMPLEMENTARES

1 (UFGO) O projeto estético-ideológico do Modernismo tem no livro *Macunaíma*, de Mário de Andrade, uma de suas maiores realizações. Com base nessa afirmação, julgue (V ou F) as proposições.

I. O denominador comum da obra é o interesse pela variedade cultural do povo brasileiro, somado a uma desconstrução da linguagem literária acadêmica, mediante sobretudo a valorização da diversidade da língua nacional.

II. A construção da rapsódia combina procedimentos formais da vanguarda, como a justaposição (colagem) de lendas e mitos populares de origem variada, com um esforço de interpretação do país, sobressaindo a questão da identidade nacional.

III. A interpretação de vestígios primitivistas, presentes na cultura brasileira, obedece a esquemas naturalistas, ora com o tratamento cientificista das lendas folclóricas, ora com a reafirmação de teses deterministas, numa evidente condenação da mestiçagem.

IV. A perspectiva regionalista prevalece na obra, visto que o registro bruto da linguagem do homem rústico, a descrição detalhada de usos e costumes do brasileiro típico e o deslumbramento diante da paisagem natural demonstram um sentimento nacionalista entorpecido pelas belezas nacionais.

2 (U. F. Santa Maria-RS) Assinale a afirmativa incorreta com relação a *Macunaíma*, de Mário de Andrade.

a) É uma rapsódia em que vários mitos e lendas indígenas são reunidos numa história rocambolesca.

b) O protagonista, herói sem nenhum caráter, representa o homem brasileiro, fruto da miscigenação.

c) O protagonista, personagem complexa, é um exemplo de indivíduo em busca de suas origens que, na história, passa por diversas peripécias.

d) É uma obra que reúne elementos da cultura brasileira de diversas origens, uma narrativa que busca realizar ideais estéticos da segunda fase do Modernismo.

e) É uma rapsódia que congrega diversas manifestações culturais, lendas e rituais, para contar um pouco da cultura brasileira.

3 (ITA-SP) Leia os textos seguintes, de Oswald de Andrade, extraídos de *Poesias reunidas* (Rio de Janeiro: Civilização Brasileira, 1978).

Vício na fala

Para dizerem milho dizem mio

Para melhor dizem mió

Para pior pió

Para telha dizem teia

Para telhado dizem teiado

E vão fazendo telhados

Pronominais

Dê-me um cigarro

Diz a gramática

Do professor e do aluno

E do mulato sabido

Mas o bom negro e o bom branco

Da Nação brasileira

Dizem todos os dias

Deixa disso camarada

Me dá um cigarro

Esses poemas:

I. mostram claramente a preocupação dos modernistas com a construção de uma literatura que levasse em conta o português brasileiro.

II. mostram que as variantes linguísticas, ligadas a diferenças socioeconômicas, são todas válidas.

III. expõem a maneira cômica com que os modernistas, por vezes, tratavam de assuntos sérios.

IV. possuem uma preocupação nacionalista, ainda que não propriamente romântica.

Estão corretas as afirmações:

a) I e IV.

b) I, II e III.

c) I, II e IV.

d) I, III e IV.

e) todas.

4 Leia o poema "Andorinha", de Manuel Bandeira:

Andorinha lá fora está dizendo:

Passei o dia à toa, à toa...

Andorinha, andorinha, a minha cantiga é
[mais triste,

Passei a vida à toa, à toa!

Sabendo que Manuel Bandeira fez de sua doença, a tuberculose, um dos motivos centrais da sua poesia, responda: Qual é o tema central do poema transcrito?

_____

_____

_____

_____

5 Leia as afirmações seguintes e julgue (V ou F):

I. A geração de 1922 lutou por uma língua brasileira, com os seus erros e vícios gramaticais.

II. Uma das propostas da geração de 1922 era o rompimento com o passado, voltando-se para temáticas do presente.

III. Os autores da geração de 1922 valorizavam a burguesia, já que muitos representantes, como Oswald de Andrade, Antônio de Alcântara Machado e Menotti del Picchia, eram típicos representantes dessa classe social.

IV. Os autores da geração de 1922 preocuparam-se com uma identidade cultural, valorizando, principalmente, o folclore brasileiro, como podemos notar em obras como *Macunaíma*, de Mário de Andrade, *Cobra Norato*, de Raul Bopp, e *Martim Cererê*, de Cassiano Ricardo.

V. Uso do verso livre, como forma de combate ao academicismo, simbolizado pelo soneto.

VI. Carlos Drummond de Andrade, expoente da geração de 1922, ficou conhecido como *o poeta-maior*.

6 Todos os seguintes poetas fizeram parte da chamada geração de 1922 do Modernismo brasileiro, exceto:

a) Guilherme de Almeida.

b) Cassiano Ricardo.

c) Manuel Bandeira.

d) Raul Bopp.

e) Carlos Drummond de Andrade.

Segunda geração modernista

1. Fase de construção

A Era Vargas (1930-1945) e a Segunda Guerra Mundial marcaram a produção literária da segunda geração modernista. A poesia e a prosa, revestidas de forte engajamento político, serviram de instrumentos de denúncia da realidade brasileira.

O aprimoramento da linguagem passou a ser a maior preocupação dos autores dessa geração. Era necessário dar contornos definitivos à arte brasileira e criar valores com base no alicerce fincado pela primeira geração. A essa fase deu-se o nome de **fase de construção**.

Os autores da segunda geração tornaram sólidos os conceitos artísticos defendidos pela primeira geração baseados em uma linguagem e inspiração nacionais. A segunda geração valorizou a liberdade conquistada pela geração de 1922, a ponto de propor ao artista não apenas o uso dos versos livres e brancos, mas também das formas fixas e tradicionais.

2. A poesia da segunda geração

A **fase de construção** caracterizou-se pela multiplicação de temas e tendências literárias. O conteúdo não negou a modernidade anterior, mas se diversificou. O **nacionalismo** não vinha mais apenas de um espírito de época, mas de uma necessidade de reconhecer os valores populares, regionais e folclóricos dentro de um contexto sociopolítico. A **temática so-ciopolítica** encontra em Carlos Drummond de Andrade e Murilo Mendes praticantes capazes de conscientizar sem perder a qualidade estética. O **espiritualismo católico** foi praticado por Cecília Meireles, Augusto Frederico Schmidt, Jorge de Lima, Murilo Mendes, Vinicius de Moraes, Tasso da Silveira.

Os temas existenciais e metafísicos representam a busca de uma saída para o impasse de um tempo marcado pelos males sociais e políticos. O questionamento do "estar no mundo" e o confronto entre o eu e o mundo conduziram a poesia de 1930 a uma busca de explicação para o papel do artista diante da realidade vivida.

A preocupação com a explicação da poesia como fenômeno de criação e a necessidade de consciência sobre a própria obra levaram os poetas ao emprego da **metalinguagem**, como neste poema de Drummond:

Consideração do poema

Não rimarei a palavra sono
com a incorrespondente palavra outono.
Rimarei com a palavra carne
ou qualquer outra, que todas me convêm.
As palavras não nascem amarradas,
elas saltam, se beijam, se dissolvem,
no céu livre por vezes um desenho,
são puras, largas, autênticas, indevassáveis.
[...]

CARLOS DRUMMOND DE ANDRADE

Carlos Drummond de Andrade consegue reunir em sua obra o humor, a ironia, o existencialismo e a crítica sociopolítica. Estreou em 1930, com *Alguma poesia*, depois de ter causado escândalo com o poema "No meio do caminho", publicado na *Revista de Antropofagia*.

No meio do caminho

No meio do caminho tinha uma pedra
tinha uma pedra no meio do caminho
tinha uma pedra
no meio do caminho tinha uma pedra.

Nunca me esquecerei desse acontecimento
na vida de minhas retinas tão fatigadas.
Nunca me esquecerei que no meio do
                       [caminho
tinha uma pedra
tinha uma pedra no meio do caminho
no meio do caminho tinha uma pedra.

Drummond é tradutor das adversidades da existência e crítico mordaz da passividade humana. Há em sua poesia uma ironia constante. O poeta é cáustico, racional e frio na análise do comportamento humano; apresenta um traço memorialista crítico, pendendo para o ceticismo em relação a si mesmo e a todo o universo humano.

Sua poesia pode ser dividida em nove temas centrais, dentre os quais se destacam "o indivíduo", "a terra natal", "a família", "o choque social", "o conhecimento amoroso", "a própria poesia" e uma tentativa de interpretação do "estar no mundo".

Confidência de um itabirano

Alguns anos vivi em Itabira.
Principalmente nasci em Itabira.
Por isso sou triste, orgulhoso: de ferro.
Noventa por cento de ferro nas calçadas.
Oitenta por cento de ferro nas almas.
E esse alheamento do que na vida é
               [porosidade e comunicação.

[...]

Minas Gerais, principalmente Itabira, sua terra natal, ganha contornos universais. Drummond traça o passado e o presente como concepções meramente situacionais.

Com relação ao amor, o poeta tem um posicionamento crítico; para ele, a emoção é coadjuvante.

Quadrilha

João amava Teresa que amava Raimundo
que amava Maria que amava Joaquim
                     [que amava Lili,
que não amava ninguém.
João foi para os Estados Unidos, Teresa
                     [para o convento,
Raimundo morreu de desastre, Maria
                     [ficou para tia,
Joaquim suicidou-se e Lili casou com
                     [J. Pinto Fernandes,
que não tinha entrado na história.

Destacam-se entre as principais obras de Drummond: *Alguma poesia* (1930), *Brejo das almas* (1934), *Sentimento do mundo* (1940), *A rosa do povo* (1945), *Claro enigma* (1951), *Fazendeiro do ar & poesia até agora* (1954), *Lição de coisas* (1962), *As impurezas do branco* (1973), *Menino antigo* (1973), *Amor, amores* (1975), *O amor natural* (1992), *A vida passada a limpo* (1994), *Farewell* (1996).

MURILO MENDES

Murilo Monteiro Mendes é um dos principais representantes da segunda geração modernista brasileira. Nota-se em seus trabalhos uma diversidade de influências e tendências estéticas. O primeiro momento de sua obra apresenta um poeta ligado aos preceitos da primeira geração modernista.

Murilo Mendes é considerado o poeta da imagética, ou seja, há em seus versos uma nítida presença de elementos visuais, com forte ascendência das artes plásticas.

JORGE DE LIMA

Depois de um início neoparnasiano, Jorge de Lima adere ao Modernismo. Há duas fases distintas em seu momento modernista: na primeira, chamada "fase negra" ou ainda "fase nordestina", impera a temática popular e africana; sua conversão ao catolicismo marcará o segundo momento de seu trabalho.

CECÍLIA MEIRELES

Cecília Benevides de Carvalho Meireles nasceu no Rio de Janeiro. Sua poesia reflete a influência pós-simbolista, daí a tendência introspectiva, intimista, e a musicalidade, que marcaram a maioria de suas obras. Além disso, Cecília Meireles ultrapassa as marcas coletivas de sua geração, não seguindo rigidamente nenhuma corrente do Modernismo brasileiro, preferindo buscar sua independência por meio da realização de uma poesia de vocação lírica e mística.

Há, em seus versos, um lirismo profundo e essencial, o que mostra ser sua poesia, ainda, antipitoresca e antiprosaica. De certo modo, seus textos parecem contrariar as tendências cotidianas e prosaicas dos modernistas de 1922. Os temas principais são o caráter passageiro da existência, a morte, a solidão e a renúncia do mundo em favor da solidão e do silêncio. Cecília Meireles empregou também em sua poesia tanto as formas consagradas pela tradição — os metros regulares, os ritmos e acentos quase clássicos ou mesmo estrofes de cunho popular — quanto formas mais livres da modernidade.

De todas as publicações de Cecília Meireles, *Romanceiro da Inconfidência* é a única que mostra o rompimento do círculo do próprio "eu" para criar uma poesia impessoal, mais identificada com o mundo exterior do que com o íntimo. Ainda assim, certas projeções subjetivas rompem com a retratação da cena histórica ou dos fatos verídicos para traduzir a leitura pessoal da autora sobre a visão histórica.

Romance LIII ou das palavras aéreas

Ai, palavras, ai, palavras,
que estranha potência, a vossa!
Ai, palavras, ai, palavras,
sois de vento, ides no vento,

no vento que não retorna,
e, em tão rápida existência,
tudo se forma e transforma!
Sois de vento, ides no vento,
e quedais, com sorte nova!
[...]
Ai, palavras, ai, palavras,
que estranha potência a vossa!
Éreis um sopro na aragem...
— sois um homem que se enforca!

VINICIUS DE MORAES

O início do trabalho literário de Vinicius de Moraes não foi muito diferente do dos demais poetas da segunda geração modernista brasileira. Influenciado pelo neossimbolismo — a chamada corrente espiritualista —, apresenta um tom bíblico demonstrado tanto nas epígrafes dos poemas como nos versos.

Em sua obra *Cinco elegias* (1943), Vinicius inicia a ruptura com a fase mística, adotando uma linguagem mais coloquial e mais sensual. As contradições existenciais são marcas constantes na sua obra. Há uma preferência pelos sonetos, estilo que marca a sua trajetória.

Soneto de fidelidade

De tudo, ao meu amor serei atento
Antes, e com tal zelo, e sempre, e tanto
Que mesmo em face do maior encanto
Dele se encante mais meu pensamento.

Quero vivê-lo em cada vão momento
E em seu louvor hei de espalhar meu canto
E rir meu riso e derramar meu pranto
Ao seu pesar ou seu contentamento.

E assim, quando mais tarde me procure
Quem sabe a morte, angústia de quem vive
Quem sabe a solidão, fim de quem ama

Eu possa me dizer do amor (que tive):
Que não seja imortal, posto que é chama
Mas que seja infinito enquanto dure.

3. A prosa da segunda geração

A quebra da Bolsa de Valores de Nova York, em 1929, o fim da política "café com leite", a Coluna Prestes e os ideais comunistas tiveram papel importante na formação literária desse momento.

A prosa de ficção da geração de 1930 apresentou duas tendências principais: o **regionalismo do nordeste** e o **romance psicológico**. Em ambas as correntes, o engajamento nas questões sociais, políticas e culturais marcou esse momento. Surgidos a partir da publicação de *A bagaceira* (1928, de José Américo de Almeida), os **romances regionalistas** da década de 1930 revelaram a intenção de denunciar os problemas vividos pelo homem nordestino: miséria, exploração, seca, êxodo rural, coronelismo, cangaço e declínio da lavoura canavieira. Destacam-se, entre os representantes desta época, José Américo de Almeida, Rachel de Queiroz, Jorge Amado, José Lins do Rego e Graciliano Ramos.

Figura 1

As características regionalistas também são vistas nas artes plásticas. Em seu regionalismo, Aldemir Martins apresenta uma atmosfera cheia de cor intensa ao retratar o cangaceiro nordestino.

Os **romances psicológicos** surgem no eixo Rio-São Paulo e enfocam, pela análise psíquica, o conflito do homem no meio urbano. Houve também outros autores nesse período, como Érico Veríssimo, Lúcio Cardoso, Otávio de Farias, Cyro dos Anjos, Dyonélio Machado, entre outros.

GRACILIANO RAMOS

Desde seu primeiro romance, *Caetés*, publicado em 1933, Graciliano Ramos mostra-se como um autor diferenciado de seus companheiros de geração. Graciliano está inserido na segunda fase do Modernismo, no regionalismo nordestino; entretanto, ultrapassa essas tendências. Seu regionalismo apresenta qualidades e perspectivas universais. As narrativas de escavação psicológica das personagens aproximam-no de Machado de Assis e do Realismo.

O estilo de Graciliano é sempre enxuto, de vocabulário econômico, de sintaxe rigorosa. A concisão cria um estilo seco, bem de acordo com o cenário de seus romances. Seu pessimismo é fatalista, o que demonstra a ausência de saída para suas personagens. O círculo vicioso da existência impede seus protagonistas de chegarem a um final feliz.

JOSÉ LINS DO REGO

O memorialismo e a observação são as principais características do trabalho de José Lins do Rego, que enfatiza a decadência da sociedade patriarcal nordestina, analisando-a sob a luz de um lirismo saudoso. A crítica aos valores e às desigualdades sociais é suavizada em suas obras; o tom protestatório tem menor destaque.

A obra de José Lins pode ser dividida em três ciclos distintos: o ciclo da cana-de-açúcar; o ciclo do cangaço, misticismo e seca; e obras independentes, com implicação nos dois ciclos anteriores ou desvinculadas de qualquer ciclo.

Suas obras de maior destaque são: *Menino de engenho*, *Doidinho*, *Banguê*, *Usina* e *Fogo morto*, todas fazendo parte do ciclo da cana-de-açúcar.

RACHEL DE QUEIROZ

Rachel de Queiroz estreia na literatura com apenas 20 anos. Suas obras iniciais tematizam a seca, o coronelismo e a miséria humana, sem perder o traço psicológico do homem da terra, que, diante da fatalidade existencial, acaba se conformando com sua condição de pobreza.

O romance *O quinze*, sua obra-prima, retrata o drama da seca e dos retirantes de forma pessoal e intensa.

Rachel de Queiroz demonstrou uma oscilação quanto à abordagem política de sua obra. O ímpeto esquerdizante inicial foi amoldando-se a posturas mais conservadoras e menos enfáticas, sobretudo nas crônicas. O fato é que ela nunca perdeu o trato psicológico do ser humano, a agudeza nos detalhes, a precisão na análise.

Suas principais obras são: *O quinze* (1930); *João Miguel* (1932); *Caminho de pedras* (1937); *As três Marias* (1939); *Galo de ouro* (1986); *Memorial de Maria Moura* (1992).

JORGE AMADO

A obra de Jorge Amado pode ser dividida em dois momentos diferentes: antes e depois de *Gabriela, cravo e canela*.

No primeiro momento, Jorge Amado identifica-se com os ideais denuncistas e combate as desigualdades sociais e a miséria humana. Centraliza a temática na região cacaueira baiana e traça um painel do sofrimento de sua gente. Deste momento, destacam-se *Cacau* (1933),

Suor (1934), *Jubiabá* (1935), *Mar morto* (1936), *Capitães da areia* (1937), *Terras do sem-fim* (1942), *São Jorge dos Ilhéus* (1944) e *Seara vermelha* (1946).

O escritor baiano repassa o sentimento adverso provocado pela observação da pobreza e da miséria. Seu maior engano é o deslocamento do eixo de interesses temáticos por desvios desnecessários, como o sincretismo religioso exagerado, o apelo folclórico inadequado, um tom sensual pouco apropriado ou mesmo uma conclusão maniqueísta (que o próprio Jorge Amado criticaria anos mais tarde), em que o coronel é sempre mau e o trabalhador oprimido é sempre bom.

Em *Gabriela, cravo e canela,* Jorge Amado descobre o jeito fácil de conquistar leitores: a trama simples, o sensualismo, o mistério sincrético, o folclore adornador, a pouca elaboração na profundidade das personagens, a exploração do exótico, o erotismo transbordante.

ÉRICO VERÍSSIMO

Há três momentos distintos na obra de Érico Veríssimo: no primeiro, caracterizado pelo chamado romance urbano, o autor monta o perfil da sociedade burguesa gaúcha, notadamente a de Porto Alegre, em que traça o panorama da vida social portoalegrense, enfatizando o caráter ético de suas relações. O primeiro livro dessa fase é *Clarissa*, que lhe trouxe fama e consagração de público e crítica.

As outras obras deste período são: *Caminhos cruzados; Música ao longe; Um lugar ao sol; Olhai os lírios do campo; O resto é silêncio.*

O segundo momento da obra de Érico Veríssimo prende-se ao chamado romance épico, em que a historiografia se confunde com a ficção. Nele, o autor narra a formação do povo gaúcho em três obras diferentes: *O continente*, *O retrato* e *O arquipélago*, reunidas em um conjunto denominado *O tempo e o vento*.

O terceiro momento da obra de Érico Veríssimo é marcado pelo uso da alegoria na composição de romances de caráter político. Em plena era da ditadura militar de 1964, por meio de alegorização, o autor posiciona-se criticamente em relação à política brasileira que vigorava. *Incidente em Antares* é o romance mais popular desse período de criação.

ATIVIDADES

1 Leia o primeiro quarteto do "Soneto de fidelidade", de Vinicius de Moraes, e responda ao que se pede.

> De tudo, ao meu amor serei atento
>
> Antes, e com tal zelo, e sempre, e tanto
>
> Que mesmo em face do maior encanto
>
> Dele se encante mais meu pensamento.

a) O poeta, no período inicial, usou de uma figura de linguagem bastante empregada por Camões, em sua obra-maior *Os lusíadas*. De que figura se trata?

_____

_____

_____

_____

b) Escreva o período em sua ordem direta.

_____

_____

_____

c) No segundo verso há uma figura de linguagem cujo objetivo é dar lentidão à leitura. Qual é essa figura?

_____

_____

_____

_____

d) Faça a escansão (metrificação) do primeiro verso. Qual é a sua medida?

_____

_____

_____

_____

_____

_____

_____

2 (Unicamp-SP) Leia este poema de Cecília Meireles:

Desenho

Traça a reta e a curva,
a quebrada e a sinuosa
Tudo é preciso.
De tudo viverás.
Cuida com exatidão da perpendicular
e das paralelas perfeitas.
Com apurado rigor.
Sem esquadro, sem nível, sem fio de
[prumo,
Traçarás perspectivas, projetarás estruturas.
Número, ritmo, distância, dimensão.
Tens os teus olhos, o teu pulso, a tua
[memória.
Construirás os labirintos impermanentes
que sucessivamente habitarás.
Todos os dias estás refazendo o teu
[desenho.

Não te fatigues logo. Tens trabalho para
[toda a vida.

E nem para o teu sepulcro terás a medida
[certa.

Somos sempre um pouco menos do que
[pensávamos.

Raramente, um pouco mais.

MEIRELES, Cecília. O estudante empírico. In:
SECCHIN, Antonio Carlos (org.). *Poesia completa*.
Rio de Janeiro: Nova Fronteira, 2001.

a) Tanto o título quanto as imagens do poema remetem a um domínio do conhecimento humano. Que domínio é esse?

_____

_____

_____

_____

_____

b) Em que sentido são empregadas tais imagens no poema?

_____

_____

_____

_____

_____

c) Esse sentido acaba por ser contrariado ao longo do poema? Responda sim ou não e justifique a resposta.

_____

_____

_____

_____

_____

_____

_____

3 (PUC-PR) Após a leitura do trecho citado, assinale a alternativa correta para analisar *São Bernardo*, de Graciliano Ramos.

— Bater assim num homem! Que horror!

Julguei que ela se aborrecesse por outro motivo, pois aquilo era uma frivolidade.

— Ninharia, filha. Está você aí se afogando em pouca água. Essa gente faz o que se manda, mas não vai sem pancada. E Marciano não é propriamente um homem.

— Por quê?

— Eu sei lá. Foi vontade de Deus. É um molambo.

— Claro. Você vive a humilhá-lo.

— Protesto! exclamei alterando-me. Quando o conheci, já ele era molambo.

— Provavelmente porque sempre foi tratado a pontapés.

— Qual nada! É molambo porque nasceu molambo.

a) A visão determinista do latifundiário propõe a imobilidade social para que, assim, ele possa exercer seu poder e arbitrariedade.

b) O diálogo entre Paulo Honório e sua esposa reproduz a diferença de caráter dos dois e que será a causa de sua separação conjugal.

c) Paulo Honório, como latifundiário prepotente, demonstra o rigor que é preciso ter com os empregados da fazenda para que sua autoridade seja preservada.

d) A falta de harmonia entre o casal demonstra que este romance de Graciliano Ramos tem como tema central as dificuldades de relacionamento conjugal.

e) O humanismo de sua esposa, d. Glória, permite manter o conflito entre as personagens, a fim de levar à derrota final do protagonista.

4 Leia as afirmações seguintes e assinale aquelas que se referem verdadeiramente a Érico Veríssimo, representante da geração de 1930 na prosa modernista:

I. *Incidente em Antares* é exemplo de realismo-fantástico, tendo como protagonistas sete personagens insepultos.

II. *O tempo e o vento* é um romance histórico, constituído pela trilogia *O continente*, *O retrato* e *O arquipélago*.

III. *Olhai os lírios do campo*, *Um lugar ao sol* e *Clarissa* são romances sociais, com destaque para a personalidade marcante das mulheres: Olívia, Fernanda e Clarissa.

IV. Além da literatura adulta, Érico Veríssimo também se enveredou pela literatura infantil, escrevendo, dentre outros, *O urso com música na barriga*.

V. Com *Os ratos*, Érico Veríssimo explora o romance psicológico, tendo como protagonista Naziazeno, que sai desesperadamente em busca do dinheiro para quitar a dívida com o leiteiro.

VI. Érico Veríssimo é considerado mais um contador de histórias do que propriamente um romancista, daí a sua enorme popularidade.

a) I, II, III e VI
b) II, III e V
c) I, II, III, IV e VI
d) III, V e VI
e) II, IV, V e VI

EXERCÍCIOS COMPLEMENTARES

1 Leia o poema "Memória", de Carlos Drummond de Andrade:

Amar o perdido
Deixa confundido
Este coração.

Nada pode o olvido
Contra o sem sentido
Apelo do Não.

As coisas tangíveis
Tornam-se insensíveis
À palma da mão.

Mas as coisas findas,
Muito mais que lindas,
Essas ficarão.

Assinale a alternativa que não condiz com o poema lido:

a) Todos os versos são pentassílabos, isto é, apresentam cinco sílabas poéticas.

b) "Não", no poema, deixou de ser um advérbio de negação, ganhando *status* de substantivo.

c) "Este coração" está no sentido metafórico, referindo-se ao próprio eu lírico.

d) As duas últimas estrofes são exemplos de paradoxos, pois apresentam contradições.

e) Para o eu lírico, o que passou já não tem mais sentido e deve ser, para sempre, olvidado.

2 Leia o poema "Motivo", de Cecília Meireles, um dos maiores nomes da geração de 1930 do Modernismo brasileiro, e responda ao que se pede:

Eu canto porque o instante existe
E minha vida está completa,
Não sou alegre nem sou triste,
Sou poeta.

Irmão das coisas fugidias,
Não sinto gozo nem tormento,
Atravesso noites e dias,
No vento.

Se desmorono ou se edifico,
Se permaneço ou me desfaço,
Não sei, não sei... Não sei se fico
Ou passo.

Sei que canto e a canção é tudo,

Tem sangue eterno a asa ritmada,

E um dia sei que estarei mudo,

Mais nada.

a) Com relação à medida dos versos, há uma regularidade métrica? Em caso afirmativo, qual?

b) Há no poema, nitidamente, dois temas caros à poesia de Camões. Cite-os, exemplificando com elementos do texto.

c) A musicalidade é outra característica frequente na poesia de Cecília Meireles, muito comum em outra escola literária. Que escola é essa? E que poeta, pertencente a esse movimento, exerceu forte influência sobre a poesia de Cecília Meireles?

3 Assinale a alternativa em que aparece um trecho que não pode ser creditado a qualquer escritor da prosa modernista dos anos 1930.

a) "Já não pareciam condenados a trabalhos forçados: assimilavam o interesse da produção. E o senhor de engenho premiava-lhes as iniciativas, adquirindo-lhes os produtos a bom preço."

b) "Clape-clape. As alpercatas batiam no chão rachado. O corpo do vaqueiro derreava-se, as pernas faziam dois arcos, os braços moviam-se desengonçados. Parecia um macaco. Entristeceu. Considerar-se plantado em terra alheia! Engano."

c) "Toda a gente tinha achado estranha a maneira como o capitão Rodrigo Cambará entrara na vila de Santa Fé.

Um dia chegou a cavalo, vindo ninguém sabia de onde, com o chapéu barbicado puxado para a nuca, a bela cabeça de macho altivamente erguida, e aquele seu olhar de gavião que irritava e ao mesmo tempo fascinava as pessoas."

d) "Explico ao senhor: o diabo vive dentro do homem, os crespos do homem — ou é o homem arruinado, ou o homem dos avessos. Solto, por si, cidadão, é que não tem diabo nenhum. Nenhum! — é o que digo. O senhor aprova? Me declare tudo, franco — é alta mercê que me faz: e pedir posso, encarecido. Este caso — por estúrdio que me vejam — é de minha certa importância."

e) "Antônio Balduíno fala. Ele não está fazendo discurso, gente. Está é contando o que viu na sua vida de malandro. Narra a vida dos camponeses nas plantações de fumo, o trabalho dos homens sem mulheres, o trabalho das mulheres nas fábricas de charuto. Perguntem ao Gordo se pensarem que é mentira. Conta o que viu. Conta que não gostava de operário, de gente que trabalhava."

4 (Vunesp) Com base no trecho a seguir, assinale a alternativa correta.

Conheci que Madalena era boa em demasia, mas não conheci tudo de uma vez. Ela se revelou pouco a pouco, e nunca se revelou inteiramente. A culpa foi minha, ou antes, a culpa foi desta vida agreste, que me deu uma alma agreste. E, falando assim, compreendo que perco o tempo. Com efeito, se me escapa o retrato moral de minha mulher, para que serve esta narrativa? Para nada, mas sou forçado a escrever.

Quando os grilos cantam, sento-me aqui à mesa da sala de jantar, bebo café, acendo o cachimbo. Às vezes as ideias não vêm, ou vêm muito numerosas — e a folha permanece meio escrita, como estava na véspera. Releio algumas linhas, que me desagradam. Não vale a pena tentar corrigi-las. Afasto o papel.

a) Esse trecho é do romance *São Bernardo*, de Graciliano Ramos. O narrador é a personagem central do livro. Ele começa a refletir sobre a própria vida a partir da morte de Madalena, sua esposa.

b) Trata-se do romance de Machado de Assis, *Dom Casmurro*, em que o narrador revê sua vida após a morte de sua esposa.

c) Nesse trecho de *Grande sertão: veredas*, Guimarães Rosa fala do sertão. O narrador é um cangaceiro que relembra a vida que teve com a mulher antes de ela ter morrido.

d) O autor desse trecho é José Lins do Rego. Em seu romance *Fogo morto*, conta a história de José Amaro, o artesão que se orgulha de sua profissão, mas que se sente enfraquecido após a morte da esposa.

e) O trecho apresentado fala da angústia de escrever. Um homem rude tenta passar sua vida a limpo, contando a própria história. Esse é o assunto do romance *A bagaceira*, de José Américo de Almeida.

5 (U. F. Uberlândia-MG) O texto a seguir apresenta uma passagem do romance *Vidas secas*, de Graciliano Ramos, em que Fabiano é focalizado em um momento de preocupação com sua situação econômica. Escrita em 1938, essa obra insere-se num momento em que a literatura brasileira centrava seus temas em questões de natureza social.

Se eu pudesse economizar, durante alguns meses, levantaria a cabeça. Forjava planos. Tolice, quem é do chão não se trepa. Consumidos os legumes, roídas as espigas de milho, recorria à gaveta do amo, cedia por preço baixo o produto das sortes. Resmungava, rezingava, numa aflição, tentando espichar os recursos minguados, engasgava-se, engolia em seco.

Sobre esse trecho do romance, somente está incorreto o que se afirma na alternativa:

a) Este trecho resume a situação de permanente pobreza de Fabiano e revela-se como uma crítica à economia brasileira e às relações de trabalho que vigoravam no sertão nordestino no momento em que a obra foi criada. Isso pode ser confirmado pelas orações: "... Consumidos os legumes, roídas as espigas de milho, recorria à gaveta do amo, cedia por preço baixo o produto das sortes...".

b) A oração: "Se eu pudesse economizar, durante alguns meses, levantaria a cabeça" tanto pode ser o discurso do narrador que revela o pensamento de Fabiano, quanto pode ser o próprio pensamento dessa personagem. Esse modo de narrar também ocorre com as demais personagens do romance.

c) A oração: "... Resmungava, rezingava, numa aflição, tentando espichar os recursos minguados, engasgava-se, engolia em seco" indica a voz do narrador em terceira pessoa, ao mostrar o estado de agonia em que se encontra a personagem.

d) A expressão: "Forjava planos", típica da linguagem culta, é seguida no texto por um provérbio popular: "quem é do chão não se trepa". Essa mudança de registro linguístico é reveladora do método narrativo de *Vidas secas*, que subordina a voz das classes populares à da elite.

e) O texto tem início com a esperança de Fabiano de mudança em sua situação econômica; a seguir, passa a focalizar a realidade de pobreza em que a personagem se encontra, e finaliza com sua revolta e angústia diante da condição de empregado, sempre em dívida com o patrão.

6 Leia as afirmações a seguir, sobre José Lins do Rego:

I. Carlos Melo, personagem dos romances pertencentes ao chamado ciclo da cana-de-açúcar, é uma espécie de alterego do escritor.

II. Sua obra maior é *Fogo morto*, retratando a ascensão, o apogeu e a decadência do engenho Santa Fé.

III. Em *Doidinho*, percebemos uma nítida influência de *O Ateneu*, de Raul Pompeia, já que o cenário é um colégio interno.

IV. Em *Menino de engenho*, Carlos Melo passa a viver no engenho Santa Rosa, do avô José Paulino. É o primeiro romance de uma saga que se completará com a publicação de *Usina*.

V. Em *Banguê*, termo usado para designar engenho decadente, o protagonista é o coronel Lula de Holanda Chacon, uma espécie de "dom Quixote do Nordeste".

VI. *O quinze* e *João Miguel* fazem parte do ciclo da seca ou do cangaço.

Estão corretas as afirmações:

a) II, IV e V

b) III, IV e VI

c) I, III e VI

d) I, II, IV e V

e) I, II, III e IV

Terceira geração modernista

1. A arte em tons nacionais

O fim da Segunda Guerra Mundial levou o mundo ao chamado universo bipolar, ou seja, comunismo e capitalismo confrontam-se em ações diretas, como a Guerra da Coreia, a do Vietnã, a tomada de Cuba e tantas outras, ou, mesmo de forma subliminar, a chamada Guerra Fria. Esses desdobramentos causaram profundas alterações no conceito e na estética da arte brasileira.

A redemocratização em 1945 apontava para o ressurgimento da liberdade criadora. A volta de Vargas ao poder em 1950, dessa vez legitimamente conduzida pelo voto popular, trazia insatisfação e insegurança aos intelectuais brasileiros. Juscelino Kubitschek, Jânio Quadros e João Goulart conseguiram abrandar os ânimos, prometendo o país do futuro. O golpe militar de 1964 e, mais tarde, o AI-5, em 1968, impondo a censura aos meios de comunicação, promoveram o aniquilamento da arte como instrumento de transformação e crescimento.

A arte que surge a partir de 1945 ganha novos contornos e novas linguagens, com tons acentuadamente nacionais. O teatro, a música, o rádio e a televisão passam a disputar espaço com a literatura e ganham o gosto popular.

2. A poesia

Os poetas que vieram após 1945 apresentaram características bem distintas das dos poetas da segunda geração. Num primeiro momento, retomaram o rigor formal, a métrica, posicionando-se contrariamente ao estabelecido pelos "destruidores" da primeira geração.

O novo grupo apareceu como uma espécie de negação ao Modernismo. Denominados neoparnasianos ou neorromânticos, foram alvo de críticas. Buscavam, entretanto, uma reestruturação na criação poética, fundindo estética com amplitude temática, fundamentada no conteúdo. Fizeram parte desse momento na poesia: Péricles Eugênio da Silva Ramos, Domingos Carvalho da Silva, Lêdo Ivo, João Cabral de Melo Neto e Mário Quintana.

MÁRIO QUINTANA

Mário Quintana apresenta em suas primeiras obras uma forte influência do neossimbolismo característico da segunda geração modernista. Possui uma poética de fácil assimilação, com toques de leveza e uma visão sutil da vida e do tempo. Há um misto de religiosidade e pessimismo, em versos cadenciados e sonoros.

Suas principais obras são: *Rua dos cataventos* (1940); *Canções* (1946); *Sapato florido* (1948); *O aprendiz de feiticeiro* (1950); *Prosa e verso* (1978); *Baú de espantos* (1986); *Preparativos de viagem* (1987).

Poeminha sentimental

O meu amor, o meu amor, Maria
É como um fio telegráfico da estrada
Aonde vêm pousar as andorinhas...
De vez em quando chega uma
E canta
(Não sei se as andorinhas
    [cantam, mas vá lá!)
Canta e vai-se embora
Outra, nem isso,
Mal chega, vai-se embora.
A última que passou
Limitou-se a fazer cocô
No meu pobre fio de vida!
No entanto, Maria, o meu
[amor é sempre o mesmo:
As andorinhas é que
    [mudam.

JOÃO CABRAL DE MELO NETO

João Cabral de Melo Neto, de maneira engenhosa, traduz o universo das palavras com apuro e simetria. Seu fazer poético é racional, conciso, seco e preciso.

É chamado "poeta engenheiro" ou "poeta arquiteto" por causa de sua precisão. Inicialmente, explorou o surrealismo.

Poesia

Ó jardins enfurecidos,
pensamentos palavras sortilégio
sob uma lua contemplada;
jardins de minha ausência
imensa e vegetal;
ó jardins de um céu
viciosamente frequentado:
onde o mistério maior
do sol da luz da saúde?

A partir de *O engenheiro*, a poesia de João Cabral torna-se construtivista e objetual, anula-se a presença do eu. A atitude racional sobrepõe-se à emoção. O rigor construtivo supera o lirismo; sua poesia torna-se seca, como um cenário nordestino.

O engenheiro

A luz, o sol, o ar livre
envolvem o sonho do engenheiro.
O engenheiro sonha coisas claras:
superfícies, tênis, um copo de água.
O lápis, o esquadro, o papel;
o desenho, o projeto, o número:
o engenheiro pensa o mundo justo,
mundo que nenhum véu encobre.

A partir de *O cão sem plumas*, há um processo de humanização na poesia de João Cabral de Melo Neto, o que não deve ser confundido com sentimentalismo, porque sua poética mantém ainda a secura do substantivo e a busca do objeto. O ápice desse processo é atingido em *Morte e vida severina* (auto de natal pernambucano), em 1956.

Figura 1

Em 1958, um grupo teatral paraense encenou no Festival Nacional de Teatro de Estudantes, no Recife, *Morte e vida severina*. A partir dessa data, a peça passou a ser representada em vários lugares do país, até mesmo no exterior, como é o caso da cena da foto, em que as personagens se reúnem no fim da peça, apresentada no Teatro de Lisboa.

Suas obras principais são, entre outras: *Pedra do sono* (1942), *O engenheiro* (1945), *Psicologia da composição* (1947), *O cão sem plumas* (1950), *Morte e vida severina* (1956), *Uma faca só lâmina* (1956), *A educação pela pedra* (1966), *Museu de tudo* (1975), *Auto do frade* (1984), *Agrestes* (1985), *Crime na calle Relator* (1987), *Sevilha andando* (1990).

Morte e vida severina segue dois movimentos: morte e vida. A trajetória de dor de Severino acompanha o primeiro movimento. A vida surge apenas no final da trajetória, quase como anúncio de uma epifania (revelação súbita), com o nascimento do filho de um mestre carpinteiro e com as palavras deste, que prenunciam a resolução dos conflitos íntimos do protagonista. O otimismo final resulta da confiança do homem no próprio homem e carrega toda uma carga de beleza que parece encher de esperanças o leitor-espectador.

Em *Morte e vida severina*, a trajetória de qualquer ser vivente é o caminho da vida para a morte. O homem do sertão nordestino sai da morte (concepção metafórica da realidade que encontra pelo caminho) para a vida (visão otimista de que a vida vale a pena).

— O meu nome é Severino,
não tenho outro de pia.
Como há muitos Severinos,
que é santo de romaria,
deram então de me chamar
Severino de Maria;
como há muitos Severinos
com mães chamadas Maria,
fiquei sendo o da Maria
do finado Zacarias.
Mas isso ainda diz pouco:
há muitos na freguesia,
por causa de um coronel
que se chamou Zacarias
e que foi o mais antigo
senhor desta sesmaria.

Como então dizer quem fala
ora a Vossas Senhorias?
Vejamos: é o Severino
da Maria do Zacarias,
lá da serra da Costela,
limites da Paraíba.
Mas isso ainda diz pouco:
se ao menos mais cinco havia
com nome de Severino
filhos de tantas Marias
mulheres de outros tantos,
já finados, Zacarias,
vivendo na mesma serra
magra e ossuda em que eu vivia.
Somos muitos Severinos
iguais em tudo na vida:
na mesma cabeça grande
que a custo é que se equilibra,
no mesmo ventre crescido
sobre as mesmas pernas finas
e iguais também porque o sangue
que usamos tem pouca tinta.
E se somos Severinos
iguais em tudo na vida,
morremos de morte igual,
mesma morte severina:
que é a morte de que se morre
de velhice antes dos trinta,
de emboscada antes dos vinte,
de fome um pouco por dia
(de fraqueza e de doença
é que a morte severina
ataca em qualquer idade,
e até gente não nascida).
[...]

3. A prosa da terceira geração

A prosa de 1945 aprofunda a introspecção psicológica das personagens. Surge a prosa intimista ou o moderno romance lírico com a publicação de *Perto do coração selvagem* (1944), de Clarice Lispector. O homem passa a ser visto em conflito consigo mesmo, escravo de sua condição existencial. Num outro plano, a publicação de *Sagarana* (1946), de Guimarães Rosa, inicia o **regionalismo universalista** ou **universalismo regional**. A ficção ultrapassa o meio físico regional para atingir dimensões universais, com questionamento existencial a partir de uma perspectiva do pitoresco regional.

A preocupação dos autores de 1945 com a palavra os leva ao **experimentalismo** ou **instrumentalismo**. Isso permite o rompimento da distância entre a prosa e a poesia e denuncia o desgaste da narrativa tradicional.

Os dois nomes de maior destaque desse momento, Guimarães Rosa e Clarice Lispector, têm em comum a investigação interior de suas personagens. Clarice atém-se ao homem urbano; Guimarães Rosa vai ao sertão para retratar a alma humana.

GUIMARÃES ROSA

João Guimarães Rosa estreou em 1946, com *Sagarana*. Foi médico, diplomata e escritor. Faleceu em 1967, três dias depois de tomar posse na Academia Brasileira de Letras.

Guimarães Rosa renova a prosa moderna a partir de uma perspectiva de criação linguística e humana. Concilia a poética e a narrativa com o emprego de uma linguagem carregada de elementos da poesia: neologismos formados de arcaísmos, latinismos, tupinismos, estrangeirismos etc.; repetições, paradoxos, metáforas, aliterações, assonâncias, onomatopeias; além de sugerir novos significados para as palavras já conhecidas, a fim de reinventar o código literário.

Destacam-se entre suas obras: *Sagarana* (1946), *Primeiras estórias* (1962), *Tutameia — Terceiras estórias* (1967), *Estas estórias* (1969), *Corpo de baile* (1956), *Grande sertão: veredas* (1956) e *Magma* (1997).

Grande sertão: veredas é considerada sua obra-prima.

Nonada. Tiros que o senhor ouviu foram de briga de homem não, Deus esteja. Alvejei mira em árvore, no quintal, no baixo do córrego. Por meu acerto. Todo dia isso faço, gosto; desde mal em minha mocidade. Daí, vieram me chamar. Causa dum bezerro: um bezerro branco, erroso, os olhos de nem ser — se viu —; e com máscara de cachorro. Me disseram; eu não quis avistar. Mesmo que, por defeito como nasceu, arrebitado de beiços, esse figurava rindo feito pessoa. Cara de gente, cara de cão; determinaram — era o demo. Povo prascóvio. Mataram. Dono dele nem sei quem for. Vieram emprestar minhas armas, cedi. Não tenho abusões. O senhor ri certas risadas... Olhe: quando é tiro de verdade, primeiro a cachorrada pega a latir, instantaneamente — depois, então, se vai ver se deu mortos. O senhor tolere, isto é o sertão. Uns querem que não seja: que situado sertão é por os campos-gerais a fora a dentro, eles dizem, fim de rumo, terras altas, demais do Urucuia. Toleima. Para os de Corinto e do Curvelo, então, o aqui não é dito sertão? Ah, que tem maior! Lugar sertão se divulga: é onde os pastos carecem de fechos; onde um pode torar dez, quinze léguas, sem topar com casa de morador; e onde criminoso vive seu cristo-jesus, arredado do arrocho de autoridade. [...] O gerais corre em volta. Esses gerais são sem tamanho. Enfim, cada um o que quer aprova, o senhor sabe: pão ou pães, é questão de opiniães... O sertão está em toda a parte.

Guimarães Rosa. *Grande sertão: veredas.*

Eu dizendo que a Mulher ia lavar o corpo dele. Ela rezava rezas da Bahia. Mandou todo o mundo sair. Eu fiquei. E a Mulher abanou brandamente a cabeça, consoante deu um suspiro simples. Ela me mal-entendia. Não me mostrou de propósito o corpo. E disse...

Diadorim — nu de tudo. E ela disse:

— A Deus dada. Pobrezinha...

E disse. Eu conheci! Como em todo o tempo antes eu não contei ao senhor — e mercê peço: — mas para o senhor divulgar comigo, a par, justo o travo de tanto segredo, sabendo somente no átimo em que eu também só soube... Que Diadorim era o corpo de uma mulher, moça perfeita... Estarreci. A dor não pode mais do que a surpresa.

A coice d'arma, de coronha...

Ela era. Tal que assim se desencantava, num encanto tão terrível; e levantei mão para me benzer — mas com ela tapei foi um soluçar, e enxuguei as lágrimas maiores. Uivei. Diadorim! Diadorim era uma mulher. Diadorim era mulher como o sol não acende a água do rio Urucuia, como eu solucei meu desespero.

O senhor não repare. Demore, que eu conto. A vida da gente nunca tem termo real.

Eu estendi as mãos para tocar naquele corpo, e estremeci, retirando as mãos para trás, incendiável; abaixei meus olhos. E a Mulher estendeu a toalha, recobrindo as partes. Mas aqueles olhos eu beijei, e as faces, a boca. Adivinhava os cabelos. Cabelos que cortou com tesoura de prata... Cabelos que, no só ser, haviam de dar para baixo da cintura... E eu não sabia por que nome chamar; eu exclamei me doendo:

— Meu amor!... [...]

Guimarães Rosa. *Grande sertão: veredas.*

Em *Grande sertão: veredas*, a imagem do sertão é a representação do mundo, e o sertanejo não é simplesmente o rústico que habita o sertão do Brasil. A personagem Riobaldo é a reconstrução do próprio ser humano, cheio de mistérios, emoldurado em suas angústias universais e eternas, habituado a conviver com o destino que o contorna, seguindo na eterna luta entre o bem e o mal.

CLARICE LISPECTOR

Clarice Lispector usou a investigação interior como plataforma temática. O enredo em suas obras é denso, alinear, fragmentado, deixa o leitor perdido em suas conclusões. Para a autora, o importante é o que se passa na alma humana, os dramas que fazem parte do universo intimista, a constante luta contra o mundo preestabelecido, em que as condutas uniformizadas provocam o aprisionamento do ser, não permitem sua afirmação como ser uno e dono de suas vontades e iniciativas.

Alguns de seus romances são verdadeiras aulas de existencialismo e empregam a epifania como elemento de revelação do mais íntimo do ser.

A palavra é o instrumento de superação da dor existencial, a salvação. Sua obra provoca o desconforto humano diante da realidade, a náusea, a revelação dos mundos subterrâneos da imaginação e do inconsciente.

Cada olho reproduzia a barata inteira.

— Perdoa eu te dar isto, mão que seguro, mas é que não quero isto para mim! Toma essa barata, não quero o que vi.

Ali estava eu boquiaberta e ofendida e recuada — diante do ser empoeirado que me olhava. Toma o que eu vi: pois o que eu via com um constrangimento tão penoso e tão espantado e tão inocente, o que eu via era a vida me olhando.

Como chamar de outro modo aquilo horrível e cru, matéria-prima e plasma seco, que ali estava, enquanto eu recuava para dentro de mim em náusea seca, eu caindo séculos e séculos dentro de uma lama — era lama, e nem sequer lama já seca mas lama ainda úmida e ainda viva, era uma lama onde se remexiam com lentidão insuportável as raízes de minha identidade.

Toma, toma tudo isso para ti, eu não quero ser uma pessoa viva! Tenho nojo e maravilhamento por mim, lama grossa lentamente brotando.

Era isso — era isso então. É que eu olhara a barata viva e nela descobria a identidade de minha vida mais profunda. Em derrocada difícil, abriam-se dentro de mim passagens duras e estreitas.

Clarice Lispector. *A paixão segundo G.H.*

ATIVIDADES

1 (Fuvest-SP)

— Finado Severino,

quando passares em Jordão

e os demônios te atacarem

perguntando o que é que levas...

— Dize que levas somente

coisas de não:

fome, sede, privação.

As "coisas de sim" estão, correspondentemente, em:

a) vacuidade, repleção, carência.

b) fartura, carência, vacuidade.

c) repleção, carência, saciedade.

d) satisfação, saciedade, fartura.

e) vacuidade, fartura, repleção.

2 (Enem-MEC) Leia o que disse João Cabral de Melo Neto, poeta pernambucano, sobre a função de seus textos:

"Falo somente como o que falo: a linguagem enxuta, contato denso; falo somente do que falo: a vida seca, áspera e clara do sertão; falo somente por quem falo: o homem sertanejo sobrevivendo na adversidade e na míngua; falo somente para quem falo: para os que precisam ser alertados para a situação da miséria no Nordeste."

Para João Cabral de Melo Neto, no texto literário:

a) a linguagem do texto deve refletir o tema, e a fala do autor deve denunciar o fato social para determinados leitores.

b) a linguagem do texto não deve ter relação com o tema, e o autor deve ser imparcial para que seu texto seja lido.

c) o escritor deve saber separar a linguagem do tema e a perspectiva pessoal da perspectiva do leitor.

d) a linguagem pode ser separada do tema, e o escritor deve ser o delator do fato social para todos os leitores.

e) a linguagem está além do tema, e o fato social deve ser a proposta do escritor para convencer o leitor.

3 Leia o texto a seguir para responder às questões de I a III.

A terceira margem do rio

Nosso pai era homem cumpridor, ordeiro, positivo; e sido assim desde mocinho e menino, pelo que testemunharam as diversas pessoas sensatas, quando indaguei a informação. Do que eu mesmo me alembro, ele não figurava mais estúrdio nem mais triste do que os outros, conhecidos nossos. Só quieto. Nossa mãe era quem regia, e que ralhava no diário com a gente — minha irmã, meu irmão e eu. Mas se deu que, certo dia, nosso pai mandou fazer para si uma canoa.

Era a sério. Encomendou a canoa especial, de pau de vinhático, pequena, mal com a tabuinha da popa, como para caber justo o remador. Mas teve de ser toda fabricada, escolhida forte e arquejada em rijo, própria para dever durar na água por uns vinte ou trinta anos. Nossa mãe jurou muito contra a ideia. Seria que, ele, que nessas artes não vadiava, se ia propor agora para pescarias e caçadas? Nosso pai nada não dizia. Nossa casa, no tempo, ainda era mais próxima do rio, obra de nem quarto de légua: o rio por aí se estendendo grande, fundo, calado que sempre. Largo, de não se poder ver a forma da outra beira. E esquecer não posso, do dia em que a canoa ficou pronta.

Sem alegria nem cuidado, nosso pai encalcou o chapéu e decidiu um adeus para a gente. Nem falou outras palavras, não pegou matula e trouxa, não fez nenhuma recomendação. Nossa mãe, a gente achou que ela ia esbravejar, mas persistiu somente alva de pálida, mascou o beiço e bramou: — Cê vai, ocê fique, você nunca volte! Nosso pai suspendeu a resposta. Espiou manso para mim, me acenando de vir também, por uns passos. Temi a ira de nossa mãe, mas obedeci, de vez de jeito. O rumo daquilo me animava, chega que um propósito perguntei: — Pai, o senhor me leva junto, nessa sua canoa? Ele só retornou o olhar em mim, e me botou a bênção, com gesto me mandando para trás. Fiz que vim, mas ainda virei, na grota do mato, para saber. Nosso pai entrou na canoa e desamarrou, pelo remar. E a canoa saiu se indo — a sombra dela por igual, feito um jacaré, comprida longa. [...]

ROSA, J. Guimarães. *Ficção completa*.
Rio de Janeiro: Nova Aguilar, 1994.

I. (PUC-RJ) Segundo o texto, na visão do menino:

a) a mãe era uma pessoa brava e enérgica; o pai, metódico e calado.

b) a mãe não aprovava a ideia de ver o marido levar o filho para caçadas e pescarias.

c) a mãe era a responsável pela saída do pai.

d) o pai o abandonou, porque não gostava dele.

e) era bom viajar com o pai, mas era melhor ficar no aconchego do lar.

II. (PUC-RJ) Sobre o texto, só não podemos dizer que:

a) apresenta cenário rural em que se percebem elementos arcaizantes.

b) possui narrador de primeira pessoa que se mostra consciente de que seu narrar provém da memória.

c) mostra, na figura feminina, traços da herança matriarcal.

d) pretende reproduzir o linguajar dos habitantes da região retratada.

e) desenha, com precisão, as características físicas, morais e psicológicas das personagens.

III. (PUC-RJ) O texto apresenta:

a) preocupação evidente com a realidade social das populações sertanejas marginalizadas.

b) narração focada na complexidade e na aparente gratuidade das ações humanas.

c) explicação determinista para o comportamento das personagens.

d) posição ufanista diante da terra e do homem brasileiro, sendo este visto como um ser desbravador e heroico.

e) descrição detalhista das riquezas naturais caracterizadoras do ambiente enfocado.

4 (Fuvest-SP)

Decerto a gente daqui

Jamais envelhece aos trinta

Nem sabe da morte em vida,

Vida em morte, severina

João Cabral de Melo Neto.
Morte e vida severina.

Neste excerto, a personagem do "retirante" exprime uma concepção da "morte e vida severina", ideia central da obra, que aparece em seu próprio título. Tal como foi expressa no excerto, essa concepção só não encontra correspondência em:

a) "morre gente que nem vivia".

b) "meu próprio enterro eu seguia".

c) "o enterro espera na porta: o morto ainda está com vida".

d) "vêm é seguindo seu próprio enterro".

e) "essa foi morte morrida ou foi matada?".

EXERCÍCIOS COMPLEMENTARES

1 (Fuvest-SP) Leia o texto para responder aos itens.

Mas não senti diferença
entre o agreste e a caatinga,
e entre a caatinga e aqui a mata
a diferença é a mais mínima.
Está apenas em que a terra
é por aqui mais macia;
está apenas no pavio,
ou melhor, na lamparina:
pois é igual o querosene
que em toda parte ilumina,
e quer nesta terra gorda
quer na serra, de caliça,
a vida arde sempre com
a mesma chama mortiça.

João Cabral de Melo Neto.
Morte e vida severina.

Nesse excerto, o retirante, já chegado à zona da mata, reflete sobre suas experiências, reconhecendo uma diferença e uma semelhança entre as regiões que conhecera ao longo de sua viagem.

a) De onde partiu o retirante? Estava em busca de quê?

b) Explique sucintamente em que consistem a diferença e a semelhança reconhecidas pelo retirante.

c) Depois de chegar ao Recife, o retirante mudará substancialmente o julgamento que expressa nesse excerto? Justifique brevemente sua resposta.

2 (UFCE) A respeito do estilo da escritora Clarice Lispector, julgue (V ou F):

I. Uma importante característica de sua obra é a captação do fluxo da consciência, num verdadeiro mergulho na subjetividade da personagem.

II. Em suas obras, a reflexão sobre a existência humana desencadeia-se, muitas vezes, a partir de acontecimentos aparentemente triviais.

III. Suas personagens são construídas com a objetividade de uma perspectiva determinista e mecanicista.

IV. A autora revela uma percepção aguda de detalhes.

V. A erudição e a complexidade sintática de sua linguagem a aproximam de escritores como Euclides da Cunha.

3 (UFMT) Leia dois trechos da obra *Grande sertão: veredas*, publicada há 50 anos, do escritor mineiro Guimarães Rosa, da geração de 1945.

Trecho I

Eu ouvi aquilo demais. O pacto! Se diz — o senhor sabe. Bobeia. Ao que a pessoa vai, em meia-noite, a uma encruzilhada, e chama fortemente o Cujo — e espera. Se sendo, há-de que vem um pé de vento, sem razão, e arre se comparece uma porca com ninhada de pintos, se não for uma galinha puxando barrigada de leitões. Tudo errado, remedante, sem completação… O senhor imaginalmente percebe? O crespo — a gente se retém — então dá um cheiro de breu queimado. E o dito — o Coxo — toma espécie, se forma! Carece de se conservar coragem. Se assina o pacto. Se assina com o sangue de pessoa. O pagar é alma. Muito mais depois. O senhor vê, superstição parva? Estornadas!… Provei. Introduzi.

Trecho II

O demo, tive raiva dele? Pensei nele? Em vezes. O que era em mim valentia, não pensava; e o que pensava produzia era dúvidas de me-enleios. Repensava, no esfriar do dia. A quando é o do sol entrar, que então até é o dia mesmo, por seu remorso. Ou então, ainda melhor, no madrugal, logo no instante em que eu acordava e ainda não abria os olhos: eram só os minutos, e, ali durante, em minha rede, eu preluzia tudo claro e explicado. Assim: — *Tu vigia, Riobaldo, não deixa o diabo te pôr sela…* — isto eu divulgava. Aí eu queria fazer um projeto: como havia de escapulir dele, do Temba, que eu tinha mal chamado. Ele rondava por me governar?

ROSA, João Guimarães. *Grande sertão: veredas*. Rio de Janeiro: Nova Fronteira, 1986. p. 45 e 458.

A leitura dos dois excertos revela um dos temas que permeiam a ação do romance. Qual é ele?

a) A coragem do herói em momentos de luta e perigo.

b) O embate entre o bem e o mal que atormenta Riobaldo.

c) A existência ou não do demônio, com o qual teria sido feito um pacto.

d) A necessidade de confissão para alívio do espírito.

e) A indicação do espiritual como refúgio para problemas pessoais.

4 (PUC-MG) Leia com atenção este texto.

Um grupo de cavaleiros. Isto é, vendo melhor: um cavaleiro rente, frente à minha porta, equiparado, exato; e, embolados, de banda, três homens a cavalo. Tudo num relance, insolitíssimo. Tomei-me nos nervos. O cavaleiro esse — o oh-homem-oh — com cara de nenhum amigo. Sei o que é influência de fisionomia. Saíra e viera, aquele homem, para morrer em guerra. Saudou-me seco, curto, pesadamente. Seu cavalo era alto, um alazão; bem arreado, derreado, suado. E concebi grande dúvida.

Esse fragmento, de Guimarães Rosa, ilustra sua tendência a:

a) registrar os costumes das populações do Nordeste, numa linguagem que muito se aproxima da usada pelos escritores de fins do século XIX.

b) confrontar a cultura citadina e letrada com a matéria bruta do Brasil rural, provinciano e arcaico, numa linguagem que evidencia a superioridade atribuída ao homem urbano culto.

c) procurar fixar a musicalidade da fala sertaneja, revitalizando recursos da expressão poética: células rítmicas, aliterações, onomatopeias, rimas internas.

d) recuperar a linguagem "ingênua" e "espontânea" dos homens do campo, envolvido em peripécias que acabam por dividi-los em dois grupos: um que representa a bondade natural; outro, a natureza de má índole.

e) procurar evitar que sejam rompidas as fronteiras entre prosa e poesia, aproveitando-se do estilo duro e seco da fala de suas personagens.

5 Não é característica da produção literária de João Guimarães Rosa:

a) Uso de neologismos, isto é, invenções de palavras.

b) Uso frequente de ditados populares.

c) Uma prosa recheada de figuras de linguagem, como metáforas, silepses, pleonasmos, antíteses e paradoxos.

d) Frase insólitas (anormais).

e) Adoção de uma linguagem que prima pela correção gramatical.

6 A poesia, o romance, o conto, a crônica e o teatro da geração de 1945 estão representados, respectivamente, por:

a) João Cabral de Melo Neto, Clarice Lispector, Dalton Trevisan, Fernando Sabino e Ariano Suassuna.

b) Manoel de Barros, Rubem Braga, Lygia Fagundes Telles, Jorge Andrade e Paulo Mendes Campos.

c) Paulo Bonfim, Nélida Piñon, Ariano Suassuna, Stanislaw Ponte Preta e João Guimarães Rosa.

d) Affonso Romano de Sant'Anna, Leon Eliachar, João Guimarães Rosa, Maria Clara Machado e Dalton Trevisan.

e) Hélio Pelegrino, José Carlos de Oliveira, Adélia Prado, Dias Gomes e José J. Veiga.

Tendências contemporâneas

1. 1950: contexto e tendências

O conceito artístico sofreu muitas variantes a partir da década de 1950, sobretudo pelo fortalecimento de novos veículos de comunicação, como o cinema, o rádio e a televisão. O poder da mídia cristalizou-se de maneira plena, com forte acento nas questões mercadológicas e nos múltiplos interesses de quem faz ou patrocina a arte, dificultando assim a definição de um único padrão artístico-cultural.

A chamada **arte de engajamento** fez surgir artistas comprometidos com causas sociais, destacando-se o cineasta Glauber Rocha, e nomes importantes como Chico Buarque de Hollanda, Caetano Veloso e Gilberto Gil tornaram-se modelares para a juventude, notadamente a politizada.

O regime militar, instaurado a partir de 1964, freou o ímpeto artístico nacional, principalmente a partir de 1968, quando foi decretado o AI-5, impondo a censura aos meios de comunicação brasileiros.

A televisão tomava corpo, e as novelas passaram a ser um dos mais influentes canais de propagação artística no país. Muitos autores, engajados numa luta quase solitária, conseguiam burlar os olhares nocivos da censura e, de forma disfarçada, transmitir o pensamento político.

Aos poucos, o cinema teve uma evolução criteriosa, com grande reconhecimento internacional.

2. O teatro brasileiro

A renovação estética efetiva do palco brasileiro ocorreu com a fundação, em 1941, do grupo amador Os Comediantes, dirigido pelo polonês Zbigniev Ziembinski. Em 1943, o grupo revelaria um dos maiores nomes do teatro brasileiro, Nelson Rodrigues, ao encenar a peça *Vestido de noiva,* obra que marca o início da renovação estética nacional.

Em 1948, o industrial italiano Franco Zampari funda, em São Paulo, o Teatro Brasileiro de Comédia (TBC), marco na história do teatro brasileiro.

NELSON RODRIGUES

Nelson Falcão Rodrigues é o mais importante autor teatral brasileiro do século XX. Foi um exímio observador das relações sociais e escolheu como alvo a família. Nelson, às vezes, exagerava na análise, levando-a aos extremos da condição humana, tocando fortemente nas fraquezas e na hipocrisia que por vezes sustentam essa instituição. Contudo, o brilho do autor é justamente esse, chamando a atenção, mesmo que exageradamente, para a análise de comportamento em que se revelam a falsidade, o interesse, os desejos obscenos e os pecados constantes que fazem parte do universo cotidiano dos seres humanos.

Suas principais obras são: *Vestido de noiva* (1943), *Álbum de família* (1946), *Bonitinha, mas ordinária* (1962) e *Toda nudez será castigada* (1965).

3. A crônica

A crônica sempre representou um forte estilo literário entre os autores brasileiros. Os românticos deram início a sua popularização, que repercutiu em diversos momentos da arte nacional. Na segunda metade do século XX, muitos intelectuais utilizaram-se da crônica como eficiente instrumento de propagação de ideias. Era comum encontrar seus nomes nos principais jornais e revistas do país. A consagração popular era grande, e muitos deles se tornaram verdadeiras celebridades nacionais.

Paulo Mendes Campos, Rubem Braga, Fernando Sabino e Otto Lara Resende foram os mais conhecidos, mas Carlos Drummond de Andrade, Rachel de Queiroz e mesmo Nelson Rodrigues, entre outros, dividiam espaço na mídia brasileira.

4. A poesia

Várias manifestações poéticas ocorreram no Brasil na segunda metade do século XX. Os chamados movimentos de vanguarda dividiam espaço com poetas consagrados de gerações anteriores.

POESIA CONCRETA

Em 1952, Décio Pignatari, Haroldo de Campos e Augusto de Campos lançam a revista literária *Noigandres*, em que questionavam os valores poéticos da geração de 1945. Essa revista é considerada o marco do Concretismo no Brasil, que, de fato, só passaria a ter o lançamento oficial no ano de 1956, com a Exposição Nacional de Arte Concreta, realizada no Museu de Arte Moderna de São Paulo.

Os concretistas propunham uma concisão dos versos, opondo-se ao sentido lírico e discursivo que caracterizava o estilo de 1945. Criaram o chamado poema-objeto, em que a linearidade e a sintaxe se rompiam em favor dos elementos visuais e sonoros, fazendo imperar o espaço gráfico, como universo de criação, proporcionando a multiplicidade interpretativa, uma vez que o poema poderia ser lido em qualquer direção.

Os concretistas denominaram **verbivocovisual** o estilo que estavam propondo (*verbi*: "palavra", *voco*: "voz", *visual*: "visão").

Para a construção dos poemas concretistas, os poetas utilizam recursos como a paronomásia (palavras aproximadas pelo som que emitem, mas de significados diferentes), a aliteração e a assonância.

Cloaca

beba   coca   cola
babe   cola
beba   coca
babe   cola   caco
caco
cola

c l o a c a

Décio Pignatari

POESIA PRÁXIS

Para os autores dessa nova corrente, o Concretismo engessava a poética e limitava sua criatividade, dando um caráter homogêneo que não poderia ser aceito no ato criador.

Mário Chamie, o idealizador desse movimento, refere-se à práxis — "prática, praticidade" — como uma forma poética que se assemelha à construção prática da vida.

Plantio

Cava,
então descansa.
Enxada; fio de corte corre o braço
               [de cima
e marca: mês, mês de sonda.
Cova.

Joga,
então não pensa.
Semente; grão de poda larga a palma
               [de lado
e seca; rês, rês de malha.
Cava.
[…]

Mário Chamie

TROPICALISMO

Na década de 1960, vários movimentos que influenciaram o comportamento da juventude surgiram pelo mundo. A rapidez da informação, proporcionada pelos meios de comunicação, multiplicava o campo de ação desses novos movimentos, que vinham em forma de música, cinema, teatro e literatura.

Muitos deles tomavam proporções ilimitadas e abalavam os padrões sociais, pois os modelos eram questionados e derrubados com extrema naturalidade, provocando reações contrárias.

Um grupo de artistas liderado por Caetano Veloso procurou entender as manifestações artísticas existentes no Brasil, extraindo o valor de cada uma delas. Era uma revisão antropofágica dos conceitos culturais, absorvendo todos eles e fazendo gerar uma arte que realmente pudesse ter um perfil nacional, independente das influências ou tendências estrangeiras.

Esse movimento teve início em 1968 e recebeu o nome de **Tropicalismo** ou **Tropicália**.

ATIVIDADES

1 Assinale a alternativa que preenche corretamente as lacunas:

Os poetas _____, _____ e _____ buscaram na visualidade um dos suportes para atingir rupturas radicais com a ordem discursiva da língua portuguesa. Esse movimento, que recebeu o nome de _____, teve o seu início oficial com a publicação da revista *Noigrandes*, em 1956.

a) Décio Pignatari – Otto Lara Resende – Nelson Rodrigues – vanguarda

b) Haroldo de Campos – Décio Pignatari – Augusto de Campos – Concretismo

c) Haroldo de Campos – Augusto de Campos – Carlos Drummond de Andrade – poema-objeto

d) Décio Pignatari – Mário Chamie – Nelson Rodrigues – poesia práxis

2 (Fuvest-SP)

Clessi (choramingando) — O olhar daquele homem despe a gente!

Mãe (com absoluta falta de compostura) — Você exagera, Scarlett!

Clessi — Rett é indigno de entrar numa casa de família!

Mãe (cruzando as pernas; incrível falta de modos) — Em compensação, Ashley é espiritual demais. Demais! Assim também não gosto.

Clessi (chorando despeitada) — Ashley pediu a mão de Melanie! Vai se casar com Melanie!

Mãe (saliente) — Se eu fosse você preferia Rett. (noutro tom) Cem vezes melhor que o outro!

Clessi (chorosa) — Eu não acho!

Mãe (sensual e descritiva) — Mas é, minha filha! Você viu como ele é forte? Assim! Forte mesmo!

No trecho transcrito, as personagens de *Vestido de noiva* subitamente se põem a recitar diálogos do filme *E o vento levou*. No contexto dessa obra de Nelson Rodrigues, esse recurso de composição configura-se como:

a) crítica à internacionalização da cultura, reivindicando o privilégio dos temas nacionais.

b) sátira do melodrama, o que dá dimensão autocrítica à peça.

c) sátira do cinema, indicando a superioridade estética do teatro.

d) intertextualidade, visando indicar o caráter universal das paixões humanas.

e) metalinguagem, visando revelar o caráter ficcional da construção dramática.

3 (U. E. Londrina-PR) Leia a estrofe inicial, transcrita a seguir, do poema "A bomba suja", de Ferreira Gullar.

Introduzo na poesia
A palavra diarreia.
Não pela palavra fria
mas pelo que ela semeia.

Ferreira Gullar. *Toda poesia*.

É correto afirmar que nesse poema se encontra:

a) o intuito de correlacionar aspectos estéticos com elementos comumente considerados pouco líricos, o que se faz presente também na obra de João Cabral de Melo Neto.

b) o gosto pelo escândalo, por meio da supervalorização de elementos lexicais que causam impacto ao romper com a tradição da versificação em língua portuguesa.

c) o primeiro momento na poesia brasileira em que se recorre a termos ou a ideias considerados pouco líricos.

d) uma forte influência parnasiana, que se traduz na expressão "palavra fria", tão empregada por Olavo Bilac.

e) uma preocupação metalinguística incomum na geração à qual pertence Ferreira Gullar.

4 No poema *Doença*, Manoel de Barros explora um tema comum do universo literário de Guimarães Rosa. Leia os sete primeiros versos do poema e explique a relação existente entre esses dois grandes nomes da literatura brasileira:

> Nunca morei longe do meu país.
>
> Entretanto padeço de lonjuras.
>
> Desde criança minha mãe portava essa
> [doença.
>
> Ela que me transmitiu.
>
> Depois meu pai foi trabalhar num lugar
> [que dava
>
> Essa doença nas pessoas.
>
> Era um lugar sem nome nem vizinhos.

_____

_____

_____

_____

_____

_____

_____

EXERCÍCIOS COMPLEMENTARES

1 A poesia marginal nos legou grandes poetas. Ela recebeu esse nome por apresentar poetas que, por falta de uma editora que divulgasse os seus trabalhos, produziam seus livros de maneira independente, vendendo-os em frente a teatros, cinemas, restaurantes. Seus livros eram rudimentares, mimeografados ou editados em papel de pão. Todas as alternativas contêm um poeta marginal, exceto:

a) Ana Cristina César.

b) Cacaso.

c) Paulo Leminski.

d) Kátia Bento.

e) Ferreira Gullar.

2 (ITA-SP) Decretando o fim do verso e abolindo (a) (o) _____, esses vanguardistas procuram elaborar novas formas de comunicação poética em que predomine o aspecto material do signo, de acordo com as transformações ocorridas na vida moderna. Nesse sentido, (a) (o) _____ explora basicamente (a) (o) _____, jogando com formas, cores, decomposição e montagem das palavras etc., criando estruturas que se relacionam visualmente.

Assinale a opção que completa corretamente as lacunas.

a) sintaxe tradicional – Concretismo – significante

b) metrificação – poesia práxis – significado

c) lirismo – poema-processo – concreto

d) versificação – neoconcretismo – sonoridade

e) sintaxe – bossa nova – ritmo

3 (U. F. Lavras-MG) Leia o fragmento a seguir para responder à questão.

> A tecnologia avançada do período e a linguagem utilizada nos meios de comunicação de massa levaram à procura de novas formas de expressão que fossem condizentes com uma sociedade em que tudo acontecia de maneira rápida e objetiva. (Tendência contemporânea na poesia de 1960 em diante.)

A tendência apresentada na poesia, cuja linguagem se dará mais através da comunicação visual do que da verbal, chama-se:

a) poesia práxis.

b) poema-processo.

c) poesia social.

d) Concretismo.

e) poesia marginal.

Releia o poema "Cloaca", transcrito na página 111, e responda à questão a seguir.

4 (UEMS) Identifique a(s) afirmativa(s) correta(s):

I. A partir do *slogan* de um anúncio publicitário, "Beba Coca-Cola", Pignatari cria um poema por intermédio de mudanças de fonemas, resultando em outras palavras que, combinadas, evidenciam o tom de crítica à sociedade de consumo.

II. Dado o significado da palavra *cloaca* (fossa ou cano que recebe dejeções e imundícies, coletor de esgoto, aquilo que cheira mal, que é imundo), o tom de crítica é reiterado.

III. Esse tipo de criação artística, a partir de um elemento da cultura de massa (um conhecido *slogan* propagandístico), evidencia uma apropriação questionável,

já que compromete o caráter de pureza do fenômeno literário.

a) I e III

b) I e II

c) III

d) II

e) I

5 Mário Chamie, dissidente da poesia concreta, é o expoente da chamada:

a) poesia práxis.

b) poema-processo.

c) metapoema.

d) haicai.

e) poesia social.

6 Seguindo a linha do teatro rodrigueano, _____ tornou-se um escritor maldito. Dentre as suas polêmicas peças teatrais, constam _____, _____ e _____.

A alternativa que preenche corretamente as lacunas é:

a) Gianfrancesco Guarnieri – *Eles não usam black-tie – Guimba – Ponto de partida*

b) Plínio Marcos – *Dois perdidos numa noite suja – Barrela – Homens de papel*

c) Pedro Bloch – *Dona Xepa – As mãos de Eurídice – Essa noite choveu prata*

d) Jorge Andrade – *Os ossos do barão – A moratória – Senhora na boca do lixo*

e) Leilah Assumpção – *Fala baixo senão eu grito – Roda cor de roda – Boca molhada de paixão calada*

Gramática

Acentuação gráfica / Ortografia / Estrutura e formação das palavras

1. Acentuação gráfica

O sistema de acentuação gráfica em português obedece a quatro **regras gerais** (relativas aos monossílabos, oxítonos, paroxítonos e proparoxítonos) e três regras especiais que se sobrepõem às anteriores.

Regras gerais

- Acentuam-se os **monossílabos tônicos** terminados em *a*(*s*), *e*(*s*), *o*(*s*): m*á*, d*ás*, f*é*, m*ê*s, n*ó*, p*ós* etc.

- Acentuam-se os **oxítonos** terminados em *a*(*s*), *e*(*s*), *o*(*s*), *em*(*ens*): caj*á*, maraj*ás*, voc*ê*, caf*és*, cip*ó*, carij*ós*, tamb*ém*, armaz*éns* etc.

- Acentuam-se os **paroxítonos não** terminados em *a*(*s*), *e*(*s*), *o*(*s*), *em*(*ens*), *am*: híf*en*, prót*on*, revólv*er*, histó*ria*, sér*ie*, colég*io* etc.

- Acentuam-se **todos** os vocábulos **proparoxítonos**: lâmpada, exército, gramática etc.

Regras especiais

- Acentuam-se os ditongos abertos, orais e tônicos: *éi*, *ói* e *éu*, dos monossílabos tônicos e das palavras oxítonas: céu, pastéis, caracóis, chapéus.

- Não se acentuam os ditongos abertos, orais e tônicos *éi* e *ói* das palavras paroxítonas: assembleia, joia.

- Acentuam-se as vogais tônicas *i* e *u* dos hiatos quando formarem sílaba sozinhas, seguidas ou não de *s*: saída, saúde, Luís, egoísmo.

- Se as vogais tônicas *i* e *u* dos hiatos vierem depois de um ditongo ou se vierem seguidas de *nh*, não serão acentuadas: cauila (cau-i-la), boiuna (boi-u-na), rainha (ra-i-nha).

- Se a vogal *i* tônica do hiato for repetida, não se emprega o acento: xiita (xi-i-ta).

2. Ortografia

Do grego *orthós*, "correto" + *gráphein*, "escrever", ortografia é a seção da gramática que determina a grafia correta das palavras, segundo o padrão da língua escrita culta.

Emprego de consoantes C ou Ç

- Em palavras de origem tupi, africana e árabe: a**ç**afrão, a**ç**aí, ca**ç**anje, ca**ç**ula, mu**ç**um, pa**ç**oca, mi**ç**anga etc.

- Nos sufixos **-aça**, **-aço**, **-ação**, **-ecer**, **-iça**, **-iço**, **-nça**, **-uça**, **-uço**: barc**aça**, panel**aço**, denti**ção**, anoit**ecer**, inteir**iça**, moved**iço** etc.

- Após ditongos: fei**ç**ão, foi**c**e, lou**ç**a, atrai**ç**oar, tra**i**ção etc.

G e J

- Nas terminações **-ágio**, **-égio**, **-ígio**, **-ógio**, **-úgio**: adá**gio**, á**gio**, está**gio**, egré**gio**, ré**gio**, remí**gio**, reló**gio** etc.

- Nas terminações *-agem*, *-igem*, *-ugem*, *-ege*, *-oge*: folha**gem**, via**gem**, verti**gem**, fuli**gem**, ferru**gem** etc.

- Nas palavras de origem estrangeira, latina ou grega: ál**g**ebra, al**g**eroz, **g**inete, **g**irafa, **g**iz (árabes); a**g**iotagem, **g**eleia, here**g**e, sar**g**ento (francesas) etc.

- Nas palavras de origem tupi, africana e árabe: **j**ê, **j**erivá, **j**iboia, **j**enipapo, Mo**j**i, pa**j**é; ca**j**anje, alfan**j**e, alfor**j**e etc.

S ou Z

Usa-se a letra *s* nos seguintes casos:

- Em derivados de verbos com *nd* (*nd-ns*): as**cend**er, asce**ns**ão, asce**ns**orista; conte**nd**er, conte**ns**ão (mas conter, contenção); este**nd**er, exte**ns**ão etc.

- Nas correlações *pel-puls*, *rg-rs*, *rt-rs*: com**pel**ir, com**puls**ão; ex**pel**ir, ex**puls**ão; aspe**rg**ir, aspe**rs**ão; eme**rg**ir, eme**rs**ão; dive**rt**ir, dive**rs**ão etc.

- Nas correlações *corr-curs* e *sent-sens*: **corr**er, **curs**o, per**curs**o, dis**curs**o, in**curs**o, in**curs**ão, ex**curs**ão; **sent**ir, **sens**ação etc.

- Nos títulos nobiliárquicos, nos gentílicos (procedência) e nos femininos em geral: barone**sa**, marque**sa**, prince**sa** etc.; france**sa**, finlande**sa**, holande**sa**, ingle**sa**, chine**sa** etc.

- Após ditongos: cau**sa**, lou**sa**, mai**s**ena, ou**s**ar etc.

- Nas correlações *d-s*, *nd-ns-s*: alu**d**ir, alu**s**ão; defe**nd**er, defe**ns**or, defe**s**a; despe**nd**er, despe**ns**a etc.

Usa-se a letra *z* nos seguintes casos:

- Nos substantivos abstratos derivados de adjetivos: ácido, aci**dez**; grávida, gravi**dez**, gravi**dez**es; grande, grande**z**a; pequeno, peque**nez** etc.

- Nos sufixos *-izar* (e *-ização*): ameni**zar**, abali**zar**, ajui**zar**, hospitali**zar**, civili**zar**, civili**zação**, urbani**zação** etc. No entanto, usa-se *s* nas palavras terminadas em *isar* derivadas de outras palavras escritas com *s*: pesqu**isar** (pesquisa), anal**isar** (análise).

X ou CH

Usa-se a letra *x* nos seguintes casos:

- Em vocábulos de origem árabe, tupi e africana: almo**x**arife, o**x**alá, **x**adrez, abaca**x**i, mu**x**o**x**o, **x**avante, **x**ingar etc.

- Para, no aportuguesamento, substituir o **sh** inglês e o **j** espanhol: **x**ampu, **x**elim, **x**ou, **X**angai, **x**erez, lagarti**x**a, Tru**x**ilho etc.

- Após a inicial *en-*, desde que a palavra não seja derivada de outra com *ch*: en**x**ada, en**x**ame, en**x**ergar, en**x**erto, en**x**otar, en**x**ugar etc. (Mas: charco, encharcar; cheio, encher, enchente; choça, enchoçar etc.)

- Após a inicial *me-*, exceto "mecha", e derivados: **mex**er, **mex**erico, **mex**icano, **mex**ilhão, **mex**ilho, **mex**inflório etc.

- Após ditongos: b**aix**a, b**aix**ela, f**eix**e, fr**oux**o, gu**eix**a, tr**oux**a etc.

3. Morfemas

A cada uma das unidades mínimas e significativas que compõem uma palavra dá-se o nome de **morfema**.

De acordo com o papel que exercem na palavra, os elementos mórficos recebem diferentes classificações, como:

- **Radical**: núcleo mais significativo de uma palavra, é a base sobre a qual se cria uma família de vocábulos, os **cognatos**. É ao radical que se agregam os demais morfemas.

- **Afixo**: é o morfema que, anteposto (**prefixo**) ou posposto (**sufixo**) ao radical, modifica-lhe o significado, acrescendo-lhe mudanças de sentido. Além disso, pode acarretar mudanças de classe gramatical (caso do sufixo).

- **Desinência**: é o morfema indicador das flexões. Subclassifica-se como verbal e nominal. As **desinências verbais** indicam o tempo e o modo (desinência **modo-temporal**) e a pessoa e o número (desinência **número-pessoal**) do verbo. As **desinências nominais** indicam o gênero e o número de substantivos, adjetivos, pronomes e numerais (além do particípio, forma nominal do verbo).

- **Vogal temática**: é o morfema que liga o radical às desinências. Adicionada ao radical constitui o **tema**, base sobre a qual se agregam as desinências. Há as **vogais temáticas nominais**, -a-, -e-, -o-, em sílabas átonas finais, e as **vogais temáticas verbais**, -a-, -e-, -i-, que indicam as conjugações verbais.

> Em muitos vocábulos, certas vogais e consoantes não se enquadram nessas categorias, pois são unidades não significativas que se acrescem puramente por motivo de eufonia ("som agradável"). São chamadas **vogais** e **consoantes de ligação**. Exemplos:
> Vogais de ligação: silvícola, gasômetro, gasoduto, gaseificar, cacauicultor.
> Consoantes de ligação: cafeteira, pezinho, chaleira, pobretão.

4. Formação das palavras

Quanto à formação, as palavras podem ser:

- **primitivas**: as que não se formam a partir de nenhuma outra palavra da língua: *sol, feliz, honra*;
- **derivadas**: as que se formam a partir de palavras primitivas: *solar, felicidade, honraria*;
- **simples**: as que contêm um único radical: *vinho, tempo, perna*;
- **compostas**: as que se formam com a união de duas ou mais palavras primitivas, ou de dois ou mais radicais: *vinagre* (vinho + acre), *passatempo* (passa + tempo), *pernalta* (perna + alta).

Essa classificação tem como fundamento os dois processos gerais de formação de novas palavras na língua: a **derivação** (na qual se forma uma palavra nova a partir de outra já existente) e a **composição** (na qual há formação de novas palavras com base em dois ou mais radicais).

- **Derivação regressiva**: consiste na supressão do segmento final (vogal temática e desinência) de um verbo no infinitivo e na **adjunção** de uma das três vogais temáticas nominais (-a, -e, -o): *ajudar – ajuda; atacar – ataque; abalar – abalo*.

- **Derivação imprópria**: não supõe as operações de adjunção ou supressão de morfema, de modo que a palavra primitiva e a derivada são um mesmo vocábulo, mas usado em contextos morfossintáticos e semânticos distintos. Observe: olho **azul** (adj.) — o **azul** dos seus olhos (subst.); homem **alto** (adj.) — falava **alto** (adv.).

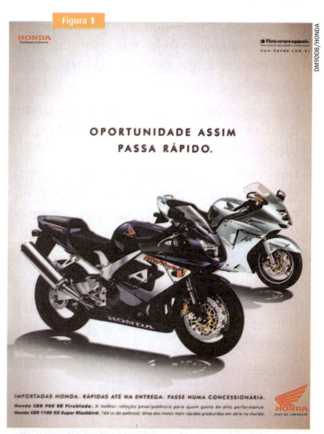

Figura 1

Na chamada do anúncio, há um caso de conversão de adjetivo em advérbio: *rápido*.

- **Derivação prefixal**: ocorre com o acréscimo de prefixo ao radical. Exemplos: pôr: **a**por, **an**tepor, **dis**por, **indis**por, **re**por; ter: **a**ter-se, **abs**ter-se, **con**ter, **de**ter, **entre**ter, **man**ter, **re**ter.
- **Derivação sufixal**: opera-se pela adjunção de um ou mais sufixos ao radical. Diferentemente da prefixação, pode acarretar alterações semânticas e morfológicas. Exemplos: boi: bo**iada**; formiga: formigu**eiro**; bruxa: brux**aria**.
- **Derivação prefixal e sufixal**: consiste no acréscimo de um prefixo e de um sufixo à palavra primitiva. Exemplo: **des**leal**dade**.

No primeiro quadrinho, o sufixo –inh gera uma aparente inadequação: a ratazana é chamada carinhosa e ironicamente de "gatinha".

- **Derivação parassintética**: é a adjunção simultânea de prefixo e sufixo ao mesmo radical. Ela gera apenas verbos: ou a partir de substantivos (**a**pedr**ejar**, **a**manh**ecer**), ou a partir de adjetivos (**a**mol**ecer**, **em**pal**idecer**, **en**gord**ar**, **e**magr**ecer**).
- **Composição**: gera vocábulos resultantes da simples **adjunção** de dois ou mais radicais (composição por justaposição) ou resultantes de **adjunção** e **supressão** (composição por aglutinação).

a) **composição por justaposição**: consiste na união de duas ou mais palavras primitivas que apenas se justapõem, sem que haja alteração ou supressão em qualquer dos elementos formadores. Esse processo nem sempre implica o uso de hífen. Exemplos: *guarda-civil*, *guarda-chuva*, *papel-alumínio*, *girassol*, *passatempo* etc.

b) **composição por aglutinação**: caracteriza-se pela adjunção de duas ou mais palavras primitivas, mas com alguma **supressão** ou **alteração** fônica numa delas. Exemplos: *aguardente* (água + ardente), *alvinegro* (alvo + negro), *auriverde* (auro + verde), *embora* (em + boa + hora).

Casos especiais

- **Hibridismo**: chama-se **híbrido** o vocábulo resultante da adjunção de morfemas provenientes de distintas línguas: *decímetro* (latim e grego), *desconfiômetro* (português e grego), *dostoievskiano* (russo e português), *endovenoso* (grego e latim).
- **Abreviação**: consiste na supressão de fonemas de um vocábulo (em geral polissílabo) de largo uso na linguagem oral: *extra* (extraordinário), *fisio* (fisioterapia), *Floripa* (Florianópolis), *fax* (fac-símile), *pneu* (pneumático).
- **Abreviatura**: quando ocorre a supressão da maioria dos fonemas, o resultado fica tão desprovido de autonomia fonética que se torna um símbolo gráfico da palavra primitiva: Dr.ª (doutora), qto. (quanto), GO (Goiás), RR (Roraima).
- **Sigla**: diferentemente da abreviação e da abreviatura, a **siglonimização** ocorre a partir da adjunção de duas ou mais palavras primitivas; porém, além dessa adjunção, ocorre a supressão de grandes segmentos dessas palavras primitivas: USP (Universidade de São Paulo), Banestado (Banco do Estado do Paraná).

- **Neologismo**: é um termo que designa qualquer palavra de uso recente no idioma ou qualquer palavra do idioma que passa a ter novo(s) significado(s) em virtude do caráter polissêmico de todo vocábulo: *deletar* (apagar), *disponibilizar* (tornar disponível), *jogada* (trama, acordo), *parada* e *lance* (situação) etc.

Atividades

1 (Uninove-SP) Leia o texto para responder à questão.

A formiga e o vulcão

Toda vez que acontece uma tragédia, como a do terremoto na China ou a do furacão em Mianmar, com milhares de mortos e desabrigados, eu me sinto como uma formiga tentando entender um vulcão. Aliás, também não entendo os vulcões, embora existam vulcanólogos que devem saber mais do que eu sobre o assunto. Já tentaram me explicar como essas coisas acontecem, mas fico na mesma, como o primeiro homem que viu um raio descer do céu e incendiar uma floresta.

Mesmo assim, acredito que seja mais fácil entender um vulcão ou um terremoto do que certos fenômenos na vida política e social da humanidade — e não estou me referindo exatamente ao Ronaldo Fenômeno, que andou em trapalhadas recentemente.

A renúncia da ministra Marina Silva pode ser arrolada como um desses fenômenos. Ela procurou cumprir a sua agenda ambientalista na crença de que o governo do qual fazia parte tinha o mesmo programa de ação. O problema da Amazônia foi colocado como uma questão de Estado e de governo, não de programa particular de uma ministra.

Marina atritou-se além da conta, não fez concessões — o que é fatal para qualquer político, sobretudo para aqueles que exercem cargos executivos. Pode parecer estranho que o cronista comece a falar em terremotos e vulcões e, de repente, engate a mudança ministerial da semana que passou. De quebra, falando no Ronaldo.

São fenômenos. Os especialistas compreendem essas coisas e outras mais, o mundo é assim mesmo. Não adianta explicar um vulcão a uma formiga.

Adaptado de CONY, Carlos Heitor.
Folha de S. Paulo, 18 maio 2008.

Assinale a alternativa correta.

a) As palavras *desabrigados* (§ 1) e *descer* (§ 1) apresentam o mesmo processo de formação, utilizando o mesmo prefixo.

b) Os substantivos *vulcanólogos* (§ 1) e *cronista* (§ 4) apresentam sufixos iguais e com mesmo significado.

c) As palavras *vulcanólogos* (§ 1) e *fenômenos* (§ 5) são formadas por derivação parassintética.

d) As palavras *vulcanólogos* (§ 1) e *humanidade* (§ 2) apresentam o mesmo processo de formação, utilizando sufixo.

e) Nas duas vezes em que o substantivo *fenômeno* ocorre no segundo parágrafo do texto, no singular e no plural, apresenta significados diferentes.

2 (U. F. São Carlos, adaptada) Leia com atenção:

Talvez a nordestina já tivesse chegado à conclusão de que vida incomoda bastante, alma que não cabe bem no corpo, mesmo alma rala como a sua. Imaginavazinha, toda supersticiosa, que se por acaso viesse alguma vez a sentir um gosto bem bom de viver — se desencantaria de súbito de princesa que era e se transformaria em bicho rasteiro. Porque, por pior que fosse sua situação, não queria ser privada de si, ela queria ser ela mesma. Achava que cairia em grave castigo e até risco de morrer se tivesse gosto. Então defendia-se da morte por intermédio de um viver de menos, gastando pouco de sua vida para esta não acabar. Essa economia lhe dava alguma segurança pois, quem cai, do chão não passa.

Clarice Lispector. *A hora da estrela*.

Falando em coisas insólitas com relação ao estilo empregado por Clarice:

a) que efeito consegue ela ao empregar a derivação insólita "imaginavazinha", no texto?

b) Se você aplicasse o mesmo recurso de derivação usado por ela aos verbos *vencer* e *sorrir*, em uma frase que tivesse como sujeito o termo *os políticos*, como ficariam as palavras derivadas?

3 (FCSCL-SP) Assinale a alternativa que completa, correta e respectivamente, as lacunas das manchetes, extraídas de *O Estado de S. Paulo*, 3 ago. 2008.

"Moção da Câmara dos EUA e reunião de Bush com_____ irritam chineses";

"Paramilitares enriquecem à custa de _____ e medo";

"Os alimentos na _____ da humanidade";

"Explosão da China criou _____";

"Os _____ da rotina americana".

a) dissidentes – extorções – dispensa – distorções – excessos

b) dissidentes – estorções – dispensa – distorsões – escessos

c) dissidentes – extorsões – despensa – distorções – excessos

d) discidentes – estorções – dispensa – distorsões – excessos

e) disidentes – estorções – despensa – distorções – exessos

4 (UFMA) Explique os processos de formação das palavras que compõem a última estrofe do poema:

Já

Já não é hoje?
não é aquioje?
Já foi ontem?
será amanhã?

Já quandonde foi?
quandonde será?

eu queria um jazinho que fosse
aquijá
tuoje aquijá.

O'NELL, Alexandre. *Poesias completas.*

EXERCÍCIOS COMPLEMENTARES

1 (Unifra-RS) Assinale a alternativa em que todas as palavras estão acentuadas incorretamente.

a) látex – parabéns – baús – boia

b) herói – enxáguam – enjoo – obtém

c) zôo – idéia – hifen – orfãs

d) polens – fêmur – herói – pincéis

e) vatapá – bebê – miúdo – tranquilo

2 (Emescam-ES) Assinale a opção que apresenta classificação equivocada dos respectivos fragmentos destacados.

a) terreno e ferreiro [radicais]

b) meninas e garotas [desinências: -a- de pessoa e -s de número]

c) cantar e chover [vogais temáticas]

d) suavizar e uniformizar [sufixos]

e) desonesto e remarcar [prefixos]

3 (FGV-SP) Leia o texto para responder à questão.

Com a sociedade de consumo nasce a figura do contribuinte. Tanto quanto a palavra consumo ou consumidor, a palavra contribuinte está sendo usada aqui numa acepção particular. No capitalismo clássico, os impostos que recaíam sobre os salários o faziam de uma forma sempre indireta. Geralmente, o Estado taxava os gêneros de primeira necessidade, encarecendo-os. Imposto direto sobre o contracheque era coisa, salvo engano, inexistente. Com o advento da sociedade de consumo, contudo, criaram-se as condições políticas para que o imposto de renda afetasse uma parcela significativa da classe trabalhadora. Quem pode se dar ao luxo de consumir supérfluos ou mesmo poupar, pode igualmente pagar impostos.

HADDAD, Fernando. "Trabalho e classes sociais". In: *Tempo social*, out. 1997.

Sobre os processos de formação de palavras, é correto afirmar que há a formação de um:

a) substantivo por prefixação em *supérfluos*.

b) adjetivo com sufixo com sentido de profissão em *contribuinte*.

c) substantivo com prefixo com sentido de negação em *impostos*.

d) substantivo por sufixação em *consumidor*.

e) adjetivo com prefixo com sentido de distanciamento em *advento*.

4 (FCSCL-SP) Assinale a alternativa que identifica corretamente os respectivos sentidos dos prefixos latinos que compõem as palavras a seguir: **cis**platino, **intro**versão, **per**furar, **pro**sseguir.

a) posição em frente – movimento através – separação – anterioridade.

b) contiguidade – anterioridade – movimento para baixo – posição ao lado.

c) posição aquém – movimento para dentro – separação – movimento para a frente.

d) posição aquém – movimento para dentro – movimento através – movimento para a frente.

e) contiguidade – anterioridade – posição inferior – privação.

5 (U. E. Ponta Grossa-PR) Quanto à formação de vocábulos, é certo que:

(01) o prefixo indica negação nos vocábulos *impossíveis* e *inimaginados*.

(02) o substantivo *fundação* é formado por sufixação a partir do verbo *fundar*.

(04) *parisiense* é vocábulo composto formado por justaposição.

(08) *simultaneamente* é vocábulo formado por parassíntese a partir de um adjetivo na forma feminina.

(16) *glamorizou* é forma de pretérito perfeito de um verbo criado por derivação sufixal a partir de um estrangeirismo.

Dê a soma dos números dos itens corretos.

_____

_____

6 (UECE, adaptada)

Carta de Micael dos Reis a um primo de São José do Monte, o mecânico Manuel Bastos:

Manequinho, não precisa mandar mais carta para a oficina de lanternagem de Zuzu Tavares, uma vez que mudei de ofício e abracei a carreira de escultor moderno. Sei como o pessoalzinho de São José do Monte vai rir ao saber que o filho de Santinho Reis está fazendo nome a poder de ferro-velho e coisa destorcida. Peguei inclinação pelo ramo no dia em que vi nos jornais um para-lama de sucata que pegou o primeiro prêmio numa demonstração de esculturagem no estrangeiro e mais depois em São Paulo. Aí, primo, meti os peitos. [...]

José Cândido de Carvalho. *Ícaro.*

Como se sabe, o léxico, isto é, o conjunto de vocábulos de uma língua, é um sistema aberto, que pode ser ampliado constantemente, desde que obedecidas determinadas regras estruturais. A criação de neologismos, ou seja, de palavras novas, é frequente na obra de José Cândido de Carvalho. Podemos indicar, no texto em estudo, dentre os neologismos criados pelo autor, o vocábulo *esculturagem*. Sobre esse vocábulo, é correto fazer a seguinte afirmação:

a) Foi formado com o sufixo *-agem*, que tem o mesmo valor semântico do sufixo que entra na formação do substantivo *folhagem*.

b) Por causa do sufixo *-agem*, *esculturagem* transmite a ideia de ação, processo, portanto de trabalho constante, que o substantivo *escultura* não transmite.

c) Guarda, em seu significado, relação com a palavra *cultura*.

d) Tem como cognatos todos os vocábulos formados com o sufixo *-agem*.

Classes de palavras I

1. Substantivo

Tudo quanto se pode nomear tem como nome um **substantivo**: os seres (reais ou imaginários), os objetos, os lugares, os grupos de seres, as ações, os estados, as qualidades, as circunstâncias, as sensações, os sentimentos, os fenômenos etc.

Quanto à estrutura e formação, os substantivos podem ser **simples** (*céu*) ou **compostos** (*arranha-céus*), **primitivos** (*pulso*) ou **derivados** (*pulseira*).

Quanto à extensão (ou abrangência), a tradição gramatical define o substantivo **comum** como o designativo de qualquer unidade pertencente a um conjunto ou espécie (*rio, constelação, oceano, obra, estudante* etc.). **Próprios** são os substantivos designativos de uma unidade específica de um conjunto ou espécie (*Amazonas, Órion, Índico, Sagarana, Ricardo* etc.).

Quanto à natureza do que é nomeado, o substantivo pode ser concreto ou abstrato. São **concretos** os substantivos que "designam os seres e as coisas", o que existe por si, seja na realidade sensível, seja no domínio da imaginação (*cabeça, mulher, doutor, janela, fada, Deus, saci, gnomo, mula sem cabeça* etc.). São **abstratos** os demais substantivos, isto é, os que nomeiam ações, estados, qualidades, emoções, sentimentos (*tristeza, simpatia, clareza, inveja, queda, ascensão, ataque* etc.).

Para designar conjuntos de "seres e coisas" de uma mesma "espécie", existem os substantivos **coletivos**: *alcateia* (de lobos), *cáfila* (de camelos), *enxame* (de abelhas), *pinacoteca* (de quadros) etc.

Em geral, os substantivos apresentam flexões de **gênero** (masculino e feminino) e de **número** (singular e plural).

A maior parte dos substantivos apresenta formas diferentes para a indicação de gênero; são os substantivos **biformes**: *aluno/aluna, pai/mãe, cavaleiro/amazona* etc. Há também os que têm apenas uma forma para os dois gêneros; são chamados substantivos **uniformes**, que podem ser **comuns de dois** (*o/a estudante, o/a dentista*), **sobrecomuns** (*o cônjuge, a criança, a testemunha*) ou **epicenos** (*o jacaré-macho/o jacaré-fêmea, a girafa-macho/a girafa-fêmea*).

Graus do substantivo

- grau normal: menino
- grau aumentativo
  - a) analítico: menino grande
  - b) sintético: meninão (sufixação)
- grau diminutivo
  - a) analítico: menino pequeno
  - b) sintético: menininho (sufixação)

---

2. Adjetivo

Adjetivo é a classe constituída de palavras que modificam substantivos, pronomes e orações, atribuindo-lhes característica, aspecto, estado, modo de ser, origem.

Assim como o substantivo, os adjetivos podem ser **simples** (*belo, brasileiro, claro*) ou **compostos** (*belo-horizontino, luso-brasileiro, amarelo-claro*).

Chamam-se **pátrios** ou **gentílicos** os adjetivos que indicam origem relacionada a cidades, estados, regiões, países, continentes (*paulistano, paulista, sulista, brasileiro, sul-americano* etc.).

Assim como o substantivo, o adjetivo pode flexionar-se em **gênero** e **número**. Quanto ao **gênero**, o adjetivo também pode ser **biforme** (*belo/bela, gaulês/gaulesa* etc.) ou **uniforme** (o gesto *suave*, a passagem *suave*; o programa *ruim*, a situação *ruim* etc.).

Quanto à flexão de número, o plural do adjetivo simples assemelha-se à formação do plural do substantivo simples.

As formas analíticas de aumentativo e diminutivo do substantivo envolvem determinações adjetivas (*menino grande, menino pequeno*). Nas formas do grau comparativo e do grau superlativo relativo, o adjetivo permanece invariável, sendo modificado por advérbios de intensidade.

Graus do adjetivo

- grau normal: grande

- grau aumentativo: grandão (muito grande)

- grau diminutivo: grandinho (pouco grande)

- grau comparativo

  a) de superioridade:

  André é maior que a irmã.

  André é mais grande que inteligente.

  b) de igualdade:

  André é tão grande quanto a irmã.

  André é tão grande quanto inteligente.

  c) de inferioridade:

  André é menos grande que a irmã.

  André é menos grande que inteligente.

- grau superlativo

  a) absoluto analítico:

  André é muito grande.

  b) absoluto sintético:

  André é grandíssimo (ou máximo).

  c) relativo de superioridade:

  André é o maior da classe.

  d) relativo de inferioridade:

  André é o menor da classe.

3. Artigo

O artigo tem o papel de **especificar** ou **generalizar** o conceito nomeado pelo substantivo ao qual se antepõe. No primeiro caso, classifica-se como artigo **definido**; no segundo, como artigo **indefinido**.

O artigo flexiona-se em gênero e número de acordo com o substantivo a que se refere. Desse modo, os artigos definidos são *o, a, os, as*, e os indefinidos, *um, uma, uns, umas*.

4. Numeral

Os numerais têm o papel de quantificadores precisos (*cinco, um terço, quíntuplo*) e de referenciadores num ordenamento (*primeiro, octogésimo nono*).

Flexionam-se em número (singular e plural): *um, dois, três; primeiro, primeiros; último, últimos; um terço, dois terços; duplo, duplos* etc. Muitos se flexionam em gênero: *um, uma, dois, duas; oitavo, oitava; nonagésimo nono, nonagésima nona*.

Conforme a natureza da quantificação, os numerais classificam-se como **cardinais** (quantificação exata e inteira: *duas* casas, *quarenta* cadeiras), **multiplicativos** (multiplicação de quantidades: Joana apostou o *dobro* de sua fortuna no jogo) e **fracionários** (razão ou fração de quantidades: Isso não é *um terço* do que tenho de fazer). O numeral **ordinal** é referenciador: designa a posição de certo componente numa sequência ordenada (João foi o *quinto* aluno a chegar à linha final).

5. Pronome

A classe gramatical dos pronomes inclui vocábulos invariáveis (*isto*, *que*, *alguém*), ou variáveis em **gênero** e **número** (*algumas*, *sua*, *esse*, *ele*, *o*), e/ou variáveis em **pessoa** e **caso** (*se*, *lhe*, *ele*, *o*). Podem ter função **adjetiva** (ao modificar o substantivo) ou **substantiva** (ao substituí-lo). Além disso, podem ser **referenciadores** (*sua*, *esse*, *se*, *lhe*, *ele*, *isto*, *que*, *lo*, *o*), **indefinidores** (*algumas*, *alguém*) e, mesmo, **conectores** (*que*).

Classificação e flexões

Pronomes relativos

Variáveis	Invariáveis
o qual, a qual, os quais, as quais, cujo, cuja, cujos, cujas, quanto, quantos, quanta, quantas	que, quem, onde, como, quando

Pronomes pessoais

Reto	Oblíquo	
	Átono	**Tônico**
eu	me	mim
tu	te	ti
ele, ela	se, o, a, lhe	si, ele, ela
nós	nos	nós
vós	vos	vós
eles, elas	se, os, as, lhes	si, eles, elas

Pronomes pessoais de tratamento

Pronome	Abreviatura	Emprego
Você	v. — vv.	tratamento informal
Senhor/ Senhora	Sr. Sr.ª — Srs. Sr.ªs	tratamento mais formal

Pronomes pessoais de tratamento

Pronome	Abreviatura	Emprego
Vossa Alteza	V.A. — VV.AA.	príncipes, princesas, duques
Vossa Eminência	V.Em.ª — V.Em.ªs	cardeais
Vossa Excelência	V.Ex.ª — V.Ex.ªs	altas autoridades
Vossa Magnificência	V.Mag.ª — V.Mag.ªs	reitores de universidades
Vossa Majestade	V.M — VV.MM	reis e imperadores
Vossa Meritíssima	—	juízes de direito
Vossa Reverendíssima	V.Rev.ᵐᵃ — V.Rev.ᵐᵃˢ	sacerdotes
Vossa Excelência Reverendíssima	V.Ex.ª Rev.ᵐᵃ — VV.Ex.ªs Rev.ᵐᵃˢ	bispos e arcebispos
Vossa Senhoria	V.S.ª — V.S.ªs	tratamento cerimonioso
Vossa Santidade	V.S. (não há plural)	papa

Pronomes possessivos

Pessoa	Um possuidor	Mais de um possuidor
1ª	meu, minha	nosso, nossa
	meus, minhas	nossos, nossas
2ª	teu, tua	vosso, vossa
	teus, tuas	vossos, vossas
3ª	seu, sua	seu, sua
	seus, suas	seus, suas

Pronomes demonstrativos	
1ª pessoa	este, esta, estes, estas, isto
2ª pessoa	esse, essa, esses, essas, isso
3ª pessoa	aquele, aquela, aqueles, aquelas, aquilo

Em certos contextos são também pronomes demonstrativos: *o, a, os, as; tal, tais; semelhante(s), mesmo(s), mesma(s); próprio(s), própria(s)*.

Pronomes interrogativos	
Variáveis	**Invariáveis**
qual, quais, quanto, quanta, quantos, quantas	que, quem

Pronomes indefinidos	
Variáveis	**Invariáveis**
algum, alguma	algo
alguns, algumas	alguém
nenhum, nenhuma	ninguém
nenhuns, nenhumas	tudo
todo, toda, todos, todas	cada
certo, certa, certos, certas	outrem
outro, outra, outros, outras	nada
muito, muita, muitos, muitas	mais
bastante, bastantes	demais
pouco, pouca, poucos, poucas	menos
vários, várias	
qualquer, quaisquer	
tanto, tanta, tantos, tantas	
quanto, quanta, quantos, quantas	
um, uns, uma, umas	

Atividades

1 (FGV-SP) O fragmento a seguir, extraído do conto "Conversão de um Avaro", de Machado de Assis, é a base para esta questão.

Quando ele apareceu à porta, José Borges esfregou os olhos como para certificar-se de que não era sonho, e que efetivamente o colchoeiro ali lhe entrava pela sala. Pois quê! Onde, quando, de que modo, em que circunstâncias Gil Gomes calçara nunca luvas? Trazia um par de luvas, — é verdade que de lã grossa, — mas enfim luvas, que na opinião dele eram inutilidades. Foi a única despesa séria que fez; mas fê-la.

ASSIS, Machado de. "Contos fluminenses II".
In *Obras completas de Machado de Assis*.
São Paulo: W. M. Jackson Inc., 1957.

Classifique morfologicamente o termo destacado em negrito na passagem "que na opinião **dele** eram inutilidades" e aponte a quem ele se refere. Justifique sua resposta.

_____

_____

_____

2 Leia o texto para responder à questão.

Burocrático, francês aborda família "alternativa" na guerra

A exceção é *clean*. Obras com odor de formol, como *Herói por acaso*, são a regra. O fato é que o cinema francês atual que vem para povoar nosso empobrecido circuito geralmente não é o atual cinema francês, que vive modernidade autoral.

Curioso. Entramos assim no tema de *Herói por acaso*: o colapso da identidade num contexto extremo. Os franceses, na Paris de Hitler, são cada vez menos franceses. Já os judeus têm de jogar fora documentos, forjar novos e ser outras pessoas.

[...]

SZYNKIER, Cláudio. *Folha de S. Paulo*, 10 jun. 2005.

Com base no excerto, é correto dizer:

a) Na manchete, tanto *burocrático* quanto *francês* são adjetivos que, mesmo no singular, referem-se à totalidade dos franceses.

b) Sem o contexto, pode-se entender que, na manchete, *francês* refere-se a um indivíduo; e, com o contexto, refere-se ao *cinema francês*.

c) As palavras *franceses* e *judeus*, apesar de se apresentarem na forma plural, representam alguns indivíduos franceses e judeus, respectivamente, e não a sua totalidade.

d) *Francês*, na manchete, e *franceses*, no texto, são adjetivos que se referem a um indivíduo do conjunto.

e) *Os franceses, na Paris de Hitler, são cada vez menos franceses.* Dessa frase, depreende-se que *franceses*, nas duas ocorrências, têm as mesmas características, o que se infere com a expressão *na Paris de Hitler*.

3 (UFMS) Considerando o uso dos numerais, assinale a(s) alternativa(s) correta(s).

(01) Naquela entrevista, o papa João XXIII (vinte e três) citou os feitos do papa Pio VI (sexto).

(02) A resma (mil folhas de papel) serão suficientes para o trabalho solicitado.

(04) No XII Tomo (décimo segundo Tomo), encontrei todos os artigos citados no processo judicial; porém a 70.ª página (septuagésima página) estava totalmente rasurada.

(08) O m³ (metro linear) para o plantio da soja custará R$ 600,00 (seiscentos reais).

(16) Ele mora na casa 222 (duzentos e vinte e dois).

Dê a soma dos números dos itens corretos.

_____

_____

4 (UFAL) Leia com atenção:

O estudo dos gêneros não é novo, mas está na moda

O estudo dos gêneros textuais não é novo e, no Ocidente, já tem pelo menos vinte e cinco séculos, se considerarmos que sua observação sistemática iniciou-se com Platão. O que hoje se tem é uma nova visão do mesmo tema. Seria gritante ingenuidade histórica imaginar que foi nos últimos decênios do século XX que se descobriu e iniciou o estudo dos gêneros textuais. Portanto, uma dificuldade natural no tratamento desse tema acha-se na abundância e diversidade das fontes e perspectivas de análise. Não é possível realizar aqui um levantamento sequer das perspectivas teóricas atuais.

O termo "gênero" esteve, na tradição ocidental, especialmente ligado aos gêneros literários, cuja análise se inicia com Platão para se firmar com Aristóteles, passando por Horácio e Quintiliano, pela Idade Média, o Renascimento e a Modernidade, até os primórdios do século XX. Atualmente, a noção de "gênero textual" já não mais se vincula apenas à literatura, mas é usada em etnografia, sociologia, antropologia, retórica e na linguística.

Adaptado de MARCUSCHI, Luiz Antônio. *Produção textual, análise de gêneros e compreensão*. São Paulo: Parábola, 2008. p. 147.

Como se sabe, o enquadramento de uma palavra em uma determinada classe gramatical depende das funções que a palavra desempenha nos contextos em que se insere. Assim, é correto afirmar que:

a) nos enunciados: "O estudo dos gêneros textuais não é *novo*" e "Há um *novo* estudo sobre os gêneros textuais", as palavras em destaque pertencem a classes diferentes, porque suas funções são também diferentes.

b) nos enunciados: "Seria gritante ingenuidade histórica imaginar que foi nos *últimos* decênios do século XX que se descobriu e iniciou o estudo dos gêneros textuais" e "Os *últimos* serão os primeiros...", as palavras em destaque se enquadram em diferentes classes.

c) no trecho: "O termo 'gênero' esteve, na tradição ocidental, especialmente ligado aos gêneros literários, cuja análise *se* inicia com Platão para *se* firmar com Aristóteles", as palavras destacadas, embora se grafem da mesma maneira, são de classes distintas.

d) no enunciado: "*Atualmente*, a noção de gênero textual já *não* mais se vincula apenas à literatura", as palavras destacadas têm funcionamento diferente, por isso se enquadram em classes gramaticais também diferentes.

e) as palavras destacadas nos enunciados: "Não é possível realizar aqui *um* levantamento sequer das perspectivas teóricas atuais" e "De todos os livros que li, apenas *um* deles tratava dos gêneros textuais com profundidade" são da mesma classe gramatical.

EXERCÍCIOS COMPLEMENTARES

1 (U. E. Ponta Grossa-PR) Leia o texto.

Amor e outros males

Uma delicada leitora me escreve: não gostou de uma crônica minha de outro dia, sobre dois amantes que se mataram. Pouca gente ou ninguém gostou dessa crônica; paciência. Mas o que a leitora estranha é que o cronista "qualifique o amor, o principal sentimento da humanidade, de coisa tão incômoda". E diz mais: "Não é possível que o senhor não ame, e que, amando, julgue um sentimento de tal grandeza incômodo".

Não, minha senhora, não amo ninguém; o coração está velho e cansado. Mas a lembrança que tenho de meu último amor, anos atrás, foi exatamente isso que me inspirou esse vulgar adjetivo — "incômodo". Na época eu usaria talvez adjetivo mais bonito, pois o amor, ainda que infeliz, era grande; mas é uma das tristes coisas desta vida sentir que

um grande amor pode deixar apenas uma lembrança mesquinha; daquele ficou apenas esse adjetivo, que a aborreceu.

Não sei se vale a pena lhe contar que a minha amada era linda; não, não a descreverei, porque só de revê-la em pensamento alguma coisa dói dentro de mim. Era linda, inteligente, pura e sensível — e não me tinha, nem de longe, amor algum; apenas uma leve amizade, igual a muitas outras e inferior a várias.

A história acaba aqui; é, como vê, uma história terrivelmente sem graça, e que eu poderia ter contado em uma só frase. Mas o pior é que não foi curta. Durou, doeu e — perdoe, minha delicada leitora — incomodou.

Eu andava pela rua e sua lembrança era alguma coisa encostada em minha cara, travesseiro no ar; era um terceiro braço que me faltava, e doía um pouco; era uma gravata que me enforcava devagar, suspensa de uma nuvem. A senhora acharia exagerado se eu lhe dissesse que aquele amor era uma cruz que eu carregava o dia inteiro e à qual eu dormia pregado; então serei mais modesto e mais prosaico dizendo que era como um mau jeito no pescoço que de vez em quando doía como bursite. Eu já tive um mês de bursite, minha senhora; dói de se dar guinchos, de se ter vontade de saltar pela janela. Pois que venha outra bursite, mas não volte nunca um amor como aquele. Bursite é uma dor burra, que dói, dói, mesmo, e vai doendo; a dor do amor tem de repente uma doçura, um instante de sonho que mesmo sabendo que não se tem esperança alguma a gente fica sonhando, como um menino bobo que vai andando distraído e de repente dá uma topada numa pedra. É a angústia lenta de quem parece que está morrendo afogado no ar, é o humilde sentimento de ridículo e de impotência, é o desânimo que às vezes invade o corpo e a alma, é a "vontade de chorar e de morrer", de que fala o samba?

Por favor, minha delicada leitora; se, pelo que escrevo, me tem alguma estima, por favor: me deseje uma boa bursite.

Rubem Braga

São também significações presentes no texto, relativamente à leitora citada:

(01) O adjetivo constituinte do sintagma "delicada leitora", várias vezes empregado pelo autor em relação à leitora indignada, deixa entrever uma ironia sutil.

(02) Na forma de entender o amor, a visão da leitora se contrapõe à do autor.

(04) O adjetivo constituinte do sintagma "delicada leitora" revela a postura romântica da leitora pela forma como ela julga o amor.

(08) Nos sintagmas "minha senhora" e "minha delicada leitora", o pronome "minha" não expressa relação de posse, mas indica afetividade.

(16) O autor se desculpa com a leitora por ter qualificado o amor de "incômodo".

Dê a soma dos números dos itens corretos.

_____

_____

2 (UECE) Assinale a alternativa em que todas as expressões destacadas têm valor de adjetivo.

a) Era *digital* trouxe inovações e *facilidades que superaram* o *que previa* a ficção.

b) Deixemos *de lado* atividades *que envolvem diversas* funções *do cérebro*.

c) Hoje, *úteis* ou não, as informações *é que* nos assediam.

d) Responda qual era a manchete *do jornal de ontem*.

3 (UFMG) Leia estes trechos:

Trecho I

Substantivo é a palavra com que designamos ou nomeamos os seres em geral.

> CUNHA, C.; CINTRA, L. *Nova gramática do português contemporâneo*. Rio de Janeiro: Nova Fronteira, 1985. p. 171.

Trecho II

Que coisa! "As coisas nadam, crescem, vibram, voam, flutuam. Alguma coisa acontece no meu coração. Coisa é música aos ouvidos. Coisa é notícia. Coisa é causa de tudo e de nada. O Coisa-ruim é coisa do outro mundo. E deste também. Mas isso é coisa feita. Coisas do arco da velha. Coisa e tal e tal e coisa. São tantas coisinhas miúdas. Coisíssima nenhuma. A coisa em si. Cada coisa em seu lugar. Não me venha com coisas. A coisa foi por água abaixo. Coisa de louco! [...] Porque uma coisa é certa: uma coisa é uma coisa e outra coisa é outra coisa. Até que se prove o contrário. Mas esse papo meu tá qualquer coisa, de modo que, se for impossível dizer coisa com coisa, não pense duas vezes: vote na coisa. Seja com a coisa uma só coisa. Coisifique-se! De repente mil coisas!"

> PERISSÉ, Gabriel. http://kplus.cosmo.com.br (acesso em 30 mar. 2005)

Com base na leitura desses dois trechos, redija um texto dissertativo, relacionando a definição de substantivo (trecho I) com as possibilidades de uso e de referência que a palavra "coisa", como substantivo, adquire no trecho II.

_____

_____

_____

_____

_____

_____

_____

_____

_____

_____

_____

_____

4 (UEGO) Leia atentamente o texto seguinte.

— Nem eu te digo outra coisa. É difícil, come tempo, muito tempo, leva anos, paciência, trabalho e felizes os que chegam a entrar na Terra Prometida! Os que lá não penetram, engole-os a obscuridade. Mas os que triunfam! E tu triunfarás, crê-me. Verás cair as muralhas de Jericó ao som das trompas sagradas. Só então poderás dizer que está fixado. Começa nesse dia a tua fase de ornamento indispensável, de figura obrigada, de rótulo. Acabou a necessidade de farejar ocasiões, comissões, irmandades; elas virão ter contigo, com seu ar pesadão e cru de substantivos desadjetivados, e tu serás o adjetivo dessas orações opacas, o *odorífero* das flores, o *anilado* dos céus, o *prestimoso* dos cidadãos, o *noticioso* e *suculento* dos relatórios. E ser isso é ser o principal, porque o adjetivo é a alma do idioma, a sua porção idealista e metafísica. O substantivo é a realidade nua e crua, é o naturalismo do vocabulário.

ASSIS, Machado de. "Teoria do medalhão". In: *Contos*. São Paulo: FTD, 2002.

O trecho citado foi retirado do conto "Teoria do medalhão", cujo enredo consiste em o pai ensinar ao filho, que completa 21 anos, como tornar-se um medalhão. Com base nesse trecho, julgue (V ou F) as proposições a seguir.

I. A afirmação de que o adjetivo "é a alma do idioma, a sua porção idealista e metafísica" mostra a refinada e recorrente ironia machadiana, uma vez que o apreço pelos adjetivos é comum aos escritores românticos e não a Machado de Assis, cuja característica peculiar é justamente um estilo sóbrio e conciso, livre de ornamentos e excesso de adjetivos.

II. Considerando-se as metáforas do adjetivo e do substantivo, exploradas no texto como um modo de ser, percebe-se o propósito do pai de aconselhar o filho a cultivar valores da aparência, se se considerar que, na maioria das vezes, o adjetivo tem valor acessório numa oração.

III. Os adjetivos destacados no trecho são um exemplo do virtuosismo estilístico e técnico do autor, uma vez que, embora frequentemente sejam empregados como adjetivos, estão aí usados como substantivos e, dessa forma, são termos indispensáveis.

IV. No trecho, as metáforas "substantivos desadjetivados" e "orações opacas" dizem respeito aos referentes "o *odorífero* das flores, o *anilado* dos céus, o *prestimoso* dos cidadãos, o *noticioso* e *suculento* dos relatórios".

5 (Emescam-ES) Nos textos:

I. Os livros, põe-_____ na estante.

II. Era para _____ estar _____ ontem, mas não _____ encontrei.

III. Eles viajaram _____.

IV. Está tudo acabado entre você e _____.

O preenchimento adequado das lacunas ocorre com:

a) nos – eu – com ele – o – com nós todos – mim

b) os – eu – contigo – te – conosco – eu

c) nos – eu – consigo – o – conosco – mim

d) nos – mim – consigo – lhe – com nós – eu

e) nos – eu – com você – lhe – conosco – eu

6 (UFMA, adaptada) Assinale a alternativa em que a ocorrência do pronome relativo *onde* está de acordo com a norma-padrão escrita:

a) Maio é o mês onde nasceram as gêmeas.

b) Fui falar com o chefe onde me disse o lugar e o dia da próxima reunião.

c) A casa onde nos hospedamos era muito confortável.

d) Devem-se escolher candidatos onde o passado seja garantia de boas intenções e trabalho.

e) O objetivo da reunião era fazer com que as donas de casa, onde lutavam pelo congelamento de preços, evitassem os reajustes.

Classes de palavras II

1. Advérbio

Pertence à classe dos advérbios toda palavra invariável em gênero e número e que modifica sobretudo o verbo ao indicar a **circunstância** (modo, tempo, lugar, intensidade etc.) em que o processo verbal ocorre. Há também advérbios (de intensidade ou modo) que modificam adjetivos e advérbios. Um advérbio pode, ainda, referir-se a todo um enunciado (frase, período, oração).

Os advérbios classificam-se de acordo com a circunstância que indicam.

Veja abaixo alguns advérbios e locuções adverbiais.

Afirmação	sim, certamente, efetivamente, realmente, seguramente, indubitavelmente, inquestionavelmente, sem dúvida, por certo etc.
Dúvida	acaso, porventura, possivelmente, provavelmente, quiçá, talvez etc.
Intensidade	muito, mui, pouco, assaz, bastante, mais, menos, tão, tanto, demasiado, meio, todo, completamente, profundamente, demasiadamente, excessivamente, demais, nada (*isto não é **nada** fácil!*), ligeiramente, levemente, que (***que** legal!*), quão, quanto, bem, mal, quase, como (***como** reclamam!*) etc.
Lugar	abaixo, acima, acolá, cá, lá, aqui, ali, aí, além, aquém, algures (em algum lugar), alhures (em outro lugar), nenhures (em nenhum lugar), atrás, fora, afora, dentro, perto, longe, adiante, diante, onde, aonde, donde, avante, através, defronte, detrás, em cima, ao lado, de lado, de dentro, de fora etc.
Modo	bem, mal, assim, depressa, devagar, como, adrede, debalde, alerta, melhor (mais bem), pior (mais mal), às pressas, à toa, às claras, à vontade, de mansinho, em silêncio, em coro, face a face etc.; e a maioria dos advérbios terminados em -*mente*: suavemente, corajosamente etc.
Negação	não, absolutamente, tampouco, de modo algum etc.
Tempo	agora, hoje, amanhã, depois, ontem, anteontem, já, sempre, amiúde, nunca, jamais, ainda, logo, antes, cedo, tarde, ora, outrora, afinal, então, breve, aí, aqui, nisto, à noite, à tarde etc.

2. Preposição

Preposições são certas palavras invariáveis que estabelecem relações de dependência sintático-semântica entre termos de uma oração ou entre orações num período. Classificam-se em:

- **essenciais**: *a, ante, após, até, com, contra, de, desde, em, entre, para, perante, por, sem, sob, sobre, trás.*

- **acidentais**: *durante, como, conforme, segundo, feito, exceto, salvo, visto, consoante, mediante, tirante, fora, afora* etc.

- **locuções prepositivas**: *acerca de, a respeito de, a fim de, de acordo com, por causa de* etc.

> Algumas preposições podem combinar-se ou contrair-se com artigos ou pronomes: *ao, aos, à, às, dele, nela, pela* etc.

3. Conjunção

Consideram-se **conjunções** certas palavras invariáveis que conectam sobretudo orações e estabelecem entre elas relações de coordenação ou subordinação. Podem conectar termos equivalentes (coordenados) dentro de uma oração.

Conjunções coordenativas

- **Aditivas**: *e, nem, não só... mas também.*

- **Adversativas**: *mas, porém, todavia, contudo, no entanto, entretanto, não obstante, ainda assim.*

- **Alternativas**: *ou... ou, ora... ora, quer... quer, seja... seja, já... já.*

- **Conclusivas**: *logo, pois, portanto, por conseguinte, assim, então.*

- **Explicativas**: *porque, pois, porquanto, que.*

Conjunções subordinativas

- **Causais**: *porque, como, uma vez que, dado que, visto que, já que.*

- **Consecutivas**: *que, de modo que, de forma que, de maneira que, de sorte que.*

- **Condicionais**: *se, desde que, caso, contanto que, a não ser que, a menos que.*

- **Conformativas**: *conforme, segundo, consoante, como.*

- **Comparativas**: *como, assim como, tal como, como se, tal que, que.*

- **Concessivas**: *embora, apesar de que, ainda que, mesmo que, conquanto, posto que, se bem que, por mais que, por menos que.*

- **Finais**: *a fim de que, para que, porque.*

- **Proporcionais**: *à proporção que, à medida que, quanto mais (menos)... mais (menos).*

- **Temporais**: *quando, logo que, assim que, depois que, antes que, enquanto, desde que, mal, sempre que.*

- **Integrantes**: *que, se.*

4. Interjeição

As **interjeições** são certas palavras invariáveis que exprimem reações do emissor diante de um fato. Veja os exemplos:

Oh! que horror de situação! (situação desagradável; ideia de contrariedade)

Cuidado! (advertência)

> Quando duas ou mais palavras formam uma expressão com sentido de interjeição, temos uma **locução interjetiva**.

Atividades

1 (UFRS, adaptada)

Os testes de QI, um dos antigos parâmetros usados para medir a inteligência, já não servem mais para avaliar a capacidade cerebral de uma pessoa.

Adaptado de GUARACY, Thales e RAMALHO, Cristina. *Veja*, 19 ago. 1998.

No texto, o advérbio *mais* deixa pressuposta a ideia de que:

a) os testes de QI serviram, no passado, para medir a inteligência.

b) hoje os testes de QI são melhores que no passado para avaliar a inteligência.

c) os testes de QI nunca serviram para medir a inteligência.

d) no passado, além dos testes de QI, outros parâmetros serviram para medir a inteligência.

e) hoje os testes de QI não são melhores que no passado para avaliar a inteligência.

2 (FCSCL-SP) Leia com calma.

I. Lá de ano **a** ano é que vinha procurá-la.

II. Rompo **à** frente, tomo a mão esquerda.

III. A mulher adormeceu **ao** seu lado.

IV. **Ao** entardecer, avistei uma povoação.

Nessas frases, as preposições em destaque indicam, respectivamente, as noções de:

a) movimento no tempo, movimento no espaço, situação no tempo, situação no tempo.

b) movimento no tempo, movimento no espaço, situação no espaço, situação no tempo.

c) movimento no tempo, movimento no espaço, situação no tempo, situação no espaço.

d) situação no espaço, situação no tempo, movimento no espaço, movimento no tempo.

e) situação no espaço, movimento no tempo, situação no espaço, movimento no tempo.

3 (PUC-MG) Leia o poema a seguir e responda à questão.

Apontamento

A minha alma partiu-se como um vaso vazio.
Caiu pela escada excessivamente abaixo.
Caiu das mãos da criada descuidada.
Caiu, fez-se em mais pedaços do que havia
        [loiça no vaso.

Asneira? Impossível? Sei lá!
Tenho mais sensações do que tinha quando
        [me sentia eu.
Sou um espalhamento de cacos sobre um
        [capacho por sacudir.

Fiz barulho na queda como um vaso que
        [se partia.
Os deuses que há debruçam-se do parapeito
        [da escada
E fitam os cacos que a criada deles fez de mim.

Não se zangam com ela.
São tolerantes com ela.
O que eu era um vaso vazio?

Olham os cacos absurdamente conscientes,
Mas conscientes de si-mesmos, não
        [conscientes deles.

Olham e sorriem.
Sorriem tolerantes à criada involuntária.

Alastra a grande escadaria atapetada de estrelas.
Um caco brilha, virado do exterior lustroso,
        [entre os astros.
A minha obra? A minha alma principal? A
        [minha vida?
Um caco.
E os deuses olham-no especialmente, pois não
        [sabem por que ficou ali.

Fernando Pessoa (Álvaro de Campos)

Em todas as alternativas, indicou-se adequadamente, entre parênteses, o elemento modificado pela palavra em destaque, exceto:

a) Caiu pela escada *excessivamente* abaixo. (escada)

b) Caiu das mãos de uma criada *descuidada*. (criada)

c) Olham os cacos *absurdamente* conscientes. (conscientes)

d) Alastra a grande escadaria *atapetada* de estrelas. (escadaria)

4 (UEMS) "*Mas* assegurar-se é uma das constantes do espírito humano, e, por extensão, do espírito animal. Ouvir *da* boca dos outros a consagração do *nosso* valor, saber o sabido, quando ele nos é favorável, eis um prazer dos deuses." Os termos em itálico nos períodos acima veiculam, respectivamente, as seguintes noções:

a) superioridade – tempo – lugar

b) inferioridade – posse – origem

c) oposição – origem – posse

d) igualdade – direção – modo

e) oposição – direção – finalidade

EXERCÍCIOS COMPLEMENTARES

1 (ITA-SP, adaptada) A única opção em que o advérbio em destaque indica o ponto de vista do autor é:

a) "*Provavelmente*, o analfabetismo dos adultos terá sido erradicado..."

b) "Se os poderes públicos não investirem *sistematicamente* na expansão desses dois níveis..."

c) "Estes, por definição, são bens cujo usufruto é *necessariamente* coletivo..."

d) "... e não podem ser apropriados *exclusivamente* por ninguém..."

e) "... como é o caso da proteção contra vírus de computador, para citar um exemplo atual, embora ainda não *plenamente* reconhecido."

2 (Fatec-SP) Assinale a alternativa em que o significado que as palavras destacadas imprimem no enunciado está correta e respectivamente identificado nos parênteses.

a) Anos *de* alcoolismo haviam transformado sua capacidade *de* trabalho em aposentadoria precoce. (Causa e finalidade.)

b) Agora davam força para a caçula, *cujos* olhos brilhavam *de* expectativa. (Posse e causa.)

c) Parecia que *nem* estava contra, era *só* juízo de mãe. (Negação e tempo.)

d) Moravam *em* Cangaíba — que a irmã do meio, irônica, chamava de "Canga City" — *onde* a vida alheia era parte do entretenimento. (Lugar e direção.)

e) Não hesitou em dizer que *já* estava acabado, mesmo *sem* desfile. (Tempo e condição.)

3 (Mackenzie-SP) Leia:

Assinale a alternativa correta.

a) A interjeição *Ei!* (2º quadrinho) é utilizada para expressar o cansaço do garoto causado pela espera dos presentes.

b) No último quadrinho, a fala do tigre faz com que o garoto mude as conclusões a que tinha chegado.

c) Na expressão *velhote durão* (4º quadrinho), o aumentativo indica o tamanho do Papai Noel, imaginado como um velho alto pelo garoto.

d) A palavra *comprida* (1º quadrinho) pode ser trocada por "cumprida", já que as duas formas da escrita têm o mesmo sentido.

e) A forma verbal *carregue* (4º quadrinho) expressa fato dado como certo.

4 (Emescam-ES) A opção que apresenta palavras destacadas de classes morfológicas idênticas é:

a) Aspiramos *a* uma vaga do curso de medicina. Não *a* verei mais.

b) Gostaria de vê-la daqui *a* pouco. O advogado presenciou *a* fuga do assaltante.

c) Quanto às notícias, selecionei *a* que mais me agradou.
A notícia *a* que você se referiu foi excelente.

d) As ameaças *a* políticos corruptos sempre são maiores do que as penas. Vemos *a* mentira por todos os lados.

e) Estes empresários se associaram *a* partidos de esquerda. *A* mim interessam as coisas que normalmente ninguém valoriza.

5 Marque a alternativa em que a palavra *como* estabelece relação de conformidade.

a) *Como* forma de pagamento, a empresa adotou o boleto bancário.

b) Os filhos eram simpáticos e agradáveis *como* os pais, que já eram conhecidos de há muito tempo.

c) *Como* ninguém ousou pedir a sobremesa, tive de ser o cara de pau da turma e me antecipar.

d) *Como* medida de segurança, todos os funcionários se identificarão por meio de suas digitais.

e) A recepção dos funcionários ocorreu exatamente *como* havíamos planejado.

6 (Fuom-MG) Leia atentamente cada opção, observando o que está em destaque. A seguir, marque a única alternativa cujos parênteses não retratam respectivamente as ideias introduzidas pelos destaques:

a) *Quando* a encontrei, fui logo perguntando, *mas* ele desconversou, *embora* manifestasse desejo de dialogar. (tempo – adversidade – concessão)

b) *Depois que* a vi, percebi *que*, *desde que* voltou de Brasília, ficou diferente. (tempo – complementação – tempo)

c) *Uma vez que* o destino assim determinou, *assim que* pulou do ônibus, respondeu *que* aceitava a proposta. (causa – tempo – complementação)

d) *Para* apagar a má impressão, diria a todos *que* iria lá *tão logo* pudesse. (finalidade – complementação – tempo)

e) *Desde que* concorde comigo, *sem que* ela perceba, sairei de casa *mesmo que* não permita. (tempo – condição – condição).

Classes de palavras III

Verbo

O que nos leva à identificação de uma palavra como **verbo** são suas **características morfossintáticas**: as flexões de **tempo** e **modo** (exclusivas do verbo), além das de **número**, **pessoa** e **voz**.

Na morfologia do verbo, encontramos as seguintes classificações:

- **Radical**: é o núcleo significativo do verbo a que se agregam os demais morfemas. Exemplos: *fal-* é o radical de **fal**ar; *com-* é o radical de **com**er; *part-* é o radical de **part**ir.

- **Vogal temática**: é o morfema que possibilita a junção do radical às desinências. Além disso, ela indica a que **conjugação** pertence um verbo: *-a-* é a vogal temática da **primeira** conjugação (*falar, amar, cantar*); *-e-* é a da **segunda** conjugação (*comer, vender, beber, pôr*, do latim *poer*); *-i-* é a da **terceira** conjugação (*partir, cair, subir*).

- **Tema**: ao radical acrescido da vogal temática dá-se o nome de tema. Exemplos: *fala-* é o tema de falar; *come-* é o tema de comer; *parti-* é o tema de partir.

- **Desinências**: as desinências são os morfemas gramaticais marcadores das flexões de número e pessoa (desinências **número-pessoais**) e do tempo e modo (desinências **modo-temporais**).

Observe:

$$fal - á - va - mos$$

No exemplo acima, a forma verbal pode ser dividida em:

radical: *fal-*
tema: *fala-*
vogal temática: *-a-*
desinência modo-temporal: *-va-*
desinência número-pessoal: *-mos*

Formas rizotônicas e arrizotônicas

São **rizotônicas** (do grego *rizo*, "raiz" e *tônos*, "força") as formas verbais cujo acento tônico ocorre **dentro** do radical: **fal**o, **com**e, **par**tem etc. Ao contrário, **arrizotônicas** são as formas verbais cujo acento tônico ocorre **fora** do radical: fa**la**mos, come**ri**a, partir**e**mos etc.

Flexões do verbo

- **Tempo e modo**. As flexões de tempo e modo, exclusivas do verbo, podem indicar, respectivamente, o momento em que ocorrem os processos verbais e a atitude do emissor da mensagem com relação a eles. Existem três **tempos** básicos (presente, pretérito e futuro) e três **modos**: o **indicativo**, que denota certeza (*falo, falava, falarei*); o **subjuntivo**, que exprime alguma possibilidade, dúvida, incerteza quanto à realização do fato (*talvez eu fale, se falássemos, quando falarem*); e o **imperativo**, por meio do qual se dão ordens ou se fazem pedidos, sugestões, súplicas (*Fale logo!, Não falem para ela.*).

Além dos modos e tempos, há as **formas nominais**: **gerúndio** (*falando*), **particípio** (*falado*) e **infinitivo** (*falar*).

- **Número e pessoa**. O verbo pode flexionar-se em **número** (singular e plural) e em **pessoa**: a primeira (o emissor), a segunda (o receptor) e a terceira (o referente).

- **Voz e gênero**. No processo verbal, o sujeito pode encontrar-se basicamente em três situações: ser apenas ativo, apenas passivo, ou ativo e passivo. São essas situações que fundamentam a ocorrência, respectivamente, das vozes **ativa**, **passiva** e **reflexiva**. Exemplo:

O candidato *resolveu* a questão. (voz ativa)

A questão foi *resolvida* pelo candidato. (voz passiva)

O candidato *corrigiu-se* a tempo. (voz reflexiva)

Classificação quanto à vogal temática

- **Primeira conjugação (-*ar*)**. A maioria dos verbos pertence ao grupo caracterizado pela vogal temática **-*a*-** e pela relativa regularidade. À exceção de alguns verbos, tende a não oferecer dificuldades na conjugação.

- **Segunda conjugação (-*er*)**. Identificado pela vogal temática -*e*-, esse grupo inclui o verbo *pôr* (e seus derivados). Oriundo do latim *ponere*, o verbo *pôr* lentamente se modificou, e a vogal temática desapareceu do infinitivo (*ponere > põer > poer > pôr*), mas subsiste em formas como põe, põem, puséssemos etc. À segunda conjugação pertencem muitos verbos irregulares, abundantes, defectivos e anômalos: *ver, pôr, ter, haver, ser, precaver* etc.

- **Terceira conjugação (-*ir*)**. Relativamente poucos, os verbos com a vogal temática -*i*- tendem a uma irregularidade na conjugação. É o caso dos verbos *ir, vir, polir*, além dos terminados em *ertir, erir, ergir, enir, brir, udir, uir* etc., e grande parte dos defectivos.

Quanto aos paradigmas de conjugação

- **Regulares**. São os verbos que mantêm inalterado o seu radical nas etapas de conjugação e obedecem rigorosamente aos paradigmas.

- **Irregulares**. São os verbos cujo radical (ou desinência) sofre alteração em alguma etapa da conjugação verbal; fogem, portanto, ao paradigma da respectiva conjugação.

- **Anômalos**. Não há consenso sobre os verbos anômalos. A distinção entre **irregulares** e **anômalos** não é adotada pela Nomenclatura Gramatical Portuguesa, enquanto a Nomenclatura Gramatical Brasileira classifica como **anômalos** os verbos *ser, ir, ver, vir, estar, haver* e *pôr*, por causa da enorme irregularidade que apresentam.

- **Abundantes**. Chamam-se abundantes os verbos que apresentam mais de uma forma para a mesma flexão. Tal é o caso do verbo *haver* conjugado no presente (nós *havemos* ou *hemos*, vós *haveis* ou *heis*) e dos verbos que têm mais de uma forma no particípio: *pagar* (*pagado*, *pago*), *imprimir* (*imprimido*, *impresso*), *aceitar* (*aceitado*, *aceito*) etc.

- **Defectivos**. Os verbos defectivos apresentam lacunas na conjugação, isto é, não se conjugam em todas as flexões; é o caso, por exemplo, dos verbos *reaver* e *precaver*, que não têm a maioria das formas dos presentes e dos imperativos. Assim, frases como "Sempre *reavejo* o que perdi" e "Quero que ela se *precavenha*" não fazem parte do padrão culto do idioma.

Além dessas categorias, há os verbos **auxiliares**, que participam da conjugação nas **locuções verbais** nos tempos compostos.

Atividades

1 (FCSCL-SP) Assinale a alternativa que completa as lacunas da frase com a flexão culta dos verbos "ver", "vir", "crer" e "convir", respectivamente: Se você a ___, quando ___, diga-lhe que eu ___ na sua história, se lhe ___.

a) ver – vier – cri – convier

b) ver – vier – acreditei – convir

c) vir – vir – acreditei – convier

d) ver – vir – cri – convir

e) vir – vier – cri – convier

2 (FGV-SP) Assinale a alternativa em que é incorreto o uso do particípio regular ou irregular.

a) Não haveria mais o que discutir, pois o mancebo havia entregado o livro para Íris.

b) Aquiles sentiu um puxão nas fraldas da camisa, que estavam soltas. O ajudante do delegado aproximou-se e cochichou que ele seria solto em poucos minutos.

c) Era verdade que a fruta parecia passada, que recendia a podre. Lozardo provocou o pároco, mas percebeu que logo todas as luzes seriam acesas. Afastou-se da fruteira.

d) A lei tinha já extinto qualquer penalidade para aquele ato, que não mais era considerado ilícito.

e) José Américo tinha soltado o freio da motocicleta, para evitar acidente maior. Mesmo assim, as consequências da queda foram bastante sérias.

3 (UECE) Leia o fragmento abaixo e responda ao que se pede:

Supõe tu um campo de batatas e duas tribos famintas. As batatas apenas chegam para alimentar uma das tribos, que assim adquire forças para transpor a montanha e ir à outra vertente, onde há batatas em abundância; mas, se as duas tribos dividirem em paz as batatas do campo, não chegam a nutrir-se suficientemente e morrem de inanição. A paz, nesse caso, é a destruição; a guerra é a conservação. Uma das tribos extermina a outra e recolhe os despojos, diz Quincas Borba a Rubião para explicar-lhe a teoria do humanitismo. E completa: "ao vencido, ódio ou compaixão; ao vencedor, as batatas".

Machado de Assis. *Quincas Borba*.

"Supõe tu um campo de batatas e duas tribos famintas." Pelo emprego do verbo *supor* no imperativo afirmativo, percebe-se que o narrador está contando a historieta a um único interlocutor, que trata familiarmente. Considerando que, ao se mudar o interlocutor e a intenção do falante, altera-se a forma verbal, marque a opção que não atende a essa orientação.

a) Se o narrador tratasse o ouvinte por você, demonstrando familiaridade com ele — Suponha você um campo de batatas e duas tribos famintas.

b) Se houvesse mais de um ouvinte, e o narrador quisesse demonstrar respeito cerimonioso por eles — Suponde vós um campo de batatas e duas tribos famintas.

c) Se houvesse um único ouvinte, e o narrador quisesse ser gentil com ele — Supões tu um campo de batatas e duas tribos famintas.

d) Se o narrador, para efeito expressivo, se incluísse entre os ouvintes — Suponhamos nós um campo de batatas e duas tribos famintas.

4 (UFCE) Leia as afirmações a seguir.

O presente do indicativo expressa ação concomitante com o momento da fala.

O pretérito perfeito do indicativo expressa ação já concluída no passado em relação ao momento da fala.

O pretérito imperfeito do indicativo expressa ação concomitante a outra no passado.

O pretérito mais-que-perfeito do indicativo expressa ação anterior a outra no passado.

a) Analise as frases adiante e a seguir preencha os parênteses, de acordo com o seguinte código:

(1) se a forma verbal destacada corresponde à descrição

(2) se a forma verbal destacada não corresponde à descrição

( ) Ele *dera* sua resposta antes que Alice tivesse chegado.

( ) *Pudera* ele viesse a ser um dos candidatos ao cargo.

( ) *Estive* na sua casa ontem bem cedo.

( ) Agora, o país *vive* uma crise sem precedentes.

( ) Se eu pudesse, eu me *encontrava* com você no parque.

( ) Ela *falava* de você quando chegamos.

b) Construa duas frases com o verbo *conquistar* no presente do indicativo expressando:

1. ação anterior ao momento da fala.

_____
_____
_____
_____
_____
_____
_____
_____
_____
_____
_____
_____
_____

2. ação posterior ao momento da fala.

_____
_____
_____
_____
_____
_____
_____
_____
_____
_____
_____
_____
_____
_____

EXERCÍCIOS COMPLEMENTARES

1 (Unisales-ES) "E na hora de intermediar pelo inglês..."

Dos períodos abaixo, o único em que o verbo em *-iar* é usado seguindo a conjugação do verbo "intermediar" é:

a) Num país cheio de dúvidas e incertezas, há sempre muitas pessoas que *adiam* suas decisões.

b) Os linguistas, com certeza, não *apreciam* os programas usados pela internet nas traduções dos textos.

c) Todos os estudiosos da língua *anseiam* por um tradutor mais fiel para textos e substituir os programas usados hoje.

d) Os brasileiros *copiam* frequentemente frases feitas que, muitas vezes, têm outra tradução, dificultando a compreensão de um texto.

e) Na falta de uma frase própria, os usuários da língua portuguesa *associam* suas ideias a fórmulas já prontas, repetindo assim o que já foi dito em textos anteriores.

2 (UFPE) Em "... o Leonardo fingiu que *passava* distraído por junto dela, e com o ferrado sapatão assentou-lhe uma valente pisadela no pé direito", o verbo destacado está no pretérito imperfeito do modo indicativo.

Como verdadeiro atualizador gramatical, sob o ponto de vista aspectual, julgue (V ou F) as afirmativas.

I. Pode-se dizer que o imperfeito faz referência ao evento como alguma coisa que está em curso, continuando.

II. É correto assegurar que o imperfeito está neutralizando o valor de passado que ele carrega e exprime, aí, a mera opinião do narrador.

III. Pode-se dizer que o imperfeito referencia algo como um estado que resulta de um processo anterior.

IV. Na frase citada, o imperfeito parece estar exprimindo uma continuidade que se converteu em "habitualidade", razão por que se transforma, aí, em presente do passado, valor que se pode constatar em muitas outras frases da língua portuguesa.

3 (U. F. Uberlândia-MG) Assinale a única alternativa em que o emprego do tempo verbal em destaque não está adequadamente explicado.

a) "Todo mundo *deveria estudar* um pouco de economia, psicologia e direito..." — O tempo verbal está sendo empregado para suavizar o que foi dito em forma de ordem.

b) "Uma fã do pianista Arthur Moreira Lima disse que *daria* a vida para tocar como ele." — O tempo verbal está sendo empregado para indicar um fato já concluído no passado.

c) "A maioria *estuda* e *namora* o futuro cônjuge nos mínimos detalhes..." — O tempo verbal está sendo utilizado para expressar uma verdade científica.

d) "A sociedade, os excluídos e seus futuros professores *agradecerão* efusivamente." — O tempo verbal está sendo empregado para indicar um fato posterior ao momento em que se fala.

4 (FCSCL-SP, adaptada) Leia um trecho do capítulo CXLVIII, da obra *Dom Casmurro*, de Machado de Assis:

É bem, e o resto?

Agora, por que é que nenhuma dessas caprichosas me fez esquecer a primeira amada do meu coração? Talvez porque nenhuma tinha os olhos de ressaca, nem os de cigana oblíqua e dissimulada. Mas não é este propriamente o resto do livro. O resto é saber se a Capitu da praia da Glória já estava dentro da de Matacavalos, ou se esta foi mudada naquela por efeito de algum caso incidente. Jesus, filho de Sirach, se soubesse dos meus primeiros ciúmes, dir-me-ia, como no seu cap. IX, vers. 1': "Não tenhas ciúmes de tua mulher para que ela não se meta a enganar-te com a malícia que aprender de ti." Mas eu creio que não, e tu concordarás comigo; se te lembras bem da Capitu menina, hás de reconhecer que uma estava dentro da outra, como a fruta dentro da casca.

É bem, qualquer que seja a solução, uma coisa fica, e é a suma das sumas, ou o resto dos restos, a saber, que a minha primeira amiga e o meu maior amigo, tão extremosos ambos e tão queridos também, quis o destino que acabassem juntando-se e enganando-me... A terra lhes seja leve! Vamos à História dos Subúrbios.

Assinale a alternativa correta quanto ao emprego da pessoa gramatical.

a) ... e você concordará comigo; se te lembras bem da Capitu menina, hás de reconhecer que uma estava dentro da outra, como a fruta dentro da casca.

b) ... e você concordará comigo; se se lembra bem da Capitu menina, há de reconhecer que uma estava dentro da outra, como a fruta dentro da casca.

c) ... e tu concordarás comigo; se te lembras bem da Capitu menina, há de reconhecer que uma estava dentro da outra, como a fruta dentro da casca.

d) ... e você concordará comigo; se lhe lembra bem da Capitu menina, hás de reconhecer que uma estava dentro da outra, como a fruta dentro da casca.

e) ... e tu concordarás comigo; se se lembra bem da Capitu menina, hás de reconhecer que uma estava dentro da outra, como a fruta dentro da casca.

5 Só não há correta correlação entre os tempos verbais em:

a) Talvez um dia nosso povo chegue à Terra Prometida, mas não será nesta geração.

b) Auxiliares do presidente dizem que seria muito caro politicamente tirar Marina Silva do Meio Ambiente. Os entraves ambientais de que Lula tanto fala seriam mais problemas gerenciais de Dilma do que obstáculos criados por Marina ou pela legislação.

c) O arraial de Desemboque, berço da colonização do Triângulo Mineiro, está prestes a ruir e a desaparecer do mapa de Minas Gerais. Fundado em 1743, o pouco que sobrou preserva características do passado, misturadas com certa influência importada dos centros urbanos.

d) Ao fazer compra pela internet, Leandro orienta que o consumidor verifica se o endereço da página esteja correto observando o endereço real no canto inferior esquerdo do *browser* e se as informações estavam asseguradas, devendo aparecer um pequeno cadeado no canto inferior direito.

e) Segundo Gouveia, quando ele levou o celular à loja, a empresa o informou que não havia um modelo disponível e pediu ao leitor para que a nota fiscal fosse enviada para haver o reembolso.

6 (Uncisal) Leia as frases.

I. A ascensão do cristianismo no Império Romano *daria* um novo rumo a esse tipo de assistência.

II. Doenças epidêmicas *dizimavam* as tropas cristãs, mais que os muçulmanos.

Com relação às formas verbais destacadas, pode-se afirmar que expressam, correta e respectivamente, sentido de:

a) ação habitual e processo definitivamente concluído.

b) possibilidade de um fato e presente universal.

c) fato habitual no passado e fato posterior à situação.

d) avaliação de um fato e atenuação de uma ordem.

e) incerteza de um fato passado e fato habitual no passado.

Período simples

1. Frase, oração e período

A **sintaxe**, no domínio da gramática tradicional, estuda a função e a relação entre as palavras no contexto da comunicação. Combinadas ou sozinhas, as palavras formam frases, orações e períodos.

> **Frase** é o enunciado que, constituído de uma ou mais palavras, pode ser compreendido efetivamente, quando escrito num contexto.

O conceito de frase é muito amplo e pode compreender enunciados curtos ou longos, com uma palavra ou dezenas delas, com verbo ou sem verbo. O conceito de oração, porém, é bem mais específico e complexo, além de implicar a presença do verbo.

> **Oração** é a frase ou segmento de frase que se articula em torno de um verbo ou locução verbal, explícitos ou implícitos, com sujeito ou sem ele.
>
> **Período** é a frase com uma ou mais orações; pode ser **simples** (com uma oração, chamada absoluta) ou **composto** (com duas ou mais orações).

2. Termos essenciais

Sujeito

Sujeito é o termo a que se refere o processo verbal do predicado.

Tipos de sujeito

- **Sujeito determinado**. Quando expresso na oração, o sujeito pode apresentar um núcleo — sujeito simples — ou mais de um núcleo — sujeito composto.

- **Sujeito indeterminado**. Fundamentalmente, em três situações ocorre indeterminação do sujeito:

a) com verbo na 3ª pessoa do plural, desde que não haja alguma informação prévia ou contextual (ou desde que ela seja insuficiente para determinar o sujeito):

Falaram bem de nós.

b) com verbo **intransitivo**, **de ligação** ou **transitivo indireto** na **3ª pessoa do singular**, e com a aposição do pronome **se**, denominado índice de indeterminação do sujeito:

Vivia-se tranquilamente nesta cidade.

c) com verbo no **infinitivo impessoal**:

Era-lhe penoso *dominar* aquela matéria.

- **Oração sem sujeito**. Os verbos geralmente têm sujeito. São denominados verbos **pessoais**. Contudo, há os que não o têm: são os verbos **impessoais**, cujo processo não é atribuível a um ser, já que exprimem fenômenos meteorológicos, decorrência de tempo, datas, horas, distâncias etc.

Naquela tarde, *nevou* durante horas.
Sempre *haverá* pessoas dispostas a ajudar. (verbo *haver* com sentido de existir)
Fazia anos que não se encontravam. (verbo *fazer* no sentido de tempo decorrido)
São duas e meia. (verbo *ser* na indicação de tempo em geral)

Predicado

Predicado é o termo que, de vários modos, relaciona-se ao sujeito.

Na classificação do predicado, é fundamental que se conheça a **transitividade** verbal nas orações. Os verbos podem ser **de ligação**, **transitivos** ou **intransitivos**.

- **Verbos de ligação**. São aqueles que apenas "ligam" o sujeito a uma qualidade, característica ou estado (**predicativo do sujeito**).

- **Verbos transitivos**. São aqueles que necessitam de complemento(s) para que a mensagem seja transmitida com clareza. Podem ser:

  a) **verbo transitivo direto**: não exige preposição e seu complemento é chamado **objeto direto**;

  b) **verbo transitivo indireto**: exige preposição e seu complemento é chamado **objeto indireto**;

  c) **verbo transitivo direto e indireto**: exige os dois complementos (objeto direto e objeto indireto).

- **Verbos intransitivos**. São aqueles que não necessitam de complemento; bastam-se para transmitir a mensagem, pois já possuem significação completa.

Tipos de predicado

- **Predicado verbal**: é constituído de verbo transitivo ou intransitivo.

Os genros caminhavam em passadas cada vez mais lentas e hesitantes. (*caminhavam em passadas cada vez mais lentas e hesitantes* = predicado verbal)

- **Predicado nominal**: é constituído de verbo de ligação (*ser, estar, permanecer* etc.) e tem como núcleo significativo um termo relacionado ao sujeito, que é o **predicativo do sujeito**.

A comadre é muito bondosa. (*é muito bondosa* = predicado nominal)

- **Predicado verbo-nominal**: é o predicado que apresenta dois núcleos, um expresso por um verbo, e outro, por um nome, que é o **predicativo do sujeito** (quando o núcleo se referir ao sujeito da oração) ou **do objeto** (quando o núcleo se referir ao objeto — direto ou indireto).

O rapaz saiu aborrecido. (*saiu aborrecido* = predicado verbo-nominal)

3. Termos integrantes

Complementos verbais

Os complementos verbais (ou objetos) constituem, em geral, o alvo da ação exercida pelo sujeito.

Objeto direto

O **objeto direto** mais frequentemente se conecta ao verbo sem a mediação de uma preposição.

Tomava *todas as precauções*, estudava *o freguês* pelo direito e pelo avesso, duplicava *o preço da mercadoria* [...]

Graciliano Ramos. *Angústia*.

Tomava, *estudava* e *duplicava* são verbos transitivos diretos e precisam de um termo que complete o seu sentido; logo, *todas as precauções*, *o freguês* e *o preço da mercadoria* são objetos diretos.

Objeto indireto

O **objeto indireto** é um complemento com preposição exigida por verbo transitivo indireto ou transitivo direto e indireto.

Todos os participantes acreditaram *nas promessas ouvidas*.

O verbo *acreditar* não se liga diretamente a seu complemento (*as promessas ouvidas*), é necessária a preposição *em*; portanto, *nas promessas ouvidas* é objeto indireto.

Complemento nominal

O **complemento nominal** integra um nome e sempre aparece preposicionado, completando o sentido da mensagem que se deseja expressar.

Todos os funcionários estavam cientes da situação da empresa. (*da situação da empresa* = complemento nominal do adjetivo *cientes*; note que o complemento veio antecedido de preposição)

Agente da voz passiva

Agente da passiva é um complemento que, na voz passiva, designa o agente do processo cujo alvo é o sujeito passivo (ou paciente).

Os processos foram estudados *pelos advogados*.

> **Voz passiva**: o sujeito recebe a ação, e quem a pratica é o agente da passiva. (As regras do jogo são aceitas *por todos os integrantes*.)
>
> **Voz ativa**: o sujeito faz a ação. (*Todos os integrantes* aceitam as regras da competição.)
>
> **Voz reflexiva**: quando o sujeito pratica e recebe a ação. (Carlos *privou-se* de divertimentos durante longos anos.)

4. Termos acessórios

Adjunto adnominal

Os **adjuntos adnominais** modificam, especificam, delimitam e determinam os substantivos da oração. Podem ser expressos por: adjetivos, locuções adjetivas, artigos, pronomes adjetivos (possessivos, demonstrativos etc.), numerais e orações adjetivas.

Só retomou *um* passo *indiferente*, ao acercar da linha do caminho *de ferro*, onde um carro *de lenha* e *dous* homens esperavam diante da cancela, que se fechara para *a lenta* passagem de *um* trem carregado de pipas.

Eça de Queirós. *A ilustre casa de Ramires*.

Diferenças entre adjunto adnominal e complemento nominal	
Adjunto adnominal	**Complemento nominal**
Relaciona-se a substantivos	Relaciona-se a substantivos, a adjetivos e a advérbios
Pode ter ou não preposição	Sempre tem preposição
Tem sentido "ativo"	Tem sentido "passivo"
Às vezes indica posse	Nunca indica posse

Adjunto adverbial

O **adjunto adverbial** é o termo que, em geral, apresenta a circunstância (tempo, lugar, modo etc.) em que ocorre o processo verbal, embora também possa modificar adjetivo, advérbio ou mesmo todo um enunciado.

O cachorro dormia *na poltrona*, *sossegadamente*.

Aposto

O **aposto** é o termo da oração que amplia, resume, explica algo sobre outro termo (nome) citado. Pode ser:

- **explicativo**: O senhor Joaquim, *dono da farmácia*, morreu de desgosto ao ser traído pela esposa.
- **especificativo**: O poeta *Manuel Bandeira* deixou uma obra exemplar.
- **resumidor**: Parentes, amigos, conhecidos, *todos* serão convidados para a nossa festa de casamento.
- **enumerador**: Todos serão convidados para a nossa festa de casamento: *parentes, amigos, conhecidos*.

5. Vocativo

Fora dos limites do sujeito e do predicado e, por isso, classificado à parte, o **vocativo** é o termo que representa o ser que é chamado, interpelado.

Atividades

1 (Insper-SP) Analise o emprego do verbo "fazer" nos excertos a seguir:

I

Seria excessivo dizer que hoje já não se fazem bons filmes, mas não é excessivo dizer que já não se fazem filmes como antigamente.

FAUSTO, Boris. *Folha de S. Paulo*, 28 maio 2006.

II

Eu tinha apenas dezessete anos / No dia em que saí de casa / E não fazem mais de quatro semanas que eu estou na estrada.

Primeira canção da estrada. Sá e Guarabyra.

III

Uma coisa é patente: não fazem mais espelhos como antigamente.

Assinale **V** (verdadeiro) ou **F** (falso) em cada uma das alternativas a seguir:

( ) Nos três excertos, o sujeito de "fazem" tem a mesma classificação: é indeterminado.

( ) Em I, o verbo "fazer" está na voz passiva sintética, e o sujeito é simples.

( ) Em I, ocorre uma falha de concordância verbal, uma vez que o índice de indeterminação do sujeito "se" exige verbo no singular.

( ) Em II, ocorre oração sem sujeito, por isso, o verbo não poderia ser flexionado no plural.

( ) Em III, seria obrigatória a inclusão do índice de indeterminação do sujeito.

A sequência correta é:

a) V – F – V – F – V
b) F – F – V – V – F
c) F – V – F – V – F
d) V – F – V – F – F
e) F – V – F – V – V

2 O adjunto adnominal faz parte dos "termos acessórios" da sintaxe, ou seja, não é fundamental para a informação. Nas frases que seguem, há vários adjuntos adnominais destacados, mas em apenas uma delas esses termos realmente são "acessórios", quer dizer, sua presença ou ausência não interfere no significado da frase. Assinale a alternativa em que eles se encontram.

a) *A* minha prima amava mais ao noivo do que aos *próprios* irmãos.

b) Aquele não era *um* dia somente, era *o* dia.

c) *Cada* cidadão deve colaborar com *sua* parte na limpeza da cidade.

d) *A* divulgação dos aprovados ocorreu depois do horário *previsto*.

e) *A* declaração que ele deu à imprensa complicou ainda mais *seu* caso com os integrantes da quadrilha.

3 (FCSCP-SP) Assinale a alternativa que indica, respectivamente, a função sintática exercida pelos termos em destaque:

I. *À cunhada de Mário* ficava entregue a gelatina com frutas.

II. À cunhada de Mário ficava entregue *a gelatina com frutas*.

III. *A cunhada de Mário* ficava entregue à gelatina com frutas.

IV. A cunhada de Mário ficava *entregue* à gelatina com frutas.

a) objeto indireto – sujeito – predicativo – predicativo

b) predicativo – objeto indireto – predicativo – sujeito

c) objeto indireto – sujeito – sujeito – predicativo

d) predicativo – objeto indireto – sujeito – predicativo

e) objeto indireto – objeto indireto – sujeito – sujeito

4 Observe atentamente os exemplos a seguir:

I.
— Ei, *pivete*, vem cá.

— O senhor falou comigo, *moço*?

— Tem mais alguém aqui além de você, *fedelho*?

— Não, *senhor*, não tem não.

— Então.

II. *Meu amor*, *minha flor*, / Eu preciso estar perto de você / A todo momento / Eu já não aguento mais / Essa solidão / Esse tormento

[...]

Flávio Venturini

O vocativo é um termo independente, não se relaciona ao verbo nem ao nome; entretanto, estabelece relações importantes a serem interpretadas no (con)texto. Que tipo de relação estabelecem os vocativos destacados nos textos?

_____

_____

_____

_____

_____

_____

_____

_____

_____

_____

_____

_____

_____

_____

_____

_____

_____

EXERCÍCIOS COMPLEMENTARES

1 (U. E. Maringá-PR) Leia com atenção.

Disponível em http://tiras-hagar.blogspot.com/2006_04_01_archive.html.

Na tirinha, em "... dizer **pra elas** o que é bom **pra elas**?", temos dois complementos que se classificam, respectivamente, como:

a) objeto indireto e complemento nominal.
b) objeto direto e complemento nominal.
c) objeto indireto e objeto indireto.
d) complemento nominal e complemento nominal.
e) objeto indireto e objeto direto.

2 (FGV-SP) Leia e responda ao que se pede.

Com a sociedade de consumo nasce a figura do contribuinte. Tanto quanto a palavra consumo ou consumidor, a palavra contribuinte está sendo usada aqui numa acepção particular. No capitalismo clássico, os impostos que recaíam sobre os salários o faziam de uma forma sempre indireta. Geralmente, o Estado taxava os gêneros de primeira necessidade, encarecendo-os. Imposto direto sobre o contracheque era coisa, salvo engano, inexistente. Com o advento da sociedade de consumo, contudo, criaram-se as condições políticas para que o imposto de renda afetasse uma parcela significativa da classe trabalhadora. Quem pode se dar ao luxo de consumir supérfluos ou mesmo poupar, pode igualmente pagar impostos.

HADDAD, Fernando. "Trabalho e classes sociais". In: *Tempo Social*, out. 1997.

Com o advento da sociedade de consumo, contudo, criaram-se as condições políticas para que o imposto de renda afetasse uma parcela significativa da classe trabalhadora.

a) "Com o advento da sociedade de consumo" é uma expressão adverbial indicativa de causa.

b) A forma verbal "criaram-se" poderia ser flexionada também no singular, já que o sujeito da oração é indeterminado.

c) Considerando a regência do verbo "afetar", caso seu complemento fosse substituído por pronome, a frase assumiria a redação: "... para que o imposto de renda lhe afetasse".

d) Na expressão "imposto de renda", o emprego sintático da expressão preposicionada é o mesmo que o da expressão destacada em — Sempre reclamava "do imposto alto".

e) Na análise sintática da expressão "uma parcela significativa da classe trabalhadora", vê-se que os termos "parcela" e "trabalhadora" exercem a mesma função.

3 (Ulbra-RS)

O dia em que matamos James Cagney

Uma vez fomos ao cinema Apolo.

Sendo matinê de domingo, esperávamos um bom filme *de mocinho*. Comíamos *bala* café com leite e batíamos na cabeça dos outros com nossos bibis. Quando as luzes se apagaram, aplaudimos e assobiamos; mas depois que *o filme* começou, fomos ficando apreensivos.

O mocinho, que se chamava James Cagney, era baixinho e não dava em ninguém. Ao contrário: cada vez que encontrava o bandido — um sujeito alto e bigodudo chamado Sam —, levava uma surra de quebrar os ossos. Era murro, e tabefe, e chave-inglesa, e até pontapé na barriga. James Cagney apanhava, sangrava, ficava de olho inchado — e não reagia.

A princípio estávamos murmurando, e logo batendo os pés. Não tínhamos nenhum respeito, nenhuma estima por aquele fracalhão repelente.

[...]

Moacyr Scliar

No segundo parágrafo do texto: "Sendo matinê... ficando apreensivos", em "de mocinho", "bala" e "o filme", a função sintática é, respectivamente:

a) adjunto adnominal, adjunto adverbial de lugar e objeto direto.

b) adjunto adnominal, objeto direto e sujeito.

c) adjunto adverbial de modo, adjunto adverbial de lugar e sujeito.

d) complemento nominal, adjunto adverbial de lugar e sujeito.

e) adjunto adnominal, adjunto adverbial de lugar e sujeito.

4 (UEMS) Os termos negritados na estrofe:

É tempo. Faze

tua cidade eterna, e nela habita:

antes que venham **ventos**, e te levem

do peito o amor — este tão belo amor

que dá grandeza e graça **à tua vida**.

MELLO, Thiago de. *Vento geral. Poesia 1951/1981*. 2. ed. Rio de Janeiro: Civilização Brasileira, 1984.

exercem, respectivamente, função sintática de:

a) sujeito, objeto direto e complemento nominal.

b) objeto direto, objeto direto e complemento nominal.

c) objeto direto, objeto direto e objeto indireto.

d) objeto direto, sujeito e objeto indireto.

e) sujeito, objeto indireto e complemento nominal.

5 Observe as frases a seguir:

a) "*Os meus* braços *descarnados* movem-se como braços *de velho*." (Graciliano Ramos)

b) Braços movem-se como braços.

c) Compramos *uma linda* cesta *de Natal* e nela colocamos *os* presentes *de todos*.

d) Compramos cesta e nela colocamos presentes.

As frases dos itens *b* e *d* foram reescritas sem os adjuntos adnominais. Explique a diferença de sentido entre elas e suas frases originais.

6 (Esamc-GO) Leia as frases a seguir e depois assinale a afirmação incorreta:

I. Os deputados irritados deixaram a Câmara.

II. Os deputados deixaram a Câmara irritados.

III. Os deputados, irritados, deixaram a Câmara.

a) Na frase I, entende-se que somente os deputados irritados é que deixaram a Câmara.

b) Na frase II, todos estavam irritados e todos deixaram o recinto.

c) Ainda na frase I, subentende-se que havia também deputados não irritados e que estes não deixaram a Câmara.

d) As frases II e III são semântica e sintaticamente iguais.

e) Na frase II, o vocábulo "irritados" expressa uma circunstância de modo.

Colocação pronominal / Período composto por coordenação

1. Colocação pronominal

Os pronomes pessoais oblíquos átonos desempenham, muitas vezes, função de complementos verbais e devem assumir posição em relação aos verbos que complementam conforme determinadas regras.

Próclise

O pronome oblíquo átono antepõe-se ao verbo em:

- **enunciados negativos** (*não, nunca, jamais* etc.).

  Ele jamais *me* escutou...

- **orações com advérbios** ou **com locuções adverbiais**.

  É lá que esta alma, árida como a urze, sente, quando aí *se* abriga, refrescá-la como orvalho do céu. (Alexandre Herculano)

- **pronomes relativos, indefinidos** e **demonstrativos**.

  Todas as pessoas de que *me* falou estão presentes no evento. (*que* = pronome relativo)

  Tudo *me* leva a crer que foram os meninos que fizeram essa bagunça! (*tudo* = pronome indefinido)

  Aquilo *nos* fez muito mal. (*aquilo* = pronome demonstrativo)

- **conjunções subordinativas**.

  Insisto em que *se* ocupe de alguma atividade intelectual. (*que* = conjunção subordinativa integrante)

- **orações com verbo no gerúndio precedido da preposição *em***.

  A situação da nossa fábrica era calamitosa, em *se* tratando de capital.

- **enunciados interrogativos**.

  Quem *a* avisou sobre as novas datas dos exames?

- **enunciados exclamativos** ou **optativos** (que exprimem desejo).

  Deus *o* abençoe.

Mesóclise

Ocorre a **mesóclise** quando o verbo está no futuro do pretérito ou no futuro do presente e se não há casos que exijam próclise.

Calar-*me*-ia diante de tal assunto.

Sentir-*se*-á culpado quando vir o resultado.

Ênclise

Os pronomes átonos geralmente se colocam em **ênclise** (pospostos ao verbo).

Disseram-*me* o que lhe aconteceu.

Amo-*te* mais que a tudo.

> Em algumas situações, essa colocação pronominal distancia-se muito da que ocorre no português falado do Brasil:
>
> *Me* conta tudo!
>
> *Te* adoro.

Com pronomes pessoais retos e com substantivos não há regra para a colocação do pronome, o que caracteriza esses casos como facultativos. Observe:

Eu *a* encontrei às sete horas. / Eu encontrei-*a* às sete horas.

> Com tempos verbais compostos (formados pelos verbos **auxiliares** *ter* ou *haver* + **particípio** do verbo principal), o pronome oblíquo átono poderá ser colocado antes, no meio ou depois do **verbo auxiliar**, e nunca depois do particípio, seguindo as regras de próclise, mesóclise e ênclise.

2. Orações coordenadas

Ocorre **período composto** quando em um enunciado há mais de uma oração.

Dá-se o nome de **coordenação** quando há relativa autonomia sintática entre as orações.

Quando apresenta conjunção, a oração coordenada denomina-se **sindética**; sem ela, é **assindética**. A primeira se classifica em:

- **Aditiva**: é aquela que meramente adiciona um processo ao antecedente.

  Não só pagou suas dívidas, / *como também* emprestou-lhe dinheiro.

- **Adversativa**: apresenta contraste, contradição, oposição de uma expectativa.

  Sempre tentavam, / *mas* nunca conseguiam.

- **Alternativa**: apresenta fatos que mutuamente se excluem.

  Ou ficamos, / *ou* seremos desmoralizados.

- **Conclusiva**: contém uma dedução que parte de uma premissa.

  Nunca lhe dei motivos para desconfianças; / *portanto*, não aceito essa cena de traição.

- **Explicativa**: apresenta um fato argumentativo que justifica uma afirmação anterior.

  Pode ter nevado muito, / *porque* tudo ainda continua branco.

Atividades

1 (Unisa-SP) Leia para responder à questão.

Sem nenhum aviso prévio, submeti a duas meninas de 12 anos, estudantes de uma escola privada paulistana (Oswald de Andrade), um teste de leitura que foi aplicado aos alunos da rede de ensino municipal da cidade de São Paulo, cujo resultado acaba de ser divulgado. Elas não estão entre as primeiras da classe nem estão abaixo da média, entretanto atingiram a pontuação de 325, ou seja, acertaram todas as questões — a escala vai de 0 a 325, correspondendo a diferentes habilidades. Acertaram sem demonstrar dificuldade. A força desse fato só aparece na comparação: só 2,9% dos alunos da oitava série da rede pública conseguiram chegar ao nível mais alto. O detalhe é que as duas estudantes da escola privada vêm da sexta série. [...]

Para chegar ao nível 300, seria preciso ler um artigo de nove linhas no qual se informa que, ao contrário da maioria dos rios que correm para o mar, o Tietê vai para o interior. Logo em seguida, apresentou-se uma poesia de Mário de Andrade, onde se lê: rio que entras pela terra / e que me afastas do mar.

Diante de um teste de múltipla escolha, cerca de 90% dos alunos da oitava série não souberam fazer uma relação entre a imagem poética e a explícita informação sobre a direção do Tietê, ou seja, não indicaram a opção de que o rio segue em direção ao interior, já explícita, com todas as letras, no artigo.

DIMENSTEIN, Gilberto. *Folha de S. Paulo*, 10 fev. 2008.

Assinale a alternativa que substitui por pronome um dos complementos da oração: "Submeti a duas meninas de 12 anos um teste de leitura" refazendo a sintaxe com o emprego da regência do verbo "submeter", de acordo com o uso padrão do português do Brasil.

a) Submeti-lhes a um teste.

b) Submeti-as a um teste.

c) Submeteu-se-as a um teste.

d) Submeteu-se-lhes a um teste.

e) Submeti-as um teste.

2 (FGV-SP) Assinale a alternativa em que a colocação dos pronomes oblíquos átonos atende à norma culta.

a) Era claro que Nestor estava preocupado, mas otimista. "Erguerei-me depressa, enfrentando-lhe todos os arroubos."

b) Ao ver-se cercado pelas emas, concluiu: os animais poder-se-iam perder, se o ajudante não os controlasse.

c) Não disse-lhe palavra. Partiu a galope, sem olhar para trás.

d) Farei-o melhor do que você, embora não tenha tanta prática.

e) Tendo encontrado-a sozinha na sala, deu-lhe um beijo maroto na face.

3 (F. Adelmar Rosado-PI) Leia o texto, para responder à questão.

A melhor opção

Todos começaram a dizer que o ouro é a melhor opção de investimento. Fernão Soropita deixou-se convencer e, não tendo recursos bastantes para investir na Bolsa de Zurique, mandou fazer uma dentadura de ouro maciço.

Substituir sua velha dentadura convencional por outra, preciosa e ridícula, valeu-lhe aborrecimentos. O protético não queria aceitar a encomenda; mesmo se esforçando por executá-la com perfeição, o resultado foi insatisfatório. O aparelho não aderia à boca. Seu peso era demasiado. A cada correção diminuía o valor em ouro. E o ouro subindo de cotação no mercado internacional.

O pior é que Fernão passou a ter medo de todos que se aproximavam dele. O receio de ser assaltado não o abandonava. Deixou de sorrir e até de abrir a boca.

Na calçada a moça lhe perguntou onde fica a Rua Gonçalves Dias. Respondeu inadvertidamente, e a moça ficou fascinada pelo brilho do ouro ao sol. Daí resultou uma relação amorosa, mas Fernão não foi feliz. A jovem apaixonara-se pela dentadura e não por ele. Mal se tornaram íntimos, arrancou-lhe a dentadura enquanto ele dormia, e desapareceu com ela.

Carlos Drummond de Andrade.
O sorvete e outras histórias.

Considerando os sentidos do texto, as orações "O aparelho não aderia à boca. Seu peso era demasiado" podem ser unidas no seguinte período composto:

a) O aparelho não aderia à boca nem seu peso era demasiado.

b) O aparelho não aderia à boca, mas seu peso era demasiado.

c) O aparelho não aderia à boca, porque seu peso era demasiado.

d) O aparelho não aderia à boca, embora seu peso fosse demasiado.

4 (FMU-SP)

Aproxima-se a seca. O sertanejo adivinha-o [...]. Entretanto não foge logo, abandonando a terra a pouco e pouco invadida pelo limbo candente que irradia do Ceará.

Euclides da Cunha. *Os sertões.*

"Entretanto" é conjunção adversativa. Começando o período sem a adversativa, com o mesmo sentido, escreveríamos assim:

a) O sertanejo não foge logo, embora adivinhe a seca.

b) O sertanejo não foge logo, porque adivinha a seca.

c) O sertanejo não foge logo, para quem adivinha a seca.

d) O sertanejo não foge logo, quando adivinha a seca.

e) O sertanejo não foge logo, se adivinhar a seca.

EXERCÍCIOS COMPLEMENTARES

1 (PUC-SP) Observe a seguinte passagem: "Pare aí", me diz você. "O escrevente escreve antes, o leitor lê depois." "Não!" lhe respondo, "não consigo escrever sem pensar em você por perto, espiando o que escrevo". Nela, o autor, utilizando o discurso direto, apresenta um diálogo imaginário entre o autor e seu leitor, introduzindo a linguagem oral no texto escrito. Por essa razão:

a) os pronomes oblíquos átonos foram colocados depois do verbo.

b) os pronomes oblíquos átonos são enclíticos.

c) os pronomes oblíquos átonos não foram utilizados no diálogo.

d) os pronomes oblíquos átonos são proclíticos.

e) os pronomes oblíquos átonos são mesoclíticos.

2 (U. E. Ponta Grossa-PR, adaptada) Leia com atenção:

A história acaba aqui; é, como vê, uma história terrivelmente sem graça, e que eu poderia ter contado em uma só frase. Mas o pior é que não foi curta. Durou, doeu e — perdoe, minha delicada leitora — incomodou.

Quanto à constituição sintática da sequência "Durou, doeu e incomodou", é correto afirmar:

(01) Trata-se de um período composto por coordenação.

(02) Os três verbos se relacionam a um mesmo sujeito.

(04) É um período que contém orações independentes.

(08) Trata-se de um período misto, em que se observa não só coordenação como também subordinação.

Dê a soma dos números dos itens corretos.

_____

_____

Leia o texto a seguir para responder às questões 3 e 4.

Transforma-se o amador na cousa amada,
por virtude do muito imaginar;
não tenho, *logo*, mais que desejar,
pois em mim tenho a parte desejada.

Se nela está minh'alma transformada,
que mais deseja o corpo de alcançar?
Em si somente pode descansar,
pois consigo tal alma está liada.

Mas esta linda e pura semideia,
que, como um acidente em seu sujeito,
assi co'a alma minha se conforma,

está no pensamento como ideia:
e o vivo e puro amor de que sou feito,
como a matéria simples busca a forma.

Camões

3 (Fuvest-SP) A relação semântica expressa pelo termo *logo* no verso "não tenho, *logo*, mais que desejar" ocorre igualmente em:

a) Não se lembrou de ter um retrato do menino. E *logo* o retrato que tanto desejara.

b) Acendia, tão *logo* anoitecia, um candeeiro de querosene.

c) É um ser humano, *logo* merece nosso respeito.

d) E era *logo* ele que chegava a esta conclusão.

e) Adoeceu, e *logo* naquele mês, quando estava cheio de compromissos.

4 (Fuvest-SP) A conjunção *mas*, que aparece no início do primeiro terceto, é usada para:

a) apresentar uma síntese das ideias contidas nos quartetos, que funcionam como tese e antítese.

b) opor à satisfação expressa nos quartetos a insatisfação trazida por uma ideia incompleta e pelo conformismo.

c) substituir o conectivo *e*, assumindo valor aditivo, já que não há oposição entre os quartetos e os tercetos.

d) iniciar um pensamento conclusivo, podendo ser substituída pelo conectivo *portanto*.

e) introduzir uma ressalva em relação às ideias que foram expressas nos quartetos.

5 (Unisa-SP) Leia:

O que distingue os milhares de anos de história do que consideramos os tempos modernos? A resposta transcende em muito o progresso da ciência, da tecnologia, do capitalismo e da democracia.

O passado remoto foi repleto de cientistas brilhantes, de matemáticos, de inventores, de tecnólogos e de filósofos políticos. Centenas de anos antes do nascimento de Cristo, os céus haviam sido mapeados, a grande biblioteca de Alexandria fora construída e a geometria de Euclides era ensinada. A demanda por inovações tecnológicas para fins bélicos era tão insaciável quanto atualmente. Carvão, óleo, ferro e cobre estiveram a serviço dos seres humanos por milênios, e as viagens e comunicações marcaram os primórdios da civilização conhecida.

A ideia revolucionária que define a fronteira entre os tempos modernos e o passado é o domínio do risco: a noção de que o futuro é mais do que um capricho dos deuses e de que homens e mulheres não são passivos ante a natureza.

Peter L. Bernstein. *Desafio aos deuses*.

Em termos sintáticos, há, no segundo parágrafo do texto, o predomínio de orações:

a) adjetivas.

b) causais.

c) finais.

d) comparativas.

e) coordenadas.

6 Leia os enunciados.

I. Espera-se que a festa de casamento deles seja um verdadeiro acontecimento, pois vão estar parentes como dona Lídia, João Carlos e tio Jonas.

II. Espera-se que a festa de casamento deles seja um verdadeiro acontecimento, mas vão estar parentes como dona Lídia, João Carlos e tio Jonas.

Os enunciados apresentados possuem uma orientação argumentativa diferente, embora as palavras sejam praticamente as mesmas. Explique essa diferença.

_____

_____

_____

_____

_____

_____

_____

_____

_____

_____

_____

Período composto por subordinação / Orações substantivas

1. Orações subordinadas

Dá-se o nome de subordinação à **dependência** sintática entre as orações. Nela, a oração que modifica ou complementa, e exerce algum papel sintático (objeto direto, adjunto etc.), é chamada **subordinada**, e a oração que é complementada ou modificada recebe o nome de **oração principal**.

De acordo com a função que desempenha, a oração subordinada classifica-se como **adjetiva** (função de adjunto adnominal), **adverbial** (função de adjunto adverbial) e **substantiva** (desempenha as demais funções).

2. Orações subordinadas substantivas

As orações subordinadas substantivas ligam-se a orações principais que não são íntegras em termos sintáticos, nem autossuficientes em termos semânticos. As orações substantivas **desenvolvidas** são geralmente introduzidas pelas conjunções integrantes (*que* ou *se*). As **reduzidas** têm verbo no infinitivo e podem vir conectadas por preposição.

As orações subordinadas substantivas desempenham, no corpo sintático da oração prin-cipal, as funções de sujeito (oração substantiva subjetiva), predicativo do sujeito (predicativa), objeto direto (objetiva direta), objeto indireto (objetiva indireta), complemento nominal (completiva nominal) e aposto (apositiva).

- **Oração subordinada substantiva subjetiva**. A oração principal de uma subjetiva estrutura-se com verbo de ligação e predicativo do sujeito, verbo intransitivo na terceira pessoa do singular e verbo na voz passiva analítica ou sintética, e a oração subordinada sempre exerce a função de sujeito da oração principal:

  Era óbvio que ele a odiava.
  Constava que o réu fora inocentado.
  Foi dito que nós retornaríamos depois de um mês.

- **Oração subordinada substantiva predicativa**. A oração principal de uma oração predicativa sempre contém sujeito e verbo de ligação:

  A verdade é que seríamos vitoriosos.

- **Oração subordinada substantiva objetiva direta**. Sua oração principal apresenta verbo transitivo direto ou verbo transitivo direto e indireto:

  Supúnhamos que o traríamos logo.
  Contei-lhe que ela fora a responsável por aquilo.

- **Oração subordinada substantiva objetiva indireta**. Sua oração principal apresenta verbo transitivo indireto ou verbo transitivo direto e indireto:

Não se esqueça de que tudo passa.
Lembrei-me de que o auxiliaria.

- **Oração subordinada substantiva completiva nominal**. Tal oração desempenha a função de complemento nominal de um substantivo, adjetivo ou advérbio presente na oração principal:

Tivemos *confiança* de que nos pagariam.

- **Oração subordinada substantiva apositiva**. Explica, esclarece, desenvolve o sentido de um substantivo ou pronome presente na oração principal:

Só desejo uma coisa: *que saia já daqui.*

Atividades

1 (Insper-SP) Leia atentamente:

Esperança

Lá bem no alto do décimo segundo andar
[do Ano
Vive uma louca chamada Esperança
E ela pensa que quando todas as sirenas
Todas as buzinas
Todos os reco-recos tocarem
Atira-se
E
— ó delicioso voo!
Ela será encontrada miraculosamente
[incólume na calçada,
Outra vez criança …
E em torno dela indagará o povo:
— Como é teu nome, meninazinha de
[olhos verdes?
E ela lhes dirá

(É preciso dizer-lhes tudo de novo!)
Ela lhes dirá bem devagarinho, para que
[não esqueçam:
— O meu nome é ES-PE-RAN-ÇA…

Mario Quintana. Nova antologia poética.

Na passagem "É preciso **dizer-lhes tudo de novo!**", a oração em negrito exerce a mesma função sintática que:

a) "E ela pensa **que [...] Atira-se...**"

b) "Vive **uma louca** chamada Esperança... "

c) "Ela será encontrada miraculosamente **incólume** na calçada..."

d) "Ela **lhes** dirá bem devagarinho..."

e) "O **meu** nome é ES-PE-RAN-ÇA..."

2 Classifique as orações destacadas de acordo com a legenda a seguir:

a) objetiva indireta

b) completiva nominal

c) apositiva

d) principal

( ) Insistimos *em que permanecesse por mais alguns dias.*

( ) *A verdade é* que não sou quem você pensa.

( ) Havia dúvidas *de que aquela história fosse verídica.*

( ) Todos tinham certeza *de que ele morrera.*

( ) Aguardavam ansiosos apenas uma coisa: *que respondessem positivamente.*

( ) Lembrei-me *de que precisava urgentemente daqueles documentos.*

( ) Tive o pressentimento *de que ele iria chegar.*

( ) Ele tem receio *de que as dívidas se acumulem.*

( ) Tenho certeza *de que ele vai viajar.*

3 Em "O garoto quis **que eu comprasse biscoitos**", a oração destacada classifica-se como subordinada:

a) substantiva objetiva direta.

b) adjetiva restritiva.

c) substantiva predicativa.

d) substantiva subjetiva.

e) substantiva apositiva.

4 (ITA-SP, adaptada) Com relação às orações destacadas:

I. "... o essencial é *que lutes*"

II. "as criaturas humanas é *que disputam aos cães*"

III. "com todo o acúmulo de sagacidade *que lhe deram*"

é correto afirmar que:

a) são orações subordinadas substantivas introduzidas por conjunção integrante.

b) apenas em I e II o *que* funciona como conjunção integrante.

c) apenas em II e III o *que* funciona como conjunção integrante.

d) apenas em I há oração subordinada substantiva.

e) a palavra *que* não é conjunção integrante em nenhuma das três ocorrências.

EXERCÍCIOS COMPLEMENTARES

1 (Fuvest-SP, adaptada)

[...] Concordei que assim era, mas aleguei que a velhice de d. Plácida estava agora ao abrigo da mendicidade: era uma compensação. Se não fossem os meus amores, provavelmente d. Plácida acabaria como tantas outras criaturas humanas; donde se poderia deduzir que o vício é muitas vezes o estrume da virtude. O que

não impede que a virtude seja uma flor cheirosa e sã. A consciência concordou, e eu fui abrir a porta à Virgília.

Machado de Assis.
Memórias póstumas de Brás Cubas.

"Concordei que assim era, mas aleguei que a velhice de d. Plácida estava agora ao abrigo da mendicidade: era uma compensação."

Qual é a oração subordinada substantiva objetiva direta que pode ser encontrada nesse trecho?

_____

_____

_____

2 (UFCE) O período abaixo está dividido em orações.

(I) Seu coração batia excitado

(II) quando o pai lhe dizia

(III) que as alegações constitucionalistas dos paulistas eram um simples pretexto para a sublevação

(IV) pois ele nomeara uma comissão

(V) para elaborar o projeto da nova Constituição brasileira.

Julgue (V) ou (F), conforme sejam verdadeiras ou falsas as afirmações acerca do período.

I. A oração (II) é subordinada com relação à (I) e principal com relação à (III).

II. O período é composto por coordenação e subordinação.

III. A oração (IV) é uma coordenada conclusiva.

IV. A oração (III) é objeto direto de "dizia".

_____

_____

_____

_____

_____

conecte **161**

_____
_____
_____
_____
_____
_____

3 (U. Passo Fundo-RS) A seguir, há três períodos com uma oração em destaque em cada um deles. A opção em que aparece a função sintática de cada uma dessas orações é:

I. A notícia *de que voltarias mais tarde* deixou teus pais intranquilos.

II. Ninguém se opôs *a que manifestasse livremente suas ideias*.

III. Quero saber *se ainda tens simpatia por aquelas pessoas*.

a) complemento nominal – complemento nominal – sujeito

b) complemento nominal – objeto indireto – adjunto adverbial de condição

c) complemento nominal – objeto indireto – objeto direto

d) objeto indireto – complemento nominal – adjunto adverbial de condição

e) objeto indireto – objeto indireto – objeto direto

4 (U. Passo Fundo-RS, adaptada) Leia os períodos a seguir:

I. "É certo **que a presença de alguns estrangeiros junto a comunidades indígenas tem provavelmente produzido grandes vazamentos de conhecimento tradicional sobre princípios ativos de plantas medicinais e outras substâncias valiosas para a indústria farmacêutica e de cosméticos**."

II. "A ciência não chegou nem perto **de mapear as matrizes de plantas e animais**

da região em qualquer proporção considerável**, pois nem se conhece de que níveis de grandeza se está falando."

III. "Seria útil para o Brasil **que a imprensa fizesse mais do que apenas noticiar a criação do novo estatuto**, mas que também procurasse desenhar o perfil de seus autores e acompanhar o esboço do projeto, para que especialistas independentes pudessem dar sua contribuição."

Em relação aos períodos transcritos, só é correto o que se afirma em:

a) Todas as orações que integram os períodos são subordinadas.

b) A função sintática exercida pelas orações em destaque em I, II e III é de sujeito da oração principal.

c) Em II, a oração destacada exerce função sintática de complemento nominal de um advérbio da oração anterior.

d) Em II, a oração introduzida por "de que níveis" é subordinada adverbial.

e) Em III, "para o Brasil" exerce função sintática de adjunto adnominal de "útil".

5 (UFTM-MG) Texto para responder à questão.

[...] por que é que nenhuma dessas caprichosas me fez esquecer a primeira amada do meu coração? Talvez porque nenhuma tinha os olhos de ressaca, nem os de cigana oblíqua e dissimulada. Mas não é este propriamente o resto do livro. O resto é saber se a Capitu da Praia da Glória já estava dentro da de Matacavalos, ou se esta foi mudada naquela por efeito de algum caso incidente. Jesus, filho de Sirach, se soubesse dos meus primeiros ciúmes, dir-me-ia, como no seu cap. IX, vers. 1: "Não tenhas ciúmes de tua mulher para que ela não se meta a enganar-te com a malícia que aprender de ti". Mas eu creio que não, e tu concordarás comigo; se te lembras bem da Capitu menina, hás de reconhecer que uma estava dentro da outra, como a fruta dentro da casca. E bem, qualquer que seja a solução, uma cousa fica, e é a suma das sumas, ou o resto dos restos, a saber, que a minha primeira amiga e o meu maior amigo, tão extremosos ambos e tão queridos também, quis o destino que acabassem juntando-se e enganando-me... A terra lhes seja leve!

Machado de Assis. *Dom Casmurro.*

Assinale a alternativa em que a oração em destaque exerce a mesma função sintática que o trecho destacado em: "O resto é saber *se a Capitu da Praia da Glória já estava dentro da de Matacavalos*".

a) ... Jesus, filho de Sirach, *se soubesse dos meus primeiros ciúmes*, dir-me-ia...

b) ... ela não se meta a *enganar-te com a malícia*...

c) ... hás de reconhecer *que uma estava dentro da outra*, ...

d) ... *se te lembras bem da Capitu menina*, hás de reconhecer...

e) ... enganar-te com a malícia *que aprender de ti*.

6 (U. F. São Carlos-SP, adaptada) Marque a opção que contém oração subordinada substantiva completiva nominal:

a) "Tanto eu como o Pascoal tínhamos medo de que o patrão topasse Pedro Barqueiro nas ruas da cidade."

b) "Era preciso que ninguém desconfiasse do nosso conluio para prendermos o Pedro Barqueiro."

c) "Para encurtar a história, patrãozinho, achamos Pedro Barqueiro no rancho, que só tinha três divisões: a sala, o quarto dele e a cozinha."

d) "Quando chegamos, Pedro estava no terreiro debulhando milho, que havia colhido em sua rocinha, ali perto."

e) "Pascoal me fez um sinalzinho, eu dei a volta e entrei pela porta do fundo para agarrar o Barqueiro pelas costas."

Orações adjetivas

1. Orações com função de adjunto adnominal

As orações subordinadas adjetivas:

- são as que modificam um termo de natureza substantiva; por isso, têm valor **adjetivo**, equiparando-se (sintaticamente) ao **adjunto adnominal**;
- são introduzidas por um **pronome relativo**, que relaciona as orações, retomando um termo antecedente;
- podem ter sentido particular (especial) ou sentido universal;
- frequentemente, são adjetivos desenvolvidos em forma de oração. Por exemplo, em "Os alunos *que tinham estudado* (ou seja, os alunos *estudiosos*) foram promovidos", a oração subordinada adjetiva é *que tinham estudado* e *Os alunos foram promovidos* é a oração principal.

Os pronomes relativos que geralmente introduzem uma oração adjetiva são *que* e *quem*, e estes podem ser substituídos por: *o qual, a qual, os quais, as quais, cujo, cuja, cujos, cujas*. Podem ocorrer ainda *onde, como* e, menos frequentes, *quanto, quantos* e *quando*.

Pense só nas coisas fantásticas / que acontecerão no futuro. (*Pense só nas coisas fantásticas* = oração principal; *que acontecerão no futuro* = oração subordinada adjetiva restritiva)

Observe que as orações do exemplo foram ligadas pelo pronome relativo *que*, podendo ser substituído por *as quais*: Pense só nas coisas fantásticas / *as quais* acontecerão no futuro.

O termo da oração principal a que a oração subordinada adjetiva está relacionada é chamado **termo antecedente**, e o pronome relativo da oração adjetiva possui justamente a função de retomar esse termo antecedente. Exemplo:

E o primeiro / *que entrava* no tanque / ficava curado de sua doença. (João 5:4) (termo antecedente retomado pelo pronome relativo *que* = o primeiro)

2. Classificação das orações subordinadas adjetivas

As orações com sentido especial e as orações com sentido universal são, respectivamente, orações subordinadas adjetivas **restritivas** e orações subordinadas adjetivas **explicativas**, as quais serão analisadas a seguir.

Orações subordinadas adjetivas restritivas

As orações subordinadas adjetivas restritivas limitam e especificam o significado do antecedente, dando-lhe sentido particular, para dizer que se trata de **um** dentro de **uma série**, ou às vezes para dizer que se trata de um tipo especial, introduzindo uma informação indispensável ao sentido da frase, que se liga ao antecedente sem pausa, portanto, sem vírgula.

Lembra-se daquele casal *sobre o qual falei, que nunca briga nem discute?*

No período da tirinha, a oração subordinada adjetiva restritiva é *sobre o qual falei*. Para chegar a essa classificação, primeiramente se analisa o sentido da oração, que nesse caso é o de especificar o casal sobre o qual a personagem quer falar. Nota-se também que a oração principal (*Lembra-se daquele casal*) não está separada da oração subordinada por vírgula.

Orações subordinadas adjetivas explicativas

As orações subordinadas adjetivas explicativas não particularizam o substantivo que retomam, são generalizantes, apenas esclarecem algo que já lhe é próprio, enfatizando sua maior característica.

Ocorrem com vírgula.

Retomando a fala da tirinha do Hagar, pode-se notar que há no período, além de uma oração subordinada adjetiva restritiva, uma oração subordinada adjetiva explicativa. Veja:

Lembra-se daquele casal sobre o qual falei, *que nunca briga nem discute?*

A oração subordinada adjetiva explicativa enfatiza uma característica que já é do casal: um casal que nunca briga nem discute.

Observe a diferença de sentido nos períodos transcritos a seguir:

Os meninos de rua *que pedem esmolas* são desprezados pela população da cidade.

Os meninos de rua, *que pedem esmolas*, são desprezados pela população da cidade.

No primeiro período, o trecho destacado indica que somente os meninos de rua que pedem esmolas são desprezados pela população. Trata-se de uma oração subordinada adjetiva restritiva, uma vez que o sentido aparece restrito a uma parcela do grupo apontado. A informação aparece de forma diferente no segundo período, no qual o que se percebe é uma marca característica de todos os meninos de rua (todos são pedintes) e, por isso, são todos desprezados pela população. Nesse caso, há uma oração subordinada adjetiva explicativa.

Atividades

1 (ITA-SP) Leia com atenção:

A vegetação do cerrado é influenciada pelas características do solo e do clima, bem como pela frequência de incêndios. O excesso de alumínio provoca uma alta acidez no solo, o que diminui a disponibilidade de nutrientes e o torna tóxico para plantas não adaptadas. A hipótese do escleromorfismo oligotrófico defende que a elevada toxicidade do solo e a baixa fertilidade das plantas levariam ao nanismo e à tortuosidade da vegetação.

Além disso, a variação do clima nas diferentes estações (sazonalidade) tem efeito sobre a quantidade de nutrientes e o nível tóxico do solo. Com baixa umidade, a toxicidade se eleva e a disponibilidade de nutrientes diminui, influenciando o crescimento das plantas.

Já outra hipótese propõe que o formato tortuoso das árvores do cerrado se deve à ocorrência de incêndios. Após a passagem do fogo, as folhas e gemas (aglomerados de células que dão origem a novos galhos) sofrem necrose e morrem. As gemas que ficam nas extremidades dos galhos são substituídas por gemas internas, que nascem em outros locais, quebrando a linearidade do crescimento.

Quando a frequência de incêndios é muito elevada, a parte aérea (galhos e folhas) do vegetal pode não se desenvolver e ele se torna uma planta anã. Pode-se dizer, então, que a combinação entre sazonalidade, deficiência nutricional dos solos e ocorrência de incêndios determina as características da vegetação do cerrado.

Adaptado de STELLA, André e FIGUEIREDO, Isabel. *Ciência hoje*, mar. 2008.

Considere o trecho abaixo:

Após a passagem do fogo, as folhas e gemas (aglomerados de células que dão origem a novos galhos) sofrem necrose e morrem. As gemas que ficam nas extremidades dos galhos são substituídas por gemas internas, que nascem em outros locais, quebrando a linearidade do crescimento. (3º parágrafo)

Nesse trecho, as orações adjetivas permitem afirmar que:

I. nem todas as células produzem novos galhos.

II. algumas gemas se localizam nas extremidades dos galhos.

III. todas as gemas internas nascem em outros pontos do galho.

Está(ão) correta(s):

a) apenas a I.

b) apenas I e II.

c) apenas a II.

d) apenas a III.

e) todas.

2 (Unicamp-SP) Leia atentamente os textos a seguir:

I. "Estes são alguns dos equipamentos que a reserva de mercado não permitia a entrada no país sem a autorização do Depin." (*Folha de S. Paulo*, 18 out.1992.)

II. "Fazer pesquisa insinuando que 64% dos brasileiros acham que existe corrupção no governo Itamar não é um ato inteligente, de um jornal de que todos gostamos e que é dever de nós brasileiros lutar pela conservação de sua isenção." (Adaptado de Ewerton Almeida, vice-líder do PMDB da Bahia. *Folha de S. Paulo*, 8 jun. 1993.)

Reescreva os trechos apresentados, introduzindo as sequências *cuja entrada* e *cuja isenção*, respectivamente. (Faça apenas as alterações necessárias, decorrentes da nova estrutura das frases.)

3 (Insper-SP) Compare estes períodos:

I. Os investidores que temiam ser vítimas da crise global financeira abandonaram o mercado de ações.

II. Os investidores, que temiam ser vítimas da crise global financeira, abandonaram o mercado de ações.

A respeito do emprego de vírgulas, é correto afirmar:

a) Em I, a ausência de vírgulas cria o pressuposto de que ainda há pessoas investindo na Bolsa de Valores.

b) Em II, a presença de vírgulas indica que somente alguns investidores temiam ser vítimas da crise financeira.

c) A análise dos períodos permite afirmar que as vírgulas têm apenas a função de demarcar pausas na leitura.

d) Em I, subentende-se que todos os investidores deixaram de aplicar seu dinheiro no mercado de ações.

e) Em II, as vírgulas foram usadas para destacar a ideia de restrição, presente na oração subordinada adjetiva.

4 (Uncisal) Leia texto:

Psicologia de um vencido

Eu, filho do carbono e do amoníaco,
Monstro de escuridão e rutilância,
Sofro, desde a epigênesis da infância,
A influência má dos signos do zodíaco.

Profundissimamente hipocondríaco,
Este ambiente me causa repugnância...
Sobe-me à boca uma ânsia análoga à ânsia
Que se escapa da boca de um cardíaco.

Já o verme — este operário das ruínas —
Que o sangue podre das carnificinas
Come, e à vida em geral declara guerra,

Anda a espreitar meus olhos para roê-los,
E há-de deixar-me apenas os cabelos,
Na frialdade inorgânica da terra!

Augusto dos Anjos

O último verso da 2ª estrofe — "Que se escapa da boca de um cardíaco" — funciona sintaticamente como:

a) complemento da forma verbal "sobe-me".

b) complemento nominal do adjetivo "análoga".

c) caracterizador do substantivo "ânsia" (última palavra do verso anterior).

d) caracterizador do substantivo "boca".

e) complemento nominal da expressão "uma ânsia análoga".

EXERCÍCIOS COMPLEMENTARES

1 (U. F. Santa Maria-RS)

Brasil, mostra a tua cara

Ao criar um livro, um quadro ou uma canção, o artista brasileiro dos dias atuais tem uma preocupação a menos: parecer brasileiro. A noção de cultura nacional é algo tão incorporado ao cotidiano do país que deixou de ser um peso para os criadores. Agora, em vez de servir à pátria, eles podem servir ao próprio talento. Essa é uma "conquista deste século". Tem como marco a Semana de Arte Moderna de 1922, uma espécie de grito de independência artística do país, cem anos depois da independência política. Até esta data, o brasileiro era, antes de tudo, um envergonhado. Achava que pertencia a uma raça inferior e que a única solução era imitar os modelos culturais importados. Para acabar com esse complexo, foi preciso que um grupo de artistas de diversas áreas se reunisse no Teatro Municipal de São Paulo e bradasse que ser brasileiro era bom. [...]

Veja, 22 dez. 1999.

"Essa é uma 'conquista deste século'. Tem como marco a Semana de Arte Moderna de 1922, uma espécie de grito de independência artística do país, cem anos depois da independência política."

Reunindo os dois períodos em um único período, pode-se ter o seguinte:

A. Essa é uma conquista deste século que tem como marco a Semana de Arte Moderna de 1922...

B. Essa é uma conquista deste século cujo marco é a Semana de Arte Moderna de 1922...

Julgue (V ou F) as proposições a seguir:

I. Na construção A, *que* gera ambiguidade na estrutura frasal, pois o segmento retomado por ele pode ser tanto *conquista* quanto *século*.

II. Na construção B, o emprego de *cujo* estabelece a mesma relação de posse encontrada em *que tem* na construção A.

III. Na construção B, o elemento com o qual *cujo* concorda é *século*, seu antecedente.

2 (PUC-RJ) Leia:

O açúcar

1 O branco açúcar que adoçará meu café

2 nesta manhã de Ipanema

3 não foi produzido por mim

4 nem surgiu dentro do açucareiro por
                                    [milagre.

5 Vejo-o puro

6 e afável ao paladar

7 como beijo de moça, água

8 na pele, flor

9 que se dissolve na boca. Mas este açúcar

10 não foi feito por mim.

11 Este açúcar veio

12 da mercearia da esquina e tampouco o
                                    [fez o Oliveira,

13 dono da mercearia.

14 Este açúcar veio

15 de uma usina de açúcar em Pernambuco

16 ou no estado do Rio

17 e tampouco o fez o dono da usina.

18 Este açúcar era cana

19 e veio dos canaviais extensos

20 que não nascem por acaso

21 no regaço do vale.

22 Em lugares distantes, onde não há
                                    [hospital

23 nem escola,

24 homens que não sabem ler e morrem de
                                    [fome

25 aos 27 anos

26 plantaram e colheram a cana

27 que viraria açúcar.

28 Em usinas escuras,

29 homens de vida amarga

30 e dura

31 produziram este açúcar

32 branco e puro

33 com que adoço meu café esta manhã em
                                    [Ipanema.

GULLAR, Ferreira. *Dentro da noite veloz & Poema sujo*. São Paulo: Círculo do Livro, s/d.

No poema "O açúcar", Ferreira Gullar faz amplo uso de orações adjetivas, como ilustra especialmente a passagem entre os versos 22 e 27:

Em lugares distantes, onde não há hospital / nem escola, / homens que não sabem ler e morrem de fome / aos 27 anos / plantaram e colheram a cana / que viraria açúcar.

Uma das orações adjetivas destacadas pode ser substituída por um adjetivo de valor correspondente. Faça tal substituição.

_____
_____
_____
_____
_____
_____

3 (ESPM-SP) Analise as duas frases seguintes e depois assinale a afirmação errônea:

I. O Serviço de Vigilância Sanitária quer fechar restaurantes que não mantêm higiene.

II. O Serviço de Vigilância Sanitária quer fechar restaurantes, que não mantêm higiene.

a) Na frase I, somente os restaurantes que não mantêm higiene é que serão passíveis de fechamento.

b) Na frase II, todos os restaurantes não mantêm higiene e todos serão passíveis de fechamento.

c) Na frase I (sem vírgula), há ideia de restrição, de limitação, de particularização da qualidade.

d) Na frase II (com vírgula), há ideia de generalização da qualidade.

e) A presença da vírgula na frase II omite um verbo, constituindo-se um zeugma.

4 (Unicamp-SP) Em matemática, o conceito de dízima periódica faz referência à representação decimal de um número no qual um conjunto de um ou mais algarismos se repete indefinidamente.

No texto a seguir, o autor comparará determinada estrutura linguística a uma dízima periódica.

[...] acabaremos prisioneiros do repto político sutilíssimo que permite, com toda a força do poder legítimo, o regime do plebiscito eletrônico. Ou seja, a do povo que quer o que quer o príncipe que quer o que quer o povo. Nosso risco histórico é que esta sentença se pode repetir ao infinito, como dízima periódica e não como a conta certa da democracia que merecemos, afinal, sem retórica, nem de deslumbramentos com que nos sature o príncipe Valente.

ALMEIDA, Cândido Mendes de. O príncipe, o espelho e o povo. In: *Folha de S. Paulo.*

a) Descreva o trecho que pode ser expandido como uma dízima periódica.

_____
_____
_____
_____
_____

b) Imagine que o autor quisesse demonstrar a possibilidade dessa repetição infinita. Nesse caso, deveria expandir o trecho em questão. Faça essa expansão avançando o equivalente a três algarismos de uma dízima.

_____
_____
_____
_____

c) Identifique, no trecho, a palavra (operador linguístico) que torna possível a existência, na língua, de construções sintáticas repetitivas semelhantes à dízima periódica.

_____
_____
_____
_____

5 (ITA-SP) Para que os enunciados apresentados a seguir se reduzam a uma só frase, algumas adaptações e correções podem e devem ser realizadas. Assinale a opção que melhor os reestrutura — gramatical e estilisticamente, respeitando as sugestões dadas nos parênteses e as relações de sentido sugeridas pelos próprios enunciados.

I. A raposa lembra os despeitados. (oração principal)

II. Atributos dos despeitados; fingem-se superiores a tudo.

III. A raposa desdenha das uvas. (oração adjetiva)

IV. Causa do desdenho; não poder alcançar as uvas.

a) Porque não pode alcançar as uvas de que ela desdenha, à raposa, fingindo-se superior a tudo, lembra os despeitados.

b) A raposa, desdenhando das uvas que não se podem alcançar, lembra os despeitados que se fingem superiores a tudo.

c) A raposa, que desdenha das uvas porque não pode alcançá-las, lembra os despeitados, que se fingem superiores a tudo.

d) Como não pode alcançar as uvas a raposa que se finge superior a tudo e as desdenha, lembra os despeitados.

e) Fingindo-se superior a todos, a raposa que, desdenha das uvas porque não as pode alcançar, lembra os despeitados.

6 (Vunesp, adaptada)

Classifique as orações do período transcrito a seguir: "Alguma coisa que eu disse distraído... foi despertar melodias esquecidas dentro da alma de alguém."

_____

_____

_____

_____

_____

_____

_____

_____

_____

_____

Orações adverbiais

Orações com função de adjunto adverbial

A oração subordinada adverbial indica a **circunstância** em que ocorre o processo verbal da oração principal: causa, consequência, condição, conformidade, comparação, concessão, finalidade, proporção ou tempo.

Oração adverbial causal

O sanfoneiro foi embora / *porque as pessoas não dançavam mais.*

Veja que a causa de o sanfoneiro ter ido embora foi o fato de as pessoas não dançarem mais, o que está expresso na oração adverbial causal.

Como os recursos de expressão eram minguados, tentavam remediar a deficiência falando alto. (Graciliano Ramos)

Introduzida pela conjunção *como*, a oração destacada é subordinada adverbial causal; consequentemente, a oração à qual se liga é principal.

Oração adverbial comparativa

A oração comparativa contém aquilo com que é comparado o processo expresso na oração principal.

Nenhum avião cuida melhor dos passageiros do que um *airbus*. E ninguém no mundo cuida melhor de um *airbus* do que a TAM.

(Propaganda da TAM)

Nesse exemplo, depreende-se:

Nenhum avião cuida melhor dos passageiros = oração principal

do que um airbus [*cuida*] = oração subordinada adverbial comparativa

E ninguém no mundo cuida melhor de um airbus = oração principal

do que a TAM [*cuida*] = oração subordinada adverbial comparativa

Oração adverbial concessiva

A oração concessiva contém um processo verbal que supostamente poderia impedir que o fato expresso na oração principal ocorresse (ou deixasse de ocorrer).

Embora estivesse chovendo, as crianças foram à praia.

Embora estivesse chovendo = oração subordinada adverbial concessiva

as crianças foram à praia = oração principal

A ideia de contrariedade à lógica expressa na oração concessiva funda-se no pressuposto de que é muito melhor ir à praia com sol.

Oração adverbial condicional

Essa oração condiciona a ocorrência ou a não ocorrência do processo apresentado na oração principal.

Se você baixar um pouco esse som, parar de cantar e ficar dez minutos sem dançar, talvez consiga responder à pergunta.

Se você baixar um pouco esse som = oração subordinada adverbial condicional

... parar de cantar = oração subordinada adverbial condicional com a supressão de termos já subentendidos (*se* você)

... e ficar dez minutos sem dançar = oração subordinada adverbial condicional (com os mesmos termos subentendidos)

... talvez consiga responder à pergunta = oração principal

Oração adverbial conformativa

Conforme determina a lei, / todos os direitos são meus.

Observe que o processo revelado na oração principal ocorre de acordo com aquilo que se expressa na oração subordinada. Portanto, a oração conformativa contém um processo verbal em relação ao qual o fato expresso na outra oração está em conformidade.

Oração adverbial consecutiva

As orações subordinadas adverbiais consecutivas exprimem a consequência do fato ocorrido na oração principal. Observe:

Todas as teorias físicas [...] deveriam se prestar a uma descrição tão simples *que* até uma criança pudesse entender. (Albert Einstein)

Note que o fato de até uma criança poder entender decorre da simplicidade da descrição das teorias físicas.

Oração adverbial final

As orações subordinadas adverbiais finais exprimem a finalidade do fato ocorrido na oração principal.

Enviou um postal / *a fim de que* todos soubessem onde estava.

Enviou um postal = oração principal; *a fim de que todos soubessem onde estava* = oração subordinada adverbial final

A finalidade de enviar o postal é fazer as pessoas saberem onde seu remetente estava.

Oração adverbial temporal

As orações subordinadas adverbiais temporais revelam a circunstância de tempo (de anterioridade, simultaneidade, posterioridade) em que ocorre o processo inscrito na oração principal.

Você pode chocar meu ovo / *enquanto* eu vou ao banco? *(Você pode chocar meu ovo* = oração principal; *enquanto eu vou ao banco* = oração subordinada adverbial temporal — nesse caso, o fato ocorrido na oração principal é simultâneo à ação que se apresenta na subordinada)

Oração adverbial proporcional

As orações subordinadas adverbiais proporcionais estabelecem uma relação de proporcionalidade, direta ou inversa, com o fato da oração principal.

À proporção que os produtos rareavam, / os preços subiam.

À proporção que os produtos rareavam = oração subordinada adverbial proporcional; *os preços subiam* = oração principal

Como a classificação das orações subordinadas adverbiais é feita com base em critérios semânticos, é imprescindível que se identifique a circunstância que a oração adverbial expressa para classificá-la sintaticamente. Além disso, é necessário avaliar os valores semânticos das conjunções e locuções conjuntivas adverbiais, muitas das quais são polissêmicas.

Atividades

1 (UFAL) "**Como** se sabe, os escritores brasileiros do período romântico interpretaram o ideário de sua escola literária num contexto criado pela independência política" (Adaptado de ILARI, Rodolfo e BASSO, Renato. *O português da gente*. São Paulo: Contexto, 2006. p. 214-218.). O termo destacado nesse trecho tem o mesmo valor sintático-semântico do termo destacado em:

a) **Como** seria possível prever o que iria acontecer com a língua do Brasil, após a sua Independência política?

b) Não se sabe ao certo **como** a questão da língua nacional foi tratada antes das ideias revolucionárias dos românticos.

c) No Brasil, assim **como** em Portugal, as questões linguísticas foram alvo de reflexões dos autores da literatura.

d) **Como** não houve apoio significativo às ideias de Alencar, sua obra foi menosprezada até há pouco tempo.

e) José de Alencar contribuiu bastante para a consolidação de uma "língua brasileira", **como** atestam seus romances.

2 (UFCE) Cada alternativa a seguir apresenta um trecho de *Memórias póstumas de Brás Cubas* em que ocorre o uso de "qual". Assinale a única em que "qual" está empregado com a mesma função que assume em "Quantos, **qual** tu sem Deus, acham que a morte é o fim!".

a) "**Qual** deles: o hortelão ou o advogado?"

b) "Cada **qual** prognosticava a meu respeito o que mais lhe quadrava ao sabor."

c) "Minto: amanheceu morta; saiu da vida às escondidas, tal **qual** entrara."

d) "Quem diria, há anos... Um homenzarrão! E bonito! **Qual**! Você não se lembra de mim."

e) "Já prometeu a si mesmo escrever uma breve memória, na **qual** relate o achado do livro."

3 (FGV-SP) Leia atentamente o fragmento seguinte.

Religiosamente, pela manhã, ele dava milho na mão para a galinha cega. As bicadas tontas, de violentas, faziam doer a palma da mão calosa. E ele sorria. Depois a conduzia ao poço, onde ela bebia com os pés dentro da água.

João Alphonsus

Observe o período a seguir:

Ele fala mais / do que eu (falo).

Entre as duas orações destacadas, há uma relação de comparação.

Agora observe o período seguinte:

"As bicadas tontas, de violentas, faziam doer a palma da mão calosa."

Nesse período, qual a relação estabelecida entre, de um lado, *de violentas* e, de outro, *faziam doer a palma da mão calosa?*

_____

_____

_____

_____

_____

Leia o texto para responder à questão 4.

[...] Antes de concluir este capítulo, fui à janela indagar da noite por que razão os sonhos haviam de ser assim tão tênues que se esgarçavam ao menor abrir de olhos ou voltar de corpo, e não continuavam mais. A noite não me respondeu logo. Estava deliciosamente bela, os morros palejavam de luar e o espaço morria de silêncio. Como eu insistisse, declarou-me que os sonhos já não pertenciam à sua jurisdição. Quando eles moravam na ilha que Luciano lhes deu, onde ela tinha o seu palácio, e donde os fazia sair com as suas caras de vária feição, dar-me-ia explicações possíveis. Mas os tempos mudaram tudo. Os sonhos antigos foram aposentados, e os modernos moram no cérebro das pessoas. Estes, ainda que quisessem imitar os outros, não poderiam fazê-lo; a ilha dos sonhos, como a dos amores, como todas as ilhas de todos os mares, são agora objeto da ambição e da rivalidade da Europa e dos Estados Unidos.

Era uma alusão às Filipinas. Pois que não amo a política, e ainda menos a política internacional, fechei a janela e vim acabar este capítulo para ir dormir.

Adaptado de Machado de Assis, *Dom Casmurro.*

> **Palejar**: tornar-se pálido, empalidecer.
> **Luciano**: escritor grego, criador do diálogo satírico.

4 (FGV-SP) Considere o trecho:

...os sonhos haviam de ser assim tão tênues que se esgarçavam ao menor abrir de olhos ou voltar de corpo...

Identifique o tipo de relação existente entre as duas orações.

_____

_____

_____

_____

_____

_____

EXERCÍCIOS COMPLEMENTARES

1 (U. E. Ponta Grossa-PR) Leia:

Como um filho querido

Tendo agradado ao marido nas primeiras semanas de casado, nunca mais quis ela se separar da receita daquele bolo. Assim, durante 40 anos, a sobremesa louvada compôs sobre a mesa o almoço de domingo, e celebrou toda a data em que o júbilo se fizesse necessário.

Por fim, achando ser chegada a hora, convocou ela o marido para o conciliábulo apartado no quarto. E tendo decidido ambos, comovidos, pelo ato solene, foi a esposa mais uma vez à cozinha assar a massa açucarada, confeitar a superfície.

Pronto o bolo, saíram juntos para levá-lo ao tabelião, a fim de que se lavrasse ato de adoção, tornando-se ele legalmente incorporado à família, com direito ao prestigioso sobrenome Silva, e nome Hermógenes, que havia sido do avô.

Marina Colasanti. In: *Contos de amor rasgados.*

Assinale as alternativas que reescrevem corretamente o período: "Tendo agradado ao marido nas primeiras semanas de casado, nunca mais quis ela se separar da receita daquele bolo".

(01) Visto que agradava ao marido nas primeiras semanas de casado, nunca mais quis ela se separar da receita daquele bolo.

(02) Porque agradara ao marido nas primeiras semanas de casado, nunca mais quis ela se separar da receita daquele bolo.

(04) Como agradou ao marido nas primeiras semanas de casado, nunca mais quis ela se separar da receita daquele bolo.

(08) Portanto, agradara ao marido nas primeiras semanas de casado, nunca mais quis ela se separar da receita daquele bolo.

Dê a soma dos números do itens corretos.

_____
_____
_____
_____
_____
_____

2 (U. F. Uberlândia-MG) Em qual dos períodos seguintes há uma oração subordinada adverbial que expressa ideia de concessão?

a) Diz-se que a obra de arte é aberta; possibilita, portanto, várias leituras.

b) Pode criticar, desde que fundamente sua crítica em argumentos.

c) Tamanhas são as exigências da pesquisa científica, que muitos desistem de realizá-la.

d) Os animais devem ser adestrados, ao passo que os seres humanos devem ser educados, visto que possuem a faculdade de inteligência.

e) Não obstante haja concluído dois cursos superiores, é incapaz de redigir uma carta.

3 (Vunesp)

A palavra

Tanto que tenho falado, tanto que tenho escrito — como não imaginar que, sem querer, feri alguém? Às vezes sinto, numa pessoa que acabo de conhecer, uma hostilidade surda, ou uma reticência de mágoas. Imprudente ofício é este, de viver em voz alta.

Às vezes, também a gente tem o consolo de saber que alguma coisa que se disse por acaso ajudou alguém a se reconciliar consigo mesmo ou com a sua vida de cada dia; a sonhar um pouco, a sentir uma vontade de fazer alguma coisa boa.

Rubem Braga

Com base nas seguintes expressões: "ofício imprudente" e "ferimento de alguém", crie um período composto em que a segunda oração expresse a causa da primeira.

_____
_____
_____
_____
_____

Leia o texto seguinte para responder à questão 4.

A vírgula não foi feita para humilhar ninguém

Era Borjalino Ferraz e perdeu o primeiro emprego na Prefeitura de Macajuba por coisas de pontuação. Certa vez, o diretor do Serviço de Obras chamou o amanuense para uma conversa de fim de expediente. E aconselhativo:

— Seu Borjalino, tenha cuidado com as vírgulas. Desse jeito, o amigo acaba com o estoque e a comarca não tem dinheiro para comprar vírgulas novas.

Fez outros ofícios, semeou vírgulas empenadas por todos os lados e acabou despedido. Como era sujeito de brio, tomou aulas de gramática, de modo a colocar as vírgulas em seus devidos lugares. Estudou e progrediu. Mais do que isso, saiu das páginas da gramática escrevendo bonito, com rendilhados no estilo. Cravava vírgulas e crases como um ourives crava pedras. O que fazia o coletor federal Zozó Laranjeira apurar os óculos e dizer com orgulho:

— Não tem como o Borjalino para uma vírgula e mesmo para uma crase. Nem o presidente da República!

E assim, um porco-espinho de vírgulas e crases, Borjalino foi trabalhar, como escriturário, na Divisão de Rendas de São Miguel do Cupim. Ficou logo encarregado dos ofícios, não só por ter prática de escrever como pela fama de virgulista. Mas, com dois meses de caneta, era despedido.

O encarregado das rendas, sujeito sem vírgulas e sem crase, foi franco:

— Seu Borjalino, sua competência é demais para repartição tão miúda. O amigo é um homem de instrução. É um dicionário. Quando o contribuinte recebe um ofício de sua lavra, cuida que é ordem de prisão. O Coronel Balduíno dos Santos quase teve um sopro no coração ao ler uma peça saída de sua caneta. Pensou que fosse ofensa, pelo que passou um telegrama desaforado ao Senhor Governador do Estado. Veja bem! O Senhor Governador.

E por colocar bem as vírgulas e citar Nabucodonosor em ofício de pequena corretagem, o esplêndido Borjalino foi colocado à disposição do olho da rua. Com uma citação no Diário Oficial e duas gramáticas debaixo do braço.

> José Cândido de Carvalho. *Porque Lulu Bergantim não atravessou o Rubicon*. Rio de Janeiro: José Olympio, 1971.

4 As orações destacadas nos períodos transcritos são, respectivamente:

"**Como era sujeito de brio**, tomou aulas de gramática...",

"Cravava vírgulas e crases **como um ourives crava pedras**."

a) subordinada adverbial causal e subordinada adverbial comparativa.

b) subordinada adverbial consecutiva e subordinada adverbial conformativa.

c) subordinada adverbial consecutiva e subordinada adverbial causal.

d) subordinada adverbial conformativa e subordinada adverbial consecutiva.

e) subordinada adverbial comparativa e subordinada adverbial causal.

5 (PUC-SP)

O tio aquático

Os primeiros vertebrados, que no Carbonífero deixaram a vida aquática pela vida terrestre, derivavam dos peixes ósseos pulmonados, cujas nadadeiras podiam ser roladas sob o corpo e usadas como patas sobre a terra.

Agora já estava claro que os tempos aquáticos haviam terminado, recordou o velho Qfwfq, e aqueles que se decidiam a dar o grande passo eram sempre em número maior, não havendo família que não tivesse algum dos seus entes queridos lá no seco; todos contavam coisas extraordinárias sobre o que se podia fazer em terra firme, e chamavam os parentes. Então, os peixes jovens, já não era mais possível segurá-los; agitavam as nadadeiras nas margens lodosas **para** ver se funcionavam **como** patas, **como** haviam conseguido fazer os mais dotados. **Mas** precisamente naqueles tempos se acentuavam as diferenças entre nós: existia a família que vivia em terra havia várias gerações e cujos jovens ostentavam maneiras que já não eram de anfíbios mas quase de répteis; e existiam aqueles que ainda insistiam em bancar o peixe e assim se tornavam ainda mais peixes do que quando se usava ser peixe.

[...]

Italo Calvino. *As cosmicômicas.*

As palavras destacadas no 2º parágrafo do texto indicam, respectivamente:

a) finalidade, oposição, comparação, conformidade.

b) oposição, finalidade, conformidade, oposição.

c) conformidade, finalidade, oposição, comparação.

d) finalidade, comparação, conformidade, oposição.

e) comparação, finalidade, oposição, conformidade.

6 (PUC-SP)

Apelo

Amanhã faz um mês que a Senhora está longe de casa. Primeiros dias, para dizer a verdade, não senti falta, bom chegar tarde, esquecido na conversa da esquina. Não foi ausência por uma semana: o batom ainda no lenço, o prato na mesa por engano, a imagem de relance no espelho.

Com os dias, Senhora, o leite pela primeira vez coalhou. A notícia de sua perda veio aos poucos: a pilha de jornais ali no chão, ninguém os guardou debaixo da escada. Toda a casa era um corredor deserto, e até o canário ficou mudo. Para não dar parte de fraco, ah, Senhora, fui beber com os amigos. Uma hora da noite eles se iam e eu ficava só, sem o perdão de sua presença a todas as aflições do dia, como a última luz na varanda.

E comecei a sentir falta das primeiras brigas por causa do tempero na salada — o meu jeito de querer bem. Acaso é saudade, Senhora? Às suas violetas, na janela, não lhes poupei água e elas murcham. Não tenho botão na camisa, calço a meia furada. Que fim levou o saca-rolhas? Nenhum de nós sabe, sem a Senhora, conversar com os outros: bocas raivosas mastigando. Venha para casa, Senhora, por favor.

TREVISAN, Dalton. In: BOSI, A. (org.).
O conto brasileiro contemporâneo.
São Paulo: Cultrix, 1997.

Sobre a subordinação, relembre: "é a construção sintática em que uma oração determinante, e pois subordinada, se articula com outra, determinada por ela e principal em relação a ela". (CÂMARA JR., Mattoso. *Dicionário de filologia e gramática*. Rio de Janeiro: J. Ozon, 1971. p. 362.) Em seguida, assinale a alternativa correta:

a) Em "Para não dar parte de fraco, ah, Senhora, fui beber com os amigos", estabelece-se uma relação de meio e fim.

b) Em "Amanhã faz um mês que a Senhora está longe de casa", a subordinação se dá entre o verbo *faz* e seu complemento verbal "que a Senhora está longe de casa".

c) Em "Uma hora da noite eles se iam e eu ficava só...", a relação de subordinação expressa a ideia de adição consecutiva.

d) Em "Nenhum de nós sabe, sem a Senhora, conversar com os outros: bocas raivosas mastigando", a subordinação se dá entre o verbo *sabe* e seu sujeito, representado pela oração reduzida de infinitivo "conversar com os outros".

e) Em "E comecei a sentir falta das primeiras brigas por causa do tempero na salada — o meu jeito de querer bem", estabelece-se uma relação de condição-condicionado.

Orações reduzidas e período misto

1. Orações subordinadas sem conjunção

Chamam-se **desenvolvidas** as orações subordinadas conectadas à principal por meio de uma conjunção subordinativa ou de um pronome relativo, e seu verbo se apresenta no modo indicativo ou subjuntivo. Há também as orações subordinadas **reduzidas**, que não se iniciam por conjunção ou pronome relativo, e seu verbo aparece numa das formas nominais: **infinitivo**, **gerúndio** ou **particípio**.

No texto do anúncio apresentado, retirado da revista *Época* (13 dez. 2004), há um exemplo de oração subordinada reduzida. Observe:

"O melhor jeito de *tratar as diferenças*: com igualdade." (*O melhor jeito [é] com igualdade* = oração principal; *de tratar as diferenças* = oração subordinada substantiva completiva nominal reduzida de infinitivo)

Para chegar a essa classificação, basta desenvolver a oração: "O melhor jeito de que tratem as diferenças é com igualdade". (*O melhor jeito é com igualdade* = oração principal; *de que tratem as diferenças* = oração subordinada substantiva completiva nominal)

ESTATUTOS DO IDOSO E DA IGUALDADE RACIAL.

O melhor jeito de *tratar as diferenças:* com igualdade.

2. Classificação das orações reduzidas

Reduzidas de particípio

O particípio, desde que sem verbo auxiliar, aparece em orações adverbiais ou adjetivas. Exemplos:

Repôs os livros *deixados sobre o tapete*. (adjetiva)

Iniciada sua fala, calaram-se todos. (adverbial temporal)

Reduzidas de gerúndio

O gerúndio ocorre em orações reduzidas adverbiais e adjetivas. Exemplos:

Ouvi aquelas velhinhas *cochichando algo a seu respeito*. (adjetiva)

Persistindo os sintomas, procure um médico. (temporal ou condicional)

Reduzidas de infinitivo

As formas de infinitivo impessoal e pessoal aparecem em subordinadas adjetivas, substantivas e adverbiais. Observe que as substantivas só se reduzem com verbo no infinitivo. Exemplos:

Era uma aula *de deixar zonzo*. (adjetiva)

Correu *a ponto de desmaiar*. (adverbial)

Julguei melhor *deixá-los em paz*. (substantiva)

Diferentemente, a oração subordinada desenvolvida tem seu verbo flexionado no modo indicativo ou subjuntivo, além de se conectar à principal por meio de conjunção ou locução conjuntiva (caso da oração adverbial e da substantiva), ou por meio de pronome relativo (caso da oração adjetiva).

3. Período misto

Estudar análise sintática significa compreender que os termos e/ou orações mantêm entre si relações de subordinação ou de coordenação.

Existem os períodos que são compostos por coordenação e por subordinação — os chamados **períodos mistos**.

Leia atentamente o fragmento de texto a seguir:

O veterinário Clóvis Borges parou o carro numa avenida isolada em Curitiba, na semana passada, desceu com o filho Ricardo, de 13 anos, e dois sobrinhos. As crianças iam cortar um pínus. Ao dar os primeiros golpes com um facão, uma senhora parou o carro e, escandalizada, pôs-se a defender a natureza e criticar a falta de cidadania do diretor da organização Sociedade de Pesquisa de Vida Selvagem (SPVS). Esse é o tipo de reação que Borges espera nos próximos dias. [...]

> PATZSCH, Luciano. Verdes contra as árvores. *Época*, p. 107, 13 dez. 2004.

O fragmento de texto é constituído de quatro períodos:

1º período – composto por coordenação

O veterinário Clóvis Borges parou o carro numa avenida isolada em Curitiba, na semana passada = oração coordenada assindética

desceu com o filho Ricardo, de 13 anos, e dois sobrinhos = oração coordenada assindética

2º período – simples com oração absoluta

As crianças iam cortar um pínus.

3º período – composto por subordinação e coordenação (período misto)

Ao dar os primeiros golpes com um facão = oração subordinada adverbial temporal reduzida de infinitivo

uma senhora parou o carro = oração principal (em relação à anterior) e coordenada assindética (em relação à posterior)

e, escandalizada, pôs-se a defender a natureza = oração coordenada sindética aditiva (em relação à anterior e à posterior)

e [pôs-se a] criticar a falta de cidadania do diretor da organização Sociedade de Pesquisa de Vida Selvagem (SPVS) = oração coordenada sindética aditiva (em relação à anterior)

4º período – composto por subordinação

Esse é o tipo de reação = oração principal

que Borges espera nos próximos dias = oração adjetiva restritiva

Dificilmente alguém faz esse tipo de análise quando lê ou escreve um texto, mas conhecer a estrutura da língua e as possibilidades de relações que se estabelecem entre as orações é tarefa importante para quem deseja (e precisa) ler e escrever bem, empregando todos os mecanismos e recursos linguísticos disponíveis para os mais diferentes objetivos.

> Chama-se **interferente**, **intercalada** ou **justaposta** a oração que não é coordenada nem subordinada, apenas se justapõe a outra para esclarecer, advertir, ressalvar, enfim, "interferir"; separada por travessões, parênteses ou até mesmo vírgulas, pode ser excluída sem alteração de sentido para a frase. Exemplo:
>
> — Júnior — *o chefe estava nervoso* —, acabe logo esse trabalho!!!

Atividades

1 (UFF-RJ)

Qual será o futuro das cidades?

[...] Independentemente de tamanho ou localização, as cidades vão enfrentar ao menos um desafio comum: o aumento da tensão urbana provocado pela crescente desigualdade entre seus moradores. Não há mágica tecnológica à vista capaz de resolver as dificuldades. Os urbanistas apontam o planejamento como antídoto para o caos. Os governos precisam apostar em parcerias com a iniciativa privada e a sociedade civil. Será necessário coordenar ações locais e iniciativas conjuntas entre cidades de uma mesma região.

Folha de S. Paulo, 2 maio 1999.

Reescreva o último período do texto apresentado, transformando a oração reduzida em outra iniciada por conectivo, conservando o mesmo valor sintático da oração e fazendo apenas as alterações necessárias:

"Será necessário coordenar ações locais e iniciativas conjuntas entre cidades de uma mesma região".

_____

_____

_____

_____

_____

_____

_____

_____

2 (Uespi, adaptada) Leia o texto e responda ao que se pede:

Os tiranos e os autocratas sempre compreenderam que a capacidade de ler, o conhecimento, os livros e os jornais são potencialmente perigosos. Podem insuflar ideias independentes e até rebeldes nas cabeças de seus súditos. O governador real britânico da colônia da Virgínia escreveu em 1671: "graças a Deus não há escolas, nem imprensa livre; e espero que não [as] tenhamos nestes [próximos] cem anos; pois o conhecimento introduziu no mundo a desobediência, a heresia e as seitas, e a imprensa divulgou-as e publicou os libelos contra os melhores governos. Que Deus nos guarde de ambos!" Mas os colonizadores norte-americanos, compreendendo em que consiste a liberdade, não pensavam assim. Em seus primeiros anos, os Estados Unidos se vangloriavam de ter um dos índices mais elevados — talvez o mais elevado — de cidadãos alfabetizados do mundo.

Atualmente, os Estados Unidos não são o líder mundial em alfabetização. Muitos dos que são alfabetizados não conseguem ler, nem compreender matérias escritas mais complexas, — como um artigo científico, um manual de instruções, o documento de uma hipoteca ou um programa eleitoral.

As rodas dentadas da pobreza, da ignorância, da falta de esperança e baixa autoestima se engrenam para criar um tipo de máquina do fracasso perpétuo que esmigalha os sonhos de geração a geração. Nós todos pagamos o preço de mantê-la funcionando. O analfabetismo é a sua cavilha.

Ainda que endureçamos os nossos corações diante da vergonha e da desgraça experimentada pelas vítimas, o ônus do analfabetismo é muito alto para todos os demais — o custo das despesas médicas e da hospitalização, o custo de crimes e prisões, o custo de programas de educação especial, o custo da produtividade perdida e de inteligências potencialmente brilhantes que poderiam ajudar a solucionar os dilemas que nos perseguem.

Frederick Douglas ensinou que a alfabetização é o caminho que vai da escravidão para a liberdade. Há muitos tipos de escravidão e muitos tipos de liberdade. Mas saber ler ainda é o caminho.

> Adaptado de Carl Sagan. *O caminho para a liberdade.*

"Que Deus nos guarde de ambos! Mas os colonizadores norte-americanos, **compreendendo em que consiste a liberdade**, não pensavam assim". O segmento destacado expressa um sentido de:

a) oposição.

b) condição.

c) comparação.

d) causalidade.

e) concessão.

3 (UERJ, adaptada) "O mal de Isaías é *ser ambíguo*."

O período acima contém uma oração subordinada substantiva, reduzida de infinitivo. Abaixo, a oração em destaque que também se classifica como subordinada substantiva reduzida é:

a) "Ninguém chega a uma grande obra *sem passar por obras pequenas*." (Machado de Assis)

b) "Publica-se um livro como se correm os dados: *para ver o* que sai." (Manuel Antônio de Almeida)

c) "*Para entender*, nós temos dois caminhos, o da sensibilidade e o da inteligência."(Manoel de Barros)

d) "O sujeito que não se considera um gênio não deve se dedicar *a fazer literatura*." (Nelson Rodrigues)

4 (U. F. São Carlos-SP)

O cajueiro já devia ser velho quando nasci. Ele vive nas mais antigas recordações de minha infância: belo, imenso, no alto do morro, atrás de casa. Agora vem uma carta dizendo que ele caiu.

[...] Tudo sumira; mas o grande pé de fruta-pão ao lado de casa e o imenso cajueiro lá no alto eram como árvores sagradas protegendo a família. Cada menino que ia crescendo ia aprendendo o jeito de seu tronco, a cica de seu fruto, o lugar melhor para apoiar o pé e subir pelo cajueiro acima, ver de lá o telhado das casas do outro lado e os morros além, sentir o leve balanceio na brisa da tarde. [...]

BRAGA, Rubem. Cajueiro. In: *O verão e as mulheres.* 5. ed. Rio de Janeiro: Record, 1991.

Há no texto orações reduzidas de gerúndio e de infinitivo. Assinale a alternativa em que a forma verbal da oração reduzida está desenvolvida corretamente, entre parênteses.

a) "... protegendo a família" (*que protegiam a família*).

b) "... para apoiar o pé..." (*porque apoiaria o pé*).

c) "... e subir pelo cajueiro acima..." (*e que subiria pelo cajueiro acima*).

d) "... ver de lá o telhado das casas do outro lado e os morros além..." (*para que veja de lá o telhado das casas do outro lado e os morros além*).

e) "... sentir o leve balanceio na brisa da tarde" (*quando sentisse o leve balanceio na brisa da tarde*).

EXERCÍCIOS COMPLEMENTARES

1 (FGV-SP) Observe os períodos a seguir e escolha a alternativa correta em relação à ideia expressa, respectivamente, pelas conjunções ou locuções "sem que", "por mais que", "como", "conquanto", "para que".

1. Sem que respeites pai e mãe, não serás feliz.

2. Por mais que corresse, não chegou a tempo.

3. Como não tivesse certeza, preferiu não responder.

4. Conquanto a enchente lhe ameaçasse a vida, Gertrudes negou-se a abandonar a casa.

5. Mandamos colocar grades em todas as janelas para que as crianças tivessem mais segurança.

a) condição – concessão – causa – concessão – finalidade

b) concessão – causa – concessão – finalidade – condição

c) causa – concessão – finalidade – condição – concessão

d) condição – finalidade – condição – concessão – causa

e) finalidade – condição – concessão – causa – concessão

2 (U. E. Ponta Grossa-PR, adaptada) Sobre o período "Não é possível que o senhor não ame, e que, amando, julgue um sentimento de tal grandeza incômodo", estão corretas as afirmações:

(01) As duas orações introduzidas pela palavra "que" exercem, em relação à principal, uma função substantiva de sujeito.

(02) Dentre as duas orações reduzidas, uma tem valor causal.

(04) A palavra "que", nas duas orações subordinadas que introduz, é pronome relativo.

(08) As duas orações introduzidas pela palavra "que" relacionam-se entre si por meio do processo de coordenação.

(16) Dentre as quatro orações constituintes, uma tem a forma reduzida.

Dê a soma dos números dos itens corretos.

---

3 (U. E. Ponta Grossa-PR)

Carmela

Dezoito horas e meia. Nem mais um minuto porque a madama respeita as horas de trabalho. Carmela sai da oficina. Bianca vem ao seu lado.

A Rua Barão de Itapetininga é um depósito sarapintado de automóveis gritadores. As casas de modas (Ao *chic* parisiense, São Paulo-Paris, Paris elegante) despejam nas calçadas as costureirinhas, que riem, falam alto, balançam os quadris como gangorras.

Alcântara Machado. *Novelas paulistanas.*

A respeito de aspectos sintáticos presentes no texto, assinale o que for correto.

a) Não há predicado nominal.

b) Há uma oração subordinada adverbial.

c) O vocábulo "costureirinhas" exerce a função de sujeito da oração a que pertence.

d) Há o predomínio de períodos simples.

e) Há uma oração subordinada adjetiva.

4 (ITA-SP) Forme um período composto por subordinação a partir dos enunciados seguintes:

I. A raposa lembra os despeitados. (oração principal)

II. Atributo dos despeitados: fingem-se superiores a tudo.

III. A raposa desdenha das uvas. (oração adjetiva)

IV. Causa do desdenho: não poder alcançar as uvas.

_____

_____

_____

_____

_____

_____

_____

_____

_____

_____

5 (ITA-SP) Assinale o texto que estilística e gramaticalmente expressa, com a necessária clareza, ênfase e correção, a indicação de cada frase, dada nos parênteses:

I. A Igreja viveu verdadeira via-crúcis no México. (oração principal)

II. Noventa por cento da população do México ser católica. (oposição)

III. A essa via-crúcis não faltou uma cruenta perseguição religiosa. (atributo II)

a) Dado que 90% da população do México seja católica, a Igreja mexicana viveu verdadeira via-crúcis à qual não faltou cruenta perseguição religiosa.

b) A Igreja viveu verdadeira via-crúcis no México, mas 90% de sua população são de católicos, e a isso não faltou cruenta perseguição religiosa.

c) Sendo 90% da população católica, a Igreja viveu no México uma verdadeira via-crúcis, onde não faltou uma cruenta perseguição religiosa.

d) Não obstante 90% da população seja católica, a Igreja viveu no México verdadeira via-crúcis, a que não faltou cruenta perseguição religiosa.

e) Apesar de que uma cruenta perseguição religiosa não haja faltado, a Igreja viveu verdadeira via-crúcis no México, cujo 90% de sua população é católica.

6 (U. E. Londrina-PR) Considere as frases a seguir:

I. Eles estavam preocupados com o problema que causaram.

II. Eles apresentaram suas explicações.

III. As explicações não eram convincentes.

Reunidas em um só período, elas estarão em correta relação lógica e sintática na frase:

a) Apresentaram suas explicações porque estavam preocupados com o problema causado por eles, pois não eram convincentes.

b) As explicações não eram convincentes, mas eles as apresentaram, contudo estavam preocupados com o problema que haviam causado.

c) Preocupados com o problema que haviam causado, eles apresentaram suas explicações, ainda que não convincentes.

d) Quando apresentaram suas explicações, elas não eram convincentes, portanto estavam preocupados com os problemas que causaram.

e) Quanto mais eles apresentavam suas explicações, mais elas não eram convincentes, à medida que eles estavam preocupados com o problema que causaram.

Concordância nominal e verbal

1. A concordância

A concordância **verbal** e **nominal** é um domínio da sintaxe que descreve os mecanismos de flexões verbais e nominais de acordo com os quais os termos se "harmonizam" num enunciado. Dois princípios básicos regem essas correlações flexionais: todo **determinante nominal** (artigo, adjetivo, numeral, pronome adjetivo e substantivo) flexiona-se em **número** e **gênero** de acordo com o substantivo que modifica; e todo **verbo** flexiona-se em **número** e **pessoa** (e **gênero**, no particípio) conforme o **sujeito** da oração.

2. Casos especiais de concordância nominal

Concordância com mais de um substantivo

- Quando **anteposto** aos substantivos, o adjetivo concorda com o **mais próximo**.

   A secretária deixava transparecer extrema apreensão e nervosismo.

- Quando **posposto** aos substantivos, o adjetivo flexiona-se no masculino plural **ou** concorda com o substantivo mais próximo, desde que se refira apenas a este.

No texto da propaganda a seguir, a concordância nominal é feita apenas com o substantivo mais próximo, pois a ideia é a de que somente o *scanner* é colorido, e não a impressora e a copiadora.

Sempre se flexiona no plural o adjetivo que desempenha a função sintática de predicativo do sujeito ou do objeto relacionado a mais de um substantivo:

Os alunos e a professora pareciam *exaustos* depois da aula.

Concordância com mais de um adjetivo

- O substantivo permanece no singular e repete-se o artigo antes dos adjetivos.

   Admiro *a* arte *romana* e *a grega*.

- O substantivo vai para o plural e não se repete o artigo antes dos adjetivos.

   Admiro *as artes* romana e grega.

Dúvidas frequentes

• É bom, é necessário, é proibido

Quando o sujeito é precedido de determinante (artigo, adjetivo, numeral ou pronome), o predicativo flexiona-se em gênero e número.

A coalhada é *boa* para a saúde.

Quando o sujeito não é precedido de artigo ou outro determinante, a expressão permanece invariável.

É *proibido entrada* de pessoas estranhas.

• Anexo, incluso, leso, mesmo, obrigado, próprio, quite

Essas palavras concordam em gênero e número com o substantivo ou pronome a que se referem.

Os protocolos seguem *anexos* à correspondência.

Os inventários vão *inclusos*.

Ela mesma preparou os doces.

Eles mesmos limparam toda a casa.

Eles próprios detectaram as falhas.

Agora *eles* estão *quites* com o serviço militar.

Será que a greve é um crime de *leso-patriotismo*?

• Só

A palavra *só*, quando significa *sozinho*, é adjetivo e varia em número. Quando equivale a *somente*, é advérbio e, portanto, invariável.

Os dois queriam ficar *sós* para conversar. (sozinhos)

Só eles não compareceram à reunião. (somente)

> As expressões *a sós* e *em anexo* são invariáveis:
>
> Todos desejam ficar a *sós* em algum momento.
>
> Os documentos vão em *anexo*.

• Barato, bastante, caro, meio, muito, pouco

Essas palavras podem ser adjetivos (ou ter função adjetiva) ou advérbios. Como adjetivos, flexionam-se conforme o substantivo a que se referem.

As *roupas* não estão *baratas*. (*baratas* = adjetivo)

Tenho *bastantes motivos* para tal comportamento. (*bastantes* = pronome indefinido adjetivo)

Muitos exemplares desapareceram. (*muitos* = pronome adjetivo)

Aqueles corredores tinham *poucas chances* na maratona. (*poucas* = pronome adjetivo)

Bebeu *meia garrafa* de vinho e estava bêbado. (*meia* = numeral fracionário, com valor adjetivo)

Como advérbios, essas palavras são invariáveis.

Aqueles materiais custam *barato*.

Tanto as crianças quanto os adultos pareciam *bastante* cansados.

Estivemos *muito* perto da vitória.

Falamos *pouco* durante a festa.

As portas ficaram *meio* abertas.

• Possível

A palavra *possível*, em expressões como o(s) mais, a(s) mais, o(s) melhor(es), a(s) melhor(es), o(s) pior(es), a(s) pior(es), o(s) maior(es), a(s) maior(es), o(s) menor(es), a(s) menor(es), varia conforme o artigo que a acompanha.

Suas referências eram *as melhores possíveis*.

Seu comprometimento era *o maior possível*.

• Concordância por silepse de gênero

Nesse caso, a concordância se faz com a ideia implícita, e não com a palavra escrita.

São Paulo parece *abandonada* pelos políticos. (= a cidade de São Paulo)

3. Concordância verbal

Sujeito simples e suas particularidades

- Quando o sujeito é o pronome relativo *que*, o verbo concorda com o termo antecedente.

  Fomos nós que o acusamos do roubo.

- Quando o sujeito é o pronome relativo *quem*, o verbo concorda com o pronome, na terceira pessoa do singular, ou com o termo antecedente.

  Foram eles quem escreveu esse romance.

  Foram eles quem escreveram esse romance.

- Quando o sujeito é formado por pronomes de tratamento, o verbo flexiona-se na terceira pessoa do singular ou do plural.

  Vossa Senhoria ainda não assinou os papéis.

- Com nome próprio plural, há duas possibilidades de concordância verbal:

  a) Se o nome admite artigo, o verbo flexiona-se no plural.

  As Minas Gerais *são* um estado belíssimo.

  b) Se o nome não é acompanhado de artigo, o verbo flexiona-se no singular.

  Minas Gerais *diz* "não" à violência.

  c) Se o nome é título de obra, o verbo flexiona-se no plural ou no singular.

  Os lusíadas são o maior poema épico em língua portuguesa.
  Os lusíadas é o maior poema épico em língua portuguesa.

- Quando o núcleo do sujeito é um substantivo coletivo singular, usa-se o verbo no singular.

  A *alcateia estava* na montanha.

Entretanto, se o sujeito coletivo está distanciado do verbo, flexiona-se no singular ou no plural.

O bando, sem forças para prosseguir, entregou-se à polícia.

O *bando*, sem forças para prosseguir, *entregaram-se* à polícia.

- Quando o sujeito é formado por pronome indefinido ou interrogativo no plural + pronome pessoal, como *alguns de nós*, *poucos de vós*, *quais de nós* etc., o verbo concorda com o pronome indefinido ou interrogativo, ou com o pronome pessoal.

  Quais de nós *irão* para São Paulo amanhã?

  Quais de nós *iremos* para São Paulo amanhã?

> Se o pronome indefinido ou interrogativo está no singular, o verbo concorda com ele:
>
> *Qual* de nós não teme a violência urbana?

- Quando o sujeito é formado pelas expressões *mais de*, *menos de*, *cerca de*, *perto de*, seguidas de numeral, o verbo concorda com o numeral da expressão.

  Menos de dez pessoas *ficaram* feridas no acidente.

  Mais de um juiz *foi* preso pela polícia federal.

> Emprega-se o verbo no plural quando:
>
> a) a expressão *mais de um* está repetida:
>
> *Mais de um* aluno, *mais de um* pai *faltaram* à reunião.
>
> b) o verbo indica reciprocidade:
>
> *Mais de um* lutador *feriram-se*.

- Quando o sujeito é constituído pelo pronome relativo nas expressões *um dos que*, *uma das que*, o verbo flexiona-se no plural ou no singular.

    Iara é *uma das que* não *concorda(m)* com o reajuste.

- Quando o sujeito é uma oração subordinada (reduzida ou desenvolvida), o verbo é flexionado na terceira pessoa do singular.

    Basta *checar as assinaturas*.

    → Oração subordinada substantiva subjetiva reduzida de infinitivo

- Se o sujeito apresenta expressões partitivas (*a maioria de*, *a maior parte de*, *uma porção de* etc.) seguidas de um nome no plural, usa-se o verbo no singular ou no plural.

    A maior parte dos alunos *saiu-se*

    (ou saíram-se) bem nas provas.

- Quando o sujeito é a expressão *cada um* ou *cada uma* seguida de nome no plural, o verbo fica no singular.

    Cada um de nós *deve* fazer sua parte.

- Quando o sujeito é constituído por expressões numéricas, fracionárias ou de porcentagem, ocorrem as seguintes concordâncias:

    a) Quando o sujeito é apenas numeral, o verbo concorda com este.

    Não adianta, pois 1% não *resolve* nosso problema.

    Durante o debate, 92% *votaram* pela saída do participante.

    b) Quando o numeral se antepõe a um nome, o verbo concorda no singular ou no plural.

Na catástrofe, 30% da população *foi enviada* para os abrigos.

Na catástrofe, 30% da população *foram enviados* para os abrigos.

c) Quando o numeral é precedido de artigo ou pronome adjetivo, o verbo concorda com estes.

Os 10% de lucro já *foram contabilizados*.

- Nas expressões *haja vista* / *hajam vista*, observe que *vista* é invariável.

    Tiago deve voltar, *haja vista* os acontecimentos.

    Tiago deve voltar, *hajam vista* os acontecimentos.

Sujeito composto e suas particularidades

- Com sujeito composto **anteposto** ao verbo:

    a) Se os núcleos do sujeito são sinônimos, o verbo flexiona-se no plural ou no singular.

    Horror e *medo faziam* parte daquela população.

    Horror e *medo fazia* parte daquela população.

    b) Isso também ocorre quando os núcleos estão em sequência gradativa.

    Ventos, vendavais, furacões não os *tirariam* dali.

    Vento, vendaval, furacão não os *tiraria* dali.

    c) Se os núcleos vêm resumidos pelos pronomes indefinidos *tudo, nada, alguém, ninguém* ou *cada um*, usa-se verbo no singular.

    Festas, baladas, carros, *nada* o *animava*.

- Quando o sujeito composto está **posposto** ao verbo, este se flexiona no plural ou de acordo com o núcleo mais próximo.

  Dividirão a terra *o governo e os latifundiários.*

  Dividirá a terra *o governo* e os latifundiários.

- Se o sujeito é composto por pessoas gramaticais diferentes, emprega-se o verbo no plural, obedecendo às seguintes regras: a primeira pessoa prevalece sobre a segunda e a terceira, e a segunda prevalece sobre a terceira.

  Eu, *tu* e *ele vamos* convencê-lo da verdade. (Note que o verbo está na primeira pessoa do plural.)

  Tu e *ele* não *deveis* pensar assim. (*tu* e *ele* = vós)

  Tu e *ele* não *devem* pensar assim. (*tu* e *ele* = vocês)

- No caso de o sujeito composto ter seus núcleos ligados por *ou*, o verbo:

  a) fica no singular se a ideia é de exclusão.

  Marina *ou* Lúcia *será* promovida a chefe de seção.

  b) vai para o plural se a ideia é de adição.

  São Paulo *ou* Rio de Janeiro *são* metrópoles.

- Com os núcleos do sujeito composto ligados pela preposição *com*, usa-se o verbo no plural quando se pretende conferir igual ênfase àqueles núcleos.

  O diretor *com* o seu elenco *venceram* o festival de teatro.

  Entretanto, o verbo fica no singular se se quer dar maior importância ao primeiro núcleo; nesse caso, convém separar os termos por vírgula.

  O técnico, *com* seus auxiliares, *chegou* ao estádio poucos minutos antes do jogo.

- Com sujeitos formados pelas expressões *um e outro*, *nem um nem outro* (e flexões), o verbo é flexionado indiferentemente no plural ou no singular.

  Nem um nem outro tocou no assunto.

  Nem uma nem outra falaram a verdade.

- Com sujeitos compostos por núcleos ligados por *nem* e por expressões como *não só... mas também, tanto... quanto, não só... como também* etc., usa-se o verbo, preferencialmente, no plural.

  Tanto você *quanto* ele *precisam* levar a documentação ao cartório.

  Não só a dança *como também* o teatro de nossa escola *receberam* prêmios.

  Nem eu *nem* você *concordamos* com Júlia.

4. Concordância especial de alguns verbos

Alguns verbos flexionam-se de modo distinto de certas regras estudadas anteriormente.

Verbo com apassivador

Verbos com o pronome apassivador *se* concordam com o termo apassivado. Por exemplo, a frase *Joga-se búzios e tarô* desvia-se dessa regra de concordância verbal, pois, ao estar na voz passiva sintética, o verbo deveria concordar com os termos *búzios e tarô*. Por isso, a redação adequada é: *Jogam-se búzios e tarô.*

Verbo com índice de indeterminação do sujeito

Nesse caso, o verbo sempre é empregado na terceira pessoa do singular.

Trata-se de assuntos muito importantes.
↳ VTI + índice

Os verbos *bater, dar, soar*

Na indicação de horas, o verbo concorda com o número de horas.

Bateram dez horas no sino da capela.

(Mas: *Bateu* dez horas **o** sino da capela.)

Deram nove horas no relógio da cozinha.

(Mas: *Deu* nove horas **o** relógio da cozinha.)

O verbo *parecer* seguido de infinitivo

Em frases com o verbo *parecer* seguido de infinitivo, há duas possibilidades de concordância verbal:

a) Flexiona-se *parecer*, e não o verbo no infinitivo.

Essas rosas *parecem* dizer adeus.

b) Flexiona-se o infinitivo, e não *parecer*.

Essas rosas parece *dizerem* adeus.

Verbos impessoais (exceto *ser*)

Esses verbos sempre ficam na terceira pessoa do singular, na forma simples ou em locuções.

Havia dez anos que não a encontrava.

O verbo *ser*

a) Quando sujeito e predicativo designam "coisas" e têm números diferentes, o verbo *ser* concorda com o termo pluralizado.

Nem tudo na vida *são flores*.

b) Quando um dos dois termos é designativo de "pessoa", o verbo *ser* concorda com este.

Marina é suas maiores alegrias.

c) O verbo *ser* concorda com o pronome pessoal, seja ele sujeito ou predicativo.

A autoridade aqui *sou eu*.

d) Nas orações sem sujeito, o verbo *ser* concorda com o termo que normalmente indica hora, dia, distância.

Era uma hora da madrugada quando entrou.

e) O verbo *ser* concorda com o predicativo quando o sujeito é *que* ou *quem* interrogativos.

Quem serão os ganhadores do concurso?

Que são substâncias alcalinas?

f) Nas expressões indicadoras de quantidade (*é muito, é pouco, é bastante* etc.), o verbo flexiona-se na terceira pessoa do singular.

Trezentos gramas de queijo *é* suficiente para o lanche.

Três quilômetros *é* muito.

Um *é* pouco, dois *é* bom, três *é* demais.

Atividades

1 (U. F. Viçosa-MG) Reescreva o texto a seguir, passando *mudança* para o plural e substituindo *problema* por *irregularidades*. Faça as alterações estritamente necessárias para que o texto continue adequado ao uso culto da língua.

"Uma vez que nesta semana deverá ser providenciada a mudança que se fizer necessária na portaria do prédio, pedimos aos senhores condôminos que, quando ocorrer qualquer problema relacionado ao recebimento de suas correspondências, comuniquem o fato ao síndico."

2 (Vunesp, adaptada) "Há anos que existe vazamentos tóxicos em todos os rios do país, causando danos à fauna e à flora. Precisamos sair da inércia ou essa situação levará-nos a um desastre completo!" (Carta de leitor a um jornal, comentando desastre ecológico.)

Nesse texto, além do problema de colocação pronominal em *levará-nos*, que, de acordo com a norma-padrão do português do Brasil, deveria ser *nos levará* ou *levar-nos-á*, há um problema de concordância verbal.

a) Identifique o trecho em que há problema de concordância.

_____
_____
_____

b) Reescreva o trecho, corrigindo-o.

_____
_____
_____

3 (Fuvest-SP) Observe este anúncio:

DESCUBRA QUEM É E O QUE PENSA O MORADOR DE SÃO PAULO

Adaptado de *Folha de S. Paulo*, 26 set. 2008.

Se os sujeitos dos verbos "descubra" e "pensa" estivessem no plural, como deveria ser redigida a frase utilizada no anúncio?

_____
_____
_____
_____
_____
_____
_____

4 (U. F. São Carlos-SP) Leia o texto.

O Supremo Tribunal Federal varreu da legislação brasileira mais uma herança da ditadura militar: a obrigatoriedade do diploma de jornalista para quem exerce a profissão. Ao defender o fim dessa excrescência, o relator do caso, ministro Gilmar Mendes, disse que ela atentava contra a liberdade de expressão garantida pela Constituição Federal a todos os cidadãos. "Os jornalistas são aquelas pessoas que se dedicam profissionalmente ao exercício pleno da liberdade de expressão. O jornalismo e a liberdade de expressão, portanto, são atividades imbricadas por sua própria natureza e não podem ser pensados e tratados de forma separada", afirmou o ministro. Além de ferir o direito constitucional, já que impedia pessoas formadas apenas em outra área de manifestar seu conhecimento e pensamento por meio da atividade jornalística, a exigência teve o seu ridículo exposto por uma comparação brilhante de Gilmar Mendes: "Um excelente *chef* de cozinha certamente poderá ser formado numa faculdade de culinária, o que não legitima o Estado a exigir que toda e qualquer refeição seja feita por profissional registrado mediante diploma de curso superior nessa área".

Veja, 24 jun. 2009.

Com base nas falas de Gilmar Mendes:

a) o que justifica na perífrase verbal — podem ser pensados — a flexão do verbo "poder" e o plural masculino do particípio do verbo "pensar"?

_____

_____

_____

_____

_____

_____

_____

b) reescreva o fragmento textual referente ao exemplo do *chef* de cozinha, transpondo-o para a questão do jornalismo.

_____

_____

_____

_____

_____

_____

_____

_____

_____

EXERCÍCIOS COMPLEMENTARES

1 (UFCE) Analise os termos dos parênteses que acompanham cada uma das frases da coluna 1 e complete a coluna 2 e a 3, de acordo com os códigos a seguir:

Código para a coluna 2

I. Se só uma forma completar corretamente a frase.

II. Se ambas as formas completarem corretamente a frase.

Código para a coluna 3

(1) Sujeito composto de gêneros diferentes leva o predicativo para o masculino plural.

(2) Substantivos sinônimos levam o adjetivo a concordar com o substantivo mais próximo.

(3) *Mesmo/próprio/só* concordam com a palavra a que se referem.

(4) Adjetivo posposto a dois ou mais substantivos de gêneros diferentes vai para o masculino plural ou concorda com o mais próximo.

(5) Adjetivo anteposto a dois ou mais substantivos concorda com o substantivo mais próximo.

Coluna 1

Alzira tinha crença e fé _____ em seu pai, Getúlio Vargas. (exagerada – exagerados)

Coluna 2 _____

Coluna 3 _____

Coluna 1

A Era Vargas foi uma época de _____ atitudes e comportamentos. (novas – novos)

Coluna 2 _____

Coluna 3 _____

Coluna 1

Às vésperas daquele 24 de agosto, estavam _____ o presidente e sua segurança. (desorientado – desorientados)

Coluna 2 _____

Coluna 3 _____

Coluna 1

Alzira, ela _____, retirou do palácio todos os pertences de seu pai. (mesmo – mesma)

Coluna 2 _____

Coluna 3 _____

Coluna 1

Pessoas se aglomeravam em casa e prédio _____ para ver o esquife do presidente. (antigo – antigos)

Coluna 2 _____

Coluna 3 _____

_____

_____

_____

2 (FGV-SP) Assinale a alternativa correta quanto à concordância verbal, de acordo com a norma culta.

a) O desperdício de matérias-primas, o estímulo ao consumismo, a obsolescência programada, tudo isso ainda dita as regras. / É preciso que se encontrem novos modelos para resolver os problemas de geração de empregos. / Os mais pobres são os que menos vantagens obtêm com o crescimento do PIB.

b) O desperdício de matérias-primas, o estímulo ao consumismo, a obsolescência programada, tudo isso ainda ditam as regras. / É preciso que se encontre novos modelos para resolver os problemas de geração de empregos. / Os mais pobres são os que menos vantagens obtêm com o crescimento do PIB.

c) O desperdício de matérias-primas, o estímulo ao consumismo, a obsolescência programada, tudo isso ainda dita as regras. / É preciso que se encontrem novos modelos para resolver os problemas de geração de empregos. / Os mais pobres são os que menos vantagens obtêm com o crescimento do PIB.

d) O desperdício de matérias-primas, o estímulo ao consumismo, a obsolescência programada, tudo isso ainda ditam as regras. / É preciso que se encontre novos modelos para resolver os problemas de geração de em-

pregos. / Os mais pobres são os que menos vantagens obtêm com o crescimento do PIB.

e) O desperdício de matérias-primas, o estímulo ao consumismo, a obsolescência programada, tudo isso ainda ditam as regras. / É preciso que se encontrem novos modelos para resolver os problemas de geração de empregos. / Os mais pobres são os que menos vantagens obtêm com o crescimento do PIB.

3 (UFPE) A concordância verbal e a nominal estão de acordo com a norma-padrão em:

a) Houveram implicações boas e más naquelas atitudes dos empresários de Pernambuco.

b) Propostas, o mais adequadas possíveis, em termos de qualidade, foi apresentada aos trabalhadores.

c) Quaisquer deslizes perante o consumidor, nessa área, provoca problemas para a empresa.

d) É necessário paciência para poderem os trabalhadores conseguirem seus plenos direitos.

e) A ação social, um dos temas mais discutidos atualmente, faz os interessados repensarem a política fiscal.

4 (Unifesp) Assinale a alternativa em que a frase está correta, segundo a norma-padrão, quanto aos aspectos de concordância.

a) Grande parte das variantes linguísticas é avaliada de forma negativa por uma parcela significativa das pessoas.

b) Não só o valor linguístico como também o valor social estão implicado quando se tratam de variações linguísticas.

c) As variantes linguísticas são consideradas inferior por segmentos de maior poder aquisitivo.

d) Frases de jornalista e capa de revistas, com frequência, mostra que é possível cometer algum deslize linguístico.

e) Existe muitas formas de dizer uma mesma coisa, conforme ensina a teoria sociolinguística.

5 (Insper-SP) Leia o texto:

Os problemas envolvendo concordância talvez sejam o mais evidente exemplo brasileiro de que um idioma é, acima de tudo, fato social: mesmo quando linguisticamente o "erro" não contraria a índole da língua, mesmo se há evidências de que o brasileiro cancela a regra em sua fala, é alto o peso social no modo como os falantes encaram o problema.

Para Maria Helena de Moura Neves, do Mackenzie e da Unesp de Araraquara, muito do que se diz sobre concordância em cartilhas e manuais é posto só em termos de regras a ser obedecidas.

[...]

Com deslizes de concordância não parece haver distinção de classe e nem seria preciso puxar a memória para lembrar José Sarney, presidente do Senado, em uma de suas defesas no episódio dos atos secretos, nomeações e gastos na calada da noite, sem assinatura oficial. "Não há atos nenhum que não estão na rede", emendou o senador.

Um escorregão gramatical de uma figura pública ganha relevo, muitas vezes desproporcional ao tropeço. Mas equívoco como o de Sarney, escancarado em jornais de grande circulação, ilustra como são maleáveis as regras de concordância na fala, em relação às impostas pela escrita.

Revista Língua, set. 2009.

Analise as afirmações seguintes:

I. Especialistas em linguagem defendem que é necessário promover mudanças nas gramáticas em relação às regras de concordância.

II. O deslize cometido pelo presidente do Senado é um claro exemplo de que as elites estão mais expostas aos desvios de concordância.

III. O teor do estudo da concordância, nas gramáticas, é prescritivo, sem que haja espaço para a observação das variantes linguísticas.

De acordo com o texto, está correto o que se afirma em:

a) I, II e III.

b) Apenas I.

c) Apenas II e III.

d) Apenas II.

e) Apenas III.

6 (Unicamp-SP) O jornal *Folha de S. Paulo* introduz com o seguinte comentário uma entrevista (de 8 dez. 1988) com o professor Paulo Freire:

"A gente cheguemos" não será uma construção gramatical errada na gestão do Partido dos Trabalhadores em São Paulo.

Os trechos da entrevista nos quais a *Folha* se baseou para fazer tal comentário foram os seguintes:

— A criança terá uma escola na qual a sua linguagem seja respeitada [...]. Uma escola em que a criança aprenda a sintaxe dominante, mas sem desprezo pela sua.

— Esses oito milhões de meninos vêm da periferia do Brasil [...] Precisamos respeitar a (sua) sintaxe mostrando que sua linguagem é bonita e gostosa, às vezes é mais bonita que a minha. E, mostrando tudo isso, dizer a ele: "Mas para tua própria vida tu precisas dizer 'a gente chegou' (em vez de 'a gente cheguemos'). Isso é diferente, (a abordagem) é diferente. É assim que queremos trabalhar, com abertura, mas dizendo a verdade".

Responda de forma sucinta.

a) Qual é a posição defendida pelo professor Paulo Freire com relação à correção de erros gramaticais na escola?

b) O comentário do jornal faz justiça ao pensamento do educador? Justifique a sua resposta.

Regência verbal e nominal / Crase

1. Regência verbal

A **regência verbal** trata da relação estabelecida entre o verbo e os termos que o modificam — os objetos diretos e indiretos e os adjuntos adverbiais. Nessa relação, pode-se ou não usar preposição, e, dada a polissemia, os verbos têm variações de sentido; por isso, também apresentam distintos comportamentos sintáticos. Ademais, deve-se considerar a distância entre as prescrições das gramáticas (e dos dicionários de regência verbal) e o uso efetivo de milhares de verbos na língua portuguesa do Brasil em suas múltiplas variantes.

Casos especiais de regência verbal

Abraçar

- **Transitivo direto**, no sentido de cingir com os braços, tomar entre os braços, ou ocupar-se de.

  Todos *abraçaram* a causa.

- **Transitivo indireto** e **pronominal**, no sentido de entrelaçar-se:

  Abraçou-se à amiga antes de ir embora.

Agradar

- **Transitivo direto**, no sentido de fazer agrados, acarinhar, afagar.

  O garoto *agradou* seu cãozinho o dia todo.

- **Transitivo indireto**, no sentido de ser agradável, cair no agrado, regendo a preposição *a*.

  O vestido que usou *agradou* a todos.

Aspirar

- **Transitivo direto**, no sentido de sorver, respirar.

  Aspirava suavemente o aroma da manhã.

  Aspirou o pó que vinha da construção.

- **Transitivo indireto**, no sentido de pretender, desejar muito, regendo a preposição *a*.

  Aspirava às melhores notas.

  Catarina *aspirava* a uma casa própria.

Assistir

- **Transitivo direto** ou **indireto**, no sentido de ajudar, auxiliar, dar assistência a.

  Assistimos (a)os mendigos da cidade.

  O médico *assistiu* (a)o acidentado.

- **Transitivo indireto**, no sentido de ver, presenciar, regendo a preposição *a*.

  Os jovens *assistiram* ao filme a tarde toda.

  A novela a que *assistimos* é fabulosa.

- **Transitivo indireto**, no sentido de caber (razão ou direito), regendo a preposição *a*.

  Esse direito *assiste*, exclusivamente, aos advogados de defesa.

- **Intransitivo**, no sentido de morar, residir, regendo a preposição *em*.

  Roberval *assiste* em São Joaquim da Barra.

Chamar

- **Transitivo direto**, no sentido de fazer vir, convocar.

    Naquele dia, o pai o *chamara* para que saíssem juntos.

    O técnico da seleção *chamou* dois jogadores daquele time.

- **Transitivo direto** ou **indireto** (com objeto seguido de predicativo preposicionado ou não), no sentido de apelidar, denominar.

    Chamavam-no de prestativo. / *Chamavam*-no prestativo.

    Chamavam-lhe prestativo. / *Chamavam*-lhe de prestativo.

- **Transitivo direto** e **indireto**, no sentido de repreender ou atrair a atenção, regendo a preposição *a* ou *para*.

    O regente *chamou* o músico à atenção várias vezes durante o ensaio.

    O jogador *chamou* para si a responsabilidade do pênalti.

Chegar, ir, voltar, dirigir-se, retornar

- **Intransitivos**, no sentido de atingir data ou local, regendo a preposição *a*.

    Chegamos ao momento tão esperado.

    A comitiva *voltou* a São Paulo atrasada.

Custar

- **Transitivo direto**, no sentido de ter determinado valor, valer.

    Aquele presente *custou* mil reais!

- **Transitivo indireto**, no sentido de ser custoso, difícil, regendo a preposição *a*; nesse caso, é unipessoal, tendo como sujeito uma oração.

    Custou a nós todos dizer a verdade.

    Custa a mim acreditar que isso tenha acontecido.

- **Transitivo direto** e **indireto**, no sentido de ser conseguido à custa de, regendo a preposição *a*.

    Aquele emprego *custou* a ele muitos dias de entrevista.

Esquecer, lembrar, recordar

- **Transitivos diretos**, quando não pronominais.

    Nossa avó sempre *esquecia* o guarda-chuva na igreja.

    Sempre *lembro* fatos desagradáveis quando ouço a voz dele.

- **Transitivos indiretos**, quando pronominais, regendo a preposição *de*.

    Os favelados não *se esquecem* da chacina.

    Recordei-me das aulas de inglês.

Namorar

Esse verbo é tradicionalmente apenas **transitivo direto** e não admite preposição.

Júlio *namorava* Roberta; agora, *namora* Soraia.

Obedecer, desobedecer

Esses verbos são **transitivos indiretos** e regem a preposição *a*.

As crianças *obedeceram* ao avô.

Aqueles que *desobedeceram* aos regulamentos devem ser punidos severamente.

Preferir

- **Transitivo direto**, no sentido de dar primazia, escolher antes.

    Não suportando a dor, o paciente *preferiu* a morte.

    A decisão é sua de *preferir* esse caminho.

- **Transitivo direto** e **indireto**, no sentido de ter preferência, regendo a preposição *a*.

    Naquela profusão de cores, *preferiu* os tons de amarelo aos tons de azul.

    Preferem os filmes europeus aos latino-americanos.

Visar

- **Transitivo direto**, no sentido de mirar, apontar arma de fogo, e no de dar ou pôr visto (em documento).

    Visou o animal e atirou sem piedade.

    Visaram os cheques independentemente dos altos valores.

- **Transitivo indireto**, no sentido de ter em vista, pretender, desejar, regendo a preposição *a*.

  Aquelas obras *visavam* ao bem da população.

Regência verbal e pronome relativo

Leia as frases que seguem:

Fernando Pessoa é o poeta português *que eu mais gosto*.

Não é essa a faculdade *que eu viso*.

Na primeira frase, como o verbo *gostar* é considerado transitivo indireto, regeria a preposição *de*, que não aparece na oração adjetiva; na segunda frase, *visar* tem o sentido de desejar muito e rege a preposição *a*, também ausente na oração. Refazendo as duas orações de acordo com a língua padrão, tem-se:

Fernando Pessoa é o poeta português *de* que eu mais *gosto*.

Não é essa a faculdade *a* que eu *viso*.

Rara na linguagem coloquial, a regência verbal com pronome relativo está de acordo com a norma culta nesta construção: *com quem posso contar sempre = posso contar sempre com alguém*.

2. Regência nominal

Substantivos, adjetivos e advérbios podem reger termos preposicionados (adjuntos adnominais e complementos nominais).

Em construções sintáticas mais complexas, como no período composto com oração subordinada adjetiva, o termo regente e o termo regido podem distanciar-se na oração.

Naquela viagem, encontrei um primo muito querido *o qual* tenho muita *afinidade*.

Nesse período, o pronome relativo *o qual* inicia a oração adjetiva, referindo-se a *primo*. Embora o pronome seja adequado, faltou a preposição *com*, regida pelo termo *afinidade*.

Ao refazer o período temos:

Naquela viagem, encontrei um primo muito querido *com* o *qual* tenho muita *afinidade*.

A oração *com o qual tenho muita afinidade* realiza-se no contexto como "tenho muita afinidade com um primo muito querido".

3. Crase

Crase (que vem do grego e significa "fusão", "mistura") é um fenômeno gramatical em que há a contração da preposição *a* com um segundo *a*, que pode ser artigo definido, pronome demonstrativo (*a = aquela*) ou o *a* inicial de outros demonstrativos: *aquele(s), aquela(s), aquilo*.

Observe o exemplo a seguir:

O livro encontrado no pátio pertence *à* professora de química.

O verbo *pertencer* rege o objeto com a preposição *a*, e *professora de química*, nesse caso, admite o artigo definido *a*. Desse encontro resulta a crase, indicada pelo emprego do **acento grave**.

O livro encontrado no pátio

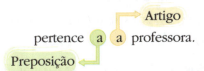

A crase não ocorre antes de palavras que não sejam precedidas de artigo feminino, como substantivos masculinos, verbos, infinitivos e quase todos os pronomes:

Fomos a *pé* para a escola.

Não faça a redação a *lápis*.

Os produtos estão com preços a *partir* de R$ 2,00.

Rafaela ligou a *cobrar* em minha casa.

Faça os pedidos a *essa* garçonete.

- **Nomes geográficos**. Não ocorre o fenômeno da crase antes de nomes de lugares que não admitem artigo feminino.

Costumo ir *a Santos* durante minhas férias.

Entretanto, com nomes de lugares que admitam artigo ou outro determinante, ocorre crase.

Iremos *à China* em nossas férias.

- **Casa** e **terra**. Não ocorre o fenômeno da crase antes da palavra *casa* quando esta significa o próprio lar.

Corri *a casa* para buscar o celular que havia esquecido.

Se a palavra *casa* está modificada por algum determinante, admite artigo; nesse caso, havendo preposição, pode ocorrer crase.

Voltou *à casa da avó* após muitos anos.

Com a palavra *terra* no sentido de "chão firme", em oposição a "mar" ou "espaço", não ocorre crase.

Quando o navio aportou, alguns desceram *a terra* para fazer turismo pelo local.

- **Hora**. Em geral, ocorre o fenômeno da crase nas expressões indicadoras de hora(s), mesmo que esse termo esteja subentendido.

Encontramo-nos *às sete horas* da noite e despedimo-nos *às quatro da manhã*.

- **Locuções**. Pode ocorrer a crase nas locuções prepositivas, conjuntivas e adverbiais formadas por substantivos: à medida que, às vezes, à noite, às pressas, às avessas etc.

Encontramo-nos *à noite* para terminarmos o trabalho de Física.

> Não ocorre crase nas expressões adverbiais femininas de instrumento:
>
> Preferiu redigir a carta a *caneta* e sem rasuras.
>
> O amante foi morto *a bala*.

- **À moda de**. Sempre ocorre o fenômeno da crase na expressão *à moda de*, ainda que a palavra *moda* esteja subentendida.

Era um autor que adorava escrever *à Machado de Assis*, mesmo considerando-o difícil.

- **Distância**. Ocorre crase antes da palavra *distância*, desde que determinada.

Fiquei *à distância de dez metros* do local do acidente.

Mas:

Não enxergo bem *a distância*.

- **Pronomes pessoais**. Não há crase antes de pronomes pessoais retos, oblíquos e de tratamento, exceto *senhora* e *senhorita*.

Dirigiu-se *a Sua Santidade* e ajoelhou-se.

Emprestei *à senhora* todos os meus livros de receita.

- **Palavras repetidas**. Entre palavras repetidas não ocorre crase.

Foram *pouco a pouco* se convencendo da verdade.

- **Pronomes demonstrativos *aquele(s)*, *aquela(s)*, *aquilo***. Ocorre crase quando o termo antecedente exigir a preposição *a*.

Assistimos *àquela* cena deprimente e não pudemos fazer nada para evitar.

- **Pronomes relativos *a qual* e *as quais***. Poderá ocorrer crase com os pronomes relativos *a qual* e *as quais* se o verbo da oração adjetiva exigir preposição.

A região *à qual* iremos jamais foi explorada pelo homem. (O local *ao* qual iremos jamais foi explorado pelo homem.)

Casos facultativos

Nomes próprios femininos

Enviamos os cartões *à Susana*.

Enviamos os cartões *a Susana*.

Emprestei meu carro *à Marcela*.

Emprestei meu carro *a Marcela*.

Com a preposição *até*

Fomos *até a ponte* para vermos o acidente.

Fomos *até à ponte* para vermos o acidente.

Levaram os suspeitos algemados *até a delegacia*.

Levaram os suspeitos algemados *até à delegacia*.

Pronomes possessivos femininos

Como diante dos pronomes possessivos o uso do artigo é facultativo, a crase também o é.

Entreguei os documentos *à sua* mãe.

Entreguei os documentos *a sua* mãe.

Observe que a fala do segundo balão admite mais de uma interpretação.

Sem acento grave: "Foi Sven que me apresentou a minha mulher" (= a minha mulher foi-me apresentada por Sven).

Com acento grave: "Foi Sven que me apresentou à minha mulher" (= eu, Hagar, fui apresentado por Sven à minha mulher). Note que, nesse caso, a crase desfaz a ambiguidade.

Atividades

1 (Unifesp)

Adaptado de Caco Galhardo. *Julio & Gina*.

Os espaços da frase devem ser preenchidos, respectivamente, com:

a) de que – a – Por que – Porque

b) que – a – Porque – Porque

c) de que – a – Por quê – Por que

d) que – à – Por que – Por quê

e) de que – à – Por quê – Porque

2 (UFMS) Avalie as duas frases que seguem:

I. Ela cheirava à flor de romã.

II. Ela cheirava a flor de romã.

Considerando o uso da crase, é correto afirmar:

(01) As duas frases estão escritas adequadamente, dependendo de um contexto.

(02) As duas frases são ambíguas em qualquer contexto.

(04) A primeira frase significa que alguém exalava o perfume da flor de romã.

(08) A segunda frase significa que alguém tem o perfume da flor de romã.

(16) O "a" da segunda frase deveria conter o acento indicativo da crase.

Dê a soma dos números dos itens corretos.

3 (ITA-SP) Leia o texto seguinte:

Antes de começar a aula — matéria e exercícios no quadro, como muita gente entende —, o mestre sempre declamava um poema e fazia vibrar sua alma de tanta empolgação e os alunos ficavam admirados. Com a sutileza de um sábio foi-nos ensinando a linguagem poética mesclada ao ritmo, à melodia e a *própria sensibilidade artística*. Um verdadeiro deleite para o espírito, uma sensação de paz, harmonia.

OSÓRIO, T. Meu querido professor.
Jornal *Vale Paraibano*, 15 out. 1999.

a) Qual a interpretação que pode ser dada à ausência da crase no trecho "a própria sensibilidade artística"?

_____

_____

_____

_____

_____

_____

b) Qual seria a interpretação caso houvesse a crase?

_____

_____

_____

_____

_____

_____

4 Justifique a presença ou a ausência do acento indicador de crase nas frases que seguem.

a) Não digo que sempre haja alguém à sua inteira disposição, mas o preço do hotel está ao seu alcance.

b) Não se tratava de uma simples volta a casa, mas uma volta à casa dos sonhos e dos encantos.

_____

_____

_____

_____

_____

c) Os portugueses atravessaram o oceano e chegaram, após algum tempo, à terra sonhada.

_____

_____

d) Após muitos esforços, o homem chegou até a Lua.

_____

_____

EXERCÍCIOS COMPLEMENTARES

1 (FGV-SP) Considere as frases:

I. O rapaz estava chateado, pois chegou à moça e disse que não era mais possível continuar o namoro.

II. O rapaz estava chateado, pois chegou a moça e disse que não era mais possível continuar o namoro.

a) Que interpretação se pode dar a cada uma das frases, levando em conta as expressões "à moça" e "a moça"?

_____

_____

_____

b) Do ponto de vista sintático, qual a função que exercem as expressões "à moça" e "a moça"?

_____
_____
_____
_____
_____

2 (Ibmec-RJ) Da leitura da tira é possível depreender que:

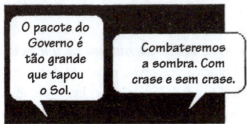

(Nani, Vereda Tropical, Editora Record)

a) considerando-se a regência do verbo "combater", pode-se constatar que, na verdade, não é possível empregar a crase.

b) há, na última fala, a clara intenção de apresentar um jogo de palavras, fazendo um trocadilho com as palavras "crase" e "crise".

c) não ocorrerá crase apenas se o verbo "combater" for empregado como intransitivo, ou seja, se ele não exigir complemento verbal.

d) haverá crase se a "sombra" representar o modo como será combatido, isto é, com função de adjunto adverbial.

e) a última fala é uma explicação de que, nesse caso, a crase é facultativa, preservando-se o mesmo sentido.

3 (Fuvest-SP)

I. O que mudou na legislação eleitoral como era em 1989

[...]

Apenas pessoas físicas podiam fazer doações [...]

Entidades de classe ou sindicais não podiam contribuir com os partidos.

[...]

Folha de S. Paulo, 3 dez. 1994.

II. Contribuir: I. [...] Tomar parte em despesa comum; pagar contribuição; dar dinheiro, com outros (para determinado fim) [...] "Você não contribui para as obras da igreja?" [...]

Contribuí com cem cruzados. Poucos paroquianos deixaram de contribuir. [...]

C. P. Luft. *Dicionário de regência verbal.*

a) O período enquadrado em I apresenta uma incorreção na regência verbal. Redija-o corretamente, com base na informação de II.

_____
_____
_____
_____
_____

b) Ainda com base em II, formule uma explicação adequada para o uso da preposição no período enquadrado em I.

_____
_____
_____
_____
_____
_____
_____

4 (FGV-SP) Assinale a alternativa em que os textos publicitários estão corretos quanto à regência verbal, de acordo com a norma culta.

a) Mitsubishi Pajero Sport

Lembre-se de que é muito espaçoso.

Não se esqueça que é um Pajero.

Tudo o de que você precisa é minimizar riscos na sua

carteira de ações.

RiscoOnline Theca

b) Mitsubishi Pajero Sport

Lembre de que é muito espaçoso.

Não esqueça de que é um Pajero.

Tudo o de que você precisa é minimizar riscos na sua

carteira de ações.

RiscoOnline Theca

c) Mitsubishi Pajero Sport

Lembre de que é muito espaçoso.

Não se esqueça que é um Pajero.

Tudo o que você precisa é minimizar riscos na sua carteira

de ações.

RiscoOnline Theca

d) Mitsubishi Pajero Sport

Lembre-se que é muito espaçoso.

Não esqueça de que é um Pajero.

Tudo o que você precisa é minimizar riscos na sua carteira

de ações.

RiscoOnline Theca

e) Mitsubishi Pajero Sport

Lembre-se de que é muito espaçoso.

Não se esqueça de que é um Pajero.

Tudo o de que você precisa é minimizar riscos na sua

carteira de ações.

RiscoOnline Theca

5 "O mestre aludia à filosofia, às artes, à maneira diferente de enxergar o mundo."

Explique o que aconteceria se retirássemos o acento indicador de crase da frase dada.

_____

_____

_____

_____

_____

_____

_____

_____

_____

6 (UFRS)

A notícia saiu no *The Wall Street Journal*: a "ansiedade superou a depressão como problema de saúde mental predominante nos EUA". Para justificar o absurdo, o autor da matéria recorre a *um psicoterapeuta* e a *um sociólogo*. O primeiro descreve ansiedade como "condição dos privilegiados" que, livres de ameaças reais, se dão ao luxo de "olhar para dentro" e criar medos irracionais; o segundo diz que "vivemos na era mais segura da humanidade" e, no entanto, "desperdiçamos bilhões de dólares em medos bem mais ampliados do que seria justificável". Sem meias palavras, os peritos dizem algo mais ou menos assim: os americanos estão nadando em riqueza e, como não têm do que se queixar, adquiriram o costume neurótico de desentocar medos irracionais para projetá-los no admirável mundo novo ao redor.

A explicação impressiona pela ingenuidade ou pela má-fé. Ninguém contrai o "mau hábito" de olhar para dentro de si do dia para a noite. A obsessão consigo não é um efeito colateral do modo de vida atual; é um dos seus mais indispensáveis ingredientes. O crescimento exagerado do interesse pelo "mundo interno" e pelo corpo é a contrapartida do desinteresse ou hostilidade pelo "mundo externo" e pelos outros. Diz o catecismo: só confie em seu corpo e em sua mente. O resto é concorrente; o resto está sempre cobiçando e disputando seu emprego, seu sucesso, seu patrimônio e sua saúde. Sentir medo e ansiedade, em condições semelhantes, é um estado emocional perfeitamente racional e inteligível.

Em bom português, sentir-se condenado a jamais ter repouso físico ou mental, sob pena de perder a saúde, a longevidade, a forma física, o desempenho sexual, o emprego, a casa, a segurança na velhice, pode ser um inferno em vida para os pobres ou para os ricos. Os candidatos à ansiedade são, assim, bem mais numerosos e bem menos ociosos do que pensam o psicoterapeuta e o sociólogo.

Adaptado de COSTA, J. F. A ansiedade da opulência. *Folha de S. Paulo*, 19 mar. 2000.

Considere as seguintes afirmações acerca do uso da crase no texto.

I. Caso substituíssemos um psicoterapeuta (par. 1) e um sociólogo por psicoterapeutas e sociólogos, seriam criadas as condições necessárias para o uso da crase.

II. Caso substituíssemos a expressão "jamais ter repouso físico ou mental" (par. 3) por "uma constante vigilância física ou mental", seriam criadas as condições necessárias para o uso da crase.

III. Caso substituíssemos candidatos (par. 3) por postulantes, seriam mantidas no contexto da frase as condições para o emprego da crase.

Quais estão corretas?

a) Apenas I.

b) Apenas II.

c) Apenas III.

d) Apenas II e III.

e) I, II e III.

Funções do se e do que / Pontuação

1. As diversas funções do *se*

A seguir, apresentaremos as várias funções que a palavra *se* desempenha, associadas às classes de palavras.

- **Conjunção subordinativa integrante**:

    Indagamos / *se* o caminho que fazíamos estava correto.

    A oração *Indagamos* é a principal, e seu verbo é transitivo direto, necessitando, portanto, de um objeto direto, função desempenhada pela oração subordinada que se inicia com o *se*, que, nesse caso, é uma conjunção integrante.

- **Conjunção subordinativa condicional**: no primeiro quadrinho, é usado o *se* como conjunção subordinativa condicional, que introduziu uma oração subordinada adverbial condicional: *Se eu chegar tarde de novo*.

- **Substantivo**: acompanhado de artigo, pronome ou adjetivo, o *se* classifica-se como substantivo.

    O *se* deste documento está ilegível.

- **Partícula apassivadora**: quando o *se* é partícula apassivadora, o período constrói-se com verbo transitivo direto ou transitivo direto e indireto na voz passiva sintética.

    Compra-*se* ouro. (voz passiva sintética)

    Ouro é *comprado*. (voz passiva analítica)

- **Índice de indeterminação do sujeito**: uma das formas de se indeterminar um sujeito é usar o índice de indeterminação (ou partícula de indeterminação do sujeito) — o *se*.

    Guerreia-*se* por banalidades.

- **Partícula expletiva**: quando apenas enfatiza o enunciado, podendo até mesmo ser excluído sem grande prejuízo do sentido para o texto.

    Passaram-*se* os anos e nada mudou naquela cidade.

- **Parte integrante do verbo**: alguns verbos se conjugam sempre acompanhados por pronomes. São os chamados **verbos pronominais**.

    Getúlio Vargas suicidou-*se* na manhã de 24 de agosto de 1954.

- **Pronome reflexivo**: ocorre nas orações em que a ação parte do sujeito e recai sobre ele mesmo.

    Como pronome reflexivo, a palavra *se* poderá exercer as seguintes funções sintáticas:

a) **objeto direto**:

Com essa grana curta, a gente tem de *se* virar...

b) **objeto indireto**:

Certas comunidades impõem-*se* costumes rígidos.

c) **sujeito de um verbo no infinitivo**:

Marcelo deixou-*se* ficar em situação caótica.

2. As diversas funções do *que*

- **Substantivo**: recebe acento circunflexo e possui o sentido de "algo", "alguma coisa", ou nomeia uma das letras do alfabeto.

Meu bem-querer
Tem um *quê* de pecado
Acariciado pela emoção.
[...]

Djavan

- **Interjeição**: exprime espanto, admiração, deve receber acento circunflexo e não exerce função sintática específica.

Quê! Vocês não receberam o décimo terceiro salário?

- **Preposição**: pode equivaler à preposição *de*.

Se eu quiser falar com Deus
Tenho *que* ficar a sós
Tenho *que* apagar a luz
Tenho *que* calar a voz

Gilberto Gil

- **Partícula expletiva ou de realce**: apenas enfatiza o enunciado, podendo até mesmo ser excluído dele.

Eu quase *que* desmaiei de susto e medo.

- **Advérbio**: equivale ao advérbio *quão* e tem a função sintática de adjunto adverbial de intensidade.

Que (= *quão*) maluca é aquela mulher!

- **Conjunção coordenativa aditiva**: une duas estruturas coordenadas, desde que a segunda oração seja uma afirmação acrescentada ao que foi dito na primeira.

As mulheres cozinhavam *que* cozinhavam, mesmo assim o jantar não ficava pronto.

- **Conjunção coordenativa explicativa**: o *que* introduz uma oração coordenada sindética explicativa.

Venha logo, / *que* preciso contar-lhe uma novidade.

- **Conjunção coordenativa alternativa**: quando une termos da mesma oração, indicando possibilidade ou alternação entre eles.

Um *que* (= *ou*) outro brincava no parque daquele condomínio.

- **Conjunção subordinativa integrante**: quando inicia as orações subordinadas substantivas.

Minha certeza é / *que* ele virá no próximo mês. (*que ele virá no próximo mês* = oração subordinada substantiva predicativa)

- **Pronome indefinido substantivo**: quando equivale a "que coisa".

Ela me disse não sei o *quê*.

- **Pronome indefinido adjetivo**: ao determinar um substantivo.

Não sei nem *que* caminho seguir.

- **Pronome interrogativo substantivo**:

Que ocorreu naquela mansão?

- **Pronome interrogativo adjetivo**:

Que fim levou Fabrício?

- **Pronome relativo**: introduz as orações subordinadas adjetivas explicativas e restritivas. Nesse caso, refere-se a um termo antecedente e desempenha uma função sintática dentro da oração subordinada adjetiva.

Ei! Você é o gato *que* comeu meu irmão! (*que* = pronome relativo exercendo a função de sujeito)

Você é o gato *que* comeu meus dois irmãos! (*que* = pronome relativo exercendo a função de sujeito)

3. Pontuação

Os sinais dividem-se em:

a) **sinais de pausa**: indicativos de que não houve quebra na continuidade do discurso, isto é, de que a frase ainda não foi concluída. São eles:

- a vírgula (,)
- o travessão (—)
- os parênteses ( )
- o ponto e vírgula (;)
- o dois-pontos (:)

b) sinal de pontuação indicativo de que houve **término do discurso** ou de parte dele:

- o ponto (.)

c) **sinais de melodia** ou **entonação**, indicativos de intenção ou estado emotivo:

- o ponto de interrogação (?)
- o ponto de exclamação (!)
- as reticências (...)
- as aspas (" ")

A vírgula

Usa-se a vírgula para:

- Intercalar termos como adjuntos adverbiais, apostos, expressões explicativas e algumas conjunções.

  Ao chegar o carteiro, *naquela tarde fria,* ficamos todos aliviados com as boas notícias. (vírgulas isolando o adjunto adverbial de tempo na frase)

- Destacar um adjunto adverbial, com mais de uma palavra no início da oração.

  Naquela sala, havia obras de pintores famosos.

- Destacar um objeto direto ou indireto anteposto a objeto pleonástico.

  Às meninas, tudo lhes era permitido.

- Marcar a omissão de uma palavra.

  As meninas estavam no quarto, e os meninos, na sala. (segunda vírgula no lugar do verbo *estar*)

- Isolar o vocativo.

  Meus amigos, agradeço a todos por terem aceitado meu convite. (vocativo no início da oração)

- Separar termos de mesma função sintática.

  Com a herança recebida, o sobrinho pretendia comprar *casa, carro, moto* etc. (*casa, carro, moto* = objetos diretos)

- Separar local e data.

  Campinas, 17 de novembro de 2008.

- Separar as orações coordenadas assindéticas.

  Viajamos, passeamos, fizemos novos amigos.

- Separar as orações coordenadas sindéticas.

  a) unidas por *e* e com diferentes sujeitos:

  Chegamos sem as reservas, *e* os hotéis não tinham vagas.

  b) conectadas pela conjunção *e* com valor adversativo:

  Todos precisam trabalhar, *e* não se encontra emprego.

  c) com as conjunções *mas, senão, pois, porque* (explicativa), ou as conjunções alternativas *ou... ou, ora... ora, quer... quer* etc.

  Carla pode não ter entendido, *mas* eu fiz aquilo para ajudar.

  d) quando se quer isolar as conjunções adversativas *porém, todavia, entretanto, no entanto, contudo* e as conjunções conclusivas *logo, pois, portanto.*

  Pretendia trabalhar até mais tarde; *entretanto*, o cansaço o vencia.

- Separar orações subordinadas adverbiais desenvolvidas e reduzidas, sobretudo quando estão antepostas à principal. Quando a oração subordinada está posposta à oração principal, o uso da vírgula é facultativo.

  Se procurasse com mais cuidado, certamente encontraria o que deseja. (oração subordinada adverbial condicional anteposta à oração principal)

> Pode ocorrer o uso da vírgula separando uma oração subordinada posposta à oração principal no caso de a oração subordinada ser substantiva apositiva.

- Separar orações subordinadas adjetivas explicativas da oração principal.

  O sistema bancário, *que parecia ser tão seguro*, foi completamente fraudado.

- Separar orações intercaladas.

  Sobre a dívida externa, *disse o ministro*, não deixará de ser paga.

> Não se separam por vírgulas: o sujeito do predicado, o verbo de seu complemento, o núcleo substantivo de um adjunto adnominal ou complemento nominal.

O ponto e vírgula

O ponto e vírgula é usado para:

- separar orações que já contenham vírgula(s).

  Naquela manhã, o ar estava frio; o vento, cortante.

- separar os vários itens de uma lei, de um decreto, de um contrato etc.

  Art. 23 — É competência comum da União, dos Estados, do Distrito Federal e dos Municípios:

  [...]

  VI. proteger o meio ambiente e combater a poluição em qualquer de suas formas;

  VII. preservar as florestas, a fauna e a flora;

  [...]

  Constituição Federal. Legislação Ambiental.

O ponto

O ponto indica pausa de grande duração e é empregado para encerrar os períodos, sejam eles simples ou compostos, desde que não tenham sido terminados por orações interrogativas ou exclamativas.

O ponto é também usado nas abreviaturas, no final das orações independentes.

O ponto de interrogação

O ponto de interrogação é usado em sentenças interrogativas diretas. Observe:

Em determinados casos, como no do texto do anúncio, o ponto de interrogação encerra períodos curtos, mas de significado amplo. Se tomarmos como exemplo a primeira linha da propaganda (O Guga?), e o contexto, deduzimos que a pergunta é: O Guga vem ao torneio de tênis?

O ponto de exclamação

O ponto de exclamação é usado após palavras, expressões ou frases que indiquem espanto, surpresa, entusiasmo, susto, cólera, piedade, súplica.

O seu trabalho é inteligente! Envolvente! Surpreendente!

O dois-pontos

O dois-pontos marca uma pausa repentina no ritmo de uma frase e tem como função principal introduzir uma explicação ou enumeração.

É usado para:

- introduzir uma fala.

  O advogado indagava, explicava, contestava e dizia ao final:

  — Pode este jovem ser culpado de tal crime?

- introduzir uma explicação ou desenvolvimento de ideias anteriormente enunciadas.

  Os procedimentos para atingirmos nossas metas são estes: negociamos a dívida, admitimos mais profissionais capacitados, aumentamos a produção e arrecadamos mais divisas.

- introduzir um esclarecimento ou resumo do que foi dito anteriormente.

  Em sua igreja não mando: somente assisto e apoio.

As reticências

Usam-se as reticências para:

- indicar que foram suprimidas algumas partes.

  Já vem a Primavera desfraldando

  Pelos ares as roupas perfumadas

  [...]

  Filinto Elísio

- expressar hesitação ou surpresa.

  — O que você pretende com isso?

  — Eu... eu... só queria agradar.

- deixar o sentido da frase em aberto, ficando a cargo do leitor completá-lo.

  Fiz o que fiz com a intenção de ajudar; entretanto...

- indicar que o pensamento enveredou por caminho imprevisto, inesperado, ou produzindo uma ironia.

  Procuramos pelo melhor presente e acabamos comprando esse pinguim cor-de-rosa que me pareceu bem bonitinho talvez...

As aspas

As aspas são usadas para:

- destacar palavras ou expressões.

- indicar palavras ou expressões estrangeiras e gírias.

  Todos os alunos estavam "light" no laboratório de informática.

  Eduardo está com a "corda no pescoço".

- indicar citações textuais retiradas de outros autores.

  Segundo Celso Cunha, "para reconstruir aproximadamente o movimento vivo da elocução oral, serve-se da pontuação".

- indicar ironia.

  Rodrigo, com essa roupa, está se achando "intelectual".

- indicar título de obras, capítulos ou partes de um texto.

  Ela subiu sem pressa a tortuosa ladeira. À medida que avançava, as casas iam rareando, modestas casas espalhadas sem simetria e ilhadas em terrenos baldios. (Lygia Fagundes Telles. "Meus contos preferidos".)

O travessão

O travessão simples (—) serve para indicar o discurso direto, isto é, que alguém está falando. Usa-se travessão para indicar a mudança do interlocutor nos diálogos.

— Mãe, eu posso sair do castigo?
— Só se for para estudar, filha!

O duplo travessão (— —) é usado para substituir dupla vírgula, principalmente se a intenção for enfatizar o termo intercalado.

A fim de não explicar o problema ao pai — havia batido o carro —, inventou uma mentira.

Os parênteses

Os parênteses costumam ser usados para isolar explicações, reflexões ou comentários dentro do texto.

Em muitas situações, um chá (mesmo que não seja medicinal) resolve alguns males.

Atividades

1 (FCSCL-SP) "Concordo com a avaliação de Marcuse, **que** foi a expressão lúcida de um conjunto de possibilidades **que** se manifestaram em 1968. Acho **que** as diferenças entre os dois momentos são mais importantes do que qualquer tentativa de aproximá-los." Nessa frase, as palavras assinaladas assumem, respectivamente, as funções sintáticas de:

a) conjunção subordinativa causal, pronome relativo, conjunção subordinativa integrante.
b) conjunção subordinativa conformativa, pronome relativo, pronome relativo.
c) conjunção subordinativa conformativa, pronome relativo, conjunção subordinativa integrante.
d) pronome relativo, conjunção subordinativa integrante, pronome relativo.
e) pronome relativo, pronome relativo, conjunção coordenativa explicativa.

2 (Unifesp) Leia a tirinha para responder às questões:

Adaptado de *A tarde*, Salvador, 1º jul. 2007.

a) Na tirinha, há três ocorrências da palavra "se". Indique o sentido de cada uma delas nas frases em que ocorrem.

_____

_____

_____

_____

_____

_____

b) Reescreva a última frase da tirinha, alterando o registro para a norma-padrão da língua portuguesa, em primeira pessoa do plural.

_____

_____

_____

_____

3 (FGV-SP) Leia o texto.

Amorim, pede pra sair

O fracasso das negociações comerciais de Doha ecoa a falência verbal que levou o ministro das Relações Exteriores, Celso Amorim, a entrar nas reuniões com o pé esquerdo e a sair delas com a autoridade destroçada por duas declarações de natureza intrinsecamente perversa.

Veja, 6 ago. 2008.

Se fosse retirada a vírgula do título do texto, haveria alteração de sentido? Justifique a sua resposta.

_____

_____

_____

_____

_____

_____

4 (UFAL)

[...] Outra coisa, porém, bem diferente, é o uso gratuito de palavras em inglês como o que se verifica hoje no Brasil. A não ser pela vocação novidadeira — e caipira — de quem se deslumbra diante de qualquer coisa que o aproxima do "estrangeiro", não há nenhuma razão para que se diga *sale* no lugar de liquidação, ou qualquer motivo para falar *off* em vez de desconto. Tais anomalias são um dos sintomas do subdesenvolvimento e exprimem, no seu ridículo involuntário, a mentalidade de quem confunde modernidade com uma temporada em Miami. [...]

Folha de S. Paulo, 20 out. 1997.

Em "A não ser pela vocação novidadeira — e caipira — de quem se deslumbra", a função do travessão duplo é:

a) ligar grupo de palavras que se encadeiam em coordenação.

b) indicar que o período não está concluído.

c) intercalar um termo que explica o que o antecede.

d) enfatizar a carga semântica da expressão *caipira*.

e) valorizar o efeito de suspense das ideias.

EXERCÍCIOS COMPLEMENTARES

1 (Cefet-MG) Relacione as funções do "se" com suas respectivas ocorrências.

Funções do "se"

1. Pronome apassivador

2. Índice de indeterminação do sujeito

3. Conjunção condicional

4. Pronome reflexivo

Ocorrências

a) Viam-se apenas os tetos irregulares das casas.

b) ...se fosse para o verdadeiro cão, eu cavaria pouco, ...

c) ...tendo-se como falso centro, dividia assimetricamente o planalto.

d) Porque vivia-se tentando dar ao acontecimento...

e) E agora, mais matemático ainda, procurava um meio de não se ter punido.

A sequência correta encontrada:

a) 1 – 2 – 3 – 4 – 1

b) 1 – 3 – 1 – 2 – 4

c) 1 – 3 – 4 – 2 – 4

d) 2 – 3 – 4 – 1 – 3

e) 3 – 2 – 1 – 4 – 2

2 (ESPM-SP) Assinale a alternativa cuja pontuação esteja correta:

a) Mas, o fim da prisão dos consumidores com programas de tratamento para viciados, repercutiu pouco sobre problemas graves associados ao mercado de drogas ilegais: a violência, o contrabando de armas e a corrupção dos agentes do Estado.

b) Mas o fim da prisão dos consumidores, com programas de tratamento para viciados repercutiu pouco sobre problemas graves associados ao mercado de drogas ilegais; a violência, o contrabando de armas e a corrupção dos agentes do Estado.

c) Mas o fim da prisão dos consumidores, com programas de tratamento para viciados, repercutiu pouco sobre problemas graves associados ao mercado de drogas ilegais; a violência, o contrabando de armas e a corrupção, dos agentes do Estado.

d) Mas o fim da prisão dos consumidores, com programas de tratamento para viciados, repercutiu pouco sobre problemas graves associados ao mercado de drogas ilegais: a violência, o contrabando de armas e a corrupção dos agentes do Estado.

e) Mas o fim da prisão dos consumidores com programas de tratamento para viciados repercutiu pouco, sobre problemas graves associados ao mercado de drogas ilegais: a violência, o contrabando de armas, e a corrupção dos agentes do Estado.

3 Responda ao que se pede.

a) Explique a diferença de sentido entre as frases que seguem.

I. O Brasil não perdeu a final da Copa do Mundo da França porque Ronaldo jogou fora de suas condições ideais.

II. O Brasil não perdeu a final da Copa do Mundo da França, porque Ronaldo jogou fora de suas condições ideais.

_____

_____

_____

_____

_____

_____

_____

_____

_____

_____

_____

_____

_____

b) Que mecanismo gramatical provoca essa diferença?

_____

_____

_____

_____

_____

_____

4 (FAJ-SP)

Segurança

O ponto de venda do condomínio era a sua segurança. Havia as belas casas, os jardins, os *playground*s, as piscinas, mas havia, acima de tudo, segurança. Toda a área era cercada por um muro alto. Havia um portão principal com muitos guardas que controlavam tudo por um circuito de TV. Só entravam no condomínio os proprietários e visitantes devidamente identificados e crachados.

Mas os assaltos começaram assim mesmo. Ladrões pulavam os muros e assaltavam as casas.

Os condôminos decidiram colocar torres com guardas ao longo do muro alto. Nos quatro lados. As inspeções tornaram-se mais rigorosas no portão de entrada. Agora não só os visitantes eram obrigados a usar crachá. Os proprietários e seus familiares também. Não passava ninguém pelo portão sem se identificar para a guarda. Nem as babás. Nem os bebês.

Mas os assaltos continuaram.

Decidiram eletrificar os muros. Houve protestos, mas no fim todos concordaram. [...]

VERISSIMO, Luis Fernando. *Comédias para se ler na escola*. Rio de Janeiro: Objetiva, 2001. p. 97-99.

No terceiro parágrafo do texto, o autor:

I. Comete sérios erros de pontuação, demonstrando desconhecer as regras da gramática normativa.

II. Faz uso da pontuação como recurso estilístico, para enfatizar o exagero das medidas de segurança.

III. Poderia ter usado, para os três últimos períodos, a seguinte pontuação: "Não passava ninguém pelo portão sem se identificar para a guarda: nem os bebês, nem as babás".

Está(ão) correta(s):

a) apenas I.

b) apenas II.

c) apenas II e III.

d) apenas III.

e) I, II e III.

5 (Fuvest-SP)

"As pessoas ficam zoando, falando que a gente não conseguiria entrar em mais nada, por isso vamos prestar Letras", diz a candidata ao vestibular. Entre os motivos que a ligaram à carreira estão o gosto por literatura e inglês, que estuda há oito anos.

Adaptado da *Folha de S. Paulo*, 22 out. 2000.

a) As aspas assinalam, no texto dado, a fala de uma pessoa entrevistada pelo jornal. Identifique duas marcas de coloquialidade presentes nessa fala.

_____

_____

_____

_____

_____

b) No trecho que não está entre aspas ocorre um desvio em relação à norma culta. Reescreva o trecho, fazendo a correção necessária.

_____

_____

_____

_____

_____

_____

_____

6 (Fuvest-SP)

No dia 19, Juscelino registrou a amargura que lhe dominava: "Não estou bem por dentro", anotou. "Uma das razões que tornaram (*sic*) triste a longa permanência na fazenda é a ausência de alguns amigos".

O Estado de S. Paulo, 14 mar. 1996.

Usa-se *sic* entre parênteses, numa citação, para indicar que o texto original é aquele mesmo, por errado ou estranho que pareça.

a) Apresente uma justificativa para aceitar ou não o *sic* usado pelo autor do texto.

b) Há no texto uma construção que justifica o emprego do *sic*. Transcreva-a, aplicando o *sic* no lugar adequado.

Figuras de linguagem

1. Figuras de sintaxe

As figuras de sintaxe fundamentam-se na reordenação sintática da estrutura da oração.

- **Elipse**. É a supressão de termos oracionais subentendidos.

    A lua, um pequeno disco branco só, lá em cima. (elipse do verbo *é*)

- **Zeugma**. É a supressão de uma unidade linguística ou de um sintagma já ocorrente num enunciado.

    São estas as tradições das nossas linhagens; [são] estes os exemplos de nossos avós. (Alexandre Herculano)

A chamada do anúncio torna-se mais concisa e elegante com o recurso ao zeugma:

    Para a pele (é) um tratamento de beleza.

- **Hipérbato ou inversão**. Consiste na inversão de termos ou orações num período.

    Mas como causar pode seu favor
    Nos corações humanos amizade,
    Se tão contrário a si é o mesmo Amor? (Luís Vaz de Camões)

- **Pleonasmo**. É uma redundância de caráter expressivo que, a princípio, pouco ou nada acresce ao enunciado do ponto de vista semântico.

    Quando *com os olhos* eu quis *ver* de perto. (Alberto de Oliveira)

- **Polissíndeto**. Trata-se da repetição enfática de um síndeto (conjunção ou pronome relativo).

    Onde queres revólver sou coqueiro
    E onde queres dinheiro sou paixão
    Onde queres descanso sou desejo
    E onde sou só desejo queres não
    E onde não queres nada nada falta
    E onde voas bem alto eu sou o chão
    E onde pisas o chão minha alma salta
    E ganha liberdade na amplidão.

    Caetano Veloso

- **Assíndeto**. Ao contrário do polissíndeto, consiste na supressão de conjunções em orações que se dispõem em sequência.

> Crispiniano espantou a mosca do açucareiro, afastou a cadeira, acendeu um Kiss-Me-De-Luxo, procurou os chinelos com os pés.
>
> Antônio de Alcântara Machado. *Brás, Bexiga e Barra Funda e outros contos.*

- **Anáfora**. É a repetição de uma palavra ou expressão no início dos versos ou frases seguidas.

> *Vi uma estrela* tão alta,
> *Vi uma estrela* tão fria!
> *Vi uma estrela* luzindo
> Na minha vida vazia.
>
> Manuel Bandeira

2. Figuras fônicas

Há figuras que resultam de operações no plano dos fonemas.

- **Aliteração**. Consiste na reiteração de um ou mais fonemas consonantais.

> A **M**úsica da **M**orte, a nebulosa,
> estranha, i**m**ensa **m**úsica sombria,
> passa a tre**m**er pela **m**inh'al**m**a e fria
> gela, fica a tre**m**er **m**aravilhosa…
>
> Cruz e Sousa

- **Assonância**. Trata-se da ocorrência reiterada de um mesmo fonema vocálico.

> Ó For**ma**s **a**lv**a**s, br**a**nc**a**s, For**ma**s cl**a**r**a**s
> de lu**a**res, de n**e**ves, de n**e**blinas!…
> Ó For**ma**s v**a**g**a**s, flu**i**d**a**s, cr**i**st**a**linas…
> **I**ncensos dos tur**í**bulos d**a**s **a**r**a**s…
>
> Cruz e Sousa

- **Onomatopeia**. Vocábulo simples ou composto criado com o fim de tentar imitar sons.

> O *tique-taque* do relógio perturbava-nos.

- **Paranomásia**. É a ocorrência de palavras com fonias semelhantes, mas semanticamente distintas.

> Os *magnetes* atraem o ferro; os *magnatas*, o ouro.
>
> Antônio Vieira

3. Figuras de palavras

As figuras de palavras originam-se da alteração semântica das unidades linguísticas.

- **Metáfora**. Consiste no estabelecimento de uma identidade entre dois elementos, partindo-se de algum traço comum a ambos.

> Eras na vida *a pomba predileta*
> Que sobre um mar de angústias conduzia
> O ramo da esperança. Eras *a estrela*
> Que entre as névoas do inverno cintilava
> Apontando o caminho ao pegureiro.
> Eras *a messe de um dourado estio*.
> Eras *o idílio de um amor sublime*.
> Eras *a glória, a inspiração, a pátria,*
> *O porvir de teu pai!* […]
>
> Fagundes Varela

- **Catacrese**. Consiste em transferir a uma palavra o sentido próprio de outra, constituindo formas já incorporadas aos usos da língua.

> Ele *embarcou* no avião. (embarcar → barco)

- **Metonímia ou sinédoque**. A metonímia fundamenta-se na substituição de um termo por outro com o qual mantenha uma correlação lógica, sem que haja prejuízo na interpretação do sentido do enunciado em que é usada. Essa troca pode ocorrer de várias maneiras:

a) **do autor pela obra**:

Durante o simpósio, citaram muito *Alencar* e *Machado*.

b) **da marca pelo produto**:

Cada corpo tem o *Parmalat* que precisa. (Propaganda da Parmalat)

c) **do continente pelo conteúdo**:

Consumiram muitas *caixas* de frutas frescas.

d) **do abstrato pelo concreto**:

A juventude, muitas vezes, desrespeita os mais velhos.

e) **do efeito pela causa**:

Atingiu seus objetivos graças ao seu próprio *suor*. (suor = efeito; causa = esforço)

f) **do lugar pelo produto**:

Cristiano oferecia *um havana* a cada convidado que chegava. (Havana = lugar; charuto = produto)

g) **da coisa pela sua representação (do sinal pela coisa significada)**:

Chegar *ao Planalto* é o grande sonho de muitos políticos. (Planalto = Presidência)

h) **do indivíduo pela classe ou espécie**:

Marcelo era considerado *um judas* pela turma.

i) **do singular pelo plural**:

Foi onde *o paulista* fundou o país da Esperança. (paulista = um indivíduo por todos)

j) **do gênero pela espécie**:

Os mortais pensam que são os donos do mundo.

l) **da matéria pelo objeto**:

O aço cortou a cabeça dos revoltosos.

m) **da parte pelo todo (ou o inverso)**:

Falta *teto* para tantas vítimas das enchentes. (teto = parte; casa = todo)

4. Figuras de pensamento

As figuras de pensamento revelam intenções do emissor no nível extratextual.

- **Antítese**. É a contraposição simétrica de expressões ou palavras antonímicas.

Uma parte de mim
é multidão:
outra parte estranheza
e solidão.

Ferreira Gullar

- **Comparação**. Trata-se da colocação de dois sentidos em paralelo no qual estão presentes a unidade linguística **comparante** e a **comparada**; é feita com o uso de conjunções ou locuções conjuntivas. Observe:

- **Hipérbole**. Tem no exagero a finalidade de enfatizar um processo.

É a vaidade, Fábio, nesta vida,
Rosa, que da manhã lisonjeada,
Púrpuras mil, com ambição dourada,
Airosa rompe, arrasta presumida.

Gregório de Matos

- **Apóstrofe**. É equivalente ao vocativo na análise sintática, é a interpelação em meio ao enunciado.

Upa! Cá estamos. Custou-te, não, *leitor amigo*?

Machado de Assis

- **Gradação**. Consiste na enumeração de processos numa intensificação crescente (clímax) ou decrescente (anticlímax).

O primeiro milhão *excita, acirra, assanha* a gula do milionário.

Olavo Bilac

- **Eufemismo**. Recurso que suaviza, em certos fatos, a crueza que poderia ferir a susceptibilidade do referente ou do receptor da mensagem.

    Naquela terrível luta, muitos *dormiram para sempre*. (= morreram)

- **Ironia**. É o uso de palavras ou expressões com sentido oposto ao que se tenciona significar.

    Bonito cabelo o seu! (Parece uma vassoura!)

- **Sinestesia**. É a fusão de impressões provenientes de dois ou mais sentidos num único registro:

    Avista-se o grito das araras. (João Guimarães Rosa) (visão e audição)

- **Prosopopeia** (personificação). Ocorre quando são atribuídas características animadas a entes inanimados:

Por prosopopeia, a empresa torna-se um ente animado, capaz de ouvir algo.

Atividades

1 (Vunesp)

Sauna Brasil

Os brasileiros fomos informados ontem do caráter de pelo menos uma parcela da base parlamentar governista. É gente com a qual "só se pode conversar na sauna e pelado" — avisa quem entende de base parlamentar governista, o ministro das Comunicações, Sérgio Motta.

Folha de S. Paulo, 8 maio 1997.

O princípio básico da concordância verbal em nosso idioma prevê que o verbo deva ser flexionado em número e pessoa de acordo com o sujeito da oração. Em alguns casos, devido a circunstâncias do contexto, esse princípio pode ser transgredido. Ocorre nesses casos a chamada concordância ideológica. Tomando por base esse comentário:

a) aponte uma passagem do texto de Clóvis Rossi em que o verbo não segue uma das flexões impostas pelo sujeito;

b) interprete, com base no contexto, as razões estilísticas que levaram o autor a preferir tal forma de concordância.

2 (Fimca-RO) Leia os versos de *Por você* para responder à questão.

Por você eu dançaria tango no teto
Eu limparia os trilhos do metrô
Eu iria a pé do Rio a Salvador

Eu aceitaria a vida como ela é
Viajaria a prazo pro inferno
Eu tomaria banho gelado no inverno

Por você eu deixaria de beber
Por você eu ficaria rico num mês
Eu dormiria de meia pra virar burguês

Eu mudaria até o nome
Eu viveria em greve de fome
Desejaria todo o dia a mesma mulher

Por você eu conseguiria até ficar alegre
Pintaria todo o céu de vermelho
Eu teria mais herdeiros que um coelho

Frejat, Maurício Barros e Mauro Santa Cecília.

Considere as definições para compreender as ideias do texto:

> **Anáfora**: repetição de uma palavra ao longo de um texto.
> **Antítese**: oposição entre ideias.
> **Gradação**: disposição das ideias em uma sequência.
> **Hipérbole**: expressão exagerada de uma ideia.
> **Prosopopeia**: atribuição de qualidades humanas a seres não humanos.

Assinale a alternativa que traz, respectivamente, o recurso empregado na elaboração geral do texto e o recurso empregado em todos os versos em destaque.

a) Gradação e prosopopeia.

b) Gradação e antítese.

c) Anáfora e hipérbole.

d) Anáfora e antítese.

e) Prosopopeia e hipérbole.

3 (UFTM-MG) Leia:

Minha mulher, a solidão,
Consegue que eu não seja triste.
Ah, que bom é ao coração
Ter este bem que não existe!

Recolho a não ouvir ninguém,
Não sofro o insulto de um carinho
E falo alto sem que haja alguém:
Nascem-me os versos do caminho.

Senhor se há bem que o céu conceda
Submisso à opressão do Fado,
Dá-me eu ser só — veste de seda —,
E fala só — leque animado.

PESSOA, Fernando.
In: *Obra poética em um volume*, 1986.

Na primeira estrofe, Fernando Pessoa se vale de duas figuras para expressar a atitude do eu lírico diante da solidão; trata-se, respectivamente, de:

a) metonímia e metáfora.

b) onomatopeia e aliteração.

c) personificação e paradoxo.

d) metáfora e metonímia.

e) paradoxo e antítese.

4 (Unicamp-SP, adaptada) Em sua coluna na *Folha Ilustrada*, Mônica Bergamo comenta sobre o curta-metragem *Um Caffé com o Miécio*. Transcrevemos parte da coluna a seguir:

[...] Quando ouvia a trilha sonora do curta *Um caffé com o Miécio*, que Carlos Adriano finaliza sobre o caricaturista, colecionador de discos e estudioso Miécio

Caffé (1920-2003), Caetano Veloso se encantou por uma música específica. Era a desconhecida marchinha "A voz do povo", de Malfitano e Frazão, que Orlando Silva gravou em 1940, cuja letra diz "Que raiva danada que eu tenho do povo, que não me deixa ser original". "É um manifesto, como sua obra", disse o *músico baiano* ao *cineasta paulistano*.

Adaptado de BERGAMO, Mônica.
Folha de S. Paulo, 11 out. 2003.

As expressões *músico baiano* e *cineasta paulistano* retomam elementos anteriormente apresentados no texto. Como funciona esse processo de retomada?

_____
_____
_____
_____
_____
_____
_____
_____
_____
_____
_____

EXERCÍCIOS COMPLEMENTARES

1 (UERJ)

O império das lentes

Nas cerimônias de casamento, as retinas das testemunhas foram substituídas pela *camcorder* do sujeito de terno gasto que grava o enlace andando de um lado para o outro (o distinto padre pode dar licença, por favor?). Cônscia de sua relevância mística, a madrinha chora no exato instante em que os refletores lhe incandescem a maquiagem. Nas festas de escolas primárias, os alunos aprenderam a se apresentar para filmadoras e não mais para pais e mães. Sob o foco automático, a criança já não enxerga o sorriso de orgulho ou de apreensão na face do pai; vê apenas a *handycam* que mascara o seu rosto. Se a televisão é a arena da história contemporânea, as câmaras de vídeo domésticas se tornaram o olhar autorizado da intimidade familiar (e de outras intimidades nem tão familiares assim). [...]

BUCCI, Eugênio. *Veja*, 3 dez. 1996.

"Cônscia de sua relevância mística, a madrinha chora no exato instante em que os refletores lhe incandescem a maquiagem."

No trecho citado, o autor emprega a ironia para intensificar sua crítica à situação descrita. Explique como esse recurso de linguagem intensifica a referida crítica.

_____
_____
_____
_____
_____
_____
_____
_____

2 (PUC-SP) A questão refere-se ao texto seguinte:

Verdes mares bravios de minha terra natal, onde canta a jandaia nas frondes da carnaúba;

Verdes mares que brilhais como líquida esmeralda aos raios do sol nascente, perlongando as alvas praias ensombradas de coqueiros;

Serenai verdes mares, e alisai docemente a vaga impetuosa para que o barco aventureiro manso resvale à flor das águas.

Esse trecho é o início do romance *Iracema*, de José de Alencar. O uso repetitivo da expressão *verdes mares* e os verbos *serenai* e *alisai*, indicadores de ação do agente natural, imprimem ao trecho um tom poético apoiado em duas figuras de linguagem:

a) anáfora e prosopopeia.

b) pleonasmo e metáfora.

c) antítese e inversão.

d) apóstrofe e metonímia.

e) metáfora e hipérbole.

3 (U. F. Juiz de Fora-MG, adaptada) As estrofes apresentadas a seguir foram retiradas do poema "Vozes d'África", de Castro Alves. "Vozes d'África" é um dos textos em que o poeta expressa sua indignação diante da escravidão.

Vozes d'África

Deus! ó Deus, onde estás que não
[respondes!?
Em que mundo, em qu'estrela tu
[t'escondes,
Embuçado nos céus?
Há dois mil anos te mandei meu grito,
Que embalde, desde então, corre o
[infinito…
Onde estás, Senhor Deus?…

[…]

Mas eu, Senhor!… Eu triste, abandonada,
Em meio dos desertos esgarrada,
Perdida marcho em vão!
Se choro… bebe o pranto a areia ardente!
Talvez… pra que meu pranto, ó Deus
[clemente,
Não descubras no chão!…

[…]

Cite e explique a figura de linguagem (observada nesse fragmento) pela qual o poeta estrutura o poema.

_____

_____

_____

_____

_____

_____

4 (U. F. São Carlos-SP) Leia e responda ao que se pede:

— Não refez então o capítulo? — indagou ela logo que entrei.

— Oh, não, Miss Jane. Suas palavras abriram-me os olhos.

Convenci-me de que não possuo qualidades literárias e não quero insistir — retruquei com ar ressentido.

— Pois tem de insistir — foi sua resposta […] Lembre-se do esforço incessante de Flaubert para atingir a luminosa clareza que só a sábia simplicidade dá. A ênfase, o empolado, o enfeite, o contorcido, o rebuscamento de expressões, tudo isso nada tem com a arte de escrever, porque é artifício e o artifício é a cuscuta da arte. Puros maneirismos que em nada contribuem para o fim supremo: a clara e fácil expressão da ideia.

— Sim, Miss Jane, mas sem isso fico sem estilo…

Que finura de sorriso temperado de meiguice aflorou nos lábios da minha amiga!

— Estilo o senhor Ayrton só o terá quando perder em absoluto a preocupação de ter estilo. Que é estilo, afinal?

— Estilo é… — ia eu responder de pronto, mas logo engasguei, e assim ficaria se ela muito naturalmente não mo definisse de gentil maneira.

— ... é o modo de ser de cada um. Estilo é como o rosto: cada qual possui o que Deus lhe deu. Procurar ter um certo estilo vale tanto como procurar ter uma certa cara. Sai máscara fatalmente essa horrível coisa que é a máscara...

— Mas o meu modo natural de ser não tem encantos, Miss Jane, é bruto, grosseiro, inábil, ingênuo. Quer então que escreva desta maneira?

— Pois perfeitamente! Seja como é, e tudo quanto lhe parece defeito surgirá como qualidades, visto que será reflexo da coisa única que tem valor num artista — a personalidade.

Monteiro Lobato. O presidente negro.

> **Gustave Flaubert** (1821-1880): escritor realista francês considerado um dos maiores do Ocidente.
> **Cuscuta**: planta parasita.

No último parágrafo do texto, Miss Jane tenta convencer Ayrton fazendo uso de uma figura chamada:

a) paradoxo.

b) elipse.

c) ironia.

d) eufemismo.

e) pleonasmo.

5 (Enem-MEC) Leia:

Para o Mano Caetano

O que fazer do ouro de tolo

Quando um doce bardo brada a toda brida,

Em velas pandas, suas esquisitas rimas?

Geografia de verdades, Guanabaras postiças

Saudades banguelas, tropicais preguiças?

A boca cheia de dentes

De um implacável sorriso

Morre a cada instante

Que devora a voz do morto, e com isso,

Ressuscita vampira, sem o menor aviso

[...]

E eu soy lobo-bolo? lobo-bolo

Tipo pra rimar com ouro de tolo?

Oh, Narciso Peixe Ornamental!

Tease me, *tease me* outra vez

Ou em banto baiano

Ou em português de Portugal

Se quiser, até mesmo em americano

De Natal

[...]

Lobão

> ***Tease me***: caçoe de mim, importune-me.

Na letra da canção apresentada, o compositor Lobão explora vários recursos da língua portuguesa, a fim de conseguir efeitos estéticos ou de sentido. Nessa letra, o autor explora o extrato sonoro do idioma e o uso de termos coloquiais na seguinte passagem:

a) "Quando um doce bardo brada a toda brida" (v. 2)

b) "Em velas pandas, suas esquisitas rimas?" (v. 3)

c) "Que devora a voz do morto" (v. 9)

d) "lobo-bolo / Tipo pra rimar com ouro de tolo? (v. 11-12)

e) "*Tease me*, *tease me* outra vez" (v. 14)

6 (Vunesp, adaptada) A questão seguinte toma por base um fragmento do conto "Uma história de mil anos", do escritor, editor e polemista Monteiro Lobato (1882-1948).

— *Hu... hu...*

E como nos ínvios da mata soluça a juriti.

Dois *hus* — um que sobe, outro que desce.

O destino do *u*!... Veludo verde-negro transmutado em som — voz das tristezas sombrias. Os aborígines, maravilhosos denominadores das coisas, possuíam o senso impressionista da onomatopeia. *Urutáu*, *urú*, *urutú*, *inambú* — que sons definirão melhor essas criaturinhas solitárias, amigas da penumbra e dos recessos?

A juriti, pombinha eternamente magoada, é toda *us*. Não canta, geme em *u* — geme um gemido aveludado, lilás, sonorização dolente da saudade.

O caçador passarinheiro sabe como ela morre sem luta ao mínimo ferimento. Morre em *u*...

Já o sanhaço é todo AS. Ferido, debate-se, desfere bicadas, pia lancinante.

A juriti apaga-se como chama de algodão. Frágil torrão de vida, extingue-se como se extingue a vida do torrão de açúcar ao simples contacto da água. Um *u* que se funde.

> LOBATO, Monteiro. *Negrinha*. 9. ed. São Paulo: Brasiliense, 1959.

No conto "Uma história de mil anos", Monteiro Lobato interpreta os valores expressivos dos sons com que representamos o canto dos pássaros, bem como de vocábulos onomatopaicos que a língua portuguesa herdou do tupi. Com base nesse comentário, responda:

Para exprimir relações entre som e sentido, os escritores muitas vezes se servem da sinestesia, ou seja, da mescla de diferentes impressões sensoriais, como o sintagma "ruído áspero e frio", em que se misturam sensações auditivas ("ruído") e tácteis ("áspero e frio"). Localize, no quinto parágrafo do conto, um sintagma em que ocorre procedimento semelhante e identifique as impressões sensoriais evocadas.

Português
LINGUAGENS
VOLUME ÚNICO
PARTE 1

William Cereja

Professor graduado em Português e Linguística e licenciado em Português pela Universidade de São Paulo
Mestre em Teoria Literária pela Universidade de São Paulo
Doutor em Linguística Aplicada e Análise do Discurso pela PUC-SP
Professor da rede particular de ensino em São Paulo, capital

Thereza Cochar

Professora graduada e licenciada em Português e Francês pela FFCL de Araraquara, SP
Mestra em Estudos Literários pela Unesp de Araraquara, SP
Professora da rede pública de ensino em Araraquara, SP

Conecte: Português: linguagens – volume único (Ensino Médio)
© William R. Cereja, Thereza Cochar Magalhães, 2014

Direitos desta edição:
Saraiva S.A. – Livreiros Editores, São Paulo, 2014
Todos os direitos reservados

Dados Internacionais de Catalogação na Publicação (CIP)
(Câmara Brasileira do Livro, SP, Brasil)

Cereja, William Roberto
    Conecte : português linguagens : volume único / William Roberto Cereja, Thereza Cochar Magalhães. –– 1. ed. –– São Paulo : Saraiva, 2014.

    ISBN 978-85-02-22325-7 (aluno)
    ISBN 978-85-02-22328-8 (professor)

    1. Português (Ensino médio) I. Magalhães, Thereza Cochar. II. Título.

14-00573   CDD-469.07

Índices para catálogo sistemático :
1. Português : Ensino médio   469.07

Gerente editorial	M. Esther Nejm
Editor responsável	Noé G. Ribeiro
Editores	Paula Junqueira, Mônica Rodrigues de Lima, Fernanda Carvalho
Preparação de texto	Célia Tavares
Coordenador de revisão	Camila Christi Gazzani
Revisores	Eduardo Sigrist, Luciana Azevedo, Maura Loria
Sugestões de textos e atividades	Carlos Henrique Carneiro, Carolina Assis Dias Vianna, Norberto Lourenço Nogueira Júnior, Pedro Reinato, Rosineide de Melo
Coordenador de iconografia	Cristina Akisino
Pesquisa iconográfica	Camila Losemfeldt, Danielle de Alcântara, Rodrigo dos Santos Souza (estagiário)
Licenciamento de textos	Ricardo Corridoni
Gerente de artes	Ricardo Borges
Coordenador de artes	José Maria de Oliveira
Design	Homem de Melo & Troia Design
Fotos de capa	Gallo Images/Getty Images, Iatã Cannabrava/Sambaphoto, LatinContent /Getty Images, Lonely Planet Images/Getty Images
Diagramação	Alexandre M. Uehara, Francisco A. Costa Filho, Sara Slovac Savero, Setsumi Sinzato
Assessoria de arte	Maria Paula Santo Siqueira, Carlos Magno
Assistentes	Jacqueline Ortolan, Paula Regina Costa de Oliveira
Ilustrações	Estúdio Ampla Arena, Felipe Rocha, Ivan Coutinho, Laerte Silvino, Marcos Guilherme, Mariângela Haddad, Psonha, Ricardo Dantas, Rico, Vicente Mendonça, Weberson Santiago, Zuri
Tratamento de imagens	Emerson de Lima
Produtor gráfico	Robson Cacau Alves
Impressão e acabamento	Bercrom Gráfica e Editora

575936.001.009

SAC 0800-0117875
De 2ª a 6ª, das 8h30 às 19h30
www.editorasaraiva.com.br/contato

Rua Henrique Schaumann, 270 – Cerqueira César – São Paulo/SP – 05413-909

Prezado estudante:

No mundo em que vivemos, a linguagem perpassa cada uma de nossas atividades, individuais e coletivas. Verbais, não verbais ou transverbais, as linguagens se cruzam, se completam e se modificam incessantemente, acompanhando o movimento de transformação do ser humano e suas formas de organização social.

A invenção e a popularização do cinema, do rádio e da tevê nos conduziram à era da informação que hoje vivemos e que, em virtude dos avanços da informática, tem como marca principal a aproximação entre os vários povos e nações, propiciada pela rede internacional de computadores, a Internet.

Nesse mundo em movimento e em transformação, os estudos de linguagem ou de linguagens tornam-se cada vez mais importantes. É por meio das linguagens que interagimos com outras pessoas, próximas ou distantes, informando ou informando-nos, esclarecendo ou defendendo nossos pontos de vista, alterando a opinião de nossos interlocutores ou sendo modificados pela opinião deles. É pela linguagem que é expressa toda forma de opinião, de informação e de ideologia.

Também é por meio da linguagem ou das linguagens que o homem tem se expressado, no transcorrer da História, registrando o resultado de suas ideias, emoções e inquietações em livros científicos ou filosóficos, nas artes plásticas, na música, na literatura – enfim, nas obras que constituem o rico acervo científico-cultural que temos hoje à nossa disposição.

Esta obra pretende ajudá-lo na desafiante tarefa de resgatar a cultura em língua portuguesa, nos seus aspectos artísticos, históricos e sociais, e, ao mesmo tempo, cruzá-la com o mundo contemporâneo em que vivemos, buscando relações e contrastes com as diferentes linguagens em circulação: o cinema, a música, o teatro, a pintura, a tevê, o quadrinho, o cartum, a informática, etc.

Pretende também dar-lhe suporte para a leitura de textos não verbais, como a pintura e a fotografia, assim como para a leitura e a produção de textos verbais, orais e escritos, em diferentes gêneros, como o poema, o relato, a notícia, a reportagem, o seminário, o debate regrado, etc.

Além disso, tem em vista ajudá-lo a compreender o funcionamento e a fazer o melhor uso possível da língua portuguesa, em suas múltiplas variedades, regionais e sociais, e nas diferentes situações de interação social.

Enfim, este livro foi feito para você, jovem sintonizado com a realidade do século XXI que, dinâmico e interessado, deseja, por meio das linguagens, descobrir, criar, relacionar, pesquisar, transformar... viver intensa e plenamente.

Um abraço,

Os Autores.

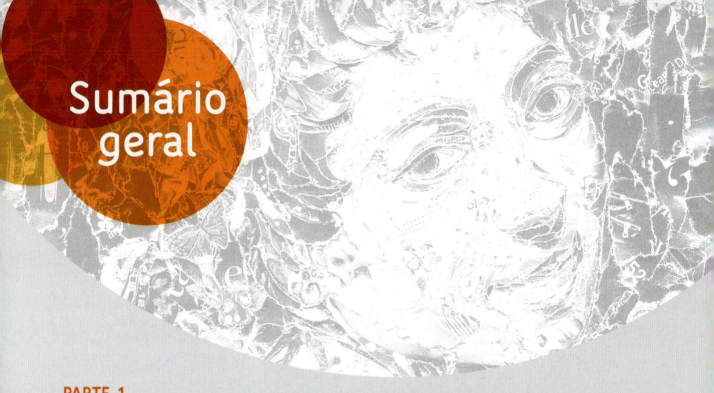

Sumário geral

PARTE 1

UNIDADE 1 — A COMUNICAÇÃO. A LITERATURA DA IDADE MÉDIA AO QUINHENTISMO ... 14
A IMAGEM EM FOCO: *O nascimento de Vênus*, de Botticelli ... 16

CAPÍTULO 1 – Linguagem, comunicação e interação ... 18
LÍNGUA: USO E REFLEXÃO
LINGUAGEM VERBAL E LINGUAGEM NÃO VERBAL ... 19
CÓDIGOS ... 20
A LÍNGUA ... 21
A TEORIA DA COMUNICAÇÃO ... 22
VARIEDADES LINGUÍSTICAS ... 27
DIALETOS E REGISTROS ... 28
GÍRIA ... 29
AS VARIEDADES LINGUÍSTICAS NA CONSTRUÇÃO DO TEXTO ... 30
SEMÂNTICA E DISCURSO ... 31

CAPÍTULO 2 – O que é literatura? ... 32
LITERATURA
A NATUREZA DA LINGUAGEM LITERÁRIA ... 33
A LITERATURA E SUAS FUNÇÕES ... 35
LEITURA: "Grito negro", de José Craveirinha ... 36
ESTILOS DE ÉPOCA: ADEQUAÇÃO E SUPERAÇÃO ... 37
LEITURA: "Meus oito anos", de Casimiro de Abreu, "E com vocês a modernidade", de Antônio Cacaso ... 37
A LITERATURA NA ESCOLA ... 39
PERIODIZAÇÃO DAS LITERATURAS PORTUGUESA E BRASILEIRA ... 40

CAPÍTULO 3 – Introdução aos gêneros do discurso ... 42
PRODUÇÃO DE TEXTO
O QUE É GÊNERO DO DISCURSO? ... 46
OS GÊNEROS LITERÁRIOS ... 46

CAPÍTULO 4 – O poema ... 50
PRODUÇÃO DE TEXTO
TRABALHANDO O GÊNERO ... 50
OS VERSOS E SEUS RECURSOS MUSICAIS ... 51
O POEMA NO ESPAÇO ... 57
A POESIA DE TRADIÇÃO ORAL: O CORDEL ... 57
PRODUZINDO O POEMA ... 58

CAPÍTULO 5 – As origens da literatura portuguesa 60

LITERATURA
A ERA MEDIEVAL 61
LEITURA: cantiga de amigo, de Nuno Fernandes Torneol 63
LEITURA: fragmento de *Auto da barca do inferno*, de Gil Vicente ... 67
O CLASSICISMO 68
LEITURA: soneto e fragmento de *Os lusíadas*, de Camões 72
CONCLUINDO 74

CAPÍTULO 6 – Texto e discurso – Intertexto e interdiscurso 75

LÍNGUA: USO E REFLEXÃO
TEXTUALIDADE, COERÊNCIA E COESÃO 78
A COERÊNCIA E O CONTEXTO DISCURSIVO 79
INTERTEXTUALIDADE, INTERDISCURSIVIDADE E PARÓDIA 81
A COERÊNCIA E A COESÃO NA CONSTRUÇÃO DO TEXTO 84
SEMÂNTICA E DISCURSO 85
PARA COMPREENDER O FUNCIONAMENTO DA LÍNGUA: ORTOGRAFIA (I) ... 85

CAPÍTULO 7 – O texto teatral escrito 89

PRODUÇÃO DE TEXTO
TRABALHANDO O GÊNERO 89
PRODUZINDO O TEXTO TEATRAL 93
ESCREVENDO COM TÉCNICA: A DESCRIÇÃO 95

CAPÍTULO 8 – O Quinhentismo no Brasil 99

LITERATURA
A PRODUÇÃO LITERÁRIA NO BRASIL-COLÔNIA 100
A LITERATURA DE INFORMAÇÃO 101
LEITURA: fragmentos da *Carta* de Caminha, tira de Nilson e cartum de Marcos Müller ... 102
A LITERATURA DE CATEQUESE: JOSÉ DE ANCHIETA 104

VIVÊNCIAS
PROJETO: PALAVRA EM CENA 106

UNIDADE
2

BARROCO: A ARTE DA INDISCIPLINA 108

A IMAGEM EM FOCO: *As vaidades da vida humana*, de Harmen Steenwyck ... 110

CAPÍTULO 9 – A linguagem do Barroco 112

LITERATURA
LEITURA: "Nasce o Sol, e não dura mais que um dia", "Carregado de mim ando no mundo",
de Gregório de Matos, e sermão de Pe. Antônio Vieira 113
O TEXTO E O CONTEXTO EM PERSPECTIVA MULTIDISCIPLINAR 116

CAPÍTULO 10 – Hipertexto e gêneros digitais: o *e-mail* e o comentário ... 119

PRODUÇÃO DE TEXTO
TRABALHANDO O GÊNERO 120
O *E-MAIL* 120
PRODUZINDO O *E-MAIL* 121
O COMENTÁRIO 122
PRODUZINDO O COMENTÁRIO 125

CAPÍTULO 11 – Introdução à semântica 126

LÍNGUA: USO E REFLEXÃO
SINONÍMIA E ANTONÍMIA 128
CAMPO SEMÂNTICO, HIPONÍMIA E HIPERONÍMIA 129
POLISSEMIA 129
A AMBIGUIDADE 130
A AMBIGUIDADE NA CONSTRUÇÃO DO TEXTO 132
SEMÂNTICA E DISCURSO 133

CAPÍTULO 12 – O Barroco em Portugal e no Brasil 134

LITERATURA
O BARROCO EM PORTUGAL 135
LEITURA: fragmento do "Sermão pelo bom sucesso das armas de Portugal contra as de Holanda",
de Pe. Antônio Vieira 135
O BARROCO NO BRASIL 138
LEITURA: "Ofendi-vos, Meu Deus, bem é verdade", de Gregório de Matos ... 140

CAPÍTULO 13 – O debate regrado público.. 142
PRODUÇÃO DE TEXTO   TRABALHANDO O GÊNERO 142
                     PRODUZINDO O DEBATE REGRADO 146
CAPÍTULO 14 – A expressão escrita: acentuação.. 149
LÍNGUA: USO E REFLEXÃO   REGRAS DE ACENTUAÇÃO GRÁFICA 151
                     A ACENTUAÇÃO NA CONSTRUÇÃO DO TEXTO 152
                     SEMÂNTICA E DISCURSO 153
                     PARA COMPREENDER O FUNCIONAMENTO DA LÍNGUA: ORTOGRAFIA (II) 154

VIVÊNCIAS   PROJETO: FEIRA DE INCLUSÃO DIGITAL 160

UNIDADE 3

HISTÓRIA SOCIAL DO ARCADISMO.. 162
A IMAGEM EM FOCO: *O juramento dos Horácios*, de Jacques-Louis David 164

CAPÍTULO 15 – A linguagem do Arcadismo 166
LITERATURA   LEITURA: soneto de Cláudio Manuel da Costa, fragmento de *Marília de Dirceu*,
              de Tomás Antônio Gonzaga, e soneto de Bocage 167
              O TEXTO E O CONTEXTO EM PERSPECTIVA MULTIDISCPLINAR 170

CAPÍTULO 16 – O artigo de opinião 173
PRODUÇÃO DE TEXTO   TRABALHANDO O GÊNERO 173
                     PRODUZINDO O ARTIGO DE OPINIÃO 176

CAPÍTULO 17 – Estrutura e formação de palavras 178
LÍNGUA: USO E REFLEXÃO   ESTRUTURA DE PALAVRAS 178
                     FORMAÇÃO DE PALAVRAS 182
                     PROCESSOS DE FORMAÇÃO DE PALAVRAS NA CONSTRUÇÃO DO TEXTO 188
                     SEMÂNTICA E DISCURSO 190

CAPÍTULO 18 – O Arcadismo em Portugal e no Brasil..................................... 191
LITERATURA   O ARCADISMO EM PORTUGAL 191
              LEITURA: dois sonetos de Bocage 192
              O ARCADISMO NO BRASIL 193
              LEITURA: "Lira 77", de Tomás Antônio Gonzaga 195

CAPÍTULO 19 – O seminário 197
PRODUÇÃO DE TEXTO   TRABALHANDO O GÊNERO 197
                     PRODUZINDO O SEMINÁRIO 197
                     PLANEJAMENTO E PREPARAÇÃO DE UM SEMINÁRIO 197
                     COMO APRESENTAR UM SEMINÁRIO 198
                     COMO APRESENTAR UM SEMINÁRIO EM GRUPO 200
                     PROPOSTAS PARA A PRODUÇÃO DE SEMINÁRIOS 201
                     REVISÃO E AVALIAÇÃO DOS SEMINÁRIOS 204

CAPÍTULO 20 – O Enem e os cinco eixos cognitivos... 205
INTERPRETAÇÃO DE TEXTO   O QUE É O ENEM? 206
                     A AVALIAÇÃO NO ENEM 206
                     OS CINCO EIXOS COGNITIVOS 206

VIVÊNCIAS   PROJETO: A ARTE BRASILEIRA NO PERÍODO COLONIAL 213

EM DIA COM O ENEM E O VESTIBULAR 216

PARTE 2

UNIDADE 4

HISTÓRIA SOCIAL DO ROMANTISMO 226
A IMAGEM EM FOCO: *A jangada do Medusa*, de Théodore Géricault 228

CAPÍTULO 21 - A linguagem do Romantismo 230
LITERATURA
    LEITURA: "Canção do exílio", de Gonçalves Dias 231
    O TEXTO E O CONTEXTO EM PERSPECTIVA MULTIDISCIPLINAR 234

CAPÍTULO 22 - O Romantismo em Portugal 238
LITERATURA
    A PRIMEIRA GERAÇÃO ROMÂNTICA 239
    LEITURA: poema de Almeida Garrett 240
    A SEGUNDA GERAÇÃO ROMÂNTICA 243

CAPÍTULO 23 - A notícia 245
PRODUÇÃO DE TEXTO
    TRABALHANDO O GÊNERO 245
    PRODUZINDO A NOTÍCIA 247
    ESCREVENDO COM ADEQUAÇÃO: TÍTULO, LEGENDA E TEXTO-LEGENDA ... 249

CAPÍTULO 24 - O substantivo e o adjetivo 252
LÍNGUA: USO E REFLEXÃO
    SUBSTANTIVO 252
    ADJETIVO 257
    O ADJETIVO NA CONSTRUÇÃO DO TEXTO 262
    SEMÂNTICA E DISCURSO 264
    PARA COMPREENDER O FUNCIONAMENTO DA LÍNGUA:
    SUJEITO E PREDICADO 264
    A PREDICAÇÃO 267

CAPÍTULO 25 - O Romantismo no Brasil - a poesia 270
LITERATURA
    AS GERAÇÕES DO ROMANTISMO 271
    PRIMEIRA GERAÇÃO: A BUSCA DO NACIONAL 271
    LEITURA: "I-Juca-Pirama", de Gonçalves Dias 273
    O ULTRARROMANTISMO 274
    LEITURA: "Soneto", de Álvares de Azevedo 276
    A POESIA CONDOREIRA 277
    LEITURA: fragmento de "O navio negreiro", de Castro Alves 279

CAPÍTULO 26 - A entrevista 281
PRODUÇÃO DE TEXTO
    TRABALHANDO O GÊNERO 281
    PRODUZINDO A ENTREVISTA 284

CAPÍTULO 27 - O verbo e o advérbio 285
LÍNGUA: USO E REFLEXÃO
    VERBO 285
    ADVÉRBIO 299
    O VERBO NA CONSTRUÇÃO DO TEXTO 302
    SEMÂNTICA E DISCURSO 303
    PARA COMPREENDER O FUNCIONAMENTO DA LÍNGUA: TERMOS LIGADOS AO VERBO: OBJETO DIRETO,
    OBJETO INDIRETO E ADJUNTO ADVERBIAL 304

CAPÍTULO 28 - O Romantismo no Brasil - a prosa 306
LITERATURA
    O ROMANCE BRASILEIRO E A BUSCA DO NACIONAL 307
    O ROMANCE INDIANISTA 307
    JOSÉ DE ALENCAR E O ROMANCE INDIANISTA 308
    LEITURA: fragmento de *O guarani*, de José de Alencar, e de *A expedição Montaigne*, de Antônio Callado ... 309
    O ROMANCE REGIONAL 312
    LEITURA: fragmento de *Inocência*, de Visconde de Taunay 313
    O ROMANCE URBANO 314
    LEITURA: fragmento de *Memórias de um sargento de milícias*, de Manuel Antônio de Almeida,
      e de *Senhora*, de José de Alencar 316
    A PROSA GÓTICA 319

VIVÊNCIAS
    PROJETO: SARAU GÓTICO: "OH! MY GOTH!" 321

The Bridgeman Art Library/Grupo Keystone/Coleção particular

UNIDADE 5

HISTÓRIA SOCIAL DO REALISMO, DO NATURALISMO E DO PARNASIANISMO 324
A IMAGEM EM FOCO: *As peneiradoras de trigo*, de Gustave Courbet 326

CAPÍTULO 29 – A linguagem do Realismo, do Naturalismo e do Parnasianismo 327
LITERATURA
A LINGUAGEM DA PROSA REALISTA 328
LEITURA: "A causa secreta", de Machado de Assis 328
A LINGUAGEM DA PROSA NATURALISTA 334
LEITURA: fragmento de *Germinal*, de Émile Zola, e fragmento de *O cortiço*, de Aluísio Azevedo 334
A LINGUAGEM DA POESIA PARNASIANA 337
LEITURA: "Profissão de fé", de Olavo Bilac, e "Vaso chinês", de Alberto de Oliveira 337
O TEXTO E O CONTEXTO EM PERSPECTIVA MULTIDISCIPLINAR 340

CAPÍTULO 30 – O Realismo em Portugal – o Realismo e o Naturalismo no Brasil 342
LITERATURA
O REALISMO EM PORTUGAL 342
LEITURA: fragmento de *O primo Basílio*, de Eça de Queirós 345
O REALISMO NO BRASIL 347
LEITURA: fragmentos de *Memórias póstumas de Brás Cubas*, de Machado de Assis 348
O NATURALISMO NO BRASIL 351

CAPÍTULO 31 – A reportagem 352
PRODUÇÃO DE TEXTO
TRABALHANDO O GÊNERO 352
PRODUZINDO A REPORTAGEM 357

CAPÍTULO 32 – O artigo e o numeral 359
LÍNGUA: USO E REFLEXÃO
O ARTIGO E O NUMERAL NA CONSTRUÇÃO DO TEXTO 362
SEMÂNTICA E DISCURSO 363
PARA COMPREENDER O FUNCIONAMENTO DA LÍNGUA: TERMOS LIGADOS AO VERBO:
ADJUNTO ADNOMINAL E COMPLEMENTO NOMINAL 365

CAPÍTULO 33 – O Parnasianismo no Brasil 368
LITERATURA
A BATALHA DO PARNASO 369
OLAVO BILAC: O OURIVES DA LINGUAGEM 369
LEITURA: "Via láctea" e "Nel mezzo del camin...", de Olavo Bilac 371
RAIMUNDO CORREIA: A PESQUISA DA LINGUAGEM 372
LEITURA: "As pombas", de Raimundo Correia 372

CAPÍTULO 34 – A crônica 373
PRODUÇÃO DE TEXTO
TRABALHANDO O GÊNERO 373
PRODUZINDO A CRÔNICA 376
ESCREVENDO COM EXPRESSIVIDADE: TIPOS DE DISCURSO 378

VIVÊNCIAS
PROJETO: JORNAL MURAL: *OS FOCAS* 382

UNIDADE 6

HISTÓRIA SOCIAL DO SIMBOLISMO 384
A IMAGEM EM FOCO: *O homem alado* ou *O anjo perdido*, de Odilon Redon 386

CAPÍTULO 35 – A linguagem do Simbolismo 387
LITERATURA
LEITURA: "Correspondências", de Baudelaire, "Violões que choram...", de Cruz e Sousa,
e "Sobre um mar de rosas que arde", de Pedro Kilkerry 388
O TEXTO E O CONTEXTO EM PERSPECTIVA MULTIDISCIPLINAR 391

CAPÍTULO 36 – A crítica 394
PRODUÇÃO DE TEXTO
TRABALHANDO O GÊNERO 394
PRODUZINDO A CRÍTICA 397

CAPÍTULO 37 – O pronome 398

LÍNGUA: USO E REFLEXÃO PRONOMES PESSOAIS 400
PRONOMES DE TRATAMENTO 404
PRONOMES POSSESSIVOS 405
PRONOMES DEMONSTRATIVOS 406
PRONOMES INDEFINIDOS 410
PRONOMES INTERROGATIVOS 411
PRONOMES RELATIVOS 412
O PRONOME NA CONSTRUÇÃO DO TEXTO 414
SEMÂNTICA E DISCURSO 415
PARA COMPREENDER O FUNCIONAMENTO DA LÍNGUA: O PREDICATIVO – TIPOS DE PREDICADO 416

CAPÍTULO 38 – O Simbolismo em Portugal e no Brasil 421

LITERATURA O SIMBOLISMO EM PORTUGAL 421
LEITURA: "Caminho", de Camilo Pessanha 422
O SIMBOLISMO NO BRASIL 423
LEITURA: "Cavador do Infinito", de Cruz e Sousa 423

CAPÍTULO 39 – O editorial 425

PRODUÇÃO DE TEXTO TRABALHANDO O GÊNERO 425
PRODUZINDO O EDITORIAL 427

CAPÍTULO 40 – A preposição, a conjunção e a interjeição 430

LÍNGUA: USO E REFLEXÃO A PREPOSIÇÃO E A CONJUNÇÃO 430
A INTERJEIÇÃO 439
A CONJUNÇÃO NA CONSTRUÇÃO DO TEXTO 441
SEMÂNTICA E DISCURSO 442
PARA COMPREENDER O FUNCIONAMENTO DA LÍNGUA: TIPOS DE SUJEITO 442
APOSTO E VOCATIVO 444

CAPÍTULO 41 – Competências e habilidades do Enem (I) 447

INTERPRETAÇÃO DE TEXTO O QUE SÃO COMPETÊNCIAS E HABILIDADES? 448
PREPARE-SE PARA O ENEM E O VESTIBULAR 451

VIVÊNCIAS

PROJETO: DOIS OLHARES: ENTRE A RAZÃO E A ANTIRRAZÃO 453

EM DIA COM O ENEM E O VESTIBULAR 456

PARTE 3

UNIDADE 7

HISTÓRIA SOCIAL DO MODERNISMO 466

A IMAGEM EM FOCO: *Guernica*, de Pablo Picasso 468

CAPÍTULO 42 – O Pré-Modernismo 470

LITERATURA AS NOVIDADES 471
EUCLIDES DA CUNHA: EM BUSCA DA VERDADE HISTÓRICA 471
LIMA BARRETO: A HISTÓRIA DOS VENCIDOS 473
LEITURA: fragmento de *Triste fim de Policarpo Quaresma* 475
MONTEIRO LOBATO: UM DÍNAMO EM MOVIMENTO 477
AUGUSTO DOS ANJOS: O ÁTOMO E O COSMOS 478

CAPÍTULO 43 – A linguagem do Modernismo 480

LITERATURA   LEITURA: "As janelas", de Guillaume Apollinaire, "O domador", de Mário de Andrade,
e "o capoeira", de Oswald de Andrade 481
O TEXTO E O CONTEXTO EM PERSPECTIVA MULTIDISCIPLINAR 484
AS VANGUARDAS EUROPEIAS 487

CAPÍTULO 44 – O cartaz e o anúncio publicitário 490

PRODUÇÃO DE TEXTO   O CARTAZ 490
TRABALHANDO O GÊNERO 490
PRODUZINDO O CARTAZ 491
O ANÚNCIO PUBLICITÁRIO 492
TRABALHANDO O GÊNERO 492
PRODUZINDO O ANÚNCIO PUBLICITÁRIO 494

CAPÍTULO 45 – Concordância verbal e nominal 495

LÍNGUA: USO E REFLEXÃO CONCORDÂNCIA VERBAL 496
CONCORDÂNCIA NOMINAL 502
A CONCORDÂNCIA NA CONSTRUÇÃO DO TEXTO 505
SEMÂNTICA E DISCURSO 506
PARA COMPREENDER O FUNCIONAMENTO DA LÍNGUA: PERÍODO COMPOSTO POR
SUBORDINAÇÃO: AS ORAÇÕES SUBSTANTIVAS 507

CAPÍTULO 46 – O Modernismo em Portugal: a primeira geração 512

LITERATURA   AS REVISTAS E O ESPÍRITO DE RENOVAÇÃO 513
A GERAÇÃO DA REVISTA *ORPHEU* 513
FERNANDO PESSOA: O CALEIDOSCÓPIO POÉTICO 514
LEITURA: "Autopsicografia" 518

CAPÍTULO 47 – O conto 519

PRODUÇÃO DE TEXTO   TRABALHANDO O GÊNERO 519
PRODUZINDO O CONTO 526

CAPÍTULO 48 – A pontuação 528

LÍNGUA: USO E REFLEXÃO VÍRGULA 529
PONTO E VÍRGULA 532
PONTO 532
PONTO DE INTERROGAÇÃO 532
PONTO DE EXCLAMAÇÃO 532
DOIS-PONTOS 532
ASPAS 533
PARÊNTESES 533
TRAVESSÃO 533
RETICÊNCIAS 533
A PONTUAÇÃO NA CONSTRUÇÃO DO TEXTO 535
SEMÂNTICA E DISCURSO 536
PARA COMPREENDER O FUNCIONAMENTO DA LÍNGUA: PERÍODO COMPOSTO POR
SUBORDINAÇÃO: AS ORAÇÕES ADJETIVAS 537

CAPÍTULO 49 – O Modernismo no Brasil: a primeira geração 541

LITERATURA   A SEMANA DE ARTE MODERNA 542
A PRIMEIRA FASE DO MODERNISMO 542
OSWALD DE ANDRADE: O ANTROPÓFAGO DO MODERNISMO 543

LEITURA: "a transação", "pronominais", "3 de maio" e "maturidade" 544
MÁRIO DE ANDRADE: VANGUARDA E TRADIÇÃO 545
LEITURA: fragmento de *Macunaíma* 546
MANUEL BANDEIRA: O RESGATE LÍRICO 548
LEITURA: "Vou-me embora pra Pasárgada" 549

VIVÊNCIAS   PROJETO: ARTE EM REVISTA 551

UNIDADE 8 — A SEGUNDA FASE DO MODERNISMO: A PROSA E A POESIA 554

CAPÍTULO 50 - O romance de 30 556
LITERATURA
     A ESTÉTICA DO COMPROMISSO 556
     CAMINHOS DA FICÇÃO DE 30 557
     GRACILIANO RAMOS: A PROSA NUA 557
     LEITURA: fragmento de *Vidas secas* 558
     RACHEL DE QUEIROZ E O DRAMA DA SECA NO NORDESTE 560
     JOSÉ LINS DO REGO: REALIDADE E FICÇÃO NO ENGENHO 560
     JORGE AMADO: LIRISMO E MILITÂNCIA NA BAHIA 562
     ÉRICO VERÍSSIMO: RESGATE HISTÓRICO E CRÍTICA 563

Sebastião Bisneto/Folhapress

CAPÍTULO 51 - As cartas argumentativas 565
PRODUÇÃO DE TEXTO
     A CARTA DE LEITOR 565
     TRABALHANDO O GÊNERO 565
     PRODUZINDO A CARTA DE LEITOR 568
     CARTAS ARGUMENTATIVAS DE RECLAMAÇÃO E DE SOLICITAÇÃO 569
     TRABALHANDO O GÊNERO 569
     PRODUZINDO AS CARTAS ARGUMENTATIVAS DE RECLAMAÇÃO E DE SOLICITAÇÃO 572

CAPÍTULO 52 - Regência verbal e regência nominal 574
LÍNGUA: USO E REFLEXÃO
     REGÊNCIA VERBAL 576
     REGÊNCIA NOMINAL 578
     CRASE 580
     A REGÊNCIA VERBAL NA CONSTRUÇÃO DO TEXTO 583
     SEMÂNTICA E DISCURSO 584
     PARA COMPREENDER O FUNCIONAMENTO DA LÍNGUA: PERÍODO COMPOSTO POR
     SUBORDINAÇÃO: AS ORAÇÕES ADVERBIAIS 585

CAPÍTULO 53 - A poesia de 30 590
LITERATURA
     CARLOS DRUMMOND DE ANDRADE: O *GAUCHISMO* E O SENTIMENTO DO MUNDO 591
     LEITURA: "Poema de sete faces" 591
     MURILO MENDES: EM BUSCA DA UNIDADE 595
     JORGE DE LIMA: EM BUSCA DO ELO PERDIDO 596
     CECÍLIA MEIRELES: O EFÊMERO E O ETERNO 596
     LEITURA: "1º motivo da rosa" 598
     VINÍCIUS DE MORAIS: UM CANTO DE POETA E DE CANTOR 599
     LEITURA: "Soneto de separação" e "Soneto de fidelidade" 601

Coleção particular

CAPÍTULO 54 - O texto dissertativo-argumentativo 602
PRODUÇÃO DE TEXTO
     TRABALHANDO O GÊNERO 602
     PRODUZINDO O TEXTO DISSERTATIVO-ARGUMENTATIVO 605
     ESCREVENDO COM ADEQUAÇÃO: A IMPESSOALIZAÇÃO DA LINGUAGEM 607

CAPÍTULO 55 – O Modernismo em Portugal: a segunda geração 610
LITERATURA JOSÉ RÉGIO: A POESIA ENTRE DEUS E O DIABO 611
LEITURA: "Cântico negro" 611

CAPÍTULO 56 – Competências e habilidades do Enem (II) 613
INTERPRETAÇÃO DE TEXTO COMPETÊNCIAS DE ÁREA 4, 5 E 6 REFERENTES A LINGUAGENS, CÓDIGOS E SUAS TECNOLOGIAS 614
PREPARE-SE PARA O ENEM E O VESTIBULAR 616

VIVÊNCIAS PROJETO: MOSTRA DE ARTE MODERNA: DUAS GERAÇÕES 618

UNIDADE 9

A LITERATURA CONTEMPORÂNEA 622

CAPÍTULO 57 – A geração de 45 624
LITERATURA CLARICE LISPECTOR: A ESCRITURA SELVAGEM 625
LEITURA: "Os laços de família" 626
GUIMARÃES ROSA: A LINGUAGEM REINVENTADA 630
LEITURA: fragmento de *Grande sertão: veredas* 632
JOÃO CABRAL DE MELO NETO: A LINGUAGEM OBJETO 634
LEITURA: fragmento de *Morte e vida severina* 635

CAPÍTULO 58 – Como desenvolver as partes de um texto dissertativo-argumentativo 637
PRODUÇÃO DE TEXTO TRABALHANDO O GÊNERO 637
TIPOS DE INTRODUÇÃO DO TEXTO DISSERTATIVO-ARGUMENTATIVO 639
TIPOS DE ARGUMENTO DO TEXTO DISSERTATIVO-ARGUMENTATIVO 641
TIPOS DE CONCLUSÃO DO TEXTO DISSERTATIVO-ARGUMENTATIVO 643
PRODUZINDO O TEXTO DISSERTATIVO-ARGUMENTATIVO 645

CAPÍTULO 59 – A literatura portuguesa contemporânea: do Neorrealismo aos dias de hoje 647
LITERATURA A PROSA NEORREALISTA E EXISTENCIALISTA 647
A LITERATURA PORTUGUESA ATUAL 649
LEITURA: fragmento de *Ensaio sobre a cegueira*, de José Saramago 650

CAPÍTULO 60 – A colocação. Colocação pronominal 656
LÍNGUA: USO E REFLEXÃO COLOCAÇÃO PRONOMINAL 658
A COLOCAÇÃO PRONOMINAL NA CONSTRUÇÃO DO TEXTO 661
SEMÂNTICA E DISCURSO 662
PARA COMPREENDER O FUNCIONAMENTO DA LÍNGUA: PERÍODO COMPOSTO
POR COORDENAÇÃO: AS ORAÇÕES COORDENADAS 663

CAPÍTULO 61 – Tendências da literatura brasileira contemporânea 667
LITERATURA A POESIA 667
LEITURA: "Agosto 1964", de Ferreira Gullar, "Soneto 1m40cm", de Paulo Miranda,
poema de Paulo Leminski e "Roedor", de Donizete Galvão. 668
A PROSA 675
LEITURA: conto de Dalton Trevisan e "094 paisagem com remédios", de Fernando Bonassi 675

CAPÍTULO 62 – Competências e habilidades do Enem (III) 679
INTERPRETAÇÃO DE TEXTO COMPETÊNCIAS DE ÁREA 7, 8 E 9 REFERENTES A LINGUAGENS,
CÓDIGOS E SUAS TECNOLOGIAS 680

VIVÊNCIAS PROJETO: SARAU: POESIA E MÚSICA 683

EM DIA COM O ENEM E O VESTIBULAR 686

Sumário da parte 1

UNIDADE 1

A COMUNICAÇÃO. A LITERATURA DA IDADE MÉDIA AO QUINHENTISMO 14

CAPÍTULO 1 - Linguagem, comunicação e interação 18
LÍNGUA: USO E REFLEXÃO

CAPÍTULO 2 - O que é literatura? 32
LITERATURA

CAPÍTULO 3 - Introdução aos gêneros do discurso 42
PRODUÇÃO DE TEXTO

CAPÍTULO 4 - O poema 50
PRODUÇÃO DE TEXTO

CAPÍTULO 5 - As origens da literatura portuguesa 60
LITERATURA

CAPÍTULO 6 - Texto e discurso - Intertexto e interdiscurso 75
LÍNGUA: USO E REFLEXÃO

CAPÍTULO 7 - O texto teatral escrito 89
PRODUÇÃO DE TEXTO

CAPÍTULO 8 - O Quinhentismo no Brasil 99
LITERATURA

VIVÊNCIAS
PROJETO: PALAVRA EM CENA 106

UNIDADE 2

BARROCO: A ARTE DA INDISCIPLINA 108

CAPÍTULO 9 - A linguagem do Barroco 112
LITERATURA

CAPÍTULO 10 - Hipertexto e gêneros digitais: o *e-mail* e o comentário 119
PRODUÇÃO DE TEXTO

CAPÍTULO 11 - Introdução à semântica 126
LÍNGUA: USO E REFLEXÃO

CAPÍTULO 12 - O Barroco em Portugal e no Brasil 134
LITERATURA

CAPÍTULO 13 - O debate regrado público 142
PRODUÇÃO DE TEXTO

CAPÍTULO 14 - A expressão escrita: acentuação 149
LÍNGUA: USO E REFLEXÃO

VIVÊNCIAS
PROJETO: FEIRA DE INCLUSÃO DIGITAL 160

UNIDADE 3

HISTÓRIA SOCIAL DO ARCADISMO 162

CAPÍTULO 15 - A linguagem do Arcadismo 166
LITERATURA

CAPÍTULO 16 - O artigo de opinião 173
PRODUÇÃO DE TEXTO

CAPÍTULO 17 - Estrutura e formação de palavras 178
LÍNGUA: USO E REFLEXÃO

CAPÍTULO 18 - O Arcadismo em Portugal e no Brasil 191
LITERATURA

CAPÍTULO 19 - O seminário 197
PRODUÇÃO DE TEXTO

CAPÍTULO 20 - O Enem e os cinco eixos cognitivos 205
INTERPRETAÇÃO DE TEXTO

VIVÊNCIAS
PROJETO: A ARTE BRASILEIRA NO PERÍODO COLONIAL 213

EM DIA COM O ENEM E O VESTIBULAR 216

Escriba medieval (1910), de Joseph Ratcliffe.

UNIDADE 1
A COMUNICAÇÃO. A LITERATURA DA IDADE MÉDIA AO QUINHENTISMO

A linguagem é um dos mais importantes patrimônios da humanidade. Por meio dela, interagimos com outras pessoas, traduzindo e expressando nossas experiências e ideias, nossos desejos e sentimentos, nossas opiniões e emoções. Ela também nos permite expressar nossa cultura, nossos valores, as tradições de nosso povo. E, ainda, transmitir, em prosa e verso, as histórias, as canções, os poemas que criamos.

Em épocas remotas, quando ainda não havia a escrita, tudo isso era transmitido oralmente, de geração a geração. A invenção da escrita permite deixar gravado para as gerações futuras a riqueza cultural de cada povo. Dessa riqueza destaca-se a literatura, que, além de expressar a cultura, os valores e as tradições de um povo, reflete valores universais e atemporais, isto é, valores válidos para as pessoas de qualquer época e lugar.

A história das culturas portuguesa e brasileira está associada ao surgimento da língua portuguesa, que ocorreu na Idade Média.

Estudar a literatura portuguesa e a literatura brasileira implica conhecer sua origem, sua história e suas relações socioculturais, além das relações existentes entre elas e outras linguagens e entre elas e o mundo contemporâneo.

VIVÊNCIAS

Projeto:
Palavra em cena

Produção e montagem de um varal de textos, de um sarau poético e de uma representação teatral.

O apanhador de desperdícios

Uso a palavra para compor meus silêncios.
Não gosto das palavras
fatigadas de informar.
Dou mais respeito
às que vivem de barriga no chão
tipo água pedra sapo.
Entendo bem o sotaque das águas.
Dou respeito às coisas desimportantes
e aos seres desimportantes.
Prezo insetos mais que aviões.
Prezo a velocidade
das tartarugas mais que a dos mísseis.
[...]

(Manoel de Barros. In: Manuel da Costa Pinto. *Antologia comentada da poesia brasileira do século 21*. São Paulo: Publifolha, 2006. p. 73.)

Fique ligado! Pesquise!

Para estabelecer relações entre a literatura e outras artes e áreas do conhecimento, eis algumas sugestões:

Assista

- *A última legião*, de Doug Lefler; *As brumas de Avalon*, de Uli Edel; *Excalibur*, de John Boorman; *O feitiço de Áquila*, de Richard Donner; *O senhor dos anéis*, de Peter Jackson; *Mais estranho que a ficção*, de Marc Forster; *O baile*, de Ettore Scola; *Cinema Paradiso*, de Giuseppe Tornatore; *A rosa púrpura do Cairo* e *A era do rádio*, de Woody Allen; *A última borboleta*, de Karel Kachyna; *Poesia*, de Lee Chang-Dong; *O carteiro e o poeta*, de Michael Radford.

Leia

- *O mestre das iluminuras*, de Brenda Rickman Vantrease (Sextante); *A dama e o unicórnio*, de Tracy Chevalier (Bertrand do Brasil); *O nome da rosa*, de Umberto Eco (Nova Fronteira); *O cavaleiro inexistente*, de Italo Calvino (Companhia das Letras); *Nos passos de... Rei Artur*, de Claudine Glot (Rocco); *A demanda do Santo Graal* (Ateliê Editorial); *Contos e lendas da Távola Redonda*, de Jaqueline Miranda (Companhia das Letras); *Histórias medievais*, de Hermann Hesse (Record); *História da pintura*, de Wendy Becckett (Ática); *Uma breve história da música*, de Roy Bennett (Jorge Zahar); *A vida pelo vídeo*, de Ciro Marcondes Filho (Moderna); *Publicidade – A linguagem da sedução*, de Nelly de Carvalho (Ática).

Ouça

- Ouça os discos *Musikantiga I* (que contêm músicas medievais) e *Cantigas de amigo*, de La Bataglia; a canção "Love song", do grupo Legião Urbana; os discos de Elomar Figueira de Melo, que apresentam canções inspiradas em cantigas medievais; o CD *Sem mim*, com direção musical de José Miguel Wisnik, que reúne canções de Martim Codax (produzido para o espetáculo homônimo do grupo de dança Corpo).

Navegue

- www.auladearte.com.br/historia_da_arte/giotto_estilo_.htm
- http://cantigas.fcsh.unl.pt/
- http://cvc.instituto-camoes.pt/literatura/cantigasamigo.htm
- www.carcassonne.org/

Visite

- Museu da Língua Portuguesa, em São Paulo, capital.

A IMAGEM EM FOCO

Você vai fazer, a seguir, a leitura de uma das mais importantes pinturas do Renascimento: a obra *O nascimento de Vênus* (1485), de Sandro Botticelli. Observe atentamente o quadro:

Antes de ler as questões propostas, conheça as personagens da mitologia greco-latina que fazem parte do quadro:

Vênus (a mulher no centro): Afrodite para os gregos e Vênus para os romanos, ela é a deusa do amor, da beleza e da fecundidade. Eis sua origem: Urano (o céu) e Gaia (a terra) uniram-se para dar origem aos primeiros seres humanos, os Titãs. Porém, a pedido de Gaia, um dos filhos do casal castra o pai. Dos órgãos cortados e jogados ao mar, nasce uma espuma, da qual surge Vênus, a mais bela das deusas.

Zéfiro e **Flora** (à esquerda, no ar): Zéfiro é deus do vento, e Flora, mulher de Zéfiro, tem o poder sobre a natureza. Alguns estudiosos acham que se trata não de Flora, mas de Aura, a deusa da brisa.

Hora (à direita, na margem): é uma das quatro Horas, filha de Zeus. As Horas representam as quatro estações do ano.

Vênus de Milo, uma das versões de Vênus, escultura da Grécia antiga descoberta em 1820 na ilha de Melos.

1. Conta a mitologia que, ao nascer das espumas do mar, Vênus é conduzida até a margem da ilha Citera, na costa sul da Grécia. No quadro de Botticelli:
   a) Quem é responsável pela condução de Vênus até a margem da ilha?
   b) Vênus é conduzida sobre as ondas até a margem. Por que o pintor teria escolhido uma concha para servir de barco à deusa?
   c) A ninfa Hora espera Vênus, na margem, com um amplo manto. Levante hipóteses: O que provavelmente Hora fará com o manto? Por quê?

2. Observe que o vestido de Hora e o manto que ela tem nas mãos são estampados com desenhos de flores. Sabendo-se que cada uma das Horas representa uma estação do ano, provavelmente qual é a estação que a Hora do quadro representa?

3. À esquerda de Vênus, cai uma chuva de rosas cor-de-rosa. Segundo a mitologia, a rosa teria nascido juntamente com essa deusa. Além disso, por sua beleza e fragrância, a rosa é símbolo do amor.
   a) Na mitologia, a rosa é considerada a flor sagrada de Vênus. Comparando os significados que têm a rosa e Vênus, é coerente esse atributo dado à rosa? Por quê?
   b) O amor é um sentimento nobre, encantador; porém, tem momentos difíceis, de dor e sofrimento. Que parte da rosa corresponderia à dor e ao sofrimento?

4. Faça, com uma régua, esta experiência: meça o quadro na vertical e na horizontal e divida essas medidas ao meio, tentando encontrar o ponto médio, o centro do quadro.
   a) Onde cai o centro do quadro?
   b) Considerando que Vênus é a deusa do amor, da beleza e da fecundidade, você acha que foi intencional o fato de Botticelli ter colocado essa parte do corpo da deusa no centro do quadro? Por quê?

Vênus Capitolina.

5. O quadro apresenta dois elementos que foram exaustivamente explorados pela arte renascentista: a figura humana (no caso, os deuses) e a natureza. Observe o mar ao fundo, as encostas da ilha e as árvores, à direita. Compare esses elementos ao corpo de Vênus e conclua: Qual era o interesse principal de Botticelli: retratar com perfeição a figura humana ou a natureza? Por quê?

6. A obra de Botticelli é apenas uma das muitas representações de Vênus feitas em pintura ou escultura. Para criar sua Vênus, o pintor italiano se baseou na *Vênus Capitolina*, escultura grega bem mais antiga. Observe-a acima e compare as duas figuras.
   a) Que semelhança há entre elas?
   b) Que característica típica do Renascimento se verifica nessa relação entre as duas obras?

7. A tela *O nascimento de Vênus* (1485) é considerada por alguns críticos como a obra que verdadeiramente deu início ao Renascimento.
   a) Observe que Vênus está banhada de luz. Além disso, ela representa a beleza, a harmonia e a sensualidade, valores muito apreciados no Renascimento emergente. Relacionando o nascimento de Vênus ao contexto cultural em que a obra foi produzida, que outro significado a deusa pode assumir?
   b) Que características próprias do Renascimento ou do Classicismo (na literatura) você identifica nesse quadro?

LÍNGUA: USO E REFLEXÃO

CAPÍTULO 1

Linguagem, comunicação e interação

CONSTRUINDO O CONCEITO

Leia o anúncio publicitário:

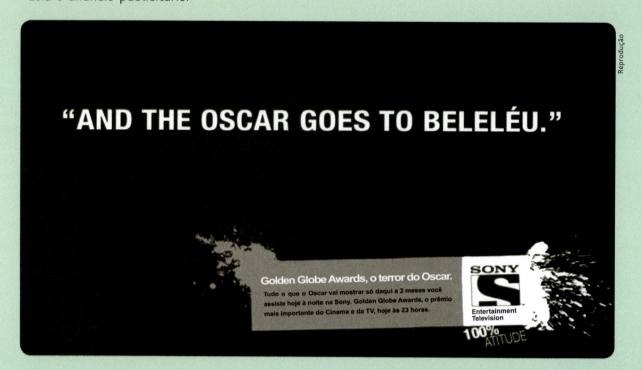

1. Quanto à situação de comunicação relacionada ao anúncio, responda:

   a) Quem é o anunciante?

   b) A que tipo de público o anúncio se destina?

   c) O que o anúncio divulga?

2. Apesar de ter sido veiculado no Brasil, o anúncio tem em seu enunciado principal uma frase em inglês. Levante hipóteses:

   a) Por que o anunciante fez essa opção?

   b) O público-alvo do anúncio teria dificuldade para ler o enunciado escrito em língua estrangeira?

3. A frase "And the Oscar goes to..." ("E o Oscar vai para...") é tradicionalmente utilizada na noite da cerimônia do Oscar, no anúncio dos vencedores, completada pelo nome do ganhador do prêmio. Que efeito de sentido é criado pela substituição do nome de um vencedor pelo termo *beleléu*?

4. No texto da parte inferior do anúncio, lemos: "Golden Globe Awards, o terror do Oscar" e "100% atitude".

   a) Que relação se pode estabelecer entre o enunciado principal do anúncio e a expressão "Golden Globe Awards, o terror do Oscar"?

   b) E entre o enunciado principal e a expressão "100% atitude"?

   c) Que imagem de si o locutor pretende construir com esse anúncio?

CONCEITUANDO

No anúncio lido, o canal de TV, apesar de se dirigir a leitores brasileiros, utiliza uma frase em inglês. Mesmo sendo falante de outro idioma, certamente o público-alvo do anúncio entende o que o texto diz, pois se trata de um enunciado muito conhecido dos espectadores de cinema, a quem o anúncio se dirige. Assim, é possível considerar que ocorre comunicação entre o locutor e o público.

Para que haja uma comunicação bem-sucedida, é fundamental que os produtores dos textos e seus leitores/ouvintes compartilhem conhecimentos e conheçam as convenções que regem as situações sociais de que participam. Palavras, gestos, expressões corporais e faciais fazem parte da linguagem e têm seus significados convencionados socialmente. Um mesmo gesto, por exemplo, pode ter significados opostos em comunidades diferentes.

> **Linguagem** é a expressão individual e social do ser humano e, ao mesmo tempo, o elemento comum que possibilita o processo comunicativo entre os sujeitos que vivem em sociedade.

LINGUAGEM VERBAL E LINGUAGEM NÃO VERBAL

Além da **linguagem verbal**, cuja unidade básica é a palavra (falada ou escrita), existem também as **linguagens não verbais**, como a música, a dança, a mímica, a pintura, a fotografia, etc., que possuem outros tipos de unidades – o gesto, o movimento, a imagem, etc. Há, ainda, as **linguagens mistas**, como as histórias em quadrinhos, o cinema, o teatro e os programas de TV, que podem reunir diferentes linguagens, como o desenho, a palavra, o figurino, a música, o cenário, etc.

Durante muito tempo se pensou que a unidade básica dos textos fosse a palavra e que as outras unidades seriam supérfluas, acessórias. Sabemos hoje, entretanto, que todas se complementam na construção de sentidos de um texto, não sendo possível estabelecer uma hierarquia entre elas.

Mais recentemente, com o aparecimento da informática, surgiu também a **linguagem digital**, que permite armazenar e transmitir informações em meios eletrônicos.

No anúncio lido, o anunciante prevê seu público-alvo e interage com ele por meio da linguagem, isto é, por meio de signos e construções compartilhadas por ambos (ainda que pertencentes a idiomas diferentes).

Assim, pode-se concluir que a comunicação se estabelece por meio de textos (orais, escritos, verbais, não verbais, etc.) produzidos e lidos por pessoas – os interlocutores do processo comunicativo – que compartilham conhecimentos comuns e que constroem, solidariamente ou não, os sentidos desses textos.

LÍNGUA:
USO E REFLEXÃO

> **Interlocutores** são as pessoas que participam do processo de interação por meio de linguagem(ns).

EXERCÍCIOS

Leia os cartuns a seguir, de Laerte, e responda às questões de 1 a 3.

(*Classificados.* São Paulo: Devir, 2004. v. 3, p. 49.)

O que é cartum?

Cartum é uma espécie de desenho humorístico ou anedota gráfica cujo objetivo é divertir o leitor e quase sempre fazer uma crítica a um tema da realidade.

1. Que tipo de linguagem é utilizado nos cartuns?

2. O humor do primeiro cartum é construído a partir da relação entre dois tipos de linguagem, inseridos em uma situação social específica. Identifique as linguagens e a situação social e explique essa relação.

3. Na segunda tira, o humor é construído a partir da sobreposição de duas áreas do conhecimento: uma científica e outra técnica.
a) Quais são essas áreas?
b) Que relação existe entre os papéis que as personagens estão desempenhando na tira e as palavras escritas na parte de trás de sua roupa?

CÓDIGOS

Código é uma convenção estabelecida por um grupo de pessoas ou por uma comunidade, com base em um conhecimento compartilhado, a fim de que a comunicação ocorra com maior rapidez. Por essa razão, é comum haver códigos em ruas, rodovias, rodoviárias, aeroportos, etc. São códigos os sinais de trânsito, os símbolos, o código Morse, as indicações de locais para estacionamento ou de caixas para clientes preferenciais, etc.

É comum a concepção da língua como código, uma vez que ela resulta de uma convenção social. Entretanto, trata-se de um código especial, estabelecido ao longo de um processo social e histórico complexo, pois a língua não só permite que seus falantes desenvolvam maneiras de falar do mundo, mas também influi diretamente em como eles se constituem como sujeitos sociais.

A LÍNGUA

Sabemos que o idioma oficial do nosso país – e também de outros países colonizados por Portugal, como Moçambique, Angola, Cabo Verde, São Tomé e Príncipe, Guiné-Bissau (África) e Timor Leste (Ásia) – é o português, ao qual costumamos também chamar língua portuguesa. Mas em que consiste uma língua? Será que apenas no léxico, ou seja, em um conjunto de palavras?

A língua está presente em todas as interações sociais de que participamos em nosso cotidiano, e por meio dela nos constituímos como sujeitos sociais. A maneira como falamos das coisas influi diretamente nas concepções que temos delas. E, dependendo do meio social e cultural em que uma pessoa vive, a língua se desenvolve de um jeito ou de outro, de forma que os sujeitos sociais e sua linguagem se influenciam mutuamente em sua constituição.

Nas interações sociais de que participamos, podemos, por meio dos usos que fazemos da língua, abrir caminhos, atingir nossos objetivos, conquistar aqueles com quem interagimos ou, pelo contrário, perder oportunidades, ser mal compreendidos, criar inimizades ou antipatias.

> **O signo linguístico**
>
> Para Saussure, o signo linguístico (a palavra) é constituído por dois componentes: o significado e o significante. O primeiro seria o conceito, e o segundo, a imagem acústica desse conceito.
>
> Assim, quando ouvimos ou lemos uma palavra (significante), associamos esse som a um objeto do mundo (significado).

A relação entre sociedades e línguas é constatada há muitos séculos. Entretanto, os estudos sobre língua só passaram a ser considerados científicos com o advento da linguística, que vem se firmando desde o início do século XX e tem como um de seus pioneiros o estudioso Ferdinand de Saussure.

A fim de definir o que é língua e analisar seus componentes, Saussure propõe uma separação entre língua e fala e considera como objeto de estudo da linguística apenas a língua.

Segundo a perspectiva adotada por esse estudioso, é possível considerar a língua como um sistema de signos, regido por regras socialmente construídas, utilizado pelos falantes em suas interações.

As ideias de Saussure foram importantes para que a linguística moderna se tornasse uma ciência. Entretanto, a reflexão sobre os usos sociais da língua requer que se vá além da dissociação proposta por ele.

EXERCÍCIOS

Leia a tira:

(http://depositodocalvin.blogspot.com/2010/01/calvin-haroldo-tirinha-571.html)

1. No primeiro quadrinho, Calvin faz um pedido a sua mãe: "Posso fazer um lanche?". Com base no 3º quadrinho, responda:
   a) A quais objetos do mundo a palavra *lanche* remete Calvin?
   b) A quais objetos do mundo a palavra *lanche* remete a mãe de Calvin?

2. No último quadrinho, Calvin faz uma afirmação sobre sua comunicação com a mãe. Levante hipóteses: Por que o menino considera que ele e a mãe "não falam a mesma língua"?

3. Você concorda com a afirmação de Calvin? Justifique sua resposta.

A TEORIA DA COMUNICAÇÃO

Ao ler a tira e responder às questões, você viu que a palavra *lanche* pode assumir diferentes sentidos para pessoas diferentes, dependendo da posição social que cada uma ocupa. Para Calvin, uma criança, "fazer um lanche" fora do horário das refeições quer dizer comer bolachas, o que comprovamos com a imagem do 3º quadrinho. Já para a mãe do menino, como percebemos por sua fala no mesmo quadrinho, "fazer um lanche" fora do horário das refeições significa comer uma fruta ("uma maçã ou uma laranja").

Assim, percebemos que um mesmo significante pode remeter a significados distintos, dependendo de quem são os sujeitos envolvidos na interação, isto é, quem fala, para quem, com que objetivos, em que contexto. Daí a importância de considerarmos também esses outros elementos, e não só a língua, como um sistema de correspondências entre palavras e representações mentais de objetos no mundo, quando temos a intenção de analisar seus usos sociais.

Uma das tentativas de analisar a língua em uso foi proposta por Roman Jakobson, que sugere, em sua **teoria da comunicação**, que a comunicação humana também é regida por regras e pode, sim, ser analisada, ao contrário do que postulava Saussure.

Numa situação de comunicação, há pelo menos dois interlocutores, que podem alternar os papéis de locutor – aquele que produz o texto, oral ou escrito – e locutário – aquele a quem o texto se dirige.

EXERCÍCIOS

Leia a tira:

(http://blog.diarinho.com.br/quadrinhos-136)

1. Para que a comunicação aconteça, é importante que os interlocutores se compreendam mutuamente. No 1º quadrinho, o atendente faz uma pergunta ao cliente da padaria. Tendo em vista a situação de comunicação em que os interlocutores estão inseridos, o que se espera que o cliente responda?

2. No 2º quadrinho, percebe-se que o cliente ignora a situação de comunicação em que ele e seu interlocutor estão inseridos e responde considerando outras situações compatíveis com o verbo *desejar*. Com base nos diferentes sentidos que podem ser atribuídos a um mesmo termo, explique como se constrói o efeito de humor da tira.

3. Após ler toda a tira, levante hipóteses: O cliente teve dificuldade para entender a pergunta do garçom? Justifique sua resposta.

Funções da linguagem

Como foi visto, na tira lida os interlocutores participam de uma situação de comunicação. Para descrever e analisar uma situação de comunicação, Jakobson propõe, em sua teoria da comunicação, que se considerem seis elementos essenciais:

- o locutor (emissor): aquele que diz algo a alguém;
- o locutário (receptor): aquele a quem o texto do locutor se dirige;

- a mensagem: o texto produzido pelo locutor;
- o código: a língua, o conjunto de sinais estabelecidos por convenção e que permite compreender a estrutura da mensagem;
- o canal: o meio físico que conduz a mensagem (som, ar, papel, etc.);
- o referente: o contexto, o assunto, os objetos aos quais se refere a mensagem.

Tais elementos são representados na teoria da comunicação pelo esquema ao lado, e a cada um deles corresponde uma **função da linguagem**, dependendo da finalidade principal do texto produzido (expressar emoções, explorar recursos linguísticos, transmitir informações, etc.).

```
                    referente
locutor ——— mensagem ——— locutário
(emissor)       canal        (receptor)
                código
```

Segundo Jakobson, é possível determinar funções da linguagem com base nas características dos textos e nas intenções do locutor. Assim, a linguagem desempenharia uma ou outra função, de acordo com o elemento da comunicação posto em foco pelo locutor.

Desse modo, a cada um dos elementos da comunicação Jakobson associou uma função da linguagem: emotiva, conativa, referencial, metalinguística, fática e poética.

Função emotiva

O locutor é o foco, ou seja, ele determina as escolhas feitas na construção do texto.
Leia este poema, de Hilda Hilst:

Eu amo Aquele que caminha
Antes do meu passo
É Deus e resiste.

Eu amo a minha morada
A Terra triste.
É sofrida e finita
E sobrevive.

Eu amo o Homem-luz
Que há em mim.
É poeira e paixão
E acredita.
Amo-te, meu ódio-amor
Animal-Vida.
És caça e perseguidor
E recriaste a Poesia
Na minha Casa.

(XXIII. *Cantares de perda e predileção*. São Paulo: Massao Ohno & M. Lydia Pires e Albuquerque, 1983.)

O poema centra-se na expressão dos sentimentos, emoções e opiniões do eu lírico. Esse destaque dado ao eu que enuncia é reforçado pela presença de verbos e pronomes na 1ª pessoa: "Eu amo", "meu passo", "minha morada", "em mim", "meu ódio-amor", "Na minha Casa".

Como se trata de dar destaque às emoções, é comum nos textos em que predomina esse tipo de função também a presença de interjeições, além de, na pontuação, reticências e pontos de exclamação.

Os textos líricos que expressam o estado de alma do locutor são exemplos típicos da predominância da função emotiva.

Função conativa (ou **apelativa**)

O locutário (receptor) é o foco, ou seja, ele determina as escolhas feitas na construção do texto.

Leia o anúncio:

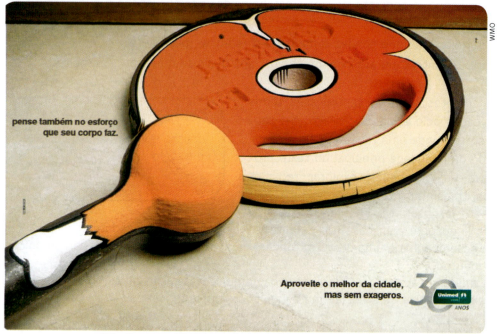

(http://www.mppublicidade.com.br/image.php?url=trabalhos/original/460.jpg&type=img)

É possível considerar que o objetivo principal do anúncio é convencer o interlocutor de que ele deve pensar antes de escolher o cardápio de suas refeições, pois isso afeta sua saúde e seu bem-estar. Para tanto, o anunciante emprega vários recursos. Por exemplo, associa a coxa de frango e o pedaço de carne vermelha a pesos utilizados em academias de ginástica para exercícios de musculação, mostrando que são alimentos pesados e de difícil digestão. Essa ideia é reforçada pela imagem, com os desenhos das carnes pintados em pesos, e pelo enunciado "pense também no esforço que seu corpo faz". Também a frase "Aproveite o melhor da cidade, mas sem exageros" dirige-se ao interlocutor, sugerindo que ele cuide do corpo e não cometa exageros na alimentação.

É comum, nos textos em que a função conativa é predominante, o emprego de verbos no imperativo ("Pense", "Aproveite") e de verbos e pronomes na 2ª ou na 3ª pessoa ("*seu* corpo").

Nesse tipo de função pode ocorrer também a exploração de recursos sonoros. Os textos publicitários são exemplos típicos da predominância da função conativa, pois geralmente têm como objetivo persuadir os interlocutores a aderir a uma ideia ou comprar determinado produto.

Função referencial

O referente é o foco, ou seja, ele determina as escolhas feitas na construção do texto.

Leia o texto:

Há alguma razão para não haver janelas nos banheiros de avião?

Tem sim. E não é para evitar que algum passageiro de outro avião veja você em momentos íntimos. Os banheiros ficam em locais estratégicos — na frente, no fundo e também no meio. Nesses pontos está a junção reforçada da fuselagem da aeronave com o bico, com a cauda e com as asas. Perto dos sistemas hidráulicos e elétricos, essas áreas carregam um peso bem grande. Uma janela ali significaria recortes desnecessários e arriscados na estrutura, que poderiam fragilizar a aeronave e causar acidentes. Ou seja, aquela baita vista na hora do xixi não valeria a pena.

(http://revistagalileu.globo.com/Revista/Common/0,,EMI244164-17798,00-HA+ALGUMA+RAZAO+PARA+NAO+HAVER+JANELAS+NOS+BANHEIROS+DE+AVIAO.html)

A função principal desse texto é informar o leitor. A resposta é direta e precisa ("Tem sim") e a justificativa procura ser objetiva ao descrever e explicar a situação.

Textos jornalísticos, científicos e didáticos são exemplos da predominância da função referencial.

Função metalinguística

O código é o foco, ou seja, ele determina as escolhas feitas na construção do texto.

Leia este texto, de Carlos Drummond de Andrade:

> **Poesia**
>
> Gastei uma hora pensando em um verso
> que a pena não quer escrever.
> No entanto ele está cá dentro
> inquieto, vivo.
>
> Ele está cá dentro
> e não quer sair.
> Mas a poesia deste momento
> inunda minha vida inteira.
>
> (*Alguma poesia*. São Paulo: José Olympio, 1930.)

A começar pelo título, "Poesia", percebe-se que o texto compõe-se de versos que falam sobre poesia. Nesse caso, no qual um poema fala de poesia, a função metalinguística é a predominante no texto.

É possível ainda encontrar a predominância da função metalinguística em, por exemplo, verbetes de dicionário, os quais utilizam palavras para explicar o sentido das palavras; filmes que tematizam o próprio cinema; programas de televisão que discutem a função social da televisão; gramáticas; etc.

Função fática

O canal é o foco, ou seja, ele determina as escolhas feitas na construção do texto.

Observe o diálogo que compõe o texto a seguir.

Almap BBDO

– Oi.
– Oi.
– Você está esperando alguém?
– Uma amiga, mas ela não pode vir.
– Se incomoda se eu me sentar?
– Não, não, de jeito nenhum.
– Bar legal, hein? Você vem
sempre aqui?
– Não, primeira vez.
– Nem nos apresentamos: Hélio.
– Laura. Muito prazer.
– ...
– Algum problema?
– Não, é que eu lembrei de
um compromisso. Desculpa,
preciso ir. Prazer, hein?
– ?

PolyFion dental prev.
O fio dental mais indicado
contra as gafes.

(http://redacaopp220091.blogspot.com/)

No diálogo que compõe o texto ao lado, é possível perceber que os interlocutores não se conheciam antes e naquele momento estão iniciando uma conversa. Portanto, não têm ainda um tópico sobre o qual desenvolver suas falas, o que permite considerar que estão testando o canal da comunicação.

Assim, os interlocutores buscam apenas manter a atenção um do outro ao dizerem "Oi.", "Você está esperando alguém?", "Bar legal, hein? Você vem sempre aqui?". No caso desse diálogo, componente de um anúncio que faz propaganda de uma marca de fio dental, a conversa é interrompida por um pequeno acidente, uma folhinha de alface no dente de um dos interlocutores, que acaba afastando o outro.

Exemplos típicos da predominância da função fática da linguagem são os cumprimentos diários ("Bom dia", "Boa tarde", "Oi", "Tudo bem?", "Como vai?"), as conversas de elevador ("Está quente, não?") ou as primeiras palavras de qualquer interação, quando não há ainda um assunto em foco e o objetivo dos interlocutores é começar a conversa.

Função poética

A mensagem é o foco, ou seja, ela determina as escolhas feitas na construção do texto. Leia o poema ao lado, de Augusto de Campos.

Mais do que falar sobre uma ferida, o poeta busca construir sentidos a partir da exploração semântica de palavras e partes de palavras, bem como da estrutura e do formato visual do texto. Há um trabalho sugestivo com a sonoridade e com as imagens das palavras utilizadas (*ferida, ida, ir / vai, rói, cai, mói*) e ainda com a maneira como elas estão dispostas no papel (no formato de uma ferida, de um corte na pele).

O uso de recursos literários na construção do texto evidencia a predominância da função poética. Os textos literários, tanto em prosa quanto em verso, são exemplos típicos da predominância desse tipo de função da linguagem.

As funções dos textos e a concepção social da linguagem

A teoria da comunicação de Jakobson, embora tenha sido de enorme importância, não considera o processo dinâmico e interativo da linguagem. Nela, os elementos que compõem a comunicação (locutor, locutário, mensagem, etc.) são vistos de maneira estática, separados, o locutor ativo e o locutário passivo e, com isso, ignora o fato de que estes se influenciam mutuamente no processo interativo, antes mesmo do início da interação propriamente dita.

fer
ida
sem
ferida
tudo
começa
de novo
a cor
cora
a flor
o ir
vai
o rir
rói
o amor
mói
o céu
cai
a dor
dói

(Ferida. *Não poemas*. São Paulo: Perspectiva, 2003.)

Para entender melhor essa ideia, veja este texto:

Se procuramos apenas a "mensagem transmitida" pelo texto, vamos concluir que o locutor tenta convencer o locutário de que será fácil encontrar uma vaga porque muitos carros estão sendo roubados.

No entanto, se consideramos toda a situação de comunicação em que o texto se insere (quem o produziu, para quem, com quais objetivos, em que contexto social), percebemos que, na verdade, seu produtor se apropria de um pensamento do motorista que procura uma vaga na rua (Logo, logo, aparece uma vaga.) para criar um efeito de ironia, isto é, dizer o contrário do que se quer: se a vaga aparecer é porque o carro que estava ali foi roubado. Assim, é melhor o motorista guardar seu veículo no estacionamento "com seguro total" do anunciante, em vez de deixá-lo na rua, sem segurança e exposto a roubo.

Uma leitura que considere esse texto como um "incentivo" a quem está procurando uma vaga na rua para seu carro é superficial, pois tal leitura não é capaz de apreender a construção de sentidos proposta pelo produtor do texto no jogo social da linguagem.

É importante considerar, portanto, que a língua é constituída pelo fenômeno social da interação verbal e se realiza nos enunciados, cujos sentidos são construídos pelos interlocutores no processo interativo. Assim, ao analisar um texto (seja ele verbal, não verbal, misto, oral ou escrito), é extremamente importante levar em conta os aspectos da situação de comunicação em que ele foi produzido.

VARIEDADES LINGUÍSTICAS

Nascemos em meio a um mundo de linguagem, aprendemos a língua em contato com as pessoas que nos cercam e já estavam inseridas nessa linguagem. Desde bebês produzimos linguagem. Primeiramente alguns sons, que se transformam em palavras, enunciados. Nós nos apropriamos do vocabulário e das leis que regem nossa língua ao mesmo tempo que somos formados e vemos o mundo que nos cerca por meio dessa linguagem. Produzimos e lemos textos orais e escritos, nos comunicamos por gestos, lemos imagens, interpretamos sons.

Em contato com outras pessoas, na rua, na escola, no trabalho, observamos que nem todos falam como nós. Isso ocorre por diferentes razões: nascemos e crescemos em regiões e momentos diferentes; frequentamos a escola por menos ou mais tempo; convivemos em determinados grupos ou classes sociais. Essas diferenças no uso da língua constituem as **variedades linguísticas**.

Para evitar que cada falante use a língua à sua maneira, em todo o mundo existem especialistas que registram, estudam e sistematizam o que é a língua de um povo em certo momento, o que dá origem à **norma-padrão**, uma espécie de lei que orienta o uso social da língua. Essa norma-padrão é a que está registrada nos dicionários e nos livros de gramática.

A norma-padrão não existe como uma língua de fato, pois ninguém fala português de acordo com ela em todos os momentos da vida. Trata-se de um modelo, uma referência que orienta os usuários da língua sempre que precisam usar o português de modo mais formal.

O uso da norma-padrão está diretamente relacionado à prática social em que os sujeitos estão envolvidos e, consequentemente, ao gênero de texto que se quer produzir. Por exemplo, se alguém está conversando ao telefone com um amigo, é natural que empregue um português coloquial, repleto de abreviações como "tá", "tô", "cê", "né?", ou a expressão *a gente*, em lugar do pronome reto *nós*. Contudo, ao fazer uma entrevista para conseguir um emprego, ao apresentar um trabalho escolar, participar de um debate, escrever uma carta

Onde se fala melhor o português no Brasil?

Você já deve ter ouvido esse tipo de pergunta. E também respostas como "no Maranhão", "no Rio de Janeiro", "no Rio Grande do Sul", justificadas por motivos históricos, sociais, culturais. Porém, de acordo com a visão moderna de língua, não existe um modelo linguístico que deva ser seguido, nem mesmo o português lusitano.

Todas as variedades linguísticas regionais são perfeitamente adequadas à realidade em que surgiram. Em certos contextos, aliás, o uso de outra variedade, mesmo que seja uma variedade de acordo com a norma-padrão, é que pode soar estranho e até não cumprir sua função essencial de comunicar.

A norma-padrão e a escola

Alguma vez você já se sentiu inferiorizado pelo modo como fala? Se sim, saiba que esse sentimento é normal. Isso geralmente ocorre quando nosso interlocutor é uma pessoa mais instruída do que nós e, por isso, tem maior domínio da norma-padrão.

A escola, ao assumir o compromisso de ensinar a norma-padrão, não tem em vista eliminar a língua que o aluno traz de casa, mas prepará-lo para se comunicar com segurança e competência, independentemente de sua origem social.

para uma autoridade pública, etc., deve empregar uma variedade linguística de acordo com a norma-padrão. Dada a importância da norma-padrão, a escola se propõe ensiná-la a todas as crianças e jovens do país, preparando-os para ingressar na vida profissional e social.

As variedades do português que mais se aproximam da norma-padrão são prestigiadas socialmente. É o caso das variedades linguísticas urbanas, faladas nas grandes cidades por pessoas escolarizadas e de renda mais alta.

Outras variedades, faladas no meio rural ou por pessoas não alfabetizadas ou de baixa escolaridade, geralmente são menos prestigiadas e, por isso, frequentemente aqueles que as falam são vítimas de preconceito. Por isso, é importante conhecer a norma-padrão e saber em que momentos seu uso permitirá que nossos textos ganhem mais credibilidade.

> **Variedades linguísticas** são as variações que uma língua apresenta, de acordo com as condições sociais, culturais, regionais e históricas em que é utilizada.
>
> **Norma-padrão** é uma referência, uma espécie de modelo ou lei que normatiza o uso da língua, falada ou escrita.
>
> **Variedades urbanas de prestígio**, também conhecidas como *norma culta*, são as variedades que mais se aproximam da norma-padrão e são empregadas pelos falantes urbanos mais escolarizados.

DIALETOS E REGISTROS

Há dois tipos básicos de variação linguística: os dialetos e os registros.

Os **dialetos** são variedades originadas das diferenças de região ou território, de idade, de sexo, de classes ou grupos sociais e da própria evolução histórica da língua. Nos poemas medievais, que você começará a estudar a partir da página 60, temos exemplos de variação histórica. Já no texto que segue, escrito pelo poeta Xanana Gusmão, do Timor Leste (Oceania), temos um exemplo de variação territorial, já que o poema, apesar de ter sido escrito em língua portuguesa, apresenta também vocábulos do tétum, língua nativa timorense.

Poema

Pisaste um dia a terra descalça
do "bua" e do "malus",
paraste um dia à sombra da casa alta
estranhando o "tuaka"
e reparaste no seu dono
cobrindo com a nudez do seu "hakfolik"
a campa dos antepassados.

Miraste o seu suor tórrido
lavando as faces do seu rosto sujo;
ouviste ainda o seu "hamulak"
entoando em "tais" do seu "lulik"
e respeitaste o "manuaten"
[...]

(*Revista do Centro de Estudos Portugueses*. São Paulo: Universidade de São Paulo, nº 1, p. 43-44, 1998. Glossário de Nery Nice Biancalana Reiner.)

bua: grão de areca (para mascar).
hakfolik: pano atado à cintura para tapar as partes pudendas.
hamulak: prece, oração.
lulik: sagrado.
malus: folha de betel, uma planta trepadeira (para mascar).
manuaten: fígado de galo (o galo de combate é um animal de grande estimação; é símbolo de coragem e de luta).
tais: pano com que o timorense se veste, enrolando-o como se fosse uma saia.
tuaka: aguardente local.

Tratando da chegada do colonizador ao Timor Leste e do choque de culturas advindo da colonização, o poeta cria o poema com uma variação de língua portuguesa que só faz sentido em seu país.

Os **registros** são variações que ocorrem de acordo com o grau de formalismo existente na situação. A mesma pessoa pode ser menos ou mais formal em sua linguagem, dependendo dos objetivos que tem, das situações de comunicação em que se encontra e das diferentes esferas da sociedade nas quais circula.

O nível de formalidade pode variar independentemente de os textos produzidos serem orais ou escritos. Assim, pode haver textos orais que sejam extremamente formais, como uma conferência proferida em um grande evento, e textos escritos pouco formais, como um bilhete deixado na porta da geladeira de casa para alguém da família. O quadro a seguir mostra que as relações entre formal e informal e entre oral e escrito apresentam uma gradação e que os diversos textos que produzimos em nossa vida social variam desde o mais informal e oral, como o bate-papo e a fofoca, até o mais formal e escrito, como o relatório científico e a tese.

	ORAL ⟶		ESCRITO
INFORMAL ↓	Bate-papo, fofoca Caso, conversa fiada	Bilhete, carta pessoal Diário	Biografia
	Entrevista médica Relato de vivências Reclamação		Entrevista jornalística Notícias Carta de reivindicação
FORMAL	Debate Palestra Conferência	Carta de leitor	Editorial, ensaio Relatório científico, artigo científico, tese

(Angela Kleiman. *Preciso ensinar o letramento – Não basta ensinar a ler e escrever?*. Campinas, SP: Cefiel/IEL/Unicamp, 2005-2010. p. 46.)

GÍRIA

A gíria é uma das variedades que uma língua pode apresentar. Quase sempre é criada por um grupo social, como o dos fãs de *rap*, de *funk*, de *heavy metal*, os surfistas, os skatistas, os grafiteiros, os *bikers*, os policiais, etc. Quando restrita a uma profissão, a gíria é chamada de **jargão**. É o caso do jargão dos jornalistas, dos médicos, dos dentistas e de outras profissões.

Veja as gírias de dois desses grupos:

Dos surfistas

aê: forma de saudação.

back side: manobra em que o surfista fica de costas para a onda.

beate: meninas de praia; estão sempre com surfista por interesse.

casca-grossa: surfista experiente, que não teme ondas grandes.

flat: mar sem ondas; prancha lisa.

Dos grafiteiros

bomber: grafiteiro que ataca ilegalmente.

king: bom grafiteiro, admirado por seu trabalho.

old school: grafiteiros antigos.

tag: assinatura de grafiteiro.

top to bottom: um trem é pintado por inteiro de cima para baixo.

Fonte: Kárin Fusaro. *Gírias de todas as tribos*. São Paulo: Panda, 2001.

EXERCÍCIO

Leia o texto:

Quanto ao nome da Alfaiataria Aguia de Ouro cresci ouvindo meu pai contar que alguém de passagem por uma cidade do interior (nada contra as cidades do interior) e precisando de um alfaiate pediu informações e lhe foi recomendado um logo ali, muito bom. Ao ver a placa da alfaiataria disse ao proprietário lamentar muito, que embora lhe tivessem dito se tratar de um alfaiate de mão cheia, não confiava em alguém que escrevia errado o nome do próprio negócio.

— O acento, o senhor não colocou o acento de águia, Alfaiataria Águia de Ouro.

O alfaiate olha o visitante com estranheza e explica:

— Não, senhor, Aguia [agúia] de Ouro.

(www.iel.unicamp.br/cefiel/ alfaletras/biblioteca_professor/ arquivos/49Textos%20de%20humor.pdf)

a) O texto constrói seu efeito de humor com base em elementos relacionados à variação linguística. Quais dialetos são colocados em oposição nessa construção?

b) No final do texto, o alfaiate explica o mal-entendido e mostra que o cliente é que não havia compreendido o texto da placa. Levante hipóteses: A explicação do alfaiate resolve o questionamento do cliente?

c) Qual personagem do texto revela ter uma visão permeada pelo preconceito linguístico? Justifique sua resposta.

AS VARIEDADES LINGUÍSTICAS NA CONSTRUÇÃO DO TEXTO

Leia o anúncio:

(http://lapublicidade.com/divulgacao-do-maximidia-%E2%80%9Ceverything-ages-fast%E2%80%9D/)

1. O anúncio divulga um evento que aconteceu no ano de 2010. Entretanto, há no texto elementos que misturam a época atual com outra época, mais antiga.

    a) Quais são os elementos não verbais que nos remetem a essa época mais antiga?

    b) Quais são os elementos do texto verbal que nos remetem a essa época antiga?

2. Em relação aos termos listados por você no item *b* da questão anterior, responda:

    a) Alguns ainda são utilizados hoje em dia? Quais?

    b) Em que situações e por quem eles são utilizados?

3. Apesar de o texto da parte esquerda do anúncio ter a caracterização de uma época antiga, sobre que produto ele fala? Trata-se de um produto antigo?

4. No texto à direita do anúncio, lê-se o enunciado: "No mundo de hoje tudo envelhece muito rápido".

    a) Quem é o anunciante?

    b) A que público o anúncio é dirigido?

    c) Com base nesse enunciado e no estudo feito nas questões anteriores, justifique a opção do anúncio por caracterizar o produto anunciado como algo antigo.

SEMÂNTICA E DISCURSO

Além de palavras, toda língua possui também as **expressões idiomáticas**, ou seja, locuções ou conjuntos de palavras que são geralmente intraduzíveis para outras línguas.

Partindo dessas expressões, os fotógrafos Marcelo Zocchio e Everton Ballardin tiveram a ideia de publicar o *Pequeno dicionário ilustrado de expressões idiomáticas*, um livro que reúne 50 fotos inspiradas no sentido literal de expressões idiomáticas do português.

Veja como foi o percurso feito pelos fotógrafos para chegar a fotos bem diferentes:

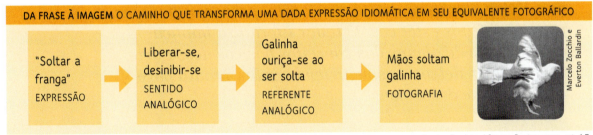

Fonte: Revista *Língua Portuguesa*, nº 15.

Observe as fotos a seguir e escreva a expressão idiomática equivalente a cada uma delas. Depois dê o sentido analógico das expressões.

a)

b)

c)

LITERATURA

Mohammed Ballas/AP Photo/Glow Images

CAPÍTULO 2

O que é literatura?

A palavra serve para comunicar e interagir. E também para criar literatura, isto é, criar arte, provocar emoções, produzir efeitos estéticos. Estudar literatura implica apropriar-se de alguns dos conceitos básicos dessa arte, mas também deixar o espírito leve e solto, pronto para saltos, voos e decolagens.

A literatura é uma das formas de expressão artística do ser humano, juntamente com a música, a pintura, a dança, a escultura, o teatro, etc. Assim como o material da escultura são as formas e os volumes e o da pintura são as formas e as cores, o material básico da literatura é a palavra. Literatura é a arte da palavra.

Como parte integrante da cultura, a literatura já passou por diferentes formas de expressão, de acordo com o momento histórico e com a situação de produção. Na Grécia antiga e na Idade Média, por exemplo, sua transmissão ocorria basicamente de forma oral, já que pouquíssimas pessoas eram alfabetizadas. Nos dias de hoje, em que predomina a cultura escrita, os textos literários são escritos para serem lidos silenciosamente. Contudo, juntamente com o registro escrito da literatura, publicada em livros e revistas, há outros suportes que levam o texto literário até o público, como o CD, o audiolivro, o livro digital, a Internet e inúmeras adaptações feitas para cinema e TV.

O que é literatura? Não existe uma definição única e unânime para literatura. Há quem prefira dizer o que ela não é. De qualquer modo, para efeito de reflexão, é possível destacar alguns dos aspectos que envolvem o texto literário do ponto de vista da linguagem e do seu papel social e cultural.

A NATUREZA DA LINGUAGEM LITERÁRIA

Você já deve ter tido contato com muitos tipos de texto literário: contos, poemas, romances, peças de teatro, novelas, crônicas, etc. E também com textos não literários, como notícias, cartas comerciais, receitas culinárias, manuais de instrução. Mas, afinal, o que é um texto literário? O que distingue um texto literário de um texto não literário?

O escritor gaúcho Moacyr Scliar escreveu, durante anos, no jornal *Folha de S. Paulo*, crônicas inspiradas nos acontecimentos cotidianos divulgados pelo jornal.

Você vai ler, a seguir, a última crônica que o escritor publicou nesse jornal antes de sua morte. E vai ler também a notícia na qual ele se inspirou para escrever a crônica.

TEXTO I

Cientistas americanos estudam o caso de uma mulher portadora de uma rara condição, em resultado da qual ela não tem medo de nada.

(*Folha de S. Paulo*, 17/12/2010. Cotidiano.)

TEXTO II

A mulher sem medo

Ele não sabia o que o esperava quando, levado mais pela curiosidade do que pela paixão, começou a namorar a mulher sem medo. Na verdade havia aí também um elemento interesseiro; tinha um projeto secreto, que era o de escrever um livro chamado "A Vida com a Mulher sem Medo", uma obra que, imaginava, poderia fazer enorme sucesso, trazendo-lhe fama e fortuna. Mas ele não tinha a menor ideia do que viria a acontecer.

Dominador, o homem queria ser o rei da casa. Suas ordens deveriam ser rigorosamente obedecidas pela mulher. Mas como impor sua vontade? Como muitos ele recorria a ameaças: quero o café servido às nove horas da manhã, senão... E aí vinham as advertências: senão eu grito com você, senão eu bato em você, senão eu deixo você sem comida.

Acontece que a mulher simplesmente não tomava conhecimento disso; ao contrário, ria às gargalhadas. Não temia gritos, não temia tapas, não temia qualquer tipo de castigo. E até dizia, gentil: "Bem que eu queria ficar assustada com suas ameaças, como prova de consideração e de afeto, mas você vê, não consigo".

Aquilo, além de humilhá-lo profundamente, deixava-o completamente perturbado. Meter medo na mulher transformou-se para ele em questão de honra. Tinha de vê-la pálida, trêmula, gritando por socorro.

Como fazê-lo? Pensou muito a respeito e chegou a uma conclusão: para amedrontá-la só barata ou rato. Resolveu optar pela barata, por uma questão de facilidade: perto de onde moravam havia um velho depósito abandonado, cheio de baratas. Foi até lá e conseguiu quatro exemplares, que guardou num vidro de boca larga.

Voltou para casa e ficou esperando que a mulher chegasse, quando então soltaria as baratas. Já antegozava a cena: ela sem dúvida subiria numa cadeira, gritando histericamente. E ele enfim se sentiria o vencedor.

Foi neste momento que o rato apareceu. Coisa surpreendente, porque ali não havia ratos, sobretudo um roedor como aquele, enorme, ameaçador, o Rei dos Ratos. Quando a mulher finalmente retornou encontrou-o de pé sobre uma cadeira, agarrado ao vidro com as baratas, gritando histericamente.

Fazendo jus à fama ela não demonstrou o menor temor; ao contrário, ria às gargalhadas. Foi buscar uma vassoura, caçou o rato pela sala, conseguiu encurralá-lo e liquidou-o sem maiores problemas. Feito que ajudou o homem, ainda trêmulo, a descer da cadeira. E aí viu que ele segurava o vidro com as quatro baratas. O que deixou-a assombrada: o que pretendia ele fazer com os pobres insetos? Ou aquilo era um novo tipo de perversão?

Àquela altura ele já nem sabia o que dizer. Confessar que se tratava do derradeiro truque para assustá-la seria um vexame, mesmo porque, como ele agora o constatava, ela não tinha medo de baratas, assim como não tivera medo do rato. O jeito era aceitar a situação. E admitir que viver com uma mulher sem medo era uma coisa no mínimo amedrontadora.

(Moacyr Scliar. *Folha de S. Paulo*, 17/1/2011.)

1. O texto I é parte de uma notícia internacional.

a) Por que esse fato noticiado mereceu destaque no noticiário?

b) A que campo do conhecimento humano esse fato causa interesse?

2. O texto II foi criado pelo escritor Moacyr Scliar a partir da notícia reproduzida no texto I.

a) Qual dos dois textos trata de um fato concreto da realidade?

b) Qual deles cria uma história ficcional a partir de dados da realidade?

3. O texto II, sendo uma crônica, apresenta vários componentes comuns a outros gêneros narrativos, como fatos, personagens, tempo, espaço e narrador. Além disso, apresenta também preocupação quanto ao *modo* como os fatos são narrados.

a) O que a narrativa revela quanto a características psicológicas do marido ao longo da história?

b) Que dados da história comprovam sua resposta?

4. Observe estes fragmentos do texto:

• "Aquilo, além de humilhá-lo profundamente, deixava-o completamente perturbado."

• "E ele enfim se sentiria o vencedor."

Com base nesses fragmentos, conclua: Como o homem encarava a característica da mulher de não sentir medo?

5. Em sua última tentativa de amedrontar a mulher, o homem pensa em baratas e ratos.

a) Por que ele imaginou que esses seres poderiam amedrontá-la?

b) O que o resultado dessa experiência mostrou quanto a quem tinha medo desses seres?

6. Você observou que os dois textos abordam o mesmo tema. Apesar disso, eles são bastante diferentes. Essas diferenças se devem à finalidade e ao gênero de cada um dos textos, bem como ao público a que cada um deles se destina.

a) Qual é a finalidade principal do texto I, considerando-se que se trata de uma reportagem jornalística?

b) Qual é a finalidade principal do texto II, considerando-se que se trata de uma crônica literária?

7. A fim de sintetizar as diferenças entre os dois textos, compare-os e responda:

a) Qual deles apresenta uma linguagem objetiva, utilitária, voltada para explicar um problema da realidade?

b) Em qual deles a linguagem é propositalmente organizada com o fim de criar expectativa ou envolvimento do leitor?

c) Qual deles tem a finalidade de informar o leitor sobre a realidade?

d) Qual deles tem a finalidade de entreter, divertir ou provocar reflexões no leitor a partir de um tema da realidade?

e) Considerando as reflexões que você fez sobre a linguagem dos textos em estudo, responda: Qual deles é um texto literário? Por quê?

A LITERATURA E SUAS FUNÇÕES

Você viu, pelos estudos anteriores, que a literatura é uma linguagem especial, carregada de sentidos e capaz de provocar emoções e reflexão no leitor.

Conheça agora o que dizem os teóricos e especialistas em literatura sobre outras funções que ela desempenha no mundo em que vivemos.

Literatura: prazer e catarse

Para os gregos, a arte tinha também outras duas funções: a *hedonística* e a *catártica*. De acordo com a concepção hedônica (*hedon* = prazer), a arte devia proporcionar *prazer*, retratando o belo. E, para eles, o belo na arte consistia na semelhança entre a obra de arte e a verdade ou a natureza.

A concepção catártica advém do papel que as tragédias desempenhavam no mundo grego. Aristóteles, o primeiro teórico a conceituar a tragédia, define esse tipo de texto a partir de dois conceitos: a *mimese*, ou imitação da palavra e do gesto, que para ser eficaz deve despertar no público os sentimentos de terror e piedade; e a *catarse*, efeito moral e purificador que proporciona o alívio desses sentimentos. Com finais que normalmente culminam em envenenamento, assassinatos e suicídio, as tragédias aliviavam as tensões e os conflitos do mundo grego.

O teatro na Grécia antiga.

Modernamente, esses conceitos desapareceram, mas a arte ainda cumpre o papel de proporcionar prazer e fruição estética e de aliviar as tensões da alma humana. Ou, na concepção do teórico russo Chklovski, o papel de provocar um *estranhamento* em face da realidade, como se nos desautomatizássemos e passássemos a ver o mundo com outros olhos.

Literatura: comunicação, interlocução, recriação

Literatura é linguagem e, como tal, cumpre, juntamente com outras artes, um papel comunicativo na sociedade, podendo tanto influenciar o público quanto ser influenciada por ele.

O leitor de um texto literário ou o contemplador da obra de arte não é um ser passivo, que apenas recebe a comunicação, conforme lembra o pensador russo Mikhail Bakhtin. Mesmo situado em um tempo histórico diferente do tempo de produção da obra, ele também a recria e atualiza os seus sentidos com base em suas vivências pessoais e nas referências artísticas e culturais do seu tempo. Por outro lado, no momento em que está criando a obra, o artista já é influenciado pelo perfil do público que tem em mente. Isso se reflete nos temas, nos valores e na linguagem que escolhe.

Literatura: a humanização do homem

Conheça a seguir o que o teórico Ely Vieitez Lanes diz sobre o papel que a literatura desempenha no mundo em que vivemos:

> A Literatura é o retrato vivo da alma humana; é a presença do espírito na carne. Para quem, às vezes, se desespera, ela oferece consolo, mostrando que todo ser humano é igual, e que toda dor parece ser a única; é ela que ensina aos homens os múltiplos caminhos do amor, enlaçando-os em risos e lágrimas, no seu sofrer semelhante; ela é que vivifica a cada instante o fato de realmente sermos irmãos do mesmo barro.
>
> (Ely Vieitez Lanes. *Laboratório de literatura*. São Paulo: Estrutural, 1978.)

Literatura: o encontro do individual com o social

Segundo o escritor Guimarães Rosa, literatura é feitiçaria que se faz com o sangue do coração humano. Isso quer dizer que a literatura, entre outras coisas, é também a expressão das emoções e reflexões do ser humano.

Leia, a seguir, um poema do escritor africano José Craveirinha.

LEITURA

alcatrão: um dos componentes do carvão.
motriz: que se move ou faz mover alguma coisa.

Grito negro

Eu sou carvão!
E tu arrancas-me brutalmente do chão
e fazes-me tua mina, patrão.

Eu sou carvão!
e tu acendes-me, patrão
para te servir eternamente como força motriz
mas eternamente não, patrão.
Eu sou carvão
e tenho que arder, sim
e queimar tudo com a força da minha combustão.
Eu sou carvão
tenho que arder na exploração
arder até às cinzas da maldição
arder vivo como alcatrão, meu irmão
até não ser mais a tua mina, patrão.
Eu sou carvão
Tenho que arder
queimar tudo com o fogo da minha combustão.
Sim!
Eu serei o teu carvão, patrão!

(In: Mário de Andrade, org. *Antologia temática de poesia africana*. 3. ed. Lisboa: Instituto Cabo-Verdeano do Livro, 1980. v. 1. p. 180.)

---

1. O texto lido é um poema, um dos vários gêneros literários. Nos poemas, é comum o eu lírico expor seus sentimentos e pensamentos.

a) Qual é o tema do poema lido?

b) O que predomina nesse poema: aspectos individuais ou sociais?

2. Os poemas geralmente utilizam uma **linguagem plurissignificativa**, isto é, uma linguagem figurada, em que as palavras apresentam mais de um sentido. O eu lírico do poema lido, por exemplo, chama a si mesmo de *carvão*. Que sentidos têm as palavras *carvão* e *mina* no contexto?

Eu lírico: a voz do poema

Chamamos de *eu lírico*, *eu poético* ou simplesmente *sujeito* à pessoa que fala no poema.

Nem sempre a voz do eu lírico corresponde à do escritor. Em várias canções de Chico Buarque, por exemplo, o eu lírico é feminino. Veja um trecho da canção "Ana de Amsterdam":

Eu cruzei um oceano
Na esperança de casar
Fiz mil bocas pra Solano
Fui beijada por Gaspar

3. Para o patrão, o eu lírico é carvão, pois é a força motriz do trabalho e da produção. O eu lírico aceita sua condição de "carvão", mas com um sentido diferente do que tem para o patrão. Releia os versos finais do poema e interprete o último verso.

> Eu sou carvão
> Tenho que arder
> queimar tudo com o fogo da minha
> [combustão.
> Sim!
> Eu serei o teu carvão, patrão!

4. O poema de Craveirinha, além de expressar os sentimentos e as ideias do eu lírico, é também uma recriação da realidade. Por meio dessa recriação o poeta denuncia as condições de vida a que eram submetidos os negros em Moçambique antes do processo de independência. Na sua opinião, a literatura pode contribuir para transformar a realidade concreta? Explique.

5. O escritor e educador Rubem Alves afirma que o escritor "escreve para produzir prazer". Em sua opinião, a literatura proporciona prazer ao ser humano, mesmo quando trata de problemas sociais, como ocorre no poema de Craveirinha? Justifique sua resposta.

6. Reúna-se com um colega e, com base na leitura do poema de Craveirinha e do conto "A mulher sem medo", de Moacyr Scliar, montem um quadro com as principais características do texto literário.

ESTILOS DE ÉPOCA: ADEQUAÇÃO E SUPERAÇÃO

O ser humano se modifica através dos tempos: muda sua forma de pensar, de sentir e de ver o mundo. Consequentemente, promove mudanças nos valores, nas ideologias, nas religiões, na moral, nos sentimentos. Por isso, é natural que as obras literárias expressem características próprias do momento histórico em que são produzidas. Em certas épocas, por exemplo, determinados temas podem ser mais explorados do que outros; já em outras épocas, os escritores podem estar mais interessados no trabalho formal com os textos do que nas ideias, e assim por diante.

Ao conjunto de textos que apresentam certas características comuns em determinado momento histórico, chamamos **estilo de época** ou **movimento literário**. Ao escrever, o escritor recebe influências e sofre coerções do grupo de escritores do seu tempo, mas isso não quer dizer que ele sempre se limite aos procedimentos comuns àquele grupo. Como a literatura é um organismo vivo e dinâmico, o escritor está em constante diálogo não só com a produção do grupo local, mas também com a produção literária de outros países, com a literatura do passado e, mesmo sem saber, com a do futuro. Por isso, não é difícil os escritores surpreenderem e levarem a literatura a uma situação completamente inusitada. Assim foi com Camões em Portugal, com Cervantes na Espanha e com Machado de Assis e Guimarães Rosa no Brasil.

LEITURA

A seguir, você vai ler e comparar versos de dois poemas: o primeiro é um fragmento do poema "Meus oito anos", de Casimiro de Abreu (1839-1860), poeta romântico que viveu no século XIX; o segundo é um poema de Antônio Cacaso (1947-1987), poeta contemporâneo que viveu na segunda metade do século XX.

37

LITERATURA

TEXTO I

Meus oito anos

Oh! que saudades que tenho
Da aurora da minha vida,
Da minha infância querida
Que os anos não trazem mais!
Que amor, que sonhos, que flores,
Naquelas tardes fagueiras
À sombra das bananeiras,
Debaixo dos laranjais!
[...]

(*Poesias completas de Casimiro de Abreu*.
Rio de Janeiro: Ediouro, s. d. p. 19.)

TEXTO II

E com vocês a modernidade

Meu verso é profundamente romântico.
Choram cavaquinhos luares se derramam e vai
por aí a longa sombra de rumores e ciganos.

Ai que saudade que tenho de meus negros
[verdes anos!

(Cacaso. *Lero-lero*. Rio de Janeiro: 9 Letras;
São Paulo: Cosac & Naify, 2002. p. 113.)

---

1. Em "Meus oito anos", Casimiro de Abreu aborda a infância como tema.
   a) Na condição de adulto, como ele vê a infância?
   b) Que elementos são valorizados pelo poeta na descrição de sua infância?

2. O poema "E com vocês a modernidade", de Cacaso, estabelece um diálogo com o poema de Casimiro de Abreu. Que verso evidencia esse diálogo?

3. No poema de Cacaso, as lembranças do passado são diferentes das do poema de Casimiro de Abreu. O passado recordado também é o período da infância? Se não, que elementos mencionados no poema constituem a memória do eu lírico?

4. O verso final do poema de Cacaso quebra a perspectiva ingênua e bem-comportada do poema de Casimiro de Abreu. Dê uma interpretação a esse verso e, com base nela, explique o título do poema: "E com vocês a modernidade".

5. Em ambos os poemas a linguagem é simples. Em qual deles, contudo, a linguagem é mais informal, mais próxima da oralidade e se prende menos às normas da língua escrita?

As diferenças entre os dois textos quanto à linguagem e à visão de mundo evidenciam dois momentos distintos da literatura, ou seja, dois *movimentos literários* ou *estilos de época* diferentes. O texto I é ligado ao Romantismo, movimento literário do século XIX que, entre outras características, distinguiu-se pela idealização da infância, do amor e da mulher e pelo emprego de uma linguagem elevada, rica em imagens, comparações, inversões, etc. O texto II é representante da literatura contemporânea, que se caracteriza pela ironia e pela revisão e destruição de modelos passados.

Além das variações de época, existem também as variações pessoais. Nenhum escritor escreve exatamente igual a outro. Cada um desenvolve um *estilo pessoal*, que consiste numa forma particular de se expressar fazendo uso da língua.

Diálogos na tradição literária

As relações entre o escritor e o público ou as relações entre o escritor e o seu contexto não podem ser vistas de forma mecânica. Classificar um escritor como participante deste ou daquele estilo de época geralmente é uma preocupação de natureza didática ou científica. Os escritores nem sempre estão preocupados em escrever de acordo com este ou aquele estilo.

Além disso, entre uma época literária e outra, é comum haver uma fase de transição, um período em que o velho e o novo se misturam. Machado de Assis, por exemplo, durante certo tempo foi um escritor com traços românticos; depois abandonou-os, dando origem ao Realismo em nossa literatura.

Há escritores que não se ligam à tendência literária vigente em sua época, mas produzem obras cuja originalidade chega a despertar, em autores de outras épocas, interesse pelo mesmo projeto. Esses escritores, de épocas diferentes mas com projetos artísticos comuns, não pertencem ao mesmo movimento, mas *perseguem a mesma tradição literária*. Por exemplo, há escritores filiados à tradição gótica no Romantismo, no Simbolismo e na atualidade.

Meninas lendo (1934), de Picasso.

Há ainda a situação de um autor estar muito à frente de seu tempo, o que lhe traz problemas de reconhecimento. É o caso, por exemplo, do poeta Joaquim de Sousa Andrade, mais conhecido por Sousândrade, que, apesar de ter vivido na época do Romantismo, foi precursor daquilo que aconteceria cinquenta anos depois na literatura, ou seja, o Modernismo. Só a partir da década de 70 do século XX, o escritor teve sua importância reconhecida definitivamente.

A partir do capítulo 5 desta unidade, você iniciará o estudo sistematizado da literatura em língua portuguesa. Conhecerá, primeiramente, as origens da literatura em Portugal, uma vez que a literatura brasileira surgiu somente alguns séculos depois.

A LITERATURA NA ESCOLA

A literatura, bem como outras artes e ciências, independe da escola para sobreviver. Apesar disso, dada sua importância para a língua e a cultura de um país, bem como para a formação de jovens leitores, transformou-se em disciplina escolar em várias partes do mundo.

Na escola, há diferentes possibilidades de abordar e sistematizar o estudo da literatura: por épocas, por temas, por gêneros, por comparações, etc. No Brasil, no último século, a abordagem histórica da literatura, isto é, o estudo da produção literária dos principais escritores e suas obras no transcorrer do tempo, tem sido a mais comum.

Nesta coleção, você vai aprender literatura de uma forma híbrida: a abordagem histórica se mistura a atividades que comparam textos de épocas distintas, que relacionam a literatura com as artes plásticas da época, com o contexto histórico-social e com produções artísticas (música, literatura, cinema) do mundo em que vivemos.

Apresentamos, a seguir, um esquema dos períodos das literaturas portuguesa e brasileira e os séculos correspondentes, para que você tenha uma visão da sequência histórica dos movimentos literários. Volte a esse esquema sempre que tiver necessidade de situar no tempo um autor ou um estilo de época.

PERIODIZAÇÃO DAS LITERATURAS PORTUGUESA E BRASILEIRA

		IDADE MÉDIA		IDADE MODERNA		
		Trovadorismo (séc. XII a XIV)	**2ª época medieval** (séc. XV e início do XVI)	**Classicismo** (séc. XVI)	**Barroco** (séc. XVII)	**Arcadismo** (séc. XVIII)
Literatura portuguesa	Marco introdutório	1189(?): "Cantiga da Ribeirinha", de Paio Soares de Taveirós	1434: Criação do cargo de cronista-mor do reino	1527: Volta de Sá de Miranda da Itália	1580: Domínio espanhol e morte de Camões	1756: Fundação da Arcádia Lusitana
	Principais autores	D. Dinis Martim Codax João Garcia de Guilhade Pero da Ponte	Fernão Lopes Gil Vicente Garcia de Resende João Roiz de Castelo-Branco	Luís de Camões Sá de Miranda Bernardim Ribeiro Fernão Mendes Pinto António Ferreira	Pe. António Vieira Pe. Manuel Bernardes D. Francisco Manuel de Melo António José da Silva Sóror Maria Alcoforado	Manuel Maria de Barbosa du Bocage Filinto Elísio Cruz e Silva Correia Garção Cândido Lusitano
Literatura brasileira	Marco introdutório			1500: *Carta*, de Pero Vaz de Caminha	1601: *Prosopopeia*, de Bento Teixeira	1768: Obras de Cláudio Manuel da Costa
	Principais autores			Pero Vaz de Caminha Pero M. Gândavo Gabriel Soares de Sousa José de Anchieta	Gregório de Matos Pe. António Vieira	Cláudio Manuel da Costa Tomás António Gonzaga Silva Alvarenga Alvarenga Peixoto Santa Rita Durão Basílio da Gama

CONTEXTO ARTÍSTICO

Madona de Crevole (1284), de Duccio di Buoninsegna. (Museo dell'Opera del Duomo, Siena, Itália)

Joaquim entre os pastores (1306), de Giotto di Bondone, pintor que estabeleceu a transição entre a arte medieval e a renascentista. (Serovegni (Arena), Pádua, Itália)

Senhora com um arminho (1490), de Leonardo da Vinci. (Museu de Czartoryski, Cracóvia, Polônia)

Medusa (1596-8), de Caravaggio. (Universal Images Group/Getty Images/Galeria Uffizi, Florença, Itália)

Cupido e Psiqué (1817), de Jacques-Louis David. (Cleveland Museum of Art, OH, USA)

IDADE CONTEMPORÂNEA

Romantismo (séc. XIX)	Realismo/Naturalismo (séc. XIX)	Simbolismo (séc. XIX)	Modernismo (séc. XX)	Contemporaneidade (séc. XX e XXI)	
1825: Publicação de *Camões*, de Almeida Garrett	**1865:** Questão Coimbrã	**1900:** Publicação de *Oaristos*, de Eugênio de Castro	**1915:** Revista *Orpheu* **1927:** Revista *Presença* **1940:** Neorrealismo	**1975:** Revolução dos Cravos	
Almeida Garrett Alexandre Herculano Antônio Feliciano de Castilho João de Deus Soares de Passos Camilo Castelo Branco Júlio Dinis	Antero de Quental Eça de Queirós Guerra Junqueiro Cesário Verde Gomes Leal	Camilo Pessanha Eugênio de Castro Antônio Nobre	Fernando Pessoa Mário de Sá-Carneiro Almada-Negreiros José Régio Miguel Torga Ferreira de Castro Alves Redol Fernando Namora Vergílio Ferreira	Mário Cesariny de Vasconcelos Jorge de Sena Alexandre O'Neill Agustina Bessa-Luís Sophia de Mello Breyner Andresen David Mourão Ferreira Antônio Ramos Rosa Herberto Helder José Saramago Antônio Lobo Antunes Gonçalo M. Tavares Valter Hugo Mãe	
1836: *Suspiros poéticos e saudades*, de Gonçalves de Magalhães	**1881:** *Memórias póstumas de Brás Cubas*, de Machado de Assis, e *O Mulato*, de Aluísio Azevedo	**1893:** *Missal e Broquéis*, de Cruz e Sousa	**1922:** Semana de Arte Moderna	**1944:** *Perto do coração selvagem*, de Clarice Lispector	
Gonçalves Dias Álvares de Azevedo Casimiro de Abreu Junqueira Freire Fagundes Varela Castro Alves José de Alencar Manuel Antônio de Almeida Joaquim Manuel de Macedo Visconde de Taunay Bernardo Guimarães Franklin Távora	Machado de Assis Aluísio Azevedo Raul Pompeia Olavo Bilac Raimundo Correia Alberto de Oliveira	Cruz e Souza Alphonsus de Guimaraens Pedro Kilkerry	**1ª geração** Oswald de Andrade Mário de Andrade Manuel Bandeira Antônio de Alcântara Machado **2ª geração** Graciliano Ramos José Lins do Rego Rachel de Queiroz Jorge Amado Érico Veríssimo Carlos Drummond de Andrade Murilo Mendes Jorge de Lima Vinícius de Morais Cecília Meireles	Clarice Lispector Guimarães Rosa João Cabral de Melo Neto Haroldo de Campos Augusto de Campos Décio Pignatari Ferreira Gullar Mário Chamie Mário Faustino Lygia Fagundes Telles Mário Palmério Osman Lins Mário Quintana Fernando Sabino Rubem Braga José J. Veiga Otto Lara Resende Antônio Callado Adonias Filho	Autran Dourado Dalton Trevisan João Antônio Ricardo Ramos Sérgio Porto Rubem Fonseca Paulo Leminski Cacaso João Ubaldo Ribeiro José Paulo Paes Adélia Prado Luis Fernando Verissimo Ignácio de Loyola Brandão Nélida Piñon Hilda Hilst Affonso Romano de Sant'Anna Glauco Mattoso Arnaldo Antunes

: *O ancião dos dias* (1794), de William Blake.
Coleção particular

: *Cortadores de pedras* (1849), de Gustave Courbet.
Latinstock/Galeria Neue Neister, Dresden, Alemanha

: *Musa em Pegasus* (1900), de Odilon Redon.
Coleção particular

: *Jacqueline com flores* (1954), de Picasso.
Coleção particular

: *Marilyn* (1967), de Andy Warhol.
Coleção particular — Andy Warhol

PRODUÇÃO DE TEXTO

CAPÍTULO 3

Introdução aos gêneros do discurso

Em casa, na rua, na escola, no clube, no restaurante, todos nós, no dia a dia, circulamos entre textos. O que é texto? Uma conversa telefônica informal entre amigos é um texto? A letra de uma música que ouvimos pelo rádio é um texto? Um capítulo de novela, um *outdoor*, um letreiro de ônibus, uma conta de telefone, um debate político, um texto publicitário, uma notícia de jornal, uma bula de remédio são textos? Quando falamos, também produzimos textos ou são textos apenas os escritos? Para que servem os textos? O que diferencia um texto do outro?

Os textos que seguem não têm a intenção de dar respostas a todas essas questões, mas estimular você a participar com seus colegas de uma conversa sobre a natureza e a função dos textos.

Leia os textos e, a seguir, responda ao que se pede.

> **TEXTO I**
>
> **Crianças infelizes**
>
> Uma em cada onze crianças com idade entre 8 e 16 anos está infeliz, segundo um estudo divulgado em janeiro deste ano [2012] pela *Children's Society*. Apesar de a pesquisa trazer à tona uma realidade do Reino Unido, especialistas brasileiros em saúde infantil afirmam que esse não é um problema exclusivo das crianças britânicas. Para eles, mais do que infelizes, elas estão ansiosas, estressadas, deprimidas e sobrecarregadas. "As crianças de hoje estão desconfortáveis com a infância", diz Ivete Gattás, coordenadora da Unidade de Psiquiatria da Infância e Adolescência da Universidade Federal de São Paulo (Unifesp). [...]
>
> (*Veja*, nº 2 256.)

42

TEXTO II

Como fazer para evitar o câncer de pele?

A exposição prolongada e repetida da pele ao sol causa o envelhecimento cutâneo, além de predispor a pele ao surgimento do câncer. Tomando-se certos cuidados, os efeitos danosos do sol podem ser atenuados. Aprenda a seguir como proteger sua pele da radiação solar.

- Use sempre um filtro solar com fator de proteção solar (FPS) igual ou superior a 15, aplicando-o generosamente pelo menos 20 minutos antes de se expor ao sol e sempre reaplicando-o após mergulhar ou transpiração excessiva (saiba mais sobre filtros solares e FPS).
- Use chapéus e barracas grossas, que bloqueiem ao máximo a passagem do sol. Mesmo assim use o filtro solar, pois parte da radiação ultravioleta reflete-se na areia, atingindo a sua pele.
- Evite o sol no período entre 10 e 15 horas.
- A grande maioria dos cânceres de pele localiza-se na face, proteja-a sempre. Não se esqueça de proteger os lábios e orelhas, locais comumente afetados pela doença.
- Procure um dermatologista se existem manchas na sua pele que estão se modificando, formam "cascas" na superfície, sangram com facilidade, feridas que não cicatrizam ou lesões de crescimento progressivo.
- Faça uma visita anual ao dermatologista para avaliação de sua pele e tratamento de eventuais lesões pré-cancerosas.

(http://www.dermatologia.net/novo/base/cancer.shtml)

TEXTO III

Do seu coração partido

Sentada junto à sacada para que com a luz lhe chegasse a vida da rua, a jovem costurava o longo traje de seda cor de jade que alguma dama iria vestir.

Essa seda agora muda — pensava a costureira enquanto a agulha que retinha nos dedos ia e vinha — haveria de farfalhar sobre mármores, ondeando a cada passo da dama, exibindo e ocultando nos poços das pregas seu suave verde. O traje luziria nobre como uma joia. E dos pontos, dos pontos todos, pequenos e incontáveis que ela, aplicada, tecia dia após dia, ninguém saberia.

Assim ia pensando a moça, quando uma gota de sangue caiu sobre o tecido.

De onde vinha esse sangue? perguntou-se em assombro, afastando a seda e olhando as próprias mãos limpas. Levantou o olhar. De um vaso na sacada, uma roseira subia pela parede oferecendo, ao alto, uma única rosa flamejante.

— Foi ela — sussurrou o besouro que parecia dormir sobre uma folha. — Foi do seu coração partido.

Esfregou a cabeça com as patinhas. — Sensível demais, essa rosa — acrescentou, não sem um toque de censura. — Um mancebo acabou de passar lá embaixo, nem olhou para ela. E bastou esse nada, essa quase presença, para ela sofrer de amor.

Por um instante esquecida do traje, a moça debruçou-se na sacada. Lá ia o mancebo, afastando-se num esvoejar de capa em meio às gentes e cavalos.

— Senhor! Senhor! — gritou ela, mas nem tão alto, que não lhe ficaria bem. E agitava o braço.

O mancebo não chegou a ouvir. Afinal, não era o seu nome que chamavam. Mas voltou-se assim mesmo, voltou-se porque sentiu que devia voltar-se ou porque alguém do seu lado virou a cabeça de súbito como se não pudesse perder algo que estava acontecendo. E voltando-se viu, debruçada no alto de uma sacada, uma jovem que agitava o braço, uma jovem envolta em sol, cuja trança pendia tentadora como uma escada. E aquela jovem, sim, aquela jovem o chamava.

Retornar sobre os próprios passos, atravessar um portão, subir degraus, que tão rápido isso pode acontecer quando se tem pressa. E eis que o mancebo estava de pé junto à sacada, junto à moça. Ela não teve nem tempo de dizer por que o havia chamado, que já o mancebo extraía seu punhal e, de um golpe, decepava a rosa para lhe oferecer.

Uma última gota de sangue caiu sobre a seda verde esquecida no chão. Mas a moça costureira, que agora só tinha olhos para o mancebo, nem viu.

(Marina Colasanti. *23 histórias de um viajante.* São Paulo: Global, 2005. p. 157-9. by Marina Colasanti.)

TEXTO IV

Vale a pena investir em energia nuclear no Brasil?

Creio que ainda não temos estudos suficientes para o uso da energia nuclear, principalmente em um país como o Brasil, onde a estrutura e segurança dificilmente são prioridades. Acho que devíamos investir em outros métodos de energia, alguma energia sustentável e segura. Agora, devemos nos preocupar um pouco mais com o planeta e com a segurança das pessoas, para garantir um futuro.

(http://blogs.estadao.com.br/radar-economico/2011/03/18/vale-a-pena-investir-em-energia-nuclear-no-brasil/)

TEXTO V

Por que sentimos calafrios e desconforto ao ouvir certos sons agudos — como unhas arranhando um quadro-negro?

Esta é uma reação instintiva para protegermos nossa audição. A cóclea (parte interna do ouvido) tem uma membrana que vibra de acordo com as frequências sonoras que ali chegam. A parte mais próxima ao exterior está ligada à audição de sons agudos; a região mediana é responsável pela audição de sons de frequência média; e a porção mais final, por sons graves. As células da parte inicial, mais delicadas e frágeis, são facilmente destruídas — razão por que, ao envelhecermos, perdemos a capacidade de ouvir sons agudos. Quando frequências muito agudas chegam a essa parte da membrana, as células podem ser danificadas, pois, quanto mais alta a frequência, mais energia tem seu movimento ondulatório. Isso, em parte, explica nossa aversão a determinados sons agudos, mas não a todos. Afinal, geralmente não sentimos calafrios ou uma sensação ruim ao ouvirmos uma música com notas agudas.

Aí podemos acrescentar outro fator. Uma nota de violão tem um número limitado e pequeno de frequências — formando um som mais "limpo". Já no espectro de som proveniente de unhas arranhando um quadro-negro (ou do atrito entre isopores ou entre duas bexigas de ar) há um número infinito delas. Assim, as células vibram de acordo com muitas frequências e aquelas presentes na parte inicial da cóclea, por serem mais frágeis, são lesadas com maior facilidade. Daí a sensação de aversão a esses sons agudos e "crus".

Ronald Ranvaud
Departamento de Fisiologia e Biofísica, Universidade de São Paulo
(*Ciência Hoje*, nº 282, p. 4.)

TEXTO VI

(*32º Anuário do Clube de Criação de São Paulo*, p. 156.)

1. O texto "Do seu coração partido" é narrativo, isto é, conta uma história. O texto narrativo apresenta fatos em sequência: um fato causa um efeito, que dá origem a outro fato, e assim por diante.

    a) Uma jovem costurava um traje de seda quando uma gota de sangue caiu sobre o tecido. O que esse fato provocou na moça?

    b) O besouro conta à moça que a passagem de um mancebo partira o coração da rosa. Que efeito essa explicação causa na jovem costureira?

2. Compare os textos I e III. Ambos contam fatos. Entretanto, os fatos relatados são de naturezas diferentes.

    a) Qual deles conta uma história ficcional?
    b) Qual deles relata fatos que acontecem na realidade?

3. Observe os textos II e IV. Qual deles instrui, isto é, indica como devemos proceder para obter determinado resultado?

4. Os textos IV e V abordam assuntos ligados à realidade. Entretanto, cada um deles tem uma finalidade diferente.

    a) Qual é a finalidade do texto IV?
    b) E a do texto V?

5. O texto VI é um anúncio publicitário relacionado à Copa do Mundo de 2014. Qual é a finalidade dele?

6. Como síntese desta atividade, indique o texto cujo objetivo principal é:

a) narrar uma história fictícia;

b) relatar fatos reais;

c) expor conhecimentos formais, científicos;

d) divulgar um produto ou uma ideia;

e) argumentar para persuadir o interlocutor sobre um ponto de vista;

f) instruir como proceder para obter um resultado.

O QUE É GÊNERO DO DISCURSO?

Ao desenvolver a atividade anterior, você deve ter observado que os textos foram produzidos em situações e contextos diferentes e que cada um deles cumpre uma finalidade específica. Se o objetivo do locutor é, por exemplo, instruir seu interlocutor, ele indica passo a passo o que deve ser feito para se obter um bom resultado. Se é expressar sua opinião e defender um ponto de vista sobre determinado assunto, ele produz um texto que se organiza em torno de argumentos. Se é contar fatos reais ou fictícios, ele pode optar por produzir um texto que apresente em sua estrutura os fatos, as pessoas ou personagens envolvidas, o momento e o lugar em que os fatos ocorreram. Se é transmitir conhecimentos, o locutor deve construir um texto que exponha os saberes de forma eficiente.

Assim, quando interagimos com outras pessoas por meio da linguagem, seja a linguagem oral, seja a linguagem escrita, produzimos certos tipos de texto que, com poucas variações, se repetem no conteúdo, no tipo de linguagem e na estrutura. Esses tipos de texto constituem os chamados **gêneros do discurso** ou **gêneros textuais** e foram historicamente criados pelo ser humano a fim de atender a determinadas necessidades de interação verbal. De acordo com o momento histórico, pode nascer um gênero novo, podem desaparecer gêneros de pouco uso ou, ainda, um gênero pode sofrer mudanças até transformar-se em um novo gênero.

Numa situação de interação verbal, a escolha do gênero é feita de acordo com os diferentes elementos que participam do contexto, tais como: quem está produzindo o texto, para quem, com que finalidade, em que momento histórico, etc.

Os gêneros discursivos geralmente estão ligados a **esferas de circulação**. Assim, na *esfera jornalística*, por exemplo, são comuns gêneros como notícias, reportagens, editoriais, entrevistas e outros; na *esfera de divulgação científica* são comuns gêneros como verbete de dicionário ou de enciclopédia, artigo ou ensaio científico, seminário, conferência.

> ## O gênero do discurso e a situação de produção
>
> Suponha que você esteja insatisfeito(a) porque sua rua tem sofrido constantes enchentes. Para resolver o problema, é necessário que uma reclamação oficial seja feita. Que gênero discursivo utilizar então?
>
> Você poderia escrever uma **carta argumentativa de reclamação** à prefeitura de sua cidade ou ao governo de seu Estado. Contudo, esse não é um problema só seu. Logo, o documento teria mais força se tivesse o apoio de outros moradores da rua ou do bairro. Nesse caso, vocês poderiam lançar mão de um **abaixo-assinado** ou de uma **carta aberta** dirigida à população e aos governantes. A escolha dependeria de outros fatores, como o número de pessoas que poderiam assinar, se a carta aberta seria divulgada numa assembleia ou manifestação, se haveria cobertura da imprensa, etc.
>
> Observe que a escolha de um determinado gênero discursivo depende em grande parte da **situação de produção**, ou seja, a finalidade do texto a ser produzido, quem são o(s) locutor(es) e o(s) interlocutor(es), o meio disponível para veicular o texto, etc.

OS GÊNEROS LITERÁRIOS

Entre os gêneros discursivos, existem aqueles que são próprios da *esfera artística e cultural* e são utilizados com finalidade estética, artística: os **gêneros literários**. Como o escritor tem liberdade para criar e recriar gêneros literários, é difícil traçar as fronteiras entre eles. Na esfera artística, os gêneros se multiplicam ou se combinam e sofrem transformações quase constantes.

Apesar disso, desde as primeiras tentativas de classificação feitas por Platão e Aristóteles, na Grécia antiga, a literatura tem sido organizada por gêneros. De acordo com essa *concepção clássica*, há três gêneros literários básicos: o *lírico*, o *épico* e o *dramático*. Ao longo dos séculos, contudo, essa divisão foi sendo questionada por escritores e críticos, já que deixou de corresponder à variedade dos gêneros existentes, uma vez que novos gêneros surgiam e antigas formas se renovavam.

Veja, a seguir, as características básicas dos gêneros literários clássicos, segundo a classificação aristotélica.

Gênero lírico

Trata-se da manifestação de um *eu lírico*, que expressa no texto seu mundo interior, suas emoções, sentimentos, ideias e impressões. É um texto geralmente subjetivo, com predominância de pronomes e verbos na 1ª pessoa e que explora a musicalidade das palavras.

Veja os seguintes versos, do poeta português Fernando Pessoa:

Relógio, morre —
Momentos vão...
Nada já ocorre
Ao coração
Senão, senão...

Bem que perdi,
Mal que deixei,
Nada aqui
Montes sem lei
Onde estarei...

Ninguém comigo!
Desejo ou tenho?
Sou o inimigo —
De onde é que venho?
O que é que estranho?

(*Obra poética*. Rio de Janeiro: Aguilar, 1965. p. 521.)

Gênero épico

Nas composições desse gênero, há a presença de um narrador, que conta uma história em versos, em um longo poema que ressalta a figura de um herói, um povo ou uma nação. Geralmente envolvem aventuras, guerras, viagens e façanhas heroicas e apresentam um tom de exaltação, isto é, de valorização de heróis e feitos grandiosos. É um texto narrativo com verbos e pronomes na 3ª pessoa e que pressupõe a presença de um ouvinte ou de uma plateia.

Os poemas épicos intitulam-se *epopeias*. As principais epopeias da cultura ocidental são a *Ilíada* e a *Odisseia*, de Homero, a *Eneida*, de Virgílio, *Os lusíadas*, de Luís de Camões, *Paraíso perdido*, de Mílton, *Orlando Furioso*, de Ariosto.

No Brasil, entre os vários poemas épicos produzidos – a maioria deles conforme o modelo oferecido por Camões – destacam-se *Caramuru*, de Santa Rita Durão, e *O Uraguai*, de Basílio da Gama.

A estrofe a seguir pertence ao poema *Os lusíadas*. Observe a linguagem culta, a narração em 3ª pessoa e o engrandecimento dos navegantes portugueses.

Já no batel entrou do Capitão
O rei, que nos seus braços o levava;
Ele, co'a cortesia que a razão
(Por ser rei) requeria, lhe falava.
Cumas mostras de espanto e admiração,
O Mouro o gesto e o modo lhe notava,
Como quem em mui grande estima tinha
Gente que de tão longe à Índia vinha.

batel: barco.   **cumas:** com umas.
co'a: com a.   **mouro:** árabe.

Cinema épico

: Cena do filme *300*.

Modernamente, também se chamam *épicos* certos filmes cujo tema são aventuras de um herói ou guerras que definem a história de um povo. São considerados épicos, por exemplo, filmes como *300*, de Zack Snyder; *Cruzada* e *Gladiador*, de Ridley Scott; *Troia*, de Wolfgang Petersen; *1900*, de Bernardo Bertolucci; *Ran*, de Akira Kurosawa; *Quilombo*, de Cacá Diegues.

Gênero dramático

Enquanto o gênero épico exalta as realizações humanas e os grandes feitos de heróis, o gênero dramático expõe o conflito dos homens e seu mundo, as manifestações da miséria humana.

São do gênero dramático os textos escritos para serem encenados. Nesse tipo de texto, em vez de ser contada por um narrador, a história é mostrada no palco, ou seja, é representada por atores que fazem o papel das personagens. O texto se desenrola a partir de diálogos, o que exige uma sequência rigorosa das cenas e das relações de causa e consequência.

Observe no fragmento da peça *Bodas de sangue*, de Federico García Lorca, a seguir, como o enredo se constrói a partir do diálogo entre as personagens Mãe e Noivo.

: Cena do filme *Bodas de sangue*, de Carlos Saura.

Casa pintada de amarelo

NOIVO (*entrando*) — Mãe.
MÃE — Que é?
NOIVO — Já vou.
MÃE — Aonde?
NOIVO — Para a vinha. (*Vai sair*)
MÃE — Espere.
NOIVO — Quer alguma coisa?
MÃE — Filho, o almoço.
NOIVO — Deixe. Vou comer uvas. Me dê a navalha.

MÃE — Para quê?
NOIVO (*rindo*) — Para cortá-las.
MÃE (*entre dentes e procurando-a*) — A navalha, a navalha... Malditas sejam todas as navalhas, e o canalha que as inventou.
NOIVO — Vamos mudar de assunto.
MÃE — E as espingardas e as pistolas, e a menorzinha das facas, e até as enxadas e os ancinhos do roçado.
NOIVO — Bom.

MÃE — Tudo o que pode cortar o corpo de um homem. Um homem bonito, com sua flor na boca, que vai para as vinhas ou para os olivais que tem, porque são dele, herdados...

NOIVO (*baixando a cabeça*) — Chega, mãe.

MÃE — ... e esse homem não volta. Ou, se volta, é só para que a gente lhe ponha uma palma por cima, ou um prato de sal grosso, para não inchar. Não sei como você se atreve a levar uma navalha no corpo, nem sei como ainda deixo essa serpente dentro do baú.

NOIVO — Já não chega?

MÃE — Nem que eu vivesse cem anos, não falaria de outra coisa. Primeiro seu pai, que cheirava a cravo; e só o tive por três anos, tão curtos. Depois, seu irmão. E é justo? E é possível que uma coisa tão pequena como uma pistola ou uma navalha possa dar cabo de um homem, que é um touro? Não vou me calar nunca. Os meses passam e o desespero me perfura os olhos e pica até nas pontas dos cabelos.

NOIVO (*forte*) — Vamos parar?

MÃE — Não. Não vamos parar. Alguém pode me trazer seu pai de volta? E seu irmão? E depois, o presídio. Mas o que é o presídio? Lá se come, lá se fuma, lá se toca música! Os meus mortos cobertos de grama, sem fala, viraram pó; dois homens que eram dois gerânios... Os assassinos, no presídio, folgados, olhando a paisagem...

(São Paulo: Abril Cultural, 1977. p. 11-3.)

Gêneros narrativos modernos

Além da concepção clássica de gêneros literários, há também uma *concepção moderna*, que leva em conta outras modalidades de texto, que não existiam no tempo de Aristóteles. Entre elas, encontram-se os gêneros narrativos modernos que guardam, em suas origens, um parentesco com a epopeia e outras formas narrativas primitivas, pois, como estas, se prestam a narrar uma história ficcional.

São gêneros narrativos modernos, por exemplo, o romance, a novela, o conto e a crônica. Qualquer um desses gêneros tem como elementos básicos de sua estrutura os fatos narrados numa sequência de causa e efeito, as personagens, o tempo, o ponto de vista do narrador.

De modo geral, procura-se diferenciá-los com base em critérios como tamanho, tempo e espaço narrativo, tipo e número de personagens, número de conflitos, desenvolvimento da ação, interiorização psicológica, meio de divulgação, etc. Assim, supõe-se que um *romance*, comparado a um *conto*, narre uma história na qual tempo e espaço são mais amplos, há várias personagens e várias histórias organizadas em torno de uma história central. Já a crônica é marcada pela brevidade temporal e apresenta episódios do cotidiano captados com sensibilidade pelo cronista, que extrai deles momentos de humor e reflexão sobre a vida e o mundo.

A distinção entre os gêneros modernos, entretanto, é bastante controvertida. Com frequência, deparamos com textos que misturam gêneros ou que quebram a sequência narrativa tradicional ou, ainda, que usam na prosa os recursos da poesia.

Tanto os gêneros do discurso produzidos nas situações cotidianas de comunicação quanto os gêneros literários serão estudados de forma mais aprofundada nos capítulos subsequentes que tratam de literatura brasileira e portuguesa e nos capítulos voltados à produção de texto.

PRODUÇÃO DE TEXTO

Retrato de Madame de la Pleigne, de François Pascal Simon Gerard.

CAPÍTULO 4
O poema

TRABALHANDO O GÊNERO

Leia em voz alta o poema abaixo, procurando ficar atento(a) aos sons e ritmos que ele apresenta. A seguir, responda ao que se pede.

Minha desgraça

Minha desgraça, não, não é ser poeta,
Nem na terra de amor não ter um eco,
E meu anjo de Deus, o meu planeta
Tratar-me como trata-se um boneco...

Não é andar de cotovelos rotos,
Ter duro como pedra o travesseiro...
Eu sei... O mundo é um lodaçal perdido
Cujo sol (quem mo dera!) é o dinheiro...

Minha desgraça, ó cândida donzela,
O que faz que o meu peito assim blasfema,
É ter para escrever todo um poema,
E não ter um vintém para uma vela.

(Álvares de Azevedo. In: Frederico Barbosa, org. *Clássicos da poesia brasileira*. São Paulo: O Estado de S. Paulo/Klick Editora, 1997. p. 98.)

1. O título do poema é "Minha desgraça". Deduza: Como se sente o eu lírico em relação à vida e ao mundo?

2. Há, no poema, três **estrofes** – grupos de versos separados por uma linha em branco. Cada estrofe apresenta um grupo de versos, as linhas poéticas. Quantos versos há em cada estrofe?

3. Nas duas primeiras estrofes, o eu lírico tenta definir qual é a sua desgraça pela negação; e, na terceira estrofe, pela afirmação.

    a) De acordo com as duas primeiras estrofes, o que não é a desgraça do eu lírico?

    b) De acordo com a última estrofe, qual é a desgraça do eu lírico?

    c) Por que na revelação da desgraça do eu lírico há humor?

4. O poema caracteriza-se por apresentar uma forte **sonoridade**, construída por meio de repetições, ritmo, rima. Destaque do poema um trecho em que há a *repetição* de uma palavra.

5. No poema, o ritmo é dado pela alternância de sílabas acentuadas e não acentuadas, isto é, sílabas que apresentam maior ou menor intensidade quando pronunciadas. Leia em voz alta os seguintes versos do poema, pronunciando com intensidade maior as sílabas destacadas.

    "Minha desgraça, **não**, não é ser po**e**ta,
    Nem na terra de a**mor** não ter um **e**co"

Leia agora estes outros dois versos e identifique as sílabas acentuadas.

"É ter para escrever todo um poema,
E não ter um vintém para uma vela."

6. Ao ler o poema, você provavelmente fez uma pequena pausa no final de cada linha ou verso. Essa pausa se acentua em razão da rima – semelhança sonora – que há no final dos versos, como, por exemplo, entre as palavras *eco* e *boneco* da primeira estrofe. Que outros pares de palavras rimam entre si no poema?

7. A linguagem empregada no poema é figurada, ou seja, é construída a partir de imagens. Identifique a figura de linguagem presente nestes versos do poema:

"Eu sei... O mundo é um lodaçal perdido
Cujo sol (quem mo dera!) é o dinheiro..."

8. A linguagem do poema é expressiva, figurada e própria da norma-padrão. Além disso, ela é pessoal e subjetiva ou impessoal e objetiva?

9. A que tipo de público o poema se destina?

10. O poema lido foi publicado no século XIX, quando o livro era o principal veículo da poesia. Hoje, em que veículos e suportes esse poema pode ser divulgado?

11. Reúna-se com os colegas de seu grupo e concluam: Quais são as características do poema? Ao responder, considerem os seguintes critérios: finalidade do gênero, perfil dos interlocutores, suporte ou veículo, tema, estrutura, linguagem.

OS VERSOS E SEUS RECURSOS MUSICAIS

Segundo o poeta Carlos Drummond de Andrade, "entre coisas e palavras – principalmente entre palavras – circulamos". As palavras, entretanto, não circulam entre nós como folhas soltas no ar. Elas são organizadas em textos, por meio dos quais podem criar significados capazes de transmitir ideias, sentimentos, desejos, emoções.

Muitas delas se combinam de tal forma que fica evidente terem sido selecionadas com a finalidade de compor imagens, sugerir formas, cores, odores, sons, permitindo múltiplas sensações,

51

leituras e interpretações. Isso é o que observamos quando lemos, ouvimos ou vemos um poema, forma de composição que se destaca também por uma espécie de melodia e de ritmo que emanam do modo como as palavras são arranjadas.

O **poema** é um gênero textual que se constrói não apenas com ideias e sentimentos, mas também por meio do emprego do verso e de seus recursos musicais – a sonoridade e o ritmo das palavras – e de palavras com sentido figurado, conotativo.

A musicalidade que caracteriza os textos poéticos é resultado da utilização de recursos presentes na poesia de todos os tempos, tais como a métrica, o ritmo, a rima, a aliteração e a assonância.

O que é poesia?

Talvez ninguém consiga dar uma resposta definitiva a essa pergunta. Entretanto, a poesia está em toda parte: nas canções de ninar, nas cantigas de roda, nos trava-línguas, nas parlendas, nos provérbios, nas quadrinhas populares, nas propagandas, nas letras de música, nos livros...

O conceito de poesia varia de acordo com a época, o movimento literário e também de escritor para escritor.

O poeta francês Mallarmé, por exemplo, definiu poesia como a "suprema forma da beleza". Para o americano Edgar Allan Poe, é a "criação rítmica da beleza". Cassiano Ricardo diz: "Pouco importa, contudo, definir o que seja poesia. O que importa, literariamente, é que ela encontre o seu núcleo no poema, feito e trabalhado precisamente para consegui-la. Ela é indefinível, porém definidora".

O verso e a estrofe

O poema "Minha desgraça" apresenta doze versos.

Verso é uma sucessão de sílabas ou fonemas que formam uma unidade rítmica e melódica, correspondente em geral a uma linha do poema.

Os versos organizam-se em estrofes. No poema em estudo, estão organizados em três estrofes.

Estrofe ou **estância** é um agrupamento de versos.

O número de versos agrupados em cada estrofe pode variar. **Dístico** é o nome que se dá à estrofe de dois versos.

Leia o poema a seguir, de Mário Quintana, formado por um único dístico:

Viajante

Eu, sempre que parti, fiquei nas gares
Olhando, triste, para mim...

(Mário Quintana. *Apontamentos de história sobrenatural.* São Paulo: Globo. by Helena Quintana.)

Veja como se chamam outros tipos de estrofe:
- **terceto**: três versos;
- **quadra** ou **quarteto**: quatro versos;
- **quintilha**: cinco versos;
- **sexteto** ou **sextilha**: seis versos;
- **sétima** ou **septilha**: sete versos;
- **oitava**: oito versos;
- **nona**: nove versos;
- **décima**: dez versos.

As formas fixas

Uma das composições de forma fixa mais conhecidas é o **soneto**, em que os versos são agrupados em duas quadras e dois tercetos. O soneto geralmente desenvolve uma ideia até o penúltimo verso e no último, considerado *chave de ouro*, apresenta uma síntese do que foi desenvolvido.

Na língua portuguesa, destacam-se como sonetistas Camões, Antero de Quental, Bocage e Vinícius de Morais.

Outros poemas de forma fixa são, por exemplo, a **balada** (três oitavas e uma quadra), o **vilancete** (um terceto e outros tipos de estrofe, à escolha do poeta), o **rondó** (apenas quadras, ou então quadras combinadas com oitavas).

Um tipo curioso de forma fixa é o **haicai**, poema de origem japonesa. Constituído por uma estrofe de três versos, ele deve ter 17 sílabas, distribuídas do seguinte modo: 1º verso: 5 sílabas; 2º verso: 7 sílabas; 3º verso: 5 sílabas.

Veja este haicai, de Yataro Kobayashi, poeta japonês do século XVIII:

> Vem cá passarinho
> E vamos brincar nós dois
> Que não temos ninho.
>
> (In: Millôr Fernandes. *Hai-Kais*.
> Porto Alegre: L&PM, 1997. p. 5.)

Métrica

A **métrica** é a medida dos versos, isto é, o número de sílabas poéticas apresentadas pelos versos.

Para determinar a medida de um verso, nós o dividimos em sílabas poéticas. Esse procedimento tem o nome de *escansão*.

Em razão de ter por base a oralidade – fala ou canto –, a divisão silábica poética obedece a princípios diferentes dos que orientam a divisão silábica gramatical: as vogais átonas são agrupadas numa única sílaba, e a contagem das sílabas deve ser feita até a última tônica.

Compare a divisão silábica gramatical à divisão silábica poética de dois versos do poema de Álvares de Azevedo estudado:

Divisão silábica gramatical

Mi	nha	des	gra	ça,	ó	cân	di	da	don	ze	la,
1	2	3	4	5	6	7	8	9	10	11	12

O	que	faz	que	o	meu	pei	to	as	sim	blas	fe	ma,
1	2	3	4	5	6	7	8	9	10	11	12	13

Divisão silábica poética

Mi	nha	des	gra	ça, ó	cân	di	da	don	ze	la,
1	2	3	4	5	6	7	8	9	10	

O	que	faz	que o	meu	pei	to as	sim	blas	fe	ma,
1	2	3	4	5	6	7	8	9	10	

Na divisão silábica poética, conforme você pode observar, a 5ª sílaba do 1º verso e a 4ª e a 7ª sílabas do 2º verso são formadas pela união das sílabas *ça* e *ó*, *que* e *o*, *to* e *as*, respectivamente. Isso ocorre sempre que há o encontro de duas vogais átonas no final de uma palavra e início de outra. Além disso, na divisão silábica poética, a contagem encerra-se na sílaba tônica da última palavra do verso; nesse caso, na sílaba *ze* da palavra *donzela*, no 1º verso, e na sílaba *fe* da palavra *blasfema*, no 2º verso.

De acordo com o número de sílabas poéticas, os versos recebem as seguintes denominações: *monossílabo* (uma sílaba), *dissílabo* (duas sílabas), *trissílabo* (três sílabas), *redondilha menor* ou *pentassílabo* (cinco sílabas), *redondilha maior* ou *heptassílabo* (sete sílabas), *octossílabo* (oito sílabas), *decassílabo* (dez sílabas), *alexandrino* (doze sílabas), etc.

O verso cuja métrica se repete é chamado de *verso regular*. No século XX, os poetas modernos criaram o *verso livre*, que não obedece a uma regularidade métrica. Assim, os poemas apresentam versos de tamanhos variados, como no poema ao lado, de Cacaso.

Happy end

o meu amor e eu
nascemos um para o outro

agora só falta quem nos apresente

(Cacaso. *Lero-lero*. Rio de Janeiro: 7 Letras; São Paulo: Cosac & Naify, 2002. p. 114.)

Ritmo

Ao ouvirmos uma melodia qualquer, percebemos que ela foi composta em determinado ritmo. Um poema também tem seu ritmo, que lhe é dado pela alternância de sílabas acentuadas e não acentuadas, isto é, sílabas que apresentam maior ou menor intensidade quando pronunciadas. O conceito poético de sílaba acentuada nem sempre coincide com o conceito gramatical de sílaba tônica, pois a acentuação de uma sílaba poética é determinada pela sequência melódica em que ela se insere.

Observe o ritmo dos seguintes versos de Camões. As sílabas acentuadas estão destacadas.

Amor é fogo *que ar*de sem se *ver*;
É ferida que *dói* e não se *sen*te;
É um content*amen*to descon*ten*te;
É dor que desa*ti*na sem do*er*

(In: Vera Aguiar, coord. *Poesia fora da estante*. Porto Alegre: Projeto, 2002. v. 2, p. 83.)

O ritmo em outras linguagens

O ritmo não é exclusividade da poesia. Ele existe também na música, na arquitetura e em outras artes visuais, desde que haja uma repetição regular de determinado elemento. Na fotografia abaixo, o ritmo é criado pela recorrência regular das formas no espaço.

Você deve ter notado nesse trecho que o ritmo decorre da incidência de acentuação na 6ª e na 10ª sílaba de cada verso.

Rima

A **rima** é um recurso musical baseado na semelhança sonora de palavras no final de versos (rima externa) e, às vezes, no interior de versos (rima interna).

Observe como o compositor Chico Buarque, no seguinte trecho da canção "Quando o carnaval chegar", explora tanto a rima no final dos versos quanto a rima interna:

Quem me vê sempre parado, dist*ante*
Gar*ante* que eu não sei samb*ar*
Tô me guard*ando* pra qu*ando* o carnaval cheg*ar*
Eu tô só v*endo*, sab*endo*, sentindo,
Escut*ando*, não posso fal*ar*
Tô me guard*ando* pra qu*ando* o carnaval cheg*ar*

(In: Adélia Bezerra de Menezes Bolle, org. *Chico Buarque de Hollanda*. São Paulo: Abril Educação, 1980. p. 34. by Marola Edições Musicais Ltda.)

As rimas externas classificam-se como *intercaladas*, *alternadas* e *emparelhadas*, segundo sua organização em esquemas ABBA, ABAB e AABB, respectivamente. Observe a incidência de rimas e sua organização em esquema nestes versos, de Fernando Pessoa:

> Deus quer, o homem sonha, a obra na*sce*. (A)
> Deus quis que a terra fosse toda *uma*, (B)
> Que o mar unisse, já não separ*asse*. (A)
> Sagrou-te, e foste desvendando a esp*uma*, (B)
>
> (In: Sueli Barros Cassal, org. *Poesias*. Porto Alegre: L&PM, 2011. p. 10.)

Os versos que não apresentam rimas entre si são chamados de *versos brancos*. Veja esse tipo de verso neste poema, de Rubem Braga:

> Não quero ser Deus, nem Pai nem Mãe de Deus,
> Não quero nem lírios nem mundos
> Sou pobre e superficial como a Rua do Catete.
> Quero a pequena e amada agitação,
> A inquieta esquina, aves e ovos, pensões,
> Os bondes e tinturarias, os postes,
> Os transeuntes, o ônibus Laranjeiras,
>
> Único no mundo que tem a honra de pisar na
> [Rua do Catete.
>
> (*Livro de versos*. 3. ed. Rio de Janeiro: Record, 1998. p. 5.)

Outros recursos sonoros

Aliteração

É a repetição constante de um mesmo fonema consonantal. Observe como o poeta Castro Alves alitera o fonema /b/ nestes versos:

> Auriverde pendão de minha terra
> Que a *b*risa do *B*rasil *b*eija e *b*alança

Assonância

É a repetição constante de um mesmo fonema vocálico. Observe a assonância do fonema vocálico /a/ neste verso de Cruz e Souza:

> Ó Form*a*s *a*lv*a*s, br*a*nc*a*s, Form*a*s cl*a*r*a*s

Paronomásia

É o emprego de palavras semelhantes na forma ou no som, mas de sentidos diferentes, próximas umas das outras. Veja:

> Trocando em miúdos, pode guardar
> As *sobras* de tudo que chamam lar
> As *sombras* de tudo que fomos nós
> (Chico Buarque. In: Adélia Bezerra de Menezes Bolle, org., op. cit., p. 45.)

> Ah pregadores! Os de cá achar-vos-eis com mais *paço*; os de lá, com mais *passos*.
> (Pe. Antônio Vieira)

Paralelismo

É a repetição de palavras ou estruturas sintáticas maiores (frases, orações, etc.) que se correspondem quanto ao sentido. Observe, ao lado, o paralelismo nos versos da canção "Sem fantasia", de Chico Buarque.

> *Vem que eu te quero* fraco
> *Vem que eu te quero* tolo
> *Vem que eu te quero* todo meu.
> (In: Adélia Bezerra de Menezes Bolle, org., op. cit., p. 23.)

EXERCÍCIOS

Leia a tira a seguir, de Laerte, e responda às questões 1 e 2.

(Folha de S. Paulo, 26/2/2012.)

1. Reescreva as falas da personagem, dispondo-as em versos.

a) Quantos versos você obteve?

b) Que critérios você utilizou para fazer a disposição das falas em versos?

2. Observe o esquema de rimas e de ritmo do poema.

a) De que tipo são as rimas?

b) Em que sílabas poéticas, pela ordem, incidem as sílabas tônicas?

c) Que nome é dado ao tipo de verso utilizado?

3. Identifique o(s) recurso(s) sonoro(s) empregado(s) nos versos de Chico Buarque a seguir.

a)
> E a própria vida
> Ainda vai sentar sentida
> Vendo a vida mais vivida
> Que vem lá da televisão
> (Chico Buarque. In: Adélia Bezerra de Menezes Bolle, org., op. cit., p. 21. by Marola Edições Musicais Ltda.)

b)
> Você vai me trair
> Você vem me beijar
> Você vai me cegar
> E eu vou consentir
> Você vai conseguir
> Enfim me apunhalar.
> (Idem, p. 55. by Marola Edições Musicais Ltda.)

O POEMA NO ESPAÇO

Além de trabalhar com a sonoridade, com a rima, com o ritmo e com as imagens, o poeta também pode fazer uso de outros recursos, como os visuais e gráficos.

Isso quer dizer que o poeta pode organizar seus versos de uma maneira incomum, de modo que mostrem, por exemplo, o formato de alguma coisa, ou explorar diferentes tipos de letra, criando novos sentidos.

Muitos poemas do nosso tempo não são feitos apenas para serem lidos, mas também para serem vistos, como uma fotografia, uma pintura, um cartaz. Por meio de um trabalho com letras, com palavras e seu significado, procuram transmitir, além de emoções e sentimentos, também movimento, cor, forma, etc.

Os poemas que fazem uso desses recursos são chamados **poemas concretos**.

Veja (e leia) os poemas a seguir, observando como os poetas incorporam aspectos visuais à poesia.

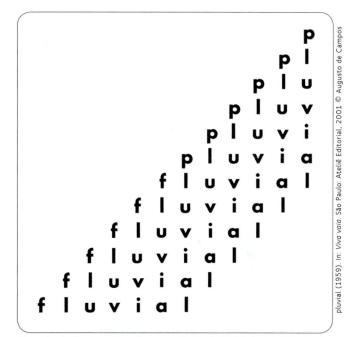

(Paulo Leminski. In: Fred Góes e Álvaro Marins, org. *Melhores poemas de Paulo Leminski*. 6. ed. São Paulo: Global, 2002. p. 88.)

(Augusto de Campos. www.algumapoesia.com.br/poesia/poesianet066.htm. Acesso em: 27/12/2011.)

A POESIA DE TRADIÇÃO ORAL: O CORDEL

Na poesia popular brasileira de tradição oral, destaca-se a **literatura de cordel**, um tipo de poesia muito conhecido e apreciado em todo o Nordeste brasileiro.

Normalmente, o poema de cordel é produzido oralmente e depois impresso em pequenos folhetos, ilustrados com xilogravura. O nome desse tipo de poesia se deve ao modo tradicional de expor os folhetos, isto é, pendurados em cordel (corda fina) ou barbante.

A estrutura da poesia de cordel não é rígida, porém a forma mais comum são estrofes de seis ou sete versos, geralmente redondilhas maiores (sete sílabas). As rimas costumam acontecer em versos alternados. Veja, como exemplo, os versos a seguir, do poeta José Antônio dos Santos, que conta, em sua *História da literatura de cordel*, como surgiu o cordel no Brasil. Aproveite para observar a métrica (redondilhas) e as rimas no 2º, no 4º e no 6º verso.

[...]

Na Europa medieval
Surgiram os menestréis
Por serem bons trovadores
Às musas eram fiéis
E prendiam seus livrinhos
Pendurados em cordéis.

Pois a palavra cordel
Significa cordão
Onde o Cordel era exposto
No meio da multidão
O trovador andarilho
Fazia declamação.

E o povo gostava
De poemas de bravezas
Contando muitas histórias
De encantadas princesas
Também de príncipes valentes
E suas grandes proezas.

[...]

Eis a origem da nossa
Poesia Popular
Pro Brasil, os portugueses
Trouxeram algum exemplar
E pras novas gerações
Puderam repassar.

[...]

(*História da literatura de cordel*. Fortaleza: Tupynanquim, maio 2007. p. 2-3.)

Gonçalo F. da Silva/Academia Brasileira de Literatura de Cordel
Gonçalo Ferreira da Silva

Receita para cordel

O verso para cordel
Fica bem em septilha,
Mas faltando ingrediente
Pode ser feito em sextilha,
Faça por essa receita
Que fica uma maravilha.

Não esqueça de botar
Um pouco de alegria,
Humor é fundamental
Para a boa poesia,
Se o colega duvidar
Confirme com Zé Maria.

[...]

Desenvolva seu cordel
Com humildade e amor,
Coloque tempero bom
Para agradar o leitor,
Pois ele é quem avalia
A receita do autor.

[...]

Uma pitada de rima
Você tem que acrescentar,
Métrica se faz relevante
Para o verso não quebrar,
Na cobertura uma capa
Para melhor ilustrar.

(Mundim do Vale. http://mundocordel.blogspot.com/2007/12/poetas-em-mundocordel.html)

Cordel: do varal à Internet

Se você quiser conhecer mais poemas de cordel, acesse:
- www.camarabrasileira.com/cordel.htm
- www.secrel.com.br/jpoesia/cordel.html
- http://mundocordel.blogspot.com/2007/12/poetas-em-mundocordel.html

PRODUZINDO O POEMA

Há, a seguir, quatro propostas de produção de textos. Você poderá desenvolver todas ou parte delas, conforme a orientação do professor.

1. Partindo dos versos a seguir, crie um ou mais versos para compor poemas. Tente manter o ritmo presente no verso inicial, se possível, e procure expressar em seus versos uma ideia inesperada.

   a) "Eu renuncio à poesia!"
   b) "Não leves nunca de mim"
   c) "Oh! Que saudades que tenho"
   d) "Mandei a palavra rimar"

Loucos por poesia

Para aqueles que são aficionados de poesia e querem conhecer outros poemas, sugerimos a leitura dos seguintes livros: *O que é poesia*, de Fernando Paixão (Brasiliense); *Estrela da vida inteira*, de Manuel Bandeira (Nova Fronteira); *Alguns poemas*, de Carlos Drummond de Andrade (Record); *Antologia poética*, de Mário Quintana (L&PM); *Os cem melhores poemas do século*, seleção de Italo Moriconi (Objetiva); *Amor adolescente* e *Cantigas de adolescer*, de Elias José (Atual); *Lero-lero*, de Antônio Carlos Brito (Cosac & Naify); os poemas de Paulo Leminski, José Paulo Paes e Ferreira Gullar, da antologia *Melhores poemas* (Global); *No cais do primeiro amor*, de Roseana Murray (Larousse do Brasil).

2. Leia estas quadrinhas populares:

Não sei se é fato ou se é fita,
Não sei se é fita ou se é fato.
O fato é que ela me fita
Me fita mesmo de fato.

(In: Maria José Nóbrega e Rosane Pamplona, orgs. *Diga um verso bem bonito! – Trovas*. São Paulo: Moderna, 2005. p. 9.)

Açucena quando nasce,
Arrebenta pelo pé.
Assim arrebenta a língua
De quem fala o que não é.
(Idem, p. 25.)

Se meus suspiros pudessem
A teus ouvidos chegar,
Verias que uma saudade
É bem capaz de matar.
(Idem, p. 29.)

Alegria eu não tenho,
Tristeza comigo mora;
Quando eu tiver alegria,
Jogarei tristeza fora.
(Idem, p. 27.)

A forma fixa de poesia popularmente chamada quadrinha ou trova compõe-se de quatro versos, com rima obrigatória entre os versos pares, isto é, entre o segundo e o último. A medida mais comum de uma quadrinha é o verso de sete sílabas, a redondilha maior, e sua riqueza temática é notável: o amor, a valentia, a presunção, a melancolia, etc. É a forma preferida da lírica popular e a mais frequente no nosso folclore.

Crie uma ou mais trovas sobre um destes temas: a amizade, o mundo digital, a ignorância, o consumo, a juventude, o amor não correspondido. Se quiser, explore o humor.

3. Explorando as letras, o significado das palavras e a disposição delas no papel, crie três ou mais poemas concretos a partir dos temas a seguir ou outros de sua preferência: encontro, engarrafamento, liberdade, fotografia, primeiro amor.

4. Escreva algumas estrofes (sextilhas) de cordel, fazendo uso dos recursos básicos desse tipo de poesia, como a redondilha e as rimas intercaladas. Como sugestão, escreva sobre o tema "Meu canto", ou outro que prefira. Procure dar ritmo ao poema, como fazem os cordelistas.

PLANEJAMENTO DO TEXTO

Ao redigir seus poemas, leve em conta as orientações a seguir.

- Perfil do leitor – No projeto **Palavra em cena** a ser desenvolvido no final da unidade, você terá a oportunidade de expor seus textos em um varal de poesia ou declamá-los em um sarau poético para colegas de sua e de outras classes, professores, funcionários da escola e outros convidados para o evento.
- Veículo e suporte em que o texto será veiculado – Procure empregar uma linguagem adequada ao perfil dos interlocutores e à situação.
- Características do gênero a serem observadas – Lembre-se dos recursos sonoros e visuais do poema. Decida previamente se os versos serão regulares ou livres, se vai utilizar ritmo, rimas e outras sonoridades.

REVISÃO E REESCRITA

Faça primeiramente um rascunho de seu texto. Depois releia-o, observando se ele leva em conta as características do gênero, o perfil dos leitores, a correção e adequação da linguagem, o suporte e o veículo. Faça as alterações necessárias e passe-o a limpo.

LITERATURA

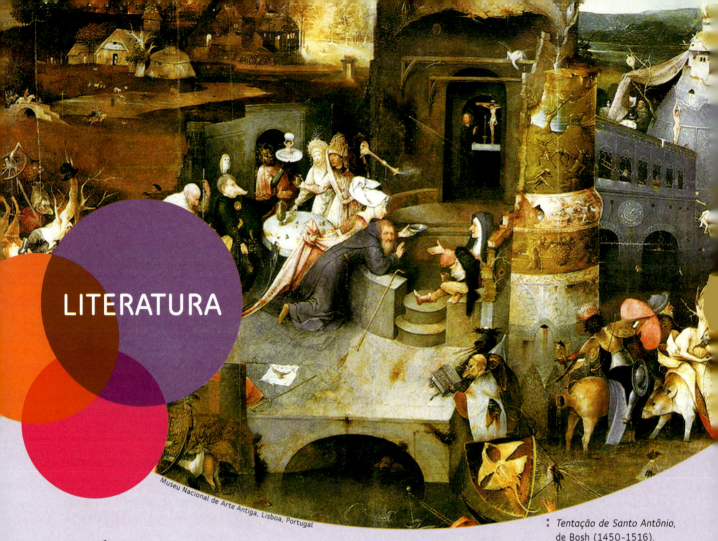

Museu Nacional de Arte Antiga, Lisboa, Portugal

Tentação de Santo Antônio, de Bosh (1450-1516).

CAPÍTULO 5

As origens da literatura portuguesa

A literatura brasileira, em suas primeiras manifestações, prende-se aos modelos literários trazidos pelos colonizadores portugueses. Esses modelos formaram-se em Portugal entre os séculos XII e XVI, ou seja, durante a Baixa Idade Média e o Renascimento.

As primeiras manifestações da literatura brasileira ocorreram durante o período colonial, de 1500 a 1822. Evidentemente, essa produção foi fortemente marcada pelas influências da cultura e da literatura portuguesa, uma vez que nossos escritores ou eram portugueses de nascimento ou brasileiros com formação universitária em Portugal.

Por essa razão, antes de estudar as obras e autores nacionais, convém conhecer, de forma panorâmica, os momentos mais significativos da literatura portuguesa até o século XVI que servirão de referência aos escritores brasileiros. Esses momentos são três, conforme se pode observar no quadro da página seguinte.

A ERA MEDIEVAL

Os primeiros registros escritos da literatura portuguesa datam do século XII, momento que coincide com a expulsão dos árabes da península Ibérica e com a formação do Estado português.

Esses textos foram escritos em **galego-português**, em virtude da integração cultural e linguística que na época existia entre Portugal e Galícia, região que hoje pertence à Espanha. Esses primeiros escritos constituem a produção da primeira época medieval, também conhecida como **Trovadorismo**.

	ERA MEDIEVAL		ERA CLÁSSICA
	PRIMEIRA ÉPOCA (SÉCULOS XII A XIV)	**SEGUNDA ÉPOCA (SÉCULO XV E INÍCIO DO XVI)**	**SÉCULO XVI**
Poesia	Trovadorismo Lírica — Cantigas de amigo / Cantigas de amor Satírica — Cantigas de escárnio / Cantigas de maldizer	Poesia palaciana *Cancioneiro Geral*, de Garcia de Resende	Lírica: Luís de Camões Épica: *Os lusíadas*, de Luís de Camões
Prosa	Novelas de cavalaria Hagiografias Cronicões Nobiliários	Crônicas de Fernão Lopes	Novela sentimental: Bernardim Ribeiro, com *Menina e moça* Novelas de cavalaria: João de Barros Crônica histórica: João de Barros Crônica de viagem: Fernão Mendes Pinto, com *Peregrinação*
Teatro	Mistérios Milagres Moralidades Autos *Sotties*	O teatro leigo de Gil Vicente	Antônio Ferreira: *A Castro* (a primeira peça de influência clássica no teatro português)

O Trovadorismo

Embora Portugal tivesse conhecido, na primeira época medieval, manifestações literárias na prosa e no teatro, foi a poesia que alcançou grande popularidade, tanto entre os nobres das cortes quanto entre as pessoas comuns do povo.

Uma das razões dessa predominância foi o fato de a escrita ser pouco difundida na época, o que favorecia a difusão da poesia, que era memorizada e transmitida oralmente. Os poemas eram sempre cantados e acompanhados de instrumentos musicais e de dança e, por esse motivo, foram denominados *cantigas*. Os autores dessas cantigas eram *trovadores* (pessoas que faziam *trovas*, *rimas*), originando o nome *Trovadorismo*. Esses poetas geralmente pertenciam à nobreza ou ao clero e, além da letra, criavam também a música das composições que executavam para o seleto público das cortes. Entre as camadas populares, quem cantava e executava as canções, mas não as criava, eram os *jograis*.

As cantigas chegaram até nós por meio dos *cancioneiros*, coletâneas (reuniões) de poemas de vários tipos, produzidos por muitos autores. Os cancioneiros mais importantes são o *Cancioneiro da Ajuda*, compilado provavelmente no século XIII; o *Cancioneiro da Vaticana*, provavelmente compilado no século XV; e o *Cancioneiro da Biblioteca Nacional* ou *Cancioneiro Colocci-Brancutti*, compilado possivelmente no século XIV.

Bibliothèque Nationale, Paris

: Iluminura do século XII.

Tradicionalmente se tem apontado a *Cantiga da Ribeirinha* ou *Cantiga da Guarvaia*, de Paio Soares de Taveirós, de 1189 ou 1198, como a cantiga mais antiga de que se tem registro.

As cantigas foram cultivadas tanto no gênero lírico quanto no satírico. Dependendo de algumas características que apresentam – como o eu lírico, o assunto, a estrutura, a linguagem, etc. –, elas podem ser organizadas em quatro tipos. No gênero lírico: cantigas de amigo e cantigas de amor; no gênero satírico: cantigas de escárnio e cantigas de maldizer.

Cantigas de amigo e cantigas de amor

Ambos os tipos foram cultivados nas cortes portuguesas por trovadores que eram, em geral, nobres do sexo masculino. Contudo, apresentam certas diferenças de forma e de conteúdo.

As *cantigas de amigo* têm raízes nas tradições da própria península Ibérica, em suas festas rurais e populares, em sua música e dança, nas quais abundam vestígios da cultura árabe. Apresentam normalmente ambientação rural, linguagem e estrutura simples; seu tema mais frequente é o lamento amoroso da moça cujo namorado partiu para a guerra contra os árabes.

: Trovador, em representação do século XIII.

As *cantigas de amor* têm raízes na poesia provençal (de Provença, região do sul da França), nos ambientes finos e aristocráticos das cortes francesas e, portanto, prendem-se a certas convenções de linguagem e de sentimentos. Leia a seguir, como exemplo, uma cantiga de amor de D. Dinis, rei de Portugal que viveu entre 1261 e 1325. O texto é apresentado em duas versões: a versão original, em galego-português (língua que se falou em Portugal até o século XV e que deu origem ao português e ao galego modernos), e uma versão moderna, no português de hoje. Sugerimos que leia as duas versões.

Quant'á, senhor, que m'eu de vós parti,
atam muyt'á que nunca vi prazer,
nen pesar, e quero-vos eu dizer
como prazer, nen pesar non er (vi):
   perdi o sen e non poss' estremar
   o ben do mal, nen prazer do pesar.

E, des que m'eu, senhor, per bõa fé,
de vós parti, creed' agora ben
que non vi prazer, nen pesar de ren
e aquesto direy-vos por que (é):
   perdi o sen e non poss' estremar
   o ben do mal, nen prazer do pesar.

Ca, mha senhor, ben des aquela vez
que m'eu de vós parti, no coraçon
nunca ar ouv'eu pesar des enton,
nen prazer, e direi-vos que mh-o fez:
   perdi o sen e non poss' estremar
   o ben do mal, nen prazer do pesar

*Já nem prazer já nem pesar me acodem,
que nunca mais, senhora, algum senti
depois que dos meus olhos vos perdi.
E sem prazer ou sem pesar não podem,
   senhora, meus sentidos estremar
   o bem do mal, o prazer do pesar.*

*Por nada mais prazer posso sentir,
ou pesar, se de vós me separei.
E se não mais no mundo os sentirei,
não vejo como possam conseguir,
   senhora, meus sentidos estremar
   o bem do mal, o prazer do pesar.*

*Se de vós me afastei e desde então
perdi quer o pesar quer o prazer
que me destes outrora a conhecer;
se ambos perdi, como é que poderão,
   senhora, meus sentidos estremar
   o bem do mal, o prazer do pesar.*

(D. Dinis. In: *Cantares dos trovadores galego-portugueses*. Organização e adaptação da linguagem por Natália Correia. 3. ed. Lisboa: Estampa, 1998. p. 224-5.)

Nessa cantiga, o eu lírico lamenta o distanciamento físico da mulher amada (cujo motivo ele não menciona). Assumindo uma postura de submissão e fidelidade amorosa, o eu lírico lamenta ter perdido até mesmo o "bem do mal, o prazer do pesar"; ou seja, se antes, na companhia da mulher amada, ele sofria por não ser correspondido no amor, mas pelo menos usufruía do prazer de sua presença, agora nem mesmo a esse "prazer" ele tem direito.

Como é comum às cantigas de amor, o poema apresenta uma nítida intenção argumentativa: o eu lírico pretende convencer a mulher amada da necessidade que ele tem de vê-la e tê-la ao seu lado. Diferentemente do que fazem as cantigas de amigo, que costumam se voltar mais à musicalidade do que ao conteúdo, a cantiga de D. Dinis ilustra a tendência oposta das cantigas de amor, que é a de trabalhar com mais profundidade as emoções e as ideias.

O distanciamento amoroso e a elevação da mulher a um plano quase inacessível são marcas do *amor cortês*, comum tanto nas cantigas de amor portuguesas quanto nas cantigas provençais, das quais as primeiras se originaram.

> ## Regras do jogo do amor cortês
>
> - Submissão absoluta à dama.
> - Vassalagem humilde e paciente.
> - Promessa de honrar e servir a dama com fidelidade.
> - Prudência para não abalar a reputação da dama, sendo o cavalheiro, por essa razão, proibido de falar diretamente dos sentimentos que tem por ela.
> - A amada é vista como a mais bela de todas as mulheres.
> - Pela amada o trovador despreza todos os títulos, as riquezas e a posse de todos os impérios.

LEITURA

Leia, a seguir, uma cantiga de amigo de Nuno Fernandes Torneol, trovador do século XIII.

Levad', amigo, que dormides as manhãas frias;
toda-las aves do mundo d'amor dizian:
    leda m'and'eu.

Levad', amigo, que dormide'-las frias manhãas;
toda-las aves do mundo d'amor cantavan:
    leda m'and'eu.

Toda-las aves do mundo d'amor dizian;
do meu amor e do voss'en ment'avian:
    leda m'and'eu.

Toda-las aves do mundo d'amor cantavan;
do meu amor e dos voss'i enmentava:
    leda m'and'eu.

Do meu amor e do voss'en ment'avian;
vós lhi tolhestes os ramos en que siian:
    leda m'and'eu.

Do meu amor e do voss'i enmentava;
vós lhi tolhestes os ramos en que pousavam:
    leda m'and'eu.

Vós lhi tolhestes os ramos en que siian
e lhis secastes as fontes en que bevian:
    leda m'and'eu.

Vós lhi tolhestes os ramos en que pousavan
e lhis secastes as fontes u se banhavam:
    Leda m'and'eu.

Ergue-te, amigo que dormes nas manhãs frias!
Todas as aves do mundo, de amor, diziam:
    alegre eu ando.

Ergue-te, amigo que dormes nas manhãs claras!
Todas as aves do mundo, de amor, cantavam:
    alegre eu ando.

Todas as aves do mundo, de amor, diziam;
do meu amor e do teu se lembrariam:
    alegre eu ando.

Todas as aves do mundo, de amor, cantavam;
do meu amor e do teu se recordavam:
    alegre eu ando.

Do meu amor e do teu se lembrariam;
tu lhes tolheste os ramos em que eu as via:
    alegre eu ando.

Do meu amor e do teu se recordavam;
tu lhes tolheste os ramos em que pousavam:
    alegre eu ando.

Tu lhes tolheste os ramos em que eu as via;
e lhes secaste as fontes em que bebiam:
    alegre eu ando.

Tu lhes tolheste os ramos em que pousavam;
e lhes secaste as fontes que as refrescavam:
    alegre eu ando.

(In: *Cantares dos trovadores galego-portugueses*, cit., p. 202-3.)

amigo: namorado.

LITERATURA

1. Nas cantigas de amigo, o eu lírico – ou seja, quem fala no texto – é feminino.

    a) Com quem o eu lírico fala?

    b) Entre o eu lírico e a pessoa com quem ele fala, há correspondência amorosa ou a mulher se coloca como um ser superior e inacessível?

2. Nas cantigas de amigo, é comum o eu lírico se integrar a elementos da natureza – árvores, lagos, fontes, mar – ou a uma paisagem rural. Que elemento do poema representa a natureza?

3. As cantigas de amigo, na maioria, têm uma estrutura *paralelística*, isto é, uma construção formal baseada na repetição parcial ou total de versos. Observe que a 1ª e a 2ª estrofes são quase idênticas, com a diferença da troca de *frias* (1º verso da 1ª estrofe) por *claras* (1º verso da 2ª estrofe). Essas repetições, chamadas *paralelismos de par de estrofes*, também ocorrem entre os pares seguintes. Além desse tipo de paralelismo, ocorre outro, o *leixa-pren* (deixa-toma). Observe o 2º verso da 1ª e da 2ª estrofes.

    a) Em que verso da 3ª estrofe o 2º verso da 1ª estrofe se repete?

    b) Em que verso da 4ª estrofe o 2º verso da 2ª estrofe se repete?

4. A repetição constante de versos confere maior ritmo e musicalidade ao texto. Por outro lado, é responsável também por uma das seguintes características. Indique-a:

    a) Maior profundidade de ideias e sentimentos.

    b) Maior superficialidade de ideias e sentimentos.

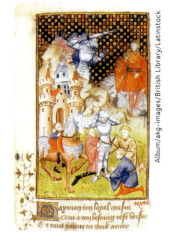

Iluminura do século XV.

Concluindo

Como síntese de estudo, observe a diferença entre as cantigas de amigo e as de amor:

CANTIGAS DE AMIGO	CANTIGAS DE AMOR
Eu lírico feminino	Eu lírico masculino
Presença de paralelismos	Ausência do paralelismo de par de estrofes e do *leixa-pren*
Predomínio da musicalidade	Predomínio das ideias
Assunto principal: o lamento da moça cujo namorado partiu	Assunto principal: o sofrimento amoroso do eu lírico perante uma mulher idealizada e distante
Amor natural e espontâneo	Amor cortês; convencionalismo amoroso
Ambientação popular rural ou urbana	Ambientação aristocrática das cortes
Influência da tradição oral ibérica	Forte influência provençal

Cantigas de escárnio e cantigas de maldizer

As *cantigas de escárnio* e as *cantigas de maldizer* constituem a primeira experiência da literatura portuguesa na sátira. Além disso, possuem um importante valor histórico como registro da sociedade medieval portuguesa em seus aspectos culturais, morais, linguísticos, etc.

Menos presas a modelos e convenções do que as cantigas de amigo e de amor, as cantigas satíricas buscaram um caminho poético próprio, explorando diferentes recursos expressivos. Voltavam-se para a crítica de costumes, tendo como alvo diferentes representantes da sociedade medieval portuguesa: clérigos devassos, cavaleiros e nobres covardes na guerra, prostitutas, os próprios trovadores e jograis, etc.

Veja um exemplo de cantiga de maldizer, do poeta Fernão Velho:

Maria Peres se mãefestou
noutro dia, ca por pecador
se sentiu, e log'a Nostro Senhor
pormeteu, pelo mal em que andou,
que tevess'um clérig'a seu poder,
polos pecados que lhi faz fazer
o demo, com que x'ela sempr'andou.

Mãefestou-se, ca diz que s'achou
pecador muit'e, porém, rogador
foi log'a Deus, ca teve por melhor
de guardar a El ca o que a guardou.
E mentre viva diz que quer teer
um clérigo, com que se defender
possa do demo, que sempre guardou.

E pois que bem seus pecados catou,
de sa mort' ouv'ela gram pavor
e d'esmolnar ouv'ela gram sabor.
E logo entom um clérigo filhou
e deu-lhe a cama em que sol jazer.
E diz que o terrá mentre viver,
e esta fará; todo por Deus filhou.

E pois que s'este preito começou,
antr'eles ambos ouve grand'amor.
Antr'el á sempr'o demo maior
atá que se Balteira confessou.
Mais pois que viu o clérigo caer,
antr'eles ambos ouv'i a perder
o demo, dês que s'ela confessou.

(In: Fernando V. Peixoto da Fonseca (org.). *Cantigas de escárnio e maldizer dos trovadores galego-portugueses*. Lisboa: Livr. Clássica, 1961. p. 76.)

ca: pois.
pecador: pecadora.
Nostro Senhor: Nosso Senhor.
polos: pelos.
ca: porque.
mentre: enquanto.
pois: depois.
d'esmolnar: de esmolar.

filhou: agarrou.
cama em que sol jazer: cama em que dormia só.
terrá: terá.
preito: pacto.
atá: até.
caer: cair.
ouv'i: teve nisso.
dês que: desde que.

Observe que o nome da pessoa satirizada é identificado: Maria Balteira. Ela tinha sido uma soldadeira – mulher que dançava e cantava durante as apresentações e, por isso, tinha má reputação – que agora se diz "regenerada".

O trovador ironiza a pretensa regeneração da soldadeira, ao fazer um jogo de palavras, insinuando que ela, para combater o mal e as tentações, "teve um clérigo em seu poder". Essa expressão tem duplo sentido: tanto pode significar que ela se aproximou da religião quanto arranjou um padre como amante. O último sentido, evidentemente, é o reforçado pelo autor quando, na 3ª estrofe, afirma que ela deu a cama ao religioso.

Embora as diferenças não sejam rígidas, nas cantigas de escárnio geralmente o nome da pessoa satirizada não é revelado. A linguagem normalmente é carregada de ironia, de sutilezas, trocadilhos e ambiguidades. Já a cantiga de maldizer costuma identificar o nome da pessoa satirizada e fazer-lhe uma crítica direta, em forma de zombaria. A linguagem é mais grosseira, por vezes obscena.

A segunda época medieval

A segunda época medieval (século XV e início do século XVI) foi marcada pela transição do mundo medieval para o mundo moderno, que se inicia com o Renascimento (século XVI).

A literatura desse período registra a consolidação da prosa historiográfica e do teatro. A poesia, por sua vez, afasta-se do acompanhamento musical e enriquece-se do ponto de vista formal.

Assim, temos:

- **poesia palaciana:** apresenta maior elaboração do que as cantigas. Verifica-se o uso de redondilhas (a menor com cinco sílabas poéticas e a maior, com sete), de ambiguidades, aliterações e figuras de linguagem. No plano amoroso, tanto pode apresentar certa sensualidade e intimidade em relação à mulher amada, como também uma visão idealizada e platônica da mulher. Observe no poema a seguir, de João Roiz de Castelo-Branco, como os amantes se mostram mais íntimos do que nas cantigas de amor e como os sentimentos do eu lírico são mais aprofundados.

Cantiga, partindo-se

Senhora, partem tam tristes
meus olhos por vós, meu bem,
que nunca tam tristes vistes
outros nenhuns por ninguém.

Tam tristes, tam saüdosos,
tam doentes da partida,
tam cansados, tam chorosos,
da morte mais desejosos
cem mil vezes que da vida.

Partem tam tristes os tristes,
tam fora d'esperar bem,
que nunca tam tristes vistes
outros nenhuns por ninguém.

(In: Rodrigues Lapa. *As melhores poesias do Cancioneiro de Resende*. Lisboa, 1939. p. 17.)

- **a prosa historiográfica:** são crônicas históricas, voltadas para os acontecimentos históricos de Portugal. O principal cronista da época foi Fernão Lopes, que soube conciliar as técnicas narrativas com certa imparcialidade no tratamento dos fatos históricos. Enfocando não apenas a vida dos nobres, mas o conjunto da sociedade, foi o primeiro historiador português a atribuir ao povo importância no processo de mudanças políticas do país.

- **o teatro:** durante a primeira época medieval, o teatro esteve ligado à Igreja e quase sempre era realizado em datas religiosas, ilustrando passagens da Bíblia ou representando a história de santos. Com Gil Vicente, teve início em Portugal o teatro leigo, isto é, não religioso, praticado fora da Igreja.

Gil Vicente: um olhar para baixo

A cultura medieval foi fortemente marcada por preocupações religiosas e espirituais. É na Baixa Idade Média, contudo, que começam a surgir as primeiras manifestações artísticas leigas, como as cantigas. Gil Vicente, cuja obra foi difundida em Portugal nas três primeiras décadas do século XVI, representa o passo decisivo nesse processo de laicização da cultura portuguesa.

Voltando-se não para Deus, mas para os homens, para a sociedade portuguesa em sua enorme diversidade de classes e grupos sociais — o fidalgo, o rei, o papa, o clérigo, o burguês comerciante, o médico incompetente, a mulher adúltera, a moça casamenteira, o nobre decadente, o velho devasso, o juiz desonesto, etc. —, Gil Vicente tinha para si uma missão moralizante e reformadora. Não visava atingir as instituições, mas as pessoas inescrupulosas que as compunham.

Embora tenha escrito peças de fundo religioso, elas não almejavam difundir a religião nem converter os pecadores. Seu objetivo era demonstrar como o ser humano — independentemente de classe social, raça, sexo ou religião — é egoísta, falso, mentiroso, orgulhoso e frágil diante dos apelos da carne e do dinheiro.

Gil Vicente vivo

Gil Vicente não apenas é o fundador do teatro português. Suas peças fundaram uma tradição que deu outros frutos em Portugal, em outros países europeus e no Brasil.

Em nosso país, o Pe. Anchieta escreveu autos voltados à catequese dos índios, no século XVI. No século XX, *Morte e vida severina*, de João Cabral de Melo Neto, e *Auto da Compadecida*, de Ariano Suassuna, por exemplo, apresentam vários pontos em comum com os autos vicentinos.

Da vasta produção de Gil Vicente, destacam-se, entre outras, as obras *Auto das barcas* (*Auto da barca do inferno*, *Auto do purgatório* e *Auto da barca da glória*), *O velho da horta*, *Auto da Índia* e *Farsa de Inês Pereira*.

Em *Auto da barca do inferno*, uma de suas peças mais conhecidas, as cenas ocorrem à margem de um rio, onde estão ancorados dois barcos: um é dirigido por um anjo e leva as almas que, de acordo com seu julgamento, serão conduzidas ao céu; o outro é dirigido pelo diabo, que levará as almas condenadas ao inferno.

Entre o começo e o final da peça, desfila uma verdadeira galeria de tipos sociais – um nobre, um frade, um sapateiro, um judeu, uma alcoviteira, um enforcado, entre outros –, compondo um rico painel das fraquezas humanas. Para o barco do paraíso vão apenas o parvo (um bobo) e um cruzado; todos os demais são condenados ao inferno.

LEITURA

Leia, a seguir, um fragmento do *Auto da barca do inferno* e responda às questões propostas:

Diabo
[...] entrai! Eu tangerei[1]
e faremos um serão[2].
Essa dama é ela vossa?

Frade
Por minha la tenho eu
e sempre a tive de meu[3].

Diabo
Fezestes bem, que é fermosa.
E não vos punham lá grosa[4]
no vosso convento santo?

Frade
E eles fazem outro tanto!...

Diabo
Que cousa tão preciosa!
Entrai, padre reverendo!

Frade
Para onde levais gente?

Diabo
Pera aquele fogo ardente,
que nom temeste vivendo.

Frade
Juro a Deus que nom te entendo!
E este hábito nom me val[5]?

Diabo
Gentil padre mundanal[6],
a Berzabu vos encomendo!

Frade
Ah corpo de Deus consagrado!
Pela fé de Jesu Cristo
que eu nom posso entender isto!
Eu hei de ser condenado?!
Um padre tão namorado
e tanto dado a virtude!
Assi Deus me dê saúde
que eu estou maravilhado!

Diabo
Nom cureis de mais detença![7]
Embarcai e partiremos.
Tomareis um par de remos.

Frade
Nom ficou isso na avença[8].

Diabo
Pois dada está já a sentença!
[...]

(*Auto da barca do inferno*. São Paulo: Ateliê Editorial, 1996. p. 80-2. Notas de Ivan Teixeira.)

Inferno, obra do século XVI, de autor português desconhecido.

---

[1] Tocarei.
[2] Festa.
[3] Tive-a como coisa minha.
[4] Lá, no convento, não grosavam (censuravam, proibiam) o fato de você ter uma namorada?
[5] Vale. O frade alude ao fato de ele ser da ordem dominicana, muito temida na época. Ou, simplesmente, à sua condição de religioso.
[6] Mundano.
[7] Não pense em mais atraso.
[8] Acordo.

1. O diabo, ao receber o frade, estranha a pessoa que está em sua companhia.
   Deduza: qual é a causa desse estranhamento?

2. O diálogo revela não apenas a condição moral do frade, mas também a de outros membros da Igreja. Qual é essa condição?

3. Para livrar-se do inferno, o frade apresenta alguns argumentos ao diabo.
   a) Identifique dois desses argumentos.
   b) Pelas respostas do diabo, deduza: o frade deverá ir para a barca do inferno ou para a barca do céu? Por quê?

4. O julgamento a que são submetidos os mortos que se dirigem ou à barca do inferno ou à do céu é na verdade um julgamento de toda a sociedade. No que se refere ao julgamento do frade, levante hipóteses: a intenção do autor é criticar a Igreja como instituição ou os homens? Justifique sua resposta.

5. Na época de Gil Vicente, o teatro era escrito em versos. Observe o fragmento lido. Que tipo de verso foi utilizado?

O CLASSICISMO

Classicismo ou *Quinhentismo* é o nome que se dá à literatura produzida durante a vigência do **Renascimento**. Este foi um amplo movimento artístico, cultural e científico que ocorreu no século XVI, inspirado sobretudo nas ideias e nos textos da cultura clássica greco-latina.

O interesse pela cultura clássica já vinha ocorrendo desde o final do século XIII, na Itália, onde escritores e intelectuais, chamados *humanistas*, liam e traduziam autores latinos e gregos. Desse grupo, destacaram-se Dante Alighieri, Petrarca e Boccaccio.

Davi, de Michelangelo.

Dante Alighieri, autor da *Divina comédia*, criou a *medida nova* (verso decassílabo), abandonando as redondilhas medievais, que passaram então a ser chamadas de *medida velha*. Petrarca compôs seu *Cancioneiro* com 350 poemas, na maior parte *sonetos*. O soneto italiano é uma forma fixa, que consiste de 4 estrofes, dispostas da seguinte forma: a primeira e a segunda, com 4 versos; a terceira e a quarta, com 3 versos. Nesses sonetos, Petrarca cantava o amor platônico espiritualizado por Laura. Já Boccaccio escreveu *Decameron*, obra de narrativas curtas e picantes, que retratavam criticamente a realidade cotidiana.

> **O contexto histórico**
>
> O Renascimento é a expressão artística e cultural de uma época marcada por fatos decisivos, que acentuaram o declínio da Idade Média e deram origem à Era Moderna. Entre eles, destacam-se:
> - as navegações e os descobrimentos, no final do século XV;
> - a formação dos Estados modernos;
> - a Reforma (1517);
> - a Revolução Comercial, iniciada no século XV;
> - o fortalecimento da burguesia comercial;
> - a teoria heliocêntrica de Copérnico.

No século XVI, o Classicismo, em consonância com um contexto histórico de profundas transformações sociais, econômicas, culturais e religiosas, substituiu a fé medieval pela razão, o cristianismo pela mitologia greco-latina e pôs, acima de tudo, o homem como centro de todas as coisas (*antropocentrismo*).

Diferentemente do homem medieval, que se voltava essencialmente para as coisas do espírito, o homem do século XVI se volta para a realidade concreta e acredita em sua capacidade de dominar e transformar o mundo.

As influências da cultura greco-latina e dos humanistas italianos, bem como a imitação de seus modelos, não se limitaram ao século XVI. Estenderam-se até o final do século XVIII, formando uma verdadeira *Era Clássica*, introduzida pelo Classicismo e seguida pelo Barroco e pelo Arcadismo (ou Neoclassicismo). Observe a seguir a sequência dos períodos.

ANTIGUIDADE		IDADE MÉDIA		ERA CLÁSSICA		
Cultura grega (séc. XII a.C.-II a.C.)	Cultura latina (séc. VI a.C.-V d.C.)	Alta Idade Média (séc. V-XI/XII)	Baixa Idade Média (séc. XII-XV)	Classicismo (séc. XVI)	Barroco (séc. XVII)	Arcadismo (séc. XVIII)

Luís de Camões: o grande salto

Entre os séculos XV e XVI, Portugal tornou-se um dos países mais importantes da Europa, em virtude de seu papel de destaque no processo de expansão marítima e comercial. O país amadurecia como Estado, povo, língua e cultura; contudo, faltava aos portugueses uma grande obra literária que fosse capaz de registrar e traduzir o sentimento de euforia e nacionalidade que vinham experimentando.

Luís de Camões (1525-1580), com o poema épico *Os lusíadas*, além da lírica, deu a resposta concreta a esse desejo, projetando a literatura portuguesa entre as mais significativas do cenário europeu nesse momento histórico.

Estudioso da cultura clássica, Camões soube somar à sua formação cultural as ricas experiências pessoais que viveu: a guerra no norte da África, onde perdeu um olho; a prisão motivada por um duelo; e o exílio de dezessete anos, período em que viveu na África e na Ásia (incluindo Índia e China). Todo o seu conhecimento literário, filosófico, histórico, político e geográfico foi aproveitado como matéria-prima para escrever seus poemas líricos e, principalmente, sua obra épica *Os lusíadas*, a principal expressão do Renascimento português.

Luís de Camões retratado em Goa, na Índia.

A poesia lírica

Na lírica, Camões cultivou tanto os poemas em medida velha (redondilhas), na tradição da poesia palaciana, quanto os poemas em medida nova (decassílabos), influência direta dos humanistas italianos, especialmente de Petrarca. Os tipos de composição empregados são o *soneto*, as *éclogas*, as *odes*, as *oitavas* e as *elegias*. Os temas mais importantes são o *neoplatonismo amoroso*, a *reflexão filosófica* (sobre os desconcertos do mundo) e a *natureza* (confidente amoroso do amante que sofre).

Na *lírica amorosa*, o eu lírico nega a realização física do amor por entender que o sexo estraga o verdadeiro Amor (com maiúscula), isto é, o amor como *ideia universal*, como abstração pura e perfeita, acima de todas as experiências individuais. Observe a expressão desse conceito no soneto ao lado.

> Transforma-se o amador na cousa amada,
> Por virtude do muito imaginar;
> Não tenho logo mais que desejar,
> Pois em mim tenho a parte desejada.
>
> Se nela está minha alma transformada,
> Que mais deseja o corpo de alcançar?
> Em si somente pode descansar,
> Pois consigo tal alma está liada.
>
> Mas esta linda e pura semideia,
> Que, como o acidente em seu sujeito,
> Assim com a alma minha se conforma,
>
> Está no pensamento como ideia;
> [E] o vivo e puro amor de que sou feito,
> Como a matéria simples busca a forma.
>
> (*Lírica*. São Paulo: Cultrix, 1976. p. 109.)

De acordo com as duas primeiras estrofes, o eu lírico manifesta uma concepção segundo a qual a realização amorosa se dá por meio da *imaginação*. Não é preciso ter a pessoa amada fisicamente, basta tê-la em pensamento. E, tendo-a dentro de si, na imaginação, o eu lírico se transforma na pessoa amada, confunde-se com ela e, dessa forma, já a tem.

Contudo, nas duas últimas estrofes o eu lírico abandona o neoplatonismo e, com uma comparação, manifesta seu desejo físico pela mulher amada: do mesmo modo que toda matéria busca uma forma, o seu amor puro, amor-ideia, busca o objeto desse amor, ou seja, a mulher real.

Na *lírica filosófica*, os poemas de Camões revelam um homem descontente com os rumos de seu tempo, insatisfeito com a nova ordem de valores que se instala naquele momento histórico, de transição para o mundo burguês.

A poesia épica: *Os lusíadas*

A obra *Os lusíadas* foi publicada em 1572 e narra os feitos heroicos dos portugueses que, em 1498, se lançaram ao mar, numa época em que ainda se acreditava em monstros marinhos e abismos. Liderados por Vasco da Gama, os lusos (os portugueses, daí o nome da obra) ultrapassaram os limites marítimos conhecidos – no caso, o cabo das Tormentas, no sul da África – e chegaram até Calicute, na Índia. Tal façanha uniu o Oriente e o Ocidente pelo mar, deslumbrou o mundo e foi alvo de interesses políticos e econômicos de diversas nações europeias.

Ao mesmo tempo que se volta para fatos históricos relativamente recentes, as aventuras de viagem também são pretexto para narrar a própria história de Portugal, nos momentos decisivos de sua formação, respondendo assim ao anseio nacionalista da época. Por outro lado, a obra também revela as inquietações do próprio autor quanto ao sentido da busca desenfreada dos portugueses por riquezas e poder e quanto aos rumos da própria nação portuguesa.

Como *epopeia* – gênero cultivado por escritores gregos e latinos, como Homero, autor da *Odisseia* e da *Ilíada*, e Virgílio, autor de *Eneida* –, a obra *Os lusíadas* segue a estrutura própria do gênero, mas apresenta diferenças significativas. Por exemplo, em vez da figura de um herói com forças sobre-humanas, como ocorre nas epopeias clássicas, a figura de Vasco da Gama, em *Os lusíadas*, é diluída para dar espaço aos portugueses em geral, vistos como *herói coletivo*.

Outra diferença importante é que, na tradição épica, ocorre o "maravilhoso pagão", isto é, a interferência de deuses da mitologia nas ações humanas. Em *Os lusíadas*, também há a presença de deuses da mitologia clássica, porém o paganismo convive com ideias do cristianismo (o "maravilhoso cristão"), já que essa era a opção religiosa do autor e dos portugueses em geral. Além disso, havia na época a pressão da Inquisição, que controlava as publicações e chegou a pôr em dúvida a edição de *Os lusíadas*, em virtude da presença de paganismo.

A estrutura

A obra de Camões apresenta 1102 estrofes, todas em oitava-rima, organizadas em dez cantos. Cada canto, na epopeia, corresponde a um capítulo das obras em prosa. Seguindo o modelo clássico, *Os lusíadas* apresentam três partes principais:

1. Introdução

Estende-se pelas dezoito estrofes iniciais do Canto I e subdivide-se em:

• *proposição* (estrofes 1, 2 e 3), em que o poeta apresenta o que vai cantar, ou seja, os feitos heroicos dos ilustres barões de Portugal.

> As armas e os barões assinalados
> Que da ocidental praia lusitana,
> Por mares nunca dantes navegados
> Passaram ainda além da Taprobana*

> **barões:** homens ilustres.
>
> **ocidental praia lusitana:** Portugal.
>
> **Taprobana:** ilha do Ceilão, limite oriental do mundo conhecido.

• *invocação* (estrofes 4 e 5), em que o poeta invoca as Tágides, ninfas do rio Tejo, pedindo a elas inspiração para fazer o poema:

> E vós, Tágides minhas, pois criado
> Tendes em mi um novo engenho ardente,
> ....
> Dai-me agora um som alto e sublimado,
> Um estilo grandíloquo e corrente,

---

* Esta e as demais citações de *Os lusíadas* foram extraídas da edição publicada pela Abril Cultural (São Paulo) em 1979.

- *dedicatória* ou *oferecimento* (estrofes 6 a 18), em que o poeta dedica seu poema a D. Sebastião, rei de Portugal:

> Ouvi: vereis o nome engrandecido
> Daqueles de quem sois senhor superno
> E julgareis qual é mais excelente,
> Se ser do mundo rei, se de tal gente.

superno: supremo.

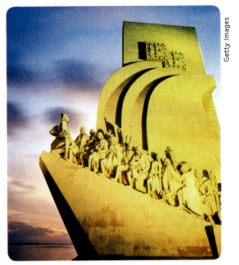

Monumento ao Descobrimento, em Lisboa.

2. Narração

Na narração (da estrofe 19 do Canto I até a estrofe 144 do Canto X), o poeta relata a viagem propriamente dita dos portugueses ao Oriente. Essa é, portanto, a parte mais longa do relato e vários são os episódios que nela se destacam. A seguir, relacionamos alguns dos mais importantes relatos da obra.

- No Canto II, depois de terem passado por dificuldades no mar, os portugueses, com o auxílio de Vênus, aportam na África, onde são recebidos pelo rei de Melinde, que pede a Vasco da Gama que conte a história de Portugal. Esse é o pretexto encontrado por Camões para pôr na fala de sua personagem as histórias que envolvem a fundação do Estado português, a Revolução de Avis, a morte de Inês de Castro, o momento da partida dos portugueses para o Oriente.
Esse relato de Vasco da Gama se estende até o Canto IV, momento em que os portugueses seguem viagem. Nele, três episódios merecem destaque: o de Inês de Castro, amante do príncipe D. Pedro, assassinada a mando do rei (Canto III); o das críticas de um velho que, na praia do Restelo, durante os preparativos da viagem dos navegantes, faz uma série de críticas à cobiça desenfreada dos portugueses e ao abandono a que fica sujeita a nação; o gigante Adamastor.
Veja um fragmento do episódio do velho do Restelo:

> — "Ó glória de mandar! Ó vã cobiça
> Desta vaidade a quem chamamos fama!
> Ó fraudulento gosto que se atiça
> Cũa aura popular que honra se chama!
> Que castigo tamanho e que justiça
> Fazes no peito vão que muito te ama!
> Que mortes, que perigos, que tormentas,
> Que crueldades neles experimentas!
>
> "Dura inquietação d'alma e da vida,
> Fonte de desamparos e adultérios,
> Sagaz consumidora conhecida
> De fazendas, de reinos e de impérios!
> Chamam-te ilustre, chamam-te subida,
> Sendo digna de infames vitupérios;
> Chamam-te Fama e Glória soberana,
> Nomes com quem se o povo néscio engana!
>
> "Oh! maldito o primeiro que no mundo
> Nas ondas vela pôs em seco lenho!
> Digno da eterna pena do Profundo,
> Se é justa a justa lei que sigo e tenho!

Ilustração do velho do Restelo, por A. Kotska.

vã: ilusória, fútil.
aura: sopro.
sagaz: perspicaz, astuto.
vitupério: ato vergonhoso ou criminoso.
néscio: insensato, ignorante.
Profundo: inferno.

- Entre os Cantos VI e IX, os portugueses chegam a Calicute, na Índia, e têm problemas com os mouros. Preparam-se, então, para voltar a Portugal; porém, devido a seus esforços e à sua coragem, são premiados por Vênus, que lhes oferece uma passagem pela Ilha dos Amores, onde podem livremente amar as ninfas, lideradas por Tétis.

3. Epílogo

É a conclusão do poema (estrofes 145 e 156 do Canto X), em que o poeta demonstra cansaço e apresenta certo tom melancólico. Conclui aconselhando ao rei e ao povo português que sejam fiéis à pátria e ao cristianismo.

> Não mais, Musa, não mais, que a lira tenho
> Destemperada e a voz enrouquecida,
> E não do canto, mas de ver que venho
> Cantar a gente surda e endurecida.
> O favor com que mais se acende o engenho
> Não no dá a Pátria, não, que está metida
> No gosto da cobiça e na rudeza
> Dũa austera, apagada e vil tristeza.

LEITURA

Você vai ler a seguir dois textos de Luís de Camões. O primeiro é um soneto lírico-amoroso; o segundo é o episódio do gigante Adamastor, de *Os lusíadas*.

TEXTO I

Busque Amor novas artes, novo engenho,
Para matar-me, e novas esquivanças;
Que não pode tirar-me as esperanças,
Que mal me tirará o que eu não tenho.

Olhai de que esperanças me mantenho!
Vede que perigosas seguranças!
Que não temo contrastes nem mudanças,
Andando em bravo mar, perdido o lenho.

Mas, conquanto não pode haver desgosto
Onde esperança falta, lá me esconde
Amor um mal, que me mata e não se vê;

Que dias há que na alma me tem posto
Um não sei quê, que nasce não sei onde,
Vem não sei como, e dói não sei por quê.

(Op. cit. p. 112.)

> **engenho:** habilidade, técnica.
> **esquivança:** maldade.
> **que:** pois, logo.
> **lenho:** barco.
> **conquanto:** embora, ainda que.

TEXTO II

Porém já cinco sóis eram passados
Que dali nos partíramos, cortando
Os mares nunca de outrem navegados,
Prosperamente os ventos assoprando,
Quando ua noite, estando descuidados
Na cortadora proa vigiando,
Ua nuvem, que os ares escurece,
Sobre nossas cabeças aparece.

Tão temerosa vinha e carregada,
Que pôs nos corações um grande medo.
Bramindo, o negro mar de longe brada,
Como se desse em vão nalgum rochedo.

— "Ó Potestade — disse — sublimada,
Que ameaço divino ou que segredo
Este clima e este mar nos apresenta,
Que mor cousa parece que tormenta?"

Não acabava, quando ua figura
Se nos mostra no ar, robusta e válida,
De disforme e grandíssima estatura,
O rosto carregado, a barba esquálida,
Os olhos encovados, e a postura
Medonha e má, e a cor terrena e pálida,
Cheios de terra e crespos os cabelos,
A boca negra, os dentes amarelos.

72

Tão grande era de membros, que bem posso
Certificar-te que este era o segundo
De Rodes estranhíssimo Colosso,
Que um dos sete milagres foi do mundo.
C'um tom de voz nos fala horrendo e grosso,
Que pareceu sair do mar profundo.
Arrepiam-se as carnes e o cabelo
A mim e a todos, só de ouvi-lo e vê-lo.

E disse: — "Ó gente ousada, mais que quantas
No mundo cometeram grandes cousas,
Tu, que por guerras cruas, tais e tantas,
E por trabalhos vãos nunca repousas,
Pois os vedados términos quebrantas
E navegar meus longos mares ousas,
Que eu tanto tempo há já que guardo e tenho,
Nunca arados de estranho ou próprio lenho;
[...]

"Aqui espero tomar, se não me engano,
De quem me descobriu suma vingança;
E não se acabará só nisto o dano

De vossa pertinace confiança,
Antes em vossas naus vereis cada ano,
Se é verdade o que meu juízo alcança,
Naufrágios, perdições de toda sorte,
Que o menor mal de todos seja a morte.

(*Os lusíadas*, cit., p. 197-8.)

O gigante Adamastor, na interpretação de Lima de Freitas.

cinco sóis: cinco dias.
descuidados: distraídos.
bramir: fazer grandes estrondos; dizer em altos brados.
bradar: falar em altas vozes; gritar.
Potestade: poder, potência.
mor: maior.
esquálido: sujo, desalinhado.
Colosso de Rodes: estátua de bronze do deus Apolo, de 33 metros, construída na ilha grega de Rodes entre 292 e 280 a.C. e destruída por um terremoto em 224 a.C., é considerada uma das sete maravilhas do mundo.
vedados términos: os pontos mais distantes e desconhecidos.
arados: navegados.
suma: suprema, máxima.
pertinace: pertinaz, firme.

1. Na segunda estrofe do texto I, o eu lírico afirma não temer os perigos do mar. No entanto, mostra-se completamente inseguro em outros assuntos. De acordo com a 1ª e a 2ª estrofes do poema, interprete:
   a) Qual a causa da insegurança do eu lírico?
   b) Que desafio o eu lírico faz ao Amor?
   c) Com base no 4º verso da 1ª estrofe, explique por que o eu lírico julga que será o vencedor desse desafio.

2. Na 3ª e na 4ª estrofes, o eu lírico constrói um raciocínio lógico a partir de uma premissa: não pode haver desgosto onde falta esperança. Interprete: no caso do eu lírico, essa premissa se mostra verdadeira? Justifique sua resposta com elementos do texto.

3. Observe e compare o tipo de verso, o número de versos por estrofe e as rimas dos dois textos.

Gigantes também amam

Nos episódios seguintes aos do texto II, o gigante Adamastor conta sua história, uma história de amor.

Diz ter sido um dos Titãs que lutaram contra os deuses. Seu destino mudou quando se apaixonou pela deusa Tétis. Certa vez, iludido, ao vê-la nua numa praia, correu ao seu encontro, mas, quando tentou abraçá-la, sentiu-se abraçado e preso a um monte de pedra e, aos poucos, foi também se transformando numa montanha de pedra.

Horrendo, triste e só, distrai-se afugentando todas as naus que se aproximam daqueles "mares nunca dantes navegados".

a) Que tipo de verso foi empregado?

b) Como estão organizadas as estrofes do soneto (texto I)?

c) No soneto, as rimas apresentam a seguinte disposição: ABBA, ABBA, CDE, CDE. Utilizando letras, indique a disposição das rimas do texto II.

4. No texto II, saindo das profundezas do mar, o gigante Adamastor surge inesperadamente diante dos portugueses. Camões criou a figura do monstro para representar o cabo das Tormentas, até então o ponto geográfico mais distante conhecido dos navegantes.

a) O que sentiram os portugueses diante do gigante Adamastor? Que fato, da 4ª estrofe, comprova sua resposta?

b) Reconheça, na 3ª estrofe do texto II, as características do gigante responsáveis pelo que os portugueses sentiram.

5. Releia a 5ª estrofe do texto II. Nela, o gigante compara os portugueses a outros povos, que também se lançaram ao mar.

a) Quem o gigante destaca nessa comparação? Por quê?

b) Relacione essa comparação ao momento histórico e ao espírito nacionalista vivido pelos portugueses no século XVI. Qual é a verdadeira intenção do autor ao criar esse obstáculo para a viagem dos portugueses ao Oriente?

6. Os navegantes do século XV acreditavam em lendas antigas, provenientes da Idade Média. Segundo algumas delas, além do cabo das Tormentas havia fenômenos estranhos, como as águas do mar ferverem e rochas magnéticas atraírem os barcos, que se arrebentavam nas pedras.
Releia a última estrofe do texto II.

a) Que previsões tem o Gigante para a ousadia dos portugueses?

b) Em qual dessas lendas Camões se baseou para criar a figura do gigante Adamastor?

Cena do filme *1492 - A conquista do paraíso*, de Ridley Scott.

CONCLUINDO

Como conclusão de estudo, observe as principais diferenças entre a poesia do Classicismo e a do Trovadorismo:

TROVADORISMO
Quanto ao conteúdo
• Amor cortês (cantigas de amor)
• Predomínio da emoção
• Cristianismo
• Influência da poesia provençal e das tradições populares da península Ibérica
• Temas profanos, representando uma ruptura em relação à mentalidade teocêntrica da Idade Média
• Ambiente cortês, rural ou marítimo
• Temas relacionados ao amor, à saudade e à crítica de costumes
• Exaltação do ideal cavaleiresco (prosa)
Quanto à forma
• Emprego de formas simples e populares
• Emprego de medida velha
• Estruturas simples, refrão e repetições frequentes, que facilitam a memorização e o canto

CLASSICISMO
Quanto ao conteúdo
• Idealização amorosa, neoplatonismo
• Predomínio da razão
• Paganismo
• Influência da cultura greco-romana
• Antropocentrismo
• Universalismo
• Busca de clareza e equilíbrio de ideias
• Nacionalismo
Quanto à forma
• Gosto pelo soneto; imitação às formas clássicas
• Emprego de medida nova (poesia)
• Busca do equilíbrio formal

LÍNGUA: USO E REFLEXÃO

Carnaval de Arlequim (1924-5), de Joan Miró.

CAPÍTULO 6

Texto e discurso – Intertexto e interdiscurso

CONSTRUINDO O CONCEITO

Leia o anúncio:

(http://picasaweb.google.com/lh/photo/wHS4Bqn-6sJ6VlpVG4aG8A)

1. O anúncio tem um claro propósito comunicativo. Em relação a ele, responda:
   a) Quem são os interlocutores?
   b) Qual é sua finalidade principal?
   c) De que tipos de linguagem ele é constituído?
   d) Levante hipóteses: Em que veículos ele pode ter circulado?

2. A linguagem não verbal do anúncio é constituída por um desenho que faz referência ao quadro *Guernica*, de Pablo Picasso (abaixo), mundialmente conhecido por retratar os horrores da Guerra Civil Espanhola, ocorrida na década de 1930. Abaixo do desenho, lê-se: "Mudam os personagens, não muda a tragédia. Junte-se".
   a) Observe novamente o desenho e compare-o ao quadro de Picasso. Que mudança principal pode ser observada em relação às personagens?
   b) Levante hipóteses: Por que, segundo o anúncio, a tragédia "não muda"?

3. Para que um anúncio seja bem-sucedido, é necessário que ele chame a atenção do público e conquiste sua simpatia para aderir à ideia veiculada.
   a) Que estratégias de persuasão o anúncio lido utiliza?
   b) Na sua opinião, tais estratégias são eficientes? Por quê?

Guernica (1937), de Picasso, expressa a indignação do artista diante do bombardeio do pequeno povoado de Guernica, na região basca da Espanha, ordenado pelo general Franco. Naquele momento, Franco era apoiado pelo nazismo alemão e pelo fascismo italiano.

Museu Nacional Centro de Arte Reina Sofia, Madri, Espanha

CONCEITUANDO

O anúncio lido é um bom exemplo do uso que se pode fazer das linguagens verbal e não verbal e dos efeitos de sentido que podem ser criados em determinadas situações.

O anúncio estabelece uma situação comunicativa em que locutor e locutário interagem por meio da linguagem. O locutor é a organização não governamental Greenpeace, e o locutário são os leitores. A linguagem é de dois tipos, verbal e não verbal. A verbal é constituída pelos enunciados "Desmatamento zero. É agora ou agora" e "Mudam os personagens, não muda a tragédia. Junte-se", e a não verbal, pelo desenho inspirado em um quadro de Picasso.

> **Enunciado** é tudo o que o locutor enuncia, isto é, tudo o que ele diz ao locutário numa situação concreta de interação pela linguagem.

> **Texto verbal** é uma unidade linguística concreta que é percebida pela audição (na fala) ou pela visão (na escrita) e tem unidade de sentido e intencionalidade comunicativa.

No anúncio lido, fica evidente que o texto verbal não é o único elemento responsável pela construção do sentido. A utilização de elementos da pintura de Picasso (fundo, cor, disposição, etc.) e de figuras de animais e de uma motosserra constrói o sentido de destruição do meio ambiente. O anúncio tem, portanto, uma intencionalidade clara, que é denunciar a destruição da natureza.

76

Ao conjunto de fatores que constituem a situação na qual é produzido um texto chamamos *contexto discursivo* ou *situação de produção*. E ao conjunto da atividade comunicativa, ou seja, o texto e o contexto discursivo, reunidos, chamamos **discurso**.

> **Discurso** é a atividade comunicativa capaz de gerar sentido desenvolvida entre interlocutores. Além do enunciado verbal, engloba também elementos extraverbais, isto é, elementos que estão na situação de produção (por exemplo, quem fala, com quem fala, com que finalidade, etc.) e que também participam da construção do sentido do texto.

EXERCÍCIOS

Leia este cartaz:

(*32º Anuário do Clube de Criação de São Paulo*, p. 288.)

1. O cartaz pode ser considerado um discurso? Por quê?

2. Que tipos de linguagem estão presentes no cartaz?

3. Considerando que todo discurso envolve interlocutores e tem uma intencionalidade, isto é, um propósito comunicativo, responda:
   a) Quem produziu o cartaz?
   b) No lado direito do cartaz, na parte de baixo, há este enunciado verbal: "Exija dos governantes ações concretas contra a destruição do meio ambiente". Conclua: a quem o cartaz se destina?
   c) Qual é a finalidade do cartaz?

4. O enunciado verbal "Vai lavar as mãos para o abandono" remete a um episódio bíblico, no qual Pilatos, prefeito da Judeia, literalmente lava as mãos diante da multidão e deixa que o povo decida o destino de Jesus. Qual sentido é criado no enunciado verbal com a expressão "lavar as mãos"?

5. A parte não verbal do cartaz é constituída principalmente por um cano, uma torneira e uma figura que lembra uma gota d'água. Sobre o cano aparecem árvores secas, e da torneira não sai água. O que sugerem os elementos visuais situados no lugar de onde deveria sair água?

6. Uma das estratégias de persuasão utilizadas no anúncio lido é a ambiguidade, ou seja, o duplo sentido.
   a) Qual é a ambiguidade explorada no cartaz?
   b) Que efeito de sentido essa ambiguidade produz?

TEXTUALIDADE, COERÊNCIA E COESÃO

Uma das grandes obras da literatura brasileira é *Grande sertão: veredas*, do escritor mineiro Guimarães Rosa. O narrador, o ex-jagunço Riobaldo, apesar de ser um homem simples do sertão, faz reflexões filosóficas profundas, cheias de poesia e sabedoria. Leia o que essa personagem pensa sobre contar histórias e sobre a saudade.

Contar é muito dificultoso. Não pelos anos que já se passaram. Mas pela astúcia que têm certas coisas passadas de fazer balancê, de se remexerem dos lugares. A lembrança da vida da gente se guarda em trechos diversos; uns com outros acho que nem se misturam [...]. Contar seguido, alinhavado, só mesmo sendo coisas de rasa importância. Tem horas antigas que ficaram muito mais perto da gente do que outras de recente data. Toda saudade é uma espécie de velhice. Talvez, então, a melhor coisa seria contar a infância não como um filme em que a vida acontece no tempo, uma coisa depois da outra, na ordem certa, sendo essa conexão que lhe dá sentido, princípio, meio e fim, mas como um álbum de retratos, cada um completo em si mesmo, cada um contendo o sentido inteiro. Talvez seja esse o jeito de escrever sobre a alma em cuja memória se encontram as coisas eternas, que permanecem...

(Guimarães Rosa. Apud Rubem Alves. *Na morada das palavras*. Campinas: Papirus, 2003. p. 139.)

Mariângela Haddad

1. Um texto, para ser um texto de verdade, não pode ser um punhado de frases soltas. Ele precisa apresentar conexões, tanto gramaticais quanto de ideias. Observe as três primeiras frases do texto. A segunda e a terceira frases iniciam-se, respectivamente, com as palavras *não* e *mas*.

a) Que ideia anteriormente expressa é negada pela palavra *não*?

b) A palavra *mas* introduz uma ideia que se opõe a outra anteriormente expressa. A ideia anterior se encontra na primeira ou na segunda frase?

2. A palavra *uns*, da quarta frase, refere-se a um termo anteriormente expresso, no interior da mesma frase. Qual é esse termo?

3. Releia este trecho:

"Toda saudade é uma espécie de velhice. Talvez, então, a melhor coisa seria contar a infância não como um filme em que a vida acontece no tempo, uma coisa depois da outra, na ordem certa, sendo essa conexão que lhe dá sentido, princípio, meio e fim"

a) Qual das ideias a seguir expressa o sentido da palavra *então* no contexto?

- adição
- conclusão
- oposição
- consequência

b) O trecho "uma coisa depois da outra, na ordem certa" cumpre o papel de explicar uma afirmação anterior. Qual é essa afirmação?

4. Nas questões anteriores, você observou algumas das *conexões gramaticais* do texto. Além delas, existem também as *conexões de ideias*. No início do texto, o autor afirma que é difícil contar seguidamente os fatos da infância, pois eles se remexem e não aceitam a ordem linear do tempo. Diante dessa dificuldade, o autor sugere um método para contar fatos tão distantes.

a) Qual é esse método?

b) Dê sua opinião: Com essa sequência de ideias, o texto se mostra coerente, com ideias que se complementam, ou se mostra confuso, com ideias contraditórias e incompletas?

5. Faça uma experiência. Leia o texto de trás para a frente; depois, leia-o do meio para o início e do meio para o fim. Finalmente, conclua: A sequência do texto é importante para que ele apresente determinado sentido?

Você percebeu que um texto não pode ser construído com frases soltas, desconexas. Além disso, a alteração da sequência de suas partes pode modificar profundamente seu sentido. Para um texto ter unidade de sentido, para ser um todo coerente, é necessário que apresente **textualidade**, isto é, que apresente conexões gramaticais e articulação de ideias. Em outras palavras, que apresente **coesão** e **coerência textuais**.

> **Coesão textual** são as conexões gramaticais existentes entre palavras, orações, frases, parágrafos e partes maiores de um texto.

As palavras que realizam articulações gramaticais, também chamadas *conectores*, são substantivos, pronomes, conjunções, preposições, etc. São comuns nesse papel palavras como *isso*, *então*, *aliás*, *também*, *isto é*, *entretanto*, *e*, *por isso*, *daí*, *porém*, *mas*, entre outras.

No trecho "Talvez seja esse o jeito de escrever sobre a alma", por exemplo, o pronome demonstrativo *esse* é um conector, pois retoma o que foi desenvolvido antes sobre o método de contar fatos do passado "como um álbum de retratos".

Como os conectores são portadores de sentido, eles também contribuem para construir a coerência de um texto.

> **Coerência textual** é a estruturação lógico-semântica de um texto, isto é, a articulação de ideias que faz com que numa situação discursiva palavras e frases componham um todo significativo para os interlocutores.

Um dos princípios básicos da coerência textual é a *não contradição*, ou seja, as ideias não podem ser contraditórias entre si nem apresentar incoerência em relação à realidade, a não ser que a contradição seja proposital.

A COERÊNCIA E O CONTEXTO DISCURSIVO

Além da não contradição e dos conectores, outro aspecto importante para avaliar a coerência de um texto é o *contexto discursivo*. Imagine, por exemplo, as falas seguintes, ditas por uma mãe a seus filhos:

Pode haver coerência sem coesão?

Há textos que se organizam por justaposição ou com elipses e, mesmo assim, podem ser considerados textos por seus leitores/ouvintes, pois constituem uma unidade de sentido.

Como exemplo de que pode haver coerência sem coesão, veja este poema do poeta e compositor Arnaldo Antunes:

> sobressalto
> esse desenho abstrato
> minha sombra no asfalto

> — Está armando uma chuva muito forte. Por isso, ninguém sai de casa!
> — Está armando uma chuva muito forte. Por isso, vamos sair de casa!

Os dois enunciados estão estruturalmente bem-formados, pois fazem uso do recurso coesivo *por isso*; portanto, pode-se considerar que ambos apresentam coesão. Entretanto, pelo sentido das falas, tendemos a julgar como coerente apenas o primeiro enunciado, pelo fato de geralmente pressupormos que, se uma chuva muito forte está por vir, as pessoas não devem sair de casa.

Vejamos estas duas manchetes de jornal:

> **Rio sobe com chuva e secretário recomenda ao carioca ficar em casa**
>
> (*O Globo*, 29/1/2012.)

> **Chuvas expulsam mais de 14 mil pessoas de casa no Estado do Rio**
> Bombeiros resgatam família soterrada dentro de fusca nesta quarta
>
> (*R7*, 11/1/2012.)

No contexto discursivo da primeira manchete, o primeiro enunciado mantém-se coerente, pois ficar em casa equivale a segurança. No contexto discursivo da segunda manchete, entretanto, o enunciado "Chuvas expulsam mais de 14 mil pessoas de casa no Estado do Rio" também é coerente, pois, nessa situação, ficar em casa implica risco.

Como se vê, coerência e coesão são fatores de textualidade regulados pelo contexto discursivo. Não podem, assim, ser avaliadas em frases isoladas, desvinculadas dos textos em que estavam originalmente inseridas, desconsiderando-se a situação de comunicação.

EXERCÍCIOS

Leia o texto:

> Era meia-noite. O Sol brilhava. Pássaros cantavam pulando de galho em galho. O homem cego, sentado à mesa de roupão, esperava que lhe servissem o desjejum. Enquanto esperava, passava a mão na faca sobre a mesa como se a acariciasse tendo ideias, enquanto olhava fixamente a esposa sentada à sua frente. Esta, que lia o jornal, absorta em seus pensamentos, de repente começou a chorar, pois o telegrama lhe trazia a notícia de que o irmão se enforcara num pé de alface. O cego, pelado com a mão no bolso, buscava consolá-la e calado dizia: a Terra é uma bola quadrada que gira parada em torno do Sol. Ela se queixa de que ele ficou impassível, porque não é o irmão dele que vai receber as honrarias. Ele se agasta, olha-a com desdém, agarra a faca, passa manteiga na torrada e lhe oferece, num gesto de amor.
>
> (Este texto reproduz aproximadamente versão ouvida junto a crianças de Araguari – MG.)
>
> (Apud Ingedore Villaça Koch e Luiz Carlos Travaglia. *A coerência textual*. 11. ed. São Paulo: Contexto, 2001. p. 49-50.)

1. Observe se no texto há emprego adequado de sinais de pontuação, vocabulário culto e construções de acordo com a norma-padrão. Depois conclua: O autor do texto demonstra ter domínio da linguagem escrita? Justifique sua resposta com elementos do texto.

2. Além do domínio vocabular e sintático da língua, o texto apresenta também marcas de coesão. Identifique no texto:
   a) dois exemplos de coesão, nos quais uma palavra (substantivo, pronome, numeral, etc.) retome um termo já expresso;
   b) dois exemplos de marcadores temporais, por meio dos quais se tenha ideia de sequência de fatos;
   c) um conector que estabeleça uma relação de explicação.

3. Apesar de aparentemente bem-redigido, o texto apresenta sérios problemas de coerência.
   a) A narração ocorre à meia-noite. No entanto, certas informações contradizem isso. Quais são essas informações?
   b) Cite uma contradição relacionada ao cego e uma contradição relacionada à esposa.
   c) Sabe-se que a Terra gira em torno do Sol. Que elementos do texto contrariam essa informação?

4. O texto foi produzido em uma brincadeira de crianças que incluía o relato de uma história absurda. Considerando que o objetivo era produzir humor, conclua: O texto é incoerente ou coerente?

INTERTEXTUALIDADE, INTERDISCURSIVIDADE E PARÓDIA

Você conhece a personagem Aline, do quadrinista Adão Iturrusgarai? Ela é uma adolescente que vive à procura de namorados. Desta vez, parece que ela se meteu em encrencas. Leia a tira:

(Folha de S. Paulo, 5/4/2004.)

A tira de Adão constrói humor por meio da mistura de três gêneros literários ou artísticos: a história em quadrinhos, o romance ou o filme policial, sugerido pela temida figura do *serial killer*, e o conto maravilhoso *Chapeuzinho Vermelho*, sugerido pelo diálogo entre o vizinho (que corresponde ao lobo) e Aline (que corresponde a Chapeuzinho Vermelho).

Ao criar sua tira, Adão não tinha a intenção de imitar os outros textos. Pretendia, sim, "dialogar" com esses textos, *citando-os* em sua tira e criando humor a partir deles. Quando um texto cita outro, dizemos que entre eles existe **intertextualidade**.

> **Intertextualidade** é a relação entre dois textos caracterizada por um citar o outro.

Há diferentes tipos de intertextualidade. A intertextualidade pode ter uma base *temática*, quando os textos apresentam em comum um tema, uma determinada ideologia ou visão de mundo; por exemplo, a que ocorre entre a tragédia grega *Medeia*, de Eurípedes, e a peça teatral *Gota d'água*, de Chico Buarque, uma versão moderna desse texto. Também pode ter uma base *estilística*, quando um texto apresenta certos procedimentos muito conhecidos em outro texto, como, por exemplo, o emprego de palavras, expressões ou estruturas sintáticas similares. Compare os dois textos a seguir.

Dialogismo: a linguagem são no mínimo dois

Segundo o teórico russo Mikhail Bakhtin, a linguagem é, por natureza, *dialógica*, isto é, sempre estabelece um diálogo entre pelo menos dois seres, dois discursos, duas palavras. Diz Bakhtin:

> Os enunciados não são indiferentes uns aos outros, nem autossuficientes; são mutuamente conscientes e refletem um ao outro... Cada enunciado é pleno de ecos e reverberações de outros enunciados, com os quais se relaciona pela comunhão da esfera da comunicação verbal [...]. Cada enunciado refuta, confirma, complementa e depende dos outros; pressupõe que já são conhecidos, e de alguma forma os leva em conta.

(*Estética da criação verbal*. 2. ed. São Paulo: Martins Fontes, 1997. p. 316.)

As armas e os barões assinalados
Que, da ocidental praia lusitana,
Por mares nunca dantes navegados
Passaram ainda além da Taprobana,
Em perigos e guerras esforçados
Mais do que prometia a força humana
E entre gente remota edificaram
Novo Reino, que tanto sublimaram.
[...]

(Luís de Camões. *Os lusíadas*. São Paulo: Abril Cultural, 1979.)

As salas e becões assinalados
Da oriental praia paulistana
Partiram em missão desumana
A bater inimigos colorados.
Depois do empate duro e fero
Três a três em pleno alçapão,
Queriam ao menos 1 a 0,
e o sonho manter no coração.
[...]

(José Roberto Torero. *Folha de S. Paulo*, 8/3/2002.)

Os versos de Luís de Camões homenageiam o heroísmo dos navegantes portugueses, que, no século XV, saindo de Portugal (a "ocidental praia lusitana") com suas caravelas, conseguiram ultrapassar a Taprobana (ilha do Ceilão, limite oriental do mundo conhecido na época). O jornalista José Torero, referindo-se a um jogo entre Santos e Internacional, ocorrido em Porto Alegre pela Copa do Brasil, estabelece uma relação intertextual com o poema de Camões, transmitindo assim a noção de grandiosidade do jogo e, ao mesmo tempo, reverenciando os esforços do grupo santista, comparados aos feitos dos navegantes portugueses.

Entre os diferentes níveis de intertextualidade, há alguns mais sofisticados, em que a relação entre o texto e o intertexto não é apenas a de uma mera citação.

Leia estes versos de dois poetas de épocas diferentes:

Meus oito anos

Oh! Que saudade que tenho
Da aurora da minha vida,
Da minha infância querida
Que os anos não trazem mais
Que amor, que sonhos, que flores
Naquelas tardes fagueiras
À sombra das bananeiras,
Debaixo dos laranjais!
[...]

(Casimiro de Abreu. *Poesias completas de Casimiro de Abreu*. Rio de Janeiro: Ediouro. p. 19-20.)

fagueira: agradável, amena.

Meus oito anos

Oh que saudades que eu tenho
Da aurora de minha vida
Das horas
De minha infância queridá
Que os anos não trazem mais
Naquele quintal de terra
Da Rua de Santo Antônio
Debaixo da bananeira
Sem nenhum laranjais.
[...]

(Oswald de Andrade. *Primeiro caderno do aluno de poesia Oswald de Andrade*. 4. ed. São Paulo: Globo, 2006. p. 52.)

O primeiro texto, de Casimiro de Abreu, foi escrito no século XIX; o segundo texto, de Oswald de Andrade, foi escrito no século XX. As semelhanças entre os textos são evidentes, pois o assunto deles é o mesmo e há versos inteiros que se repetem. Portanto, o segundo texto cita o primeiro, estabelecendo com ele uma relação intertextual.

Observe, porém, que o segundo texto tem uma visão diferente da apresentada pelo primeiro. Neste, tudo na infância parece ser perfeito, rodeado por "amor", "sonhos" e "flores"; já no segundo texto, esses elementos são substituídos por um simples "quintal de terra", um espaço concreto e comum, sem idealização. Além disso, com o verso "Sem nenhum laranjais", Oswald de Andrade ironiza Casimiro de Abreu, como que dizendo: na minha infância também havia bananeiras, mas não havia os tais "laranjais" que o Casimiro cita em seu poema.

Observe que Oswald de Andrade, com seu poema, não apenas cita o poema de Casimiro de Abreu. Ele também critica esse poema, pois considera irreal a visão que Casimiro tem da infância.

Na opinião de Oswald, infância de verdade, no Brasil, se faz com crianças brincando em quintal de terra, embaixo de bananeiras, e não com crianças sonhando embaixo de laranjeiras.

Nesse tipo de relação estabelecida entre os textos, não há apenas intertextualidade. Há uma relação mais abrangente, que envolve dois discursos poéticos distintos, duas formas diferentes de ver a infância: a de Casimiro de Abreu, mais idealizada e romântica, e a de Oswald de Andrade, moderna e antissentimental. A esse tipo de relação entre discursos, quando se evidenciam os elementos da situação de produção – quem fez, para que, em que momento histórico, com qual finalidade, etc. –, chamamos **interdiscursividade**.

82

> **Interdiscursividade** é a relação entre dois discursos caracterizada por um citar o outro.

O tipo de relação existente entre os textos de Casimiro de Abreu e Oswald de Andrade é também chamado de **paródia**.

> **Paródia** é um tipo de relação intertextual em que um texto cita outro geralmente com o objetivo de fazer-lhe uma crítica ou inverter ou distorcer suas ideias.

EXERCÍCIOS

Leia, a seguir, os versos de uma canção de Chico Buarque e uma charge de Ziraldo, e responda às questões 1 e 2.

Quando o carnaval chegar

Quem me vê sempre parado, distante
Garante que eu não sei sambar
Tou me guardando pra quando o carnaval chegar
Eu tô só vendo, sabendo, sentindo, escutando
E não posso falar
Tou me guardando pra quando o carnaval chegar
Eu vejo as pernas de louça da moça que passa e
[não posso pegar
Tou me guardando pra quando o carnaval chegar
Há quanto tempo desejo seu beijo
Molhado de maracujá
Tou me guardando pra quando o carnaval chegar
[...]

(http://www.chicobuarque.com.br/letras/quandooc.htm)

(http://ziraldo.blogtv.uol.com.br/achargenotempo)

1. Em ambos os textos o tema é o carnaval.
   a) Que sentido tem o carnaval para o eu lírico da canção?
   b) E para a personagem da charge?

2. Sabendo que a canção de Chico Buarque foi produzida e divulgada antes da charge de Ziraldo, responda:
   a) Que texto estabelece uma relação intertextual com o outro?
   b) Essa relação pode ser considerada também interdiscursiva? Por quê?

3. Muitos tipos de intertextualidade implícita ocorrem por meio da substituição de um fonema ou uma palavra, por meio de acréscimo, supressão ou transposição.

Leia os enunciados abaixo e descubra as frases originais com as quais eles mantêm relação intertextual.

a) "Penso, logo hesito." (Luis Fernando Verissimo, "Mínimas".)

b) "Quem vê cara não vê falsificação." (Anúncio dos relógios Citizen)

c) "Quem espera nunca alcança." (Chico Buarque)

d) "O Instituto de Cardiologia não vê cara, só vê coração." (Propaganda do Instituto de Cardiologia do Rio Grande do Sul)

e) "Para bom entendedor, meia palavra bas." (Luis Fernando Verissimo, "Mínimas".)

f) Diga-me com quem andas e eu prometo que não digo a mais ninguém. (Internet)

(Frases extraídas do capítulo 1 da obra *Intertextualidade – Diálogos possíveis*, de Ingedore G. Villaça et alii.)

A COERÊNCIA E A COESÃO NA CONSTRUÇÃO DO TEXTO

Leia o texto:

Subi a porta e fechei a escada.
Tirei minhas orações e recitei meus sapatos.
Desliguei a cama e deitei-me na luz.

Tudo porque
Ele me deu um beijo de boa noite...

(Anônimo. In: Irandé Antunes. *Lutar com palavras – Coesão e coerência*. São Paulo: Parábola, 2005.)

1. Observe se no texto são empregados adequadamente os sinais de pontuação, se há alguma construção própria da linguagem mais culta, se é utilizada alguma conjunção como recurso coesivo. Depois, conclua: O autor demonstra ter domínio da linguagem escrita ou não? Justifique sua resposta com elementos do texto.

2. Releia as três primeiras linhas do texto:

> "Subi a porta e fechei a escada.
> Tirei minhas orações e recitei meus sapatos.
> Desliguei a cama e deitei-me na luz."

a) O trecho não apresenta problemas de escrita ou de pontuação, relativamente à norma-padrão. Entretanto, lido isoladamente, ele pode ser considerado coerente? Justifique sua resposta.

b) No trecho, os complementos dos verbos não dão sentido coerente aos enunciados. Indique a correlação lógica entre verbos e complementos:

a) subi   1. minhas orações
b) fechei   2. a luz
c) tirei   3. na cama
d) recitei   4. a escada
e) desliguei   5. a porta
f) deitei-me   6. meus sapatos

3. Nas duas últimas linhas do texto, é revelado um fato que modifica o sentido das três linhas iniciais.
a) Qual é esse fato?
b) Esse fato afeta a coerência do texto como um todo? Justifique sua resposta.
c) O que a construção dos três primeiros versos revela sobre o eu lírico?
d) Qual é a importância dessa construção para o sentido do texto?

4. O texto é incoerente? Por quê?

84

SEMÂNTICA E DISCURSO

Leia o anúncio a seguir e responda às questões de 1 a 3.

(*30º Anuário do Clube de Criação de São Paulo*, p. 186.)

1. Identifique a intertextualidade que há no anúncio. Depois responda: De que modo ela é indicada no anúncio?

2. Observe a frase que há na traseira do caminhão.
   a) Quais os sentidos do verbo *tomar* nessa frase?
   b) Que tipo de sabedoria a frase pretende transmitir?
   c) O consumo de bebidas alcoólicas é proibido para quem dirige. Considerando-se esse dado, que outro sentido a frase apresenta?

3. Para promover a imagem do produto anunciado, o anunciante utiliza como argumento um valor.
   a) Qual é esse valor?
   b) Por que a imagem do produto anunciado supostamente melhora quando agregada a esse valor?

PARA COMPREENDER O FUNCIONAMENTO DA LÍNGUA

ORTOGRAFIA (I)

Leia a placa ao lado.

1. A placa apresenta desvios em relação à norma-padrão da língua portuguesa.

   Que problemas ortográficos você identifica na placa?

2. A capacidade de produzir textos de acordo com as normas ortográficas da língua portuguesa ou de línguas estrangeiras revela muito sobre o grau de escolaridade das pessoas.

   a) Levante hipóteses: Qual é o grau de escolaridade do autor da placa? Por quê?

   b) Entre os desvios gramaticais apresentados na placa, qual é, na sua opinião, o que mais motiva preconceito linguístico? Por quê?

A parte da fonologia que se ocupa das questões notacionais da língua é a **ortografia**.

> **Ortografia**, da combinação dos elementos de origem grega *orto-* (reto, direito, correto) + *-grafia* (representação escrita de uma palavra), é o conjunto de regras da gramática normativa que define a escrita correta das palavras.

Muitas palavras da nossa língua têm a grafia estabelecida com base em sua etimologia. Por exemplo, a palavra *liso* é escrita com *s* porque provém da forma latina *lisus*. Da mesma forma, palavras derivadas de liso, como *alisar*, *alisante*, *alisável*, devem ser escritas com *s*.

São poucas as regras ortográficas existentes; por isso, convém conhecê-las ou revisá-las. Contudo, em ortografia é essencial a memória visual, o treino e a consulta ao dicionário sempre que houver necessidade.

O tira-teima

Se o dicionário deixar dúvida quanto à ortografia de determinada palavra, pode-se consultar, ainda, o *Vocabulário ortográfico da língua portuguesa (VOLP)*, elaborado pela Academia Brasileira de Letras. Essa é uma obra de referência até mesmo para a criação de dicionários, pois traz a grafia atualizada das palavras (sem o significado). Na Internet, o *VOLP* encontra-se no endereço: www.academia.org.br/.

Casos principais

Emprego de *j* ou *g*

Emprega-se a letra **j**:

- nas palavras de origem árabe, africana e indígena: *pajé, jiboia, biju*;
- nas palavras derivadas de outras que já possuem **j** em seu radical: laranjeira (laranja), sujeira (sujo).

   Emprega-se a letra **g**:

- nas terminações *-ágio, -égio, -ígio, -ógio, -úgio*: prestígio, refúgio;
- geralmente nas terminações *-agem, -igem, -ugem*: garagem, ferrugem (exceções: pajem; lambujem).

EXERCÍCIOS

1. As palavras a seguir são de origem árabe, tupi ou africana. Reescreva-as, completando-as adequadamente com j ou g.

   alfor☐e can☐ica ☐enipapo ☐iboia

   pa☐é bi☐u acara☐é ☐irau

2. Observe a grafia das palavras:

   > ágio gorja lambuja sarja gesso
   > jeito varejo lisonja ágil ferrugem
   > nojo vertigem granja margem

Com base nesse quadro, reescreva as palavras a seguir, completando-as adequadamente com g ou j.

gran☐ear gor☐eta a☐iotagem

sar☐eta a☐ilidade no☐eira

lison☐eiro ferru☐inoso en☐essar

mar☐ear lambu☐em vare☐ista

en☐eitado verti☐inoso

86

Emprego de x ou ch

Emprega-se a letra **x**:

- normalmente depois de ditongo: caixa, peixe, trouxa (exceções: caucho, recauchutar, recauchutagem);
- depois de me- inicial: mexer, mexilhão (exceção: mecha e seus derivados);
- depois de en- inicial: enxurrada, enxaqueca (exceções: encher, encharcar, enchumaçar e seus derivados).

EXERCÍCIOS

1. Em cada uma das sequências a seguir, há apenas uma palavra que é grafada com **ch**. Identifique-a.

a) en☐aqueca – me☐erico – capi☐aba – almo☐arife – mo☐ileiro

b) ☐u☐u – ve☐ame – ☐ampu – ☐ereta – ☐ará

c) ☐arope – pra☐e – pe☐in☐a – me☐er – lu☐ação

d) pi☐ação – repu☐o – fa☐ina – ☐ará – encai☐e

e) frou☐o – o☐alá – en☐urrada – pu☐ar – en☐imento

2. Na tira abaixo, de Fernando Gonsales, que letras completam, de acordo com as normas ortográficas, as palavras com lacunas?

(Folha de S. Paulo, 30/7/2005.)

Emprego de s ou z

Emprega-se a letra **s**:

- nos sufixos -ês, -esa e -isa, usados na formação de palavras que indicam nacionalidade, profissão, estado social, títulos honoríficos: chinês, chinesa, burguês, burguesa, poetisa;
- nos sufixos -oso e -osa (que indicam "cheio de"), usados na formação de adjetivos: delicioso, gelatinosa.

Emprega-se a letra **z**:

- nos sufixos -ez, -eza, usados para formar substantivos abstratos derivados de adjetivos: rigidez (rígido), riqueza (rico);
- quando um verbo é formado a partir da soma de nome (substantivo ou adjetivo) + sufixo -izar: animal + -izar = animalizar.

Quando o verbo é formado a partir de um nome, o sufixo acrescentado é -ar: análise + -ar = analisar.

EXERCÍCIOS

1. Fazendo as adaptações necessárias, forme adjetivos acrescentando -*oso* ao final destes substantivos: preconceito, número, mistério, capricho, cobiça, valor, assombro, malícia. Em seguida, escolha um adjetivo ou um substantivo e forme uma frase.

2. Considerando que se emprega *s* nas formas dos verbos *pôr* e *querer* e seus compostos, reescreva as frases a seguir, completando-as adequadamente com o verbo indicado entre parênteses.

   a) Se vocês ☐, podem sair para o recreio agora. (querer)

   b) Ele não ☐ ficar para jantar, porque já tinha um compromisso. (querer)

   c) Não seria melhor se nós ☐ o estoque agora e depois fôssemos almoçar? (repor)

   d) Se você ☐ a mesa enquanto eu preparo os sanduíches, poderemos lanchar imediatamente. (pôr)

3. Fazendo as adaptações necessárias, acrescente os sufixos -*ar* ou -*izar* às palavras a seguir. Atenção: emprega-se o sufixo -*ar* nos verbos derivados de palavras cujo radical contém -*s*. Caso contrário, emprega-se -*izar*. Por exemplo: eterno → eternizar.

   ameno – raso – bis – real – estéril – polar – catálise – hospital – liso – fértil – vulgar – paralisia – nacional – institucional

Leia a tira a seguir, de Angeli, e responda às questões 4 e 5.

(*Folha de S. Paulo*, 12/4/2007.)

4. Na tira, Moska afirma que antes não reconhecia a importância do *ócio* em sua vida.

   a) O que quer dizer *ócio*?

   b) As ações da personagem são compatíveis com o sentido dessa palavra? Por quê?

5. Moska diz que antes supunha que a palavra *ócio* fosse escrita com dois esses.

   a) Com que outra palavra *ócio* se assemelharia, caso fosse escrita desse modo?

   b) Esse desconhecimento das normas da língua escrita confirma ou nega a familiaridade da personagem com o ócio? Justifique sua resposta.

Cena da peça *A família Addams*, com Daniel Boaventura e Marisa Orth nos papéis principais.

PRODUÇÃO DE TEXTO

CAPÍTULO 7

O texto teatral escrito

TRABALHANDO O GÊNERO

O texto a seguir é um trecho da peça teatral *A vida de Galileu*, do poeta e teatrólogo alemão Bertolt Brecht.

A peça narra uma parte da vida do sábio italiano Galileu, e a história começa com o cientista vivendo em Pádua, onde lhe davam liberdade para pesquisar, mas lhe pagavam baixo salário. Apropriando-se de uma luneta, instrumento ainda desconhecido na Itália, passa por seu inventor e é recebido em Florença, onde começa a residir. As observações que faz sobre o sistema solar levam-no a reconsiderar como verdadeira a concepção de Copérnico segundo a qual a Terra e os astros girariam em torno do Sol. A Igreja Católica, na época, defendia a concepção de Ptolomeu, para quem a Terra seria o centro do Universo.

O trecho faz parte da cena em que Galileu, servindo-se da luneta, confirma a seu amigo Sagredo o sistema copernicano e é advertido por ele das possíveis consequências de sua pesquisa.

89

Quarto de estudos de Galileu, em Pádua
Noite. Galileu e Sagredo, metidos em grossos capotes, olham pelo telescópio.
SAGREDO (*Olhando pelo telescópio, a meia voz*) — Os bordos do crescente estão irregulares, denteados e rugosos. Na parte escura, perto da faixa luminosa, há pontos de luz. Vão aparecendo, um depois do outro. A partir deles a luz se espraia, ocupa superfícies sempre maiores, onde conflui com a parte luminosa principal.
GALILEU — Como se explicam esses pontos luminosos?
SAGREDO — Não pode ser.
GALILEU — Pode, são montanhas.
SAGREDO — Numa estrela?

Cena da peça *Galileu Galilei*, dirigida por José Celso Martinez Correa.

GALILEU — Montanhas enormes. Os cimos são dourados pelo sol nascente, enquanto a noite cobre os abismos em volta. Você está vendo a luz baixar dos picos mais altos aos vales.
SAGREDO — Mas isto contradiz a astronomia inteira de dois mil anos.
GALILEU — É. O que você está vendo, homem nenhum viu, além de mim. Você é o segundo.
SAGREDO — Mas a Lua não pode ser uma terra, com montanhas e vales, assim como a Terra não pode ser uma estrela.
GALILEU — A Lua pode ser uma terra com montanhas e vales e a Terra pode ser uma estrela. Um corpo celeste qualquer, um entre milhares. Olhe outra vez. A parte escura da Lua é inteiramente escura?
SAGREDO — Não, olhando bem eu vejo uma luz fraca, cinzenta.
GALILEU — Essa luz o que é?
SAGREDO — ?
GALILEU — É da Terra.
SAGREDO — Não, isso é absurdo. Como pode a Terra emitir luz, com suas montanhas, suas águas e matas, e sendo um corpo frio?
GALILEU — Do mesmo modo que a Lua. Porque as duas são iluminadas pelo Sol e é por isso que elas brilham. O que a Lua é para nós, nós somos para a Lua. Ela nos vê ora como crescente, ora como semicírculo, ora como Terra cheia e ora não nos vê.
SAGREDO — Portanto, não há diferença entre Lua e Terra?
GALILEU — Pelo visto, não.
SAGREDO — Não faz dez anos que, em Roma, um homem subia à fogueira. Chamava-se Giordano Bruno e afirmava exatamente isso.
GALILEU — Claro. E agora estamos vendo. Não pare de olhar, Sagredo. O que você vê é que não há diferença entre céu e Terra. Hoje, dez de janeiro de 1610, a humanidade registra em seu diário: aboliu-se o céu.
SAGREDO — É terrível!
GALILEU — E ainda descobri outra coisa, quem sabe mais espantosa.
[...]
SAGREDO (*hesita, antes de voltar ao telescópio*) — O que eu sinto é quase como medo, Galileu.

GALILEU — Vou lhe mostrar uma das nebulosas brancas e brilhantes da Via-Láctea. Me diga do que ela é feita!

SAGREDO — São estrelas, incontáveis.

GALILEU — Só na constelação de Órion são quinhentas estrelas fixas. São os muitos mundos, os incontáveis outros mundos, as estrelas distantes de que falava o queimado-vivo, que ele não chegou a ver, mas que ele esperava!

SAGREDO — Mas, mesmo que esta terra seja uma estrela, há muita distância até as afirmações de Copérnico, de que ela gira em volta do Sol. Não há estrela no céu que tenha outra girando à sua volta. Mas, em torno da Terra, gira sempre a Lua.

GALILEU — Eu duvido, Sagredo. Desde anteontem que eu duvido. Olhe Júpiter (*acerta o telescópio*), junto dele estão quatro estrelas menores, que só se veem pelo telescópio. Eu as vi na segunda-feira, mas não fiz muito caso da sua posição. Ontem, olhei outra vez. Eu jurava que todas as quatro tinham mudado de lugar. Eu tomei nota. Estão diferentes outra vez. O que é isso? Se eu vi quatro! (*Agitado.*) Olhe você!

SAGREDO — Eu vejo três.

GALILEU — A quarta onde está? Olhe as tabelas. Vamos calcular o movimento que elas possam ter feito. (*Excitados, sentam-se e trabalham. O palco escurece, mas no horizonte continua-se a ver Júpiter e seus satélites. Quando o palco clareia, ainda estão sentados, usando capotes de inverno.*)

GALILEU — Está provado. A quarta só pode ter ido para trás de Júpiter, onde ela não é vista. Está aí uma estrela que tem outra girando à sua volta.

SAGREDO — Mas e a esfera de cristal, em que Júpiter está fixado?

GALILEU — De fato, onde é que ela ficou? Como pode Júpiter ficar fixado, se há estrelas girando em volta dele? Não há suporte no céu, não há ponto fixo no universo! É outro sol!

SAGREDO — Calma, você pensa depressa demais!

GALILEU — Que depressa nada! Acorda, rapaz! O que você está vendo nunca ninguém viu. Eles tinham razão.

SAGREDO — Quem, os copernicanos?

GALILEU — E o outro! O mundo estava contra eles e eles tinham razão. [...]

SAGREDO (*gritando*) — A mesma fala do queimado-vivo?

GALILEU — A mesma fala do queimado-vivo!

SAGREDO — Por isso ele foi queimado! Não faz dez anos!

GALILEU — Porque ele não podia provar nada! Porque ele só afirmava! [...]

SAGREDO — Galileu, eu sempre o conheci como homem de juízo. Durante dezessete anos em Pádua, e durante três anos em Pisa, pacientemente, você ensinou a centenas de alunos o sistema de Ptolomeu, que é adotado pela Igreja e é confirmado pelas Escrituras, na

: Galileu Galilei (1564-1642).

qual a Igreja repousa. Você, na linha de Copérnico, achava errado, mas você ensinava, não obstante.

GALILEU — Porque eu não podia provar nada.

SAGREDO (*incrédulo*) — E você acha que isso faz alguma diferença?

GALILEU — Faz toda a diferença. Veja aqui, Sagredo! Eu acredito no homem, e isto quer dizer que acredito na sua razão! Sem esta fé eu não teria força de sair da cama pela manhã.

(São Paulo: Abril Cultural, 1977. p. 47-58.)

1. Sagredo adverte Galileu sobre as possíveis consequências de sua pesquisa.

   a) Quais poderiam ser elas?

   b) Baseado em que Galileu se mostra determinado a desafiar os dogmas da Igreja na época?

A função do teatro

O teatro nasceu entre os gregos, na Antiguidade. A principal alteração que tem experimentado, desde então, é quanto à sua função: tem servido para divertir, satirizar a classe política, refletir sobre os problemas sociais, conscientizar politicamente os oprimidos, fazer refletir sobre a própria condição humana. Para o dramaturgo alemão Bertolt Brecht, a principal função da atividade teatral, entretanto, é a de proporcionar prazer. Um prazer que educa, conscientiza e diverte.

2. O texto teatral tem semelhanças com o texto narrativo: apresenta fatos, personagens, tempo e lugar.

   a) Onde ocorre a cena?

   b) Quando ela acontece?

3. Comparando a estrutura do texto teatral com a dos gêneros narrativos, como o conto e a fábula, por exemplo, observamos que ele se constrói de uma forma diferente.

   a) Há no texto teatral lido um narrador que conta a história?

   b) O texto nos possibilita ter uma visão acerca das personagens. Que ideia você faz de Galileu e de Sagredo?

   c) De que forma as características de cada personagem nos são reveladas no texto lido?

4. Em outros gêneros narrativos, como no conto, a fala das personagens é introduzida geralmente depois de verbos como *dizer, perguntar, exclamar, afirmar*, chamados *dicendi*. No texto teatral escrito, as falas das personagens são introduzidas de forma diferente.

   a) No texto teatral lido, como o leitor sabe quem é que está falando?

   b) A fala das personagens é reproduzida pelo discurso direto ou pelo discurso indireto?

5. O texto teatral apresenta trechos em letra de tipo diferente – no texto lido, o itálico. Veja estes exemplos:

SAGREDO (*Olhando pelo telescópio, a meia voz*)
SAGREDO (*gritando*)
GALILEU ... (*Agitado.*)

Esses trechos são chamados de rubricas. Qual é a função das rubricas?

6. Que tipo de variedade linguística foi empregado pelas personagens?

7. Quando um texto teatral é lido, o leitor é o interlocutor da história vivida pelas personagens. Quando o texto teatral é encenado, quem é o interlocutor?

8. Qual é o suporte do texto teatral escrito, isto é, como ele é veiculado para atingir o público a que se destina?

9. Reúna-se com os colegas de seu grupo e concluam: Quais são as características do texto teatral escrito? Ao responder, considerem os seguintes critérios: finalidade do gênero, perfil dos interlocutores, suporte ou veículo, tema, estrutura, linguagem.

Ator, texto e público

Não há fenômeno teatral sem a conjunção da tríade ator, texto e público. Um *ator* interpreta um *texto* para o *público*. E entre ator e público é estabelecida uma cumplicidade: ambos sabem que se trata de um jogo, de uma representação. Por meio da razão e da emoção, estabelece-se um diálogo vivo entre ator e público. Proporcionando prazer, o teatro age diretamente sobre os homens. Ele ensina, provoca, faz refletir.

O texto estudado é uma cena de uma peça de teatro. É, portanto, uma parte de um texto dramático, isto é, um texto que serve para a representação teatral.

Imagine essa cena se desenvolvendo num palco: haveria um cenário (o quarto de estudos de Galileu), e o diálogo entre as personagens Galileu e Sagredo não seria contado por um narrador, mas mostrado pelos atores, que, *representando* as personagens, se movimentariam no palco e falariam. O diálogo, portanto, constitui o elemento dominante e essencial no texto teatral.

No diálogo, manifestam-se uma oposição e uma luta de vontades que caracterizam o conflito, elemento essencial para possibilitar ao leitor ou à plateia criar expectativa em relação aos fatos que lê ou vê. No texto em estudo, a determinação de Galileu em provar a teoria sobre o sistema solar defendida por Copérnico opõe-se ao temor de Sagredo em revelá-la, pois isso despertaria a ira da Igreja. O *conflito* é, portanto, uma oposição que acontece entre os elementos da história, criando uma tensão que organiza os fatos narrados/mostrados e, consequentemente, prendendo a atenção do leitor ou da plateia.

Quando é encenado, o texto teatral exige outros elementos, como cenário, música, luz, figurino, maquiagem, gestos, movimentos, etc.

No texto teatral escrito, esses elementos estão indicados nas **rubricas**, que são trechos em letra de tipo diferente (no texto estudado, em itálico) e indicam como as personagens devem falar (rubricas de interpretação) e se movimentar em cena (rubricas de movimento). Quando lemos um texto teatral, as rubricas cênicas procuram nos dar informações sobre aquilo que, na montagem, se vê no palco.

Quando a peça teatral é longa, ela costuma ser dividida em partes, que são chamadas de **atos**.

Teatro: o encontro das artes

Além da presença física do ator, o teatro conta com a colaboração de outras artes: a arquitetura, a pintura, a música, a arte da indumentária (o figurino), da iluminação e do mobiliário. E também com a arte literária, pois o autor comunica-se com o público principalmente por meio da palavra, que, para sua interpretação, precisa também de pausas, gestos, mímicas, além da postura, do olhar e do movimento que compõem a expressão corporal do ator. O teatro exige ainda outros componentes, como maquiagem, sonoplastia, contrarregra.

A coordenação de todos esses elementos na realização de um espetáculo é feita pelo encenador ou diretor. O dramaturgo é o autor do texto, e o diretor, o autor do espetáculo.

A literatura dramática fica documentada em livros; os cenários e os figurinos subsistem em fotografias e desenhos. O teatro, porém, é efêmero: só se realiza integralmente enquanto dura o espetáculo. Talvez esteja nessa peculiaridade todo o fascínio e a grandeza da arte teatral.

PRODUZINDO O TEXTO TEATRAL

Reúna-se com seus colegas de grupo e escolham uma das propostas a seguir para produzir um texto teatral.

1. Escrevam uma cena teatral que se desenvolva no cenário descrito a seguir. Se quiserem, criem outro cenário.

A ação se passa na sala e na biblioteca de um apartamento classe média. Ambas são visíveis ao público, separadas por uma porta. As outras portas são a da entrada social, a do lavabo, além das passagens que levam à cozinha e aos quartos.

É final de tarde.

Inês, vinda da porta que dá acesso aos quartos, entra esbaforida na sala, pronta para sair. Afobada e atrasada, procura pelas chaves do carro e verifica tudo para ter certeza de que não se esqueceu de nada.

(Marcos Caruso. *Trair e coçar é só começar*. São Paulo: Benvirá, 2011. p. 17.)

Cena da peça *Trair e coçar é só começar*.

2. O roteiro a seguir inclui fatos, personagens, lugar e tempo. Criem uma cena de texto teatral com base nesses elementos e acrescentem outros que julgarem necessários.

- **Fatos**: cinco amigos se reúnem para preparar uma festa pró-formatura. Um dos participantes é pessimista e atrapalhado, e todas as ideias são criticadas e desestimuladas por ele.
- **Personagens**: cinco amigos, vestidos de forma bem descontraída.
- **Lugar**: pátio da escola, em cujas paredes há desenhos e quadros de avisos.
- **Tempo**: época atual, começo da noite.

3. Criem uma cena teatral com cenário, personagens, fatos, tempo e lugar imaginados por vocês.

Planejamento do texto

Ao redigir seus textos teatrais, levem em conta as orientações a seguir.

- Discutam a caracterização de cada personagem (modo de falar, temperamento, tiques, etc.) e do lugar.
- Planejem o que vão escrever. Pensem no(s) fato(s) que comporá(ão) o texto e como as ações vão se encaminhar para criar um conflito entre as personagens. Discutam como prender a atenção da plateia e como encaminhar a(s) cena(s) para um desfecho triste ou cômico.
- Ao escrever, lembrem-se de indicar o nome das personagens antes de suas falas, adequar a linguagem às personagens e ao contexto, fazer as indicações de cenário, de figurino, etc. e inserir as rubricas de movimento e de interpretação. Procurem dar dinamismo ao diálogo, criando uma tensão crescente entre as personagens.

Revisão e reescrita

Façam primeiramente um rascunho do texto. Depois releiam-no, observando se ele:

- mostra o desenvolvimento das ações;
- evidencia um conflito que possa prender a atenção da plateia;
- apresenta rubricas indicativas do cenário e da movimentação dos atores no palco e se elas estão em letra de tipo diferente;
- apresenta uma linguagem condizente com as personagens e o contexto;
- está de acordo com o suporte e o veículo nos quais será veiculado.

Façam as alterações necessárias e passem o texto a limpo.

No projeto **Palavra em cena**, que a classe desenvolverá no final da unidade, vocês irão fazer a leitura dramática e a encenação do texto.

▶ LEITURA DRAMÁTICA

1. Formem um grupo com um número de integrantes igual ao número de personagens do texto. Cada componente do grupo deve ler o texto individualmente pelo menos uma vez.

2. Façam, em grupo, uma segunda leitura do texto, em voz alta, cada aluno lendo as falas de uma personagem. Leiam procurando uma compreensão mais ampla do texto e um domínio maior da história.

3. A partir da terceira leitura, comecem a buscar a representação, isto é, comecem a transformar a leitura em ação. Lembrem-se: o ator é um fingidor, alguém que cria ilusões.
   a) Para uma boa interpretação, analisem e debatam o comportamento psicológico de cada personagem: quais são seus desejos; que fatos ou que personagem se contrapõem a elas; como elas reagem, etc.
   b) Em seguida, cada um deve buscar a melhor forma de interpretar sua personagem.
   c) Considerem a pontuação do texto e as rubricas de interpretação.
   d) Não deixem cair a entonação no final das frases. Observem como falam os locutores de rádio e televisão e procurem imitá-los.
   e) Se julgarem necessário, marquem o texto com pausas para respiração e destaquem os verbos das frases para dar um apoio maior à inflexão da voz.
   f) Para ajudar no volume da voz, imaginem – como fazem no meio teatral – que na última fileira do teatro há uma velhinha meio surda e que vocês devem representar para ela.
4. Depois que cada um dos elementos do grupo tiver encontrado a expressão própria de sua personagem, façam a leitura do texto dramático para a classe.

▶ ENCENAÇÃO

1. Cada um deve decorar as falas de sua personagem, imaginando-se nas situações vividas por ela, o cenário e as outras personagens que contracenam com ela.
2. Além das rubricas de interpretação, vocês devem, agora, observar também as de movimento.
3. Criem o cenário, a sonoplastia (o som que acompanha o texto), os figurinos. Para isso, contem com a criatividade individual e do grupo e envolvam outros colegas na montagem.
4. Ensaiem quantas vezes forem necessárias. Coloquem-se naturalmente no lugar das personagens e vivam-nas, ou seja, comecem a fazer teatro.
5. Caso algum elemento do grupo se esqueça de uma parte do texto durante os ensaios ou na apresentação, improvisem uma saída, ou recorram ao ponto. *Ponto* é uma pessoa que, no teatro, vai lendo o que os atores devem dizer para ajudar na memorização das falas.
6. Tudo pronto, apresentem o espetáculo para a classe.
7. Caso gostem muito dessa atividade, formem um grupo de teatro com outros colegas e, seguindo as mesmas orientações, encenem outros textos e, se possível, uma peça de teatro completa.

Polichinelo (1876), de Édouard Manet.

ESCREVENDO COM TÉCNICA

A DESCRIÇÃO

Grande parte dos gêneros textuais – fábulas, contos, crônicas, poemas, notícias, reportagens, entrevistas, etc. – costuma fazer, por meio de imagens ou palavras, uma caracterização, isto é, uma descrição de personagens, de pessoas, de paisagens, de cenas, de objetos, etc.

O texto descritivo a seguir faz parte do romance *O germinal*, de Émile Zola, escritor francês do século XIX. Leia-o.

No meio dos campos de trigo e beterraba, a aldeia dos Deux-Cent-Quarante dormia sob a noite negra. Distinguiam-se vagamente os quatro imensos corpos de pequenas casas encostadas umas às outras, os edifícios da caserna e do hospital, geométricos, paralelos, que separavam as três largas avenidas em jardins iguais. E, no planalto deserto, ouvia-se apenas a queixa do vento por entre as sebes arrancadas.

Em casa dos Maheu, no número dezesseis do segundo grupo de casas, tudo era sossego. O único quarto do primeiro andar estava imerso nas trevas, como se estas quisessem esmagar com seu peso o sono das pessoas que se pressentiam lá, amontoadas, boca aberta, mortas de cansaço. Apesar do frio mordente do exterior, o ar pesado desse quarto tinha um calor vivo, esse calor rançoso dos dormitórios, que, mesmo asseados, cheirava a gado humano.

O cuco da sala do rés do chão deu quatro horas, mas ninguém se moveu. As respirações fracas continuaram a soprar, acompanhadas de dois roncos sonoros. Bruscamente Catherine levantou-se. No seu cansaço ela tinha, pela força do hábito, contado as quatro badaladas que atravessaram o soalho, mas continuara sem ânimo necessário para acordar de todo. Depois, com as pernas fora das cobertas, apalpou, riscou um fósforo e acendeu a vela. Mas continuou sentada, a cabeça tão pesada que tombava nos ombros, cedendo ao desejo invencível de voltar ao travesseiro.

Agora a vela iluminava o quarto, quadrado, com duas janelas, atravancado com três camas. Havia um armário, uma mesa e duas cadeiras de nogueira velha, cujo tom enfumaçado manchava duramente as paredes pintadas de amarelo-claro. E nada mais, a não ser roupa de uso diário pendurada em pregos, uma moringa no chão ao lado do alguidar vermelho que servia de bacia. Na cama da esquerda, Zacharie, o mais velho, um rapaz de vinte e um anos, estava deitado com o irmão, Jeanlin, com quase doze anos; na da direita, dois pequenos, Lénore e Henri, a primeira de seis anos, o segundo de quatro, dormiam abraçados; Catherine partilhava a terceira cama com a irmã Alzire, tão fraca para os seus nove anos, que ela nem a sentiria ao seu lado, não fosse a corcunda que deformava as costas da pequena enferma. A porta envidraçada estava aberta, podiam-se ver o corredor do patamar e o cubículo onde o pai e a mãe ocupavam uma quarta cama, contra a qual tiveram de instalar o berço da recém-nascida, Estelle, de apenas três meses.

Entretanto, Catherine fez um esforço desesperado. Espreguiçava-se, crispava as mãos nos cabelos ruivos que se emaranhavam na testa e na nuca. Franzina para os seus quinze anos, não mostrava dos membros senão uns pés azulados, como tatuados com carvão, que saíam para fora da camisola estreita, e braços delicados, alvos como leite, contrastando com a cor macilenta do rosto, já estragado pelas contínuas lavagens com sabão preto. Um último bocejo abriu-lhe a boca um pouco grande, com dentes magníficos incrustados na palidez clorótica das gengivas, enquanto seus olhos cinzentos choravam de tanto combater o sono. Era uma expressão dolorosa e abatida que parecia encher de cansaço toda a sua nudez.

(São Paulo: Abril Cultural, 1972. p. 21-3.)

---

alguidar: vaso baixo de barro ou de metal.
caserna: habitação de soldados, dentro do quartel ou em uma praça fortificada.
clorótico: relativo a ou que tem clorose, anemia peculiar à mulher, assim chamada pelo tom amarelo-esverdeado que imprime à pele.
crispar: encrespar, franzir.
macilento: magro e pálido; descarnado.
mordente: que morde; mordaz.
nogueira: árvore europeia, cuja madeira é boa para móveis.
rés do chão: pavimento de uma casa no nível do solo ou da rua; andar térreo.
sebe: cerca de arbustos, ramos, estacas ou ripas entrelaçadas.

1. O texto em estudo descreve a aldeia de Deux-Cent-Quarante, a casa e a família dos Maheu.

a) A que período do dia se refere a descrição?

b) Como eram os edifícios da caserna e do hospital da aldeia?

c) Quantas pessoas dormiam no único quarto da casa dos Maheu? Como dormiam?

2. Um texto descritivo pode fazer referência a impressões sensitivas, como cores, formas, cheiros, sons, impressões táteis ou gustativas, etc.

a) Identifique no texto palavras ou expressões que fazem referência a cores e a formas.

b) Identifique no texto dois ou três trechos que fazem referência a impressões sonoras.

c) Apesar do frio exterior, qual era a temperatura dentro do quarto? Que odor o ar exalava?

3. Nos trechos "planalto *deserto*", "frio *mordente*", "roncos *sonoros*", "alguidar *vermelho*", "força *do hábito*", "cama *da esquerda*", "camisola *estreita*", qual é a classe gramatical das palavras e expressões destacadas?

4. Em "esse calor rançoso dos dormitórios, *que*, mesmo asseados, *cheirava a gado humano*", o trecho destacado é uma oração subordinada adjetiva. Identifique no 4º parágrafo outra oração desse tipo.

5. Um trecho descritivo pode apresentar comparações. Veja um exemplo de comparação neste trecho do último parágrafo: "não mostrava dos membros senão uns pés azulados, *como tatuados com carvão*". Identifique no mesmo parágrafo do texto outra comparação.

6. Os verbos mais utilizados em descrições costumam ser os de estado (*ser, estar, ficar, parecer, continuar*, etc.). Certos verbos de ação, entretanto, podem ser empregados como de estado: *tinha, havia, dormiam, mostrava*. Em que tempo e modo predominantemente estão os verbos empregados na descrição em estudo?

7. Com base no estudo de texto feito, troque ideias com os colegas de grupo e concluam: Em que consiste a técnica da descrição e quais são os recursos nela empregados?

Descrição de cena

Era de fato um lindo quadro, aquele formado pelas irmãs reunidas no recanto verde, com a luz do sol e as sombras projetando desenhos sobre elas, a brisa perfumada erguendo seus cabelos e refrescando as faces coradas, enquanto animaizinhos do bosque continuavam a cuidar de seus afazeres, como se as meninas não fossem presenças estranhas, mas velhas amigas. Meg sentara-se na almofada e costurava, movendo graciosamente as mãos brancas, bonita e viçosa como uma flor, com seu vestido rosado no meio do verde. Beth escolhia pinhas entre as muitas que juncavam o chão sob um pinheiro próximo, pois sabia fazer muitas coisas bonitas com elas. Amy desenhava uma moita de samambaias, e Jó tricotava, ao mesmo tempo que lia seu livro em voz alta. Observando-as, o rapazinho sentiu-se constrangido, pois tinha a impressão de que devia retirar-se, já que não fora convidado. Mas continuou parado no mesmo lugar, porque sua casa parecia-lhe vazia, e aquela tranquila reunião no bosque era muito atraente para seu espírito inquieto. [...]

(Louise May Alcott. *Mulherzinhas*. São Paulo: Nova Cultural, 2003. p. 142.)

Descrição de personagem

O texto a seguir descreve psicologicamente Lady Russell, personagem do romance *Persuasão*, da escritora inglesa Jane Austen.

PRODUÇÃO
DE TEXTO

[...] Era uma boa mulher, caridosa e benevolente, capaz de profundas amizades, impecável na conduta, rigorosa nas suas ações de decoro e de uma distinção considerada um modelo de boa educação. Era culta e, em geral, coerente, racional, mas tinha alguns preconceitos quanto à tradição. Valorizava posição e prestígio, o que a tornava um tanto cega às falhas de quem os possuía. [...]

(Rio de Janeiro: Francisco Alves, 1996. p. 35.)

Descrição de cenário

Uma casa velha na zona norte de Londres. Um aposento bem amplo, tomando toda a extensão do palco. A parede ao fundo, que deveria ter uma porta, foi removida. Ficou apenas um ar de linhas retas. Por trás do arco, o hall. No hall, uma escada subindo para a esquerda alta, bem à vista. Porta da frente à direita alta. Um cabide para capotes, etc. Uma janela, à direita. Mesas desirmanadas, cadeiras. Duas grandes poltronas. Um sofá, também grande, à esquerda. Contra a parede da direita, um grande aparador, na parte superior do qual há um espelho. Na esquerda alta um aparelho combinado de rádio e vitrola.

(Harold Pinter. *Volta ao lar*. São Paulo: Abril Cultural, 1976. p. 7.)

EXERCÍCIOS

1. Escolha um(a) amigo(a) ou um parente (pai, mãe, irmã, etc.) e, sem dizer o nome dele(a), descreva-o(a) física e psicologicamente. Após terminar seu texto, troque-o com um colega.

2. Pense em um objeto que você tem e de que gosta muito, mas, por necessidade financeira, precisa vender. Escreva dois anúncios, descrevendo-o: o primeiro, objetivamente; o segundo, subjetivamente.

3. Escolha uma destas propostas de descrição:
   • Imagine a seguinte situação: você é um crítico teatral e participa da cerimônia religiosa de um casamento. Por força da profissão, entretanto, você não consegue ver o casamento como um ritual cerimonioso e sério, mas sim como um espetáculo teatral.
   Elabore uma descrição da cena do casamento sob esse ponto de vista e, se possível, com uma boa dose de humor.
   • Observe com atenção os detalhes das ruas por onde passa ao ir para a escola, as particularidades das casas, dos prédios, das praças, as pessoas que encontra. Repare no trânsito, ouça os sons e os ruídos, sinta os cheiros.
   Depois, a partir da observação feita, elabore um texto descritivo.

LITERATURA

Descoberta do Brasil (1922), de Oscar Pereira da Silva.

CAPÍTULO 8

O Quinhentismo no Brasil

Nem crônicas, nem memórias, pois não resultavam de nenhuma intenção literária: os escritos dos cronistas e viajantes eram uma tentativa de descrever e catalogar a terra e o povo recém-descobertos. Entretanto, permeava-os a fantasia de seus autores, exploradores europeus que filtravam fatos e dados, acrescentando-lhes elementos mágicos e características muitas vezes fantásticas.

Carlos Vogt e José Augusto G. Lemos*

Abril de 1961. "A Terra é azul!". Essa frase, dita pelo astronauta russo Yúri Gagárin, soou como uma revelação. Jamais havíamos imaginado morar num planeta azul. O azul, de alguma forma, nos dava nossa identidade: terráqueos.

---

* In: *Cronistas e viajantes*. São Paulo: Abril Educação, 1982. 4ª capa. Literatura Comentada.

Julho de 1969. O astronauta norte-americano Armstrong prepara-se para pisar o solo lunar. Milhões de pessoas acompanham pela tevê a fantástica aventura. Antes de pôr o pé na Lua, o astronauta diz uma frase histórica: "Um pequeno passo para o homem e um gigantesco salto para a humanidade". E, antes de voltar para o planeta azul, ele deixou no solo lunar esta inscrição: "Viemos em paz em nome de toda a humanidade". Ao escrever "toda a humanidade", ele esqueça a velha competição entre russos e norte-americanos. Aquele era um momento de união das forças humanas para superar os limites do mundo conhecido.

A emoção desses momentos talvez possa ser comparada ao espanto e ao êxtase vividos pelos espanhóis ao descobrirem a América e pelos portugueses ao chegarem ao Brasil em 1500.

Você já imaginou? O contato com os nativos nus, de língua e costumes estranhos, as belezas naturais, os animais, as plantas e os frutos exóticos, os mistérios da terra descoberta, a possibilidade de encontrar riquezas – tudo isso encantou e assombrou os primeiros europeus que estiveram em nosso continente. Neste capítulo, vamos conhecer alguns dos escritos que registram esses primeiros contatos.

A PRODUÇÃO LITERÁRIA NO BRASIL-COLÔNIA

O Brasil foi colônia portuguesa durante mais de três séculos. Os principais eventos de cada um deles podem ser assim sintetizados:

- *Século XVI*: a metrópole procurou garantir o domínio sobre a terra descoberta, organizando-a em capitanias hereditárias e enviando negros da África para povoá-la e jesuítas da Europa para catequizar os índios.
- *Século XVII*: a cidade de Salvador, na Bahia, povoada por aventureiros portugueses, índios, negros e mulatos, tornou-se o centro das decisões políticas e do comércio de açúcar.
- *Século XVIII*: a região de Minas Gerais transformou-se no centro da exploração do ouro e das primeiras revoltas políticas contra a colonização portuguesa, entre as quais se destacou o movimento da Inconfidência Mineira (1789).

Caetano Veloso registrou a emoção vivida pelos primeiros astronautas que chegaram à Lua na canção *Terra*:

quando eu me encontrava preso
na cela de uma cadeia
foi que eu vi pela primeira vez
as tais fotografias
em que apareces inteira
porém lá não estavas nua
e sim coberta de nuvens
Terra,
Terra,
por mais distante
o errante navegante
quem jamais te esqueceria?

Capa do disco *Muito – Dentro da estrela azulada*, de 1978, no qual foi gravada a canção "Terra".

Embora a literatura brasileira tenha nascido no período colonial, é difícil precisar o momento em que passou a se configurar como uma produção cultural independente dos vínculos lusitanos.

É preciso lembrar que, durante o período colonial, ainda não eram sólidas as condições essenciais para o florescimento da literatura, tais como existência de um público leitor ativo e influente, grupos de escritores atuantes, vida cultural rica e abundante, sentimento de nacionalidade, liberdade de expressão, imprensa e gráficas. Os livros produzidos por escritores nascidos no Brasil eram então impressos em Portugal e depois trazidos à Colônia.

Por essas razões, alguns historiadores da literatura preferem chamar a literatura aqui produzida até o final do século XVII de *manifestações literárias* ou *ecos da literatura no Brasil colonial*. Segundo esse ponto de vista, somente no século XVIII, com a fundação de cidades e o estabelecimento de centros comerciais ligados à extração de ouro, em Minas Gerais, é que se teriam criado algumas das condições necessárias para a formação de uma literatura mais amadurecida, tais como grupo de escritores e público leitor. Isso não impediu, entretanto, que na Bahia do século XVII surgisse uma das principais expressões de nossa literatura: Gregório de Matos.

De qualquer modo, a produção literária do Brasil colonial criou condições para o amadurecimento do espírito de nacionalidade e o nascimento de uma literatura voltada para o espaço, para o homem e para a língua nacionais, o que se deu plenamente somente a partir do século XIX, após a Independência do Brasil (1822).

A LITERATURA DE INFORMAÇÃO

> A feição deles é serem pardos, quase avermelhados, de rostos regulares e narizes bem feitos; andam nus sem nenhuma cobertura; nem se importam de cobrir nenhuma coisa, nem de mostrar suas vergonhas. E sobre isto são tão inocentes, como em mostrar o rosto.

Esse fragmento pertence ao primeiro texto escrito em nosso país: a *Carta*, de Pero Vaz de Caminha, escrivão-mor da esquadra liderada por Cabral quando do descobrimento oficial do Brasil, em 1500.

Essa carta e muitos outros textos em forma de cartas de viagem, diários de navegação e tratados descritivos formam a chamada *literatura de informação* ou *de expansão*, cultivada em Portugal à época das grandes navegações. A finalidade desses textos, escritos em prosa, era narrar e descrever as viagens e os primeiros contatos com a terra brasileira e seus nativos, informando tudo o que pudesse interessar aos governantes portugueses.

Embora guardem pouco valor literário, esses escritos têm importância hoje principalmente pelo seu significado como documentação histórica, seja como testemunho do espírito aventureiro da expansão marítima e comercial nos séculos XV e XVI, seja como registro do choque cultural entre colonizadores e colonizados.

Os escritores que produziram a literatura de informação não revelam nenhum sentimento de apego à terra conquistada, concebida como uma espécie de extensão da metrópole, um "Portugal nos trópicos". Apesar disso, essa literatura quinhentista deixou como herança um conjunto inesgotável de sugestões temáticas (os índios, as belezas naturais da terra, nossas origens históricas) exploradas mais tarde por artistas brasileiros de diferentes linguagens.

Oswald de Andrade, por exemplo, escritor brasileiro do século XX, criou o movimento intitulado Poesia Pau-Brasil, em boa parte inspirado nesse Brasil cabralino descrito pelos cronistas e viajantes do século XVI. No poema a seguir, por exemplo, o escritor reproduz um fragmento da *Carta* de Caminha.

(Santiago. *Tinta fresca*. Porto Alegre: L&PM, 2004. p. 8.)

Cartum de Santiago no qual é retomado o tema do Brasil cabralino.

> **a descoberta**
>
> Seguimos nosso caminho por este mar de longo
> Até a oitava da Páscoa
> Topamos aves
> E houvemos vista de terra
>
> (*Pau Brasil*. 2. ed. São Paulo: Globo, 2003. p. 107.)

101

As principais produções da literatura informativa no Brasil-Colônia dos séculos XVI e XVII são:

- a *Carta*, de Pero Vaz de Caminha;
- o *Diário de navegação*, de Pero Lopes de Sousa (1530);
- o *Tratado da terra do Brasil* e a *História da Província de Santa Cruz a que vulgarmente chamamos Brasil*, de Pero de Magalhães Gândavo (1576);
- o *Tratado descritivo do Brasil*, de Gabriel Soares de Sousa (1587);
- os *Diálogos das grandezas do Brasil*, de Ambrósio Fernandes Brandão (1618);
- as cartas dos missionários jesuítas escritas nos dois primeiros séculos de catequese;
- a *História do Brasil*, de Frei Vicente do Salvador (1627);
- as *Duas viagens ao Brasil*, de Hans Staden (1557);
- a *Viagem à terra do Brasil*, de Jean de Léry (1578).

LEITURA

Você vai ler a seguir três fragmentos da *Carta* de Pero Vaz de Caminha e dois trabalhos de artistas da atualidade que dialogam com a *Carta*: uma tira de Nilson e um cartum de Marcos Müller.

TEXTO I

Dali houvemos vista de homens que andavam pela praia, cerca de sete ou oito, segundo os navios pequenos disseram, porque chegaram primeiro. Ali lançamos os batéis e esquifes à água e vieram logo todos os capitães das naves a esta nau do Capitão-mor e ali conversaram. E o capitão mandou no batel, à terra, Nicolau Coelho para ver aquele rio; e quando começou a ir para lá acudiram, à praia, homens, aos dois e aos três. Assim, quando o batel chegou à foz do rio estavam ali dezoito ou vinte homens, pardos, todos nus, sem nenhuma roupa que lhes cobrisse suas vergonhas. Traziam arcos nas mãos e suas setas. Vinham todos rijos para o batel e Nicolau Coelho fez-lhes sinal para que deixassem os arcos e eles os pousaram. Mas não pôde ter deles fala nem entendimento que aproveitasse porque o mar quebrava na costa.

batel e **esquife**: barcos pequenos.

TEXTO II

Capitão, quando eles vieram, estava sentado em uma cadeira, com uma alcatifa aos pés, por estrado, e bem vestido com um colar de ouro muito grande ao pescoço [...] Acenderam-se tochas e entraram; e não fizeram nenhuma menção de cortesia nem de falar ao Capitão nem a ninguém. Mas um deles viu o colar do Capitão e começou a acenar com a mão para a terra e depois para o colar, como a dizer-nos que havia ouro em terra; e também viu um castiçal de prata e da mesma forma acenava para terra e para o castiçal como que havia, também, prata. Mostraram-lhe um papagaio pardo que o Capitão aqui traz; tomaram-no logo na mão e acenaram para terra, como que os havia ali; mostraram-lhe um carneiro e não fizeram caso dele; mostraram-lhe uma galinha e quase tiveram medo dela e não lhe queriam pôr a mão; e depois a pegaram como que espantados.

alcatifa: tapete grande.

102

TEXTO III

De ponta a ponta é toda praia rasa, muito plana e bem formosa. Pelo sertão, pareceu-nos do mar muito grande, porque a estender a vista não podíamos ver senão terra e arvoredos, parecendo-nos terra muito longa. Nela, até agora, não pudemos saber que haja ouro nem prata, nem nenhuma coisa de metal, nem de ferro; nem as vimos. Mas, a terra em si é muito boa de ares, tão frios e temperados, como os de Entre-Douro e Minho, porque, neste tempo de agora, assim os achávamos como os de lá. Águas são muitas e infindas. De tal maneira é graciosa que, querendo aproveitá-la dar-se-á nela tudo por bem das águas que tem. Mas o melhor fruto que nela se pode fazer, me parece que será salvar esta gente; e esta deve ser a principal semente que Vossa Alteza nela deve lançar.

(In: *Cronistas e viajantes*. São Paulo: Abril Educação, 1982. p. 12-23. Literatura Comentada.)

TEXTO IV

(Nilson. *A caravela*. Belo Horizonte: Crisálida, 2000. p. 11.)

TEXTO V

(Marcos Müller. *Bundas*, nº 44.)

1. Segundo Pero Vaz de Caminha, Nicolau Coelho não conseguiu comunicar-se oralmente com os índios.
   a) O que alegou como causa?
   b) Qual foi o verdadeiro motivo pelo qual a comunicação oral não se realizou?

2. Caminha descreve o primeiro encontro entre os índios e o Capitão.

   a) O que revela a postura do Capitão?
   b) Qual foi a atitude dos índios diante do Capitão e o que ela revela?

3. Quais eram as informações acerca da nova terra que mais interessavam aos portugueses?

4. Os portugueses não encontraram na terra recém-descoberta aquilo que mais lhes interes-

103

sava. Identifique o que Caminha humildemente sugere ao rei nos trechos:

a) "De tal maneira é graciosa que, querendo aproveitá-la dar-se-á nela tudo por bem das águas que tem".

b) "Mas o melhor fruto que nela se pode fazer, me parece que será salvar esta gente".

5. Aponte semelhanças entre os textos lidos e os versos de Camões a seguir, quanto ao ponto de vista do colonizador português sobre os motivos da colonização.

> E também as memórias gloriosas
> Daqueles reis que foram dilatando
> A Fé, o Império, e as terras viciosas
> De África e de Ásia andaram devastando,

6. Compare o texto IV ao texto III. Que semelhança há entre eles?

7. No texto III, Caminha diz ao rei: "Mas o melhor fruto que nela se pode fazer, me parece que será salvar esta gente". Comparando o texto de Caminha ao cartum de Marcos Müller, é possível perceber pontos de vista diferentes sobre a conquista e a colonização do Brasil.

a) De acordo com o ponto de vista do conquistador europeu, o objetivo de "salvar" os índios foi alcançado no transcorrer do tempo? Por quê?

b) Do ponto de vista do cartunista, o que resultou da relação do conquistador com os índios? Por quê?

A LITERATURA DE CATEQUESE: JOSÉ DE ANCHIETA

Os jesuítas vindos ao Brasil com a missão de catequizar os índios deixaram inúmeras cartas, tratados descritivos, crônicas históricas e poemas. Naturalmente, toda essa produção está diretamente relacionada à intenção catequética de seus autores, entre os quais se destacam os padres Manuel da Nóbrega, Fernão Cardim e, principalmente pelas qualidades literárias, José de Anchieta.

José de Anchieta (1534-1597) nasceu nas ilhas Canárias, Espanha, e faleceu em Reritiba, atual Anchieta, no Estado do Espírito Santo. Veio ao Brasil para trabalhar com o padre Manuel da Nóbrega e participou da fundação das cidades de São Paulo e do Rio de Janeiro.

Sua obra representa parte da melhor produção do Quinhentismo brasileiro. Escreveu poesia religiosa, poesia épica (em louvor às ações do terceiro governador-geral, Mem de Sá), além de crônica histórica e uma gramática do tupi, a *Arte de gramática da língua mais usada na costa do Brasil*. Foi também autor de peças teatrais, escritas com a finalidade de ajudar na educação espiritual dos colonos e catequese dos índios, nas quais revela influência dos modelos formais da poesia palaciana e do teatro de Gil Vicente. O auto *Na festa de São Lourenço* foi encenado pela primeira vez no Brasil em 1583.

Ao lado dessa produção, há aquelas de interesse puramente pessoal, que satisfaziam o espírito devoto de Anchieta, como sermões e poemas em latim. O poema a seguir ilustra as preocupações religiosas desse jesuíta e demonstra a influência do modelo literário medieval em sua produção. O emprego da medida velha (a redondilha) comprova a total indiferença do religioso para com o Renascimento, que naquele momento se desenvolvia na Europa.

Em Deus, meu criador

Não há cousa segura.
Tudo quanto se vê
se vai passando.
A vida não tem dura.
O bem se vai gastando.
Toda criatura
passa voando.

Em Deus, meu criador,
está todo meu bem
e esperança
meu gosto e meu amor
e bem-aventurança.
Quem serve a tal Senhor
não faz mudança.

Contente assim, minha alma,
do doce amor de Deus
toda ferida,
o mundo deixa em calma,
buscando a outra vida,
na qual deseja ser
toda absorvida.

Do pé do sacro monte
meus olhos levantando
ao alto cume,
vi estar aberta a fonte
do verdadeiro lume,
que as trevas do meu peito
todas consume.

Correm doces licores
das grandes aberturas
do penedo.

Levantam-se os errores,
levanta-se o degredo
e tira-se a amargura
do fruto azedo!

(In: Eduardo Portela, org. *José de Anchieta – Poesia*. Rio de Janeiro: Agir, 2005. p. 34-5.)

Foi, porém, com o teatro que Anchieta cumpriu plenamente sua missão catequética. Para as comemorações de datas religiosas, escrevia e levava ao público autos que, diferentemente da prática discursiva e cansativa dos sermões, veiculavam de forma amena e agradável a fé e os mandamentos religiosos.

Pelo fato de seu público ser constituído por indígenas, soldados, colonos, marujos e comerciantes, Anchieta escreveu autos polilíngues, o que lhes conferia maior alcance. O alvo central do religioso era, porém, o índio. Tendo observado o gosto do silvícola por festas, danças, músicas e representações, Anchieta soube unir a essa tendência natural a moral e os dogmas católicos, fazendo uso de pequenos jogos dramáticos. Assim, ao mesmo tempo que divertia a plateia, alcançava os seus objetivos.

José de Anchieta teve grande liderança espiritual em seu tempo e é chamado de "Apóstolo do Brasil". Foi beatificado em 1997 pelo papa João Paulo II e seu processo de canonização está em andamento.

José de Anchieta cantado no Brasil e na Europa

Em 1997, em comemoração ao IV centenário de José de Anchieta, a etnóloga e compositora Marlui Miranda, que há décadas pesquisa a cultura indígena na Amazônia, produziu um espetáculo com poemas de José de Anchieta cantados em tupi e em português (com tradução de José Paulo Paes). O trabalho foi apresentado no Brasil e em vários países da Europa, como Portugal, Alemanha e Suíça, entre outros, e dele resultou o CD *2 IHU Kewere – Rezar*, com a participação do grupo IHU, da Orquestra Jazz Sinfônica e do Coral Sinfônico do Estado de São Paulo. Você poderá ouvir as canções do CD também no *site* www.cafemusic.com.br/cd.cfm?album_id=137.

Desmundo: violência no Brasil colonial

Imagine a situação de um grupo de órfãs enviadas ao Brasil pela rainha de Portugal para se casarem com os primeiros colonizadores portugueses, a quem nunca tinham visto... Esse é o ponto de partida de *Desmundo*, filme de Alain Fresnot (2003) que narra uma história de amor e violência no Brasil do século XVI. Além de apresentar uma competente reconstituição da época, o filme é falado no português de então, resultado de uma rara pesquisa linguística.

Cena do filme *Desmundo*.

LITERATURA

105

·· VIVÊNCIAS ··

Participe com seus colegas de grupo da preparação e apresentação de um projeto, que se constitui de um varal de textos literários e não literários, um sarau poético e uma representação teatral.

Convidem o professor de educação artística para participar do projeto; se a escola tiver um professor de teatro, convidem-no também. As três atividades serão apresentadas no mesmo dia ao público. Por isso, convém combinar previamente com os professores o melhor momento para realizar esse projeto.

Convidem para o evento colegas de outras salas, amigos, professores, funcionários e familiares. Se possível, realizem esse projeto num ambiente especial, como o auditório da escola.

Projeto
PALAVRA EM CENA

1. Varal de textos

O varal será constituído de três tipos diferentes de textos: textos literários, produzidos pela classe; textos relacionados com o uso cotidiano das figuras de linguagem; e textos relacionados com as variedades linguísticas.

- *Produção literária da classe*

Selecione o melhor texto que você produziu de cada tipo ou gênero de texto nesta unidade: quadrinha, poema, poema concreto, cordel e fábula. Passe-os a limpo e separe-os para a montagem do varal.

- *As figuras de linguagem no cotidiano*

Um ou mais grupos devem ser incumbidos de pesquisar o uso de figuras de linguagem em

textos do cotidiano: anúncios publicitários, folhetos, noticiários de jornal impresso ou televisivo, canções, etc. Os textos devem ser reproduzidos para a exposição no varal e as figuras devem ser destacadas e identificadas.

- *Dicionários de gírias e regionalismos*

Um ou mais grupos devem ser incumbidos de pesquisar sobre o uso de gírias ou de regionalismos em sua cidade ou Estado. Com o material coletado, devem produzir um dicionário. Por exemplo, um dicionário da gíria dos funkeiros, dos surfistas, etc.; ou um dicionário de pernambuquês, de gauchês, de cearês, etc.

106

Montagem do varal

Em grupo, estendam um varal na sala ou nos corredores da sala em que vai ser desenvolvido o projeto. Nele, exponham os textos selecionados e produzidos, seguindo as orientações do professor. Se quiserem, os textos poderão ser ilustrados ou acompanhados de fotos.

2. Sarau

Entre os textos que você produziu, escolha um ou dois para declamar ou ler para o público. Dependendo do tamanho e do tema do texto, avalie a conveniência de incluir na apresentação um fundo musical ou uma sequência de *slides*.

Se o texto for curto, procure memorizá-lo. Se for longo, prepare uma leitura bastante expressiva. Em ambos os casos, ensaie, buscando valorizar sua fala com recursos como a impostação e a entonação adequadas, pausas significativas, olhares para o público, movimentos do corpo e gestos adequados (sem exageros), etc.

Discuta com o professor a melhor forma de organizar a apresentação, como, por exemplo, um gênero por vez ou alternadamente.

3. Leitura dramática e representação teatral

Em grupo, escolham um ou mais textos teatrais produzidos por vocês nesta unidade e façam a leitura dramática ou a encenação deles. Antes de começar os ensaios, revejam as orientações sobre leitura dramática e encenação apresentadas nas páginas 94 e 95.

Mulher segurando balança (1664), de Jan Vermeer van Delft.

UNIDADE 2
BARROCO: A ARTE DA INDISCIPLINA

O Renascimento deu ao homem o papel de senhor absoluto da terra, dos mares, da ciência e da arte. E o sentimento de que, por meio da razão, ele tudo podia. Mas até onde iria a aventura humanista?

No século XVII, por força de vários acontecimentos religiosos, políticos e sociais, valores religiosos e espirituais ressurgem, passando a conviver com os valores renascentistas.

A expressão artística desse momento de dualismo e contradição é o Barroco. Estudar esse movimento implica conhecer as condições em que vivia o homem da época, tanto na Europa quanto no Brasil-Colônia.

Fique ligado! Pesquise!

Para estabelecer relações entre a literatura e outras artes e áreas do conhecimento, eis algumas sugestões:

▶ Assista

- *Moça com brinco de pérola*, de Peter Webber; *A rainha Margot*, de Patrice Chéreau; *Gregório de Mattos*, de Ana Carolina; *Caravaggio*, de Derek Jarman; *O homem da máscara de ferro*, de Randall Wallace; *Mary Stuart – Rainha da Escócia*, de Charles Jarrot; *As bruxas de Salem*, de Nicholas Hytner.

📖 Leia

- *Moça com brinco de pérola*, de Tracy Chevalier (Bertrand Brasil); *As missões*, de Júlio Quevedo (Ática); *Os sermões*, de Pe. Antônio Vieira (Cultrix); *Antologia poética*, de Gregório de Matos (Ediouro); *Melhores poemas*, de Gregório de Matos (Global); *A vida é sonho*, de Calderón de la Barca (Abril Cultural); *Cid e Horácio: tragédia em cinco atos*, *Três tragédias: Phedra, Esther e Athalia*, de Corneille (Ediouro); *O avarento* (Ediouro), *Don Juan* (L&PM), *Escola de mulheres* (Nórdica), *O burguês ridículo*, de Molière (Sete Letras); *O mundo de Sofia*, de Jostein Gaarder (Companhia das Letras).

🎵 Ouça

- Ouça a produção musical dos compositores barrocos Antonio Vivaldi, Johann Sebastian Bach e Georg Friedrich Haendel. E também os CDs: *Música do Brasil colonial – Compositores mineiros*; *Padre João de Deus de Castro Lobo – Missa e credo para oito vozes*; *Sacred Music from 18th century – Brasil*; *Sermão de Santo Antônio aos peixes (Saulos)*. Ouça também a canção "Pecado original", de Caetano Veloso, e descubra pontos de contato entre ela e as ideias do Barroco.

@ Navegue

- http://www.revista.agulha.nom.br/grego.html
- http://www.brasiliana.usp.br/bbd/search?filtertype=*&filter=sermoes+padre+vieira&submit_search-filter-controls_add=Buscar
- http://www.vidaslusofonas.pt/padre_antonio_vieira.htm
- http://www.memoriaviva.com.br/gregorio/

🏛 Visite

- Visite as cidades que possuem igrejas e museus com obras dos séculos XVII e XVIII, como Ouro Preto, Mariana, São João del-Rei, Sabará, Tiradentes, Diamantina, Salvador, Olinda e Recife, entre outras.

·· VIVÊNCIAS ··

Projeto:
Feira de inclusão digital

Montagem de uma feira digital, com exposição de textos produzidos para a Internet e apresentação de ferramentas digitais, como as dos *sites* Google Art Project e Tag Galaxy.

[...]

Se pois como Anjo sois dos meus altares,
Fôreis o meu Custódio, e a minha guarda,
Livrara eu de diabólicos azares.

Mas vejo, que por bela, e por galharda,
Posto que os Anjos nunca dão pesares,
Sois Anjo, que me tenta, e não me guarda.

(Gregório de Matos. *Poemas escolhidos*. Organização de José Miguel Wisnik. São Paulo: Cultrix, s.d. p. 202.)

A IMAGEM EM FOCO

Observe o quadro *As vaidades da vida humana* (1645), de Harmen Steenwyck, e responda às questões propostas.

1. O quadro de Steenwyck é considerado uma natureza-morta, um tipo de pintura que retrata objetos e seres inanimados ou mortos: um jarro com flores, uma cesta com frutas ou outros alimentos, etc. Por que o quadro de Steenwyck pode ser considerado natureza-morta?

2. Observe que o centro da tela é ocupado por um crânio humano. Com base no nome do quadro e na posição do crânio, levante hipóteses: Qual é o tema central do quadro?

3. Essa natureza-morta é constituída por símbolos, isto é, elementos que adquiriram certos significados na história de nossa cultura, como a concha vazia, o cronômetro, a espada japonesa, a flauta e a charamela, a lâmpada apagada, o livro, o jarro de vinho (à direita) e o crânio. Conheça, ao lado, o significado de alguns deles.

Concha vazia: símbolo da riqueza e da perfeição; como está vazia, também sugere a morte.

A flauta e a charamela: instrumentos musicais relacionados ao amor; por sua forma alongada, fálica, são elementos que fazem referência ao universo masculino.

O jarro de vinho: relacionado aos prazeres materiais, como a bebida; por baixo da alça, porém, nota-se o perfil de um imperador romano, sugerindo o desejo humano de glória, de poder.

O livro: o conhecimento, a sabedoria.

a) Nesses símbolos, estão representados os prazeres e valores do homem da época. Quais são eles?

b) O quadro tem por título *As vaidades da vida humana*. A palavra *vaidade* origina-se do latim *vanitas*, que significa "o que é vão, sem valor". Qual é, portanto, a visão do artista sobre esses valores da época?

c) Considerando-se o significado do crânio e sua posição de destaque no quadro, o que, na visão do artista, estaria acima de todos esses valores?

4. Atrás e acima do crânio, aparece uma lâmpada recém-apagada, conforme sugere o tênue fio de fumaça que sai dela. Considerando que o fogo, a chama e a luz associam-se à ideia de vida, responda:

a) O que a lâmpada apagada representa?

b) Que outros elementos do quadro, além do crânio, apresentam o mesmo significado da lâmpada?

5. Observe que, da parte esquerda e superior do quadro, desce um raio de luz, criando um contraste entre o claro, que vai do centro para a esquerda, e o escuro, que vai do centro para a direita. Na cultura cristã, a luz é um símbolo do divino e do eterno.

a) O fato de a luz, no quadro, incidir primeiramente sobre o crânio, que representa a morte, sugere uma oposição. Qual é o dualismo barroco existente nessa oposição?

b) Por que se pode dizer que esse quadro é uma espécie de advertência ao ser humano?

6. Há, a seguir, um conjunto de elementos essenciais à arte e à literatura barroca, como:

- consciência da efemeridade da vida e do tempo
- concepção trágica da vida
- figuração
- jogo de claro e escuro
- oposição entre o mundo material e o mundo espiritual
- morbidez
- requinte formal

Quais desses elementos podem ser identificados na tela *As vaidades da vida humana*, de Steenwyck?

Natureza-morta (1620), quadro de Abraham van Beyeren.

Natureza-morta com crânio, de Letellier.

111

LITERATURA

Musée des Beaux-Arts, Rouen, França

A flagelação de Cristo (c. 1605-07), de Caravaggio.

CAPÍTULO 9
A linguagem do Barroco

O Barroco — a arte que predominou no século XVII — registra um momento de crise espiritual na cultura ocidental. Nesse momento histórico, conviviam duas mentalidades, duas formas distintas de ver o mundo: de um lado o paganismo e o sensualismo do Renascimento, em declínio; de outro, uma forte onda de religiosidade, que lembrava o teocentrismo medieval.

No século XVI, o Renascimento representou o retorno à cultura clássica greco-latina e a vitória do antropocentrismo. No século XVII, surgiu o Barroco, um movimento artístico ainda com alguns vínculos com a cultura clássica, mas que buscava caminhos próprios, condizentes com as necessidades de expressão daquele momento.

LEITURA

Os dois primeiros textos a seguir são de autoria de Gregório de Matos, o principal poeta barroco brasileiro; o terceiro é de Pe. Antônio Vieira, sermonista renomado e o principal escritor barroco de Portugal. Leia-os e responda às questões propostas.

TEXTO I

Nasce o Sol, e não dura mais que um dia,
Depois da Luz se segue a noite escura,
Em tristes sombras morre a formosura,
Em contínuas tristezas a alegria.

Porém, se acaba o Sol, por que nascia?
Se é tão formosa a Luz, por que não dura?
Como a beleza assim se transfigura?
Como o gosto da pena assim se fia?

Mas no Sol, e na Luz falte a firmeza,
Na formosura não se dê constância,
E na alegria sinta-se tristeza.

Começa o mundo enfim pela ignorância,
E tem qualquer dos bens por natureza
A firmeza somente na inconstância.

(Gregório de Matos. *Poemas escolhidos*. Organização de José Miguel Wisnik. São Paulo: Cultrix, s.d. p. 317.)

inconstância: variabilidade, volubilidade.

TEXTO II

Carregado de mim ando no mundo,
E o grande peso embarga-me as passadas,
Que como ando por vias desusadas,
Faço o peso crescer, e vou-me ao fundo.

O remédio será seguir o imundo
Caminho, onde dos mais vejo as pisadas,
Que as bestas andam juntas mais ousadas,
Do que anda só o engenho mais profundo.

Não é fácil viver entre os insanos,
Erra, quem presumir que sabe tudo,
Se o atalho não soube dos seus danos.

O prudente varão há de ser mudo,
Que é melhor neste mundo, mar de enganos,
Ser louco c'os demais, que só, sisudo.

(Gregório de Matos. In: *Poemas escolhidos*, cit., p. 253.)

c'os: com os.
engenho: talento, argúcia, capacidade inventiva.
insano: demente, insensato.
sisudo: ajuizado.
varão: homem adulto, respeitável.

Escultura de Aleijadinho.

Êxtase de Santa Teresa, de Lorenzo Bernini.

LITERATURA

113

TEXTO III

[...]

Duas coisas prega hoje a Igreja a todos os mortais, ambas grandes, ambas tristes, ambas temerosas, ambas certas. Mas uma de tal maneira certa e evidente, que não é necessário entendimento para crer; outra de tal maneira certa e dificultosa, que nenhum entendimento basta para a alcançar. Uma é presente, outra futura, mas a futura veem-na os olhos, a presente não a alcança o entendimento. E que duas coisas enigmáticas são estas? *Pulvis es, tu in pulverem reverteris*: Sois pó, e em pó vos haveis de converter, – Sois pó, é a presente; em pó vos haveis de converter, é a futura. O pó futuro, o pó em que nos havemos de converter, veem-no os olhos; o pó presente, o pó que somos, nem os olhos o veem, nem o entendimento o alcança. [...]

(Pe. Antônio Vieira. In: *Barroco*. São Paulo: Harbra, 2009. p. 14.)

A coroação de espinhos (1618-20), de Van Dyck.

1. No texto I, o eu lírico aborda o tema da efemeridade ou inconstância das coisas do mundo, que fazia parte das preocupações do homem barroco.
   a) Na primeira estrofe, como ele apresenta essa percepção da efemeridade?
   b) Das mudanças apontadas, qual afeta o estado de ânimo do eu lírico?

2. O eu lírico do texto I não compreende a razão da instabilidade das coisas.
   a) Em que estrofe se nota claramente o sentimento de inconformismo com a instabilidade? Justifique sua resposta.
   b) No final do texto, a que conclusão sobre a inconstância das coisas o eu lírico chega?

3. Os dois primeiros poemas apresentam aspectos em comum, como, por exemplo, o tipo de composição poética, o tipo de imagens e o tema.
   a) Qual é o tipo de composição poética desses textos?
   b) No texto II, que imagem o eu lírico emprega logo no primeiro verso para se referir ao seu modo de estar no mundo?
   c) Que outras expressões desse texto têm vínculo semântico com essa imagem?
   d) As imagens dos dois textos são auditivas, táteis, olfativas ou visuais?

4. O texto II aborda o tema do "desconcerto do mundo", isto é, o sentimento de desagregação e estranhamento do eu lírico em relação ao mundo.
   a) Identifique no poema um trecho que exemplifique essa postura do eu lírico.
   b) Que imagem, presente na última estrofe do poema, corresponde à concepção de mundo do eu lírico do texto I?

5. A linguagem barroca geralmente busca expressar estados de conflito espiritual. Por isso, faz uso de inversões, antíteses e paradoxos, entre outros recursos. Identifique nos textos I e II:
   a) exemplos de inversão quanto à estrutura sintática;
   b) exemplos de antíteses e paradoxos.

6. O texto III apresenta uma explicação religiosa para a inconstância mencionada nos textos I e II.
   a) Em que consiste essa explicação?
   b) Levante hipóteses: Considerando que o autor do texto era um religioso empenhado na conversão das pessoas ao catolicismo, qual seria, para ele, o meio de escapar à inconstância das coisas no mundo?

7. Leia o boxe "Cultismo e conceptismo" e procure nos textos elementos que se identifiquem com as duas tendências de estilo presentes no Barroco.

Cultismo e conceptismo

Duas tendências de estilo se manifestaram no Barroco. São elas:
- **Cultismo**: gosto pelo rebuscamento formal, caracterizado por jogos de palavras, grande número de figuras de linguagem e vocabulário sofisticado, e pela exploração de efeitos sensoriais, tais como cor, som, forma, volume, sonoridade, imagens violentas e fantasiosas.
- **Conceptismo** (do espanhol *concepto*, "ideia"): jogo de ideias, constituído pelas sutilezas do raciocínio e do pensamento lógico, por analogias, histórias ilustrativas, etc.

Embora seja mais comum a manifestação do cultismo na poesia e a do conceptismo na prosa, é normal aparecerem ambos em um mesmo texto. Além disso, essas tendências não se excluem. Um mesmo escritor tanto pode pender para uma delas quanto apresentar traços de ambas as tendências.

Carpe diem: aproveita o tempo!

A consciência da efemeridade do tempo já existia na poesia clássica anterior ao Barroco. E ela geralmente levava os poetas ao *carpe diem* (em latim, "colhe o dia", "aproveita o dia"), ou seja, ao desejo de aproveitar a vida enquanto ela dura, o que quase sempre resultava num convite amoroso e sensual à mulher amada.

No Barroco, em virtude do forte sentimento religioso da época, o *carpe diem* também se fez presente, mas quase sempre revestido de culpa e conflito.

O filme *Sociedade dos poetas mortos* introduz brilhantemente o tema do *carpe diem* quando o professor de literatura, representado pelo ator Robin Williams, pergunta a seus alunos: "Estão vendo todos estes alunos das fotos, que parecem fortes, eternos? Estão todos mortos. *Carpe diem...*".

Cena de *Sociedade dos poetas mortos*.

Como síntese do estudo feito até aqui, compare as características do Barroco com as do Classicismo:

BARROCO	CLASSICISMO
Quanto ao conteúdo	
Conflito entre visão antropocêntrica e teocêntrica	Antropocentrismo
Oposição entre o mundo material e o mundo espiritual; visão trágica da vida	Equilíbrio
Conflito entre fé e razão	Racionalismo
Cristianismo	Paganismo
Morbidez	Influência da cultura greco-latina
Idealização amorosa; sensualismo e sentimento de culpa cristão	Idealização amorosa; neoplatonismo; sensualismo
Consciência da efemeridade do tempo	Universalismo
Gosto por raciocínios complexos, intrincados, desenvolvidos em parábolas e narrativas bíblicas	Busca de clareza
Carpe diem	
Quanto à forma	
Gosto pelo soneto	Gosto pelo soneto
Emprego da medida nova (poesia)	Emprego da medida nova (poesia)
Gosto pelas inversões e por construções complexas e raras; emprego frequente de figuras de linguagem como a antítese, o paradoxo, a metáfora, a metonímia, etc.	Busca do equilíbrio formal

115

LITERATURA

O TEXTO E O CONTEXTO EM PERSPECTIVA MULTIDISCIPLINAR

Leia, a seguir, o infográfico e um painel de textos interdisciplinares que relacionam a produção literária do Barroco ao contexto histórico, social, religioso e cultural em que o movimento floresceu. Após a leitura, responda às questões propostas.

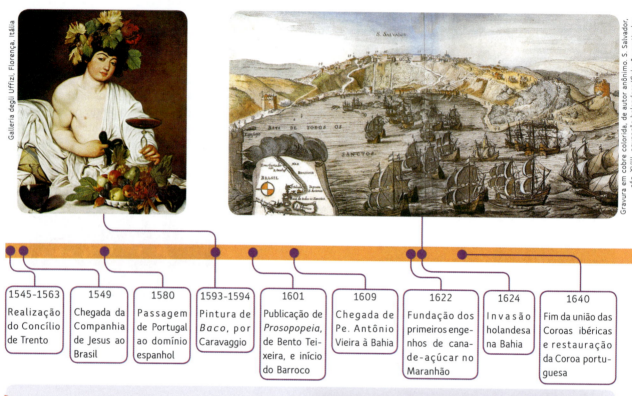

1545-1563	1549	1580	1593-1594	1601	1609	1622	1624	1640
Realização do Concílio de Trento	Chegada da Companhia de Jesus ao Brasil	Passagem de Portugal ao domínio espanhol	Pintura de *Baco*, por Caravaggio	Publicação de *Prosopopeia*, de Bento Teixeira, e início do Barroco	Chegada de Pe. Antônio Vieira à Bahia	Fundação dos primeiros engenhos de cana-de-açúcar no Maranhão	Invasão holandesa na Bahia	Fim da união das Coroas ibéricas e restauração da Coroa portuguesa

▸ O que é o Barroco?

"Barroco", uma palavra portuguesa que significava "pérola irregular, com altibaixos", passou bem mais tarde a ser utilizada como termo desfavorável para designar certas tendências da arte seiscentista. Hoje, entende-se por estilo barroco uma orientação artística que surgiu em Roma na virada para o século XVII, constituindo até certo ponto uma reação ao artificialismo maneirista do século anterior. O novo estilo estava comprometido com a emoção genuína e, ao mesmo tempo, com a ornamentação vivaz. O drama humano tornou-se elemento básico na pintura barroca e era em geral encenado com gestos teatrais muitíssimo expressivos, sendo iluminado por um extraordinário claro-escuro e caracterizado por fortes combinações cromáticas.

(Wendy Beckett. *História da pintura*. São Paulo: Ática, 1987. p. 173.)

Judite ao matar Holofernes (1612-21), de Artemisia Gentileschi.

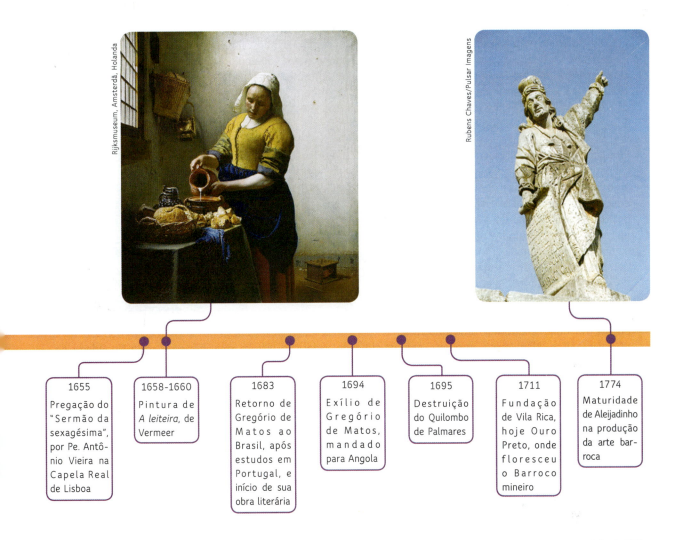

1655	1658-1660	1683	1694	1695	1711	1774
Pregação do "Sermão da sexagésima", por Pe. Antônio Vieira na Capela Real de Lisboa	Pintura de *A leiteira*, de Vermeer	Retorno de Gregório de Matos ao Brasil, após estudos em Portugal, e início de sua obra literária	Exílio de Gregório de Matos, mandado para Angola	Destruição do Quilombo de Palmares	Fundação de Vila Rica, hoje Ouro Preto, onde floresceu o Barroco mineiro	Maturidade de Aleijadinho na produção da arte barroca

Barroco: a expressão ideológica da Contrarreforma

De maneira geral, o Barroco é um estilo identificado com uma ideologia, e sua unidade resulta de atributos morfológicos a traduzir um conteúdo espiritual, uma ideologia.

A ideologia barroca foi fornecida pela Contrarreforma e pelo Concílio de Trento, a que se deve o colorido peculiar da época, em arte, pensamento, religião, concepções sociais e políticas. Se encararmos a Renascença como um movimento de rebelião na arte, filosofia, ciências, literatura – contra os ideais da civilização medieval, ao lado de uma revalorização da Antiguidade clássica, [...] –, podemos compreender o Barroco como uma contrarreação a essas tendências sob a direção da Contrarreforma católica, numa tentativa de reencontrar o fio perdido da tradição cristã, procurando exprimi-la sob novos moldes intelectuais e artísticos. Esse duelo entre o elemento cristão legado da Idade Média, e o elemento pagão, racionalista e humanista, instaurado pelo renascimento sob o influxo da Antiguidade, enche a Era Moderna, até que no final do século XVIII, por meio do Filosofismo, do Iluminismo e da Revolução Francesa, a corrente racionalista logrou a supremacia. [...] São, por isso, o dualismo, a oposição ou as oposições, contrastes e contradições, o estado de conflito e tensão, oriundos do duelo entre o espírito cristão, antiterreno, teocêntrico, e o espírito secular, racionalista, mundano, que caracterizam a essência do barroco.

(Afrânio Coutinho. *Introdução à literatura no Brasil.* 10. ed. Rio de Janeiro: Civilização Brasileira, 1980. p. 98-9.)

A literatura barroca e a propagação da fé católica

Se o século XVI, ainda renascentista, conseguiu combinar na literatura a visão de mundo cristã, o humanismo da época e o paganismo da literatura greco-romana, o século XVII distinguir-se-á do anterior e do seguinte, na Península Ibérica, por uma visão eminentemente católica. Não mais cristã, simplesmente, mas católica, a partir de uma visão bastante dogmática do cristianismo.

O Concílio de Trento, que durou de 1545 a 1563, ligou ainda mais estreitamente a Igreja católica e as monarquias ibéricas, imbricando Igreja e Estado de tal forma que os interesses e funções de ambos muitas vezes se confundiam. Esse casamento durou todo o século XVII, só estremecendo no século XVIII. Como Espanha e Portugal tinham ficado fora das reformas protestantes, foi neles que se concentrou a reação católica. Tratava-se de combater toda e qualquer manifestação que lembrasse algum traço dos movimentos protestantes e, ao mesmo tempo, de formular e difundir uma doutrina oficial católica.

: Concílio de Trento, em 1563.

Além disso, impunha-se participar da expansão ultramarina ibérica, com a finalidade de expandir também o catolicismo. Desse modo, o empenho doutrinador e a vigilância contra as heresias protestantes, que o clero e as ordens religiosas exerciam nas duas nações ibéricas, estendiam-se aos seus mundos coloniais no Oriente e no Ocidente.

[...] Com isso, mais que agradar e concorrer para aperfeiçoar as relações dos homens entre si, a literatura deveria participar dessa disputa ou dessa guerra [entre catolicismo e protestantismo], afirmando e reproduzindo no plano do sensível tudo aquilo que a Igreja pregava no plano do inteligível. O que não quer dizer que a literatura se tenha reduzido a isso. Mas para sua aceitação e difusão – já que todo livro ou publicação deveria receber a aprovação e licença da Mesa do Santo Ofício da Inquisição para não ser censurado – deveria passar por isso, demonstrar de alguma forma sua adequação às funções de afirmação e propagação da fé católica.

(Luiz Roncari. *Literatura brasileira – Dos primeiros cronistas aos últimos românticos*. 2. ed. São Paulo: Edusp/FDE, 1995. p. 94, 96-7.)

• Roteiro de estudo •

Ao final da leitura dos textos, você deverá:

- Saber explicar, considerando o contexto cultural e artístico de onde nasce o Barroco, por que ele recebeu esse nome, em cujo significado está a noção de "pérola imperfeita".

- Saber comentar a afirmação de Afrânio Coutinho de que o Barroco é uma "tentativa de reencontrar o fio perdido da tradição cristã".

- Saber explicar por que o dualismo presente na arte barroca está relacionado com duas concepções diferentes de mundo.

- Compreender por que o Barroco contribuiu para a propagação da fé católica.

PRODUÇÃO DE TEXTO

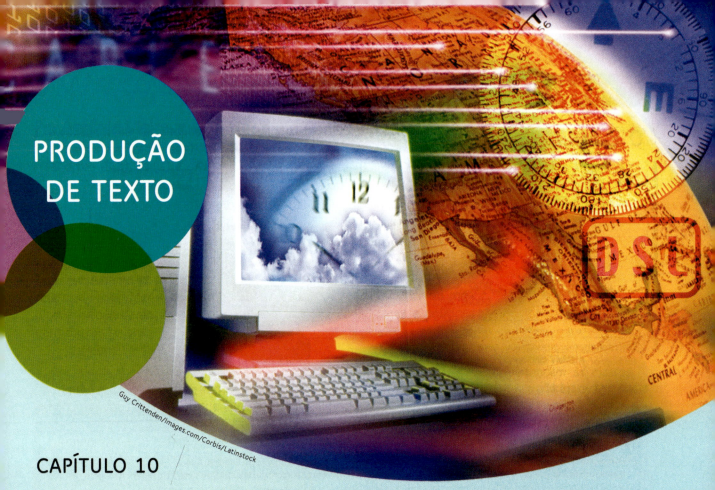

Guy Crittenden/Images.com/Corbis/Latinstock

CAPÍTULO 10

Hipertexto e gêneros digitais: o *e-mail* e o comentário

Com o surgimento e a popularização da Internet, alterou-se profundamente a noção de texto. Na Internet, o processo de ler ou escrever um texto deixou de ser linear, ou seja, da esquerda para a direita e de cima para baixo, um procedimento de cada vez. O internauta pode, simultaneamente ao processo de leitura de um texto, acessar *links*, ler outros textos, ouvir música, examinar imagens e planilhas, redigir *e-mails* e, finalmente, voltar a ler o texto que foi o ponto de partida para uma série de operações e de interações pela Internet.

A essas múltiplas possibilidades oferecidas pelo texto digital, que envolve uma nova forma de acessar, produzir e interpretar informações, chamamos *hipertexto*. Assim, **hipertexto** exprime a ideia de leitura e escrita não linear de texto, em um contexto tecnológico, mediado pelo computador e pela Internet.

A Internet permite ainda que os internautas, além de fazerem facilmente leituras simultâneas e não lineares, produzam e disponibilizem seus próprios textos na rede para a leitura de outros usuários. Assim, todos podem expressar seus pontos de vista, postando textos, vídeos e fotos em *sites* diversos: páginas de grandes jornais do país, YouTube, fóruns de discussão, páginas pessoais, como os *blogs*, ou perfis em redes sociais, como o Facebook e o Twitter.

Entre os gêneros textuais que são produzidos e circulam na Internet, estão o *e-mail*, e o comentário.

119

TRABALHANDO O GÊNERO

O *E-MAIL*

Imagine a seguinte situação: o professor de História marcou uma data para os alunos enviarem um trabalho por *e-mail*, e Mariana não conseguiu fazer isso no prazo estabelecido. Quando conseguiu finalizar o trabalho, enviou o seguinte *e-mail* ao professor, tentando convencê-lo a aceitar o material fora do prazo.

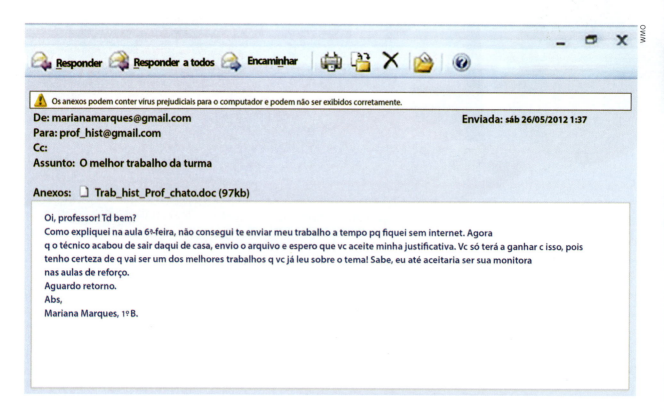

1. Os programas de computador que enviam e recebem *e-mails* registram importantes dados referentes às mensagens recebidas e enviadas, tais como endereço de *e-mail* de remetente e destinatário, títulos de arquivos anexos, assunto, data, hora, etc. Em relação ao *e-mail* em estudo, responda:

    a) Que justificativa a aluna deu para não ter enviado o trabalho por *e-mail* e, segundo a mensagem, quando o problema foi resolvido?

    b) Qual o dia e o horário em que a mensagem foi enviada?

    c) Suponha que o professor não aceitou a justificativa da aluna. Tendo em vista os dados da mensagem que aparecem na tela do computador, dê uma possível razão para essa decisão do professor.

2. A estrutura do *e-mail* é relativamente livre. Geralmente há um vocativo, um cumprimento, o desenvolvimento do assunto, a despedida e a assinatura. Apesar da liberdade quanto à estrutura, porém, é importante que não se perca de vista a situação de comunicação.

    a) No *e-mail* que enviou ao professor, como Mariana nomeou o assunto?

    b) Levante hipóteses: Essa escolha da aluna foi adequada? Justifique sua resposta.

3. Além de não aceitar a justificativa do atraso na entrega do trabalho, o professor poderia se sentir ofendido com o *e-mail* de Mariana e, por isso, não se dispor a convidá-la para ser monitora nas aulas de reforço.

    a) Entre os itens registrados no *e-mail*, qual poderia fazer com que o professor se sentisse ofendido?

b) Releia este trecho do *e-mail*:

> "Sabe, eu até aceitaria ser sua monitora nas aulas de reforço."

Levante hipóteses: A maneira como Mariana se expressa nesse trecho do *e-mail* poderia influenciar o professor na decisão de aceitá-la como monitora? Justifique sua resposta.

Na Internet, uma nova língua?

Para conversar pelo computador, os internautas inventaram uma linguagem, o internetês, cujo princípio é reduzir cada palavra ao essencial. A maioria das palavras é abreviada. *Você* vira "vc", *também*, "tb", *porque*, "pq", etc. Além disso, há outras mudanças: os acentos são raríssimos, *qu* se transforma em "k", *ch* e *ss* mudam para "x".

O uso dessa linguagem é adequado apenas em certos gêneros da Internet, como no *e-mail* pessoal, no *blog*, no Facebook e em conversas no Skype ou nas salas de bate-papo quando há intimidade entre pessoas. Em gêneros não digitais, o uso dessa linguagem é inadequado e, por isso, deve ser evitado.

4. Em alguns gêneros digitais, como o *e-mail* e o bate-papo, a linguagem não segue a norma-padrão escrita. Observe a linguagem empregada no *e-mail* em estudo.

    a) O que está em desacordo com a norma-padrão escrita?

    b) Levante hipóteses: No *e-mail* lido, a linguagem pode ser considerada inadequada?

5. Reúna-se com seus colegas de grupo e, juntos, reescrevam o *e-mail* de Mariana, tornando-o mais adequado ao objetivo que ela tinha em vista ao escrevê-lo. Para isso, considerem: finalidade do *e-mail*, perfil dos interlocutores, assunto, estrutura, linguagem.

E-mail comercial

O *e-mail* constitui atualmente uma das principais ferramentas de comunicação comercial entre funcionários de uma empresa e entre empresas e seus clientes e fornecedores. Nesse caso, o *e-mail* é mais formal e exige cuidados especiais:

- Preencher o campo *Assunto* com um resumo objetivo da mensagem.
- Não usar abreviações ou *emoticons*.
- Não escrever textos somente com letras maiúsculas ou minúsculas; as maiúsculas podem dar a impressão de agressividade, e as minúsculas, a de que a pessoa escreveu apressadamente.
- Colocar um fecho, empregando expressões como *atenciosamente*, *cordialmente* ou *aguardamos um breve retorno*.
- Escrever o nome e o cargo que ocupa na empresa.

PRODUZINDO O *E-MAIL*

Uma das vantagens da Internet é que ela facilita a leitores de jornais e revistas a exposição de seus pontos de vista. Para isso, alguns veículos de comunicação disponibilizam aos leitores espaços para fotos, notícias, cartas e *e-mails* com comentários sobre notícias e reportagens. Veja este exemplo:

O assunto é: **Sacola plástica**

"Com a proibição dos saquinhos plásticos em São Paulo, à qual eu sou inteiramente favorável, face aos benefícios ambientais proporcionados, os supermercados 'oferecerão', como alternativa aos clientes, sobras de caixotes de papelão ou, então, venderão sacolas reutilizáveis? Ou seja, diminuem sua despesa com os saquinhos plásticos, aumentam a receita com venda de sacolas e jogam a conta para nós. Por que não voltam a oferecer os sacos de papelão grosso que, até algumas décadas atrás, eram amplamente usados pelos supermercados? O papelão não agride ao meio ambiente, como os plásticos, e se desmancha quando molhado."

P. R. de C. JR. (São Paulo, SP)

(Folha.com, 26/1/2012.)

Você também pode enviar um *e-mail* para um veículo de comunicação, manifestando-se sobre um assunto de seu interesse. Para isso, selecione em um jornal ou revista uma reportagem que tenha chamado sua atenção e escreva um *e-mail* para o jornal ou a revista, comentando o assunto e o modo como ele foi abordado.

PLANEJAMENTO DO TEXTO

- Busque o *site* oficial do veículo de comunicação selecionado. Anote o endereço de *e-mail* disponibilizado para as mensagens de leitores.
- Tenha em mente o perfil de seu leitor. Lembre-se de que seu texto poderá ser publicado e lido por milhares de pessoas. Se seu ponto de vista estiver bem-fundamentado, ele poderá influenciar, orientar e esclarecer outros leitores e, assim, você estará exercendo seu papel de cidadão.
- Procure adequar a linguagem de seu texto ao suporte, ao perfil dos interlocutores e à situação. É importante que o tom da linguagem não seja muito informal, a fim de que sua mensagem dê aos leitores impressão de seriedade e desperte credibilidade.
- Preencha os campos referentes a destinatário, assunto, anexos (se houver), etc.

REVISÃO E REESCRITA

Antes de enviar seu *e-mail*, releia-o, observando:
- se a maneira como você redigiu e estruturou seu texto está de acordo com a situação de comunicação;
- se a linguagem empregada está adequada a seus interlocutores;
- se os dados referentes a destinatários e assunto estão escritos corretamente;
- se os arquivos anexos (se houver) estão nomeados com clareza e objetividade.

O COMENTÁRIO

Muitos veículos de comunicação dão em seus portais indicações de *blogs*, com cujos autores, por meio da ferramenta **comentário**, os leitores podem falar diretamente. O comentário é um texto muito comum na Internet e é encontrado não só em *blogs*, mas também em *sites*.

O comentário na Internet

São muitos os *sites* que disponibilizam um espaço para que seus leitores comentem os conteúdos ali divulgados. Nesse ambiente, é frequente a ocorrência de comentários nos quais o leitor expõe sua opinião pessoal de forma extremamente subjetiva, sem considerar os argumentos do autor do texto e a situação em que o texto foi produzido.

Leia o depoimento abaixo, em que o cantor e compositor Chico Buarque fala sobre os comentários feitos por alguns leitores de seu *site*.

Porque hoje em dia, com essas coisas de Internet, as pessoas falam o que vem à cabeça, né? E a primeira vez que eu vi isso, eu não sabia como era o jogo ainda, eu fiquei espantadíssimo, eu falei "o que é que tão falando aqui?" Porque o artista geralmente ele acha que é muito amado [...] vai, faz o *show*, é aplaudido e tal... ele sai cheio de si, e ele abre a Internet, ele é odiado (risos) [...] Eu, a primeira vez que eu vi, não sei se foi numa notícia assim, aí eu vi: "comentários". Eu nunca tinha entrado nisso, aí comecei a ver: "este velho, o que o álcool não faz com uma pessoa?" (risos) Simplesmente uma injustiça, porque eu já nem bebo mais... "o que que esse velho tá fazendo aí?" Mas vai fazer o que, né? [...] Não pode ficar triste com isso, nem morrer, se morrer é pior, quando morrer vão dizer: "já morreu tarde, já vai tarde..." (risos).

(http://www.chicobastidores.com.br/video/18/Comentários%20na%20internet)

Chico Buarque.

É possível, entretanto, fazer comentários que fundamentem o ponto de vista adotado, contribuindo, assim, para uma discussão esclarecedora sobre um tema específico.

É comum que *blogs* e *sites* que disponibilizam a seus leitores a ferramenta *comentários* tenham um filtro pelo qual os textos passam antes de serem publicados. Assim, evita-se a publicação de agressões gratuitas, termos de baixo calão, propagandas, etc.

O comentário na Internet é um texto geralmente curto e com estrutura bastante variável. Seu principal objetivo deve ser adicionar ao texto comentado, de forma sucinta, informações, críticas, elogios, correções ou sugestões.

Veja, como exemplo, um *post* sobre o Código Florestal brasileiro feito no *blog* do jornalista Marcelo Tas, seguido dos comentários de alguns leitores.

Código Florestal não merece virar bate-boca de futebol

Acompanho com atenção e alguma preocupação a votação do novo Código Florestal. Trata-se de assunto da mais absoluta importância. Entretanto, percebo que entramos numa contenda polarizada, de bate-boca de arquibancada de futebol, com gente gritando e xingando quem pensa diferente de "idiota"...

Será que ajuda dividirmos um tema tão importante em dois lados: uma briga de foice no escuro entre ambientalistas × o tal "agronegócio"? [...]

Coloquei o vídeo [...] com o depoimento do meu amigo, o cineasta Fernando Meirelles, porque penso que [...] as palavras

Fernando Meirelles
Diretor de cinema

dele trazem um ponto importante. [...] Fernando sugere que devemos "ouvir os cientistas". É uma excelente sugestão que interpreto e amplio aqui sugerindo que ouçamos os cientistas que vivem dentro de cada um de nós. Mais razão e menos emoção, pessoal.

Uma coisa eu sei: não podemos abrir mão de produzir comida. Isto é necessário para a saúde física dos brasileiros e para a saúde financeira da nossa balança comercial. Ou seja, temos que produzir alimento mas sem que, evidentemente, destruamos a natureza, a nossa usina produtora e reprodutora. [...]

É importante ouvir a voz dos produtores rurais, grandes e pequenos, os senadores que os representam [...], sem tratá-los como loucos de motosserra na mão. Também é extremamente importante ouvir iniciativas civis [...], sem tratá-los como fundamentalistas do meio ambiente. Se conseguirmos sair dessa gritaria de arquibancada, desse FLA × FLU, a discussão do Código Florestal pode ser mais consequente, saudável e madura. Como devem ser os frutos que nos alimentam hoje e no futuro.

COMENTE!

S. C. 26 de novembro de 2011 at 22:31

O Ministério Público e as agências de Controle Ambiental usam o código florestal nas áreas urbanas para embargar e punir os proprietários de imóveis nas beiras dos rios dentro das cidades. Indústrias, comércio e residências são bloqueadas por estarem dentro da margem de APP. Como a lei cega, deveriam usar a mesma lei para punir as cidades. Vão embargar então a Marginal Tiete e Pinheiros na cidade de São Paulo. A mesma lei não pode ser usada no meio do Amazonas e nas cidades.

Pedrinho 26 de novembro de 2011 at 7:35

Agora que a ampla maioria dos senadores e deputados federais já decidiram votar a favor do novo código florestal, os militantes verdes vêm com essa conversa de diálogo e palpites de "cientistas" politicamente engajados? Os militantes verdes a serviço de ONG's estrangeiras querem ganhar no grito, isso sim.

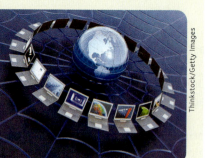

Átila 28 de dezembro de 2011 at 13:53

Pedrinho, favor se informar melhor. O Movimento dos Atingidos por Barragens – MAB tem pautado em vários espaços este debate antes mesmo, muito antes, de ocorrer a primeira votação e ser pauta dos grandes jornais.

Consulte o sítio do MAB

http://www.mabnacional.org.br/

Reinaldo 24 de novembro de 2011 at 21:52

Uma observação: acho que você utilizou o termo "agronegócio" de forma equivocada, visto que "agronegócio" envolve muito mais coisa além da produção agrícola per se.

P.ex. alguns setores da indústria se encaixam no agronegócio.

João Paulo 24 de novembro de 2011 at 17:30

O Fernando é um grande cineasta e eu adoro seus filmes, mas infelizmente falou bobagem. De onde ele tirou esse número de 61 milhões de hectares de terras degradadas? Isso é chutômetro. Puro chutômetro misturado com googlismo faccioso, afinal sempre filtramos no Google aquilo que nos interessa. Fazendeiro pode ser tudo, menos burro. Terra degradada não produz.

> Não sou produtor rural, mas conheço bem o assunto e posso dizer sem medo de errar que a nossa agricultura é a maior do mundo em termos de produtividade. Pare de chutar, Fernando. É melhor um ambientalista radical assumido do que um cineasta se fazendo passar por benfeitor ecológico movido por puro altruísmo.
>
> (Adaptado de: http://blogdotas.terra.com.br/2011/11/23/codigo-florestal-nao-pode-virar-um-fla-x-flu/)

Note que os leitores, além de apresentar seus pontos de vista, procuram dialogar com base nas informações contidas no texto do *blog*, remetendo-se a elas em seus comentários ("os militantes verdes vêm com essa conversa"; "acho que você utilizou o termo 'agronegócio' de forma equivocada"; "De onde ele tirou esse número"). Além disso, buscam embasar suas afirmações, incorporando vozes de autoridade ou posicionando-se como alguém que tem conhecimento sobre o assunto ("O Movimento dos Atingidos por Barragens - MAB"; "O Ministério Público e as agências de Controle Ambiental"; "Não sou produtor rural, mas conheço bem o assunto e posso dizer sem medo de errar"). Há, também, leitores que respondem a comentários de outros leitores, fazendo referência direta a eles ("Pedrinho, favor se informar melhor [...]. Consulte o sítio do MAB http://www.mabnacional.org.br/").

Você tem o hábito de fazer comentários em *sites* da Internet? Quais? Troque informações com seus colegas sobre os comentários que vocês costumam escrever.

Com a orientação do professor, participe de uma pesquisa na classe: Quantos alunos têm um *blog*? Quantos alunos acompanham algum *blog* e indicariam sua leitura? Quantos alunos comentam outros *blogs*? Quantos alunos costumam deixar comentários na Internet? Em quais *sites*?

PRODUZINDO O COMENTÁRIO

Reúna-se com seus colegas de grupo e, seguindo indicações do professor, escolham um ou mais *blogs* ou *sites* da Internet que apresentem a ferramenta *comentários* e produzam um ou mais comentários a propósito de um assunto do interesse de todos. Depois acessem o *blog* ou *site* e enviem o comentário.

Planejamento do texto

Discutam o texto do *blog* escolhido e o ponto de vista que ele apresenta sobre o assunto.

- Ao escrever, procurem manter uma relação direta com o texto original e situar com clareza o alvo do comentário.

Revisão e reescrita

Antes de enviar o comentário, releiam-no, observando:

- se ele consiste em um texto curto, uma vez que nesse gênero a síntese é desejável;
- se o ponto de vista do grupo está bem-fundamentado, com base em dados e referências consistentes, especialmente se ele for contrário ao ponto de vista apresentado no texto original.

LÍNGUA: USO E REFLEXÃO

CAPÍTULO 11
Introdução à semântica

CONSTRUINDO O CONCEITO

O texto a seguir é parte de um conto de Marina Colasanti, intitulado "Quase tão leve". Leia-o.

Não precisou andar muito para chegar ao grande carvalho que se erguia perto do mosteiro. Ali, em fins de tarde, tantos e tão ruidosos eram os pássaros, que cada folha parecia ter asas. O velho olhou longamente os pássaros, àquela hora ocupados com suas crias, seus ninhos, sua interminável caça de insetos. Parecia justo e fácil que se movessem no ar. Talvez sejam mais puros, pensou. E querendo pôr à prova a pureza do seu próprio corpo, permaneceu por longo tempo de pé, debaixo da copa, até ter ombros e cabeça cobertos de excrementos das aves.

Porém aquele corpo magro e pequeno, aquele corpo quase tão leve quanto o de um pássaro, negava-se a dar-lhe a felicidade do voo. E o velho recomeçou a andar.

Caminhando, olhava ao céu ao qual sentia não mais pertencer. Ouviu o grito do gavião e o viu abater-se, altivo e feroz, sobre uma presa. Até ele, que agride os mais fracos, tem o direito que eu não mereço, pensou contrito. E mais andou. Viu o azul cortado por um bando de patos selvagens em migração. Lá se vão, de uma terra a outra, de um a outro continente, disse em silêncio o velho, enquanto eu não sou digno nem de mínimas distâncias. E mais andou. E viu as andorinhas e viu o melro e viu o corvo e viu o pintassilgo, e a todos saudou, e a todos prestou reverência.

[...] Mas aos poucos a paz iluminava intensíssima sua alma porque, do seu corpo, delgadas e pálidas como se extensão da própria pele, raízes brotavam, logo mergulhando chão adentro. Seu tempo de ar havia acabado. Começava agora para ele o tempo da terra, daquela terra que em breve o acolheria.

(*23 histórias de um viajante*. São Paulo: Global, 2005. p. 150-1.)

1. Leia os pares de frases a seguir, observando o emprego dos verbos *ser*, *estar* e *parecer*.

> • "Ali, em fins de tarde, tantos e tão ruidosos *eram* os pássaros"
> tão ruidosos *estavam* os pássaros
> • *Era* justo e fácil que se movessem
> "*Parecia* justo e fácil que se movessem"

Considerando o contexto em que os verbos estão empregados, responda:

a) Que diferença de sentido há entre as duas primeiras frases?

b) Que diferença de sentido há entre as duas últimas frases?

2. Leia as frases, observando os verbos destacados:

> • "*permaneceu* por longo tempo de pé"
> • Observou os pássaros e *ficou* triste.

Nas duas frases, é indiferente, para o sentido delas, empregar um verbo ou outro? Por quê?

3. Leia as frases a seguir, observando as palavras destacadas:

> • "Ouviu o grito do *gavião*"
> • "Viu o azul cortado por um bando de *patos* selvagens"
> • "E viu as *andorinhas* e viu o *melro* e viu o *corvo* e viu o *pintassilgo*"

Levando em conta que todo pássaro é uma ave, mas que nem toda ave é um pássaro, responda:

a) Na terceira frase, qual dos elementos não poderia fazer parte do grupo de pássaros?

b) Nas duas primeiras frases, *gavião* e *patos* poderiam ser substituídos por aves ou por pássaros?

4. Observe o emprego da palavra *terra* nestes trechos do texto:

> • "Lá se vão, de uma *terra* a outra, de um a outro continente"
> • "daquela *terra* que em breve o acolheria"

a) Qual é a diferença de sentido entre a palavra *terra* no primeiro e no segundo trechos?

b) No texto, há outras palavras cujo significado se aproxima do que tem a palavra *terra* nos trechos acima. Quais são elas?

CONCEITUANDO

As palavras têm sentidos que podem variar, dependendo do contexto em que são empregadas. É o caso, por exemplo, da palavra *terra*, que pode assumir sentidos diferentes, de acordo com o contexto. Esse e outros aspectos das palavras relacionados ao sentido são estudados pela **semântica**.

> **Semântica** é a parte da gramática que estuda os aspectos relacionados ao sentido de palavras e enunciados.

Alguns dos aspectos tratados pela semântica são: sinonímia, antonímia, campo semântico, hiponímia, hiperonímia e polissemia.

LÍNGUA:
USO E REFLEXÃO

127

SINONÍMIA E ANTONÍMIA

Você viu que, na frase "permaneceu por longo tempo de pé", é possível substituir o verbo *permanecer* por *ficar* sem que haja uma alteração de sentido significativa.

Quando, em contextos diferentes, uma palavra pode ser substituída por outra, dizemos que as duas palavras são **sinônimas**.

> **Sinônimos** são palavras de sentidos aproximados que podem ser substituídas uma pela outra em contextos diferentes.

Sabe-se, entretanto, que não existem sinônimos perfeitos. Veja, no texto a seguir, a opinião do poeta Mário Quintana sobre esse assunto.

Sinônimos

Esses que pensam que existem sinônimos desconfio que não sabem distinguir as diferentes nuances de uma cor.

(*Poesia completa em um volume*. Rio de Janeiro: Nova Aguilar, 2005. p. 316.)

A escolha entre dois sinônimos acaba, na realidade, dependendo de vários fatores. Em discursos mais técnicos, as diferenças de sentido entre palavras sinônimas podem ter grande importância. Na linguagem cotidiana, as palavras *furto* e *roubo*, por exemplo, significam a mesma coisa; em linguagem jurídica, porém, *roubo* se aplica à situação em que a vítima sofre também algum tipo de violência.

Releia outro trecho do texto e observe o sentido das palavras nele destacadas:

> "aquele corpo *magro* e *pequeno*, aquele corpo quase tão *leve* quanto o de um pássaro"

Imagine que a autora tivesse escrito:

> aquele corpo *gordo* e *grande*, aquele corpo quase tão *pesado* quanto o de um leão

Nos dois trechos, há três pares de palavras que se opõem quanto ao sentido – *magro* e *gordo*, *pequeno* e *grande*, *leve* e *pesado* – e, por isso, são **antônimas**.

> **Antônimos** são palavras de sentidos contrários.

Há palavras antônimas que se opõem ou se excluem, como, por exemplo, *esquerdo* e *direito* (braço *esquerdo*, braço *direito*).

Tão difícil quanto existir um par perfeito de sinônimos é haver um par perfeito de antônimos. Em alguns casos, é mais adequado falar em grau de antonímia. Observe estes pares de antônimos:

> velho – novo   bom – mau

Um objeto velho, por exemplo, pode ser o oposto de um objeto novo. Porém, dizer que um objeto é *menos velho*, em certos casos, pode ser equivalente a dizer que ele é *mais novo*, o que torna relativa a antonímia entre *novo* e *velho*. O mesmo ocorre com o par *bom/mau*.

Além disso, nesses dois casos, a avaliação é sempre subjetiva. Uma pessoa pode ser caracterizada como velha ou nova, por exemplo, dependendo da idade de quem se refere a ela. Da mesma forma, algo que é bom para um pode ser ruim para outro.

Veja este outro caso curioso de antonímia:

> emigrante – imigrante

Aparentemente são antônimos perfeitos, já que a primeira palavra se refere àqueles que saem de determinado lugar (cidade, Estado, país) e a segunda, àqueles que entram. Contudo, o emigrante, no momento em que chega a outro lugar, não passa a ser também, obrigatoriamente, um imigrante?

CAMPO SEMÂNTICO, HIPONÍMIA E HIPERONÍMIA

Releia este trecho do texto:

"[...] Ouviu o grito do gavião e o viu abater-se, altivo e feroz, sobre uma presa. Até ele, que agride os mais fracos, tem o direito que eu não mereço, pensou contrito. E mais andou. Viu o azul cortado por um bando de patos selvagens em migração. Lá se vão, de uma terra a outra, de um a outro continente, disse em silêncio o velho, enquanto eu não sou digno nem de mínimas distâncias. E mais andou. E viu as andorinhas e viu o melro e viu o corvo e viu o pintassilgo, e a todos saudou, e a todos prestou reverência."

Observe que as palavras *gavião*, *patos*, *andorinhas*, *melro*, *corvo* e *pintassilgo* apresentam certa familiaridade de sentido pelo fato de pertencerem ao mesmo **campo semântico**, ou seja, ao universo relacionado à classe das aves. Já a palavra *ave* tem um sentido mais amplo, que engloba todas as outras. Dizemos, então, que *gavião*, *patos*, *andorinhas*, *melro*, *corvo* e *pintassilgo* são **hipônimos** de *aves*. *Aves*, por sua vez, é **hiperônimo** das outras palavras.

> **Hipônimos** e **hiperônimos** são palavras pertencentes a um mesmo campo semântico, sendo o hipônimo uma palavra de sentido mais específico e o hiperônimo uma palavra de sentido mais genérico.

POLISSEMIA

Compare estes trechos do texto:

- "Lá se vão, de uma *terra* a outra, de um a outro continente"
- "daquela *terra* que em breve o acolheria"

Observe que a palavra *terra* apresenta sentidos diferentes nos dois trechos: "região, território", no primeiro trecho, e "chão", no segundo. Apesar disso, há um sentido da palavra que se aplica às duas situações, que é "parte sólida da superfície do globo terrestre". Quando uma palavra tem mais de um sentido, dizemos que ela é polissêmica.

> **Polissemia** é a propriedade que uma palavra tem de apresentar vários sentidos.

EXERCÍCIOS

1. Há, na língua portuguesa, inúmeras palavras que se referem a *dinheiro*. Por exemplo, quando o Estado é o beneficiário do dinheiro do contribuinte (indivíduos ou instituições), esse dinheiro recebe o nome de *imposto* ou *tributo*.

Identifique, no boxe lateral, o beneficiário do dinheiro designado por estes termos:

a) honorários

b) mesada

c) pró-labore

d) anuidade

e) gorjeta

f) juros

g) indenização

h) salário

i) dote

j) lucro

k) renda

l) pensão

> garçons   agiotas   bancos   filhos
> noivas   proprietários   mendigos
> advogados   autores   comerciantes
> sócios   pensionistas   escolas
> queixosos   empregados em geral

2. Cite as palavras de linguagem popular que você conhece usadas com o significado de dinheiro.

3. Para não pronunciar o nome *diabo*, muitas pessoas o substituem por outros nomes ou expressões, como *capeta, anjo mau, cão, diacho,* etc. Cite outras palavras e expressões da linguagem popular que você conhece usadas para designar essa figura.

(Exercícios adaptados de: Rodolfo Ilari. *Introdução ao estudo do léxico – Brincando com as palavras.* São Paulo: Contexto, 2002.)

A AMBIGUIDADE

Observe esta tira:

(Bob Thaves. Frank & Ernest. *O Estado de S. Paulo*, 22/1/2012.)

Na tira aparece uma vitrine, talvez de uma clínica para tratamento de pessoas com dificuldade para dormir.

No entanto, a atividade da clínica foi mal compreendida pela personagem. Em vez de "aprendizagem *para* o sono", ela entendeu a informação do letreiro como "aprendizagem *durante* o sono", o que deu margem ao comentário no qual revela ter sido um aluno muito sonolento.

Para criar humor, o autor da tira partiu de um texto - o letreiro da vitrine - propositalmente ambíguo.

> **Ambiguidade** é a duplicidade de sentidos que pode haver em um texto, verbal ou não verbal.

130

Quando empregada intencionalmente, a ambiguidade pode ser um importante recurso de expressão. Quando, porém, é resultado da má organização das ideias, do emprego inadequado de certas palavras ou, ainda, da inadequação do texto ao contexto discursivo, ela provoca falhas na comunicação.

A ambiguidade como recurso de construção

A ambiguidade é utilizada com frequência como recurso de expressão em textos poéticos, publicitários e humorísticos, em quadrinhos e anedotas.

Em tiras, como a vista na página anterior, por exemplo, é comum o uso da ambiguidade como recurso para uma comunicação mais direta, descontraída e divertida.

A ambiguidade como problema de construção

Na transmissão de um jornal televisivo (Rede TV, 7/10/2008), o jornalista afirmou:

> "Não há uma só medida que o governo possa tomar."

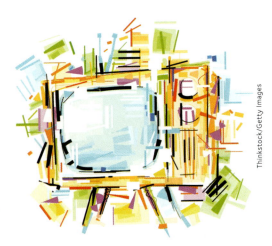

O telespectador certamente ficou em dúvida quanto à possibilidade de ação das autoridades em relação ao problema apresentado no noticiário.

O governo não podia tomar nenhuma iniciativa, pois não havia nada a fazer? Ou, ao contrário, o governo tinha mais de uma medida para pôr em prática a fim de tentar solucionar o problema?

Para evitar essa ambiguidade, o jornalista poderia ter dito, no primeiro caso, "Não há medida alguma..." ou "Não há nenhuma medida..." e, no segundo caso, "Há mais de uma medida..." ou "Não há apenas uma medida...".

Diferentemente da linguagem oral, que conta com certos recursos para tornar o sentido preciso – os gestos, a expressão corporal ou facial, a repetição, etc. –, a linguagem escrita conta apenas com as palavras. Por isso, temos de empregá-las adequadamente se desejamos que os textos que produzimos tenham clareza e precisão.

EXERCÍCIOS

1. No texto que segue há uma ambiguidade. Identifique-a e refaça o trecho, procurando desfazê-la.

> Gastou mais de 12 milhões de dólares herdados do pai, cuja família fez fortuna no ramo de construção de estradas de ferro, com festas, viagens, bebidas e mulheres.
> (*Veja*, 10/3/2004.)

2. A frase a seguir foi título de uma matéria jornalística publicada na revista *Veja* de 10/3/2004:

> O que faz uma boa metrópole

Observe que a frase admite duas interpretações. Reescreva-a de duas formas diferentes, de modo que fique bem claro cada um dos sentidos.

3. As frases a seguir são ambíguas. Reescreva-as de modo a desfazer a ambiguidade.

a) Trouxe o remédio para seu pai que está doente neste frasco.

b) Durante o namoro, Tiago pediu a Helena que se casasse com ele muitas vezes.

4. (UNICAMP-SP) A leitura literal do texto abaixo produz um efeito de humor.

> As videolocadoras de São Carlos estão escondendo suas fitas de sexo explícito. A decisão atende a uma portaria de dezembro de 91, do Juizado de Menores, que proíbe que as casas de vídeo aluguem, exponham e vendam fitas pornográficas a menores de 18 anos. A portaria proíbe ainda os menores de 18 anos de irem a motéis e rodeios sem a companhia ou autorização dos pais.
>
> (*Folha Sudeste*, 6/6/1992.)

a) Transcreva a passagem que produz efeito de humor. Qual a situação engraçada que essa passagem permite imaginar?

b) Reescreva o trecho de forma que impeça tal interpretação.

A AMBIGUIDADE NA CONSTRUÇÃO DO TEXTO

Leia este poema, de Mário Quintana:

Jardim interior

Todos os jardins deviam ser fechados,
com altos muros de um cinza muito pálido,
onde uma fonte
pudesse cantar
sozinha
entre o vermelho dos cravos.
O que mata um jardim não é mesmo
alguma ausência
nem o abandono...
O que mata um jardim é esse olhar vazio
de quem por eles passa indiferente.

(*Quintana de bolso*. Porto Alegre: L&PM, 2011. p. 132.)

1. Ao lermos o poema, notamos que a palavra *jardim* foi empregada de forma ambígua, possibilitando mais de um significado e mais de uma leitura para o texto.

a) Que elementos do texto aproximam a palavra *jardim* de seu sentido literal, denotativo?

b) Que versos quebram o sentido literal de *jardim*, gerando a ambiguidade?

2. Reveja o título do poema. Que novo sentido a palavra *jardim*, acompanhada do adjetivo *interior*, ganha no poema?

3. De acordo com o eu lírico, o que é que mata tanto o jardim real quanto o outro jardim do qual ele fala também?

SEMÂNTICA E DISCURSO

1. Leia a tira:

(Laerte. *Classificados*. São Paulo: Devir, 2002. v. 2, p. 57.)

O humor da tira é construído em torno do duplo sentido que uma palavra adquire no contexto.

a) Qual é essa palavra?

b) Como o dono da casa compreendia essa palavra?

c) Como o afinador de piano compreendia a mesma palavra?

2. Quando alguém pergunta se uma determinada piscina é rasa ou funda, está querendo saber da fundura da piscina (e não da rasura). O que se quer saber em cada uma das perguntas a seguir?

a) Este carro é barato ou caro?

b) Sua casa fica longe ou perto daqui?

c) Este prato culinário é doce ou salgado?

d) O tecido escolhido é liso ou áspero?

e) Esse documento é legítimo ou falso?

f) Esse muro é branco ou colorido?

g) Esse filme é próprio para menores de 18 anos?

h) Seu namorado é fiel ou infiel?

(Exercício adaptado de: Rodolfo Ilari. *Introdução ao estudo do léxico – Brincando com as palavras*. São Paulo: Contexto, 2002.)

3. Como você sabe, as palavras *pequeno* e *grande* são antônimas. Observe o emprego dessas palavras neste enunciado:

> Um elefante pequeno é um animal grande.

Essa frase é possível do ponto de vista lógico? Se sim, que sentido(s) ela pode ter?

4. Compare estes dois enunciados:

> Paulo não tem dinheiro.
> Dinheiro Paulo não tem.

As duas frases são construídas pelos mesmos componentes. Apesar disso, diferem quanto ao sentido. Que alteração de sentido a inversão da palavra *dinheiro* provoca?

LÍNGUA:
USO E REFLEXÃO

133

LITERATURA

Teto da Igreja São Francisco de Assis, Ouro Preto, pintada por Athayde.

CAPÍTULO 12

O Barroco em Portugal e no Brasil

O Barroco português e o Barroco brasileiro são fortemente influenciados pelo movimento de renovação religiosa introduzido pela Contrarreforma.

Desde 1580, Portugal vivia um momento delicado de sua história, já que passara ao domínio espanhol, com o desaparecimento do rei D. Sebastião na guerra. O melhor do Barroco português são os sermões de Pe. Antônio Vieira, que também viveu e escreveu no Brasil.

Em nosso país, ainda não havia um grupo expressivo de escritores nem de leitores de literatura. Apesar disso, começavam a surgir aqui as primeiras produções literárias e, entre elas, algumas de boa qualidade, como é o caso de Gregório de Matos, nosso principal escritor barroco.

O BARROCO EM PORTUGAL

Pe. Antônio Vieira: a literatura como missão

Antônio Vieira (1608-1697) é a principal expressão do Barroco em Portugal. Sua obra pertence tanto à literatura portuguesa quanto à brasileira.

Português de origem, Vieira tinha 7 anos quando veio com a família para o Brasil. Na Bahia estudou com os jesuítas e espontaneamente ingressou na ordem da Companhia de Jesus, iniciando seu noviciado com apenas 15 anos. A maior parte de sua obra foi escrita no Brasil e está relacionada com as inúmeras atividades que o autor desempenhou como religioso, como conselheiro de D. João IV, rei de Portugal, e como mediador e representante de Portugal em relações econômicas e políticas com outros países.

: Pe. Antônio Vieira.

O homem de ação

Embora religioso, Vieira nunca restringiu sua atuação à pregação religiosa. Sempre pôs seus sermões a serviço das causas políticas que abraçava e defendia e, por isso, se indispôs com muita gente: com os pequenos comerciantes, com os colonos que escravizavam índios e até com a Inquisição.

Valendo-se do púlpito – único meio de propagação de ideias às multidões no Nordeste brasileiro do século XVII –, Vieira pregou a índios, brancos e negros, a brasileiros, africanos e portugueses, a dominadores e dominados. Suas ideias políticas foram postas em prática por meio da catequese, da defesa do índio e do domínio português sobre a colônia por ocasião da invasão holandesa.

LEITURA

Você vai ler a seguir um fragmento do "Sermão pelo bom sucesso das armas de Portugal contra as de Holanda", pregado por Vieira em Salvador, em 1640. Nesse ano, os holandeses apertaram o cerco à cidade; em todos os templos, fizeram-se preces e sermões exortando baianos e portugueses a defenderem a terra contra a invasão iminente.

Sermão pelo bom sucesso das armas de Portugal contra as de Holanda

> Levanta-te! Por que dormes, Senhor? Levanta-te e não repilas para sempre. Por que voltas a face? Esqueceste da nossa miséria e da nossa tribulação? Levanta-te, Senhor, ajuda-nos e redime-nos em atenção ao teu nome.
>
> (Salmo XLIII, 23-26.)

Com estas palavras piedosamente resolutas, mais protestando que orando, dá fim o Profeta Rei ao Salmo XLIII — Salmo que, desde o princípio até o fim, não parece senão cortado para os tempos e ocasião presente. O Doutor Máximo S. Jerônimo, e depois dele os outros expositores, dizem que se entende à letra de qualquer reino ou província católica, destruída e assolada por inimigos da Fé. Mas entre todos os reinos do Mundo a nenhum lhe quadra melhor, que ao nosso Reino de Portugal; e entre todas as províncias de Portugal a nenhuma vem mais ao justo que à miserável província do Brasil. Vamos lendo todo o Salmo, e em todas as cláusulas dele veremos retratadas as da nossa fortuna: o que fomos e o que somos.

135

[...] "Ouvimos (começa o Profeta) a nossos pais, lemos nossas histórias e ainda os mais velhos viram, em parte, com seus olhos, as obras maravilhosas, as proezas, as vitórias, as conquistas, que por meio dos portugueses obrou em tempos passados vossa onipotência, Senhor." [...] "Vossa mão foi a que venceu e sujeitou tantas nações bárbaras, belicosas e indômitas, e as despojou do domínio de suas próprias terras para nelas os plantar como plantou com tão bem fundadas raízes; e para nelas o dilatar, como dilatou e estendeu em todas as partes do Mundo, na África, na Ásia, na América." [...]

Porém agora, Senhor, vemos tudo isso tão trocado, que já parece que nos deixastes de todo e nos lançastes de vós, porque já não ides diante das nossas bandeiras, nem capitaniais como dantes os nossos exércitos. [...]

Considerai, Deus meu — e perdoai-me se falo inconsideradamente — considerai a quem tirais as terras do Brasil e a quem as dais. Tirais estas terras aos portugueses, a quem no princípio as destes [...], tirais estas terras àqueles mesmos portugueses a quem escolhestes entre todas as nações do Mundo para conquistadores da vossa Fé, e a quem destes por armas como insígnia e divisa singular vossas próprias chagas. E será bem, Supremo Senhor e Governador do Universo, que às sagradas quinas de Portugal e às armas e chagas de Cristo, sucedam as heréticas listas de Holanda, rebeldes a seu rei e a Deus?

[...]

Finjamos, pois, (o que até fingido e imaginado faz horror), finjamos que vem a Bahia e o resto do Brasil a mãos dos holandeses; que é o que há de suceder em tal caso? — Entrarão por esta cidade com fúria de vencedores e de hereges; não perdoarão a estado, a sexo nem a idade; com os fios dos mesmos alfanjes medirão a todos; chorarão as mulheres, vendo que se não guarda decoro à sua modéstia; chorarão os velhos, vendo que não se guarda respeito a suas cãs; chorarão os nobres, vendo que se não guarda cortesia à sua qualidade; chorarão os religiosos e veneráveis sacerdotes, vendo que até as coroas sagradas os não defendem; chorarão finalmente todos, e entre todos mais lastimosamente os inocentes, porque nem a esses perdoará (como em outras ocasiões não perdoou), a desumanidade herética. [...]

Enfim, Senhor, despojados assim os templos e derrubados os altares, acabar-se-á no Brasil a cristandade católica; acabar-se-á o culto divino; nascerá erva nas igrejas, como nos campos; não haverá quem entre nelas. Passará um dia de Natal, e não haverá memória de vosso nascimento; passará a Quaresma e a Semana Santa, e não se celebrarão os mistérios de vossa Paixão [...] Não haverá missas, nem altares, nem sacerdotes que as digam; morrerão os católicos sem confissão nem sacramento; pregar-se-ão heresias nestes mesmos púlpitos, e em lugar de São Jerônimo e Santo Agostinho, ouvir-se-ão e alegar-se-ão neles os infames nomes de Calvino e Lutero; beberão a falsa doutrina os inocentes que ficarem, relíquias dos portugueses; e chegaremos a estado que, se perguntarem aos filhos e netos dos que aqui estão: — Menino, de que seita sois? Um responderá: — Eu sou calvinista; outro: — Eu sou luterano.

Pois isto se há de sofrer, Deus meu? Quando quisestes entregar vossas ovelhas a São Pedro, examinaste-o três vezes se vos amava. E agora as entregais desta maneira, não a pastores, senão aos lobos?! Sois o mesmo ou sois outro? Aos hereges o vosso rebanho? Aos hereges as almas? [...]

: Capa do filme *Palavra e utopia*, do cineasta português Manoel de Oliveira. Mais do que um filme biográfico, a obra é um documento sobre a arte do dizer e do pensar. O papel de Vieira é feito pelo ator brasileiro Lima Duarte.

Prod.: Paulo Branco, Plateau Produções, 2000

Já sei, Senhor, que vos haveis de enternecer e arrepender, e que não haveis de ter coração para ver tais lástimas e tais estragos. E se assim é (que assim o estão prometendo vossas entranhas piedosíssimas), se é que há de haver dor, se é que há de haver arrependimento depois, cessem as iras, cessem as execuções agora, que não é justo vos contente antes o que vos há de pesar em algum tempo.

(In: Eugênio Gomes, org. *Vieira — Sermões*. São Paulo: Agir, 1963. p. 13-49.)

A Baía de Todos os Santos, Salvador, em litografia de 1782.

---

alfanjes: foices.
belicosas: guerreiras, agressivas.
cãs: cabelos brancos.
chagas: chagas de Cristo, representadas por cinco quinas no brasão português.
cláusulas: itens, tópicos.
decoro: recato, decência.
herética: que professa ideias contrárias às geralmente admitidas pela Igreja católica.
indômitas: indomáveis, selvagens.
insígnia: brasão português.
listas de Holanda: bandeira holandesa.
Profeta Rei: Davi.

---

1. Vieira, como de hábito, adota como epígrafe para seu sermão uma passagem bíblica. Neste caso, trata-se de uma passagem do salmo XLIII.
   a) Quem são os interlocutores nesse salmo?
   b) Um dos interlocutores queixa-se ao outro e lhe faz um pedido. Qual é o motivo da queixa? Qual é o pedido?

2. A interpretação do texto bíblico é feita nos três primeiros parágrafos do texto. O pregador relaciona-a passo a passo com a situação vivida pela cidade de Salvador naqueles dias de 1640, o que serve ao pregador como base para sua argumentação.
   a) Qual é o paralelo que Vieira estabelece entre as palavras do salmo e a situação da colônia?
   b) Ao interpretar as palavras de Davi, Vieira deixa transparecer o objetivo principal do sermão. Qual é ele?

3. No quarto parágrafo, na argumentação, a posse do Brasil é considerada direito dos portugueses.

   a) Cite pelo menos dois motivos para esse privilégio concedido aos portugueses.
   b) De acordo com o texto, qual seria a consequência se, no lugar dos portugueses, os holandeses, favorecidos pela inoperância divina, passassem a ser donos do Brasil?

4. A antecipação de fatos, a reiteração por meio de paralelismos e o exagero são recursos retóricos empregados por Vieira com a finalidade de persuadir o ouvinte quanto à verdade de seus argumentos.
   a) No quinto parágrafo, Vieira apresenta uma previsão do que poderá ocorrer caso não se assuma uma posição firme diante da provável invasão holandesa. Para impressionar o ouvinte, ele repete o que sucederá. Qual é a situação reiterada?
   b) Identifique no quinto parágrafo também uma passagem em que o uso da hipérbole tem finalidade de persuadir os ouvintes a defender a cidade.

137

LITERATURA

5. Em vários momentos do texto, o orador associa aos holandeses um termo que traduz a visão da Igreja católica a respeito dos protestantes.

a) Qual é a palavra utilizada no texto para designar os protestantes?

b) Relacione esse tratamento à postura contrarreformista do jesuíta.

6. Releia o epílogo do sermão em estudo.

a) Qual é o argumento final utilizado por Vieira? Qual é a antítese aí presente?

b) O "atrevimento" de Vieira de dirigir-se a Deus de maneira inquisidora constitui, na verdade, uma encenação retórica. Na realidade, ele tem em vista outros interlocutores. Quais são eles?

7. Ao compor esse sermão, Vieira tinha em mira um objetivo bem determinado. Para atingi-lo, ele se valeu de uma das duas tendências estéticas do Barroco, o conceptismo e o cultismo. Qual delas predomina na construção do texto lido? Por quê?

As profecias de Vieira

Com base nas profecias de Davi, Isaías e Daniel, Vieira previa a chegada de um "quinto império". Nesse império, viveriam apenas os convertidos, que seriam liderados não diretamente por Cristo, mas por seus representantes imediatos: o papa, então reconhecido como único pastor universal, e o rei de Portugal, então imperador do mundo. O império duraria cerca de mil anos, antes do retorno do Anticristo e do fim do mundo. Lisboa seria o centro desse império de Cristo na Terra.

O BARROCO NO BRASIL

Século XVII. O Brasil presenciava o nascer de uma literatura própria, embora ainda frágil e presa aos modelos lusitanos, ainda restrita a uma elite muito pequena e culta e ainda sem poder contar com um público consumidor ativo e influente. Mas começavam a despontar os primeiros escritores nascidos na colônia e, com eles, surgiam as primeiras manifestações do *sentimento nativista*, isto é, de valorização da terra natal.

O Barroco brasileiro surgiu nesse contexto. Não se via aqui o luxo e a pompa da aristocracia europeia, que, como público consumidor, apreciava e estimulava o refinamento da arte barroca. A realidade brasileira era diferente: tratava-se de um centro de comércio, de exploração da cana-de-açúcar; de uma realidade de violência, em que se escravizavam os negros e se perseguia o índio.

Apesar disso, os modelos literários portugueses chegaram ao Brasil, e o Barroco, cujas origens se confundem com as da nossa própria literatura, deu seus primeiros passos. Não havia sentimento de grupo ou de coletividade: a literatura produzida em meio ao espírito de aventura e de ganância da mentalidade colonialista foi fruto de esforços individuais. Aqueles que escreviam encontraram na literatura um instrumento para criticar e combater essa mentalidade ou para moralizar a população com os princípios da religião ou, ainda, para dar vazão aos seus sentimentos pessoais mais profundos. O Barroco no Brasil só ganhou impulso entre 1720 e 1750, quando foram fundadas várias academias literárias por todo o país. A descoberta do ouro, em Minas Gerais, possibilitou o desenvolvimento de um Barroco tardio nas artes plásticas, que resultou na construção de igrejas de estilo barroco durante todo o século XVIII.

A obra considerada tradicionalmente o marco inicial do Barroco brasileiro é *Prosopopeia* (1601), de Bento Teixeira, um poema que procura imitar *Os lusíadas*.

Os escritores barrocos brasileiros que mais se destacaram são:

- **na poesia:** Gregório de Matos, Bento Teixeira, Botelho de Oliveira e Frei Itaparica;
- **na prosa:** Pe. Antônio Vieira, Sebastião da Rocha Pita e Nuno Marques Pereira.

Gregório de Matos: adequação e irreverência

Gregório de Matos (1633?-1696) é o maior poeta barroco brasileiro e um dos fundadores da poesia lírica e satírica em nosso país. Nasceu em Salvador, estudou no Colégio dos Jesuítas e depois em Coimbra, Portugal, onde cursou Direito, tornou-se juiz e ensaiou seus primeiros poemas satíricos. Retornando ao Brasil, em 1681, exerceu os cargos de tesoureiro-mor e de vigário-geral, porém sempre se recusou a vestir-se como clérigo. Devido às suas sátiras, foi perseguido pelo governador baiano Antônio de Souza Menezes, o Braço de Prata. Depois de se casar com Maria dos Povos e exercer a função de advogado, saiu pelo Recôncavo baiano como cantador itinerante, dedicando-se às sátiras e aos poemas erótico-irônicos, o que lhe custou alguns anos de exílio em Angola. Voltou doente ao Brasil e, impedido de entrar na Bahia, morreu em Recife.

Igreja São Francisco de Assis, Salvador, Bahia.

Irreverência e esquecimento

Gregório de Matos primou pela irreverência. Foi irreverente como pessoa, ao afrontar com comportamentos considerados indecorosos os valores e a falsa moral da sociedade baiana de seu tempo; como poeta lírico, ao seguir e ao mesmo tempo quebrar os modelos barrocos europeus; como poeta satírico, ao denunciar as contradições da sociedade baiana do século XVII, criticando os mais diferentes grupos sociais – governantes, fidalgos, comerciantes, escravos, mulatos, etc. –, numa linguagem que agrega ao código da língua portuguesa vocábulos indígenas e africanos, além de palavras de baixo calão.

Pelo fato de não ter publicado nenhuma obra em vida, seus poemas foram transmitidos oralmente, na Bahia, até meados do século XIX, quando então foram reunidos em livro por Varnhagen. Antes disso, houve algumas compilações de valor discutível, pois os copistas nem sempre seguiam critérios científicos para realizar esse tipo de trabalho. Por isso, há controvérsias sobre a autoria de alguns dos poemas atribuídos ao poeta baiano e é comum os textos apresentarem algumas variações de vocabulário ou de sintaxe, dependendo da edição consultada.

Apesar desses problemas, a obra de Gregório de Matos vem sendo reconhecida como aquela que, além de ter iniciado uma tradição entre nós, superou os limites do próprio Barroco.

A lírica

Gregório de Matos cultivou três vertentes da poesia lírica: a amorosa, a filosófica e a religiosa. Como poeta lírico, adequou-se aos temas e aos procedimentos de linguagem frequentes no Barroco europeu.

A **lírica amorosa** é fortemente marcada pelo dualismo amoroso carne/espírito, que leva normalmente a um sentimento de culpa no plano espiritual. Observe este soneto:

> Discreta e formosíssima Maria,
> Enquanto estamos vendo claramente
> Na vossa ardente vista o sol ardente,
> E na rosada face a aurora fria:
>
> Enquanto pois produz, enquanto cria
> Essa esfera gentil, mina excelente
> No cabelo o metal mais reluzente,
> E na boca a mais fina pedraria:
>
> Gozai, gozai da flor da formosura,
> Antes que o frio da madura idade
> Tronco deixe despido, o que é verdura.
>
> Que passado o zênite da mocidade,
> Sem a noite encontrar da sepultura,
> É cada dia ocaso da beldade.
>
> (In: *Antologia da poesia barroca brasileira*. Organização de Emerson Tin. São Paulo: Nacional/Lazuli, 2008. p. 80.)

beldade: beleza.
ocaso: crepúsculo, anoitecer.
zênite: auge, apogeu, culminância.

139

No poema, a mulher é apresentada de forma idealizada. A descrição física da amada serve-se de imagens elevadas, associadas ao sol, ao amanhecer, às joias, que atraem a atenção do eu lírico por sua beleza e juventude.

No texto, a idealização cede lugar ao desejo e ao convite à amada para aproveitar sua beleza e juventude, antes que chegue a "madura idade", numa clara postura de *carpe diem*. Assim, desenrola--se o drama amoroso do Barroco: o apelo sensorial do corpo e a angústia de aproveitar os dias se contrapõem ao ideal religioso, gerando um sentimento de culpa e, na poesia de temática religiosa, o apelo por perdão.

Na **lírica filosófica**, destacam-se textos que se referem ao desconcerto do mundo (lembran-do diretamente Camões) e às frustrações humanas diante da realidade. E também poemas em que predomina a consciência da transitoriedade da vida e do tempo e da instabilidade das coisas do mundo e do homem.

A **lírica religiosa** obedece aos princípios fundamentais do Barroco europeu, fazendo uso de temas como o amor a Deus, a culpa, o arrependimento, o pecado e o perdão. A língua empregada é culta e apresenta inversões e figuras de linguagem abundantes.

LEITURA

Fabio Colombini/Santuário do Senhor Bom Jesus de Matosinhos, Congonhas do Campo, MG

Escultura de Aleijadinho.

enormidade: ação descabida, absurda; barbaridade.
hei delinquido: tenho cometido delitos; tenho come-tido atos ofensivos.

Ofendi-vos, Meu Deus, bem é verdade;
É verdade, meu Deus, que hei delinquido,
Delinquido vos tenho, e ofendido,
Ofendido vos tem minha maldade.

Maldade, que encaminha à vaidade,
Vaidade, que todo me há vencido;
Vencido quero ver-me, e arrependido,
Arrependido a tanta enormidade.

Arrependido estou de coração,
De coração vos busco, dai-me abraços,
Abraços, que me rendem vossa luz.

Luz, que claro me mostra a salvação,
A salvação pretendo em tais abraços,
Misericórdia, Amor, Jesus, Jesus.

(In: *Antologia da poesia barroca brasileira*, cit. p. 45.)

---

1. No texto, o eu lírico dirige-se diretamente a Cristo, falando de si mesmo.

a) Como o eu lírico se coloca diante de Cristo?

b) Na primeira estrofe, o eu lírico faz um jogo com dois verbos que revelam seu pecado. Quais são os verbos?

c) Que característica pessoal o eu lírico apre-senta como causa do seu pecado?

2. Na segunda estrofe, o eu lírico continua sua confissão.

a) Ele se confessa "vencido" e diz que quer "ver-se vencido". Quais são os agentes dessas duas expressões?

b) Que palavra dessa estrofe constitui uma antítese, em relação a *delinquido* ou *ofen-dido*?

c) Esse compromisso do eu lírico implica um compromisso de Cristo. Qual?

3. Levando em conta a presença do vocativo "Meu Deus", do imperativo "dai-me" e da declaração devocional do último verso, a que gênero textual se assemelha o poema?

4. Leia, a seguir, dois tercetos da lírica religiosa de Gregório de Matos, nos quais o eu lírico também se dirige a Cristo pedindo a salvação:

> Eu sou, Senhor, a ovelha desgarrada,
> Cobrai-a; e não queirais, pastor divino,
> Perder na vossa ovelha a vossa glória.
> (In: *Antologia da poesia barroca brasileira*, cit. p. 47.)

> Mui grande é o vosso amor, e meu delito,
> Porém pode ter fim todo o pecar,
> E não o vosso amor, que é infinito.
> (In: Idem, p. 46.)

O eu lírico busca sua salvação por meio da argumentação.

A sátira

Conhecido também como "Boca do Inferno", em razão de suas sátiras, Gregório de Matos é um dos principais e mais ferinos representantes da literatura satírica em língua portuguesa. A exemplo de certos trovadores da Idade Média, o poeta não poupou na sua linguagem nem palavrões nem críticas a todas as classes da sociedade baiana de seu tempo. Criticava o governador, o clero, os comerciantes, os negros, os mulatos, etc.

Observe o soneto ao lado. Nele Gregório de Matos descreve a situação política e econômica da Bahia, a exploração praticada pelos colonizadores e a censura exercida contra os críticos dos maus administradores, sintetizadas nos dois últimos versos: "E é que, quem o dinheiro nos arranca, / Nos arrancam as mãos, a língua, os olhos".

A sátira constitui uma das partes mais originais da poesia de Gregório de Matos, pois foge aos padrões preestabelecidos pelo Barroco português ou ibérico e se volta para a realidade baiana do século XVII. Pode, assim, ser considerada poesia brasileira, e não somente pelos temas escolhidos, mas também pela percepção crítica da exploração colonialista empreendida pelos portugueses na colônia. Além disso, Gregório emprega na sátira uma língua portuguesa diversificada, brasileira, repleta de termos indígenas e africanos (que refletem o bilinguismo ou o trilinguismo da época), de palavrões, gírias e expressões locais.

Por essas razões é que a poesia de Gregório de Matos – ao abrir espaço para a paisagem e a língua do povo – talvez seja a primeira manifestação *nativista* de nossa literatura e represente o início do longo processo de despertar da *consciência crítica* nacional, que levaria ainda um século para abrir os olhos, com os gritos de revolta dos inconfidentes mineiros.

a) De que argumentos ele lança mão no primeiro fragmento?

b) E no segundo fragmento?

5. No soneto em estudo, é empregada uma figura de linguagem chamada *anadiplose*, que consiste em um encadeamento de palavras, feito de modo que um termo empregado no final de um verso dá início ao verso seguinte. Qual é a importância desse recurso para a argumentação que o eu lírico faz junto a Cristo?

6. Com base no que aprendeu até aqui acerca da linguagem barroca, você diria que o texto é cultista ou conceptista?

> Tristes sucessos, casos lastimosos,
> Desgraças nunca vistas, nem faladas,
> São, ó Bahia! vésperas choradas
> De outros que estão por vir mais estranhosos:
>
> Sentimo-nos confusos, e teimosos,
> Pois não damos remédios às já passadas,
> Nem prevemos tampouco as esperadas,
> Como que estamos delas desejosos.
>
> Levou-vos o dinheiro a má fortuna,
> Ficamos sem tostão, real nem branca,
> Macutas, correão, novelos, molhos:
>
> Ninguém vê, ninguém fala, nem impugna,
> E é que, quem o dinheiro nos arranca,
> Nos arrancam as mãos, a língua, os olhos.
> (*Poemas escolhidos*. Organização de José Miguel Wisnik. São Paulo: Cultrix, s.d. p. 44.)

tostão, real, branca, macuta: moedas, dinheiro de pouco valor.

A casa de Beto (1996), Carybé. Col. particular

141

PRODUÇÃO DE TEXTO

CAPÍTULO 13

O debate regrado público

TRABALHANDO O GÊNERO

No trabalho, nas conversas com familiares, professores, vizinhos e amigos, assim como em outras situações cotidianas, temos a oportunidade de opinar sobre certos assuntos. Muitas vezes há divergência entre o que pensamos e o que nosso interlocutor pensa. Então, somos compelidos a defender nosso ponto de vista a fim de mostrar que temos razão ou a apresentar um ponto de vista mais adequado àquela situação comunicativa.

Além dessas situações, em que a argumentação oral ocorre espontaneamente, existem aquelas em que duas ou mais pessoas participam de uma discussão que envolve um tema de interesse coletivo. Nesses casos, a discussão se dá em torno de um confronto de ideias, e os participantes obedecem a certas regras preestabelecidas. É então utilizado o gênero argumentativo oral chamado **debate regrado público**, mais conhecido como **debate**, simplesmente.

Embora o debate seja um gênero argumentativo oral, transcrevemos a seguir, com o objetivo de que sejam observadas algumas características do gênero, uma parte de um debate realizado em São Paulo sobre o tema **Orkut, MSN, YouTube: paquera e narcisismo na Internet**. O debate teve participação do escritor e dramaturgo Fernando Bonassi e da professora Lucia Santaella, do Centro de Investigação em Mídias Digitais, da PUC-SP, e mediação do escritor Marcelo Rubens Paiva e do jornalista Marcelo Tas.

Há, a seguir, a transcrição de alguns trechos do debate.

142

Marcelo Rubens Paiva — [...] segundo o Ibope existem 900 mil pessoas no Brasil que acessam diariamente as salas de paquera e a maioria é homem, o que me surpreendeu. Queria que você explicasse se há alguma razão para isso ou não.

Lucia — Esta notícia me surpreende, mas a Internet é feita de surpresas. [...] se os homens entram mais na Internet, é porque as mulheres são mais tímidas do que eles. Eu creio na possibilidade de se comunicar através da tela; longe da ideia de que esta tela seja constrangedora, ela é liberadora. Então para o homem esta liberação funciona.

Marcelo Rubens Paiva — [...] os homens são mais travados e precisam dessa ferramenta para se soltar?

Lucia — Que os homens são mais travados não tenho dúvida nenhuma. Quando digo travado, não estou ofendendo os homens. As mulheres são mais maleáveis, faz parte da psique feminina. A questão da sedução tem a marca registrada da mulher, porque a mulher conhece esta manha. Ela detém esta arte. As artimanhas da sedução pertencem à mulher. Basta olhar o corpo curvilíneo da mulher, os olhares, etc. Então, para o homem me parece que a tela funciona mesmo como uma possibilidade liberadora. Mas não podemos extrair regras da Internet. Amanhã mesmo ou daqui a um mês as coisas podem mudar. [...] Há alguns anos me chamaram para falar, no Dia dos Namorados, sobre a paixão. E eu comecei por um texto que foi publicado em um livro meu chamado "Miniaturas", que dizia "a paixão não se fala, a paixão se vive". E a paquera é a mesma coisa, falar sobre ela é de certa forma destruí-la, assim como pôr a mão em uma espuma. O que gostaria de dizer hoje é que o que o ser humano mais deseja é ser desejado por outro ser humano. E os meios que aparecem para que nós consigamos atingir este fim são múltiplos. E a Internet veio acrescentar mais um meio possível com suas características próprias. [...] há ganhos na Internet, porque temos acesso na hora em que queremos. De madrugada, quando se perde o sono e manda uma mensagem. A qualquer hora é como se o outro estivesse lá presente. Então o que este mundo traz parece paradoxal, mas é esta presença-ausente. Você sente que o outro está presente sem estar.

Marcelo Tas — [...] Bonassi, [...] todas essas novidades nos levam a um estágio de evolução no caso do namoro, da paquera, ou tudo continua a mesma coisa?

Fernando — Com a tecnologia tudo muda. Quer dizer, às coisas se agregam valor e possibilidades tecnológicas diferentes. Então a plataforma tecnológica [...] te permite o anonimato que te protege. É uma situação em que todos se protegem de todo mundo, portanto todos podem inventar tudo. [...] isto é um traço da paquera. Quando você se aproxima de alguém, quando se está buscando seduzir alguém, você também se transforma. Você tem estratégias para obter este amor que você não tem. [...] a Internet te permite dizer coisas que você não diria, fazer coisas que você não faria e engendrar ideias e identidades que você não teria. Esta coisa do horário, de ser on-line, de estar sempre aberta, de poder escrever uma mensagem fora do horário convencional requalifica esta relação. [...] A Internet [...] coloca no meio das pessoas uma plataforma de contato que tem os ganhos e as perdas de ser uma coisa virtual. Esta coisa da identidade é muito curiosa. [...] o que acho importante é que a Internet permite que qualquer cidadão comum, não apenas os que estão aqui ou na rede, recoloque o tema do afeto no seu cotidiano. Porque esta nuvem do anonimato é a chave da sedução. Não vamos seduzir ninguém com o que nós somos. Ninguém vai seduzir ninguém com mau hálito, mal vestido, com a roupa que dorme, com um moletom amarfanhado. Ao entrar no jogo da sedução, nós preparamos a nossa identidade, nos requalificamos para apresentar o melhor possível. Nenhuma 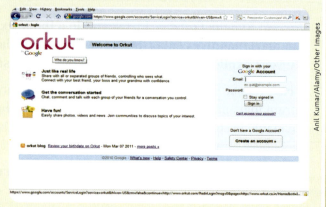 plataforma tecnológica que viabiliza isto poderia ser um problema, porque o que ela faz é justamente isso, a sedução é um projeto de melhora de si próprio. E acho que os homens são mais travados do que as mulheres por fatores de criação, de encaminhamento dentro da sociedade. [...]

Marcelo Tas — **O que eu queria trazer aqui pra vocês é o site de maior audiência da Internet brasileira [...] o Orkut, que é um subproduto do Google. O Orkut é um site criado por um cara chamado Orkut, um turco que até visitou o Brasil este ano. E ele criou nas horas vagas esse site e aqui no Brasil ele é primeiro lugar de audiência. [...] Por que esse é o site de maior audiência no Brasil e o que isso significa?**

Fernando — Este é um país pobre e burro em que é perigoso andar na rua. O mundo real é muito afetivo e muito perigoso. Ou assim nos é vendido, assim se produzem as relações sociais por aqui. Então o Orkut tem uma coisa que é poder entrar em contato com muitas pessoas, com toda a proteção e partilhando um tema ou não. O que acho mais bacana do Orkut é justamente encará-lo seriamente, porque é o primeiro espaço livre que se tem. Não conheço outro semelhante. Eu me lembro de uma praça em Londres em que você pode ir lá, subir na tribuna e xingar todo mundo, menos a rainha. Você pode falar mal de todo mundo, menos da rainha. É ridículo isto, britânico demais. Este espaço livre permite que pessoas de diferentes lugares e pensamentos entrem para debater conjuntamente um tema como, por exemplo, um senador da República cuja contabilidade é no mínimo esquisita. [...] é um dos poucos espaços ainda livres em que se pode promover discussões sem características rigorosas, sem o rigor dos vários ambientes sociais. Permite que as pessoas entrem em contato e se manifestem politicamente. Especialmente a indústria cultural ao olhar para isso. Não é incomum que os jornalistas demonizem isso, porque serão os primeiros a serem varridos do mapa. A indústria cultural está morrendo de medo do que vai acontecer. Na indústria do livro, cinema e televisão as pessoas não sabem mais onde vão ganhar dinheiro. Há uma dúvida sobre o futuro em negócios fundamentais da raça humana neste momento. Então é fácil demonizar isto. Porque é um espaço de liberdade onde os cidadãos manifestam pelo menos o seu querer político, o seu querer afetivo, o seu senso de humor. [...]

Lucia — Primeiro que o Orkut não é só frequentado, ele é habitado. [...] a cultura brasileira é muito expansiva. O brasileiro não se intimida de expor a sua vida privada. Quem tem experiência de viver fora do Brasil em culturas mais contidas isto fica muito claro. Você está em um ponto de ônibus ou viaja de trem com alguém e de repente aquela pessoa começa a contar a sua vida inteira, de repente você também se vê contando coisas íntimas de sua vida. Isto é muito do brasileiro.

(diversão.uol.com.br/ultnot/2007/06/12/ult4326u249.jhtm. Debate realizado em 12/6/2007. Adaptado.)

1. Num debate regrado público, há geralmente. um coordenador e organizador, chamado **mediador** ou **moderador**. Além de conduzir o debate, cabe a ele, juntamente com os participantes, definir as regras e colocá-las em prática durante o evento. De modo geral, o moderador procura fazer poucas interferências.

   a) No debate lido, quem desempenha o papel de moderador?

   b) No decorrer do debate, se o moderador percebe que a discussão sobre determinado aspecto do tema está perdendo força, ou se julga que o debate ficaria mais enriquecido se fosse incluído outro aspecto, ele tem a liberdade de fazer perguntas aos debatedores, pedir a um ou a outro participante que dê um exemplo ou explique melhor sua afirmação, etc. No debate em estudo, o moderador faz alguma interferência desse tipo? Em caso afirmativo, identifique o trecho em que isso ocorre.

2. Num debate, é comum as pessoas apresentarem opiniões diferentes ou até contrárias acerca de um tema. Compare as falas de Fernando Bonassi e de Lucia Santaella nas respostas às três primeiras perguntas.

   a) Há divergência entre eles quanto à afirmação de que os homens são mais travados do que as mulheres para paquerar?

   b) Eles apresentam os mesmos argumentos em relação a esse tema? Justifique sua resposta.

3. Segundo Marcelo Tas, o Orkut é o *site* de maior audiência da Internet brasileira.

   a) Qual dos dois debatedores apresenta argumentos que justificam a preferência brasileira por esse *site*?

   b) Para Fernando Bonassi, o Orkut constitui um espaço de cidadania em qualquer país? Por quê?

4. Fernando Bonassi aborda o tema da sedução dentro e fora da Internet. Há, de acordo com ele, características próprias da Internet no que se refere à sedução? Se sim, quais?

5. Nos debates, é comum uma pessoa retomar a fala de outra para concordar com ela ou refutar o que ela afirmou. Essa retomada pode ocorrer explicitamente, por meio de frases como: *conforme fulano falou..., concordo com..., discordo de...* . Ou pode ocorrer implicitamente, como quando o debatedor, por exemplo, cita uma parte do discurso de outro. No debate em estudo, há concordância ou negação explícita de um dos debatedores em relação ao outro debatedor? E concordância implícita? Se houver, dê um exemplo.

Debate: divergências que fazem crescer

Debater não é brigar. É argumentar, expor livremente nosso ponto de vista e conhecer o pensamento dos outros.

Quando debatemos, pretendemos convencer nosso interlocutor de que temos razão. Contudo, nem sempre conseguimos esse resultado. Por outro lado, por entrarmos em contato com outras ideias e passarmos a ver diferentes ângulos do problema, pode acontecer de sermos convencidos pelo interlocutor. Qualquer que seja o resultado, o debate é sempre enriquecedor para quem dele participa ou para quem o presencia.

6. Ao argumentar, um debatedor expressa seu ponto de vista. Por isso, é comum o emprego de expressões, como *na minha opinião*, *para mim*, *do meu ponto de vista*. Há, no debate lido, expressões como essas? Se sim, dê exemplos.

7. Geralmente, nos debates públicos predomina a norma culta, menos ou mais formal, dependendo do perfil sociocultural dos participantes: idade, hábitos linguísticos, grau de escolaridade, profissão, grau de intimidade que têm entre si, etc. Observe a linguagem empregada pelos participantes no debate lido.

   a) O que predomina: a formalidade ou a informalidade?

   b) Identifique marcas da oralidade nas falas de Fernando Bonassi.

8. A que tipo de público o debate regrado público se destina?

9. Qual é o suporte desse gênero textual, isto é, como ele é veiculado para atingir o público a que se destina?

10. Reúna-se com os colegas de seu grupo e, juntos, concluam: Quais são as características do debate regrado público? Respondam, considerando os seguintes critérios: finalidade do gênero, perfil dos interlocutores, suporte ou veículo, tema, estrutura, linguagem.

PRODUZINDO O DEBATE REGRADO

O texto a seguir trata da amizade nas redes sociais da Internet. Leia-o com atenção.

Como a internet está mudando a amizade

[...]

Então as pessoas começam a se adicionar no Facebook e no final todo mundo vira amigo? Não é bem assim. A internet raramente cria amizades do zero — na maior parte dos casos, ela funciona como potencializadora de relações que já haviam se insinuado na vida real. [...] As redes sociais têm o poder de transformar os chamados elos latentes (pessoas que frequentam o mesmo ambiente social que você, mas não são suas amigas) em elos fracos — uma forma superficial de amizade. Pois é.

Por mais que existam exceções a qualquer regra, todos os estudos apontam que amizades geradas com a ajuda da internet são mais fracas, sim, do que aquelas que nascem e crescem fora dela.

Isso não é inteiramente ruim. Os seus amigos do peito geralmente são parecidos com você: pertencem ao mesmo mundo e gostam das mesmas coisas. Os elos fracos não. Eles transitam por grupos diferentes do seu, e por isso podem lhe apresentar coisas e pessoas novas e ampliar seus horizontes — gerando uma renovação de ideias que faz bem a todos os relacionamentos, inclusive às amizades antigas. Os sites sociais como Orkut e Facebook tornam mais fácil fazer, manter e gerenciar amigos. Mas também influem no desenvolvimento das relações — pois as possibilidades de interagir com outras pessoas são limitadas pelas ferramentas que os sites oferecem. "Você entra nas redes sociais e faz o que elas querem que você faça: escrever uma mensagem, mandar um link, cutucar", diz o físico e especialista em redes Augusto de Franco, que já escreveu mais de vinte livros sobre o tema. O problema, por assim dizer, é que a maioria das redes na internet é simétrica: se você quiser ter acesso às informações de uma pessoa ou mesmo falar reservadamente com ela, é obrigado a pedir a amizade dela, que tem de aceitar. Como é meio grosseiro dizer "não" a alguém que você conhece, mesmo que só de vista, todo mundo acaba adicionando todo mundo. E isto vai levando à banalização do conceito de amizade. [...] É verdade. Mas, com a chegada de sites como o Twitter, a coisa ficou diferente.

Amizade assimétrica

No Twitter, eu posso te seguir sem que você tenha de autorizar isso, ou me seguir de volta. É uma rede social completamente assimétrica. E isso faz com que as redes de "seguidores" e "seguidos" de alguém possam se comunicar de maneira muito mais fluida. [...]

146

É o seguinte. Eu posso me interessar pelo que você tem a dizer e começar a te seguir. Nós não nos conhecemos. Mas você saberá quando eu o retuitar ou mencionar seu nome no site, e poderá falar comigo. Meus seguidores também podem se interessar pelos seus tuítes e começar a seguir você. Os seus seguidores podem ter curiosidade sobre mim e entrar na conversa que estamos tendo. Em suma: nós continuaremos não nos conhecendo, mas as pessoas que estão à nossa volta estabelecem vários níveis de interação – e podem até mesmo virar amigas entre si.

[...]

(Camilla Costa. *Superinteressante*, nº 288, p. 55-7.)

Debata com os colegas o seguinte tema: **As amizades feitas pela Internet são reais e duradouras, mesmo sem a presença física do outro?**.
Ao tratar do tema, procurem considerar se, ao contrário, o relacionamento virtual leva as pessoas a se isolar e encontrar dificuldades para fazer amizades sólidas fora do círculo da Internet.

Prepare-se para debater o tema lendo também o quadro "Planejamento do debate regrado público". Em seguida, junto com os colegas, elejam o moderador, definam as regras e iniciem o debate.

PLANEJAMENTO DO DEBATE REGRADO PÚBLICO

Preparação da sala	O moderador
• Não há uma disposição obrigatória da sala para a realização do debate. Se o número de participantes for pequeno, é possível que todos se sentem em círculo. Se, entretanto, forem muitos os participantes (debatedores e/ou público), as pessoas devem ocupar as cadeiras normalmente, conforme a disposição original da sala.	• Posicione-se em pé na sala, numa posição central, de modo que possa ver e ser visto por todos. • Inicie os trabalhos cumprimentando o público e apresentando o tema a ser debatido. Faça algumas considerações sobre o tema ou sobre a importância daquele debate e lembre as regras previamente estabelecidas. • Se julgar necessário, indique uma pessoa para secretariar os trabalhos, fazendo as inscrições das pessoas que desejam falar. • Ao passar a palavra a um debatedor, utilize expressões como: "Vamos ouvir a opinião de fulano", ou "Fulano, sua vez". • Faça sinais para os debatedores alguns segundos antes do término da fala (por exemplo, 10 ou 15 segundos), a fim de alertá-los sobre o tempo. • Interfira no debate ao perceber que o debatedor está apresentando um argumento pouco claro ou superficial, fazendo perguntas como "Por quê?", pedindo que dê exemplo ou que explique melhor determinada afirmação. • Interfira sempre que houver na sala ruídos ou conversas paralelas que atrapalhem o andamento dos trabalhos.

Os debatedores			
Tempo	**Procedimento**	**Expressão**	**Uso da língua**
• Os debatedores devem ter igualdade de condições e de tempo para expor suas ideias. • Não se alongue com informações secundárias ou supérfluas, pois corre o risco de não concluir o pensamento por falta de tempo. • Vá ao ponto principal logo no início da fala e, se possível, use o restante do tempo com exemplos. • Durante a fala de outro debatedor, anote o nome dele e o argumento que ele apresentou. Posteriormente, se for retomar ou combater esse argumento, consulte suas anotações.	• Nunca leve as discussões para o terreno pessoal. O que está em avaliação são as ideias, não as pessoas. • Fale livremente; é seu direito não sofrer interrupções e não ser alvo de zombaria. Porém, manifeste-se apenas quando chegar a sua vez. • Respeite as regras estabelecidas; caso contrário, porá em risco o andamento e o sucesso de todo o debate.	• Fale alto, de modo claro e articulado. Se necessário, fale em pé para ser ouvido por todos. • Olhe diretamente nos olhos do moderador ou dos demais participantes; assim passará a impressão de firmeza e segurança. • Se fizer uso de anotações durante a fala, leia-as de forma rápida e sutil, sem interromper o fluxo da fala e do pensamento. Evite abaixar a cabeça e o tom da fala. • Evite gesticulação excessiva, que possa distrair a atenção dos ouvintes.	• Use a norma culta, menos ou mais formal, de acordo com o perfil dos participantes. • Evite o uso reiterado de palavras e expressões como *né?*, *tipo*, *tipo assim*, etc., pois atrapalham o fluxo das ideias e dispersam a atenção dos ouvintes. • Faça referência à fala de outro debatedor, com expressões como *Conforme disse fulano...*, *Concordo com a opinião de fulano...*, *Discordo em parte do ponto de vista de fulano...*, *Gostaria de acrescentar ao comentário de fulano que...*

FILMANDO O DEBATE

Filmem o debate para que, posteriormente, todos possam assistir a algumas partes dele, ou a todo ele, a fim de observar aspectos positivos e negativos e aprimorar o próximo debate.

REVISÃO E AVALIAÇÃO

Depois de realizado o debate, avaliem-no, levando em conta as orientações apresentadas no quadro "Planejamento do debate regrado público". Verifiquem:

- se houve respeito às regras estabelecidas;
- se o moderador cumpriu bem o seu papel de coordenador;
- se o tempo foi respeitado;
- se houve riqueza de ideias e argumentos;
- se o desempenho dos participantes foi bom;
- se houve respeito entre os participantes;
- se a linguagem empregada pelos participantes seguiu a norma-padrão informal;
- se houve ou não na fala dos participantes certos vícios de linguagem, como "tipo", "tipo assim", "tá ligado", entre outros.

Se necessário, assistam novamente a alguns trechos do debate gravado para observar detalhes, confirmar impressões ou tirar dúvidas. Ao final, estabeleçam metas e compromissos com vistas à realização do próximo debate.

148

LÍNGUA: USO E REFLEXÃO

Undine ou a dança (1913), de Francis Picabia.

CAPÍTULO 14

A expressão escrita: acentuação

CONSTRUINDO O CONCEITO

Leia este poema, de Arnaldo Antunes:

MÁSCARA

RASGARÁ

(Disponível em: http://arnaldoantunes.blogspot.com/2010/08/o-que.html. Acesso em: 4/4/2012.)

1. O poema é composto por duas palavras. Que diferenças elas apresentam entre si quanto:

a) aos fonemas que as constituem?

b) à sílaba tônica de cada uma?

2. Se retirarmos os acentos das duas palavras, elas continuam sendo termos existentes na língua portuguesa.

a) Desenhe em seu caderno uma tabela como a seguinte e distribua nela as palavras *mascara*, *rasgará* e *rasgara*, levando em conta os critérios de tonicidade das sílabas e classificação morfológica. Veja, como modelo, a classificação da palavra *máscara*.

	Posição da sílaba tônica	Classe morfológica
máscara	proparoxítona	substantivo simples comum

b) Embora as palavras *máscara*, *mascara*, *rasgará* e *rasgara* tenham três sílabas e terminem em *a*, elas variam quanto à acentuação e à posição da sílaba tônica. A partir da tabela que você montou, tente deduzir algumas regras de acentuação.

3. Observe novamente o poema.

a) De que material são constituídas as letras que compõem as palavras?

b) Levante hipóteses: Ao associar as palavras *máscara* e *rasgará*, da maneira como estão formadas, que sentido o poema constrói?

CONCEITUANDO

Ao ler o poema e responder às questões sobre ele, você deve ter observado que:

- algumas palavras têm *acento gráfico* e outras não;
- na pronúncia das palavras, ora se dá maior *intensidade sonora* a uma sílaba, ora a outra.

Assim, as palavras da nossa língua têm dois tipos de acento: o tônico e o gráfico.

> O **acento tônico** corresponde à maior intensidade sonora com que se pronuncia uma das sílabas das palavras, a **sílaba tônica**.
> O **acento gráfico** é um sinal utilizado para indicar a sílaba tônica de certas palavras.

No estudo do poema, você viu a oposição entre *máscara* e *mascara*. Na fala, essas palavras distinguem-se pela maior intensidade sonora com que se pronuncia a sílaba tônica. Na escrita, como as palavras têm a mesma grafia, a distinção é feita por meio do acento gráfico.

O papel do acento gráfico é, assim, evitar, na escrita, possíveis confusões quanto à leitura e à compreensão de certas palavras.

A reforma ortográfica de 2009

Em 2009, entrou em vigor no Brasil o Acordo Ortográfico da Língua Portuguesa assinado em 1990 pelos países lusófonos: Brasil, Portugal, Moçambique, Angola, Guiné-Bissau, Cabo Verde, Timor Leste e São Tomé e Príncipe. Contudo, somente a partir de 2016 as alterações constantes no acordo passarão a ser obrigatórias.

Entre as vantagens da reforma ortográfica, está a unificação do sistema de escrita da língua. Na prática, isso quer dizer que um livro publicado em Moçambique ou em Portugal pode ser lido no Brasil ou em Angola sem causar estranhamentos.

Praia de Vilankulo, em Moçambique.

REGRAS DE ACENTUAÇÃO GRÁFICA

1. Acentuam-se os monossílabos tônicos terminados em *a(s)*, *e(s)*, *o(s)* e em ditongos abertos *éi(s)*, *éu(s)* e *ói(s)*:

pá – pás	méis
pé – pés	céu – véus
pó – pós	mói – sóis

2. Acentuam-se as palavras **oxítonas** terminadas em *a(s)*, *e(s)*, *o(s)* e *em(ens)* e nos ditongos abertos *éi(s)*, *éu(s)*, *ói(s)*:

Amapá	capô	anéis
babás	paletós	chapéu(s)
até	também	herói(s)
vocês	armazéns	

3. Acentuam-se as **paroxítonas** terminadas em *l, n, r, x, ã(s), ão(s), i(s), ei(s), um(uns), us, ps*:

dócil	ímã(s)	álbum
hífen	órfão(s)	álbuns
açúcar	júri(s)	vírus
ônix	jóquei(s)	bíceps

4. Acentuam-se todas as palavras **proparoxítonas**:

lâmpada	cédula	público

5. Acentuam-se as vogais *i* e *u* tônicas dos hiatos, seguidas ou não de *s*, nas palavras oxítonas e paroxítonas:

aí	baú	sanduíche	graúdo	país

Exceção: Quando seguida de *nh* na sílaba seguinte, a vogal *i* tônica não é acentuada: rainha, bainha, tainha.

Acento diferencial

O verbo *pôr* é acentuado para diferenciar-se da preposição *por*:

> Vou *pôr* a mesa imediatamente.
> A sobremesa foi feita *por* mim.

O que são monossílabos tônicos e monossílabos átonos?

1. Chamam-se *monossílabos tônicos* as palavras de uma única sílaba que têm intensidade sonora forte. Os *monossílabos átonos*, por terem intensidade sonora fraca, acabam por apoiar-se em outras palavras tônicas. Além do aspecto fonético, diferenciam-se também pelo significado: os monossílabos tônicos têm significação própria, enquanto os monossílabos átonos só assumem significado quando estabelecem relação entre outras palavras.

2. Os monossílabos que pertencem às classes dos substantivos, adjetivos, advérbios, além de alguns pronomes, etc., são *tônicos*. Por exemplo: *flor, má, dá, três*.

3. São monossílabos átonos as preposições, as conjunções, os artigos e alguns pronomes oblíquos, como, por exemplo, *me, nos, lhe, mas, de, o*.

De acordo com a reforma ortográfica, **não** se acentuam os ditongos abertos **ei** e **oi** nas palavras paroxítonas: assembleia, ideia, boia, heroico.

De acordo com a nova reforma ortográfica, **não** se acentuam as vogais **i** e **u** tônicas precedidas de ditongo das palavras paroxítonas: feiura, baiuca.

O trema caiu

De acordo com a reforma ortográfica, o trema deixou de existir na língua portuguesa. Assim, por exemplo, hoje se grafam: frequente, tranquilo, aguentar, sagui.

A forma verbal *pôde* (pretérito perfeito) diferencia-se de *pode* (presente do indicativo) por meio do acento circunflexo:

> Ontem ele não pôde assinar os documentos.

151

Vem ou vêm? Tem ou têm? Intervém ou intervêm?

1. Os verbos **vir** e **ter** na 3ª pessoa do plural do presente do indicativo, apesar de serem monossílabos tônicos terminados em *-em*, recebem o acento circunflexo para diferenciarem-se da 3ª pessoa do singular: ele vem — eles vêm   ele tem — eles têm

   Os verbos derivados de *ter* e *vir*, como **deter**, **manter**, **reter**, **intervir**, **convir**, etc., por não serem monossílabos, obedecem à regra das oxítonas. Na 3ª pessoa do plural, entretanto, usa-se o acento circunflexo para a diferenciação: ele intervém — eles intervêm   ele mantém — eles mantêm

2. Não se deve confundir o plural dos verbos citados com o dos verbos **crer**, **ler**, **ver** e **dar**:

   ele crê — eles creem   ele lê — eles leem   ele vê — eles veem   ele dê — eles deem

EXERCÍCIOS

Leia as placas a seguir e responda às questões 1 e 2.

(Disponível em: http://noticias.r7.com/vestibular-e-concursos/fotos/r7-corrige-placas-com-erros-de-portugues-pelo-brasil-20110620-23.html. Acesso em: 4/4/2012.)

(Disponível em: http://caraguablog.blogspot.com/2010_11_01_archive.html. Acesso em: 4/4/2012.)

(Disponível em: http://noticias.r7.com/vestibular-e-concursos/fotos/r7-corrige-placas-com-erros-de-portugues-pelo-brasil-20110620-1.html#fotos. Acesso em: 4/4/2012.)

1. Identifique as palavras que foram grafadas inadequadamente e, em seu caderno, construa uma tabela, identificando os desvios quanto à acentuação e a regra que não foi levada em conta. Veja, como modelo, a palavra *hóspede*:

Palavra na placa	Grafia padrão	Regra de acentuação não respeitada
hospede	hóspede	Todas as proparoxítonas são acentuadas.

2. Entre as palavras da tabela que você construiu, há uma que pode ser escrita da maneira como aparece na placa, porém com outro significado. Identifique essa palavra e descreva a diferença morfológica e semântica entre a forma com acento e a forma sem acento.

A ACENTUAÇÃO NA CONSTRUÇÃO DO TEXTO

Leia esta tira, de Bob Thaves:

(*O Estado de S. Paulo*, 21/1/2006.)

1. Na tira, a personagem que fala faz um comentário sobre a acentuação de palavras na língua portuguesa.
   a) De acordo com o contexto, por que ela emprega o sujeito (os cágados) no plural?
   b) Que palavra desse comentário exclui os demais usuários da língua portuguesa?
   c) Portanto, na opinião da personagem, de que maneira os demais usuários acentuam as palavras?

2. Você sabe que, na escrita, o papel do acento gráfico é evitar possíveis confusões quanto à leitura e à compreensão das palavras.
   a) A palavra *cágados*, tal como está grafada na tira, deixa o leitor em dúvida quanto ao seu sentido? Por quê?
   b) Como se classifica essa palavra quanto à posição da sílaba tônica?
   c) Há uma palavra paroxítona que é parônima de *cágado*. Na sua opinião, por que a personagem não deseja ser designada por essa outra palavra?
   d) A preocupação da personagem é o emprego adequado do acento gráfico na palavra que designa sua espécie. Explique por que essa preocupação é absurda.
   e) Que recurso da escrita permitiu ao cartunista criar o humor na tira?

Para que serve a acentuação?

A acentuação serve para auxiliar a representação escrita da linguagem.

Quando ouvimos, distinguimos com facilidade uma sílaba tônica de uma sílaba átona. Quando lemos, entretanto, isso não é tão fácil, o que pode dificultar a leitura. Assim, os sinais de acentuação cumprem o papel de distinguir, na escrita, palavras de grafia idêntica mas de tonicidade diferente, como *secretária/secretaria*, *baba/babá*, *mágoa/magoa*, *público/publico*, etc.

SEMÂNTICA E DISCURSO

Leia a tira a seguir, de Adão Iturrusgarai, para responder às questões de 1 a 4.

(*O Estado de S. Paulo*, 22/1/2005.)

1. A personagem da tira é um dos membros da Família Bíceps, inventada pelo cartunista.
   a) Considerando-se o contexto e essa informação, como provavelmente se caracterizam os membros dessa família?
   b) Por que motivo provavelmente Marcel está internado numa clínica para viciados em ginástica?

2. Marcel foi submetido a uma "dieta sedentária".
   a) O que foi feito para ele se tornar sedentário?
   b) A dieta alimentar prescrita para Marcel é a que se considera adequada a um doente? Por quê?

3. No 2º quadrinho, parece que a dieta prescrita estava dando os resultados esperados.
   a) A que campo semântico pertencem as palavras *bíceps, tríceps* e *quadríceps*?
   b) Por que essas palavras são acentuadas?

4. No último quadrinho, vê-se o resultado da dieta prescrita: um músculo se desenvolveu – o pânceps.
   a) Essa palavra existe na língua portuguesa?
   b) A partir de que palavras ela foi criada?
   c) *Bíceps, tríceps* e *quadríceps* referem-se a determinados músculos que têm, respectivamente, dois, três e quatro feixes fibrosos. Explique por que, de acordo com o contexto, o emprego de *pânceps* provoca humor.

5. Leia este quadrinho, de Caco Galhardo:

   a) O cartunista se refere a três novas regras do Acordo Ortográfico. Quais são essas regras?
   b) Cite mais duas palavras – que antes eram acentuadas e agora deixaram de ser – para exemplificar alterações introduzidas pela reforma ortográfica.

PARA COMPREENDER O FUNCIONAMENTO DA LÍNGUA

ORTOGRAFIA (II)

Emprego da palavra *porque*

- Usa-se **por que**:
   a) nas interrogativas diretas e indiretas:

   Por que você demorou tanto?
   Quero saber *por que* ela não veio.

   b) sempre que estiverem expressas ou subentendidas as palavras *motivo, razão*:

   Não sei *por que* ele se ofendeu.
   Eis *por que* não lhe escrevi antes.

   c) quando a expressão puder ser substituída por *para que* ou *pelo qual, pela qual, pelos quais, pelas quais*:

   A estrada *por que* passei está esburacada.

   d) em títulos:

   Por que o governo substituiu o ministro da Economia

154

- Usa-se **por quê**:

  quando a expressão aparecer em final de frase ou sozinha:

  > Ria, ria, sem saber *por quê*.
  > Brigou de novo? *Por quê?*

- Usa-se **porque**:

  quando a expressão equivaler a *pois, uma vez que, para que*:

  > Não responda, *porque* ele está com a razão.

- Usa-se **porquê**:

  quando a expressão for substantivada, situação em que é sinônimo de *motivo, razão*:

  > O diretor negou-se a explicar o *porquê* de sua decisão.

EXERCÍCIOS

1. De acordo com o contexto, que forma completa adequadamente os balões do 1º e do 2º quadrinhos da tira a seguir: *por que, por quê, porque* ou *porquê?*

(Bill Watterson. *Os dias estão simplesmente lotados*. São Paulo: Best News, 1995. p. 29.)

2. Reescreva as frases, completando-as com *por que, por quê, porque* ou *porquê*:

a) Eles resolveram partir ☐ já era muito tarde.

b) Retiraram-se da assembleia sem dizer ☐.

c) Você fala demais. Eis ☐ não entende o que o professor explica.

d) O diretor gostaria de saber ☐ vocês sempre chegam atrasados às quartas-feiras.

e) O título da reportagem é: ☐ o novo Código de Trânsito tem falhas.

f) Não sei ☐ estou tão aborrecida hoje.

g) Ela não tem consciência do ☐ de sua atitude.

Outras questões notacionais da língua

a fim de / afim

- **a fim de**: indica finalidade: > Não estou *a fim de* sair hoje.

- **afim**: semelhante, com afinidade: > Sempre tivemos ideias *afins*.

ao invés de / em vez de

- **ao invés de**: ao contrário de: > *Ao invés de* sair, entrou.

- **em vez de**: em lugar de: > *Em vez de* reclamar, ajude-nos.

debaixo / de baixo

• **debaixo**: em posição ou em situação inferior: Saiu emburrado, com os cadernos *debaixo* do braço.

• **de baixo**: indica origem e significa "a partir de baixo": O vento vinha *de baixo* e subia até o telhado da casa.

há / a

Emprega-se **há**:

• com referência a tempo passado: Não o vejo *há* muitos anos.

• quando se trata de forma do verbo *haver*: *Há* um artigo interessante nesta revista.

Emprega-se **a**:

• com referência a tempo futuro: *A* dois minutos da peça, o ator ainda retocava a maquilagem.

• com referência a distância: Morava *a* cinco quadras daqui.

mal / mau

Na dúvida, convém adotar esta regra prática: **mal** é oposto de *bem*; **mau** é oposto de *bom*.
Observe a substituição: mal-humorada (bem-humorada), mal-estar (bem-estar), mau agouro (bom agouro).

Mau é adjetivo e, portanto, modifica um substantivo: Ele é um *mau* companheiro.

Nesse caso, ocorre variação de gênero: má companheira, má-criação.

Mal pode ser:

• substantivo: Não há *mal* que sempre dure.

Nesse caso, ocorre variação de número: *males*.

• advérbio: O jogador comportou-se *mal*.

• conjunção (corresponde a *quando*): *Mal* cheguei, ele saiu.

• prefixo: *mal*-educado, *mal*criado.

Nesse caso, há exigência de hífen quando à palavra segue-se outra iniciada por *vogal* e *h*: mal-agradecido, *mal*-humorado; nos demais casos: *mal*feito, *mal*passado.

mas / mais

• **mas**: porém, contudo, todavia: Gostaria de ir, *mas* não posso.

• **mais**: indica quantidade; é o contrário de *menos*: Gostaria de ficar *mais* com você, mas não posso.

meio / meia

Meio é advérbio quando equivalente a *mais ou menos, um pouco*:

A janela *meio* aberta deixava ver o interior da casa.

Meia é adjetivo quando equivalente a *metade*. Nesse caso é variável:

Comprei *meio* quilo de carne e *meia* dúzia de ovos.
Já é *meio*-dia e *meia* (hora).

EXERCÍCIOS

1. Leia esta tira, de Caco Galhardo:

(*Folha de S. Paulo*, 21/11/2011.)

Imagine que você fosse revisor do jornal e essa tira chegasse às suas mãos antes de ser publicada. Você faria alguma recomendação de mudança ortográfica ao autor da tira?

2. Reescreva as frases a seguir, completando-as com *mal* ou *mau*, conforme convier. Na dúvida, adote esta regra prática: *mal* é oposto de *bem*; *mau* é oposto de *bom*.

a) O jogador caiu de ☐ jeito.
b) Hoje me levantei ☐-humorado.
c) Ele é ☐-educado e ☐criado.
d) O muro ruiu, porque foi ☐ construído.

3. Leia esta tira, de Fernando Gonsales:

(*Folha de S. Paulo*, 7/1/2010.)

No 2º quadrinho, que palavra ou expressão completa adequadamente a frase do primeiro balão: *debaixo* ou *de baixo*?

4. Use uma das formas indicadas entre parênteses, conforme convier. Se necessário, consulte o dicionário.

a) A matemática e a física são ciências ☐. (a fim/afim)
b) Cheguei mais cedo à escola, ☐ de preparar a sala de vídeo. (a fim/afim)
c) Ela está ☐ aborrecida com isso tudo. (meio/meia)
d) Rápido, Ana, já é ☐-dia e ☐. (meio/meia)

Parônimos e homônimos

Algumas palavras, como **infringir** e **infligir**, podem nos deixar em dúvida quando escrevemos textos, porque, embora tenham sentidos diferentes, apresentam semelhança na grafia e na pronúncia – palavras **parônimas** – ou diferença na grafia e semelhança na pronúncia – palavras **homônimas**.

As palavras desse tipo empregadas com mais frequência são:

acender: pôr fogo a
ascender: subir

acento: inflexão da voz; sinal gráfico
assento: lugar em que se assenta

acético: relativo ao vinagre
ascético: relativo ao ascetismo
asséptico: relativo à assepsia

caçar: perseguir a caça
cassar: anular

censo: recenseamento
senso: juízo claro

cé(p)tico: que ou quem duvida
sé(p)tico: que causa infecção

cessão: ato de ceder; doação
seção ou secção: corte; divisão
sessão: reunião; assembleia

comprimento: extensão
cumprimento: saudação

concertar: harmonizar; combinar
consertar: remendar; reparar

coser: costurar
cozer: cozinhar

delatar: denunciar
dilatar: estender; retardar

descrição: representação
discrição: ato de ser discreto; reserva

descriminar: inocentar
discriminar: distinguir

discente: relativo a alunos
docente: relativo a professores

emergir: vir à tona
imergir: mergulhar

emigrante: o que sai do próprio país
imigrante: o que entra em país estrangeiro

eminente: alto; excelente
iminente: que está prestes a ocorrer

empoçar: formar poça
empossar: dar posse a

espiar: espreitar
expiar: sofrer pena ou castigo

espirar: soprar; respirar; estar vivo
expirar: expelir o ar dos pulmões; morrer; definhar

estada: ato de estar, permanecer ou demorar (sempre em referência a pessoas e a animais)
estadia: tempo de permanência de veículos em garagem ou estacionamento

estrato: camada sedimentar; tipo de nuvem
extrato: o que foi tirado de dentro; fragmento

flagrante: ato de ser surpreendido em alguma situação; evidente; patente
fragrante: perfumado

infligir: aplicar (pena, repreensão)
infringir: violar; transgredir; desrespeitar

intenção ou tenção: propósito
intensão ou tensão: intensidade

intercessão: rogo; súplica
interse(c)ção: ponto em que duas linhas se cortam

mandado: ordem judicial
mandato: período de missão política

prescrição: ordem expressa
proscrição: eliminação, expulsão

ratificar: confirmar
retificar: corrigir

tachar: censurar; notar defeito em
taxar: estabelecer o preço ou imposto

tráfego: movimento, trânsito
tráfico: comércio ilegal e clandestino

vultoso: volumoso
vultuoso: atacado de vultuosidade (congestão da face)

EXERCÍCIO

Empregue uma das formas indicadas entre parênteses:

a) Sejam educados! Usem de ☐. (descrição/discrição)

b) A empresa gastou uma soma ☐ em lazer para seus funcionários. (vultuosa/vultosa)

c) Em minha última viagem à costa brasileira, a ☐ do navio em Salvador permitiu que se prolongasse nossa ☐ naquela magnífica cidade. (estadia/estada)

d) O governo ☐ os direitos políticos de muitos deputados. (cassou/caçou)

e) Felizmente, os ladrões foram apanhados em ☐. (flagrante/fragrante)

f) Pedro trabalha na ☐ de secos e molhados. (cessão/sessão/seção)

g) Gosto de ir ao cinema na ☐ das dez. (cessão/sessão/seção)

h) Palmas para o nadador que acaba de ☐ e já acena para o público! (emergir/imergir)

i) O motoqueiro ☐ as leis de trânsito e o guarda ☐ a ele uma multa bem pesada. (infringiu/infligiu)

158

··VIVÊNCIAS··

A tecnologia é um assunto que interessa a todos. Embora hoje nem todas as pessoas do nosso país estejam incluídas digitalmente na sociedade, é difícil encontrar alguém que, de alguma forma, não esteja ligado ao mundo digital. Seja por meio das redes sociais, seja recebendo *e-mails* no celular ou no escritório, seja navegando na Internet ou se comunicando por ela, cada vez mais as pessoas começam a participar desse movimento chamado revolução digital.

Acompanhar o desenvolvimento tecnológico, entretanto, é possível para um número limitado de pessoas, uma vez que a tecnologia digital se desenvolve rápida e continuamente.

Neste projeto, você vai reunir sua produção textual da unidade 2 relacionada ao assunto e, juntamente com seu grupo e com a classe, montar uma feira voltada à inclusão de pessoas no mundo digital.

Convidem para participar da feira colegas de outros anos, professores de outras disciplinas e funcionários da escola, bem como familiares e amigos. Divulguem amplamente o evento, por meio de folhetos e faixas distribuídas pela escola.

Projeto
FEIRA DE INCLUSÃO DIGITAL

1. Tô ligado na rede!

• *E-mails* e comentários

Muitas pessoas desconhecem a possibilidade de interferir na vida social e política de sua cidade ou de seu país por meio de certos gêneros digitais, como *e-mails*, comentários e *blogs*.

Durante a feira, deixem alguns computadores à mostra do público com os *e-mails* que enviaram e com os comentários que vocês publicaram em *blogs* e *sites*.

2. Divulgando ferramentas

Ao lado dos computadores com *e-mails* e comentários, deixem disponíveis outros computadores conectados à Internet, a fim de que eles possam ser acessados pelos visitantes.

• **Navegando pelo Google Art Project**

Convidem os visitantes da feira para conhecer o Google Art Project. Para isso, estimulem-nos a seguir passo a passo as instruções dadas nos tutoriais. Para cada pessoa, proponham visitar um museu diferente.

• **Navegando pelo Tag Galaxy**

Em grupo, acessem previamente o *site* Tag Galaxy, em http://taggalaxy.de/, e conheçam as suas características. De navegação muito simples, o *site* reúne fotos provenientes de todo o mundo e apresenta-as em um globo giratório, que pode ser visualizado em 3D.

Durante a visita, insiram na pesquisa alguns assuntos atraentes, como *Chaplin*, *Van Gogh*, *Roma* ou outros que queiram, e orientem as pessoas.

- **Facebook e Twitter**

    Há pessoas que ainda não sabem como fazer parte de uma rede social. Produzam, então, um tutorial para cada uma dessas redes, ensinando como fazer parte delas. Depois ajudem os visitantes a se inscrever em uma ou outra rede e a traçar o seu perfil, bem como a operar as ferramentas básicas que cada uma oferece.

- **Prezi, Google Docs, Slide Share, Skype & cia.**

    Se você e seu grupo dominam outras ferramentas ainda pouco conhecidas do grande público, como as dos *sites* Prezi, Google Docs, Slide Share, Moodle e Wordpress (para criar *blogs*), entre outros, escrevam tutoriais ensinando a usá-las e convidem os visitantes da feira para conhecê-las.

3. Tecnologia aplicada à educação

Conversem com professores de outras disciplinas – como Física, Matemática, Biologia, Geografia e outras – sobre como a tecnologia pode contribuir para o ensino nos dias de hoje. Conheçam os programas que seus professores utilizam ou conhecem e, na feira digital, apresentem esses recursos a todos os visitantes.

161

Detalhe de *Triunfo de Vênus* (1740), de François Boucher.

Nationalmuseum, Estocolmo, Suécia

UNIDADE 3
HISTÓRIA SOCIAL DO ARCADISMO

Se observarmos a história da cultura, veremos que cada novo momento opõe-se ao anterior. O homem parece estar sempre insatisfeito com o rumo dos acontecimentos do seu tempo e, por isso, rompe com o presente, propondo algo novo. Porém, ao analisarmos o novo, notamos que muitos de seus elementos são mais antigos que os abandonados. É o velho que, misturado a certas tendências, volta à tona como novidade.

Assim ocorreu com a cultura e a arte do século XVIII. Depois da onda de religiosidade e fé que se seguiu à Contrarreforma – cuja expressão artística foi o Barroco –, houve um reflorescimento das tendências artístico-científicas que haviam marcado o Renascimento. E dele resultaram o Iluminismo, na filosofia, o Empirismo, na ciência, e o Neoclassicismo ou Arcadismo, na literatura.

Compreender o alcance ideológico e estético do Arcadismo implica conhecer suas relações com o quadro de transformações por que passaram as sociedades europeia e brasileira no século XVIII.

Fique ligado! Pesquise!

Para estabelecer relações entre a literatura e outras artes e áreas do conhecimento, eis algumas sugestões:

Assista

- *Danton – O processo da Revolução*, de Andrzej Wajda; *Ligações perigosas*, de Stephen Frears; *Casanova e a Revolução*, de Ettore Scola; *Amadeus*, de Milos Forman; *A missão*, de Roland Joffé; *Os inconfidentes*, de Joaquim Pedro de Andrade; *Xica da Silva*, de Cacá Diegues; *Chico Rei*, de Walter Lima Jr.; *A inglesa e o duque*, de Eric Rhomer; *Napoleão*, de Abel Gance; *Napoleão*, de Yves Simoneau; *Barry Lyndon*, de Stanley Kubrick; *Orgulho e preconceito*, de Joe Wright.

Leia

- *As relações perigosas*, de Choderlos de Laclos (Globo); *Moll Flanders*, de Daniel Defoe (Abril Cultural); *O príncipe e o mendigo*, de Mark Twain (Ática); *Emma* (Nova Fronteira), *Orgulho e preconceito* (Ediouro), *Razão e sensibilidade* (Best Seller), de Jane Austen; *As viagens de Gulliver*, de Jonathan Swift (Ediouro); *Cândido*, de Voltaire (Scipione); *Mozart – Um compêndio*, organizado por H. C. Robbins Landon (Jorge Zahar); *O romanceiro da Inconfidência*, de Cecília Meireles (Nova Fronteira); *Marília de Dirceu*, de Tomás Antônio Gonzaga (Ediouro); *Poemas escolhidos*, de Cláudio Manuel da Costa (Ediouro); *O Iluminismo e os reis filósofos*, de Luiz Salinas (Brasiliense); *Nossos índios*, de Gil Kipper (Kuarup).

Ouça

- Ouça a produção musical dos compositores clássicos Franz Joseph Haydn e Wolfgang Amadeus Mozart.

Navegue

- www.nilc.icmc.sc.usp.br/nilc/literatura/antologia16.htm
- www.nilc.icmc.sc.usp.br/literatura/antologia7.htm
- www.dominiopublico.gov.br

Pesquise

- Pesquise sobre as ideias e as obras dos filósofos iluministas Voltaire, Montesquieu, Rousseau, Diderot e D'Alembert. Procure saber também sobre a *Enciclopédia*, escrita por eles, e sobre o despotismo esclarecido. Pesquise a pintura rococó, cujos representantes principais são Watteau, Boucher, Fragonard e Chardin. E também a pintura neoclássica, especialmente a produzida por Gainsborough, David e Ingres.

Visite

- Visite o Museu da Inconfidência Mineira, em Ouro Preto, onde se encontram reunidos os mais importantes documentos relacionados com a Inconfidência Mineira, além de livros e objetos que ajudam a reconstituir a vida cultural e política de Minas Gerais no século XVIII.

Pintura de Manoel Athaíde/Orlando Abrunhosa/Tyba

VIVÊNCIAS

Projeto:

A arte brasileira no período colonial

Produção de uma mostra sobre a arte brasileira do período colonial, incluindo artes plásticas, música, poesia e declamações de textos de poetas da época e de textos que abordam o tema da Inconfidência Mineira.

Nesta cruel masmorra tenebrosa
ainda vendo estou teus olhos belos,
    a testa formosa,
    os dentes nevados,
    os negros cabelos.

Vejo, Marília, sim; e vejo ainda
a chusma dos Cupidos, que pendentes
    dessa boca linda,
    nos ares espalham
    suspiros ardentes.

(Tomás Antônio Gonzaga. *Marília de Dirceu*.)

A IMAGEM EM FOCO

Observe esta pintura:

O juramento dos Horácios (1784), de Jacques-Louis David.

1. Leia o boxe "O contexto da cena". Depois responda:

a) Que traço do Classicismo é retomado por essa tela neoclássica?

b) Quanto ao tema, que mudança essa tela apresenta, se comparada às obras barrocas?

2. O Neoclassicismo contrapõe-se aos excessos do Barroco, presentes no movimento das formas, no detalhismo, no artificialismo, etc. Observe na tela estes elementos:

- os jovens romanos
- as espadas
- as mulheres
- os arcos ao fundo

O contexto da cena

O quadro *O juramento dos Horácios* retrata um tema histórico da Roma antiga. As cidades de Roma e Alba estavam em guerra e um acordo definiu que a disputa seria resolvida por um combate mortal entre três homens de cada lado. Os romanos enviaram os trigêmeos Horácios, e os albanos enviaram os trigêmeos Curiácios. O vencedor e único sobrevivente foi um dos Horácios, que, ao chegar a Roma, descobriu que sua irmã Camila (a mulher do meio) estava noiva de um dos Curiácios. Enraivecido, matou-a. Foi condenado à morte, mas conseguiu revogação da pena.

A cena retrata o momento em que os três irmãos Horácios juram ao pai lealdade à República.

a) O que esses elementos têm em comum?

b) Que traço clássico ou neoclássico se verifica nesse procedimento?

3. Observe os três jovens romanos: a postura, o contorno do físico, a musculatura.

a) Como eles são caracterizados?

b) Que relação essas características têm com a pintura renascentista?

4. Leia novamente o boxe "O contexto da cena". A cena pode ser dividida em duas partes. Do lado esquerdo, o mundo masculino; do lado direito, o mundo feminino e infantil.

a) O que os gestos do pai e dos filhos demonstram, sabendo-se que os rapazes poderão perder a vida?

b) Em contraposição, o que os gestos das mulheres representam?

5. A filosofia do século XVIII tinha caráter reformador e moralizador, em oposição ao Absolutismo e aos privilégios da aristocracia. A tela *O juramento dos Horácios* foi concluída quatro anos antes da Revolução Francesa. Na sua opinião, esse quadro pode ser visto como contestação ao regime vigente? Por quê?

6. Veja algumas das principais características do Classicismo:

- valorização da cultura clássica greco-latina
- equilíbrio, harmonia
- nacionalismo, heroísmo
- paganismo
- antropocentrismo
- racionalismo

Quais dessas características é possível identificar nessa pintura neoclássica? Explique como se manifestam no quadro essas características identificadas.

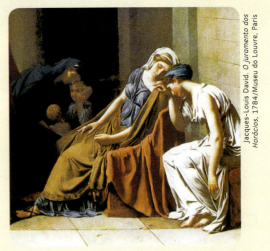

Jacques-Louis David. *O juramento dos Horácios*, 1784/Museu do Louvre, Paris

LITERATURA

A cabra-cega (1769-70), de Jean-Honoré Fragonard.

CAPÍTULO 15

A linguagem do Arcadismo

No século XVIII, as transformações que ocorriam no plano político e social — o fortalecimento político da burguesia, o aparecimento dos filósofos iluministas, o combate à Contrarreforma, entre outras — exigiam dos artistas uma arte que atendesse às necessidades de expressão do ser humano naquele momento. O Neoclassicismo, também conhecido como Arcadismo, foi a resposta artística que a burguesia pôde dar a essa necessidade.

Os efeitos da Contrarreforma foram sentidos durante todo o século XVII e manifestaram-se fortemente na arte barroca. No século XVIII, entretanto, os esforços dos artistas e intelectuais concentraram-se no combate tanto à mentalidade religiosa quanto às formas de expressão do Barroco. Assim, a arte neoclássica, que no Brasil se manifestou sob a forma de Arcadismo, procura resgatar o racionalismo e o equilíbrio do Classicismo do século XVI como meio de combater a influência do Barroco.

LEITURA

Você vai ler a seguir três textos. O primeiro é parte de um soneto de Cláudio Manuel da Costa, o fundador do Arcadismo no Brasil; o segundo pertence à obra *Marília de Dirceu*, de Tomás Antônio Gonzaga; o terceiro é um soneto do poeta português Bocage.

TEXTO I

Já me enfado de ouvir este alarido,
Com que se engana o mundo em seu cuidado;
Quero ver entre as peles, e o cajado,
Se melhora a fortuna de partido.
[...]
Aquele adore as roupas de alto preço,
Um siga a ostentação, outro a vaidade;
Todos se enganam com igual excesso.

Eu não chamo a isto já felicidade:
Ao campo me recolho, e reconheço,
Que não há maior bem, que a soledade.

(Cláudio Manuel da Costa. In: Massaud Moisés. *Literatura brasileira através dos textos*. São Paulo: Cultrix, 2000. p. 92.)

cajado: bastão do pastor.
partido: utilidade, vantagem, proveito, ganho.
soledade: solidão.

TEXTO II

Lira I

Eu, Marília, não sou algum vaqueiro,
que viva de guardar alheio gado,
de tosco trato, de expressões grosseiro,
dos frios gelos e dos sóis queimado.
Tenho próprio casal e nele assisto;
dá-me vinho, legume, fruta, azeite;
das brancas ovelhinhas tiro o leite
e mais as finas lãs de que me visto.
    Graças, Marília bela,
    graças à minha estrela!

[...]
Irás a divertir-te na floresta,
sustentada, Marília, no meu braço;
aqui descansarei a quente sesta,
dormindo um leve sono em teu regaço;
enquanto a luta jogam os pastores,
e emparelhados correm nas campinas,
toucarei teus cabelos de boninas,
nos troncos gravarei os teus louvores.
    Graças, Marília bela,
    graças à minha estrela!
[...]

(Tomás Antônio Gonzaga. In: *Antologia da poesia árcade brasileira*. Organização de Pablo Simpson. São Paulo: Nacional/Lazuli, 2007. p. 83-5.)

Uma cena pastoral (1750), de Francesco Zuccarelli.

bonina: espécie de flor do campo.
casal: sítio, chácara.
minha estrela: sorte, destino.
regaço: colo.
toucar: enfeitar, adornar.

167

TEXTO III

Ser prole de varões assinalados,
Que nas asas da fama e da vitória
Ao templo foram da imortal Memória
Pendurar mil troféus ensanguentados:

Ler seus nomes nas páginas gravados
D'alta epopeia, d'elegante história,
Não, não nos serve de esplendor, de glória,
Almas soberbas, corações inchados!

Ouvir com dor o miserável grito
De inocentes, que um bárbaro molesta,
Prezar o sábio, consolar o aflito;

Prender teus voos, ambição funesta,
Ter amor à virtude, ódio ao delito,
Das almas grandes a nobreza é esta.

(Bocage. *Sonetos completos.* São Paulo: Núcleo, 1989. p. 50.)

---

1. A propósito do texto I, responda:

a) O eu lírico do poema, na primeira estrofe, emprega metonímias para caracterizar dois ambientes distintos. Quais são as características de um e outro ambiente?

b) A que ambientes correspondem?

c) No campo, a que atividade o eu lírico vai se dedicar?

2. Influenciados pelo poeta latino Horácio, os árcades costumavam reaproveitar dois temas da tradição clássica: o *fugere urbem* e o *aurea mediocritas.* Leia os boxes laterais e, a seguir:

a) Identifique no texto I trechos em que se destacam esses dois temas.

b) Em que o eu lírico se diferencia das demais pessoas?

3. A propósito do texto II, responda:

a) O eu lírico revela a Marília os bens que possui. Ele aspira à riqueza material ou à simplicidade, representada pelo princípio chamado *aurea mediocritas*?

b) Em que passagem o eu lírico expressa um ideal de autonomia ou independência?

c) É comum haver nos textos árcades a descrição de um *locus amoenus*, isto é, um lugar ameno ou aprazível onde o eu lírico gostaria que sua musa ou pastora estivesse. Identifique uma passagem do texto que apresenta esse tema.

d) Por que, no texto, o tema do *locus amoenus* envolve também o tema do *carpe diem*?

4. A literatura árcade foi bastante influenciada pelas ideias do Iluminismo, movimento filosófico que, entre outras coisas, defendia o uso da razão, a igualdade de direitos entre os cidadãos e a

---

Fugere urbem e aurea mediocritas

Equivalente a *bucolismo*, o *fugere urbem* (fuga da cidade) traduz uma vida simples e natural, no campo, longe dos centros urbanos. Tal princípio era reforçado no século XVIII pelo pensamento do filósofo Jean-Jacques Rousseau, segundo o qual a civilização corrompe os costumes do ser humano, que é bom por natureza.

O *aurea mediocritas* (vida medíocre materialmente, mas rica em realizações espirituais) é a idealização de uma vida pobre e feliz no campo, em oposição à vida luxuosa e triste na cidade.

O convencionalismo amoroso árcade

Nos poemas árcades, o poeta não fala dos seus próprios sentimentos. Ele sempre dá voz a um pastor, que confessa seu amor a uma pastora e a convida para aproveitarem a vida em meio à natureza. Tem-se, porém, a impressão de que se trata sempre do mesmo homem e da mesma mulher. Não há variações emocionais de um poema para outro nem de um poeta para outro. Isso ocorre devido ao convencionalismo amoroso, isto é, os poetas não estavam preocupados em expressar seus reais sentimentos, mas em seguir o modelo da poesia clássica. O distanciamento amoroso que havia entre Petrarca e Laura, ou entre Camões e sua amada, continua a existir entre o poeta árcade Cláudio Manuel da Costa e sua Nise, entre Tomás Antônio Gonzaga e sua Marília.

168

liberdade de expressão. O texto III apresenta um ponto de vista iluminista ao discutir o conceito de herói.

a) Para o eu lírico, o que é, na verdade, ser herói, ou seja, qual é "a nobreza das almas grandes"?

b) Em que medida o conceito de herói do eu lírico é diferente do que foi estabelecido pela História tradicional?

5. O Neoclassicismo ou Arcadismo é um movimento literário que procurou resgatar os princípios do Classicismo do século XVI. Além dos temas do Classicismo, o Arcadismo também incorpora entidades da mitologia pagã e imita os procedimentos formais daquele período.

a) Identifique nos textos I e II elementos que são próprios da cultura grega.

b) O texto III constitui um tipo de composição criado pelos humanistas italianos. Qual é o nome desse tipo de composição?

c) Os três textos apresentam um tipo de verso também criado pelos humanistas italianos. Faça a escansão de alguns desses versos e responda: Que tipo de verso foi empregado?

6. Para os padrões de hoje, os poetas árcades utilizavam uma linguagem sofisticada, com vocabulário pouco comum. No entanto, é preciso considerar que o Arcadismo, na época, opunha-se ao Barroco. Observe os seguintes versos de Botelho de Oliveira, poeta barroco brasileiro.

De Anarda o rosto luzia
No vidro que o retratava,
E tão belo se ostentava,
Que animado parecia:
Mas se em asseios do dia

No rosto o quarto farol
Vê seu lustroso arrebol;
Ali pondera meu gosto
O vidro espelho do rosto,
O rosto espelho do sol.

(In: Antonio Candido e José A. Castello. *Presença da literatura brasileira*. São Paulo: Difel, 1968. v. 1. p. 72.)

Retrato de mulher (1778), de Jens Juel.

Compare os textos árcades (principalmente o de Tomás Antônio Gonzaga) a esses versos barrocos quanto ao vocabulário, à ordem sintática das orações, ao emprego de figuras de linguagem. Qual dos dois estilos de época emprega uma linguagem mais simples?

169

LITERATURA

Como síntese do estudo feito até aqui, compare as características do Arcadismo com as do Barroco:

ARCADISMO	BARROCO
Quanto ao conteúdo	
Antropocentrismo	Conflito entre visão antropocêntrica e teocêntrica
Racionalismo, busca do equilíbrio	Oposição entre mundo material e mundo espiritual, fé e razão
Paganismo; elementos da cultura greco-latina	Cristianismo
Imitação dos clássicos renascentistas	Restauração da fé religiosa medieval
Idealização amorosa, neoplatonismo, convencionalismo amoroso	Idealização amorosa, sensualismo e sentimento de culpa cristão
Fugere urbem, carpe diem, aurea mediocritas	Consciência trágica da efemeridade do tempo, *carpe diem*
Busca da clareza das ideias	Gosto por raciocínios complexos, intricados, desenvolvidos em parábolas e narrativas bíblicas
Pastoralismo, bucolismo	Morbidez
Universalismo	
Ideias iluministas	Influências da Contrarreforma
Quanto à forma	
Vocabulário simples	Vocabulário culto
Gosto pela ordem direta e pela simplicidade da linguagem	Gosto por inversões e por construções complexas e raras
Gosto pelo soneto e pelo decassílabo	Gosto pelo soneto e pelo decassílabo
Ausência quase total de figuras de linguagem	Linguagem figurada

O TEXTO E O CONTEXTO EM PERSPECTIVA MULTIDISCIPLINAR

Leia, a seguir, o infográfico e um painel de textos interdisciplinares que relacionam a produção literária do Arcadismo ao contexto histórico, social e cultural em que o movimento floresceu.

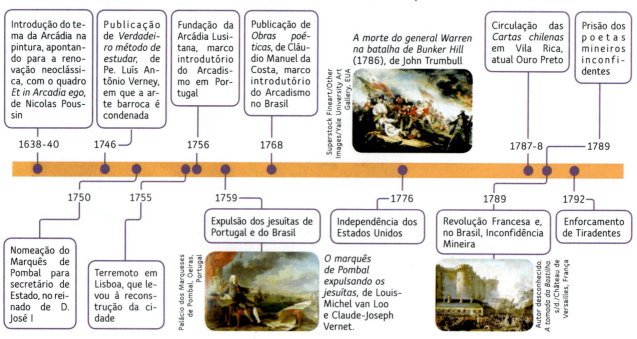

- **1638-40** — Introdução do tema da Arcádia na pintura, apontando para a renovação neoclássica, com o quadro *Et in Arcadia ego*, de Nicolas Poussin
- **1746** — Publicação de *Verdadeiro método de estudar*, de Pe. Luís Antônio Verney, em que a arte barroca é condenada
- **1750** — Nomeação do Marquês de Pombal para secretário de Estado, no reinado de D. José I
- **1755** — Terremoto em Lisboa, que levou à reconstrução da cidade
- **1756** — Fundação da Arcádia Lusitana, marco introdutório do Arcadismo em Portugal
- **1759** — Expulsão dos jesuítas de Portugal e do Brasil
- **1768** — Publicação de *Obras poéticas*, de Cláudio Manuel da Costa, marco introdutório do Arcadismo no Brasil
- **1776** — Independência dos Estados Unidos
- **1787-8** — Circulação das *Cartas chilenas* em Vila Rica, atual Ouro Preto
- **1789** — Prisão dos poetas mineiros inconfidentes
- **1789** — Revolução Francesa e, no Brasil, Inconfidência Mineira
- **1792** — Enforcamento de Tiradentes

A morte do general Warren na batalha de Bunker Hill (1786), de John Trumbull

O marquês de Pombal expulsando os jesuítas, de Louis-Michel van Loo e Claude-Joseph Vernet.

A tomada da Bastilha. s/d./Château de Versailles, França

Um olhar para o futuro

A passagem do século XVII para o seguinte, na Europa, representou uma mudança muito grande de mentalidade e cosmovisão; quer dizer, em muitos aspectos o homem abandonou uma visão religiosa do mundo e da vida e adotou uma perspectiva mais terrena para a busca do conhecimento e orientação dos seus esforços. Todos os ganhos do pensamento filosófico do século XVII [...], à medida que foram sendo discutidos, refutados, aceitos, reproduzidos e vulgarizados, foram sendo difundidos e assimilados pelo homem comum, interferindo na sua forma de ver o mundo.

Ao invés de continuar olhando para o passado como sendo a origem e a perfeição das coisas — já que o mundo era uma obra de Deus [...] — o homem do novo século passou a duvidar da legitimidade dos privilégios dos membros da nobreza, justificados por serem considerados os descendentes mais próximos de Adão e Eva. Os valores guerreiros e heroicos aristocráticos foram negados e duvidava-se das verdades proclamadas por autores da Antiguidade que haviam errado sobre tantas coisas e eram contestados pelas novas descobertas, principalmente as realizadas no campo da ciência. Em lugar do passado, os homens invertiam a perspectiva e olhavam para o futuro: o homem, através da razão, com sua capacidade de conhecer e chegar à verdade das coisas, seria capaz de corrigir o que houvesse de errado no mundo e, com isso, construir uma vida mais razoável e mais próxima da vida natural.

(Luiz Roncari. *Literatura brasileira – Dos primeiros cronistas aos últimos românticos*. 2. ed. São Paulo: Edusp/FDE, 1995. p. 180-1.)

Cena do filme *Maria Antonieta* (2006), de Sofia Coppola, que retrata a vida da aristocracia francesa no século XVIII.

A burguesia e o fim da sociedade feudal

Foi essa classe média, a burguesia, que provocou a Revolução Francesa, e que mais lucrou com ela. A burguesia provocou a Revolução porque tinha de fazê-lo. Se não derrubasse seus opressores, teria sido por eles esmagada. Estava na mesma situação do pinto dentro do ovo que chega a um tamanho em que tem que romper a casca ou morrer. Para a crescente burguesia os regulamentos, restrições e contenções do comércio e indústria, a concessão de monopólios e privilégios a um pequeno grupo, os obstáculos ao progresso criados pelas obsoletas e retrógradas corporações, a distribuição desigual dos impostos continuamente aumentados, a existência de leis antigas e a aprovação de novas sem que a burguesia fosse ouvida, o grande enxame de funcionários governamentais bisbilhoteiros e o crescente volume da dívida governamental — toda essa sociedade feudal decadente e corrupta era a casca que devia ser rompida. Não desejando ser asfixiada até morrer penosamente, a classe média burguesa que surgia tratou de fazer com que a casca se rompesse.

Quem era a burguesia? Eram os escritores, os doutores, os professores, os advogados, os juízes, os funcionários — as classes educadas; eram os mercadores, os fabricantes, os banqueiros — as classes abastadas, que já tinham direitos e queriam mais.

(Leo Huberman. *História da riqueza do homem*. 21. ed. Rio de Janeiro: LTC, 1986. p. 136.)

A liberdade como meta coletiva

O século XVIII é, por diversas razões, um século diferenciado. É nele que muitos processos históricos, cujas origens remontam ao final da Idade Média e início da Idade Moderna (séculos XV e XVI), atingem sua culminância — como a Reforma e a Contrarreforma religiosas ou a destruição do Estado monarquista absoluto. Ao lado desses, outros se originam e, talvez, o mais importante seja o que dá início ao processo de construção do homem comum como sujeito de direitos civis.

É verdade que esse processo de construção tem seus tímidos primórdios nos séculos anteriores, contudo, é no século XVIII, especialmente com as Revoluções Francesa (1789), Americana (1776), e mais a Revolução Industrial, que ele deslancha de maneira decisiva e irá ser estendido pelos séculos XIX e XX, até os dias de hoje.

(Nilo Odalia. In: Jaime Pinsky e Carla B. Pinsky, orgs. *História da cidadania*. São Paulo: Contexto, 2003. p. 159.)

A liberdade guiando o povo (1831), de Delacroix.

Os iluministas e as ideias de liberdade

Fala-se muito nos dias de hoje em direitos do homem. Pois bem: foi no século XVIII — em 1789, precisamente — que uma Assembleia Constituinte [...] produziu e proclamou em Paris, solenemente, a primeira "Declaração dos Direitos do Homem e do Cidadão" de que se tem notícia. Até então era como se o homem não existisse.

É claro que [...] isso não significa que estes direitos sejam respeitados. Às vezes, como ocorre hoje em dia, é sintoma justamente do contrário [...] Se uma "Declaração" como aquela que se produziu durante a grande revolução francesa do século foi possível e se impôs como necessária para um grupo de entusiasmados revolucionários, foi por ter sido preparada por uma mutação no plano das ideias e das mentalidades.

(Luiz R. Salinas Fortes. *O Iluminismo e os reis filósofos*. São Paulo: Brasiliense, 1981. p. 7-8.)

Rousseau, filósofo iluminista, retratado por Maurice Quentin de La Tour.

• Roteiro de estudo •

Ao final da leitura dos textos, você deverá:

- Saber explicar por que o prestígio da razão e da ciência punha em xeque o sistema de poder e de classe do Absolutismo.
- Saber comentar por que, de acordo com o ponto de vista de Leo Huberman, era inevitável que a burguesia fizesse a Revolução Francesa.
- Reconhecer a importância da Revolução Francesa para os "direitos do cidadão", tão reivindicados nos dias de hoje.
- Saber estabelecer relações entre as opções estéticas do Arcadismo (forma e conteúdo dos textos literários) e as ideias iluministas e explicar por que a arte árcade era uma espécie de grito de protesto da burguesia.

PRODUÇÃO DE TEXTO

CAPÍTULO 16
O artigo de opinião

TRABALHANDO O GÊNERO

No mundo em que vivemos, com frequência temos de nos posicionar sobre certos temas que circulam socialmente. Por exemplo: Os médicos têm o direito de interromper o tratamento de um paciente em estado terminal? Os programas de televisão devem sofrer algum tipo de controle? Os governos têm o direito de invadir a privacidade dos internautas com o pretexto de fazer investigações policiais?

Para responder a essas e a outras questões, são publicados em jornais, revistas e em *sites* da Internet **artigos de opinião**, nos quais os autores expressam seu ponto de vista sobre certos temas.

Um tema polêmico que vem sendo muito debatido nos últimos anos, e tem dividido a opinião pública em geral, é a implementação do sistema de cotas para ingresso nas universidades. A adoção desse sistema é apresentada como forma de reduzir as desigualdades, promover a diversidade étnica e combater a exclusão.

A propósito desse tema, leia, a seguir, um artigo de opinião de autoria da escritora Lya Luft.

Cotas: o justo e o injusto

O medo do diferente causa conflitos por toda parte, em circunstâncias as mais variadas. Alguns são embates espantosos, outros são mal-entendidos sutis, mas em tudo existe sofrimento, maldade explícita ou silenciosa perfídia, mágoa, frustração e injustiça.

Cresci numa cidadezinha onde as pessoas (as famílias, sobretudo) se dividiam entre católicos e protestantes. Muita dor nasceu disso. Casamentos foram proibidos, convívios prejudicados, vidas podadas. Hoje, essa diferença nem entra em cogitação quando se formam pares amorosos ou círculos de amigos. Mas, como o mundo anda em círculos ou elipses, neste momento, neste nosso país, muito se fala em uma questão que estimula tristemente a diferença racial e social: as cotas de ingresso em universidades para estudantes negros e/ou saídos de escolas públicas. O tema libera muita verborragia populista e burra, produz frustração e hostilidade. Instiga o preconceito racial e social. Todas as "bondades" dirigidas aos integrantes de alguma minoria, seja de gênero, raça ou condição social, realçam o fato de que eles estão em desvantagem, precisam desse destaque especial porque, devido a algum fator que pode ser de raça, gênero, escolaridade ou outros, não estão no desejado patamar de autonomia e valorização. Que pena.

Nas universidades inicia-se a batalha pelas cotas. Alunos que se saíram bem no vestibular — só quem já teve filhos e netos nessa situação conhece o sacrifício, a disciplina, o estudo e os gastos implicados nisso — são rejeitados em troca de quem se saiu menos bem mas é de origem africana ou vem de escola pública. E os outros? Os pobres brancos, os remediados de origem portuguesa, italiana, polonesa, alemã, ou o que for, cujos pais lutaram duramente para lhes dar casa, saúde, educação?

A ideia das cotas reforça dois conceitos nefastos: o de que negros são menos capazes, e por isso precisam desse empurrão, e o de que a escola pública é péssima e não tem salvação. É uma ideia esquisita, mal pensada e mal executada. Teremos agora famílias brancas e pobres para as quais perderá o sentido lutar para que seus filhos tenham boa escolaridade e consigam entrar numa universidade, porque o lugar deles será concedido a outro. Mais uma vez, relega-se o estudo a qualquer coisa de menor importância.

Lembro-me da fase, há talvez vinte anos ou mais, em que filhos de agricultores que quisessem entrar nas faculdades de agronomia (e veterinária?) ali chegavam através de cotas, pela chamada "lei do boi". Constatou-se, porém, que verdadeiros filhos de agricultores eram em número reduzido. Os beneficiados eram em geral filhos de pais ricos, donos de algum sítio próximo, que com esse recurso acabaram ocupando o lugar de alunos que mereciam, pelo esforço, aplicação, estudo e nota, aquela oportunidade. Muita injustiça assim se cometeu, até que os pais, entrando na Justiça, conseguiram por liminares que seus filhos recebessem o lugar que lhes era devido por direito. Finalmente a lei do boi foi para o brejo.

Nem todos os envolvidos nessa nova lei discriminatória e injusta são responsáveis por esse desmando. Os alunos beneficiados têm todo o direito de reivindicar uma possibilidade que se lhes oferece. Mas o triste é serem massa de manobra para um populismo interesseiro, vítimas de desinformação e de uma visão estreita, que os deixa em má posição. Não entram na universidade por mérito pessoal e pelo apoio da família, mas pelo que o governo, melancolicamente, considera deficiência: a raça ou a escola de onde vieram — esta, aliás, oferecida pelo próprio governo.

Lamento essa trapalhada que prejudica a todos: os que são oficialmente considerados menos capacitados, e por isso recebem o pirulito do favorecimento, e os que ficam chupando o dedo da frustração, não importando os anos de estudo, a batalha dos pais e seu mérito pessoal. Meus pêsames, mais uma vez, à educação brasileira.

(*Veja*, nº 2046.)

1. A autora introduz o tema e seu ponto de vista sobre ele por meio de uma ampla apresentação.

a) Qual é o tema do artigo de opinião lido?

b) Identifique, no 2º parágrafo, o ponto de vista da autora.

2. A articulista, ao apresentar sua opinião sobre o tema, mostra que a implementação do sistema de cotas fere um princípio fundamental das sociedades democráticas.

a) Qual é esse princípio?

b) Qual é a posição da articulista em relação ao sistema de cotas?

3. Num texto de opinião, o autor normalmente fundamenta seu ponto de vista em verdades e opiniões (leia o boxe "Verdade × opinião").

a) Identifique no texto verdades, isto é, dados objetivos que podem ser comprovados.

b) Com que objetivo a autora cita essas verdades?

c) Afirmações como:

> "uma questão que estimula tristemente a diferença racial e social: as cotas de ingresso em universidades para estudantes negros e/ou saídos de escolas públicas"
>
> "A ideia das cotas reforça dois conceitos nefastos: o de que negros são menos capazes, e por isso precisam desse empurrão, e o de que a escola pública é péssima e não tem salvação. É uma ideia esquisita, mal pensada e mal executada."

são verdades ou opiniões?

4. Num texto de opinião, a ideia principal defendida pelo autor precisa ser fundamentada com bons **argumentos**, isto é, com razões ou explicações.

A ideia principal do texto lido é fundamentada por dois argumentos básicos, contrários à implementação do sistema de cotas. Quais são eles?

5. No 6º parágrafo, a autora faz referência aos envolvidos na lei: os alunos beneficiados e os responsáveis pela lei das cotas.

a) Ela exime de responsabilidade os alunos beneficiados pelo sistema de cotas? Justifique sua resposta.

b) Que opinião ela expressa sobre os responsáveis pela lei das cotas?

Verdade × opinião

Nos gêneros argumentativos em geral, o autor sempre tem a intenção de convencer seus interlocutores. Para isso, precisa apresentar bons argumentos, que consistem em verdades e opiniões.

Consideram-se verdades tanto as afirmações universalmente aceitas (por exemplo, o fato de a Terra girar em torno do Sol, a poluição prejudicar o meio ambiente) quanto dados científicos em geral, como estatísticas, resultados de pesquisas sociais ou de laboratório, entre outras. Já as opiniões são fundamentadas em impressões pessoais do autor do texto e, por isso, são mais fáceis de contestar.

Os bons textos argumentativos geralmente fazem um uso equilibrado dos dois tipos de argumento.

PRODUÇÃO DE TEXTO

6. No último parágrafo, a autora conclui seu ponto de vista sobre o assunto. De acordo com essa conclusão:

a) Quem são as vítimas do sistema de cotas?

b) Do que o texto expõe, conclua: Para a autora, a exclusão do negro das universidades públicas deve ser tratada como uma questão étnico-racial? Justifique sua resposta.

7. Observe a organização do texto quanto à estrutura e à exposição das ideias. A conclusão é coerente com a ideia e com os argumentos apresentados ao longo do texto? Justifique sua resposta.

8. Observe a linguagem do texto.

a) Que variedade linguística foi empregada? A formal ou a informal?

b) Considerando-se o tema, o veículo em que o texto foi publicado e o perfil do público leitor, pode-se dizer que a escolha dessa variedade linguística foi adequada? Por quê?

9. Reúna-se com seus colegas de grupo e, juntos, concluam: Quais são as características do artigo de opinião? Respondam, considerando os seguintes critérios: finalidade do gênero, perfil dos interlocutores, suporte ou veículo, tema, estrutura, linguagem.

PRODUZINDO O ARTIGO DE OPINIÃO

Em décadas passadas, os jovens saíam às ruas para protestar e divulgar suas ideias, às vezes enfrentando a repressão policial. Hoje, muitos jovens se contentam em fazer um *click* num *site* ou numa rede social e, assim, protestar contra a matança de baleias, contra a corrupção, ou contra a construção de uma usina nuclear.

Prepare-se para produzir um artigo de opinião sobre o tema: **A participação política dos jovens na Web tem o mesmo valor que a participação política presencial?**.

Para isso, leia os textos a seguir.

A internet como força mítica

[...]

Ser jovem é saber como participar no Twitter e no Facebook, é entender o novo código de conduta digital e segui-lo. Quando surgiu o rádio e, depois, a TV, muita gente achou que seria o fim da civilização. O mesmo com a internet e suas mídias sociais.

Na rede, a liberdade pode ser virtual, mas tem gosto de real. E aqueles que sentem o seu gosto, que veem a importância de pensar criticamente sobre a sociedade e a possibilidade de manifestar posições contrárias ao regime sem ser morto ou preso não querem ter as asas cortadas. [...]

Que a luta desses milhões de pessoas leve a resultados concretos e duradouros. Também querem contribuir na criação da nova ordem mundial. E têm todo o direito de buscar esse objetivo.

(Marcelo Gleiser. *Folha de S. Paulo*, 6/3/2011.)

176

Faça sua revolução

Depois de 5 anos pesquisando campanhas e movimentos ao redor do globo, a jornalista norte-americana Tina Rosenberg chegou à conclusão de que as pessoas apoiam uma causa não por ela ser correta, justa, ou porque aquilo parece o melhor a ser feito, mas sim por uma característica humana primitiva: a vontade de pertencer e ser aceito por um grupo. [...]

Partindo da lógica de que todos nós queremos viver em bandos, as causas que mais conseguem adeptos são aquelas que formam os grupos mais atraentes. "Elas oferecem às pessoas um novo e desejável clube a se juntar — na maioria das vezes, são grupos tão fortes e tão convincentes que a pessoa adota uma nova identidade por meio dele", diz Rosenberg.

[...]

(Rafael Tonon e Marcelo Min. Revista *Galileu*, nº 247, p. 39-43.)

PLANEJAMENTO DO TEXTO

- Decida com os colegas e com o professor em que suporte os artigos de opinião irão circular. Vocês podem, por exemplo, publicá-los em um *blog* coletivo da sala ou em uma rede social, ou enviá-los a um fórum de debates na Internet. Se quiserem, poderão também expô-los para a escola toda, em um mural.
- Decidido o suporte, pense no perfil do seu leitor: você vai escrever para jovens como você e para adultos. A linguagem deve estar, portanto, adequada ao gênero e ao perfil desse público leitor.
- Anote as ideias e os argumentos dos textos lidos que podem ser úteis para fundamentar o ponto de vista que você pretende desenvolver.
- Pense em um enunciado (uma ou mais frases) que possa cumprir o papel de introduzir o texto e, ao mesmo tempo, expressar a ideia principal (a síntese de seu ponto de vista) que pretende defender e anote-o.
- Entre os argumentos que anotou, escolha aqueles que podem fundamentar de modo mais consistente a ideia principal do texto. Em vez de quantidade, dê preferência à qualidade e à profundidade dos argumentos. Se achar conveniente, acrescente novos argumentos.
- Pense na melhor forma de concluir seu texto: ou retomando o que foi exposto, ou confirmando a ideia principal, ou fazendo uma citação de algum escritor ou alguém importante na área relativa ao tema debatido.
- Dê ao texto um título que desperte a curiosidade do leitor.
- Lembre-se de que o artigo de opinião tem uma estrutura convencional e linguagem objetiva, de acordo com a norma-padrão.
- Se digitar o texto, formate-o em colunas. Faça as alterações necessárias e passe seu artigo de opinião para o suporte final.

REVISÃO E REESCRITA

Antes de fazer a versão final do seu artigo de opinião, releia-o, observando:

- se você se posiciona claramente sobre o tema;
- se o texto apresenta uma ideia principal que resume seu ponto de vista;
- se a ideia principal é fundamentada com argumentos claros e consistentes;
- se os argumentos são bem-desenvolvidos;
- se a conclusão retoma e confirma o ponto de vista defendido;
- se o título dado ao texto é, além de atraente, também coerente com as ideias desenvolvidas;
- se o texto como um todo é persuasivo;
- se a linguagem está de acordo com a norma-padrão da língua e com um grau de formalidade adequado ao público-alvo.

LÍNGUA: USO E REFLEXÃO

CAPÍTULO 17
Estrutura e formação de palavras

ESTRUTURA DE PALAVRAS

CONSTRUINDO O CONCEITO

Leia o anúncio:

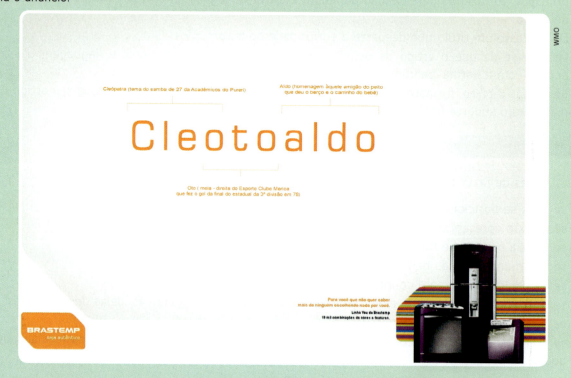

1. O texto do anúncio faz uma brincadeira com a escolha do nome de uma pessoa: Cleotoaldo.

a) Qual é o enunciado do texto que permite inferir essa informação?

b) Levante hipóteses: Quem escolheu o nome dessa pessoa? Justifique sua resposta com base no texto.

c) Releia todo o texto e conclua: Como o nome *Cleotoaldo* foi formado?

2. Assim como o nome do anúncio, as palavras da nossa língua também podem ser segmentadas em unidades portadoras de sentido. Observe as palavras abaixo, empregadas no texto:

> amigão
> carrinho

Ambas podem ser fragmentadas fonologicamente, em /a/ /m/ /i/ /g/ /ã/ /w/ e /k/ /a/ /R/ /i/ /η/ /u/, ou em sílabas: a-mi-gão e car-ri-nho. Em uma e outra forma de segmentação, as unidades menores são portadoras de sentido?

3. As palavras *amigão* e *carrinho* também podem ser segmentadas ainda nas seguintes unidades: amig-ão e carr-inh-o. Nesse caso, temos dois elementos mórficos na primeira palavra e três na segunda.

a) Tente formar outras palavras a partir das unidades *amig-* e *carr-*.

b) Que sentido contém cada uma dessas unidades?

- amig-
- carr-

4. Observe as unidades *-ão* e *-inh* nestas palavras:

> pedaç*ão*   pedac*inho*
> cadern*ão*   cadern*inho*
> estoj*ão*   estoj*inho*
> amig*ão*   amigu*inho*
> carr*ão*   carr*inho*

a) A unidade *-inh* geralmente confere às palavras o sentido de "pequeno(a)". Entre as palavras da segunda coluna, identifique ao menos uma em que seja possível apreender também outro sentido para a unidade *-inh*. Qual é esse sentido?

b) A unidade *-ão* geralmente confere às palavras o sentido de "grande". Entre as palavras da primeira coluna, identifique ao menos uma em que seja possível apreender também outro sentido para a unidade *-ão*. Qual é esse sentido?

c) Se em vez de *carrinho* tivéssemos *carrinhos*, o sentido da palavra seria alterado. Que informação é dada pela unidade *-s*?

CONCEITUANDO

Você observou que uma palavra pode ser segmentada em letras e sílabas e que essas unidades não são portadoras de sentido. E também que outra forma de segmentação de palavras possibilita obter unidades portadoras de sentido.

As unidades *amig-* e *carr-*, das palavras *amigão* e *carrinho*, por exemplo, podem aparecer em outras palavras, como *amiguinho*, *amiga*, *amigar*, *amigado* e *carreta*, *carreata*, *carrão*, *carroça*, a primeira unidade sempre relacionada com o sentido de "aquele que está junto de", e a segunda, com o sentido de "meio de transporte mecânico". As unidades *-inh* e *-ão* também têm sentido, informando sobre tamanhos. Unidades como essas, portadoras de sentido, chamam-se **morfemas**.

> **Morfema** é a menor unidade portadora de sentido de uma palavra.

LÍNGUA:
USO E REFLEXÃO

179

Tipos de morfemas

Radical

É o morfema que informa o sentido básico da palavra:

carr - inh - o   *pequen* - o

A partir do radical, podemos formar outras palavras. Do radical *pequen-*, por exemplo, podemos formar: *pequeninho, pequenez, pequenino, pequenito, pequenice, pequenote, apequenar, apequenado*, etc. O conjunto de palavras que têm um radical comum denomina-se **família de palavras** ou **palavras cognatas**.

Alguns radicais podem apresentar variações. É o caso, por exemplo, do radical *vit/vid*, nas palavras *vital, vitalício, revitalizar, vidinha, vidão, vidaço, vidaça*. Apesar das diferenças de sentido, essas palavras têm um núcleo significativo comum, que é o radical. Por isso, elas são palavras cognatas.

Afixos

São morfemas que se juntam ao radical, modificando seu sentido básico. Quando são colocados *antes* do radical, chamam-se **prefixos**; quando colocados *depois* do radical, chamam-se **sufixos**. Veja:

a   pequen   *ar*
prefixo   radical   sufixo

Vogal temática

É a vogal que sucede o radical de verbos e nomes.
Em verbos, indica a conjugação a que eles pertencem.
São vogais temáticas de verbos:

- **-a**, que indica a 1ª conjugação: começ *a* mos
- **-e**, que indica a 2ª conjugação: com *e* ria
- **-i**, que indica a 3ª conjugação: produz *í* ssemos

> O verbo *pôr* e seus compostos pertencem à 2ª conjugação. Observe, por exemplo, que na forma verbal *pus e mos* a vogal temática é *e*.

Em nomes, há três vogais temáticas:

- **-a**: cas *a*, folh *a*
- **-e**: dent *e*, pel *e*
- **-o**: med *o*, carr *o*

São chamadas de *atemáticas* as palavras oxítonas terminadas em vogais, como *alvará, candomblé, avó, tupi, urubu*, e as palavras terminadas em consoantes, como *feliz, mulher, flor*, que recuperam a vogal temática no plural: *felizes, mulheres, flores*.

Tema

É o radical somado à vogal temática:

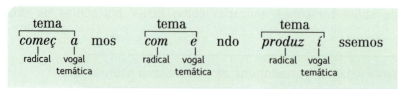

180

Desinências

São morfemas que se colocam após os radicais.
As **desinências nominais** informam sobre o *gênero* e o *número* dos nomes:

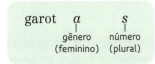

Nesse caso, de acordo com o gramático Evanildo Bechara, o morfema *a* é desinência nominal de gênero e é, cumulativamente, vogal temática. O mesmo ocorre com o morfema *o* da palavra *garoto*.

As **desinências verbais** informam sobre o modo, o tempo, o número e a pessoa dos verbos:

começá | sse | mos
modo e tempo | pessoa e número
(imperfeito do subjuntivo) | (1ª pessoa do plural)

> Não só a desinência é portadora de informação. A ausência de desinência também informa: *começasse* (desinência número-pessoal zero: 1ª ou 3ª pessoa do singular); *garoto* (desinência de número zero: singular).

DESINÊNCIAS VERBAIS

Modo-temporais	Número-pessoais
-*va*: imperfeito do indicativo (amava)	1ª pessoa do singular: desinência zero ou -*o* (amo, presente do indicativo) ou -*i* (pretérito perfeito)
-*ia*: imperfeito do indicativo (partia)	
-*ra*: mais-que-perfeito do indicativo (amara)	2ª pessoa do singular: -*s* (amas)
-*sse*: imperfeito do subjuntivo (amasse)	3ª pessoa do singular: -φ (amaφ)
-*ria*: futuro do pretérito do indicativo (amaria)	1ª pessoa do plural: -*mos* (amamos)
-*ra/-re*: futuro do presente do indicativo (amará/amaremos)	2ª pessoa do plural: -*is/-des* (amais/amardes)
-*r*: futuro do subjuntivo (quiser)	3ª pessoa do plural: -*m* (amam)
-*a*: presente do subjuntivo (peça)	
-*e*: presente do subjuntivo (ame)	
-*u*: pretérito perfeito do indicativo (amou)	

Observações

1ª) As desinências -*ste* e -*stes* acumulam as funções número-pessoal e modo-temporal no pretérito perfeito do indicativo: *quiseste, quisestes*.
2ª) As chamadas formas nominais do verbo, o *infinitivo*, o *gerúndio* e o *particípio*, são marcadas respectivamente pelas desinências verbo-nominais -*r*, -*ndo* e -*do(a)*: senti*r*, chega*ndo*, destaca*do*.

Vogais e consoantes de ligação

São elementos que aparecem no interior dos vocábulos apenas para facilitar a pronúncia ou ligar morfemas. Não constituem morfemas, porque não são portadoras de informações nem modificam o radical.

Existe vogal de ligação em: gas*ô*metro, café*i*cultura.
Há consoante de ligação em: mama*d*eira, cha*l*eira.

EXERCÍCIOS

Leia o texto a seguir para responder às questões de 1 a 5.

Por que a gente pisca?

A gente dá cerca de 25 mil piscadas por dia, e todo esse esforço serve para espalhar lágrimas pelos olhos. Eles precisam ser mantidos úmidos e lubrificados o tempo todo para se protegerem de corpos estranhos, como poeira. As lágrimas são produzidas por glândulas e se espalham pelos olhos por meio de dois pequenos canais, os dutos lacrimais. Por dia, uma pessoa adulta produz de 1 a 2 litros de lágrimas — sem contar as derramadas no choro. Haja piscada para dar vazão a esse aguaceiro!

(*Mundo Estranho*, nº 72.)

1. Forme uma família de palavras a partir do radical da palavra *aguaceiro*.

2. Identifique no texto uma palavra formada a partir de uma variação do radical da palavra *lágrima*.

3. Indique o radical, a vogal temática e o tema da forma verbal *espalham*, empregada no texto.

4. Na palavra *úmidos*, o morfema *o* indica gênero masculino.
    a) O que indica o morfema *s*?
    b) Identifique no texto outras palavras que apresentam esses mesmos morfemas.

5. Indique a alternativa em que o elemento mórfico destacado está classificado incorretamente:
    a) olho*s* – desinência nominal de número
    b) precisa*m* – desinência verbal número-pessoal
    c) adult*a* – desinência verbal modo-temporal
    d) po*eira* – sufixo

FORMAÇÃO DE PALAVRAS

Uma sociedade em permanente mudança, que cria a todo instante novas necessidades e novos objetos de consumo, precisa ter também uma linguagem dinâmica, que acompanhe as transformações.

Assim, sempre que for necessário um nome para designar uma ideia ou um objeto novo, o falante de uma língua poderá criar uma palavra a partir de elementos já existentes na língua, importar um termo de uma língua estrangeira ou alterar o significado de uma palavra antiga. Tais palavras são denominadas **neologismos**. Os avanços na área da informática nos últimos tempos, por exemplo, acabaram por incorporar à língua portuguesa inúmeros termos novos.

Há, na língua portuguesa, muitos processos pelos quais se formam palavras. Entre eles, os dois mais comuns são a *derivação* e a *composição*.

Processos de formação de palavras

Derivação

Derivação é o processo pelo qual a partir de uma palavra se formam outras, por meio do acréscimo de elementos que lhe alteram o sentido primitivo ou lhe acrescentam um sentido novo.

A palavra assim formada chama-se *derivada*; a que lhe dá formação é denominada *primitiva*.

As palavras *contrapor*, *arvoredo*, *engarrafar* e *consumo*, por exemplo, originaram-se de outras já existentes na língua, ou seja, são derivadas.

Os processos de derivação são de vários tipos:

• **Derivação prefixal**: ocorre quando há acréscimo de um prefixo a um radical:

contrapor ⟶ *contra-* + *por*
  prefixo   radical

• **Derivação sufixal**: ocorre quando há acréscimo de um sufixo a um radical:

arvoredo ⟶ *arvor* + *-edo*
  radical   sufixo

• **Derivação parassintética**: ocorre quando há acréscimo *simultâneo* de um prefixo e de um sufixo a um radical:

engarrafar ⟶ *en-* + *garraf* + *-ar*
  prefixo   radical   sufixo

> ### *Animalzinho*: grau diminutivo ou derivação sufixal?
>
> As gramáticas tradicionais costumam classificar os diminutivos como um dos tipos de flexão (de grau) dos nomes, assim como as flexões de gênero e número.
>
> Os linguistas, entretanto, criticam essa visão, pois entendem que em *animalzinho*, por exemplo, o emprego do sufixo *-zinho* forma uma nova palavra. Para eles, não se trata de flexão da palavra *animal*, e sim de uma nova palavra, derivada de *animal*. Logo, *animalzinho* seria um caso de derivação sufixal.

As formas parassintéticas são constituídas por substantivos e adjetivos e podem ser nominais, como *alinhamento, embarcação, desalmado*, e verbais, como *anoitecer, enraivecer, endurecer*.

Os prefixos que geralmente são empregados na formação de parassintéticos verbais são *es-*, *em-*, *a-*.

• **Derivação prefixal e sufixal**: ocorre quando há acréscimo *não simultâneo* de um prefixo e de um sufixo a um radical:

imperdoável ⟶ *im-* + *perdo* + *-ável*
  prefixo   radical   sufixo

·· OBSERVAÇÃO ··

Atente para o fato de que a condição para a existência da parassíntese é a *simultaneidade* da anexação do prefixo e do sufixo ao radical. Se eliminarmos, por exemplo, qualquer um dos afixos da palavra *empobrecer*, o que resta não constitui palavra existente na língua:

em/pobrecer ⟶ pobrecer (forma inexistente)
empobr/ecer ⟶ empobr(e) (forma inexistente)

Entretanto, em *imperdoável* não ocorre parassíntese, pois existe *perdoável*.

• **Derivação regressiva**: ocorre quando há eliminação de elementos terminais (sufixos, desinências):

consumir ⟶ consumo

Os derivados regressivos são, em sua maioria, substantivos formados pela junção das vogais temáticas nominais *-a, -e, -o* ao radical de um verbo. Esses substantivos recebem o nome de *deverbais*. Observe:

sobrar ⟶ sobra

Alguns substantivos deverbais apresentam, simultaneamente, formas masculinas e femininas:

custar ⟶ custo/custa

- **Derivação imprópria:** ocorre quando há mudança de sentido e de classe gramatical:

  Só compramos coisas *baratas* na feira.
  adjetivo

  Cara, a festa estava um tremendo *barato*.
  substantivo

Composição

Leia esta tira, de Fernando Gonsales:

(Fernando Gonsales. *Níquel Náusea – Minha mulher é uma galinha*. São Paulo: Devir, 2008. p. 31.)

A palavra *Mulher-Gato*, empregada na tira, não é dicionarizada, pois se trata de um nome próprio e, ao mesmo tempo, um neologismo, criado para designar uma das personagens das histórias do super-herói Batman. Essa palavra é formada por dois radicais, *mulher* e *gat-*, que isoladamente têm significação própria.

O processo de formação de palavras resultante da união de dois radicais é denominado **composição**.

Conforme o modo como se dá a fusão dos elementos componentes, a composição ocorre por *justaposição* ou por *aglutinação*.

- **Composição por justaposição:** as palavras associadas conservam sua autonomia fonética, isto é, cada componente conserva seu acento tônico e seus fonemas:

  pé-de-meia   passatempo

- **Composição por aglutinação:** as palavras associadas se fundem num todo fonético, e o primeiro componente perde alguns elementos, normalmente o acento tônico, vogais e consoantes:

  planalto (plano + alto)   fidalgo (filho + de + algo)

Hibridismo

Inúmeros radicais gregos e latinos também participam da formação de palavras, como primeiro ou como segundo elemento da composição. Veja a composição destas palavras:

bis + avô > bisavô   crono- + -metro > cronômetro
| | |
radical latino   radical grego radical grego

As palavras formadas por elementos provenientes de línguas diferentes denominam-se **hibridismos**:

automóvel (grego + português)   burocracia (francês + grego)

Tu hablas portunhol?

Além dos processos clássicos de formação de palavras, há também neologismos formados a partir do cruzamento de vocábulos. É o que ocorre, por exemplo, em palavras como *chafé* (chá + café), *portunhol* (português + espanhol), *brasiguaio* (brasileiro + paraguaio).

EXERCÍCIOS

Os textos a seguir procuram responder à pergunta "Se desse para jogar uma pedra num buraco que atravessasse o planeta, o que aconteceria com ela?", feita pela revista *Mundo Estranho* a seus leitores. A resposta mais correta e a resposta mais criativa seriam publicadas na revista e seus autores ganhariam uma assinatura dela por um ano. Leia as respostas premiadas e a resposta do físico Cláudio Furukawa, da Universidade de São Paulo. Depois responda às questões de 1 a 3.

A mais criativa

É incrível, mas isso já aconteceu em 1961, quando um chinês que estava brincando achou um buraco e resolveu jogar uma pedra lá dentro. Naquele momento, em Londres, do outro lado do mundo, seis jovens amigos comemoravam com uma festa a formação de sua nova banda. O conjunto recém-nascido, porém, ainda não tinha nome. Após muito palpite e muita bebedeira, um deles percebeu a pedra rolando de um buraco no jardim e falou:
— Ei, Mick! Que tal Rolling Stones?

L. H. de C. (Campinas, SP)

A mais correta

Ao jogarmos a pedra no buraco, ela é atraída pela gravidade em direção ao centro da Terra com grande aceleração e velocidade crescente. No máximo de rapidez, ela passa direto pelo centro da Terra em direção ao outro lado do buraco. Depois, como o centro continua atraindo o objeto, a pedra é desacelerada e perde velocidade. Quando a velocidade cair a zero, a rocha estará na outra extremidade do buraco, voltando a cair e reiniciando o processo no sentido inverso — ou, como diria Lulu Santos, "num indo e vindo infinito".

O. P. F. (São Paulo, SP)

[...] O físico Cláudio Furukawa, da Universidade de São Paulo (USP), completa: "Dentro da Terra, a força gravitacional que age sobre um objeto varia conforme o raio. Se a distância do centro do planeta diminui, a força gravitacional também cai, até chegar a zero no meio — mas a velocidade está em seu maior valor. Depois de passar pelo centro, o objeto é desacelerado porque volta a ser atraído, oscilando de um lado para outro como uma mola".

(*Mundo Estranho*, nº 22.)

1. Analise o processo de formação das seguintes palavras dos textos e depois responda ao que se pede.

   > palpite   rapidez   desacelerado
   > reiniciando   incrível   velocidade

   a) A palavra *rapidez* formou-se por derivação sufixal. Qual das outras palavras se formou pelo mesmo processo?
   b) Qual é, respectivamente, o radical das palavras *desacelerado* e *incrível*? Elas foram formadas por derivação parassintética ou por derivação prefixal e sufixal?

2. No texto correspondente à resposta mais correta, na frase de Lulu Santos citada, há duas palavras empregadas numa classe gramatical diferente daquela a que pertencem.
   a) Que palavras são essas?
   b) A que classe gramatical elas pertencem habitualmente?
   c) Que alteração de classe gramatical elas sofreram?
   d) Conclua: Que processo de derivação ocorreu nessa frase?

3. Empregando a derivação prefixal e sufixal ou a derivação parassintética, forme verbos a partir dos radicais das palavras abaixo. Depois indique o tipo de derivação empregado na formação de cada verbo.
   a) pedra   c) terra   e) buraco
   b) centro   d) jardim

Onomatopeia

Leia esta tira, de Nik:

(*Gaturro*. Cotia-SP: Vergara e Riba, 2008. nº 1. p. 34.)

As palavras empregadas nos três primeiros quadrinhos são onomatopeias.

> **Onomatopeias** são palavras criadas com a finalidade de imitar sons e ruídos produzidos por armas de fogo, sinos, campainhas, veículos, instrumentos musicais, vozes de animais, etc. São onomatopeias: *fru-fru, pingue-pongue, zum-zum* (substantivos), *ciciar, tilintar, cacarejar, ronronar* (verbos), *pá!, pow!, zás-trás!* (interjeições).

Redução

Um dos processos de formação de palavras consiste em reduzi-las com o objetivo de economizar tempo e espaço na comunicação falada e escrita. São tipos especiais de redução as *siglas*, as *abreviações* e as *abreviaturas*.

- **Siglas**: são empregadas principalmente como redução de nomes de empresas, firmas, organizações internacionais, partidos políticos, serviços públicos, associações estudantis e recreativas:

> IBOPE (Instituto Brasileiro de Opinião Pública e Estatística)

Às vezes, as siglas provêm de outras línguas:

> CD — *compact disc*
> AIDS — *acquired immunological deficiency syndrome*

> **·· OBSERVAÇÃO ··**
> A sigla pode funcionar como palavra primitiva, tornando-se capaz, portanto, de formar derivados: *petista*, *peemedebista*, *aidético*, etc.

- **Abreviações**: consistem na redução de palavras até limites que não comprometam sua compreensão. Por exemplo: *moto* (motocicleta), *metrô* (metropolitano), *ônibus* (auto-ônibus), *foto* (fotografia), *quilo* (quilograma).

- **Abreviaturas**: consistem na redução principalmente de nomes científicos e gramaticais, de Estados e territórios, profissões, pronomes de tratamento:

> PB (Paraíba)   av. (avenida)

> **Eu vou de refri!**
> Algumas palavras sofrem um processo de redução chamado *truncamento*. Essa redução ocorre quando há perda de fonemas no final da palavra, como é o caso, por exemplo, de *portuga* (português), *Maraca* (Maracanã), *estranja* (estrangeiro), *refri* (refrigerante).

Empréstimos e gírias

Além dos processos de formação de palavras, outros meios de enriquecimento vocabular muito explorados são os *empréstimos* e as *gírias*.

- **Empréstimos**: são palavras estrangeiras que entram na língua em consequência de contatos entre os povos. Alguns desses empréstimos se aportuguesam, como ocorreu com *iogurte* (do turco *yoghurt*), *chisbúrguer* (do inglês *cheeseburger*), *chique* (do francês *chic*); outros mantêm sua grafia original, como *apartheid*, *diesel*, *shopping center*, *outdoor* e *office boy* (do inglês), *telex*, *bon vivant* e *belle époque* (do francês).

- **Gírias**: são palavras ou expressões de criação popular que nascem em determinados grupos sociais ou profissionais e que, às vezes, por sua expressividade, acabam se estendendo à linguagem de todas as camadas sociais. Uma das características dessa variedade linguística é seu caráter passageiro; algumas não chegam a durar mais do que alguns meses.

Gíria dos skatistas

Baba-egg: pessoa muito bajuladora, tipo puxa-saco.
Chupar uma manguita: se dar mal, cair.
É novas: todo mundo já sabe.
Madonna: manobra radical.
Morcegar: andar de skate à noite.
Pleiba: rico que anda de skate.

Radical: no skate, tudo é radical. Pode ser usado como bom e ruim. Por exemplo: uma manobra radical e uma garota radical de feia.
Tá na hands: está tudo certo.
Tem jeito?: tudo bem?

(Marcelo Duarte. *O guia dos curiosos*. 3. ed., atualizada. São Paulo: Panda Books, 2005. p. 564.)

EXERCÍCIOS

Leia a tirinha:

(www.seventouch.com/2009/11/o-la-cidadaos-trago-uma-tirinha-que.html)

1. O humor da tira é construído a partir da contraposição dos sentidos de duas palavras. Quais são essas palavras?

2. Sabendo que *teo*, *demo* e *cracia* são radicais gregos, responda:

a) Qual é o processo de formação das palavras cujos sentidos são contrapostos na tira?

b) Qual é o sentido dos radicais *teo*, *demo* e *cracia*? Se necessário, consulte o dicionário.

c) Logo, a definição dada pelo garoto à palavra *teocracia* está correta?

3. Ao atribuir um possível sentido à palavra *democracia*, o garoto levou em conta um processo de formação de palavras. A palavra *demo*, quando empregada sozinha, pode ter os seguintes significados:

> **1** espírito maligno; demônio, diabo
> Derivação: por extensão de sentido.
> **2** pessoa de índole maldosa, cruel
> Ex.: *aquele assassino é o d.*
> Derivação: sentido figurado.
> **3** indivíduo que age com esperteza, ardil, sagacidade
> Derivação: sentido figurado.
> **4** pessoa de comportamento inquieto, turbulento
>
> (*Dicionário eletrônico Houaiss da língua portuguesa 1.0.*)

Conclua:

a) Qual é o sentido habitual da palavra *democracia*?

b) Qual foi o sentido provavelmente atribuído pelo garoto ao radical *demo*?

c) Por que o garoto teria ficado preocupado, segundo ele afirma?

PROCESSOS DE FORMAÇÃO DE PALAVRAS NA CONSTRUÇÃO DO TEXTO

Leia, a seguir, a letra de uma canção de Zeca Baleiro.

Samba do approach

Venha provar meu brunch
Saiba que eu tenho approach
Na hora do lunch
Eu ando de ferryboat...

Eu tenho savoir-faire
Meu temperamento é light

Minha casa é hi-tech
Toda hora rola um insight
Já fui fã do Jethro Tull
Hoje me amarro no Slash
Minha vida agora é cool
Meu passado é que foi trash...

Zeca Baleiro.

[...]

Fica ligado no link
Que eu vou confessar my love
Depois do décimo drink
Só um bom e velho engov
Eu tirei o meu green card
E fui pra Miami Beach
Posso não ser pop-star
Mas já sou um noveau-riche...

[...]

Eu tenho sex-appeal
Saca só meu background
Veloz como Damon Hill
Tenaz como Fittipaldi
Não dispenso um happy end
Quero jogar no dream team
De dia um macho man
E de noite, drag queen...

Venha provar meu brunch
Saiba que eu tenho approach
Na hora do lunch
Eu ando de ferryboat...

(Disponível em: http://letras.terra.com.br/zeca-baleiro/43674/. Acesso em: 20/4/2012.)

Em cada verso da canção há uma palavra estrangeira. Algumas delas já foram incorporadas à língua portuguesa e podem ser consideradas neologismos ou estrangeirismos. Em grupo, troque ideias com os colegas sobre o assunto e façam o que é pedido.

1. Montem uma tabela, distribuindo em colunas as palavras estrangeiras utilizadas na canção, o significado que elas têm e frases em que poderiam ser empregadas. Observem, como exemplo, a palavra *light*:

Palavra	Significado	Exemplo de emprego
light	leve, sem gordura	Só como alimentos *light*.

2. Discutam e levantem hipóteses:

a) Que efeito de sentido o autor da canção pretende construir ao utilizar tantas palavras e expressões em inglês?

b) Que explicação pode ser dada para o uso tão frequente de palavras como essas e a sua rápida incorporação ao vocabulário dos usuários da língua portuguesa no Brasil?

3. Alguns estudiosos da língua portuguesa condenam o uso de estrangeirismos, enquanto outros o veem como inevitável. Qual é a opinião do grupo sobre esse uso?

Para que servem os processos de formação de palavras?

Independentemente de o falante de uma língua ter ou não conhecimento dos processos de formação de palavras, eles existem e são responsáveis pela criação e incorporação de novas palavras à língua.

Num mundo em constante transformação, com objetos e conceitos que surgem a cada dia no campo da tecnologia e da ciência, a língua igualmente se transforma, se recria constantemente, adaptando-se às novas necessidades de comunicação.

Se você fosse inventor, que nome daria, por exemplo, a uma máquina que trocasse lâmpadas sozinha?

Conhecer os processos de formação de palavras nos habilita a utilizá-los de forma mais eficiente e criativa.

SEMÂNTICA E DISCURSO

O anúncio a seguir divulga um programa de uma rede de televisão cujo público-alvo são os jovens. Leia-o.

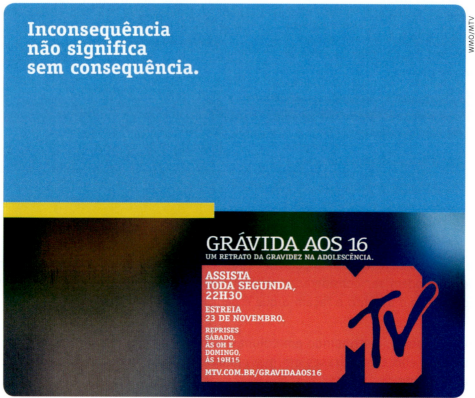

(Disponível em: http://old.propmark.com.br/publique/media/07MTV02.jpg. Acesso em: 20/4/2012.)

1. O enunciado "Inconsequência não significa sem consequência", no alto do anúncio, faz uma alusão ao significado do prefixo *in*.

   a) Qual é o processo de formação da palavra *inconsequência*?

   b) Observe as palavras abaixo e seus significados:

   > **indecisão**: falta de decisão
   > **impossibilidade**: falta de possibilidade
   > **inconveniência**: falta de conveniência

   Qual é o sentido do prefixo *in/im* nessas palavras?

   c) Considerando o sentido do prefixo *in*, qual é o sentido da palavra *inconsequência*, no anúncio?

2. Releia o anúncio.

   a) Que programa de TV é divulgado pelo anúncio? Sobre o que ele trata?

   b) Que relação pode ser estabelecida entre o assunto de que trata o programa e o termo *inconsequência*?

3. Os termos *inconsequência* e *consequência* fazem, no anúncio, referência a elementos distintos.

   a) A que ou a quem o termo *inconsequência* faz referência?

   b) A que ou a quem o termo *consequência* faz referência?

4. Com base no estudo realizado, conclua: Qual é o sentido do enunciado "Inconsequência não significa sem consequência", no anúncio?

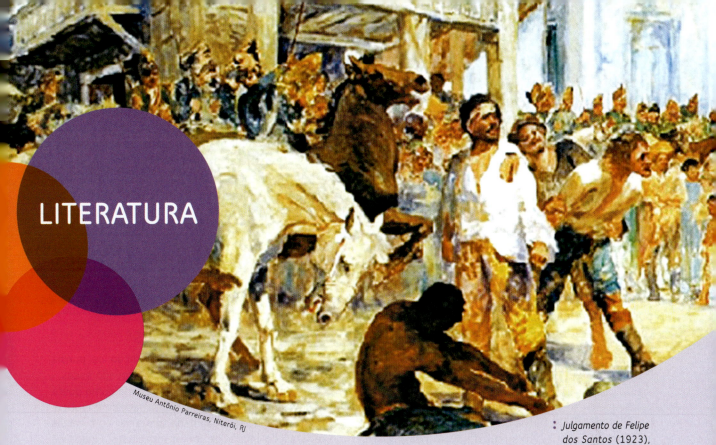

Julgamento de Felipe dos Santos (1923), por Antônio Parreiras.

CAPÍTULO 18

O Arcadismo em Portugal e no Brasil

O século XVIII, no qual se origina o Arcadismo na literatura, foi fortemente marcado pelas ideias iluministas. Tanto em Portugal quanto no Brasil-Colônia, essas ideias causaram grande repercussão. Em Portugal, deram origem a um período de renovação política, econômica, educacional e cultural, liderada pelo Marquês de Pombal, ministro de D. José I. No Brasil, essas ideias deram origem ao movimento da Inconfidência Mineira, que culminou em prisão, morte ou exílio de alguns de seus participantes.

O ARCADISMO EM PORTUGAL

A fundação da academia literária Arcádia Lusitana, em 1756, é considerada o marco inicial do Arcadismo em Portugal.

Durante o Arcadismo português, o gênero literário predominante foi o poema, embora tenha havido criação em todos os gêneros. Apesar da vasta produção do período, poucas são as obras que hoje interessam ao leitor moderno, particularmente ao leitor brasileiro. A exceção é Bocage, considerado o maior poeta português do século XVIII.

Bocage e a transição

Ao lado de Camões e de Antero de Quental, Bocage é considerado um dos três maiores sonetistas de toda a literatura portuguesa. Contudo, esse título de o melhor escritor da época não significa que ele tenha sido o mais perfeito poeta árcade, papel que talvez caiba a Filinto Elísio. A importância conferida à obra de Bocage advém principalmente de nela se encontrar a tradução do momento transitório em que o escritor viveu (1765-1805), um período marcado por mudanças profundas, como a Revolução Francesa (1789) e o florescimento do Romantismo. Assim, a obra de Bocage, em sua totalidade, não é árcade nem romântica: é uma obra de transição, que apresenta simultaneamente aspectos dos dois movimentos literários.

A fase inicial da poesia de Bocage é marcada por temas e formas próprios do Arcadismo: ambiente bucólico, o *fugere urbem*, o ideal de vida simples e alegre (*aurea mediocritas*), a simplicidade e a clareza das ideias e da linguagem, etc.

Contudo, outro conjunto de poemas do autor, classificados como *pré-românticos*, contraria os postulados árcades e prenuncia o movimento literário posterior, o Romantismo. É o caso destes versos, que revelam um sentimentalismo pouco comum no Arcadismo:

> Oh retrato da morte, oh noite amiga,
> Por cuja escuridão suspiro há tanto!
> Calada testemunha do meu pranto,
> De meus desgostos secretária antiga!

A poesia erótica de Bocage

Portugal tem uma longa tradição de poesia satírica, que remonta às cantigas trovadorescas.

Bocage, além de ter se destacado como poeta lírico, também foi um bom poeta satírico e erótico. Contudo, sua produção nada tem a ver com certas revistas de banca de jornal intituladas *Piadas de Bocage*. Provavelmente elas exploram o nome do autor, comumente associado a histórias engraçadas e picantes.

LEITURA

Você vai ler a seguir dois sonetos de Bocage. Observe as semelhanças e as diferenças entre um e outro quanto à forma e ao conteúdo. Após a leitura, responda às questões propostas.

TEXTO I

Já o Inverno, espremendo as cãs nevosas,
Geme, de horrendas nuvens carregado;
Luz o aéreo fuzil, e o mar inchado
Investe ao Polo em serras escumosas;

Oh benignas manhãs! Tardes saudosas,
Em que folga o pastor, medrando o gado,
Em que brincam no ervoso e fértil prado
Ninfas e Amores, Zéfiros e Rosas!

Voltai, retrocedei, formosos dias:
Ou antes vem, vem tu, doce beleza
Que noutros campos mil prazeres crias;

E ao ver-te sentirá minh'alma acesa
Os perfumes, o encanto, as alegrias
Da estação, que remoça a Natureza.

(Bocage. *Sonetos completos*. São Paulo: Núcleo, 1989. p. 22.)

cãs: cabelos brancos.
ervoso: recoberto de erva.
medrar: crescer, fazer crescer, desenvolver.
nevoso: coberto de neve.

TEXTO II

O céu, de opacas sombras abafado,
Tornando mais medonha a noite feia;
Mugindo sobre as ondas, que salteia,
O mar, em crespos montes levantado:

Desfeito em furacões o vento irado,
Pelos ares zunindo a solta areia,
O pássaro noturno, que vozeia
No agoureiro cipreste além pousado:

Formam quadro terrível, mas aceito,
Mas grato aos olhos meus, grato à fereza
Do ciúme, e saudade, a que ando afeito:

Quer no horror igualar-me a Natureza;
Porém cansa-se em vão, que no meu peito
Há mais escuridade, há mais tristeza.

(Bocage. *Sonetos completos*, cit., p. 34.)

> **agoureiro**: agourento, que prevê desgraças.
> **escuridade**: escuridão, obscuridade.
> **fereza**: crueldade, perversidade.

1. Os dois sonetos se iniciam fazendo referências semelhantes ao céu e ao mar.

a) Como o céu e o mar são retratados na primeira estrofe desses textos?

b) Em qual dos textos o cenário se modifica a partir da segunda estrofe?

2. A natureza está presente em ambos os textos.

a) Em qual deles o ambiente retratado na primeira estrofe se mantém?

b) No outro texto, como a natureza passa a ser retratada?

c) Em qual dos sonetos a natureza é apresentada de acordo com a convenção árcade? Justifique sua resposta.

3. Nos dois sonetos, de forma explícita ou implícita, há menção a uma figura feminina.

a) No texto I, que tipo de sentimento a figura feminina produz no eu lírico?

b) E no texto II?

4. No texto II, o eu lírico identifica-se com a natureza tempestuosa, com a noite e pássaros agouren-tos, sente-se cheio de horror, de tristeza e escuridão. Esse modo de ver o mundo enquadra-se nas características árcades? Por quê?

5. Nos textos árcades, é comum haver referências à mitologia greco-latina. Em qual dos textos se verifica esse traço? Justifique sua resposta com elementos do texto.

6. O Romantismo é o movimento literário que ocorreu no início do século XIX, logo após o Arcadismo. Observe algumas das características desses dois movimentos literários:

Arcadismo	Romantismo
• Amor convencional	• Paixão
• Racionalismo	• Predomínio da emoção
• Presença da mitologia greco-latina	• Cristianismo
• Manutenção de formas clássicas e gosto pelo soneto	• Gosto por formas populares e pelas redondilhas

Considerando essas características, responda:

a) Qual dos dois textos representa a fase árcade de Bocage? Por quê?

b) Qual representa a fase pré-romântica? Por quê?

O ARCADISMO NO BRASIL

O Arcadismo brasileiro originou-se e teve expressão principalmente em Vila Rica (hoje Ouro Preto), Minas Gerais, e seu aparecimento teve relação direta com a grande expansão urbana verificada no século XVIII nas cidades mineiras, cuja vida econômica girava em torno da extração de ouro.

O enorme crescimento dessas cidades favorecia tanto a divulgação de ideias políticas quanto o florescimento da literatura. Os jovens brasileiros das camadas privilegiadas daquela sociedade costumavam ser mandados a Coimbra para estudar, uma vez que a colônia não lhes oferecia cursos superiores. E, ao retornarem de Portugal, traziam consigo as ideias iluministas que faziam fermentar a vida cultural portu-

193

guesa à época das inovações políticas e culturais do ministro Marquês de Pombal, adepto de algumas ideias do Iluminismo.

Em Vila Rica, essas ideias levaram vários intelectuais e escritores a sonhar com a independência do Brasil, principalmente após a repercussão do movimento de independência dos Estados Unidos da América (1776). Tais sonhos culminaram na frustrada Inconfidência Mineira (1789).

Arcadismo na colônia: entre o local e o universal

Ouro Preto sob o luar (2006), de Lucia Buccini.

Os escritores brasileiros do século XVIII comportavam-se em relação ao Arcadismo importado de modo peculiar. Por um lado, procuravam obedecer aos princípios estabelecidos pelas academias literárias ou se inspiravam em certos escritores clássicos consagrados, como Camões, Petrarca e Horácio, ao mesmo tempo que, visando elevar a literatura da colônia ao nível das literaturas europeias e conferir a ela maior universalidade, tentavam eliminar os vestígios pessoais ou locais.

Por outro lado, porém, acabaram por apresentar em suas obras alguns aspectos diferentes daquilo que prescrevia o modelo importado. A natureza, por exemplo, aparece na poesia de Cláudio Manuel da Costa como mais bruta e selvagem do que na poesia europeia; o mito do "homem natural" culminou, entre nós, na figura do índio, presente tanto no poema épico *O Uraguai*, de Basílio da Gama, quanto no poema épico *Caramuru*, de Santa Rita Durão; a expressão dos sentimentos, em Tomás Antônio Gonzaga e Silva Alvarenga, é mais espontânea e menos convencional. Esses aspectos característicos da poesia árcade nacional foram mais tarde recuperados e aprofundados pelo Romantismo, movimento que buscou definir uma identidade nacional em nossa literatura.

Além dessa espécie de adaptação do modelo europeu a peculiaridades locais, não se pode esquecer a forte influência barroca exercida no Brasil ainda durante o século XVIII. Muitas das igrejas de Ouro Preto, por exemplo, só tiveram sua construção concluída quando o Arcadismo já vigorava na literatura.

Entre os autores árcades brasileiros, destacam-se:

- **na lírica:** Cláudio Manuel da Costa, Tomás Antônio Gonzaga e Silva Alvarenga;
- **na épica:** Basílio da Gama, Santa Rita Durão e Cláudio Manuel da Costa;
- **na sátira:** Tomás Antônio Gonzaga;
- **na encomiástica:** Silva Alvarenga e Alvarenga Peixoto.

A poesia laudatória ou encomiástica é um gênero poético destinado à exaltação ou homenagem a alguém. No século XVIII, foi muito praticada e serviu como veículo de ideias políticas relacionadas ao Iluminismo.

A primeira obra árcade publicada no Brasil é *Obras poéticas*, de Cláudio Manuel da Costa, em 1768. Contudo, Tomás Antônio Gonzaga é considerado o principal poeta brasileiro do século XVIII.

Tomás Antônio Gonzaga: quando a vida vira arte

A poesia de Tomás Antônio Gonzaga, se comparada à dos demais árcades brasileiros, apresenta algumas inovações que apontam para uma transição entre Arcadismo e Romantismo.

Incorporando muito da experiência pessoal à sua poesia, escrita principalmente na prisão, Gonzaga conseguiu quebrar, em grande parte, a rigidez dos princípios árcades. Por exemplo, em contraposição à contenção dos sentimentos, sua poesia é mais emotiva e mais espontânea. Em vez de uma mulher irreal, como a Nise de Cláudio Manuel da Costa, a Marília de Gonzaga mostra-se mais humana, próxima e real.

Os temas árcades tradicionais do distanciamento da mulher amada e do sofrimento dele decorrente não são, no caso de Gonzaga, meros temas clássicos convencionais, mas assumem feição de pura verdade, considerando que muitos dos seus poemas foram escritos quando se encontrava preso.

Essas experiências dão à obra de Gonzaga maior subjetividade, espontaneidade e emotividade – traços que foram aprofundados pelo movimento literário subsequente, o Romantismo.

Gonzaga cultivou a poesia lírica, reunida na obra *Marília de Dirceu*, e a poesia satírica, reunida nas *Cartas chilenas*, poema anônimo e incompleto cuja autoria lhe foi atribuída.

A poesia satírica: *Cartas chilenas*

As *Cartas chilenas* são um poema satírico, incompleto, que circulou em partes pela cidade de Vila Rica entre 1787-1788. Depois da Inconfidência Mineira, essas cartas nunca mais apareceram pela cidade, o que fez supor que o seu autor fosse um dos poetas árcades presos: Cláudio Manuel da Costa, Tomás Antônio Gonzaga e Alvarenga Peixoto. Estudos estilísticos feitos no século XX pelo especialista português Rodrigues Lapa atribuíram a autoria delas a Tomás Antônio Gonzaga.

A omissão da autoria nas *Cartas chilenas* decorre do risco resultante de seu conteúdo: elas satirizavam os desmandos administrativos e morais de Luís da Cunha Meneses, que governou a capitania de Minas entre 1783 e 1788.

A obra é um jogo de disfarces: *Fanfarrão Minésio* é o pseudônimo do governador; *chilenas* equivale a *mineiras*; *Santiago*, de onde são assinadas, equivale a *Vila Rica*. O autor das cartas é identificado como *Critilo*, e seu destinatário, como *Doroteu*.

Casa do poeta inconfidente Tomás Antônio Gonzaga em Vila Rica, atual Ouro Preto.

A poesia lírica: *Marília de Dirceu*

A poesia lírica é a parte mais conhecida da produção literária de Tomás Antônio Gonzaga. São popularmente conhecidos, principalmente na região de Minas Gerais, os amores entre Dirceu (pseudônimo pastoral de Gonzaga) e Marília. Até mesmo na literatura de cordel esse tema já foi explorado.

LEITURA

Leia o texto que segue, de Tomás Antônio Gonzaga, e responda às questões propostas.

Lira 77

Eu, Marília, não fui nenhum vaqueiro
fui honrado pastor da tua aldeia;
vestia finas lãs e tinha sempre
a minha choça do preciso cheia.
Tiraram-me o casal e o manso gado,
nem tenho a que me encoste um só cajado.

Para ter que te dar, é que eu queria
de mor rebanho ainda ser o dono;
prezava o teu semblante, os teus cabelos
ainda muito mais que um grande trono.
Agora que te oferte já não vejo,
além de um puro amor, de um são desejo.

Se o rio levantado me causava,
levando a sementeira, prejuízo,
eu alegre ficava, apenas via
na tua breve boca um ar de riso.
Tudo agora perdi; nem tenho o gosto
de ver-te ao menos compassivo o rosto.
....

Ah! minha bela, se a fortuna volta,
Se o bem, que já perdi, alcanço e provo
por essas brancas mãos, por essas faces
te juro renascer um homem novo,
romper a nuvem que os meus olhos cerra,
amar no céu a Jove e a ti na terra!
....

195

Pastores numa paisagem alemã (1844), de Ludwig A. Richter.

Se não tivermos lãs e peles finas,
podem mui bem cobrir as carnes nossas
as peles dos cordeiros mal curtidas,
e os panos feitos com as lãs mais grossas.
Mas ao menos será o teu vestido
Por mãos de amor, por minhas mãos cosido
....

Nas noites de serão nos sentaremos
cos filhos, se os tivermos, à fogueira:
entre as falsas histórias, que contares,
lhes contarás a minha, verdadeira.
Pasmados te ouvirão; eu, entretanto,
ainda o rosto banharei de pranto.

Quando passarmos juntos pela rua,
nos mostrarão co dedo os mais pastores,
dizendo uns para os outros: — Olha os nossos
exemplos de desgraça e sãos amores.
Contentes viveremos desta sorte,
até que chegue a um dos dois a morte.

(In: Antonio Candido e José A. Castello. *Presença da literatura brasileira*. São Paulo: Difel, 1976. v. 1, p. 165-6.)

casal: sítio, pequena propriedade rural.
choça: habitação humilde.
cosido: costurado.
Jove: pai dos deuses na mitologia romana, conhecido também como Júpiter.

1. O poema pode ser dividido em duas partes: a primeira trata de uma experiência real, vivida no passado ou no presente; a segunda envolve os planos para o futuro.

  a) Identifique as estrofes que compõem cada uma das partes.
  b) Que tipo de vida levava o eu lírico, na primeira parte? Como se sentia?
  c) Que tipo de vida idealiza, na segunda parte?

2. O poema, apesar de apresentar traços diferentes dos prescritos pela orientação árcade, está ligado a essa tradição. Retire do texto exemplos de bucolismo, pastoralismo, *aurea mediocritas* e elementos da cultura greco-latina.

3. O movimento do Arcadismo veicula valores e ideias da classe que o produz e o consome: a burguesia.

  a) Destaque do poema os versos relativos a duas situações em que fica clara a preocupação econômica e material do pastor Dirceu, indício da ideologia burguesa.
  b) Destaque das duas últimas estrofes valores próprios da moral burguesa da época.

Para quem quer mais na Internet

Em nosso *site*, http://www.atualeditora.com.br/pl/paraquemquermais, você poderá ler e baixar outros textos de Cláudio Manuel da Costa, Tomás Antônio Gonzaga, Basílio da Gama, Santa Rita Durão, Alvarenga Peixoto e Silva Alvarenga.

PRODUÇÃO DE TEXTO

CAPÍTULO 19

O seminário

TRABALHANDO O GÊNERO

Nos meios escolares, acadêmicos, científicos e técnicos, são comuns as situações em que uma pessoa ou um grupo de pessoas desenvolvem uma pesquisa e apresentam os resultados a um público. Esse tipo de texto, produzido oral e publicamente, é chamado de **seminário** e, tal como o texto de apresentação científica, o relatório, o texto didático, a mesa-redonda, isto é, gêneros que se prestam à transmissão de saberes historicamente construídos pela humanidade, pertence à família dos **gêneros expositivos**.

Como o seminário é um gênero oral, só se realiza plenamente quando é apresentado em uma situação concreta de interação. Neste capítulo, você vai trabalhar o gênero seminário, participando diretamente de um.

PRODUZINDO O SEMINÁRIO

PLANEJAMENTO E PREPARAÇÃO DE UM SEMINÁRIO

Para a produção de um seminário, é necessária uma organização prévia, que envolve várias etapas. A primeira delas é a pesquisa sobre o tema proposto e a coleta de dados para a exposição.

Pesquisa, tomada de notas e produção de roteiro

Como a finalidade do seminário é transmitir para os ouvintes conhecimentos sobre o assunto pesquisado, o apresentador deve se colocar na posição de um especialista. Isso quer dizer que ele deve demonstrar conhecer o tema mais do que os ouvintes, pois é essa condição que lhe confere autoridade para discorrer sobre o assunto com segurança.

Para conquistar a condição de especialista no assunto e ganhar respeito do público, o apresentador deve adotar os seguintes procedimentos:

1. Pesquisar em bibliotecas, na Internet e em locadoras quais livros, jornais, revistas especializadas, enciclopédias, vídeos, etc. poderão servir de fontes de informação sobre o tema.
2. Tomar notas, resumir ou reproduzir textos verbais e não verbais que possam ser úteis. Esse trabalho tem em vista a produção de um roteiro próprio do apresentador e consiste em anotar dados históricos ou estatísticos, citações, comparações, exemplos, etc.
3. Selecionar e organizar as informações, tendo em vista os passos da exposição:

: A pesquisa é uma etapa fundamental para a produção de um seminário.

   - como introduzir, desenvolver e concluir a exposição;
   - quais subtemas serão abordados no desenvolvimento;
   - quais exemplos ou apoios (gráficos, dados estatísticos) serão utilizados para fundamentar a exposição;
   - que materiais e recursos audiovisuais (cartazes, apostilas, lousa, retroprojetor, *datashow*, microfone, etc.) serão necessários.

   Nesse planejamento, devem ser levadas em conta as características do público-alvo, como faixa etária, tipo de interesse, expectativas e conhecimentos prévios em relação ao tema abordado, etc. Convém planejar um encaminhamento interessante para a exposição, como, por exemplo, intercalar o uso da voz com o uso de recursos audiovisuais.

4. Redigir um **roteiro** que permita visualizar não apenas o conjunto das informações que serão apresentadas, mas também a sequência em que isso vai ocorrer. Esse roteiro deve conter algumas informações-chave que orientem o pensamento do apresentador durante a exposição, indicações de recursos audiovisuais, se for o caso, textos de autoridades ou especialistas que serão citados pelo apresentador, etc. Atenção: o roteiro não deve ser lido integralmente durante o seminário. Antes da exposição, ele serve para organizar as ideias do apresentador; durante a exposição, serve de apoio para que o apresentador se lembre de informações e tópicos básicos, além do andamento da apresentação.

COMO APRESENTAR UM SEMINÁRIO

Durante a exposição, podem ocorrer fatos não previstos. Por exemplo, o público pode não compreender bem o conteúdo da exposição; um aparelho audiovisual pode não funcionar; um integrante do grupo pode faltar ou ficar nervoso e esquecer o texto; uma cartolina pode cair da parede; etc. Por isso, é preciso estar atento a vários aspectos simultaneamente e, de acordo com a necessidade, introduzir modificações e improvisar soluções a fim de alcançar o melhor resultado possível.

A seguir, relacionamos alguns dos aspectos que devem ser observados.

Sequência e andamento da exposição

1. Abertura: alguém (geralmente o professor) faz uma breve apresentação inicial e dá a palavra ao apresentador. Para isso, usa frases como "Vocês agora vão assistir ao seminário preparado por fulano...".

2. Tomada da palavra e cumprimentos: o apresentador deve, primeiramente, colocar-se à frente da plateia e cumprimentá-la, tomando a palavra.

3. Apresentação do tema: o apresentador diz qual é o tema, fala da importância de abordá-lo nos dias de hoje, esclarece o ponto de vista sob o qual irá abordá-lo e, no caso de se tratar de um tema amplo, delimita-o, isto é, indica qual aspecto dele será enfocado. Por exemplo, se o tema é a poluição do meio ambiente, a delimitação pode consistir em enfocar apenas a poluição dos rios. Esse momento do seminário tem em vista despertar na plateia curiosidade sobre o tema.

4. Exposição: o apresentador segue o roteiro traçado, expondo cada uma das partes, sem atropelos. Ao término de cada uma, deve perguntar se alguém quer fazer alguma pergunta ou se pode ir adiante. Na passagem de uma parte para a outra, deve dar a entender que não há ruptura, e sim uma ampliação do tema. Para isso, deve fazer uso de certos recursos linguísticos, como "Outro aspecto que vamos abordar...", "Se há esses aspectos negativos, vamos ver agora os aspectos positivos...".

5. Conclusão e encerramento: o apresentador retoma os principais pontos abordados, fazendo uma síntese deles; se quiser, pode mencionar aspectos do tema que merecem ser aprofundados em outro seminário; pode também deixar uma mensagem final, algo que traduza o seu pensamento ou o pensamento do grupo ou de um autor especial. No final, agradece a atenção do público e passa a palavra a outra pessoa.

6. Tempo: o apresentador deve estar atento ao tempo previsto e, de acordo com o andamento do seminário, ser capaz de introduzir ou eliminar exemplos e aspectos secundários, caso haja necessidade, a fim de se ajustar ao tempo estipulado.

Postura do apresentador

1. O apresentador deve preferencialmente falar em pé, com o roteiro nas mãos, olhando para o fundo da sala. Sua presença deve expressar segurança e confiança.

2. A fala do apresentador deve ser alta, clara, bem-articulada, com palavras bem pronunciadas e variações de entonação, a fim de que a exposição não fique monótona.

Enriquecendo o seminário com recursos audiovisuais

A principal linguagem de um seminário é a verbal. Contudo, o uso de recursos audiovisuais, como cartazes, transparências em retroprojetor, filmes, *slides*, *datashow*, etc., pode tornar o seminário mais agradável ou facilitar a transmissão de um volume maior de informações.

O uso desses recursos exige, porém, certos cuidados:

1. O equipamento deve ser testado previamente, para prevenir a ocorrência de falhas técnicas durante a exposição.

2. O apresentador deve lembrar que tais recursos têm a finalidade de servir de apoio à exposição oral e, portanto, não a substituem. Assim, ao fazer uso de uma transparência, por exemplo, ele deve aproveitá-la para reunir ou esquematizar as informações que vem apresentando, em vez de simplesmente ler o que está escrito nela.

A alternância de exposição oral com uso de recursos audiovisuais geralmente dá leveza a um seminário.

3. Ao olhar para o roteiro, o apresentador deve fazê-lo de modo rápido e sutil, sem que seja necessário interromper o fluxo da fala ou do pensamento. Além disso, ao olhar o roteiro, não deve abaixar demasiadamente a cabeça, a fim de que a voz não se volte para o chão. O roteiro deve ser rapidamente olhado, e não lido (a não ser no caso de leitura de uma citação), pois tal procedimento geralmente torna a exposição enfadonha.

4. O apresentador nunca deve falar de costas para a plateia, mesmo que esteja escrevendo na lousa ou trocando uma transparência no retroprojetor. Nessas situações, deve ficar de lado e falar com a cabeça virada na direção do público, a fim de que sua voz seja ouvida por todos.

5. O apresentador deve se mostrar simpático ao público e receptivo a participações da plateia.

Linguagem

Nos seminários, predomina uma variedade de acordo com a norma-padrão da língua, embora possa haver maior ou menor grau de formalismo, dependendo do grau de intimidade entre os interlocutores. Assim:

1. O apresentador deve evitar certos hábitos da linguagem oral, como a repetição constante de expressões como *tipo*, *né?*, *tá?* e *ahnn...*, pois elas prejudicam a fluência da exposição.

2. O apresentador deve estar atento ao emprego de vocábulos e conceitos específicos da área pesquisada e explicar ao público seu significado sempre que houver necessidade.

3. Durante a exposição, o apresentador deve fazer uso de *expressões de reformulação*, isto é, aquelas que permitem explicar de outra forma uma palavra, um conceito ou uma ideia complexa. As mais comuns são: *isto é*, *quer dizer*, *como*, *por exemplo*, *em outras palavras*, *vocês sabem o que é isso?*. Deve também fazer uso de expressões que confiram *continuidade* ao texto, como *além disso*, *por outro lado*, *outro aspecto*, *apesar disso*, etc.

COMO APRESENTAR UM SEMINÁRIO EM GRUPO

Além das orientações dadas anteriormente, a exposição em grupo exige atenção quanto a mais alguns aspectos específicos.

1. Cada integrante do grupo pode ficar responsável pela apresentação de uma das partes do seminário. Entretanto, entre a exposição de um participante e a de outro deve haver *coesão*, isto é, não pode haver contradição entre as exposições nem ser dada a impressão de que uma fala é independente de outra. Cada exposição deve retomar o que já foi desenvolvido e acrescentar, ampliar. Além disso, devem ser empregados elementos linguísticos de coesão, como "Além *das causas que fulano comentou, vejamos agora* outras causas menos conhecidas...", "Vocês viram as consequências desse problema no meio urbano; *agora, vão conhecer* as consequências do mesmo problema no meio rural...".

Seminário em grupo.

2. O grupo todo deve se "especializar" no assunto em foco. Além de conferir maior segurança às exposições individuais, isso permite também que todos respondam com tranquilidade a qualquer pergunta feita pelo público.

3. Devem ser evitadas atitudes que desviem a atenção do apresentador, como conversas entre os membros do grupo, conversas entre um membro do grupo e uma pessoa da plateia, movimentos, ruídos ou brincadeiras que atrapalhem a exposição. Não há obrigatoriedade de que todos fiquem em pé enquanto um dos integrantes do grupo faz sua apresentação.

4. Enquanto um dos apresentadores expõe, os outros podem contribuir manuseando os equipamentos (transparências, vídeo), trocando cartazes, apagando a lousa ou simplesmente ouvindo.

PROPOSTAS PARA A PRODUÇÃO DE SEMINÁRIOS

O *fast-food*, a alimentação natural, os alimentos *diet* e *light,* as doenças decorrentes da má alimentação, os sacrifícios para ter um corpo em forma, a dieta do tipo sanguíneo ou a das frutas — tudo isso vem sendo insistentemente discutido pela mídia nos últimos anos, às vezes até desorientando as pessoas sobre o que é uma alimentação equilibrada e saudável. Eis, portanto, um bom assunto para pesquisar, a fim de compreender melhor a avalanche de informações que circulam diariamente sobre o tema, desfazer mitos e orientar-se.

Leia o painel de textos a seguir para situar-se quanto ao tema.

COM ALIMENTAÇÃO PIOR, AUMENTA NÚMERO DE OBESOS NO PAÍS

Os brasileiros estão se alimentando pior e, com isso, é cada vez maior o número de pessoas acima do peso. [...]

A constatação é de pesquisa anual do Ministério da Saúde divulgada nesta segunda-feira. O levantamento foi feito nas 27 capitais por meio de 54 mil entrevistas por telefone com pessoas com mais de 18 anos.

Os dados mostram que 48% da população está acima do peso, entre os quais 15% têm obesidade. Em 2006, os percentuais eram de 42,7% e 11,4% respectivamente. O crescimento de mais de um ponto percentual por ano é considerado "preocupante" pela pasta, já que o excesso de peso está ligado ao aumento de doenças crônicas.

Para Deborah Malta, da Secretaria de Vigilância em Saúde do ministério, o fenômeno está ligado a uma mudança no padrão alimentar: maior consumo de produtos industrializados em detrimento de opções mais saudáveis como frutas e legumes.

O feijão é um exemplo. O índice de brasileiros que comem o alimento cinco vezes por semana caiu de 71,9% para 66,7% em apenas quatro anos.

Outro dado preocupante é o sedentarismo: 14,2% da população adulta não pratica nenhuma atividade física, nem durante o tempo de lazer nem para ir ao trabalho. [...]

EVOLUÇÃO DA OBESIDADE NO BRASIL (1974/2009)

Participação percentual por gênero ■ Homem ■ Mulher

EXCESSO DE PESO

	1974/75	1989	2002/03	2009
Mulher	28,7	41,4	41,4	48,0
Homem	18,5	29,9	40,9	50,1

OBESIDADE

	1974/75	1989	2002/03	2009
Mulher	8,0	13,2	13,5	16,9
Homem	2,8	5,4	9,4	12,4

PROBLEMA CRESCENTE *A parcela de homens obesos está crescendo mais que a das mulheres no país*

Instituto Brasileiro de Geografia e Estatística, 2010

CÁLCULO DO ÍNDICE DE MASSA CORPORAL (IMC)

O Índice de Massa Corporal (IMC) é obtido dividindo-se o peso (em quilos) pela estatura (em metros) elevada ao quadrado. Por exemplo, uma pessoa com 1,64 metro de altura que pese 60 quilos deve multiplicar 1,64 por 1,64 – que resulta em 2,6896. Em seguida, dividir 60 por 2,6896 – o que indica IMC de 22,3. A tabela abaixo indica se o peso está acima ou abaixo do considerado saudável. Nem todo IMC elevado é sobrepeso ou obesidade. Atletas podem apresentar índice acima do normal devido a grande massa muscular.

O QUE SIGNIFICA CADA FAIXA DE VALOR	
Menos que 18,5	Abaixo do peso saudável
De 18,5 a 24,9	Peso normal
De 25 a 29,9	Sobrepeso
De 30 a 34,9	Obesidade

Obesidade. É o excesso de peso causado pelo desequilíbrio entre a quantidade de calorias ingeridas e a quantidade de calorias consumidas pelo organismo. As calorias excedentes se acumulam na forma de gordura. Um dos mais usados indicadores de obesidade é o índice de massa corpórea (IMC), pelo qual uma pessoa pode aferir se está no peso ideal [veja a tabela ao lado].

As maiores causas da obesidade são os maus hábitos alimentares, em geral adquiridos na infância, e o sedentarismo. [...]

A obesidade e o sobrepeso já podem ser considerados pandemias. A OMS [Organização Mundial de Saúde] estima que 1,5 bilhão de adultos com mais de 20 anos estejam acima do peso considerado ideal. Desse total, 500 mil eram obesos. [...] Também segundo a OMS, 65% da população mundial vive em países onde o sobrepeso e a obesidade matam, com suas consequências, duas vezes mais que a subnutrição.

(*Almanaque Abril* – 2012, p. 155. Editora Abril.)

Por que a obesidade vem crescendo tanto?

Essa é uma pergunta frequente. E as respostas são um tanto óbvias: estamos comendo mais e gastando menos calorias por causa do sedentarismo, sem dúvida. Mas tudo leva a crer que outros fatores estejam relacionados à incrível epidemia de obesidade que nos assola. Quais são eles? A ciência vem pesquisando vários, mas [...] vou citar apenas dois: estresse e falta de sono. Estudos em animais, incluindo macacos geneticamente muito semelhantes aos humanos, mostram que as tensões levam ao ganho de peso, particularmente na região abdominal, mesmo sem aumento na quantidade de alimentos ingeridos. Isso se deve, entre outras causas, à elevação na produção do cortisol, hormônio eminentemente engordativo. Inúmeros dados mostram também que dormir poucas horas engorda. É que a privação está associada à diminuição dos níveis de leptina, hormônio emagrecedor. Isso é só o começo da história. [...]

Alfredo Halpern, médico endocrinologista do Hospital das Clínicas de São Paulo.
(Revista *Saúde*, Editora Abril.)

Reúna-se com seus colegas de grupo e, com a orientação do professor, escolham o tema para a realização de um seminário. Apresentamos a seguir algumas sugestões de temas, mas, se preferirem, poderão pensar em outros que se relacionem com o assunto alimentação.

- Alimentos: o benefício para o corpo humano proporcionado pelos nutrientes contidos nos alimentos.
- Doenças relacionadas com a má alimentação: bulimia, anorexia, hipertensão, colesterol alto, etc.
- A alimentação do brasileiro: é equilibrada e adequada? Se fosse necessário haver alterações, quais seriam?
- Mídia, beleza e alimentação: quais os critérios de beleza ao longo dos séculos? A mídia interfere nos padrões de beleza atuais e provoca mudanças nos padrões de alimentação? Sugerimos a utilização da pintura como recurso para demonstrar as alterações nos critérios de beleza.
- Os diferentes tipos de dieta (a do tipo sanguíneo, a de carboidratos, a de proteínas, a da lua, a dos vigilantes do peso, etc.): vantagens e desvantagens de cada uma.
- A fitoterapia: as ervas podem curar as doenças?
- Obesidade: um fenômeno mundial.

Dividam as tarefas para a realização da pesquisa. Coletem materiais, reúnam-se e discutam a produção do roteiro para um seminário em grupo. Depois, de acordo com as orientações fornecidas no item "Como apresentar um seminário em grupo", exponham para a classe o resultado da pesquisa.

Sugestões de fontes de pesquisa sobre alimentação

Revistas
- *Saúde* e *Boa Forma*, publicadas pela Editora Abril.

Livros
- *Entenda a obesidade e emagreça*, do Dr. Alfredo Halpern (MG Editores Associados).
- *A natureza cura – Segredos para conservação e recuperação da saúde*, de Juan Alfonso Yépez (Vozes).
- *Cem receitas de saúde – Segredos da dieta perfeita*, de Anna Selby (Publifolha).
- *A alimentação que previne doenças*, de Jocelem Mastrodi Salgado (Madras).
- *Alimentação natural*, de Jane Gould (Gaia).
- *A arte da cura pela alimentação*, de Gilberto Pereira (Mauad).

Sites
- www.alimentacaosaudavel.org/
- www.revistasaude.com.br/
- http://portalsaude.saude.gov.br/
- www.nutriweb.org.br/
- http://drauziovarella.com.br/
- www.alimentacao.org.br

Preparação da sala e dos recursos

No dia combinado para a apresentação do seminário, preparem o local com antecedência: iluminação, disposição das cadeiras e dos recursos audiovisuais. Organizem e disponham sobre a mesa os materiais que serão utilizados durante a exposição. Procurem utilizar de modo equilibrado e harmônico recursos audiovisuais como cartazes, transparências para retroprojetor, filmes, músicas, *slides*, *datashow*, a fim de tornar o evento mais agradável e facilitar a transmissão de um volume grande de informações.

> ### Filmando o seminário
>
> Se possível, filmem o seminário para que, posteriormente, todos possam assistir a algumas partes dele ou a todo ele, a fim de observar aspectos positivos e negativos e aprimorar um próximo seminário.

REVISÃO E AVALIAÇÃO DOS SEMINÁRIOS

Depois da apresentação, os seminários devem ser revistos e avaliados, levando-se em conta aspectos como os apontados no quadro abaixo. Caso os seminários sejam filmados, convém assistir a alguns trechos deles para confirmar impressões ou tirar dúvidas. E, com base nas observações feitas, estabelecer metas e compromissos com vistas à realização de um próximo seminário.

CRITÉRIOS PARA A AVALIAÇÃO DO SEMINÁRIO				
Posicionamento do apresentador	Fala e voz	Linguagem	Olhar	Tempo
Verifique se o apresentador: • falou em pé, com o roteiro nas mãos; • demonstrou domínio do conteúdo; • nunca deu as costas ao público ao usar os recursos audiovisuais; • ficou bem-posicionado e movimentou-se entre o público (se possível).	Verifique se o apresentador: • falou alto e claro e variou a entonação, evitando monotonia; • explorou pausas e velocidade em determinadas falas para ressaltar pontos importantes.	Verifique se o apresentador: • utilizou uma variedade de acordo com a norma-padrão, com grau de formalidade adequado ao perfil dos interlocutores; • evitou palavras de baixo calão, gírias e expressões da linguagem oral; • empregou e explicou adequadamente vocábulos e conceitos específicos da área pesquisada; • fez uso de expressões de reformulação, isto é, aquelas que permitem explicar de outra forma uma palavra, um conceito, uma ideia complexa.	Verifique se o apresentador: • olhou para o público, observando reações positivas e negativas; • olhou para todas as pessoas uniformemente, sem privilegiar um único interlocutor; • usou adequadamente o roteiro, fazendo consultas rápidas, sem interromper o pensamento e sem abaixar o tom da voz.	Verifique se o apresentador: • controlou e organizou bem o tempo, sendo capaz de ajustar a exposição ao tempo estipulado.

204

Estudantes fazem a prova do Enem.

INTERPRETAÇÃO DE TEXTO

CAPÍTULO 20

O Enem e os cinco eixos cognitivos

Saber ler e interpretar um texto adequadamente é condição essencial para qualquer um obter sucesso na vida pessoal e profissional.

Nos exames oficiais, como o Enem e o vestibular, a interpretação de textos vem ocupando boa parte da prova e cumprindo, por isso, um papel decisivo no ingresso à universidade. Neste capítulo, você vai conhecer os cinco eixos cognitivos avaliados no exame do Enem e observar de que modo eles podem estar presentes em questões de diferentes áreas do conhecimento.

O QUE É O ENEM?

O Exame Nacional do Ensino Médio, o Enem, foi criado em 1998 com a finalidade de avaliar o desempenho do estudante que concluiu ou está concluindo o ensino médio.

Como era facultativo, o exame teve nos primeiros anos um número relativamente baixo de participantes. Restringia-se a alunos que, voluntariamente, desejavam fazer uma autoavaliação e conhecer sua real condição para ingressar na universidade ou na vida profissional. Contou, em sua primeira versão, com a participação de 157 mil inscritos; hoje, cerca de 6 milhões de estudantes participam do exame anualmente.

Assim, aos poucos, o Enem foi perdendo o caráter facultativo e ganhando uma importância cada vez maior. Em alguns vestibulares que dão acesso a universidades públicas, por exemplo, a nota obtida no Enem passou a compor a nota final do vestibulando, podendo beneficiá-lo com o acréscimo de alguns pontos. Além disso, certas instituições de ensino superior privadas, por não terem um vestibular próprio, adotaram o Enem como porta de entrada.

Em 2009, o Ministério da Educação e Cultura surpreendeu o meio escolar com a seguinte novidade: a prova do Enem passaria a ser referência obrigatória para o ingresso de estudantes nas universidades federais de todo o país. Para isso, entre outras providências, publicou um documento importante, a *Matriz de Referências para o Enem 2009*, no qual divulga competências, habilidades e conteúdos a serem avaliados em todas as grandes áreas, e flexibilizou o modo como a nota do Enem pode ser aproveitada. Essa nova fase tem sido chamada de "o novo Enem".

A AVALIAÇÃO NO ENEM

As provas do Enem não têm em vista avaliar se o estudante é capaz ou não de memorizar informações. Além do conteúdo específico de cada disciplina, o exame tem por objetivo avaliar se o estudante tem estruturas mentais desenvolvidas o suficiente para lhe possibilitar interpretar dados, pensar, tomar decisões adequadas, aplicar conhecimentos em situações concretas. E também se tem, na vida social, uma postura ética, cidadã.

Para aferir essas competências, o Enem avalia os **cinco eixos cognitivos** comuns às quatro áreas do conhecimento – Linguagens, códigos e suas tecnologias; Matemática e suas tecnologias; Ciências da natureza e suas tecnologias; e Ciências humanas e suas tecnologias –, além de **competências** e **habilidades** específicas nas quatro grandes áreas.

OS CINCO EIXOS COGNITIVOS

Os documentos do Enem anteriores a 2009 referiam-se a cinco competências e a 21 habilidades, que, nas provas do exame, eram avaliadas em todas as áreas. Em 2009, entretanto, essas cinco competências gerais ganharam outra denominação, *eixos cognitivos*, uma vez que cada área passou a avaliar competências e habilidades específicas. Assim, apesar da mudança de nome, os eixos cognitivos ou as antigas competências gerais continuaram os mesmos. Veja:

	EIXOS COGNITIVOS (comuns a todas as áreas de conhecimento)	
I	Dominar linguagens (DL)	Dominar a norma culta da língua portuguesa e fazer uso das linguagens matemática, artística e científica e das línguas espanhola e inglesa.
II	Compreender fenômenos (CF)	Construir e aplicar conceitos das várias áreas do conhecimento para a compreensão de fenômenos naturais, de processos histórico-geográficos, da produção tecnológica e das manifestações artísticas.
III	Enfrentar situações-problema (SP)	Selecionar, organizar, relacionar, interpretar dados e informações representados de diferentes formas, para tomar decisões e enfrentar situações-problema.
IV	Construir argumentação (CA)	Relacionar informações, representadas em diferentes formas, e conhecimentos disponíveis em situações concretas, para construir argumentação consistente.
V	Elaborar propostas (EP)	Recorrer aos conhecimentos desenvolvidos na escola para elaboração de propostas de intervenção solidária na realidade, respeitando os valores humanos e considerando a diversidade sociocultural.

Vejamos o que significa cada um desses eixos.

Dominar linguagens

O eixo cognitivo I refere-se tanto ao domínio da língua portuguesa e de uma língua estrangeira (inglês ou espanhol) quanto ao domínio de outras linguagens mais específicas, como a linguagem da matemática, a linguagem da historiografia, a linguagem artística, a científica, etc.

Dominar a língua portuguesa é mais do que conhecer as regras da norma-padrão. É também reconhecer a existência de variedades linguísticas, que podem estar em desacordo com a norma-padrão, mas, em alguns casos, serem adequadas à situação e ao gênero, como é o caso, por exemplo, do uso da gíria em algumas histórias em quadrinhos. É ainda reconhecer a adequação ou inadequação da linguagem à situação, tanto na modalidade oral quanto na escrita, seja pelo excesso de formalidade, seja pelo de informalidade.

Dominar linguagens significa também ser capaz de transitar de uma linguagem para outra, ou seja, ler, por exemplo, um texto literário e uma tabela ou um mapa com temas afins e ser capaz de fazer cruzamentos e extrair deles informações, dados e conclusões.

Compreender fenômenos

O eixo cognitivo II tem por objetivo avaliar se o estudante é capaz de construir e aplicar conceitos de diferentes áreas do conhecimento para compreender, explicar ou indicar as causas e consequências de "fenômenos naturais, de processos histórico-geográficos, da produção tecnológica e das manifestações artísticas".

Na prática, isso quer dizer que, para resolver determinada questão de História, por exemplo, pode ser necessário fazer alguns cálculos matemáticos que envolvam porcentagens ou localizar informações em um mapa. Ou, em uma prova de

Geografia, partindo de uma tabela ou de um gráfico (linguagens da Matemática) com dados sobre desemprego ou subnutrição, por exemplo, fazer cálculos e, em seguida, inferências sobre políticas governamentais de trabalho e assistência social.

Determinadas operações, como analisar, levantar hipóteses, comparar, inferir, concluir, entre outras, são ferramentas essenciais para o estudante chegar à melhor resposta ou solução para o problema proposto na questão.

Enfrentar situações-problema

As situações-problema das provas do Enem aparecem em questões complexas, que geralmente envolvem mais de uma linguagem ou mais de uma área de conhecimento e diferentes operações mentais.

O objetivo desse eixo é avaliar se o estudante sabe selecionar, relacionar e interpretar dados para tomar uma decisão. Para fazer isso, ele tem de priorizar algumas informações em detrimento de outras e, com base nesses dados, adotar os procedimentos adequados para alcançar o objetivo, ou seja, resolver a situação-problema.

Resolver uma situação-problema assemelha-se a participar de um jogo. Para vencer, é necessário analisar a situação, mobilizar recursos, selecionar procedimentos e ações e interpretar todos os dados disponíveis para tomar a melhor decisão.

Assim, ter êxito numa situação-problema proposta em uma questão do Enem pressupõe enfrentá-la, aceitar os desafios e superá-los, contando com a mobilização de conhecimentos e habilidades em diferentes áreas.

Construir argumentação

O objetivo do eixo cognitivo IV é avaliar se o candidato é capaz de relacionar informações – principalmente as fornecidas pelo próprio exame – para construir argumentação consistente. Isso quer dizer que, diante de um tema complexo, o estudante deve primeiramente examiná-lo por diferentes perspectivas, fazendo uso de operações como analisar, comparar, levantar hipóteses, estabelecer relações de causa e efeito, etc., e, depois, posicionar-se diante do tema, isto é, tomar uma posição ou adotar um ponto de vista, e defendê-lo.

Na prova de redação, esse eixo aparece de forma clara. A proposta de produção de texto normalmente constitui-se de duas partes: um painel de textos que, com diferentes pontos de vista, abordam um assunto comum; e um tema argumentativo explícito, que exige do estudante um posicionamento e a defesa de um ponto de vista. O painel de textos serve para o participante selecionar e relacionar informações que lhe serão úteis para construir a argumentação.

A prova de redação, contudo, não é a única situação em que a argumentação está presente na prova. Em alguns tipos de questão de múltipla escolha, de diferentes áreas, as alternativas são argumentos que fundamentam uma afirmação ou um princípio apresentado no corpo da questão. A tarefa do estudante, nesse caso, não é propriamente *construir* argumentos, mas *escolher* o argumento que melhor justifica uma ideia apresentada.

Elaborar propostas

O eixo cognitivo V avalia a possibilidade de o estudante, fazendo uso de conhecimentos formais e adotando uma perspectiva cidadã, propor medidas de "intervenção solidária na realidade". Isso quer dizer que toda solução pensada para um problema apresentado na prova deve levar em conta não interesses individuais, mas o interesse coletivo, o respeito aos direitos do cidadão e à diversidade sociocultural, a preservação do meio ambiente, a busca de uma sociedade melhor e mais justa.

Tal qual no eixo IV, esse eixo também aparece muito claramente na prova de redação. Contudo, em questões de múltipla escolha de qualquer área do conhecimento, é com a mesma postura cidadã que o estudante deve examinar as alternativas e escolher as que sejam compatíveis com essa postura. Isso em relação aos mais variados temas que concorrem nesse exame, tais como direitos políticos do cidadão, a devastação da natureza no Brasil, efeitos da globalização, o impacto das redes sociais nas relações humanas, o aquecimento global, etc.

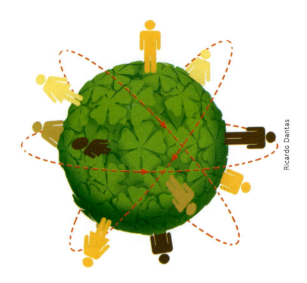

Você deve ter observado que nem sempre é fácil dissociar um eixo cognitivo de outro. Por isso, é comum que em uma mesma questão esteja implicado mais de um eixo.

Para o estudante se sair bem no Enem, não há necessidade de conhecer de cor os eixos cognitivos ou de reconhecê-los. Apesar disso, propomos a seguir alguns exercícios de reconhecimento dos eixos, apenas para proporcionar maior familiaridade com eles e possibilitar que sejam mais bem compreendidos.

EXERCÍCIOS

Há, a seguir, três questões extraídas de um exame do Enem. Leia-as e tente resolvê-las. Verifique o gabarito com seu professor. Depois identifique os eixos cognitivos que estão sendo avaliados em cada uma das questões.

1.

Observe as dicas para calcular a quantidade certa de alimentos e bebidas para as festas de fim de ano:
- Para o prato principal, estime 250 gramas de carne para cada pessoa.
- Um copo americano cheio de arroz rende o suficiente para quatro pessoas.
- Para a farofa, calcule quatro colheres de sopa por convidado.
- Uma garrafa de vinho serve seis pessoas.
- Uma garrafa de cerveja serve duas.
- Uma garrafa de espumante serve três convidados.

Quem organiza festas faz esses cálculos em cima do total de convidados, independente do gosto de cada um.

Quantidade certa de alimentos e bebidas evita o desperdício da ceia. Jornal *Hoje*. 17 dez. 2010 (adaptado).

Um anfitrião decidiu seguir essas dicas ao se preparar para receber 30 convidados para a ceia de Natal. Para seguir essas orientações à risca, o anfitrião deverá dispor de:

a) 120 kg de carne, 7 copos americanos e meio de arroz, 120 colheres de sopa de farofa, 5 garrafas de vinho, 15 de cerveja e 10 de espumante.

b) 120 kg de carne, 7 copos americanos e meio de arroz, 120 colheres de sopa de farofa, 5 garrafas de vinho, 30 de cerveja e 10 de espumante.

c) 75 kg de carne, 7 copos americanos e meio de arroz, 120 colheres de sopa de farofa, 5 garrafas de vinho, 15 de cerveja e 10 de espumante.

d) 7,5 kg de carne, 7 copos americanos, 120 colheres de sopa de farofa, 5 garrafas de vinho, 30 de cerveja e 10 de espumante.

e) 7,5 kg de carne, 7 copos americanos e meio de arroz, 120 colheres de sopa de farofa, 5 garrafas de vinho, 15 de cerveja e 10 de espumante.

2.

> Os biocombustíveis de primeira geração são derivados da soja, milho e cana-de-açúcar e sua produção ocorre através da fermentação. Biocombustíveis derivados de material celulósico ou biocombustíveis de segunda geração — coloquialmente chamados de "gasolina de capim" — são aqueles produzidos a partir de resíduos de madeira (serragem, por exemplo), talos de milho, palha de trigo ou capim de crescimento rápido e se apresentam como uma alternativa para os problemas enfrentados pelos de primeira geração, já que as matérias-primas são baratas e abundantes.
>
> DALE, B. E.; HUBER, G. W. Gasolina de capim e outros vegetais. *Scientific American Brasil.* Ago. 2009, nº 87 (adaptado).

O texto mostra um dos pontos de vista a respeito do uso dos biocombustíveis na atualidade, os quais:

a) são matrizes energéticas com menor carga de poluição para o ambiente e podem propiciar a geração de novos empregos; entretanto, para serem oferecidos com baixo custo, a tecnologia da degradação da celulose nos biocombustíveis de segunda geração deve ser extremamente eficiente.

b) oferecem múltiplas dificuldades, pois a produção é de alto custo, sua implantação não gera empregos, e deve-se ter cuidado com o risco ambiental, pois eles oferecem os mesmos riscos que o uso de combustíveis fósseis.

c) sendo de segunda geração, são produzidos por uma tecnologia que acarreta problemas sociais, sobretudo decorrentes do fato de a matéria-prima ser abundante e facilmente encontrada, o que impede a geração de novos empregos.

d) sendo de primeira e segunda geração, são produzidos por tecnologias que devem passar por uma avaliação criteriosa quanto ao uso, pois uma enfrenta o problema da falta de espaço para plantio da matéria-prima e a outra impede a geração de novas fontes de emprego.

e) podem acarretar sérios problemas econômicos e sociais, pois a substituição do uso de petróleo afeta negativamente toda uma cadeia produtiva na medida em que exclui diversas fontes de emprego nas refinarias, postos de gasolina e no transporte de petróleo e gasolina.

3.

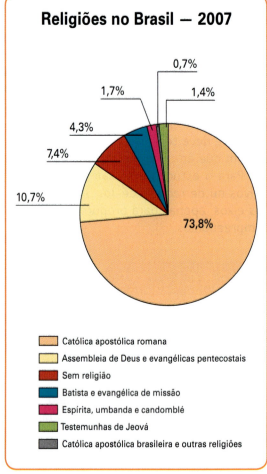

SMITH, D. *Atlas da Situação Mundial.* São Paulo: Cia. Editora Nacional, 2007 (adaptado).

Uma explicação de caráter histórico para o percentual da religião com maior número de adeptos declarados no Brasil foi a existência, no passado colonial e monárquico, da:

a) incapacidade do cristianismo de incorporar aspectos de outras religiões.

b) incorporação da ideia de liberdade religiosa na esfera pública.

c) permissão para o funcionamento de igrejas não cristãs.

d) relação de integração entre Estado e Igreja.

e) influência das religiões de origem africana.

PREPARE-SE PARA O ENEM E O VESTIBULAR

1. Leia o texto:

Telessaúde pretende melhorar programas de saúde da família

O Instituto de Matemática e Estatística (IME), junto com a Faculdade de Medicina (FMUSP) e o Centro de Saúde Escola Samuel Pessoa (CSEB), que fica no bairro do Butantã, em São Paulo, uniram-se em parceria e desenvolveram o programa de telessaúde Borboleta, que tem como principal objetivo modernizar o serviço de Atenção Domiciliar Primária do CSEB. "Trata-se de um projeto multidisciplinar e que pode trazer um grande benefício à sociedade", opina Rafael Correia, pesquisador do IME que participou do desenvolvimento do sistema. O Borboleta é um software de código aberto, programado em linguagem Java, que será utilizado pelas equipes do programa de saúde da família do CSEB.

O projeto visa otimizar não só o registro dos acompanhamentos, mas também o agendamento de visitas, anteriormente feito sem um controle mais efetivo, além da criação de um catálogo de doenças e de um sistema de controle da demanda por medicamentos.

(http://noticias.uol.com.br/ultnot/cienciaesaude/ultimas-noticias/2011/10/04/telessaude-pretende-melhorar-programas-de-saude-da-familia.jhtm)

Conforme afirma o texto, o Centro de Saúde Escola Samuel Pessoa (CSEB) procurou modernizar seus serviços e, para isso:

a) fará atendimento médico e preventivo via Internet (*software* Borboleta).

b) utilizará uma experiência do IME para divulgar novos processos de tratamento.

c) buscou nova tecnologia para aprimorar procedimentos anteriores e posteriores a consultas médicas.

d) irá catalogar doenças, praticando medicina preventiva com a ajuda do IME.

e) criou *software* capaz de detectar problemas de saúde e posterior diagnóstico.

2. O texto a seguir é o início do conto "Acefalia", de Júlio Cortazar, escritor que viveu na Argentina. Leia-o.

> Cortaram a cabeça a um certo senhor, mas, como depois estourou uma greve e não puderam enterrá-lo, esse senhor teve que continuar vivendo sem cabeça e arranjar-se bem ou mal.
>
> Em seguida ele notou que quatro dos cinco sentidos tinham ido embora com a cabeça. [...] cheio de boa vontade, sentou-se num banco da Praça Lavalle e tocava uma por uma as folhas das árvores, tratando de distingui-las e dar os respectivos nomes [...].
>
> (In: *Histórias de cronópios e de famas*. 7. ed. Rio de Janeiro: Civilização Brasileira, 2008.)

Na situação surreal, mencionada no texto, a personagem sem a cabeça perdeu quatro dos cinco sentidos. Assinale a alternativa que apresenta uma ação que ela ainda poderia realizar, mesmo sem a cabeça e os quatro sentidos.

a) assistir a um filme

b) ter sensação térmica

c) reconhecer alimento salgado ou doce

d) reconhecer a textura de objetos

e) perceber chamados de uma pessoa que grita

INTERPRETAÇÃO DE TEXTO

211

3. Leia a tira:

(http://revistaescola.abril.com.br/img/galeria-fotos/calvin/calvin-107.gif)

A tentativa de produzir humor, na tira, consiste em uma quebra de expectativa. Qual alternativa melhor explica a intenção do garoto Calvin, ao fazer a afirmação do último quadrinho?

a) O garoto transmite a ideia de que aquela brincadeira não é educativa na sua idade.

b) Calvin explica que é inútil ser ágil naquele tipo de brincadeira.

c) O garoto quer dizer que a paciência é uma característica que não combina com a sua idade.

d) Calvin explora a ideia de que a vida cotidiana não valoriza o prazer.

e) Enquanto brinca, um garoto não aprende absolutamente nada de novo.

4. Leia a notícia:

Educadora faz celular passar de vilão a aliado

Não há professor que nunca tenha se irritado com o fato de que, no meio da aula, um celular na mão ou na mochila de um aluno tenha começado a tocar impertinente. Mas o aparelho presente entre estudantes de todas as idades não é, necessariamente, mais um vilão da disciplina na sala de aula, principalmente se a experiência for parecida com a da professora Leda Queiroz de Paula. A educadora desenvolveu uma atividade para que o telefone não só pudesse continuar com os alunos, mas também passasse a fazer parte da aula. [...] Assim, em junho, durante um evento organizado pelo colégio, com o nome de Festival da Amizade, cujo objetivo foi trabalhar, essencialmente, a importância dos valores humanos, Leda criou o chamado Festival do Minuto. Durante cerca de uma semana, os professores da escola fazem uma pausa no conteúdo programático para discutir, por meio de atividades lúdicas e oficinas, temas como o respeito ao próximo e a valorização da vida e das relações interpessoais.

Os alunos, munidos dos seus inseparáveis celulares, tinham como tarefa produzir imagens de cenas que remetessem à ideia de amizade e que, depois, pudessem ser organizadas num minidocumentário, de cerca de um minuto de duração.

(*Correio Popular*, 31/10/2011.//www.rac.com.br/institucionais/correio_escola/2011/10/31/103823/educadora-faz-celular-passar-de-vilao-a-aliado.html)

A notícia relata como a tecnologia ajudou a professora a desenvolver uma atividade que possivelmente foi bem recebida pelos alunos. O projeto da professora buscava, principalmente:

a) a reeducação dos alunos quanto ao uso do celular.

b) valorizar a habilidade artística dos alunos.

c) a reeducação dos alunos quanto à prática do *bullying*.

d) valorizar a amizade por meio do uso do celular.

e) valorizar a habilidade de usar o celular.

·· VIVÊNCIAS ··

Esculturas de Aleijadinho em Bom Jesus de Matosinhos, Congonhas do Campo, MG.

Nas artes plásticas e na arquitetura, o Barroco teve um florescimento tardio no Brasil. Com exceção de algumas obras do século XVII, originadas da influência dos jesuítas, a maior parte da produção barroca ou rococó (arte de transição do Barroco para o Neoclassicismo) do país data principalmente do século XVIII, período em que as ideias iluministas se opunham à mentalidade religiosa da Contrarreforma, bem como à sua expressão artística, o Barroco.

Em grupo, escolham uma das propostas a seguir. Depois, convidem os professores de História e de Artes para participarem do projeto, de forma interdisciplinar. Em seguida, com a orientação dos professores, montem com os demais grupos uma **mostra de arte brasileira dos séculos XVII e XVIII**.

Projeto

A ARTE BRASILEIRA NO PERÍODO COLONIAL

1. O Barroco perto de nós

O Barroco brasileiro ganhou expressão artística em diferentes Estados brasileiros: Minas Gerais, Bahia, Goiás, Pernambuco, Paraíba e Rio Grande do Sul, entre outros.

Façam uma pesquisa a fim de averiguar se sua cidade e seu Estado dispõem de patrimônio artístico-cultural barroco. Visitem, se possível, igrejas, palácios, edifícios, prisões, museus e procurem conhecer obras em pintura, escultura, música, etc.

Reúnam imagens ou gravações relacionadas ao tema da pesquisa e apresentem-nas à classe, junto com informações a respeito das obras, como contexto de produção, autoria, temas, características barrocas, estado de conservação, etc.

2. O Barroco no Brasil: som e imagem

A fim de compor um amplo panorama da arte brasileira do século XVIII, façam um levantamento das principais realizações artísticas do período. Reúnam imagens ou gravações delas e apresentem-nas à classe.

- **O Barroco na pintura**

  Entre outras, pesquisem a obra de Manuel da Costa Ataíde, o principal pintor da época.

- **O Barroco na escultura**

  Entre outras, pesquisem a obra de Antônio Francisco de Lisboa, o Aleijadinho, o principal escultor da época.

Nossa Senhora do Carmo e São Simão Stock, pintura atribuída a Manuel da Costa Ataíde.

- **O Barroco na arquitetura**

  Entre outros, pesquisem os projetos arquitetônicos de Aleijadinho, Francisco Dias e Daniel de São Francisco.

Igreja de São Francisco à esquerda e Igreja do Carmo à direita, na praça principal de Mariana, MG.

- **O Barroco na música**

A produção de música barroca no Brasil, principalmente a sacra, com manifestações em Recife, Olinda, Belém, Salvador e Ouro Preto, foi muito rica. Pesquisem a produção de Lobo de Mesquita e Francisco Gomes da Rocha, entre outros, e apresentem trechos de músicas à classe.

- **O Barroco no cinema**

Assistam ao filme *Gregório de Mattos*, de Ana Carolina, e selecionem as partes principais para apresentar à classe, comentando-as.

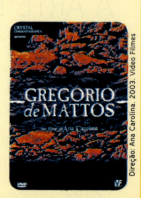

Cartaz do filme *Gregório de Mattos*, dirigido por Ana Carolina.

214

3. A Inconfidência Mineira

Joaquim José da Silva Xavier, o Tiradentes, tomou para si a responsabilidade pela liderança do grupo que articulou o movimento chamado Inconfidência Mineira (1789) e, por isso, sofreu a punição máxima, a morte por enforcamento. Contudo, sabe-se, hoje, que Tiradentes não foi o mentor intelectual do movimento.

Façam uma pesquisa a respeito da vida e do envolvimento político de Tiradentes na Inconfidência, a fim de situá-lo no contexto das ideias iluministas e da opressão colonial no Brasil do século XVIII.

Reúnam e organizem as informações que obtiverem e apresentem-nas à classe na forma de exposição oral.

Martírio de Tiradentes (1893), de Francisco Aurélio de Figueiredo e Melo.

4. Sarau literário

- **O amor através dos tempos**

    Reúnam poemas de tema amoroso de autoria de Gregório de Matos, Cláudio Manuel da Costa, Tomás Antônio Gonzaga e Silva Alvarenga, entre outros, a fim de montar um painel da poesia amorosa brasileira do período colonial. Depois declamem os poemas para a classe. Se quiserem, utilizem música (barroca ou não) como fundo para as declamações.

A escola do amor (1715-8), de Jean Antoine Watteau.

- **A Inconfidência Mineira revisitada**

    Preparem a declamação de trechos do *Romanceiro da Inconfidência*, obra de Cecília Meireles que narra poeticamente os episódios que envolveram a Inconfidência Mineira. Sugerimos os romances XXIV ("Da bandeira da Inconfidência"), LV ("De um preso chamado Gonzaga"), LXIII ("Do silêncio do alferes") e "Fala aos inconfidentes mortos".

Jornada dos mártires (1928), de Antônio Parreiras.

EM DIA COM O ENEM E O VESTIBULAR

Literatura e estudos de linguagem

1. (UNESP-SP) Leia os dois textos.

Texto 1

O livro de língua portuguesa 'Por uma Vida Melhor', adotado pelo Ministério da Educação (MEC), contém alguns erros gramaticais. "Nós pega o peixe" ou "os menino pega o peixe" são dois exemplos de erros. Na avaliação dos autores do livro, o uso da língua popular, ainda que contendo erros, é válido. Os escritores também ressaltam que, caso deixem a norma culta, os alunos podem sofrer "preconceito linguístico". A autora Heloisa Ramos justifica o conteúdo da obra. "O importante é chamar a atenção para o fato de que a ideia de correto e incorreto no uso da língua deve ser substituída pela ideia de uso da língua adequado e inadequado, dependendo da situação comunicativa."

(www.opiniaoenoticia.com.br. Adaptado.)

Texto 2

Ninguém de bom-senso discorda de que a expressão popular tem validade como forma de comunicação. Só que é preciso que se reconheça que a língua culta reúne infinitamente mais qualidades e valores. Ela é a única que consegue produzir e traduzir os pensamentos que circulam no mundo da filosofia, da literatura, das artes e das ciências. A linguagem popular a que alguns colegas meus se referem, por sua vez, não apresenta vocabulário nem tampouco estatura gramatical que permitam desenvolver ideias de maior complexidade — tão caras a uma sociedade que almeja evoluir. Por isso, é óbvio que não cabe às escolas ensiná-la.

(Evanildo Bechara. *Veja*, 01.06.2011. Adaptado.)

Assinale a alternativa correta acerca da relação entre linguagem popular e norma culta.

a) Os dois textos apresentam preocupação com a prática do preconceito linguístico sobre pessoas que se expressam fora dos padrões cultos da língua portuguesa.

b) Os dois textos defendem ser possível expressar ideias filosóficas tanto em linguagem popular quanto seguindo os padrões da norma culta.

c) Para Evanildo Bechara, não existem critérios que possam definir graus de superioridade ou inferioridade entre linguagem popular e norma culta.

d) O texto 2 sugere que a norma culta é instrumento de dominação das elites burguesas sobre as classes populares.

e) Para Evanildo Bechara, a norma culta é superior no que se refere à capacidade de expressão de ideias complexas no campo cultural.

2. (UFPE-PE, adaptada) O leitor sempre povoou o universo literário, seja como interlocutor, seja como personagem. A preocupação com a arte de escrever e com os efeitos da leitura revela-se nos textos em prosa e em verso de todas as épocas, mostrando que a criação literária é um trabalho consciente e comprometido com a realidade na qual se insere. Considere o trecho do *Sermão da Sexagésima*, de Pe. Antônio Vieira, e analise as questões a seguir. Indique com *V* as questões verdadeiras e com *F* as falsas.

Aprendamos do Céu o estilo da disposição e também das palavras. Como hão de ser as palavras? Como as estrelas. As estrelas são muito distintas e muito claras. Assim há de ser o estilo da pregação – muito distinto e muito claro. E nem por isso temais que pareça o estilo baixo; as estrelas são muito distintas e muito claras e altíssimas. O estilo pode ser muito claro e muito alto; tão claro que o entendam os que não sabem e tão alto que tenham muito que entender os que sabem. O rústico acha documentos nas estrelas para sua lavoura e o matemático para as suas observações. De maneira que o rústico que não sabe ler nem escrever entende as estrelas, e o matemático, que tem lido quantos escreveram, não alcança a entender quanto nelas há. Tal pode ser o sermão – estrelas, que todos veem e muito poucos as medem.

a) Mais do que o poema e o romance, o gênero da oratória exige uma preocupação especial com o receptor, na medida em que o objetivo da pregação é persuadir e convencer o ouvinte.

b) No *Sermão da Sexagésima*, Vieira resume a arte de pregar, procurando analisar por que a palavra de Deus não frutificava no mundo.

c) De acordo com a retórica cultista, Vieira defende um sermão baseado na expressão clara das ideias, interessante e acessível aos ouvintes, desde os mais simples até os mais cultos.

d) Apesar de defender a clareza das ideias, Vieira não deixa de utilizar em seus sermões grande riqueza de imagens, a exemplo de seus adversários católicos, os gongóricos dominicanos, partidários do estilo conceptista.

e) A comparação do estilo do sermão à disposição das estrelas no Céu é um exemplo de como as imagens literárias podem ser utilizadas para facilitar o entendimento, e não para servir à afetação e à pompa.

3. (MACK-SP) Assinale a alternativa incorreta a respeito das cantigas de amor.

a) O ambiente é rural ou familiar.

b) O trovador assume o eu lírico masculino: é o homem que fala.

c) Têm origem provençal.

d) Expressam a "coita" amorosa do trovador, por amar uma dama inacessível.

e) A mulher é um ser superior, normalmente pertencente a uma categoria social mais elevada que a do trovador.

4. (FUVEST-SP) Considere as afirmações sobre o *Auto da barca do Inferno*, de Gil Vicente:

I. O auto atinge seu clímax na cena do Fidalgo, personagem que reúne em si os vícios das diferentes categorias sociais anteriormente representadas.

II. A descontinuidade das cenas é coerente com o caráter didático do auto, pois facilita o distanciamento do espectador.

III. A caricatura dos tipos sociais presentes no auto não é gratuita nem artificial, mas resulta da acentuação de traços típicos.

Está correto apenas o que se afirma em:

a) I.   c) II e III.   e) I e III.

b) II.   d) I e II.

5. (PUC-SP) Diabo, Companheiro do Diabo, Anjo, Fidalgo, Onzeneiro, Parvo, Sapateiro, Frade, Florença, Brísida Vaz, Judeu, Corregedor, Procurador, Enforcado e Quatro Cavaleiros são personagens do *Auto da Barca do Inferno*, de Gil Vicente.

Analise as informações abaixo e selecione a alternativa *incorreta*, cujas características não descrevam adequadamente a personagem.

a) Onzeneiro idolatra o dinheiro, é agiota e usurário; de tudo que juntara, nada leva para a morte, ou melhor, leva a bolsa vazia.

b) Frade representa o clero decadente e é subjugado por suas fraquezas: mulher e esporte; leva a amante e as armas de esgrima.

c) Diabo, capitão da barca do Inferno, é quem apressa o embarque dos condenados; é dissimulado e irônico.

d) Anjo, capitão da barca do Céu, é quem elogia a morte pela fé; é austero e inflexível.

e) Corregedor representa a justiça e luta pela aplicação íntegra e exata das leis; leva papéis e processos.

(MACK-SP) Texto para as questões 6 e 7:

01	Chicó – Por que essa raiva dela?
02	João Grilo – Ó homem sem vergonha! Você inda
03	pergunta? Está esquecido de que ela o
04	deixou? Está esquecido da exploração
05	que eles fazem conosco naquela pa-
06	daria do inferno? Pensam que são o
07	cão só porque enriqueceram, mas um
08	dia hão de pagar. E a raiva que eu
09	tenho é porque quando estava doente,
10	me acabando em cima de uma cama,
11	via passar o prato de comida que ela
12	mandava para o cachorro. Até carne
13	passada na manteiga tinha. Para mim
14	nada, João Grilo que se danasse. Um
15	dia eu me vingo.
16	Chicó – João, deixe de ser vingativo que você se
17	desgraça. Qualquer dia você inda se mete
18	numa embrulhada séria.

Ariano Suassuna, *Auto da Compadecida*

6. Considere as seguintes afirmações:

I. O texto de Ariano Suassuna recupera aspectos da tradição dramática medieval, afastando-se, portanto, da estética clássica de origem greco-romana.

II. A palavra *Auto*, no título do texto, por si só sugere que se trata de peça teatral de tradição popular, aspecto confirmado pela caracterização das personagens.

III. O teor crítico da fala da personagem, entre outros aspectos, remete ao teatro humanista de Gil Vicente, autor de vários autos, como, por exemplo, o *Auto da barca do Inferno*.

Assinale:

a) se todas estiverem corretas.

b) se apenas I e II estiverem corretas.

c) se apenas II estiver correta.

d) se apenas II e III estiverem corretas.

e) se todas estiverem incorretas.

7. Assinale a alternativa correta.

a) Do ponto de vista da norma culta, a forma verbal *deixe* (linha 16) deveria ser substituída por "deixa", já que o pronome usado é *você* (linha 16).

b) Nas linhas 01 e 09, a palavra "porque" está grafada corretamente, assim como em "Não sei porque você insiste nisso".

c) Em *um dia hão de pagar* (linhas 07 e 08) a forma verbal foi usada corretamente, assim como em "Eu me lembro de que havia ainda alguns casos a resolver".

d) A frase *Está esquecido de que ela o deixou?* (linhas 03 e 04) admite também, de acordo com a norma-padrão, a seguinte pontuação: "Está esquecido, de que ela o deixou?".

e) A palavra "que", presente nas linhas 11 e 14, funciona como pronome e, portanto, substitui os termos imediatamente anteriores: *o prato de comida* e *João Grilo*, respectivamente.

(MACK-SP) Texto para as questões 8 e 9:

> O amor é feio
> Tem cara de vício
> Anda pela estrada
> Não tem compromisso
> [...]
>
> O amor é lindo
> Faz o impossível
> O amor é graça
> Ele dá e passa
>
> A. Antunes, C. Brown, M. Monte, "O amor é feio".

8. Cotejando a letra da canção com os famosos versos camonianos *Amor é fogo que arde sem se ver / É ferida que dói e não se sente*, afirma-se corretamente que:

   a) Assim como Camões, os compositores tematizam o amor, valendo-se de uma linguagem espontânea, coloquial, como prova o uso da expressão *cara de vício*.

   b) O caráter popular da canção é acentuado pelo uso de redondilhas, traço estilístico ausente nos versos camonianos citados.

   c) A concepção de amor como sentimento contraditório, típica de Camões, está ausente na letra da canção, uma vez que seus versos não se compõem de paradoxos.

   d) A ideia de que a dor do amor não é sentida pelos amantes, presente nos versos de Camões, é parafraseada nos versos *Anda pela estrada / Não tem compromisso*.

   e) A canção recupera o tom solene e altissonante presente nos versos camonianos.

9. As alternativas a seguir citam aspecto estilístico presente no texto, *exceto* o uso de:

   a) estrutura paralelística (*O amor é feio / O amor é lindo*).
   b) rimas externas e internas (*vício / compromisso; cara / estrada*).
   c) conjunções coordenadas (*O amor é feio / Tem cara de vício*).
   d) processo metafórico (*Anda pela estrada / Não tem compromisso*).
   e) estrofes simétricas (quartetos).

10. (UNIFESP-SP) Leia a charge.

(www.chargeonline.com.br. Adaptado.)

É correto afirmar que:

a) o autor obtém um efeito de humor baseado no emprego de palavras derivadas por prefixação, a partir do substantivo Batman.

b) os termos *batmana* e *batmãe* correspondem ao sujeito composto da oração, na sintaxe do período da primeira fala.

c) o termo *batbarraco* está empregado em sentido conotativo, já que *barraco*, nesse contexto, não remete à ideia de habitação, e sim à de briga e confusão.

d) o pronome *ele* assume valor indefinido na oração da primeira fala.

e) a frase de Batman manteria o sentido se fosse assim redigida: *Foi um só batboca!*

11. (UEL-PR) Assinale a alternativa que expressa o significado de cada um dos segmentos grifados em: <u>dis</u>função, <u>im</u>previsíveis, poder<u>oso</u>.

   a) privação, abundância, negação
   b) negação, abundância, privação
   c) privação, privação, negação
   d) negação, negação, privação
   e) privação, negação, abundância

(MACK-SP) Texto para as questões 12 e 13:

> 01 Já rompe, Nise, a matutina Aurora
> 02 O negro manto, com que a noite escura,
> 03 Sufocando do Sol a face pura,
> 04 Tinha escondido a chama brilhadora.
>
> Cláudio Manuel da Costa

12. Nessa estrofe, o poeta:

   a) dirige-se a *Nise*, com intuito de expressar tristeza pelo fato de *o manto negro* da *noite* corromper a beleza do dia, representada pela deusa *Aurora*.

   b) dirige-se à amada para lamentar o fim de uma noite de amor pela chegada de novo dia, fato comprovado pelo uso das expressões *a matutina Aurora* e *chama brilhadora*.

   c) dirige-se a *Nise* e lhe descreve um quadro da natureza por meio de metáforas como, por exemplo, *negro manto* e *Sufocando do Sol a face pura*.

   d) declara seu amor a *Nise* com uma linguagem emotiva (*rompe*, *negro manto* etc.), estabelecendo uma analogia entre a natureza grandiosa e a beleza da amada.

   e) declara seu amor à Musa e lamenta o fato de não ser correspondido, já que *a face pura do Sol* foi apagada pelo *negro manto* da *noite escura*.

13. Considerando suas imagens e sua forma, é correto dizer que o texto se vincula à:

   a) tradição clássica, que orientou a produção literária no Brasil colonial.

218

b) estética romântica, que caracterizou a literatura brasileira pós-independência política.

c) tradição literária medieval, recuperada pelos poetas brasileiros do século XIX.

d) estética simbolista, que explorou a musicalidade da palavra, em detrimento do conteúdo.

e) estética parnasiana, acentuadamente subjetiva e idealizadora.

Produção de texto

14. (UFSM-RS) Desde 1999, a MTV esquadrinha o Brasil investigando valores e o comportamento do jovem brasileiro com sua série de documentos Dossiê Universo Jovem. Em sua quarta edição, a pesquisa registrou a maneira como os jovens se relacionam com o tema da sustentabilidade e as percepções que eles têm sobre futuro e meio ambiente. A seguir elencamos uma série de depoimentos de jovens que participaram dessa pesquisa:

"Há muito tempo ouço falar de meio ambiente; desde a 5ª série, a professora de ciências fazia horta no colégio e falava da água, do meio ambiente e da natureza, da nossa saúde. O colégio sempre foi muito ligado a isso, sempre tratou esse assunto como muito importante, e hoje vejo na faculdade." (SAL.19.F.B)

"Agora o tema é ecologia, aquecimento global. Eu sempre levanto a bandeira. Eu falo: 'Ah, por que você não separa o lixo?'" (RJ.18/21.F.C)

"No meu círculo de amigos tem uma galera bem envolvida com o aquecimento global. Muitas vezes a gente se encontra e conversa sobre isso, sobre o aquecimento global, o que a gente pode fazer pra melhorar alguma coisa. Tem vários que estão já se movimentando em relação a isso." (POA.22/25.F.A)

"Se for colocar em porcentagem, uns 10% realmente se preocupam com isso. Muita gente fala bastante, poucos agem." (POA.22/25.F.A)

"Quando você pergunta sobre sustentabilidade, tem muita gente que não sabe o que é. É difícil entender, não explicam muito." (SP.16.F.A)

"Um desenvolvimento [sustentável] que não atrapalha os aspectos do futuro. Que possa suprir as necessidades de agora e não atrapalhe as gerações futuras." (MAN.13.M.A)

"O que eu sei é que a partir da industrialização houve um crescimento muito grande sem se preocupar com o meio. As cidades começaram a se desenvolver, e cresceram de uma forma que eles acharam que era desenvolvimento, e na realidade não foi o que aconteceu. Agora está tendo essa consciência de desenvolvimento sustentável, mas elas foram agredindo todo um meio pra desenvolver esse capitalismo, essa coisa da indústria, sem se preocupar com as outras coisas. A gente precisa ter consciência de que as coisas não são infinitas." (POA.22/25.F.A)

"[Consumo consciente é] Comprar apenas o necessário. Usar produtos de empresa que faz alguma coisa para combater o aquecimento, ou polui menos. Papel só de empresa que faz reflorestamento. Fazer as coisas pensando no amanhã, nas consequências." (RJ.18/21.F.A)

"Eu fui comprar geladeira e fogão e falei: 'Quero uma geladeira que consuma menos energia', por mais que seja um pouquinho mais cara, foi o que eu pensei. Ela tem o selo de consumo sustentável, e eu não quero tirar o selo porque pelo menos mostra que eu fiz alguma coisa. Vou olhar pra ele todos os dias, pelo menos eu durmo um pouco tranquila. A gente não tem essa consciência de atos diários." (SAL.22/25.F.A)

"É o consumo preocupado com a preservação, que hoje em dia tudo é sustentável. As empresas lançam muitas marcas, mas temos que parar para analisar se realmente existe uma preocupação com a sustentabilidade do mundo ou é uma questão de propaganda." (SAL.22.M.C)

"Eu imagino uma pessoa sabendo exatamente o que ela está comprando, saber quais são os componentes, se aquilo é saudável, se é feito por uma empresa que colabora com o meio ambiente, que não abusa do trabalho infantil, escravo. Você saber exatamente qual é a origem daquilo que você está comprando." (RIB.24.F.A)

(Documentário da MTV mostra opinião jovem sobre sustentabilidade. Disponível em: http://www.akatu.org.br/central/noticias/2009/documentario-da-mtv-mostra-opiniao-jo... Acesso em: 22 ago. 2009. Adaptado.)

A partir desses depoimentos e de seu conhecimento de mundo, produza um *artigo de opinião*, entre 25 e 30 linhas, a ser publicado no site da MTV, para esclarecer os que ainda são "eco alienados", sobre a relação entre qualidade de vida, sustentabilidade e meio ambiente.

Interpretação de texto

15. (UFBA-BA)

VIVO: propaganda. *Veja*, São Paulo: Abril, ed. 2000, ano 40, n. 11, 21 mar. 2007. Fragmento do encarte especial destacável.

O texto publicitário faz uso da polissemia dos signos – ou seja, da multiplicidade de significados de uma palavra – como recurso de construção de sentidos. Identifique em que palavras se percebe o uso desse recurso na propaganda apresentada e explique como isso ocorre.

16. (SAEB)

Texto I

O chamado "fumante passivo" é aquele indivíduo que não fuma, mas acaba respirando a fumaça dos cigarros fumados ao seu redor. Até hoje, discutem-se muito os efeitos do fumo passivo, mas uma coisa é certa: quem não fuma não é obrigado a respirar a fumaça dos outros.

O fumo passivo é um problema de saúde pública em todos os países do mundo. Na Europa, estima-se que 79% das pessoas estão expostas à fumaça "de segunda mão", enquanto nos Estados Unidos, 88% dos não fumantes acabam fumando passivamente. A Sociedade do Câncer da Nova Zelândia informa que o fumo passivo é a terceira entre as principais causas de morte no país, depois do fumo ativo e do uso de álcool.

Disponível em: www.terra.com.br. Acesso em: 27 abr. 2010 (fragmento).

Texto II

(Disponível em: http://rickjaimecomics.blogspot.com.br. Acesso em: 27 abr. 2010.)

Ao abordar a questão do tabagismo, os textos I e II procuram demonstrar que:

a) a quantidade de cigarros consumidos por pessoa, diariamente, excede o máximo de nicotina recomendado para os indivíduos, inclusive para os não fumantes.

b) para garantir o prazer que o indivíduo tem ao fumar, será necessário aumentar as estatísticas de fumo passivo.

c) a conscientização dos fumantes passivos é uma maneira de manter a privacidade de cada indivíduo e garantir a saúde de todos.

d) os não fumantes precisam ser respeitados e poupados, pois estes também estão sujeitos às doenças causadas pelo tabagismo.

e) o fumante passivo não é obrigado a inalar as mesmas toxinas que um fumante; portanto, depende dele evitar ou não a contaminação proveniente da exposição ao fumo.

17. (UFG-GO) Leia os poemas de Cora Coralina e Olavo Bilac:

Rio vermelho

IV
Água – pedra.
Eternidades irmanadas.
Tumulto — torrente.
Estática — silenciosa.
O paciente deslizar,
o chorinho a lacrimejar
sutil, dúctil
na pedra, na terra.
Duas perenidades –
sobreviventes
no tempo.
Lado a lado — conviventes,
diferentes, juntas, separadas.
Coniventes.
   Meu Rio Vermelho.

CORALINA, Cora. *Melhores poemas*. Seleção de Darcy França Denófrio. São Paulo: Global, 2004. p. 319. (Col. Melhores Poemas).

dúctil: dócil

Rio abaixo

Treme o rio, a rolar, de vaga em vaga...
Quase noite. Ao sabor do curso lento
Da água, que as margens em redor alaga,
Seguimos. Curva os bambuais o vento.

Vivo há pouco, de púrpura, sangrento,
Desmaia agora o ocaso. A noite apaga
A derradeira luz do firmamento...
Rola o rio, a tremer, de vaga em vaga.

Um silêncio tristíssimo por tudo
Se espalha. Mas a lua lentamente
Surge na fímbria do horizonte mudo:
E o seu reflexo pálido, embebido
Como um gládio de prata na corrente,
Rasga o seio do rio adormecido.

BILAC, Olavo. *Melhores poemas*. Seleção de Marisa Lajolo. São Paulo: Global, 2003. p. 71. (Col. Melhores Poemas).

ocaso: pôr do sol
fímbria: orla, borda
gládio: espada

Tanto Cora Coralina, em "Rio vermelho", quanto Olavo Bilac, em "Rio abaixo", poetizam assuntos semelhantes. Os dois poemas, entretanto, diferenciam-se, respectivamente, por:

a) linguagem coloquial do primeiro e linguagem anacrônica do segundo.
b) caráter contido do primeiro e caráter intenso do segundo.
c) tonalidade satírica do primeiro e tonalidade avaliativa do segundo.
d) ênfase narrativista do primeiro e ênfase descritivista do segundo.
e) registro regionalista do primeiro e registro universalista do segundo.

18. (FUVEST-SP)

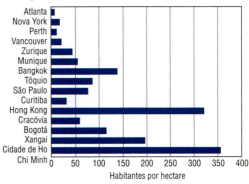

Figura 1 — Densidade demográfica em 15 cidades — 1995

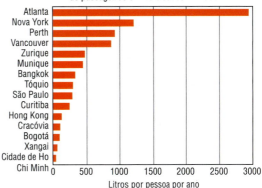

Figura 2 — Consumo de gasolina em transporte particular de passageiros em 15 cidades — 1995

Fonte: *O estado do mundo em 2007. Nosso futuro urbano* (2007 State of the world. Our Urban Future). Linda Starke (ed.). Nova Iorque e Londres: W. W. Norton & Company, 2007, p. 69 e 70. Adaptado.

Com base nesses gráficos sobre 15 cidades, pode-se concluir que, no ano de 1995:

a) as três cidades com o menor número de habitantes, por hectare, são aquelas que mais consomem gasolina no transporte particular de passageiros.
b) nas três cidades da América do Sul, vale a regra: maior população, por hectare, acarreta maior consumo de gasolina no transporte particular de passageiros.
c) as cidades mais populosas, por hectare, são aquelas que mais consomem gasolina no transporte particular de passageiros.

221

d) nas três cidades da América do Norte, vale a regra: maior população, por hectare, acarreta maior consumo de gasolina no transporte particular de passageiros.
e) as três cidades da Ásia mais populosas, por hectare, estão entre as quatro com menor consumo de gasolina no transporte particular de passageiros.

(UFG-GO) Leia os textos a seguir para responder às questões 19 e 20.

Quer tomar bomba?

Quer tomar bomba? Pode aplicar
Mas eu não garanto se vai inchar
Efeito estufa, ação, reação
Estria no corpo, aí, vai, vacilão
Deca, winstrol, durateston, textex
A fórmula mágica pra você ficar mais sexy
Mulher, dinheiro, oportunidade
Um ciclo de winstrol e você é celebridade
Barriga estilo tanque, pura definição
Duas horas de tensão, não vacila, vai pro chão
Três, quatro, quanto mais repetição
Vai perder muito mais rápido
Então, vem, sente a pressão

> MAG. Quer tomar bomba? Disponível em: <ww.vagalume.com.br>. Acesso em: 2 out. 2007. [Adaptado].

Canção

Dá-me pétalas de rosa
Dessa boca pequenina:
Vem com teu riso, formosa!
Vem com teu beijo, divina!

Transforma num paraíso
O inferno do meu desejo...
Formosa, vem com teu riso!
Divina, vem com teu beijo!

Oh! tu, que tornas radiosa
Minh'alma, que a dor domina,
Só com teu riso, formosa,
Só com teu beijo, divina!

Tenho frio, e não diviso
Luz na treva em que me vejo:
Dá-me o clarão do teu riso!
Dá-me o fogo do teu beijo!

> BILAC, Olavo. Melhores poemas. Seleção de Marisa Lajolo. São Paulo: Global, 2003. p. 70. (Coleção Melhores Poemas).

19. No rap "Quer tomar bomba?", a associação do uso de "medicamentos" ao exercício físico sugere o seguinte dilema:

a) O culto à beleza física *versus* o cultivo da beleza interior.
b) O zelo com a saúde mental *versus* a preocupação com a saúde corporal.
c) A obtenção de resultados pela força de vontade *versus* o recurso à medicina desportiva.
d) A manutenção da juventude *versus* a aceitação do envelhecimento.
e) O cuidado consigo mesmo *versus* o desejo de ser atraente ao outro.

20. No poema "Canção", um dos recursos linguísticos utilizados para expressar a dependência do poeta em relação à mulher amada é:

a) a recuperação da voz feminina pela citação direta e explícita.
b) a oposição semântica entre termos dos universos da razão e da espiritualidade.
c) a construção da antítese mediante o encadeamento de orações coordenadas.
d) a alternância das formas verbais nos modos indicativo e imperativo.
e) a sequência sonora indicativa da melancolia causada pela distância entre eles.

(ENEM) Figura para as questões 21 e 22:

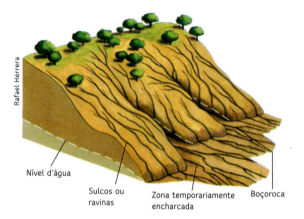

TEIXEIRA, W. et al. (Orgs.) *Decifrando a Terra*. São Paulo: Companhia Editora Nacional, 2009.

21. Muitos processos erosivos se concentram nas encostas, principalmente aqueles motivados pela água e pelo vento. No entanto, os reflexos também são sentidos nas áreas de baixada, onde geralmente há ocupação urbana. Um exemplo desses reflexos na vida cotidiana de muitas cidades brasileiras é:

a) a maior ocorrência de enchentes, já que os rios assoreados comportam menos água em seus leitos.
b) a contaminação da população pelos sedimentos trazidos pelo rio e carregados de matéria orgânica.
c) o desgaste do solo nas áreas urbanas, causado pela redução do escoamento superficial pluvial na encosta.
d) a maior facilidade de captação de água potável para o abastecimento público, já que é maior o efeito do escoamento sobre a infiltração.

e) o aumento da incidência de doenças como a amebíase na população urbana, em decorrência do escoamento de água poluída do topo das encostas.

22. O esquema representa um processo de erosão em encosta. Que prática realizada por um agricultor pode resultar em aceleração desse processo?

a) Plantio direto.
b) Associação de culturas.
c) Implantação de curvas de nível.
d) Aração do solo, do topo ao vale.
e) Terraceamento na propriedade.

23. (UFPEL-RS) No decorrer do período colonial no Brasil os interesses entre metropolitanos e colonos foram se ampliando.

> O descontentamento se agravou quando, a 1º de abril de 1680, a Coroa estabeleceu a liberdade incondicional dos indígenas, proibindo taxativamente que fossem escravizados. Além disso confiou-os aos jesuítas, que passaram a ter jurisdição espiritual e temporal das aldeias indígenas.
>
> Visando solucionar o problema da mão de obra para as atividades agrícolas do Maranhão, o governo criou a Companhia do Comércio do Estado do Maranhão (1682).
>
> Durante vinte anos, a Companhia teria o monopólio do comércio importador e exportador do Estado do Maranhão e do Grão-Pará. Cabia-lhe fornecer dez mil escravos africanos negros, à razão de quinhentos por ano, durante o período da concessão outorgada.
>
> AQUINO, Rubim Santos Leão de [et al]. *Sociedade brasileira: uma história através dos movimentos sociais.* 3. ed. Rio de Janeiro: Record, 2000.

Pelos elementos mercantilistas, geográficos e cronológicos, o conflito inferido do texto foi a Revolta:

a) dos Emboabas.
b) dos Mascates.
c) de Amador Bueno.
d) de Filipe dos Santos.
e) de Beckman.
f) I.R.

24. (ESPM-SP)

> O empresário australiano Rupert Murdoch adquiriu por 5,6 bilhões de dólares uma das maiores e mais veneradas instituições da imprensa americana. Com seus textos elegantes, visual cuidadosamente conservador e cobertura ampla e criteriosa dos grandes assuntos econômicos dos EUA e do mundo, o veículo de comunicação em questão conta com circulação diária de 2 milhões de exemplares e conquistou, em 118 anos de história, 31 prêmios Pulitzer, a coroação máxima por excelência jornalística no país. A reputação lhe rendeu o apelido de "A Bíblia do Capitalismo".
>
> Polêmico, chamado de tirano por seus vários inimigos, visto como exterminador do jornalismo sério, Murdoch é um empresário sagaz e também um homem de mídia, sendo o presidente da News Corp, um dos maiores conglomerados de mídia e entretenimento do planeta, com faturamento anual de quase 29 bilhões de dólares.
>
> (Revista *Exame*, 29/08/2007.)

O veículo de comunicação adquirido pelo empresário Rupert Murdoch, considerado como "A Bíblia do Capitalismo", é:

a) New York Times.
b) Times.
c) USA Today.
d) The Economist.
e) Wall Street Journal.

25. (UFC-CE) No cordel *Antônio Conselheiro*, lemos:

> Este cearense nasceu / lá em Quixeramobim, / se eu sei como ele viveu, / sei como foi o seu fim. / Quando em Canudos chegou, / com amor organizou / um ambiente comum / sem enredos nem engodos, / ali era um por todos / e eram todos por um

A história de Antônio Conselheiro, líder da Revolta de Canudos, evocada por Patativa, é tema também de:

a) *O Quinze*, de Raquel de Queiroz.
b) *Os Sertões*, de Euclides da Cunha.
c) *Macunaíma*, de Mário de Andrade.
d) *Vidas Secas*, de Graciliano Ramos.
e) *Grande Sertão: Veredas*, de Guimarães Rosa.

26. (FUVEST-SP) No início do século XX, focos de varíola e febre amarela fizeram milhares de vítimas na cidade do Rio de Janeiro. Nesse mesmo período, a atuação das Brigadas Mata-Mosquitos, a obrigatoriedade da vacina contra a varíola e a remodelação da região portuária e do centro da cidade geraram insatisfações entre as camadas populares e entre alguns políticos. Rui Barbosa, escritor, jurista e político, assim opinou sobre a vacina contra a varíola: "*...não tem nome, na categoria dos crimes do poder, a temeridade, a violência, a tirania a que ele se aventura (...) com a introdução, no meu sangue, de um vírus sobre cuja influência existem os mais bem fundados receios de que seja condutor da moléstia ou da morte*".

Considerando esse contexto histórico e as formas de transmissão e prevenção dessas doenças, é correto afirmar que:

a) a febre amarela é transmitida pelo ar e as ruas alargadas pela remodelação da área portuária e central da cidade permitiriam a convivência mais salubre entre os pedestres.
b) o princípio de ação da vacina foi compreendido por Rui Barbosa, que alertou sobre seus efeitos e liderou a Revolta da Vacina no Congresso Nacional.
c) a imposição da vacina somou-se a insatisfações populares geradas pela remodelação das áreas portuária e central da cidade, contribuindo para a eclosão da Revolta da Vacina.
d) a varíola é transmitida por mosquitos e o alargamento das ruas, promovido pela remodelação urbana, eliminou as larvas que se acumulavam nas antigas vielas e becos.
e) a remodelação da área portuária e central da cidade, além de alargar as ruas, reformou as moradias populares e os cortiços para eliminar os focos de transmissão das doenças.

27. (U. F. Viçosa-MG) Observe a charge abaixo, do cartunista Henfil:

(Fonte: RODRIGUES, Marly. *O Brasil da Abertura. De 1974 à Constituinte*. 3. ed. São Paulo: Atual, 1990. p. 62.)

Assinale a alternativa que identifica *corretamente* o período da história republicana brasileira contemporânea retratada e ironizada pela charge do cartunista Henfil:

a) O *impeachment* do presidente Collor.
b) O início da redemocratização.
c) Os chamados "Anos de Chumbo".
d) O período do "milagre brasileiro".

28. (U. F. Viçosa-MG) Entre 1917 e 1920, uma série de greves de grandes proporções ocorreu nas principais cidades brasileiras, sobretudo no Rio de Janeiro e em São Paulo. Na extensa pauta de reivindicações dos trabalhadores, estava a abolição do trabalho noturno de mulheres e menores de dezoito anos. Estes itens se relacionavam, entre outras coisas, com o padrão de industrialização brasileiro do período, caracterizado pelo predomínio do setor:

a) comércio e serviços.
b) químico e automobilístico.
c) têxtil e alimentício.
d) siderúrgico e metalúrgico.

29. (ITA-SP) Assinale a opção em que a frase apresenta figura de linguagem semelhante à da fala de Helga no primeiro quadrinho.

(Dik Browne. *Hagar*. Em: *Folha de S. Paulo*, 21/3/2005.)

a) O país está coalhado de pobreza.
b) Pobre homem rico!
c) Tudo, para ele, é nada!
d) O curso destina-se a pessoas com poucos recursos financeiros.
e) Não tenho tudo que amo, mas amo tudo que tenho.

Sumário da parte 2

UNIDADE 4

HISTÓRIA SOCIAL DO ROMANTISMO 226

CAPÍTULO 21 – A linguagem do Romantismo 230
LITERATURA

CAPÍTULO 22 – O Romantismo em Portugal 238
LITERATURA

CAPÍTULO 23 – A notícia 245
PRODUÇÃO DE TEXTO

CAPÍTULO 24 – O substantivo e o adjetivo 252
LÍNGUA: USO E REFLEXÃO

CAPÍTULO 25 – O Romantismo no Brasil – a poesia .. 270
LITERATURA

CAPÍTULO 26 – A entrevista 281
PRODUÇÃO DE TEXTO

CAPÍTULO 27 – O verbo e o advérbio 285
LÍNGUA: USO E REFLEXÃO

CAPÍTULO 28 – O Romantismo no Brasil – a prosa .. 306
LITERATURA

VIVÊNCIAS

PROJETO: SARAU GÓTICO: "OH! MY GOTH!" 321

UNIDADE 5

HISTÓRIA SOCIAL DO REALISMO, DO NATURALISMO E DO PARNASIANISMO 324

CAPÍTULO 29 – A linguagem do Realismo, do
Naturalismo e do Parnasianismo 327
LITERATURA

CAPÍTULO 30 – O Realismo em Portugal – O Realismo
e o Naturalismo no Brasil 342
LITERATURA

CAPÍTULO 31 – A reportagem 352
PRODUÇÃO DE TEXTO

CAPÍTULO 32 – O artigo e o numeral 359
LÍNGUA: USO E REFLEXÃO

CAPÍTULO 33 – O Parnasianismo no Brasil 368
LITERATURA

CAPÍTULO 34 – A crônica 373
PRODUÇÃO DE TEXTO

VIVÊNCIAS

PROJETO: JORNAL MURAL: *OS FOCAS* 382

UNIDADE 6

HISTÓRIA SOCIAL DO SIMBOLISMO 384

CAPÍTULO 35 – A linguagem do Simbolismo 387
LITERATURA

CAPÍTULO 36 – A crítica 394
PRODUÇÃO DE TEXTO

CAPÍTULO 37 – O pronome 398
LÍNGUA: USO E REFLEXÃO

CAPÍTULO 38 – O Simbolismo em
Portugal e no Brasil 421
LITERATURA

CAPÍTULO 39 – O editorial 425
PRODUÇÃO DE TEXTO

CAPÍTULO 40 – A preposição, a conjunção
e a interjeição 430
LÍNGUA: USO E REFLEXÃO

CAPÍTULO 41 – Competências e habilidades
do Enem (I) 447
INTERPRETAÇÃO DE TEXTO

VIVÊNCIAS

PROJETO: DOIS OLHARES: ENTRE A RAZÃO E A ANTIRRAZÃO .. 453

EM DIA COM O ENEM E O VESTIBULAR 456

Jovem nu sentado à beira do mar (1855), do pintor romântico Jean-Hippolyte Flandrin.

Museu do Louvre, Paris, França

UNIDADE 4
HISTÓRIA SOCIAL DO ROMANTISMO

Você se considera uma pessoa romântica? A palavra *romântico* é frequentemente associada a um conjunto de comportamentos e valores, como dar ou receber flores, gostar de ler ou escrever poemas e histórias de amor, emocionar-se facilmente, ser gentil e delicado com a pessoa amada.

Esse tipo de romantismo, porém, é diferente do Romantismo na arte. Este também está relacionado aos sentimentos, mas foi muito mais do que isso. Foi um amplo movimento que surgiu no século XIX e representou artisticamente os anseios da burguesia que havia acabado de chegar ao poder na França.

Estudar a literatura do período implica conhecer as transformações então ocorridas e ver de que modo elas acarretaram uma nova forma de ver e sentir o mundo.

VIVÊNCIAS

Projeto:

Sarau gótico: Oh! My Goth!

Declamação e encenação de textos e apresentação de músicas e filmes relacionados com a tradição gótica.

Canção do violeiro

Passa, ó vento das campinas,
Leva a canção do tropeiro.
Meu coração 'stá deserto,
'Stá deserto o mundo inteiro.
Quem viu a minha senhora
Dona do meu coração?

Chora, chora na viola,
Violeiro do sertão.
[...]

Não quero mais esta vida,
Não quero mais esta terra.
Vou procurá-la bem longe,
Lá para as bandas da serra.
Ai! triste que eu sou escravo!
Que vale ter coração?

Chora, chora na viola,
Violeiro do sertão.

(Castro Alves. *O navio negreiro e outros poemas*. São Paulo: Saraiva, 2007. p. 66-7.)

Fique ligado! Pesquise!

Para estabelecer relações entre a literatura e outras artes e áreas do conhecimento, eis algumas sugestões:

▶ Assista

- *Sombras de Goya*, de Milos Forman; *Goya*, de Carlos Saura; *Minha amada imortal*, de Bernard Rose; *Razão e sensibilidade*, de Ang Lee; *O homem elefante*, de David Lynch; *Madame Sans-Gêne*, de Christian Jacque; *A queda da Bastilha*, de Jim Goddard; *Danton – O processo da revolução*, de Andrzej Wajda; *Os miseráveis*, de Billie August; *Emma*, de Douglas McGrath; *Carta de uma desconhecida*, de Max Ophuls; *Sinfonia da primavera*, de Peter Shamony; *Afinidades eletivas*, de Paolo e Vittorio Taviani; *Independência ou morte*, de Carlos Coimbra; *Carlota Joaquina, princesa do Brasil*, de Carla Camurati; *Cold mountain*, de Anthony Minghella; *Frankenstein, o terror das trevas*, de Roger Corman.

📖 Leia

- *Os sofrimentos do jovem Werther*, de Goethe (Martins Fontes); *Eurico, o presbítero*, de Alexandre Herculano (Ática); *Viagens na minha terra*, de Almeida Garrett (Nova Alexandria); *Amor de perdição* e *A queda de um anjo*, de Camilo Castelo Branco (Ática); *Uma família inglesa*, de Júlio Diniz (Ediouro); *O navio negreiro e outros poemas*, de Castro Alves (Saraiva); *As trevas e outros poemas*, de Lord Byron (Saraiva); *Antologia de poesia brasileira – Romantismo* (Ática); *Pé na estrada*, de Jack Kerouac (L&PM e Ediouro).

♪ Ouça

- O movimento romântico na música erudita estende-se por todo o século XIX. Ouça a música dos compositores Beethoven, Schubert, Schumann, Mendelssohn, Chopin, Berlioz, Liszt, Wagner, Verdi, Brahms, Tchaikovsky, Dvořák e Strauss. Ouça também, da MPB, "Flores do mal", de Frejat; "Românticos", de Vander Lee; "Samba e amor", de Chico Buarque; "Muito romântico", de Caetano Veloso; "Aquarela do Brasil", de Ari Barroso; "Chão de estrelas", de Orestes Barbosa.

@ Navegue

- Textos de escritores românticos em geral: http://www.dominiopublico.gov.br/pesquisa/PesquisaObraForm.do

🏛 Visite

- Visite o Museu Paulista, também conhecido como Museu do Ipiranga, em São Paulo, que reúne importante acervo de obras de arte, documentos e objetos relacionados com a Coroa portuguesa em nosso país e o movimento da Independência do Brasil.

227

A IMAGEM EM FOCO

Você vai fazer, a seguir, a leitura de uma das mais importantes obras da pintura romântica, *A jangada do Medusa* (1819), quadro de Théodore Géricault (1791-1824), um dos expoentes da pintura romântica.

: *A jangada do Medusa* (1819), de Théodore Géricault.

1. O quadro de Géricault retrata uma tragédia no mar. Ele difere das obras de outros pintores do Romantismo, sobretudo aqueles da fase inicial do movimento, que incluem em suas telas valores relacionados à Revolução Francesa, como heroísmo, glória e triunfo. Em contraposição a esses valores, o que se vê na tela *A jangada do Medusa*?

2. Considere as seguintes informações sobre a pintura clássica:
- geralmente apresenta poucas personagens, e seus elementos integram-se de forma harmônica, transmitindo a impressão de equilíbrio;
- cada personagem parece viver um drama pessoal, diferente dos dramas das outras personagens.

Observe o número e a disposição das personagens do quadro de Géricault e procure identificar o drama que cada uma delas vive. Com base nessas observações, responda: O que diferencia o quadro romântico de Géricault dos quadros da pintura clássica?

O que era o *Medusa*?

Era um navio que levava soldados e colonos da França para o Senegal, em 1816, e afundou na costa africana. O capitão e seus oficiais ocuparam o bote salva-vidas e deixaram numa jangada improvisada os outros 149 passageiros, que ficaram doze dias, à deriva, no mar. Sobreviveram apenas quinze tripulantes, e conta-se que, em desespero, eles praticaram a antropofagia.

3. No Romantismo, a natureza geralmente é acolhedora e integra-se com o homem de modo harmonioso. Observe as ondas do mar e considere a condição dos tripulantes em *A jangada do Medusa*. Essa relação entre homem e natureza também se verifica nesse quadro? Por quê?

4. O quadro opõe vários elementos, entre eles a luz e a sombra. Observe que, à frente e à direita dos homens que estão em pé acenando, vê-se ao longe um navio que pode ser a salvação do grupo.

  a) Supondo-se que a luz que se abre no horizonte represente a vida, o que representaria a sombra?

  b) Considerando-se que o navio ao longe talvez seja a única possibilidade de salvação do grupo, que efeito de sentido tem no quadro o fato de ele estar tão distante?

  c) Observe a direção do vento que sopra sobre a vela. As perspectivas de o grupo ser resgatado são boas? Por quê?

  d) Observe que o quadro não apresenta cores vivas, predominando um tom ocre e sombrio. Levante hipóteses: Que relação pode ter esse aspecto cromático com a condição dos tripulantes?

5. A composição do quadro é organizada a partir de duas pirâmides: a primeira é formada pelas cordas que sustentam a vela; a segunda, pelo grupo de tripulantes.

  a) Considerando-se que na base da pirâmide humana estão os mortos e, no meio, os moribundos, o que representa o topo da pirâmide?

  b) Se você tivesse de atribuir um nome a essa pirâmide, que nome lhe daria?

Museu do Louvre, Paris, França

6. Considerando o contexto revolucionário em que o quadro foi criado, levante hipóteses: Por que, de certa forma, ele faz uma crítica ao governo francês da época?

7. Observe estas características do Romantismo:
  - natureza mais real
  - predomínio da emoção
  - nacionalismo
  - subjetivismo
  - gosto por ambientes noturnos
  - atração pela morte
  - sentido trágico da existência
  - indianismo

Quais delas estão presentes na tela em estudo?

Para quem quer mais na Internet

Visite o Museu do Louvre por meio do *site* http://www.louvre.fr/moteur-de-recherche-oeuvres e, na janela do item "Lancer la recherche", digite o nome de pintores românticos como Delacroix, Géricault, Turner e Constable para conhecer os trabalhos desses artistas.

229

Francesca da Rimini (1835), de Ary Scheffer.

LITERATURA

CAPÍTULO 21
A linguagem do Romantismo

Apesar de ser, do ponto de vista ideológico, uma arte revolucionária, o Arcadismo era, do ponto de vista estético, uma arte conservadora, pois se limitava fundamentalmente a eliminar os exageros do Barroco e a retomar os modelos do Classicismo do século XVI. Criar uma linguagem verdadeiramente nova, identificada com os padrões mais simples de vida do novo público consumidor, a burguesia, foi tarefa que coube ao Romantismo.

A fim de conhecer a linguagem literária do Romantismo, você vai realizar um estudo da poesia romântica.

LEITURA

O texto que segue é um dos poemas mais conhecidos da literatura brasileira. Gonçalves Dias escreveu-o em 1843, quando estava em Coimbra, onde fazia seus estudos universitários. O poeta vivia, então, uma situação de exílio, porém voluntário, e não político. Leia o poema a seguir.

Canção do exílio

Kennst du das Land, wo die Citronen blühn,
Im dunkeln Laub die Gold-Orangen Glühn,
Kennst du es wohl? — Dahin, dahin!
Möcht ich... ziehn.*

(Goethe)

Minha terra tem palmeiras,
Onde canta o Sabiá;
As aves, que aqui gorjeiam,
Não gorjeiam como lá.

Nosso Céu tem mais estrelas,
Nossas várzeas têm mais flores,
Nossos bosques têm mais vida,
Nossa vida mais amores.

Em cismar, sozinho, à noite,
Mais prazer encontro eu lá;
Minha terra tem palmeiras,
Onde canta o Sabiá.

Minha terra tem primores,
Que tais não encontro eu cá;
Em cismar — sozinho, à noite —
Mais prazer encontro eu lá;
Minha terra tem palmeiras,
Onde canta o Sabiá.

Não permita Deus que eu morra
Sem que eu volte para lá;
Sem que desfrute os primores
Que não encontro por cá;
Sem qu'inda aviste as palmeiras,
Onde canta o Sabiá.

(In: *Gonçalves Dias*. São Paulo: Abril Educação, 1982. p. 11-2. Literatura Comentada.)

Johann Moritz Rugendas. Vista tomada da costa, perto da Bahia./Coleção particular

---

* "Conheces o país onde florescem as laranjeiras? Ardem na escura fronde os frutos de ouro. Conhece-lo? — Para lá quisera eu ir!" (Tradução de Manuel Bandeira.)

231

1. Durante a Era Clássica (compreendida pelo Classicismo, pelo Barroco e pelo Arcadismo), foram bastante utilizados o soneto e o verso decassílabo, considerados recursos de expressão refinados. No Romantismo, passou a existir um interesse muito grande pela cultura popular e suas tradições. Por força desse interesse, os poetas românticos começaram a buscar outras formas de expressão.

a) Faça a escansão destes versos de uma cantiga de roda:

> Sete e sete são quatorze,
> Com mais sete, vinte e um
> Tenho sete namorados
> Só posso casar com um
> Namorei um garotinho
> Do colégio militar
> O diabo do garoto
> Só queria me beijar

De que tipo são os versos, quanto ao número de sílabas?

b) Agora faça a escansão de alguns versos do poema de Gonçalves Dias. De que tipo eles são, também quanto à métrica?

2. A linguagem empregada nos textos do Barroco e do Arcadismo ainda guardava forte influência do português literário lusitano: o vocabulário era culto, a sintaxe apresentava inversões e não se empregavam palavras de origem tupi ou africana. Observe a linguagem da "Canção do exílio" e responda:

a) A linguagem do poema, escrito há mais de 170 anos, se mostra acessível ou inacessível para o leitor de hoje?

b) Faça uma pesquisa no dicionário: entre as palavras *terra*, *palmeiras*, *sabiá*, *gorjeiam*, qual delas tem origem indígena?

3. O poema apresenta um jeito de falar brasileiro (leia o boxe "O Romantismo e a fala brasileira") e uma forte musicalidade, associada ao emprego de recursos como rimas e ritmo.

a) Que palavras rimam entre si?

b) No 1º verso, o ritmo decorre do fato de serem acentuadas (pronunciadas de maneira forte) a 3ª e a 7ª sílabas. Observe:

> Mi/nha/**ter**/ra/tem/pal/**mei**/ras
>
> 3ª   7ª

Como se dá o ritmo nos demais versos da mesma estrofe?

O Romantismo e a fala brasileira

Manuel Bandeira, poeta modernista do século XX, notou que a "Canção do exílio" é um dos primeiros poemas brasileiros a apresentar uma prosódia (um jeito de falar) brasileira. Segundo ele, trata-se de "uma poesia cujo encanto verbal desaparece quando traduzida para outra língua. Desaparece mesmo quando dita com a pronúncia portuguesa".

Também vale lembrar que, antes do Romantismo, quase não havia poemas com rimas entre palavras oxítonas. A "Canção do exílio" representa, portanto, uma ruptura com os modelos clássicos de sonoridade poética.

4. O poema de Gonçalves Dias tem como epígrafe alguns versos do escritor romântico alemão Goethe. *Epígrafe* é uma frase ou um trecho de obra de outro autor no qual o escritor se inspira para escrever seu próprio texto.

Leia a nota de tradução dos versos de Goethe e compare os versos do escritor alemão aos do escritor brasileiro.

a) Em que se assemelham?

b) Gonçalves Dias fala de uma natureza generosa, como nos versos de Goethe, mas substitui as laranjeiras dos versos do escritor alemão por palmeiras. Por que você acha que isso acontece?

5. Todo o poema se articula em torno da oposição entre dois espaços: a pátria (o Brasil) e o exílio (Portugal).

a) Que palavras do texto evidenciam essa antítese?

b) Ao descrever o Brasil, o eu lírico destaca que espécie de elementos: culturais, naturais ou sociais? Justifique sua resposta com elementos do texto.

c) Que sentimento a distância da pátria provoca no eu lírico?

232

6. A natureza, nos textos árcades, não apresentava vida; com um papel secundário, servia apenas como pano de fundo para o idílio amoroso. Além disso, a presença de alguns elementos da paisagem nacional (principalmente mineira) era indício de *nativismo*, e não de *nacionalismo*.

   a) No poema romântico de Gonçalves Dias, a natureza brasileira também assume um papel secundário?

   b) Levante hipóteses e troque ideias com os colegas: Qual é a diferença entre *sentimento nativista* e *sentimento nacionalista*?

   c) No poema de Gonçalves Dias, a natureza brasileira é expressão de *sentimento nativista* ou de *sentimento nacionalista*?

7. É comum, nos textos românticos, o eu lírico ou a personagem apresentar um estado de alma melancólico, triste e reflexivo, voltado para seu mundo interior. Identifique no texto ao menos uma situação em que isso ocorre.

8. Um escritor, ao tratar de temas como a pátria, a mulher, a natureza, etc., pode fazê-lo de diferentes modos. Por exemplo, de modo pessoal ou impessoal, objetivo ou subjetivo, sentimental ou racional, em diferentes graus. Como o eu lírico do poema vê a pátria e a natureza brasileira: de modo pessoal ou impessoal? Objetivo ou subjetivo? Racional ou sentimental? Realista ou idealizado?

Como síntese do estudo feito até aqui, compare as características do Romantismo com as do Arcadismo:

ROMANTISMO	ARCADISMO
Predomínio da emoção	Predomínio da razão
Subjetivismo	Objetivismo
Nacionalismo	Universalismo; nativismo
Maior liberdade formal	Maior contenção formal
Vocabulário e sintaxe mais brasileiros	Vocabulário e sintaxe com influência lusitana
Gosto pelas redondilhas	Gosto pelo decassílabo e pelo soneto
Valorização da cultura popular	Imitação da cultura clássica greco-latina
Natureza mais real, que interage com o eu lírico	Natureza como pano de fundo para os idílios amorosos
Sentimentalismo; estados de alma tristes e melancólicos	Busca de equilíbrio, racionalismo

On the road: o escapismo do século XX?

O livro *On the road* ou *Pé na estrada*, como foi traduzido no Brasil, é a obra do escritor americano Jack Kerouac (1922-1969), que influenciou a geração *beatnik* nos anos 1960.

Partindo da experiência pessoal do autor, que cruzou os EUA em viagens de carona e trem à procura de novas experiências, a obra de Kerouac é um verdadeiro hino à liberdade e há mais de 50 anos vem influenciando gerações de jovens.

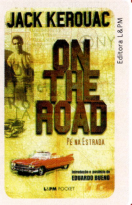

: John Lennon, fã das ideias *beat* desde a fase estudantil, dá o nome "Beatles" à sua banda como clara influência de Kerouac.

233

O TEXTO E O CONTEXTO EM PERSPECTIVA MULTIDISCIPLINAR

Leia, a seguir, o infográfico e um painel de textos interdisciplinares que relacionam a produção literária do Romantismo ao contexto histórico, social e cultural em que o movimento floresceu.

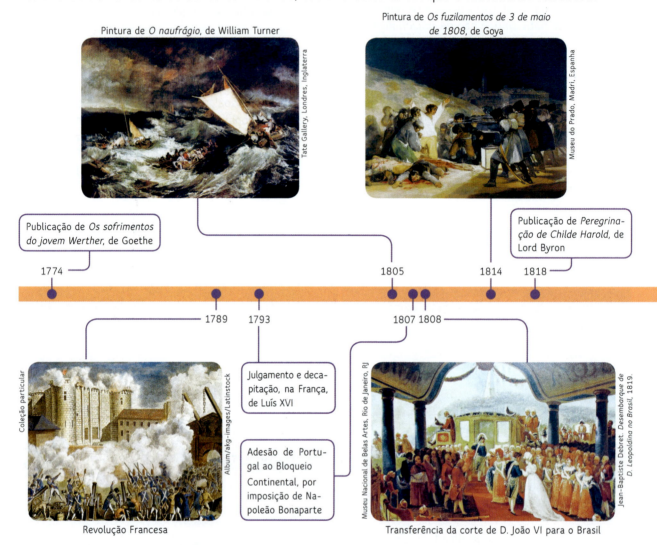

Liberdade, paixão e emoção

O romantismo foi mais que um programa de ação de um grupo de poetas, romancistas, filósofos ou músicos. Tratou-se de um vasto movimento onde se abrigaram o conservadorismo e o desejo libertário, a inovação formal e a repetição de fórmulas consagradas, o namoro com o poder e a revolta radical: enfim, um conjunto tão díspar de tendências que seria uma ociosa bobagem inconsequente pretender mascarar através de generalizações apresentadas a riqueza e a diversidade que nortearam o movimento romântico. Talvez fosse possível pensar, num esforço didático, que o romantismo foi marcado por algumas preocupações recorrentes, às quais poderíamos aliar um certo anticlassicismo, uma visão individualista, um desejo de romper com a normatividade e com os excessos do racionalismo. Liberdade, paixão e emoção constituem um tripé sobre o qual se assenta boa parte do romantismo.

: A atmosfera romântica na tela *Veneza vista do "Europa"* (1843), de J. M. W. Turner.

(Adilson Citelli. *Romantismo*. São Paulo: Ática, 2007. p. 9.)

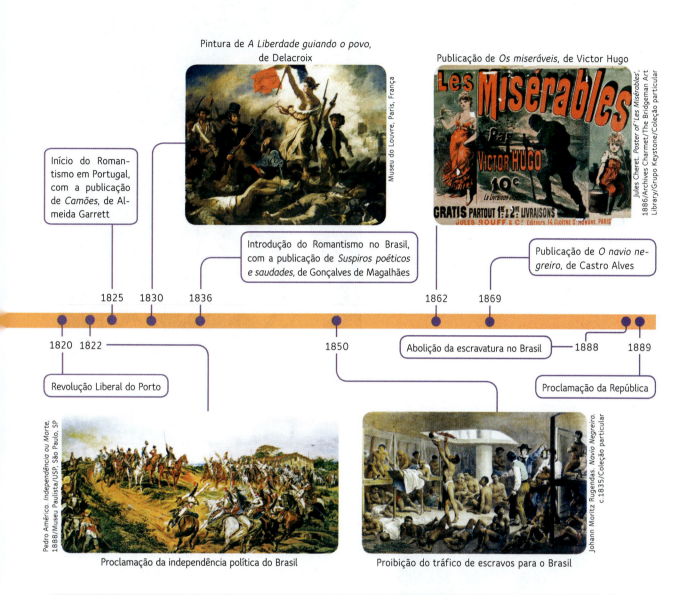

O Romantismo e a busca de referências

O olhar voltado para o passado cultivado pelos românticos talvez significasse a busca de um referencial perdido com a industrialização e a Revolução Francesa. Os cenários campestres eram idilicamente representados em oposição à vida agitada e artificial que se levava nas cidades. O Oriente Próximo também exercia um poder de sedução sobre os românticos, fascinados por seu "aspecto selvagem", contrastante com as regras civilizatórias do Ocidente.

O romantismo negava a racionalidade sistematizada do Iluminismo e valorizava a imaginação e a sensibilidade. O filósofo Jean-Jacques Rousseau, apesar de suas ligações com o Iluminismo, é considerado um dos primeiros românticos.

"Para nós, existir é sentir, e nossa sensibilidade é incontestavelmente mais importante do que a nossa razão", dizia ele. Rousseau defendia que o homem era essencialmente bom, sendo corrompido pelo meio civilizado. Por isso, a proximidade com a natureza era evocada como a possibilidade de escapar à corrupção da vida moderna. Nesse sentido, a Idade Média representava para os românticos um período de predomínio das tradições e do heroísmo, no qual a razão não havia sobrepujado o sentimento e a fé humana.

235

No campo estético da definição do belo, a liberdade de criação artística norteou os românticos. Dando vazão à imaginação, a pintura do período destacou-se por apresentar motivos exóticos, dramáticos, melancólicos ou, ainda, experiências aterradoras.

Embora seja considerado um movimento artístico, o romantismo permeou todo o pensamento europeu nas primeiras décadas do século XIX. Escritores como Victor Hugo e Goethe, poetas como Shelley, Keats e Byron, filósofos como Schiller e Schelling e compositores como Beethoven, Schubert, Chopin e Wagner expressaram em suas obras a diversidade de termos e formas presente no romantismo.

(Antônio P. Rezende e Maria T. Didier. *Rumos da História*. São Paulo: Atual, 2001. p. 405-6.)

Detalhe de *A morte de Sardanapalo* (1827), do pintor romântico Eugène Delacroix.

A Revolução Francesa e o sentimento romântico de desagregação

O poeta romântico é um estranho entre os homens; é melancólico, extremamente sensível, ama a solidão e as efusões do sentimento, sobretudo as de um vago desespero no seio da Natureza. Trata-se de uma atitude e de um estado de alma que foram, se não criados, pelo menos poderosamente desenvolvidos pela influência de Rousseau. [...] A história da Revolução e da época subsequente contribuiu em muito para fazer os homens idealistas abandonarem o lado prático e reformador do movimento inaugurado por Rousseau, e os levou a se aferrar a seu lirismo solitário [...]. Esperava-se, antes da Revolução, e mesmo no decurso de seu desenvolvimento, poder criar um mundo inteiramente novo, conforme à Natureza, desembaraçado de todos os entraves que, segundo se acreditava, o fardo das tradições históricas era o único a opor à felicidade dos homens; e uma profunda decepção, vizinha do desespero, se apoderou das almas delicadas e idealistas quando se viu que, após tantos horrores e sangue derramado, embora fosse verdade que tudo tivesse mudado, o que saíra de todas as catástrofes da Revolução e da época napoleônica não era em absoluto um retorno à Natureza virtuosa e pura, mas novamente uma situação inteiramente histórica, bem mais grosseira, mais brutal e mais feia que a que desaparecera.

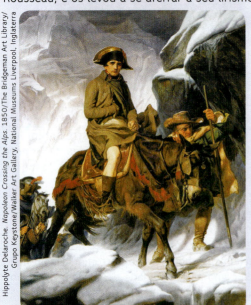

aferrar: prender, segurar.
efusão: saída, derramamento, expansão dos sentimentos.
entrave: obstáculo, impedimento.

(Erich Auerbach. *Introdução aos estudos literários*. São Paulo: Cultrix, 1972. p. 228-9.)

O Romantismo no Brasil

Na verdade, o Romantismo teve aqui [no Brasil] uma significação bastante diversa da que teve na Europa. Enquanto visão de mundo, ele viverá um processo de ajuste e adaptação. Os nossos autores, os melhores, souberam aproveitar dele os elementos que serviam mais bem aos seus propósitos e deixaram outros de lado. Essa era a primeira tarefa dos nossos estudantes que iam formar-se na Europa e tomavam contato com o que chamavam de "a nova poesia" ou "a poesia moderna". Para nós, o fato político mais candente foi a Independência, que mobilizou os homens livres e fez todos se sentirem empenhados na organização da nova nação. Ela isolou os portugueses estabelecidos no Brasil no comércio e na burocracia do Estado, considerados "restauradores" e "absolutistas". Ao mesmo tempo, uniu os que passaram a se considerar "brasileiros" e dispostos a organizar uma nação "livre" e "autônoma" [...]. O Romantismo, na medida em que rejeitava o mundo urbano-burguês e, pela imaginação, idealizava o mundo da natureza e do indígena, deu aos brasileiros os elementos com os quais podiam identificar-se e que era lícito transformar em símbolos da nacionalidade: as matas, os índios, a fauna e a flora. Quem éramos nós senão aqueles que tinham também sangue indígena, que cresceram acostumados às matas e florestas, que se temperaram ouvindo os sabiás e as jandaias, à sombra das mangueiras e palmeiras? Éramos, portanto, muito distintos dos portugueses, até na língua, pois o português falado no Brasil e por brasileiros sofria modificações e não podia ser igual ao que se falava em Portugal. Assim perguntava José de Alencar: "O povo que chupa o caju, a manga, o cambucá e a jabuticaba, pode falar uma língua com igual pronúncia e o mesmo espírito do povo que sorve o figo, a pera, o damasco e a nêspera?".

(Luiz Roncari. *Literatura brasileira – Dos primeiros cronistas aos últimos românticos.* 2. ed. São Paulo: Edusp/FDE, 1995. p. 288-9.)

Museu Nacional de Belas Artes, Rio de Janeiro, RJ

Rodolfo Amoedo. *O último tamoio.* 1883.

candente: que está ardendo em brasa.

• Roteiro de estudo •

Ao final da leitura dos textos, você deverá saber:

- Explicar por que é difícil pretender generalizar e uniformizar as várias tendências existentes no interior do Romantismo; além disso, apontar os três elementos básicos sobre os quais se assenta grande parte das obras românticas.

- Comentar por que a natureza e a Idade Média eram supervalorizadas pelos artistas românticos, em contraposição ao mundo europeu urbano do século XIX.

- Explicar por que a arte romântica, embora seja a expressão artística da burguesia, faz críticas à sociedade burguesa.

- Comentar por que o Romantismo brasileiro apresenta especificidades que o diferenciam do Romantismo europeu.

LITERATURA

Museu do Chiado, Lisboa, Portugal

A despedida (1858), de Antônio José Patrício, pintor do Romantismo português.

CAPÍTULO 22

O Romantismo em Portugal

O Romantismo em Portugal teve dois momentos significativos em sua evolução. O primeiro deles representa o esforço de se firmar como movimento literário apoiado na cultura popular, no nacionalismo, na busca das origens medievais do país, enquanto o segundo corresponde a um momento de maturidade e de transição para o Realismo.

Como no resto da Europa, o Romantismo surgiu em Portugal num período de efervescência política — alguns anos após a revolução de 1820, que levou os liberais portugueses ao poder.

Participaram dessa revolução vários setores da burguesia portuguesa, nos quais se incluíam magistrados, comerciantes, militares, professores. Influenciados pelos ideais da Revolução Francesa, esses setores defendiam a reforma das instituições, a elaboração de uma Constituição, a liberdade de comércio, o direito de participação política do cidadão. Lutavam, enfim, pela modernização de Portugal.

A revolução liberal, entretanto, só se consumou por volta de 1834, com o confisco dos bens da nobreza, a expulsão de religiosos e a distribuição das terras dos nobres vencidos. Apesar disso, a luta entre liberais e conservadores, com a alternância de ambos no poder, perdurou por muitos anos, provocando o exílio de políticos, intelectuais e artistas.

O contato de artistas portugueses com o Romantismo inglês e francês favoreceu o surgimento de obras inovadoras, como *Camões*, de Almeida Garrett. Considerada o marco inicial do Romantismo em Portugal, essa obra foi publicada em Paris, em 1825, quando o autor se encontrava exilado na França. Outro escritor importante do período é Alexandre Herculano, que em 1831 se exilou na Inglaterra e depois na França, onde tomou contato com o Romantismo e com o romance histórico, do qual foi, mais tarde, a principal expressão na literatura portuguesa.

Assim, o Romantismo português nasceu identificado com o liberalismo burguês e com o espírito de lutas e revolução que envolveu a sociedade portuguesa no século XIX.

O movimento contou com um considerável número de poetas, dramaturgos e prosadores, tradicionalmente organizados em duas gerações.

> **O plano incestuoso de D. Pedro I**
>
> Com a morte de D. João VI, em 1826, D. Pedro I tornou-se rei do Brasil e de Portugal, mas em 1831 abdicou do trono no Brasil em favor de seu filho e retornou a Portugal para apaziguar a crise política que lá se verificava.
>
> Assumiu o trono português com o título de D. Pedro IV, escreveu uma Constituição liberal e tomou uma atitude inesperada: renunciou ao trono em favor de sua filha mais velha, D. Maria da Glória, então com 7 anos. Impôs, porém, uma condição: ela deveria se casar com o próprio tio, D. Miguel, na época com 24 anos.
>
> O plano incestuoso de D. Pedro tinha uma clara finalidade: apaziguar a crise política que se instalara em Portugal desde a Revolução do Porto, ocorrida em 1820.
>
>
>
> D. Pedro e D. Miguel, em caricatura que satiriza a histórica luta entre liberais e conservadores. D. Pedro, que no Brasil teve posições conservadoras, em Portugal aliou-se aos liberais.

A PRIMEIRA GERAÇÃO ROMÂNTICA

Essa geração caracteriza-se pelo empenho de seus integrantes em implantar o Romantismo no país, pelo emprego de alguns procedimentos clássicos ainda não superados, pelo nacionalismo e pelas preocupações históricas e políticas. Outras atitudes, como subjetivismo, medievalismo, idealização da mulher, do amor, da natureza, também se fazem notar, embora não sejam específicas dessa geração romântica. Entre outros, integram essa geração Almeida Garrett, Alexandre Herculano e Antônio Feliciano de Castilho.

Almeida Garrett: em busca das raízes nacionais

Quando o escritor Almeida Garrett (1799-1854) deixou Portugal, já era relativamente conhecido no país. Participara ativamente dos acontecimentos políticos de 1820, ocasião em que vários de seus escritos alusivos à revolução ganharam prestígio. Esteve na França, na Inglaterra e na Alemanha – países nos quais o Romantismo surgira –, onde absorveu as influências que o levaram a lançar-se na nova estética.

As obras de Garrett apresentam, porém, traços da tradição clássica, como formalismo, vocabulário culto, racionalismo, contenção das emoções. Sua obra *Camões* (1825), apesar de considerada a primeira produção do Romantismo português, é fortemente marcada por essas influências. A inovação pela qual ela é responsável consiste muito mais na abordagem do tema – a vida de Camões, suas aventuras e seu sofrimento – do que na renovação da linguagem.

Preocupado com os rumos políticos, sociais e culturais de seu país, Garrett ocupou cargos públicos, assumiu o compromisso de reconstruir o teatro português e empenhou-se em criar obras que resgatassem o espírito de nacionalidade do povo lusitano. A obra *Romanceiro*, por exemplo, é uma reunião de poemas narrativos recolhidos em vários pontos do país e criteriosamente tratados do ponto de vista literário. Como essa, várias outras obras de Garrett, em verso e em prosa, retratam o Portugal contemporâneo ou o Portugal histórico, bem ao gosto do vigente nacionalismo romântico.

A poesia

Partindo de poemas político-ideológicos comprometidos com o liberalismo e de obras ainda marcadas pela tradição clássica, como *Camões* (1825) e *D. Branca* (1826), o poeta só atingiu a maturidade romântica no gênero lírico quando contava com aproximadamente 50 anos. Depois de dois casamentos, Almeida Garrett, vivendo uma nova e profunda paixão, retomou a poesia lírica e criou, então, suas melhores obras poéticas: *Flores sem fruto* (1845) e *Folhas caídas* (1853).

LEITURA

Leia o poema a seguir, que integra a obra *Folhas caídas*.

São belas — bem o sei, essas estrelas,
Mil cores — divinais têm essas flores;
Mas eu não tenho, amor, olhos para elas:
    Em toda a natureza
    Não vejo outra beleza
    Senão a ti — a ti!

Divina — ai! sim, será a voz que afina
Saudosa — na ramagem densa, umbrosa.
Será; mas eu do rouxinol que trina
    Não oiço a melodia,
    Nem sinto outra harmonia
    Senão a ti — a ti!

Respira — n'aura que entre as flores gira,
Celeste — incenso de perfume agreste.
Sei... não sinto, minha alma não aspira,
    Não percebe, não toma
    Senão o doce aroma
    Que vem de ti — de ti!

Formosos — são os pomos saborosos,
É um mimo — de néctar o racimo:
E eu tenho fome e sede... sequiosos,
    Faminto meus desejos
    Estão... mas é de beijos,
    É só de ti — de ti!

Macia — deve a relva luzidia
Do leito — ser por certo em que me deito.
Mas quem, ao pé de ti, quem poderia
    Sentir outras carícias,
    Tocar noutras delícias
    Senão em ti — em ti!

A ti! ai, a ti só os meus sentidos,
    Todos num confundidos,
    Sentem, ouvem, respiram,
    Em ti, por ti deliram.
    Em ti a minha sorte,
    A minha vida em ti;
    E quando venha a morte,
    Será morrer por ti.

(Almeida Garrett. In: Alexandre Pinheiro Torres, org. *Antologia da poesia portuguesa*. Porto: Lello & Irmão, 1997. v. 2, p. 755-6.)

pomo: fruto.
racimo: cacho ou conjunto de flores ou frutos.
sorte: destino, fim, felicidade, acaso feliz.
umbroso: que produz sombra; copado.

Francis Danby, *Disappointed love*/Victoria and Albert Museum, Londres, Inglaterra

1. No poema, ganham destaque os sentidos humanos. Identifique esses sentidos, na ordem em que aparecem no texto.

2. Observe os seguintes elementos do poema, aos quais são associados os sentidos:

- estrelas e flores
- canto do rouxinol
- perfume agreste
- pomos saborosos
- macia relva luzidia do leito

a) O que esses elementos têm em comum?

b) A que(m) eles são comparados?

c) Nessa comparação, o que ou quem sobressai?

3. A exploração dos sentidos humanos associa-se, naturalmente, a uma percepção sensual do mundo. Há referências a *sensualidade* no poema? Justifique sua resposta com elementos do texto.

4. Leia este comentário, do crítico Benedito Nunes:

> "Para o poeta romântico, as formas naturais com que ele dialoga, e que falam à sua alma, falam-lhe de alguma outra coisa; falam-lhe do elemento espiritual que se traduz nas coisas [...]"
>
> (Apud J. Guinsburg, org. *O Romantismo*. São Paulo: Perspectiva, 1978. p. 65.)

Embora o eu lírico fale da natureza, qual é, na verdade, o tema central do poema em estudo?

5. Releia a última estrofe do poema e identifique nela ao menos duas características marcadamente românticas.

A prosa

Na prosa de ficção, Garrett escreveu as novelas *Arco de Santana* (1845-1850) e *Viagens na minha terra* (1846). A primeira é histórica, e a segunda, contemporânea.

Viagens na minha terra nasceu de uma viagem que Garrett fez a Santarém, em Portugal, a convite de um político. A obra concilia o relato de viagens com comentários sobre os mais diferentes temas, ao mesmo tempo que traça um rico retrato da vida social portuguesa à época do miguelismo (período em que assumiu o governo D. Miguel, cunhado do imperador D. Pedro I, do Brasil). Nela está inserida uma história de amor entre Joaninha e seu primo Carlos. Seguindo o modelo de *Viagem sentimental* (1787), de Sterne, e de *Viagem à roda do meu quarto* (1795), de Xavier de Maistre, a obra de Garrett inovou do ponto de vista técnico a prosa portuguesa, por conciliar relato de viagens, reflexões político-filosóficas, trama sentimental e digressões de toda ordem. O procedimento da digressão – situação em que o narrador foge ao tema central do texto e insere assuntos estranhos a ele – dá ao autor oportunidade de abordar os mais variados temas: filosóficos, sociais, artísticos, religiosos.

O teatro

No gênero dramático, Garrett produziu várias peças, entre outras, *Catão* (1822), *Mérope* (1841), *Um auto de Gil Vicente* (1842) e *Frei Luís de Sousa* (1844), esta considerada a obra-prima do teatro português. Em *Frei Luís de Sousa*, Garrett aborda um tema histórico de grande repercussão na vida cultural portuguesa: o desaparecimento e a volta de um nobre da guerra em Alcácer-Quibir, onde também desapareceu o rei D. Sebastião.

O drama inspira-se no episódio verídico vivido no fim do século XVI por Madalena de Vilhena e por D. Manuel de Sousa Coutinho, vigoroso prosador do Seiscentismo, que passou à história literária com o nome de Frei Luís de Sousa. Como D. João de Portugal, marido de D. Madalena, desaparecera em batalha, na África, ela se casa com D. Manuel e tem uma filha, D. Maria. Os anos se passam e eis que um dia surge um romeiro, vindo de Jerusalém, que diz trazer uma mensagem de D. João, que, segundo ele, se encontrava vivo e prisioneiro. Diante da notícia, o casal entra em desespero, em virtude da situação de adultério em que se encontrava. Como saída, ambos encerram-se num convento. A filha morre subitamente. Ao leitor, contudo, é revelada a identidade do romeiro.

241

LITERATURA

Alexandre Herculano e o romance histórico

Um exército de homens, montados em cavalos e armados com lanças, atiradeiras e escudos, põe-se em fileira. Em suas bandeiras veem-se brasões e o símbolo da cruz. À sua frente, coloca-se outro exército de homens de feições diferentes, com turbantes na cabeça, roupas compridas e largas, falando uma língua estranha e defendendo um deus diferente: Alá.

Não se trata de um filme da "sessão da tarde" na televisão, embora cenas como a descrita acima sejam frequentes em filmes de aventura. Trata-se de uma das situações criadas por Alexandre Herculano (1810-1877), escritor português que se interessou por temas históricos, principalmente aqueles cujo cenário é a Idade Média, mundo de fantasias em que cavaleiros heroicos lutam contra o exército árabe e procuram salvar donzelas indefesas.

Embora tenha cultivado também a poesia, foi na prosa de ficção que Alexandre Herculano deixou sua maior contribuição. Nela o autor fez uso de seu largo conhecimento da história de Portugal, particularmente a relativa à Idade Média, introduzindo o romance histórico no país. Esse gênero renovou e revigorou a prosa de ficção portuguesa, dado o desgaste das novelas de cavalaria e das novelas sentimentais. Herculano é autor dos romances *O bobo* (situado no século XII), *Eurico, o presbítero* (situado no século VIII) e *O monge de Cister* (situado no século XVI). Como contista, publicou *Lendas e narrativas*, também de ambientação medieval.

Alexandre Herculano.

Nessas obras, misturando-se a fatos históricos devidamente documentados, a matéria literária (trama amorosa, aventuras da cavalaria medieval, fantasia, imaginação) é às vezes utilizada pelo autor apenas como pretexto para dar vazão às suas ideias sociais, filosóficas, religiosas e nacionalistas.

Alexandre Herculano ainda deixou contribuições à cultura no campo do ensaio, do jornalismo e da historiografia. Como historiador, publicou *História de Portugal* e *Estabelecimento da Inquisição em Portugal*.

Eurico, o presbítero

O principal romance de Alexandre Herculano é *Eurico o presbítero*, que retrata a invasão árabe na península Ibérica ocorrida no século VIII e a história do amor impossível de Eurico e Hermengarda.

Eurico é um padre que se refugiara na vida religiosa para tentar esquecer Hermengarda, cuja mão lhe fora negada pelo pai dela, o duque de Cantábria, em virtude da baixa posição social do pretendente.

Quando ocorre a invasão árabe, Eurico – corajoso cavaleiro no passado – torna-se o temido "cavaleiro negro", que atemoriza os árabes com sua valentia e ousadia. Contudo, os árabes vencem a guerra e invadem cidades, casas, conventos e igrejas.

Eurico alia-se a um grupo de resistência que se esconde na floresta e tem como líder Pelágio, irmão de Hermengarda.

Em meio às lutas, o cavaleiro e a moça se reencontram, e ela, em sonho, revela seu amor por ele. Entretanto, a união entre os dois é agora mais impossível ainda, porque ele se tornara padre. Depois de ter participado de uma bem-sucedida emboscada contra os árabes, Eurico se deixa matar pelos inimigos, pondo fim ao seu sofrimento amoroso e ao conflito religioso. Hermengarda, ao saber de sua morte, enlouquece.

Em Granada, sul da Espanha, a Alhambra, complexo arquitetônico de influência árabe.

A SEGUNDA GERAÇÃO ROMÂNTICA

Essa geração representa a maturidade do movimento romântico, ao mesmo tempo que prenuncia a sua superação, em vista da presença de características realistas na produção literária de seus integrantes. Alguns dos autores dessa geração apresentam certos traços do "mal do século", comportamento fortemente marcado pelo pessimismo, pelo negativismo existencial, pelo mórbido e pelo sentimentalismo excessivo. É o caso do poeta Soares de Passos e de Camilo Castelo Branco em algumas de suas obras. Contudo, o próprio Camilo, como Júlio Dinis e o poeta João de Deus, já revela traços que apontam a superação do Romantismo e a transição para o Realismo e o Naturalismo, movimentos da segunda metade do século XIX.

Camilo Castelo Branco: o mestre da novela passional

Imagine a seguinte situação: um garoto de origem humilde fica órfão de mãe com 1 ano e de pai com 10 anos. Criado por uma tia e depois por uma irmã mais velha, recebe uma educação provinciana e irregular. Aos 16 anos, casa-se com uma aldeã, mas logo a abandona e vai tentar cursar Medicina no Porto e em Coimbra. Por desilusão amorosa, torna-se seminarista, mas passa a viver muitas aventuras amorosas. Foge com Ana Plácido, mulher casada com um rico comerciante brasileiro. Por crime de adultério, os amantes são presos. Nesse ínterim, publica a novela *Amor de perdição* (1862), que aproveita muito dessa experiência e lhe garante popularidade. Finalmente absolvido, liga-se definitivamente a Ana Plácido, com quem se casa após a morte do marido. A partir daí, dedica-se a escrever livros como forma de sobreviver e torna-se o escritor mais lido de Portugal. Apesar disso, desgostos na família (dificuldades financeiras, a loucura de um filho) e a ameaça de cegueira levam-no cada vez mais ao desespero. Sem possibilidade de cura, suicida-se.

Essa história não é o enredo de nenhum romance romântico, mas a síntese da biografia de Camilo Castelo Branco (1825-1890), um dos mais fecundos escritores da literatura portuguesa. Um exemplo claro de como, no Romantismo, a vida se confunde com a arte.

A obra

As narrativas camilianas normalmente se ambientam em lugares que fizeram parte da vida do autor: uma vila ou uma aldeia provinciana, a cidade do Porto, o convento em que os pais enclausuravam as filhas desobedientes, a taberna aldeã, etc. Povoam esse ambiente tipos campesinos, que vão de fidalgos provincianos preconceituosos a elementos da burguesia portuense; mulheres de todas as condições sociais, da camponesa e da operária à fidalga; o padre, o comerciante com negócios no Brasil, a freira, o ferrador, o pedreiro, o salteador de estrada.

A mola da ação de seus enredos é frequentemente o amor. O amor contrariado pelas convenções sociais ou o amor gerador de raptos, de emboscadas e riscos, de ódios implacáveis entre famílias. O direito a esse sentimento é defendido e os que se interpõem entre os amantes são ridicularizados ou tratados com ódio.

Camilo Castelo Branco, autor de *Amor de perdição*.

243

Como narrador, Camilo foi extraordinário, oscilando entre o lirismo e o sarcasmo. Vibra com as personagens e comumente intervém na história, tecendo comentários piedosos, indignados ou sarcásticos. Sua linguagem caracteriza-se pelo vocabulário rico e pela economia de recursos. Concisão e força caracterizam seu estilo.

Apesar disso, a qualidade da obra camiliana é irregular, uma vez que o autor, sobrevivendo de suas publicações, chegou a produzir mais de duzentas obras. Em sua vasta produção ficcional destacam-se o romance-folhetim *Mistérios de Lisboa*, em que as narrativas são de mistério ou de terror; a novela passional, gênero no qual o autor atinge a maturidade narrativa em *Amor de perdição*, *Amor de salvação* e *O romance de um homem rico*, que tematizam o amor trágico; a novela satírica de costumes, em que a exploração do humorismo permite a caracterização irônica e satírica geralmente do burguês rico, do português que tenta a fortuna no Brasil ou do provinciano que faz má figura em Lisboa, representada por *Coração, cabeça e estômago* e *A queda de um anjo*; e a novela histórica *O judeu*, biografia romanceada de Antônio José da Silva.

Na última fase de sua produção, Camilo deixou-se influenciar pelo romance naturalista e o imitou satiricamente nas obras *A corja*, *Eusébio Macário* e *Vulcões de lama*. Em *A brasileira dos Prazins*, contudo, o tratamento sério dado à obra mostra uma assimilação real, embora parcial, do Naturalismo, movimento da segunda metade do século XIX.

> **Quando a arte imita a vida**
>
> Para o artista romântico, a arte não devia ser imitação, mas expressão direta da emoção, da intuição, da inspiração e da espontaneidade vividas por ele na hora da criação. Por isso, sua obra, a seu ver, não podia ser retocada após a concepção, sob risco de comprometer a autenticidade e a qualidade do trabalho.
>
> Crendo nisso, muitos artistas românticos viveram em busca de aventuras e fortes emoções para que, assim, pudessem colher experiências criadoras. Alguns se envolveram com alcoolismo e drogas; outros participaram de lutas sociais.
>
> O brasileiro Álvares de Azevedo foi um desses poetas românticos para quem a vida se confundia com a arte: em apenas quatro anos, escreveu cerca de sete obras. Morreu com 20 anos. Sobre seu túmulo consta o verso "Foi poeta – sonhou – e amou na vida", de autoria dele próprio.

A novela passional

A novela passional foi o gênero em que Camilo Castelo Branco mais se destacou, além de ter sido o seu definidor e o seu maior representante em Portugal.

A novela é um gênero controvertido. Nasceu na Europa, durante a Baixa Idade Média, sob a forma de novela de cavalaria; posteriormente, renovou-se e se definiu como gênero com as narrativas picantes do humanista Boccaccio, no século XIV. Até o século XIX, quando Camilo Castelo Branco se tornou o mestre da novela romântica portuguesa, sofreu várias transformações. De modo simplificado, pode-se dizer que a novela é uma narrativa mais curta e com menos personagens do que o romance e com uma única ação central.

A novela camiliana da fase inicial constrói-se a partir de um esquema mais ou menos comum. Normalmente o protagonista é um jovem de vida desregrada, que se deixa corromper pela vida social urbana. A seguir envolve-se com uma moça, e, a partir daí, dois tipos de desfecho podem ocorrer: ou ele a abandona, enfastiado, ou quer casar com ela e se regenerar, mas o pai da moça não aceita, pois prefere casá-la com um homem mais rico e mais ajustado socialmente.

O triângulo amoroso é outro ingrediente da novela camiliana e normalmente conta com a oposição de mulheres de tipos diferentes. A mulher-anjo, delicada, pura e frágil, opõe-se à mulher fatal, mais independente e sedutora, como ocorre em *Amor de salvação*.

A contraposição desses perfis femininos quase sempre é feita com a finalidade de satirizar a falsa vida conjugal feliz.

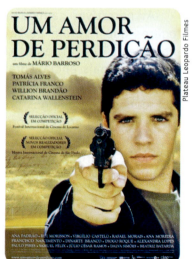

Cartaz do filme *Um amor de perdição* (2008), do cineasta português Mário Barroso, cujo roteiro foi baseado na obra de Camilo Castelo Branco.

PRODUÇÃO DE TEXTO

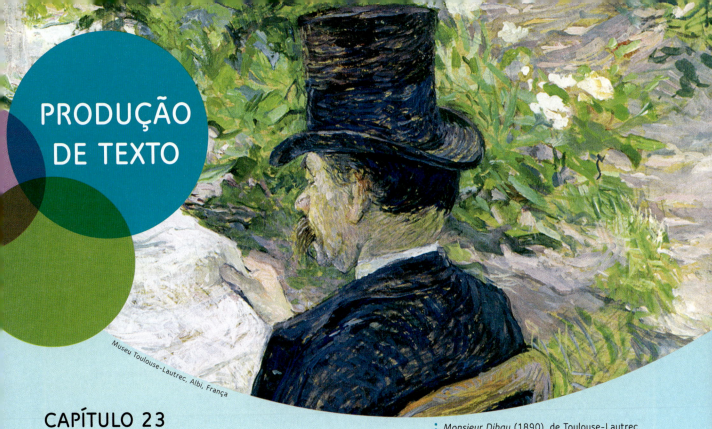

Monsieur Dihau (1890), de Toulouse-Lautrec. Esta tela ilustra a importância do jornal na vida cotidiana das pessoas a partir do século XIX.

CAPÍTULO 23

A notícia

TRABALHANDO O GÊNERO

Leia esta notícia:

Bebê impresso

DÉBORA MISMETTI
Editora-assistente de "Saúde"

Os nove meses de gestação não precisam mais terminar para ter o bebê nas mãos. Um exame que entra neste mês no mercado no país oferece a possibilidade de imprimir o feto em três dimensões.

O resultado é uma réplica do bebê em tamanho real, feita de um material similar ao gesso ou de um tipo de resina – e, a depender da escolha dos pais, até de prata.

Até agora, afirma o ginecologista Heron Werner Jr., o método estava sendo usado só para pesquisas com foco em malformações, como tumores cervicais, lesões externas, fenda no lábio e problemas nos membros e na coluna. Casos como esses ainda devem ser as principais indicações do exame, que está em testes há mais de cinco anos.

Um dos objetivos, segundo o especialista em medicina fetal, é entender melhor os problemas do feto. "A ideia é transformar isso numa interface amigável para a equipe. É mais fácil discutir o caso mostrando um modelo físico e não só vê-lo na tela."

Algumas malformações podem requerer cirurgias logo após o nascimento, que podem ser mais bem planejadas com o modelo impresso, diz Werner. Outra vantagem é facilitar a comunicação do problema aos pais.

245

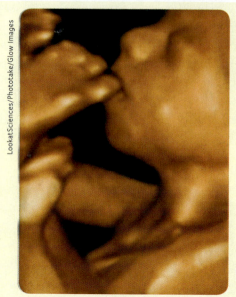

Mas, assim como aconteceu com a ultrassonografia 3D e a apelidada de 4D (em que é possível ver uma imagem tridimensional do feto se mexendo em tempo real), a nova tecnologia também deve servir para os pais guardarem uma lembrança do período de gestação do filho.

Da impressão em 3D, leva-se uma réplica que pode virar até pingente de prata. "Não é esse o objetivo inicial, mas acaba pegando carona. A cópia é muito fiel."
[...]

(Folha de S. Paulo, 8/4/2012.)

> **interface**: ponto de integração com um usuário.
> **malformação**: má-formação; deformidade ou anomalia congênita.

: Ultrassonografia 3D.

1. A notícia, assim como a entrevista, a reportagem e o editorial, é um gênero jornalístico.

a) Qual é o objetivo de uma notícia?

b) A que tipo de público uma notícia se dirige?

2. Entre os gêneros jornalísticos, há aqueles que priorizam a informação e os que priorizam o comentário. Os textos que priorizam a informação se ocupam de divulgar um fato novo, um acontecimento; os textos que priorizam o comentário se ocupam de expressar uma opinião, um julgamento.

a) De que a notícia se ocupa: de informação ou de comentário?

b) A notícia em estudo confirma sua resposta à questão anterior?

3. Uma notícia geralmente compõe-se de duas partes: *lead* (lê-se "lide") e corpo. O *lead* consiste normalmente no primeiro parágrafo da notícia e é a parte que apresenta um resumo, feito em poucas linhas, no qual são fornecidas respostas às questões fundamentais do jornalismo: **o que** (fatos), **quem** (personagens/pessoas), **quando** (tempo), **onde** (lugar), **como** e **por quê**. Na notícia em estudo, identifique no primeiro e no segundo parágrafos:

a) o fato principal;

b) as pessoas envolvidas;

c) quando ocorreu o fato;

d) o lugar onde ocorreu o fato;

e) por que o fato aconteceu.

Isto é notícia

Observe algumas definições da palavra *notícia*:

"Notícia é tudo que alguém, em algum lugar, está tentando esconder, e que outras pessoas desejam e têm o direito de saber."

"Notícia é aquilo que atrai as pessoas e afeta a sua vida de alguma forma, mesmo que elas ainda não saibam."

"Notícia é o que as pessoas gostariam de contar a outras, desde que ficassem sabendo antes do jornal publicar."

"Notícia é tudo aquilo que o jornal publica."

(André Carvalho Sebastião Martins. *Jornalismo*. 2. ed. Belo Horizonte: Lê, 1991. p. 16.)

Veja mais esta definição, dada por um editor de um jornal de Nova Iorque, *The Sun*, há mais de cem anos: "Quando um cachorro morde um homem, isso não é notícia. Mas, quando um homem morde um cachorro, isso é notícia".

(Chris e Ray Harris. *Faça o seu próprio jornal*. Campinas: Papirus, 1993. p. 10.)

4. O corpo da notícia é a parte que apresenta o detalhamento do *lead*, fornecendo ao leitor novas informações em ordem cronológica ou de importância. Na notícia em estudo, que parágrafos constituem o corpo?

5. Para ampliar o enfoque sobre o fato relatado, os jornalistas costumam entrevistar pessoas envolvidas com ele. Depois, ao redigir a notícia, é comum citarem o discurso de algumas pessoas. Na notícia em estudo:

a) Identifique uma dessas citações e dê o nome da pessoa citada.

b) Como o leitor pode identificar esses discursos?

c) Que tipo de discurso foi empregado nos textos citados: o discurso direto ou o indireto?

d) Qual é o papel do discurso citado nas notícias e nos textos jornalísticos em geral?

6. Observe a linguagem empregada no texto.

a) Que características ela apresenta?

• impessoal, clara, objetiva, direta, acessível a qualquer leitor

• pessoal, indireta, emprega palavras de uso não corrente na língua

• coloquial e com o uso de gírias

b) Em que variedade linguística ela está?

c) Nas formas verbais, que tempo predomina? Em que pessoa?

7. Observe o título da notícia em estudo.

a) Ele anuncia o assunto que será desenvolvido no texto?

b) Ele é objetivo ou subjetivo?

c) As palavras empregadas nele são de uso comum, fáceis de serem compreendidas pela maioria dos leitores?

d) Em que tempo e modo encontra-se o verbo empregado no título?

8. Reúna-se com seus colegas de grupo e, juntos, concluam: Quais são as características da notícia? Respondam, considerando os seguintes critérios: finalidade do gênero, perfil dos interlocutores, suporte ou veículo, tema, estrutura, linguagem.

A linguagem jornalística: o mínimo de palavras e o máximo de informação

A linguagem jornalística adota a norma-padrão da língua, sem contudo perder de vista o universo vocabular do leitor. Exige o emprego do mínimo de palavras e o máximo de informação, correção, clareza e exatidão.

Para uma boa redação de textos jornalísticos:

• construa períodos curtos, com no máximo duas ou três linhas, evitando frases intercaladas ou ordem inversa desnecessária;

• adote como norma a ordem direta, elaborando frases cuja estrutura seja sujeito, verbo e complemento;

• empregue o vocabulário usual. Adote esta regra prática: nunca escreva o que você não diria. Termos técnicos ou difíceis devem ser evitados; se tiver que escrevê-los, coloque entre parênteses seu significado. Os termos coloquiais ou de gírias devem ser usados com parcimônia, apenas em casos especiais;

• nunca use duas palavras se puder usar uma só;

• evite os superlativos e adjetivos desnecessários;

• empregue verbos de ação e prefira a voz ativa, que dinamizam mais a frase e estimulam o leitor.

(Adaptado de: Eduardo Martins. *Manual de redação e estilo de O Estado de S. Paulo*. São Paulo: Moderna, 1997.)

PRODUZINDO A NOTÍCIA

Escolha ao menos uma das seguintes propostas para produzir uma notícia.

1. Escreva uma notícia sobre um fato ocorrido recentemente no Brasil ou no mundo. Ela pode se referir a um fato relacionado à política nacional ou internacional, à economia, ao meio ambiente, à saúde, à educação, aos esportes, às artes em geral, aos jovens, à violência urbana, etc.

2. Escreva uma notícia sobre um fato ocorrido recentemente em seu bairro ou em sua escola. Um fato referente ao bairro pode ser, por exemplo, uma campanha de entidade filantrópica, um movimento cultural, um passeio ciclístico, um evento promovido por uma sociedade amigos de bairro, a inauguração de um centro esportivo ou cultural, a abertura de um estabelecimento comercial, uma festa de rua, etc. Um fato referente à escola pode ser uma formatura de alunos, uma campanha, uma feira de livros, uma mostra de cinema, uma feira científica, uma apresentação teatral, uma comemoração cívica, um campeonato esportivo, aquisição de jornais, revistas ou livros para a biblioteca, uma festa beneficente, uma excursão, etc.

Cena do filme *Boa noite, boa sorte*, que aborda o tema do jornalismo.

Loucos por notícias e jornais

Para aqueles que são aficionados dos gêneros jornalísticos ou pretendem adotar o jornalismo por profissão, sugerimos a leitura de: *A arte de fazer um jornal diário*, de Ricardo Noblat (Contexto); *Jornal, história e técnica – História da imprensa brasileira* e *Jornal, história e técnica – As técnicas do jornalismo*, de Juarez Bahia (Ática); *O texto da reportagem impressa – um curso sobre sua estrutura*, de Oswaldo Coimbra (Ática). Leia também os poemas "Poema tirado de uma notícia de jornal", de Manuel Bandeira, e "Jornal, longe", de Cecília Meireles. E ouça a canção "Notícia de jornal", de Luis Reis e Haroldo Barbosa, cantada por Chico Buarque (CD *Chico Buarque & Maria Bethânia ao vivo*).

Planejamento do texto

- Na unidade seguinte, no projeto do capítulo **Vivências**, você vai montar com os colegas um jornal mural do qual farão parte as notícias produzidas neste capítulo. Considerando esse suporte, pense no perfil dos leitores – lembrando que podem ser jovens como você e adultos – e empregue uma linguagem adequada ao gênero e a esse público.
- Leia jornais e revistas; depois, converse com seus pais, professores, colegas e vizinhos sobre o assunto escolhido, procurando obter o maior número possível de informações.
- Escreva com simplicidade, na ordem direta (sujeito, verbo e complemento); sempre que possível, empregue uma palavra em vez de duas ou mais; use frases curtas, com duas ou três linhas no máximo, e parágrafos com poucas frases; empregue um vocabulário acessível; evite palavras difíceis, termos coloquiais, gírias, superlativos e adjetivos desnecessários; procure responder às perguntas que um leitor faria: "o quê?, quem?, quando?, onde?, como?, por quê?".
- Comece seu texto pela informação que considerar a mais interessante ou esclarecedora para o leitor; use no relato verbos em 3ª pessoa; limite-se a informar, não dando sua opinião sobre o fato, e empregue a norma-padrão da língua. Dê a sua notícia um título curto e sugestivo e que sirva para anunciar ao leitor o assunto que será desenvolvido.

Revisão e reescrita

Antes de fazer a versão final da notícia que você escreveu, releia-a, observando:
- se ela apresenta título, *lead* e corpo;
- se o *lead* menciona a maior parte das informações essenciais relacionadas ao fato ocorrido: *o que, quem, quando, onde, como* e *por quê*;
- se o corpo contém o detalhamento do *lead*;
- se a linguagem empregada é impessoal e segue a norma-padrão.

Faça as alterações necessárias e passe o texto a limpo.

ESCREVENDO COM ADEQUAÇÃO

TÍTULO, LEGENDA E TEXTO-LEGENDA

Título

A primeira página da maioria dos jornais contém o resumo das principais notícias do dia. Para atrair a atenção do público, essas notícias vêm acompanhadas de títulos em letras bem grandes, chamados *manchetes*. Essas mesmas notícias são encontradas pelo leitor no interior do jornal, acrescidas de outras informações.

Veja, ao lado, as manchetes da primeira página do jornal *Folha de S. Paulo* de 14/5/2012.

1. Que tipo de letra é empregado no início da primeira palavra dos títulos: maiúscula ou minúscula?

2. A forma verbal empregada nos títulos é geralmente o presente do indicativo. Levante hipóteses: Por que é adotado esse tempo e esse modo verbal?

3. Observe a ordem dos termos nos títulos.
   a) Eles estão na ordem direta ou na ordem inversa?
   b) O que o emprego dessa ordem confere ao título?

4. Há, no final dos títulos, algum sinal de pontuação?

5. Observe, agora, este título e este subtítulo:

> **Assessor multiplica por dez seus imóveis em SP**
>
> Diretor que liberava empreendimentos na gestão Kassab nega irregularidades

a) Se o título é o anúncio propriamente dito da matéria jornalística, qual é o papel do subtítulo?

b) O subtítulo apresenta algumas semelhanças com o título. Quais são elas?

c) Em que o subtítulo é diferente do título?

O título e o leitor

Toda matéria jornalística – notícia, reportagem, editorial, crítica, entrevista, etc. – é encabeçada por um título. O título constitui um resumo, em poucas palavras, da informação mais importante do texto. Por meio de palavras de uso comum, ele deve fazer com precisão, clareza e objetividade uma síntese do fato enfocado.

Veja o que o *Manual de estilo* da Editora Abril diz sobre esse elemento da matéria jornalística:

> O título é a chave. Para funcionar, precisa ter impacto. Sem impacto não chamará a atenção. Se não chamar a atenção, será inútil.

Como escrever um título jornalístico

Entre outras instruções para escrever um título jornalístico com adequação, o *Manual de redação e estilo de O Estado de S. Paulo* fornece estas:

- Procure sempre usar verbos nos títulos: eles ganham em impacto e expressividade. Para dar maior força ao título, recorra normalmente ao presente do indicativo, e não ao pretérito: *Lula acena* (e não *acenou*) *com correção da tabela do Imposto de Renda.*

- Evite empregar adjetivo; por mais forte que ele seja, não substitui a informação específica. Observe: *Ministro da Educação propõe profundas mudanças no ensino médio.* O adjetivo *profundas* não dá a informação essencial: quais mudanças.

- O artigo pode ser dispensado na maior parte dos casos: *Cruz Vermelha pede ajuda para norte-coreanos.*

- Os títulos devem ser claros. Veja este exemplo de título confuso: *Presos acusados de roubo.* Presos foram acusados de roubo ou foram presos os acusados de roubo?

- Evite o uso de *foi* nos casos em que se recorre ao particípio. Assim: (*Foi*) *Aprovada a venda da Garoto.*

- O futuro do pretérito não deve ser empregado, porque transmite ao leitor ideia de insegurança, de falta de convicção: *Excesso de informação causaria estresse.* Uma saída é recorrer a palavras como *pode, deve, possível, provável, ameaça, espera,* etc. Assim: *Excesso de informação pode causar estresse.*

- Sempre que possível, substitua um título com *não* pela forma positiva. Empregue, por exemplo, *Ator rejeita prêmio* em vez de *Ator não aceita prêmio*; *Funcionário recusa promoção* em vez de *Funcionário não quer promoção.*

(Adaptado de: Eduardo Martins. *Manual de redação e estilo de O Estado de S. Paulo.* São Paulo: Moderna, 1997. p. 282-9.)

EXERCÍCIO

Dê títulos às seguintes notícias:

a) O concurso Intergroom, realizado anualmente em Nova Jersey, nos Estados Unidos, é uma espécie de Copa do Mundo dos profissionais especializados em tosa de cachorros. Na mais recente edição do evento, realizado no mês passado com a presença de 3000 competidores de 21 países, o paulistano William Galharde, de 27 anos, venceu na categoria "estrela em ascensão". Em sua apresentação, usou as mãos para aparar os pelos de um terrier. "Sei o que é adequado para cada raça", afirma ele, que é gerente técnico de estética animal da rede Pet Center Marginal. Apesar do esforço, Galharde recebeu um módico prêmio de 300 dólares dos organizadores. "Valeu mais pelo reconhecimento", consola-se.
(*Veja São Paulo*, 23/5/2012.)

b) Depois de empresariar Cesar Cielo entre 2007 e 2009, **Fernando Scherer**, o Xuxa, foi contratado para cuidar da carreira de outra estrela nacional das piscinas: **Thiago Pereira**, do Corinthians, especialista em provas como os 400 metros medley e esperança de medalha na Olimpíada de Londres. Segundo o contrato fechado recentemente pela dupla, Xuxa será responsável pela busca de patrocinadores e por montar um plano de carreira para quando o pupilo encerrar suas atividades. Com 26 anos de idade, Thiago planeja competir até 2016. "Nessa fase pós-esporte, quero agendar palestras para ele e ajudá-lo até a fazer investimentos financeiros", explica o ex-nadador.
(*Veja São Paulo*, 16/5/2012.)

Thiago Pereira.

Legenda e texto-legenda

Grande parte das matérias jornalísticas é ilustrada com fotografias, gráficos e desenhos. Essas ilustrações vêm sempre acompanhadas de legendas ou textos-legenda.

Legenda é uma frase curta, enxuta, que normalmente cumpre duas funções: descreve a ilustração e dá apoio à matéria jornalística, informando sobre os fatos noticiados. Como o título, geralmente emprega verbos no presente do indicativo. Quanto à pontuação, a norma da maioria dos jornais é não utilizar ponto no final do texto.

Veja os exemplos ao lado.

Andy MacDonald, durante o Oi Vert Jam, na Lagoa Rodrigo de Freitas.

Golfinhos jogam bola no Aquário Beijing, na China.

O **texto-legenda** é uma ampliação da legenda e contém as principais informações sobre o assunto. Pode também ser a chamada para uma matéria jornalística no interior do jornal ou da revista.

Veja os exemplos:

Menina observa escultura de vaca, intitulada "Do pasto à passarela", exposta durante a edição 2010 da Cow Parade, na capital paulista. Cerca de 90 esculturas de diferentes artistas ficaram espalhadas por São Paulo durante a exposição, que é o maior evento de arte pública do mundo. As vacas foram leiloadas após o evento e a renda, revertida para entidades.

Vista do primeiro bebê das girafas Palito e Mel, que nasceu no dia 4 de fevereiro de 2011, no Zoológico de São Paulo. O filhote teria seu nome escolhido em uma gincana.

EXERCÍCIO

Crie uma legenda e um texto-legenda para estas fotos:

251

LÍNGUA: USO E REFLEXÃO

Entrada (1917), de Amadeo de Souza-Cardoso.

CAPÍTULO 24

O substantivo e o adjetivo

SUBSTANTIVO

CONSTRUINDO O CONCEITO

Leia o anúncio:

(Disponível em: http://www.mppublicidade.com.br/image.php?url=trabalhos/original/142.jpg&type=img. Acesso em: 4/5/2012.)

1. Há, no anúncio, uma enumeração de palavras.
   a) As palavras que compõem essa enumeração dizem respeito a que tipo de paisagem?
   b) Entre as palavras, identifique as que nomeiam:
   - seres animados
   - objetos
   - estabelecimentos comerciais
   - meios de transporte

2. Observe estas duas palavras da enumeração:

   BANCA
   BANCO

   a) É possível considerar que, no contexto do anúncio, essas palavras correspondem às formas masculina e feminina de um mesmo nome? Justifique sua resposta.

252

b) Entre as palavras seguintes, indique duas em que a relação entre a forma feminina e a forma masculina é a mesma que há entre banca e banco.

- casa
- lixo
- montanha
- pedra
- farmácia

3. A palavra *outdoor*, no anúncio, está destacada das outras. Releia os enunciados da parte inferior do anúncio:

"Apareça.
Outdoor é Ponto"

a) Levante hipóteses: Qual é o ramo de atividade da empresa anunciante?

b) Qual é o efeito de sentido criado no anúncio pela relação entre o destaque dado à palavra *outdoor* e o enunciado "Apareça"?

c) No contexto do anúncio, a palavra *Ponto* é substantivo próprio. O que justifica essa classificação?

CONCEITUANDO

Para identificar os seres, nomear os objetos e lugares, designar sentimentos, ações, etc., necessitamos de certo tipo de palavras, como *pedestre, cachorro, placa, fio, restaurante, bar, dor,* etc. Essas palavras são denominadas **substantivos**.

> **Substantivos** são palavras que designam seres – visíveis ou não, animados ou não –, objetos, lugares, ações, estados, sentimentos, desejos, ideias.

Morfossintaxe: forma e função

Falar é uma atividade tão habitual e natural que raramente o usuário de uma língua se dá conta dos mecanismos que regem qualquer ato de fala.

Todos os falantes inconscientemente *selecionam* e *combinam* palavras de acordo com determinadas regras interiorizadas por aqueles que se utilizam da língua.

Ao selecionar as palavras, o falante, além de considerar o sentido, leva em conta a *forma* das palavras (artigo, substantivo, verbo, etc.) em virtude da *função* (sujeito, objeto direto, predicativo, etc.) que elas assumem na oração.

Leia esta tira:

(Disponível em: http://blogdosquadrinhos2.blog.uol.com.br/noticia/arch2007-11-01_2007-11-30.html. Acesso em: 4/5/2012.)

Comparando a frase do rei com o texto não verbal, percebe-se que o efeito de humor é construído por uma inversão na combinação entre os verbos e seus complementos ("casar com a princesa" e "matar o dragão").

Há palavras que podem ocupar mais de um lugar na estrutura dos enunciados, ao contrário de outras. Entre o substantivo e seus determinantes, por exemplo, a ordem não pode ser alterada. O artigo sempre precede o substantivo, com o qual concorda em gênero e número – o(s) cavaleiro(s), a(s) princesa(s) –, nunca sendo possível o substantivo preceder o artigo.

Observe, abaixo, a estrutura sintática e as classes gramaticais que foram selecionadas para as combinações nas frases:

O cavaleiro matou a princesa.   O cavaleiro casou com o dragão.

	SUJEITO		PREDICADO		
Função	adjunto adnominal	núcleo do sujeito	núcleo do predicado	objeto direto	
Forma	artigo	substantivo	verbo	artigo	substantivo
	O	cavaleiro	matou	a	princesa

	SUJEITO		PREDICADO			
Função	adjunto adnominal	núcleo do sujeito	núcleo do predicado	objeto indireto		
Forma	artigo	substantivo	verbo	preposição	artigo	substantivo
	O	cavaleiro	casou	com	o	dragão

Num ato de fala, a seleção e a combinação ocorrem simultaneamente. Assim, ao estudar a forma e a função das palavras, não se pode desvincular o estudo de uma do estudo da outra, pois forma e função coexistem e seus papéis só se definem solidariamente.

De acordo com a forma que apresentam, as palavras classificam-se em: substantivos, adjetivos, numerais, artigos, pronomes, verbos, advérbios, preposições, conjunções e interjeições.

A parte da gramática que estuda a *forma* das palavras recebe o nome de **morfologia**. A que estuda a *função* das palavras na oração recebe o nome de **sintaxe**.

Função sintática do substantivo

O substantivo figura na frase como núcleo das seguintes funções sintáticas: sujeito, objeto direto, objeto indireto, predicativo do sujeito e do objeto, complemento nominal, adjunto adverbial, agente da passiva, aposto e vocativo.

Observe a relação entre *forma* (classe gramatical) e *função* na análise dos substantivos desta frase:

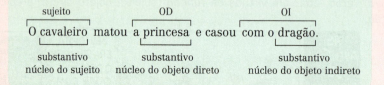

EXERCÍCIOS

Leia esta tira, de Quino:

(Disponível em: http://dropsculturais.wordpress.com/2012/03/15/parabens-mafalda/. Acesso em: 12/4/2012.)

1. A tira mostra claramente a diferença entre as duas personagens quanto a valores. Qual é essa diferença?

2. Contrapondo-se aos valores de Mafalda, Susanita argumenta: "Se você sair na rua sem cultura, a polícia te prende? Experimenta sair sem vestido".

a) Do ponto de vista morfológico, como se classificam os substantivos *vestido* e *cultura*?

b) A argumentação de Susanita baseia-se em algo concreto: vestidos. Explique como a classificação morfológica de *cultura* contribui para a construção do humor do texto.

Classificação do substantivo

Os substantivos classificam-se em:

- **comuns**: referem-se a qualquer ser de uma espécie, sem particularizá-lo: *açúcar*, *bolo*.

- **próprios**: nomeiam um ser em particular, destacando-o dentro da espécie ou do grupo; são grafados com letra maiúscula: *Japão*, *Campinas*.

- **concretos**: nomeiam seres com existência própria, isto é, que não dependem de outro ser para existir: *lápis*, *gato*.

- **abstratos**: nomeiam ações, qualidades, estados, sentimentos, isto é, seres que só existem em outros ou a partir da existência de outros seres: *ensino*, *bravura*, *pobreza*.

- **coletivos**: designam uma pluralidade de seres da mesma espécie: *multidão*, *antologia*.

Classificação do substantivo quanto à formação

Quanto à formação, os substantivos classificam-se em:

- **primitivos**: são aqueles que dão origem a outras palavras: *livro*, *pedra*.

- **derivados**: são os que se originam de outras palavras: *livraria*, *pedregulho*.

- **simples**: são os formados por apenas uma palavra: *terra*, *homem*.

- **compostos**: são os formados por mais de uma palavra: *beija-flor*, *lobisomem*.

Flexão do substantivo

Leia este poema, de Ferreira Gullar:

Ocorrência

Aí o homem sério entrou e disse: bom dia.
Aí outro homem sério respondeu: bom dia.
Aí a mulher séria respondeu: bom dia.
Aí a menininha no chão respondeu: bom dia.
Aí todos riram de uma vez
Menos as duas cadeiras, a mesa, o jarro, as flores
as paredes, o relógio, a lâmpada, o retrato, os livros
o mata-borrão, os sapatos, as gravatas, as camisas, os lenços.

(*Melhores poemas de Ferreira Gullar*. 7. ed. Seleção de Alfredo Bosi. São Paulo: Global, 2004. p. 54.)

Marcos Guilherme

1. Os substantivos utilizados no poema ajudam na construção dos efeitos de sentido e do cenário em que a situação narrada ocorre. Levante hipóteses:

   a) Qual fato narrado fez com que todos rissem de uma vez? Por que esse fato é engraçado?

   b) Em que lugar se passa a cena? Justifique sua resposta com substantivos do texto.

   c) Por que não riram os seres nomeados do sexto verso em diante?

   d) Como se classificam os substantivos que nomeiam esses seres?

2. Alguns substantivos têm uma forma para o masculino e outra para o feminino.

   a) Identifique no poema um par de substantivos com formas diferentes no masculino e no feminino.

   b) Como é formado o masculino do substantivo *menina*?

   c) Nos três últimos versos, identifique três substantivos masculinos e três substantivos femininos.

   d) Nesses substantivos, as terminações *-a* ou *-o* também podem ser associadas a gênero?

   e) Com base nas respostas às perguntas anteriores, conclua: Em português, existe um único modo de formar o feminino dos substantivos?

3. No quarto verso, é empregado o substantivo *menininha*.

   a) Qual sentido o acréscimo do sufixo *-inha* confere ao substantivo menina?

   b) O acréscimo do sufixo *-inha* ao substantivo *mulher* produz a mesma alteração de sentido que em *menina*?

Sexo e gênero

Não se deve confundir sexo com gênero, pelas seguintes razões:

• O gênero diz respeito a todos os substantivos de nossa língua, quer se refiram a seres animais providos de sexo, quer designem apenas "coisas": o gato/a gata; o banco, a casa.

• Mesmo substantivos referentes a animais ou pessoas apresentam, muitas vezes, discrepância entre gênero e sexo: *cobra* é sempre feminino; *cônjuge* é sempre masculino.

O gênero dos substantivos é um princípio puramente linguístico, convencional.

Gênero do substantivo

A flexão de gênero é uma só, com pouquíssimas variações: forma-se o feminino pela troca das vogais *o* e *e* por *a* ou pelo acréscimo da desinência *-a*:   lob*o* — lob*a*   mestr*e* — mestr*a*   autor — autor*a*

Exceções: avô – avó; órfão – órfã; leão – leoa; valentão – valentona.

EXERCÍCIOS

Leia o texto a seguir e responda às questões de 1 a 4.

Uso da palavra "Presidenta"

A partir de 1º de janeiro de 2011, o Brasil tem pela primeira vez uma mulher na Presidência da República. A novidade, porém, trouxe uma dúvida. Para outros cargos de governo a questão do gênero não se mostrou polêmica.

À medida que mulheres foram ocupando funções como as de ministra, governadora e deputada, por exemplo, a alteração do substantivo do masculino para feminino não levantou tantos questionamentos. Mas para presidente, qual seria a regra certa: a presidente ou presidenta?

A norma culta da língua portuguesa acata as duas formas como corretas e aceitáveis. De acordo com o dicionário Houaiss, "presidenta" é o feminino de presidente, embora seja menos usual. Já o dicionário Aurélio diz que a palavra pode ser usada no masculino e feminino, apontando "presidenta" como "esposa do presidente" ou "mulher que preside".

(Disponível em: http://www2.planalto.gov.br/presidenta/uso-da-palavra-presidenta. Acesso em: 15/4/2012.)

1. O texto faz referência à polêmica em torno do uso da palavra *presidenta* para indicar o cargo da primeira mulher a ocupar a Presidência da República no Brasil. Menciona também os termos *ministra*, *governadora* e *deputada*, comentando que o emprego deles não causou questionamentos. Qual é o masculino desses nomes e como seu feminino é formado?

2. Cite três substantivos terminados em *e* que são empregados tanto em referência ao masculino quanto ao feminino.

3. Cite três substantivos terminados em *e* cujo feminino é formado pela troca da vogal *e* por *a*.

4. Discuta com seus colegas e com o professor: A preferência pelo uso de *presidenta* constitui uma opção relativa unicamente à flexão de gênero? Justifique sua resposta.

Número do substantivo simples

O plural dos substantivos simples se faz pelo acréscimo da desinência -*s*: peixe — peixe*s*

Há, entretanto, alguns substantivos simples que fazem o plural de outras maneiras, dependendo de suas terminações. Por exemplo:

- os substantivos terminados em -*r*, -*s* ou -*z* fazem o plural acrescentando-se -*es*:

  açúcar — açúcar*es*   vez — vez*es*   mês — mes*es*

- os substantivos terminados em -*l* fazem geralmente o plural substituindo-se o -*l* por -*is*:

  canal — cana*is*   lençol — lençó*is*

ADJETIVO

CONSTRUINDO O CONCEITO

O texto a seguir foi publicado em uma revista semanal e está reproduzido com algumas supressões de palavras, numeradas de 1 a 10. Leia-o.

"Lixo Extraordinário" enfoca trabalho de Vik Muniz em aterro sanitário

À esquerda, o sindicalista Tião, retratado no documentário *Lixo extraordinário* em simulação do quadro *A morte de Marat*, de Jacques-Louis David, de 1793. À direita, o trabalho de Vik Muniz, feito de materiais recolhidos no lixão.

Espera-se que, ao assistir ao (1) **Lixo Extraordinário**, os espectadores tenham reação semelhante à da plateia do Festival de Paulínia, quando o filme foi exibido pela primeira vez, em julho de 2010. Ovacionado por alguns minutos, foi escolhido pelo público o melhor documentário da competição. A (2) recepção não foi à toa. Dirigida a seis mãos em etapas distintas pela inglesa Lucy Walker e pelos brasileiros João Jardim (*Janela da Alma*) e Karen Harley, essa coprodução tem ingredientes para comover um grande número de espectadores.

Lucy Walker iniciou o projeto de mostrar o trabalho de Vik Muniz, (3) artista plástico (4) radicado nos Estados Unidos. Ao longo de dois anos [...], Muniz e sua equipe miraram o foco nas (5) jornadas dos catadores de material (6) do Jardim Gramacho, em Duque de Caxias, no Rio de Janeiro. Trata-se do (7) aterro sanitário da América Latina, responsável por receber cerca de 70% dos dejetos da capital (8). [...]

Devido aos rumos imprevistos das filmagens, "Lixo Extraordinário" pode parecer sem norte. A fita, contudo, funciona bem ao revelar o passo a passo do (9) processo de criação de Vik Muniz, além de ser um (10) registro de desvalidos em busca de oportunidades na vida. Há, sim, um certo pendor ao paternalismo, mas nada que estremeça a análise da transformação do descartável em arte, do lixo em luxo.

(Disponível em: http://vejasp.abril.com.br/revista/edicao-2201/lixo-extraordinario-de-vik-muniz-em-aterro-sanitario. Acesso em: 17/4/2012.)

Marat e Jacques-Louis David

"A morte de Marat" é uma das mais conhecidas obras do pintor francês Jacques-Louis David. Essa tela é uma homenagem de David a seu amigo revolucionário Jean-Paul Marat.

Marat, um radical jacobino, tinha uma doença de pele que o obrigava a permanecer várias horas na banheira. Numa das inúmeras vezes que aí permanecia, Charlotte Corday, militante do partido moderado dos girondinos, fazendo passar-se por uma informante, consegue um pretexto para se encontrar com ele e assassina Marat a punhaladas.

Logo após o assassinato, David correu para o cenário do crime, para registrá-lo. Embora o fundo seja friamente vazio, a pintura de David enfatizou o caixote, a carta que ele segura na mão, a toalha manchada de sangue e a faca que, como objetos reais, foram cultuados como relíquias sacras. David retrata Marat como um santo, numa pose similar à de Cristo na "Pietà", de Michelângelo.
[...]

A morte de Marat (1793), de Jacques-Louis David.

(Disponível em: http://oglobo.globo.com/pais/noblat/posts/2007/11/21/a-obra-prima-do-dia-80968.asp. Acesso em: 2/5/2012.)

1. Considerando o assunto tratado no texto, responda:

a) Em qual seção da revista ele provavelmente foi publicado?
- Baladas
- Shows
- Luxo
- Cinema
- Crianças

b) A supressão de palavras impediu a compreensão do assunto?

2. As palavras que foram suprimidas no texto estão relacionadas a seguir.

a) Em grupo, releia o texto e, junto com os colegas, identifique onde se encaixa cada uma das palavras suprimidas. Veja três exemplos.

emocionante: 1 (emocionante *Lixo Extraordinário*)

bem-sucedido: 3 (bem-sucedido artista plástico)

maior: 7 (maior aterro)

paulistano
curioso
ótima
caloroso
desumanas
fluminense
reciclável

b) Com toda a classe, discuta quais foram os critérios utilizados por vocês para identificar o lugar de cada palavra.

3. Releia o texto, incorporando a ele as palavras suprimidas. Depois, discuta com os colegas e o professor: Qual ou quais sentidos essas palavras acrescentam ao texto?

CONCEITUANDO

Todos os seres que nos circundam podem ser diferenciados ou particularizados por características que lhes são próprias, circunstanciais ou fruto de nossa percepção. Por exemplo, o filme *Lixo extraordinário* pode ser caracterizado como *emocionante, caloroso*; o artista plástico Vik Muniz, como *paulistano* e *bem-sucedido*; o trabalho dos catadores do aterro, como *desumano*; a recepção do filme, como *ótima*. Essas palavras – *emocionante, caloroso, paulistano, bem-sucedido, desumano, ótima* – são **adjetivos**.

> **Adjetivos** são palavras que designam condição ou estado, provisórios ou permanentes, caracterizando e particularizando os seres. Podem expressar fatos ou percepções subjetivas. Referem-se sempre a um substantivo explícito ou subentendido na frase, com o qual concordam em gênero e número.

Quanto à *formação*, os adjetivos podem ser **primitivos** (estreito, liso), **derivados** (brasileiro, louvável), **simples** (querido, perigoso) e **compostos** (científico-literário, azul-marinho).

Função sintática do adjetivo

Na análise do adjetivo, observe a relação entre *forma* e *função*.
O *adjetivo* e a *locução adjetiva* exercem na oração as funções de adjunto adnominal, predicativo do sujeito e predicativo do objeto.

Foi recebido na estação por um homem *forte e barbado*.
　　　　　　　　　　　　　　　　　　　　　adj. adn.

O adjetivo também pode passar a *advérbio* e funcionar como adjunto adverbial, em expressões como: sorrir *amarelo*, falar *alto*, falar *baixo*, comprar *barato*, vender *caro*. Nesse caso, conserva-se invariável e na forma correspondente ao masculino singular.

Como qualquer outra classe gramatical, o adjetivo também pode substantivar-se:

Estranhei-lhe o *desalinhado* do cabelo.

: Dá-se o nome de *locução adjetiva* à expressão com valor de adjetivo formada por preposição + substantivo. Nos títulos de filmes, ao lado, por exemplo, as expressões *da vida*, *de guerra* e *de ferro* constituem locuções adjetivas.

EXERCÍCIOS

Leia este texto:

A maratona do herói

A maratona é a mais longa, difícil e emocionante prova olímpica. Desde 1908, seu percurso é de 42.195 m. Tudo começou no ano de 490 a.C., quando soldados gregos e persas travaram uma batalha que se desenrolou entre a cidade de Maratona e o mar Egeu.

A luta estava difícil para os gregos. Comandados por Dario, os persas avançaram seu exército em direção a Maratona. Milcíades, o comandante grego, resolveu pedir reforço. Chamou Fidípides, um de seus valentes soldados. Ótimo corredor, ele levou o apelo de cidade em cidade até chegar em Atenas, 40 km distante. Voltou com 10 mil soldados e os gregos venceram a batalha, matando 6.400 persas.

Entusiasmado com a vitória, Milcíades ordenou que Fidípides fosse correndo até Atenas outra vez para informar que eles tinham vencido a batalha. Fidípides foi de novo, sem parar. Quando chegou ao seu destino, só teve forças para dizer uma palavra: "Vencemos!". E caiu morto. Em 1896, durante os primeiros Jogos Olímpicos da era moderna, Fidípides foi homenageado com a criação da prova. No início, a distância a ser percorrida era de 40 km, a mesma que separava Maratona de Atenas.

(Marcelo Duarte. *O guia dos curiosos*. 3. ed. São Paulo: Panda Books, 2005. p. 245.)

1. Quais adjetivos são utilizados no texto para caracterizar a prova olímpica da maratona?

2. Observe estas frases:

"soldados **gregos** e **persas** travaram uma batalha"

"os **persas** avançaram"
"os **gregos** venceram a batalha"

Os termos destacados nas frases são substantivos ou adjetivos?
Justifique sua resposta.

Flexão do adjetivo

Tal como o substantivo, o adjetivo se flexiona em *gênero* (masculino e feminino), em *número* (singular e plural) e em *grau* (comparativo e superlativo). Os exercícios a seguir tratam desse assunto. Ao resolvê-los, se tiver dúvida, consulte os boxes.

EXERCÍCIOS

1. Leia a tira:

(Disponível em: http://pseudouniverso.blogspot.com.br/2011/02/aline.html. Acesso em: 23/4/2012.)

260

a) Qual adjetivo Aline utilizou para caracterizar a minissaia que ela vestia no 1º quadrinho?

b) E para caracterizar a nova saia que ela tem nas mãos no 2º quadrinho? Em que grau o adjetivo está empregado?

c) Se Aline vestisse um *short* em vez de uma minissaia, como seriam flexionados os adjetivos que ela utiliza nas suas falas?

d) Observe o 3º quadrinho. Aline resolveu o problema inicial? Justifique sua resposta.

Gênero do adjetivo

Os adjetivos formam o feminino quase sempre do mesmo modo que os substantivos, isto é, por meio da troca da vogal *o* por *a* ou do acréscimo de *a* no final da palavra:

homem *magro* — mulher *magra*

Alguns adjetivos, porém, têm uma só forma para o masculino e para o feminino:

exercício *fácil* — questão *fácil*

Os adjetivos compostos formam o feminino variando apenas o segundo elemento:

quadro *político-econômico*
integração *político-econômica*

2. Suponha que você tivesse que empregar no plural as expressões:

saias azul-clar☐
problemas polític☐-econômic☐
relações lus☐-brasileir☐
escolas médic☐-cirúrgic☐

a) Como ficariam os adjetivos?

b) Conclua: Qual é o princípio que rege o plural dos adjetivos compostos?

Número do adjetivo

Os adjetivos simples formam o plural do mesmo modo que os substantivos:

alimento saudáv*el* — alimentos saudáv*eis*

Os adjetivos compostos formam o plural variando apenas o segundo elemento:

amizade luso-brasileira — amizades luso-brasileira*s*

Há, entretanto, exceções:

• *azul-marinho* e *azul-celeste* admitem duas formas: ternos *azul-marinho* ou ternos *azuis-marinhos*;

• *amarelo-canário, verde-oliva, verde-mar* e outros adjetivos compostos em que o segundo elemento é um substantivo admitem duas flexões: fardas *verde-oliva* ou fardas *verdes-olivas*; saias *amarelo-canário* ou saias *amarelos-canários*.

Grau do adjetivo

Grau é uma categoria gramatical que nos adjetivos exprime quantidade e intensidade.

Os graus do adjetivo são o **comparativo** (quando se comparam dois elementos) e o **superlativo** (quando se destaca determinada característica em relação a uma pessoa ou a um grupo). Veja o esquema:

Comparativo
- de igualdade: *tão* fácil *quanto* (*como*)...
- de superioridade: *mais* fácil (*do*) *que*...
- de inferioridade: *menos* fácil (*do*) *que*...

Superlativo
- relativo
  - de superioridade: *o mais* fácil *de*...
  - de inferioridade: *o menos* fácil *de*...
- absoluto
  - analítico: *muito* (*bastante, extremamente, bem*) fácil
  - sintético: fac*íssimo*, paup*érrimo*, alt*íssimo*

Os adjetivos *bom*, *mau*, *grande* e *pequeno* formam o comparativo e o superlativo de modo especial:

ADJETIVO	COMPARATIVO DE SUPERIORIDADE	SUPERLATIVO Absoluto	SUPERLATIVO Relativo
bom	melhor	ótimo	o melhor
mau	pior	péssimo	o pior
grande	maior	máximo	o maior
pequeno	menor	mínimo	o menor

O ADJETIVO NA CONSTRUÇÃO DO TEXTO

Leia este anúncio:

(Disponível em: http://quasepublicitarios.wordpress.com/2011/08/12/anuncios-da-tam/. Acesso em: 28/4/2012.)

1. Releia o enunciado principal do anúncio:

> "Globalização é quando uma companhia aérea brasileira tem pontualidade britânica."

a) No contexto internacional, o que é globalização?

b) A quais substantivos do enunciado os adjetivos *brasileira* e *britânica* fazem referência, respectivamente?

c) No anúncio, como os adjetivos *brasileira* e *britânica* contribuem para reforçar a noção de globalização?

Para que servem os adjetivos?

Assim como os substantivos designam, organizam, distinguem e hierarquizam os seres que estão à nossa volta, ou nossos sentimentos e desejos, os adjetivos também participam dessa tarefa, modificando os substantivos, atribuindo-lhes características específicas.

Desse modo, no plano da linguagem, é por meio de adjetivos que distinguimos realidades distintas como *mar* **limpo** de *mar* **poluído**; *direito* **preservado** de *direito* **ultrajado**; *criança* **protegida** de *criança* **abandonada**, etc.

---

2. No enunciado principal do anúncio, o anunciante empregou os adjetivos *aérea* e *brasileira* para caracterizar o substantivo *companhia*.

a) Suponha que o anunciante houvesse preferido a ordem *companhia brasileira aérea*, em vez de *companhia aérea brasileira*. O sentido seria o mesmo? Troque ideias com os colegas da classe.

b) Tendo em vista que se trata de um anúncio veiculado no Brasil, quais outros sentidos da caracterização *brasileira* podem favorecer a imagem da empresa?

3. A pontualidade da empresa enfatizada no enunciado principal do anúncio é reforçada pelo texto situado abaixo dele.

a) Qual adjetivo desse texto faz referência direta a essa ideia?

b) Qual é a relevância desse adjetivo para a construção da imagem da empresa?

4. Observe este trecho:

> "São 47 destinos nacionais e 11 internacionais. Todos com o padrão de serviço TAM."

a) Levando-se em conta o objetivo do anúncio, por qual(is) adjetivo(s) o termo *TAM* poderia ser substituído?

b) Ao afirmar que os voos têm "padrão de serviço TAM", o anúncio utiliza o nome da empresa para qualificar o padrão de serviço, como se o nome TAM fosse um adjetivo. Levante hipóteses: Que efeito de sentido essa construção confere ao anúncio?

5. Observe a parte não verbal do anúncio.

a) Além do avião, qual imagem aparece?

b) A qual parte do texto verbal essa imagem faz referência direta? Justifique sua resposta.

c) Levante hipóteses: De que maneira o destaque dado a essa característica contribui para uma boa imagem da empresa entre o público?

6. Você observou, no anúncio, o efeito de sentido criado pelo emprego de alguns recursos de linguagem relacionados ao adjetivo. Agora conclua: Considerando-se a finalidade principal de todo anúncio publicitário, que papel o adjetivo desempenha na construção desse gênero textual?

SEMÂNTICA E DISCURSO

Leia o anúncio ao lado e responda às questões.

1. O enunciado principal do anúncio é constituído por uma única palavra: *esperança*.
   a) De que material essa palavra é formada?
   b) Como se classifica morfologicamente a palavra *esperança*?

2. Leia o enunciado da parte inferior do anúncio:

   "Sem a sua ajuda, as vítimas do câncer têm muito mais a perder."

   Esse enunciado confere ao enunciado principal um novo sentido. Considerando esse novo sentido, responda:
   a) Que tipo de tratamento de câncer está implícito no anúncio?
   b) Sendo ajudadas, o que as vítimas de câncer perdem, em sentido concreto?
   c) E sem ajuda, o que elas perdem?

(Disponível em: http://www.putasacada.com.br/cancer-laiaute-bahia. Acesso em: 20/4/2012.)

PARA COMPREENDER O FUNCIONAMENTO DA LÍNGUA

SUJEITO E PREDICADO

É possível que você já tenha estudado análise sintática no ensino fundamental. Esse conteúdo faz parte da **gramática descritiva** da língua portuguesa, isto é, uma parte da gramática que descreve como se dá o funcionamento da língua. O conhecimento de análise sintática permite compreender melhor, por exemplo, certos princípios das concordâncias verbal e nominal e certas regras de pontuação.

Leia o anúncio:

(Disponível em: http://www.dm9ddb.com.br/?attachment_id=2075. Acesso em: 28/5/2012.)

Observe estas orações do texto:

"Desculpas engordam."
"Eu começo na segunda."

a) Qual é o assunto principal de cada uma das orações, isto é, sobre o que cada uma delas fala?
b) Com quais termos das orações as formas verbais *engordam* e *começo* concordam, respectivamente?
c) Reescreva as duas frases, mantendo os mesmos verbos e substituindo os termos *desculpas* e *eu*:

• Uma simples desculpa ☐.
• Nós ☐ na segunda.

Conclua: Qual alteração as formas verbais utilizadas nas frases sofreram?

d) Complete a oração a seguir com um artigo e um substantivo, tendo em vista o contexto do anúncio.

• Eu começo ☐ na segunda.

264

Conforme você observou, as substituições, nas orações "Desculpas engordam" e "Eu começo na segunda", do substantivo *desculpas* pela sua forma no singular e do pronome pessoal da 1ª pessoa do singular *eu* pelo da 1ª pessoa do plural *nós* provocaram alterações nos verbos. A parte das orações que, ao ser alterada quanto a singular/plural, leva o verbo à mesma alteração, é chamada de **sujeito**; o restante da oração é chamado de **predicado**.

O sujeito de uma oração pode ser identificado com base em características semânticas ou sintáticas, ou seja, relacionadas ao sentido ou à posição dos termos na oração. De acordo com o critério semântico, *sujeito é aquilo de que se fala*, ou seja, o assunto, ou o agente da ação verbal. De acordo com o critério sintático, o *sujeito é o termo da oração que concorda com o verbo*.

Nas orações "Desculpas engordam" ou "A academia é bem-equipada", não podemos considerar *desculpas* e *a academia* como agentes das formas verbais *engordam* e *é*, respectivamente, mas inferimos com certa facilidade que são o assunto, aquilo de que se fala. Assim, é o critério semântico que nos permite identificar o sujeito dessas orações.

Na oração "Eu começo na segunda", entretanto, o assunto parece ser *dieta* ou *exercícios físicos*, e não *eu*, que identificamos como o sujeito ao buscar o agente da ação verbal.

Como podemos notar, o critério sintático é o mais eficiente e objetivo para a identificação do sujeito das orações. Observe a concordância entre sujeito e verbo:

> *Desculpas* engordam.
> *A academia* é bem-equipada.
> *Eu* começo na segunda.

O uso de diferentes critérios para a definição de conceitos sintáticos dá margem a equívocos na análise linguística, como o que é tema deste cartum:

Ao responder à pergunta da professora, "Quem é o sujeito da oração?", o aluno confunde a análise sintática com uma apreciação de valor sobre o sujeito. Assim, estabelece relações de sentido entre o conteúdo da frase e a noção sintática de sujeito. Com base nessa ideia, caracteriza como "mané" aquele que "confia na honestidade dos políticos", deixando de lado o critério sintático que nos leva a considerar que o sujeito dessa frase é o termo *o eleitor*, que concorda com o verbo e está explícito na oração.

O critério sintático de concordância do sujeito com o verbo, por si só, também pode ser ineficiente em construções nas quais há mais de um termo que concorda com o verbo, como a seguinte:

> A criança mordeu o cachorro.

Na frase acima, pelo critério semântico, visto que é mais usual um cachorro morder uma criança, somos levados a pensar que pode ter havido uma inversão de termos. No entanto, apesar de uma ser menos e a outra mais comum, as duas possibilidades podem ser aceitas e, nesse caso, classificamos como sujeito o termo que precede imediatamente o verbo, isto é, *a criança*.

Com base nesses exemplos, percebemos que, em análise sintática, tanto os critérios semânticos quanto os sintáticos são importantes, mas isoladamente nem sempre são suficientes. Concluímos, então:

Sujeito é o termo da oração que:
- concorda com o verbo;
- está imediatamente anteposto ao verbo quando este concorda com dois termos;
- pode constituir o assunto de que se fala;
- pode ser o agente da ação verbal;
- normalmente apresenta como núcleo um substantivo, um pronome ou uma palavra substantivada.

Predicado é o termo da oração que:
- geralmente apresenta um verbo;
- pode dizer algo a respeito do sujeito.

O sujeito nem sempre inicia a oração. Veja:

Soou na escuridão *uma pancada seca*.

Na oração sem sujeito (impessoal), o predicado é a citação pura de um fato:

Choveu fininho ontem à noite.

Identificado o sujeito, o restante da oração constitui o predicado. Observe:

Todas as noites, depois do jantar,
predicado

eu e minha família assistimos à televisão.
sujeito   predicado

Mais importante do que identificar o sujeito e o predicado de uma oração é analisar como essas categorias sintáticas constituem os enunciados e, dependendo das construções, reconhecer os efeitos de sentido que podem proporcionar.

EXERCÍCIOS

Leia a tira:

(http://www.sempretops.com/diversao/tirinhas-da-mafalda/attachment/mafalda/)

1. Nos dois primeiros quadrinhos, o homem carrega uma placa com a frase "Não funciona". Descreva a estrutura dessa frase.

2. O sujeito ao qual o predicado *não funciona* se refere não pode ser identificado nos dois primeiros quadrinhos.

a) Qual é a relação entre a omissão do sujeito na frase da placa nos dois quadrinhos iniciais e o comportamento de Mafalda ao longo da tira?

b) No 3º quadrinho, é revelado o sujeito ao qual o predicado *não funciona* se refere. Reescreva a frase, empregando a estrutura sujeito + predicado.

3. Observe a fisionomia de Mafalda no último quadrinho.

a) Que sentimento ela expressa?

b) Levante hipóteses: Por que a menina tem essa reação?

A PREDICAÇÃO

Leia este poeminha de Mário Quintana:

Simultaneidade

— Eu amo o mundo! Eu detesto o mundo!
Eu creio em Deus! Deus é um absurdo!
Eu vou me matar! Eu quero viver!
— Você é louco?
— Não, sou poeta.

(In: *A corda invisível*. São Paulo: Globo.
© by Elena Quintana.)

Compare os predicados destas orações do poema:

Você *é louco*?   Eu *amo o mundo*!

Observe que, na 1ª oração, o predicado indica o estado do sujeito *você* naquele momento: "é louco". Já na 2ª oração, o predicado informa a ação do sujeito *eu*: "amo o mundo". Os verbos que ligam o sujeito às suas características, ao seu estado ou às suas qualidades são chamados de **verbos de estado** ou **de ligação**. Os demais verbos, que indicam ação ou fenômenos meteorológicos, são chamados de **verbos significativos** ou **nocionais**. Assim:

Predicado é o tipo de relação que o verbo mantém com o sujeito da oração. De acordo com essa relação, há dois grupos: os **de estado** ou **de ligação** e os **significativos** ou **nocionais**.

Verbos de ligação

Veja estas orações do poema:

Você *é* louco?   Eu *sou* poeta!

Observe que os verbos não expressam ações do sujeito, mas, sim, ligam o sujeito a seu atributo, isto é, a seu estado ou a suas características; daí serem denominados **verbos de ligação**.

Verbo de ligação é aquele que serve como elemento de ligação entre o sujeito e seu atributo.

Veja outros exemplos:

Minha namorada *está* atrasada.
Os alunos *permaneceram* quietos durante a palestra de ciências.
Pedro e Paulo *pareciam* felizes em sua nova casa.
Nós *ficamos* alegres por ela.
A novela *continua* enfadonha.
O rapaz *tornou*-se prefeito da cidadezinha num piscar de olhos.

O atributo do sujeito é chamado de **predicativo**.

Verbos significativos

Verbos transitivos e intransitivos

Agora, observe os verbos destes versos, de Mário Quintana:

> Detrás do muro *surge* a lua.   Um samba histórico...
> Na praça a banda *toca* de repente

No 1º verso, a forma verbal *surge* está na 3ª pessoa do singular, porque concorda com o sujeito *a lua*. Se invertermos a posição do sujeito, teremos: "Detrás do muro, *a lua surge*". Observe que a ação expressa pelo verbo *surgir* se refere apenas ao sujeito e não se estende a outros seres. Nesse caso, dizemos que o verbo é **intransitivo**.

Veja outros exemplos de verbos intransitivos:

> A carta e o telegrama já *chegaram*.
> O caminhão do gás já *passou*.
> *Amanheceu*.

O 2º e o 3º versos de Mário Quintana formam a oração: "Na praça a banda toca de repente um samba histórico". Observe que, também nessa oração, a forma verbal *toca* indica a ação praticada pelo sujeito (*a banda*), mas a ação expressa pelo verbo *tocar* recai sobre outro ser: um samba histórico. O termo *um samba histérico* completa o sentido do verbo *tocar* (quem toca, toca alguma coisa), tornando precisa a informação da frase.

Como determinar a predicação de um verbo?

A predicação de um verbo somente pode ser determinada no contexto da frase em que ele aparece. Veja, por exemplo, que o verbo *virar*, em contextos diferentes, tem diferentes classificações:

> Diante do ocorrido, papai *virou* uma fera.
>   VL
> A canoa *virou*.
>   VI
> Antes de servir, ela *virou* o assado na travessa.
>   VTD

Quando isso ocorre, isto é, quando o verbo necessita de um complemento, dizemos que ele é um verbo **transitivo**.

Assim, concluímos:

> **Transitividade verbal** é a necessidade que alguns verbos apresentam de ter outras palavras como complemento. A esses verbos que exigem complemento chamamos de **transitivos** e aos que não exigem complemento chamamos de **intransitivos**.

Compare agora os complementos dos verbos transitivos nestas duas orações:

> Eu amo   o mundo.   Eu creio   em Deus.
>   VT   complemento   VT   complemento

Observe que, na 1ª oração, o complemento *o mundo* se liga diretamente ao verbo, sem preposição. Nesse caso, dizemos que o verbo é **transitivo direto**. Já na 2ª oração, o complemento *em Deus* se liga ao verbo por meio de uma preposição (*em*). Nesse caso, dizemos que o verbo é **transitivo indireto**.

Além dos verbos transitivos diretos e dos indiretos, há também os verbos **transitivos diretos e indiretos**, assim chamados por exigirem dois complementos, um sem preposição (objeto direto) e outro com preposição obrigatória (objeto indireto). Veja este exemplo:

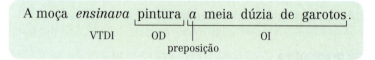

EXERCÍCIOS

Leia o anúncio a seguir e responda às questões 1 e 2.

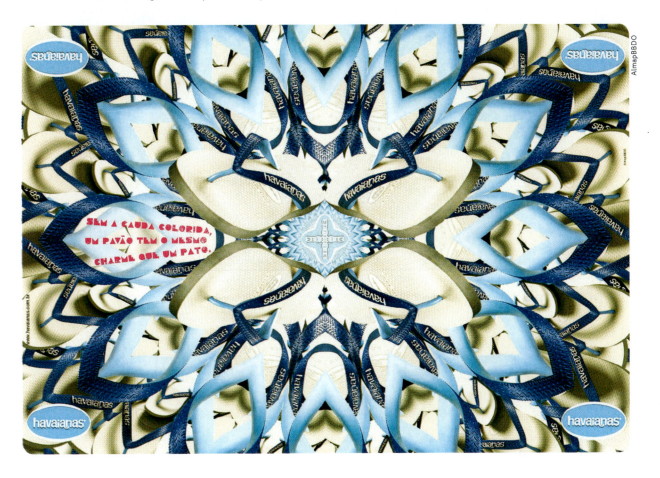

1. As sandálias anunciadas são conhecidas atualmente pela variedade de cores e modelos disponíveis aos consumidores. Com base nessa informação, no enunciado verbal e na imagem do anúncio, responda:

   a) Que característica da imagem do anúncio chama atenção em relação às cores utilizadas?

   b) O enunciado principal do anúncio consiste em um período com duas orações, a segunda com verbo elíptico. Veja:

   > Sem a cauda colorida, um pavão tem
   >   1ª oração
   >
   > o mesmo charme que um pato [tem].
   >   1ª oração   2ª oração

   Identifique o sujeito e o predicado da primeira oração.

   c) Levante hipóteses: Qual relação pode ser estabelecida entre a sandália anunciada e o sujeito da primeira oração do enunciado?

2. Considerando o enunciado "Sem a cauda colorida, um pavão tem o mesmo charme que um pato", responda:

   a) O pato é uma ave reconhecida por ter muito ou pouco charme?

   b) O que significa, portanto, ter o charme de um pato?

   c) Conclua: Qual é o efeito de sentido criado pela associação entre a afirmação do enunciado e a imagem, no anúncio?

LITERATURA

Coleção particular

Detalhe de *Beija-flores brasileiros* (1871), de Martin Johnson Heade.

CAPÍTULO 25

O Romantismo no Brasil – a poesia

O Romantismo surgiu no Brasil poucos anos depois de nossa independência política (1822).
Por isso, as primeiras obras literárias e os primeiros artistas românticos mostravam-se empenhados em definir um perfil da cultura brasileira, no qual o nacionalismo *era o traço essencial.*

A história do Romantismo no Brasil confunde-se com a própria história política brasileira da primeira metade do século XIX. Com a invasão de Portugal por Napoleão, a Coroa portuguesa mudou-se para o Brasil em 1808 e elevou a colônia à categoria de Reino Unido, ao lado de Portugal e Algarves. Como decorrência desse fato, a colônia passou por uma série de mudanças, entre as quais a criação de escolas de nível superior, a fundação de museus e bibliotecas públicas, a instalação de tipografias e o surgimento de uma imprensa regular.

A dinamização da vida cultural da colônia e a formação de um público leitor (mesmo que inicialmente só de jornais) criaram algumas das condições necessárias para o surgimento de uma produção literária mais consistente do que as manifestações literárias dos séculos XVII e XVIII.

Com a independência política, ocorrida em 1822, os intelectuais e artistas da época passaram a dedicar-se ao projeto de criar uma cultura brasileira identificada com as raízes históricas, linguísticas e culturais do país.

270

O Romantismo, além de seu significado primeiro – o de ser uma reação à tradição clássica –, assumiu em nossa literatura a conotação de movimento anticolonialista e antilusitano, ou seja, de rejeição à literatura produzida na época colonial, em virtude do apego dessa produção aos modelos culturais portugueses.

Portanto, um dos traços essenciais de nosso Romantismo é o *nacionalismo*, que, orientando o movimento, abriu-lhe um rico leque de possibilidades a serem exploradas, entre as quais o indianismo, o regionalismo, a pesquisa histórica, folclórica e linguística, além da crítica aos problemas nacionais – todas posturas comprometidas com o projeto de construção de uma identidade nacional.

A publicação da obra *Suspiros poéticos e saudade* (1836), de Gonçalves de Magalhães, tem sido considerada o marco inicial do Romantismo no Brasil. A importância dessa obra, porém, reside muito mais nas novidades teóricas de seu prólogo, em que Magalhães anuncia a revolução literária romântica, do que propriamente na execução dessas teorias.

AS GERAÇÕES DO ROMANTISMO

Tradicionalmente são apontadas três gerações de escritores românticos. Essa divisão, contudo, engloba principalmente os autores de poesia. Os romancistas não se enquadram bem nessa divisão, uma vez que suas obras podem apresentar traços característicos de mais de uma geração.

Assim, as três gerações de *poetas* românticos brasileiros são:

- **Primeira geração:** nacionalista, indianista e religiosa. Nela se destacam Gonçalves Dias e Gonçalves de Magalhães.
- **Segunda geração:** marcada pelo "mal do século", apresenta egocentrismo exacerbado, pessimismo, satanismo e atração pela morte. Seus principais representantes são Álvares de Azevedo, Casimiro de Abreu, Fagundes Varela e Junqueira Freire.
- **Terceira geração:** formada pelo grupo condoreiro, desenvolve uma poesia de cunho político e social. A maior expressão desse grupo é Castro Alves.

O Romantismo brasileiro contou com um grande número de escritores e com uma vasta produção, em diferentes gêneros, que, em resumo, podem ser assim apresentados:

- **na lírica:** Gonçalves Dias, Gonçalves de Magalhães, Álvares de Azevedo, Casimiro de Abreu, Fagundes Varela, Junqueira Freire, Castro Alves e Sousândrade;
- **na épica:** Gonçalves Dias e Castro Alves;
- **no romance:** José de Alencar, Manuel Antônio de Almeida, Joaquim Manuel de Macedo, Bernardo Guimarães, Visconde de Taunay, Franklin Távora;
- **no conto:** Álvares de Azevedo;
- **no teatro:** Martins Pena, José de Alencar, Gonçalves de Magalhães, Gonçalves Dias e Álvares de Azevedo.

PRIMEIRA GERAÇÃO: A BUSCA DO NACIONAL

Embora Gonçalves de Magalhães seja considerado o introdutor do Romantismo no Brasil, na verdade foi Gonçalves Dias quem implantou e solidificou a poesia romântica em nossa literatura. Sua obra pode ser considerada a realização de um verdadeiro projeto de construção da cultura brasileira.

Gonçalves Dias: um projeto de cultura brasileira

Filho de um português e de uma cafusa, Gonçalves Dias (1823-1864) fez seus primeiros estudos no Maranhão, seu Estado natal, e completou-os em Coimbra, onde cursou Direito. De volta ao Brasil, em 1845, trouxe em sua bagagem boa parte de seus escritos. Fixou-se no Rio de Janeiro e ali publicou sua primeira obra, *Primeiros cantos* (1846), seguida por outras

: Caricatura de Gonçalves Dias.

publicações, como *Segundos cantos* e *Sextilhas de Frei Antão* (1848), *Últimos cantos* (1851) e *Os timbiras* (1857). Fez várias viagens pelo país, incluindo a Amazônia, e chegou a escrever um *Dicionário da língua tupi*.

Gonçalves Dias, buscando captar a sensibilidade e os sentimentos do nosso povo, criou uma poesia voltada para o índio e para a natureza brasileira, expressa numa linguagem simples e acessível. Seus versos, tais como os de sua "Canção do exílio", são melódicos e exploram métricas e ritmos variados. Cultivou também poemas religiosos, de fundo panteísta, que falam da manifestação de Deus na natureza. Sua obra poética inclui os gêneros lírico e épico.

A épica

Na produção épica de Gonçalves Dias destacam-se dois poemas: "I-Juca-Pirama" e "Os timbiras", este inacabado.

"I-Juca-Pirama", considerado o mais perfeito poema épico-indianista de nossa literatura, narra a história vivida por um índio tupi que cai prisioneiro de uma nação inimiga: os timbiras. O drama do prisioneiro reside nos sentimentos contraditórios provocados por sua prisão: de um lado, deseja morrer lutando, como guerreiro corajoso que sempre fora; de outro, deseja viver para cuidar do pai, doente e cego.

O prisioneiro é libertado e afirma que voltará a se entregar quando o pai vier a falecer. Os timbiras não acreditam em seu argumento e acusam-no de covarde. Posteriormente, o índio reencontra o pai, leva-lhe alimento, mas o velho, percebendo o cheiro das tintas e os ornamentos do ritual, descobre-lhe o segredo. Renega então o filho, leva-o de volta à tribo timbira e pede que ele seja sacrificado. No canto VIII, um momento de rara beleza, o pai amaldiçoa o filho. Em seguida, o índio luta bravamente, provando que não era covarde. No último canto são afirmadas as qualidades heroicas do guerreiro, que se transforma em mito nas tradições da cultura timbira. O título do poema, extraído da língua tupi, já sugere a sina de seu protagonista: "o que há de ser morto".

Seguindo a tradição dos árcades Basílio da Gama e Santa Rita Durão, Gonçalves Dias soube atualizar e dar nova dimensão ao tema indianista, a dimensão de que necessitavam a nação recém-independente e a cultura brasileira, em fase de definição e consolidação.

O herói do poema não é apenas um índio tupi: representa *todos os índios brasileiros* ou, ainda, *todos os brasileiros*, uma vez que o índio foi, durante o Romantismo, o representante da nossa nacionalidade. Além disso, ao enfocar e pôr em discussão valores e sentimentos humanos profundos, como a bondade filial e a honra, o poema supera os limites da abordagem puramente indianista e ganha universalidade.

"I-Juca-Pirama" representa em nossa cultura o passo decisivo para a transformação das manifestações *nativistas* da literatura colonial em manifestações conscientemente *nacionalistas*. O canto do índio tupi – misto de amor, honra e luta – assemelha-se ao do próprio poeta, também descendente de índios: um canto de amor à pátria e à raça ancestral; um canto de luta pela construção de uma poesia genuinamente brasileira.

Rousseau e a bondade natural

Segundo Jean-Jacques Rousseau, filósofo iluminista do século XVIII, o ser humano nasce naturalmente puro, mas é corrompido pela civilização. Assim, em contraposição à vida urbana e social, o filósofo valorizava a vida natural, bem como a ingenuidade da criança e do selvagem, ainda não contaminados.

Embora o Romantismo se contraponha ao Arcadismo e ao racionalismo do século XVIII, as ideias de Rousseau foram acolhidas pelos escritores românticos. A natureza, por exemplo, tem lugar de destaque nos textos românticos, nos quais assume um papel que varia de uma espécie de confidente das personagens a refúgio purificador da alma.

LEITURA

O texto a seguir é o canto IV de "I-Juca-Pirama". Conforme as tradições indígenas, o prisioneiro é preparado para um cerimonial antropofágico em que serão vingados os mortos timbiras. Ao lhe pedirem, como é próprio do ritual, que cante seus feitos de guerra e que se defenda da morte, o prisioneiro responde aos inimigos:

Meu canto de morte,
Guerreiros, ouvi:
Sou filho das selvas,
Nas selvas cresci;
Guerreiros, descendo
Da tribo tupi.

Da tribo pujante,
Que agora anda errante
Por fado inconstante,
Guerreiros, nasci:
Sou bravo, sou forte,
sou filho do Norte;
Meu canto de morte,
Guerreiros, ouvi.

Já vi cruas brigas
De tribos imigas,
E as duras fadigas
Da guerra provei;
Nas ondas mendaces
Senti pelas faces
Os silvos fugaces
Dos ventos que amei.

Andei longes terras,
Lidei cruas guerras,
Vaguei pelas serras
dos vis Aimorés;
Vi lutas de bravos,
Vi fortes — escravos!
De estranhos ignavos
Calcados aos pés.

E os campos talados,
E os arcos quebrados,
E os piagas coitados
Já sem maracás;
E os meigos cantores,
Servindo a senhores,
Que vinham traidores,
Com mostras de paz.

Ao velho coitado
De penas ralado,
Já cego e quebrado,
Que resta? — Morrer.
Enquanto descreve
O giro tão breve
Da vida que teve,
Deixai-me viver!

Aos golpes do imigo
Meu último amigo,
Sem lar, sem abrigo
Caiu junto a mi!
Com plácido rosto,
Sereno e composto,
O acerbo desgosto
Comigo sofri.

Meu pai a meu lado
Já cego e quebrado,
De penas ralado,
Firmava-se em mi:
Nós ambos, mesquinhos,
Por ínvios caminhos,
Cobertos d'espinhos
Chegamos aqui!

O velho no entanto
Sofrendo já tanto
De fome e quebranto,
Só qu'ria morrer!
Não mais me contenho,
Nas matas me embrenho,
Das frechas que tenho
Me quero valer.

Então, forasteiro,
Caí prisioneiro
De um troço guerreiro
Com que me encontrei:
O cru dessossego
Do pai fraco e cego,
Enquanto não chego,
Qual seja, — dizei!

: *Menino índio* (1880), de Marc Ferrez.

Eu era o seu guia
Na noite sombria,
A só alegria
Que Deus lhe deixou:
Em mim se apoiava,
Em mim se firmava,
Em mim descansava,
Que filho lhe sou.

Não vil, não ignavo,
Mas forte, mas bravo,
Serei vosso escravo:
Aqui virei ter.
Guerreiro, não coro
Do pranto que choro;
Se a vida deploro,
Também sei morrer.

(*Poemas de Gonçalves Dias*. Seleção de Péricles Eugênio da Silva Ramos. Rio de Janeiro: Ediouro, s.d. p. 119-122.)

> **acerbo:** doloroso, árduo.
> **deploro:** lamento, choro.
> **frecha:** flecha.
> **fugace:** que foge veloz.
> **ignavo:** covarde.
> **imiga:** inimiga.
> **ínvio:** intransitável.
> **maracá:** chocalho usado pelos índios em solenidades guerreiras ou religiosas.
> **mendace:** mentirosa, traiçoeira.
> **mi:** mim.
> **piaga:** pajé.
> **quebrado:** cansado, frágil.
> **quebranto:** abatimento, fraqueza.
> **silvo:** assobio.
> **talado:** devastado, arrasado.
> **troço:** corpo de tropas.
> **vil:** moralmente baixo, desprezível.

1. Nesse canto do poema, o índio tupi narra a trajetória de sua vida e de sua tribo.

   a) Como o índio via a si mesmo, até o momento em que foi aprisionado?

   b) Qual é a atual condição de sua tribo?

   c) Com quem e por que o índio tupi foge?

2. Na 6ª estrofe do texto, o prisioneiro faz um pedido aos inimigos: "Deixai-me viver!".

   a) Que motivos alega, na 10ª e na 11ª estrofes, para que o deixem vivo?

   b) Identifique na última estrofe os versos em que o prisioneiro propõe um acordo. Qual é esse acordo?

3. Seguindo os modelos do Romantismo europeu e a atração pelo *medievalismo*, nossos escritores encontraram no índio brasileiro o representante mais direto de nosso passado medieval – único habitante nestas terras antes do Descobrimento. Além disso, vivendo distante da civilização, nosso índio correspondia plenamente à concepção idealizada do "bom selvagem", defendida por Rousseau. Observe o comportamento do índio tupi e indique:

   a) uma característica dele que se assemelhe às do cavaleiro medieval;

   b) uma atitude dele que reforce o mito do "bom selvagem".

O ULTRARROMANTISMO

Os jovens e os estudantes de hoje encontram diferentes maneiras de protestar contra os valores sociais ou contra o poder instituído. Alguns se organizam em associações ou agremiações estudantis e se manifestam em jornais, assembleias e passeatas. Outros preferem se manifestar por meio das chamadas *tribos urbanas* e, para mostrar que pertencem a elas, pintam os cabelos, usam coturnos, roupas rasgadas; ou usam pulseiras e colares de metal, roupas pretas com caveiras estampadas, *piercings*, cabelos longos.

Durante o Romantismo, nas décadas de 1850 e 1860, jovens poetas universitários de São Paulo e do Rio de Janeiro reuniram-se em um grupo que deu origem à poesia romântica brasileira conhecida como *Ultrarromantismo*.

Sem acreditar nas ideias e valores que levaram à Revolução Francesa e sem ter nenhum outro projeto, essa segunda geração romântica sentia-se como uma "geração perdida". E a forma encontrada para expressar seu

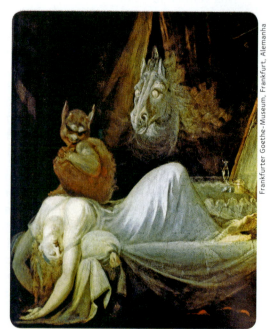

O pesadelo (1790-1), de Johann Heinrich Fussli.

pessimismo e o sentimento de inadequação à realidade foi, no *plano pessoal*, levar uma vida desregrada, dividida entre os estudos acadêmicos, o ócio, os casos amorosos e a leitura de obras literárias como as de Musset e Byron, escritores cujo estilo de vida imitavam.

No *plano literário*, essa geração caracterizou-se por cultivar o "mal do século", uma onda de pessimismo que se traduzia em atitudes e valores considerados decadentes na época, como atração pela noite, pelo vício e pela morte. No caso de Álvares de Azevedo, o principal representante do grupo, esses traços foram acrescidos ainda de temas macabros e satânicos, o que aproxima o poeta de Horace Walpole, escritor inglês que alguns anos antes tinha dado início ao romance gótico, com *O castelo de Otranto* (1765).

Os ultrarromânticos desprezaram certos temas e posturas da primeira geração, como o nacionalismo e o indianismo; contudo acentuaram traços como o subjetivismo, o egocentrismo e o sentimentalismo, ampliando a experiência da sondagem interior e preparando terreno para a investigação psicológica que, três décadas mais tarde, iria caracterizar o Realismo.

Lord Byron: ousadia e negação

O poeta inglês Lord Byron (1788-1824) foi um dos principais escritores do Romantismo europeu. Dividido entre a vida luxuosa das cortes, a literatura e as mulheres, Byron escandalizou a Inglaterra com seu estilo boêmio de vida e com suas relações amorosas extraconjugais. Foi ainda acusado de pederastia e de manter relações incestuosas com a irmã. Escreveu, entre outras obras, *Don Juan* e *Jovem Haroldo*.

Álvares de Azevedo: a antítese personificada

Álvares de Azevedo (1831-1852) é a principal expressão da geração ultrarromântica de nossa poesia. Paulista, fez os estudos básicos no Rio de Janeiro e cursava o quinto ano de Direito em São Paulo quando sofreu um acidente (queda de cavalo) cujas complicações o levaram à morte, antes de completar 21 anos.

O escritor cultivou a poesia, a prosa e o teatro. Os sete livros, discursos e cartas que produziu foram escritos em apenas quatro anos, período em que era estudante universitário. Por isso, deixou uma obra de qualidade irregular, se considerada no conjunto, mas de grande significado na evolução da poesia nacional.

As faces de Ariel e Caliban

A característica intrigante da obra de Álvares de Azevedo reside na articulação consciente de um projeto literário baseado na *contradição*, talvez a contradição que ele próprio sentisse como adolescente.

Perfeitamente enquadrada nos dualismos que caracterizam a linguagem romântica, essa contradição é visível na sua principal obra poética, *Lira dos vinte anos*.

A primeira e a terceira partes da obra mostram um Álvares de Azevedo adolescente, casto, sentimental e ingênuo. A essas partes ele mesmo chama de a face de Ariel, isto é, a face do bem. O poema seguinte é um exemplo dessa face.

Ariel e Caliban

Ariel e Caliban são entidades mitológicas populares que representam, respectivamente, o bem e o mal. Shakespeare incorporou-as como personagens em sua peça *A tempestade*.

275

LEITURA

Soneto

Pálida, à luz da lâmpada sombria,
Sobre o leito de flores reclinada,
Como a lua por noite embalsamada,
Entre as nuvens do amor ela dormia!

Era a virgem do mar! na escuma fria
Pela maré das águas embalada!
Era um anjo entre nuvens d'alvorada
Que em sonhos se banhava e se esquecia!

Era mais bela! o seio palpitando...
Negros olhos as pálpebras abrindo...
Formas nuas no leito resvalando...

Não te rias de mim, meu anjo
[lindo!
Por ti — as noites eu velei
[chorando,
Por ti — nos sonhos morrerei
[sorrindo!

(In: *Álvares de Azevedo*. Seleção de textos de Bárbara Heller, Luís Percival L. Brito e Marisa Lajolo. São Paulo: Abril Educação, 1982. p. 22. Literatura Comentada.)

1. Na primeira estrofe do poema, é feita uma descrição que envolve diversos elementos naturais.

   a) Quem é a pessoa descrita?

   b) Os elementos naturais empregados contribuem para uma caracterização material ou imaterial da pessoa descrita? Por quê?

2. Da primeira para a segunda estrofe do texto, a luz que circunda a pessoa descrita sofre alteração. Que tipo de alteração ocorre? Justifique com palavras ou expressões do texto.

3. Nos dois tercetos do poema, a luz já é vitoriosa e pode-se ver com maior clareza o objeto da descrição.

   a) Que relação há entre o movimento do dia e o movimento da pessoa descrita?

   b) Que palavras ou expressões do texto demonstram que essa pessoa se mostra de modo mais corporificado e sensual?

4. Nas duas quadras, a virgem é descrita de modo vago e imaterial; nos tercetos, ela é corporificada e sensual.

   a) Que sentidos contraditórios expressa o vocativo: "meu anjo lindo"?

   b) Que tipo de relação mantém o eu lírico com a mulher amada?

Quando se abre a segunda parte da *Lira dos vinte anos*, contudo, o leitor depara com um segundo prefácio da obra, com os seguintes dizeres:

> Cuidado, leitor, ao voltar esta página!
> Aqui dissipa-se o mundo visionário e platônico. Vamos entrar num mundo novo, terra fantástica, verdadeira ilha Baratária de D. Quixote, onde Sancho é rei; [...]
> Quase que depois de Ariel esbarramos em Caliban.
> A razão é simples. É que a unidade deste livro e capítulo funda-se numa binomia. Duas almas que moram nas cavernas de um cérebro pouco mais ou menos de poeta escreveram este livro, verdadeira medalha de duas faces.
>
> Nos meus lábios onde suspirava a monodia amorosa, vem a sátira que morde.
>
> (In: Antonio Candido e J. A. Castello, op. cit., v. 2, p. 14.)

Com esse comentário, o poeta introduz o leitor no mundo de Caliban, representado principalmente pelo poema "Ideias íntimas" e por uma série intitulada "Spleen e charutos". Embora não se incluam na *Lira dos vinte anos*, também se aproximam desse grupo de textos a obra de contos *Noite na taverna* e a peça teatral *Macário*. Esses escritos retratam um mundo decadente, povoado de viciados, bêbados, prostitutas, andarilhos solitários sem vínculos e sem destino.

O ator Caio Blat na peça *Macário*, de Álvares de Azevedo, que esteve em cartaz em São Paulo em 2001.

A POESIA CONDOREIRA

A terceira geração da poesia romântica brasileira é formada por poetas ligados à corrente *condoreira* ou *hugoana*, como também é chamada por influência do escritor francês Victor Hugo. Desse grupo participaram vários escritores, entre eles Castro Alves, Pedro Luís, Pedro Calasãs e, até certo ponto, Sousândrade.

Ampliando as experiências de Fagundes Varela – que por vezes conseguiu superar o egocentrismo e voltar-se para o mundo exterior –, os condoreiros, comprometidos com a causa abolicionista e republicana, desenvolveram a poesia social. Seus poemas, geralmente em tom grandiloquente, próximo da oratória, tinham como finalidade convencer o leitor-ouvinte e conquistá-lo para a causa defendida. O centro de preocupação da linguagem desloca-se do eu (o emissor) para o assunto (no caso, a Abolição e a República), o que representa uma mudança profunda, considerando-se que o Romantismo é por natureza egocêntrico.

O nome *condoreirismo* dado a essa corrente associa-se ao condor ou a outras aves como a águia, o falcão e o albatroz, tomadas como símbolo dessa geração de poetas com preocupações sociais. Identificando-se com o condor – ave de voo alto e solitário e capaz de enxergar a grande distância –, os poetas condoreiros supunham-se também dotados dessa capacidade e, por isso, obrigados ao compromisso, como poetas-gênios iluminados por Deus, de orientar os homens comuns para os caminhos da justiça e da liberdade.

No Romantismo europeu, os condoreiros se ocuparam especialmente com a causa dos oprimidos, como os operários da indústria e os camponeses. A obra *Os miseráveis*, de Victor Hugo, é um dos melhores exemplos da literatura condoreira da época.

No Brasil, como a força de trabalho era predominantemente escrava, o Condoreirismo assumiu feições abolicionistas e republicanas.

Castro Alves: a linguagem da paixão

Castro Alves (1847-1871), o "poeta dos escravos", é considerado a principal expressão condoreira da poesia brasileira. Nascido em Curralinho, hoje Castro Alves (BA), estudou Direito em Recife e em São Paulo. Sua obra representa, na evolução da poesia romântica brasileira, um momento de maturidade e de transição. Maturidade em relação a certas atitudes ingênuas das gerações anteriores, como a idealização amorosa e o nacionalismo ufanista, substituídas por posturas mais críticas e realistas; transição porque a perspectiva mais objetiva e crítica com que via a realidade apontava para o movimento literário subsequente, o Realismo, que, aliás, havia muito predominava na Europa.

Castro Alves, o "poeta dos escravos".

Castro Alves cultivou a poesia lírica e social, de que são exemplos as obras *Espumas flutuantes* e *A cachoeira de Paulo Afonso*; a poesia épica, em *Os escravos*; e o teatro, em *Gonzaga e a Revolução de Minas*.

A poesia lírica

Embora a lírica amorosa de Castro Alves ainda contenha um ou outro vestígio do amor platônico e da idealização da mulher, de modo geral ela representa um avanço decisivo na tradição poética brasileira, por ter abandonado tanto o amor convencional e abstrato dos clássicos quanto o amor cheio de medo e culpa dos românticos.

Em vez de "virgem pálida", a mulher de boa parte dos poemas de Castro Alves é um ser corporificado e, mais que isso, participa ativamente do envolvimento amoroso. E o amor é uma experiência viável, concreta, capaz de trazer tanto a felicidade e o prazer como a dor. Portanto, o conteúdo de sua lírica é uma espécie de superação da fase adolescente do amor e o início de uma fase adulta, mais natural, que aponta para uma objetividade maior, prenunciando o Realismo.

Veja, por exemplo, o sensualismo com que Castro Alves relata o relacionamento amoroso de dois amantes:

Boa noite

Boa noite, Maria! Eu vou-me embora.
A lua nas janelas bate em cheio.
Boa noite, Maria! É tarde... é tarde...
Não me apertes assim contra teu seio.

Boa noite!... E tu dizes — Boa noite,
Mas não mo digas assim por entre beijos...
Mas não mo digas descobrindo o peito,
— Mar de amor onde vagam meus desejos.

Julieta do céu! Ouve... a calhandra
Já rumoreja o canto da matina.
Tu dizes que eu menti?... Pois foi mentira...
... Quem cantou foi teu hálito, divina!

[...]

(*Espumas flutuantes*. Rio de Janeiro: Edições de Ouro, s.d. p. 67-8.)

calhandra: espécie de cotovia.

A poesia social

Talvez seja Castro Alves o primeiro grande poeta social brasileiro. Como poucos, soube conciliar as ideias de reforma social com os procedimentos específicos da poesia, sem permitir que sua obra fosse um mero panfleto político – aliás, o grande risco para quem pretende fazer *arte engajada*, isto é, arte com o compromisso de interferir politicamente no processo social.

Se compararmos Álvares de Azevedo – principal poeta da segunda geração – a Castro Alves, perceberemos que o primeiro, ao tratar do desequilíbrio entre o eu e o mundo, revela um desejo latente de transformação da realidade, com a qual não consegue integrar-se, enquanto o segundo mostra uma tomada de posição: tanto em sua poesia lírica quanto na social, há a consciência dos problemas humanos e a busca de fórmulas para solucioná-los.

Desse modo, em vez de apresentar uma visão idealizada e ufanista da pátria, Castro Alves retrata o lado feio e esquecido pelos primeiros românticos: a escravidão dos negros, a opressão e a ignorância do povo brasileiro.

A linguagem usada por Castro Alves para defender seus ideais liberais é grandiosa, com gosto acentuado pelas hipérboles e por espaços amplos, como o mar, o céu, o infinito, o deserto. Nela tudo supera a atitude bem-comportada e superficial de um Casimiro de Abreu e busca o voo alto ou o mergulho profundo.

Trazendo inovações de forma e de conteúdo, a linguagem poética de Castro Alves prenuncia a perspectiva crítica e a objetividade do Realismo, movimento literário da década seguinte. Apesar disso, é uma linguagem essencialmente romântica, porque afinada com o projeto liberal do Romantismo brasileiro e bastante carregada emocionalmente, beirando os limites da paixão.

Brasil: país da diversidade e da desigualdade

Nas últimas décadas do século XX, os negros brasileiros perceberam que a luta iniciada por Castro Alves (ironicamente, um branco) deveria ser levada adiante. Agora, não mais uma luta pela abolição, mas pelo fim do preconceito racial e cultural, da desigualdade de oportunidades, da discriminação social. Assim, diversos grupos organizados, bem como muitos negros de destaque na sociedade, têm afirmado sua identidade afro-brasileira, seja por meio de manifestações de protesto, seja por meio de atividades culturais identificadas com as origens africanas.

A discussão em torno da igualdade de oportunidades entre negros e brancos tem se ampliado no país e chegou à universidade. Hoje, algumas instituições, adotando a política de cotas, têm reservado parte de suas vagas para a população negra, o que tem causado polêmicas, inclusive na comunidade negra.

LEITURA

O texto a seguir é a parte IV do poema épico-dramático "O navio negreiro", de Castro Alves. O tema do poema, escrito em 1868, é a denúncia da escravidão e do transporte de negros para o Brasil. Nessa ocasião, embora já havia dezoito anos vigorasse no país a Lei Eusébio de Queirós, que proibia o tráfico de escravos, a escravidão persistia.

Para fazer a recriação poética das cenas dramáticas do transporte de escravos no porão dos navios negreiros, Castro Alves valeu-se em grande parte dos relatos de escravos com quem conviveu, na Bahia, quando menino. Ao ler o texto, repare na capacidade do poeta em nos fazer ver, como se estivéssemos num teatro, a cena correspondente ao que acontecia no interior dos navios negreiros.

Era um sonho dantesco!... o tombadilho,
Que das luzernas avermelha o brilho,
    Em sangue a se banhar.
Tinir de ferros... estalar de açoite...
Legiões de homens negros como a noite,
    Horrendos a dançar...

Negras mulheres, suspendendo às tetas
Magras crianças, cujas bocas pretas
    Rega o sangue das mães:
Outras, moças, mas nuas e espantadas,
No turbilhão de espectros arrastadas,
    Em ânsia e mágoa vãs!

E ri-se a orquestra, irônica, estridente...
E da ronda fantástica a serpente
    Faz doudas espirais...
Se o velho arqueja, se no chão resvala,
Ouvem-se gritos... o chicote estala.
    E voam mais e mais...

Presa nos elos de uma só cadeia,
A multidão faminta cambaleia,
    E chora e dança ali!
Um de raiva delira, outro enlouquece,
Outro, que de martírios embrutece,
    Cantando, geme e ri!

Negra da Bahia (1885), por Marc Ferrez.

279

No entanto o capitão manda a manobra.
E após fitando o céu que se desdobra
     Tão puro sobre o mar,
Diz do fumo entre os densos nevoeiros:
"Vibrai rijo o chicote, marinheiros!
     Fazei-os mais dançar!..."

E ri-se a orquestra irônica, estridente...
E da ronda fantástica a serpente
     Faz doudas espirais...
Qual num sonho dantesco as sombras voam!...
Gritos, ais, maldições, preces ressoam!
     E ri-se Satanás!...

> (*Espumas flutuantes*. Rio de Janeiro: Edições de Ouro, s.d. p. 184-5.)

açoite: chicote.

arquejar: ofegar.

dantesco: relativo às cenas horríveis narradas por Dante Alighieri em sua obra *A divina comédia*, na parte em que descreve o inferno.

espectros: fantasmas.

luzernas: clarões.

tombadilho: alojamento do navio.

turbilhão: redemoinho.

vãs: inúteis, sem valor.

1. O texto revela grande força expressiva em razão de sua plasticidade, criada a partir das fortes imagens e das sugestões de cor, som e movimento que envolvem a cena. Com relação a esses recursos, responda:

a) A que se referem as metáforas "a orquestra" e "a serpente" na 3ª e na 6ª estrofes?

b) Duas cores são postas em contraste na 1ª e na 2ª estrofes. Quais são elas e o que representam?

c) Observe a 1ª, 3ª, 4ª e 5ª estrofes e destaque delas palavras ou expressões que sugiram *movimento*.

d) Observe a 1ª e a 3ª estrofes e destaque delas palavras ou expressões que se associem a *sonoridade*.

2. Acentuando a plasticidade do texto, por duas vezes o poeta aproxima as ideias de som e movimento, empregando as palavras *orquestra* e *dança*, como se houvesse uma dança dos escravos ao som da orquestra. De acordo com o texto, explique que tipo de dança os escravos realizam.

3. Além de *antíteses*, também *hipérboles* foram empregadas nesse poema de Castro Alves. A hipérbole é uma figura de linguagem que se caracteriza pelo exagero na expressão. Destaque da 1ª estrofe três hipérboles e indique que efeito de sentido têm no texto.

4. O poema "O navio negreiro" tem uma finalidade política e social evidente: a erradicação da escravidão no Brasil. De que modo o poeta procura atingir o público e convencê-lo de suas ideias: com argumentos racionais ou com a exploração das emoções? Justifique.

Navio negreiro em *rap*: o canto dos excluídos

No CD *Livro* (1998), o baiano Caetano Veloso cria uma música para o poema "O navio negreiro" e canta-o, em estilo *rap*, juntamente com Maria Bethânia.

Se possível, ouça a canção e observe como Caetano confere atualidade ao poema de Castro Alves ao aproximá-lo do *rap*, gênero musical cultivado geralmente na periferia das grandes cidades por negros e por outros grupos socialmente excluídos.

O cruzamento do poema com o *rap* parece lembrar que os problemas de opressão e miséria social vividos pelos negros no século XIX, com algumas diferenças, continuam os mesmos.

PRODUÇÃO DE TEXTO

Fernando Meirelles, cineasta.

CAPÍTULO 26

A entrevista

TRABALHANDO O GÊNERO

Existem diferentes tipos de entrevista, entre os quais a entrevista de emprego, a entrevista médica, a entrevista jornalística, etc. Basicamente um gênero oral, a entrevista pressupõe uma interação entre duas pessoas, cada uma com um papel específico: o entrevistador, responsável pelas perguntas, e o entrevistado (ou entrevistados), responsável pelas respostas.

Entre os tipos de entrevista, o que costuma despertar maior interesse público é a *entrevista jornalística*, difundida pelos meios de comunicação orais e escritos, como o jornal falado da tevê, o rádio, o jornal escrito, a revista e a Internet. Antes de ser publicada em revistas ou jornais escritos, a entrevista geralmente é feita de forma oral, quando é gravada, e depois transcrita para a linguagem escrita. Na passagem da linguagem oral para a escrita, quase sempre são realizadas modificações nas falas originais.

Leia a entrevista a seguir, concedida pelo cineasta Fernando Meirelles à revista *Planeta*.

Plantar árvores dá mais prazer do que fazer filmes

O CINEASTA PAULISTA FERNANDO MEIRELLES CONCILIA O CINEMA COM O ATIVISMO EM DEFESA DAS FLORESTAS E DEDICA BOA PARTE DO SEU TEMPO A ACOMPANHAR AS QUESTÕES ECOLÓGICAS. ATUALMENTE, ANDA POUCO ENTUSIASMADO COM OS EVENTOS DO SETOR NO BRASIL.

Por Maria da Paz Trefaut

Aos 56 anos, o cineasta Fernando Meirelles integra a galeria dos melhores diretores do cinema brasileiro. Entusiasta de filmes experimentais na juventude, criou programas para a televisão, trabalhou com publicidade e dirigiu sucessos como *Cidade de Deus*, em que usou a estética dos videoclipes para retratar a violência no Rio de Janeiro — obra que concorreu ao Oscar de melhor filme estrangeiro em 2004. [...]

[...]

Você integra o grupo Floresta Faz Diferença. O que essa causa representa para você?

O *www.florestafazdiferenca.org.br* é o *site* de uma associação de 144 ONGs criada para informar o debate sobre o novo Código Florestal. Nele há informações a respeito das mudanças nocivas propostas para o código e alternativas elaboradas pela Sociedade Brasileira para o Progresso da Ciência ou pela Academia Brasileira de Ciência. Há, também, depoimentos de artistas, cientistas e técnicos. Tentamos iluminar a cabeça dos congressistas, embora muitos pareçam ser à prova de luz. Esse novo Código Florestal pode vir a ser um dos maiores erros já cometidos pelo Congresso, pois autoriza a derrubada de uma quantidade de mata que dificilmente será recuperada um dia. A visão de alguns ruralistas é estreita: eles não apresentam nenhum argumento que não seja o lucro de curto alcance.

Há pessimismo sobre o esforço para se controlar as mudanças climáticas. Estamos numa corrida contra o tempo?

Alguns cientistas dizem que estamos quase no ponto em que o processo de aquecimento se torna irreversível. Outros, que já ultrapassamos. Em 2000 estava claro que para o planeta não esquentar 2 graus centígrados até 2050 as emissões de carbono teriam que ser reduzidas em 2% ao ano, ao longo da década. Não aconteceu. Há indícios claros de que algo está mudando muito mais rapidamente do que se previa.

Que exemplos o preocupam?

No norte do Canadá existe a chamada Passagem do Nordeste, que era atravessada por barcos quebra-gelo no verão. Desde 2007 ela fica completamente aberta durante o verão e, para a alegria dos cargueiros, não há mais gelo. Em 2011 houve o maior degelo já registrado na região. Quando essa passagem deixar de se fechar no inverno, a água aquecida vai acelerar o degelo do Ártico. Isso pode causar um tal aumento do nível dos oceanos que a rua Ataulfo de Paiva, no Leblon, no Rio, poderá se transformar num embarcadouro mais cedo do que imaginamos. Mesmo assim o Brasil investe toda sua energia em mais extração de óleo e tenta acelerar o crescimento. Maluco, não?

O desenvolvimento da China, da Índia e do Brasil diminui a pobreza global, mas aumenta os impactos socioambientais. Dá para desarmar o impasse?

Uma hora não será uma questão de querer ou não desarmar o impasse. Não haverá mais recursos naturais e ponto. Segundo a ONU, há 1,1 bilhão de pessoas sem acesso a água potável. Massas de refugiados estão começando a se deslocar no norte da África. Isso pode provocar mudanças geopolíticas e conflitos entre países. A China tem planos para ampliar a dessalinização da água do mar. Como essa água é mais cara, será usada de maneira mais racional. É pena que só assim consigamos ser mais racionais.

Você acha que há empenho em mudar o modelo de vida consumista que temos?

Muito pouco. Ambientalista ainda é sinônimo de chato, quando não de hippie maconheiro. "É gente contra o progresso, que acredita que comida nasce em supermercado", diz a inacreditável senadora Kátia Abreu. Em curto prazo entendo por que se associa crescimento a bem-estar. O problema é que a visão de longo prazo não cabe no sistema visual dos homens públicos: eles trabalham com horizontes que vão, no máximo, até as próximas duas ou três eleições.

[...]

(*Planeta*, nº 472.)

: Cena do filme *Cidade de Deus*, de Fernando Meirelles.

mitigar: abrandar, suavizar, atenuar, diminuir.

1. As entrevistas publicadas em jornais e revistas apresentam diferentes objetivos, dependendo do tipo de informação que veiculam e do público que pretendem atingir. A entrevista em estudo foi publicada na revista *Planeta*. Com que tipo de pessoa e com que finalidade a entrevista em estudo foi feita?

    a) Foi entrevistada uma autoridade, conhecida do público da revista, com o fim de obter sua opinião sobre um fato em destaque no momento.

    b) Foi entrevistado um especialista em certo assunto, com o objetivo de explicar um fato de interesse científico, suscetível de descrição ou explicação. O especialista é desconhecido do público em geral e, por esse motivo, antes da entrevista propriamente dita há um texto introdutório que o apresenta.

    c) Foi entrevistada uma pessoa pública (político, ator ou atriz, músico, cineasta, figura de destaque na sociedade e na mídia, etc.), com o objetivo de apresentar suas ideias, promovê-la (ou ao grupo ou entidade que ela representa) ou levar o público da revista a conhecê-la melhor.

2. Em toda entrevista, uma (ou mais de uma) pessoa faz perguntas, e outra (ou outras) responde. Na entrevista em estudo, quem é o entrevistado?

3. Embora conste nas entrevistas (no início ou no fim) o nome de quem fez as perguntas, raramente ele é usado no corpo do texto. Algumas publicações usam o próprio nome antes das perguntas, em vez do nome do entrevistador. Outras diferenciam perguntas e respostas por meio de recursos gráficos (como, por exemplo, negrito ou itálico), sem identificar explicitamente os participantes. Na entrevista que você leu:

    a) Em que parte aparece o nome da jornalista que a realizou, isto é, o crédito da entrevistadora? Qual é o nome dela?

    b) Como são diferenciadas as falas da entrevistadora e do entrevistado?

    c) Levante hipóteses: Qual seria a razão da não identificação de entrevistador e entrevistado?

4. Observe o título da entrevista. Considerando que a revista *Planeta* é dirigida principalmente a um público com acesso a produtos culturais, responda:

    a) A escolha do título está relacionada ao perfil do público-alvo?

    b) O que, à primeira vista, o título sugere?

    c) Qual é, de fato, o assunto da entrevista?

5. Antes da entrevista propriamente dita, abaixo do título, há um texto que a introduz. Qual é a finalidade desse texto introdutório?

6. Observe o modo como a entrevistadora faz as perguntas a Fernando Meirelles.

    a) Há, nas perguntas, indícios de que a entrevistadora as preparou previamente? Por quê?

    b) Considerando-se que o público leitor da revista é formado por pessoas interessadas em ecologia, o modo como a entrevistadora conduziu as perguntas foi, na sua opinião, apropriado?

: Fernando Meirelles, entre a floresta e o cinema.

7. Observe as respostas do entrevistado.

    a) Elas revelam segurança em relação ao assunto?

    b) As respostas dele são direcionadas exclusivamente a um público especializado no assunto tratado? Justifique sua resposta.

8. Numa entrevista, quem controla a interação entre os participantes é o entrevistador, uma vez que cabe a ele fazer as perguntas. O entrevistado, porém, pode enfatizar um aspecto da pergunta e ignorar outros ou dar à resposta um rumo que lhe seja mais conveniente. Identifique, na entrevista lida, trechos em que se verificam iniciativas como essas.

9. Observe a linguagem empregada pela entrevistadora e pelo entrevistado.

    a) Que variedade linguística foi empregada por eles?

    b) Que forma de tratamento foi usada pela entrevistadora para dirigir-se ao entrevistado?

    c) Essa forma de tratamento confere maior ou menor formalidade à interação entre entrevistador e entrevistado?

10. Quando falamos, é comum suspendermos o pensamento, deixando frases incompletas, assim como empregarmos gestos no lugar de frases, rirmos de alguma ideia engraçada, usarmos expressões que retomam ideias anteriores, como *então, aí* e *como eu dizia*, ou expressões como *né, hum* e *pois é*.

    a) Na entrevista lida, há alguma marca de oralidade desse tipo?

    b) Na sua opinião, por que isso acontece?

PRODUÇÃO DE TEXTO

283

11. Reúna-se com seus colegas de grupo e, juntos, concluam: Quais são as características da entrevista? Respondam, considerando os critérios a seguir: finalidade do gênero, perfil dos interlocutores, suporte ou veículo, tema, estrutura, linguagem.

PRODUZINDO A ENTREVISTA

Reúna-se com seus colegas de grupo para, juntos, produzirem uma entrevista.

A pessoa a ser entrevistada pode ser um profissional de uma área pela qual tem interesse, uma pessoa conhecida na cidade, um diretor de uma ONG, um empresário, um comerciante, um escritor, um professor, um atleta, um ex-aluno da escola, um colecionador de selos ou de revistas em quadrinhos, um músico, um ator, etc.

PLANEJAMENTO DO TEXTO

Preparando e realizando a entrevista

- Você vai montar com seus colegas um jornal mural, do qual fará parte a entrevista que o grupo produzirá. Considerando esse suporte, pensem no perfil dos leitores – lembrando que podem ser jovens como vocês e adultos – e empreguem uma linguagem adequada ao gênero e a esse público.
- Procurem conhecer a pessoa que será entrevistada e o assunto que será o foco da entrevista.
- Façam um roteiro de perguntas. Se o escolhido para ser entrevistado for um profissional, vocês podem perguntar, por exemplo, que pessoas ou fatos tiveram influência na escolha profissional dele; qual foi o processo de escolha da profissão; que fator teve mais influência na escolha, etc.
- Façam perguntas curtas e objetivas. Procurem prever possíveis respostas e preparem novas perguntas.
- Ao entrevistar, não confiem na memória: levem um gravador. Apresentem uma pergunta de cada vez e saibam ouvir. Fiquem atentos às respostas, pois vocês podem aproveitar um comentário do entrevistado e improvisar uma pergunta que resulte numa resposta interessante.

Transcrevendo a entrevista

- Com a gravação em mãos, transcrevam a entrevista, passando-a para o papel.
- Escolham uma frase significativa do entrevistado para servir de título ou criem um título com base no assunto tratado.
- Escrevam uma introdução, apresentando o entrevistado e o assunto da entrevista.
- Coloquem o nome do entrevistador (ou o nome do grupo ou do jornal) antes de cada pergunta e o nome do entrevistado antes das respostas. Ou, para diferenciar as perguntas das respostas, empreguem recursos gráficos.
- Reproduzam o diálogo mantendo a linguagem empregada pelo entrevistado, mas evitando as marcas da linguagem oral.

REVISÃO E REESCRITA

Antes de fazer a versão final da entrevista, releiam-na, observando se:
- ela veicula informações suficientes a respeito do assunto abordado;
- a sequência de perguntas e respostas flui com naturalidade;
- há título e texto de apresentação;
- o nome do entrevistador (ou do grupo ou do jornal) e o nome do entrevistado estão colocados, respectivamente, antes das perguntas e das respostas, ou se as falas de um e outro são diferenciadas por meio de recursos gráficos;
- a linguagem está adequada ao perfil dos leitores e ao gênero.

Façam as alterações necessárias e passem o texto para o suporte final, ou seja, o jornal mural.

LÍNGUA: USO E REFLEXÃO

Museu Salomon R. Guggenheim, Nova Iorque, EUA

CAPÍTULO 27

A criança-carburador (1919), de Francis Picabia.

O verbo e o advérbio

VERBO

CONSTRUINDO O CONCEITO

A foto ao lado é do fotógrafo francês Pierre Verger, que viveu na Bahia entre 1946 e 1996, ano de sua morte. Nela é retratado um dos temas pelos quais o fotógrafo mais se interessou em nosso país: a cultura popular.

(*O Brasil de Pierre Verger*. Rio de Janeiro: Fundação Pierre Verger, 2006. p. 40.)

1. A foto retrata uma cena de rua da década de 1950, época em que circulavam bondes. Observe a imagem.

    a) Qual é o destino do bonde?

    b) Quanto custava a passagem?

2. Observe o homem que está à frente do bonde, do lado de fora.

    a) Como ele está vestido?

    b) O que tem nas mãos?

    c) Pela expressão facial, como ele parece estar?

3. Observe o local, como está o dia e as vestimentas de outras pessoas do bonde.

    a) Deduza: Que evento da cultura popular brasileira está acontecendo?

    b) Levante hipóteses: Para onde essas pessoas estão indo ou de onde estão voltando?

    c) Você acha que esse evento envolvia muitas pessoas? Por quê?

    d) Em que momento do dia ocorre a cena?

4. Leia este comentário de Ordep Serra a respeito do travestimento carnavalesco:

    > Como regra, tem de ser mesmo acentuado o contraste entre a evidência da condição masculina do travestido e sua fantasia feminina. Um travestimento muito benfeito, capaz de iludir [...],

é coisa que o travestido carnavalesco típico evita. A maquiagem, os trejeitos de mulher, as roupas femininas são exagerados, mas também ficam visíveis traços másculos do portador, que resultam até salientados.

("Carnaval dos travestidos – Verger e as metamorfoses do carnaval". In: *O Brasil de Pierre Verger*, cit., p. 33.)

Observe a pessoa que está no detalhe da foto reproduzido acima e o homem que está à frente do bonde.

O comentário de Ordep Serra se aplica a essas pessoas da foto? Justifique sua resposta.

5. A cena retratada expressa movimento, ações. Indique, entre as ações a seguir, aquelas que estão relacionadas à cena.

    a) subir e descer   f) chorar
    b) falar   g) brincar
    c) rir   h) olhar
    d) segurar-se   i) ouvir
    e) ir

CONCEITUANDO

Ao responder às questões acima, você deve ter empregado palavras ou expressões como *ir, estar, custar, vestir, usar, calçar, rir, subir, descer*, etc. Essas palavras são **verbos**.

> **Verbos** são palavras que exprimem ação, estado, mudança de estado e fenômenos meteorológicos, sempre em relação a um determinado tempo.

Veja alguns exemplos de emprego de verbos:

> O bonde *ia* para Cascadura.   As pessoas *estavam* fantasiadas.   *Fazia* sol.
>   ação   estado   fenômeno meteorológico

Locução verbal

Observe a forma verbal destacada nesta frase:

> O bonde *está indo* para Cascadura.

Está indo é uma expressão formada por dois verbos – *está* (verbo *estar* no presente do indicativo) + *indo* (verbo *ir* no gerúndio) – com valor de um, pois equivale a *vai*.

Nas locuções verbais, conjuga-se apenas o verbo auxiliar, pois o verbo principal vem sempre numa das formas nominais: infinitivo, gerúndio ou particípio.

Os verbos auxiliares de uso mais frequente são *ter*, *haver*, *ser*, *estar* e *ir*.

Quando a locução verbal é constituída de formas dos verbos auxiliares *ter* e *haver* mais o particípio do verbo principal, temos um **tempo composto**. Veja este exemplo:

> Ele já *tinha saído* (ou *havia saído*) para o trabalho quando você me telefonou.

Nessa frase, a forma verbal destacada está no pretérito mais-que-perfeito composto e corresponde, na forma simples, ao pretérito mais-que-perfeito do indicativo:

> Ela já *saíra* para o trabalho quando você me telefonou.

Flexão dos verbos

Os verbos flexionam-se em número, pessoa, modo, tempo e voz.

Número e pessoa

As três pessoas do verbo são as mesmas do discurso, ou seja, aquelas que envolvem todo ato de comunicação, e podem estar no singular ou no plural. Observe as variações de pessoa e de número relativas ao presente do verbo *escrever*, por exemplo:

- *1ª pessoa* (quem fala): *Eu* escre*vo* bem./*Nós* escreve*mos* bem.
- *2ª pessoa* (com quem se fala): *Tu* escreve*s* bem./*Vós* escreve*is* bem.
- *3ª pessoa* (de quem ou de que se fala): *Ele*(*a*) escreve bem./*Eles*(*as*) escreve*m* bem.

Modo

- **Indicativo**: É o modo da certeza, o que expressa algo que seguramente acontece, aconteceu ou acontecerá:

> Eu *leio* todos os dias.

- **Subjuntivo**: É o modo da dúvida, o que expressa a incerteza, a possibilidade de algo vir a acontecer:

> Meus pais querem que eu *leia* todos os dias.

- **Imperativo**: É o modo geralmente empregado quando se tem a finalidade de exortar o interlocutor a cumprir a ação indica-

---

O gerúndio e o gerundismo

Você já ouviu falar em gerundismo? É o uso exagerado e inadequado do gerúndio. Compare estas frases:

> Enquanto você faz compras, vou estar jogando futebol.
> Vou estar verificando o que podemos fazer.

Observe que, na 1ª frase, a locução *vou estar* + gerúndio é adequada, uma vez que comunica a ideia de uma ação que ocorre no momento da outra. Na 2ª frase, entretanto, essa ideia não ocorre, pois a locução verbal *vou estar* + gerúndio se refere a um futuro em andamento. Nesse caso, portanto, deve-se empregar *vou verificar* ou *verificarei*.

Que modo usar nas orações subordinadas substantivas?

Emprega-se o indicativo geralmente nas orações que completam o sentido de verbos como *afirmar*, *compreender*, *comprovar*, *crer* (no sentido afirmativo), *dizer*, *pensar*, *ver*, *verificar*.

Emprega-se o subjuntivo depois de verbos ligados à ideia de ordem, proibição, pedido, súplica, condição e outros semelhantes, como *desejar*, *duvidar*, *implorar*, *lamentar*, *negar*, *ordenar*, *pedir*, *proibir*, *querer*, *suplicar*.

Veja os exemplos:

> *Afirmo* que ele *vem* à reunião de formatura.
> *Duvido* que ele *venha* à reunião de formatura.

da pelo verbo. É o modo da persuasão, da ordem, do pedido, do conselho, do convite:

> *Leia* todos os dias, nem que seja um pequeno texto!

Tempo

Leia estas frases:

> *Disse* adeus aos pais e *partiu* com a caravana.
> Este *é* aquele com quem *viverei* de agora em diante.

(*29º Anuário do Clube de Criação de São Paulo.* p. 238.)

: O modo imperativo é muito usado nas propagandas, uma vez que elas têm por objetivo influenciar o interlocutor, persuadi-lo ou mesmo fazer-lhe um apelo.

Observe que cada uma das formas verbais destacadas transmite uma noção temporal diferente. Na primeira frase, as formas verbais *disse* e *partiu* se referem a fatos que já aconteceram; na segunda, a forma verbal *é* se refere a algo que ocorre no momento em que se fala, enquanto a forma *viverei* se refere a um fato que ainda vai acontecer. Assim, os verbos *dizer* e *partir* estão no *pretérito*, também chamado de *passado* (*disse, partiu*), o verbo *ser* está no *presente* (*é*) e o verbo *viver*, no *futuro* (*viverei*).

Os verbos apresentam flexão de tempo nos modos indicativo e subjuntivo.

Flexões de tempo no modo indicativo

Os tempos do modo indicativo são:

- **presente**: expressa uma ação que está ocorrendo no momento em que se fala ou uma ação que se repete ou perdura:

> Nós *moramos* aqui.

- **pretérito**: subdivide-se em:
  - **pretérito perfeito**: transmite a ideia de uma ação concluída:

> Eu *joguei* bola ontem.

  - **pretérito imperfeito**: transmite a ideia de uma ação habitual ou contínua ou que vinha acontecendo, mas foi interrompida por outra:

> Ele sempre me *visitava* aos domingos. (ação contínua)
> Nós *fechávamos* a porta quando as visitas chegaram. (ação interrompida)

  - **pretérito mais-que-perfeito**: expressa a ideia de uma ação ocorrida no passado, mas anterior a outra ação, também passada:

> Quando ele saiu, eu já *fizera* minha lição.

- **futuro**: subdivide-se em:
  - **futuro do presente**: expressa a ideia de uma ação que ocorrerá num tempo futuro em relação ao tempo atual:

> Eu *irei* à praia amanhã.

  - **futuro do pretérito**: expressa a ideia de uma ação que ocorreria desde que certa condição tivesse sido atendida:

> Eu *iria* à praia, se estivesse em férias.

288

Flexões de tempo no modo subjuntivo

Os tempos do modo subjuntivo são:

- **presente**: indica um fato incerto no presente ou um desejo, sendo empregado normalmente depois de expressões como *convém que, é necessário que, é possível que, tomara que, talvez*:

  > Talvez eu *faça* um curso de inglês este ano.

- **pretérito imperfeito**: indica um fato incerto ou improvável ou um fato que poderia ter ocorrido mediante certa condição:

  > Se ele *pensasse* no futuro, estudaria mais.

- **futuro**: expressa a ideia de um acontecimento possível no futuro:

  > Quando ele *chegar*, nós iniciaremos a reunião.

(Ziraldo. *O menino Maluquinho em quadrinhos.* Porto Alegre: L&PM, 1991.)

Voz

A voz do verbo indica o tipo de relação que o sujeito mantém com o verbo. São três as vozes verbais:

- **ativa**: o sujeito pratica a ação verbal e, por isso, é um sujeito agente:

  > A imobiliária do meu tio *alugou* todas as casas velhas da vila.
  > sujeito agente — ação verbal

- **passiva**: o sujeito sofre a ação expressa pelo verbo e, por isso, é um sujeito paciente. Há dois tipos de passiva:

  – **analítica**: formada pelo verbo *ser* ou *estar* mais o particípio do verbo principal:

  > Todas as casas velhas da vila *foram alugadas* pela imobiliária do meu tio.
  > sujeito paciente — verbo ser + particípio

  – **sintética**: formada pelo acréscimo do pronome apassivador, normalmente em frases nas quais o verbo precede o sujeito paciente:

  > Alugaram-*se* todas as casas velhas da vila.
  > pronome apassivador — sujeito paciente

- **reflexiva**: o sujeito pratica e recebe a ação verbal:

  > O garoto feriu-*se* com o estilete.
  > sujeito agente e paciente — pronome reflexivo

EXERCÍCIOS

Leia a anedota a seguir e responda às questões 1 e 2.

> Dois camaradas se <u>encontram</u> quando estão passeando com seus cachorros na rua. Um deles, muito convencido, diz:
> — O meu cachorro <u>consegue</u> ler!
> O outro, mais convencido ainda:
> — Eu já <u>sabia</u>. O meu me <u>contou</u>!
>
> (Amir Mattos, org. *Brincadeiras, pegadinhas e piadas da Internet.* Belo Horizonte: Leitura, 2001. p. 12.)

1. Reconheça o tempo em que estão as formas verbais sublinhadas na anedota.

2. Identifique a locução verbal que aparece na anedota e substitua-a por uma forma verbal simples de sentido equivalente.

3. Complete as frases, empregando no futuro do pretérito os verbos indicados:

a) Se ela trouxesse as chaves, nós ☐ entrar no salão. (poder)
b) Se eles deixassem, vocês ☐ as cartas. (escrever)
c) Eu ☐ o convite, se pudesse. (aceitar)
d) Se nós disséssemos isso, certamente eles se ☐. (ofender)

Formas nominais do verbo

Leia este texto:

> ### Atrás do espesso véu
>
> Disse adeus aos pais e, montada no camelo, partiu com a longa caravana na qual seguiam seus bens e as grandes arcas do dote. Atravessaram desertos, atravessaram montanhas. Chegando afinal à terra do futuro esposo, eis que ele saiu de casa e veio andando ao seu encontro. "Este é aquele com quem viverás para sempre", disse o chefe da caravana à mulher. Então ela pegou a ponta do espesso véu que trazia enrolado na cabeça e com ele cobriu o rosto, sem que nem se vissem os olhos. Assim permaneceria dali em diante. Para que jamais soubesse o que havia escolhido, aquele que a escolhera sem conhecê-la.
>
> (Marina Colasanti. *Contos de amor rasgados.* Rio de Janeiro: Rocco, 1986. p. 47.)

Observe que, no texto, entre outras, aparecem três formas verbais:

"e veio *andando* ao seu encontro"   "o que havia *escolhido*"   "sem *conhecê*-la"

As formas verbais destacadas acima chamam-se, respectivamente, **gerúndio**, **particípio** e **infinitivo** e constituem as **formas nominais** dos verbos, pois podem desempenhar também a função de um nome. Veja:

Estou lhe devolvendo os livros *emprestados*. → Estou lhe devolvendo os livros que me *emprestou*.
  |
forma nominal
correspondente a adjetivo   verbo

As formas nominais do verbo derivam do tema (radical + vogal temática) acrescido das desinências:

- **-r**: para o *infinitivo*: atravess*ar*, conhec*er*, part*ir*
- **-do**: para o *particípio*: atravessa*do*, permaneci*do*, escolhi*do*
- **-ndo**: para o *gerúndio*: anda*ndo*, permanece*ndo*, parti*ndo*

As formas nominais não podem exprimir por si nem o tempo nem o modo. Seu valor de modo e tempo depende do contexto em que aparecem.

O **infinitivo** apresenta o processo verbal em potência, exprimindo a ação verbal propriamente dita; aproxima-se, desse modo, do substantivo. Veja:

> *Ler* é um prazer.

O **gerúndio** transmite a ideia de que a ação verbal está em curso; desempenha, assim, as funções exercidas pelo advérbio e pelo adjetivo. Observe:

> "*Chegando* afinal à terra do futuro esposo, eis que ele saiu de casa e veio *andando* ao seu encontro."

O **particípio** transmite a ideia de que o processo da ação verbal chegou ao fim; pode desempenhar a função de um adjetivo e, nesse caso, concorda em gênero e número com o substantivo a que se refere. Veja:

> A jovem não escolhera, fora *escolhida*.

EXERCÍCIOS

Leia esta tira, de Fernando Gonsales:

(*Níquel Náusea – Minha mulher é uma galinha*. São Paulo: Devir, 2008. p. 14.)

1. Em que tempo e modo se encontram as formas verbais do 1º quadrinho?

2. Na frase do 2º quadrinho, temos:
a) formas verbais no infinitivo e no gerúndio, respectivamente.
b) formas verbais no infinitivo e no particípio, respectivamente.
c) formas verbais no particípio e no gerúndio, respectivamente.
d) formas verbais no gerúndio e no infinitivo, respectivamente.

3. Em cada fala do 4º quadrinho, há uma forma verbal omitida, identificável pelo contexto. Qual é ela? Em que tempo e modo ela está?

4. Como é característico das tiras, o último quadrinho surpreende o leitor. Qual é o elemento responsável por essa surpresa e por que ele provoca humor?

Classificação dos verbos

Os verbos classificam-se, quanto à flexão, em *regulares*, *irregulares*, *anômalos*, *defectivos* e *abundantes*; e, quanto à função, em *auxiliares* e *principais*.

Verbos regulares e irregulares

Leia a tira abaixo.

(Adão Iturrusgarai. *Kiki, a primeira vez*. São Paulo: Devir, 2002. p. 14.)

No 1º balão da tira, aparece com destaque o verbo *tatuar* (1ª conjugação). Se conjugarmos esse verbo no presente, no imperfeito e no futuro do indicativo, observaremos que ele não apresenta alterações no radical e que as desinências variam de acordo com um modelo. O verbo *tatuar* e todos os outros que ao serem conjugados não sofrem alteração no radical e cujas desinências variam de acordo com um modelo são chamados de **regulares**. Veja:

| eu tatu*o* | eu tatua*va* | eu tatua*rei* |

No 2º balão da tira, aparece a forma *faça*, do verbo *fazer* (2ª conjugação). Ao conjugar esse verbo na mesma pessoa e nos tempos verbais que conjugamos o verbo *tatuar*, veremos que ele sofre alterações no radical. O verbo *fazer* e muitos outros que sofrem alteração no radical ou se afastam do modelo de conjugação ao qual pertencem, como *dar*, *estar* e *ter*, são chamados de **irregulares**. Compare, por exemplo, o verbo *arrepender-se*, que é regular, com o verbo *fazer*, que é irregular:

> **Os morfemas dos verbos**
>
> • **Radical:** contém a significação básica da palavra; normalmente ele se repete em todos os modos e tempos, sem sofrer modificações. No verbo *atravessar*, por exemplo, o radical é *atravess-*.
>
> • **Vogal temática:** é a vogal que se segue ao radical dos verbos e indica a conjugação a que eles pertencem: *-a* indica a 1ª conjugação: am*a*r; *-e* indica a 2ª conjugação: beb*e*r; *-i* indica a 3ª conjugação: part*i*r.
>
> • **Tema:** é o radical somado à vogal temática: atravess + a = *atravessa*.
>
> • **Desinências:** são morfemas que indicam a pessoa do discurso (1ª, 2ª ou 3ª), o número (singular ou plural), o tempo e o modo do verbo: atravessa + *re* + *mos*.

| eu me arrepend*o* | eu me arrepend*ia* | eu me arrepend*erei* |
| eu fa*ço* | eu faz*ia* | eu fa*rei* |

O mesmo se dá com outros verbos, como *caber* (caibo, coube), *poder* (podemos, puder), *ter* (tenha, tivesse), *dizer* (diga, disseram), *haver* (hei, houve), *ir* (fui, vamos), *vir* (vim, veio, viesse), *ver* (vejo, visse, vir), etc.

Para saber se um verbo é regular ou irregular, basta conjugá-lo no presente ou no pretérito perfeito do indicativo. Se esses dois tempos seguirem o modelo dos verbos regulares, os outros tempos também seguirão. Se não, é sinal de que são irregulares.

Verbos anômalos, defectivos e abundantes

Anômalos são os verbos que, ao serem conjugados, apresentam no radical alterações mais profundas que as sofridas pelos verbos irregulares. Veja:

- *ser*: presente do indicativo: sou, és, é, somos, sois, são
  pretérito perfeito do indicativo: fui, foste, foi, fomos, fostes, foram
  pretérito imperfeito do indicativo: era, eras, era, etc.

- *ir*: presente do indicativo: vou, vais, vai, vamos, ides, vão
  pretérito perfeito do indicativo: fui, foste, foi, fomos, etc.
  pretérito imperfeito do indicativo: ia, ias, ia, íamos, etc.

Defectivos são os verbos que, ao serem conjugados, não apresentam todos os tempos, modos ou pessoas. Na maioria dos casos, a defectividade verbal é devida à eufonia ou à significação. O verbo *abolir*, por exemplo, não é conjugado na 1ª pessoa do singular do presente do indicativo porque, por tradição, soa mal.

Os verbos *reaver* e *precaver(-se)* só têm, no presente do indicativo, a 1ª e 2ª pessoas do plural – *nós reavemos, vós reaveis, nós precavemos, vós precaveis*. Quando necessário, suprimos a ausência das outras pessoas empregando um sinônimo – eu *recupero* (para *reaver*) – ou uma forma equivalente – eu *consigo reaver*.

Esses verbos apresentam o imperativo afirmativo: *reavei* vós, *precavei* vós; faltam-lhes, entretanto, o imperativo negativo e o presente do subjuntivo. Nos demais tempos verbais, conjugam-se normalmente: *reouve, reaverei, reouvesse,* etc.

Abundantes são verbos que apresentam duas ou mais formas equivalentes: *havemos* e *hemos*; *entopem* e *entupem*; *matado* e *morto*.

ÁGUIAS CROCITAM, ANUNS PIAM,
ARARAS CHALRAM, ANDORINHAS CHILREIAM,
ARIRANHAS REGOUGAM, EMAS SUSPIRAM,
GAFANHOTOS CHICHIAM, GAVIÕES GUINCHAM,
BÚFALOS BRAMAM, CAMELOS BLATERAM,
CACHORROS LATEM, CEGONHAS GLOTERAM,
LOBOS ULULAM, CISNES ARENSAM,
CUCOS CUCULAM, ELEFANTES BARREM,
CORDEIROS BERREGAM, DONINHAS CHIAM,
GRILOS ESTRIDULAM, JURITIS TURTURINAM,
PAPAGAIOS PALREIAM, PAVÕES PUPILAM,
VACAS MUGEM, PATOS GRACITAM,
PERNILONGOS ZUNZUNAM, PACAS ASSOBIAM,
ONÇAS ESTURRAM, AZULÕES CANTAM,
PASSARINHOS GORJEIAM, GATOS MIAM,
SERES HUMANOS FALAM
E
EMPRESAS ANUNCIAM, PORQUE ESSA
É A NATUREZA DE CADA UM.

EMPRESAS SÃO ESPÉCIES IMPORTANTES DEMAIS PARA SE DEIXAR EXTINGUIR POR FALTA DE COMUNICAÇÃO

: Observe, nesse anúncio, o emprego de vários verbos que designam vozes de animais – *crocitar, chalrar, chilrear...* Esses verbos são defectivos, pois só são conjugados na 3ª pessoa, em virtude de sua significação.

(*O Globo*, 1º/3/2004.)

Normalmente, a abundância ocorre no *particípio*: um regular, terminado em *-ado* (1ª conjugação) ou *-ido* (2ª e 3ª conjugações), e outro irregular, proveniente do latim ou de nome que passou a ter aplicação como verbo. Eis uma relação dos particípios regulares e irregulares mais comuns:

INFINITIVO	PARTICÍPIO REGULAR	PARTICÍPIO IRREGULAR
aceitar	aceitado	aceito, aceite
acender	acendido	aceso
benzer	benzido	bento
eleger	elegido	eleito
entregar	entregado	entregue
enxugar	enxugado	enxuto
expressar	expressado	expresso
expulsar	expulsado	expulso
extinguir	extinguido	extinto
frigir	frigido	frito
ganhar	ganhado	ganho
isentar	isentado	isento
imprimir	imprimido	impresso
incorrer	incorrido	incurso
matar	matado	morto
omitir	omitido	omisso
romper	rompido	roto
salvar	salvado	salvo
soltar	soltado	solto
submergir	submergido	submerso
suspender	suspendido	suspenso
tingir	tingido	tinto
vagar	vagado	vago

Os particípios regulares geralmente são empregados na construção dos tempos compostos da voz ativa e, portanto, acompanham os verbos auxiliares *ter* e *haver*. Os particípios irregulares acompanham *ser* e *estar*. Veja os exemplos:

> A direção *tinha suspendido* as aulas por falta de energia.
> As aulas *foram suspensas* por falta de energia.

Conjugações

Conjugar um verbo é flexioná-lo em alguns de seus modos, tempos, pessoas, números e vozes. O conjunto de todas essas flexões, de acordo com determinada ordem, chama-se **conjugação**. Todos os verbos da língua portuguesa pertencem a três conjugações, caracterizadas pela vogal temática:

- *1ª conjugação:* os verbos que têm a vogal temática *-a*: pens *a* r;
- *2ª conjugação:* os verbos que têm a vogal temática *-e*: entend *e* r;
- *3ª conjugação:* os verbos que têm a vogal temática *-i*: reflet *i* r.

Como a vogal temática aparece com mais clareza no infinitivo, costuma-se geralmente indicar pela terminação dessa forma verbal (vogal temática + desinência *-r*) a conjugação a que um dado verbo pertence. Assim, os verbos terminados em *-ar* no infinitivo pertencem à 1ª conjugação; os terminados em *-er*, à 2ª; os terminados em *-ir*, à 3ª.

O verbo *pôr*, do mesmo modo que seus derivados, como *repor*, *supor*, *compor*, *apor*, *antepor*, etc., pertence à 2ª conjugação, pois historicamente perdeu a vogal temática *-e*. Observe a evolução da forma latina de *pôr* para a forma atual: ponere > poer > pôr.

294

EXERCÍCIOS

Leia o texto a seguir e responda às questões de 1 a 3.

Todo mundo falando

Se somos parentes tão próximos dos chimpanzés, por que apenas os humanos conseguem falar? Cientistas da David Geffen School of Medicine, da California University, se aproximaram da resposta ao descobrir diferenças significativas nas versões humana e primata de um gene conhecido como FOXP2, relacionado com a fala. O trabalho pode resultar em drogas para tratar melhor de distúrbios humanos que afetam a fala, como o autismo.

(*Conhecer*, out. 2010, p. 15.)

1. Identifique a pessoa, o número, o tempo e o modo em que estão os verbos destacados nestas frases do texto:
   a) "Se *somos* parentes tão próximos dos chimpanzés"
   b) "Cientistas [...] se *aproximaram* da resposta"

2. Identifique as locuções verbais empregadas no texto.

3. No enunciado "O trabalho *pode resultar* em drogas para tratar melhor de distúrbios humanos que afetam a fala, como o autismo", o que a locução verbal destacada expressa?
   a) A ideia de certeza a respeito dos resultados da pesquisa.
   b) A ideia de incerteza quanto aos resultados da pesquisa.
   c) A ideia de possibilidade de tratamentos por meio dos resultados da pesquisa.
   d) A ideia de desconfiança quanto aos resultados da pesquisa.

Formação dos tempos verbais simples

Em português, há dois tempos primitivos – o presente do indicativo e o pretérito perfeito do indicativo – e uma forma nominal – o infinitivo impessoal – dos quais derivam todos os tempos e formas nominais.

Tempos derivados do presente do indicativo

Do *presente do indicativo* deriva o *presente do subjuntivo*.
- *1ª conjugação*: troca-se a vogal final do presente do indicativo por -*e*.
- *2ª e 3ª conjugações*: troca-se a vogal final da 1ª pessoa do presente do indicativo por -*a*.

Veja:

| 1ª CONJUGAÇÃO || 2ª CONJUGAÇÃO || 3ª CONJUGAÇÃO ||
Presente do indicativo	PRESENTE DO SUBJUNTIVO	Presente do indicativo	PRESENTE DO SUBJUNTIVO	Presente do indicativo	PRESENTE DO SUBJUNTIVO
penso	pense	vendo	venda	parto	parta
pensas	penses	vendes	vendas	partes	partas
pensa	pense	vende	venda	parte	parta
pensamos	pensemos	vendemos	vendamos	partimos	partamos
pensais	penseis	vendeis	vendais	partis	partais
pensam	pensem	vendem	vendam	partem	partam

LÍNGUA: USO E REFLEXÃO

295

Constituem exceções os verbos *haver*, *ir*, *ser*, *estar*, *querer* e *saber*, que no presente do indicativo e no presente do subjuntivo se conjugam assim:

- **haver**: hei, hás, há, havemos, haveis, hão / haja, hajas, haja, hajamos, hajais, hajam
- **ir**: vou, vais, vai, vamos, ides, vão / vá, vás, vá, vamos, vades, vão
- **ser**: sou, és, é, somos, sois, são / seja, sejas, seja, sejamos, sejais, sejam
- **estar**: estou, estás, está, estamos, estais, estão / esteja, estejas, esteja, estejamos, estejais, estejam
- **querer**: quero, queres, quer, queremos, quereis, querem / queira, queiras, queira, queiramos, queirais, queiram
- **saber**: sei, sabes, sabe, sabemos, sabeis, sabem / saiba, saibas, saiba, saibamos, saibais, saibam

Do *presente do indicativo* e do *presente do subjuntivo* originam-se o *imperativo afirmativo* e o *negativo*. Veja, como exemplo, a formação do imperativo do verbo *dizer*, observando que:
- no *imperativo* não existe a 1ª pessoa do singular;
- no *imperativo afirmativo* as formas da 2ª pessoa (do singular e do plural) originam-se do presente do indicativo sem *-s*; as demais são as mesmas do *presente do subjuntivo*;
- no *imperativo negativo* as formas de todas as pessoas coincidem com as do *presente do subjuntivo*.

Presente do indicativo	IMPERATIVO AFIRMATIVO	Presente do subjuntivo	IMPERATIVO NEGATIVO
eu digo	——	eu diga	——
tu dizes →	dize tu	tu digas →	não digas tu
ele diz	diga você ←	ele diga →	não diga você
nós dizemos	digamos nós ←	nós digamos →	não digamos nós
vós dizeis →	dizei vós	vós digais →	não digais vós
eles dizem	digam vocês ←	eles digam →	não digam vocês

O verbo *ser*, nas formas da 2ª pessoa (*tu* e *vós*) do imperativo, apresenta exceções: *sê* (tu), *sede* (vós). As demais pessoas formam-se do mesmo modo que os outros verbos.

(*Folha de S. Paulo*, 29/8/2007.)

: A princesa trata o seu interlocutor, o príncipe-sapo, na 2ª pessoa do plural; daí o emprego do imperativo negativo *não brinqueis* no último quadrinho.

Tempos derivados do pretérito perfeito do indicativo

Do tema do *pretérito perfeito do indicativo* derivam:

- o *pretérito mais-que-perfeito do indicativo*, juntando-se ao tema as desinências *-ra*, *-ras*, *-ra*, *-ramos*, *-reis*, *-ram*;
- o *pretérito imperfeito do subjuntivo*, juntando-se ao tema as desinências *-sse*, *-sses*, *-sse*, *-ssemos*, *-sseis*, *-ssem*;
- o *futuro do subjuntivo*, acrescentando-se ao tema as desinências *-r*, *-res*, *-r*, *-rmos*, *-rdes*, *-rem*.

Como modelo, observe a formação destes tempos do verbo *fazer*:

Pretérito perfeito do indicativo	PRETÉRITO MAIS-QUE-PERFEITO DO INDICATIVO	PRETÉRITO IMPERFEITO DO SUBJUNTIVO	FUTURO DO SUBJUNTIVO
fiz	fizera	fizesse	fizer
fizeste	fizeras	fizesses	fizeres
fez	fizera	fizesse	fizer
fizemos	fizéramos	fizéssemos	fizermos
fizestes	fizéreis	fizésseis	fizerdes
fizeram	fizeram	fizessem	fizerem

Tempos derivados do infinitivo impessoal

Do *infinitivo impessoal* derivam:

- o *futuro do presente do indicativo*, juntando-se ao tema as desinências *-rei, -rás, -rá, -remos, -reis, -rão*;
- o *futuro do pretérito do indicativo*, juntando-se ao tema as desinências *-ria, -rias, -ria, -ríamos, -ríeis, -riam*;
- o *infinitivo pessoal*, juntando-se ao tema as desinências *-es* (2ª p. do sing.) e *-mos, -des, -em* (respectivamente 1ª, 2ª e 3ª p. do plural), em todas as conjugações;
- o *pretérito imperfeito do indicativo*, juntando-se, na 1ª conjugação, as desinências *-va, -vas, -va, -vamos, -veis, -vam*; e, na 2ª e na 3ª conjugações, *-ia, -ias, -ia, -íamos, -íeis, -iam*.

Como modelo, observe a formação do futuro do presente, do futuro do pretérito do indicativo e do infinitivo pessoal do verbo *estudar*.

Infinitivo impessoal	FUTURO DO PRESENTE DO INDICATIVO	FUTURO DO PRETÉRITO DO INDICATIVO	INFINITIVO PESSOAL
estudar	estudarei	estudaria	estudar
	estudarás	estudarias	estudares
	estudará	estudaria	estudar
	estudaremos	estudaríamos	estudarmos
	estudareis	estudaríeis	estudardes
	estudarão	estudariam	estudarem

Como modelo, observe a formação do pretérito imperfeito do indicativo nas três conjugações:

Infinitivo impessoal			PRETÉRITO IMPERFEITO DO INDICATIVO		
1ª conj.	2ª conj.	3ª conj.	1ª conj.	2ª conj.	3ª conj.
lavar	perceber	abrir	lavava	percebia	abria
			lavavas	percebias	abrias
			lavava	percebia	abria
			lavávamos	percebíamos	abríamos
			laváveis	percebíeis	abríeis
			lavavam	percebiam	abriam

Os verbos *dizer*, *fazer*, *trazer* e derivados perdem o *-ze* no futuro do presente e no futuro do pretérito: direi, diria; farei, faria; trarei, traria.

Os verbos *ser*, *ter*, *vir* e *pôr* tomam, no pretérito imperfeito do indicativo, respectivamente, estas formas: era, eras...; tinha, tinhas...; vinha, vinhas...; punha, punhas...

Formação dos tempos verbais compostos

Modo indicativo

- *Pretérito perfeito composto:* formado pelo presente do indicativo do verbo auxiliar *ter* + o particípio do verbo principal: tenho cantado, tens cantado, tem cantado, temos cantado, tendes cantado, têm cantado.
- *Pretérito mais-que-perfeito composto:* formado pelo imperfeito do indicativo do verbo auxiliar *ter* (ou *haver*) + o particípio do verbo principal: tinha cantado, tinhas cantado, tinha cantado, etc.
- *Futuro do presente composto:* formado pelo futuro do presente simples do verbo auxiliar *ter* (ou *haver*) + o particípio do verbo principal: terei cantado, terás cantado, terá cantado, etc.
- *Futuro do pretérito composto:* formado pelo futuro do pretérito simples do verbo auxiliar *ter* (ou *haver*) + o particípio do verbo principal: teria cantado, terias cantado, teria cantado, etc.

Modo subjuntivo

- *Pretérito perfeito composto:* formado pelo presente do subjuntivo do verbo auxiliar *ter* (ou *haver*) + o particípio do verbo principal: tenha cantado, tenhas cantado, tenha cantado, etc.
- *Pretérito mais-que-perfeito composto:* formado pelo imperfeito do subjuntivo do verbo auxiliar *ter* (ou *haver*) + o particípio do verbo principal: tivesse cantado, tivesses cantado, tivesse cantado, etc.
- *Futuro composto:* formado pelo futuro do subjuntivo do verbo auxiliar *ter* (ou *haver*) + o particípio do verbo principal: tiver cantado, tiveres cantado, tiver cantado, etc.

Formas nominais

- *Infinitivo impessoal composto:* formado pelo infinitivo impessoal do verbo *ter* (ou *haver*) + o particípio do verbo principal: ter cantado.
- *Infinitivo pessoal composto:* formado pelo infinitivo pessoal do verbo *ter* (ou *haver*) + o particípio do verbo principal: ter cantado, teres cantado, ter cantado, termos cantado, terdes cantado, terem cantado.
- *Gerúndio composto:* formado pelo gerúndio do verbo auxiliar *ter* (ou *haver*) + o particípio do verbo principal: tendo cantado.

EXERCÍCIOS

Leia o poema a seguir, de Mário Quintana, e responda às questões de 1 a 3.

Quem ama inventa

Quem ama inventa as coisas que ama...
Talvez chegaste quando eu te sonhava.
Então de súbito acendeu-se a chama!
Era a brasa dormida que acordava...
E era um revoo sobre a ruinaria,
No ar atônito bimbalhavam sinos,
Tangidos por uns anjos peregrinos
Cujo dom é fazer ressurreições...

Um ritmo divino? Oh! Simplesmente
O palpitar de nossos corações
Batendo juntos e festivamente,
Ou sozinhos, num ritmo tristonho...
Oh! meu pobre, meu grande amor distante,
Nem sabes tu o bem que faz à gente
Haver sonhado... e ter vivido o sonho!

(*A cor do invisível.* São Paulo: Global, 2005. p. 58.)

1. Numere os versos do poema e observe o tempo, o modo e a pessoa em que estão os verbos, em especial os que aparecem nos versos 2 e 14.

   a) A quem se dirige o eu lírico?
   b) Em que pessoa verbal o eu lírico trata seu interlocutor?
   c) O eu lírico mantém coerência nesse tratamento que dá ao seu interlocutor? Por quê?

2. As formas verbais *chegaste* e *sabes* estão, respectivamente:

   a) no pretérito perfeito do indicativo e no imperativo negativo.
   b) no pretérito imperfeito do indicativo e no presente do indicativo.
   c) no pretérito perfeito do indicativo e no presente do indicativo.
   d) no pretérito mais-que-perfeito do indicativo e no imperativo negativo.

3. Dê uma interpretação para o título do poema.

4. Reescreva as frases, empregando adequadamente no imperativo os verbos indicados:

   a) Não ☐ tuas obrigações e ☐ um bom aluno. (esquecer, ser)
   b) ☐ suas promessas, não ☐ demagogo. (cumprir, ser)
   c) ☐, mas não se ☐ lá mais que meia hora. (ir, demorar)
   d) ☐-me seu lápis, Augusto. (emprestar)
   e) ☐ o que eu tenho a dizer: ☐ à risca as instruções. (ouvir, seguir)

ADVÉRBIO

CONSTRUINDO O CONCEITO

Observe este quadro, de Georges de La Tour:

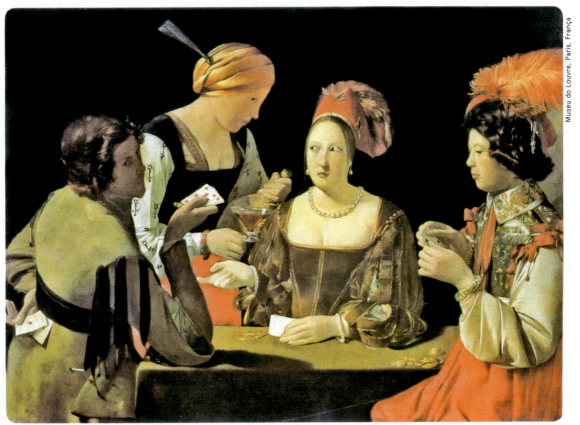

O trapaceiro com ás de ouros (1635-40), de Georges de La Tour.

1. Na cena retratada no quadro não há luz artificial. Portanto, é dia ou noite?

2. Três pessoas jogam cartas a dinheiro.
   a) Como e onde estão os jogadores de carta?
   b) Quem é provavelmente a mulher que está em pé?
   c) Como é o olhar das duas mulheres?

3. Observe o título do quadro e a atitude das pessoas retratadas.
   a) De que modo o jogador trapaceia?
   - com medo
   - com astúcia
   - com desespero
   - com desprezo
   b) O trapaceiro vai conseguir enganar os outros jogadores? Por quê?

4. Na sua opinião, qual será o desfecho desse jogo?

5. Transpondo a linguagem visual para a verbal, complete o texto ao lado, de acordo com as indicações entre parênteses e com os elementos do quadro observados anteriormente.

Três pessoas estão sentadas ☐ (lugar) e jogam cartas. O jogador sentado ☐ (lugar) está trapaceando, pois pega, ☐ (modo), duas cartas que estão escondidas ☐ (lugar). Ele, entretanto, ☐ (negação) está conseguindo enganar seus parceiros de jogo, pois a criada provavelmente viu sua trapaça quando passou ☐ (lugar) dele para servir o vinho e troca olhares com a mulher, avisando-a. A mulher ☐ (dúvida) o desmascare.

O trapaceiro com ás de ouros (detalhe), Georges de La Tour/ Museu do Louvre, Paris, França

CONCEITUANDO

As palavras que se referem principalmente ao verbo, dando ideia de lugar, tempo, modo, causa, etc., são chamadas de **advérbios**.

> **Advérbio** é a palavra que indica as circunstâncias em que se dá a ação verbal.

O conjunto de duas ou mais palavras que têm valor de advérbio denomina-se **locução adverbial**:

> O jogador pega cartas escondidas *com astúcia*.

O advérbio modifica apenas o verbo?

Etimologicamente, *advérbio* (*ad*, "junto de" + verbo) significa "termo que acompanha o verbo". Apesar disso, os advérbios de intensidade podem acompanhar, além de verbos, substantivos, adjetivos e advérbios. Veja:

> *Quase* médico, já consulta com eficiência.
>   adv.   subst.
> O menino tem olhos *muito* claros, expressivos.
>   adv.   adj.
> A vida lhe corre *muito* bem.
>   adv. adv.

Alguns advérbios podem, ainda, se referir a uma oração inteira:

> *Felizmente*, tudo se resolveu.
>   adv.   oração

300

Valores semânticos dos advérbios e das locuções adverbiais

Os advérbios e as locuções adverbiais são classificados de acordo com seu valor semântico, isto é, com o sentido que apresentam ou a circunstância que indicam.

Alguns dos valores semânticos dos advérbios e das locuções adverbiais são estes:

• **tempo**: *ontem, hoje, agora, antes, depois*: "O que aconteceu? Você chegou *cedo*!".

• **modo**: *bem, mal, assim, depressa* e quase todos os advérbios terminados em *-mente*, como, por exemplo, *felizmente, suavemente*: "Saiu *repentinamente* da reunião e não se justificou".

• **lugar**: *aqui, ali, lá, abaixo, acima, longe, fora, dentro*: "Meus tios moraram *perto* de nós durante muitos anos".

• **dúvida**: *possivelmente, porventura, quiçá*: "*Talvez* chegue a tempo para assistir ao casamento".

• **afirmação**: *decerto, certamente, realmente, efetivamente*: "*Sim*, senhor, eu vi tudo".

• **negação**: *não, nem, nunca, tampouco*: "Ela *não* está bem de saúde hoje".

Além de ter esses valores semânticos, as locuções adverbiais podem indicar outras circunstâncias, como: assunto, companhia, fim, etc. Veja alguns exemplos:

O conferencista falou *sobre literatura*. (assunto)
Foi ao teatro *com os amigos*. (companhia)
Foi, *apesar da proibição*. (concessão)
Só sairá da escola *com autorização*. (condição)
Fez o edifício *conforme o projeto*. (conformidade)
Preparou-se com afinco *para os exames*. (fim)
Redigiu o texto final *com uma caneta-tinteiro*. (instrumento)

Função sintática do advérbio

O *advérbio* e a *locução adverbial* desempenham na oração a função de adjunto adverbial, classificando-se de acordo com as circunstâncias que acrescentam ao verbo, ao adjetivo e ao advérbio:

Meio tonta, deixou-se cair na cama.
adj. adv. de
intensidade

EXERCÍCIOS

1. O poema a seguir, de Arnaldo Antunes, é construído quase inteiramente com advérbios e locuções adverbiais. Leia-o.

Em cima de cima assim e acima sobre
do alto e de alto a baixo *debaixo* ao lado
atrás e de lado a lado detrás e sob *acolá*
e além de *ali* depois pelo centro entre
de fora dentro *na frente* e *já* de agora em frente e *daqui defronte* através
e rente no fundo no fundo no fundo
em pé *de repente perto* envolvido em
torno envolvendo em volta e de volta já e também no meio na mosca no
alvo na hora fora daqui mas a pou-

cos pés *pouco a pouco* aos pés através
atrás de viés e em e ainda *mais* e ainda
agora e a cada vez de uma vez ainda no fundo no fundo no fundo ante e
antes de então e então durante e enquanto aqui *por enquanto adiante* avante
acerca e portanto ao largo ao redor e lá
e *nos arredores* nos cantos cá de passagem logo tangente longe distante e
onde no mundo *no mundo* no mundo

(*Melhores poemas.* Seleção de Noemi Jaffe. São Paulo: Global, 2010. p. 95.)

a) Classifique os advérbios e as locuções adverbiais em destaque no texto, de acordo com os valores semânticos que exprimem no contexto.

b) Troque ideias com os colegas: Considerando-se que advérbios e locuções adverbiais geralmente exprimem circunstâncias relativas a ações expressas por verbos e que o poema termina com "no mundo no mundo no mundo", que interpretação pode ser dada ao poema?

Flexão do advérbio

Os advérbios são palavras invariáveis em gênero e número. Observe:

> Há *menos* pessoas naquela fila.
> Eles moram *longe* da escola.

Entretanto, podem sofrer variação de grau, apresentando-se nos graus *comparativo* e *superlativo*. Esses graus são formados por processos análogos aos da flexão de grau dos adjetivos.

Comparativo
- de superioridade: Falou *mais* baixo *que* (ou *do que*) o pai.
- de igualdade: Falou *tão* baixo *quanto* (ou *como*) o pai.
- de inferioridade: Falou *menos* baixo *que* (ou *do que*) o pai.

Superlativo
- sintético: Falou *baixíssimo* (*altíssimo*, *dificílimo*, etc.).
- analítico: Falou *muito* baixo (*extremamente* baixo, *consideravelmente* alto, *muito* difícil, etc.).

Melhor, pior / mais bem, mais mal

Melhor e *pior* são comparativos de *bem* e *mal* (como também dos adjetivos *bom* e *mau*), respectivamente, sendo, portanto, invariáveis. Observe:

> Ninguém conhece *melhor* seus interesses do que eu.

As formas *mais bem* e *mais mal* podem ser empregadas, desde que junto de adjetivos representados por particípios. Veja este exemplo:

> Os contribuintes estavam *mais bem* informados do que há um ano.

O VERBO NA CONSTRUÇÃO DO TEXTO

Leia, ao lado, um anúncio que divulga um jornal de TV.

1. Releia o enunciado principal do anúncio:

> "Entenda o que os políticos *querem dizer* quando *dizem* que *não disseram* aquilo que *haviam dito*."

Associe as colunas, relacionando as formas verbais destacadas no enunciado ao sentido que pode ser atribuído a cada uma:

a) querem dizer   1. a fala dos políticos
b) dizem   2. a verdadeira intenção dos políticos
c) não disseram   3. as falsas promessas dos políticos
d) haviam dito   4. o assunto do discurso dos políticos

2. O anúncio sugere que o jornal divulgado por ele pode ajudar seus telespectadores.

a) Em que, segundo ele, consiste essa ajuda?
b) O que é sugerido pelo anúncio sobre a fala dos políticos?

3. Na parte inferior do anúncio, lê-se: "Opinião, independência e objetividade. Jornal da Gazeta. Segunda a sexta às 19h e sábados às 19h30".

   a) A que ou a quem dizem respeito os substantivos *opinião*, *independência* e *objetividade*?

   b) Que relação há entre esses substantivos e a ideia veiculada pelo anúncio?

> **Para que serve o verbo?**
>
> O verbo está diretamente relacionado com a existência e com a ação do homem no mundo. Por exemplo, toda vez que queremos dizer que alguém *fez* alguma coisa ou que alguém *é*, empregamos verbos. Assim, juntamente com o nome, o verbo é a base da linguagem verbal.

4. Observe as formas verbais *disseram* e *haviam dito*.

   a) Em que tempo e modo elas estão?

   b) *Haviam dito* é uma forma verbal composta. A qual forma simples ela equivale?

   c) Leia novamente o anúncio em estudo e levante hipóteses: Por que, no enunciado principal, foi feita a opção pela forma composta *haviam dito* e não pela simples equivalente a ela?

5. Os verbos *entender* e *dizer* têm papel fundamental na construção de sentidos no anúncio.

   a) O que a repetição do verbo *dizer* sugere quanto ao discurso da maioria dos políticos?

   b) Por que o verbo *entender* foi empregado uma única vez?

6. Na sua opinião, é possível um jornal impresso ou de TV veicular notícias com absoluta imparcialidade?

SEMÂNTICA E DISCURSO

Leia o cartaz ao lado, de Ziraldo.

1. Dependendo de sua finalidade, um cartaz pode assumir um caráter argumentativo. No cartaz lido:

   a) O que os logotipos na parte de baixo informam sobre quem é o locutor?

   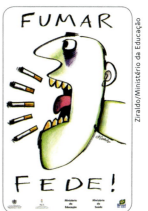

(Ricardo Leite. *Ziraldo em cartaz*. Rio de Janeiro: Senac, 2009. p. 241.)

   b) Quem são os destinatários?

   c) Qual é a finalidade?

   d) Qual é o principal argumento utilizado?

   e) Qual é a relação semântica entre a imagem e o enunciado verbal?

2. O enunciado verbal do cartaz é constituído basicamente pelos verbos *fumar* e *feder*.

   a) Em que modo ou forma nominal eles estão empregados?

   b) Um desses verbos, no contexto, assume o papel de um nome. Qual é esse verbo? Que papel ele assume?

3. Nos gêneros argumentativos, como o anúncio publicitário, o texto de campanha comunitária e certos cartazes, é comum o emprego de verbos no imperativo.

   a) No cartaz em estudo, que enunciado verbal o locutor poderia ter utilizado, se tivesse optado por empregar esse modo verbal?

   b) Por que, no cartaz em estudo, o anunciante optou por não empregar o modo imperativo?

PARA COMPREENDER O FUNCIONAMENTO DA LÍNGUA

TERMOS LIGADOS AO VERBO: OBJETO DIRETO, OBJETO INDIRETO E ADJUNTO ADVERBIAL

Objeto direto e objeto indireto

Leia este anúncio:

1. Observe as frases abaixo:

"Dê uma banana para a cidade."
Dê uma banana para o mico-leão.

a) Quais são os termos que se ligam ao verbo *dar* nas duas frases, complementando-o?
b) Com que sentidos o verbo *dar* foi empregado?

2. Tendo em vista o duplo sentido da expressão *dar uma banana*, levante hipóteses:

a) Ao explorar esses dois sentidos da expressão, quais características do carro o anúncio ressalta?
b) E do seu público-alvo?

Você observou que o verbo *dar* é transitivo, pois é empregado com complementos. Nas orações "Dê uma banana para a cidade" e "Dê uma banana para o mico-leão", *uma banana* liga-se ao verbo diretamente, sem preposição, e *para a cidade* e *para o mico-leão* ligam-se ao verbo por meio de uma preposição (*para*). Nesse caso, dizemos que o verbo é **transitivo direto e indireto** e seus complementos se chamam, respectivamente, **objeto direto** e **objeto indireto**.

> **Objeto direto** é o termo que se liga diretamente, isto é, sem preposição, a um verbo transitivo.
> **Objeto indireto** é o termo que se liga indiretamente, isto é, por meio de uma preposição, a um verbo transitivo.

Há ainda dois outros tipos de verbos transitivos. O verbo **transitivo direto**, que é complementado por um **objeto direto**, e o verbo **transitivo indireto**, que é complementado por um **objeto indireto**. Veja:

O motorista aventureiro *gosta* desse carro.
                             VTI   OI

O motorista aventureiro *compra* esse carro.
                              VTD   OD

Adjunto adverbial

No anúncio reproduzido acima, no enunciado verbal "Dê uma banana para a cidade. E, depois, para o mico-leão", o termo *depois* expressa uma circunstância de tempo em relação à ação indicada pelo verbo *dar*. Esse termo é, sintaticamente, chamado de **adjunto adverbial**.

> **Adjunto adverbial** é o termo que indica as circunstâncias em que se dá a ação verbal.

Além de lugar, os adjuntos adverbiais expressam diferentes valores semânticos. Veja alguns deles:
- **causa**: A moça chorava *de alegria*.
- **companhia**: Na viagem, levou *consigo* o livro.
- **dúvida**: *Talvez* eu faça esse curso.
- **fim**: Preparou-se *para a apresentação teatral*.
- **instrumento**: Cortou-se *com um caco de vidro*.
- **tempo**: Há *nesta noite* a estreia de um filme.
- **intensidade**: Nas reuniões, fala *pouco*.
- **lugar**: Moro *num país tropical*.
- **modo**: Saiu *sem destino, às pressas*.
- **afirmação**: *Sim*, eles virão.
- **negação**: *Não* vá, pode ser perigoso.

> **Morfossintaxe do adjunto adverbial**
>
> O adjunto adverbial pode ser representado por advérbio, locução adverbial e oração subordinada adverbial. Observe:
>
> advérbio
> O alpinista subiu cautelosamente a montanha.
> adj. adv. de modo

Os adjuntos adverbiais de intensidade, além de acompanhar o verbo, podem acompanhar substantivos, adjetivos e advérbios. Veja:

> Ele é *muito* homem.
> substantivo
>
> Ela mora *tão* longe!
> advérbio
>
> Estou *muito* cansado.
> adjetivo

EXERCÍCIOS

1. Leia este texto:

> **Por que todo mundo usava peruca na Europa dos séculos XVII e XVIII?**
>
> Não era todo mundo, apenas os aristocratas. A moda começou com Luís XIV (1638-1715), rei da França. Durante seu governo, o monarca adotou a peruca pelo mesmo motivo que muita gente usa o acessório ainda hoje: para esconder a calvície.
>
> O resto da nobreza gostou da ideia e o costume pegou.
>
> [...]
>
> Mas, por mais elegante que parecesse ao pessoal da época, a moda das perucas também era nojenta: "proliferava todo tipo de bicho, de baratas, de camundongos, nesses cabelos postiços", afirma o estilista João Braga, professor de História da Moda das Faculdades Senac, em São Paulo.
>
> Em 1789, com a Revolução Francesa, veio a guilhotina, que extirpou a maioria das cabeças com perucas. Símbolo de uma nobreza que se desejava exterminar, elas logo caíram em desuso. [...]
>
> (*Mundo Estranho*, nº 3.)

a) Identifique, no 1º parágrafo do texto, três objetos diretos.

b) Na oração "O resto da nobreza gostou da ideia", o termo *da ideia* é objeto direto ou indireto?

2. Reescreva os seguintes enunciados, substituindo os verbos destacados pelos verbos entre parênteses. Depois classifique os objetos dos novos enunciados. Veja o exemplo:

> Os filhos *amam* os pais. (obedecer)
> Os filhos obedecem aos pais.
>   aos pais: OI

a) A canção *comoveu* o público. (agradar)

b) Ela *adora* doces e refrigerantes. (gostar)

305

Um bom livro, de Eduardo-Leon Garrido.

CAPÍTULO 28

O Romantismo no Brasil – a prosa

A Independência do Brasil (1822) pôs na ordem do dia a seguinte questão: o que é ser brasileiro? Os escritores românticos tomaram para si o compromisso de definir nação, povo, língua e cultura brasileira. O romance, ao surgir nesse contexto, assumiu o papel de um dos principais instrumentos nesse processo de "descoberta" do país e de busca da identidade nacional.

No século XIX, o público consumidor da literatura romântica era eminentemente formado pela burguesia. As origens populares dessa classe não condiziam com o refinamento da arte clássica, cuja compreensão exige conhecimento das culturas grega e latina. A burguesia ansiava por uma literatura que enfocasse seu próprio tempo, seus problemas e sua forma de viver. O romance, por relatar acontecimentos da vida cotidiana e por dar vazão ao gosto burguês pela fantasia e pela aventura, tornou-se o mais importante meio de expressão artística dessa classe.

Sob certo ponto de vista, o romance substituiu a epopeia, um dos gêneros de maior prestígio da tradição clássica. Contudo, alterou-lhe o foco de interesse, pois, enquanto a epopeia narra um fato passado – em geral um mito da cultura de um povo –, o romance narra o presente, os acontecimentos comuns da vida das pessoas, numa linguagem simples e direta.

Os primeiros romances, como nós os compreendemos atualmente, surgiram na Europa, já identificados com o início da revolução romântica. Destacam-se entre os primeiros romances europeus: *Manon Lescaut*, do abade Prévost (1731), e *A história de Tom Jones*, de Henry Fielding (1749).

As origens do romance

A palavra *romance* origina-se do termo medieval *romanço*, que designava as línguas usadas pelos povos sob domínio do Império Romano. Essas línguas eram uma forma popular e evoluída do latim. Também eram chamadas de romance as composições de cunho popular e folclórico que, escritas nesse latim vulgar, em prosa ou em verso, contavam histórias cheias de imaginação, fantasia e aventuras.

Como gênero literário, o romance foi se modificando, tendo assumido as formas de *romance de cavalaria*, *romance sentimental*, *romance pastoral*. Somente no século XVIII é que a palavra *romance* tomou o sentido que tem hoje: texto em prosa, normalmente longo, que desenvolve vários núcleos narrativos, organizados em torno de um núcleo central, e narra fatos relacionados a personagens, numa sequência de tempo relativamente ampla e em determinado lugar ou lugares.

O ROMANCE BRASILEIRO E A BUSCA DO NACIONAL

Nas décadas que sucederam a Independência do Brasil, os romancistas empenharam-se no projeto de construção de uma cultura brasileira autônoma. Esse projeto exigia dos escritores o reconhecimento da identidade de nossa gente, nossa língua, nossas tradições e também das nossas diferenças regionais e culturais. Nessa busca do nacional, o romance voltou-se para os espaços nacionais, identificados como a selva, o campo e a cidade, que deram origem, respectivamente, ao **romance indianista** e **histórico** (a vida primitiva), ao **romance regional** (a vida rural) e ao **romance urbano** (a vida citadina). José de Alencar, por exemplo, o maior romancista do nosso Romantismo, escreveu obras que enfocaram esses três aspectos, como *O guarani*, romance histórico-indianista, *O gaúcho*, romance regional, e *Senhora*, romance urbano.

Romance folhetinesco: o pai da telenovela

O romance surgiu sob a forma de folhetim, publicação diária, em jornais, de capítulos de determinada obra literária. Esse procedimento, ao mesmo tempo que formava um público leitor de literatura, ampliava o número de leitores de jornais diários.

Para garantir que o leitor comprasse o jornal no dia seguinte e lesse mais um capítulo do romance, os autores do folhetim valiam-se de certas técnicas, como interromper a narração no momento culminante de uma cena ou sequência de cenas. Essa técnica – a mais explorada – pode ser observada hoje nas telenovelas, herdeiras diretas do romance folhetinesco. Outros ingredientes comuns aos dois tipos de narrativa são o triângulo amoroso, a vitória do bem contra o mal e o final feliz.

Cena da novela *Cama de gato*.

O ROMANCE INDIANISTA

Enquanto o branco era identificado como o colonizador europeu, e o negro, como o escravo africano, o índio era considerado o único e legítimo representante da América. Assim, o Romantismo brasileiro encontrou no índio uma autêntica expressão de nacionalidade e, por meio do indianismo, alcançou algumas de suas melhores realizações, tanto na poesia quanto na prosa.

Vários fatores contribuíram para a implantação do indianismo em nossa cultura, entre eles a existência de uma *tradição literária indianista* do período colonial – introduzida pela literatura de informação e catequética e retomada pela épica de Basílio da Gama e Santa Rita Durão – e a influência da *teoria do bom selvagem*, de Rousseau, cujo representante mais direto, entre nós, era o índio. Outro fator importante foi a adaptação que os escritores brasileiros românticos fizeram da figura idealizada do herói medieval: como o Brasil não teve Idade Média, seu "herói medieval" passou a ser o índio, o habitante do país no período pré-cabralino.

JOSÉ DE ALENCAR E O ROMANCE INDIANISTA

José de Alencar (1829-1877) foi o principal romancista brasileiro da fase romântica. Cearense, cursou Direito em São Paulo e viveu a maior parte de sua vida no Rio de Janeiro. Dedicou-se à carreira de advogado e atuou também como jornalista. Na política foi eleito várias vezes deputado e chegou a ocupar o cargo de ministro da Justiça, que exerceu de 1868 a 1870.

Na literatura, escreveu romances indianistas, históricos, urbanos e regionalistas. Foi também autor de crônicas, críticas e várias peças teatrais, como *Mãe* e *O jesuíta*, encenadas na época.

A produção diversificada de Alencar estava voltada ao projeto de construção da cultura brasileira, no qual o romance indianista, buscando um tema nacional e uma língua mais brasileira, ganhou papel de destaque.

José de Alencar por Alberto Henschel.

As principais realizações indianistas em prosa de nossa literatura são três romances de José de Alencar: *O guarani* (1857), *Iracema* (1865) e *Ubirajara* (1874).

Nas três obras, o ambiente é sempre a selva, porém com algumas diferenças: em *O guarani*, o índio Peri vive próximo aos brancos; em *Iracema*, o branco é que vive entre os índios; *Ubirajara* é o único romance que trata apenas da vida entre os índios.

O guarani: o mito da povoação

O guarani, romance histórico-indianista, foi publicado pela primeira vez sob a forma de folhetim no *Diário do Rio de Janeiro*, em 1857.

D. Antônio de Mariz, fidalgo português, muda-se para o Brasil com a família: D. Lauriana, sua esposa; Cecília e D. Diogo, filhos do casal; e Isabel, oficialmente sobrinha do fidalgo, mas, na verdade, filha dele com uma índia. Acompanha a família o jovem cavaleiro D. Álvaro de Sá, além de muitos outros empregados.

A obra se articula a partir de alguns fatos essenciais: a devoção e fidelidade de um índio goitacá, Peri, a Cecília; o amor de Isabel por Álvaro e o amor deste por Cecília; a morte acidental de uma índia aimoré, provocada por D. Diogo, e a consequente revolta e ataque dos aimorés, ocorrido simultaneamente a uma rebelião dos homens de D. Antônio, liderados pelo ex-frei Loredano, homem ambicioso e devasso que queria saquear a casa e raptar Cecília.

> **Em busca do "poema nacional"**
>
> José de Alencar assim escreveu sobre a importância da pesquisa linguística:
>
> O conhecimento da língua indígena é o melhor critério para a nacionalidade da literatura. Ele nos dá não só o verdadeiro estilo, como as imagens poéticas do selvagem, os modos de seu pensamento, as tendências de seu espírito, e até as menores particularidades de sua vida.
>
> É nessa fonte que deve beber o poeta brasileiro; é dela que há de sair o verdadeiro poema nacional, tal como eu o imagino.
>
> (In: *Iracema*. 2. ed. Edição crítica de M. Cavalcanti Proença. São Paulo: Edusp, 1979. p. 206.)

308

LEITURA

A seguir, você vai ler dois textos indianistas. O primeiro é um fragmento de *O guarani*; trata-se do episódio em que toda a família de D. Antônio de Mariz está aprisionada pelos aimorés, e Peri, a fim de salvar Ceci, enfrenta, sozinho, um exército de duzentos inimigos. O segundo texto é do romance moderno *A expedição Montaigne*, de Antônio Callado; publicada em 1982, a obra mostra a condição do índio no século XX.

TEXTO I

Mas o inimigo caiu no meio deles, subitamente, sem que pudessem saber se tinha surgido do seio da terra, ou se tinha descido das nuvens.

Era Peri.

Altivo, nobre, radiante da coragem invencível e do sublime heroísmo de que já dera tantos exemplos, o índio se apresentava só em face de duzentos inimigos fortes e sequiosos de vingança.

[...]

Passado o primeiro espanto, os selvagens bramindo atiraram-se todos como uma só mole, como uma tromba do oceano, contra o índio que ousava atacá-los a peito descoberto.

Houve uma confusão, um turbilhão horrível de homens que se repeliam, tombavam e se estorciam; de cabeças que se levantavam e outras que desapareciam; de braços e dorsos que se agitavam e se contraíam, como se tudo isto fosse partes de um só corpo, membros de algum monstro desconhecido debatendo-se em convulsões.

[...]

O velho cacique dos Aimorés se avançava para ele sopesando a sua imensa clava crivada de escamas de peixe e dentes de fera; alavanca terrível que o seu braço possante fazia jogar com a ligeireza da flecha.

Os olhos de Peri brilharam; endireitando o seu talhe, fitou no selvagem esse olhar seguro e certeiro, que não o enganava nunca.

O velho aproximando-se levantou a sua clava e imprimindo-lhe o movimento de rotação, ia descarregá-la sobre Peri e abatê-lo; não havia espada nem montante que pudesse resistir àquele choque.

O Guarani. Direção: Norma Bengell. Brasil. NB Produções. 1996 (91 min).

O que passou-se então foi tão rápido, que não é possível descrevê-lo; quando o braço do velho volvendo a clava ia atirá-la, o montante de Peri lampejou no ar e decepou o punho do selvagem; mão e clava foram rojar pelo chão.

[...]

Peri, vencedor do cacique, volveu um olhar em torno dele, e vendo o estrago que tinha feito, os cadáveres dos Aimorés amontoados uns sobre os outros, fincou a ponta do montante no chão e quebrou a lâmina. Tomou depois os dois fragmentos e atirou-os ao rio.

Então passou-se nele uma luta silenciosa, mas terrível para que pudesse compreendê-la. Tinha quebrado a sua espada, porque não queria mais combater; e decidira que era tempo de suplicar a vida ao inimigo.

Mas quando chegou o momento de realizar essa súplica, conheceu que exigia de si mesmo uma coisa sobre-humana, uma coisa superior às suas forças.

Ele, Peri, o guerreiro invencível, ele, o selvagem livre, o senhor das florestas, o rei dessa terra virgem, o chefe da mais valente nação dos Guaranis, suplicar a vida ao inimigo! Era impossível.

LITERATURA

Três vezes quis ajoelhar, e três vezes as curvas de suas pernas distendendo-se como duas molas de aço o obrigaram a erguer-se.

Finalmente a lembrança de Cecília foi mais forte do que a sua vontade.

Ajoelhou.

(José de Alencar. *O guarani*. São Paulo: Ática, 1992. p. 220-222.)

mole: imenso volume ou massa.
montante: espada grande manejada com ambas as mãos para golpear o adversário pelo alto.
rojar: deslizar, arrastar, lançar longe.
sopesar: calcular o peso (da clava) para lançá-la.

Peri na ópera

O romance *O guarani* inspirou o músico Carlos Gomes (1839-1904) a compor uma ópera, também chamada *O guarani*, que fez enorme sucesso nos teatros europeus, especialmente em Milão, na Itália.

A carreira, a vida pessoal e as aventuras amorosas de Carlos Gomes são retratadas pelo romancista Rubem Fonseca em *O selvagem da ópera*, obra em que são retratados também os bastidores da corte no Rio de Janeiro durante o governo de D. Pedro II.

TEXTO II

A expedição Montaigne narra a história do jornalista Vicentino Beirão, que deseja armar um exército de índios na Amazônia contra o colonialismo branco. O romance é uma sátira política ao Brasil da guerrilha (décadas de 1960-70) e um retrato da decadência do índio brasileiro.

O verdadeiro e olvidado nome de Ipavu era Paiap mas como Paiap falava muito em Ipavu, a lagoa dos camaiurá, os brancos tinham trocado o nome dele pelo da lagoa e Paiap tinha despido o nome verdadeiro com a indiferença, o alívio de quando, roubada ou ganha uma camisa nova, jogava fora a velha, molambo roído de barro branco, de urucum vermelho, de jenipapo preto, vai-te, camisa, pra puta que te pariu, dizia ele pra fazer os brancos rirem que branco, sabe-se lá por que, sempre ria quando índio dizia palavrão ensinado por branco. Ipavu não queria por nada deste mundo voltar a ser índio, nu, piroca ao vento, pegando peixe com flecha ou timbó, comendo peixe com milho ou beiju. Queria viver em cidade caraíba, com casas de janela empilhada sobre janela e botequim de parede forrada, do rodapé ao teto, de bramas e antárticas. Índio era burro de morar no mato, beber caxiri azedo, numa cuia, quando podia encher a cara de cerveja e sair correndo na hora de pagar a conta. Ah, se

Por que o negro não se tornou herói?

Das três etnias que formaram o povo brasileiro, apenas o índio se tornou herói na literatura romântica. O branco, por identificar-se com o colonizador português, não poderia ser o herói nacional naquele momento, porque isso entraria em choque com o sentimento nacionalista e antilusitano que surgiu após a Independência. O negro representava o alicerce econômico daquela estrutura social, a mão de obra escravizada e compelida ao trabalho. Seria, portanto, um contrassenso econômico e social elevá-lo à condição de herói, uma vez que muitos escritores da época faziam parte da classe dominante e compactuavam com o regime escravocrata.

Desse modo, coube ao índio, isento de conotações negativas, quer sociais, quer econômicas, o papel de herói nacional em nossa literatura romântica.

Ipavu pudesse carregar Uiruçu para o botequim não ia mais nem precisar fugir na hora de pagar o porre, que era só exibir a lindeza de Uiruçu, harpia chamada dos brancos, as asas de flor de sabugueiro, penacho alvo, ou então mostrar aos botequineiros recalcitrantes o olho de Uiruçu, miçangão de puro assassinato.

(Antônio Callado. *A expedição Montaigne*. Rio de Janeiro: Nova Fronteira, 1982. p. 13.)

beiju: bolo de massa de mandioca ou tapioca. **caxiri:** licor de mandioca fermentado. **piroca:** pênis.
camaiurá: tribo indígena tupi. **harpia:** tipo de pássaro; o mesmo que gavião-de-penacho. **recalcitrante:** teimoso, obstinado.
caraíba: designação que os índios davam ao branco. **olvidar:** esquecer. **timbó:** planta que tem efeito narcótico nos peixes.

1. Observe a descrição de Peri no 3º parágrafo do texto I.
   a) Identifique os adjetivos que caracterizam a figura do índio.
   b) Explique o papel desses adjetivos na construção do herói romântico.

2. José de Alencar é considerado um ótimo contador de histórias. O 4º parágrafo é um exemplo das habilidades do escritor. Observe o papel dos verbos nesse parágrafo e comente em que medida eles contribuem para construir a cena.

3. No confronto com os índios e com o chefe aimoré, Peri corre sério risco.
   a) Que característica do herói é ressaltada no fato de Peri enfrentar duzentos índios inimigos?
   b) E na situação de confronto com o chefe aimoré?

4. Mesmo tendo se saído bem no duelo com o cacique, Peri destrói suas próprias armas e se entrega ao inimigo. Interprete o gesto de Peri, considerando a finalidade pela qual ele iniciou a luta.

5. Peri é um índio. No entanto, enfrenta sozinho duzentos índios aimorés para salvar seus amigos brancos.
   a) Na ótica do Romantismo brasileiro, o que esse gesto significava?
   b) Passados quase duzentos anos desde o Romantismo, como esse gesto seria visto atualmente, se considerarmos a condição do índio hoje?

6. No texto II, como consequência do contato com os brancos, o índio Ipavu vive um processo de perda de sua identidade cultural.
   a) Que novos hábitos e comportamentos de Ipavu comprovam essa mudança?

   b) Ao longo de *O guarani*, Peri dá várias mostras de valores como fidelidade, honestidade, coragem, honra. No fragmento de *A expedição Montaigne*, Ipavu demonstra ter os mesmos valores?
   c) Levando em conta a resposta dada nos itens *a* e *b*, responda: Por que se pode dizer que o romance de Antônio Callado satiriza a tradição indianista romântica?

"Meu nome é Peri"

Na canção "Tubi Tupy", do CD *Na pressão*, Lenine retoma o tema do índio brasileiro com uma perspectiva crítica. Observe:

Canibal tropical, qual o pau
Que dá nome à nação, renasci
Natural, analógico e digital
Libertado astronauta tupi
Eu sou feito do resto de estrelas
Daquelas primeiras, depois da explosão,
Sou semente nascendo das cinzas
Sou o corvo, o carvalho, o carvão
O meu nome é Tupy
Gaykuru
Meu nome é Peri
De Ceci
Eu sou neto de
   [Caramuru
Sou Galdino, Juruna
   [e Raoni

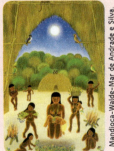

Mandioca-Walde-Mar de Andrade e Silva. *Lendas e Mitos dos Índios Brasileiros*. 2.ed. São Paulo: FTD, 1999. p.17

311

O ROMANCE REGIONAL

Coube ao romance regionalista, mais do que aos romances indianista, histórico e urbano, a missão nacionalista que o Romantismo se atribuiu de proporcionar ao país uma visão de si mesmo. Estendendo o olhar para os quatro cantos do Brasil, o romance regional buscou compreender e valorizar as características étnicas, linguísticas, sociais e culturais que marcam as regiões do país e diferenciam umas das outras.

Sem apoio em modelos europeus, o romance regionalista romântico teve de abrir sozinho seus próprios caminhos. Portanto, constituiu em nossa literatura uma experiência nova, que exigiu dos escritores pesquisa e senso de observação da realidade. Como resultado desse empenho, os romances regionais românticos deram um passo decisivo no rumo da tão desejada autonomia cultural brasileira.

Os espaços nacionais

Os espaços nacionais que despertaram maior interesse entre os escritores românticos foram o das capitais, normalmente situadas no litoral, com amplo destaque para a então capital do país, o Rio de Janeiro, e o das regiões Sul, Nordeste e Centro-Oeste. O espaço das capitais é descrito pelo romance urbano, enquanto os demais são retratados pelo romance regional.

Centro-Oeste: Visconde de Taunay

Alfredo d'Escragnolle Taunay (1843-1899), o Visconde de Taunay, era carioca, fez carreira militar e, aos 20 anos, participou da Guerra do Paraguai.

Na carreira de militar, o que o seduzia era principalmente a possibilidade de viajar e conhecer a diversidade natural do Brasil. Apaixonado pela natureza brasileira, registrava em desenhos espécies da fauna e da flora nacionais e, já no século XIX, protestava contra a destruição das matas na cidade do Rio de Janeiro.

Em suas andanças por Mato Grosso, Taunay colheu experiências para compor suas obras. Ressalta-se nelas a capacidade do escritor de reproduzir com precisão aspectos visuais da paisagem sertaneja, especialmente da fauna e da flora da região. Foi autor de romances, como *Inocência* (1872), sua obra-prima, e de livros sobre a guerra e o sertão, como *Retirada da Laguna* (1871).

Taunay: pioneiro no despertar da consciência ecológica.

Inocência: a busca do sertão

Inocência é considerada a obra-prima não só de Taunay, mas também do romance regionalista de nosso Romantismo, e sua qualidade resulta do equilíbrio alcançado na contraposição de vários aspectos: ficção e realidade, valores românticos e valores da realidade bruta do sertão, linguagem culta e linguagem regional. Trata-se de uma história de amor impossível, que envolve Cirino, prático de farmácia que se autopromovera a médico, e Inocência, uma jovem do sertão de Mato Grosso, filha de Pereira, pequeno proprietário, representante típico da mentalidade vigente entre os habitantes daquela região.

A realização amorosa entre os jovens é inviável, porque Inocência fora prometida em casamento pelo pai a Manecão Doca, um rústico vaqueiro da região; e também porque Pereira exerce forte vigilância sobre a filha, pois, de acordo com seus valores, ele tem de garantir a virgindade de Inocência até o dia do casamento.

Ao lado dos acontecimentos que constituem a trama amorosa, há também o choque de valores entre Pereira e Meyer, um naturalista alemão colecionador de borboletas que se hospedara na casa do pequeno proprietário. O choque de valores entre os dois evidencia as diferenças entre o meio rural brasileiro e o meio urbano europeu.

LEITURA

Estava Cirino fazendo o inventário da sua roupa e já começava a anoitecer, quando Pereira novamente a ele se chegou.

— Doutor, disse o mineiro, pode agora mecê entrar para ver a pequena. Está com o pulso que nem um fio, mas não tem febre de qualidade nenhuma.

— Assim é *bem melhor*[1], respondeu Cirino.

E, arranjando precipitadamente o que havia tirado da canastra, fechou-a e pôs-se de pé.

Antes de sair da sala, deteve Pereira o hóspede com ar de quem precisava tocar em assunto de gravidade e ao mesmo tempo de difícil explicação.

Afinal começou meio hesitante:

— Sr. Cirino, eu cá sou homem muito bom de gênio, muito amigo de todos, muito acomodado e que tenho o coração perto da boca, como vosmecê deve ter visto...

— Por certo, concordou o outro.

— Pois bem, mas... tenho um grande defeito; sou muito desconfiado. Vai o doutor entrar no interior da minha casa e... deve portar-se como...

— Oh, Sr. Pereira! atalhou Cirino com animação, mas sem grande estranheza, pois conhecia o zelo com que os homens do sertão guardam da vista dos profanos os seus aposentos domésticos, posso gabar-me de ter sido recebido no seio de muita família honesta e sei proceder como devo.

Expandiu-se um tanto o rosto do mineiro.

— Vejo, disse ele com algum acanhamento, que o doutor não é nenhum pé-rapado, mas nunca é bom facilitar... E já que não há outro remédio, vou dizer-lhe todos os meus segredos... Não metem vergonha a ninguém, com o favor de Deus; mas em negócios da minha casa não gosto de bater língua... Minha filha Nocência fez 18 anos pelo Natal, e é rapariga que pela feição parece moça de cidade, muito ariscazinha de modos, mas bonita e boa deveras... Coitada, foi criada sem mãe, e aqui nestes *fundões*[2]. [...]

— Ora muito que bem, continuou Pereira caindo aos poucos na habitual garrulice, quando vi a menina tomar corpo, tratei logo de casá-la.

— Ah! é casada? perguntou Cirino.

— Isto é, é e não é. A coisa está apalavrada. Por aqui costuma labutar no costeio do gado para São Paulo um homem de mão-cheia, que talvez o Sr. conheça... o Manecão Doca...

Cena do filme *Inocência*, de Walter Lima Jr.

— Esta obrigação de casar as mulheres é o diabo!... Se não tomam estado, ficam jururus e fanadinhas...; se casam podem cair nas mãos de algum marido malvado... E depois, as histórias!... Ih, meu Deus, mulheres numa casa, é coisa de meter medo... São redomas de vidro que tudo pode quebrar... Enfim, minha filha, enquanto solteira, honrou o nome de meus pais... O Manecão que se aguente, quando a tiver por sua... Com gente de saia não há que fiar... Cruz! botam famílias inteiras a perder, enquanto o demo esfrega um olho.

Esta opinião injuriosa sobre as mulheres é, em geral, corrente nos nossos sertões e traz como consequência imediata e prática, além da rigorosa clausura em que são mantidas, não só o casamento convencionado entre parentes muito chegados para filhos de menor idade, mas

---
Notas do próprio Taunay:
1 Locução muito usual no interior.
2 Sertões.

sobretudo os numerosos crimes cometidos, mal se suspeita possibilidade de qualquer intriga amorosa entre pessoa da família e algum estranho.

....

— Sr. Pereira, replicou Cirino com calma, já lhe disse e torno-lhe a dizer que, como médico, estou há muito tempo acostumado a lidar com famílias e a respeitá-las. É este meu dever, e até hoje, graças a Deus, a minha fama é boa... Quanto às mulheres, não tenho as suas opiniões, nem as acho razoáveis nem de justiça. Entretanto, é inútil discutirmos porque sei que isso são prevenções vindas de longe, e quem torto nasce, tarde ou nunca se endireita... O Sr. falou-me com toda franqueza, e também com franqueza lhe quero responder. No meu parecer, as mulheres são tão boas como nós, se não melhores: não há, pois, motivo para tanto desconfiar delas e ter os homens em tão boa conta... enfim, essas suas ideias podem quadrar-lhe à vontade, e é costume meu antigo a ninguém contrariar, para viver bem com todos e deles merecer o tratamento que julgo ter direito a receber. Cuide cada qual de si, olhe Deus para todos nós, e ninguém queira arvorar-se em palmatória do mundo.

Tal profissão de fé, expedida em tom dogmático e superior, pareceu impressionar agradavelmente a Pereira, que fora aplaudindo com expressivo movimento de cabeça a sensatez dos conceitos e a fluência da frase.

(Taunay. *Inocência*. 6. ed. São Paulo: Ática, 1984. p. 29-32.)

1. A linguagem literária quase sempre faz uso da norma culta. Por essa razão, um dos mais difíceis problemas encontrados pelos autores regionalistas é a adequação da variedade linguística regional à linguagem literária. No texto lido, observe as linguagens de Cirino e de Pereira, a linguagem do narrador e as notas de rodapé, feitas pelo próprio autor. Em seguida, responda: De que modo Taunay resolve o problema da linguagem regional em *Inocência*?

2. No diálogo entre Pereira e Cirino, evidencia-se a opinião do primeiro a respeito da mulher e do casamento. De acordo com a visão de Pereira expressa no texto:

a) O que representam as moças em uma família?

b) Que significado tem para um pai o casamento de sua filha?

3. Em certo momento do texto, o narrador interfere na narração para expressar seu ponto de vista a respeito das ideias de Pereira.

a) Identifique o parágrafo em que isso ocorre.

b) Qual é o julgamento do narrador a respeito da opinião expressa por Pereira? Que consequências ele menciona como decorrentes dela?

4. No penúltimo parágrafo do texto, Cirino emite sua opinião, depois de ter ouvido a de Pereira.

a) Existem diferenças entre as ideias de Cirino e as de Pereira? Comente.

b) Identifique no texto uma frase por meio da qual se percebe que Cirino, apesar de discordar, aceita as regras daquela sociedade.

O ROMANCE URBANO

O romance romântico, em vez de tratar de temas antigos, relacionados aos gregos e aos romanos, retratava o dia a dia do leitor, pondo em discussão certos problemas e valores vividos pelo próprio público nas cidades. Para a burguesia de então, ver o seu mundo retratado nos livros era uma novidade excepcional.

Por essa razão, o romance urbano, entre todos os tipos de romance que se produziram na Europa e no Brasil no século XIX, é o mais lido desde o Romantismo até os dias de hoje.

No Brasil, a literatura romântica contou com um número considerável de romances urbanos, entre os quais se destacam *A Moreninha*, de Joaquim Manuel de Macedo, *Memórias de um sargento de milícias*, de Manuel Antônio de Almeida, e *Lucíola* e *Senhora*, de José de Alencar.

314

A Moreninha: a peripécia sentimental

O primeiro romance brasileiro propriamente dito, depois de algumas tentativas malsucedidas no gênero, foi *A Moreninha* (1844), de Joaquim Manuel de Macedo (1820-1882). Embora formado em Medicina, Macedo dedicou-se ao jornalismo e à política. Sua primeira obra, *A Moreninha*, conferiu-lhe ampla popularidade, mantida com a publicação de outros romances.

Nessa obra, Macedo utilizou os ingredientes necessários para satisfazer o gosto do leitor da época e repetiu-os à exaustão em seus dezessete romances posteriores. De modo geral, esses ingredientes são a comicidade, o namoro difícil ou impossível, a dúvida entre o dever e o desejo, a revelação surpreendente de uma identidade, as brincadeiras de estudantes e uma linguagem mais inclinada para o tom coloquial.

Cena do filme *A Moreninha*, adaptado da obra de Joaquim Manuel de Macedo.

Memórias de um sargento de milícias

Esse romance foi publicado sob a forma de folhetins anônimos assinados com o pseudônimo de "Um Brasileiro", no *Correio Mercantil*, onde Manuel Antônio de Almeida trabalhou como jornalista de 1852 a 1853.

Provavelmente o autor valeu-se de sua experiência pessoal entre as camadas mais humildes da população carioca do século XIX para construir o universo social dessa obra.

Memórias de um sargento de milícias difere da maioria dos romances românticos, pois apresenta uma série de procedimentos que fogem ao padrão da prosa romântica vigente. São eles: o protagonista não é herói nem vilão, mas um malandro simpático que leva uma vida de pessoa comum; não há idealização da mulher, da natureza ou do amor, sendo reais as situações retratadas; a linguagem aproxima-se da jornalística, deixando de lado a excessiva metaforização que caracteriza a prosa romântica.

O enredo

A narrativa situa-se à época de D. João VI, no início do século XIX, quando se muda para o Brasil o meirinho Leonardo Pataca – pai de Leonardo, o protagonista da história –, que, no navio, conhece Maria das Hortaliças.

Já no Brasil, após o nascimento e o batizado de Leonardo Filho, Maria é flagrada pelo marido com outro homem e foge para Portugal. Com a separação do casal, Leonardo é criado pelo padrinho (um barbeiro), com ajuda de sua madrinha (uma parteira).

As travessuras de Leonardo são o centro da narrativa e servem tanto para a concatenação de outras personagens e ações da obra quanto para a descrição de tipos, ambientes e costumes da sociedade carioca do começo do século XIX.

A série de malandragens de Leonardo só tem fim quando, em virtude de sua ampla experiência no mundo da vadiagem, ele é escolhido por Vidigal (chefe de polícia) para ocupar o cargo que vagara na tropa de granadeiros (soldados).

Alencar e a crítica social

Além de ter se dedicado ao romance indianista e ao romance regional, José de Alencar foi também um de nossos melhores romancistas urbanos. Suas obras, além de conter os ingredientes próprios do romance urbano romântico – intrigas amorosas, chantagens, amores impossíveis, peripécias –, conseguem analisar com profundidade certos temas delicados daquele contexto social. Em *Senhora* são abordados os temas do casamento por interesse, da independência feminina e da ascensão social a qualquer preço. Em *Lucíola* se discute a prostituição nas altas camadas sociais e, como em *Senhora*, a oposição entre o amor e o dinheiro. O romance *Diva*, juntamente com *Senhora* e *Lucíola*, constitui a série "perfis femininos".

José de Alencar.

Senhora

Publicada em 1875, *Senhora* é uma das últimas obras escritas por Alencar. Ao tematizar o casamento como forma de ascensão social, o autor deu início à discussão sobre certos valores e comportamentos da sociedade carioca da segunda metade do século XIX.

Embora *Senhora* ainda esteja presa ao modelo narrativo romântico, que considera o amor como único meio de redimir todos os males, a obra apresenta alguns elementos inovadores, que anunciam a grande renovação realista, tais como a forte crítica à futilidade dos comportamentos e à fragilidade dos valores burgueses resultantes do então emergente capitalismo brasileiro e certo grau de introspecção psicológica.

O enredo

Aurélia Camargo é uma moça pobre e órfã de pai, noiva de Fernando Seixas. Seixas é um bom rapaz, porém tem o desejo de ascender rapidamente na escala social e, por isso, troca Aurélia por outra moça de dote mais valioso. Aurélia passa a desprezar todos os homens, e eis que, com a morte de um avô, torna-se milionária e, por isso, uma das mulheres mais cortejadas das cortes do Rio de Janeiro. Como vingança, manda oferecer a Seixas um dote de cem contos, mas sem que fosse revelado o nome da noiva, só conhecido no dia do casamento. Seixas aceita e se casam; porém, na noite de núpcias, Aurélia revela-lhe seu desprezo. Seixas cai em si e percebe o quanto fora vil em sua ganância. Vivem como estranhos na mesma casa durante onze meses, mas socialmente formam o "casal perfeito". Ao longo desse período, Seixas trabalha arduamente até conseguir obter a quantia que recebera como sinal pelo "acordo". Devolve os cem mil-réis à esposa e se despede dela. Nesse momento, porém, Aurélia revela-lhe seu amor. Os dois, agora igualados no amor e na honra, podem desfrutar o casamento, que ainda não havia se consumado.

LEITURA

A seguir você lerá dois textos. O primeiro é um fragmento de *Memórias de um sargento de milícias*; o segundo é extraído de *Senhora* e mostra dois episódios do romance: a cena do casamento entre Aurélia e Seixas e a cena da noite de núpcias do casal.

TEXTO I

[...] Ao sair do Tejo, estando a Maria encostada à borda do navio, o Leonardo fingiu que passava distraído por junto dela, e com o ferrado sapatão assentou-lhe uma valente pisadela no pé direito. A Maria, como se já esperasse por aquilo, sorriu-se como envergonhada do gracejo, e deu-lhe também em ar de disfarce um tremendo beliscão nas costas da mão esquerda. Era isto uma declaração em forma, segundo os usos da terra: levaram o resto do dia de namoro cerrado; ao anoitecer passou-se a mesma cena de pisadela e beliscão, com a diferença de serem desta vez um pouco mais fortes; e no dia seguinte estavam os dois amantes tão extremosos e familiares, que pareciam sê-lo de muitos anos.

Quando saltaram em terra começou a Maria a sentir certos enojos; foram os dois morar juntos; e daí a um mês manifestaram-se claramente os efeitos da pisadela e do beliscão; sete meses depois teve a Maria um filho, formidável menino de quase três palmos de comprido, gordo e vermelho, cabeludo, esperneador e chorão; o qual, logo depois que nasceu, mamou duas horas seguidas sem largar o peito. E este nascimento é certamente de tudo o que temos dito o que mais nos interessa, porque o menino de quem falamos é o herói desta história.

Chegou o dia de batizar-se o rapaz: foi madrinha a parteira; sobre o padrinho houve suas dúvidas: o Leonardo queria que fosse o Sr. juiz; porém teve de ceder a instâncias da Maria e da comadre, que queriam que fosse o barbeiro de defronte, que afinal foi adotado. Já se sabe que houve nesse dia função: os convidados do dono da casa, que eram todos dalém-mar, cantavam ao desafio, segundo seus costumes; os convidados da comadre, que eram todos da terra, dançavam o fado. O compadre trouxe a rabeca, que é, como se sabe, o instrumento favorito da gente do ofício. A princípio, o Leonardo quis que a festa tivesse ares aristocráticos, e propôs que se dançasse o minuete da corte. Foi aceita a ideia, ainda que houvesse dificuldade em encontrarem-se pares. Afinal levantaram-se uma gorda e baixa matrona, mulher de um convidado; uma companheira desta, cuja figura era a mais completa antítese da sua; um colega do Leonardo, miudinho, pequenino, e com fumaças de gaiato, e o sacristão da Sé, sujeito alto, magro e com pretensões de elegante. O compadre foi quem tocou o minuete na rabeca; e o afilhadinho, deitado no colo da Maria, acompanhava cada arcada com um guincho e um esperneio. Isto fez com que o compadre perdesse muitas vezes o compasso, e fosse obrigado a recomeçar outras tantas.

Depois do minuete foi desaparecendo a cerimônia, e a brincadeira afreventou, como se dizia naquele tempo. Chegaram uns rapazes de viola e machete: o Leonardo, instado pelas senhoras, decidiu-se a romper a parte lírica do divertimento. Sentou-se num tamborete, em um lugar isolado da sala, e tomou uma viola. Fazia um belo efeito cômico, vê-lo, em trajes do ofício, de casaca, calção e espadim, acompanhando com um monótono zum-zum nas cordas do instrumento o garganteado de uma modinha pátria. Foi nas saudades da terra natal que ele achou inspiração para o seu canto, e isto era natural a um bom português, que o era ele. […]

O canto do Leonardo foi o derradeiro toque de rebate para esquentar-se a brincadeira, foi o adeus às cerimônias. Tudo daí em diante foi burburinho, que depressa passou à gritaria, e ainda mais depressa à algazarra. […]

(Manuel Antônio de Almeida. Memórias de um sargento de milícias. São Paulo: Ática, 1976. p. 9-11.)

---

derradeiro: último.

enojo: enjoo, náusea.

função: espetáculo.

instar: pedir, solicitar, insistir.

minuete: antiga dança francesa com movimentos delicados e equilibrados.

rabeca: nome antiquado do violino.

rebate: sinal, anúncio.

Tejo: rio de Portugal.

TEXTO II

Os convidados, que antes lhe admiravam a graça peregrina, essa noite a achavam deslumbrante, e compreendiam que o amor tinha colorido com as tintas de sua palheta inimitável, a já tão feiticeira beleza, envolvendo-a de irresistível fascinação.

— Como ela é feliz! — diziam os homens.

— E tem razão! — acrescentaram as senhoras volvendo os olhos ao noivo.

Também a fisionomia de Seixas se iluminava com o sorriso da felicidade. O orgulho de ser o escolhido daquela encantadora mulher ainda mais lhe ornava o aspecto já de si nobre e gentil.

Efetivamente, no marido de Aurélia podia-se apreciar essa fina flor da suprema distinção, que não se anda assoalhando nos gestos pretensiosos e nos ademanes artísticos; mas reverte do íntimo com uma fragrância que a modéstia busca recatar, e não obstante exala-se dos seios d'alma.

Depois da cerimônia começaram os parabéns que é de estilo dirigir aos noivos e a seus parentes.

[…]

Para animar a reunião as moças improvisaram quadrilhas, no intervalo das quais um insigne pianista, que fora mestre de Aurélia, executava os melhores trechos de óperas então em voga.

317

Por volta das dez horas despediram-se as famílias convidadas.
[...]
Aurélia ergueu-se impetuosamente.

— Então enganei-me? — exclamou a moça com estranho arrebatamento. — O senhor ama-me sinceramente e não se casou comigo por interesse?

Seixas demorou um instante o olhar no semblante da moça, que estava suspensa de seus lábios, para beber-lhe as palavras:

— Não, senhora, não enganou-se, disse afinal com o mesmo tom frio e inflexível. Vendi-me; pertenço-lhe. A senhora teve o mau gosto de comprar um marido aviltado; aqui o tem como desejou. Podia ter feito de um caráter, talvez gasto pela educação, um homem de bem, que se enobrecesse com sua afeição; preferiu um escravo branco; estava em seu direito, pagava com seu dinheiro, e pagava generosamente. Esse escravo aqui o tem; é seu marido, porém nada mais do que seu marido!

(José de Alencar. *Senhora*. São Paulo: Saraiva, 2007. p. 75 e 127.)

Amor e dinheiro no cinema

O dilema moral vivido por Seixas em *Senhora*, dividido entre o casamento por amor e o casamento de conveniência, ainda é um tema atual e frequentemente abordado nas novelas de TV e no cinema.

O tema é explorado, por exemplo, em filmes como *Proposta indecente*, de Adrian Lyne, *O amor custa caro*, de Joel e Ethan Coen, e *Match Point* (*Ponto final*), de Woody Allen.

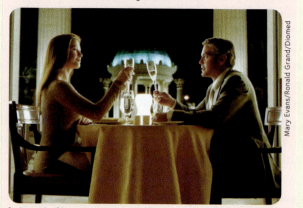

Cena do filme *O amor custa caro*.

---

ademane: aceno, trejeito, qualquer gesto ou comportamento afetado.
arrebatamento: exaltação, arroubo, comportamento precipitado.
aviltado: desonrado, rebaixado, envilecido.
insigne: destacado, famoso, ilustre.
não obstante: apesar disso, contudo.

Malandragem: o "jeitinho brasileiro"?

Segundo o escritor Mário de Andrade, Leonardo Pataca é uma personagem semelhante ao pícaro espanhol, um tipo de malandro simpático e brincalhão que vive à margem da sociedade, sem nenhum vínculo, sempre à procura de novas aventuras.

No século XX, o próprio Mário de Andrade daria continuidade à tradição da malandragem com sua personagem irreverente Macunaíma, na opinião dele o retrato do brasileiro. Em 1978, Chico Buarque de Hollanda resgatou essa tradição com a peça teatral *Ópera do malandro*, que também foi levada ao cinema, sob direção de Ruy Guerra.

Será que a malandragem é mesmo uma característica do jeito brasileiro de ser?

Ensaio da peça *Ópera do malandro*.

1. Os dois textos apresentam em comum o ambiente urbano do Rio de Janeiro do século XIX e o relacionamento entre homem e mulher.
   a) Que classe social cada um dos textos retrata?
   b) Que importância ou significado tem o casamento para as personagens do texto I e para as do texto II?

2. Nas duas obras, as personagens – de um lado, Maria das Hortaliças e, de outro, Aurélia e Seixas – transgridem as regras sociais ou as regras do amor romântico.
   a) Qual a transgressão de Maria das Hortaliças?
   b) Qual é a transgressão de Aurélia e Seixas?

3. Nos dois textos, ocorre uma festa que revela diferenças de comportamento das classes sociais retratadas. Compare as festas e responda:
   a) Por que a sugestão de Leonardo de dançar o minuete é inadequada ao seu grupo social?
   b) Que diferenças há entre as festas, considerando-se a participação dos convidados?

4. Na segunda parte do texto II, Aurélia, na noite de núpcias, revela ao marido o desprezo que tem por ele. Interprete e explique estas afirmações de Seixas:
   a) "Podia ter feito de um caráter, talvez gasto pela educação, um homem de bem, que se enobrecesse com sua afeição; preferiu um escravo branco"
   b) "Esse escravo aqui o tem; é seu marido, porém nada mais do que seu marido!"

5. No texto II, Aurélia, considerando-se sua condição de mulher e a pouca idade que tinha, apresenta um comportamento raro naquela sociedade.
   a) Em que o comportamento de Aurélia difere do das demais moças?
   b) A que se deve essa diferença?

6. *Senhora* e *Memórias de um sargento de milícias* são obras consideradas precursoras do Realismo – movimento literário que surgiu na segunda metade do século XIX e se caracteriza pela objetividade e pela crítica ostensiva à sociedade burguesa – em virtude do retrato mais direto, crítico e objetivo que fazem da realidade. Contudo, as duas obras ainda estão presas a certas convenções românticas.
   a) Qual dos dois romances foge mais às convenções românticas, tais como linguagem metafórica e idealização do amor e da mulher?
   b) Qual dos dois romances aprofunda mais a crítica à sociedade, já apresentando elementos próprios da crítica realista? Justifique.

A PROSA GÓTICA

Ao lado da rica produção do romance romântico, que se voltou à descoberta do país, floresceu entre nós um tipo de prosa que, apesar de ter tido pouca repercussão no Brasil da época, estava sintonizada com a obra de importantes escritores estrangeiros, como Edgar Allan Poe, Lord Byron e Charles Baudelaire. Trata-se da *prosa gótica*, cujos principais representantes, no Brasil, foram Álvares de Azevedo e Bernardo Guimarães.

A pouca repercussão dessa literatura à época do Romantismo deve-se à qualificação de "marginal" ou "maldita" que lhe foi atribuída. Isso primeiramente porque se colocava à margem dos padrões estabelecidos pelo próprio Romantismo e, em segundo lugar, porque o mundo que retratava também se situava à margem do racionalismo e do materialismo da sociedade capitalista. O sonho, a loucura, o vício, o sexo desenfreado, o macabro e formas de transgressão variadas povoam o universo gótico, que valoriza as zonas escuras e antilógicas do subconsciente, onde se fundem instintos de vida e morte, libido e terror.

Mais tarde viriam a se somar a essa tendência outros escritores, como o dramaturgo Oscar Wilde, o poeta francês Mallarmé e os poetas brasileiros Cruz e Sousa, Alphonsus Guimaraens e Augusto dos Anjos.

Cena do filme *Frankenweenie*, de Tim Burton.

Liga-se à tradição gótica literária uma longa produção de contos de mistério ou de terror e uma vasta produção cinematográfica, constituída principalmente de filmes dedicados ao vampirismo. Na música, várias tendências ou subculturas, como o *heavy metal*, o *punk* e o gótico propriamente dito, prestam reverência a essa literatura do século XIX, da qual tomam emprestados temas macabros, satanismo e o mal-estar diante da civilização burguesa.

O gótico na música

Em 1979, jornalistas ingleses empregaram o termo *gótico* para designar uma nova tendência musical cujo ícone naquele momento era a banda Bauhaus, que fazia sucesso com a música "Bela Lugosi's dead". Contudo, as origens da tendência gótica na música situam-se bem antes, no início da década de 1970, com a música de The Velvet Undergroud & Nico, The Doors, David Bowie, Banshees, Stooges e T-Rex, entre outros.

Nos anos de 1980 e 1990, muitos outros grupos, como Siouxsie, The Cure, Cinema Strange e London after Midnight, ligaram-se aos góticos.

Na atualidade, várias bandas internacionais, como Boody Dead and Sexy, The Chants of Maldoror, Joy Disaster, A Covenant of Thorns, Hatesex, Scarlet Remains, seguem essa tradição.

O Brasil também tem sua expressão gótica, em grupos como Elegia, Tears of Blood, Pecadores, In Auroram, Plastique Noir, Zigurate, Banda Invisível, Enjoy, Ismália, Dança das Sombras e Orquídeas Francesas, entre outros.

: The Cure.

Álvares de Azevedo: a prosa marginal

O gótico manifestou-se tanto na poesia quanto na prosa de Álvares de Azevedo, mas foi principalmente na prosa que ganhou maior expressão. A tendência aparece na face Caliban da poesia do autor, presente na obra de contos *Noite na taverna* e na peça teatral *Macário*.

As situações relatadas em *Noite na taverna* provavelmente não têm nenhum vínculo direto com as experiências de vida do escritor, morto precocemente aos 21 anos. São fruto da imaginação fantasiosa do quase adolescente Álvares de Azevedo e da influência exercida sobre ele por Lord Byron e provavelmente pelo romance gótico *O castelo de Otranto*, de Horace Walpole, e pelos contos fantásticos de E. A. Hoffmann e Edgar Allan Poe.

Noite na taverna: o relato do absurdo

Noite na taverna pode ser considerada uma obra de contos, apesar de haver um fio narrativo que une todas as histórias.

No primeiro capítulo da obra, um narrador em 3ª pessoa faz a apresentação do ambiente: uma taverna, povoada de bêbados e loucos, na qual, a uma mesa, alguns homens conversam e bebem.

Excitados pelo álcool, cada um deles conta um episódio de sua vida. Esses episódios constituem capítulos, que levam o nome do narrador-personagem.

As histórias narradas são todas fantásticas e envolvem acontecimentos trágicos, amor e morte, vícios e crimes, e todos os narradores demonstram um forte pessimismo diante da vida.

Os temas mais excêntricos ao gosto romântico predominante são encontrados nessas narrativas: violência física e sexual, adultérios, assassinatos, incestos, necrofilia, antropofagia, corrupção.

Góticos na Internet

Para conhecer melhor a subcultura gótica hoje, baixe os textos de escritores góticos nos *sites*:
- www.spectrumgothic.com.br/gothic/materias.htm
- www.goticosp.com.br/

·· VIVÊNCIAS ··

Escolha com seu grupo uma das atividades sugeridas a seguir e participe com a classe da realização de um sarau gótico, de acordo com as orientações do professor.

Convidem o professor de Educação Artística e outros interessados para participar do projeto. Busquem, em livros, enciclopédias e revistas especializadas, informações complementares sobre o tema escolhido. Procurem consultar os livros, assistir aos filmes e navegar nos *sites* indicados na seção **Fique ligado! Pesquise!** e nos capítulos da unidade.

No dia combinado com o professor, preparem a sala ou o anfiteatro da escola, montando um cenário de inspiração gótica que sirva a todas as apresentações. Depois, a cada apresentação, façam as adaptações que forem necessárias.

A lenda do cavaleiro sem cabeça, filme de Tim Burton de 1999.

Projeto
SARAU GÓTICO: "OH! MY GOTH!"

1. Declamação de poemas góticos

Escolham para declamar no sarau poemas góticos de Álvares de Azevedo, Lord Byron, Alfred Musset ou de outros autores e também fragmentos do poema "O corvo", de Edgar Allan Poe.

Memorizem os textos e ensaiem, buscando a melhor expressão oral possível. Na apresentação, utilizem como fundo músicas de bandas góticas.

2. Leitura dramática e encenação teatral

Escolham um dos contos de *Noite na taverna* ou um trecho de *Macário*, de Álvares de Azevedo, ou ainda um fragmento de uma das obras clássicas da tradição gótica, como *O castelo de Otranto*, de Horace Walpole, ou de *Frankenstein*, de Mary Shelley, ou uma das histórias de mistério de Edgar Allan Poe para fazer uma leitura dramática ou encenação teatral. (Vejam as instruções no boxe "Leitura dramática e encenação".)

3. A música gótica

Façam um levantamento de músicas que se ligam à tradição gótica. Gravem e apresentem ao público trechos de canções das principais bandas góticas, nacionais e estrangeiras, de todos os tempos. A título de curiosidade, não deixem de incluir na apresentação as conhecidas canções "Meu doce vampiro", de Rita Lee e Roberto de Carvalho, "Vampiro", de Jorge Mautner (CD *Cinema transcendental*, de Caetano Veloso), e o "Rock do diabo", de Raul Seixas.

The Doors.

321

4. Sandman

Façam uma pesquisa sobre a série *Sandman*, de Neil Gaiman, e apresentem ao público a história dessa HQ, como se deu a participação do autor, quais são e como são as principais personagens, os temas, etc. Se possível, reproduzam algumas histórias e exponham-nas em painéis na entrada da sala ou do auditório, a fim de que mais pessoas possam conhecer o trabalho de Gaiman.

5. O cinema de tradição gótica

Os vampiros

Reúnam os principais trechos de clássicos do cinema gótico, tais como os filmes *Nosferatu, uma sinfonia de horror* (1922), de F. W. Murnau; *Drácula* (1931), de Tod Browning, com o ator Bela Lugosi; *Nosferatu, o vampiro da noite* (1979), de Werner Herzog; e *Drácula de Bram Stocker* (1992), de Francis Ford Coppola. Apresentem os trechos à classe e debatam com os colegas a respeito do perfil de vampiro mostrado em cada filme.

Drácula, com Bela Lugosi.

O desenho animado

Apresentem ao público os principais trechos dos filmes *A noiva cadáver*, de Tim Burton, e *Estranho mundo de Jack*, de Henry Selick, e comentem as semelhanças e diferenças entre os filmes. Comentem também como foi feita a trilha musical de *A noiva cadáver*.

Os filmes poéticos

Apresentem trechos de filmes como *Asas do desejo*, de Wim Wenders, e *Blade Runner*, de Ridley Scott, e discutam com o público como e por que filmes como esses se filiam à tradição gótica.

Asas do desejo, de Wim Wenders.

LEITURA DRAMÁTICA E ENCENAÇÃO

Para encenar uma peça de teatro, há dois momentos a serem observados. Primeiramente, preparem a leitura dramática do texto; depois, preparem a encenação.

Leitura dramática

1. Formem um grupo com um número de integrantes igual ao número de personagens do texto. Cada componente do grupo deve ler o texto individualmente pelo menos uma vez.
2. Façam, em grupo, uma segunda leitura do texto, em voz alta, cada aluno lendo as falas de uma personagem. Leiam apenas, procurando uma compreensão mais ampla do texto e um domínio maior da história.
3. A partir da terceira leitura, comecem a buscar a representação, isto é, comecem a transformar a leitura em ação. Lembrem-se: o ator é um fingidor, alguém que cria ilusões.
    a) Para uma boa interpretação, analisem e debatam o comportamento psicológico de cada personagem: quais são seus desejos; que fatos ou que personagens se contrapõem a ela; como ela reage, etc.

b) Em seguida, cada um deve buscar a melhor forma de interpretar sua personagem.
c) Considerem a pontuação do texto e as rubricas de interpretação.
d) Não deixem cair a entonação no final das frases. Observem como falam os locutores de rádio e televisão e procurem imitá-los.
e) Se julgarem necessário, marquem o texto com pausas para respiração e destaquem os verbos das frases para dar um apoio maior à inflexão da voz.
f) Para ajudar no volume da voz, imaginem – como fazem no meio teatral – que na última fileira do teatro há uma velhinha meio surda e que vocês devem representar para ela.

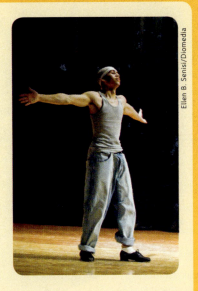

4. Depois que cada um dos elementos do grupo tiver encontrado a expressão própria de sua personagem, comecem a ensaiar a peça teatral.

Encenação

1. Decorem as falas de sua personagem, imaginando-se nas situações vividas por ela, imaginando o cenário e as outras personagens que contracenam com vocês.
2. Além das rubricas de interpretação, vocês devem, agora, observar também as de movimento.
3. Criem o cenário, a sonoplastia (o som que acompanha o texto), os figurinos. Contem para isso com a criatividade individual e do grupo e envolvam outros colegas na montagem.
4. Ensaiem quantas vezes julgarem necessário.
5. Caso algum elemento do grupo se esqueça de uma parte do texto durante os ensaios ou na apresentação, improvisem uma saída, ou recorram ao ponto. *Ponto* é uma pessoa que, no teatro, acompanha o texto que os atores devem dizer para lhes ajudar a memória, se necessário.
6. Tudo pronto, montem o espetáculo e preparem a apresentação.
7. Durante os ensaios e as apresentações, coloquem-se naturalmente no lugar das personagens e vivam-nas, ou seja, comecem a fazer teatro.

PREPARANDO O SARAU

Escolham, com a orientação do professor, o local para a apresentação dos grupos. Montem o cenário e providenciem som, maquiagem, figurino, cadeiras para a plateia, etc.

Façam um roteiro de entrada dos grupos em cena, alternando leitura dramática e encenação teatral com declamações, apresentações de música, de videoclipes, etc. Escolham um colega para coordenar as apresentações dos grupos e contextualizar para o público o que ele verá em cena. Convidem para o evento colegas de outras classes, professores e funcionários da escola, amigos e familiares.

323

Autorretrato *O desesperado* (1844-5), de Gustave Courbet.

UNIDADE 5
HISTÓRIA SOCIAL DO REALISMO, DO NATURALISMO E DO PARNASIANISMO

[...] o Romantismo era a apoteose do sentimento; o realismo é a autonomia de caráter. É a crítica do homem. É a arte que nos pinta a nossos próprios olhos — para nos conhecermos, para que saibamos se somos verdadeiros ou falsos, para condenarmos o que houve de mau na sociedade.

(Eça de Queirós)

Não tive filhos, não transmiti a nenhuma criatura o legado de nossa miséria.

(Brás Cubas, personagem de Machado de Assis)

Ama a arte. Dentre todas as mentiras é a que menos mente.

(Gustave Flaubert)

Os governos suspeitam da literatura porque é uma força que lhes escapa.

(Émile Zola)

Estabeleceu-se há alguns anos uma escola monstruosa de romancistas, que pretende substituir a eloquência da carnagem pela eloquência da carne, que apela para as curiosidades mais cirúrgicas, que reúne pestíferos para nos fazer admirar as veias saltadas, que se inspira diretamente do cólera, seu mestre, e que faz sair pus da consciência. [...] *Thérèse Raquin* é o resíduo de todos esses horrores publicados precedentemente. Nele, escorrem todo o sangue e todas as infâmias...

(Ferragus, crítico do século XIX, a propósito da publicação de *Thérèse Raquin*, obra inaugural do Naturalismo)

VIVÊNCIAS

Projeto:

Jornal mural: *Os Focas*

Produção e montagem de um jornal mural com notícias, entrevistas e reportagens.

Na segunda metade do século XIX, o contexto sociopolítico europeu mudou profundamente. Lutas sociais, tentativas de revolução, novas ideias políticas, científicas... O mundo agitava-se, e a literatura não podia mais, como no tempo do Romantismo, viver de idealizações, do culto do eu e da fuga da realidade. Era necessária uma arte mais objetiva, que atendesse ao desejo do momento: o de analisar, compreender, criticar e transformar a realidade. Como resposta a essa necessidade, surgiriam quase ao mesmo tempo três tendências antirromânticas na literatura, que se entrelaçavam e se influenciavam mutuamente: o Realismo, o Naturalismo e o Parnasianismo.

Fique ligado! Pesquise!

Para estabelecer relações entre a literatura e outras artes e áreas do conhecimento, eis algumas sugestões:

Assista

- *A sedutora Madame Bovary*, de Vincent Minnelli; *Germinal*, de Claude Berri; *Sacco e Vanzetti*, de Giuliano Montaldo; *Os companheiros*, de Mario Monicelli; *Criação*, de Jon Amiel; *Brás Cubas*, de Júlio Bressane; *O primo Basílio*, de Daniel Filho; *O cortiço*, de Francisco Ramalho Jr.; *Memórias póstumas*, de André Klotzel; *O crime do padre Amaro*, de Carlos Carrera; *Os Maias*, de Luís Fernando Carvalho; *Dom*, de Moacyr Góes.

Leia

- *Madame Bovary*, de Gustave Flaubert (Ediouro); *Ilusões perdidas*, de Honoré de Balzac (Ediouro); *Germinal*, de Émile Zola (Hemus); *O vermelho e o negro*, de Stendhal (Globo); *Os irmãos Karamazov*, de Dostoievski (Ediouro); *Guerra e paz* e *Anna Karenina*, de Léon Tolstoi (Itatiaia e Ediouro); *A brasileira dos Prazins*, de Camilo Castelo Branco (Nova Fronteira); *O primo Basílio*, *Os Maias* e *O crime do padre Amaro*, de Eça de Queirós (Ática); *Memórias póstumas de Brás Cubas*, *Dom Casmurro* e *Quincas Borba*, de Machado de Assis (Ática); *Capitu*, de Lygia Fagundes Telles e Paulo Emilio Salles Gomes (Siciliano); *O amor de Capitu*, de Fernando Sabino (Ática); *Capitu – Memórias póstumas*, de Domício Proença Filho (Artium); *O cortiço*, *Casa de pensão* e *O mulato*, de Aluísio Azevedo (Ática); *O missionário*, de Inglês de Souza (Ática); *O Xangô de Baker Street*, de Jô Soares (Companhia das Letras); *Antologia de poesia brasileira – Realismo e Parnasianismo* (Ática).

Pesquise

- Pesquise sobre as relações entre literatura, filosofia e ciência, buscando pontos de contato entre o Realismo e o Naturalismo com o positivismo, de Augusto Comte; o determinismo, de Hipolyte Taine; o evolucionismo, de Charles Darwin; e o socialismo científico, de Marx e Engels.

Navegue

- www.machadodeassis.org.br/
- www.dominiopublico.gov.br/

Visite

- Para conhecer a pintura brasileira do século XIX, visite:
- – no Rio de Janeiro: Museu Histórico Nacional, Museu Nacional de Belas Artes, Museu Nacional da UFRJ;
- – em São Paulo: MASP e Pinacoteca do Estado de São Paulo;
- – em Porto Alegre: Museu Júlio de Castilho;
- – em Juiz de Fora: Museu Mariano Procópio.

A IMAGEM EM FOCO

Observe atentamente o quadro seguinte, de Gustave Courbet, pintor francês que introduziu o Realismo na pintura.

: *As peneiradoras de trigo* (1854), de Gustave Courbet.

1. A propósito do ambiente retratado no quadro, responda:
   a) Como ele se caracteriza?
   b) Trata-se de um ambiente próprio da zona rural ou da zona urbana? Justifique sua resposta com elementos do quadro.

2. Observe as personagens que compõem a cena.
   a) O que elas estão fazendo?
   b) Levante hipóteses: Que vínculos pode haver entre elas?
   c) Para elas, o que representa o trigo?

3. As primeiras telas de Courbet escandalizaram os salões de arte parisienses, por causa dos temas que abordavam, até então inéditos.
   a) Na hierarquia social, que posição ocupavam as personagens retratadas no quadro?
   b) Apesar da condição social das personagens, o quadro desperta algum sentimento de piedade ou compaixão nos espectadores?

4. Certa vez perguntaram a Courbet se ele era capaz de pintar um anjo. E ele respondeu: "Jamais poderei pintar um anjo, porque nunca vi nenhum".
   a) Qual é o princípio realista presente nessa resposta do pintor?
   b) Na sua opinião, o quadro põe em prática esse princípio realista? Justifique sua resposta.

5. Observe as cores em destaque no quadro. Que relação elas têm com o tema abordado pelo pintor?

6. Em primeiro plano, destaca-se uma moça.
   a) O que sugerem os movimentos dela?
   b) Interprete: O que a moça representa nesse quadro?

7. Um dos traços do Realismo é a crítica social. Considerando-se o contexto da época, o quadro faz uma crítica à sociedade de então? Justifique sua resposta.

LITERATURA

A roda de fiar (1855), de Jean-François Millet, marca o interesse dos realistas e naturalistas pela vida cotidiana dos trabalhadores.

CAPÍTULO 29

A linguagem do Realismo, do Naturalismo e do Parnasianismo

Motivados pelas teorias científicas e filosóficas da época, os escritores realistas se empenharam em retratar o homem e a sociedade em conjunto. Não bastava mostrar a face sonhadora e idealizada da vida, como haviam feito os românticos; era preciso mostrar a face do cotidiano massacrante, do casamento por interesse, do amor adúltero, da falsidade e do egoísmo, da impotência do ser humano comum diante dos poderosos.

Na segunda metade do século XIX, a literatura europeia buscou novas formas de expressão, sintonizadas com as mudanças que ocorriam em diferentes setores: filosófico, científico, político, econômico e cultural. A renovação na literatura manifestou-se na forma de três movimentos literários distintos na França: o Realismo, o Naturalismo e o Parnasianismo. O Realismo teve início com a publicação de *Madame Bovary* (1857), de Gustave Flaubert; o Naturalismo, com a publicação de *Thérèse Raquin* (1867), de Émile Zola; e o Parnasianismo, com a publicação das antologias parnasianas intituladas *Parnasse contemporain* (a partir de 1866).

Embora guardem diferenças formais e ideológicas, essas três tendências apresentam alguns aspectos em comum: *o combate ao Romantismo, o resgate do objetivismo na literatura* e *o gosto pelas descrições*.

De modo geral, pode-se dizer que o Naturalismo é uma espécie de Realismo científico, enquanto o Parnasianismo é um retorno da poesia ao estilo clássico, abandonado pelos românticos.

A LINGUAGEM DA PROSA REALISTA

A seguir, você lerá um conto de Machado de Assis, o principal escritor realista brasileiro, por meio do qual será feito o estudo da linguagem da prosa realista.

LEITURA

A causa secreta

[...]

Garcia tinha-se formado em medicina, no ano anterior, 1861. No ano de 1860, estando ainda na Escola, encontrou-se com Fortunato, pela primeira vez, à porta da Santa Casa; entrava, quando o outro saía. Fez-lhe impressão a figura; mas, ainda assim, tê-la-ia esquecido, se não fosse o segundo encontro, poucos dias depois. Morava na rua de D. Manuel. Uma de suas raras distrações era ir ao teatro de S. Januário, que ficava perto, entre essa rua e a praia; ia uma ou duas vezes por mês, e nunca achava acima de quarenta pessoas. Só

Retrato de mulher (1892), de Rodolfo Amoedo, pintor brasileiro contemporâneo de Machado de Assis.

os mais intrépidos ousavam estender os passos até aquele recanto da cidade. Uma noite, estando nas cadeiras, apareceu ali Fortunato, e sentou-se ao pé dele.

A peça era um dramalhão, cosido a facadas, ouriçado de imprecações e remorsos; mas Fortunato ouviu-a com singular interesse. Nos lances dolorosos, a atenção dele redobrava, os olhos iam avidamente de um personagem a outro, a tal ponto que o estudante suspeitou haver na peça reminiscências pessoais do vizinho. No fim do drama veio uma farsa; mas Fortunato não esperou por ela e saiu; Garcia saiu atrás dele. Fortunato foi pelo beco do Cotovelo, rua de S. José, até o largo da Carioca. Ia devagar, cabisbaixo, parando às vezes, para dar uma bengalada em algum cão que dormia; o cão ficava ganindo e ele ia andando. No largo da Carioca entrou num tílburi, e seguiu para os lados da praça da Constituição. Garcia voltou para casa sem saber mais nada.

[...]

Tempos depois, estando já formado, e morando na rua de Matacavalos, perto da do Conde, encontrou Fortunato em uma gôndola, encontrou-o ainda outras vezes, e a frequência trouxe a familiaridade. Um dia Fortunato convidou-o a ir visitá-lo ali perto, em Catumbi.

— Sabe que estou casado?
— Não sabia.
— Casei-me há quatro meses, podia dizer quatro dias. Vá jantar conosco domingo.
— Domingo?
— Não esteja forjando desculpas; não admito desculpas. Vá domingo.

Garcia foi lá no domingo. Fortunato deu-lhe um bom jantar, bons charutos e boa palestra, em companhia da senhora, que era interessante. A figura dele não mudara; os olhos eram as mesmas chapas de estanho, duras e frias; as outras feições não eram mais atraentes que dan-

328

tes. Os obséquios, porém, se não resgatavam a natureza, davam alguma compensação, e não era pouco. Maria Luísa é que possuía ambos os feitiços, pessoa e modos. Era esbelta, airosa, olhos meigos e submissos; tinha vinte e cinco anos e parecia não passar de dezenove. Garcia, à segunda vez que lá foi, percebeu que entre eles havia alguma dissonância de caracteres, pouca ou nenhuma afinidade moral, e da parte da mulher para com o marido uns modos que transcendiam o respeito e confinavam na resignação e no temor. [...]

A comunhão dos interesses apertou os laços da intimidade. Garcia tornou-se familiar na casa; ali jantava quase todos os dias, ali observava a pessoa e a vida de Maria Luísa, cuja solidão moral era evidente. E a solidão como que lhe duplicava o encanto. Garcia começou a sentir que alguma coisa o agitava, quando ela aparecia, quando falava, quando trabalhava, calada, ao canto da janela, ou tocava ao piano umas músicas tristes. Manso e manso, entrou-lhe o amor no coração. Quando deu por ele, quis expeli-lo, para que entre ele e Fortunato não houvesse outro laço que o da amizade; mas não pôde. Pôde apenas trancá-lo; Maria Luísa compreendeu ambas as coisas, a afeição e o silêncio, mas não se deu por achada.

No começo de outubro deu-se um incidente que desvendou ainda mais aos olhos do médico a situação da moça. Fortunato metera-se a estudar anatomia e fisiologia, e ocupava-se nas horas vagas em rasgar e envenenar gatos e cães. Como os guinchos dos animais atordoavam os doentes, mudou o laboratório para casa, e a mulher, compleição nervosa, teve de os sofrer. Um dia, porém, não podendo mais, foi ter com o médico e pediu-lhe que, como coisa sua, alcançasse do marido a cessação de tais experiências.

— Mas a senhora mesma...

Maria Luísa acudiu, sorrindo:

> ## Casamento e traição
>
> No Romantismo, as histórias geralmente terminam em final feliz e em casamento. No Realismo, elas quase sempre começam com o casamento, que, envolto por interesses e contradições, facilmente é seguido de adultério.
>
> O tema do adultério foi tratado por escritores de diferentes épocas posteriores e também já foi abordado na música, no cinema e no teatro. No teatro brasileiro, ele se destaca nos dramas familiares de Nelson Rodrigues. No cinema, um clássico sobre o tema é *A insustentável leveza do ser* (1988), de Philip Kaufman, baseado na obra do escritor checo Milan Kundera. E, mais recentemente, o adultério está em filmes como *Amor, sexo e traição* (2004), de Jorge Fernando; *Lady Chatterley* (2006), de Pascale Ferran; *O preço da traição* (2009), de Atom Egoyan.

— Ele naturalmente achará que sou criança. O que eu queria é que o senhor, como médico, lhe dissesse que isso me faz mal; e creia que faz...

Garcia alcançou prontamente que o outro acabasse com tais estudos. Se os foi fazer em outra parte, ninguém o soube, mas pode ser que sim. Maria Luísa agradeceu ao médico, tanto por ela como pelos animais, que não podia ver padecer. Tossia de quando em quando; Garcia perguntou-lhe se tinha alguma coisa, ela respondeu que nada.

— Deixe ver o pulso.

— Não tenho nada.

Não deu o pulso, e retirou-se. Garcia ficou apreensivo. Cuidava, ao contrário, que ela podia ter alguma coisa, que era preciso observá-la e avisar o marido em tempo.

Dois dias depois — exatamente o dia em que os vemos agora —, Garcia foi lá jantar. Na sala disseram-lhe que Fortunato estava no gabinete, e ele caminhou para ali; ia chegando à porta, no momento em que Maria Luísa saía aflita.

— Que é? perguntou-lhe.

— O rato! O rato! exclamou a moça sufocada e afastando-se.

Garcia lembrou-se que, na véspera, ouvira ao Fortunato queixar-se de um rato, que lhe levara um papel importante; mas estava longe de esperar o que viu. Viu Fortunato sentado à mesa, que havia no centro do gabinete, e sobre a qual pusera um prato com espírito de vinho. O líquido flamejava. Entre o polegar e o índice da mão esquerda segurava um barbante, de cuja ponta pendia o rato atado pela cauda. Na direita tinha uma tesoura. No momento em que o Garcia entrou, Fortunato cortava ao rato uma das pernas; em seguida desceu o infeliz até à chama, rápido, para não matá-lo, e dispôs-se a fazer o mesmo à terceira, pois já lhe havia cortado a primeira. Garcia estacou horrorizado.

— Mate-o logo! disse-lhe.

— Já vai.

E com um sorriso único, reflexo de alma satisfeita, alguma coisa que traduzia a delícia íntima das sensações supremas, Fortunato cortou a terceira pata do rato, e fez pela terceira vez o mesmo movimento até a chama. O miserável estorcia-se, guinchando, ensanguentado, chamuscado, e não acabava de morrer. Garcia desviou os olhos, depois voltou-os novamente, e estendeu a mão para impedir que o suplício continuasse, mas não chegou a fazê-lo, porque o diabo do homem impunha medo, com toda aquela serenidade radiosa da fisionomia. Faltava cortar a última pata; Fortunato cortou-a muito devagar, acompanhando a tesoura com os olhos; a pata caiu, e ele ficou olhando para o rato meio cadáver. Ao descê-lo pela quarta vez, até a chama, deu ainda mais rapidez ao gesto, para salvar, se pudesse, alguns farrapos de vida.

Garcia, defronte, conseguia dominar a repugnância do espetáculo para fixar a cara do homem. Nem raiva, nem ódio; tão somente um vasto prazer, quieto e profundo, como daria a outro a audição de uma bela sonata ou a vista de uma estátua divina, alguma coisa parecida com a pura sensação estética. Pareceu-lhe, e era verdade, que Fortunato havia-o inteiramente esquecido. Isto posto, não estaria fingindo, e devia ser aquilo mesmo. A chama ia morrendo, o rato podia ser que tivesse ainda um resíduo de vida, sombra de sombra; Fortunato aproveitou-o para cortar-lhe o focinho e pela última vez chegar a carne ao fogo. Afinal deixou cair o cadáver no prato, e arredou de si toda essa mistura de chamusco e sangue.

Ao levantar-se deu com o médico e teve um sobressalto. Então, mostrou-se enraivecido contra o animal, que lhe comera o papel; mas a cólera evidentemente era fingida.

— Castiga sem raiva, pensou o médico, pela necessidade de achar uma sensação de prazer, que só a dor alheia lhe pode dar: é o segredo deste homem.

Fortunato encareceu a importância do papel, a perda que lhe trazia, perda de tempo, é certo, mas o tempo agora era-lhe preciosíssimo. Garcia ouvia só, sem dizer nada, nem lhe dar crédito. Relembrava os atos dele, graves e leves, achava a mesma explicação para todos. Era a mesma troca das teclas da sensibilidade, um diletantismo *sui generis*, uma redução de Calígula.

Quando Maria Luísa voltou ao gabinete, daí a pouco, o marido foi ter com ela, rindo, pegou-lhe nas mãos e falou-lhe mansamente:

— Fracalhona!

E voltando-se para o médico:

— Há de crer que quase desmaiou?

Maria Luísa defendeu-se a medo, disse que era nervosa e mulher; depois foi sentar-se à janela com as suas lãs e agulhas, e os dedos ainda trêmulos, tal qual a vimos no começo desta história. Hão de lembrar-se que, depois de terem falado de outras coisas, ficaram calados os três, o marido sentado e olhando para o teto, o médico estalando as unhas. Pouco depois foram jantar; mas o jantar não foi alegre. Maria Luísa cismava e tossia; o médico indagava de si mesmo se ela não estaria exposta a algum excesso na companhia de tal homem. Era apenas possível; mas o amor trocou-lhe a possibilidade em certeza; tremeu por ela e cuidou de os vigiar.

330

Ela tossia, tossia, e não se passou muito tempo que a moléstia não tirasse a máscara. Era a tísica, velha dama insaciável, que chupa a vida toda, até deixar um bagaço de ossos. Fortunato recebeu a notícia como um golpe; amava deveras a mulher, a seu modo, estava acostumado com ela, custava-lhe perdê-la. Não poupou esforços, médicos, remédios, ares, todos os recursos e todos os paliativos. Mas foi tudo vão. A doença era mortal.

Nos últimos dias, em presença dos tormentos supremos da moça, a índole do marido subjugou qualquer outra afeição. Não a deixou mais; fitou o olho baço e frio naquela decomposição lenta e dolorosa da vida, bebeu uma a uma as aflições da bela criatura, agora magra e transparente, devorada de febre e minada de morte. Egoísmo aspérrimo, faminto de sensações, não lhe perdoou um só minuto de agonia, nem lhos pagou com uma só lágrima, pública ou íntima. Só quando ela expirou, é que ele ficou aturdido. Voltando a si, viu que estava outra vez só.

De noite, indo repousar uma parenta de Maria Luísa, que a ajudara a morrer, ficaram na sala Fortunato e Garcia, velando o cadáver, ambos pensativos; mas o próprio marido estava fatigado, o médico disse-lhe que repousasse um pouco.

— Vá descansar, passe pelo sono uma hora ou duas: eu irei depois.

Fortunato saiu, foi deitar-se no sofá da saleta contígua, e adormeceu logo. Vinte minutos depois acordou, quis dormir outra vez, cochilou alguns minutos, até que se levantou e voltou à sala. Caminhava nas pontas dos pés para não acordar a parenta, que dormia perto. Chegando à porta, estacou assombrado.

Garcia tinha-se chegado ao cadáver, levantara o lenço e contemplara por alguns instantes as feições defuntas. Depois, como se a morte espiritualizasse tudo, inclinou-se e beijou-o na testa. Foi nesse momento que Fortunato chegou à porta. Estacou assombrado; não podia ser o beijo da amizade, podia ser o epílogo de um livro adúltero. Não tinha ciúmes, note-se; a natureza compô-lo de maneira que lhe não deu ciúmes nem inveja, mas dera-lhe vaidade, que não é menos cativa ao ressentimento. Olhou assombrado, mordendo os beiços.

Entretanto, Garcia inclinou-se ainda para beijar outra vez o cadáver; mas então não pôde mais. O beijo rebentou em soluços, e os olhos não puderam conter as lágrimas, que vieram em borbotões, lágrimas de amor calado, e irremediável desespero. Fortunato, à porta, onde ficara, saboreou tranquilo essa explosão de dor moral que foi longa, muito longa, deliciosamente longa.

(*50 contos de Machado de Assis*. São Paulo: Companhia das Letras, 2007. p. 368-76.)

O herói problemático e a modernidade

É a partir do Realismo, principalmente, que começa a ter destaque a figura do *herói problemático*, o tipo de herói predominante na literatura, no cinema e no teatro da modernidade. Diferentemente do herói romanesco – aquele cuja ousadia, integridade e coerência estão acima da média em relação às pessoas comuns –, o herói problemático normalmente é o ser humano na sua pequenez, cheio de fraquezas, manias e incertezas diante de um mundo no qual se sente deslocado. Filmes como *Medos privados em lugares públicos* (2006), de Alain Resnais, *O cheiro do ralo* (2007), de Heitor Dhalia, *Meu nome não é Johnny* (2008), de Mauro Lima, *Tropa de elite* (2007), de José Padilha, e *O artista* (2011), de Michel Hazanavicius, têm heróis problemáticos como figuras centrais.

---

airosa: gentil, digna.

aspérrimo: superlativo de áspero.

Calígula: imperador romano conhecido por ser extravagante e cruel.

compleição: constituição física.

diletantismo: amadorismo, gosto.

espírito de vinho: álcool.

imprecação: ofensa, xingamento.

intrépido: corajoso.

sui generis: original.

tílburi: charrete.

tísica: tuberculose.

1. A descrição é um recurso utilizado tanto na prosa romântica quanto na prosa realista, mas com finalidades diferentes. Compare a seguir duas descrições de personagens femininas: a primeira é de Aurélia, da obra *Senhora*, de José de Alencar, e a segunda, de Maria Luísa, personagem do conto "A causa secreta".

> I. "Era uma expressão fria, pausada, inflexível, que jaspeava sua beleza, dando-lhe quase a gelidez da estátua. Mas no lampejo de seus grandes olhos pardos brilhavam as irradiações da inteligência."
>
> II. "Era esbelta, airosa, olhos meigos e submissos; tinha vinte e cinco anos e parecia não passar de dezenove. [...] e da parte da mulher para com o marido uns modos que transcendiam o respeito e confinavam na resignação e no temor."

a) Qual dos dois textos apresenta vocabulário e construções mais sofisticados, em estilo elevado e poético?

b) Ambos os fragmentos, sendo descritivos, servem para caracterizar as personagens. Entre eles, contudo, há uma diferença essencial quanto à finalidade. Observe algumas imagens e adjetivos empregados na caracterização exterior e a caracterização do mundo interior de uma e outra personagem:

> I. expressão inflexível, gelidez da estátua, lampejo dos olhos / irradiações da inteligência
>
> II. esbelta, airosa / olhos meigos e submissos, modos que confinavam na resignação e no temor

Em qual fragmento a descrição tem a finalidade de:

- elevar e idealizar a personagem?
- retratar a personagem como ela realmente é?

2. Preocupada em retratar a realidade de modo objetivo, quase documental, a prosa realista geralmente é marcada pelo registro do tempo e do espaço. Observe as datas citadas pelo narrador.

a) Quando ocorre o sacrifício do animal realizado por Fortunato?

b) Que outras indicações temporais aparecem no texto?

c) A menção a ruas e trajetos constitui um recurso para dar veracidade aos fatos. Em qual cidade se passa a história? Em qual bairro Fortunato residia?

3. Nos textos em prosa do Realismo, em geral a narrativa flui lentamente. No conto em estudo, para dar ideia do caráter de Fortunato, o narrador enumera as ocasiões em que essa personagem e Garcia haviam se encontrado e descreve em detalhes seu comportamento. Considere estes comportamentos de Fortunato:

- Assiste ao drama com interesse e deixa o teatro quando começa a farsa.
- Dedica-se aos estudos de anatomia e fisiologia.
- Tortura o animal.
- Dedica-se integralmente a Maria Luísa quando esta adoece.

a) De acordo com Garcia, qual era a motivação oculta de Fortunato para essas ações?

b) A que comparação Garcia recorre para se referir ao estado em que imaginava Fortunato nesses momentos?

4. A prosa realista tem como propósito captar o ser humano em sua totalidade, isto é, tanto exterior quanto interiormente. O retrato interior das personagens, isto é, a focalização de seus conflitos, pensamentos, anseios, reflexões, desejos, etc., é chamado de *introspecção psicológica*. Relacione os trechos abaixo à indicação de ação, pensamento ou emoção das personagens.

a) "Fortunato deu-lhe um bom jantar, bons charutos e boa palestra"

b) "Garcia tornou-se familiar na casa"

c) "Garcia, defronte, conseguia dominar a repugnância do espetáculo"

d) "o diabo do homem impunha medo"

e) "Castiga sem raiva [...] pela necessidade de achar uma sensação de prazer"

f) "O beijo rebentou em soluços, e os olhos não puderam conter as lágrimas, que vieram em borbotões"

5. Na prosa realista, é comum a ocorrência do procedimento metalinguístico por meio do qual o narrador deixa claro que está contando uma história. No conto lido, em que situações o narrador se dirige diretamente ao leitor?

332

6. No conto em estudo, o narrador, embora seja onisciente, assume em grande parte do relato a perspectiva de Garcia, uma das personagens.

a) Por que o narrador assume a perspectiva dessa personagem?

b) Em que momento essa perspectiva se modifica?

c) Quando a perspectiva do narrador deixa de ser a de Garcia, que traço de Fortunato volta a se manifestar? Justifique sua resposta com palavras e expressões do texto.

7. A prosa realista do século XIX denunciou em muitas obras a situação de submissão em que viviam as mulheres e as consequências negativas que dela advinham, como morte, humilhação, solidão.

a) No conto "A causa secreta", Fortunato teve, na sua opinião, responsabilidade pelo adoecimento e pela morte da mulher?

b) Que pensamento de Garcia levanta a suspeita de que Maria Luísa fosse objeto das experiências do marido?

8. No decorrer do conto, o narrador lança mão tanto do discurso direto quanto do discurso indireto.

Como esse recurso contribui:

a) para a fluidez da narrativa?

b) para a ambiguidade das situações e do enredo?

9. A seguir, são relacionadas as características relativas ao amor e ao herói românticos. Elabore um quadro com as características realistas opostas a elas, exemplificando-as com situações encontradas em "A causa secreta".

• A mulher amada é sinônimo de beleza e perfeição.

• O casamento, no Romantismo, normalmente é resultado de um amor profundo e o fim de uma longa trajetória de obstáculos.

• O amor está acima de todos os interesses; é a mola mestra que impulsiona e purifica as ações humanas.

• O herói romântico geralmente tem caráter forte e nobre e comportamento íntegro e linear, que raramente se altera ao longo da história.

• O herói romântico é um ser especial, dotado de forças ou poderes incomuns.

10. O Romantismo supervaloriza o indivíduo e suas particularidades. Já o Realismo, mesmo trabalhando em profundidade a personagem, tende a buscar nela aquilo que é universal, isto é, comum a cada um de nós e que define a nossa condição humana. É possível dizer que a situação vivida pelas personagens Garcia, Fortunato e Maria Luísa – e toda a carga de emoções e valores que a acompanha – é universal ou particular? Justifique.

Como síntese, compare as características do Realismo com as do Romantismo:

REALISMO	ROMANTISMO
Objetivismo	Subjetivismo
Descrições e adjetivação objetivas, voltadas a captar o real como ele é	Descrições e adjetivação idealizantes, voltadas a elevar o objeto descrito
Linguagem culta e direta	Linguagem culta, em estilo metafórico e poético
Mulher não idealizada, mostrada com defeitos e qualidades	Mulher idealizada, anjo de pureza e perfeição
Amor e outros sentimentos subordinados aos interesses sociais	Amor sublime e puro, acima de qualquer interesse
Casamento como instituição falida; contrato de interesses e conveniências	Casamento como objetivo maior de relacionamento amoroso
Herói problemático, cheio de fraquezas, manias e incertezas	Herói íntegro, de caráter irrepreensível
Narrativa lenta, acompanhando o tempo psicológico	Narrativa de ação e de aventura
Personagens trabalhadas psicologicamente	Personagens planas, de pensamentos e ações previsíveis
Universalismo	Individualismo, culto do eu

333

LITERATURA

A LINGUAGEM DA PROSA NATURALISTA

Você vai ler, a seguir, dois textos: o primeiro é um trecho de *Germinal* (1881), de Émile Zola, uma das mais importantes obras do Naturalismo francês; o segundo é um trecho de *O cortiço* (1890), de Aluísio Azevedo, a mais importante obra naturalista de nossa literatura.

LEITURA

No romance *Germinal*, Zola retrata as condições desumanas de vida e de trabalho dos mineiros franceses no século XIX, quando ainda não havia leis que protegessem os direitos dos trabalhadores. No episódio que segue, Etienne, o progatonista da obra, chega pela primeira vez à mina de carvão à procura de emprego. Interessado em ideias de igualdade e justiça social, Etienne se torna, mais tarde, líder dos mineiros num movimento grevista e porta-voz das ideias socialistas que circulavam naquele momento na Europa.

TEXTO I

Por pouco Etienne não fora esmagado. Seus olhos habituavam-se, já podia ver no ar a corrida dos cabos, mais de trinta metros de fita de aço subiam velozes à torre, onde passavam roldanas para, em seguida, descer a pique no poço e prenderem-se nos elevadores de extração. [...]

Só uma coisa ele compreendia perfeitamente: que o poço engolia magotes de vinte e de trinta homens, e com tal facilidade que nem parecia senti-los passar pela goela. Desde as quatro horas os operários começavam a descer; vinham da barraca, descalços, lâmpada na mão, e esperavam em grupos pequenos até formarem número suficiente. Sem ruído, com um pulo macio de animal noturno, o elevador de ferro subia do escuro, enganchava-se nas aldravas, com seus quatro andares, cada um contendo dois vagonetes cheios de carvão. Nos diferentes patamares, os carregadores retiravam os vagonetes, substituindo-os por outros vazios ou carregados antecipadamente com madeira em toros. E era nesses carros vazios que se empilhavam os operários, cinco a cinco, até quarenta de uma vez, quando ocupavam todos os compartimentos. Uma ordem partia do porta-voz, um tartamudear grosso e indistinto, enquanto a corda, para dar o sinal embaixo, era puxada quatro vezes, convenção que queria dizer "aí vai carne" e que avisava da descida desse carregamento de carne humana. A seguir, depois de um ligeiro solavanco, o elevador afundava silencioso, caía como uma pedra, deixando atrás de si apenas a fuga vibrante do cabo.

— É muito fundo? — perguntou Etienne a um mineiro com ar sonolento que esperava perto dele.

— Quinhentos e cinquenta e quatro metros — respondeu o homem. [...]

(Émile Zola. *Germinal*. 2. ed. São Paulo: Círculo do Livro, 1976. p. 26-8.)

Cena do filme *Germinal*, adaptado do romance de Zola.

aldrava: pequena tranca metálica que fecha a porta.
magote: ajuntamento de coisas ou pessoas; amontoado, porção.
tartamudear: falar com dificuldade, gaguejar, balbuciar.

TEXTO II

Eram cinco horas da manhã e o cortiço acordava, abrindo, não os olhos, mas a sua infinidade de portas e janelas alinhadas.

Um acordar alegre e farto de quem dormiu de uma assentada, sete horas de chumbo. Como que se sentiam ainda na indolência de neblina as derradeiras notas da última guitarra da noite antecedente, dissolvendo-se à luz loura e tenra da aurora, que nem um suspiro de saudade perdido em terra alheia.

A roupa lavada, que ficara de véspera nos coradouros, umedecia o ar e punha-lhe um fartum acre de sabão ordinário. As pedras do chão, esbranquiçadas no lugar da lavagem e em alguns pontos azuladas pelo anil, mostravam uma palidez grisalha e triste, feita de acumulações de espumas secas.

Entretanto, das portas surgiam cabeças congestionadas de sono; ouviam-se amplos bocejos, fortes como o marulhar das ondas; pigarreava-se grosso por toda a parte; começavam as xícaras a tilintar; o cheiro quente do café aquecia, suplantando todos os outros; trocavam-se de janela para janela as primeiras palavras, os bons-dias; reatavam-se conversas interrompidas à noite; a pequenada cá fora traquinava já, e lá dentro das casas vinham choros abafados de crianças que ainda não andam. No confuso rumor que se formava, destacavam-se risos, sons de vozes que altercavam, sem se saber onde, grasnar de marrecos, cantar de galos, cacarejar de galinhas. De alguns quartos saíam mulheres que vinham dependurar cá fora, na parede, a gaiola do papagaio, e os louros, à semelhança dos donos, cumprimentavam-se ruidosamente, espanejando-se à luz nova do dia.

Daí a pouco, em volta das bicas era um zum-zum crescente; uma aglomeração tumultuosa de machos e fêmeas. Uns, após outros, lavavam a cara, incomodamente, debaixo do fio de água que escorria da altura de uns cinco palmos. O chão inundava-se. As mulheres precisavam já prender as saias entre as coxas para não as molhar; via-se-lhes a tostada nudez dos braços e do pescoço, que elas despiam suspendendo o cabelo todo para o alto do casco; os homens, esses não se preocupavam em não molhar o pelo, ao contrário metiam a cabeça bem debaixo da água e esfregavam com força as ventas e as barbas, fossando e fungando contra as palmas da mão. As portas das latrinas não descansavam, era um abrir e fechar de cada instante, um entrar e sair sem tréguas. Não se demoravam lá dentro e vinham ainda amarrando as calças ou as saias; as crianças não se davam ao trabalho de lá ir, despachavam-se ali mesmo, no capinzal dos fundos, por detrás da estalagem ou no recanto das hortas.

Ilustração de edição antiga de *O cortiço*.

O rumor crescia, condensando-se; o zum-zum de todos os dias acentuava-se; já se não destacavam vozes dispersas, mas um só ruído compacto que enchia todo o cortiço. Começavam a fazer compras na venda; ensarilhavam-se discussões e rezingas; ouviam-se gargalhadas e pragas; já se não falava, gritava-se. Sentia-se naquela fermentação sanguínea, naquela gula viçosa de plantas rasteiras que mergulham os pés vigorosos na lama preta e nutriente da vida o prazer animal de existir, a triunfante satisfação de respirar sobre a terra.

(Aluísio Azevedo. *O cortiço*. 9. ed. São Paulo: Ática, 1970. p. 28-9.)

---

altercar: discutir com ardor.

casco: o couro cabeludo; o conjunto formado pelos ossos do crânio; unha de certos paquidermes e mamíferos.

coradouro: o mesmo que qua-radouro; lugar onde se põe a roupa para corar ou quarar.

de uma assentada: de uma só vez.

ensarilhar: emaranhar, enredar.

fartum: mau cheiro.

indolência: preguiça.

latrina: recinto da casa com vaso sanitário ou escavação para receber dejetos.

rezinga: discussão, rixa.

---

1. Um procedimento característico da prosa naturalista é apresentar o ambiente físico e social detalhadamente, como se o narrador estivesse munido de uma máquina fotográfica com lentes do tipo zum, que lhe permitisse compor e decompor os detalhes de cada cena. Compare os dois textos.

a) Que grupo social é retratado em cada uma das obras? O que os dois grupos têm em comum?

b) Que elementos dos dois textos comprovam que as personagens levam uma vida difícil, miserável?

2. A linguagem da prosa naturalista caracteriza-se pela adoção de uma postura analítica e científica diante da realidade. Por isso, faz uso frequente da narração impessoal e de descrições minuciosas, com muitas sugestões visuais, olfativas, táteis e auditivas. Por conta desse detalhamento, a narrativa às vezes torna-se lenta.

a) Por que o foco narrativo em 3ª pessoa é o mais apropriado para esse fim?

b) Identifique em *Germinal* um exemplo de sugestão visual.

c) Identifique em *O cortiço* exemplos de sensações olfativas, auditivas, táteis e visuais.

d) Identifique em *O cortiço* um exemplo de narrativa lenta.

3. Como vimos, as obras da prosa realista retratam suas personagens por meio de um enfoque individual e psicológico, geralmente em situações de conflito com valores sociais. Compare a prosa realista aos textos naturalistas lidos.

a) A prosa naturalista tem preferência pelo retrato individual das pessoas ou pelo retrato de agrupamentos coletivos?

b) No retrato das personagens, predomina a abordagem física, psicológica ou social?

c) Que relação têm essas escolhas do Naturalismo com o projeto de explicar cientificamente o comportamento humano?

4. No Naturalismo, homens e mulheres são vistos por uma perspectiva biológica, em que se destaca seu lado físico, instintivo, animal, por vezes até degradante.

a) Identifique no texto um trecho que comprove a animalização das personagens do cortiço.

b) Há no texto situações de degradação humana? Se sim, identifique-as.

c) Releia esta descrição das mulheres:

> "As mulheres precisavam já prender as saias entre as coxas para não as molhar; via-se-lhes a tostada nudez dos braços e do pescoço, que elas despiam suspendendo o cabelo todo para o alto do casco."

Em que essa descrição difere da descrição da mulher romântica?

d) Um dos sentidos da palavra *cortiço* é "caixa cilíndrica, de cortiça, na qual as abelhas se criam e fabricam o mel e a cera". Relacione esse sentido da palavra ao trecho "Daí a pouco, em volta das bicas era um zum-zum crescente; uma aglomeração tumultuosa de machos e fêmeas".

336

5. Releia estes fragmentos de *Germinal*:

> "[...] o poço engolia magotes de vinte e de trinta homens, e com tal facilidade que nem parecia senti-los passar pela goela."
>
> "[...] a corda, para dar o sinal embaixo, era puxada quatro vezes, convenção que queria dizer 'aí vai carne' e que avisava da descida desse carregamento de carne humana."

Nesses fragmentos, também notamos o fenômeno da animalização naturalista, mas com diferenças em relação a *O cortiço*. A mina de carvão, em *Germinal*, é que é vista como um grande animal, um monstro devorador.

a) De que se alimenta esse animal?

b) Pode-se dizer que a obra, ao fazer uso de expressões como "carregamento de carne humana", mostra-se engajada, isto é, comprometida em fazer uma denúncia social? Por quê?

Homem: a raça, o meio, o momento histórico

Os naturalistas, baseados nas ideias deterministas de Hippolyte Taine, viam o ser humano como uma máquina guiada pela ação das leis físicas e químicas, pela hereditariedade e pelo meio físico e social. As personagens aparecem, então, como produtos, como consequências de forças preexistentes que lhes roubam o livre-arbítrio e as tornam, em casos extremos, verdadeiros joguetes.

Hippolyte Taine.

Como síntese do estudo que fizemos, observe as principais características do Naturalismo:

NATURALISMO	
Quanto à forma	**Quanto ao conteúdo**
• Linguagem simples • Clareza, equilíbrio e harmonia na composição • Preocupação com minúcias • Presença de palavras regionais • Descrição e narrativa lentas • Impessoalidade	• Determinismo • Objetivismo científico • Temas de patologia social • Observação e análise da realidade • Ser humano descrito sob a ótica do animalesco e do sensual • Despreocupação com a moral • Literatura engajada

A LINGUAGEM DA POESIA PARNASIANA

Enquanto o Realismo e o Naturalismo tiveram em comum a finalidade de analisar e compreender a realidade, o Parnasianismo foi uma tendência com perspectiva completamente diferente.

LEITURA

Você vai ler, a seguir, dois poemas parnasianos. O primeiro, de Olavo Bilac, representa uma espécie de plataforma teórica do Parnasianismo no Brasil e nele pode ser observado o projeto poético de seu autor e dos parnasianos em geral. O segundo é de Alberto de Oliveira, considerado o poeta parnasiano que melhor se enquadrou nas propostas do movimento.

337

TEXTO I

Profissão de fé

Invejo o ourives quando escrevo:
    Imito o amor
Com que ele, em ouro, o alto-relevo
    Faz de uma flor.

Imito-o. E, pois nem de Carrara
    A pedra firo:
O alvo cristal, a pedra rara,
    O ônix prefiro.

Por isso, corre, por servir-me,
    Sobre o papel
A pena, como em prata firme
    Corre o cinzel.

Corre; desenha, enfeita a imagem,
    A ideia veste:
Cinge-lhe ao corpo a ampla roupagem
    Azul-celeste.

Torce, aprimora, alteia, lima
    A frase; e, enfim,
No verso de ouro engasta a rima,
    Como um rubim.

Quero que a estrofe cristalina,
    Dobrada ao jeito
Do ourives, saia da oficina
    Sem um defeito.

E que o lavor do verso, acaso,
    Por tão sutil,
Possa o lavor lembrar de um vaso
    De Becerril.

E horas sem conta passo, mudo,
    O olhar atento,
A trabalhar, longe de tudo
    O pensamento.

Porque o escrever — tanta perícia
    Tanta requer,
Que ofício tal... nem há notícia
    De outro qualquer.

Assim procedo. Minha pena
    Segue esta norma,
Por te servir, Deusa serena
    Serena Forma!

(Olavo Bilac. *Poesia*. Rio de Janeiro: Agir, 1957. p. 39-40.)

---

altear: elevar, tornar mais alto.
alto-relevo: escultura, impressão ou gravura em que certas partes sobressaem em relação ao fundo.
Becerril: nome de um famoso artesão.
Carrara: cidade italiana famosa pela qualidade do mármore branco que produz.
cingir: rodear, envolver.
cinzel: instrumento de corte usado por escultores e gravadores.
engastar: encaixar, inserir.
ônix: tipo de pedra; variedade dura do quartzo.
perícia: habilidade, destreza.
rubim: variante de rubi.

TEXTO II

Vaso chinês

Estranho mimo, aquele vaso! Vi-o
Casualmente, uma vez, de um perfumado
Contador sobre o mármor luzidio,
Entre um leque e o começo de um bordado.

Fino artista chinês, enamorado,
Nele pusera o coração doentio
Em rubras flores de um sutil lavrado,
Na tinta ardente, de um calor sombrio.

Mas, talvez por contraste à desventura —
Quem o sabe? — de um velho mandarim
Também lá estava a singular figura:

Que arte, em pintá-la! A gente vendo-a
Sentia um não sei quê com aquele chim
De olhos cortados, à feição de amêndoa.

(Alberto de Oliveira. *Poesia*. Rio de Janeiro: Agir, 1959. p. 24.)

338

1. Observe a linguagem dos dois poemas, considerando seus aspectos formais: seleção vocabular, métrica, rimas, sintaxe (ordem das orações). Compare a linguagem da poesia parnasiana com a da poesia romântica.

   a) Qual delas se mostra mais simples, direta e comunicativa: a romântica ou a parnasiana?

   b) Qual delas se mostra mais culta, difícil e sofisticada: a romântica ou a parnasiana?

2. Nas primeiras estrofes do texto I, o poeta define sua "profissão de fé", isto é, os seus princípios artísticos.

   a) A quem o poeta se compara nas duas primeiras estrofes? Por quê?

   b) Ao longo do texto, o material do poema (a palavra) é comparado a materiais de escultura e da ourivesaria, como ônix, ouro, rubi, etc. Considerando a qualidade e o tipo de uso desses materiais, que concepção o poeta revela ter a respeito do valor e da função da poesia?

   c) De acordo com a 6ª, a 9ª e a 10ª estrofes, qual é o fundamento principal do projeto poético parnasiano?

3. Diferentemente do Realismo e do Naturalismo, que se propunham a descrever, analisar e criticar a realidade, os parnasianos defendiam o princípio da "arte pela arte", isto é, achavam que a poesia devia voltar-se para si mesma, em busca da perfeição formal.

   a) Explique por que a 8ª estrofe de "Profissão de fé" pode ser vista como expressão do princípio da "arte pela arte".

   b) Leia o boxe "A 'arte sobre a arte'". O poema "Vaso chinês" pode ser considerado um exemplo de "arte sobre a arte"? Por quê?

   c) Os escritores românticos tratavam os temas de modo subjetivo, isto é, deixavam-se levar pelas próprias emoções. Observe como o eu lírico de cada um dos poemas aborda o tema enfocado e conclua: O poeta parnasiano tende a ser sentimental e subjetivo ou racional e objetivo no tratamento do tema?

A "arte sobre a arte"

Distanciados dos problemas sociais, alguns parnasianos dedicaram-se a tematizar em seus poemas a própria arte. Por exemplo, descrevem com precisão obras de arte, como vasos, peças de escultura, lápides tumulares, bordados, etc. Com esse procedimento, restringiram ainda mais o princípio da "arte pela arte", que se transformou em "arte sobre a arte".

Parnasianismo: resgate da tradição clássica

Os poetas românticos romperam com séculos de tradição da poesia clássica para criar um novo padrão de poesia, centrada no eu, nos sentimentos, na imaginação e na busca de uma língua brasileira. Na opinião dos poetas parnasianos, entretanto, os românticos teriam posto a "boa poesia" a perder, pois teriam deixado de se preocupar com valores importantes da poesia clássica, como equilíbrio, perfeição formal, vocabulário elevado, universalismo, etc. Desse modo, certos temas e procedimentos da poesia clássica – como o cultivo do soneto, a presença da mitologia greco-latina, o racionalismo e o universalismo – voltaram a ser cultivados na poesia parnasiana.

---

4. Observe a estrutura formal do poema "Vaso chinês".

   a) Que tipo de verso foi empregado?

   b) Observe o número de estrofes e o número de versos de cada estrofe. Que tipo de composição poética foi utilizado?

   c) Esse tipo de composição e esse tipo de verso se prendem à tradição clássica ou à tradição romântica?

Como síntese do estudo que fizemos, observe as principais características do Parnasianismo:

PARNASIANISMO	
Quanto à forma	Quanto ao conteúdo
• Gosto pelo soneto, pelo decassílabo e pelo vocabulário sofisticado • Busca do equilíbrio e da perfeição formais	• Objetivismo • Racionalismo • Contenção dos sentimentos • Universalismo • Presença da mitologia greco-latina • Arte pela arte ou arte sobre a arte • Distanciamento de temas sociais

LITERATURA

339

O TEXTO E O CONTEXTO EM PERSPECTIVA MULTIDISCIPLINAR

Leia, a seguir, o infográfico e um painel de textos interdisciplinares que relacionam a produção literária do Realismo, do Naturalismo e do Parnasianismo ao contexto histórico, social, cultural e científico em que os movimentos floresceram.

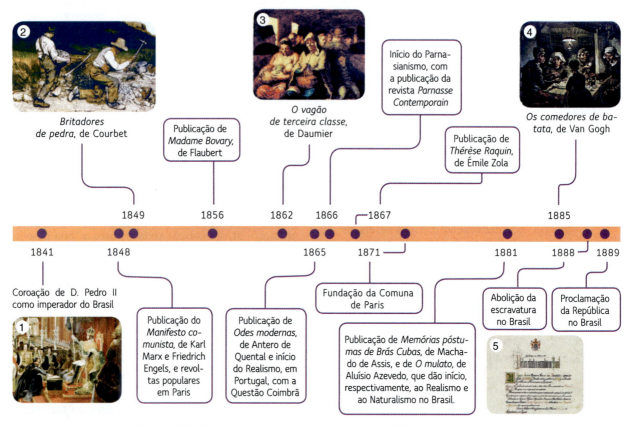

1. Jean-Baptiste Debret. *Coroação de D. Pedro I*, 1828/Palácio Itamaraty, Brasília; 2. Courbet. *Britadores de pedra*, 1849. Galerie Neue Meister, Dresden, Alemanha; 3. Honoré Daumier. *O vagão de terceira classe*, 1862/Coleção particular; 4. Vincent van Gogh. *Os comedores de batata*, 1885/Van Gogh Museum, Amsterdã, Holanda; 5. Arquivo Nacional, Rio de Janeiro.

▶ Não à fuga da realidade!

A predominância da arte realista-naturalista na segunda metade do século XIX é absolutamente um simples sintoma da vitória do ponto de vista científico e do pensamento tecnológico sobre o espírito do idealismo e tradicionalismo.

O realismo-naturalismo vai buscar quase todos os seus critérios de probabilidade no empirismo das ciências naturais. Baseia o seu conceito de verdade psicológica no princípio de causalidade; o desenvolvimento correto do enredo, na eliminação do acaso e dos milagres; sua descrição de ambiente, na ideia de que todo fenômeno natural tem o seu lugar numa cadeia aberta de condições e motivos; sua utilização de pormenores característicos, no método de observação científica em que não se despreza nenhum incidente [...]. Mas a fonte principal da concepção realista-naturalista é a experiência política de 1848 [...]. Depois da falência de todos os ideais, de todas as utopias, a tendência, agora, é manter-se dentro do campo dos fatos e de nada mais do que dos fatos. As origens políticas do realismo-naturalismo explicam, em particular, as suas características antirromânticas e morais: a recusa de fugir à realidade e a exigência de absoluta honestidade na descrição dos fatos; o procurar conservar uma atitude impessoal e impassível como garantias de objetividade e de solidariedade social.

(Arnold Hauser. *História social da literatura e da arte*. 3. ed. São Paulo: Mestre Jou. v. 2, p. 944-5.)

Zola: arte científica e impessoal

[O artista não tem o direito de] expressar a sua opinião sobre coisa alguma, não importando do que se trate. Deus já expressou alguma vez uma opinião... Creio que a grande arte é científica e impessoal... Não quero nem amor nem ódio, nem piedade nem raiva... Já não é tempo de introduzir a justiça na arte? A imparcialidade da descrição tornar-se-ia, então, igual à majestade da lei.

(Émile Zola, em carta a George Sand. In: Ernst Fischer. *A necessidade da arte*. 5. ed. Rio de Janeiro: Zahar, 1976. p. 89.)

Émile Zola, o fundador do Naturalismo, por Édouard Manet.

As contradições do século XIX

Embora as teorias liberais do século XIX, em comparação com as anteriores, representem um avanço em direção às ideias de igualdade, surgem inúmeras contradições. Nem sempre a implantação das ideias liberais consegue conciliar os interesses econômicos aos aspectos éticos e intelectuais que essas mesmas teorias defendem.

Nos grandes centros da Europa, apesar da difusão das ideias democráticas, permanecem sem solução questões econômicas e sociais que afligem a crescente massa de operários: pobreza, jornada de trabalho de quatorze a dezesseis horas, mão de obra mal paga de mulheres e crianças.

[...]

No Brasil, os movimentos liberais naquele período se restringem à luta pela liberalização do comércio que deseja sacudir o jugo do monopólio. Mas permanece ainda a sociedade escravista, a tradição das elites e o analfabetismo, inclusive como condição para a manutenção do tipo de economia agrária.

A contrapartida do discurso liberal será encontrada nas teorias socialistas, representadas inicialmente pelos chamados *socialistas utópicos* e, depois, pelo *socialismo científico* de Marx e Engels, que, em 1848, publicaram o *Manifesto comunista*.

(Maria Lúcia de A. Aranha e Maria Helena P. Martins. *Filosofando – Introdução à filosofia*. 2. ed. São Paulo: Moderna, 1993. p. 231-2.)

Karl Marx e Friedrich Engels.

• **Roteiro de estudo** •

Ao final da leitura dos textos, você deverá saber:

- Explicar por que o cientificismo do século XIX de certa forma dá continuidade ao Iluminismo do século XVIII.

- Comentar o impacto do determinismo e do darwinismo sobre os diversos campos da ciência e sobre a literatura.

- Reconhecer, na citação de Émile Zola, qual é o papel da arte, de acordo com o ponto de vista desse escritor naturalista.

- Comentar por que o liberalismo do século XIX apresentava contradição com as condições políticas e sociais da época e por que as teorias socialistas representavam uma saída àquela contradição.

LITERATURA

Museu do Chiado, Lisboa, Portugal

Pequena fiandeira napolitana (1877), do pintor realista português Antônio Silva Porto.

CAPÍTULO 30

O Realismo em Portugal – O Realismo e o Naturalismo no Brasil

O Realismo em Portugal significou mais que uma renovação na literatura quanto a temas, linguagem e visão de mundo. Representou também uma tentativa de livrar o país da mentalidade romântico-cristã e levá-lo à "modernidade" por meio do contato com as novas ideias filosóficas e científicas que circulavam na Europa.

O REALISMO EM PORTUGAL

Na segunda metade do século XIX, estava finalmente consolidado o liberalismo que havia deposto a monarquia do poder, e Portugal passara a conhecer um período de estabilidade política, de progresso material e de intercâmbio com o resto da Europa. Coimbra, importante centro cultural e universitário da época, ligara-se em 1864 à comunidade europeia por meio da estrada de ferro.

Apesar dessas novidades no cenário político-cultural, a literatura portuguesa ainda se encontrava impregnada das velhas ideias românticas e árcades, situação que só veio a se alterar em 1865, com a **Questão Coimbrã**, que deu início ao Realismo em Portugal.

Esse episódio foi uma polêmica literária ocorrida em Coimbra e que opôs, de um lado, Castilho, conhecido poeta romântico e professor universitário; e, de outro, Teófilo Braga e Antero de Quental, jovens estudantes e escritores. Os principais representantes do Realismo português são Antero de Quental, na poesia, e Eça de Queirós, na prosa.

Antero de Quental.

Antero de Quental: a eterna procura

Antero de Quental (1843-1891) foi o líder intelectual da geração que deu início ao Realismo em Portugal. Seus primeiros poemas, publicados em 1861, revelam tendências místicas. Os poemas publicados logo depois já mostram uma evolução para o racionalismo e radicalismo político.

Desejando conhecer de perto o clima revolucionário que se verificava nos meios políticos franceses, Antero viveu em Paris durante algum tempo, regressando depois a Lisboa, onde atuou entre o operariado, defendendo as ideias de Proudhon. Após a década de 1870, o poeta entrou em profunda crise existencial. Cético em relação aos movimentos sociais, passou a cultivar uma poesia de fundo filosófico e espiritual. Suicidou-se em 1891.

A poesia

A poesia de Antero de Quental é a síntese da trajetória biográfica do autor. Nela podem ser observados alguns núcleos centrais. Um deles aparece em suas primeiras obras, *Raios de extinta luz* e *Primaveras românticas*, em que estão presentes o lirismo amoroso, o erotismo e a religiosidade.

As *Odes modernas* (1865), que motivaram os acontecimentos da Questão Coimbrã, representam outro dos núcleos da poesia de Antero: a poesia realista propriamente dita, de engajamento político-filosófico, de ação social e irreverência.

A obra *Sonetos* (publicada em 1881) segue uma nova direção: a da reflexão metafísica e do pessimismo. Essa fase coincide com o período em que o autor esteve acometido por uma estranha doença, que o acompanhou até o suicídio, em 1891, e que hoje se supõe tenha sido uma psicose, distúrbio mental pouco conhecido na época.

Veja um de seus poemas:

Hino à Razão

Razão, irmã do Amor e da Justiça,
Mais uma vez escuta a minha prece,
É a voz dum coração que te apetece,
Duma alma livre, só a ti submissa.

Por ti é que a poeira movediça
De astros e sóis e mundos permanece;
E é por ti que a virtude prevalece
E a flor do heroísmo medra e viça.

Por ti, na arena trágica, as nações
Buscam a liberdade, entre clarões;
E os que olham o futuro e cismam, mudos,

Por ti, podem sofrer e não se abatem,
Mãe de filhos robustos, que combatem
Tendo o seu nome escrito em seus escudos!

(In: Maria Ema T. Ferreira, org., op. cit., p. 173.)

medrar: aparecer, fazer crescer.
viçar: desenvolver-se, crescer, alastrar-se.

Poesia e revolução

Durante a fase marcada pela poesia social, Antero de Quental escreveu:

A Poesia moderna é a voz da Revolução. Que importa que a palavra não pareça poética às vestais literárias do culto da Arte pela Arte? No ruído espantoso do desabar do Império e da religião, há ainda uma harmonia grave e profunda, para quem a escutar com a alma penetrada do terror santo deste mistério que é o destino das Sociedades.

(In: Hernâni Cidade. *Antero de Quental*. Lisboa: Arcádia, s.d. p. 165.)

343

LITERATURA

Eça de Queirós: a ironia cortante

Eça de Queirós (1845-1900) é considerado o mais importante ficcionista do Realismo português e um dos maiores em língua portuguesa. Talentoso, exerceu influência não só sobre escritores portugueses ao longo da primeira metade do século XX, mas também sobre as literaturas brasileira e espanhola.

Eça estudou Direito em Coimbra, onde se ligou ao famoso grupo acadêmico da Escola de Coimbra. Manteve-se afastado da polêmica Questão Coimbrã, porém mais tarde contribuiu ativamente nas Conferências Democráticas do Cassino Lisbonense. Exerceu a advocacia em Lisboa e dirigiu, durante algum tempo, um jornal político na província. De regresso de uma viagem ao Oriente, entrou para o serviço diplomático. Nomeado cônsul, ausentou-se de Portugal por muitos anos, vivendo principalmente na França e na Inglaterra.

Distante da pátria, pôde julgá-la desapaixonadamente, com rigor, e, também, manter contato com as grandes correntes de ideias do seu tempo. Essa experiência contribuiu para o alargamento da experiência intelectual e para o amadurecimento literário do autor.

Eça de Queirós.

Seus primeiros escritos – artigos e relatos breves, publicados na *Gazeta de Portugal* – foram reunidos postumamente sob o título de *Prosas bárbaras*.

Com a colaboração de Ramalho Ortigão escreveu um romance policial, *O mistério de Sintra*. Mais tarde, juntos ainda, fizeram publicar mensalmente *As Farpas*, jornal de crítica à política, às letras e aos costumes.

Ensaiou na ficção com um conto intitulado *As singularidades duma rapariga loira*, em que trata o tema, a técnica e o estilo com originalidade, criando uma forma nova de narrar.

Em 1875, publicou sua primeira obra importante, *O crime do padre Amaro*. Nesse livro, que se filia à arte revolucionária de combate social e segue a mesma linha de *As Farpas*, Eça tece uma crítica violenta à vida social portuguesa, denunciando a corrupção do clero e a hipocrisia dos valores burgueses.

A essa obra seguiu-se *O primo Basílio*, romance fortemente influenciado por *Madame Bovary*, de Gustave Flaubert. O quadro de crítica social amplia-se: Eça focaliza a constituição moral de uma família da média burguesia da capital, estudando-a por meio de um caso de adultério feminino.

Nessa mesma linha publicou *Os Maias*, em que, tomando como pano de fundo um caso de incesto, critica a alta sociedade portuguesa da época, composta por figuras relacionadas à política, ao governo, às finanças e à literatura. Muitos críticos consideram *Os Maias* a mais perfeita obra de arte literária produzida em Portugal desde *Os lusíadas*, de Camões. À época de sua publicação, entretanto, causou escândalo por sua ousadia.

Destacam-se ainda na produção de Eça de Queirós *A ilustre casa de Ramires*, *A capital*, *A relíquia*, *O conde d'Abranhos* e *A cidade e as serras*. Esse último romance, em que o autor mostra o contraste entre a vida na cidade e a vida simples e rústica no campo, é considerado por alguns críticos uma espécie de abandono, ou mesmo renúncia, dos ideais realistas.

Para expressar adequadamente sua visão de mundo, Eça criou um estilo solto, livre e transparente, em uma linguagem expressiva, que, incorporando a língua corrente em Lisboa, também contribuiu para aumentar seu público.

O primo Basílio

O romance *O primo Basílio*, de Eça de Queirós, critica a família pequeno-burguesa de Lisboa. Luísa, educada sob influência de frouxos princípios morais e religiosos, romântica e imaginativa por natureza e que sempre tivera uma vida ociosa, casa-se com Jorge, homem bom, inteligente e simpático. Na primeira ausência do marido, Luísa o trai, seduzida por Basílio, seu primo e antigo namorado, recém-chegado a Lisboa. Juliana, sua criada, apodera-se de algumas cartas e a chantageia. Basílio desaparece, deixando Luísa entregue às exigências de Juliana. Sebastião, um amigo da família, consegue reaver as cartas. Jorge regressa. Luísa adoece e morre. Jorge descobre-lhe a infidelidade.

344

LEITURA

O texto a seguir é um fragmento do capítulo III de *O primo Basílio,* e nele é retratado o reencontro de Basílio e Luísa.

Havia doze dias que Jorge tinha partido e, apesar do calor e da poeira, Luísa vestia-se para ir a casa de Leopoldina. Se Jorge soubesse, não havia de gostar, não! Mas estava tão farta de estar só! Aborrecia-se tanto! De manhã, ainda tinha os arranjos, a costura, a *toilette*, algum romance... Mas de tarde!

À hora em que Jorge costumava voltar do Ministério, a solidão parecia alargar-se em torno dela. Fazia-lhe tanta falta o seu toque de campainha, os seus passos no corredor!...

Ao crepúsculo, ao ver cair o dia, entristecia-se sem razão, caía numa vaga sentimentalidade: sentava-se ao piano, e os fados tristes, as cavatinas apaixonadas gemiam instintivamente no teclado, sob os seus dedos preguiçosos, no movimento abandonado dos seus braços moles. O que pensava em tolices então! E à noite, só, na larga cama francesa, sem poder dormir com o calor, vinham-lhe de repente terrores, palpites de viuvez.

....

Luísa desceu o véu branco, calçou devagar as luvas de *peau de suède* claras, deu duas pancadinhas fofas ao espelho na gravata de renda, e abriu a porta da sala. Mas quase recuou, fez "Ah?!", toda escarlate. Tinha-o reconhecido logo. Era o primo Basílio.

Houve um *shake-hands* demorado, um pouco trêmulo. Estavam ambos calados: — ela com todo o sangue no rosto, um sorriso vago; ele fitando-a muito, com um olhar admirado. Mas as palavras, as perguntas vieram logo, muito precipitadamente: — Quando tinha ele chegado? Se sabia que ele estava em Lisboa? Como soubera a morada dela?

Chegara na véspera no paquete de Bordéus. Perguntara no Ministério: disseram-lhe que Jorge estava no Alentejo, deram-lhe a *adresse*...

— Como tu estás mudada, Santo Deus!

— Velha.

— Bonita!

— Ora!

E ele, que tinha feito? Demorava-se?

Foi abrir uma janela, dar uma luz larga, mais clara. Sentaram-se. Ele no sofá muito languidamente; ela ao pé, pousada de leve à beira duma poltrona, toda nervosa.

Tinha deixado o "degredo" — disse ele. — Viera respirar um pouco à velha Europa. Estivera em Constantinopla, na Terra Santa, em Roma. O último ano passara-o em Paris. Vinha de lá, daquela aldeola de Paris! — Falava devagar, recostado, com um ar íntimo, estendendo sobre o tapete, comodamente, os seus sapatos de verniz.

Luísa olhava-o. Achava-o mais varonil, mais trigueiro. No cabelo preto anelado havia agora alguns fios brancos: mas o bigode pequeno tinha o antigo ar moço, orgulhoso e intrépido; os olhos, quando ria, a mesma doçura amolecida, banhada num fluido. Reparou na ferradura de pérola da sua gravata de cetim preto, nas pequeninas estrelas brancas bordadas nas suas meias de seda. A Bahia não o vulgarizara. Voltava mais interessante!

— Mas tu, conta-me de ti — dizia ele com um sorriso, inclinado para ela. — És feliz, tens um pequerrucho...

— Não — exclamou Luísa, rindo. — Não tenho! Quem te disse?

— Tinham-me dito. E teu marido demora-se?

345

LITERATURA

— Três, quatro semanas, creio.

Quatro semanas! Era uma viuvez! Ofereceu-se logo para a vir ver mais vezes, palrar um momento pela manhã...

....

Houve um silêncio.

— Mas tu ias sair! — disse Basílio de repente, querendo erguer-se.

— Não! — exclamou. — Não! Estava aborrecida, não tinha nada que fazer, ia tomar ar. Não saio, já.
Ele ainda disse:

— Não te prendas...

— Que tolice! Ia a casa duma amiga passar um momento.

Tirou logo o chapéu; naquele movimento os braços erguidos repuxaram o corpete justo, as formas do seio acusaram-se suavemente.

Basílio torcia a ponta do bigode devagar; e vendo-a descalçar as luvas:

— Era eu antigamente quem te calçava e descalçava as luvas... Lembras-te?... Ainda tenho esse privilégio exclusivo, creio eu...

Ela riu-se.

— Decerto que não...

Basílio disse então, lentamente, fitando o chão:

— Ah! Outros tempos!

Ela via a sua cabeça benfeita, descaída naquela melancolia das felicidades passadas, com uma risca muito fina, e os cabelos brancos — que lhe dera a separação. Sentia também uma vaga saudade encher-lhe o peito; ergueu-se, foi abrir a outra janela, como para dissipar na luz viva e forte aquela perturbação. Perguntou-lhe então pelas viagens, por Paris, por Constantinopla.

Fora sempre o seu desejo viajar — dizia —, ir ao Oriente. Quereria andar em caravanas, balouçada no dorso dos camelos; e não teria medo, nem do deserto, nem das feras...

— Estás muito valente! — disse Basílio. — Tu eras uma maricas, tinhas medo de tudo... Até da adega, na casa do papá, em Almada!

Ela corou. Lembrava-se bem da adega, com a sua frialdade subterrânea que dava arrepios! A candeia de azeite pendurada na parede alumiava com uma luz avermelhada e fumosa as grossas traves cheias de teias de aranha, e a fileira tenebrosa das pipas bojudas. Havia ali às vezes, pelos cantos, beijos furtados...

(Rio de Janeiro: Aguilar, 1970. p. 585-90.)

---

cavatina: instrumento musical.
escarlate: vermelho, enrubescido.

intrépido: audaz, corajoso.
palrar: conversar.

paquete: navio, barco.
trigueiro: maduro, moreno.

varonil: viril, forte.

---

1. Basílio, ao chegar de Paris, dirige-se à casa da prima, de quem fora namorado no passado.

a) Como Luísa se sentia, após a partida do marido? Como ocupava seu tempo?

b) Por que Luísa se encontrava vulnerável?

2. Basílio é um homem fino, sedutor e experiente. Seu objetivo é conquistar a prima, uma mulher de perfil romântico e inexperiente nos jogos amorosos. Identifique no texto:

a) as atitudes de Luísa que demonstram seu perfil romântico e o quanto ela ainda está envolvida com o primo;

b) o caráter frio e calculista de Basílio.

3. Em suas estratégias, Basílio insiste em falar do passado de ambos. Por quê?

4. Que referências feitas pelo narrador à personalidade de Luísa permitem ao leitor antever o adultério?

346

O REALISMO NO BRASIL

A obra *Memórias póstumas de Brás Cubas* (1881), de Machado de Assis, tem sido apontada como o marco inicial do Realismo no Brasil. Contudo, essa nova postura artística já vinha se esboçando desde a metade do século XIX, ainda no interior do próprio Romantismo.

A observação da produção literária dos escritores da última geração romântica, dos anos 1860-70, revela a existência de algumas tendências que apontavam cada vez mais para uma literatura voltada para o seu tempo, o que caracterizaria o Realismo alguns anos depois. São exemplos dessas tendências a objetividade nas descrições em certos romances, a denúncia de problemas sociais, como em *Senhora*, *Lucíola* e *O Cabeleira*, e o sentimento libertário e reformador, como na poesia social de Fagundes Varela e Castro Alves.

Essas obras, em parte já distanciadas de algumas posturas iniciais do Romantismo, como o exotismo, a fuga da realidade, o "mal do século" e outras, representam o início de um processo que culminaria numa forma diferente de sentir e ver a realidade, menos idealizada, mais verdadeira e crítica: a perspectiva realista.

Entre nossos escritores realistas, destacam-se Machado de Assis e Raul Pompeia.

Machado de Assis: o grande salto na ficção brasileira

Machado de Assis.

Machado de Assis (1839-1908) nasceu no Rio de Janeiro. Mestiço, de origem humilde – filho de um mulato carioca, pintor de paredes, e de uma imigrante açoriana –, apesar de ter frequentado apenas a escola primária e ter sido obrigado a trabalhar desde a infância, alcançou alta posição como funcionário público e gozou de consideração social numa época em que o Brasil ainda era uma monarquia escravocrata.

Foi tipógrafo e revisor em editora. Admitido à redação do *Correio Mercantil*, começou a publicar seus escritos em vários jornais e revistas. Na década de 1860, escreveu todas as suas comédias e os versos, ainda românticos, de *Crisálidas*.

Em 1869, casou-se com uma senhora portuguesa de boa cultura, Carolina Xavier de Novais, sua companheira até a morte e que lhe iria inspirar a personagem Dona Carmo, de *Memorial de Aires*.

Machado de Assis foi jornalista, crítico literário, crítico teatral, teatrólogo, poeta, cronista, contista e romancista.

De sua extensa e variada obra sobressai o Machado de Assis contista e romancista, preocupado não só com a expressão e com a técnica de composição, mas também com a articulação dos temas, com a análise do caráter e do comportamento humano.

Podemos identificar em sua produção dois grupos de obras, porém sem prejuízo de sua perfeita unidade. Ao primeiro grupo pertencem *Ressurreição*, *Helena*, *A mão e a luva*, *Iaiá Garcia*, obras que apresentam características mais gerais do romance do século XIX do que propriamente da herança romântica.

Memórias póstumas de Brás Cubas marca o início de uma segunda etapa da produção de Machado de Assis. A partir dessa obra ele se revela um gênio na análise psicológica de personagens, tornando-se o mais extraordinário contista da língua portuguesa e um dos raros romancistas brasileiros de interesse universal, conforme atestam as inúmeras traduções das suas obras mais representativas. Nesse grupo incluem-se os romances *Quincas Borba*, *Dom Casmurro*, *Esaú e Jacó* e *Memorial de Aires*.

Machado de Assis escreveu por volta de duzentos contos. Como ocorreu com o romance, o conto machadiano estreou em pleno Romantismo (*Contos fluminenses*, 1869) e sofreu significativa mudança de perspectiva e de linguagem a partir da coletânea *Papéis avulsos* (1882), obra que representa para o gênero a mesma revolução que *Memórias póstumas de Brás Cubas* significou para o romance. Entre seus inúmeros contos, destacam-se "O alienista", "Missa do galo", "A cartomante", "Noite de almirante", "Teoria do medalhão", "O espelho", "Cantiga de esponsais", "Sereníssima república", "Verba testamentária". Perspicaz e quase ferino na análise da alma humana, Machado de Assis criou uma obra extremamente inovadora, que permanece viva e atual, gerando polêmicas e conquistando a estima de sucessivas gerações de leitores.

Memórias póstumas de Brás Cubas: a ruptura do romance

Publicado em folhetim em 1880, na *Revista Brasileira*, e editado em livro no ano seguinte, *Memórias póstumas de Brás Cubas* é a autobiografia da personagem Brás Cubas, que, depois de morto, resolve escrever suas memórias. Intitulando-se "defunto autor", Brás Cubas propõe-se a fazer a retrospectiva de sua vida, o que realiza com o distanciamento crítico e irônico de quem já não se prende às convenções sociais.

Assim, entre os fatos narrados, destacam-se: os amores juvenis de Brás Cubas por Marcela, uma mulher vulgar a quem ele amou e por quem foi amado durante "quinze meses e onze contos de réis"; suas aspirações à vida literária e política; sua amizade com o filósofo Quincas Borba; o caso com Virgília – de quem quase se tornou marido, num casamento arranjado, e de quem mais tarde se tornaria amante; o casamento de Virgília com seu rival Lobo Neves.

LEITURA

Os textos a seguir pertencem ao romance *Memórias póstumas de Brás Cubas* e mostram o reencontro de Brás Cubas e Virgília, ocorrido quando ela chega de São Paulo com Lobo Neves, seu marido.

Capítulo L / *Virgília casada*

[...]

No dia seguinte, estando na rua do Ouvidor, porta da tipografia do Plancher, vi assomar, a distância, uma mulher esplêndida. Era ela; só a reconheci a poucos passos, tão outra estava, a tal ponto a natureza e a arte lhe haviam dado o último apuro. Cortejamo-nos; ela seguiu; entrou com o marido na carruagem, que os esperava um pouco acima; fiquei atônito.

Oito dias depois, encontrei-a num baile; creio que chegamos a trocar duas ou três palavras. Mas noutro baile, dado daí a um mês, em casa de uma senhora, que ornara os salões do primeiro reinado, e não desornava então os do segundo, a aproximação foi maior e mais longa, porque conversamos e valsamos. A valsa é

A valsa azul, de Ferdinand von Reznicek.

uma deliciosa coisa. Valsamos; não nego que, ao conchegar ao meu corpo aquele corpo flexível e magnífico, tive uma singular sensação, uma sensação de homem roubado.

[...]

Cerca de três semanas depois recebi um convite dele para uma reunião íntima. Fui; Virgília recebeu-me com esta graciosa palavra:

— O senhor hoje há de valsar comigo.

Em verdade, eu tinha fama e era valsista emérito; não admira que ela me preferisse. Valsamos uma vez, e mais outra vez. Um livro perdeu Francesca; cá foi a valsa que nos perdeu. Creio que essa noite apertei-lhe a mão com muita força, e ela deixou-a ficar, como esquecida, e eu a abraçá-la, e todos com os olhos em nós, e nos outros que também se abraçavam e giravam... Um delírio.

Capítulo LI / *É minha!*

— É minha! — disse eu comigo, logo que a passei a outro cavalheiro; e confesso que durante o resto da noite foi-se-me a ideia entranhando no espírito, não à força de martelo, mas de verruma, que é mais insinuativa.

— É minha! — dizia eu ao chegar à porta de casa.

Mas ai, como se o destino ou o acaso, ou o que quer que fosse, se lembrasse de dar algum passo aos meus arroubos possessórios, luziu-me no chão uma coisa redonda e amarela. Abaixei-me; era uma moeda de ouro, uma meia dobra.

— É minha! — repeti eu a rir-me, e meti-a no bolso.

Nessa noite não pensei mais na moeda; mas no dia seguinte, recordando o caso, senti uns repelões da consciência, e uma voz que me perguntava por que diabo seria minha uma moeda que eu não herdara nem ganhara, mas somente achara na rua. Evidentemente não era minha; era de outro, daquele que a perdera, rico ou pobre, e talvez fosse pobre, algum operário que não teria com que dar de comer à mulher e aos filhos; mas, se fosse rico, o meu dever ficava o mesmo. Cumpria restituir a moeda, e o melhor meio, o único meio, era fazê-lo por intermédio de um anúncio ou da polícia. Enviei uma carta ao chefe de polícia, remetendo-lhe o achado, e rogando-lhe que, pelos meios a seu alcance, fizesse devolvê-lo às mãos do verdadeiro dono.

Mandei a carta e almocei tranquilo, posso até dizer que jubiloso. Minha consciência valsara tanto na véspera que chegou a ficar sufocada, sem respiração; mas a restituição da meia dobra foi uma janela que se abriu para o outro lado da moral; entrou uma onda de ar puro, e a pobre dama respirou à larga. Ventilai as consciências! Não vos digo mais nada. Todavia, despido de quaisquer outras circunstâncias, o meu ato era bonito, porque exprimia um justo escrúpulo, um sentimento de alma delicada. Era o que me dizia a minha dama interior, com um modo austero e meigo a um tempo; é o que ela me dizia, reclinada ao peitoril da janela aberta.

Capa do DVD *Memórias póstumas*.

— Fizeste bem, Cubas; andaste perfeitamente. Este ar não é só puro, é balsâmico, é uma transpiração dos eternos jardins. Queres ver o que fizeste, Cubas?

E a boa dama sacou um espelho e abriu-mo diante dos olhos. Vi, claramente vista, a meia dobra da véspera, redonda, brilhante, multiplicando-se por si mesma — ser dez, depois trinta, depois quinhentas —, exprimindo assim o benefício que me daria na vida e na morte o simples ato da restituição. E eu espraiava todo o meu ser na contemplação daquele ato, revia-me nele, achava-me bom, talvez grande. Uma simples moeda, hem? Vejam o que é ter valsado um poucochinho mais.

Assim eu, Brás Cubas, descobri uma lei sublime, a lei da equivalência das janelas, e estabeleci que o modo de compensar uma janela fechada é abrir outra, a fim de que a moral possa arejar continuamente a consciência. [...]

(Porto Alegre: L&PM, 1997. p. 106-8.)

> **assomar:** aparecer, surgir, mostrar-se.
> **espraiar:** esparramar-se, lançar-se, irradiar.
> **Francesca:** personagem de *A divina comédia*, do escritor italiano Dante Alighieri, que na obra se entrega a seu cunhado depois de lerem juntos passagens amorosas sobre Lancelote, personagem das novelas de cavalaria.
> **jubiloso:** tomado por intensa alegria ou contentamento.
> **verruma:** espécie de broca usada para abrir furos.

1. No segundo parágrafo do texto, ao dançar com Virgília, Brás Cubas diz ter a sensação de "homem roubado". E, no baile, ao passar Virgília a outro cavalheiro, pensa: "É minha!".

a) Reconheça e analise os sentimentos de Brás Cubas revelados nas imagens da posse e do roubo.

b) Por que Brás Cubas, com essas imagens, inverte os papéis?

2. Ao chegar à sua casa e encontrar à porta uma moeda de ouro, Brás Cubas também diz: "É minha!". Essa coincidência de frases ditas por Cubas em diferentes situações cria um paralelo entre a moeda e Virgília.

a) Como você explica o gesto de Brás Cubas de enviar a moeda ao chefe de polícia?

b) De acordo com essa lógica, qual deveria ser a atitude coerente de Brás Cubas em relação a Virgília?

3. Releia este trecho do texto:

> Mandei a carta e almocei tranquilo, posso até dizer que jubiloso. Minha consciência valsara tanto na véspera que chegou a ficar sufocada, sem respiração; mas a restituição da meia dobra foi uma janela que se abriu para o outro lado da moral; entrou uma onda de ar puro, e a pobre dama respirou à larga. Ventilai as consciências! Não vos digo mais nada.

a) A quem se refere Brás Cubas com a expressão "a pobre dama"?

b) Considerando o dilema moral da personagem, interprete a frase: "a restituição da meia dobra foi uma janela que se abriu para o outro lado da moral".

Machado na Internet

Na Internet, você pode ler e baixar quase toda a obra de Machado de Assis no *site* www.dominiopublico.gov.br.

Nele você vai encontrar dezenas de contos e romances inteiros do autor.

4. Interprete a "lei da equivalência das janelas":

a) A que equivale uma "janela fechada"?

b) E a "janela aberta"?

c) Explique o que é, então, a *equivalência* dessa lei.

d) Na sociedade em que vivemos, que atividades ou comportamentos humanos você citaria para exemplificar a atualidade dessa lei hoje?

5. O texto lido é um pequeno exemplo da ironia fina e da crítica cortante que caracterizam a ficção de Machado de Assis. Conclua: Que visão tem o autor a respeito do ser humano, de seu caráter e de suas ações?

O NATURALISMO NO BRASIL

O Naturalismo é uma corrente literária afim e contemporânea do Realismo. Da mesma forma que este, o Naturalismo se volta para a análise da realidade, porém sob uma ótica rigorosamente científica.

Nas últimas décadas do século XIX, como consequência do espírito racionalista que se disseminava pelo mundo ocidental e dos investimentos da burguesia no campo da ciência e da tecnologia, surgiram novas concepções a respeito do homem, da vida em sociedade, das relações de trabalho, etc. Sistematizavam-se estudos da Biologia, da Psicologia e da Sociologia, que punham em xeque a cultura impregnada de idealismo e religiosidade cristã ainda dominante.

Os escritores naturalistas, sintonizados com o espírito científico orientado pela concepção de que o mundo pode ser estudado em partes e explicado a partir de leis objetivas, assumiram uma nova postura diante do trabalho artístico. Tal qual estivessem em laboratórios, sua missão passou a ser documentar, dissecar e analisar o comportamento humano e social, quase sempre apontando saídas e soluções – daí o caráter reformista dessa literatura.

No Brasil, contudo, com raras exceções, em vez de se dedicarem ao estudo de grupos humanos, detiveram-se em casos individuais, ocupando-se com temperamentos patológicos. Desse modo, fatos históricos e sociais de grande relevância como a Abolição, a República, a Revolta da Armada e o Encilhamento foram subestimados, dando lugar a pequenos casos que não são representativos da realidade brasileira.

O primeiro romance naturalista publicado no país foi *O mulato* (1881), de Aluísio Azevedo. Além desse escritor, também cultivaram a prosa naturalista: Rodolfo Teófilo (*A fome*, 1881); Inglês de Sousa (*O missionário*, 1882); Júlio Ribeiro (*A carne*, 1888); Adolfo Caminha (*A normalista*, 1892, e *O bom crioulo*, 1895).

A vertente regionalista, lançada pelos românticos, foi retomada pelas obras *Luzia-Homem* (1903), de Domingos Olímpio, e *Dona Guidinha do Poço* (1891-1952), de Manuel de Oliveira Paiva, obras que aprofundam a análise da relação do homem com o meio natural e social do sertão.

Aluísio Azevedo e a paisagem coletiva

Aluísio Azevedo (1857-1913) é a principal expressão da prosa naturalista no Brasil. O escritor nasceu em São Luís do Maranhão e, em 1881, ano de publicação de *O mulato*, transferiu-se definitivamente para o Rio de Janeiro. Ali trabalhou em jornais como cartunista e jornalista, ao mesmo tempo que escrevia seus romances.

Com a publicação de *O mulato*, alcançou certa popularidade, o que lhe permitiu viver exclusivamente da literatura. Talvez por essa razão, sua obra, no conjunto, apresente altos e baixos do ponto de vista qualitativo.

O ponto alto nos escritos de Aluísio Azevedo, principalmente em suas obras de maturidade, *O cortiço* (1890) e *Casa de pensão* (1894), é a maneira como são retratados ambientes, paisagens e cenas coletivas.

Aluísio Azevedo.

O cortiço narra a vida de um grupo de pessoas que habitam o cortiço pertencente ao migrante português João Romão. O cortiço é palco dos mais variados tipos humanos: trabalhadores, prostitutas, malandros, lavadeiras, homossexuais, etc.

351

PRODUÇÃO DE TEXTO

CAPÍTULO 31

A reportagem

TRABALHANDO O GÊNERO

Leia esta reportagem:

A GERAÇÃO COISA NENHUMA

A atual velocidade da tecnologia embaralha ainda mais as tentativas de classificar as pessoas de acordo com a data de nascimento, como se todos tivessem os mesmos interesses. É muito rótulo para pouco alfabeto.

GABRIELA CARELI

A qual geração você pertence? X, Y ou Z? Quem acha que os relacionamentos têm de ser monogâmicos, mas não descarta experiências esporádicas – a amizade colorida, lembra-se? – e nasceu entre 1961 e 1981 é da geração X, cravam os estudiosos do comportamento. O grupo é formado por pessoas competitivas, pouco afeitas a ideologias, focadas em ganhar dinheiro e subir na vida. Y é a turma vinda ao mundo entre 1982 e 2000. São homens e mulheres esperançosos, adolescentes e adultos, preocupados com a preservação ambiental, mas desorganizados, afeitos a saltar de um emprego a outro ("uns herdeiros folgados", blasfemam especialistas em recursos humanos). Para estar entre os Z basta ser pré-adolescente (nascido a partir de 2001) e ser multitarefa – estudar, ouvir músicas no iPod, conversar mais por meio de torpedos que pessoalmente e não saber o que é viver longe de uma tela touchscreen.

Bem, mas se nenhum dos escaninhos é conveniente, e também não se adapta às pessoas de seu círculo, procure um pouco mais. Há à disposição as gerações C, F, M, N, S e W – e até uma A, de Alfa, para enquadrar quem nasceu outro dia, em 2010. É um alfabeto completo na tentativa de dividir a sociedade em tribos. [...]

Tudo muito divertido, mas essas categorias e suas características típicas definem mesmo as gerações? Dificilmente. [...] Catalogar gente não é tão simples quanto rotular sabão – sabão pode ser em pó, em barra, líquido. "Carros" também são facilmente definidos: vans, esportivos, cupês. Pessoas, não. São seres complexos. Há quem seja conservador no que diz respeito à religião, mas revolucionário no campo político. Muitos são fanáticos por hip-hop, mas também podem ir às lágrimas com as sonatas de Bach. "Eu sou contraditório, sou imenso. Há multidões dentro de mim", escreveu Walt Whitman, o poeta americano que – olhem aí mais uma – a geração Beat adotou como ídolo por pregar "resista muito e obedeça pouco".

[...] O senso comum diz que geração é o que separa pais e filhos, adolescentes de cinquentões, pessoas de idades diferentes que pensam de formas diferentes. Do ponto de vista da sociologia, uma geração é a sincronia entre os eventos históricos e o curso de vida de pessoas que, afetadas pelos acontecimentos mais marcantes de seu tempo, passam a compartilhar os mesmos valores, sonhos e ideais.

Cada geração é separada da outra por duas décadas, no máximo três. Esse conceito de geração fez mais sentido quando o mundo girava em ritmo mais lento. [...] Hoje, com a revolução tecnológica acelerada, sucessos instantâneos como o Instagram surgem em questão de meses e influenciam multidões de pessoas de maneira distinta. Como colocar no mesmo nicho um garoto de 12 anos que acha natural jogar game on-line com um parceiro na Austrália e um adulto de 30? Tecnicamente os dois são da geração Y.

[...] Há duas outras fragilidades latentes na definição de uma geração. A primeira delas é tratar pessoas como se fossem alimentos que vêm com data certa para o consumo e o descarte.

[...] A segunda fraqueza na construção de uma pasta para cada geração é desconsiderar as transformações decorrentes do curso de uma vida. Pessoas aos 30 e 40 anos são mais leais e estáveis do que na juventude porque acumulam mais responsabilidades, têm filhos e outros compromissos, como a compra da casa própria. Isso independe da geração à qual pertencem.

[...] A necessidade de rotular e enquadrar as pessoas em um determinado nicho acompanha o homem desde tempos imemoriais. Os especialistas garantem que somos uma espécie que tem a necessidade de encontrar padrões, regras e organização mesmo nas coisas que não podem ser padronizadas e classificadas. Quantas espécies olham para o céu e veem apenas estrelas? Todas. Só a nossa enxerga constelações. De acordo com o biólogo americano Edward O. Wilson, da Universidade Harvard, todos os homens, sem exceção, precisam pertencer a um grupo, a uma tribo, estabelecer metodologias e conexões. Foi isso que garantiu nossa sobrevivência, ele argumenta. Na pré-história, foi essencial conhecer o padrão migratório de animais que serviam de alimento. De mesma e vital importância foi classificar as plantas entre venenosas e comestíveis e distinguir na tribo vizinha os sinais amistosos dos belicosos.

Ainda que contestável – e verificada sua inconsistência –, a mania de classificar as pessoas por geração tem méritos e propósitos, daí sua sobrevivência. Para a indústria, o estudo das gerações é fundamental, diz Rony Rodrigues, diretor da agência de tendências em consumo BOX1824: "Foi a partir de pesquisas com os jovens da chamada geração Y que ajudamos a Fiat a elaborar o Novo Uno. Descobrimos que as pessoas nessa faixa etária queriam carros que pudessem ser customizados". [...]

"Hoje, saltitam na internet letras vazias, sem significado, criadas por algum blogueiro e replicadas de forma viral, que não dizem nada sobre ninguém", diz o filósofo Luiz Felipe Pondé. "No fim, todo mundo quer é comer, reproduzir-se e entender o sentido da vida – não muito mais do que isso." É uma filosofia que cabe bem a todas as gerações. De A a Z.

COM REPORTAGEM DE NATHÁLIA BUTTI

O JEITO DE CADA GERAÇÃO (E POR QUE AS DEFINIÇÕES SÃO FRÁGEIS)

Os acontecimentos que moldaram o mundo e influenciaram os estudiosos de demografia na classificação de grupos de contemporâneos — em definições muitas vezes batizadas décadas depois

	ORIGEM DO TERMO	EVENTOS DEFINIDORES	CARACTERÍSTICAS	FILME
GERAÇÃO GREATEST Nascidos entre 1901 e 1924 Idade hoje: 88 anos ou mais	Título de um livro do jornalista americano Tom Brokaw, de 1998	**I Guerra Mundial**	Aversão a riscos. Disciplina	*Cidadão Kane*, de Orson Welles (1943)
GERAÇÃO SILENCIOSA Nascidos entre 1925 e 1942 Idade hoje: de 70 a 87 anos	Criado em 1951 pela revista *Time*	Grande Depressão. **II Guerra Mundial**. Início da Guerra Fria	Seguidores de regras. Desinteressados dos grandes temas de seu tempo	*West Side Story*, de Robert Wise (1961)
BABY BOOMERS Nascidos entre 1943 e 1960 Idade hoje: de 52 a 69 anos	Usado pela primeira vez em 1980 no livro *Grandes Expectativas: A América e Geração Baby Boomers*, de Landon Jones	Auge da Guerra Fria. **A conquista da Lua**	Contestadores. Liberais. Espiritualizados	*Blow up – Depois Daquele Beijo*, de Antonioni (1966)
GERAÇÃO X Nascidos entre 1961 e 1981 Idade hoje: de 31 a 51 anos	Cunhado pelo fotógrafo húngaro Robert Capa, em 1953, foi criado quarenta anos depois pelo escritor Douglas Coupland	A queda do Muro de Berlim. A propagação da aids	Pouco idealistas. Competitivos. Individualistas	*Curtindo a Vida Adoidado*, de John Hughes (1986)
GERAÇÃO Y Nascidos entre 1982 e 2000 Idade hoje: de 12 a 30 anos	Criado pela revista de publicidade *Advertising Age*, em 1993	**Atentados terroristas de 11 de setembro e a Primavera Árabe**	Esperançosos. Engajados. Indecisos	*Matrix*, dos irmãos Wachowski (1999)
GERAÇÃO Z Nascidos a partir de 2001 Idade hoje: 11 anos ou menos	A autoria é desconhecida. Surgiu para dar sequência às letras que nomeiam as duas gerações anteriores	Crise econômica mundial depois da explosão da bolha imobiliária nos Estados Unidos	Ansiosos. Ágeis. Multitarefa	Animações da Pixar como *Toy Story* e *Carros*

354

TRILHA SONORA	DIVERSÃO	CRENÇA	A FRAGILIDADE DA DEFINIÇÃO
Glenn Miller	**Rádio**	Deus	Os chamados anos loucos da Paris da década de 20, com suas noitadas de jazz, surrealismo e moda de vanguarda, contrapunham-se ao moralismo da época. O rosto dessa turma do contra foi a intelectual **Gertrude Stein**, que nunca escondeu seu homossexualismo
Elvis Presley	**Televisão**	Deus	A filosofia existencialista e a literatura beatnik levaram parte da juventude da época a questionar os rígidos valores morais sob os quais foi criada
Bob Dylan e Beatles	**Festivais de música**	Timothy Leary, o guru do LSD	Se tudo fosse realmente tão contestador, não teria nascido naquele tempo uma seita como a Meninos de Deus, em 1968, na Califórnia, para espalhar a mensagem do Evangelho pelo mundo. Em apenas cinco anos, ela já estava presente em 130 comunidades em quinze países
Michael Jackson	Atari	**Dinheiro**	Jovens engajados propunham a anarquia por meio do movimento punk enquanto expoentes do conservadorismo, como a primeira-ministra britânica **Margaret Thatcher** e o presidente americano Ronald Reagan, ditaram as regras da política. Quem, enfim, deteria aquele período?
Lady Gaga	**Internet**	Facebook e Twitter	No avesso da mania por tecnologia, de leitura breve, a febre da série de livros **Harry Potter** atingiu sua temperatura máxima no período — foram vendidos 325 milhões de exemplares em mais de 200 países
Justin Bieber	**Games**	Facebook, Twitter, Instagram (até a próxima invenção)	Ainda é cedo para conhecer as contradições e os desejos de jovens mal entrados na adolescência

(*Veja*, 2/5/2012.)

A origem da expressão

O uso da expressão "geração" para definir um grupo de contemporâneos de idade semelhante e comunhão de ideias nasceu com a Revolução Francesa. Quem primeiro usou a acepção foi Thomas Jefferson (1743-1826). Na Paris que punha abaixo a Bastilha, o futuro presidente americano servia como representante diplomático na capital francesa. Filósofo admirável, Jefferson percebeu a grandiosidade do momento em que Danton, Marat e Robespierre criaram o conceito de povo, alçando à condição de protagonista da história gente que antes era só a escumalha, a ralé, a choldra... Se aqueles revolucionários não formavam uma geração, quem formaria? [...]

(*Veja*, 2/5/2012.)

1. Como a notícia, a reportagem também é um gênero jornalístico. Em que suportes você observa a ocorrência de reportagens?

2. Nos itens que seguem estão relacionados alguns dos objetivos que as reportagens costumam ter em vista. Identifique na reportagem lida trechos e situações correspondentes a cada um.

a) Tratar de um fato com maior profundidade, ampliando, por meio de dados estatísticos, mapas, gráficos, fotografias, etc., o enfoque dado a ele.

b) Dar a conhecer o ponto de vista que os autores da reportagem têm sobre o fato.

c) Apresentar a voz ou o ponto de vista de autoridades a respeito do assunto.

3. Como vimos anteriormente, entre os gêneros jornalísticos há aqueles que priorizam a informação e os que priorizam o comentário. Quanto à reportagem, ela é considerada um gênero que se ocupa tanto da informação quanto do comentário. Localize na reportagem lida trechos representativos desses dois aspectos.

4. A reportagem lida divulga informações sobre o comportamento de diferentes gerações.

a) Segundo a reportagem, quais seriam as características que definem as gerações X, Y e Z, de acordo com os especialistas?

b) Quais são as outras gerações citadas na reportagem?

c) Por que, para os autores da reportagem, as categorias mencionadas "dificilmente" correspondem ao que são, de fato, as gerações?

Notícia ou reportagem?

No texto a seguir, o estudioso Juarez Bahia comenta as diferenças entre notícia e reportagem. Veja quais são elas.

Enquanto a notícia nos diz no mesmo dia ou no seguinte se o acontecimento entrou para a história, a reportagem nos mostra como é que isso se deu. Tomada como método de registro, a notícia se esgota no anúncio; a reportagem, porém, só se esgota no desdobramento, na pormenorização, no amplo relato dos fatos.

O salto da notícia para a reportagem se dá no momento em que é preciso ir além da notificação — em que a notícia deixa de ser sinônimo de nota — e se situa no detalhamento, no questionamento de causa e efeito, na interpretação e no impacto, adquirindo uma nova dimensão narrativa e ética.

Porque com essa ampliação de âmbito a reportagem atribui à notícia um conteúdo que privilegia a versão. Se a nota é geralmente a história de uma só versão [...], a reportagem é por dever e método a soma das diferentes versões de um mesmo acontecimento.

[...] É fundamental ouvir todas as versões de um fato para que a verdade apurada não seja apenas a verdade que se pensa que é e sim a verdade que se demonstra e tanto que possível se comprova.

(*Jornal, história e técnica – As técnicas do jornalismo*. 4. ed. São Paulo: Ática, 1990. v. 2. p. 49-50.)

5. A reportagem lida apresenta diferentes conceituações do termo geração. Quais são elas?

6. É comum os jornais e revistas utilizarem uma linguagem impessoal, buscando aparentar uma suposta neutralidade. Apesar disso, há situações em que os jornalistas explicitam suas opiniões sobre o assunto de que tratam, como no caso da reportagem lida.

a) Para sustentar seu ponto de vista, a jornalista aponta três fragilidades na definição de uma geração. Quais são elas?

b) Apesar de criticar os estudos que rotulam e enquadram as pessoas em nichos, a jornalista reproduz a voz de especialistas que justificam tais categorizações. Identifique na reportagem duas dessas vozes.

7. A reportagem termina com esta frase: "De A a Z".

a) A expressão que constitui a frase tem usualmente qual significado?

b) Com quais elementos e trechos do texto a frase dialoga?

c) Por que o emprego dessa frase, nessa situação, confere unidade ao texto?

8. Uma reportagem é composta de vários textos. Na reportagem em estudo, que funções têm a tabela "O jeito de cada geração" e o boxe "A origem da expressão"?

9. Na tabela "O jeito de cada geração", há uma combinação entre texto verbal e imagens dispostas em meio às divisões da tabela.

a) Qual é o recurso usado pela revista para dar ao leitor a referência das imagens?

b) A última coluna tem maior destaque, é mais larga que as outras, tem um título colorido e contém textos mais desenvolvidos e mais explicativos. Que característica especial os textos dessa coluna apresentam?

c) Qual é o efeito de sentido pretendido pela revista com essa coluna?

10. Observe a linguagem empregada na reportagem em estudo.

a) Que características ela apresenta?
- clara, objetiva, direta, impessoal e visando à neutralidade jornalística
- pessoal e extremamente coloquial, com uso de gírias e expressões típicas de um determinado grupo social
- clara, objetiva, direta, pessoal, com abertura para a presença de diferentes vozes e acessível à maioria dos leitores
- poética, com uso de alegorias e emprego de palavras pouco usuais na língua

b) Que variedade linguística ela adota?

c) Nas formas verbais, que tempo predomina? Em que pessoa?

d) Levante hipóteses: Por que, diferentemente da notícia, esse tempo verbal predomina na reportagem?

11. Reúna-se com seus colegas de grupo e, juntos, concluam: Quais são as principais características da reportagem? Respondam, levando em conta os seguintes critérios: finalidade do gênero, perfil dos interlocutores, suporte ou veículo, tema, estrutura, linguagem.

PRODUZINDO A REPORTAGEM

Escolha, junto com seus colegas de grupo, um dos seguintes assuntos, ou outro, para produzirem uma reportagem.
- Um grande evento nacional ou internacional, como eleições, Copa do Mundo, Olimpíadas, etc.
- As bandas musicais e os estilos de música apreciados pela população jovem

- As formas de lazer dos jovens da sua cidade
- O primeiro emprego
- As profissões do momento
- O vestibular na vida dos alunos do ensino médio
- Violência urbana

A reportagem do grupo fará parte do jornal mural que a classe montará no projeto do capítulo **Vivências** desta unidade.

Coldplay, banda britânica.

PLANEJAMENTO DO TEXTO

- Façam uma reunião para decidir a divisão de tarefas entre os integrantes do grupo. Essas tarefas consistirão em: entrevistar pessoas que possam falar ou opinar a respeito do assunto; procurar e reunir informações, textos, curiosidades, dados estatísticos, fotos, etc.
- Organizem o material obtido e selecionem o que avaliarem como mais importante.
- Considerando o espaço que o jornal deverá ocupar, façam um esboço da reportagem, decidindo se haverá subtítulos ou divisões, boxes, tabelas, gráficos, etc.
- Decidam se o texto será mais objetivo ou se vocês querem expressar pontos de vista do grupo, mas lembrem-se de apresentar o assunto sob diferentes perspectivas.
- Ao escrever, procurem empregar uma linguagem adequada ao gênero, ao suporte, ao perfil dos interlocutores e à situação. Como um jornal mural exige uma leitura mais rápida, é importante que o texto seja organizado em partes curtas, com subtítulos. A linguagem não deve ser extremamente formal ou técnica, a fim de que a leitura ocorra com facilidade e o texto possa ser compreendido nessa situação.

REVISÃO E REESCRITA

Antes de finalizar a reportagem e passá-la para o suporte final, revejam o material que o grupo produziu e reuniu, observando:

- se o texto está redigido e estruturado de acordo com a situação de comunicação;
- se a linguagem está adequada ao perfil dos leitores e ao gênero;
- se o texto apresenta diferentes pontos de vista sobre o assunto;
- se a escolha quanto a maior ou menor objetividade na linguagem foi mantida ao longo do texto;
- se as imagens estão identificadas e acompanhadas por legendas;
- se as imagens, gráficos, tabelas e boxes contribuem para enriquecer o conteúdo da reportagem, complementando as ideias nela apresentadas, e trazem informações corretas, de acordo com as que são apresentadas no texto.

Refaçam o que for necessário e organizem o material, deixando-o pronto para ser disposto no jornal mural.

Detalhe de *Guernica* (1937), de Pablo Picasso.

LÍNGUA: USO E REFLEXÃO

CAPÍTULO 32

O artigo e o numeral

CONSTRUINDO O CONCEITO

Leia o texto estampado na camiseta abaixo, vendida em um *site* português.

(Disponível em: http://www.dezpeme.com/tshirts/humor/5/35/. Acesso em: 3/5/2012.)

tramado: gíria do português de Portugal equivalente a "embaçado", no Brasil, isto é, ruim, difícil, de solução complicada.

1. O humor do texto da camiseta é construído com base na quebra de expectativa do leitor.

a) A frase "Meu sonho é ser pobre um dia" sugere que o locutor tenha qual perfil?

b) Por que essa frase causa estranhamento?

c) A explicação que vem na sequência, "porque todos os dias é tramado", faz uma revelação a respeito do perfil do locutor. Qual é ela?

d) O efeito do humor decorre do novo sentido que a frase em destaque ganha após a leitura do conjunto dos dizeres estampados na camiseta. Qual é esse novo sentido?

2. A ambiguidade da palavra **um** é essencial para a construção do humor do texto da camiseta.

a) Lendo apenas a primeira frase, a palavra *um* tem qual sentido?

b) Após ler a segunda frase, depreendemos outro sentido da palavra *um*. Qual é?

CONCEITUANDO

Você deve ter observado que algumas palavras que antecedem o substantivo, como *um*, em "um dia", podem modificar-lhe o sentido. Podemos entender a expressão como "um dia qualquer" e também como "um único dia". Na primeira situação, a palavra *um* é **artigo**; na segunda, *um* é **numeral**.

> **Artigo** é a palavra que antecede o substantivo, definindo-o ou indefinindo-o.
> **Numeral** é a palavra que expressa quantidade exata de pessoas ou coisas ou o lugar que elas ocupam numa determinada sequência.

Os artigos classificam-se em:

• **definidos**: *o, a, os, as*, quando definem o substantivo, indicando que se trata de um ser conhecido que já foi mencionado, ou que é objeto de um conhecimento ou experiência:

> *A* cidade amanheceu em festa.

• **indefinidos**: *um, uma, uns, umas*, quando indefinem o substantivo, indicando um ser qualquer entre vários da mesma espécie e ao qual ainda não se fez menção:

> Há *um* homem na sala de espera querendo falar com você.

Os numerais classificam-se em:

• **cardinais**: designam uma quantidade de seres:

> Nessa carteira só há *duas* notas de *cinco* reais.

• **ordinais**: indicam série, ordem, posição:

> A *primeira* proposta foi aceita pela maioria dos alunos.

• **multiplicativos**: expressam aumento proporcional a um múltiplo da unidade:

> Comprou na feira o *dobro* de livros que pretendia.

Função sintática do artigo e do numeral

O artigo, definido ou indefinido, exerce na oração a função sintática de adjunto adnominal:

> *O* Amazonas é *um* grande rio.

O numeral, por sua vez, tem mais de uma função sintática. Para saber qual é ela, precisamos observar se, na oração, seu papel é de adjetivo ou substantivo. No primeiro caso, o numeral assume a função sintática de *adjunto adnominal*; no segundo caso, ele desempenha uma função sintática própria do substantivo, ou seja, de *núcleo* de um sujeito, de um objeto direto, de um objeto indireto, etc. Observe:

> adj. adn.   núcleo
> Alugamos *cinco* DVDs, mas só assistimos a *dois*.
> objeto direto   objeto indireto

- **fracionários**: denotam diminuição proporcional a divisões (frações) da unidade:

  > Coube a ela *um terço* da herança dos avós.

Alguns gramáticos acrescentam a essa classificação os **numerais coletivos**, assim chamados porque, como os substantivos coletivos, designam um conjunto de seres ou coisas. Diferentemente dos substantivos coletivos, porém, indicam um número exato de seres: *dezena, década, dúzia, centena, cento, milheiro, par,* etc.

O numeral pode referir-se a um substantivo ou substituí-lo; no primeiro caso, é **numeral adjetivo**; no segundo, **numeral substantivo**.

Leitura ou escrita dos numerais

- **Cardinais**: coloca-se a conjunção *e* após as centenas e dezenas:

  > Paguei *mil trezentos e trinta e quatro* reais pelo computador. (1 334)

- **Ordinais**:

  a) os inferiores a 2 000 são lidos ou escritos como ordinais:

  > Ela é a *milésima octingentésima quinquagésima sexta* classificada. (1 856ª)

  b) os superiores a 2 000 são lidos de forma mista, o primeiro algarismo como cardinal e os demais como ordinais:

  > Sou o *dois milésimo centésimo primeiro* classificado. (2 101º)

EXERCÍCIOS

1. Leia a tira ao lado.

(Fernando Gonsales. *Níquel Náusea – Nem tudo que balança cai*. São Paulo: Devir, 2003. p. 20.)

Na tira, aparecem duas palavras em negrito: *de* e *do*. No contexto, qual é a diferença de sentido provocada pelo uso das formas *de* e *do* (de + o)?

2. Conforme vimos, o artigo, definido ou indefinido, caracteriza-se por ser a palavra que introduz o substantivo, indicando-lhe o gênero e o número. Assim, seu emprego permite a distinção de substantivos homônimos, ou seja, palavras de origem e significados diferentes mas com a mesma pronúncia e grafia, como *o grama* (medida de massa) e *a grama* (capim).

Dê o significado dos seguintes homônimos:

a) o cabra – a cabra
b) o cisma – a cisma
c) o coma – a coma
d) o moral – a moral

3. Em relação à leitura e à escrita dos numerais, deve-se observar que:

- na designação de papas, reis, séculos, partes de obras e artigos de lei, indicados por algarismos romanos, estes devem ser lidos como numerais ordinais até *décimo* e daí por diante como cardinais;

- na indicação dos dias do mês (excetuando-se o primeiro dia), anos e horas, usam-se os cardinais;
- na numeração de páginas e folhas de livros, como na de casas, apartamentos, quartos de hotel, cabines de navio, poltronas de teatro e equivalentes, empregam-se os cardinais; porém, estando o numeral anteposto ao substantivo, utilizam-se os ordinais.

Considerando esses usos, indique como devem ser lidos os algarismos empregados nas frases a seguir.

a) A Idade Média compreende o período que vai da Queda do Império Romano, no século V, até a Tomada de Constantinopla pelos turcos, no século XV.
b) O livro que você me indicou é tão interessante que, em poucas horas, já li até o capítulo XXII.
c) Quem proclamou a Independência do Brasil foi D. Pedro I ou D. Pedro II?
d) Por favor, abram o livro na 33ª página.
e) Você pode me buscar no aeroporto? Eu telefono avisando se regresso no dia 31 de janeiro ou 1º de fevereiro.
f) A citação encontra-se na página 25 do capítulo LXXIX.
g) Era a 213ª pessoa da fila.

O ARTIGO E O NUMERAL NA CONSTRUÇÃO DO TEXTO

Leia o anúncio a seguir e responda às questões propostas.

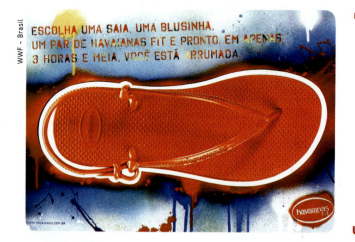

Para que servem os artigos?

Os artigos não são apenas meros acompanhantes dos substantivos. Quase sempre, a presença ou a ausência de artigo assume um papel decisivo na precisão do sentido que se pretende dar a um texto. O artigo pode, por exemplo, particularizar ou generalizar, como em *Gostaria de ter um filho novamente / Gostaria de ter o filho novamente*; pode se referir à parte ou ao todo, como em *A comissão foi formada por moradores da rua* (alguns) / *A comissão foi formada pelos moradores da rua* (todos).

1. Na situação de comunicação relacionada ao anúncio:
   a) Quem é o anunciante? E o produto anunciado?
   b) Qual é o público-alvo do anúncio? Justifique sua resposta com expressões do texto.
   c) Qual é o principal argumento de persuasão utilizado pelo anunciante?

2. Releia o texto verbal do anúncio, observando o emprego das palavras *uma, um, par, 3* e *meia*.
   a) Classifique como artigo, numeral ou algarismo essas palavras.
   b) Ao utilizar a expressão *um par*, o anunciante se refere a um par qualquer ou a um par específico de sandálias? Justifique sua resposta.

3. A utilização de artigos e numerais tem papel central na construção do humor do anúncio.
   a) Que ideia fica subentendida na frase "Escolha uma saia, uma blusinha, um par de Havaianas Fit e pronto"?
   b) Por que o emprego do numeral que é utilizado na frase "Em apenas 3 horas e meia, você está arrumada" tem efeito humorístico?
   c) Que figura de linguagem se observa na frase "Em apenas 3 horas e meia você está pronta"? Que elementos, na construção da frase, resultam nessa figura?

4. Por meio do emprego das expressões *uma*, *um* e *3 e meia*, o anúncio faz um jogo de oposições entre, por um lado, a ideia de simplicidade, despreocupação e, por outro, a ideia de sofisticação, cuidado excessivo.

a) Quais dessas expressões, no anúncio, dão ideia de simplicidade e despreocupação? Justifique sua resposta com base na classe de palavras a que elas pertencem e no sentido que elas conferem ao texto.

b) E qual a ideia de sofisticação e cuidado excessivo? Justifique sua resposta também com base na classe de palavras dos termos que a compõem e no sentido resultante de seu emprego.

c) Qual é o papel da oposição entre as ideias de simplicidade e sofisticação na construção da imagem do produto anunciado?

SEMÂNTICA E DISCURSO

Leia o texto:

O homem nunca pisou na Lua?

Há quem afirme de pés juntos que a conquista do nosso satélite foi mais uma farsa do governo americano — e dirigida por ninguém menos que o cineasta Stanley Kubrick

Por Alexandre Petillo

Esqueça tudo o que lhe ensinaram na escola: o homem nunca pisou na Lua. A célebre imagem da nave americana pousando em nosso satélite no dia 20 de julho de 1969, o passo em câmera lenta de Neil Armstrong, a bandeira do Tio Sam fincada no solo lunar... Tudo isso foi encenado em um estúdio de TV no Estado de Nevada, nos Estados Unidos. Para ganhar contornos ainda mais espetaculares, as filmagens foram dirigidas por ninguém menos que o cineasta Stanley Kubrick.

[...]

Essa tese [...] é defendida pelo escritor Bill Kaysing em seu livro *We Never Went to the Moon* ("Nunca Fomos à Lua"). Segundo Kaysing, a Nasa, agência espacial americana, não tinha tecnologia para colocar o homem na Lua em 1969.

Mas precisava fazer isso de qualquer maneira. Tudo porque, em abril de 1961, o cosmonauta soviético Yuri Gagarin conseguira entrar para a história como o primeiro homem a viajar pelo espaço. Para não ficar atrás, o presidente dos Estados Unidos, John Kennedy, fez uma promessa: até o final da década, o país mandaria astronautas para a Lua. Mas a década de 60 chegou ao fim e os americanos ainda não tinham tecnologia para chegar lá. Por isso, a Apollo 11 realmente foi lançada – mas pousou no Polo Sul. Os astronautas Neil Armstrong, Buzz Aldrin e Michael Collins foram levados secretamente a um estúdio de TV e encenaram a conquista da Lua.

(Disponível em: http://super.abril.com.br/ciencia/homem-nunca-pisou-lua-445113.shtml. Acesso em: 18/4/2012.)

1. O título da matéria faz referência a um fato histórico muito famoso.

   a) Qual é esse fato?

   b) Segundo o título, o responsável por esse feito seria "o homem". Classifique o artigo utilizado nessa expressão.

   c) Deduza: A expressão "o homem" refere-se unicamente ao astronauta que pisou na Lua?

2. Releia o título do texto: *"O homem nunca pisou na Lua?"*

   a) Uma das funções específicas do artigo é generalizar. Compare os empregos dos artigos *o* e *a* no título do texto. Em qual das duas expressões destacadas há generalização?

   b) Qual é o efeito de sentido criado por esse uso do artigo?

   c) Qual é a função do artigo na outra expressão?

3. Leia este enunciado:

   Segundo o texto, o homem nunca pisou n*a Lua* e, nas imagens que todos viram, os astronautas pisavam em *uma lua* cenográfica.

   Classifique os artigos que integram as expressões destacadas e explique os efeitos de sentido criados por eles.

4. Explique por que só é possível o emprego do artigo definido, e não do indefinido, nas expressões destacadas neste trecho:

   "Em abril de 1961, *o cosmonauta soviético Yuri Gagarin* conseguira entrar para *a história* como *o primeiro* homem a viajar pelo *espaço*."

5. Identifique, entre as afirmações que seguem, aquelas que se referem apropriadamente ao papel que têm na construção de sentidos do texto os artigos empregados nestas expressões:

   - na escola
   - a célebre imagem
   - a bandeira do Tio Sam
   - um estúdio de TV no Estado de Nevada
   - os americanos

   a) Os artigos definidos das expressões "na escola", "a célebre imagem" e "a bandeira do Tio Sam" têm o papel de generalizar os termos que eles antecedem, fazendo referência a todas as escolas, todas as imagens célebres e todas as bandeiras americanas.

   b) O artigo definido da expressão "na escola" generaliza o termo que ele antecede, fazendo referência a toda e qualquer escola em que o leitor tenha estudado. O mesmo acontece com o artigo definido de "os americanos", que faz referência a todos os americanos.

   c) Os artigos definidos das expressões "a célebre imagem" e "a bandeira do Tio Sam" particularizam os termos que eles antecedem, isto é, fazem referência a uma imagem e a uma bandeira específicas, que todos conhecem e sempre veem nas fotos que divulgam o evento mencionado no texto.

   d) O uso do artigo indefinido na expressão "Um estúdio de TV no Estado de Nevada" reforça a ideia de que a gravação foi feita em um único estúdio, sem a necessidade de utilizar outros cenários ou instalações diferentes.

   e) O uso do artigo indefinido na expressão "um estúdio de TV no Estado de Nevada" não define em qual estúdio exatamente foi feita a encenação, reforçando a ideia de mistério que cerca o assunto de que trata o texto.

PARA COMPREENDER O FUNCIONAMENTO DA LÍNGUA

TERMOS LIGADOS AO VERBO: ADJUNTO ADNOMINAL E COMPLEMENTO NOMINAL

Leia esta tira, de Bill Watterson:

(*Há monstros debaixo da cama?*. Lisboa: Gradiva, 2002. p. 123.)

1. Leia estas frases da tira:

> "Tem um ar nojento."
> "É comida vegetariana."

a) Nessas frases, o sujeito está implícito. Qual é ele?
b) A que termos se referem as palavras *nojento* e *vegetariana*?
c) A que classe gramatical essas palavras pertencem?

2. Leia a seguinte frase da tira.

> "(Comida vegetariana) faz bem à saúde."

Observe que o termo *bem* é um complemento da forma verbal *faz*; é um *objeto direto*.

a) O termo *à saúde* é complemento de que palavra?
b) Esse termo é regido de preposição?

3. Calvin manifesta, diante da comida que sua mãe lhe oferece, uma preferência comum entre as crianças. Qual é ela?

Adjunto adnominal

Ao identificar o núcleo do objeto direto da oração "Tem um ar nojento", da tira estudada, você observou que há palavras que se referem a ele:

- **um** é artigo indefinido que indefine *ar*,
- **nojento** é adjetivo que caracteriza *ar*.

Quando modificam um núcleo (qualquer que seja sua função sintática: sujeito, objeto direto, objeto indireto, adjunto adverbial, etc.), os artigos e os adjetivos exercem a função de **adjunto adnominal**. Também podem exercer essa função as locuções adjetivas, os pronomes possessivos, demonstrativos e indefinidos e os numerais.

Concluindo:

> **Adjunto adnominal** é o termo da oração que modifica um substantivo, qualquer que seja sua função sintática, qualificando-o, especificando-o, determinando-o ou indeterminando-o.

Em certos casos, o adjunto adnominal pode ser representado por um pronome pessoal oblíquo equivalente a um possessivo. Observe:

> Roubaram-*lhe* as economias. → Roubaram as *suas* economias.
> Tomou-*me* as mãos. → Tomou as *minhas* mãos.

Observe que, no enunciado principal do anúncio, o termo "todo o seu lado detalhista, perfeccionista e exibicionista" é o objeto direto do verbo *mostrar*. Com exceção do substantivo *lado*, que é o núcleo do objeto, as demais palavras – *todo, o seu, detalhista, perfeccionista, exibicionista* – são adjuntos adnominais.

365

Morfossintaxe do adjunto adnominal

O adjunto adnominal pode ser expresso por adjetivo, locução adjetiva, artigo (definido e indefinido), pronome adjetivo (possessivo, demonstrativo, indefinido, interrogativo e relativo) e numeral. Veja alguns exemplos:

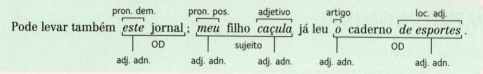

EXERCÍCIOS

Leia a tira a seguir e responda às questões de 1 a 3.

(Folha de S. Paulo, 2/10/2011.)

1. Observe, na frase dita pela personagem, os termos *na mesa do escritório* e *o emprego dos meus sonhos*.

   a) Ambos os termos estão relacionados à locução verbal *vivo dormindo*. No entanto, cada um deles cumpre um papel diferente. Que informação cada um desses termos acrescenta à locução verbal?

   b) Classifique sintaticamente esses termos.

   c) Como se classificam sintaticamente as palavras *a* e *o*, do termo *na mesa do escritório*, e as palavras *o*, *os* e *meus*, do termo *o emprego dos meus sonhos*?

2. Quais são, na frase dita pela personagem, os adjuntos adnominais que modificam os substantivos *mesa* e *emprego*?

3. Na fala da personagem há, ao mesmo tempo, um jogo de palavras e uma aparente contradição. Em que consistem esse jogo de palavras e essa aparente contradição?

Complemento nominal

Conforme vimos no início do capítulo, há palavras que complementam verbos e há palavras que complementam nomes. Compare:

Tem	um ar nojento.
VTD	OD

Faz	bem	à saúde.
VTD	OD	CN

Na 1ª frase, o termo *um ar nojento* complementa o verbo *ter*; como *ter* é um verbo transitivo direto, o termo *um ar nojento* é objeto direto. Observe que, nesse caso, o sentido da oração está completo, não falta nenhuma informação.

Observe, no enunciado principal do anúncio, que *alimentação* é o alvo do *direito* determinado pela lei. Ou seja, todo cidadão tem direito à alimentação, segundo a lei. O termo *à alimentação* complementa o substantivo *direito*. Logo, é complemento nominal.

(Folha de S. Paulo, 18/5/2010.)

366

Na 2ª frase, o termo *bem* complementa o verbo *fazer*; como *fazer* é um verbo transitivo direto, o termo *bem* é objeto direto. Em outro contexto, se a frase terminasse em *faz bem*, ela poderia apresentar sentido completo. Contudo, na tira, faltaria a informação que o locutor desejou transmitir: bem a alguma coisa. Nesse caso, a expressão *à saúde* complementa o substantivo *bem*. Como o substantivo *bem* é um nome, dizemos que o termo *à saúde* é complemento nominal. O complemento nominal é normalmente regido de preposição.

Concluindo:

> **Complemento nominal** é o termo sintático que complementa nomes, isto é, substantivos, adjetivos e advérbios.

Veja outros exemplos:

O torcedor tinha **fé** *em seu time*.
(substantivo — OD / CN)

Fiquei **indiferente** *a sua desculpa*.
(adjetivo — PS / CN)

A oposição votou **favoravelmente** *ao governo*.
(advérbio — adj. adv. / CN)

Morfossintaxe do complemento nominal

O complemento nominal pode ter como núcleo substantivo ou palavra substantivada, pronome e numeral. Observe os exemplos:

Estou ansiosa *pelo sábado*.   Depositava toda confiança *em nós*.

EXERCÍCIOS

1. Transforme em substantivos os verbos transitivos destacados. Veja o exemplo:

> *Gostar* dos estudos
>
> O *gosto* pelos estudos

Observe que os termos que completam os verbos (os objetos) tornam-se, com a transformação, complementos nominais, porque passam a complementar substantivos.

a) *Combater* contra a tirania

b) *Confiar* em Deus

c) *Desagradar* aos pais

d) *Responder* pelos atos praticados

e) *Investir* em educação e saúde

2. Reescreva as frases a seguir, transformando o verbo destacado em substantivo. Depois identifique o complemento nominal. Veja um exemplo:

> A instituição de caridade *necessita* de agasalhos para doação.
>
> A instituição de caridade tem *necessidade* de agasalhos para doação. / CN: de agasalhos

a) Ele *conhece* o assunto.

b) Ela *requereu* afastamento por motivo de doença.

c) Na reunião, o diretor *referiu-se* ao relatório anual da empresa.

d) O advogado *expôs* seus argumentos ao juiz.

LITERATURA

O espelho de Vênus (1877), de Edward Burne-Jones, pintor inglês que à época do Parnasianismo retomou na pintura os temas de influência clássica.

CAPÍTULO 33

O Parnasianismo no Brasil

Diferentemente do Realismo e do Naturalismo, que se voltavam para o exame e para a crítica da realidade, o Parnasianismo representou na poesia um retorno ao clássico, com todos os seus ingredientes: o princípio do belo na arte e a busca do equilíbrio e da perfeição formal. Na obra de Olavo Bilac, ainda ganhou traços de sensualidade e patriotismo.

Se examinarmos a história da arte e da literatura, veremos que ela se constrói em ciclos. O ser humano está sempre rompendo com aquilo que considera ultrapassado e propondo algo "novo". Esse novo, porém, muitas vezes não passa de algo ainda mais velho, só que revestido de uma linguagem diferente.

É o caso do Parnasianismo, movimento de inspiração clássica que ganhou pouco destaque na Europa, mas teve muita repercussão no Brasil a partir da década de 1880. Depois da revolução romântica, que impôs novos parâmetros e novos valores artísticos, formou-se em nosso país um grupo de poetas que desejava restaurar a poesia clássica, desprezada pelos românticos. Propunham uma poesia objetiva, de elevado nível vocabular, racionalista, bem-acabada do ponto de vista formal e voltada para temas universais.

A origem da palavra *Parnasianismo* associa-se ao Parnaso grego, segundo a lenda um monte da Fócida, na Grécia central, consagrado a Apolo e às musas. A escolha do nome já comprova o interesse dos parnasianos pela tradição clássica. Acreditavam que, apoiando-se nos modelos clássicos, estariam combatendo os exageros de emoção e fantasia do Romantismo e, ao mesmo tempo, garantindo o equilíbrio que almejavam.

Contudo, a presença de elementos clássicos na poesia parnasiana não ia além de algumas referências a personagens da mitologia e de um enorme esforço de equilíbrio formal. Pode-se afirmar que o conteúdo clássico dessa arte não passava de um verniz que a revestia artificialmente e tinha por finalidade garantir-lhe prestígio entre as camadas letradas do público consumidor brasileiro.

A BATALHA DO PARNASO

As ideias parnasianas já vinham sendo difundidas no Brasil desde a década de 1870. No final dessa década travou-se no jornal *Diário do Rio de Janeiro* uma polêmica literária que reuniu, de um lado, os adeptos do Romantismo e, de outro, os adeptos do Realismo e do Parnasianismo. O saldo da polêmica, que ficou conhecida como Batalha do Parnaso, foi a ampla divulgação das ideias do Realismo e do Parnasianismo nos meios artísticos e intelectuais do país.

A primeira publicação considerada de fato parnasiana é a obra *Fanfarras* (1882), de Teófilo Dias. Entretanto, caberia a Alberto de Oliveira, Raimundo Correia, Olavo Bilac, Vicente de Carvalho e Francisca Júlia o papel de implantar e solidificar o movimento entre nós, bem como definir melhor os contornos de seu projeto estético.

Olavo Bilac na obra de Jô Soares

Jô Soares, além de perspicaz entrevistador, também é autor de crônicas, peças de teatro e do romance cômico-policial *O xangô de Baker Street*.

Amparada numa cuidadosa pesquisa sobre o Rio de Janeiro na segunda metade do século XIX, a obra reúne numa divertida trama policial figuras como o investigador Sherlock Holmes, D. Pedro II, a atriz francesa Sarah Bernhardt, a cantora popular Chiquinha Gonzaga e os escritores Coelho Neto, os irmãos Aluísio e Artur Azevedo e o parnasiano Olavo Bilac.

Em 2001, o livro de Jô Soares deu origem ao filme de mesmo nome, dirigido por Miguel Faria Jr.

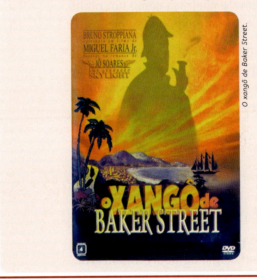

O xangô de Baker Street.

OLAVO BILAC: O OURIVES DA LINGUAGEM

Olavo Bilac (1865-1918) nasceu no Rio de Janeiro, estudou Medicina e Direito, mas não concluiu nenhum desses cursos. Exerceu as atividades de jornalista e inspetor escolar, tendo devotado boa parte de seu trabalho e de seus escritos à educação. Foi defensor da instrução primária, da educação física e do serviço militar obrigatório. Patriota, escreveu a letra do Hino à Bandeira e dedicou-se a temas de caráter histórico-nacionalista.

Sua primeira obra publicada foi *Poesias* (1888). Nela, o poeta já demonstrava estar plenamente identificado com as propostas do Parnasianismo, como comprova seu poema "Profissão de fé". Mas a concepção poética excessivamente formalista defendida por esse poema nem o próprio Bilac seguiu à risca. Vez ou outra depreende-se de seus textos certa valorização dos sentimentos que lembra o Romantismo. Apesar de menos conhe-

Olavo Bilac.

cidos do público, há na produção de Bilac poemas amorosos de forte sensualidade, que o tornam sempre lembrado entre os autores brasileiros que cultivaram a poesia erótica. Como exemplo dessa face do poeta, veja este poema:

Tercetos

I

Noite ainda, quando ela me pedia
Entre dois beijos que me fosse embora,
Eu, com os olhos em lágrimas, dizia:

"Espera ao menos que desponte a aurora!
Tua alcova é cheirosa como um ninho...
E olha que escuridão há lá por fora!

Como queres que eu vá, triste e sozinho,
Casando a treva e o frio de meu peito
Ao frio e à treva que há pelo caminho?!

Ouves? é o vento! é um temporal desfeito!
Não me arrojes à chuva e à tempestade!
Não me exiles do vale do teu leito!

Morrerei de aflição e de saudade...
Espera! até que o dia resplandeça,
Aquece-me com a tua mocidade!

Sobre o teu colo deixa-me a cabeça
Repousar, como há pouco repousava...
Espera um pouco! deixa que amanheça!"

— E ela abria-me os braços. E eu ficava.

II

E, já manhã, quando ela me pedia
Que de seu claro corpo me afastasse,
Eu, com os olhos em lágrimas, dizia:

"Não pode ser! não vês que o dia nasce?
A aurora, em fogo e sangue, as nuvens corta...
Que diria de ti quem me encontrasse?

Ah! nem me digas que isso pouco importa!...
Que pensariam, vendo-me, apressado,
Tão cedo assim, saindo a tua porta,

Vendo-me exausto, pálido, cansado,
E todo pelo aroma de teu beijo
Escandalosamente perfumado?

O amor, querida, não exclui o pejo.
Espera! até que o sol desapareça,
Beija-me a boca! mata-me o desejo!

Sobre o teu colo deixa-me a cabeça
Repousar, como há pouco repousava!
Espera um pouco! deixa que anoiteça!"

— E ela abria-me os braços. E eu ficava.

(*Melhores poemas de Olavo Bilac*. Seleção de Marisa Lajolo. 4. ed. São Paulo: Global, 2003. p. 87-90.)

Os amantes (1916), de Marc Chagall.

O poema de Bilac sugere o passar das horas sem que os amantes consigam desvencilhar-se do ato amoroso. Primeiramente, alegando motivos meteorológicos: a treva, o frio, a tempestade; depois, quando amanhece, alegando cuidados com a reputação da mulher amada. Assim, ciclicamente os amantes dão continuidade ao amor.

Entre as obras que Bilac escreveu, destacam-se *Via láctea*, em que a objetividade parnasiana evolui para uma postura mais intimista e subjetiva; *Sarças de fogo*, em que predominam a objetividade e o sensualismo; e *O caçador de esmeraldas*, obra de preocupação histórica e nacionalista. Em parceria com Manoel Bonfim, escreveu *Através do Brasil*, uma coletânea de textos literários voltados para o público escolar.

LEITURA

Você vai ler, a seguir, dois dos mais conhecidos sonetos de Olavo Bilac.

Via láctea

Soneto XIII

"Ora (direis) ouvir estrelas! Certo
Perdeste o senso!" E eu vos direi, no entanto,
Que, para ouvi-las, muita vez desperto
E abro as janelas, pálido de espanto...

E conversamos toda a noite, enquanto
A via láctea, como um pátio aberto,
Cintila. E, ao vir do sol, saudoso e em pranto,
Inda as procuro pelo céu deserto.

Direis agora: "Tresloucado amigo!
Que conversas com elas? Que sentido
Tem o que dizem, quando estão contigo?"

E eu vos direi: "Amai para entendê-las!
Pois só quem ama pode ter ouvido
Capaz de ouvir e de entender estrelas."

(*Melhores poemas de Olavo Bilac*, cit., p. 44.)

Nel mezzo del camin...

Cheguei. Chegaste. Vinhas fatigada
E triste, e triste e fatigado eu vinha.
Tinhas a alma de sonhos povoada,
E a alma de sonhos povoada eu tinha...

E paramos de súbito na estrada
Da vida: longos anos, presa à minha
A tua mão, a vista deslumbrada
Tive da luz que teu olhar continha.

Hoje, segues de novo... Na partida
Nem o pranto os teus olhos umedece,
Nem te comove a dor da despedida.

E eu, solitário, volto a face, e tremo,
Vendo o teu vulto que desaparece
Na extrema curva do caminho extremo.

(Idem, p. 78.)

1. No poema "Via láctea" há um diálogo sugerido pelo emprego de pronomes e verbos e pelo emprego das aspas. Identifique os interlocutores desse diálogo.

2. A propósito desse soneto:
   a) Identifique no texto um exemplo de predomínio da emoção sobre a razão.
   b) O que é necessário, segundo o eu lírico, para estabelecer comunicação com as estrelas?

3. O poema "*Nel mezzo del camin...*" apresenta imagens e sugestões cenográficas, como se pudéssemos visualizar as cenas num palco. O texto pode ser dividido em duas partes ou em dois momentos de uma caminhada.
   a) Qual é a primeira parte?
   b) E a segunda parte?
   c) Levante hipóteses: O que teria provocado a separação?
   d) Por que, na última estrofe, o eu lírico diz "tremo"?

4. O poema "*Nel mezzo del camin...*" apresenta várias repetições, algumas delas com inversão. Que efeito de sentido têm as repetições no poema?

5. Ambos os sonetos são muito apreciados pelo público e revelam as qualidades técnicas de Bilac como sonetista; contudo, não são os melhores exemplos da estética parnasiana. De que outro movimento literário notamos influência nesses textos? Justifique sua resposta.

371

RAIMUNDO CORREIA: A PESQUISA DA LINGUAGEM

Raimundo Correia (1860-1911) é um dos poetas que, juntamente com Olavo Bilac e Alberto de Oliveira, formam a chamada "tríade parnasiana". Maranhense, estudou Direito em São Paulo e foi magistrado em vários Estados brasileiros.

Sua poesia, no movimento parnasiano, representa um momento de descontração e de investigação. Nela se verificam pelo menos três fases:

- *a fase romântica*: com influência de Casimiro de Abreu e Fagundes Varela, é representada por *Primeiros sonhos* (1879);
- *a fase parnasiana* propriamente dita: representada pelas obras *Sinfonias* (1883) e *Versos e versões* (1887), é marcada pelo pessimismo de Schopenhauer — pensador alemão que defendia a ideia de que todas as dores e males do mundo provêm da vontade de viver — e por reflexões de ordem moral e social;
- *a fase pré-simbolista*: nela, o pessimismo diante da condição humana busca refúgio na metafísica e na religião, enquanto a linguagem apresenta uma pesquisa em musicalidade e sinestesia.

A famosa "tríade parnasiana": Olavo Bilac, à direita, Raimundo Correia, no centro, e Alberto de Oliveira, à esquerda.

LEITURA

O texto que segue é um dos mais conhecidos poemas de Raimundo Correia e um bom exemplo das qualidades técnicas do autor como sonetista. Observe como os versos, as imagens e a língua são empregados com fluência e naturalidade.

As pombas

Vai-se a primeira pomba despertada...
Vai-se outra mais... mais outra... enfim dezenas
De pombas vão-se dos pombais, apenas
Raia sanguínea e fresca a madrugada...

E à tarde, quando a rígida nortada
Sopra, aos pombais de novo elas, serenas,
Ruflando as asas, sacudindo as penas,
Voltam todas em bando e em revoada...

Também dos corações onde abotoam,
Os sonhos, um por um céleres voam,
Como voam as pombas dos pombais;

No azul da adolescência as asas soltam
Fogem... Mas aos pombais as pombas voltam,
E eles aos corações não voltam mais...

(In: Benjamim Abdala Jr., org. *Antologia da poesia brasileira – Realismo e Parnasianismo*. São Paulo: Ática, 1985. p. 35.)

1. O soneto está organizado em duas partes. Nas duas quadras, o eu lírico descreve o revoar das pombas; nos tercetos é estabelecida uma comparação.

a) A que é comparado o revoar das pombas?

b) Qual é a diferença essencial, segundo o texto, entre os elementos comparados?

2. De acordo com os termos dessa comparação, identifique a que correspondem, no plano da vida:

a) a madrugada e a tarde;

b) a nortada, que as pombas encontram, à tarde, fora dos pombais.

3. Releia a última estrofe do soneto. Que visão sobre a vida e sobre a condição humana o eu lírico expressa nessa estrofe e no poema como um todo?

4. Destaque do soneto três características que comprovem a filiação do texto ao Parnasianismo.

PRODUÇÃO DE TEXTO

CAPÍTULO 34

A crônica

TRABALHANDO O GÊNERO

Leia esta crônica, de Lourenço Diaféria:

Recado pro bolsinho da camisa

Não sei como você se chama, garoto, mas te vi um dia atravessando o viaduto de concreto.
Caía chuvisco.
Teus cabelos estavam ensopados e a camisa de brim grudada no teu corpo magro e ágil como flecha disparada pelo arco do trabalho.
Você corria saltando no reflexo do asfalto molhado, como bolinha de gude rolada na infância.
Não deu tempo para perguntar teu nome. Tuas pernas finas tinham pressa. Você carregava a maleta de mão com fecho cromado, e dentro dela havia o peso da responsabilidade de papéis sérios e urgentes, que deviam chegar a um ponto qualquer da Cidade, antes que se fechassem os guichês e portarias.
Outra vez te vi, garoto.
Fazia então um sol redondo e cheio pendurado no travessão do espaço.
Outra vez, teus cabelos úmidos de suor, a camisa de brim manchada, as calças rústicas mostrando a marca da barra que tua mãe soltou de noite, fio por fio, com um sorriso e um orgulho: — O moleque está crescendo!

Não sei como você se chama, garoto.

Te conheço de vista escalando os edifícios, alpinista de elevadores, abridor de picadas na multidão, ponta de lança rompedor nesta briga de foice que são as ruas da Cidade.

Garoto que cresce sob sol e chuva carregando na maleta cheques, duplicatas, títulos, recibos, cartas, telegramas, tutu, bufunfa, grana e um retrato de menina que te espera na lanchonete.

Teu nome é: — gente.

Inventaram outro nome enrolado para dizer que você é garoto do batente.

Office-boy.

Guri que finta banco, escritório, repartição, fila, balcão, pedido de certidão, imposto a pagar, taxa de conservação, título no protesto, e que mata no peito e baixa no terreno quando encontra os olhos da garota da caixa, que pergunta de modo muito legal:

— Tem dois cruzeiros trocados?

Moleque valente que acorda cedo, engole café com pão, fala tchau mesmo, vai pro ponto do ônibus ou estação, se pendura na condução, se vira mais que pião, tem sua turma, conta vantagem, lê jornal na banca, esquenta a marmita, discute a seleção, e depois do almoço bebe um refrigerante gelado e pede uma esfirra com limão.

E depois toca de novo a zunir pela Cidade, conhecido em tudo quanto é esquina, oi daqui, oi dali, até que a tarde chega e o garoto sai correndo de volta pra casa, vestir o guarda-pó, apanhar a esferográfica, enfiar os cadernos na sacola e enfrentar a escola, o sono, a voz do professor, o quadro-negro, a equação de duas incógnitas, depois de ter passado o dia inteiro gastando sola.

Guri, teu nome é: — gente.

Menino de escritório, menino do batente, que agarra o trabalho com unhas e dentes, sem você a Cidade amanheceria paralisada como bicho enorme ao qual houvessem cortado as pernas.

Pois bem: este recado não é para ser entregue a ninguém, a não ser a você mesmo.

Se quiser, guarde-o no bolsinho da camisa.

Um dia, quando você estiver completamente crescido, quando tiver bigodes, telefones, papéis importantes para preencher, alguns cabelos brancos; e sua mãe não precisar (ou não puder mais) desmanchar a barra de suas calças que ficaram curtas; quando você tiver de dar ordens de serviço a outros garotos da Cidade, saberá que, para chegar a qualquer lugar, o segredo é não desistir no meio do caminho.

Mas não se esqueça nunca de que as oportunidades não apenas se recebem ou se conquistam.

As oportunidades também devem ser oferecidas para que as pessoas pequenas saibam que seu nome é: — gente.

No futebol da vida, garoto, a parada é dura e a bola, dividida. Jogue o jogo mais limpo que você tiver. Jogue sério.

Não afrouxe se o passe recebido parecer longo demais.

Os mais bonitos gols da vida são marcados pelos que acreditam na força de seu pique.

Ponha esse recado no bolsinho da camisa, guri.

Um dia você descobrirá que a vida nem sempre é a conquista da taça.

A vida é participar do campeonato.

Vai nela, garotão!

(*Antologia da crônica brasileira – de Machado de Assis a Lourenço Diaféria*. São Paulo: Moderna, 2005. p. 196-9.)

1. A crônica é um gênero textual que oscila entre literatura e jornalismo e, antes de ser publicada em livro, costuma ser veiculada em jornal ou revista. Na crônica lida, o cronista dirige-se diretamente à personagem que é tema do seu texto.

a) A personagem é uma celebridade ou uma pessoa comum, encontrada no cotidiano da cidade grande?

b) O assunto é originário de situações circunstanciais comuns, ou de uma situação especial?

A crônica: gênero jornalístico ou literário?

Gênero híbrido que oscila entre a literatura e o jornalismo, a crônica é o resultado da visão pessoal, subjetiva, do cronista diante de um fato qualquer, colhido no noticiário do jornal ou no cotidiano. Quase sempre explora o humor; às vezes, diz as coisas mais sérias por meio de uma aparente conversa fiada; outras vezes, despretensiosamente, faz poesia da coisa mais banal e insignificante.

Registrando o circunstancial do nosso cotidiano mais simples, acrescentando, aqui e ali, fortes doses de humor, sensibilidade, ironia, crítica e poesia, o cronista, com graça e leveza, proporciona ao leitor uma visão mais abrangente, que vai além do fato; mostra-lhe, de outros ângulos, os sinais de vida que diariamente deixamos escapar da nossa observação.

---

2. A crônica é quase sempre um texto curto, com poucas personagens, e que chama a atenção para acontecimentos ou seres aparentemente inexpressivos do cotidiano. Na crônica lida, o cronista focaliza uma personagem comum na vida urbana.

a) O que chama a atenção do cronista nessa personagem?

b) O cronista diz que inventaram para essa personagem um "nome enrolado": *office-boy*. Essa personagem é focalizada pelo cronista como um ser individual ou como um ser coletivo?

c) Em que lugares e em que períodos de tempo o cronista situa sua personagem?

3. Em uma crônica, o narrador pode ser observador ou personagem. Qual é o tipo de narrador na crônica em estudo? Justifique sua resposta.

4. O cronista costuma ter sua atenção voltada para fatos do dia a dia ou veiculados em notícias de jornal e os registra com humor, sensibilidade, crítica e poesia. Ao proceder assim, quais dos seguintes objetivos o cronista espera atingir com seu texto?

a) Informar os leitores sobre um assunto.

b) Entreter os leitores e, ao mesmo tempo, levá-los a refletir criticamente sobre a vida e os comportamentos humanos.

c) Dar instruções aos leitores.

d) Tratar de um assunto cientificamente.

e) Argumentar, defender um ponto de vista e convencer o leitor.

f) Despertar no leitor solidariedade por um tipo humano.

5. Observe a linguagem empregada na crônica em estudo.

a) Como é retratada a vida da personagem: de forma impessoal e objetiva, isto é, em linguagem jornalística, ou de forma pessoal e subjetiva, ou seja, em linguagem literária?

b) A crônica, quanto à linguagem, está mais próxima do noticiário de jornais e revistas ou mais próxima de textos literários?

c) No diálogo imaginário que o cronista tem com sua personagem, há, no emprego das pessoas gramaticais, um desvio em relação à norma-padrão formal. Veja:

> "Não sei como *você* se chama, garoto, mas *te* vi um dia atravessando o viaduto de concreto."

Como esse desvio pode ser explicado?

d) O cronista emprega vários substantivos, sinônimos, para se referir à sua personagem. Quais são eles? E qual é, para ele, o substantivo que, de fato, corresponde ao nome do jovem?

PRODUÇÃO DE TEXTO

6. Ao retratar as andanças da personagem pela cidade, o cronista emprega um vocabulário relacionado ao campo semântico de um esporte.

a) Qual é esse esporte? Justifique.

b) Com que finalidade o cronista tem esse procedimento?

7. Como a maioria dos gêneros ficcionais, a crônica pode ser narrada no presente ou no pretérito.

a) Que tempo verbal predomina na crônica em estudo?

b) Que efeito de sentido a escolha desse tempo verbal confere ao texto?

8. Reúna-se com seus colegas de grupo e, juntos, concluam: Quais são as principais características da crônica? Respondam, levando em conta os seguintes critérios: finalidade do gênero, perfil dos interlocutores, suporte ou veículo, tema, estrutura, linguagem.

PRODUZINDO A CRÔNICA

Leia esta crônica, de Fernando Sabino:

Notícia de jornal

Leio no jornal a notícia de que um homem morreu de fome. Um homem de cor branca, 30 anos presumíveis, pobremente vestido, morreu de fome, sem socorros, em pleno centro da cidade, permanecendo deitado na calçada durante 72 horas, para finalmente morrer de fome.

Morreu de fome. Depois de insistentes pedidos e comentários, uma ambulância do Pronto Socorro e uma radiopatrulha foram ao local, mas regressaram sem prestar auxílio ao homem, que acabou morrendo de fome.

Um homem que morreu de fome. O comissário de plantão (um homem) afirmou que o caso (morrer de fome) era da alçada da Delegacia de Mendicância, especialista em homens que morrem de fome. E o homem morreu de fome.

O corpo do homem que morreu de fome foi recolhido ao Instituto Anatômico sem ser identificado. Nada se sabe dele, senão que morreu de fome.

Um homem morre de fome em plena rua, entre centenas de passantes. Um homem caído na rua. Um bêbado. Um vagabundo. Um mendigo, um anormal, um tarado, um pária, um marginal, um proscrito, um bicho, uma coisa – não é um homem. E os outros homens cumprem seu destino de passantes, que é o de passar. Durante setenta e duas horas todos passam, ao lado do homem que morre de fome, com um olhar de nojo, desdém, inquietação e até mesmo piedade, ou sem olhar nenhum. Passam, e o homem continua morrendo de fome, sozinho, isolado, perdido entre os homens, sem socorro e sem perdão.

Não é da alçada do comissário, nem do hospital, nem da radiopatrulha, por que haveria de ser da minha alçada? Que é que eu tenho com isso? Deixa o homem morrer de fome.

E o homem morre de fome. De 30 anos presumíveis. Pobremente vestido. Morreu de fome, diz o jornal. Louve-se a insistência dos comerciantes, que jamais morrerão de fome, pedindo providências às autoridades. As autoridades nada mais puderam fazer senão remover o corpo do homem. Deviam deixar que apodrecesse, para escarmento dos outros homens. Nada mais puderam fazer senão esperar que morresse de fome.

376

> E ontem, depois de setenta e duas horas de inanição, tombado em plena rua, no centro mais movimentado da cidade do Rio de Janeiro, Estado da Guanabara, um homem morreu de fome.
>
> Morreu de fome.
>
> (*As melhores crônicas de Fernando Sabino*. 2. ed. Rio de Janeiro: Best Bolso, 2008. p. 46-7.)

Leia um jornal do dia e, a partir de uma notícia sobre o cotidiano da sua cidade, escreva, a exemplo de Fernando Sabino, uma crônica que procure despertar a atenção das pessoas para uma situação normalmente vista como banal. Dê ao texto um tom irônico, ou crítico, ou poético.

PLANEJAMENTO DO TEXTO

- Antes de escrever sua crônica, discuta e decida com a classe e o professor a melhor forma de circulação e divulgação dos trabalhos. Sugerimos que reúnam as crônicas deste capítulo em uma revista literária digital da classe.
- Quem vai ler sua crônica? Pense no perfil dos leitores. Dependendo do suporte escolhido, os leitores poderão ser jovens como você, adultos, familiares e amigos.
- O que você pretende com sua crônica? Ao escrever, considere se você quer entreter, ou seja, divertir o leitor, ou quer sensibilizá-lo e fazer com que ele reflita.
- Planeje o modo de construir a narrativa de sua crônica. Você pode escrever uma história que revele sua visão pessoal do acontecimento ou uma história que mostre o ponto de vista de uma das pessoas envolvidas no episódio: um garoto, os pais dele, um(a) amigo(a) do garoto, um professor de matemática, o repórter, um astrônomo, um músico, uma garota nutricionista, uma pessoa comum, etc.
- Aborde o fato ou a situação escolhida procurando ir além do que aconteceu, narrando com sensibilidade ou, se quiser, com humor. Como sua crônica deverá ser narrativa, lembre-se de mencionar o lugar onde aconteceu o fato e o tempo (se era de noite, de manhã, etc.). Faça a apresentação das personagens e, se quiser dar mais dinamismo à narrativa, utilize o discurso direto. Procure contar o fato de uma forma que envolva o leitor, despertando nele o interesse pela narração e a vontade de ler o texto até o final. Se possível, reserve uma surpresa para o fim, de modo a fazer o leitor refletir, emocionar-se ou achar graça.
- Empregue a norma-padrão da língua ou escolha uma variedade linguística que esteja de acordo com o perfil do narrador e/ou das personagens.

REVISÃO E REESCRITA

Antes de passar sua crônica para o suporte final, releia-a, observando:
- se o fato do cotidiano no qual ela se baseia é abordado por meio de uma visão pessoal (poética, irônica, crítica, etc.) que procura despertar nos leitores uma percepção diferente da realidade;
- se ela apresenta os elementos narrativos básicos;
- se ela apresenta tempo e espaço limitados;
- se a narrativa é curta e leve;
- se o texto diverte e/ou promove uma reflexão sobre o assunto;
- se a linguagem está adequada ao perfil do narrador e/ou das personagens.

Faça as alterações necessárias, deixando o texto pronto para ser publicado.

PRODUÇÃO
DE TEXTO

377

ESCREVENDO COM EXPRESSIVIDADE

TIPOS DE DISCURSO

Leia o texto a seguir.

Do que são feitos os meninos? Bananas

Dieta da mãe durante a gravidez — mais ou menos calórica — pode definir sexo do bebê

A dieta da mãe pode determinar o nascimento de meninos ou meninas. Cientistas das universidades de Oxford e Exeter, na Inglaterra, entrevistaram 740 mulheres que engravidaram pela primeira vez. Queriam conhecer seus hábitos alimentares no ano anterior ao da concepção. Elas foram divididas em grupos de "altas, médias e baixas calorias", informa o *Guardian*. As descobertas: 56% das mulheres do grupo de refeições calóricas que ingeriam com frequência cereais e banana no café da manhã tiveram bebê do sexo masculino — ante 45% da turma de dieta mais frugal, menos rica. "Pela primeira vez mostramos uma associação clara entre os hábitos alimentares da mãe e o sexo do filho", disse Fiona Mathews, líder do estudo.

Filho ou filha: 56% das mulheres que ingeriam cereais no café da manhã tiveram meninos.

Mais que uma questão de saúde, é uma consequência das mudanças de comportamento. Os pesquisadores afirmam que a tendência moderna de optar por dieta de baixas calorias pode explicar a queda no nascimento de meninos em países desenvolvidos, diz a *BBC*. As estatísticas acompanham o raciocínio. Nos últimos 40 anos houve um pequeno, mas constante, declínio do nascimento de meninos em países desenvolvidos como a Inglaterra.

(*Revista da Semana*, ano 2, nº 17.)

1. O texto acima relata um estudo feito por cientistas das universidades de Oxford e Exeter, na Inglaterra, que queriam conhecer os hábitos alimentares de mulheres no ano anterior ao da concepção de seu filho. Identifique um trecho em que o jornalista reproduziu a fala da líder do estudo, com as mesmas palavras que ela empregou.

2. Em outro trecho do texto, o jornalista conta o que os pesquisadores disseram, mas sem reproduzir as mesmas palavras usadas por eles. Identifique o trecho.

No texto acima, o jornalista usou de dois procedimentos para citar o discurso das pessoas envolvidas na pesquisa: reproduziu textualmente a fala de Fiona Mathews, a líder do estudo ("Pela primeira vez mostramos uma associação clara entre os hábitos alimentares da mãe e o sexo do filho"), o chamado **discurso direto**, e reproduziu, com suas próprias palavras, a fala dos pesquisadores ("Os pesquisadores afirmam que a tendência moderna de optar por dieta de baixas calorias pode explicar a queda no nascimento de meninos em países desenvolvidos"), o **discurso indireto**.

Em textos verbais, além do discurso direto e indireto, existe também o **discurso indireto livre**.

Discurso direto

Leia esta anedota:

O chefe desceu na fábrica e tinha uma máquina parada.
— Cadê o operador desta máquina?
E o colega:
— Deu uma saidinha.
O chefe ficou furioso. Esperou o operador voltar e perguntou berrando:
— Onde você estava?
— Fui cortar o cabelo — disse calmamente.
E o chefe:
— Cortar o cabelo? Na hora do expediente?
E o operário:
— Ué... ele cresceu não foi na hora do expediente?

(Ziraldo. *Mais anedotinhas do Bichinho da Maçã*. São Paulo: Melhoramentos, s.d., p. 31-2.)

Veja que, no trecho "– Fui cortar o cabelo – disse calmamente", foram empregados dois travessões. O primeiro introduz a fala da personagem; o segundo separa a fala da personagem da fala do narrador. Em textos literários, é mais comum empregar o travessão para isolar o discurso direto; em textos jornalísticos e científicos, entretanto, é mais comum o emprego das aspas.

Veja também que, em "– *disse* calmamente", foi empregado o verbo de elocução *disse*, cujo papel é informar *quem* está falando e *como* está falando. Às vezes, esse verbo é omitido, mas está implícito na situação. Veja:

E o chefe [*pergunta*]:
— Cortar o cabelo? Na hora do expediente?

Como se nota no trecho acima, para introduzir o discurso direto, emprega-se o dois-pontos no final da frase anterior.

> ## Verbos de elocução
>
> O discurso direto caracteriza-se pela presença de verbos *dicendi*, aqueles que servem para introduzir a fala de outra pessoa (*dizer, afirmar, responder, declarar, definir*), de verbos da área semântica de *perguntar* (*indagar, adquirir, questionar, interrogar*) e de verbos *sentiendi*, os que expressam estado de espírito, reação psicológica da pessoa que fala, emoções (*gemer, suspirar, lamentar(-se), queixar-se, explodir*). Esses verbos podem vir implícitos ou explícitos.

Discurso indireto

No **discurso indireto**, o locutor (aquele que fala) reproduz com suas próprias palavras a fala de outras pessoas ou personagens. Veja como ficaria a fala da personagem da anedota, caso fosse empregado o discurso indireto:

O operador disse calmamente que *fora* (ou *tinha ido*) cortar o cabelo.

Observe que, para transformar o discurso direto em indireto, foi adotado o seguinte procedimento: indicar quem está falando (o operador) + verbo *dicendi* (disse) + *que*.

Além disso, o verbo que está no pretérito perfeito do indicativo (*fui*) passou para o mais-que-perfeito do indicativo (*fora* ou *tinha ido*). Assim, o discurso indireto caracteriza-se pela presença de verbos *dicendi* e *sentiendi*, pela presença da conjunção integrante *que* e pela alteração de tempos verbais. Também ocorrem alterações de advérbios e pronomes.

Do discurso direto para o discurso indireto

Há, a seguir, um quadro com as principais transformações que ocorrem na passagem do discurso direto para o indireto, e vice-versa:

DISCURSO DIRETO	DISCURSO INDIRETO
VERBOS	
Presente do indicativo O delegado afirmou: – Não *confio* em ninguém.	*Imperfeito do indicativo* O delegado afirmou que não *confiava* em ninguém.
Perfeito do indicativo A garota perguntou: – Meu namorado não *esteve* aqui?	*Mais-que-perfeito do indicativo* A garota perguntou se seu namorado não *estivera* (*tinha* estado) ali.
Futuro do presente O rapaz garantiu: – Eu *farei* a revisão do texto.	*Futuro do pretérito* O rapaz garantiu que *faria* a revisão do texto.
Presente do subjuntivo – Não quero que *espalhem* meus livros – disse-lhes o professor.	*Imperfeito do subjuntivo* O professor disse-lhes que não queria que eles *espalhassem* seus livros.
Imperativo – *Faça*-me um favor – pediu-me o rapaz.	*Imperfeito do subjuntivo* O rapaz pediu-me que eu lhe *fizesse* um favor.
PRONOMES	
eu, nós, você(s), senhor(a)(s) O homem sussurrou: – *Eu* estou rico.	*ele(s), ela(s)* O homem sussurrou que *ele* estava rico.
meu(s), minha(s), nosso(a)(s) – *Minha* irmã vai adorar esta revista – disse a garota.	*seu(s), sua(s), dele(a)(s)* A garota disse que *sua* irmã ia adorar aquela revista.
este(a)(s), isto, isso – *Esta* é sua casa? – perguntou.	*aquele(a)(s), aquilo* Ele(a) perguntou se *aquela* era sua casa.
ADVÉRBIOS	
hoje, ontem, amanhã – *Hoje* o comércio não abre – disse eu.	*naquele dia, no dia anterior, no dia seguinte* Eu disse que *naquele dia* o comércio não abria.
aqui, cá, aí – Não saio mais *daqui!* – falou Paulo.	*ali, lá* Paulo falou que não saía mais *dali*.

Discurso indireto livre

Mais comum em textos ficcionais, o **discurso indireto livre** ou **semi-indireto** é uma fusão dos discursos direto e indireto, porque apresenta a fala ou o pensamento da personagem discretamente inseridos no discurso do narrador. Observe a presença do discurso indireto livre nas frases destacadas deste texto:

> *Se não fosse isso... An! em que estava pensando?* Meteu os olhos pela grade da rua. *Chi! que pretume!* O lampião da esquina se apagara, *provavelmente o homem da escada só botara nele meio quarteirão de querosene.*
>
> (Graciliano Ramos)

O discurso indireto livre caracteriza-se por não apresentar as conjunções integrantes *que* e *se* e os verbos de elocução do discurso indireto; por manter as expressões empregadas pela personagem e sua correspondente pontuação "An! em que estava pensando?" / "Chi! que pretume!". Mantém, geralmente, os tempos verbais, advérbios e pronomes da forma como aparecem no discurso direto em 3ª pessoa.

1. Identifique o tipo de discurso empregado nos textos abaixo e, a seguir, transforme o discurso direto em indireto, e vice-versa, fazendo as adaptações necessárias. Não se esqueça de usar os sinais de pontuação adequados.

a) "– Isto é um insulto a todos – exclamou D. José de Noronha." (Camilo Castelo Branco)

b) "[...] Cristiano foi o primeiro que travou conversa, dizendo-lhe que as viagens de estrada de ferro cansavam muito, ao que Rubião respondeu que sim; para quem estava acostumado a costa de burro, acrescentou, a estrada de ferro cansava e não tinha graça; não se podia negar, porém, que era um progresso." (Machado de Assis)

2. Complete a narrativa a seguir, empregando narrador em 3ª pessoa e discurso direto. Tente dar ao texto um final surpreendente, triste ou engraçado.

> **Duas peças**
>
> Pai e filha, 1951, 52, por aí.
> PAI — Minha filha, você vai usar... isso?
> FILHA — Vou, pai.
> PAI — Mas aparece o umbigo!
> FILHA — Que que tem?
> PAI — Você vai andar por aí com o umbigo de fora?
> FILHA — Por aí, não. Só na praia. Todo mundo está usando duas peças, pai.

> PAI — Minha filha... Pelo seu pai. Pelo nome da família. Pelo seu bom nome. Use maiô de uma peça só.
> FILHA — Não quero!
> PAI — Então este ano não tem praia!
> FILHA — Mas pai!
> Pai e filha, 1986.
> FILHA — Pai, vou usar maiô de uma peça.
> PAI — ...
> FILHA — ...
>
> (Luis Fernando Verissimo. *Zoeira*. 5. ed. Porto Alegre: L&PM, 1987. p. 67.)

3. Destaque dos textos a seguir os trechos que correspondem ao discurso indireto livre.

a) "Voltou-se então para o fundo da casa, atravessou a varandinha que acompanhava o correr dos quartos e saiu à copa. Alaíde estaria ainda no jardim? Saltou ao quintal e veio contornando a casa [...]" (Josué Montelo)

b) "Pedro boleeiro chegou na porta do mestre José Amaro com um recado do Coronel Lula. Era para o mestre aparecer no engenho para o conserto dos arreios do carro. O mestre ouviu o recado, deixou que o negro falasse à vontade. E depois, como não tivesse gostado, foi se abrindo com o outro." (José Lins do Rego)

c) "D. Aurora sacudiu a cabeça e afastou o juízo temerário. Para que estou catando defeitos no próximo? Eram todos irmãos. Irmãos." (Graciliano Ramos)

PRODUÇÃO
DE TEXTO

VIVÊNCIAS

Projeto

JORNAL MURAL: *OS FOCAS*

Nas redações dos jornais, *foca* é o repórter novato, o principiante na profissão de jornalista. Seja você também um foca. Reúna todo o material jornalístico que você ajudou a produzir nas unidades 4 e 5 – notícias, entrevistas e reportagens – e, com seus colegas, participe da montagem de um jornal mural da classe.

Para fazer em grupo

Entre o material produzido por vocês, selecionem notícias, entrevistas e reportagens para compor o jornal mural. Escolham apenas os melhores trabalhos, já que outros grupos também vão expor o seu material.

Verifiquem se o material escolhido está no formato e no suporte ideais para ser afixado em mural. Lembrem-se de que os leitores estarão de pé no momento da leitura. Logo, é preciso que o título, o tamanho das letras, a diagramação e as fotos ou ilustrações sejam adequados a essa situação de leitura.

382

Para fazer com toda a classe

Com a orientação do professor, discutam previamente alguns aspectos da montagem do jornal mural, como:

- quantos painéis há para a exposição do material;
- qual será o espaço de cada grupo no painel;
- se há necessidade de forrar com um papel de cor neutra ou colorido a superfície onde o material será afixado;
- se o jornal terá o título de *Os Focas* ou outro e, nesse caso, qual será;
- onde e por quanto tempo o jornal ficará exposto;
- de que modo o jornal mural será divulgado: por meio de anúncios na rádio da escola, cartazes, torpedos e *e-mails* enviados a colegas de outras classes, redes sociais, etc.

A seguir, dividam as tarefas e... mãos à obra!

383

: *A esfinge virtuosa* (1886), de Gustave Moreau.

Coleção particular

UNIDADE 6 — HISTÓRIA SOCIAL DO SIMBOLISMO

O fato de uma estética literária vigorar em determinado momento histórico não significa que todas as pessoas e grupos sociais daquele momento tenham vivido e pensado da mesma forma. Pode-se dizer que nas épocas históricas há uma *ideologia predominante*, mas não global.

Nas últimas décadas do século XIX, por exemplo, em meio à onda de cientificismo e materialismo que deu origem ao Realismo e ao Naturalismo, surgiu um grupo de artistas e intelectuais que punham em dúvida a capacidade absoluta da ciência de explicar todos os fenômenos relacionados ao homem. Não acreditavam no conhecimento "positivo" e no progresso social prometidos pela ciência.

Pensavam que, assim como a ciência, a linguagem é limitada. A primeira, para traduzir a complexidade humana, e a segunda, para representar a realidade como ela de fato é, podendo, no máximo, sugeri-la.

Estudar a literatura do período implica conhecer a crise espiritual que marcou esse momento histórico e ver de que modo ela acarretou uma nova forma de ver e sentir o mundo e, consequentemente, uma nova forma de expressão artística: a arte simbolista.

Fique ligado! Pesquise!

Para estabelecer relações entre a literatura e outras artes e áreas de conhecimento, eis algumas sugestões:

Assista

- *Cruz e Sousa – O poeta do desterro*, de Sylvio Back; *O eclipse de uma paixão*, de Agnieszka Holland; *Camille Claudel*, de Bruno Nuytten; *Sonhos*, de Akira Kurosawa (coletânea de histórias, entre as quais uma é relacionada ao pintor pós-impressionista Van Gogh); *Vida e obra de um gênio – Vincent e Theo*, de Robert Altman.

Cena do filme *Vincent e Theo*.

Leia

- *Vida e obra de Vincent van Gogh*, de Janice Anderson (Ediouro); *O médico e o monstro*, de Robert Louis Stevenson (Nova Fronteira); *O retrato de Dorian Gray*, de Oscar Wilde (Imago); *Flores do mal*, de Charles Baudelaire (Nova Fronteira); *Uma temporada no inferno*, de Arthur Rimbaud (L&PM); *Mallarmé*, de Augusto de Campos, Décio Pignatari e Haroldo de Campos (Perspectiva); *Iluminuras*, tradução de Rodrigo Garcia Lopes e Maurício Arruda Mendonça (Iluminuras); *Cartas a Theo*, de Vincent van Gogh (L&PM); *Cruz e Sousa: o negro branco*, de Paulo Leminski (Brasiliense). Sobre o teatro do século XIX: *Judas em sábado de Aleluia* e *O noviço*, de Martins Pena (Ediouro); *Caiu o ministério* e *Como se fazia um deputado*, de França Júnior (Ediouro); *A capital federal* e *O dote*, de Artur Azevedo (Ediouro); *O inspetor-geral*, de Gogol (Ediouro); *Casa de bonecas*, de Henrik Ibsen (Veredas); *Senhorita Júlia*, de Auguste Strindberg.

Pesquise

- Pesquise sobre as relações entre literatura e filosofia, buscando pontos de contato entre o Simbolismo ou o Decadentismo do fim do século XIX com o pensamento de Nietzche.
Pesquise também as relações entre o Simbolismo e o Romantismo, principalmente quanto à tradição gótica.

Navegue

Conheça a obra de escritores simbolistas acessando:
- www.revista.agulha.nom.br/csousa.html
- www.revista.agulha.nom.br/pk.html
- www.revista.agulha.nom.br/al.html
- www.dominiopublico.gov.br/pesquisa/DetalheObraForm.do?select_action=&co_obra=2110

Visite

- Para conhecer a pintura simbolista e impressionista, visite o Museu D'Orsay, em Paris, acessando o *site* http://www.musee-orsay.fr/fr/collections/catalogue-des-oeuvres/resultat-collection.html?no_cache=1. Na janela "Votre recherche", digite o nome de pintores como Odilon Redon, Gustave Moreau, Van Gogh, Manet, Renoir, Gauguin, Toulouse-Lautrec.

Gustave Moreau. *Angel traveller*/Musée Gustave Moreau, Paris, França.

VIVÊNCIAS

Projeto:

Dois olhares: entre a razão e a antirrazão

Produção e montagem de uma mostra de arte realista, simbolista e impressionista.

Os miseráveis, os rotos
São as flores dos esgotos.

São espectros implacáveis
Os rotos, os miseráveis.

São prantos negros de furnas
Caladas, mudas, soturnas.

São os grandes visionários
Dos abismos tumultuários.

(Cruz e Sousa)

385

A IMAGEM EM FOCO

Observe atentamente a pintura abaixo, de Odilon Redon, um dos principais pintores do Simbolismo.

O homem alado (antes de 1880), também chamado *O anjo perdido*, de Odilon Redon.

1. Observe a figura retratada.
   a) Qual é a personagem retratada?
   b) O que ela está fazendo?
   c) Considerando-se que a personagem tem asas, a ação é compatível com ela? Por quê?
   d) O que expressam o semblante da personagem e seu gesto com o braço direito erguido?

2. Observe o espaço em que a personagem se encontra.
   a) Como ele é?
   b) Você diria que é um espaço que se situa na Terra ou no céu?

3. Algumas correntes artísticas têm mais interesse, e outras menos, em retratar fielmente a realidade. Como essa pintura simbolista retrata a realidade?

4. Odilon Redon era um pintor simbolista que experimentava diferentes efeitos de luz e cor.
   a) Que cores predominam no quadro?
   b) Em que medida essas cores contribuem para criar a atmosfera simbolista da pintura?

5. Eis algumas das características da poesia simbolista:
   - subjetivismo
   - antimaterialismo
   - transcendência
   - interesse pelas zonas profundas da mente humana e pela loucura
   - linguagem que sugere, em vez de nomear
   - onirismo (universo do sonho)
   - misticismo
   - dor de existir
   - interesse pelo noturno, pelo mistério e pela morte
   - atmosfera vaga e fluida

   Verifique quais desses traços podem ser encontrados na pintura de Redon.

6. Observe na legenda o título do quadro. A hesitação quanto ao título tem relação com a personagem retratada? Por quê?

Patinhos no lago (1897), de Eliseu Visconti, pintor que introduziu as novidades simbolistas e impressionistas na pintura brasileira.

LITERATURA

CAPÍTULO 35

A linguagem do Simbolismo

Embora acentue sob alguns aspectos o requinte da arte pela arte, o Simbolismo se opõe tanto ao Realismo quanto ao Parnasianismo, situando-se muito próximo das orientações românticas, de que é em parte uma revivescência.

(Antonio Candido e José Aderaldo Castello)

LEITURA

Tanto o Simbolismo francês quanto o brasileiro foram fortemente influenciados pela obra de Charles Baudelaire (1821-1867), poeta pós-romântico francês considerado precursor não apenas do Simbolismo, mas de toda a poesia moderna. Você vai ler, a seguir, três poemas: o primeiro, "Correspondências", é uma das mais conhecidas produções de Baudelaire; o segundo, "Violões que choram...", é de Cruz e Sousa, considerado o principal poeta simbolista brasileiro; e o terceiro, "Sobre um mar de rosas que arde", é do poeta baiano Pedro Kilkerry.

TEXTO I

Correspondências

A Natureza é um templo onde vivos pilares
Deixam sair às vezes palavras confusas:
Por florestas de símbolos, lá o homem cruza
Observado por olhos ali familiares.

Tal longos ecos longe onde lá se confundem
Dentro de tenebrosa e profunda unidade
Imensa como a noite e como a claridade,
Os perfumes, as cores e os sons se transfundem.

Perfumes de frescor tal a carne de infantes,
Doces como o oboé, verdes igual ao prado,
— Mais outros, corrompidos, ricos, triunfantes,

Possuindo a expansão de um algo inacabado,
Tal como o âmbar, almíscar, benjoim e incenso,
Que cantam o enlevar dos sentidos e o senso.

(Charles Baudelaire. In: José Lino Grünewald, org. e trad. *Poetas franceses do século XIX*. Rio de Janeiro: Nova Fronteira, 1991. p. 59.)

almíscar: substância de origem persa, de odor penetrante e persistente, obtida a partir de uma bolsa situada no abdome do almiscareiro macho.
âmbar: aroma, cheiro suave; o que tem cor entre o acastanhado e o amarelado.
benjoim: resina balsâmica, aromática, usada para a fabricação de incensos e cosméticos.
oboé: instrumento de sopro.
prado: campina.
transfundir: transformar-se, converter-se; levar algo a se tornar parte de outra coisa.

TEXTO II

Violões que choram...

Ah! plangentes violões dormentes, mornos,
Soluços ao luar, choros ao vento...
Tristes perfis, os mais vagos contornos,
Bocas murmurejantes de lamento.

Noites de além, remotas, que eu recordo,
Noites da solidão, noites remotas
Que nos azuis da Fantasia bordo,
Vou constelando de visões ignotas.

Sutis palpitações à luz da lua,
Anseios dos momentos mais saudosos,
Quando lá choram na deserta rua
As cordas vivas dos violões chorosos.

388

Quando os sons dos violões vão soluçando,
Quando os sons dos violões nas cordas gemem,
E vão dilacerando e deliciando,
Rasgando as almas que nas sombras tremem.

Harmonias que pungem, que laceram,
Dedos nervosos e ágeis que percorrem
Cordas e um mundo de dolências geram
Gemidos, prantos, que no espaço morrem...

E sons soturnos, suspiradas mágoas,
Mágoas amargas e melancolias,
No sussurro monótono das águas,
Noturnamente, entre ramagens frias.

Vozes veladas, veludosas vozes,
Volúpias dos violões, vozes veladas,
Vagam nos velhos vórtices velozes
Dos ventos, vivas, vãs, vulcanizadas.

Tudo nas cordas dos violões ecoa
E vibra e se contorce no ar, convulso...
Tudo na noite, tudo clama e voa
Sob a febril agitação de um pulso.

Que esses violões nevoentos e tristonhos
São ilhas de degredo atroz, funéreo,
Para onde vão, fatigadas do sonho,
Almas que se abismaram no mistério.

(Cruz e Sousa. *Poesias completas*.
Rio de Janeiro: Ediouro, s.d. p. 50-1.)

> **dolência**: mágoa, dor.
> **ignoto**: ignorado, desconhecido.
> **lacerar**: dilacerar, cortar em pedaços.
> **plangente**: lastimoso, que chora.
> **pungir**: ferir, causar dor.

TEXTO III

Sobre um mar de rosas que arde

Sobre um mar de rosas que arde
Em ondas fulvas, distante,
Erram meus olhos, diamante,
Como as naus dentro da tarde.

Asas no azul, melodias,
E as horas são velas fluidas
Da nau em que, oh! alma, descuidas
Das esperanças tardias.

(Pedro Kilkerry. In: Ítalo Moricone. *Os cem melhores
poemas brasileiros do século*. São Paulo: Objetiva.)

Os barcos (1874), de Claude Monet.

> **fulvo**: cor amarelada, alaranjada; amarelo-ouro ou castanho-avermelhado.

1. A linguagem simbolista caracteriza-se por ser vaga, fluida, imprecisa. Destaque dos três poemas palavras ou expressões que indicam algo indefinido, vago.

2. O emprego de substantivos abstratos e de adjetivos também contribui para reforçar a ideia de fluidez nos textos.
   a) Destaque dos poemas exemplos desses recursos.

Simbolismo: o mundo em crise

O Simbolismo é um movimento que atravessa o final do século XIX, e que exprime a tonalidade espiritual de uma época, conciliando o cosmos e a psique. A experiência poética associa-se, então, à meditação metafísica. A beleza torna-se um ideal, com a rejeição lógica da sociedade "burguesa". Há um desencanto generalizado, o mundo entra em crise, o escritor afirma-se "decadente", e refugia-se num universo imaginário, construindo uma filosofia do nada, do aniquilamento, da desesperança e do cepticismo.

(Isabel Pascoal. "Introdução". In: Camilo Pessanha. *Clepsidra*.
Biblioteca Ulisseia de Autores Portugueses. p. 16.)

LITERATURA

b) No Realismo, o emprego de substantivos e de adjetivos cumpre o papel de compor um painel objetivo da realidade. Nos três textos lidos, esses recursos linguísticos contribuem para compor um painel subjetivo ou objetivo da realidade?

3. Em vez de nomear ou explicar objetivamente, a linguagem simbolista procura sugerir. Com relação ao poema "Violões que choram...":

a) O que sugere a aliteração do fonema /v/ da 7ª estrofe?

b) Com base na 1ª e na 5ª estrofes e no título do poema, indique os sentimentos ou estados de alma que, na visão do eu lírico, os sons do violão sugerem.

c) Na atribuição de características como "dormentes", "chorosos" e "tristonhos" aos violões, que figura de linguagem se verifica?

4. Para os simbolistas, uma das formas de expressar as sensações interiores por meio da linguagem verbal é a aproximação ou o cruzamento de campos sensoriais diferentes. Esse procedimento, a que se dá o nome de *sinestesia*, foi inspirado justamente no poema "Correspondências", de Baudelaire.

a) Identifique no poema de Baudelaire o verso em que ele propõe a fusão de campos sensoriais diferentes.

b) Releia as três estrofes iniciais do poema de Cruz e Sousa. Que campos sensoriais o poeta aproxima nessas estrofes?

c) Que campos sensoriais se aproximam na 1ª estrofe do poema de Pedro Kilkerry?

5. O Parnasianismo e o Simbolismo nasceram juntos, na França, com a publicação da revista *Le Parnasse Contemporain*. Embora esses dois movimentos apresentem propostas artísticas diferentes, eles têm em comum a preocupação com a própria linguagem artística. Por isso, é comum se manifestar entre os simbolistas o princípio da "arte pela arte" ou "arte sobre a arte".

a) Na 1ª estrofe de "Correspondências", Baudelaire faz referência a "palavras confusas" e a "florestas de símbolos". A que tipo de arte ele se refere nesses versos?

b) Em "Violões que choram..." manifesta-se o princípio da "arte pela arte" ou da "arte sobre a arte"? Por quê?

Os simbolistas e os góticos

O Simbolismo retoma alguns dos procedimentos românticos, entre eles o subjetivismo, o gosto pelo mistério, pelo macabro e por ambientes noturnos. Veja o que o simbolista francês Rimbaud escreveu:

Deveria ter meu inferno pela cólera, meu inferno pelo orgulho, — e o inferno da carícia; um concerto de infernos. Morro de lassidão. É a tumba, vou para os vermes, horror dos horrores! Satã, farsante, queres me diluir com teus feitiços. Me queixo. Me queixo! Um golpe do tridente, uma gota de fogo.

(*Uma temporada no inferno*. Porto Alegre: L&PM, 1997. p. 37.)

Latinstock

: Rimbaud.

6. Contrapondo-se à visão "positiva" e equilibrada do pensamento científico, os simbolistas manifestam estados de dilaceração da alma e uma profunda "dor de existir". Justifique a presença desses sentimentos no poema "Violões que choram...", tomando por base sua última estrofe.

7. Outros traços da linguagem simbolista são os estados contemplativos e a sondagem interior, manifestada no interesse pelas zonas profundas da mente (inconsciente e subconsciente), incluindo o sonho e a loucura. Qual desses traços é possível identificar nos seguintes trechos dos textos?

a) "A Natureza é um templo onde vivos pilares / Deixam sair às vezes palavras confusas"

b) "Rasgando as almas que nas sombras tremem", "E sons soturnos, suspiradas mágoas"

c) "Sobre um mar de rosas que arde / Em ondas fulvas, distante / Erram meus olhos, diamante"

390

Simbolistas franceses no cinema

O filme *Eclipse de uma paixão* (1997), dirigido por Agnieska Holland, narra o intenso relacionamento afetivo e poético vivido pelos poetas simbolistas franceses Verlaine e Rimbaud.

Com apenas 16 anos, Rimbaud já surpreendia os meios literários franceses com suas ideias originais e com sua forma particular de conceber a poesia.

Como síntese, compare as características do Simbolismo com as do Parnasianismo:

SIMBOLISMO	PARNASIANISMO
Subjetivismo	Objetivismo
Linguagem vaga, fluida, que busca *sugerir* em vez de nomear	Linguagem precisa, objetiva, culta
Abundância de metáforas, comparações, aliterações, assonâncias e sinestesias	Busca do equilíbrio formal
Cultivo do soneto e de outras formas de composição poética	Preferência pelo soneto
Antimaterialismo, antirracionalismo	Materialismo, racionalismo
Misticismo, religiosidade	Paganismo greco-latino
Interesse pelas zonas profundas da mente humana e pela loucura	Racionalismo
Pessimismo, dor de existir	Contenção dos sentimentos
Estados contemplativos; interesse pelo noturno, pelo mistério e pela morte	Interesse por temas universais: a natureza, o amor, objetos de arte, a poesia
Retomada de elementos da tradição romântica	Retomada de elementos da tradição clássica

O TEXTO E O CONTEXTO EM PERSPECTIVA MULTIDISCIPLINAR

Leia, a seguir, o infográfico e o painel de textos interdisciplinares que relacionam a produção literária do Simbolismo ao contexto histórico, social e cultural em que o movimento floresceu.

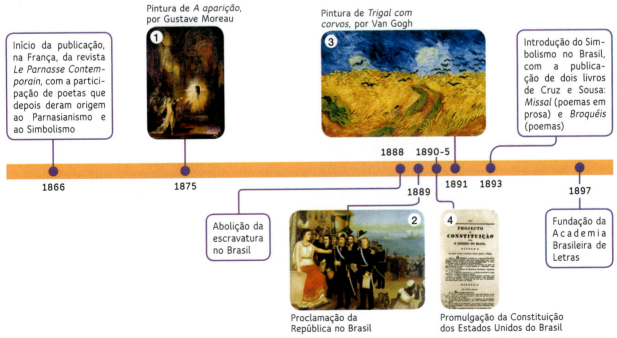

1. Museu Gustave Moreau, Paris, França 2. Fundação Maria Luisa e Oscar Americano, SP 3. Van Gogh Museum, Amsterdam, Holanda 4. Arquivo Nacional, RJ

Simbolismo e decadentismo

A poesia universal é toda ela na essência simbólica. Os símbolos povoam a literatura desde sempre. [...] Todavia, ao longo da década de 1890, desenvolveu-se em França um movimento estético a princípio apelidado "decadentismo" e depois "Simbolismo". Por muitos aspectos ligados ao Romantismo e tendo tido berço comum com o Parnasianismo, o Simbolismo gerou-se como uma reação contra a fórmula estética parnasiana, que dominara a cena literária durante a década de 1870, ao lado do Realismo e do Naturalismo, defendendo o impessoal, o objetivo, o gosto do detalhe e da precisa representação da natureza [...].

Posto não constituísse uma unidade de métodos, antes de ideais, o Simbolismo procurou instalar um credo estético baseado no subjetivo, no pessoal, na sugestão e no vago, no misterioso e ilógico, na expressão indireta e simbólica. Como pregava Mallarmé, não se devia dar nome ao objeto, nem mostrá-lo diretamente, mas sugeri-lo, evocá-lo pouco a pouco, processo encantatório que caracteriza o símbolo.

(Afrânio Coutinho. *Introdução à literatura no Brasil*. 10. ed. Rio de Janeiro: Civilização Brasileira, 1980. p. 214-5.)

Simbolismo: reação ao racionalismo

Visto à luz da cultura europeia, o Simbolismo reage às correntes analíticas dos meados do século [XIX], assim como o Romantismo reagira à Ilustração [...]. Ambos os movimentos exprimem o desgosto das soluções racionalistas e mecânicas e nestas reconhecem o correlato da burguesia industrial em ascensão; ambos recusam-se a limitar a arte ao objeto, à técnica de produzi-lo, a seu aspecto palpável; ambos, enfim, esperam ir além do empírico e tocar, com a sonda da poesia, um fundo comum que susteria os fenômenos, chame-se Natureza, Absoluto, Deus ou Nada.

(Alfredo Bosi. *História concisa da literatura brasileira*. 2. ed. São Paulo: Cultrix, 1975. p. 293.)

empírico: baseado na experiência e na observação.

Pintura de Pierre Puvis de Chavannes.

O Simbolismo e o tédio da civilização moderna

Ao mesmo tempo, e em íntima relação com o movimento dos parnasianos, o culto da sensação evolui de outra maneira bem mais interessante; alguns poetas, experimentando conhecidas ou pelo menos inexpressas sensações, sugeridas amiúde pelo tédio da civilização moderna e pelo seu sentimento de expatriação no seio dela, e não encontrando mais, nas formas usuais de linguagem poética, instrumentos capazes de satisfazer sua vontade de expressão, começavam a modificar profundamente a função da palavra em poesia. Essa função é dupla, e o foi em todos os tempos: em poesia, a palavra não é somente o instrumento da compreensão racional, tem outrossim o poder de evocar sensações.

(Erich Auerbach. *Introdução aos estudos literários*. 2. ed. São Paulo: Cultrix, 1972. p. 240-1.)

Simbolismo: a arte de sugerir

Embora acentue sob alguns aspectos o requinte da arte pela arte, o simbolismo se opõe tanto ao realismo quanto ao parnasianismo, situando-se muito próximo das orientações românticas, de que é em parte uma revivescência. Não aceitando a separação entre sujeito e objeto, entre artista e assunto, para ele objetivo e subjetivo se fundem, pois o mundo e a alma têm afinidades misteriosas, e as coisas mais díspares podem revelar um parentesco inesperado. O espírito, portanto, não apreende totalmente nem traça um contorno firme dos objetos, dos seres, das ideias. Cabe-lhes apenas o recurso de aproximar-se da sua realidade oculta por meio de tentativas, que a sugerem sem esgotá-la.

(Antonio Candido e José A. Castello. *Presença da literatura brasileira*: das origens ao Realismo. São Paulo: Difel, 1985. p. 294-5.)

O Simbolismo e a pintura

O simbolismo começou como movimento literário que via na imaginação a mais importante fonte de criatividade. Ele não demorou a infiltrar-se nas artes visuais, sendo outra reação ao limitado mundo representacional do realismo e do impressionismo. Inspirados pela poesia simbolista dos franceses Mallarmé, Verlaine e Rimbaud, os pintores dessa vertente usavam cores emotivas e imagens estilizadas para trazer à consciência do observador os sonhos e os estados de espírito que experimentavam, por vezes pintando cenas exóticas e oníricas.

[...]

Nas obras simbolistas, encontramos às vezes uma tendência lúgubre e algo doentia: a história de Salomé, por exemplo, com todas as suas inferências acerca da mulher que destrói o homem, aparece constantemente. A *Salomé* de Moreau é uma das versões mais brincalhonas desse mito funesto, e podemos usufruir-lhe a luz e a cor intensas sem pensarmos demais nos sinistros corolários da história.
[...]

(Wendy Beckett. *História da pintura*. São Paulo: Ática, 1997. p. 321.)

Salomé (1876), de Gustave Moreau.

• Roteiro de estudo •

Ao final da leitura dos textos, você deverá:

- Saber explicar por que os simbolistas representavam os grupos sociais excluídos da onda racionalista que invadiu a Europa, no final do século XIX.
- Com base nos textos de Afrânio Coutinho e Alfredo Bosi, estabelecer paralelos entre o Romantismo e o Simbolismo, apontando suas principais semelhanças.
- Estabelecer diferenças entre o Realismo e o Simbolismo quanto ao papel da arte de retratar a realidade.
- De acordo com o texto de Wendy Beckett, que semelhanças a pintura simbolista tem com a literatura simbolista?

PRODUÇÃO DE TEXTO

Os atores João Miguel e Felipe Camargo com índios do Xingu, nas filmagens de *Xingu*, de Cao Hamburger.

CAPÍTULO 36

A crítica

TRABALHANDO O GÊNERO

Leia esta crítica:

Filme propõe um olhar amoroso mas não idealizado

LUIZ ZANIM ORICCHIO

Cao Hamburger pensou a saga da criação do Parque Nacional do Xingu da maneira como foi – resultado de idealismo e do sentimento de aventura. Qualidades, aliás, que se foram erodindo com o tempo até caírem de moda, pelo menos no plano prático. Nos discursos vazios, continuam sendo palavras nobres.

Os irmãos eram de fato aventureiros, mas nada preocupados em amealhar riquezas. Era o aspecto humano que os tentava. No caso, a sobrevivência dos índios no interior de um país que já começava a fechar-lhes o cerco. Sua missão era basicamente humanística, no que essa qualidade tem de mais nobre: respeitar e preservar culturas alheias. Mesmo que seja à força: numa das cenas, uma família é arrancada da sua terra, sob ameaça de arma, e embarcada rumo ao Xingu. Se permanecesse onde queria, seria dizimada.

: Cena de *Xingu*.

 É bom também que os Villas-Boas não sejam apresentados como seres perfeitos. Cada um deles é visto em suas contradições. Leonardo (Caio Blat) com sua fraqueza e o envolvimento com uma índia; Cláudio (João Miguel) com suas incertezas, o que faz dele o personagem mais complexo, muito por mérito do ator; Orlando (Felipe Camargo), com seu senso prático obstinado. Há conflitos entre os irmãos. Leonardo é alijado do grupo. Cláudio acusa Orlando de excessiva flexibilidade política; este lhe responde que, sem negociar, nada conseguiriam. É verdade. Tanto assim que obtém a assinatura do decreto que cria o Parque Nacional do Xingu do mais improvável dos personagens, Jânio Quadros, em sua breve e desastrada presidência.

 E há os índios, seu meio ambiente, seu modo de ser, que se tornam, de fato, os personagens maiores deste filme amoroso, mas nada piegas e nem cultor do mito do bom selvagem. A natureza é tanto sedutora quanto hostil. As relações humanas, tão fraternas quanto ásperas em algumas passagens. E, do todo, fica a sensação desolada de que, no encontro entre duas culturas, sendo uma muito mais predatória que a outra, uma delas tende a sucumbir. *Xingu* descreve esse ato heroico de preservação sempre precário, sempre provisório, felizmente contra a lógica do mais forte. Essa disposição de lutar contra as evidências é o grande legado dos Villas-Boas.

(*O Estado de S. Paulo*, 5/4/2012.)

> **alijado:** excluído, posto fora.
> **amealhar:** acumular, juntar.
> **dizimada:** diminuída, desfalcada, reduzida.
> **erodir:** desgastar, corroer, produzir erosão.
> **piegas:** sentimentalista.
> **saga:** narrativa de aventura, epopeia.

1. A crítica é um gênero textual que tem por finalidade orientar o leitor de um jornal ou revista, estimulando-o ou desestimulando-o a consumir um objeto cultural, isto é, um livro, um filme, uma peça de teatro, um concerto de música clássica, um *show* de música popular, uma exposição de artes plásticas, etc. Qual é o objeto cultural em exame na crítica lida?

2. A crítica tem uma estrutura relativamente livre, que varia muito, dependendo do autor, do público e do veículo em que é publicada. Apesar disso, apresenta alguns elementos essenciais, como a descrição da obra em exame, sua situação no conjunto das obras do autor, diretor ou músico, uma opinião sobre a qualidade da obra, etc. Em relação à crítica lida, responda:

    a) Em que parágrafo o crítico explicita o tema do filme?

    b) O crítico avalia como amorosa, mas não idealizada, a visão do diretor em relação ao tema. Cite duas passagens em que o crítico se refere a essa visão não idealizada das personagens.

3. Uma crítica costuma contextualizar o objeto cultural em avaliação, situando-o no conjunto das obras do autor ou em relação a outro objeto cultural do mesmo gênero ou com o mesmo tema. Leia o seguinte trecho de outra crítica sobre o filme *Xingu*, publicada na mesma página que a crítica lida.

Seu pai foi um imigrante judeu alemão que queria muito ser brasileiro. Ele pedia ao filho — o futuro cineasta Cao Hamburger — que pusesse nomes de índios em seus netos. Cao não realizou esse desejo do pai, mas hoje ele admite que, consciente ou inconscientemente, esteja levando adiante sua busca, ou desejo, de brasilidade. Em sua produção audiovisual, ele já falou de duas grandes paixões do povo brasileiro — futebol (*O Ano em Que Meus Pais Saíram de Férias*) e carnaval (a minissérie *Os Filhos do Carnaval*, na HBO).

Cao não deu aos filhos os nomes de índios que seu pai pedia, mas ele vem agora com *Xingu*, que estreia amanhã. O filme conta uma epopeia brasileira, a luta dos irmãos Villas-Boas para criar o Parque Nacional do Xingu, uma vasta área de reserva das culturas da Amazônia, em que os últimos remanescentes das tribos selvagens podem viver com liberdade, em meio a espécimes animais e vegetais.

Cao Hamburger.

Foi uma longa luta, documentada num livro que está saindo simultaneamente com o filme — *A Marcha para o Oeste*, de Orlando e Cláudio Villas-Boas, de 1994 e agora editado pela Companhia das Letras. O livro é o diário dos irmãos durante a expedição Roncador/Xingu, quando eles ainda investigavam o território inóspito e contactavam os índios. [...]

(Luiz Carlos Merten. *O Estado de S. Paulo*, 5/4/2012.)

a) O que o autor dessa crítica aponta como um ponto de identidade entre o filme *Xingu* e outros filmes do diretor?

b) Que objeto cultural citado pelo crítico trata do mesmo tema?

4. Observe a linguagem utilizada na crítica em estudo.

a) Que variedade linguística foi empregada?

b) Em que tempo estão as formas verbais, predominantemente?

c) O texto de uma crítica expressa a opinião do crítico que avalia um objeto cultural e pode estar em uma linguagem mais pessoal – o que ocorre quando o autor se coloca no texto de forma explícita, empregando expressões como: *Na minha opinião, Eu acho que, Eu penso que*, etc. – ou em uma linguagem objetiva e direta, tendendo à impessoalidade. A linguagem da crítica em estudo é pessoal ou tende à impessoalidade?

5. A finalidade de uma crítica é avaliar um objeto cultural e orientar a escolha do leitor, estimulando-o a consumir ou não esse objeto.

a) Na sua opinião, o jornalista se posiciona de modo favorável ou desfavorável ao filme? Justifique sua resposta.

b) Pelos argumentos apresentados no título do texto, "Filme propõe um olhar amoroso mas não idealizado", você assistiria ao filme criticado? Por quê?

6. Troque ideias com os colegas e, juntos, concluam: Quais são as características da crítica? Respondam, considerando os seguintes critérios: finalidade do gênero, perfil dos interlocutores, suporte ou veículo, tema, estrutura, linguagem.

PRODUZINDO A CRÍTICA

Faça a crítica de um objeto cultural: um livro, um CD, um *show* musical, uma peça de teatro em cartaz na sua cidade, uma novela de TV, um programa humorístico ou de variedades da TV, um jogo em CD-ROM, uma exposição de arte, um restaurante diferente do convencional.

Planejamento do texto

- Sua crítica será publicada em um jornal *on-line*, a ser hospedado em um *blog* da classe. Considerando esse suporte, pense no público para o qual vai escrever.
- Antes de produzir seu texto, procure conhecer bem o objeto cultural que será alvo de sua crítica: assista à peça, ao filme, ao *show*, ao programa ou à novela de TV, leia o livro, ouça o CD, jogue o jogo no computador, visite a exposição, vá ao restaurante, etc.
- Anote os dados técnicos do objeto cultural: título, autor(es), diretor(es), atores e outros dados que julgar importantes.
- Faça também outras anotações que possam ajudar na descrição do objeto cultural. Por exemplo, caso se trate de livro, anote trechos interessantes, pensando na possibilidade de citá-los na crítica. Caso seja um filme, observe a atuação de um ou outro ator e estenda sua crítica a esse aspecto. Às vezes, um filme medíocre é salvo por uma atuação excepcional de determinado ator.

- Com base nos dados coletados e sem perder de vista o público-alvo, escreva uma crítica que estimule seu leitor a conhecer ou consumir o objeto analisado.
- Procure ajustar a linguagem de seu texto ao suporte, ao perfil dos interlocutores e à situação.
- Agregue ao texto imagens (fotografias, ilustrações, reproduções) que o enriqueçam e identifique-as com legendas e com referências relativas a autoria e/ou fonte (de onde foram extraídas).

Revisão e reescrita

Antes de finalizar sua crítica e passá-la para o suporte final, releia-a, observando:
- se o texto apresenta uma descrição do objeto cultural analisado;
- se destaca os pontos positivos e negativos do objeto cultural analisado;
- se estimula o leitor a conhecer ou consumir o objeto analisado;
- se os verbos estão predominantemente no presente do indicativo;
- se a linguagem empregada está adequada ao gênero, ao veículo e ao público em vista;
- se as imagens estão identificadas e acompanhadas por legendas;
- se as imagens contribuem para enriquecer o conteúdo da crítica.

Faça as alterações necessárias e publique sua crítica no jornal *on-line* da classe.

LÍNGUA: USO E REFLEXÃO

CAPÍTULO 37

O pronome

Quadro claro (1913), de Wassily Kandinsky.

CONSTRUINDO O CONCEITO

Leia a tira ao lado.

(Disponível em: http://chadameia noite.blogspot.com.br/2010/11/calvin-and-hobbes.html. Acesso em: 16/4/2012.)

398

1. Na tira, Calvin conversa com as flores. No 1º, no 2º e no 3º quadrinhos:

    a) Quais palavras das falas de Calvin se referem a ele mesmo, isto é, à 1ª pessoa do discurso, aquela que fala?

    b) Quais palavras das falas de Calvin se referem às flores, isto é, à 2ª pessoa do discurso, aquela com quem se fala?

2. Calvin estabelece uma situação de relação direta entre ele e suas interlocutoras, as flores.

    a) Na relação com as flores, Calvin se coloca em posição de superioridade ou igualdade? Por que ele se coloca assim?

    b) Tendo em vista o que acontece no último quadrinho, conclua: A afirmação feita por Calvin era verdadeira?

3. Observe as falas e as fisionomias de Calvin. É possível considerar que há uma gradação no comportamento do garoto nos três primeiros quadrinhos, interrompida por um desfecho inesperado no 4º quadrinho.

    a) Descreva sucintamente a gradação na fisionomia de Calvin nos três quadrinhos iniciais.

    b) No último quadrinho, qual sentimento é explicitado na fisionomia de Calvin?

    c) Com humor, o autor da tira retrata e ironiza uma característica que não é exclusiva da personagem. Qual é essa característica?

CONCEITUANDO

Na tira lida, há na fala de Calvin referência às três pessoas do discurso:

- 1ª pessoa: quem fala, o *locutor*;
- 2ª pessoa: com quem se fala, o *locutário* ou *interlocutor*;
- 3ª pessoa: de que se fala, o *assunto* ou *referente*.

Assim, Calvin exerce o papel de locutor (1ª pessoa), e as flores, o de locutárias ou interlocutoras (2ª pessoa); o assunto ou referente é o poder que Calvin supõe ter. As palavras *vocês*, *eu*, *mim*, *suas*, *minhas* indicam a pessoa do discurso, substituem *flores* e *Calvin* e acompanham *destino* e *vida*.

As palavras *vocês*, *eu*, *mim*, *suas*, *minhas* são **pronomes**.

> **Pronomes** são palavras que substituem ou acompanham outras palavras, principalmente substantivos, fazendo referência às pessoas do discurso. Podem também remeter a palavras, orações e frases expressas anteriormente.

Os pronomes que funcionam como substantivos chamam-se **pronomes substantivos**, e os que acompanham substantivos, **pronomes adjetivos**.

Eu controlo o *seu* destino
  | |
pronome   pronome
substantivo   adjetivo

LÍNGUA: USO E REFLEXÃO

PRONOMES PESSOAIS

Leia o seguinte painel de poemas ou trechos de poemas de autoria de Vinícius de Morais.

O morro não tem vez

O morro não tem vez
E o que ele fez já foi demais
Mas olhem bem vocês
Quando derem vez ao morro
Toda a cidade vai cantar

[...]

O nosso amor

O nosso amor
Vai ser assim
Eu pra você
Você pra mim

Tristeza
[...]

A Berlim

Vós os vereis surgir da aurora mansa
Firmes na marcha e uníssonos no brado
Os heroicos demônios da vingança
Que vos perseguem desde Stalingrado.
[...]

Soneto de carta e mensagem

"Sim, depois de tanto tempo volto a ti
Sinto-me exausta e sou mulher e te amo
Dentro de mim há frutos, há aves, há tempestades
E apenas em ti há espaço para a consolação

"Sim, meus seios vazios me mortificam – e nas noites
Eles têm ânsias de semente que sente germinar seu broto
Ah, meu amado! é sobre ti que eu me debruço
E é como se me debruçasse sobre o infinito!

"Pesa-me, no entanto, o medo de que me tenhas esquecido
Ai de mim! que farei sem o meu homem, sem o meu esposo
Que rios não me levarão de esterilidade e de tristeza?

"Mulher, para onde caminharei senão para a sombra
Se tu, oh meu companheiro, não me fecundares
E não esparzires do teu grão a terra pálida dos lírios?..."

Formosa

Formosa, não faz assim
Carinho não é ruim
Mulher que nega
Não sabe, não
Tem uma coisa de menos
No seu coração

A gente nasce, a gente cresce
A gente quer amar
Mulher que nega
Nega o que não é para negar
A gente pega, a gente entrega
A gente quer morrer
Ninguém tem nada de bom
Sem sofrer
Formosa mulher!

Mensagem a Rubem Braga

A meu amigo Rubem Braga
Digam que vou, que vamos bem: só não tenho é coragem de escrever
Mas digam-lhe. Digam-lhe que é Natal, que os sinos
Estão batendo, e estamos no Cavalão: o Menino vai nascer
Entre as lágrimas do tempo. Digam-lhe que os tempos estão duros
Falta água, falta carne, falta às vezes o ar: há uma angústia
Mas fora isso vai-se vivendo. Digam-lhe que é verão no Rio

[...]

(Disponível em: http://www.viniciusdemoraes.com.br/site/. Acesso em: 20/4/2012.)

Após ler os textos, discuta com o professor e os colegas: Que palavras ou expressões o poeta empregou para se referir às pessoas do discurso?

Os pronomes pessoais designam diretamente as pessoas do discurso, isto é, quem fala (1ª pessoa), com quem se fala (2ª pessoa) e de que se fala (3ª pessoa).

> **Pronomes pessoais** são aqueles que indicam as três pessoas do discurso.

Os pronomes pessoais classificam-se em *retos* e *oblíquos*, de acordo com a função que desempenham na oração.

Os **retos** exercem a função de sujeito ou predicativo do sujeito.

Os **oblíquos** funcionam como complemento.

O pronome oblíquo que se refere ao mesmo ser indicado pelo pronome reto é chamado de **pronome reflexivo**.

Veja a classificação dos pronomes nestes versos:

Vós: um pronome em extinção

Atualmente, o pronome pessoal *vós* raramente é empregado nas situações cotidianas de comunicação; em seu lugar, tem-se utilizado *vocês*. A forma *vós* é encontrada em textos bíblicos e literários e ainda é empregada em situações muito formais, como textos jurídicos e políticos, por exemplo. Também é usado para criar um efeito de respeito ou subordinação ao interlocutor.

Segue o quadro tradicional dos pronomes pessoais da língua portuguesa. Leia-o e depois compare-o ao quadro apresentado pelo boxe **Contraponto**.

			PRONOMES PESSOAIS	
			\multicolumn{2}{c}{Oblíquos}	
Número	Pessoa	Retos	Átonos (usados sem preposição)	Tônicos (usados com preposição)
Singular	1ª	eu	me	mim, comigo
	2ª	tu	te	ti, contigo
	3ª	ele/ela	o, a, lhe, se	si, ele, ela, consigo
Plural	1ª	nós	nos	nós, conosco
	2ª	vós	vos	vós, convosco
	3ª	eles/elas	os, as, lhes, se	si, eles, elas, consigo

401

Contraponto

O sistema de pronomes pessoais do português brasileiro vem sofrendo mudanças há muito tempo e já começa a ser descrito de modo diferente pelos linguistas.

O linguista Ataliba Castilho, por exemplo, acrescenta outras palavras à tradicional lista de pronomes pessoais e organiza-a em dois grupos: o do português formal e o do informal.

Veja o quadro apresentado pelo linguista:

	Pessoa	Português brasileiro formal		Português brasileiro informal	
		Sujeito	Complemento	Sujeito	Complemento
Singular	1ª	eu	me, mim, comigo	eu, a gente	eu, me, mim, prep. + eu, mim
	2ª	tu, você, o senhor, a senhora	te, ti, contigo, prep. + o senhor, com a senhora	você/ocê/tu	você/ocê/cê, te, ti, prep. + você/ocê (= docê, cocê)
	3ª	ele, ela	o/a, lhe, se, si, consigo	ele/ei, ela	ele, ela, lhe, prep. + ele, ela
Plural	1ª	nós	nos, conosco	a gente	a gente, prep. + a gente
	2ª	vós, os senhores, as senhoras	vos, convosco, prep. + os senhores, as senhoras	vocês/ocês/cês	vocês/ocês/cês, prep. + vocês/ocês
	3ª	eles, elas	os/as, lhes, se, si, consigo	eles/eis, elas	eles/eis, elas, prep. + eles/eis, elas

(Ataliba T. de Castilho. *Nova gramática do português brasileiro*. São Paulo: Contexto, 2010. p. 477.)

Observações:

- No português brasileiro falado atualmente, as formas *você*, *a gente* e *vocês* são utilizadas também como pronomes pessoais e fazem referência, respectivamente, à 2ª pessoa do singular e à 1ª e à 2ª pessoas do plural. Formalmente, entretanto, correspondem à 3ª pessoa, tanto na conjugação verbal quanto na formação das formas oblíquas e átonas.
- Os pronomes oblíquos *o, a, os, as* assumem as formas *lo, la, los, las* após as formas verbais terminadas em *r, s* ou *z* e as formas *no, na, nos, nas* após fonemas nasais (*am, em, õe*, etc.).
- Quando em uma oração ocorrem dois pronomes átonos, um com a função de objeto direto e outro com a função de objeto indireto, eles podem combinar-se: Devolveram-me a revista → Devolveram-ma.

Eu ou mim?

Os pronomes pessoais *eu* e *tu* desempenham a função de sujeito, enquanto os oblíquos tônicos *mim* e *ti* desempenham outras funções.

Observe o emprego do pronome *eu* na fala do lutador Anderson Silva, o Spider:

Spider: 'O que der para eu fazer para massagear meu ego, vou fazer'

Campeão dos médios do UFC, Anderson Silva se diz um homem vaidoso com a aparência: 'Só não vou ao cabeleireiro porque não tenho cabelo'.

(Disponível em: http://sportv.globo.com/site/eventos/combate/noticia/2012/03/spider-o-que-der-para-eu-fazer-para-massagear-meu-ego-vou-fazer.html. Acesso em: 20/4/2012.)

Anderson Silva.

De acordo com a norma-padrão, na fala do lutador Anderson Silva não seria adequado empregar *mim* no lugar de *eu*. Isso porque o pronome reto *eu* funciona como sujeito do verbo fazer, que se encontra no infinitivo. Da mesma maneira, não seria adequado empregar o pronome pessoal *ti*, por exemplo, na frase "Trouxe o livro para *tu* leres".

Na norma culta, os pronomes pessoais retos *eu* e *tu* (e somente eles) não podem ser regidos de preposição e desempenhar função de complemento. Por isso, na função de complemento, a preposição obriga o uso dos pronomes oblíquos tônicos *mim* e *ti*. Se o lutador tivesse dito "Para *mim*, é preciso fazer o que for possível para manter a aparência", seria adequado o emprego do pronome oblíquo, em vez do pronome pessoal do caso reto, pois, nessa frase, o pronome *mim* não desempenha a função de sujeito.

Veja outros exemplos:

> Não há mais nada entre *mim* e *você*.
> adj. adv.

> Ela chegou até *mim* e me abraçou.
> adj. adv.

Conosco ou com nós? Consigo ou ...?

Na norma-padrão, os pronomes oblíquos *si* e *consigo* só podem ser empregados como reflexivos na 3ª pessoa:

> Vaidosa, ela só fala de *si* mesma.

> O professor trouxe as avaliações *consigo*.

Os demais, *comigo*, *contigo*, *conosco*, *convosco*, são utilizados normalmente:

> Ela simpatizou *comigo/conosco*.

O emprego de *com vós* e *com nós* é admitido quando esses forem reforçados por *outros*, *mesmos*, *próprios*, *todos*, *ambos* ou qualquer numeral:

> Ele já discutiu *com nós* ambos/com *nós* dois.

Função sintática dos pronomes pessoais

Conforme você deve ter observado:

1º) os pronomes pessoais são sempre pronomes substantivados;

2º) para distingui-los e empregá-los, é necessário saber que função sintática desempenham na oração. Assim:

- Os *pronomes retos* empregam-se como sujeito e predicativo do sujeito:

> *Eu* sou *eu*, ora.
> S   PS

- Os *pronomes oblíquos* (átonos ou tônicos) geralmente exercem a função de objeto direto ou indireto.

Os *átonos* de 3ª pessoa *o*, *a*, *os*, *as* funcionam como objeto direto; *lhe*, *lhes*, como objeto indireto; *me*, *te*, *se*, *nos*, *vos* podem ser objeto direto ou indireto, dependendo da predicação do verbo que completam:

> Convidou-*me/os* a sair.
> OD

> Emprestaram-*me/lhe* os livros.
> OI

Os *tônicos* são sempre precedidos de preposição. Por isso, sua função sintática só pode ser determinada pela predicação do verbo ou nome ao qual servem de complemento:

> Carolina é fiel *a ele*.
> CN

> O trabalho foi feito *por mim*.
> agente da passiva

Em muitos casos, o pronome oblíquo pode equivaler a um pronome possessivo, situação em que exerce a função de adjunto adnominal:

> Rasgara-*me* o livro → Rasgara o *meu* livro.
> adj. adn.   adj. adn.

LÍNGUA: USO E REFLEXÃO

PRONOMES DE TRATAMENTO

Leia esta tira, de Laerte:

(*Folha de S. Paulo*, 7/2/2003.)

Observe que, no 1º quadrinho, a personagem dirige-se aos moradores do prédio tratando-os por *senhores*. Essa e outras palavras e expressões, como *você*, *Vossa Senhoria*, *Vossa Santidade*, *Vossa Excelência*, etc., são **pronomes de tratamento**.

> **Pronomes de tratamento** são palavras e expressões empregadas para tratar de modo familiar ou cerimonioso o interlocutor.

Apesar de designarem o interlocutor – a pessoa com quem se fala (2ª pessoa) –, os pronomes de tratamento exigem verbo e pronome na 3ª pessoa. Veja:

> *Você* se esqueceu de me devolver o livro.
> *Vossa Excelência* trouxe os relatórios?

Empregamos alguns pronomes de tratamento precedidos de *Sua* quando nos referimos à pessoa; e precedidos de *Vossa* quando nos dirigimos diretamente a nosso interlocutor. Assim, numa situação formal, se uma pessoa fosse se dirigir ao presidente da República, diria, por exemplo, "*Vossa Excelência* aceita mais café?", porque está se dirigindo diretamente a seu interlocutor. Em outro contexto, em conversa com outra pessoa, diria, por exemplo, referindo-se ao presidente: "*Sua Excelência* tomou duas xícaras de café".

São pronomes de tratamento, entre outras, as formas de tratamento constantes do quadro:

Que forma devemos empregar: *tu* ou *você*?

As duas formas são válidas. Embora, no Brasil, a maioria das pessoas empregue o pronome de tratamento *você* para se dirigir ao interlocutor, em algumas cidades do Sul, do Norte e do Nordeste, predomina o emprego do pronome pessoal reto *tu*. O importante, ao seguir a norma culta, é não misturar as formas: ou se usa apenas a 2ª pessoa (*tu*) ou somente a 3ª (*você*). Na linguagem coloquial é comum haver mistura de tratamento.

FORMAS DE TRATAMENTO		
Tratamento	Abreviatura	Usado para
você	v.	pessoas com quem temos intimidade
Vossa Alteza	V. A.	príncipes, duques
Vossa Eminência	V. Emª	cardeais
Vossa Excelência	V. Exª	altas autoridades do governo e das forças armadas
Vossa Magnificência	V. Magª	reitores de universidades
Vossa Majestade	V. M.	reis, imperadores
Vossa Santidade	V. S.	papa
Vossa Senhoria	V. Sª	funcionários públicos graduados, oficiais (até coronel) e pessoas de cerimônia
senhor, senhora	sr., sra.	geralmente pessoas mais velhas que nós ou a quem queremos tratar com distanciamento e respeito; a forma *senhorita*, já caindo em desuso, é empregada para moças solteiras

EXERCÍCIOS

O poema a seguir, de autoria de Ferreira Gullar, foi musicado pelo cantor Fagner. Leia-o e responda às questões de 1 a 3. E, se possível, ouça a canção, disponível na Internet.

Cantiga para não morrer

Quando você for se embora,
moça branca como a neve,
me leve.

Se acaso você não possa
me carregar pela mão,
menina branca de neve,
me leve no coração.

Se no coração não possa
por acaso me levar,
moça de sonho e de neve,
me leve no seu lembrar.

E se aí também não possa
por tanta coisa que leve
já viva em seu pensamento,
menina branca de neve,
me leve no esquecimento.

(Ferreira Gullar. *Melhores poemas*. 7. ed. Seleção de Alfredo Bosi. São Paulo: Global, 2004. p. 120.)

John Singer Sargent. *Sally Fairchild*, c.1890/The Bridgeman Art Library/Getty Images/Coleção particular

1. Qual pronome o eu lírico utiliza para se dirigir a sua amada? Como se classifica esse pronome?

2. Em que pessoa estão os verbos e os outros pronomes utilizados pelo eu lírico para fazer referência à interlocutora? Esse uso segue a norma-padrão?

3. No poema, o eu lírico se dirige à mulher amada, procurando persuadi-la.
a) O que ele deseja?
b) Por que a escolha gramatical dos pronomes contribui para que o eu lírico alcance seu objetivo?

PRONOMES POSSESSIVOS

Reveja, ao lado, um dos quadrinhos da tira reproduzida no início do capítulo. Observe que, nas frases "Eu controlo o *seu* destino!" e "As *suas* vidas estão nas *minhas* mãos!", a palavra *seu* refere-se a *destino*; *suas*, a *vidas*; e *minhas*, a *mãos*.

As palavras *seu*, *suas* e *minhas* indicam posse e concordam com a coisa possuída – *destino*, *vidas* e *mãos*, respectivamente – e também com a pessoa do discurso que é o possuidor: *seu* refere-se ao destino *das flores* (o interlocutor, 3ª pessoa); *suas*, às vidas também *das flores* (o interlocutor, 3ª pessoa); e *minhas*, às mãos *de Calvin* (o locutor, 1ª pessoa).

Seu, *suas* e *minhas* são **pronomes possessivos**.

> **Pronomes possessivos** são aqueles que indicam posse em relação às três pessoas do discurso.

Calvin Hobbes, Bill Watterson © 1988 Watterson/Dist. by Universal Uclick

LÍNGUA: USO E REFLEXÃO

Nas três situações, os pronomes possessivos acompanham substantivos. Por isso, são chamados de **pronomes possessivos adjetivos**. Quando o pronome possessivo substitui um substantivo, chama-se **pronome possessivo substantivo**. Veja:

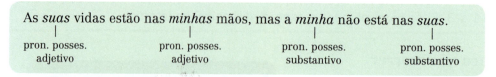

As *suas* vidas estão nas *minhas* mãos, mas a *minha* não está nas *suas*.
- *suas* — pron. posses. adjetivo
- *minhas* — pron. posses. adjetivo
- *minha* — pron. posses. substantivo
- *suas* — pron. posses. substantivo

Eis o quadro dos pronomes possessivos, referentes às três pessoas do discurso:

		Singular		Plural	
Número	Pessoa	Masculino	Feminino	Masculino	Feminino
Singular	1ª	meu	minha	meus	minhas
	2ª	teu	tua	teus	tuas
	3ª	seu	sua	seus	suas
Plural	1ª	nosso	nossa	nossos	nossas
	2ª	vosso	vossa	vossos	vossas
	3ª	seu	sua	seus	suas

PRONOMES DEMONSTRATIVOS

Leia este anúncio:

Leia agora o texto verbal do anúncio:

Daqui a exatamente 3 horas, 12 minutos e 18 segundos uma fileira de tanques de guerra irá passar por esta avenida. Desrespeitando qualquer lógica, um civil desarmado entrará na frente desses tanques, impedindo a passagem com o próprio corpo. Uma pessoa mais atenta irá registrar esse instante. Mais de 1 bilhão irão conhecê-lo. **Grandes fotos acontecem sem briefing.**

Observe que, ao se referir à avenida retratada na foto, o texto emprega a forma *esta*. Na segunda frase, para se referir aos tanques mencionados na frase anterior, emprega a forma *desses*; e, para retomar tudo o que foi dito anteriormente, utiliza, na terceira frase, a forma *esse*.

Estudante chinês enfrenta tanque de guerra

Aconteceu no dia 5 de junho de 1989. Uma onda de protestos, de diferentes grupos sociais insatisfeitos com o regime totalitário implementado na China, teve início no dia 15 de abril daquele ano. [...] No dia 4 de junho, aconteceu a tragédia conhecida como Massacre da Praça da Paz Celestial. O governo, indisposto a acatar as reivindicações dos manifestantes, enviou tropas do exército para pôr fim à desordem. Como resultado, cerca de 800 pessoas perderam a vida. No dia seguinte, mais de 40 tanques de guerra foram incumbidos de fiscalizar a cidade à procura de novos protestos. Nesse dia, um estudante se colocou à frente do primeiro tanque para tentar impedir a sua passagem. O fotógrafo Jeff Widener flagrou o momento, e desde então a imagem tornou-se um símbolo mundial pela paz. A identidade e o paradeiro do estudante até hoje não foram desvendados.

Estudante à frente dos tanques.

As palavras *esta* e *esse(s)* são **pronomes demonstrativos**.

> **Pronomes demonstrativos** são aqueles que situam pessoas ou coisas em relação às três pessoas do discurso. Essa localização pode se dar no tempo, no espaço ou no próprio texto.

No anúncio, os pronomes *esta*, *esses* e *esse* acompanham, respectivamente, os substantivos *avenida*, *tanques* e *instante*; por isso, são **pronomes demonstrativos adjetivos**. Quando ocupam o lugar de um substantivo, são **pronomes demonstrativos substantivos**. Veja este exemplo:

> *Isso* aconteceu no dia 5 de junho de 1989.

Nessa frase, o pronome demonstrativo ocupa o lugar de um substantivo, como, por exemplo, *o fato*, *o massacre*; por isso, tem uma função substantiva.

No português brasileiro falado, o sistema ternário de pronomes demonstrativos (relativo às três pessoas do discurso) está sofrendo mudanças e vem se transformando em um sistema binário. Contudo, recomenda-se observar as indicações da norma-padrão, em situações em que se exige o registro culto e formal.

Eis o quadro dos pronomes demonstrativos:

Pessoa	Variáveis				Invariáveis
	Masculino		Feminino		
	Singular	Plural	Singular	Plural	
1ª	este	estes	esta	estas	isto
2ª	esse	esses	essa	essas	isso
3ª	aquele	aqueles	aquela	aquelas	aquilo

São também pronomes demonstrativos *o, a, os, as*, quando equivalem a *isto, isso, aquele, aquela, aqueles, aquelas*; *mesmo* e *próprio*, quando reforçam pronomes pessoais ou fazem referência a algo expresso anteriormente; *tal* e *semelhante*, quando equivalem a *esse, essa, aquela*:

> Imagino *o* que ela já sofreu.
> (= aquilo)

> Eu *mesma* vi a cena repetir-se.

> Em *tais* ocasiões é preciso prudência.
> (= essas)

Para empregar os pronomes demonstrativos de acordo com a norma-padrão, devemos levar em conta critérios como espaço, tempo e referência a elementos no interior do próprio discurso:

Em relação ao espaço

- *Este(s)*, *esta(s)* e *isto* indicam o que está perto da pessoa que fala:

> *Este* relógio de bolso que *eu* estou usando pertenceu a meu avô.

- *Esse(s)*, *essa(s)* e *isso* indicam o que está perto da pessoa com quem se fala:

> Mamãe, passe-me, por favor, *essa* revista que está perto de *você*.

- *Aquele(s)*, *aquela(s)* e *aquilo* indicam o que está distante tanto da pessoa que fala como da pessoa com quem se fala:

> Olhem *aquela* casa. É um exemplo da arquitetura colonial brasileira.

Pronomes demonstrativos: um sistema em mudança

A maior parte dos falantes brasileiros, incluindo os que empregam a norma culta, já não faz uma distinção rigorosa entre os demonstrativos de 1ª e 2ª pessoas, principalmente quando estão numa situação de fala informal.

Para alguns linguistas, isso é sinal de que o sistema ternário desses pronomes está se transformando em um sistema binário. Essa constatação quer dizer que, na prática, os pronomes estão sendo utilizados do seguinte modo: de um lado, os pronomes de 1ª ou 2ª pessoa; de outro, os pronomes de 3ª pessoa.

Assim, um falante tende a dizer, indiferentemente, "Nesse momento" ou "Neste momento". O que vai determinar se ele se refere ao momento presente ou a um momento anteriormente enunciado no discurso é o contexto.

Apesar dessa tendência da língua, é importante conhecer o sistema ternário clássico dos pronomes demonstrativos e saber empregá-lo quando necessário.

Em relação ao tempo

- *Este(s)*, *esta(s)* e *isto* indicam o tempo presente em relação à pessoa que fala:

> *Esta* tarde irei ao supermercado fazer a compra do mês.

- *Esse(s)*, *essa(s)* e *isso* indicam o tempo passado, mas relativamente próximo à época em que se situa a pessoa que fala:

> *Essa* noite dormi mal; tive pesadelos horríveis.

- *Aquele(s)*, *aquela(s)* e *aquilo* indicam um afastamento no tempo, referido de modo vago ou como tempo remoto:

> *Naquele* tempo, os filhos das classes abastadas iam estudar em Portugal.

Em relação ao falado ou escrito ou ao que se vai falar ou escrever

- *Este(s)*, *esta(s)* e *isto* são empregados quando se quer fazer referência a alguma coisa sobre a qual ainda se vai falar:

> São *estes* os assuntos da reunião: informes gerais, discussão do uso das quadras nos intervalos entre as aulas, abertura da cantina aos sábados.

408

- *Esse(s)*, *essa(s)* e *isso* são empregados quando se quer fazer referência a alguma coisa sobre a qual já se falou:

> Sua participação nas olimpíadas de Matemática, *isso* é o que mais desejamos agora.

- *Este* e *aquele* são empregados quando se faz referência a termos já mencionados; *aquele* para o referido em primeiro lugar e *este* para o referido por último:

> Pedro e Paulo são alunos que se destacam na classe: *este* pela rapidez com que resolve os exercícios de Matemática; *aquele* pela criatividade em produção de textos.

EXERCÍCIOS

Leia estas tiras:

(Fernando Gonsales. *Folha de S. Paulo*. 30/6/2008.)

PIRATAS DO TIETÊ LAERTE

(Laerte, *Folha de S. Paulo*, 25/2/2012.)

1. Observe a situação de comunicação retratada em cada tira.
   a) Em qual delas existe maior formalidade no discurso? Justifique sua resposta.
   b) Levante hipóteses: A que você atribui essa formalidade?

2. Observe o emprego do pronome demonstrativo no 1º balão da primeira tira e no 2º balão da segunda tira.
   a) O uso desses pronomes está de acordo com a norma-padrão? Por quê?
   b) Considerando as situações de comunicação, existe incoerência em alguma das tiras quanto ao emprego dos pronomes? Justifique sua resposta.

3. Na segunda tira, uma das personagens emprega uma forma pronominal em desuso na língua atual: "*vo-lo* trouxesse". Em relação à forma *vo-lo*, responda:
   a) Como é constituída essa forma pronominal?
   b) A que ou a quem ela se refere?

4. Compare as tiras. O que elas têm em comum quanto ao conteúdo?

PRONOMES INDEFINIDOS

Leia o anúncio:

(Disponível em: http://garciapaulo.files.wordpress.com/2010/05/1.jpg. Acesso em: 4/5/2012.)

Observe que, na parte verbal do anúncio, as palavras *tudo* e *todos* se referem de modo genérico aos objetos e pessoas caracterizados na imagem.

Tudo e *todos* são **pronomes indefinidos**.

> **Pronomes indefinidos** são aqueles que fazem referências vagas, imprecisas e genéricas a substantivos.

Os pronomes indefinidos podem ser variáveis, isto é, sofrer flexão de gênero e número, como, por exemplo, *todos* os familiares, *toda* a família; ou invariáveis, como, por exemplo, *cada* familiar, *cada* família.

Os indefinidos podem também, como a maior parte dos pronomes, ser **pronomes substantivos** e **pronomes adjetivos**. Veja:

Cabem *todos* os seus familiares nesse carro; nele cabe *tudo*.
      | |
pron. indefinido   pron. indefinido
adjetivo   substantivo

Eis o quadro dos pronomes indefinidos da nossa língua:

PRONOMES INDEFINIDOS	
Variáveis	Invariáveis
algum, nenhum, todo, outro, muito, pouco, certo, vário, tanto, quanto, qualquer, qual	alguém, ninguém, tudo, outrem, nada, cada, algo, que, quem

Os pronomes indefinidos também aparecem na forma de locuções: *cada um, cada qual, qualquer um, seja qual for, seja quem for, todo aquele que*, etc.

410

PRONOMES INTERROGATIVOS

Leia este texto jornalístico:

Intercâmbio: o que, como, quando, onde, quem e por quê?

Seis perguntas básicas que podem ajudar a decidir o melhor programa e melhor momento para viajar

O intercâmbio já foi um privilégio de poucos. Hoje em dia, essa prática já se popularizou e muitas modalidades surgiram como opção aos já tradicionais High School e intercâmbios profissionais para universitários. Atualmente, a experiência internacional tem sido procurada por muitos adultos como forma de aprimoramento profissional, através dos mais diversos programas. As rotas também estão muito mais variadas. [...]

[...]

(Disponível em: http://www.ecaderno.com/profissional/mercado-de-trabalho/1844/intercambio-o-que-como-quando-onde-quem-e-porque.html. Acesso em: 23/4/2012.)

As palavras (*o*) *que* e *quem*, que aparecem no título do texto, referem-se a intercâmbio de forma indefinida, genérica e imprecisa. Trata-se de palavras que têm a função de perguntar sobre o elemento a que se referem.

(*O*) *que* e *quem* são **pronomes interrogativos**.

> **Pronomes interrogativos** são os pronomes indefinidos *que*, *quem*, *qual* e (*o*) *que* quando empregados em frases interrogativas.

Os pronomes interrogativos podem aparecer tanto em perguntas diretas quanto em indiretas e ser empregados como **pronomes substantivos** e como **pronomes adjetivos**. Veja:

Que horas são? (interrogativa direta)   Gostaria de saber *quem* falou na reunião. (interrogativa indireta)
pron. inter. adj.   pron. inter. subst.

Função sintática dos pronomes

Os pronomes possessivos, demonstrativos, indefinidos e interrogativos, quando são *adjetivos*, desempenham na oração a função de adjunto adnominal; quando são *substantivos*, desempenham na oração as funções próprias dos substantivos, ou seja, de sujeito, objeto direto, objeto indireto, etc. Veja os exemplos:

```
           adj. adn.              OD
Empreste-me seu caderno. Esqueci o meu em casa.
          pron. poss. adj.      pron. poss. subst.
      S              S      adj. adn.
Ninguém imaginava quem era aquele ilustre visitante.
pron. indef.      pron. inter. pron. demonstr.
  subst.            subst.        adj.
```

LÍNGUA: USO E REFLEXÃO

411

PRONOMES RELATIVOS

Leia este texto:

Verde ou maduro?

Sempre me perguntei se a água que gostosamente mata a sede vem do mesmo coco que se rala. Explica meu consultor para assuntos baianos, José Frazão [...]: a água vendida vem mais do coqueiro-anão, aqui introduzido na primeira metade do século 20. Chega aos quatro metros e seu coco verde fornece a água e a fina polpa que se come de colher. Quando amadurece, diz Frazão, o pé em geral não segura a penca. Os cocos caem, inaproveitáveis.

Já o coqueiro-da-baía, com cinco séculos de Brasil, que sobe a 30 metros, além da água do fruto verde, dá o coco maduro, da casca marrom. Com este é que preparamos delícias como moqueca, arroz de coco, cuscuz. Frazão ensina: pela cor da palha em cima da penca, o nordestino é capaz de distinguir o coco pururuca, maduro, mas ainda tenro, com o qual se faz a cocada mais tenra. [...]

(In: Mylton Severiano. *Brasil: Almanaque de cultura popular*, nº 109.)

A frase que inicia o texto poderia também ter esta redação:

Sempre me perguntei (1ª oração)
se a água vem do mesmo coco (2ª oração)
a água gostosamente mata a sede (3ª oração)
o coco se rala. (4ª oração)

Observe que, nessa redação, o texto ficaria confuso, repetitivo e menos direto. Para evitar isso, as palavras repetidas foram substituídas pela palavra *que*.

Quando substitui uma palavra ou expressão antecedente, isto é, já mencionada, a palavra *que* é um **pronome relativo**.

> **Pronome relativo** é aquele que liga orações e se refere a um termo anterior – o antecedente.

Eis o quadro dos pronomes relativos:

PRONOMES RELATIVOS				
Variáveis				Invariáveis
Masculino		Feminino		
Singular	Plural	Singular	Plural	
o qual	os quais	a qual	as quais	que
cujo	cujos	cuja	cujas	quem
quanto	quantos	–	quantas	onde

412

Os pronomes relativos podem ser precedidos ou não de preposições. Veja:

> O coco verde fornece a água e a fina polpa *que* se come de colher.
>
> O nordestino é capaz de distinguir o coco pururuca, *com o qual* se faz a cocada mais tenra.
> |
> preposição

Função sintática dos pronomes relativos

Os pronomes relativos assumem um duplo papel no período: representam um antecedente e servem de elemento de subordinação na oração que iniciam. Por isso, sempre desempenham nas orações que iniciam uma função sintática, que pode ser de sujeito, objeto direto, objeto indireto, predicativo, adjunto adnominal, adjunto adverbial, complemento nominal e agente da passiva. Observe:

> O remédio custa muito caro. Eu preciso *do remédio*.
> OI
>
> O remédio *de que* preciso custa muito caro.
> OI

O pronome relativo *cujo* funciona geralmente como adjunto adnominal; e o relativo *onde*, como adjunto adverbial:

> A família a *cujo* imóvel se referem mudou-se do Brasil.
> adj. adn.
>
> A cidade *onde* nasci é muito calma e agradável.
> adj. adv.

EXERCÍCIOS

Leia a tira a seguir e responda às questões 1 e 2.

(*Folha de S. Paulo*, 21/2/2003.)

1. No 2º quadrinho, as personagens empregam vários pronomes.
   a) Como se classifica o pronome *todas*?
   b) Identifique um pronome relativo e seu antecedente.
   c) Justifique o emprego do pronome demonstrativo *isso*.

2. No 3º quadrinho, identifique:
   a) um pronome indefinido substantivo;
   b) o pronome demonstrativo substantivo que se refere às garotas que o dono de Garfield não conhece.

3. O pronome indefinido *todo*, quando precede substantivo, sendo, portanto, pronome adjetivo, tem o sentido de *qualquer* ou *todos*. Se, porém, for sucedido pelo artigo *o/a* (*todo o*), exerce uma função adjetiva em relação ao substantivo que acompanha, e seu sentido passa a ser *inteiro(a)*. Veja:

> *Toda* cidade vibrou com os jogos olímpicos. (Todas as cidades vibraram...)

> *Toda* a cidade vibrou com os jogos olímpicos. (A cidade inteira vibrou...)

Reescreva as frases, completando-as adequadamente com *todo* ou *todo o*:

a) ☐ aluno em final de curso deve passar pela secretaria para assinar documentos.

b) Preenchi ☐ cupom e enviei-o pelo correio.

O PRONOME NA CONSTRUÇÃO DO TEXTO

Leia a tira:

(Nik. *Gaturro*. Cotia-SP: Vergara & Riba, 2008. p. 89.)

1. A situação retratada na tira ocorre em um escritório. No 1º quadrinho, o homem de cabelo e bigode branco diz: "Quem foi o culpado?".

    a) Levante hipóteses: Que relação há entre esse homem e as outras pessoas?

    b) O que justifica semântica e morfologicamente o emprego da palavra *quem*?

2. No último quadrinho, Gaturro conclui: "Nada melhor do que um escritório para aprender os pronomes".

    a) Que tipos de pronome foram empregados na tira?

    b) A que pessoas do discurso pertencem os pronomes?

    c) O que essa diversidade de pronomes mostra quanto à postura das pessoas que respondem à pergunta feita no 1º quadrinho?

3. Considerando os pronomes pessoais do caso reto, qual deles o homem gostaria de ouvir como resposta?

> **Para que servem os pronomes**
>
> Pronomes são palavras que exercem papel fundamental nas interações verbais. São eles que indicam as pessoas do discurso, expressam formas sociais de tratamento e substituem, acompanham ou retomam palavras e orações já expressas. Contribuem, assim, para garantir a síntese, a clareza, a coerência e a coesão do texto.

SEMÂNTICA E DISCURSO

Leia a tira:

(Disponível em: http://giscreatio.blogspot.com.br/2010/09/palestra-com-cartunista-caco-galhardo.html. Acesso em: 4/5/2012.)

1. A tira retrata uma situação de comunicação em uma empresa.
    a) Levante hipóteses: Que relação de trabalho há entre o homem e a mulher? Justifique sua resposta.
    b) As respostas da moça atendem à expectativa de seu interlocutor? Justifique sua resposta.
    c) Levante hipóteses: Quais respostas eram esperadas pelo interlocutor?
    d) Conclua: Em que sentido as respostas da jovem contribuem para a construção do humor da tira?

2. Considerando a situação de comunicação entre as personagens e o uso que elas fazem da linguagem, responda:
    a) Nesse contexto, haveria necessidade de que a linguagem fosse rigorosamente monitorada, com o fim de ficar de acordo com a norma-padrão? Por quê?
    b) No 1º e no 3º quadrinhos, o homem emprega vários pronomes. Quais são utilizados por ele em referência à interlocutora?
    c) Em relação às regras gramaticais da norma-padrão, é possível afirmar que há desvios? Explique.

3. O homem, na tira, ainda utiliza os pronomes *esta* (em *nesta*) e *algo*.
    a) Por que, para se referir à empresa, ele utiliza a forma *nesta*?
    b) Justifique semanticamente o emprego do pronome indefinido *algo* na fala da personagem no 3º quadrinho.

4. Observe as frases:

    > "O *que* te move nesta empresa?"
    >
    > "Falo de algo maior, *que* te faz dar seu suor."

    A palavra *que* não tem a mesma função nas duas frases. Explique em que consiste essa diferença e classifique a palavra em cada ocorrência.

PARA COMPREENDER O FUNCIONAMENTO DA LÍNGUA

O PREDICATIVO – TIPOS DE PREDICADO

Predicativo do sujeito e do objeto

Leia esta tira, de Caco Galhardo:

(*Folha de S. Paulo*, 25/11/2011.)

1. Há, na tira, uma palavra que foge à norma-padrão. Qual é ela? Qual seria sua forma adequada e o que ela significa?

2. Lili sente muita raiva de seu ex-marido, Reginaldo. De acordo com o balão do 1º quadrinho:
   a) Que característica ela atribui ao estado como se sente?
   b) Que característica ela atribui às próprias energias?
   c) Qual é a função sintática do termo *minhas energias*?

3. O humor da tira reside na ambiguidade de "energias renovadas".
   a) Qual parece ser o sentido dessa expressão no 1º quadrinho?
   b) Que novo sentido a expressão ganha a partir da leitura do 3º quadrinho?

Na tira, na oração "hoje [eu] estou ótima", observamos que ao **sujeito**, **eu** (elíptico), é atribuída uma característica, qualidade ou estado: *ótima*. A esse atributo do sujeito chamamos **predicativo do sujeito**. Já na oração "Sinto minhas energias renovadas", a característica de *renovadas* é atribuída ao objeto direto *minhas energias*. A esse atributo do objeto chamamos **predicativo do objeto**.

> **Predicativo do sujeito** é o termo que atribui características, qualidade ou estado ao sujeito.
> **Predicativo do objeto** é o termo que atribui características, qualidade ou estado ao objeto direto ou ao objeto indireto.

A ligação entre o sujeito e o predicativo é feita por um verbo – o **verbo de ligação**. Veja alguns exemplos:

> Sua presença *é* perturbadora.
> Não sei por que o diretor *está* tão aborrecido hoje.
> Com a chuva, as árvores *ficaram* mais viçosas e bonitas.
> O garoto *permaneceu* calado o tempo todo.
> Mesmo com nossos conselhos, ela *continua* nervosa.

Tanto o predicativo do sujeito quanto o predicativo do objeto podem vir acompanhados de preposição ou do conectivo *como*. Veja os exemplos:

Ele era tido *por incompetente*.
                    PS

Eles o adotaram *por filho*.
                      PO

Ele foi eleito *como deputado*.
                        PS

Finalmente o deram *como morto*.
                            PO

Morfossintaxe do predicativo

O predicativo do sujeito pode ser representado por substantivo ou expressão substantivada, por adjetivo ou locução adjetiva, por pronome e por numeral. Observe:

Este livro é *uma raridade*.   Eles eram *quatro*.
              substantivo   numeral
                 PS   PS

O predicativo do objeto pode ser representado por substantivo e adjetivo ou locução adjetiva. Veja:

Ela o viu *triste*.   Ele a viu *em desespero*.
           adj.   loc. adj.
           PO   PO

EXERCÍCIOS

1. Leia esta tira, de Fernando Gonsales:

(*Folha de S. Paulo*, 14/11/2007.)

Na frase da fala do 1º quadrinho:

a) Qual é a função sintática do termo *a joaninha*?

b) Portanto, o termo *um inseto simpático* é predicativo do sujeito ou predicativo do objeto?

2. Complete as orações a seguir com um predicativo do sujeito.

a) Sabino caminhava ☐ no meio da noite.

b) O mendigo e seu companheiro tornaram-se ☐.

c) ☐, a garoa molhava homens e mulheres na rua.

d) Já lhe disse que só ficarão ☐ as lâmpadas da sala.

3. Complete as orações a seguir com um predicativo do objeto.

a) Os alunos encontraram ☐ os bancos e as mesas.

b) Comprei alguns acessórios para tornar meu escritório mais ☐.

c) Os operários elegeram-no ☐.

d) Os funcionários chamavam-lhe ☐.

Tipos de predicado

Você aprendeu que o **predicado** é o termo da oração que afirma alguma coisa sobre o sujeito e apresenta um verbo que normalmente concorda com o sujeito em número e pessoa. Observe o sujeito e o predicado destas frases dos textos que você leu anteriormente neste capítulo:

Você já *sorriu* hoje?	Eu *estou* ótima.	Todo mundo *acha* a joaninha um inseto simpático!
sujeito predicado	sujeito predicado	sujeito predicado

O predicado pode ser constituído por diferentes estruturas. Veja:

I. Na oração "Você já sorriu hoje?", o verbo *sorrir* (*sorriu*), por ser um verbo significativo, é o *núcleo* do predicado, ou seja, é a palavra que corresponde à informação mais importante sobre o sujeito. Quando isso ocorre, temos o **predicado verbal**:

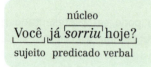

II. Já na oração "Eu estou ótima", o verbo *estar* (*estou*) não traz informações sobre o sujeito; é um verbo de ligação, cujo papel é apenas ligar o sujeito (*Eu*) ao seu predicativo (*ótima*). Assim, o único termo capaz de acrescentar informações sobre o sujeito é o predicativo do sujeito. Nesse caso, como o núcleo do predicado é o predicativo do sujeito, temos o **predicado nominal**:

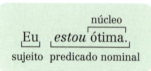

III. Já na oração "Todo mundo acha a joaninha um inseto simpático!", o predicado contém dois núcleos: um verbo significativo (*acha*) e um nome (*simpático*, o predicativo do objeto). Nesse caso, o verbo dá informações sobre o sujeito — a ação realizada por ele —, e o nome atribui uma característica ao objeto direto, *a joaninha*. Quando o predicado apresenta dois núcleos, temos o **predicado verbo-nominal**.

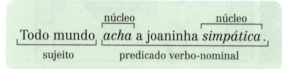

Também é predicado verbo-nominal aquele que, além de um verbo significativo, apresenta predicativo do sujeito. Veja um exemplo:

	núcleo núcleo
O menino	*caminhava apressado*.
sujeito	predicado verbo-nominal

> Para facilitar a identificação de um predicado verbo-nominal, podemos desmembrá-lo em dois predicados: um verbal e um nominal. Assim, o predicado da oração "O menino caminhava apressado" pode ser desmembrado em:
>
> VI
> O menino *caminhava*.
> predicado verbal
>
> VL   PS
> O menino *estava apressado*.
> predicado nominal

Concluindo:

> **Predicado verbal** é aquele que apresenta como núcleo um verbo significativo (VI, VTD, VTI ou VTDI).
>
> **Predicado nominal** é aquele que apresenta como núcleo um predicativo do sujeito, que se liga ao sujeito por meio de um verbo de ligação.
>
> **Predicado verbo-nominal** é aquele que apresenta dois núcleos: um verbo significativo e um predicativo (do sujeito ou do objeto).

Em resumo, as estruturas básicas dos predicados são as seguintes:

I. Predicado verbal:　　II. Predicado nominal:　　III. Predicado verbo-nominal:

VI
VT + OD/OI

VL + PS

VI + PS
VT + OD/OI + PS/PO

EXERCÍCIOS

Leia esta tira, de Adão Iturrusgarai, e responda às questões de 1 a 3.

(*Aline: numas de colegial*. Porto Alegre: L&PM, 2011. p. 31.)

1. Observe as orações dos dois primeiros quadrinhos.
    a) Qual é o sujeito dessas orações?
    b) Levante hipóteses: Por que o sujeito das orações não está explícito?

2. Em relação ao 3º quadrinho, responda: Qual é o sujeito das formas verbais *vai durar*, *receber* e *enobrece*?

3. Releia as orações a seguir, observando a predicação dos *verbos*.

    "Consegui um emprego"
    "Agora sou um cidadão honrado"
    "Sou um trabalhador"
    "Quanto tempo vai durar isso?"
    "O trabalho enobrece o homem!"

    a) Qual é a predicação dos verbos? Se houver objeto(s), identifique-o(s) e classifique-o(s).
    b) Em que orações há predicativo do sujeito? Identifique-o(s).
    c) Com base em suas respostas nos itens anteriores, classifique os predicados das orações.

4. O predicado das orações a seguir é verbo-nominal. Desmembre-o em dois predicados, um verbal e outro nominal.

    Veja um exemplo:

    Ana assistiu ao espetáculo teatral assustada.
    Ana assistiu ao espetáculo teatral.
    Ana estava assustada.

    a) Indicaram a professora como secretária da Associação de Pais e Mestres.
    b) A equipe feminina de voleibol voltou vitoriosa do Japão.
    c) Os atores leram satisfeitos as críticas sobre a estreia do espetáculo.
    d) Na assembleia, os alunos olhavam-nos desconfiados.
    e) A garotada do meu bairro aguardava ansiosa a chegada do circo internacional.

5. Nos textos a seguir, classifique o predicado das orações destacadas e indique seus núcleos:
    a) "*Parou, hesitante, em frente à banca de jornais.* Examinou as capas de revistas uma por uma. *Tirou do bolso o recorte,* consultou-o."
    (Carlos Drummond de Andrade)
    b) "*Agora a vela estava apagada.* Era tarde. *A porta gemia.* O luar entrava pela janela. O nordeste espalhava folhas secas no chão. Eu já não ouvia os berros do Gondim."
    (Graciliano Ramos)

Leia a tira a seguir, de Fernando Gonsales, e responda às questões de 6 a 8.

(*Folha de S. Paulo*, 20/5/2011.)

6. Em relação ao 1º quadrinho:

a) Qual é a predicação do verbo *achar*?

b) Qual é a função do termo *as centopeias*?

c) E a função do termo *sexies*?

d) Como se classifica, portanto, o predicado da oração?

7. Em relação ao último quadrinho:

a) Qual é a predicação do verbo *cruzar*?

b) E a função do termo *as pernas*?

c) Como se classifica o predicado da oração?

8. O humor da tira, como é comum na maioria delas, revela-se no último quadrinho. Como ele é construído?

Leia o anúncio a seguir e responda às questões 9 e 10.

(*Folha de S. Paulo*, 28/2/2010. Serafina.)

9. O anúncio foi produzido pelo governo do Estado da Bahia.

a) A quem ele se destina?

b) Qual é o objetivo do anúncio?

10. No enunciado "Na Bahia, depois do Carnaval, a festa continua":

a) Qual é o sentido do verbo *continuar*?

b) E a predicação?

LITERATURA

Ophelia (1903), de Odilon Redon.

CAPÍTULO 38

O Simbolismo em Portugal e no Brasil

Tanto em Portugal quanto no Brasil, o Simbolismo nasceu do esforço empreendido por alguns escritores com vistas à renovação e atualização dos códigos literários vigentes, ainda predominantemente realistas, colocando-os em sintonia com a nova tendência literária que, desde 1850, vinha ganhando prestígio na França e se firmaria, nas décadas de 1870 a 1890, com Verlaine, Rimbaud e Mallarmé.

O SIMBOLISMO EM PORTUGAL

Em Portugal, a obra *Oaristos* (1890), de Eugênio de Castro, tem sido apontada como marco introdutório do movimento simbolista naquele país. Os sentimentos de pessimismo e decadentismo que normalmente se associam ao movimento encontraram boa acolhida em Portugal, dado o sentimento de frustração que vivia o povo português naquele momento, motivado por crises políticas e econômicas e pelas pressões da Inglaterra em relação às possessões portuguesas na África.

Os principais nomes do Simbolismo português são:

- **na poesia**: Eugênio de Castro, com *Oaristos* (1890); Antônio Nobre, com *Só* (1892); Camilo Pessanha, com *Clepsidra* (1920);
- **no teatro**: Júlio Dantas, com *A ceia dos cardeais* (1902).

Camilo Pessanha: a dor cósmica

: Camilo Pessanha.

Camilo Pessanha (1867-1926) não participou do processo de implantação do Simbolismo em Portugal, uma vez que, naquele momento, vivia em Macau, colônia portuguesa na China. Apesar disso, é considerado o principal representante do Simbolismo português.

Autor de poemas publicados originalmente avulsos, o poeta só passou a ter algum prestígio após a edição de sua única obra, *Clepsidra* (1920).

Do ponto de vista formal, sua poesia destaca-se pela musicalidade, pela presença de elipses, sinestesias, metáforas, símbolos, ambiguidades, fragmentação e riqueza de imagens auditivas e visuais. Os temas são relacionados à concepção pessimista e cética que o autor tinha diante da vida: a mágoa, a dor e a morte.

LEITURA

O texto que segue é o primeiro soneto de *Clepsidra*. A atmosfera vaga e evanescente do poema dá a medida exata do princípio simbolista de *sugerir* em vez de falar diretamente, ou, ainda, do desejo de traduzir o impreciso, aquilo a que Verlaine se referia ao dizer "antes de tudo, a música, uma harmonia de sons que faz sonhar".

Caminho

Tenho sonhos cruéis; n'alma doente
Sinto um vago receio prematuro.
Vou a medo na aresta do futuro,
Embebido em saudades do presente...

Saudades desta dor que em vão procuro
Do peito afugentar bem rudemente,
Devendo, ao desmaiar sobre o poente,
Cobrir-me o coração dum véu escuro!...

Porque a dor, esta falta d'harmonia,
Toda a luz desgrenhada que alumia
As almas doidamente, o céu d'agora,

Sem ela o coração é quase nada:
Um sol onde expirasse a madrugada,
Porque é só madrugada quando chora.

(Biblioteca Ulisseia de Autores Portugueses, p. 37.)

---

1. O caráter lírico do poema lido advém sobretudo da exposição dos sentimentos do eu lírico. Observe algumas das imagens do poema: "sonhos cruéis", "alma doente", "medo", "saudades do presente", "véu escuro", etc. Como se sente o eu lírico diante da vida e do mundo?

2. O tempo predominante no poema é o presente, como se verifica pelas formas verbais "tenho", "sinto", "vou", "alumia" e outras. No entanto, na primeira estrofe, o eu lírico faz uma projeção para o futuro, nestes versos:

> "Vou a medo na aresta do futuro,
> Embebido em saudades do presente..."

a) Que contradição reside nas "saudades" sentidas pelo eu lírico?

b) Logo, o futuro representa uma perspectiva para o eu lírico?

3. A dor, a angústia e o sofrimento são elementos constantes na poesia de Camilo Pessanha.

Não se trata, contudo, de uma dor de natureza amorosa.
a) Qual é a natureza da dor vivida pelo eu lírico?
b) Que interpretação pode ser dada ao verso "Sem ela [a dor] o coração é quase nada"?

4. A poesia de Camilo Pessanha é valorizada pela riqueza sonora e musical e pela originalidade de suas imagens. Tais qualidades podem ser encontradas também no soneto "Caminho"? Justifique.

O SIMBOLISMO NO BRASIL

As primeiras manifestações simbolistas já eram sentidas desde o final da década de 80 do século XIX. Apesar disso, tem-se apontado como marco introdutório do movimento simbolista brasileiro a publicação, em 1893, das obras *Missal* (prosa) e *Broquéis* (poesia), de nosso maior autor simbolista: Cruz e Sousa.

Além de Cruz e Sousa, destacam-se, entre outros, Alphonsus de Guimaraens e Pedro Kilkerry (recentemente redescoberto pela crítica).

Cruz e Sousa: o cavador do infinito

Cruz e Sousa é considerado o mais importante poeta simbolista brasileiro e um dos maiores poetas nacionais de todos os tempos.

Marcada pela inclinação filosófica e metafísica, sua obra poética apresenta diversidade e riqueza. De um lado, encontram-se aspectos noturnos do Simbolismo, herdados do Romantismo: o culto à noite, certo satanismo, o pessimismo, a morte. De outro, há certa preocupação formal, que aproxima Cruz e Sousa dos parnasianos: a forma lapidar, o gosto pelo soneto, o verbalismo requintado, a força das imagens. E, ainda, a inclinação à poesia meditativa e filosófica, que o aproxima da poesia realista portuguesa, principalmente da de Antero de Quental.

LEITURA

O texto a seguir é uma das melhores realizações da poesia filosófica de Cruz e Sousa. Observe o questionamento da razão e do fundamento da existência humana que nele é feito.

Cavador do Infinito

Com a lâmpada do Sonho desce aflito
E sobe aos mundos mais imponderáveis,
Vai abafando as queixas implacáveis,
Da alma o profundo e soluçado grito.

Ânsias, Desejos, tudo a fogo escrito
Sente, em redor, nos astros inefáveis.
Cava nas fundas eras insondáveis
O cavador do trágico Infinito.

E quanto mais pelo Infinito cava
Mais o Infinito se transforma em lava
E o cavador se perde nas distâncias...

Alto levanta a lâmpada do Sonho
E com seu vulto pálido e tristonho
Cava os abismos das eternas ânsias!

(*Poesias completas*. Rio de Janeiro: Ediouro, s.d. p. 109.)

imponderável: que não se pode pesar ou avaliar.
inefável: indescritível, encantador.

O grande autômata (1925), de Giorgio de Chirico, pintor surrealista que, a exemplo de Cruz e Sousa, explora temas metafísicos.

1. O eu lírico do texto vive um drama existencial, representado pela ação de cavar o infinito. A propósito da 1ª estrofe do soneto, responda:

   a) Que verbos sugerem a ação de cavar?

   b) Que instrumento o eu lírico utiliza para cavar o infinito?

2. De acordo com o texto, o eu lírico, enquanto cava, abafa queixas e gritos da alma. Observe que, na escavação do infinito, o eu refere-se a "Sonho", "Ânsias", "Desejos" e, na última estrofe, diz cavar "os abismos das eternas ânsias".

   a) O que se supõe ser o "infinito" cavado?

   b) O que provavelmente o eu lírico busca encontrar?

   c) De acordo com a 3ª estrofe, pode-se dizer que o eu lírico encontrou o que procura?

3. Releia a última estrofe e, com base nela, responda:

   a) É possível afirmar que o processo de escavação terminou ou continua? Por quê?

   b) Que sentimento acompanha o eu lírico nesse processo?

Alphonsus de Guimaraens

O conjunto da poesia de Alphonsus de Guimaraens é uniforme e equilibrado. Temas e formas se repetem e se aprofundam no decorrer de quase trinta anos de produção literária, consolidando uma de nossas poéticas mais místicas e espiritualistas.

A exploração do tema da morte abre ao poeta, por um lado, o vasto campo da literatura gótica ou macabra dos escritores ultrarromânticos, recuperada por alguns simbolistas; por outro lado, possibilita a criação de uma atmosfera mística e litúrgica, em que abundam referências ao corpo morto, ao esquife, às orações, às cores roxa e negra, ao sepultamento, conforme exemplifica a estrofe a seguir:

> Mãos de finada, aquelas mãos de neve,
> De tons marfíneos, de ossatura rica,
> Pairando no ar, num gesto brando e leve,
> Que parece ordenar mas que suplica.

Formalmente o poeta revela influências árcades e renascentistas, sem, contudo, cair no formalismo parnasiano. Embora preferisse o verso decassílabo, Alphonsus chegou a explorar outras métricas, particularmente a redondilha maior, de longa tradição popular, medieval e romântica. Entre seus poemas, o que segue é o mais popular.

Ismália

Quando Ismália enlouqueceu,
Pôs-se na torre a sonhar...
Viu uma lua no céu,
Viu outra lua no mar.
No sonho em que se perdeu,
Banhou-se toda em luar...
Queria subir ao céu,
Queria descer ao mar...

E, no desvario seu,
Na torre pôs-se a cantar...
Estava perto do céu,
Estava longe do mar...
E como um anjo pendeu
As asas para voar...
Queria a lua do céu,
Queria a lua do mar...

As asas que Deus lhe deu
Ruflaram de par em par...
Sua alma subiu ao céu,
Seu corpo desceu ao mar...

(In: *Obra completa*. Rio de Janeiro: Aguilar, 1960. p. 467.)

Japão, Coleção particular

PRODUÇÃO DE TEXTO

CAPÍTULO 39

O editorial

TRABALHANDO O GÊNERO

Leia este editorial:

Publicidade polêmica

**A propaganda de produtos infantis precisa respeitar certas regras,
mas é melhor a autorregulamentação do que uma proibição absoluta**

Tramita há mais de dez anos na Câmara dos Deputados o projeto de lei 5.921, que prevê veto à propaganda dirigida ao público infantil. Ao longo desse período, em que pesem as polêmicas, boa parte dos defensores e críticos concorda com alguns princípios básicos.

É um consenso que o público infantil é mais vulnerável às investidas publicitárias e deve ser poupado de apelos consumistas e de mensagens que depreciem valores sociais positivos, como a solidariedade e a vida em família.

A iniciativa parlamentar, de dezembro de 2001, serviu como sinal de alerta para a indústria e as agências de publicidade. Elas perceberam o recrudescimento de reações contrárias a abusos em anúncios e nos meios de comunicação.

É sintomático que, em 2006, o Conar (Conselho Nacional de Autorregulamentação Publicitária) tenha divulgado o documento "Novas Normas Éticas", que trata da propaganda de produtos destinados a crianças e adolescentes.

Já em seu início, o texto reconhecia a "exigência flagrante da sociedade" de que a publicidade se engajasse "na formação de cidadãos responsáveis e consumidores conscientes".

Em 2010, a Associação Brasileira das Indústrias de Alimentação (Abia) e a Associação Brasileira de Anunciantes (ABA) assinaram compromisso público para impor limites à divulgação de produtos que contribuam para a obesidade e doenças a ela associadas.

Não obstante, permanecem vivas pressões para que a propaganda destinada a crianças seja banida. Há várias campanhas contra e a favor, como as intituladas "Somos Todos Responsáveis" e "Infância Livre de Consumismo".

É fato que em outros países há limitações legais. Nos EUA, por exemplo, a publicidade para crianças e adolescentes é limitada a 20% do total veiculado. Na Suécia, não pode ser exibida antes das 21h.

São possibilidades que merecem ser discutidas pelo Conar, dentro do princípio de que a melhor alternativa é a autorregulamentação. O conselho deveria tomar a iniciativa de apresentar uma proposta para debate público.

A proibição absoluta é uma saída drástica, com vezo autoritário. Fere o direito à informação e confere ao Estado a prerrogativa de substituir os pais na decisão do que pode ser visto por seus filhos.

Não há dúvida de que o Conar conquistou o respaldo da sociedade. Ele precisa, no entanto, apertar os seus controles.

Estudo da Unifesp (Universidade Federal de São Paulo) mostrou que propagandas de cerveja veiculadas na TV – exceção questionável à restrição de horário a publicidade de bebidas alcoólicas – não respeitam 12 das 16 determinações do código de autorregulamentação avaliadas na pesquisa.

Para consagrar-se, o salutar princípio da autorregulamentação precisa mostrar-se efetivo.

(*Folha de S. Paulo*, 10/4/2012.)

1. Os editoriais geralmente abordam um tema do momento, que está em discussão na sociedade.
    a) Qual é o tema abordado pelo editorial em estudo?
    b) Por que esse tema estava sendo debatido no Brasil no momento da publicação do editorial?

2. Por meio dos editoriais, os jornais e revistas expressam seu ponto de vista sobre o tema abordado, seja para fazer uma crítica ou um elogio a algo ou a alguém, seja para fazer sugestões ou estimular a reflexão. No editorial lido, o jornal deixa clara a sua posição.
    a) Esse posicionamento é contra ou a favor da proibição da propaganda dirigida ao público infantil?
    b) Em que partes do texto esse posicionamento é apresentado de forma explícita?
    c) Que argumentos são usados para esse posicionamento?

3. O texto cita pontos de consenso entre defensores e críticos. Quais são esses pontos?

4. Os editoriais têm uma estrutura relativamente simples: apresentam uma *ideia principal* (tese), que expressa o ponto de vista do jornal ou revista sobre o tema; um *desenvolvimento*, constituído por parágrafos que fundamentam a ideia principal; e uma *conclusão*, geralmente formulada no último parágrafo do texto.
A estrutura do editorial lido poderia ser esquematizada da forma mostrada a seguir. Complete o esquema em seu caderno, indicando um argumento e a conclusão.

Ideia principal
A questão da propaganda dirigida ao público infantil é polêmica, com defensores e críticos.

Desenvolvimento
1º argumento: Embora haja polêmica, há concordância em alguns princípios básicos quanto à propaganda para o público infantil.
2º argumento:
3º argumento: Há campanhas contra e a favor da propaganda destinada a crianças.

Conclusão

5. O editorial é um texto que pertence ao grupo dos gêneros argumentativos, ou seja, aqueles que têm a finalidade de persuadir o leitor e, portanto, precisam apresentar argumentos consistentes, como relações de causa e consequência, comparações, informações, depoimentos de autoridades, dados estatísticos de pesquisa, etc. Identifique no desenvolvimento do editorial lido:
a) relações de causa e consequência;
b) comparação com outros países;
c) estudos e dados estatísticos.

6. Nos editoriais, a conclusão geralmente ocorre no último parágrafo e costuma apresentar uma síntese das ideias expostas ou uma sugestão ou proposta para a solução do problema abordado. De que tipo é a conclusão do editorial lido?

7. Observe a linguagem empregada no texto, inclusive os verbos e pronomes. Como os editoriais expressam a opinião do jornal ou revista e não a de um jornalista em particular, é comum não haver neles a identificação de quem os escreveu. Além disso, esse gênero privilegia a impessoalidade, isto é, o autor fala do tema de modo distanciado, sem se colocar diretamente no texto. No editorial lido:
a) Que pessoa verbal predomina? O uso dessa pessoa contribui para impessoalizar o texto? Por quê?
b) Em que tempo estão as formas verbais, predominantemente?

8. Reúna-se com seus colegas de grupo e, juntos, concluam: Quais são as principais características do editorial? Respondam, considerando os seguintes critérios: finalidade do gênero, perfil dos interlocutores, suporte ou veículo, tema, estrutura, linguagem.

PRODUZINDO O EDITORIAL

A seguir você vai ler um texto sobre estudos recentes que, baseados em pesquisas, procuram conhecer as transformações cerebrais ocorridas na adolescência e explicar comportamentos típicos dessa faixa etária. Depois, a partir dessas informações, vai produzir um editorial em que deverá abordar questões relativas ao tema.

As revelações sobre o cérebro adolescente

MÔNICA TARANTINO, MONIQUE OLIVEIRA E LUCIANI GOMES

[...]

Na tentativa de elucidar por que os jovens atravessam o período de crescimento como se estivessem em uma montanha-russa, um dos aspectos mais estudados é a tendência de se expor a riscos. No começo da empreitada científica para decifrar os segredos do cérebro adolescente, acreditava-se que a falta de noção do perigo iminente estivesse associada à falta de amadurecimento do córtex pré-frontal, área ligada à avaliação dos riscos que só atinge o desenvolvimento pleno por volta dos 20 anos. O avanço das pesquisas, porém, está demonstrando que por volta dos 15 anos os jovens conseguem perceber o risco da mesma forma e com a mesma precisão que um adulto.

Se sabem o que está acontecendo, por que os jovens se colocam em situações ameaçadoras? Embora as habilidades básicas necessárias para perceber os riscos estejam ativas, a capacidade de regular o comportamento de forma consistente com essas percepções não está totalmente madura. "Na adolescência, os indivíduos dão mais atenção para as recompensas em potencial vindas de uma escolha arriscada, do que para os custos dessa decisão", disse à ISTOÉ Laurence Steinberg [...], um dos mais destacados estudiosos da adolescência na atualidade.

A afirmação do pesquisador está sustentada em exames de imagem que assinalam, no cérebro adolescente, uma intensa atividade em áreas ligadas à recompensa. Por recompensa, entenda-se a sensação prazerosa que invade o corpo e a mente após uma vitória, como ganhar no jogo ou ser reconhecido como o melhor pelo grupo. Esse processo coincide com alterações das quantidades de dopamina, um neurotransmissor (substância que faz a troca de mensagens entre os neurônios) muito importante na experiência do prazer ou recompensa. [...]

Ele também foi buscar na teoria da evolução a justificativa para o mecanismo cerebral que premia os jovens com sensações agradáveis por se arriscarem. "No passado, levavam vantagem sobre outros da espécie aqueles que se deslocavam e assumiam riscos em busca de um lugar com mais alimento", pontua. "A busca por novidade e fortes emoções representaria, à luz da teoria da evolução, um sinal da capacidade de adaptação dos seres humanos a novos ambientes." [...]

A busca de emoções e o desejo de ser aceito e admirado pelos outros — duas características do adolescente — podem se converter numa mistura explosiva. O psicólogo Steinberg demonstrou claramente esse mecanismo com o auxílio de um jogo de videogame cuja proposta era dirigir um carro pela cidade no menor tempo possível. No percurso, os sinais mudavam de verde para amarelo quando o carrinho se aproximava. Se o competidor cruzasse o sinal antes de ele ficar vermelho, ganhava pontos. Se ficasse no meio da pista ou na faixa, perdiam-se muitos pontos. Ao disputarem os jogos a sós em uma sala, os jovens assumiram riscos na mesma proporção que os adultos. Mas com a presença de um ou mais amigos no ambiente houve mudança nos resultados. "Nessa circunstância, os adolescentes correram o dobro dos riscos dos adultos", observou o pesquisador.

O papel do grupo na adolescência também está sendo examinado. "Por volta dos 15 anos, registra-se o pico de atividade dos neurônios-espelho, células ativadas pela observação do comportamento de outras pessoas e que levam à sua repetição", diz o neurologista Erasmo Barbante Casella, do Hospital Albert Einstein e do Instituto da Criança da Universidade de São Paulo. Esse é um dos motivos pelos quais os jovens adotam gestos e roupas similares. Além disso, há a grande necessidade de ser aceito pelos amigos e o peso terrível da rejeição. [...] Estudos apontam que há também uma grande quantidade de oxitocina, hormônio relacionado às ligações sociais e formação de vínculos, circulando no organismo, o que favoreceria a tendência de andar em turma.

Afora o prazer de correr perigo e dos altos e baixos humorais, a adolescência pode ser vista como uma fase de altíssima resiliência, que é a capacidade de se adaptar e sobreviver às dificuldades. Mas há desvantagens. O lado complicado é que o adolescente que passa por tantas transformações está mais vulnerável ao aparecimento de alterações como depressão, ansiedade e transtornos alimentares como a anorexia e a bulimia.

[...]

(IstoÉ, nº 2 189.)

Debate sobre o tema

A fim de se preparar para escrever o editorial, participe com os colegas da classe de um debate sobre "a montanha-russa do crescimento". Procure, com os colegas, aprofundar alguns aspectos apontados pelo texto ou abordar outros. Durante a realização do debate, anote as ideias e os argumentos que julgar mais interessantes.

Planejamento do texto

- Seu editorial será publicado em um jornal *on-line*, a ser hospedado em um *blog* da classe. Considerando esse suporte e o público para o qual vai escrever, escolha uma das seguintes questões para abordar no editorial (ou pense em outras):
  - O desejo de ser aceito é apenas dos adolescentes?
  - O comportamento apresentado em jogos pode ser transferido para a vida real?
  - O que é essencial na relação entre adulto e adolescente?
  - O prazer proporcionado pelo risco vale a pena?
  - Como ser adolescente sem correr riscos?
  - Como conviver com as transformações que ocorrem na adolescência?
- Pense na estruturação do texto: qual será a ideia principal, quais serão os argumentos e qual será a conclusão.
- Apresente a ideia principal do primeiro parágrafo, deixando claro seu ponto de vista.
- Desenvolva argumentos que ampliem a ideia principal. É aconselhável que o número de argumentos corresponda ao número de parágrafos do desenvolvimento. Por exemplo, se escolher três argumentos, desenvolva-os em três parágrafos.
- Reserve o último parágrafo para a conclusão. Defina de que tipo ela será: se do tipo resumo, que retoma as ideias apresentadas anteriormente, se do tipo proposta, que apresenta uma saída para a questão enfocada.

Revisão e reescrita

Antes de finalizar seu editorial e passá-lo para o suporte final, releia-o, observando:
- se ele expressa com clareza sua opinião a respeito da questão abordada;
- se ele é capaz de convencer o leitor por meio de bons argumentos;
- se ele apresenta uma ideia principal e fundamenta-a com argumentos consistentes;
- se ele apresenta uma conclusão coerente com a ideia principal e com o desenvolvimento;
- se os verbos estão predominantemente no presente do indicativo;
- se a linguagem segue a norma-padrão e está adequada ao suporte e ao perfil do público.

Faça as alterações necessárias e publique seu editorial no jornal *on-line* da classe.

LÍNGUA: USO E REFLEXÃO

CAPÍTULO 40

A preposição, a conjunção e a interjeição

A PREPOSIÇÃO E A CONJUNÇÃO

CONSTRUINDO O CONCEITO

Leia esta fábula:

A andorinha e os pássaros

Nos primeiros dias da estação de caça, a andorinha sentiu o perigo que rondava seus irmãos. Convocou então os pássaros para uma assembleia e aconselhou-os a arrancar dos carvalhos as parasitas viscosas. E acrescentou:

— Se vocês não conseguirem fazer isso, vão até os homens e peçam-lhes para não recorrer ao visco para nos pegar.

Os pássaros riram, achando que a andorinha não estava bem do juízo. Ela, por seu lado, foi até os homens e pediu-lhes clemência. Eles a acolheram por vê-la tão inteligente e deram-lhe abrigo. A andorinha encontrou refúgio e proteção entre eles; já os outros pássaros foram pegos e serviram de alimento para os homens.

Quem sabe prever os perigos consegue se safar melhor.

(Esopo. *Fábulas de Esopo*. Porto Alegre: L&PM, 1997. p. 81.)

visco: suco vegetal glutinoso no qual se envolvem varinhas para apanhar pássaros; visgo.

1. Leia estes pares de palavras:

> • estação — caça • foi — os homens
> • pássaros — uma assembleia

a) Do modo como as palavras de cada par estão organizadas, há alguma palavra que as relaciona entre si?
b) Volte ao texto e identifique a palavra que liga as palavras de cada par.
c) A relação entre as palavras, no texto, é explicitada pelas palavras que as ligam?
d) Associe as palavras que ligam as palavras de cada par ao sentido relacionado a cada uma.
• movimento no espaço   • tipo
• direção, finalidade

2. Há, na fábula, várias palavras ligadas pela palavra *para*: "*para* não recorrer", "*para* nos pegar", "*para* os homens". Em qual das três expressões a palavra *para* indica finalidade?

3. Observe agora estes pares de orações:

> • "vocês não conseguirem fazer isso"
> "vão até os homens"
> • "Ela, por seu lado, foi até os homens"
> "pediu-lhes clemência"

a) Volte ao texto e identifique a palavra que liga as orações de cada par.
b) Em qual par de orações a palavra que as liga estabelece uma relação de adição?

CONCEITUANDO

Você observou que é possível estabelecer relações entre palavras e orações, ligando-as por meio de outras palavras. As palavras que estabelecem relações entre palavras e orações são chamadas de **palavras relacionais**. Quando ligam duas palavras são denominadas **preposições**; quando ligam orações são chamadas de **conjunções**.

Em "foi *até* os homens", a preposição *até* cumpre o papel de ligar a palavra *foi* à palavra *homens*, exprimindo a noção de movimento no espaço. Em "*Se* vocês não conseguirem fazer isso, vão até os homens", a conjunção *se* cumpre o papel de ligar uma oração a outra, estabelecendo entre elas uma relação de condição.

As conjunções relacionam também termos semelhantes da mesma oração. Veja:

> A andorinha encontrou <u>refúgio e proteção</u> entre eles.
>   objeto direto

Concluindo:

> **Preposição** é a palavra que liga duas outras palavras, de forma que o sentido da primeira é completado pela segunda.
> **Conjunção** é a palavra ou expressão que relaciona duas orações ou dois termos de mesmo valor sintático.

As relações estabelecidas pelas preposições e conjunções contribuem para que um texto apresente textualidade, isto é, seja coerente e coeso, e não apenas uma sequência de palavras ou frases sem sentido.

A preposição

As principais preposições são: *a, ante, após, até, com, contra, de, desde, em, entre, para, perante, por (per), sem, sob, sobre, trás.*

> Sairemos *após* o jantar.

Duas ou mais palavras empregadas com valor de preposição constituem uma **locução prepositiva**: *ao lado de, além de, depois de, através de, dentro de, abaixo de, a par de*. A locução prepositiva sempre termina por preposição.

> *Antes de* sair, feche portas e janelas.

Combinação e contração

As preposições *a, de, em, por, para* e *com* podem ligar-se a outras palavras (artigo, pronome ou advérbio), formando combinações e contrações.

Combinação

Ocorre quando não há perda de fonema na ligação entre a preposição e o artigo ou entre a preposição e o advérbio. Observe:

> De manhã, ela enviou o bilhete *ao* namorado.   Eu gostaria de saber *aonde* ela quer chegar.
> prep. + art.   prep. + adv.

Contração

Ocorre quando há perda de fonema na ligação entre a preposição e o artigo, entre a preposição e o pronome pessoal, entre a preposição e o pronome demonstrativo ou entre a preposição e o advérbio. Observe:

> O carro novo *do* meu irmão veio com defeito de fábrica.
> prep. + art. (de + o)
>
> As cartas e as fotografias estão *nesta* caixa antiga.
> prep. + pron. dem. (em + esta)
>
> Ela não para de falar *nele*.
> prep. + pron. pess. (em + ele)
>
> Pode deixar que eu continuo a varrer *daí* para frente.
> prep. + adv. (de + aí)

Quando a preposição *a* se une ao artigo *a* ou aos pronomes *aquele, aquilo*, ocorre um tipo especial de contração, denominado *crase*. Na escrita, a crase é indicada com o acento grave. Observe:

> Fomos *à* feira de livros promovida pela escola.
> prep. *a* + art. *a*
>
> Ele referiu-se *àquele* assunto que estudamos ontem.
> prep. *a* + pron. *aquele*

No texto principal do anúncio – "5 de junho, Dia Mundial do Meio Ambiente" –, a palavra *do* é uma contração, resultante da ligação entre a preposição *de* e o artigo *o*.

432

Os valores semânticos da preposição

No texto principal do anúncio abaixo, a palavra *do* é contração da preposição *de* com o artigo *o*. Observe que a preposição *de*, além de ligar os substantivos *África* e *Sul*, serve para caracterizar o substantivo *África*. Assim, as preposições, além de terem o papel de ligar palavras, apresentam *valor semântico*, isto é, significado próprio.

No final do texto do anúncio, a preposição *per* (= por), presente na contração *pelo* (per + o), indica "lugar por onde".

De acordo com a relação que as preposições estabelecem entre as palavras, inúmeros são os valores semânticos que elas exprimem. Entre eles, estão estes:

- **assunto**: O sacerdote falou *da* fraternidade.
- **causa**: A criança estava trêmula *de* frio.
- **origem**: As tulipas vêm *da* Holanda.
- **direção contrária**: Agiu *contra* todos.
- **distância no espaço**: Daqui *a* dois quilômetros há um bar.
- **fim**: Saíram *para* pescar bem cedinho.
- **meio**: Vim *de* ônibus.
- **posse**: Esta casa é *de* meu pai.
- **delimitação**: É uma pessoa rica *de* virtudes.
- **conformidade**: Como é teimoso! Saiu *ao* avô.
- **instrumento**: Redigiu os artigos *a* lápis.
- **lugar**: Os livros estão *sobre* a mesa da sala.
- **matéria**: Ganhou uma correntinha *de* ouro.

(*Espaço D*, ano 2, nº 8.)

EXERCÍCIOS

Leia este poema, de Roseana Murray:

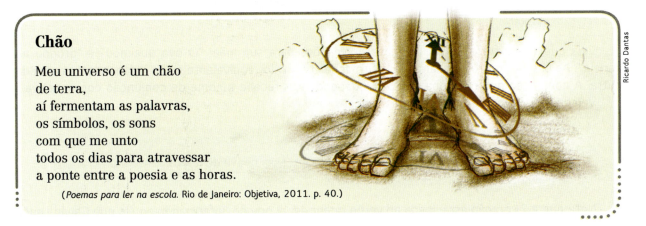

Chão

Meu universo é um chão
de terra,
aí fermentam as palavras,
os símbolos, os sons
com que me unto
todos os dias para atravessar
a ponte entre a poesia e as horas.

(*Poemas para ler na escola*. Rio de Janeiro: Objetiva, 2011. p. 40.)

1. A que atividade o eu lírico do poema se dedica diariamente?

2. Identifique as preposições empregadas no poema e o valor semântico de cada uma delas no contexto.

3. A preposição *para*, além do valor semântico de finalidade, também pode expressar:
- movimento em direção a um ponto;
- lugar a que se é mandado;
- lugar para onde se vai com a intenção de permanecer;
- direção ou sentido;
- objetivo, utilidade;
- tempo em que algo será feito.

O que a preposição *para* destacada em cada uma das frases a seguir expressa?
a) Prestou concurso *para* juiz.
b) O poeta foi degredado *para* a África.
c) Partiu *para* os Estados Unidos.
d) Deixou as tarefas *para* o dia seguinte.
e) Olhou *para* os lados.
f) Encaminhou-se *para* a porta.

A conjunção

Duas ou mais palavras empregadas com valor de conjunção, como *já que*, *visto que*, *se bem que*, *a fim de que*, constituem uma **locução conjuntiva**. Veja:

> Comparecerei à reunião, *a não ser que* surja um imprevisto.

Classificação das conjunções

Leia a tira a seguir.

(Bill Watterson. *Tem alguma coisa babando embaixo da cama*. São Paulo: Conrad, 2008. p. 39.)

Observe a estrutura destas orações da tira:

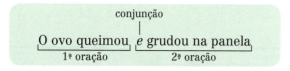

Veja que nessa frase Calvin faz duas afirmações para sua mãe: "O ovo queimou" e "grudou na panela". As orações correspondentes às afirmações têm valor equivalente e são independentes uma da outra. A conjunção que relaciona orações independentes recebe o nome de **conjunção coordenativa**.

Veja, agora, como se relacionam as orações:

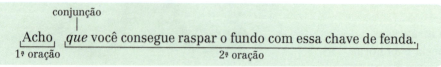

Note que a 2ª oração está ligada ao verbo *achar* da 1ª oração, informando aquilo que Calvin supôs que sua mãe conseguiria fazer. As duas orações, portanto, mantêm entre si uma relação de dependência, uma vez que uma completa a outra. A conjunção que relaciona orações de modo que uma seja dependente de outra é chamada de **conjunção subordinativa**.

Assim:

> As **conjunções coordenativas** ligam palavras ou orações de mesmo valor sintático.
> As **conjunções subordinativas** inserem uma oração na outra, estabelecendo entre elas uma relação de dependência sintática.

EXERCÍCIOS

Leia a tira a seguir e responda às questões de 1 a 3.

(Nik. *Gaturro*. Cotia-SP: Vergara&Riba, 2008. p. 61.)

1. No contexto da tira, no 1º e no 2º quadrinho, o verbo *dizer* precisa de complemento.
   a) Quais são as orações que complementam o sentido desse verbo nos dois quadrinhos?
   b) Portanto, nos dois quadrinhos, que relação existe entre a 1ª e a 2ª oração: de coordenação ou de subordinação?

2. Se eliminarmos a conjunção *e* da fala de Gaturro no 4º quadrinho, teremos: "Fechamos em oito, todos saem satisfeitos, ok?!". Observe que, nesse caso, a 1ª e a 2ª oração não dependem uma da outra sintaticamente. Então conclua: A conjunção *e* é coordenativa ou subordinativa?

3. Releia o 1º e o 2º quadrinho.
   a) Identifique a conjunção ou locução conjuntiva que vincula as duas informações lidas pela personagem.
   b) Essa conjunção ou locução conjuntiva é coordenativa ou subordinativa?

Valores semânticos das conjunções coordenativas

As conjunções coordenativas podem ser:

1. **Aditivas:** servem para ligar dois termos ou duas orações de mesmo valor sintático, estabelecendo entre eles uma ideia de adição. São as conjunções *e, nem (e não), que, não só... mas também.*

> Ele não respondeu às minhas cartas *nem* me telefonou.

2. **Adversativas**: ligam dois termos ou orações, estabelecendo entre eles uma relação de oposição, contraste, ressalva. São elas: *mas, porém, todavia, contudo, no entanto, entretanto, e* (com valor de *mas*).

> A mulher chamou imediatamente o médico, *porém* não foi atendida.

3. **Alternativas**: ligam palavras ou orações, estabelecendo entre elas uma relação de separação ou exclusão. São as conjunções *ou, ou... ou, já... já, ora... ora, quer... quer*, etc.

> O mecânico *ora* desparafusava o motor do carro, *ora* juntava outras peças espalhadas pelo chão.

4. **Conclusivas**: introduzem uma oração que exprime conclusão em relação ao que se afirmou anteriormente. São elas: *logo, pois* (no meio ou no fim da oração), *portanto, por conseguinte, por isso, assim*, etc.

> Meu irmão estudou muito o ano inteiro; *logo*, deve ir bem nos exames.

5. **Explicativas**: ligam duas orações de modo que a segunda justifica ou explica o que se afirmou na primeira. São as conjunções *que, porque, porquanto, pois* (no início da oração).

> Vá rápido, *pois* já está começando a chover.

A conjunção coordenativa *pois*

Dependendo da posição que ocupa na frase, a conjunção coordenativa *pois* pode estabelecer duas relações diferentes. Quando inicia oração, estabelece uma relação de justificativa: "Pai, me dê uma carona, *pois* estou perdendo a hora da escola". Nesse caso, é *explicativa*. Quando vem posposta a um termo da oração a que pertence, estabelece uma relação de conclusão: "Filho, o carro está com o pneu furado; não tenho, *pois* (= portanto), condição de levar você". Nesse caso, é *conclusiva*.

EXERCÍCIOS

1. Associe as conjunções coordenativas destacadas nas frases seguintes a um destes valores semânticos:

   • adição   • conclusão   • alternância
   • exclusão • oposição   • explicação

   a) Nunca abra esta porta *ou* vai se arrepender amargamente.
   b) Volte sempre, *porque* adoro conversar.
   c) *Ora* ela diz uma coisa, *ora* afirma outra.
   d) Começou o trabalho com entusiasmo; *contudo*, não fiquei convencido de sua mudança de atitude.
   e) Sempre foi honesto comigo; *portanto*, que razão tenho para duvidar dele?
   f) Fale baixo, *que* há pessoas estudando.
   g) Não telefonou *nem* deixou recado.

Leia a tira a seguir, de Laerte, e responda às questões 2 e 3.

(Laerte. *Classificados*. São Paulo: Devir, 2004. v. 3, p. 34.)

2. No 2º quadrinho da tira, seu Randal poderia ter se expressado assim:

> Você odeia criança, por isso elas te adoram, Luís!

a) Qual é o valor semântico da conjunção coordenativa *por isso* na frase acima?

b) Que outras conjunções com o mesmo valor semântico poderiam substituir *por isso*, nessa frase?

3. Releia estas frases da tira:

> "Eu odeio criança, seu Randal!"
> "É exatamente por isso que elas te adoram, Luís!"

Observe que, entre as duas frases, há uma *oposição* de ideias.

a) Como seu Randal poderia se expressar caso quisesse reunir em um período composto as informações das duas frases?

b) Qual seria a classificação da conjunção que faria a ligação entre as duas orações?

Valores semânticos das conjunções subordinativas

As conjunções subordinativas ligam duas orações, sendo uma a **principal** e a outra **subordinada**, de modo que a subordinada completa sintaticamente a principal. Observe:

> conjunção
> |
> Alugou apenas um DVD *porque* os demais não lhe interessaram.
> oração principal   oração subordinada

As conjunções subordinativas compreendem dois grupos: as *integrantes* e as *adverbiais*.

As **integrantes** são as conjunções *que* e *se* quando introduzem orações que funcionam como sujeito, objeto direto, objeto indireto, predicativo, complemento nominal ou aposto da oração principal.

> Acredito, *que* ele terá sucesso em Paris.
> oração   oração que funciona como
> principal   objeto direto da oração principal

As **adverbiais** iniciam orações que exprimem uma circunstância adverbial relacionada ao enunciado da oração principal.

> Já estava em casa *quando* o temporal desabou sobre a cidade.
> oração   oração que exprime uma circunstância de
> principal   tempo em relação à oração principal

As conjunções adverbiais classificam-se em *causais, comparativas, concessivas, condicionais, conformativas, consecutivas, finais, proporcionais* e *temporais*.

1. **Causais:** iniciam oração que indica a causa, o motivo, a razão do efeito expresso na oração principal: *que* (= porque), *porque, como, visto que, já que, uma vez que, desde que*, etc.

> Foi bem-sucedido no vestibular, *porque* estudou bastante.

2. **Comparativas:** iniciam oração que estabelece uma comparação em relação a um elemento da oração principal: *como, que, do que* (depois de *mais, menos, maior, menor, melhor, pior*), *qual* (depois de *tal*), *quanto* (depois de *tanto* ou *tão*), *assim como, bem como*.

> Maria é *tão* inteligente *quanto* Ana.

Observe na fala de Calvin que o emprego da conjunção subordinativa adverbial causal *já que* introduz a causa (estar doente) do fato mencionado na oração principal: trazer o café da manhã para a mãe.

LÍNGUA: USO E REFLEXÃO

437

3. **Concessivas:** iniciam oração que indica uma concessão relativamente ao fato expresso na oração principal, ou seja, indica um fato contrário ao expresso na oração principal, mas insuficiente para impedir sua realização: *embora, conquanto, ainda que, mesmo que, se bem que, por mais que,* etc.

> Ele não concordará com isso, *por mais* que você insista.

4. **Condicionais:** iniciam oração que expressa uma condição para que ocorra o fato expresso na oração principal: *se, caso, contanto que, salvo se, a menos que, a não ser que,* etc.

> *Se* eu tivesse companhia, iria hoje ao teatro.

5. **Conformativas:** iniciam oração que estabelece uma ideia de conformidade em relação ao fato expresso na oração principal: *conforme, como, segundo,* etc.

> Fizemos a pesquisa, *conforme* a orientação do professor de Ciências.

6. **Consecutivas:** iniciam oração que indica uma consequência, um efeito do fato expresso na oração principal: *que* (precedido dos advérbios de intensidade *tal, tão, tanto, tamanho*), *de forma que, de modo que,* etc.

> Trabalhei *tanto* hoje, *que* estou morto de cansaço.

7. **Finais:** iniciam oração que apresenta uma finalidade em relação ao fato expresso na oração principal: *para que, a fim de que, porque* (= *para que*), *que,* etc.

> Chegue mais cedo *a fim de que* possamos preparar a pauta da reunião.

8. **Proporcionais:** iniciam oração que indica concomitância, simultaneidade ou proporção em relação a outro fato: *à proporção que, à medida que, enquanto,* etc.

> O medo das pessoas crescia, *à medida que* o temporal aumentava.

9. **Temporais:** iniciam oração que indica o momento, a época da ocorrência de certo fato: *quando, antes que, depois que, até que, logo que, desde que,* etc.

> *Enquanto* a mãe preparava o lanche, o filho arrumava a mesa.

EXERCÍCIOS

1. Observe a relação semântica existente entre as orações de cada um dos itens a seguir. Depois una-as em uma única frase, empregando uma destas conjunções subordinativas: *como, desde que, assim que, que.*

a) Nunca mais me escreveu. Viajou.

b) Houve protestos. Divulgaram as novas medidas econômicas.

c) Já disse. Sou seu adversário político.

d) Gritou tanto. Ficou rouco.

2. Leia os textos seguintes, tentando perceber possíveis relações semânticas entre as orações. Depois complete-os com uma das conjunções ou locuções conjuntivas indicadas entre parênteses, de modo a estabelecer relações de coerência e coesão entre as orações.

a) "□ acendia a palha com as mãos em concha, via □ o motorista carregava perto do depósito, em dois galões, a gasolina do trator." (Mafra Carbonieri) (já que, enquanto, tão como, porém, que, sem que)

b) "□ se calça a luva □ não se põe o anel, / □ se põe o anel □ não se calça a luva." (Cecília Meireles) (logo, que, ou, porque, e, a fim de que)

438

A INTERJEIÇÃO

CONSTRUINDO O CONCEITO

Leia a tira:

1. No 1º quadrinho, a ratinha faz uma pergunta a Níquel Náusea.
    a) Descreva a reação que o ratinho tem quando ouve a pergunta.
    b) Tendo em vista a reação do ratinho, deduza: Qual é o significado da fala "Hum", nesse quadrinho?

2. Releia a fala de Níquel no 2º quadrinho e levante hipóteses: Qual é a relação entre o que diz e o aparente desconforto em que fica com a pergunta inicial?

3. No 3º quadrinho, a ratinha diz a Níquel: "Puxa!! Obrigada!". Que sentimentos as palavras da ratinha expressam?

4. Observe a fisionomia de Níquel no 3º quadrinho.
    a) A reação da ratinha foi a que ele esperava? Justifique sua resposta.
    b) Que reação ele esperava que a ratinha tivesse?
    c) Caso o que a ratinha disse atendesse à expectativa de Níquel, que palavras ou expressões ela provavelmente teria usado?

5. Observe as palavras *hum*, *puxa* e *obrigada*, na tira. Retomando o estudo feito nas questões anteriores, identifique entre os itens a seguir o que se refere adequadamente à função dessas palavras na tira.
    - Expressam alegria e satisfação, tanto por parte do enunciador como por parte do destinatário.
    - Caracterizam psicologicamente as personagens da tira, uma vez que se referem a emoções que elas têm.
    - Expressam sensações e sentimentos, prevendo e provocando certas reações no interlocutor.
    - Apontam seres e objetos que participam da história e/ou compõem o cenário da tira.

CONCEITUANDO

Pelos exercícios anteriores, você observou que, de acordo com o contexto, muitas palavras podem expressar sensações e sentimentos, ou provocar reações no interlocutor, fazendo com que ele adote certo comportamento. As palavras e expressões que desempenham esse tipo de papel chamam-se **interjeições**.

> **Interjeição** é a palavra que expressa emoções, apelos, sentimentos, sensações, estados de espírito.

Duas ou mais palavras que, juntas, desempenham o papel de interjeição constituem uma **locução interjetiva**.

> Você ainda acha que ele virá? *Que esperança!*

LÍNGUA: USO E REFLEXÃO

439

Classificação das interjeições

As interjeições e locuções interjetivas classificam-se de acordo com seus valores semânticos, que dependem fundamentalmente do contexto e da entonação. Entre outras, podemos distinguir as que expressam:

- **advertência:** Cuidado!, Olhe!, Atenção!, Fogo!
- **agradecimento:** Obrigado!, Valeu!, Grato!
- **alegria:** Ah!, Eh!, Oh!, Oba!, Viva!
- **alívio:** Ufa!, Ah!
- **ânimo:** Coragem!, Força!, Ânimo!
- **apelo** ou **chamamento:** Socorro!, Ei!, Ô!, Oi!, Alô!, Psiu!, Ó de casa!
- **aplauso:** Muito bem!, Bravo!, Bis!, É isso aí!
- **aversão** ou **contrariedade:** Droga!, Porcaria!, Credo!
- **desejo:** Oxalá!, Tomara!, Quisera!, Quem dera!, Queira Deus!
- **dor:** Ai!, Ui!, Ah!
- **espanto, surpresa:** Oh!, Puxa!, Quê!, Nossa!, Nossa mãe!, Virgem!, Caramba!
- **medo:** Oh!, Credo!, Cruzes!
- **reprovação:** Bah!, Ora!, Ora, bolas!, Só faltava essa!, Fora!, Para!
- **satisfação:** Viva!, Oba!, Boa!, Bem!
- **silêncio:** Silêncio!, Psiu!

EXERCÍCIO

Nos textos a seguir, extraídos de um jornal de grande circulação, foram eliminadas as interjeições. Leia-os com atenção e complete-os com uma das interjeições do quadro abaixo, de acordo com o contexto:

oxalá   ufa   bingo   oba   xi   credo

a)
> Quando li, no início da semana, a notícia de que a Enciclopédia Britânica migraria do papel para a internet, pensei baixinho: ☐, agora sim que acabou o papel. Dias depois, descobri, em "El País", que alguém mais havia tido a mesma sensação. "A morte do papel agitou o mundo da cultura, sensível como poucos à queda dos símbolos", escreveu Tereixa Constela.
>
> (Disponível em: http://www1.folha.uol.com.br/colunas/clovisrossi/1062770-acabou-o-papel-nao-o-jornalismo.shtml. Acesso em: 20/4/2012.)

b)
> Até que enfim vimos uma parcela da sociedade brasileira se mexer contra a corrupção que detona os cofres e recursos públicos no Brasil. [...] É um bom exemplo de cidadania ativa e um começo para que a sociedade brasileira saia do seu torpor e apatia paralisantes, deixe de ser tão passiva e tolerante [...]. ☐ essa centelha se espalhe por todo o país.
>
> (Disponível em: http://www1.folha.uol.com.br/paineldoleitor/secaodecartas/971925-violencia-dia-da-independencia-11-de-setembro.shtml. Acesso em: 20/4/2012.)

Para que servem as preposições e as conjunções?

Com o desenvolvimento do ser humano nos mais diferentes campos – científico, social, cultural, tecnológico, etc. –, as formas de comunicação e de relacionamento social tornam-se cada vez mais complexas. Para dar conta da complexidade crescente do mundo e das ideias, a linguagem verbal também se desenvolve e cria mecanismos específicos para estabelecer relações entre as ideias. É o caso das preposições e das conjunções, palavras que ligam palavras e orações, estabelecendo relações de coordenação, subordinação, oposição, causalidade, consequência, comparação, etc.

A CONJUNÇÃO NA CONSTRUÇÃO DO TEXTO

Leia o poema a seguir, do poeta contemporâneo Antonio Cicero, e responda às questões.

Maresia

O meu amor me deixou
levou minha identidade
não sei mais bem onde estou
nem onde a realidade.

Ah, se eu fosse marinheiro
era eu quem tinha partido
mas meu coração ligeiro
não se teria partido

ou se partisse colava
com cola de maresia
eu amava e desamava
sem peso e com poesia.

Ah, se eu fosse marinheiro
seria doce meu lar
não só o Rio de Janeiro
a imensidão e o mar

leste oeste norte sul
onde um homem se situa
quando o Sol sobre o azul
ou quando no mar a Lua

não buscaria conforto
nem juntaria dinheiro
um amor em cada porto
ah, se eu fosse marinheiro.

(*A lua no cinema e outros poemas*. São Paulo: Cia. das Letras, 2011. p. 62.)

1. Na 1ª estrofe, o eu lírico se refere a como ficou após uma decepção amorosa.
 a) Qual é o sentido, no contexto, de "levou minha identidade"?
 b) Relacione os versos 3 e 4 à resposta que você deu no item anterior.

2. Para deixar de sofrer por amor, o eu lírico refugia-se em uma situação hipotética.
 a) Qual é essa situação hipotética?
 b) Por que essa situação seria uma solução para o mal de amor?
 c) Por que, nessa situação, o amor seria mais leve?

3. O poema pode ser dividido em duas partes: a primeira parte, formada pelas estrofes 1, 2 e 3; e a segunda, pelas estrofes 4, 5 e 6. Observe as formas verbais empregadas nas duas partes e, considerando a norma-padrão, responda:
 a) Na primeira parte, as formas verbais do pretérito imperfeito do indicativo estão em correlação com as formas *fosse* e *partisse*, do pretérito imperfeito do subjuntivo?
 b) Na segunda parte, os tempos e modos verbais estão correlacionados?
 c) Como o eu lírico imagina sua vida na segunda parte?

4. Compare as duas partes do poema.
 a) Qual delas se refere a ideias impossíveis de realizar?
 b) Qual se refere a ideias possíveis de realizar?
 c) As formas verbais empregadas no poema têm relação com a possibilidade e impossibilidade de realização?

5. Diante da frustração que vive no plano real, o eu lírico procura se situar em um plano hipotético, da imaginação.
 a) Nas estrofes de 2 a 6, que conjunção se destaca?
 b) Qual dos seguintes valores semânticos essa conjunção expressa?
  • causa • consequência • condição • concessão • tempo
 c) Que papel essa conjunção desempenha na construção de sentido no poema, considerando-se o desejo do eu lírico?

LÍNGUA: USO E REFLEXÃO

441

SEMÂNTICA E DISCURSO

Leia a tira a seguir e responda às questões.

(Fernando Gonsales. *Níquel Náusea – Com mil demônios*. São Paulo: Devir, 2002. p. 20.)

1. No 1º quadrinho, o garoto que faz a pergunta conta com certa interpretação do interlocutor para a expressão "tirar leite".

a) Qual é essa interpretação?

b) Qual é o sentido com que ele empregou a expressão?

2. O humor da tira é construído com base na ambiguidade do valor semântico da preposição *de*.

a) Em "leite de vaca", *de vaca* equivale a *vacum*, e em "leite de cabra", *de cabra* equivale a *caprino*. Na expressão "leite de gato", *de gato* equivale a que expressão?

b) Na interpretação esperada inicialmente pelo garoto para "tirar leite de gato", a preposição *de* especifica de qual animal se extrai o leite. Qual é o valor semântico de *de* nessa situação:

• restrição ou delimitação   • posse   • matéria

c) Qual é o valor semântico da preposição *de* no 3º quadrinho?

• restrição ou delimitação   • posse   • matéria

PARA COMPREENDER O FUNCIONAMENTO DA LÍNGUA

TIPOS DE SUJEITO

Quando uma oração tem sujeito, ele pode ser simples, composto, desinencial ou indeterminado. Há também orações sem sujeito.

Sujeito simples, composto e desinencial

• o sujeito pode ter um ou mais núcleos:

> Certamente o <u>advento</u> do cinema falado fez mal aos atores de cinema mudo.
> (sujeito: o advento do cinema falado; núcleo: advento)
>
> <u>Esquetes</u>, <u>montagens</u> capciosas de imagens de celebridades [...] e <u>paródias</u> de notícias representam esse novo humor.
> (sujeito: Esquetes, montagens capciosas de imagens de celebridades [...] e paródias de notícias; núcleos: Esquetes, montagens, paródias)

Quando apresenta um só núcleo, o sujeito é chamado de **sujeito simples**; quando apresenta dois ou mais núcleos, é chamado de **sujeito composto**.

• o sujeito pode não aparecer na oração, mas ser facilmente identificado pela desinência (terminação) do verbo:

> Ligue (você) o computador

Quando está implícito na desinência do verbo, o sujeito é classificado como **sujeito desinencial**.

Morfossintaxe do sujeito

O núcleo de um sujeito pode ser representado por substantivo, pronome pessoal do caso reto, pronome demonstrativo, relativo, interrogativo ou indefinido, numeral, palavra ou expressão substantivada. Observe alguns exemplos:

> Todas as tardes, *eu* e *ele* passeávamos juntos.
> Apresento-lhe o rapaz *que* lhe trouxe a encomenda.
> *Viver* é perigoso.

Sujeito indeterminado

Leia esta frase: Por outro lado, nunca se conviveu com tanto humor.

Observe que o autor não quer determinar o sujeito que praticou a ação de conviver com tanto humor.

Nesse caso, o sujeito do verbo *conviver* é **indeterminado**.

> Sujeito **indeterminado** é aquele que não é nomeado na oração, ou por não se querer nomeá-lo ou por se desconhecer quem pratica a ação.

A indeterminação do sujeito se dá por meio de dois procedimentos:

• colocando-se o verbo (ou o auxiliar, se houver locução verbal) na 3ª pessoa do plural, sem referência a seres determinados:

> *Rasgaram* meu livro de Matemática.   *Telefonaram* para você.

• empregando-se a partícula *se* junto com a 3ª pessoa do singular dos verbos:

– intransitivos: *Vive-se* bem aqui.
– transitivos indiretos: *Precisa-se* de motorista com prática.
– de ligação: *Era-se* jovem naquela época.

O pronome *se*, nesse caso, recebe o nome de **índice de indeterminação do sujeito**.

Oração sem sujeito

As orações geralmente apresentam sujeito simples, composto, desinencial ou indeterminado. Existem algumas, entretanto, em que a declaração expressa pelo predicado não se refere a nenhum ser. É o caso, por exemplo, da oração "Chove em todo o litoral". Nela, o predicado, *chove em todo o litoral*, é a citação pura de um fato; constitui uma declaração que não se refere a nenhum ser, uma **oração sem sujeito**. Nesse tipo de oração, o verbo é impessoal e empregado sempre na 3ª pessoa do singular.

Eis os principais verbos impessoais:

• os que indicam *fenômenos da natureza*: *chover, nevar, gear, ventar, trovejar, relampejar, anoitecer, fazer* (frio, calor), *entardecer* e outros:

> *Escureceu* cedo hoje.

- o verbo *haver* com o sentido de "existir":

  Havia pessoas descontentes na fila do banco. (*Havia* = Existiam)

- os verbos *fazer*, *haver* e *ir* quando indicam tempo decorrido:

  Fazia semanas que ele viajara.

  Vai para dois meses que não recebo carta de meu irmão.

  Há dias que não assisto à televisão.

- o verbo *ser*, na indicação de tempo em geral:

  Era noite fechada quando chegamos à cidadezinha.

EXERCÍCIOS

Leia a tira a seguir e responda às questões de 1 a 3.

(Fernando Gonsales. *Níquel Náusea – A vaca foi pro brejo atrás do carro na frente dos bois.* São Paulo: Devir, 2010. p. 38.)

1. No 1º quadrinho, uma das falas da personagem consiste em uma oração com sujeito indeterminado.

a) Qual é essa oração?

b) Em que pessoa está o verbo dessa oração?

c) Levante hipóteses: Caso a personagem quisesse determinar um sujeito, como ficaria a frase?

2. Que outros tipos de sujeito há na tira?

3. O humor das tiras geralmente resulta de uma quebra de expectativa. Esse procedimento ocorre nessa tira? Por quê?

APOSTO E VOCATIVO

Leia esta tira, de Quino.

(Quino. *Mafalda 2*. São Paulo: Martins Fontes, 1998. p. 14.)

1. Colocando-se no papel da mãe, Mafalda consegue imaginar um bom presente para ela no Dia das Mães. Explique a dificuldade que Filipe tem para lidar com papéis sociais.

2. Para se dirigir ao amigo, Mafalda chama-o duas vezes. Que palavra ela utiliza para chamá-lo?

3. No 2º quadrinho, Mafalda diz: "Já sei o que vou dar para a minha mãe". A palavra o, nesse contexto, é um pronome demonstrativo, equivalente a aquilo. Que palavra ou expressão desse quadrinho esclarece o sentido da palavra o?

Aposto

Você notou que, no 2º quadrinho, Mafalda emprega a expressão *um livro* com a finalidade de identificar o presente que escolheu para dar à sua mãe, já que o pronome *o* não esclarece qual é o presente. Quando isso ocorre, temos um **aposto**.

> **Aposto** é o termo da oração que se refere a um substantivo, a um pronome ou a uma oração para explicá-los, ampliá-los, resumi-los ou identificá-los.

Entre o aposto e o termo a que ele se refere quase sempre há uma pausa, marcada na escrita pela vírgula, ou, em casos especiais, por dois-pontos, travessão ou parênteses.

Quando o aposto especifica ou individualiza o termo a que se refere, geralmente não há pausa. Veja:

> Àquela hora a avenida *Brasil* estava intransitável

O aposto pode vir precedido de expressões explicativas, como *isto é*, *a saber*, ou da preposição acidental *como*. Observe os exemplos:

> O resto, *isto é, as louças, os cristais e os talheres*, irá nas caixas menores.
> Este advogado, *como representante da comunidade*, é imprescindível.

Morfossintaxe do aposto

O aposto pode ser representado por substantivo, pronome e oração subordinada substantiva (apositiva):

> Festas, passeios, viagens, *nada* agrada a João, *meu amigo*.
>   pron.   subst.

Vocativo

Na tira de Quino, Mafalda diz *Filipe! Filipe!*, evidenciando, desse modo, seu interlocutor. Esse termo recebe o nome de **vocativo**.

> **Vocativo** é o termo da oração por meio do qual chamamos ou interpelamos nosso interlocutor, real ou imaginário.

LÍNGUA:
USO E REFLEXÃO

445

O vocativo, na escrita, aparece isolado por vírgulas ou seguido de ponto de exclamação e pode vir precedido da interjeição de chamamento *ó*. Veja os exemplos:

> Você viu, *doutor*, que notícia agradável?
>
> *Pessoal!* Vamos embora!
>
> *Ó filho*, me ajude a carregar as compras.

O vocativo pode ocorrer no início, no meio ou no final da frase. Quando se inclui numa oração, não se anexa à estrutura do sujeito ou do predicado. Veja:

> Filipe, já sei qual é o presente.
> vocativo
>
> Já sei, Filipe, qual é o presente.
> vocativo
>
> Já sei qual é o presente, Filipe.
> vocativo

EXERCÍCIOS

1. O aposto pode ser empregado para:

1. enumerar ou recapitular; pode vir precedido pelas expressões *a saber*, *por exemplo*, *isto é*, ou ser representado por um pronome indefinido, como *tudo*, *nada*, *ninguém*, *qualquer*, etc.
2. marcar uma distribuição, por meio de *um e outro*, *este e aquele*, etc.
3. marcar uma especificação, uma individualização; pode vir ou não preposicionado.
4. explicar, resumir ou identificar.

Indique com qual desses casos os apostos destacados a seguir se identificam.

a) O poema "*Vou-me embora pra Pasárgada*" é do grande poeta *Manuel Bandeira*.

b) Só jantava comidas leves: *uma salada, uma sopa de legumes, um caldo de carne*.

c) Greystoke, *a lenda de Tarzã, o rei da selva*.

d) Os rapazes eram dois bons profissionais, *um em informática e o outro em engenharia*.

2. Considerando o contexto, compare os termos sublinhados nas frases seguintes e explique por que o da 1ª é aposto e o da 2ª é adjunto adnominal.

> • O escritor Machado de Assis trabalhou como funcionário público.
>
> • Os romances de Machado de Assis aprofundam a análise psicológica das personagens.

3. Leia os versos e a tira a seguir.

> Ó, meu amigo, meu herói
> Ó, como dói
> Saber que a ti também corrói
> A dor da solidão
> [...]
>
> (Gilberto Gil. "Meu amigo, meu herói". In: http://letras.terra.com.br/gilberto-gil/46220/.)

(Folha de S. Paulo, 23/2/2010.)

a) Identifique um aposto e um vocativo nesses textos.

b) Levante hipóteses: O que justifica, no 2º quadrinho da tira, o emprego do ponto de exclamação, em vez de vírgula, depois de "a viúva-negra"?

4. Leia esta frase:

> Nosso mais novo funcionário, Fernando, demitiu-se ontem.

Dependendo da situação e da entonação dada à frase, ela pode apresentar dois sentidos.

a) Quais são esses sentidos?

b) Que função sintática o termo *Fernando* desempenha em cada um dos sentidos?

c) Dê à frase uma redação na qual *Fernando* só possa ser vocativo.

d) Dê à frase uma redação na qual *Fernando* só possa ser aposto.

INTERPRETAÇÃO DE TEXTO

CAPÍTULO 41

Competências e habilidades do Enem (I)

Saber ler e interpretar um texto adequadamente é condição essencial para qualquer pessoa obter sucesso na vida pessoal e profissional. Em exames oficiais como o Enem, a interpretação de textos vem ocupando boa parte da prova e cumprindo, por isso, um papel decisivo no ingresso à universidade. Neste capítulo, você vai saber o que são as competências e habilidades avaliadas no exame do Enem e observar como elas são utilizadas nas questões de interpretação de textos.

O QUE SÃO COMPETÊNCIAS E HABILIDADES?

Veja a explicação para **competência** dada por Philippe Perrenoud, especialista em educação:

> [Competência é a] capacidade de agir eficazmente em um determinado tipo de situação, apoiada em conhecimentos, mas sem limitar-se a eles.
>
> (*Construir as competências desde a escola*. Porto Alegre: Artmed, 1999. p. 7.)

Veja agora a explicação do próprio Enem:

> Competências são as modalidades estruturais da inteligência, ou melhor, ações e operações que utilizamos para estabelecer relações com e entre objetos, situações, fenômenos e pessoas que desejamos conhecer.
>
> (*Eixos cognitivos do Enem – Versão preliminar*. Brasília: MEC/INEP, 2007. p. 18.)

Vistas como "modalidades estruturais da inteligência", as competências se concretizam por meio de ações e operações que o estudante mobiliza para enfrentar determinada situação ou resolver um problema. Essas ações e operações são chamadas de **habilidades**.

Veja como o próprio Enem conceitua essa expressão:

> As habilidades decorrem das competências adquiridas e referem-se ao plano imediato do "saber fazer". [...] As habilidades expressam como os alunos concretizam suas ações, procedimentos e estratégias na resolução de problemas relativos aos diferentes domínios do conhecimento.
>
> (*Eixos cognitivos do Enem*, cit., p. 18 e 34-5.)

As competências se concretizam, assim, por meio de ações e operações, ou seja, habilidades, que o estudante mobiliza para enfrentar determinada situação ou resolver um problema. Portanto, **competência** é o *saber* fazer e **habilidade** é o *como* fazer.

Apresentaremos, neste capítulo, as competências da área de Linguagens, códigos e suas tecnologias definidas pelo Enem. As competências e habilidades de outras áreas você poderá conhecer acessando a Matriz de referências para o Enem 2009 no *site* http://portal.mec.gov.br/dmdocuments/matriz_referencia_novoenem.pdf.

Competências de área 1, 2 e 3 referentes a Linguagens, códigos e suas tecnologias

A seguir, apresentamos as três primeiras competências e suas respectivas habilidades indicadas pela Matriz de referência de Linguagens, códigos e suas tecnologias.

COMPETÊNCIA DE ÁREA 1 – Aplicar as tecnologias da comunicação e da informação na escola, no trabalho e em outros contextos relevantes para sua vida.	
H1	Identificar as diferentes linguagens e seus recursos expressivos como elementos de caracterização dos sistemas de comunicação.
H2	Recorrer aos conhecimentos sobre as linguagens dos sistemas de comunicação e informação para resolver problemas sociais.
H3	Relacionar informações geradas nos sistemas de comunicação e informação, considerando a função social desses sistemas.
H4	Reconhecer posições críticas aos usos sociais que são feitos das linguagens e dos sistemas de comunicação e informação.

COMPETÊNCIA DE ÁREA 2 – Conhecer e usar língua(s) estrangeira(s) moderna(s) como instrumento de acesso a informações e a outras culturas e grupos sociais.	
H5	Associar vocábulos e expressões de um texto em LEM [língua estrangeira moderna] ao seu tema.
H6	Utilizar os conhecimentos da LEM e de seus mecanismos como meio de ampliar as possibilidades de acesso a informações, tecnologias e culturas.
H7	Relacionar um texto em LEM, as estruturas linguísticas, sua função e seu uso social.
H8	Reconhecer a importância da produção cultural em LEM como representação da diversidade cultural e linguística.

COMPETÊNCIA DE ÁREA 3 – Compreender e usar a linguagem corporal como relevante para a própria vida, integradora social e formadora da identidade.	
H9	Reconhecer as manifestações corporais de movimento como originárias de necessidades cotidianas de um grupo social.
H10	Reconhecer a necessidade de transformação de hábitos corporais em função das necessidades cinestésicas.
H11	Reconhecer a linguagem corporal como meio de interação social, considerando os limites de desempenho e as alternativas de adaptação para diferentes indivíduos.

Agora, leia e tente resolver três questões de provas do Enem:

1. Definidas pelos países-membros da Organização das Nações Unidas e por organizações internacionais, as metas de desenvolvimento do milênio envolvem oito objetivos a serem alcançados até 2015. Apesar da diversidade cultural, esses objetivos, mostrados na imagem, são comuns ao mundo todo, sendo dois deles:

Disponível em: http://www.chris-alexander.co.uk/1191. Acesso em: 28 jul. 2010 (adaptado).

a) O combate à AIDS e a melhoria do ensino universitário.

b) A redução da mortalidade adulta e a criação de parcerias globais.

c) A promoção da igualdade de gêneros e a erradicação da pobreza.

d) A parceria global para o desenvolvimento e a valorização das crianças.

e) A garantia da sustentabilidade ambiental e o combate ao trabalho infantil.

INTERPRETAÇÃO DE TEXTO

449

2.

A dança é um importante componente cultural da humanidade. O folclore brasileiro é rico em danças que representam as tradições e a cultura de várias regiões do país. Estão ligadas aos aspectos religiosos, festas, lendas, fatos históricos, acontecimentos do cotidiano e brincadeiras e caracterizam-se pelas músicas animadas (com letras simples e populares), figurinos e cenários representativos.

SECRETARIA DA EDUCAÇÃO. *Proposta Curricular do Estado de São Paulo: Educação Física.* São Paulo: 2009 (adaptado).

A dança, como manifestação e representação da cultura rítmica, envolve a expressão corporal própria de um povo. Considerando-a como elemento folclórico, a dança revela:

a) manifestações afetivas, históricas, ideológicas, intelectuais e espirituais de um povo, refletindo seu modo de expressar-se no mundo.

b) aspectos eminentemente afetivos, espirituais e de entretenimento de um povo, desconsiderando fatos históricos.

c) acontecimentos do cotidiano, sob influência mitológica e religiosa de cada região, sobrepondo aspectos políticos.

d) tradições culturais de cada região, cujas manifestações rítmicas são classificadas em um *ranking* das mais originais.

e) lendas, que se sustentam em inverdades históricas, uma vez que são inventadas, e servem apenas para a vivência lúdica de um povo.

3.

COSTA, C. *Superinteressante.* Fev. 2011 (adaptado).

Os amigos são um dos principais indicadores de bem-estar na vida social das pessoas. Da mesma forma que em outras áreas, a *internet* também inovou as maneiras de vivenciar a amizade. Da leitura do infográfico depreendem-se dois tipos de amizade virtual, a simétrica e a assimétrica, ambas com seus prós e contras. Enquanto a primeira se baseia na relação da reciprocidade, a segunda:

a) reduz o número de amigos virtuais, ao limitar o acesso à rede.

b) parte do anonimato obrigatório para se difundir.

c) reforça a configuração de laços mais profundos de amizade.

d) facilita a interação entre pessoas em virtude de interesses comuns.

e) tem a responsabilidade de promover a proximidade física.

Confronte as questões lidas às competências de área 1, 2 e 3 e suas respectivas habilidades definidas pelo Enem. Depois responda:

1. Em relação à questão 1:
   a) Qual é a competência de área avaliada? Por quê?
   b) Que habilidades estão sendo avaliadas? Por quê?

2. Em relação à questão 2:
   a) Qual é a competência de área avaliada? Por quê?
   b) Que habilidade(s) está(ão) sendo avaliada(s)? Por quê?

3. Em relação à questão 3:
   a) Qual é a competência de área avaliada? Por quê?
   b) Que habilidades estão sendo avaliadas? Por quê?

Como é possível verificar, em cada questão é avaliada pelo menos uma competência e uma habilidade. Embora seja mais raro uma questão envolver mais de uma competência, é bastante comum uma questão envolver mais de uma habilidade.

Para você se dar bem nas provas do Enem, não é necessário que reconheça com precisão que competências e habilidades estão sendo avaliadas nas questões. Contudo, conhecê-las e ter certa familiaridade com elas poderá trazer-lhe mais tranquilidade nas provas.

PREPARE-SE PARA O ENEM E O VESTIBULAR

1. Leia a notícia:

Hackers atacam sites de pedofilia e divulgam dados de 1.500 usuários

Grupo Anonymous tirou do ar mais de 40 páginas na Internet utilizadas para compartilhamento de pornografia infantil

O grupo de hackers Anonymous está de volta. Desta vez o seu alvo são os sites mantidos por pedófilos. O grupo tirou do ar nos últimos dias mais de 40 sites utilizados para o compartilhamento de arquivos com pornografia infantil.

E os integrantes do grupo foram além. Segundo o site ZDNet, eles divulgaram na Internet informações de mais de 1.500 usuários que integravam essa rede de crimes. Entre os dados estavam nomes, há quanto tempo fazem isso e quantas fotos compartilharam.

De acordo com o grupo, como os alertas para a remoção do conteúdo ilegal não foram atendidos, eles entraram nos servidores e tiraram as páginas do ar.
[...]

(http://idgnow.uol.com.br/seguranca/2011/10/24/hackers-atacam-sites-de-pedofilia-e-divulgam-dados-de-1-500-usuarios/)

A atuação do grupo Anonymous relatada no texto constitui uma resposta a uma campanha que foi desenvolvida na Internet contra a pedofilia e os maus-tratos a crianças. Essa campanha possibilitou:
a) identificar mais rapidamente os usuários de *sites* mantidos por pedófilos e seus servidores.
b) identificar *sites* ligados ao crime da pedofilia e omitir o nome de seus autores.
c) identificar *sites* ligados ao crime da pedofilia e tirá-los do ar.
d) modificar a natureza dos *sites* mantidos por pedófilos e torná-los páginas educativas.
e) identificar e incriminar usuários dos *sites* mantidos por pedófilos, apenas.

2. Observe atentamente o quadro *Golconda* (1953), de René Magritte, pintor que teve grande influência sobre as vanguardas artísticas do início do século XX:

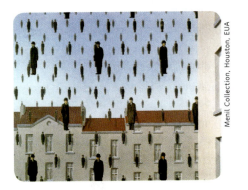

INTERPRETAÇÃO DE TEXTO

451

O quadro pode ser considerado um retrato da industrialização e da sociedade de consumo. Essa afirmação se justifica:

a) pela sequência de janelas fechadas, indicando solidão e medo.

b) pela repetição de perfis e dos figurinos, indicando uniformidade.

c) pela ascensão física dos homens, indicando crítica à religiosidade.

d) pela ausência de movimento, indicando um ambiente urbano voltado exclusivamente ao trabalho.

e) pelas cores escuras das roupas com que as figuras humanas estão vestidas.

3. Leia o texto:

> Foram publicados pelo Comitê Paraolímpico Internacional (IPC), nesta terça-feira, dia 19 de abril, os critérios de classificação para as provas de atletismo dos Jogos Paraolímpicos de Londres 2012, que serão entre os dias 29 de agosto e nove de setembro. Serão 170 provas, sendo 103 masculinas e 67 femininas. O Brasil garantiu dez vagas antecipadas para a disputa, porque ganhou 30 medalhas e ficou em terceiro lugar no Mundial da modalidade, em janeiro deste ano, em Christchurch, na Nova Zelândia.
>
> (http://www.webrun.com.br/esporteadaptado/n/brasil-classifica-dez-atletas-para-os-jogos-paraolimpicos-londres-2012/12104)

Os Jogos Paraolímpicos de que fala o texto são conhecidos como "Paraolimpíadas" e costumam ocorrer logo após a realização dos Jogos Olímpicos. A promoção desse evento, realizado pela primeira vez em Roma, em 1960, tem como finalidade:

a) divulgar as necessidades especiais dos atletas.

b) tratar as dificuldades dos atletas por meio dos esportes olímpicos.

c) divulgar os esportes criados para as necessidades especiais dos atletas.

d) integrar países por meio da convivência de pessoas com deficiência.

e) tratar as dificuldades motoras de atletas lesionados.

4. Leia o texto:

QUEM TEM MEDO DAS BICICLETAS?

Contra uma sociedade egoísta, a luta pelo bem comum. Contra o individualismo, a união. Contra a apatia, a mobilização cidadã.

As últimas manifestações promovidas pelos ciclistas em Curitiba, como a Marcha das 1.000 Bicicletas e o protesto contra o circuito ciclístico de lazer, no último domingo (23), trouxeram a bicicleta para o centro do debate, pautando a agenda da administração pública municipal e os meios de comunicação. A mobilização dessa massa crítica trouxe um sopro de esperança à terra dos pinheirais, que reverberou na cobertura de jornais, rádios, tevês, sites, blogs e nas redes sociais – ao mesmo tempo que provocou certo temor naqueles que se opõem a quaisquer mudanças sociais ou políticas.

[...]

(Alexandre Costa Nascimento. http://www.gazetadopovo.com.br/blog/irevirdebike/?id=1185083&tit=quem-tem-medo-das-bicicletas)

http://www.gazetadopovo.com.br/midia_tmp/370-BikesWithDevilHorns.jpg

A ilustração do texto é foto de uma placa de trânsito adulterada. Que expressão empregada no texto pode ser associada apropriadamente à ilustração?

a) "naqueles que se opõem"

b) "ciclistas em Curitiba"

c) "mobilização cidadã"

d) "sites, blogs e nas redes sociais"

e) "uma sociedade egoísta"

·· VIVÊNCIAS ··

O Realismo e o Simbolismo são estéticas artísticas que, embora contemporâneas, expressam percepções da realidade completamente diferentes.

O projeto desta unidade tem um caráter interdisciplinar e visa destacar as contradições do contexto em que essas correntes artísticas floresceram, promovendo contrapontos em diferentes âmbitos: cultural, artístico, filosófico, político e social. Por isso, é essencial que outros professores participem desse projeto, como os de Educação Artística, História, Filosofia e Biologia.

The goose girl at gruchy (1854-6), de Jean François Millet.

O anjo viajante, de Gustave Moreau.

Com a orientação de seu professor, junte-se a seu grupo e desenvolva uma das propostas a seguir. Os trabalhos deverão ser apresentados à classe na forma de exposição oral e de painéis distribuídos pela classe e pela escola.

PROJETO
DOIS OLHARES: ENTRE A RAZÃO E A ANTIRRAZÃO

1. O contexto político

Caracterizem a sociedade europeia das últimas três décadas do século XIX do ponto de vista social, econômico, tecnológico e político. Levantem os mais importantes acontecimentos que mudaram a sociedade da época.

Thomas Edison, inventor da lâmpada elétrica incandescente, do gramofone e do cinescópio, é um dos precursores da revolução tecnológica do século XX.

2. As ideias científicas e filosóficas

A época foi marcada pela convivência de várias correntes científicas e filosóficas, como empirismo, materialismo, positivismo, darwinismo, determinismo. Em contrapartida ao pensamento positivo, Nietzsche tinha uma postura cética em relação ao cientificismo.

Situe historicamente essas correntes, caracterizando as ideias principais de cada uma delas.

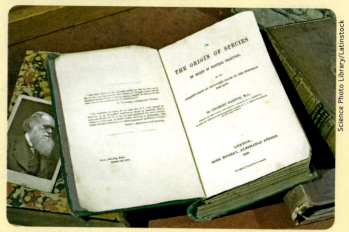

Cópia da primeira edição da obra *A origem das espécies* (1859), de Charles Darwin, o criador da teoria da seleção natural.

3. A poesia

Selecionem, por um lado, alguns poemas de escritores realistas, como Antero de Quental, Cesário Verde e Guerra Junqueiro; por outro lado, poemas de escritores simbolistas, como Cruz e Sousa, Pedro Kilkerry, Alphonsus de Guimaraens e Camilo Pessanha.

Se possível, projetem esses poemas em *powerpoint* e, nas laterais, puxem fios explicativos com os traços característicos do Realismo ou do Simbolismo. Por exemplo, tema, objetividade/subjetividade, linguagem, descrição, adjetivação, imagens, musicalidade, ritmo, emprego de formas fixas, emprego de maiúsculas, etc. Se não houver recurso audiovisual disponível, afixem os textos sobre um fundo em cartolina com anotações nas laterais dos textos.

Se possível, declamem textos das duas estéticas literárias.

4. A prosa

Selecionem, por um lado, fragmentos de prosa realista-naturalista, seja de autores brasileiros, como Machado de Assis ou Aluísio Azevedo, seja do português Eça de Queirós. Por outro lado, selecionem fragmentos da prosa simbolista de Cruz e Sousa (pesquisem a obra *Missal*).

Assim como proposto no item de poesia, apresentem os textos em *powerpoint;* caso não seja possível, afixem-nos sobre um fundo em cartolina e, nas laterais, registrem os traços característicos dos movimentos do Realismo e do Simbolismo, como tema, objetividade/subjetividade, linguagem, o papel da descrição, adjetivação e sua finalidade, imagens, gênero literário, musicalidade, etc.

Caricatura de Eça de Queirós, expoente do Realismo português.

5. A pintura

Selecionem algumas obras dos principais pintores do Realismo: Millet, Courbet, Daumier. Em contraposição, selecionem obras de pintores simbolistas, como Gustave Moreau, Odilon Redon, Carlos Schwabe, e de autores impressionistas, como Claude Monet, Auguste Renoir, Camile Pissaro e Alfred Sisley, entre outros.

Apresentem à classe, em *powerpoint* ou em reproduções afixadas em cartolina, obras de cada uma das correntes artísticas, apontando aspectos como tema, tratamento objetivo ou subjetivo da realidade, materialismo ou espiritualismo, exploração de cores, etc.

Campo de trigo com corvos (1890), de Van Gogh.

Colham informações e imagens complementares no *site* do Museu Nacional Gustave Moreau (www.musee-moreau.fr), que reúne 1300 pinturas e cerca de 5000 desenhos do artista.

6. A escultura

Pesquisem sobre as obras de Auguste Rodin e Camille Claudel, os mais importantes escultores do período. Selecionem algumas imagens de obras desses artistas e apresentem à classe na forma de *powerpoint*.

Por meio do *site* http://www.musee-rodin.fr/fr/le-musee-rodin, poderão ter acesso a obras do Museu Rodin, situado em Paris, que reúne a maior parte do acervo do escultor francês.

Em Salvador, há uma filial do Museu Rodin, o Palacete das Artes Rodin Bahia, que reúne réplicas de vários trabalhos do artista, entre eles *O beijo*.

O beijo (1888-9), de Auguste Rodin.

7. O cinema

Escolham um fragmento ou alguns fragmentos de filme(s) baseado(s) em romance realista ou naturalista – por exemplo, *Madame Bovary*, *Germinal*, *Brás Cubas*, *O primo Basílio*, *O cortiço*, *Memórias póstumas*, *O crime do padre Amaro* – e apresentem-no(s), discutindo a partir dele(s) os princípios do Realismo e do Naturalismo. Façam o mesmo com os filmes relacionados ao Simbolismo ou ao Impressionismo: *Cruz e Sousa, o poeta do desterro*, de Sylvio Back; *O eclipse de uma paixão*, de Agnieszka Holland; *Sonhos*, de Akira Kurosawa; *Vida e obra de um gênio - Vincent e Theo*, de Robert Altman.

EM DIA COM O ENEM E O VESTIBULAR

Literatura e estudos de linguagem

(UFAL-AL) Texto para as questões de 1 a 3:

O estudo dos gêneros não é novo, mas está na moda

O estudo dos gêneros textuais não é novo e, no Ocidente, já tem pelo menos vinte e cinco séculos, se considerarmos que sua observação sistemática iniciou-se com Platão. O que hoje se tem é uma nova visão do mesmo tema. Seria gritante ingenuidade histórica imaginar que foi nos últimos decênios do século XX que se descobriu e iniciou o estudo dos gêneros textuais. Portanto, uma dificuldade natural no tratamento desse tema acha-se na abundância e diversidade das fontes e perspectivas de análise. Não é possível realizar aqui um levantamento sequer das perspectivas teóricas atuais.

O termo "gênero" esteve, na tradição ocidental, especialmente ligado aos gêneros literários, cuja análise se inicia com Platão para se firmar com Aristóteles, passando por Horácio e Quintiliano, pela Idade Média, o Renascimento e a Modernidade, até os primórdios do século XX. Atualmente, a noção de *gênero textual* já não mais se vincula apenas à literatura, mas é usada em etnografia, sociologia, antropologia, retórica e na linguística.

(MARCUSCHI, Luiz Antônio. *Produção textual, análise de gêneros e compreensão.* São Paulo: Parábola, 2008. p. 147. Adaptado.)

1. A análise das características gerais do texto revela que:

1) ele tem uma função predominantemente fática; nele prevalecem a descrição e a utilização de uma linguagem formal, que está adequada ao gênero em que o texto se realiza.
2) sua função é prioritariamente referencial, embora no início do segundo parágrafo se evidencie um trecho metalinguístico; do ponto de vista tipológico, é caracteristicamente expositivo.
3) nele, podem-se encontrar algumas marcas da oralidade informal; por outro lado, sua linguagem é eminentemente conativa e, embora seja descritivo, apresenta vários trechos injuntivos.
4) ele é um texto típico da linguagem escrita formal, que apresenta um vocabulário específico, embora numa formulação simples, cumpre uma função informativa e está elaborado conforme a norma-padrão da nossa língua.

Estão corretas apenas:

a) 1 e 2.   c) 3 e 4.   e) 2 e 4.
b) 2 e 3.   d) 1 e 3.

2. Como se sabe, o enquadramento de uma palavra em uma determinada classe gramatical depende das funções que a palavra desempenha nos contextos em que se insere. Assim, é correto afirmar que:

a) nos enunciados "O estudo dos gêneros textuais não é *novo*" e "Há um *novo* estudo sobre os gêneros textuais", as palavras em destaque pertencem a classes diferentes, porque sua funções são também diferentes.
b) nos enunciados "Seria gritante ingenuidade histórica imaginar que foi nos *últimos* decênios do século XX que se descobriu e iniciou o estudo dos gêneros textuais" e "Os *últimos* serão os primeiros...", as palavras em destaque se enquadram em diferentes classes.
c) no trecho "A expressão 'gênero' esteve, na tradição ocidental, especialmente ligada aos gêneros literários, cuja análise *se* inicia com Platão para *se* firmar com Aristóteles", as palavras destacadas, embora se grafem da mesma maneira, são de classes distintas.
d) no enunciado "*Atualmente*, a noção de gênero textual já *não* mais se vincula apenas à literatura", as palavras destacadas têm funcionamento diferente; por isso se enquadram em classes gramaticais também diferentes.
e) as palavras destacadas nos enunciados "Não é possível realizar aqui *um* levantamento sequer das perspectivas teóricas atuais" e "De todos os livros que li, apenas *um* deles se tratava dos gêneros textuais com profundidade" são da mesma classe gramatical.

3. Segundo o texto "a expressão *gênero* esteve, na tradição ocidental, especialmente ligada aos gêneros literários". Assinale a alternativa em que a relação entre os movimentos literários e os gêneros que neles prevalecem está correta.

	MOVIMENTOS LITERÁRIOS	GÊNEROS PREVALENTES
a)	2ª geração romântica	romance e poema
b)	3ª geração romântica	soneto e sermão
c)	Arcadismo	folhetim e poema
d)	Barroco	soneto, tragédia
e)	1ª geração romântica	poema épico e novela de cavalaria

456

4. (UNIFESP-SP) Leia o poema de Almeida Garrett.

Seus olhos

Seus olhos — que eu sei pintar
O que os meus olhos cegou —
Não tinham luz de brilhar,
Era chama de queimar;
E o fogo que a ateou
Vivaz, eterno, divino,
Como facho do Destino.

Divino, eterno! — e suave
Ao mesmo tempo: mas grave
E de tão fatal poder,
Que, um só momento que a vi,
Queimar toda a alma senti...
Nem ficou mais de meu ser,
Senão a cinza em que ardi.

Da leitura do poema, depreende-se que se trata de obra do:

a) Barroco, no qual se identifica o escapismo psicológico.

b) Arcadismo, no qual se identifica a contenção do sentimento.

c) Romantismo, no qual se identifica a idealização da mulher.

d) Realismo, no qual se identifica o pessimismo extremo.

e) Modernismo, no qual se identifica a busca pela liberdade.

5. (UnB-DF)

I-Juca Pirama

Gonçalves Dias

Meu canto de morte,
Guerreiros, ouvi:
Sou filho das selvas,
Nas selvas cresci;
Guerreiros, descendo
Da tribo tupi.

Da tribo pujante,
Que agora anda errante
Por fado inconstante,
Guerreiros, nasci;
Sou bravo, sou forte,
Sou filho do Norte;
Meu canto de morte,
Guerreiros, ouvi.

[...]
Ao velho coitado
De penas ralado,
Já cego e quebrado,
Que resta? — Morrer.
Enquanto descreve

O giro tão breve
Da vida que teve,
Deixai-me viver!

Aos golpes do imigo,
Meu último amigo,
Sem lar, sem abrigo
Caiu junto a mi!
Com plácido rosto,
Sereno e composto,
O acerbo desgosto
Comigo sofri.

Meu pai a meu lado
Já cego e quebrado,
De penas ralado,
Firmava-se em mi:
Nós ambos, mesquinhos,
Por ínvios caminhos,
Cobertos d'espinhos
Chegamos aqui!
[...]

Eu era o seu guia
Na noite sombria,
A só alegria
Que Deus lhe deixou:
Em mim se apoiava,
Em mim se firmava,
Em mim descansava,
Que filho lhe sou.

Não vil, não ignavo,
Mas forte, mas bravo,
Serei vosso escravo:
Aqui virei ter.
Guerreiros, não coro
Do pranto que choro:
Se a vida deploro,
Também sei morrer.

A partir do trecho apresentado, extraído do clássico poema do indianismo brasileiro *I-Juca Pirama*, julgue os itens a seguir como certo ou errado.

a) No contexto da literatura brasileira do século XIX, era incomum o recurso a protagonistas ameríndios em poemas épicos e romances. Especialmente os autores que se filiavam ao romantismo tenderam a dar destaque nos seus textos a heróis de proveniência europeia, como forma de rejeitar o projeto de uma identidade brasileira, bem como de restaurar os laços com a cultura europeia, que haviam sido cortados desde a independência.

b) O refrão do poema – "Meu canto de morte, / Guerreiros, ouvi" – remete ao passado do personagem épico *I-Juca Pirama*, como indica o emprego da forma verbal "ouvi", flexionada no pretérito do indicativo.

c) Ao utilizar como recurso de composição a narrativa em primeira pessoa do singular, o autor potencializa o apelo romântico do texto, fazendo que o drama do personagem Tupi seja sublinhado pela perspectiva íntima, a partir da qual os fatos são apresentados.

d) Para conferir dramaticidade ao momento de tensão em que o índio Tupi se apresenta à tribo que o aprisionou, o poeta utiliza esquema métrico e rítmico ágil, destacando-se a redondilha maior e as rimas cruzadas.

e) O índio, nesse poema de Gonçalves Dias e nas demais obras do indianismo romântico brasileiro, é representado segundo técnica literária realista, por meio da qual se pretende revelar o índio como legítimo dono das terras e da identidade cultural do país.

f) Verifica-se, nas últimas estrofes apresentadas, que o grande temor do personagem narrador é a morte, apesar de a desdita que a vida reservou a ele e a seu pai ser apresentada em forma de lamento.

g) O movimento romântico brasileiro, do qual o poema *I-Juca Pirama* é produção exemplar, procurou estabelecer as bases literárias da identidade cultural brasileira, objetivando a superação do cosmopolitismo expresso pela estética neoclássica, característica do Arcadismo.

h) Autores do modernismo brasileiro retomaram o tema do índio moralmente forte como símbolo da nação, como se pode verificar na obra *Macunaíma*, de Mário de Andrade.

6. (ENEM)

Soneto

Já da morte o palor me cobre o rosto,
Nos lábios meus o alento desfalece,
Surda agonia o coração fenece,
E devora meu ser mortal desgosto!

Do leito embalde no macio encosto
Tento o sono reter!... já esmorece
O corpo exausto que o repouso esquece...
Eis o estado em que a mágoa me tem posto!

O adeus, o teu adeus, minha saudade,
Fazem que insano do viver me prive
E tenha os olhos meus na escuridade.

Dá-me a esperança com que o ser mantive!
Volve ao amante os olhos por piedade,
Olhos por quem viveu quem já não vive!

(AZEVEDO, A. *Obra completa*. Rio de Janeiro:
Nova Aguilar, 2000.)

O núcleo temático do soneto citado é típico da segunda geração romântica, porém configura um lirismo que o projeta para além desse momento específico. O fundamento desse lirismo é:

a) a angústia alimentada pela constatação da irreversibilidade da morte.

b) a melancolia que frustra a possibilidade de reação diante da perda.

c) o descontrole das emoções provocado pela autopiedade.

d) o desejo de morrer como alívio para a desilusão amorosa.

e) o gosto pela escuridão como solução para o sofrimento.

7. (PUC-SP) *Senhora* é uma das obras mais representativas do romantismo brasileiro. Entre as características desse movimento estético, encontramos na obra de Alencar:

I. A idealização da mulher e do amor.

II. O culto à natureza e a valorização da religiosidade.

III. A arte pela arte.

IV. A crítica à sociedade e ideias socialistas.

V. O Determinismo.

a) As alternativas I, II e III estão corretas.

b) Somente as alternativas IV e V estão corretas.

c) As alternativas I, II e V estão corretas.

d) Nenhuma alternativa está correta.

e) Somente as alternativas I e II estão corretas.

8. (ITA-SP) O texto abaixo é o início da obra *Dom Casmurro*, de Machado de Assis.

Uma noite dessas, vindo da cidade para o Engenho Novo, encontrei no trem da Central um rapaz aqui do bairro, que eu conheço de vista e de chapéu. Cumprimentou-me, sentou-se ao pé de mim, falou da lua e dos ministros, e acabou recitando-me versos. A viagem era curta, e os versos pode ser que não fossem inteiramente maus. Sucedeu, porém, que, como eu estava cansado, fechei os olhos três ou quatro vezes; tanto bastou para que ele interrompesse a leitura e metesse os versos no bolso.

[...] No dia seguinte entrou a dizer de mim nomes feios, e acabou alcunhando-me *Dom Casmurro*. Os vizinhos, que não gostam dos meus hábitos reclusos e calados, deram curso à alcunha, que afinal pegou.

[...] Não consultes dicionários. *Casmurro* não está aqui no sentido que eles lhe dão, mas no que lhe pôs o vulgo de homem calado e metido consigo. *Dom* veio por ironia, para atribuir-me fumos de fidalgo. Tudo por estar cochilando! Também não achei melhor título para a minha narração; se não tiver outro daqui até ao fim do livro, vai este mesmo.

Considere as afirmações a seguir referentes ao trecho, articuladas ao romance:

I. O narrador já apresenta seu estilo irônico de narrar.

II. O narrador assume uma alcunha que o caracteriza ao longo do enredo.

III. Os eventos narrados no trecho inicial desencadeiam o conflito central da obra.

IV. O título *Dom Casmurro* não caracteriza adequadamente o personagem Bentinho.

Estão corretas apenas

a) I e II.   c) II e III.   e) III e IV.

b) I e III.   d) II e IV.

9. (FUVEST-SP)

— Não entra a polícia! Não deixa entrar! Aguenta! Aguenta! — Não entra! Não entra! repercutiu a multidão em coro.

E todo o cortiço ferveu que nem uma panela ao fogo.

— Aguenta! Aguenta!

Aluísio Azevedo, *O cortiço*, 1890, parte X.

O fragmento apresentado mostra a resistência dos moradores de um cortiço à entrada de policiais no local. O romance de Aluísio Azevedo:

a) representa as transformações urbanas do Rio de Janeiro no período posterior à abolição da escravidão e o difícil convívio entre ex-escravos, imigrantes e poder público.

b) defende a monarquia recém-derrubada e demonstra a dificuldade da República brasileira de manter a tranquilidade e a harmonia social após as lutas pela consolidação do novo regime.

c) denuncia a falta de policiamento na então capital brasileira e atribui os problemas sociais existentes ao desprezo da elite paulista cafeicultora em relação ao Rio de Janeiro.
d) valoriza as lutas sociais que se travavam nos morros e na periferia da então capital federal e as considera um exemplo para os demais setores explorados da população brasileira.
e) apresenta a imigração como a principal origem dos males sociais por que o país passava, pois os novos empregados assalariados tiraram o trabalho dos escravos e os marginalizaram.

10. (PUC-PR) *Poemas Cruz e Sousa* é uma obra onde se encontra o melhor do poeta simbolista. Leia o poema a seguir para responder a esta questão.

Antífona

Ó Formas alvas, brancas, Formas claras
De luares, de neves, de neblinas!
Ó Formas vagas, fluidas, cristalinas...
Incensos dos turíbulos das aras
Formas do Amor, constelarmente puras,
De Virgens e de Santas vaporosas...
Brilhos errantes, mádidas frescuras
E dolências de lírios e de rosas...

I. A presença do branco é característica simbolista constante nos versos de Cruz e Sousa.
II. As letras maiúsculas marcam a importância que os simbolistas davam a certas palavras.
III. O vocabulário religioso se justifica só porque Cruz e Sousa era católico fervoroso.
IV. "incensos dos turíbulos das aras" é um verso que faz referência à atmosfera simbolista.
V. A aliteração do /s/ contribui para a musicalidade que se identifica no poema.

a) Somente a alternativa III está incorreta.
b) Somente a alternativa IV está incorreta.
c) As alternativas I, II e III estão corretas.
d) As alternativas II, IV e V estão incorretas.
e) Todas as alternativas estão corretas.

(UFG-GO) Leia a charge para responder às questões 11 e 12.

FOLHA DE S.PAULO. S. Paulo, 14 jun. 2008. p. A2.

11. Analisando as imagens e as falas na charge, conclui-se que a expressão "eu quero" é polissêmica porque seu sentido é estabelecido conforme:
a) a postura política exigida pelos interlocutores.
b) as crenças religiosas das personagens em cena.
c) o valor dos objetos adquiridos pelos fregueses.
d) o lugar ideológico de cada sujeito enunciador.
e) o estilo artístico criado pelo pintor.

12. Observando as falas na charge, é correto afirmar que a mudança de significado dos objetos encomendados se dá pela:
a) repetição dos substantivos referentes à encomenda.
b) substituição dos artigos indefinidos por definidos.
c) qualificação da personagem com adjetivos depreciativos.
d) gradação por meio de advérbios na descrição da cena.
e) sucessão de um verbo de ação por um de estado.

Produção de texto

13. (UFPR-PR) Leia a seguir um trecho da entrevista do filósofo e escritor suíço Alain de Botton à revista Época. Na entrevista, De Botton discute a relação do homem com o trabalho, questão abordada no seu livro mais recente: *Os Prazeres e Desprazeres do Trabalho* (Ed. Rocco).

> **Época: É possível ser feliz no trabalho?**
>
> **De Botton:** Sim, assim como é possível ser feliz no amor. Todos nós conhecemos pessoas que têm relacionamentos maravilhosos. Conhecemos também pessoas que têm trabalhos maravilhosos. Elas amam o que fazem. Mas é uma minoria. Para a maior parte das pessoas algo está errado. Pode ser que, em algum momento, as coisas tenham ido bem, mas depois elas acabaram perdendo o interesse no trabalho. Pode ser que as coisas nunca tenham ido bem para elas. A ideia de que todos podemos ser felizes no trabalho é bonita. Mas, no atual estado da economia, da política e até da psicologia, isso é impossível.
>
> **Época: Por que é tão difícil ser feliz no trabalho?**
>
> **De Botton:** Por diversas razões. Pode ser muito difícil saber o que você quer fazer com sua vida. Existe gente que diz "eu quero fazer algo para ajudar as outras pessoas", mas não sabe exatamente o que fazer, nem como fazer isso. Outras pessoas dizem "quero fazer algo criativo", mas também não sabem como. Há certo mistério para conseguir o que queremos. Há também muitos obstáculos. Qualquer empreendedor, ao abrir seu negócio, terá de superar a inércia do mercado para se estabelecer. Um indivíduo que entrou num novo emprego enfrenta um problema parecido para mostrar ao mundo que ele existe. É uma tarefa difícil, em qualquer ramo de atividade. É sempre algo extraordinário quando alguém ama o que faz – e é bonito ver isso acontecer.
>
> (*Época*, 26 set. 2009, p. 114. Texto adaptado.)

459

Escreva um texto de 08 a 12 linhas, em discurso indireto, sintetizando essa entrevista. Seu texto deve:
- deixar claro que se trata de uma entrevista, indicando a fonte;
- explicitar a que perguntas o entrevistado respondeu.

14. (PUCC-SP) Leia com atenção esta abertura de uma crônica de Luis Fernando Verissimo:

> Foi numa festa de família, dessas de fim de ano. Já que o bisavô está morre não morre, decidiram tirar a fotografia de toda a família reunida (...) A bisa e o bisa sentados, filhos, filhas, noras, genros e netos em volta, bisnetos na frente, esparramados pelo chão. Castelo, o dono da câmera, comandou a pose, depois tirou o olho do visor e ofereceu a câmera a quem ia tirar a fotografia. Mas quem ia tirar a fotografia?

Partindo da situação e das personagens acima apresentadas, imagine uma narrativa, que você desenvolverá por meio de um narrador em terceira pessoa e de diálogos entre as personagens. Considere, ainda, o fato de que todas as pessoas presentes nessa festa de família desejam aparecer na foto.

15. (UEL-PR)

> **Gente venenosa: os sabotadores**
>
> Não há como afirmar que existe alguém totalmente bom ou totalmente mau como nas maniqueístas histórias infantis. Mas em determinadas situações há pessoas de personalidade difícil, que potencializam as fragilidades de quem está a sua volta, semeando frustrações e desestruturando sonhos alheios. Atitudes que, em resumo, envenenam. O terapeuta familiar argentino Bernardo Stamateas identificou essas pessoas, cunhou o termo "gente tóxica" e falou sobre elas no livro *Gente tóxica — Como lidar com pessoas difíceis e não ser dominado por elas*. Assim como uma maçã estragada em uma fruteira é capaz de contaminar as outras frutas boas, as pessoas tóxicas, segundo Stamateas, tendem a envenenar a vida, plantar dúvidas e colocar uma pulga atrás da orelha de qualquer um. A vilania da situação reside no fato de que gente tóxica está sempre à espera da queda ou da frustração de alguém próximo para, então, assumir o papel de protagonista. "Eles (os tóxicos) se sentem intocáveis e com capacidade de ver a palha no olho do outro e não no seu", comenta o autor.
>
> (Adaptado de: BRAVOS, M. Gente venenosa: os sabotadores. *Gazeta do Povo*. Suplemento Viver Bem, 19 set. 2010, p. 6.)

(*Jornal de Londrina*, 19 out. 2010, p. 22.)

Com base no texto e na tira, redija uma **narrativa**, envolvendo personagens cujo comportamento desconsidera os sentimentos das pessoas, bem como "intoxicam" as relações interpessoais.

Interpretação de texto

16. (PUC-RS) Leia o texto:

> Estamos na sociedade da informação. Somos autênticos *informívoros*, necessitamos de informação para sobreviver, como necessitamos de alimento, calor ou contato social. Nas ciências da comunicação, considera-se que informação é tudo aquilo que reduz a incerteza de um sistema. Nesse sentido, todos nós nos alimentamos de informação que nos permite não apenas prever como também controlar os acontecimentos de nosso meio. Previsão e controle são duas das funções fundamentais da aprendizagem, inclusive nos organismos mais simples. Na vida social, a informação é ainda mais essencial porque os fenômenos que nos rodeiam são complexos e cambiantes e, portanto, ainda mais incertos do que os que afetam os outros seres vivos. A incerteza é ainda maior na sociedade atual, como consequência da descentração do conhecimento e dos vertiginosos ritmos de mudança em todos os setores da vida. Um traço característico de nossa cultura da aprendizagem é que, em vez de ter de buscar ativamente a informação com que alimentar nossa ânsia de previsão e controle, estamos sendo abarrotados, superalimentados de informação, na maioria das vezes em formato *fast food*. Sofremos uma certa obesidade informativa, consequência de uma dieta pouco equilibrada.
>
> Juan Ignácio Pozo. *Aprendizes e mestres*. (fragmento)

Com relação às ideias apresentadas no texto, é correto concluir que:

a) as ciências da comunicação ensinam o homem a lidar com o excesso de informação.

b) o culto à informação está sendo substituído pela cultura da aprendizagem.

c) só aprendemos para melhor prever e controlar a realidade.
d) a falta de informação sobre os fenômenos que nos cercam gera insegurança.
e) toda informação que não buscamos ativamente resulta inútil.

17. (ENEM)

> Calcula-se que 78% do desmatamento na Amazônia tenha sido motivado pela pecuária — cerca de 35% do rebanho nacional está na região — e que pelo menos 50 milhões de hectares de pastos são pouco produtivos. Enquanto o custo médio para aumentar a produtividade de 1 hectare de pastagem é de 2 mil reais, o custo para derrubar igual área de floresta é estimado em 800 reais, o que estimula novos desmatamentos. Adicionalmente, madeireiras retiram as árvores de valor comercial que foram abatidas para a criação de pastagens. Os pecuaristas sabem que problemas ambientais como esses podem provocar restrições à pecuária nessas áreas, a exemplo do que ocorreu em 2006 com o plantio da soja, o qual, posteriormente, foi proibido em áreas de floresta.
>
> Época, 3/3/2008 a 9/6/2008 (com adaptações).

A partir da situação-problema descrita, conclui-se que:

a) o desmatamento na Amazônia decorre principalmente da exploração ilegal de árvores de valor comercial.
b) um dos problemas que os pecuaristas vêm enfrentando na Amazônia é a proibição do plantio de soja.
c) a mobilização de máquinas e de força humana torna o desmatamento mais caro que o aumento da produtividade de pastagens.
d) o *superavit* comercial decorrente da exportação de carne produzida na Amazônia compensa a possível degradação ambiental.
e) a recuperação de áreas desmatadas e o aumento de produtividade das pastagens podem contribuir para a redução do desmatamento na Amazônia.

18. (ENEM) O gráfico abaixo mostra a área desmatada da Amazônia, em km², a cada ano, no período de 1988 a 2008.

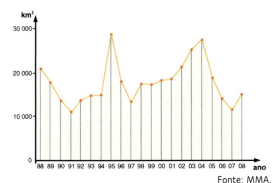

Fonte: MMA.

As informações do gráfico indicam que:

a) o maior desmatamento ocorreu em 2004.
b) a área desmatada foi menor em 1997 que em 2007.
c) a área desmatada a cada ano manteve-se constante entre 1998 e 2001.
d) a área desmatada por ano foi maior entre 1994 e 1995 que entre 1997 e 1998.
e) o total de área desmatada em 1992, 1993 e 1994 é maior que 60 000 km².

19. (ENEM)

MONET, C. *Mulher com sombrinha*. 1875. 100 x 81 cm. In: BECKETT, W. *História da pintura*. São Paulo: Ática, 1997.

Em busca de maior naturalismo em suas obras e fundamentando-se em novo conceito estético, Monet, Degas, Renoir e outros artistas passaram a explorar novas formas de composição artística, que resultaram no estilo denominado Impressionismo. Observadores atentos da natureza, esses artistas passaram a:

a) retratar, em suas obras, as cores que idealizavam de acordo com o reflexo da luz solar nos objetos.
b) usar mais a cor preta, fazendo contornos nítidos, que melhor definiam as imagens e as cores do objeto representado.
c) retratar paisagens em diferentes horas do dia, recriando, em suas telas, as imagens por eles idealizadas.
d) usar pinceladas rápidas de cores puras e dissociadas diretamente na tela, sem misturá-las antes na paleta.
e) usar as sombras em tons de cinza e preto e com efeitos esfumaçados, tal como eram realizadas no Renascimento.

(UFG-GO) Leia a charge para responder às questões de 20 a 22:

ANGELI, *Folha de S. Paulo*, São Paulo, p. 2, 8 set. 2008.

461

20 Na charge, o termo *carnívoro* sugere uma classificação que:

a) presume uma dieta alimentar baseada tanto em proteína animal quanto em proteína vegetal.

b) compara os humanos que se alimentam de carne aos animais que são carnívoros.

c) separa os animais da ordem dos herbívoros dos da ordem dos carnívoros.

d) denuncia a fragilidade física daqueles que se alimentam de carne.

e) mostra que as diferenças alimentares não impedem a convivência social em um restaurante.

21. A charge faz uma crítica aos defensores da alimentação vegetariana, produzindo um efeito de humor e ironia por:

a) prever novas formas de restrição a práticas de consumo ainda aceitáveis.

b) sugerir hábitos sociais que estão de acordo com as previsões do Apocalipse.

c) recuperar antigos costumes alimentares abandonados pela sociedade atual.

d) propor regras como garantia de boas maneiras à mesa.

e) discriminar o indivíduo que foge dos padrões de vida saudável.

22. É possível associar a crítica feita na charge à seguinte opinião sobre o tabagismo:

a) "Hoje, sabe-se como os receptores cerebrais funcionam. Quem não entende isso, o nervosismo, a ansiedade, não pode combater o tabagismo [...] 'Respira fundo, conta até dez que passa – a vontade vem, mas depois passa'. Depois de quanto tempo? Isso é um papo idiota". (J. I., cardiologista. *Folha de S. Paulo*, 7 set. 2008).

b) "Pelo que me falou, você fuma mais depois do almoço e depois do café. Então você precisa reduzir o café e evitar fumar após o almoço". (Atendente do 0800 do Ministério da Saúde, respondendo a indagações de um suposto fumante. Idem).

c) "Você não pode obrigar o fumante a parar de fumar. Como você não pode obrigar o prefeito a fazer o programa [de prevenção]". (L. W. L., diretora do Cratod. Idem).

d) "Considerar o fumante um sintoma de um problema social é desumanizar suas necessidades e direitos. Isso leva a uma cultura em que as pessoas implicam com as outras para obter mudanças". (T. C., prof. da Universidade de Panw (Indiana-EUA). Idem).

e) "A gente faz [campanha] educacional sempre. Eu mesmo, no Ministério da Saúde, proibi a propaganda, que era propaganda enganosa [...]. Introduzimos as fotos nos maços de cigarro como advertência. E o fumo caiu no Brasil. Agora, precisa continuar as medidas". (J. S., ex-ministro da Saúde. Idem).

(UEL-PR) Leia o texto e responda às questões de 23 a 25.

Seja eu, seja eu
Deixa que eu seja eu
E aceita o que seja seu
Então deita e aceita eu
Molha eu, seca eu
Deixa que eu seja o céu
E receba o que seja seu
Anoiteça, amanheça eu
Beija eu, beija eu, beija eu
Me beija
Deixa o que seja seu
Então beba e receba

Meu corpo, no seu corpo
Eu no meu corpo
Deixa, eu me deixo
Anoiteça, amanheça
Seja eu, seja eu,
Deixa que eu seja eu
E aceita o que seja seu
Então deita e aceita eu
Molha eu, seca eu
Deixa que eu seja o céu
E receba o que seja seu
Anoiteça, amanheça eu

(ANTUNES, A.; MONTE, M. e LINDSAY, A. "Beija eu" *Mais*. EMI, CD.)

23. Pode-se afirmar que o texto:

a) apresenta a linguagem na norma culta, usada nos variados gêneros, inclusive na poesia do sentimento amoroso.

b) descreve uma personagem feminina a partir de seus sentimentos e não pelos atributos físicos.

c) conta uma história de amor não correspondido depois de longos anos de espera.

d) traz poesia e linguagem subjetiva, sem a preocupação com a norma culta, seguindo os padrões poéticos.

e) apresenta ao leitor uma opinião sobre determinado assunto – no caso, o amor-paixão.

24. No que diz respeito à linguagem utilizada no texto, verificam-se trechos que não estão de acordo com a norma culta. Isto se dá porque:

a) a autora desconhece tal norma e, inconscientemente, adota a norma rural brasileira.

b) a norma culta é muito difícil e poucas pessoas a usam devido ao elevado índice de analfabetismo no Brasil.

c) a linguagem utilizada no texto reflete a ignorância do público leitor deste gênero em especial.

d) houve um descuido do revisor do texto e isso seria uma atribuição dos órgãos fiscalizadores.

e) a linguagem utilizada no texto reflete traços de oralidade, muitas vezes comuns ao gênero em que se insere.

25. A partir da leitura do texto, é correto afirmar que há:

a) um pedido de desculpas do possível autor do texto.

b) uma ordem do autor do texto, com alto grau de superioridade.

c) pedidos de um dos parceiros numa declaração amorosa.

d) solicitações profissionais em contexto amoroso.

e) uma história de amor contada por alguém em tempo real.

26. (ENEM)

O *Chat* e sua linguagem virtual

O significado da palavra *chat* vem do inglês e quer dizer "conversa". Essa conversa acontece em tempo real, e, para isso, é necessário que duas ou mais pessoas estejam conectadas ao mesmo tempo, o que chamamos de comunicação síncrona. São muitos os *sites* que oferecem a opção de bate-papo na internet, basta escolher a sala que deseja "entrar", identificar-se e iniciar a conversa. Geralmente, as salas são divididas por assuntos, como educação, cinema, esporte, música, sexo, entre outros. Para entrar, é necessário escolher um *nick*, uma espécie de apelido que identificará o participante durante a conversa. Algumas salas restringem a idade, mas não existe nenhum controle para verificar se a idade informada é realmente a idade de quem está acessando, facilitando que crianças e adolescentes acessem salas com conteúdos inadequados para sua faixa etária.

AMARAL, S. F. Internet: novos valores e novos comportamentos. In: SILVA, E. T. (Coord.). *A leitura nos oceanos da internet*. São Paulo: Cortez, 2003 (adaptado).

Segundo o texto, o *chat* proporciona a ocorrência de diálogos instantâneos com linguagem específica, uma vez que nesses ambientes interativos faz-se uso de protocolos diferenciados de interação. O *chat*, nessa perspectiva, cria uma nova forma de comunicação porque:

a) possibilita que ocorra diálogo sem a exposição da identidade real dos indivíduos, que podem recorrer a apelidos fictícios sem comprometer o fluxo da comunicação em tempo real.

b) disponibiliza salas de bate-papo sobre diferentes assuntos com pessoas pré-selecionadas por meio de um sistema de busca monitorado e atualizado por autoridades no assunto.

c) seleciona previamente conteúdos adequados à faixa etária dos usuários que serão distribuídos nas faixas de idade organizadas pelo *site* que disponibiliza a ferramenta.

d) garante a gravação das conversas, o que possibilita que um diálogo permaneça aberto, independente da disposição de cada participante.

e) limita a quantidade de participantes conectados nas salas de bate-papo, a fim de garantir a qualidade e eficiência dos diálogos, evitando mal-entendidos.

27. Questão interdisciplinar

(FGV-RS) Na figura abaixo temos os gráficos das funções custo (C) e receita de vendas (R) diárias de um produto de uma empresa, em função da quantidade produzida e vendida, em número de unidades.

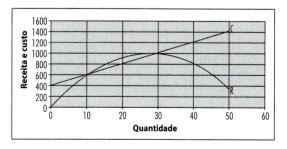

Podemos afirmar que:

a) o prejuízo máximo será de $ 400.
b) o lucro máximo é superior a $ 800.
c) haverá prejuízo somente quando a quantidade produzida e vendida for menor que 10.
d) haverá lucro positivo quando a quantidade produzida e vendida estiver entre 10 e 30.
e) o lucro será nulo somente se a quantidade produzida e vendida for 30.

(UFBA-BA) Texto para as questões 28 e 29:

A humanidade já consome mais recursos naturais do que o planeta é capaz de repor. O colapso é visível nas florestas, nos oceanos e nos rios. O ritmo atual de consumo é uma ameaça para a prosperidade futura da humanidade.

... Hoje, a humanidade utiliza metade das fontes de água doce do planeta. Em quarenta anos, utilizará 80%. Dos rios do mundo, 50% estão poluídos.

... O planeta é formado por 15 bilhões de hectares de terras, mas só 12% delas servem para o cultivo.

... Das 200 espécies de peixe com maior interesse comercial, 120 são exploradas além do nível sustentável.

... Estima-se que 40% da área dos oceanos esteja gravemente degradada pela ação do homem. Das 1 400 espécies de coral conhecidas, 13 estavam ameaçadas de extinção há dez anos. Hoje são 231.

Desde 1961, a quantidade de dióxido de carbono liberada pela humanidade na atmosfera com a queima de combustíveis fósseis cresceu dez vezes.

(LIMA; VIEIRA, 2008, p. 96-99).

463

28. A partir das constatações explicitadas no texto, uma abordagem das Ciências Naturais permite afirmar:

(a) O cenário do consumo de recursos naturais além do que o planeta Terra é capaz de repor pode ser interpretado como uma diminuição da entropia do universo, de acordo com a segunda lei da termodinâmica.

(b) O aumento da quantidade de dióxido de carbono liberada na atmosfera terrestre é o principal fator para a redução da camada de ozônio na alta atmosfera.

(c) A alteração do pH do solo destinado ao plantio de 5,0 para 7,0 implica redução em duas unidades da concentração de íons OH^- nele presentes.

(d) A fusão de grandes blocos de gelo flutuantes retirados do mar da região ártica possibilita a obtenção de água doce para as pequenas populações ali inseridas.

(e) O aumento do nível dos oceanos provocado pelo derretimento de geleiras contribui para aumentar o valor da pressão atmosférica na superfície do mar.

(f) A poluição dos rios por esgotos domiciliares proporciona uma sobrecarga de resíduos orgânicos, o que repercute no fenômeno de eutrofização que envolve maior consumo de oxigênio, criando condições desfavoráveis à sobrevivência de populações de peixes.

29. Em relação às consequências da degradação do planeta e às medidas que possam contribuir para a preservação da biosfera, é correto afirmar:

(a) Os oceanos sequestram carbono no processo de produção primária marinha, o que contribui para a moderação dos impactos do clima na vida terrestre.

(b) A acidificação dos oceanos, devido ao aumento da concentração de CO_2 na atmosfera, reduz o pH do meio aquático contribuindo para a degradação de corais.

(c) O aquecimento do planeta Terra que causa, dentre outros problemas, secas, inundações, acidificação dos oceanos e extinção de espécies está relacionado com a refração da radiação solar do espaço para a atmosfera terrestre.

(d) A correção do pH do solo de 5,0 para 6,0 promove maior disponibilidade de nutrientes, como potássio, magnésio, cálcio e fósforo, às plantas, e, sendo assim, solos alcalinos favorecem ao plantio.

(e) A extinção do sapo-dourado-panamenho está associada ao desequilíbrio da relação parasita/hospedeiro, em decorrência de alterações climáticas.

(f) A perda da variabilidade genética, devido à extinção da subespécie do rinoceronte-negro da África Ocidental, diminui o potencial evolutivo das demais subespécies.

Sumário da parte 3

UNIDADE 7
HISTÓRIA SOCIAL DO MODERNISMO 466

CAPÍTULO 42 - O Pré-Modernismo 470
LITERATURA

CAPÍTULO 43 - A linguagem do Modernismo 480
LITERATURA

CAPÍTULO 44 - O cartaz e o anúncio publicitário 490
PRODUÇÃO DE TEXTO

CAPÍTULO 45 - Concordância verbal e nominal 495
LÍNGUA: USO E REFLEXÃO

CAPÍTULO 46 - O Modernismo em Portugal: a primeira geração 512
LITERATURA

CAPÍTULO 47 - O conto 519
PRODUÇÃO DE TEXTO

CAPÍTULO 48 - A pontuação 528
LÍNGUA: USO E REFLEXÃO

CAPÍTULO 49 - O Modernismo no Brasil: a primeira geração 541
LITERATURA

VIVÊNCIAS
PROJETO: ARTE EM REVISTA 551

UNIDADE 8
A SEGUNDA FASE DO MODERNISMO: A PROSA E A POESIA 554

CAPÍTULO 50 - O romance de 30 556
LITERATURA

CAPÍTULO 51 - As cartas argumentativas 565
PRODUÇÃO DE TEXTO

CAPÍTULO 52 - Regência verbal e regência nominal ... 574
LÍNGUA: USO E REFLEXÃO

CAPÍTULO 53 - A poesia de 30 590
LITERATURA

CAPÍTULO 54 - O texto dissertativo-argumentativo .. 602
PRODUÇÃO DE TEXTO

CAPÍTULO 55 - O Modernismo em Portugal: a segunda geração 610
LITERATURA

CAPÍTULO 56 - Competências e habilidades do Enem (II) 613
INTERPRETAÇÃO DE TEXTO

VIVÊNCIAS
PROJETO: MOSTRA DE ARTE MODERNA: DUAS GERAÇÕES 618

UNIDADE 9
A LITERATURA CONTEMPORÂNEA 622

CAPÍTULO 57 - A geração de 45 624
LITERATURA

CAPÍTULO 58 - Como desenvolver as partes de um texto dissertativo-argumentativo 637
PRODUÇÃO DE TEXTO

CAPÍTULO 59 - A literatura portuguesa contemporânea: do Neorrealismo aos dias de hoje 647
LITERATURA

CAPÍTULO 60 - A colocação. Colocação pronominal .. 656
LÍNGUA: USO E REFLEXÃO

CAPÍTULO 61 - Tendências da literatura brasileira contemporânea 667
LITERATURA

CAPÍTULO 62 - Competências e habilidades do Enem (III) 679
INTERPRETAÇÃO DE TEXTO

VIVÊNCIAS PROJETO: SARAU: POESIA E MÚSICA 683

EM DIA COM O ENEM E O VESTIBULAR 686

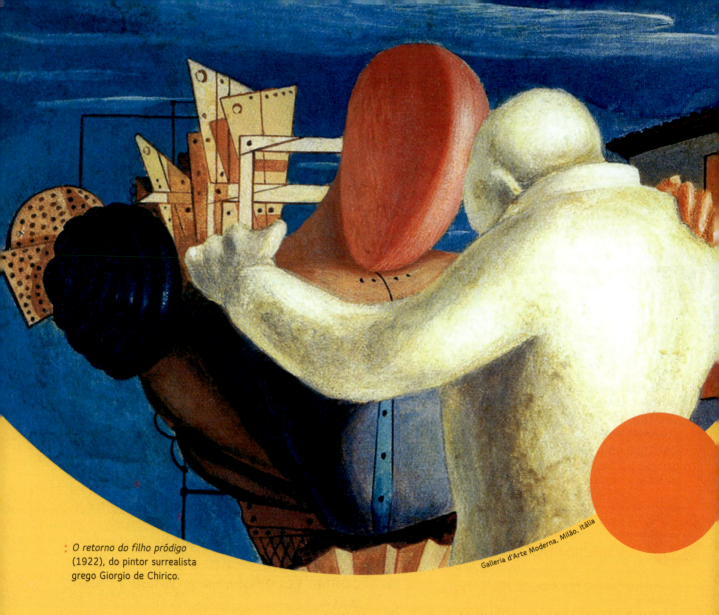

O retorno do filho pródigo (1922), do pintor surrealista grego Giorgio de Chirico.

Galleria d'Arte Moderna, Milão, Itália

UNIDADE 7
HISTÓRIA SOCIAL DO MODERNISMO

Tudo o que existe hoje no campo da literatura, das artes plásticas, da música e do cinema está de alguma forma relacionado às propostas e às experiências desenvolvidas pela arte moderna no começo do século XX.

De modo geral, o que marcou o espírito da arte moderna foi o desejo de libertação das amarras do passado e a busca de uma forma de expressão artística nova e sintonizada com a mentalidade do novo século.

Compreender a arte moderna implica conhecer o formidável conjunto de transformações que ocorreram nesse período – desenvolvimento científico e tecnológico, invenções, guerra mundial, revolução comunista, etc. – e a forma de ver e sentir o mundo que delas resultou.

VIVÊNCIAS

Projeto:

Arte em revista

Produção, pela classe, de uma revista literária digital.

Não é o medo da loucura que nos vai obrigar a hastear a meio pau a bandeira da imaginação.

(André Breton)

Desejamos demolir os museus e as bibliotecas.

(Filippo Marinetti)

O que caracteriza esta realidade que o movimento modernista impôs é, a meu ver, a fusão de três princípios fundamentais: o direito permanente à pesquisa estética; a atualização da inteligência artística brasileira; e a estabilização de uma consciência criadora nacional.

(Mário de Andrade)

Fique ligado! Pesquise!

Para estabelecer relações entre a literatura e outras artes e áreas do conhecimento, eis algumas sugestões:

Assista

- De época: *1900*, de Bernardo Bertolucci; *Tempos modernos*, de Charles Chaplin; *Metrópolis*, de Fritz Lang; *O encouraçado Potemkin*, de Sergei Eisenstein; *Reds*, de Warren Beatty; *Sacco e Vanzetti*, de Giuliano Montaldo. Surrealistas: *O fantasma da liberdade*, *O discreto charme da burguesia*, de Luis Buñuel. Nacionais: *Paixão e guerra no sertão de Canudos*, de Antônio Olavo; *Policarpo Quaresma, herói do Brasil*, de Paulo Thiago; *Pagu*, de Norma Bengell; *Macunaíma*, de Joaquim Pedro de Andrade; *Lição de amor*, de Eduardo Escorel; *O quatrilho*, de Fábio Barreto.

Leia

- *Os sertões*, de Euclides da Cunha (Ediouro); *Triste fim de Policarpo Quaresma*, de Lima Barreto (Ática); *Urupês*, de Monteiro Lobato (Brasiliense); *Eu e outras poesias*, de Augusto dos Anjos (Martins Fontes); *Mensagem*, de Fernando Pessoa (Moderna); *O ano da morte de Ricardo Reis*, de José Saramago (Companhia das Letras); *A confissão de Lúcio*, de Mário de Sá-Carneiro (Moderna); *Macunaíma*, de Mário de Andrade (Itatiaia); *Poesias reunidas*, de Oswald de Andrade (Civilização Brasileira); *Estrela da vida inteira*, de Manuel Bandeira (Nova Fronteira); *Brás, Bexiga e Barra Funda*, de Antônio de Alcântara Machado (Nova Alexandria); *Monteiro Lobato*, de Marisa Lajolo (Moderna); *Futurismo*, de Richard Humphreys (Cosac & Naify); *Expressionismo*, de Shulamith Behr (Cosac & Naify); *Modernismo*, de Charles Harrison (Cosac & Naify); *Juó Bananére*, de Cristina Fonseca (Editora 34); *Anita Malfatti – Tomei a liberdade de pintar a meu modo*, de Luzia Portinari Greggio (Magma).

Ouça

- Ouça a música do compositor francês Claude Debussy e do brasileiro Heitor Villa-Lobos (http://www.museuvillalobos.org.br/villalob/musica/index.htm). Ouça também poemas de Augusto dos Anjos, declamados por Othon Bastos, da coleção Poesia Falada (Luz da Cidade).

Navegue

Conheça mais sobre a obra de Monteiro Lobato e sobre a Semana de Arte Moderna, acessando:
- http://lobato.globo.com/
- http://www.itaucultural.org.br/aplicExternas/enciclopedia_IC/index.cfm?fuseaction=marcos_texto&cd_verbete=344

Visite

- Visite o Museu de Arte de São Paulo, o Museu de Arte Moderna de São Paulo e a Pinacoteca do Estado de São Paulo. As três instituições reúnem um importante acervo de arte modernista, incluindo obras de Anita Malfatti, Tarsila do Amaral e Di Cavalcanti, entre outros.

A IMAGEM EM FOCO

Observe atentamente esta pintura:

: *Guernica* (1937), de Pablo Picasso.

1. Picasso criou *Guernica* em 1937, exatamente trinta anos depois de ter pintado a tela *Les demoiselles d'Avignon*, com a qual deu início ao Cubismo. Em linhas gerais, essa corrente caracteriza-se, na pintura, pela decomposição dos objetos em diferentes planos, pelo uso de formas geométricas e por colagens. É possível identificar influências do Cubismo em *Guernica*? Justifique sua resposta.

2. *Guernica* é uma obra de denúncia social, feita com o objetivo de sensibilizar as pessoas do mundo inteiro para a tragédia ocorrida na aldeia basca assim denominada. Observe as cores do quadro e duas das personagens em destaque: a mulher com criança no colo, à esquerda, e o cavalo, no centro.

a) Considerando que cor significa vida, relacione o branco, o preto e o cinza utilizados no quadro com o tema que ele aborda.

b) O que as feições da mulher e do cavalo expressam?

c) A que a língua pontiaguda de cada um deles se assemelha?

O bombardeio de Guernica

Guernica é uma antiga aldeia da região basca da Espanha, país de origem de Picasso.

Em 1937, a Espanha vivia os efeitos da Guerra Civil, travada entre os republicanos e as forças extremistas de direita lideradas pelo general Francisco Franco, apoiado pelo nazismo alemão e pelo fascismo italiano.

Em abril de 1937, com a finalidade única de mostrar força, Franco ordenou o bombardeio, por aviões alemães, da indefesa cidade de Guernica. Da população de 7 mil habitantes, 1654 foram mortos e 889 ficaram feridos.

Picasso, indignado, pintou o quadro *Guernica* em poucas semanas, procurando despertar a opinião pública para a tragédia. Por determinação do pintor, a obra permaneceu em Paris até o fim da ditadura franquista, em 1975. Hoje se encontra em Madri.

3. *Guernica* é um quadro que sugere a destruição de forma direta, sem recorrer a muitos símbolos. Apesar disso, há no quadro alguns elementos de forte significação simbólica: o cavalo, o touro (no alto, à esquerda) e a flor (embaixo, no centro, acima da mão com espada). Considerando o contexto de guerra e destruição em que estão inseridos, busque sentidos coerentes para esses elementos.

4. A imagem abaixo é o quadro em que Goya retratou uma situação trágica vivida pelos espanhóis: a invasão da Espanha pelo exército napoleônico, em 1808, e o fuzilamento de espanhóis nas ruas. Compare a figura central do quadro com a figura humana que está à direita no quadro de Picasso.

   a) Que semelhanças existem entre essas duas personagens?

   b) E entre as situações vividas pelos espanhóis, em 1808 e 1937?

   c) Na sua opinião, Picasso quis criar relações intertextuais com o quadro de Goya?

Fuzilamentos de 3 de maio de 1808, de Goya.

5. Picasso é autor de uma frase que ficou muito conhecida: "A arte é uma mentira que nos faz perceber a verdade". Na sua opinião, o quadro *Guernica* exemplifica essa afirmação? Justifique.

Para quem quer mais na Internet

Conheça mais sobre a pintura de Pablo Picasso, visitando dois museus que reúnem boa parte do acervo do pintor:
- Museu Picasso (Barcelona): http://www.museupicasso.bcn.es/
- Museu Nacional Picasso (Paris): http://www.musee-picasso.fr/
- Museu Picasso Málaga (Málaga): http://www2.museopicassomalaga.org

População reunida na época do início da Guerra de Canudos (1896-7).

LITERATURA

CAPÍTULO 42

O Pré-Modernismo

No início do século XX, a literatura brasileira atravessava um período de transição. De um lado, ainda era forte a influência das tendências artísticas da segunda metade do século XIX; de outro, já começava a ser preparada a grande renovação modernista, cujo marco no Brasil é a Semana de Arte Moderna (1922). Esse período de transição, que não chega a constituir um movimento literário, é chamado Pré-Modernismo.

As estéticas literárias não são estanques entre si e, muitas vezes, se tocam, se influenciam e se fundem. No início do século XX, por exemplo, vários de nossos escritores do Realismo, Naturalismo, Parnasianismo e Simbolismo ainda estavam vivos, escrevendo e publicando. Ao mesmo tempo, começava a surgir em nosso país um grupo de novos escritores que, embora ainda presos aos movimentos literários do século anterior, apresentavam algumas inovações quanto aos temas e à linguagem. Concomitantemente, já começavam a chegar ao nosso país as primeiras influências dos movimentos artísticos europeus, as chamadas vanguardas europeias, que iriam impulsionar o Modernismo brasileiro.

A esse período, marcado pelo sincretismo de tendências artísticas, costuma-se chamar Pré-Modernismo. Sem constituir um movimento literário propriamente dito, o Pré-Modernismo consiste na fase de transição pela qual passou a produção literária brasileira entre o final do século XIX e o movimento modernista.

AS NOVIDADES

Embora os autores pré-modernistas ainda estivessem presos aos modelos do romance realista-naturalista e da poesia simbolista, duas novidades essenciais podem ser observadas em suas obras:

- **o interesse pela realidade brasileira**: os modelos literários realistas-naturalistas eram essencialmente universalizantes. Tanto a prosa de Machado de Assis e Aluísio Azevedo quanto a poesia dos parnasianos e simbolistas não revelavam interesse em tratar da realidade brasileira. A preocupação central desses autores era abordar o homem universal, sua condição e seus anseios. Aos escritores pré-modernistas, ao contrário, interessavam assuntos do dia a dia dos brasileiros, originando-se, assim, obras de nítido caráter social. Graça Aranha, por exemplo, retrata em seu romance *Canaã* a imigração alemã no Espírito Santo; Euclides da Cunha, em *Os sertões*, aborda o tema da guerra e do messianismo em Canudos, no sertão da Bahia; Lima Barreto detém-se na análise das populações suburbanas do Rio de Janeiro; Monteiro Lobato descreve a miséria do caboclo na região decadente do Vale do Paraíba, no Estado de São Paulo. A exceção está na poesia de Augusto dos Anjos, que foge a esse interesse social.
- **a busca de uma linguagem mais simples e coloquial**: embora não se verifique na obra de todos os pré-modernistas, essa preocupação é explícita na prosa de Lima Barreto e representa um importante passo para a renovação modernista de 1922. Lima Barreto procurou "escrever brasileiro", com simplicidade. Para isso, teve de ignorar muitas vezes as normas gramaticais e de estilo, o que provocou a ira dos meios acadêmicos conservadores e parnasianos.

EUCLIDES DA CUNHA: EM BUSCA DA VERDADE HISTÓRICA

Euclides da Cunha (1866-1909) nasceu no Rio de Janeiro, estudou na Escola Militar e fez curso de Engenharia. De formação positivista e republicano convicto, sempre mostrou grande interesse por ciências naturais e filosofia. Viveu durante algum tempo em São Paulo e, em 1897, foi enviado pelo jornal *O Estado de S. Paulo* ao sertão da Bahia, para cobrir, como correspondente, a guerra de Canudos. Na condição de ex-militar, Euclides pôde informar com precisão os movimentos de guerra das três últimas semanas de conflito. Mobilizando e dividindo a opinião pública, suas mensagens, transmitidas pelo telégrafo, permitiram que o sul do país acompanhasse passo a passo a campanha. Cinco anos depois, o autor lançou *Os sertões*, obra que narra e analisa os acontecimentos de Canudos à luz das teorias científicas da época.

Euclides da Cunha.

Euclides deixou também vários outros escritos – tratados, cartas, artigos –, todos relacionados ao país, às suas características regionais, geográficas e culturais.

Canudos: miséria e violência

A guerra de Canudos, que ocorreu entre 1896 e 1897 e provocou a morte de 15 mil pessoas, entre sertanejos e militares, foi um dos mais violentos conflitos da história brasileira.

O Nordeste brasileiro vivia nas últimas décadas do século XIX uma de suas piores crises econômicas e sociais. Entre 1877 e 1880, só em Fortaleza morreram 64 mil pessoas vitimadas pela seca. Quando foi proclamada a República, em 1889, uma nova seca ameaçava a população, cuja média de vida não ultrapassava os 27 anos.

Canudos, no sertão da Bahia, era uma fazenda abandonada, quando ali se instalou o religioso Antônio Maciel, conhecido como Conselheiro. Em pouco tempo, em torno do líder religioso formou-se uma cidade de pessoas miseráveis e abandonadas à própria sorte. A cidade, que passou a chamar-se Belo Monte, chegou a contar com cerca de 15 mil a 25 mil habitantes, população superada na época apenas pela de Salvador.

Isolados, alheios a pagamentos de impostos e à oficialização da cidade junto ao Estado, seus moradores logo passaram a ter problemas com a Igreja e com as leis locais, o que originou o conflito.

Além disso, os sermões de Conselheiro não tratavam apenas da salvação das almas, mas também de problemas concretos, como a miséria e a opressão política. Talvez sem ter completa clareza do que falava, Conselheiro fazia críticas à República nascente, acusando-a de responsável pelas precárias condições de vida do povo nordestino.

Embora Canudos tivesse uma organização social e econômica que se assemelhava ao comunismo primitivo dos cristãos, com todos trabalhando e dividindo igualmente os frutos do trabalho, o movimento passou a ser visto em todo o país como monarquista e considerado uma ameaça à soberania nacional. Suas verdadeiras causas, na época, não foram objeto de nenhuma discussão mais aprofundada.

Casa e morador da região do conflito, em foto histórica de Flávio de Barros, de 1896. Pobre e abandonada pelos governos estadual e federal, a população foi facilmente influenciada pelo discurso social e religioso de Antônio Conselheiro.

O início da guerra

Antônio Conselheiro, em 1896, encomendou e pagou em Juazeiro uma remessa de madeira para a construção da Igreja Nova de Canudos. O juiz local impediu a entrega da encomenda, sendo então ameaçado pelos canudenses. O juiz pediu reforço militar de Salvador. Foram enviados 107 soldados, que não resistiram. A partir daí foram feitas mais duas investidas do Exército, também frustradas. A quarta e última investida contou com a participação de 10 mil soldados, vindos de dez Estados brasileiros. Idosos, crianças, mulheres e feridos foram violentamente massacrados, sob a força de canhões e armas pesadas.

Os sertões: o Brasil esquecido

Durante o conflito, os militares mantiveram os jornais sob censura. O país recebia apenas a versão oficial da guerra: a luta da República contra focos monarquistas no sertão baiano. Terminada a guerra, as verdadeiras ações dos vencedores – degola de prisioneiros, tortura, prostituição, estupros e comércio de crianças – continuaram sendo encobertas.

A obra *Os sertões*, de Euclides da Cunha, publicada cinco anos depois do término do conflito, consiste em uma tentativa de rever a versão oficial da guerra de Canudos.

Com sua obra, Euclides não pretendia apenas contar o que presenciara no sertão. Munido das teorias científicas vigentes – determinismo, positivismo e conhecimentos de sociologia e geografia natural e humana –, pretendia também compreender e explicar o fenômeno cientificamente.

Os sertões, portanto, constitui uma experiência única em nossa literatura: é uma obra com estilo literário, de fundo histórico (apesar do fato recente) e de rigor científico.

Adotando o modelo determinista, segundo o qual o meio determina o homem, a obra organiza-se em três partes: "A terra", que descreve as condições geográficas do sertão; "O homem", que descreve os costumes do sertanejo; e "A luta", que descreve os ataques a Canudos e sua extinção.

Colocando-se nitidamente a favor do sertanejo, Euclides da Cunha situa o fenômeno de Canudos como um problema social decorrente do isolamento político e econômico do sertão brasileiro em relação ao Brasil cosmopolita, do sul e do litoral. Assim, ele desmontou a versão oficial do Exército, segundo a qual o movimento tinha a finalidade de destruir a República.

Veja, a seguir, um fragmento da segunda parte da obra:

> O sertanejo é, antes de tudo, um forte. Não tem o raquitismo exaustivo dos mestiços neurastênicos do litoral.
>
> A sua aparência, entretanto, ao primeiro lance de vista, revela o contrário. Falta-lhe a plástica impecável, o desempenho, a estrutura corretíssima das organizações atléticas.
>
> É desgracioso, desengonçado, torto. Hércules-Quasímodo, reflete no aspecto a fealdade típica dos fracos. O andar sem firmeza, sem aprumo, quase gingante e sinuoso, aparenta a translação de membros desarticulados.
>
> [...]
>
> Reflete a preguiça invencível, a atonia muscular perene, em tudo: na palavra remorada, no gesto contrafeito, no andar desaprumado, na cadência langorosa das modinhas, na tendência constante à imobilidade e à quietude.
>
> Entretanto, toda esta aparência de cansaço ilude.
>
> Nada é mais surpreendedor do que vê-la desaparecer de improviso. Naquela organização combalida operam-se, em segundos, transmutações completas. Basta o aparecimento de qualquer incidente exigindo-lhe o desencadear das energias adormidas. O homem transfigura-se. Empertiga-se, estadeando novos relevos, novas linhas na estatura e no gesto; e a cabeça firma-se-lhe, alta, sobre os ombros possantes, aclarado pelo olhar desassombrado e forte; [...] e da figura vulgar do tabaréu canhestro, reponta, inesperadamente, o aspecto dominador de um titã acobreado e potente, num desdobramento surpreendente de força e agilidade extraordinárias.
>
> (Euclides da Cunha. Os sertões. São Paulo: Círculo do Livro, 1975. p. 92-93.)

Mulheres e crianças prisioneiras na Guerra de Canudos, em foto de 1897, de Flávio de Barros.

adormido: adormecido.
atonia: perda do tônus, das forças.
estadear: manifestar, demonstrar.
Hércules: personagem da mitologia caracterizado por ter uma força incomum.
neurastênico: fraco, irritado.
Quasímodo: personagem corcunda da obra *O corcunda de Notre Dame*, de Victor Hugo.
remorado: adiado, retardado.
tabaréu: soldado inexperiente; pessoa inapta para fazer alguma coisa; caipira.
titã: personagem da mitologia; pessoa dotada de força extraordinária.
transmutação: ato ou efeito de transformar-se.

LIMA BARRETO: A HISTÓRIA DOS VENCIDOS

O escritor carioca Lima Barreto (1881-1922) é hoje considerado um dos principais romancistas brasileiros, embora sua importância literária tenha sido reconhecida aos poucos e se firmado apenas nas últimas décadas. Mulato, pobre, orgulhoso de suas origens, ferino e severo em suas críticas, alcoólatra e subversivo, Lima Barreto foi incompreendido pela crítica de seu tempo e alcançou em vida apenas uma relativa popularidade.

Além do preconceito de que sempre foi vítima, por ser mulato e alcoólatra, sua distância em relação ao grupo paulista que daria início à revolução modernista na literatura e nas artes também pode explicar seu ofuscamento como escritor.

Lima Barreto foi um dos poucos em nossa literatura que combateram o preconceito racial e a discriminação social do negro e do mulato. Essa abordagem está presente, por exemplo, nos romances *Clara dos Anjos*, *Vida e morte de M. J. Gonzaga de Sá* e no quase autobiográfico *Recordações do escrivão Isaías Caminha*. Escreveu ainda um curioso romance, *Cemitério dos vivos*, que ficou inacabado, resultado de suas observações e reflexões nas duas vezes em que, por alcoolismo, esteve internado num hospício.

Em 2004, foi publicada *Toda crônica*, obra em dois volumes que reúne 435 crônicas de Lima Barreto escritas entre 1900 e 1922, ano de sua morte. No ano seguinte, ocorreu a primeira publicação de *Cemitério dos vivos*.

Escritor de seu tempo e de sua terra, Lima Barreto anotou e registrou, asperamente, quase todos os acontecimentos da República. Embora no plano pessoal fosse conservador em relação às novidades trazidas pela modernidade, como o cinema, os arranha-céus e o futebol, em sua obra registra de forma crítica os episódios da insurreição antiflorianista, a campanha contra a febre amarela, a política de valorização do café, o governo do marechal Hermes da Fonseca, a participação do Brasil na Primeira Guerra Mundial, etc.

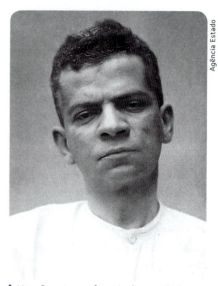

Lima Barreto em foto tirada em 1919, quando internado no Hospício Nacional, no Rio de Janeiro.

A paixão de Lima Barreto por sua cidade, o Rio de Janeiro, com seus subúrbios, sua gente pobre e seus dramas humildes, também está presente nas obras do escritor, assim como a crítica a figuras da classe média que lutam desesperadamente para ascender socialmente ou a políticos da época, sarcasticamente retratados, pela mania de ostentação, pelo vazio intelectual e pela ganância.

Triste fim de Policarpo Quaresma: entre o ideal e o real

Contextualizado no fim do século XIX, no Rio de Janeiro, *Triste fim de Policarpo Quaresma*, o principal romance de Lima Barreto, narra os ideais e a frustração do funcionário público Policarpo Quaresma, homem metódico e nacionalista fanático.

Sonhador e ingênuo, Policarpo dedica a vida a estudar as riquezas do país: a cultura popular, a fauna, a flora, os rios, etc. Sua primeira decepção se dá quando sugere a substituição do português, como língua oficial, pelo tupi. O resultado é sua internação em um hospício.

Aposentado, confiante na fertilidade do solo brasileiro, dedica-se à agricultura no sítio Sossego. Contudo, depara-se com uma dura realidade: a esterilidade do solo, o ataque das saúvas, a falta de apoio ao pequeno agricultor.

Por fim, com a eclosão da Revolta da Armada, no Rio de Janeiro, Quaresma apoia o então presidente, o marechal Floriano Peixoto, e participa do conflito como voluntário. No cargo de carcereiro, critica as injustiças que vê serem praticadas contra os prisioneiros. Em razão dessas críticas, é preso e condenado ao fuzilamento por ordem do próprio Floriano, seu ídolo.

Diálogos com Policarpo Quaresma

O médico e escritor gaúcho Moacyr Scliar mostrou que ler pode ser muito divertido, principalmente se o leitor for um jovem que gosta de informática. Em sua obra *Ataque do Comando P. Q.* (Ática), Scliar conta a história de Caco, um adolescente que, por sua intimidade com computadores, é convidado a desvendar as misteriosas mensagens que chegam às telas dos computadores da prefeitura, invadidos por um *hacker*. Como as mensagens estão relacionadas com *Triste fim de Policarpo Quaresma*, de Lima Barreto, Caco conta com a ajuda de seu professor de literatura para desvendar o mistério. Diversão certa, que vale a pena conferir.

Além de fazer uma descrição política do país no início da República, a obra traça um rico painel social e humano dos subúrbios cariocas na virada do século. Aposentados, profissionais liberais, moças casadoiras, carreiristas, músicos, donas de casa, o mulato — esse é o universo retratado por Lima Barreto em *Triste fim...* Destacam-se, nesse conjunto, as personagens Ismênia, que, tendo sido educada para o casamento, enlouquece quando abandonada pelo noivo; Olga, sobrinha de Policarpo, que difere da maioria das mulheres por ser mais independente; e o violonista e cantor de modinhas Ricardo Coração-dos-Outros, amigo de Policarpo.

LEITURA

O fragmento a seguir situa-se no último capítulo de *Triste fim de Policarpo Quaresma* e mostra Quaresma logo após ter denunciado ao presidente marechal Floriano Peixoto as injustiças feitas aos prisioneiros na prisão.

Como lhe parecia ilógico com ele mesmo estar ali metido naquele estreito calabouço. Pois ele, o Quaresma plácido, o Quaresma de tão profundos pensamentos patrióticos, merecia aquele triste fim?

[...]

Por que estava preso? Ao certo não sabia; o oficial que o conduzira nada lhe quisera dizer; e, desde que saíra da ilha das Enxadas para a das Cobras, não trocara palavra com ninguém, não vira nenhum conhecido no caminho [...]. Entretanto, ele atribuía a prisão à carta que escrevera ao presidente, protestando contra a cena que presenciara na véspera.

Não se pudera conter. Aquela leva de desgraçados a sair assim, a desoras, escolhidos a esmo, para uma carniçaria distante, falara fundo a todos os seus sentimentos; pusera diante dos seus olhos todos os seus princípios morais; desafiara a sua coragem moral e a sua solidariedade humana; e ele escrevera a carta com veemência, com paixão, indignado. Nada omitiu do seu pensamento; falou claro, franca e nitidamente.

Devia ser por isso que ele estava ali naquela masmorra, engaiolado, trancafiado, isolado dos seus semelhantes como uma fera, como um criminoso, sepultado na treva, sofrendo umidade, misturado com os seus detritos, quase sem comer... Como acabarei? Como acabarei? E a pergunta lhe vinha, no meio da revoada de pensamentos que aquela angústia provocava pensar. Não havia base para qualquer hipótese. Era de conduta tão irregular e incerta o Governo que tudo ele podia esperar: a liberdade ou a morte, mais esta que aquela.

O tempo estava de morte, de carnificina; todos tinham sede de matar, para afirmar mais a vitória e senti-la bem na consciência cousa sua, própria, e altamente honrosa.

Iria morrer, quem sabe se naquela noite mesmo? E que tinha ele feito de sua vida? Nada. Levara toda ela atrás da miragem de estudar a pátria, por amá-la e querê-la muito, no intuito de contribuir para a sua felicidade e prosperidade. Gastara sua mocidade nisso, a sua virilidade também; e, agora que estava na velhice, como ela o recompensava, como ela o premiava, como ela o condecorava? Matando-o. E o que não deixara de ver, de gozar, de fruir, na sua vida? Tudo. Não brincara, não pandegara, não amara — todo esse

475

lado da existência que parece fugir um pouco à sua tristeza necessária, ele não vira, ele não provara, ele não experimentara.

Desde dezoito anos que o tal patriotismo lhe absorvia e por ele fizera a tolice de estudar inutilidades. Que lhe importavam os rios? Eram grandes? Pois que fossem... Em que lhe contribuiria para a felicidade saber o nome dos heróis do Brasil? Em nada... O importante é que ele tivesse sido feliz. Foi? Não. Lembrou-se das suas cousas de tupi, do folclore, das suas tentativas agrícolas... Restava disso tudo em sua alma uma satisfação? Nenhuma! Nenhuma!

O tupi encontrou a incredulidade geral, o riso, a mofa, o escárnio; e levou-o à loucura. Uma decepção. E a agricultura? Nada. As terras não eram ferazes e ela não era fácil como diziam os livros. Outra decepção. E, quando o seu patriotismo se fizera combatente, o que achara? Decepções. Onde estava a doçura de nossa gente? Pois ele não a viu combater como feras? Pois não a via matar prisioneiros, inúmeros? Outra decepção. A sua vida era uma decepção, uma série, melhor, um encadeamento de decepções.

(São Paulo: Saraiva, 2007. p. 199-201.)

desora: tarde da noite, altas horas.
feraz: muito produtivo, fecundo, fértil.
fruir: desfrutar, aproveitar, gozar.
mofa: zombaria, troça.
pandegar: viver em festa.

1. Policarpo Quaresma participava, ao lado de Floriano Peixoto, na Revolta da Armada, quando foi preso. De acordo com as pistas do texto, levante hipóteses:

a) Por que Quaresma foi preso?

b) O que provavelmente ele viu na prisão que o teria levado a escrever a carta-denúncia?

c) Como Quaresma supõe que Floriano Peixoto interpretou essa iniciativa dele?

Lima Barreto em caricatura de 1919, por Hugo Pires.

2. Na prisão, Quaresma faz uma retrospectiva e uma avaliação de sua vida, de sua conduta e de seus valores. A que conclusão chega?

3. Observe estes fragmentos do texto:

"e, agora que estava na velhice, como ela [a pátria] o recompensava, como ela o premiava, como ela o condecorava? Matando-o."

"Onde estava a doçura de nossa gente? Pois ele não a viu combater como feras?"

a) Nesses fragmentos, a quem Quaresma atribui a responsabilidade, respectivamente, por sua prisão e pela violência da guerra?

b) Quem, na verdade, tinha responsabilidade por tais ocorrências?

c) Apesar de Quaresma fazer uma autocrítica, que característica da personagem ainda se mantém nesses fragmentos?

4. No texto, é empregada a técnica do discurso indireto livre. Identifique um trecho em que tal recurso foi utilizado e explique o efeito de sentido que ele provoca no texto.

5. No final do texto se lê: "A sua vida era uma decepção, uma série, melhor, um encadeamento de decepções". Explique a diferença de sentido entre "série de decepções" e "encadeamento de decepções".

6. Policarpo Quaresma, muitas vezes associado a D. Quixote, personagem de Miguel de Cervantes, é um típico herói problemático. Explique por quê.

7. Pode-se dizer que o romance *Triste fim de Policarpo Quaresma* faz uma crítica à sociedade da época. Qual é o alvo dessa crítica?

476

MONTEIRO LOBATO: UM DÍNAMO EM MOVIMENTO

Monteiro Lobato (1882-1948), paulista de Taubaté, foi um dos escritores brasileiros de maior prestígio, em consequência de sua atuação como intelectual polêmico e autor de histórias infantis.

Sua ação foi além do círculo literário, tendo se estendido também para o âmbito da luta política e social. Moralista e doutrinador, aspirava ao progresso material e mental do povo brasileiro. Com a personagem Jeca Tatu – um típico caipira acomodado e miserável do interior paulista –, por exemplo, Lobato criticava a face de um Brasil agrário, atrasado e ignorante, cheio de vícios e vermes. Seu ideal de país era um Brasil moderno, estimulado pela ciência e pelo progresso.

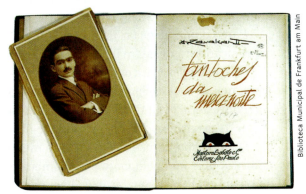

Monteiro Lobato.

De fazendeiro, Lobato passou ao ramo editorial. Criou a Monteiro Lobato & Cia., a primeira editora nacional, e mais tarde a Companhia Editora Nacional e a Editora Brasiliense.

Nacionalista, envolveu-se na década de 1930 com a luta pela defesa das reservas naturais brasileiras, que vinham sendo inescrupulosamente exploradas por empresas multinacionais. Com a publicação de *O escândalo do petróleo* (1936), denunciou o jogo de interesses relacionado com a extração do petróleo e a ligação das autoridades brasileiras com interesses internacionais. Em 1941, já durante a ditadura de Vargas, foi preso por ataques ao governo, fato que provocou intensa comoção no país.

A obra

Monteiro Lobato situa-se entre os autores regionalistas do Pré-Modernismo e destaca-se no gênero *conto*. O universo retratado por ele geralmente são os vilarejos decadentes do Vale do Paraíba (região paulista entre São Paulo e Rio de Janeiro) na época da crise do plantio do café.

Escritor sem nenhuma pretensão de promover renovação psicológica ou estética, Lobato foi antes de tudo um extraordinário contador de histórias, de casos interessantes, preso ainda a certos modelos realistas. Dono de um estilo cuidadoso, não perdeu oportunidade para criticar certos hábitos brasileiros, como a obediência a modelos estrangeiros, a subserviência ao capitalismo internacional, a submissão das massas eleitorais, o nacionalismo ufanista cego, etc.

Apesar de ideologicamente avançado, do ponto de vista artístico mostrou-se conservador quando começaram a surgir as primeiras manifestações modernistas em São Paulo. Ficou famoso o seu polêmico artigo intitulado "Paranoia ou mistificação", publicado no jornal *O Estado de S. Paulo* em 1917. Nele Lobato criticava violentamente a exposição de pinturas expressionistas de Anita Malfatti, pintora paulista recém-chegada da Europa, considerando seu trabalho resultado de uma deformação mental. Apesar disso, na década de 1920, na condição de integrante da direção da *Revista do Brasil*, Lobato acabou sendo um dos colaboradores do movimento de divulgação das ideias modernistas.

Em sua produção voltada ao público adulto, destacam-se as obras *Urupês*, *Cidades mortas* e *Negrinha*.

Veja, como exemplo, este fragmento da crônica "Urupês", na qual Monteiro Lobato traça o perfil do caipira, o Jeca Tatu, que ele imortalizou em nossa literatura.

> Jeca Tatu é um piraquara do Paraíba, maravilhoso epítome de carne onde se resumem todas as características da espécie.
>
> Ei-lo que vem falar ao patrão. Entrou, saudou. Seu primeiro movimento após prender entre os lábios a palha de milho, sacar o rolete de fumo e disparar a cusparada d'esguicho, é sentar-se jeitosamente sobre os calcanhares. Só então destrava a língua e a inteligência.
>
> — "Não vê que..."

De pé ou sentado as ideias se lhe entramam, a língua emperra e não há de dizer coisa com coisa.

De noite, na choça de palha, acocora-se em frente ao fogo para "aquentá-lo", imitado da mulher e da prole.

Para comer, negociar uma barganha, ingerir um café, tostar um cabo de foice, fazê-lo noutra posição será desastre infalível. Há de ser de cócoras.

Nos mercados, para onde leva a quitanda domingueira, é de cócoras, como um faquir do Bramaputra, que vigia os cachinhos de brejaúva ou o feixe de três palmitos.

Pobre Jeca Tatu! Como és bonito no romance e feio na realidade!

Jeca mercador, Jeca lavrador, Jeca filósofo...

Quando comparece às feiras, todo mundo logo adivinha o que ele traz: sempre coisas que a natureza derrama pelo mato e ao homem só custa o gesto de espichar a mão e colher — cocos de tucum ou jissara, guabirobas, bacuparis, maracujás, jataís, pinhões, orquídeas; [...]

(22ª ed. São Paulo: Brasiliense, 1978. p. 147.)

Jeca Tatu: um soco no estômago

O jornalista Roberto Pompeu de Toledo comenta sobre o significado que a personagem de Monteiro Lobato teve quando foi publicada pela primeira vez a obra *Urupês*:

> Jeca Tatu é uma grande descoberta. Ou, se não uma descoberta, uma grande sacudida nas consciências. Será uma descoberta na hipótese, não desprezível, de que os brasileiros bem-nascidos e letrados não tivessem ideia, ou tivessem apenas uma ideia vaga, da existência, no subsolo do país onde se moviam, de um Brasil miserável, ignorante e desprezado. Será uma sacudida nas consciências se esses brasileiros, conhecendo esse Brasil, fingissem que ele não existia. Num caso como no outro, Jeca Tatu é um soco no estômago — no estômago da ignorância ou no da hipocrisia.

(*Veja*, nº 1588.)

A literatura infantil

Monteiro Lobato foi também um dos primeiros autores de literatura infantil em toda a América Latina. Personagens como Narizinho, Pedrinho, a boneca Emília, Dona Benta, Tia Nastácia, o Visconde de Sabugosa e o porco Rabicó ficaram conhecidas por muitas gerações de crianças de vários países.

Na década de 1970, as histórias da turma foram adaptadas para a TV e levadas ao ar no programa seriado *Sítio do Picapau Amarelo*.

Tal qual no conjunto de suas obras, também na produção infantil Lobato aproveitou para transmitir às crianças valores morais, conhecimentos sobre nosso país, nossas tradições (como o saci), nossa língua.

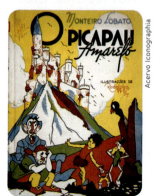

O Picapau Amarelo (1939), de Monteiro Lobato.

AUGUSTO DOS ANJOS: O ÁTOMO E O COSMOS

Considerado por alguns como poeta simbolista, Augusto dos Anjos é na verdade representante de uma experiência única na literatura universal: a união do Simbolismo com o cientificismo naturalista. Por isso, dado o caráter sincrético de sua poesia, convém situá-lo entre os pré-modernistas.

Os poemas de sua única obra, *Eu* (1912), chocam pela agressividade do vocabulário e pela visão dramaticamente angustiante da matéria, da vida e do cosmos. Compõem sua linguagem termos até então considerados antipoéticos, como *escarro*, *verme*, *germe*, etc. Os temas são igualmente inquietantes: a prostituta, as substâncias químicas que compõem o corpo humano, a decrepitude dos cadáveres, os vermes, o sêmen, etc.

Além dessa "camada científica", há na poesia do autor a dor de ser dos simbolistas, marcada por anseios e angústias existenciais, provável influência do pessimismo do filósofo alemão Arthur Schopenhauer.

Para o poeta, não há Deus nem esperança; há apenas a supremacia da ciência. Quanto ao homem, as substâncias e energias do universo que o geraram, compondo a matéria de que ele é feito — carne, sangue, instinto, células —, tudo fatalmente se arrasta para a podridão e para a decomposição, para o mal e para o nada.

Em síntese, a poesia de Augusto dos Anjos é caracterizada pela união de duas concepções de mundo distintas: de um lado, a objetividade do átomo; de outro, a dor cósmica, que busca descobrir o sentido da existência humana. Observe alguns desses procedimentos no soneto a seguir.

Augusto dos Anjos vira personagem

A escritora Ana Miranda já romanceou a vida dos poetas Gregório de Matos e Gonçalves Dias. Em *A última quimera* (Companhia das Letras) quem vira personagem da autora é Augusto dos Anjos.

Narrada em 1ª pessoa por um suposto amigo e conterrâneo de Augusto, a obra traça um rico quadro da vida política e cultural brasileira do início do século XX, reunindo personalidades de prestígio de nossa literatura, como — além do próprio Augusto — Olavo Bilac, Raul Pompeia e Alberto de Oliveira e inclui fatos marcantes da época, como a proclamação da República, a Revolta da Chibata e a modernização do Rio de Janeiro.

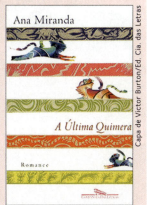

Capa de Victor Burton/Ed. Cia. das Letras

Versos íntimos

Vês?! Ninguém assistiu ao formidável
Enterro de tua última quimera.
Somente a Ingratidão — esta pantera
Foi tua companheira inseparável!

Acostuma-te à lama que te espera!
O Homem, que, nesta terra miserável,
Mora, entre feras, sente inevitável
Necessidade de também ser fera.

Toma um fósforo. Acende teu cigarro!
O beijo, amigo, é a véspera do escarro.
A mão que afaga é a mesma que apedreja.

Se a alguém causa inda pena a tua chaga,
Apedreja essa mão vil que te afaga,
Escarra nessa boca que te beija!

(*Eu e outros poemas*. 30. ed. Rio de Janeiro: Livraria São José, 1965. p. 146.)

Rodrigo Rosa

quimera: fantasia, sonho, ilusão.

Observe que, no plano da linguagem, além da novidade do vocabulário até então considerado "baixo" em poesia, como a palavra *escarro*, o poema também inova no tom coloquial e cotidiano da linguagem, como se observa na 3ª estrofe: "Toma um fósforo. Acende teu cigarro!". Note ainda o enfoque naturalista dado ao homem em sociedade: fera entre feras (ideia ligada ao determinismo, à seleção natural). A carga pessimista, por outro lado, não foge aos valores simbolistas.

Com sua poesia antilírica, Augusto dos Anjos deu início à discussão sobre o conceito de "boa poesia", preparando o terreno para a grande renovação modernista iniciada na segunda década do século XX.

479

LITERATURA

LITERATURA

Fundação Gala-Salvador Dalí, Figueiras, Espanha

Galateia e as esferas (1952), de Salvador Dalí, o mais importante pintor do Surrealismo.

CAPÍTULO 43

A linguagem do Modernismo

No início do século XX, uma verdadeira revolução começou a ocorrer nas artes em geral.
Na literatura não foi diferente: envolvidos por um espírito demolidor, os escritores voltaram-se contra o academicismo e romperam com os padrões estéticos vigentes.
Avessos às regras, os modernistas propuseram as "palavras em liberdade".

Você vai ler, a seguir, três poemas: o primeiro é de Guillaume Apollinaire, um dos principais poetas do Cubismo francês e amigo dos pintores Picasso e Braque; o segundo é de Mário de Andrade, um dos fundadores do Modernismo brasileiro; o terceiro é do poeta brasileiro Oswald de Andrade. Leia e compare os textos, observando a linguagem que apresentam.

LEITURA

TEXTO I

As janelas

Do vermelho ao verde todo amarelo morre
Quando cantam as araras nas florestas natais
[...]
Aves chinesas de uma asa só voando em dupla
É preciso um poema sobre isso
Enviaremos mensagem telefônica
Traumatismo gigante
Faz escorrer os olhos
Garota bonita entre jovens turinenses
O moço pobre se assoava na gravata branca
Você vai erguer a cortina
E agora veja a janela se abre
Aranhas quando as mãos teciam a luz
Beleza palidez insondáveis violetas
Tentaremos em vão ter algum descanso
Vamos começar à meia-noite
Quando se tem tempo tem-se a liberdade
Marisco Lampreia múltiplos Sóis e o Ouriço do crepúsculo
Um velho par de sapatos amarelos diante da janela
Tours
As Torres são as ruas
[...]
Ó Paris
Do vermelho ao verde todo jovem perece
Paris Vancouver Hyère Maintenon Nova York e as Antilhas
A janela se abre como uma laranja
O belo fruto da luz

(Guillaume Apollinaire. Tradução de Décio Pignatari. In: Décio Pignatari, org. *31 poetas e 214 poemas – Do Rig-Veda e Safo a Apollinaire*. São Paulo: Companhia das Letras, 1997. p. 109-10.)

Janelas abertas simultaneamente (1912), do pintor cubista Delaunay, uma das obras da série "As janelas", na qual Apollinaire se inspirou para escrever o poema ao lado.

lampreia: animal marinho.

TEXTO II

O domador

Alturas da Avenida. Bonde 3.
Asfaltos. Vastos, altos repuxos de poeira
sob o arlequinal do céu ouro-rosa-verde...
As sujidades implexas do urbanismo.
Filets de manuelino. Calvícies de Pensilvânia.

Gritos de goticismo.
Na frente o *tram* da irrigação,
Onde um Sol bruxo se dispersa
Num triunfo persa de esmeraldas, topázios e rubis...
[...]

Rua São Bento em cruzamento com a Rua da Quitanda, em 1929.

Mário, paga os duzentos réis.
São cinco no banco: um branco,
Um noite, um ouro,
Um cinzento de tísica e Mário...
Solicitudes! Solicitudes!

Mas... olhai, oh meus olhos saudosos dos ontens
Esse espetáculo encantado da Avenida!
Revivei, oh gaúchos paulistas ancestremente!
E oh cavalos de cólera sanguínea!

Laranja da China, laranja da China, laranja da China
Abacate, cambucá e tangerina!
Guardate! Aos aplausos do esfusiante clown,
Heroico sucessor da raça heril dos bandeirantes,
Passa galhardo um filho de imigrante,
Louramente domando um automóvel!

> **ancestre:** ascendente.
> **arlequinal:** próprio de Arlequim.
> **esfusiante:** esfuziante; alegre, radiante.
> **galhardo:** garboso, elegante.
> *guardate:* do italiano, "olhai".
> **heril:** senhoril.
> **implexo:** emaranhado, enredado, entrelaçado.
> **repuxo:** jato de água.
> *tram:* do inglês, "bonde".

("Pauliceia desvairada". In: Mário de Andrade – *Poesias completas*. Belo Horizonte: Itatiaia, 2005. p. 92.)

TEXTO III

o capoeira

— Qué apanhá sordado?
— O quê?
— Qué apanhá?
Pernas e cabeças na calçada

(Oswald de Andrade. 5. ed. *Poesias reunidas*.
Rio de Janeiro: Civilização Brasileira, 1978. p. 94)

1. À primeira vista, a linguagem modernista causa grande estranhamento, mesmo para o leitor atual. Uma das razões desse estranhamento resulta do uso da técnica da *simultaneidade de imagens*, isto é, a junção de elementos aparentemente sem relação uns com os outros. Essa técnica dá a impressão de fragmentação da realidade, como se uma câmera estivesse captando *flashes*.

a) Identifique exemplos do emprego dessa técnica nos três poemas.

b) Na sua opinião, em qual dos poemas a técnica da livre associação de pensamentos chega a dificultar a compreensão do texto?

2. Outro traço de destaque na arte moderna como um todo é o *urbanismo* ou a *modernidade* como tema, isto é, a valorização das cidades, do trabalho, das fábricas, da convivência das raças e de situações cotidianas da vida. Na obra de alguns autores também é valorizada a noção do progresso advindo da industrialização e das máquinas.

a) Em qual ou quais dos poemas é abordado o tema do *urbanismo*?

b) Em qual ou quais dos poemas se nota uma visão positiva a respeito do crescimento das cidades?

3. Outra das propostas dos modernistas é trabalhar com *elementos-surpresa*, insólitos. Outra ainda é a inclinação para o humor, a piada, a ironia, o sarcasmo, a irreverência.

a) Quais poemas dão mostras de humor e irreverência?

b) Qual ou quais dos poemas apresenta(m) elementos-surpresa? Justifique sua resposta com elementos do texto.

4. Os poetas modernistas eram contrários a regras. Para criar, propunham as "palavras em liberdade", o que significava não se prender a regras preconcebidas. No lugar da métrica, propunham o uso do verso livre (sem um número predeterminado de sílabas poéticas); em vez de formas fixas, inventavam novas formas a cada novo poema.

   a) Observe a métrica dos versos dos três poemas. Eles fazem uso do verso regular ou do verso livre?

   b) Qual dos três poemas é composto em estrofes? As estrofes são regulares, isto é, todas têm o mesmo número de versos?

5. Outra manifestação da proposta de "palavras em liberdade" é o uso diferente da pontuação, de outras regras ortográficas e a busca de uma fala brasileira.

   a) Como se dá o uso da pontuação nesses textos?

   b) Que regra gramatical é quebrada no modo como se apresenta o título do poema de Oswald de Andrade?

   c) Que outros traços modernistas podem ser observados na linguagem do poema de Oswald de Andrade?

Verso livre: quem é capaz?

Quando o Modernismo propôs o fim do verso regular, muitos acharam que tinha ficado fácil ser poeta, pois qualquer um saberia empregar o verso livre.

Com o tempo, entretanto, foi ficando claro que o emprego do verso livre, em certo sentido, é muito mais difícil que o do verso regular. Isso porque, se antes o próprio verso regular definia antecipadamente o momento em que ele devia terminar, com o verso livre isso não acontece. Cada situação exige uma solução diferente e é aí que os bons poetas, criativos e inteligentes, se destacam entre a maioria.

---

6. O modernismo brasileiro recebeu influência de várias correntes artísticas surgidas na Europa no início do século XX; mas, em contrapartida, representou uma retomada do *nacionalismo*, introduzido em nossa literatura pelos românticos. Que elementos do poema de Oswald de Andrade podem ser associados à valorização da cultura brasileira?

Como síntese, compare as características do Modernismo com as do Parnasianismo:

MODERNISMO	PARNASIANISMO
Nacionalismo	Universalismo (exceto em alguns poemas de Bilac)
Revisão crítica de nosso passado histórico-cultural	Apego à tradição clássica
Valorização de temas ligados ao cotidiano	Arte pela arte ou arte sobre a arte
Subjetivismo	Objetivismo
Urbanismo	Presença da mitologia greco-latina
Ironia, humor, piada, irreverência	Descritivismo
Versos livres, "palavras em liberdade"	Versos regulares, gosto pelo verso decassílabo e pelo soneto
Síntese na linguagem, fragmentação, *flashes* cinematográficos, elementos-surpresa, livre associação de ideias	Linguagem discursiva, retórica
Busca de uma língua brasileira, mais popular e coloquial	Linguagem de acordo com a norma-padrão formal da língua
Pontuação relativa	Pontuação

LITERATURA

O TEXTO E O CONTEXTO EM PERSPECTIVA MULTIDISCIPLINAR

Leia, a seguir, um painel de textos que relacionam a produção literária do Modernismo ao contexto histórico, social e cultural em que o movimento floresceu.

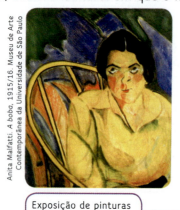

Anita Malfatti. *A boba*, 1915/16. Museu de Arte Contemporânea da Universidade de São Paulo

Tarsila do Amaral. *Abaporu*. 1928. Museo de Arte Latinoamericano de Buenos Aires/ Fundación Constantini, Buenos Aires, Argentina

- Exposição de pinturas de Anita Malfatti
- Realização da Semana de Arte Moderna, em São Paulo, e publicação de *Pauliceia desvairada*, de Mário de Andrade
- Pintura de *Abaporu*, por Tarsila do Amaral, lançamento do *Manifesto Antropófago*, de Oswald de Andrade, e publicação de *Macunaíma*, de Mário de Andrade

1907 — 1914 — 1917 — 1918 — 1922 — 1924 — 1928 — 1929 — 1930

- Início do Cubismo, com a pintura de *Les demoiselles d'Avignon*, por Pablo Picasso
- Eclosão da Revolução Russa e de greves operárias em São Paulo
- Primeira Guerra Mundial
- Eleição de Artur Bernardes, movimento dos 18 do Forte de Copacabana e fundação do Partido Comunista
- Movimento tenentista e início da marcha da Coluna Prestes
- Quebra da Bolsa de Valores de Nova Iorque
- Revolução de 30 e início da era Vargas

: Os dezoito do Forte de Copacabana, no Rio de Janeiro.

: Multidão em pânico no mercado de ações de Wall Street, em 1929.

▶ As coordenadas do século XX

O século XX daria coordenadas absolutamente inéditas ao mundo. Provocaria transformações radicais e profundas. Sob o seu signo, registra-se o apogeu da época industrial e técnica, a formação da alta burguesia e do proletariado, o estabelecimento organizado do capitalismo. A revolução burguesa passa a ser a revolução dos banqueiros. Dá-se o aperfeiçoamento das máquinas de combustão e o aproveitamento da

: Manifestação de apoio a Benito Mussolini, fundador do fascismo, em 1934.

4. Os poetas modernistas eram contrários a regras. Para criar, propunham as "palavras em liberdade", o que significava não se prender a regras preconcebidas. No lugar da métrica, propunham o uso do verso livre (sem um número predeterminado de sílabas poéticas); em vez de formas fixas, inventavam novas formas a cada novo poema.

a) Observe a métrica dos versos dos três poemas. Eles fazem uso do verso regular ou do verso livre?

b) Qual dos três poemas é composto em estrofes? As estrofes são regulares, isto é, todas têm o mesmo número de versos?

5. Outra manifestação da proposta de "palavras em liberdade" é o uso diferente da pontuação, de outras regras ortográficas e a busca de uma fala brasileira.

a) Como se dá o uso da pontuação nesses textos?

b) Que regra gramatical é quebrada no modo como se apresenta o título do poema de Oswald de Andrade?

c) Que outros traços modernistas podem ser observados na linguagem do poema de Oswald de Andrade?

Verso livre: quem é capaz?

Quando o Modernismo propôs o fim do verso regular, muitos acharam que tinha ficado fácil ser poeta, pois qualquer um saberia empregar o verso livre.

Com o tempo, entretanto, foi ficando claro que o emprego do verso livre, em certo sentido, é muito mais difícil que o do verso regular. Isso porque, se antes o próprio verso regular definia antecipadamente o momento em que ele devia terminar, com o verso livre isso não acontece. Cada situação exige uma solução diferente e é aí que os bons poetas, criativos e inteligentes, se destacam entre a maioria.

---

6. O modernismo brasileiro recebeu influência de várias correntes artísticas surgidas na Europa no início do século XX; mas, em contrapartida, representou uma retomada do *nacionalismo*, introduzido em nossa literatura pelos românticos. Que elementos do poema de Oswald de Andrade podem ser associados à valorização da cultura brasileira?

Como síntese, compare as características do Modernismo com as do Parnasianismo:

MODERNISMO	PARNASIANISMO
Nacionalismo	Universalismo (exceto em alguns poemas de Bilac)
Revisão crítica de nosso passado histórico-cultural	Apego à tradição clássica
Valorização de temas ligados ao cotidiano	Arte pela arte ou arte sobre a arte
Subjetivismo	Objetivismo
Urbanismo	Presença da mitologia greco-latina
Ironia, humor, piada, irreverência	Descritivismo
Versos livres, "palavras em liberdade"	Versos regulares, gosto pelo verso decassílabo e pelo soneto
Síntese na linguagem, fragmentação, *flashes* cinematográficos, elementos-surpresa, livre associação de ideias	Linguagem discursiva, retórica
Busca de uma língua brasileira, mais popular e coloquial	Linguagem de acordo com a norma-padrão formal da língua
Pontuação relativa	Pontuação

483

LITERATURA

O TEXTO E O CONTEXTO EM PERSPECTIVA MULTIDISCIPLINAR

Leia, a seguir, um painel de textos que relacionam a produção literária do Modernismo ao contexto histórico, social e cultural em que o movimento floresceu.

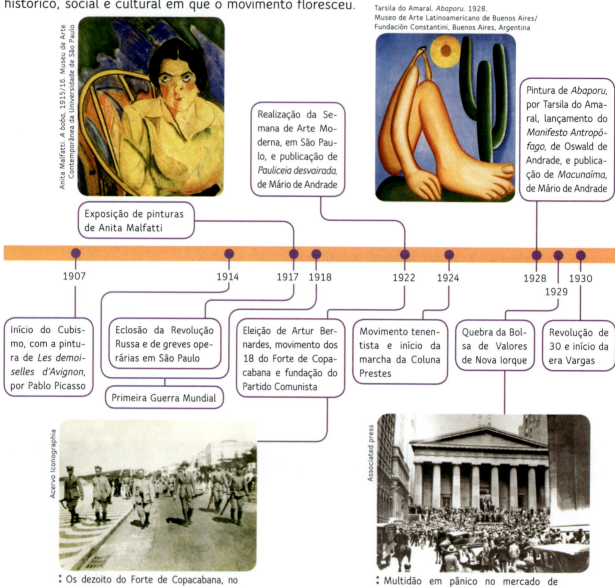

- Os dezoito do Forte de Copacabana, no Rio de Janeiro.
- Multidão em pânico no mercado de ações de Wall Street, em 1929.

▶ As coordenadas do século XX

O século XX daria coordenadas absolutamente inéditas ao mundo. Provocaria transformações radicais e profundas. Sob o seu signo, registra-se o apogeu da época industrial e técnica, a formação da alta burguesia e do proletariado, o estabelecimento organizado do capitalismo. A revolução burguesa passa a ser a revolução dos banqueiros. Dá-se o aperfeiçoamento das máquinas de combustão e o aproveitamento da

- Manifestação de apoio a Benito Mussolini, fundador do fascismo, em 1934.

eletricidade nas indústrias, com o seu consequente e imediato progresso. Cresce o comércio, fomenta-se o transporte, multiplica-se a produção, que, processada em larga escala, abarrota os entrepostos, gerando as rivalidades do comércio internacional. Após desenvolver-se toda uma política armamentista febril, estoura, enfim, dentro de uma atmosfera tensa, de enervante expectativa, a primeira guerra mundial [1914].

O conflito, que inicialmente pareceria mera pendência mercantil entre duas nações poderosas e produtivas – a Inglaterra e a Alemanha –, ambas empenhadas no domínio dos mercados, envolve, posteriormente, o mundo inteiro, e, dele, seria consequência toda uma época social e econômica de novos fundamentos. O capitalismo e a política do liberalismo econômico, apoiados no individualismo e no princípio da livre concorrência, entram em estado de choque e, em breve, sofrerão os primeiros reveses, bem como buscarão, em adaptações e superações, os meios de subsistirem à sua crise. Em 1919, Mussolini já redigira a plataforma preparatória do fascismo, cujas origens estão no Manifesto Futurista, de Marinetti, ao qual, aliás, o líder político italiano após a sua assinatura.

Em 1917, a Rússia já era bolchevista e Stalin o secretário-geral do Partido Comunista, e, em 1919, sete homens se reúnem em Munich, numa cervejaria, e fundam o Partido Nacional Socialista dos Operários Alemães, sendo que o mais obscuro participante da reunião levaria o mundo, vinte anos depois, a uma conflagração universal: Adolph Hitler.

(Mário da Silva Brito. *História do Modernismo brasileiro*: antecedentes da Semana de Arte Moderna. 5. ed. Rio de Janeiro: Civilização Brasileira, 1978. p. 23-4.)

A *belle époque*

O período da literatura europeia que se estende de 1886, por aí, a 1914, corresponde, de um modo geral, ao que informalmente se denomina "belle époque". Uma de suas características, sob o ponto de vista da história literária, é a pluralidade de tendências filosóficas, científicas, sociais e literárias, advindas do realismo-naturalismo. Muitas das quais não sobreviveriam à grande guerra, transformando-se ou desaparecendo no conflito e arrastando o final do século XIX que em vão tentava ultrapassar os seus próprios limites cronológicos.

É a época das boêmias literárias, como as de Montmartre e Munique. Dessa literatura de cafés e boulevards, de transição pré-vanguardista, é que vão se originar os inúmeros *-ismos* que marcarão o desenvolvimento de todas as artes neste século [XX]. Esses movimentos foram, por um lado, decorrentes do culto à modernidade, resultado das transformações científicas por que passava a humanidade; e, por outro, consequência do esgotamento de técnicas e teorias estéticas que já não correspondiam à realidade do novo mundo que começava a desvendar-se.

Na França, por volta de 1900, essa inquietação estava no auge. Os escritores, embora cultuando Baudelaire, Rimbaud, Verlaine e Mallarmé [...] já não se contentavam apenas com as soluções simbolistas então em moda. Arquitetavam novas teorias culturais, experimentavam timidamente outras fórmulas expressivas, fundavam revistas e redigiam manifestos em que as ideias expostas imatura ou apressadamente seriam logo retocadas e mesmo abandonadas nos manifestos seguintes. Muitas dessas teorias e formas seriam enfatizadas nos manifestos da literatura de vanguarda, por nós aqui entendida como toda tentativa de ruptura estética, feita de maneira radical, a partir de 1909, data do primeiro manifesto futurista, publicado em Paris.

(Gilberto Mendonça Teles. *Vanguarda europeia e Modernismo brasileiro.* 9. ed. Petrópolis: Vozes, 1986. p. 39-40.)

Peça da *Art Nouveau*, corrente artística que surgiu durante a *belle époque* e foi responsável pela popularização da arte na arquitetura, nos móveis e na decoração.

O contexto brasileiro e o Modernismo

Uma simples inspeção dos números mostra que o Modernismo se vincula estreitamente a certas transformações das sociedades, determinadas em geral por fenômenos exteriores, que vêm repercutir aqui. 1922 é um ano simbólico do Brasil moderno, coincidindo com o Centenário da Independência. A Guerra Mundial de 1914-1918 influiu no crescimento da nossa indústria e no conjunto da economia, assim como nos costumes e nas relações políticas. Não apenas surge uma mentalidade renovadora na educação e nas artes, como se principia a questionar seriamente a legitimidade do sistema político, dominado pela oligarquia rural. Torna-se visível, principalmente nos Estados do Sul, que dominam a vida econômica e política, a influência da grande leva de imigrantes, que fornecem a mão de obra e quadros técnicos depois de 1890, trazendo elementos novos ao panorama material e espiritual.

Em 1922 irrompe a transformação literária [com a Semana de Arte Moderna], ocorre o primeiro dos levantes político-militares que acabariam por triunfar com a Revolução de Outubro de 1930, funda-se o Partido Comunista Brasileiro, etapa significativa da política de massas, que se esboçava e que avultaria cada vez mais.

(Antonio Candido e José Aderaldo Castello. *Presença da literatura brasileira*: Modernismo. 8. ed. São Paulo/Rio de Janeiro: Difel, 1979. p. 7-8.)

O tenentismo e seus desdobramentos

1922 – Eclode nas fileiras do Exército brasileiro, principalmente entre os tenentes, uma rebelião contra a eleição de Artur Bernardes, candidato representante da política do café com leite. Essa rebelião, que levaria à Revolta do Forte de Copacabana, marca o início do Tenentismo.

1925 – Os tenentes paulistas, juntando-se a outros revoltosos de várias partes do país, formam a Coluna Prestes, que, com 1 500 homens, marcha pelo país com o objetivo de insuflar as massas contra o governo federal.

O movimento tenentista na Revolução de 1924.

1930 – Tem início, no Rio Grande do Sul, um movimento militar que se rebela contra o governo por não aceitar a eleição de Júlio Prestes e culmina com a Revolução de 1930.

1930-1945 – Transcorre nesse período a era Vargas, que representa uma mudança de orientação na vida política e econômica do país.

• Roteiro de estudo •

Ao final da leitura dos textos, você deverá:
- Interpretar o texto de Mário da Silva Brito e explicar por que o autor afirma que o século XX "daria coordenadas absolutamente inéditas ao mundo".
- Explicar por que a *belle époque* (1886-1914) foi um período de efervescência cultural.
- Compreender o que se costuma chamar de "literatura de vanguarda".
- Explicar por que o surgimento da arte moderna no Brasil coincide historicamente com um momento de profundas transformações econômicas, sociais e políticas de nosso país.

AS VANGUARDAS EUROPEIAS

O Cubismo

O movimento cubista teve início na França, em 1907, com o quadro *Les demoiselles d'Avignon*, do pintor espanhol Pablo Picasso. A partir de então, em torno de Picasso e do poeta francês Apollinaire formou-se um grupo de artistas que cultivaria as técnicas cubistas até o término da Primeira Guerra Mundial, em 1918.

Os pintores cubistas opõem-se à objetividade e à linearidade da arte renascentista e da realista. Buscando novas experiências com a perspectiva, procuram decompor os objetos representados em diferentes planos geométricos e ângulos retos, com espaços múltiplos e descontínuos, que se interceptam e se sucedem, de tal forma que o espectador, com o seu olhar, possa remontá-los e ter uma visão do todo, de face e de perfil, como se tivesse dado uma volta em torno deles. Outra técnica introduzida pelos cubistas é a *colagem*, que consiste em montar a obra a partir de diferentes materiais, como figuras, jornais, madeira, etc.

Les demoiselles d'Avignon, de Picasso, obra que, justapondo diferentes planos angulares, deu início ao Cubismo.

Na literatura, essas técnicas da pintura correspondem à fragmentação da realidade, à superposição e simultaneidade de planos — por exemplo, reunir assuntos aparentemente sem nexo, misturar assuntos, espaços e tempos diferentes. Houve também as experiências visuais do poeta Apollinaire, que explorou a disposição espacial e gráfica do poema — técnica que, nas décadas de 1950-60, influenciaria o surgimento do Concretismo no Brasil.

Assim, a literatura cubista apresenta características como ilogismo, humor, anti-intelectualismo, instantaneísmo, simultaneidade, linguagem predominantemente nominal.

As principais expressões do Cubismo europeu foram Picasso, Léger, Braque, Gris e Delaunay, na pintura, e Apollinaire e Blaise Cendrars, na literatura.

O Futurismo

Em 1909, no jornal parisiense *Le Figaro*, o italiano Filippo Tommasio Marinetti publica o *Manifesto Futurista*, que surpreende os meios culturais europeus pelo caráter violento e radical de suas propostas.

Muito mais do que por obras, o movimento futurista difunde-se por meio de manifestos (mais de trinta) e conferências, tendo sempre à frente a figura de seu líder, Marinetti.

Eis algumas das propostas do primeiro manifesto, de 1909:

> 1. Nós queremos cantar o amor ao perigo, o hábito à energia e à temeridade.
> 2. Os elementos essenciais de nossa poesia serão a coragem, a audácia e a revolta.
> 3. Tendo a literatura até aqui enaltecido a imobilidade pensativa, o êxtase e o sono, nós queremos exaltar o movimento agressivo, a insônia febril, o passo ginástico, o salto mortal, a bofetada e o soco.
> 4. Nós declaramos que o esplendor do mundo se enriqueceu com uma beleza nova: a beleza da velocidade. Um automóvel de corrida com seu cofre adornado de grossos tubos como serpentes de fôlego explosivo... um automóvel rugidor, que parece correr sobre a metralha, é mais belo que a *Vitória de Samotrácia*.
>
> (Apud Gilberto Mendonça Teles. *Vanguardas europeias e Modernismo brasileiro*. Petrópolis: Vozes, 1983. p. 91-2.)

enaltecer: engrandecer.

Após o primeiro manifesto, que define o *perfil ideológico* do movimento, Marinetti lança, em 1912, o *Manifesto Técnico da Literatura Futurista*, cujas propostas representam uma verdadeira revolução literária. Entre elas, destacam-se:
- a destruição da sintaxe e a disposição das "palavras em liberdade";
- o emprego de verbos no infinitivo, com vistas à substantivação da linguagem;
- a abolição dos adjetivos e dos advérbios;
- o emprego do substantivo duplo (*praça-funil*, *mulher-golfo*, por exemplo) em lugar do substantivo acompanhado de adjetivo;
- a abolição da pontuação, que seria substituída por sinais da matemática (+, -, :, =, >, <) e pelos sinais musicais;
- a destruição do eu psicologizante.

Ritmo do violinista (1912), de Giacomo Balla, obra que procura captar o movimento das mãos do violinista.

O Expressionismo

No começo do século XX, na França e na Alemanha, surge um grupo de pintores chamados *expressionistas* na Alemanha e *fauvistas* na França. Curiosamente, o objetivo dos integrantes desse grupo era combater o Impressionismo, tendência da qual eles provinham.

O Impressionismo consistia em uma corrente da pintura que valorizava a *impressão*, isto é, era uma arte sensorial e subjetiva quanto ao modo de captação da realidade. Na relação entre o artista impressionista e a realidade, o movimento de criação vai do mundo exterior para o mundo interior. Já no Expressionismo ocorre o oposto: o movimento de criação parte da subjetividade do artista, do seu mundo interior, em direção ao mundo exterior. Assim, para o artista expressionista, a obra de arte é reflexo direto de seu mundo interior e toda a atenção é dada à *expressão*, isto é, ao modo como forma e conteúdo livremente se unem para dar vazão às sensações do artista no momento da criação. Essa liberdade da expressão assemelha-se à que os futuristas pregavam com seu lema "palavras em liberdade".

Durante e depois da Primeira Guerra, o Expressionismo assumiu um caráter mais social e combativo, denunciando os horrores da guerra, as condições de vida desumanas das populações carentes, etc.

Na pintura, destacam-se, entre os artistas ligados ao Expressionismo, Kandinski, Paul Klee, Chagall, Munch.

Na literatura, o Expressionismo geralmente apresenta estas características:
- linguagem fragmentada, elíptica, constituída por frases nominais (basicamente aglomerados de substantivos e adjetivos), às vezes até sem sujeito;
- despreocupação com a organização do texto em estrofes, com o emprego de rimas ou de musicalidade;
- combate à fome, à inércia e aos valores do mundo burguês.

A dança da vida (1899-1900), de Edvard Munch, um dos mais importantes pintores expressionistas.

O Dadaísmo: a antiarte

Durante a Primeira Guerra Mundial, a Suíça, mantendo-se neutra no conflito, recebe artistas e intelectuais de todos os pontos da Europa. Abrigando-se em Zurique, alguns desses "fugidos da guerra" reúnem-se no Cabaret Voltaire, ponto de encontro e espaço cultural onde nasce o movimento dadaísta.

Criado a partir do clima de instabilidade, medo e revolta provocado pela guerra, o movimento dadá pretendia ser uma resposta à nítida decadência da civilização representada pelo conflito. Daí provêm a irreverência, o deboche, a agressividade e o ilogismo dos textos e das manifestações dadaístas.

Os dadás entendiam que, com a Europa banhada em sangue, o cultivo da arte não passava de hipocrisia e presunção. Por isso, adotaram a postura de ridicularizá-la, agredi-la, destruí-la.

Muitas foram as atitudes demolidoras dos artistas dadaístas a partir de 1916: noitadas em que predominavam palhaçadas, declamações absurdas, exposições inusitadas, além dos espetáculos-relâmpago que faziam de improviso nas ruas, em meio a urros, vaias, gritos, palavrões e à total incompreensão da plateia.

Quanto às obras artísticas, especificamente, é pequena a produção do Dadaísmo suíço. Mas o movimento foi reforçado pelas montagens e colagens de Max Ernst, que utiliza diferentes materiais, e pela técnica do *ready-made* desenvolvida por Marcel Duchamp, com a qual é satirizado o mito mercantilista da civilização capitalista. A técnica do *ready-made* consiste em extrair um objeto do seu uso cotidiano e, sem nenhuma ou com pequenas alterações, atribuir-lhe um valor. Ficaram famosos certos objetos, como um urinol de porcelana, uma roda de bicicleta enxertada num banco, um rolo de corda, uma ampola de vidro, um suporte para garrafas – todos elevados por Duchamp à condição de objetos de arte.

: *Roda de bicicleta* (1913), de Marcel Duchamp, um exemplo da técnica de *ready-made*.

Na literatura, o Dadaísmo caracteriza-se pela agressividade, pela improvisação, pela desordem, pela rejeição a qualquer tipo de racionalização e equilíbrio, pela livre associação de palavras (técnica da "escrita automática", que seria mais tarde aproveitada pelo Surrealismo) e pela invenção de palavras com base na exploração apenas de sua sonoridade.

Entre os dadaístas têm destaque também Francis Picabia, Philippe Soupault e André Breton.

O Surrealismo: o combate à razão

O movimento surrealista tem início na França a partir da publicação do *Manifesto do Surrealismo* (1924), de André Breton. Diversos pintores aderem ao movimento, interessados nas propostas de Breton, que, tendo sido psicanalista, procura unir arte e psicanálise.

Duas são as linhas de atuação do Surrealismo em seu início: as experiências criadoras automáticas e o imaginário extraído do sonho.

O Surrealismo tem repercussão em vários domínios da arte. Na literatura, destacam-se André Breton, Louis Aragon, Antonin Artaud; nas artes plásticas, Salvador Dalí, Max Ernst, Joan Miró, Jean Harp. No cinema, a principal expressão é o cineasta espanhol Luis Buñuel, que, juntamente com Salvador Dalí, criou o roteiro dos primeiros filmes surrealistas, *O cão andaluz* e *Idade do ouro*, de 1929. Buñuel, que morreu na década de 1970, dirigiu vários filmes marcantes, entre eles *A bela da tarde*, *O discreto charme da burguesia*, *O fantasma da liberdade*, *O anjo exterminador* e *Esse obscuro objeto do desejo*.

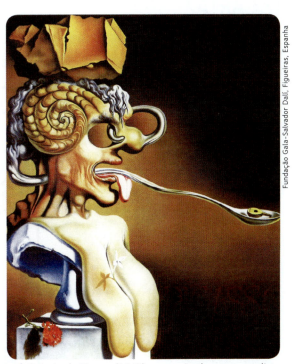

: *Retrato de Picasso* (1947), expressão da arte surrealista de Salvador Dalí.

The Troupe of Mademoiselle Eglantine (1986), Henri de Toulouse-Lautrec.

PRODUÇÃO DE TEXTO

CAPÍTULO 44
O cartaz e o anúncio publicitário

O CARTAZ

TRABALHANDO O GÊNERO

Leia o cartaz ao lado, de Ziraldo.

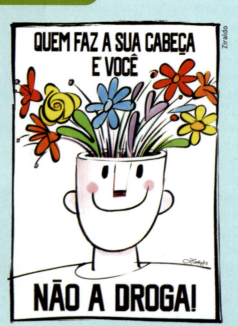

(Ricardo Leite. *Ziraldo em cartaz*. Rio de Janeiro: Senac, 2009. p. 106.)

1. O cartaz é um gênero textual que tem a finalidade de informar as pessoas, sensibilizá-las, convencê-las ou conscientizá-las sobre determinado assunto. O cartaz em estudo foi criado pelo cartunista Ziraldo, a pedido da Prefeitura do Rio de Janeiro.

a) Qual é a finalidade desse cartaz?

b) Que tipo de público esse cartaz pretende atingir?

2. Os cartazes geralmente são afixados em lugares públicos, em paredes ou murais. Considerando a entidade responsável pelo cartaz lido e a finalidade que se tem em vista com ele, levante hipóteses: Onde você acha que o cartaz foi afixado?

3. Os cartazes geralmente apresentam linguagem verbal e linguagem visual. Quanto ao cartaz em estudo, explique a relação existente entre a ilustração e o texto verbal.

4. O texto verbal dos cartazes normalmente é curto e em linguagem direta e simples. Pode haver o emprego de frases de efeito, expressões de comando, verbos no modo imperativo, ambiguidades, exploração da sonoridade, etc. No cartaz em estudo:

a) Que sentidos apresenta o enunciado "Quem faz a sua cabeça é você"?

b) Que variedade linguística foi empregada no texto?

c) Por que foi usada a expressão "não a droga", quando geralmente se utiliza "não à droga"?

5. Reúna-se com seus colegas de grupo e, juntos, concluam: Quais são as principais características do cartaz? Respondam, considerando os seguintes critérios: finalidade do gênero, perfil dos interlocutores, suporte ou veículo, tema, estrutura, linguagem.

PRODUZINDO O CARTAZ

Com a orientação do professor, em dupla ou em grupo, criem um cartaz para uma das seguintes campanhas comunitárias (ou outra, se preferirem):
- Doação de computadores, impressoras e *softwares* usados a entidades ou a comunidades carentes
- Doação de livros de literatura infantil e juvenil e brinquedos a crianças carentes mantidas por uma ONG ou para uma escola de seu bairro ou de sua cidade
- Doação de alimentos e roupas a uma entidade assistencial de seu bairro ou de sua cidade
- Valorização da vida e divulgação dos males resultantes do consumo de drogas, álcool e cigarro
- Preservação da saúde e prevenção de doenças sexualmente transmissíveis e da Aids
- Preservação dos mananciais da cidade
- Economia de água e energia elétrica

Planejamento do texto

- Decidam com os colegas e o professor o veículo em que os cartazes irão circular. Eles poderão, por exemplo, ser dispostos em paredes de toda a escola ou em um mural situado em local estratégico.
- Pensem no perfil dos leitores, lembrando que podem ser jovens, como vocês, e adultos.
- Caso se trate de uma campanha de doação, procurem fazer um texto curto e objetivo, que exponha em que ela consiste, qual é seu objetivo, o que fazer para participar dela. Se pedirem doações, indiquem o modo como elas poderão ser feitas, o local para onde deverão ser enviadas, o horário, etc. Caso se trate de uma campanha de esclarecimento, escrevam pequenos textos e deem instruções com vistas a persuadir o interlocutor, usando verbos no imperativo.

- Empreguem uma linguagem de acordo com a norma-padrão, menos ou mais formal, simples e direta e acessível ao perfil do público leitor.
- Criem um título chamativo, que ressalte a intenção do cartaz.

REVISÃO E REESCRITA

Antes de passar o texto para o suporte final, releiam-no, observando:
- se o enunciado principal atrai a atenção dos leitores;
- se fica claro o objetivo do cartaz: o que ele informa ou procura estimular, a quem se dirige, o que deve ser feito, etc.;
- se a linguagem é simples e direta, de acordo com a norma-padrão e adequada ao público a que se destina.

Façam as alterações necessárias e montem o cartaz. Numa folha de cartolina, disponham o texto verbal e imagens (fotos, ilustrações, colagens) que sirvam de apoio e estímulo à sua leitura. Deixem espaço entre as imagens e o texto verbal e usem letras de diferentes tipos e tamanhos.

O ANÚNCIO PUBLICITÁRIO

TRABALHANDO O GÊNERO

Leia o anúncio publicitário abaixo.

(*35º Anuário da Criação Publicitária*, p. 158.)

1. O anúncio publicitário é um gênero textual que tem a finalidade de promover uma ideia, a marca de um produto ou uma empresa. Os anúncios mais conhecidos são os comerciais, que circulam na TV, no rádio, em jornais, revistas e em *sites* da Internet.

   a) O anúncio lido promove uma ideia ou a marca de um produto? Qual?

   b) Quem é o locutor?

2. O anúncio publicitário geralmente é constituído de linguagem verbal e de linguagem não verbal. Que relação há entre a imagem e o enunciado verbal do anúncio?

3. O anúncio publicitário é um texto que pertence ao grupo dos gêneros argumentativos, pois tem a finalidade de convencer o leitor a consumir determinado produto ou aderir a uma ideia.

   a) Qual é o principal argumento utilizado para convencer o leitor?

   b) Na sua opinião, esse argumento é suficientemente forte para persuadir o leitor?

4. O anúncio publicitário não tem uma estrutura rígida. Contudo, geralmente apresenta um **título**, às vezes seguido de um **subtítulo**, o **corpo** do texto, que amplia o argumento do título, e a **assinatura**, **logotipo** ou **marca** do anunciante.

   a) O anúncio em estudo não apresenta alguns desses elementos. Quais?

   b) No anúncio lido, o enunciado verbal disposto sobre a imagem constitui o corpo do texto. Qual é a função desse enunciado?

5. O anúncio cita efeitos ambientais catastróficos e sugere a necessidade de medidas urgentes. Troque ideias com a classe:

   a) Sua região já sofre esses efeitos?

   b) A quem cabe tomar providências?

6. Leia o que o publicitário Jairo Lima, em entrevista, comenta sobre os recursos da linguagem publicitária:

> A campanha pode ser pensada em termos de hipérbole, pleonasmo, metonímia ou metáfora. Após a escolha, sigo o caminho traçado: o do exagero ou da repetição, ou da parte pelo todo, ou da simbologia. Quanto à escolha do vocabulário, a nível dos signos, deve ser simples, com os termos conhecidos e corriqueiros. O que vai valorizá-los e ampliá-los será as relações que se estabelecem: a polissemia, a oposição, o duplo sentido ou, às vezes, um novo sentido para um termo bastante conhecido.
>
> (In: Nelly de Carvalho. *Publicidade – A linguagem da sedução*. São Paulo: Ática, 1996. p. 29.)

   a) A parte verbal do anúncio corresponde ao que o publicitário afirma quanto à escolha do vocabulário?

   b) Na parte visual, qual recurso foi empregado no anúncio: o exagero, a parte pelo todo ou o contraste?

7. No anúncio publicitário, a linguagem geralmente se adapta ao perfil do público e frequentemente apresenta verbos no imperativo e no presente do indicativo.

   a) No anúncio em estudo, que variedade linguística foi empregada?

   b) O texto usa as formas verbais *estão avançando*, *forem* e *serão*. O que explica o emprego das formas do futuro, respectivamente do subjuntivo e do indicativo, *forem* e *serão*?

   c) Como se explica a ausência de verbos no imperativo?

8. Reúna-se com seus colegas de grupo e, juntos, concluam: Quais são as principais características do anúncio publicitário? Respondam, considerando os seguintes critérios: finalidade do gênero, perfil dos interlocutores, suporte ou veículo, tema, estrutura, linguagem.

PRODUZINDO O ANÚNCIO PUBLICITÁRIO

Reveja na página 491 os temas propostos para a produção de cartaz. Em grupo, escolham um desses temas e produzam um anúncio publicitário para ser exposto em uma campanha que pode ter o título **Solidariedade em cartaz**, a ser desenvolvida pela classe.

PLANEJAMENTO DO TEXTO

• Decidam previamente com os colegas e o professor o veículo em que os anúncios publicitários irão circular. Eles poderão ser afixados em paredes de toda a escola ou em um mural situado em local estratégico. Outra possibilidade é serem divulgados no *blog* da classe.
• Pensem no perfil dos leitores, lembrando que podem ser jovens, como vocês, e adultos.
• Criem um título ou uma frase interessante e, a seguir, o corpo do anúncio. Explicitem o que está sendo promovido, com que finalidade, de que modo participar, etc. Informem um número de telefone ou um endereço para contato.
• Empreguem uma linguagem adequada ao tema e ao perfil do público. Recursos como ambiguidades, trocadilhos, sonoridades, metáforas, metonímias, oposições, etc. são bem-vindos nesse gênero textual. Avaliem a conveniência de empregar ou não verbos no imperativo, considerando o tema e o perfil dos leitores.
• Criem ou pesquisem uma imagem que possa dar sustentação ao texto verbal.
• Criem um logotipo (com ou sem palavras) que identifique o grupo responsável pelo anúncio.

REVISÃO E REESCRITA

Antes de concluir o anúncio, releiam o texto verbal e examinem a imagem, observando:
• se, no texto, fica claro quem é o locutor;
• se, no texto, há um título ou uma frase principal que atrai a atenção dos leitores;
• se, no texto, fica claro o objetivo do anúncio: o que ele promove, a quem se dirige, as informações complementares, etc.;
• se, no texto, a linguagem é adequada ao perfil do público e ao tema do anúncio;
• se a linguagem verbal e a linguagem não verbal se complementam.
Façam as alterações necessárias e montem o anúncio.

LÍNGUA: USO E REFLEXÃO

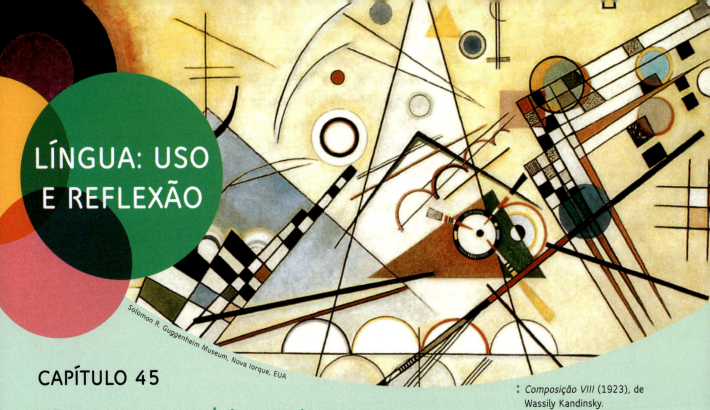

Composição VIII (1923), de Wassily Kandinsky.

CAPÍTULO 45

Concordância verbal e nominal

CONSTRUINDO O CONCEITO

Leia este poema, do autor moçambicano Juvenal Bucuane:

O húmus do homem novo

A Cláudio, meu filho

Não quero que vejas
nem sintas
a dor que me amargura;
Não quero que vejas
nem vertas
as lágrimas do meu pranto.
Deixa que eu chore
as mágoas e as desilusões;
deixa que eu deambule;
deixa que eu pise
a calidez do chão desta terra
e o regue até o meu suor;
deixa que eu me toste
sob este sol inóspito
que me dardeja o lombo sempre arqueado...

Este penar
é o resgate da esperança
que em ti alço!
Este penar
é a certeza do amanhã que vislumbro
na tua ainda incipiente idade!
Não quero que vejas
nem sintas
o meu tormento
ele é o húmus do Homem Novo.

(Disponível em: http://lusopoetas.blogspot.com.br/2010/02/o-humus-do-homem-novo.html. Acesso em: 20/7/2012.)

deambular: passear, andar à toa, caminhar, marchar.

495

1. Observe a frase: "Não quero que vejas nem sintas a dor que me amargura".

a) Quem é a pessoa a quem o eu lírico se dirige?

b) Por que os verbos *ver* e *sentir* foram empregados na 2ª pessoa do singular?

2. Nos versos "sob este *sol inóspito* / que me dardeja *o lombo* sempre *arqueado*", os adjetivos *inóspito* e *arqueado* referem-se, respectivamente, a *sol* e *lombo*.

a) A que classe de palavras pertencem os vocábulos *sol* e *lombo*?

b) Explique por que os adjetivos *inóspito* e *arqueado* estão no masculino singular.

3. O eu lírico descreve o seu sofrimento em uma espécie de desabafo para o filho. Na sua opinião, o poema traz uma visão negativa ou positiva sobre o futuro? Justifique a sua resposta, destacando um ou mais versos do poema.

CONCEITUANDO

Ao responder às questões anteriores, você observou que as formas verbais *vejas* e *sintas* estão na 2ª pessoa do singular porque concordam com o pronome de tratamento *tu*, sujeito desinencial, implícito no texto. Assim, o verbo concorda com o sujeito em número e pessoa.

Por outro lado, o fato de os substantivos *sol* e *lombo* estarem no masculino singular determinou o emprego dos adjetivos *inóspito* e *arqueado* também no masculino singular.

Assim, os adjetivos concordam em gênero e número com os substantivos a que se referem. Em ambos os casos, houve **concordância**, um princípio linguístico que orienta a combinação das palavras na frase.

Na língua portuguesa, há dois tipos de concordância: a **verbal** e a **nominal**.

> **Concordância verbal** é a concordância do *verbo* com seu *sujeito*, em número e pessoa.
> **Concordância nominal** é a concordância, em gênero e número, entre o substantivo e seus determinantes: o *adjetivo*, o *pronome adjetivo*, o *artigo*, o *numeral* e o *particípio*.

CONCORDÂNCIA VERBAL

Leia estas frases:

> O grupo de estudantes *pedia* bis ao cantor.
> O grupo de estudantes *pediam* bis ao cantor.

Em qual das frases acima a concordância verbal foi feita de acordo com a norma-padrão? Nas duas frases, pois ambas as formas de concordância são aceitas.

O fato de haver, às vezes, mais de uma possibilidade de concordância entre o verbo e o sujeito pode acarretar algumas dificuldades e, embora existam algumas regras sistematizadas, o aprendizado da concordância verbal depende em grande parte do uso sistematizado da língua, de nossa intuição linguística e, em caso de dúvida, de consultas constantes a gramáticas especializadas no assunto.

Há, a seguir, alguns exercícios de concordância verbal. Antes de realizá-los, leia os boxes que contêm, em resumo, algumas orientações sobre a concordância, de acordo com a norma-padrão, entre o verbo e seu sujeito.

EXERCÍCIOS

1. Leia o poema de Pablo Neruda e, em dupla, completem os versos com verbos que concordem com os respectivos sujeitos, buscando uma coerência poética textual. Depois, compare as suas escolhas com as do poeta.

Já não se □ meus olhos em teus olhos,
Já não se □ doce minha dor a teu lado.
Mas por onde eu □ levarei teu olhar
e para onde tu □ levarás minha dor.
□ teu, □ minha. Que mais? Juntos fizemos um desvio na rota
por onde o amor passou.
□ teu, □ minha. Tu □ de quem te □,
do que corte em teu horto aquilo que eu □.
Eu me □. □ triste: mas eu sempre □ triste.
Eu □ dos teus braços. Não □ para onde □.
... Desde o teu coração □ adeus um menino,
E eu lhe □ adeus.

(*Presente de um poeta*. Tradução de Thiago de Mello. São Paulo: Vergara & Riba Editoras, 2001. p. 42-3.)

2. No poema da questão anterior, o eu lírico afirma: "Juntos fizemos um desvio na rota/por onde o amor passou".

a) Levante hipóteses: Nessa separação, quem parece sofrer mais é o eu lírico ou a mulher amada? Justifique com um ou mais versos do poema.

b) Que título você daria ao poema?

Leia o anúncio a seguir e responda às questões de 3 a 5.

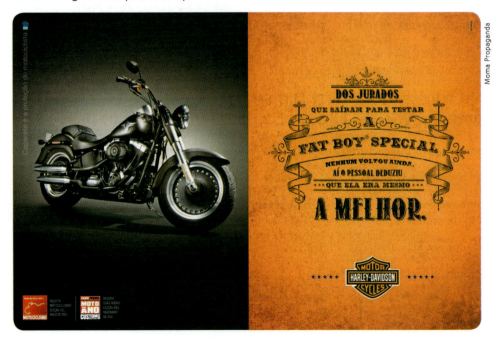

LÍNGUA:
USO E REFLEXÃO

497

3. Identifique no anúncio os termos com que concordam as formas verbais:

a) saíram   c) deduziu

b) voltou   d) era

4. O texto verbal do anúncio, reescrito com algumas alterações, está reproduzido a seguir. Complete-o com os mesmos verbos do texto original, fazendo a concordância adequada entre cada um deles e seu sujeito.

> Um grupo de jurados □ para testar a Fat Boy Special e eles ainda não □. Aí as pessoas □ que essas máquinas □ mesmo as melhores.

5. Releia a última frase do anúncio:

> "Aí o pessoal deduziu que ela era mesmo a melhor."

Levante hipóteses:

a) Quem é "o pessoal" a que o texto se refere?

b) Observe a expressão *a melhor* destacada no texto original. Qual efeito de sentido esse destaque produz no anúncio?

c) Caso a expressão *a melhor* fosse substituída por *as melhores*, essa mudança traria alterações no sentido do texto? Justifique sua resposta.

Concordância do verbo com o sujeito simples

Quando o sujeito for representado por:

- **substantivo coletivo** → verbo no singular: O povo *aclamou* o candidato.

  Mas se o sujeito coletivo estiver acompanhado de adjunto ou distante do verbo → verbo no singular ou no plural:

  > O grupo de estudantes *gritava* (ou *gritavam*) palavras de ordem.

  > O elenco se reuniu e, depois de muita discussão, *resolveu* (ou *resolveram*) continuar o espetáculo.

- **nome próprio de lugar ou título de obra no plural** → verbo no plural, se precedido de artigo:

  > Os Estados Unidos *concederam* ajuda financeira àquele país.

  Em títulos de obras, com o verbo *ser* e predicativo singular, admite-se também o verbo no singular:

  > Os sertões *é* um livro muito interessante.

  → verbo no singular, se não houver artigo precedendo-o, ou se o artigo estiver no singular:

  > Contos novos *é* uma das obras de Mário de Andrade.
  > O Amazonas *nasce* em território peruano.

- **pronome de tratamento** → verbo na 3ª pessoa:

  > Vossa Senhoria *está* melhor agora?

- **pronome relativo *que*** → verbo concorda com o antecedente do pronome:

  > Hoje somos nós que *cuidaremos* do almoço.

- **pronome relativo *quem*** → verbo na 3ª pessoa do singular ou concordando com a pessoa do antecedente do pronome:

  > Fui eu quem *fez* a pesquisa. / Fui eu quem *fiz* a pesquisa.

- **um dos que** → verbo no plural ou no singular:

  > Uma das pessoas que *desconfiavam* (ou *desconfiava*) de nós era João.

Concordância ideológica

É inadequada a concordância verbal na frase seguinte?

> Eu creio que os modernistas da Semana de Arte Moderna não *devemos* servir de exemplo a ninguém.

No caso dessa frase, a concordância é ideológica, ou seja, é feita não com a forma gramatical da palavra, mas com o seu sentido, com a ideia que ela expressa. Trata-se de um caso de *silepse*, palavra de origem grega que significa "ação de reunir, de tomar em conjunto".

Na frase acima, ocorre *silepse de pessoa*, pois seu autor se inclui no sujeito de 3ª pessoa (*os modernistas*), e o verbo fica, por isso, na 1ª pessoa do plural.

Há ainda:
- *silepse de gênero*, como na frase "Senhor presidente, Vossa Excelência é muito *generoso*", em que o adjetivo *generoso* concorda com a ideia de masculino de *Vossa Excelência*, e não com sua forma feminina;
- *silepse de número*, como na frase "Esta equipe está muito bem fisicamente. Correm em campo e não perdem um lance de bola", em que os verbos *correm* e *perdem*, no plural, concordam com a ideia de *vários jogadores* e não com o substantivo coletivo *equipe*.

6. Leia a tira:

Luis Fernando Verissimo

a) No 2º quadrinho, a personagem dá uma definição para o termo *vagabundo*. Reescreva a frase, empregando a forma *vagabundos*.

b) Que alteração as formas verbais *é* e *tem* da frase original sofreram na reescrita da frase? Justifique a alteração.

c) A conclusão da personagem baseia-se na definição que ela dá para o termo *vagabundo*. Explique a construção do humor do texto, com base nessa definição.

Expressões que denotam quantidade

Quando o sujeito for representado por expressões, como:

- **parte de, a maioria de, metade de, grande parte de, grande parte** seguida de substantivo plural → verbo no singular ou no plural: Uma parte dos funcionários *preferiu* (ou *preferiram*) férias coletivas.
- **cerca de, perto de, mais de, menos de** → verbo concorda com o numeral que o acompanha: Cerca de dez mil pessoas *assistiram* ao campeonato mundial de futebol. / Mais de uma pessoa *correu* em direção à porta de emergência.

Concordância do verbo com o sujeito composto

Se o sujeito composto:

- estiver *anteposto* ao verbo → verbo no plural: O fazendeiro e a filha *compareceram* à reunião dos sem-terra.

- estiver *posposto* ao verbo → verbo concorda com o núcleo mais próximo ou com todos, no plural:

> *Voltaram* (ou *voltou*) muito tarde do *show* o menino e os primos dele.

LÍNGUA:
USO E REFLEXÃO

- for constituído por *pessoas gramaticais diferentes* → verbo no plural. A 1ª pessoa prevalece sobre as demais. Se houver 2ª e 3ª pessoas, o verbo pode ficar na 2ª ou na 3ª pessoa:

  Eu, tu e ele ficaremos juntos no grupo de teatro. / *Tu e ele ficareis* juntos. / *Tu e ele ficarão* juntos.

  Se os núcleos do sujeito composto forem unidos por:
- ou → verbo no singular ou no plural, de acordo com o valor semântico da conjunção *ou*:

  João ou Pedro dirigirá o carro. (exclusão) / *Cinema ou teatro* me *agradam*. (adição) / *O pai ou os pais dela virão* falar com você hoje. (retificação)

- com → verbo no plural: *A mulher com as filhas entraram* apressadamente na loja.

- tanto... como, não só... mas também → verbo no plural:

  Tanto Emília como (quanto) Leonor estimam-no muito.

  As expressões:
- um ou outro, nem um nem outro → verbo no singular:

  Nem um nem outro rapaz tinha a intenção de permanecer nesse emprego.

- um e outro → verbo no singular ou no plural: *Um e outro saiu* (ou *saíram*) constrangido(s) da reunião.

Concordância do verbo *ser*

A concordância do verbo de ligação *ser* costuma variar, ora se fazendo com o sujeito ora com o predicativo. Leia este cartum:

(Santiago. *O melhor de Macanudo Taurino*. Porto Alegre: L&PM, 1997. p. 98.)

No seguinte enunciado do 1º quadrinho do cartum, há duas orações:

O	que me preocupa na Vó Libânia	são esses banhos de manhã cedo!
1ª oração	2ª oração	1ª oração

Na 1ª oração, "O [...] são esses banhos de manhã cedo!", observe que o sujeito é o pronome demonstrativo *o* (equivalente a *aquilo*) e o verbo *ser* foi empregado no plural (são) concordando com o predicativo do sujeito. Esse é um dos casos em que o verbo *ser*, em vez de concordar com o sujeito, concorda de preferência com o predicativo.

Há, a seguir, alguns exercícios de concordância do verbo *ser*. Antes de resolvê-los, leia o boxe abaixo, que contém, em resumo, outros casos de concordância desse verbo.

EXERCÍCIOS

1. Entre as frases a seguir, há uma na qual a concordância do verbo *ser* está em desacordo com a norma-padrão. Reescreva-a, adequando-a.

   a) Esqueça, pai, isto já são coisas do passado.
   b) Em minha classe, o líder é eu.

2. Reescreva as frases a seguir, trocando as palavras destacadas pelas palavras que estão entre parênteses, refazendo, se necessário, a concordância do verbo *ser*, de acordo com a norma-padrão.

   a) Daqui até o muro, é *um metro*. (cinco metros)
   b) Aquilo era *um pedaço de pão*. (restos do jantar)
   c) Amanhã é *Natal*. (27 de maio)
   d) *Livros* são nosso lazer cultural. (teatro)
   e) Já é *uma hora*. (seis horas)
   f) O responsável pela biblioteca é *você*. (eu)

Concordância do verbo *ser*

Quando o sujeito ou o predicativo for:

- **nome de pessoa** ou **pronome pessoal**, o verbo *ser* concorda com a pessoa gramatical:

   Renato, *era* as esperanças do pai. / A esperança dos pais *são* eles, os filhos.
   sujeito   predicativo

- **nome de coisa** e um estiver no singular e o outro no plural, o verbo *ser* concorda preferencialmente com o que estiver no plural:

   Os livros, *são* a minha paixão. / A minha paixão *são* esses discos antigos.
   sujeito   predicativo

Quando o verbo *ser* indicar:

- **horas** e **distâncias**, ele concorda com a expressão numérica:

   É uma hora. / *São* duas horas. Daqui até a feira, *é* um quilômetro / *são* dois quilômetros.

- **datas**, ele concorda com a palavra *dia(s)*, que pode estar expressa ou subentendida:

   É (dia) doze de junho. / *São* doze (dias) de junho.

Casos especiais

Leia a tira abaixo e responda às questões 1 e 2.

1. Levante hipóteses:

   a) Por que, no 1º quadrinho, a mãe estranha a construção *está caindo* na fala do filho?

   b) Por que a explicação dada pelo garoto no 2º quadrinho, associada à imagem, desfaz o estranhamento causado por sua primeira fala?

2. Releia a fala do garoto no 2º quadrinho:

   "Já faz uma meia hora!"

   a) Reescreva a frase, substituindo a expressão *uma meia hora* por:
   - 30 minutos
   - algum tempo
   - mais de meia hora
   - duas horas

   b) O verbo *fazer* sofre alteração com as substituições? Justifique sua resposta com base na concordância desse verbo.

Verbo + pronome *se*

- Os **verbos transitivos diretos** ou **transitivos diretos e indiretos**, quando apassivados, concordam com o sujeito:

  Vendem-se casas e terrenos a prazo.
  VTD   sujeito

- Os **verbos de ligação**, **intransitivos** ou **transitivos indiretos**, quando seguidos de *se*, ficam na 3ª pessoa do singular, porque seu sujeito é indeterminado:

  Precisa-se de serventes de pedreiro.
  VTDI

Verbos impessoais

Ficam na 3ª pessoa do singular (exceto o verbo *ser*). São impessoais os verbos:

- que indicam **fenômenos da natureza**:

  Relampejou a noite toda.

- **haver** (no sentido de "existir, acontecer"):

  Já *houve* duas discussões sérias entre nós.

- **haver, fazer, estar, ir**, quando indicam tempo:

  Há meses não o vejo. / *Faz* dois anos que tirei férias. / *Está* frio hoje. / *Vai* em dois anos que viajou.

  Nas locuções verbais, o verbo impessoal transmite sua impessoalidade ao verbo auxiliar. Veja:

  Ainda *deve haver* ingressos para o espetáculo.
  Está fazendo alguns dias que ela esteve aqui.

CONCORDÂNCIA NOMINAL

Regra geral

Leia esta tira:

(Nik. *Te amo cada día más.* Buenos Aires: Ediciones de la Flor. Tradução dos autores.)

Observe, na primeira fala do Gaturro, que os adjetivos ou locuções adjetivas *especial, única, irrepetível, sem igual, onipresente* e *original* se referem ao substantivo *Ágatha* e concordam com ele em gênero e número:

substantivo		adjetivo	adjetivo	adjetivo	loc. adjetiva	adjetivo	adjetivo
Ágatha	é	especial,	única,	irrepetível,	sem igual,	onipresente,	original
fem. sing.		sing.	fem. sing.	sing.	sing.	sing.	sing.

Além do adjetivo e de locuções adjetivas, outras palavras – artigos, pronomes adjetivos, numerais e particípios – também concordam em gênero e número com o substantivo a que se referem:

artigo	pron. adj.	numeral	adjetivo	substantivo	particípio
Os	seus	três	recentes	livros	foram *lançados* no exterior.

Na concordância do adjetivo com o substantivo a que se refere, há, além da regra geral, alguns casos especiais que merecem atenção. Os exercícios a seguir tratam de alguns deles. Antes de realizá-los, leia as orientações dadas e os boxes, se necessário.

EXERCÍCIOS

Leia o anúncio a seguir e responda às questões de 1 a 4.

(*Folha do Parque*, abril/maio 2009.)

1. Analise, do ponto de vista da concordância nominal, o enunciado da parte inferior do anúncio:

> "Lixo e esgotos são lançados diretamente nos rios brasileiros. Os mesmos de onde é captada a água do seu suco."

Com que palavra concordam os adjetivos:
a) brasileiros?   b) captada?

2. O particípio *lançados* está no masculino e no plural.

a) O que justifica essa forma?
b) Haveria alteração na concordância, caso a palavra *esgotos* estivesse no singular? Por quê?

3. Observe a imagem mostrada no anúncio.
a) De acordo com ela, de onde vem o suco que está no copo?
b) Logo, que tipo de relação há entre a parte verbal e a parte não verbal do texto?

4. No canto direito está identificado o produtor do texto: Ibeasa (Instituto Brasileiro de Estudos e Ações em Saneamento Básico).
a) A quem se destina o anúncio?
b) Qual é a finalidade do anúncio, considerando-se o conteúdo verbal e não verbal que ele apresenta?

5. Leia as seguintes regras sobre a concordância do adjetivo que se refere a vários substantivos.

• Adjetivo referente a vários substantivos de gêneros diferentes:
– quando *posposto*, concorda com o mais próximo ou fica no masculino plural

> Dedicava todo seu tempo ao comércio e à navegação *costeira* (ou *costeiros*).

– quando *anteposto*, concorda com o mais próximo, se funcionar como adjunto adnominal; se for predicativo (do sujeito ou do objeto), pode concordar com o mais próximo ou ficar no plural:

> adjunto adnominal
>
> Nunca vi *tamanho* desrespeito e ingratidão.
>
> predicativo do sujeito
>
> Permaneceu *fechada* a janela e o portão.
>
> predicativo do objeto
>
> Encontrei *abandonados* a sala e o pátio.

- Dois ou mais adjetivos referentes a um substantivo determinado por artigo admitem duas concordâncias:

> Estudo as *línguas* italiana e francesa.
> Estudo a *língua* italiana e a francesa.

Reescreva as frases, fazendo a devida concordância das palavras indicadas entre parênteses:

a) O poeta escreveu capítulos e páginas (compacto).

b) O advogado considerou (perigoso) o argumento e a decisão.

c) Comprei uma casa e um carro (usado).

d) Os alunos e as alunas (aprovado) pretendem fazer um coquetel e um baile (bastante) agradáveis.

6. Que palavra completa adequadamente o poema: *meio* ou *meia*? Por quê?

> ### Então, friends
>
> levo a vida assim,
> ❑ direita, ❑ torta,
> às vezes arrombando a festa
> outras, dando com a cara na porta.
>
> (Ulisses Tavares. *Viva a poesia.* São Paulo: Saraiva, 1997. p. 20.)

7. Reescreva as frases seguintes, fazendo a devida concordância das palavras indicadas entre parênteses.

a) O nome de Beto na lista dos aprovados deixou os pais dele (bastante) felizes.

b) Os moradores entregaram ao prefeito um documento com reivindicações (bastante) para a melhoria do trânsito no bairro.

c) Eu comprei (pouco) laranjas e (meio) melancia.

8. Substitua pelas palavras indicadas entre parênteses as expressões destacadas, fazendo as adaptações necessárias.

a) Eles já estavam *igualmente pagos.* (quite)

b) Leia a carta e veja as fotografias *em anexo.* (anexo)

c) Elas *mesmas* decidiram não participar do campeonato. (própria)

É proibido, é preciso, é bom

Quando se refere a sujeito de sentido genérico, o adjetivo fica sempre no masculino singular:

> Fruta é *bom* para a saúde.

Mas, se o sujeito for determinado por artigo ou pronome, a concordância é feita normalmente:

> A fruta é *boa* para a saúde.

Bastante, meio, pouco, muito, caro, barato, longe, só

Essas palavras:

- com valor de *adjetivo*, concordam normalmente com o substantivo:

> Estas frutas estão *caras.*
> Já é *meio*-dia e *meia* (hora).

- com valor de advérbio, são invariáveis:

> A porta, *meio* aberta, deixava ver o interior da sala.

Anexo, obrigado, mesmo, próprio, incluso, leso, quite

Esses adjetivos concordam com o substantivo a que se referem:

> Seguem *inclusas* as notas promissórias.

Os advérbios *só* (equivalente a *somente*), *menos* e *alerta* e a expressão *em anexo* são sempre invariáveis.

504

A CONCORDÂNCIA NA CONSTRUÇÃO DO TEXTO

Leia a letra de uma canção de Arnaldo Antunes e responda às questões propostas.

fora de si

eu fico louco
eu fico fora de si
eu fica assim
eu fica fora de mim

eu fico um pouco
depois eu saio daqui
eu vai embora
eu fica fora de si

eu fico oco
eu fica bem assim
eu fico sem ninguém em mim

(© by Universal Music PUB MGB Brasil Ltda./Rosa Celeste Empreendimentos Artísticos Ltda.)

1. O poema é relativamente simples quanto ao conteúdo, já que se organiza em torno de uma ideia central. Qual é essa ideia?

2. A canção se intitula "fora de si".
   a) O que significam expressões como "ficar fora de si" ou "ficar fora de mim"?
   b) Logo, o título da canção é coerente com seu assunto central?

3. O texto causa estranhamento devido à falta de concordância entre algumas palavras e termos.
   a) Reescreva todos os versos em que se verificam desvios de concordância em relação à norma-padrão da língua, adequando-os.
   b) Identifique o tipo de problema de concordância verificado em cada um dos versos reescritos: concordância verbal (entre o verbo e o sujeito), concordância nominal (entre os pronomes) ou concordância verbal e nominal (entre o verbo e o sujeito e entre os pronomes).

4. Como se nota, os desvios em relação à norma-padrão identificados nessa canção são intencionais, uma vez que quebram pressupostos básicos do uso corrente da língua, dominados até por falantes não letrados, como, por exemplo, em "eu fica assim". Levando em conta que a forma de um texto geralmente está relacionada com seu conteúdo, responda: Que papel tem a concordância ou a falta dela na construção do sentido global da canção?

5. Em todos os versos, o centro do discurso é a figura do eu lírico, identificado pelo pronome reto *eu*. Apesar disso, os verbos e pronomes se alternam entre a 1ª e a 3ª pessoa, sugerindo a presença de outra pessoa, talvez um interlocutor, não mencionada explicitamente no texto.
   a) Quem poderia ser essa pessoa?
   b) Levante hipóteses: Que relação pode haver entre a falta de concordância do texto e o relacionamento entre o eu lírico e essa pessoa?

LÍNGUA: USO E REFLEXÃO

505

SEMÂNTICA E DISCURSO

Leia este poema, de Patativa do Assaré:

No verdô da minha idade
mode acalentá meu choro
minha vovó de bondade
falava em grandes tesôro
era histôra de reinado
prencesa, prinspe, incantado
com feiticêra e condão
essas histôra ingraçada
tá selada e carimbada
dentro do meu coração.
[...]

Mas porém eu sinto e vejo
que a grande sodade minha
não é só de histôra e bejo
da querida vovozinha
demanhazinha bem cedo
sodade dos meus brinquedo
meu bodoque e meu bornó
o meu cavalo de pau
meu pinhão, meu berimbau
e a minha carça cotó.

(Patativa do Assaré. *Digo e não peço segredo*. São Paulo: Escrituras Editora, 2001. p. 15.)

1. Nesse poema, o eu lírico faz uma descrição de sua infância ("No verdô da minha idade"), numa linguagem regional e coloquial, própria da fala popular, nordestina.

a) O que significa, no contexto, a palavra *verdô*?

b) Que sentido tem a palavra *mode* (da expressão "pra mode") no verso "mode acalentá meu choro"?

c) Destaque palavras que representem a linguagem regional coloquial e que não estejam grafadas de acordo com a norma-padrão. Levante hipóteses: Por que elas são grafadas dessa forma?

2. Releia os versos e observe as concordâncias nominal e verbal:

"essas histôra ingraçada / tá selada e carimbada / dentro do meu coração."

a) Como ficariam esses versos se fossem reescritos de acordo com a norma-padrão?

b) Observe que, nesses versos, apenas o pronome *essas* está no plural. Levante hipóteses: Em termos de comunicação, é necessário que todas as palavras dessa expressão estejam no plural? Por quê?

c) Levante hipóteses: Por que ocorre esse fenômeno na fala?

3. No prefácio do livro *Digo e não peço segredo*, de Patativa do Assaré, Luiz Tadeu Feitosa escreve: "Como se verá aqui, sua linguagem 'matuta' é apenas uma opção porque o pássaro que se nos apresenta aqui é liberto. Leu Camões, Castro Alves, Olavo Bilac, José de Alencar, Machado de Assis e outros apenas para saber e provar que 'poderia fazer igual a eles todos'. 'E eu sou', diz Patativa".

a) Deduza: Por que o poeta optou por essa linguagem "matuta", ou seja, pela cultura popular e não pela erudita?

b) O poema é construído em redondilha maior. Na sua opinião, por que Patativa optou por essa métrica?

c) No excerto do prefácio lido, quando comparado aos escritores brasileiros, Patativa diz: "E eu sou". Discuta com os colegas sobre a contribuição da obra do poeta no cenário brasileiro.

PARA COMPREENDER O FUNCIONAMENTO DA LÍNGUA

PERÍODO COMPOSTO POR SUBORDINAÇÃO: AS ORAÇÕES SUBSTANTIVAS

Leia o anúncio a seguir:

(*34º Anuário do Clube de Criação de São Paulo*, p. 137.)

1. A respeito do anúncio, responda:
   a) Qual é a sua finalidade?
   b) A quem ele é dirigido, principalmente?
   c) A cédula rasgada que se vê é dinheiro de que país?
   d) Que relação há entre a cédula rasgada e o enunciado verbal em destaque?

2. O enunciado verbal em destaque no anúncio consiste em um período composto, formado por duas orações, ligadas pela conjunção *que*. Veja:

> Só o SulAmérica Saúde evita | que você
> 1ª oração
> faça isso com os recursos da sua empresa.
> 2ª oração

a) Qual é a predicação do verbo *evitar*?
b) Qual das duas orações é a principal? Qual é a subordinada?
c) Observe esta correspondência:

> Só o SulAmérica Saúde evita | que você faça isso com os recursos da sua empresa.
>
> Só o SulAmérica evita | isso.
>   VTD   OD

Com base na correspondência que você observou, deduza: Qual é a função sintática da oração *que você faça isso com os recursos da sua empresa*?

Como você pôde observar, a oração *que você faça isso com os recursos da sua empresa* funciona como objeto direto do verbo *evitar* da oração principal. Por isso, recebe o nome de **oração objetiva direta**. Como equivale a um substantivo ou a um pronome substantivo, denomina-se **oração substantiva**. Além disso, por ser sintaticamente dependente da oração principal – *Só o SulAmérica Saúde evita* –, uma vez que é o objeto direto do verbo *evitar*, é denominada **oração subordinada**.

507

Assim:

> **Oração subordinada substantiva** é aquela que tem valor de *substantivo* e exerce, em relação a outra oração, a função de *sujeito*, *objeto direto*, *objeto indireto*, *predicativo*, *complemento nominal* ou *aposto*.

> *Que* ou *se*?
> Em relação ao emprego das conjunções integrantes, utilizamos *que* quando o verbo exprime uma certeza e *se* quando exprime uma incerteza. Exemplos: "Já sei *que* você não vai participar" e "Não sei *se* ele vai participar".

As orações substantivas são normalmente introduzidas pelas conjunções subordinativas integrantes *que* e *se*. Podem também, em alguns casos, ser introduzidas por um pronome indefinido, por um pronome ou advérbio interrogativo ou exclamativo. Veja:

Não sabemos	(por) quanto quem por que como quando onde	vendeu sua motocicleta seminova.

A oração subordinada "quando você traz trabalho para casa" é introduzida pelo advérbio *quando*.

Classificação das orações substantivas

A oração substantiva pode desempenhar no período as mesmas funções que o substantivo pode exercer nas orações: *sujeito*, *objeto direto*, *objeto indireto*, *predicativo*, *complemento nominal* e *aposto*. Assim, de acordo com sua função, recebe as seguintes denominações: *subjetiva*, *objetiva direta*, *objetiva indireta*, *predicativa*, *completiva nominal* e *apositiva*.

Subjetiva

Exerce a função de *sujeito* da oração de que depende ou em que se insere:

> Consta | que as contas de água e luz já foram pagas.
> or. principal | or. subordinada substantiva subjetiva

> **OBSERVAÇÃO**
> Certos verbos e certas expressões comumente têm por sujeito uma oração subordinada substantiva. São, entre outros:
> - *acontecer*, *constar*, *cumprir*, *importar*, *urgir*, *ocorrer*, *parecer*, *suceder*, quando empregados na 3ª pessoa do singular;
> - *sabe-se*, *conta-se*, *é sabido*, *ficou provado* (expressões na voz passiva);
> - *é bom*, *é claro*, *parece certo*, *está visto* (expressões constituídas por um verbo de ligação acompanhado do predicativo).

Como reconhecer uma oração subordinada substantiva?

Quando a oração é substantiva, ela quase sempre pode ser substituída por um substantivo ou por um pronome substantivo, como *isto*, *isso*, *aquilo*. Observe:

Peça-lhe que me traga sal. → Peça-lhe isso.
OSSOD   OD

Objetiva direta

Exerce a função de *objeto direto* do verbo da oração principal:

VTD
Achamos que você deve partir imediatamente.
or. principal   or. subord. substantiva objetiva direta

Objetiva indireta

Exerce a função de *objeto indireto* do verbo da oração principal:

VTDI   OD
Convenceu-o de que o trabalho era fácil.
or. principal   or. subord. substantiva objetiva indireta

Predicativa

Exerce a função de *predicativo* de um termo que é sujeito da oração principal:

sujeito   VL
O problema é que o prazo para as inscrições já terminou.
or. principal   or. subord. substantiva predicativa

Completiva nominal

Exerce a função de *complemento nominal* de um substantivo ou adjetivo da oração principal:

VL   predicativo
Estava convicto de que ele era inocente.
or. principal   or. subord. subst. completiva nominal

Apositiva

Exerce a função de *aposto* de um nome da oração principal:

VTDI OI   OD
Dei-lhe um conselho: (que) não se importasse mais com o caso.
or. principal   or. subord. substantiva apositiva

Frequentemente é precedida por dois-pontos e, às vezes, pode vir entre vírgulas.

LÍNGUA:
USO E REFLEXÃO

EXERCÍCIOS

Leia ou cante os versos da canção a seguir, de Tom Jobim e Vinícius de Morais, e responda às questões.

Eu sei que vou te amar

Eu sei que vou te amar
Por toda a minha vida eu vou te amar
Em cada despedida eu vou te amar
Desesperadamente, eu sei que vou te amar
E cada verso meu será
Pra te dizer que eu sei que vou te amar
Por toda a minha vida

Eu sei que vou chorar
A cada ausência tua eu vou chorar
Mas cada volta tua há de apagar
O que esta ausência tua me causou

Eu sei que vou sofrer
A eterna desventura de viver
À espera de viver ao lado teu
Por toda a minha vida

(Fermata do Brasil/Editora Musical Arapuã Ltda.)

1. Observe o primeiro verso de cada uma das estrofes:

> Eu sei que vou te amar
> Eu sei que vou chorar
> Eu sei que vou sofrer

Cada um desses versos é formado por duas orações, ligadas pela conjunção *que*. Esses períodos são compostos por coordenação ou por subordinação?

2. O verbo *saber* é transitivo direto e, portanto, exige complemento.

a) Qual é o objeto direto desse verbo em cada um desses períodos?
b) O que a repetição dessa estrutura sintática sugere quanto aos sentimentos do eu lírico?

3. O eu lírico dessa canção é correspondido no amor? Justifique a sua resposta com versos do poema.

4. Explique o valor semântico das expressões adverbiais *por toda a minha vida* e *desesperadamente*, considerando o sentimento amoroso do eu lírico.

Orações substantivas reduzidas

Leia, a seguir, a letra de uma canção de Tom Jobim. Se possível, ouça a canção.

Wave

Vou te contar
Os olhos já não podem ver
Coisas que só o coração pode entender
Fundamental é mesmo o amor
É impossível ser feliz sozinho

O resto é mar
É tudo que não sei contar
São coisas lindas
Que eu tenho pra te dar
Vem de mansinho a brisa e me diz

É impossível ser feliz sozinho
Da primeira vez era a cidade
Da segunda o cais e a eternidade

Agora eu já sei
Da onda que se ergueu no mar
E das estrelas que esquecemos de contar
O amor se deixa surpreender
Enquanto a noite vem nos envolver

(Disponível em: www2.uol.com.br/tomjobim/ml_wave.htm. Acesso em: 7/6/2012.)

Observe o último verso das duas primeiras estrofes:

> É impossível <u>ser feliz sozinho</u>
> or. subord. substantiva subjetiva

Outra redação possível para o verso seria:

> É impossível <u>que eu seja feliz sozinho</u>
> or. subord. substantiva subjetiva

Nos dois períodos apresentados, as orações destacadas são substantivas subjetivas e ambas expressam a mesma ideia.

A oração subordinada substantiva *que eu seja feliz sozinho* apresenta o verbo no modo subjuntivo e é introduzida por uma conjunção. Por isso, é uma **oração desenvolvida**.

> **Oração desenvolvida** é aquela que apresenta o verbo no modo indicativo, subjuntivo ou imperativo e é introduzida por um conectivo (palavra de ligação).

A oração subordinada substantiva *ser feliz sozinho* apresenta verbo no infinitivo e dispensa a conjunção. É, portanto, uma **oração reduzida**.

> **Oração reduzida** é aquela que apresenta o verbo numa das formas nominais (infinitivo, gerúndio e particípio) e não precisa de conectivo.

Na língua portuguesa, há três tipos de orações subordinadas reduzidas: **de infinitivo**, **de gerúndio** e **de particípio**.

As orações subordinadas substantivas geralmente são reduzidas de infinitivo.

EXERCÍCIOS

No texto ao lado há uma pergunta de um leitor e a resposta que a pesquisadora Sonia Maciel da Rosa Osman dá a ela. Leia o texto e responda às questões de 1 a 3.

1. Há, no texto, quatro orações subordinadas substantivas. Identifique-as.

2. Das quatro orações subordinadas, três desempenham a mesma função.
   a) Quais são elas?
   b) Que função desempenham?
   c) Quais delas são reduzidas de infinitivo?

3. Como se classifica a oração subordinada substantiva que tem função diferente das outras três?

(*Ciência Hoje*, nº 283, p. 5.)

LITERATURA

Os óculos do poeta Álvaro de Campos (1980), de Costa Pinheiro.

CAPÍTULO 46

O Modernismo em Portugal: a primeira geração

No início do século XX, Portugal vivia um período de intensa mudança política e cultural. Fim da monarquia, efeitos da guerra, reavivamento do sentimento nacionalista, influências das correntes de vanguarda — tudo isso preparava o cenário para o despertar do Modernismo português e para o surgimento de um dos principais autores da literatura em língua portuguesa: Fernando Pessoa.

O Modernismo português surgiu em 1915, com a publicação da revista *Orpheu*, influenciado pelas correntes de vanguarda que começavam a se constituir na Europa e pela Primeira Guerra Mundial, iniciada em 1914. Portugal, nesse momento, atravessava um período conturbado politicamente. O rei D. Carlos e seu filho tinham sido assassinados, o que provocara uma grave crise política, responsável pela proclamação da República em 1910.

Formaram-se, então, duas facções políticas: a republicana, que defendia e fundamentava ideologicamente o golpe de 1910, e a antirrepublicana, que arrebanhava setores conservadores, monarquistas e integralistas. Esta, insatisfeita com os rumos políticos tomados pelo país, articulava-se em torno de Antônio Sardinha, dando origem ao integralismo português, movimento de extrema direita. Os integralistas chegaram ao poder em 1926 e, em 1928, Salazar, representante desse grupo, assumiu o governo e deu início a uma ditadura que só teria fim em 1974, com a Revolução dos Cravos.

> **Foi bonita sua festa, pá!**
>
> A ascensão de Salazar ao poder, em Portugal, deu início em toda a Europa a um período de avanço de ideologias nazifascistas (nazismo, fascismo, integralismo) e de luta contra a expansão comunista.
>
> Em Portugal, a ditadura salazarista durou até 1974. Na Espanha, Franco subiu ao poder em 1936 e governou o país até 1976.
>
> Chico Buarque comemorou a Revolução dos Cravos, ocorrida em Portugal, com a canção "Tanto mar":
>
> Foi bonita a festa, pá
> Fiquei contente
> Ainda guardo renitente um velho cravo para mim
>
> (www.chicobuarque.com.br)

AS REVISTAS E O ESPÍRITO DE RENOVAÇÃO

A repercussão da queda da monarquia e da proclamação da República foi enorme junto ao povo e à cultura portuguesa. Foram retomadas com entusiasmo antigas discussões sobre a grandiosidade da nação portuguesa, perdida a partir do declínio da Renascença; o espírito nacionalista e saudosista do povo português foi reaceso; vários artistas e intelectuais se lançaram num projeto de reconstrução da cultura portuguesa.

Um exemplo dessa preocupação é a criação, em 1910, de *A Águia*, revista mensal de literatura, arte, ciência, filosofia e crítica social que se apresentava como porta-voz de um movimento de "renascença portuguesa". A revista foi dirigida, entre outros, por Teixeira de Pascoaes e Jaime Cortesão e contou com a colaboração de Mário de Sá-Carneiro e Fernando Pessoa.

Revistas *A Águia*, em que Fernando Pessoa colaborou como ensaísta crítico, e *Orpheu*, presenças marcantes na vida cultural portuguesa à época do Modernismo.

Além de *A Águia*, muitas outras revistas apareceram entre as décadas de 1910 e 1920 em Portugal, tornando o ambiente cultural ainda mais propício a mudanças. Entre elas destacaram-se *Orpheu* (surgida em 1915), *Centauro* (1916), *Exílio* (1916), *Ícaro* (1916), *Portugal Futurista* (1917), *Seara Nova* (1921) e *Athena* (1924).

À parte desse espírito de renovação e ruptura, destacaram-se dois escritores ainda ligados a modelos do século XIX, mas cujas obras representaram um importante salto qualitativo: Aquilino Ribeiro e Florbela Espanca (conheça um pouco do trabalho da escritora na seção Para quem quer mais).

A GERAÇÃO DA REVISTA *ORPHEU*

O orfeísmo, ou a primeira geração do Modernismo português, organizou-se em torno da revista *Orpheu*, a mais importante das publicações da época. A revista notabilizou-se não só pelo escândalo que provocou, mas também pelos textos publicados e pela influência que exerceu sobre as gerações seguintes.

Revista trimestral que contou com apenas dois números – o terceiro, apesar de produzido, não chegou a ser impresso –, *Orpheu* é o resultado da convivência de jovens artistas que se reuniam nos cafés de Lisboa e buscavam trocar informações e experiências. Tinham em comum a disposição para revolucionar e atualizar a cultura portuguesa e o projeto de divulgá-la no cenário europeu por meio de uma revista que se chamaria *Europa*.

As tendências artísticas presentes em *Orpheu* eram diversificadas. Ao mesmo tempo que se viam velhos valores simbolistas e decadentistas do final do século XIX, via-se a reformulação desses mesmos valores, orientada pelas novidades propostas pelo Futurismo e pelo Cubismo.

513

Entre outros, participaram de *Orpheu* e fizeram parte da primeira geração modernista em Portugal Fernando Pessoa, Mário de Sá-Carneiro, Almada Negreiros, Luís de Montalvor e o brasileiro Ronald de Carvalho. Desse grupo, merecem destaque os três primeiros.

FERNANDO PESSOA: O CALEIDOSCÓPIO POÉTICO

Fernando Pessoa (1888-1935) é o principal escritor do Modernismo português e, ao lado de Camões, um dos maiores poetas portugueses de todos os tempos. Nasceu em Lisboa, ficou órfão de pai aos 5 anos e, em 1895, foi para a África do Sul com a mãe e o padrasto, nomeado cônsul em Durban. Voltando a Portugal em 1905, escreveu em língua inglesa ainda durante algum tempo, fase da qual resultou a obra *35 sonnets*, publicada em 1918.

Fernando Pessoa.

O escritor colaborou em várias revistas literárias e atuou como crítico em *A Águia*, dirigida por Teixeira de Pascoaes, intelectual nacionalista e visionário que teve grande influência sobre ele.

Cultivou tanto a poesia quanto a prosa (contos). Escreveu também alguns textos de estrutura dramática – chamados por ele próprio de "poemas dramáticos" –, como *O marinheiro*, além de ensaios sobre arte e crítica literária. Foi um estudioso da astrologia e do ocultismo.

Mas é na poesia que Fernando Pessoa mais chama a atenção. Sua singularidade e sua criatividade são incomparáveis em toda a literatura de língua portuguesa e, talvez, em toda a literatura universal. Tais atributos se devem à intrigante questão da *heteronímia*.

Heteronímia: máscara e essência

Fernando Pessoa não foi apenas criador de obras literárias, mas também um criador de escritores. Em outras palavras, o seu projeto de arte era tão vasto e sua inteligência, imaginação e capacidade criadora tão amplas, que não lhe bastava criar uma única obra, mesmo que contivesse vários volumes e títulos. Por isso, por meio da imaginação, concebeu várias entidades poéticas, com biografia, traços físicos, profissão, ideologia e estilo próprios.

Ao todo, foram mais de setenta os heterônimos desenvolvidos, semidesenvolvidos ou apenas esboçados. Entre eles destacam-se os três heterônimos perfeitos – Alberto Caeiro, Ricardo Reis e Álvaro de Campos –, seguidos de Bernardo Soares, Coelho Pacheco, Alexandre Search e Charles Robert Anon (a quem o escritor atribuiu os primeiros poemas ingleses que produziu), Frederico Reis, Antônio Mora, Vicente Guedes. E, é claro, não se pode esquecer o próprio nome Fernando Pessoa, que, utilizado também como assinatura de muitos textos, constitui mais uma face da multifacetada obra do escritor.

O roçar das línguas

Caetano Veloso, reconhecendo a importância de Fernando Pessoa, reverencia-o, bem como a Luís de Camões e Guimarães Rosa, em sua música "Língua". Os três, por sua importância histórica e por sua inventividade, podem ser considerados os "papas" da literatura em língua portuguesa. Eis um fragmento da canção:

Gosto de sentir a minha língua roçar
A língua de Luís de Camões
[...]
Gosto do Pessoa na pessoa
Da rosa no Rosa.

As razões que teriam levado Fernando Pessoa a esse projeto de arte tão grandioso e ousado têm sido objeto de estudo há décadas e provavelmente ainda deverão ser por muitos anos. A própria obra – riquíssima em reflexões filosóficas e estéticas – contém inúmeras respostas, que, embora não satisfaçam a todas as perguntas, pelo menos oferecem pistas.

Alberto Caeiro: a poesia da sensação

Alberto Caeiro é considerado por Fernando Pessoa o seu mestre, assim como o de Ricardo Reis e Álvaro de Campos. Espécie de poeta-filósofo, que extrai seu pensamento não de livros nem da civilização, mas de seu contato direto com as coisas e com a natureza, Alberto Caeiro crê que o ser

514

humano complicou demais as coisas com a metafísica, com suas teorias filosóficas e científicas, com suas religiões. Por isso defende a simplicidade da vida e a *sensação* como único meio válido para a obtenção do conhecimento. Veja um exemplo do sensacionismo de Caeiro neste poema:

> Sou um guardador de rebanhos.
> O rebanho é os meus pensamentos.
> E os meus pensamentos são todos sensações.
> Penso com os olhos e com os ouvidos
> E com as mãos e os pés
> E com o nariz e a boca.
> Pensar uma flor é vê-la e cheirá-la
> E comer um fruto é saber-lhe o sentido.
> Por isso quando num dia de calor
> Me sinto triste de gozá-lo tanto,
> E me deito ao comprido na erva,
> E fecho os olhos quentes,
> Sinto todo o meu corpo deitado na realidade,
> Sei a verdade e sou feliz.
>
> (*Obra poética*. Rio de Janeiro: Aguilar, 1965. p. 212-3.)

O jogo de espelhos

Em um trecho da carta que escreveu a Casais Monteiro, Pessoa diz:

Sinto-me múltiplo. Sou como um quarto com inúmeros espelhos fantásticos que torcem para reflexões falsas uma única anterior realidade que não está em nenhuma e está em todas. [...] Sinto-me viver vidas alheias, em mim, incompletamente, como se o meu ser participasse de todos os homens [...].

(Apud Amélia Pinto Pais. *História da literatura em Portugal*. Lisboa: Areal, 2005. p. 66.)

Ricardo Reis: o sopro clássico

Como seu mestre Caeiro, é indiferente à vida social, valoriza a vida campestre e a simplicidade das coisas. Contudo, enquanto Caeiro sente-se feliz, integrado à natureza, Reis se sente o fruto de uma civilização cristã decadente, que caminha fatalmente para a destruição.

A morte de Ricardo Reis

Em 1984, José Saramago publicou um livro curioso, considerado por alguns sua obra-prima: *O ano da morte de Ricardo Reis*.

A ideia que originou o livro é simples e engenhosa. Quando morre, em 1935, Fernando Pessoa só havia "matado" um de seus heterônimos, Alberto Caeiro; que teria acontecido com os outros?, pensou Saramago. É assim que resolve contar como, após receber um telegrama de Álvaro de Campos informando-o da morte de Pessoa, Ricardo Reis resolve deixar o Brasil, onde morava, e voltar para Lisboa, local em que passará o último ano de sua vida, em meio a dois amores, encontros com o fantasma de seu criador e todos os eventos de uma conturbada Europa que vivia os prenúncios da Segunda Guerra Mundial.

(Adriano Schwartz. *Folha de S. Paulo*, 18/10/1998.)

Ricardo Reis, por Almada Negreiros.

No plano individual, há a consciência da passagem do tempo e da inevitabilidade da morte. Nada resta a fazer, pois o destino de cada um já foi traçado pelo fado (fatalidade).

Porém, enquanto a morte não chega, convém aproveitar os prazeres que a vida pode oferecer, mas sem excessos.

De acordo com as teorias do filósofo grego Epicuro, o homem deve buscar uma vida de prazeres naturais, de equilíbrio, sem paixões violentas. Ricardo Reis, numa atitude tipicamente epicurista, desconfia da felicidade extrema; por isso a evita ou a controla com a razão.

Enquanto a visão de mundo de Caeiro reside no objeto, nas coisas, a de Reis é extraída das próprias ideias, da abstração filosófica.

Ricardo Reis, enfim, é um neoclássico, por várias razões: pelo espírito grave e estilo elevado; pela busca de perfeição e equilíbrio; pelo intelectualismo e convencionalismo; pela frieza e distanciamento na relação amorosa; pela presença da mitologia pagã.

Veja, neste poema, vários desses elementos reunidos:

Vem sentar-te comigo, Lídia, à beira do rio.
Sossegadamente fitemos o seu curso e aprendamos
Que a vida passa, e não estamos de mãos enlaçadas.
    (Enlacemos as mãos.)

Depois pensemos, crianças adultas, que a vida
Passa e não fica, nada deixa e nunca regressa,
Vai para um mar muito longe, para ao pé do Fado,
    Mais longe que os deuses.

Desenlacemos as mãos, porque não vale a pena
                              [cansarmo-nos.
Quer gozemos, quer não gozemos, passamos como o rio.
Mais vale saber passar silenciosamente
    E sem desassossegos grandes.

Sem amores, nem ódios, nem paixões que levantem a voz,
Nem invejas que dão movimento demais aos olhos,
Nem cuidados, porque se os tivesse o rio sempre correria,
    E sempre iria ter ao mar.

Amemo-nos tranquilamente, pensando que podíamos,
Se quiséssemos, trocar beijos e abraços e carícias,
Mas que mais vale estarmos sentados ao pé um do outro
    Ouvindo correr o rio e vendo-o.

Colhamos flores, pega tu nelas e deixa-as
No colo, e que o seu perfume suavize o momento –
Este momento em que sossegadamente não cremos em nada,
    Pagãos inocentes da decadência.

Ao menos, se for sombra antes, lembrar-te-ás de mim depois
Sem que a minha lembrança te arda ou te fira ou te mova,
Porque nunca enlaçamos as mãos, nem nos beijamos
    Nem fomos mais do que crianças.

E se antes do que eu levares o óbolo ao barqueiro sombrio,
Eu nada terei que sofrer ao lembrar-me de ti.
Ser-me-ás suave à memória lembrando-te assim – à beira-rio,
    Pagã triste e com flores no regaço.

(In: Carlos Felipe Moisés. *Conversa com Fernando Pessoa* [entrevista e antologia]. São Paulo: Ática, 2007. p. 59-60.)

Fernando Pessoa (1978), de José João de Brito.

arder: queimar.

barqueiro sombrio: referência a Caronte, que na mitologia grega é o responsável por transportar os mortos à outra margem do rio Estige, onde poderiam obter o descanso definitivo.

enlaçar: juntar, unir.

Fado: destino.

óbolo: moeda que os mortos deviam levar sob a língua para dar em pagamento ao barqueiro do rio Estige; caso o morto não tivesse a moeda, ficaria cem anos vagando no limbo.

pagão: adepto da mitologia greco-latina ou de qualquer religião politeísta; aquele que não foi batizado.

regaço: colo.

Álvaro de Campos: a energia futurista

Dos três heterônimos, Álvaro de Campos é o mais afinado com a tendência modernista, particularmente com o Futurismo.

Como seu mestre Alberto Caeiro, emprega o verso livre. Seu verso contém, porém, uma energia explosiva que o difere da quase poesia em prosa de Caeiro. Procurando transmitir o espírito do mundo moderno, um mundo de máquinas, de multidões e de velocidade, a poesia de Álvaro de Campos é solta, às vezes desleixada, febril, verdadeira inspiração sem comando, cheia de gritos que exclamam e interrogam.

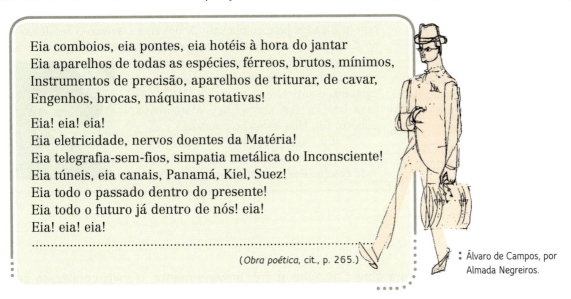

Eia comboios, eia pontes, eia hotéis à hora do jantar
Eia aparelhos de todas as espécies, férreos, brutos, mínimos,
Instrumentos de precisão, aparelhos de triturar, de cavar,
Engenhos, brocas, máquinas rotativas!

Eia! eia! eia!
Eia eletricidade, nervos doentes da Matéria!
Eia telegrafia-sem-fios, simpatia metálica do Inconsciente!
Eia túneis, eia canais, Panamá, Kiel, Suez!
Eia todo o passado dentro do presente!
Eia todo o futuro já dentro de nós! eia!
Eia! eia! eia!

(*Obra poética*, cit., p. 265.)

Álvaro de Campos, por Almada Negreiros.

Na poesia de Álvaro de Campos verificam-se três fases: a decadentista, ligada à poesia do final do século XIX; a futurista, em que se destaca o poema "Ode marítima", cuja publicação na revista *Orpheu* provocou um escândalo; e a pessoal, de descontentamento e aridez interior.

A fase final de Campos, em que o poeta aparece como cosmopolita melancólico e devaneador, aproxima-o do ortônimo Fernando Pessoa ele-mesmo, pela presença da saudade da infância e da dor de pensar.

Fernando Pessoa ele-mesmo: a canção de Portugal

É difícil dizer se Fernando Pessoa ortônimo condiz mais com aquilo que, de fato, era e pensava o poeta, ou se vem a constituir mais um heterônimo. Além disso, não se pode perder de vista o grandioso projeto de reconstrução da cultura portuguesa alimentado pelo poeta. A fragmentação do eu em vários eus, em vez de diluir, na verdade compõe um rico painel de Portugal, seja como síntese das mais variadas tendências literárias e filosóficas, seja como síntese de tipos humanos.

Contudo, o ortônimo Fernando Pessoa é portador de certos traços, como o nacionalismo e o saudosismo, que coincidem com os do homem Fernando Pessoa.

Por exemplo, em 1912, Pessoa escrevia em *A Águia*: "E a nossa grande Raça partirá em busca de uma Índia nova, que não existe no espaço, em naus que são construídas 'daquilo de que os sonhos são feitos'".

Fernando Pessoa (1983), por Júlio Pomar.

É com esse tom visionário e nacionalista que Pessoa ele-mesmo escreveu *Mensagem*, iniciada em 1913 e publicada em 1934 (um ano antes de sua morte). A obra, idealizada por Fernando Pessoa como uma versão moderna da epopeia e com o nome de *Portugal*, acabou resultando numa mistura entre o épico e o lírico.

Épico porque canta os mitos e os heróis coletivos de Portugal, lembrando diretamente *Os lusíadas*, de Luís de Camões; lírico porque expõe os sentimentos de melancolia, saudosismo e euforia de um eu lírico que ora é uma personagem histórica, ora pode ser o próprio poeta.

Retomando o passado grandioso das navegações e das descobertas, Fernando Pessoa procura reacender a chama da conquista, que, tendo sido importante característica do povo português no passado, se apagara com o desaparecimento do rei D. Sebastião, na África. *Mensagem* canta não o Portugal real, de seu tempo, metido num marasmo sem fim, mas o Portugal *sonhado* por seus heróis, loucos e alucinados. É uma obra nacionalista que procura reviver o sonho da grandiosidade da nação, perseguido por vários poetas desde o século XVII.

Mas a parte verdadeiramente lírica de Fernando Pessoa ele-mesmo se acha em *Cancioneiro*. Sem que haja um conjunto uniforme de temas ou filosofia definida, nessa obra são explorados temas como saudade, solidão, infância, vida, arte e se encontram atitudes como ceticismo, nostalgia, tédio. Além disso, é patente a consciência que o autor tem de si como poeta que se insere numa tradição da poesia lírica, assim como da ligação de sua poesia com a de Almeida Garrett e Antônio Nobre.

Fernando Pessoa ele-mesmo é, sobretudo, o poeta da inteligência e da imaginação.

Cantando e declamando Fernando Pessoa

Alguns dos melhores poemas da obra *Mensagem*, de Pessoa, foram musicados pelo compositor André Luiz Oliveira. O resultado está no CD também chamado *Mensagem* (Gradiente, Estúdio Eldorado): onze poemas e onze melodias que vale a pena conferir, principalmente porque são cantados pelas maiores vozes da MPB: Caetano Veloso, Gal Costa, Ney Matogrosso, Gilberto Gil, Elba Ramalho e outros.

O ator Paulo Autran também declama dezessete poemas de Fernando Pessoa no volume 7 da coleção Poesia Falada (Luz da Cidade).

LEITURA

O poema que segue integra a obra *Cancioneiro* e é, provavelmente, o mais conhecido de Fernando Pessoa.

Autopsicografia

O poeta é um fingidor.
Finge tão completamente
Que chega a fingir que é dor
A dor que deveras sente.

E os que leem o que escreve,
Na dor lida sentem bem,
Não as duas que ele teve,
Mas só a que eles não têm.

E assim nas calhas de roda
Gira, a entreter a razão,
Esse comboio de corda
Que se chama o coração.

(*Obra poética*, cit., p. 164-5.)

calha: cano de zinco ou de cobre em que se escoam águas pluviais.
comboio: trem; grupo de carros com o mesmo destino.

Autorretrato (1948), de Almada Negreiros.

1. O poema apresenta como tema a criação artística, desenvolvendo-o em três planos ou níveis, demarcados pelas estrofes. De que trata cada uma das estrofes?

2. Levando em conta que o poeta é um fingidor, levante hipóteses: Por que, de acordo com a 1ª estrofe, o poeta "chega a fingir que é dor / A dor que deveras sente"?

3. De acordo com a 2ª estrofe:
   a) A que dores se refere o texto no verso "Não as duas que ele teve"?
   b) Os leitores não sentem as duas dores do poeta, "Mas só a que eles não têm".
   Levante hipóteses: Que dor pode ser essa sentida pelos leitores?

4. Na última estrofe, são aproximados dois elementos que, historicamente, são a base da criação artística em todos os tempos, ora com o predomínio de um, ora com o predomínio de outro.
   a) Quais são esses elementos?
   b) Que importância têm esses elementos no jogo da criação literária?

5. O poema tem como título "Autopsicografia". O termo *psicografia* significa relação mediúnica estabelecida entre dois seres humanos, um morto e um vivo, sendo este o meio pelo qual aquele se manifesta por escrito; o prefixo *auto-* significa "por si mesmo". Levando em conta esses dados e considerações sobre realidade, imaginação ou fingimento observadas no poema, dê uma interpretação coerente ao título do poema.

518

Natureza-morta, de Georg Flegel.

PRODUÇÃO DE TEXTO

CAPÍTULO 47

O conto

TRABALHANDO O GÊNERO

Leia este conto, de Lygia Fagundes Telles:

As cerejas

Aquela gente teria mesmo existido? Madrinha tecendo a cortina de filé com um anjinho a esvoaçar por entre rosas, a pobre Madrinha sempre afobada, piscando os olhinhos estrábicos, "vocês não viram onde deixei meus óculos?". A preta Dionísia a bater as claras de ovos em ponto de neve, a voz ácida "esta receita é nova...". Tia Olívia enfastiada e lânguida, abanando-se com uma ventarola chinesa, a voz pesada indo e vindo ao embalo da rede, "fico exausta no calor...". Marcelo muito louro – Por que não me lembro da voz dele? – agarrado à crina do cavalo, agarrado à cabeleira de tia Olívia, os dois tombando lividamente azuis sobre o divã. "Você levou as velas à tia Olívia?", perguntou Madrinha lá debaixo. O relâmpago apagou-se. E no escuro que se fez, veio como resposta o ruído das cerejas se despencando no chão.

519

A casa em meio do arvoredo, o rio, as tardes como que suspensas na poeira do ar – desapareceu tudo sem deixar vestígios. Ficaram as cerejas, só elas resistiram com sua vermelhidão de loucura. Basta abrir a gaveta: algumas foram roídas por alguma barata e nessas o algodão estoura, empelotado, não, tia Olívia, não eram de cera, eram de algodão suas cerejas vermelhas.

Ela chegou inesperadamente. Um cavaleiro trouxe o recado do chefe da estação pedindo a charrete para a visita que acabara de desembarcar.

– É Olívia! – exclamou Madrinha. É a prima! Alberto escreveu dizendo que ela viria, mas não disse quando, ficou de avisar. Eu ia mudar as cortinas, bordar umas fronhas e agora!... Justo Olívia. Vocês não podem fazer ideia, ela é de tanto luxo e a casa aqui é tão simples, não estou preparada, meus céus! O que é que eu faço, Dionísia, me diga agora o que é que eu faço!

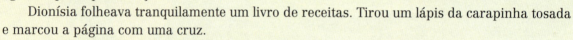

Dionísia folheava tranquilamente um livro de receitas. Tirou um lápis da carapinha tosada e marcou a página com uma cruz.

– Como se já não bastasse esse menino, que também chegou sem aviso...

O menino era Marcelo. Tinha apenas dois anos mais do que eu mas era tão alto e parecia tão adulto com suas belas roupas de montaria, que tive vontade de entrar debaixo do armário quando o vi pela primeira vez.

– Um calor na viagem! – gemeu tia Olívia em meio de uma onda de perfumes e malas. – E quem é este rapazinho?

– Pois este é o Marcelo, filho do Romeu – disse Madrinha. – Você não se lembra do Romeu? Primo-irmão do Alberto...

Tia Olívia desprendeu do chapeuzinho preto dois grandes alfinetes de pérola em formato de pera. O galho de cerejas estremeceu no vértice do decote da blusa transparente. Desabotoou o casaco.

– Ah, minha querida, Alberto tem tantos parentes, uma família enorme! Imagine se vou me lembrar de todos com esta minha memória. Ele veio passar as férias aqui?

Por um breve instante Marcelo deteve em tia Olívia o olhar frio. Chegou a esboçar um sorriso, aquele mesmo sorriso que tivera quando Madrinha, na sua ingênua excitação, nos apresentou a ambos, "pronto, Marcelo, aí está sua priminha, agora vocês poderão brincar juntos". Ele então apertou um pouco os olhos. E sorriu.

– Não estranhe, Olívia, que ele é por demais arisco – segredou Madrinha ao ver que Marcelo saía abruptamente da sala. – Se trocou comigo meia dúzia de palavras, foi muito. Aliás, toda a gente de Romeu é assim mesmo, são todos muito esquisitos. Esquisitíssimos!

Tia Olívia ajeitou com as mãos em concha o farto coque preso na nuca. Umedeceu os lábios com a ponta da língua.

– Tem *charme*...

Aproximei-me fascinada. Nunca tinha visto ninguém como tia Olívia, ninguém com aqueles olhos pintados de verde e com aquele decote assim fundo.

– É de cera? – perguntei tocando-lhe uma das cerejas.

Ela acariciou-me a cabeça com um gesto distraído. Senti bem de perto seu perfume.

– Acho que sim, querida. Por quê? Você nunca viu cerejas?

– Só na folhinha.

Ela teve um risinho cascateante. No rosto muito branco a boca parecia um largo talho aberto, com o mesmo brilho das cerejas.

– Na Europa são tão carnudas, tão frescas.

Marcelo também tinha estado na Europa com o avô. Seria isso? Seria isso que os fazia infinitamente superiores a nós? Pareciam feitos de outra carne e pertencer a um outro mundo tão acima do nosso, ah! como éramos pobres e feios. Diante de Marcelo e tia Olívia, só diante dos dois é que eu pude avaliar como éramos pequenos: eu, de unhas roídas e vestidos feitos por Dionísia, vestidos que pareciam as camisolas das bonecas de jornal que Simão recortava com a tesoura do jardim. Madrinha, completamente estrábica e tonta em meio de suas rendas e filés. Dionísia, tão preta quanto enfatuada com as tais receitas secretas.

– Não quero é dar trabalho – murmurou tia Olívia dirigindo-se ao quarto. Falava devagar, andava devagar. Sua voz foi se afastando com a mansidão de um gato subindo a escada. – Cansei-me muito, querida. Preciso apenas de um pouco de sossego...

Agora só se ouvia a voz de Madrinha que tagarelava sem parar: a chácara era modesta, modestíssima, mas ela haveria de gostar, por que não? O clima era uma maravilha e o pomar nessa época do ano estava coalhado de mangas. Ela não gostava de mangas? Não?... Tinha também bons cavalos se quisesse montar, Marcelo poderia acompanhá-la, era um ótimo cavaleiro, vivia galopando dia e noite. Ah, o médico proibira? Bem, os passeios a pé também eram lindos, havia no fim do caminho dos bambus um lugar ideal para piqueniques, ela não achava graça num piquenique?

Fui para a varanda e fiquei vendo as estrelas por entre a folhagem da paineira. Tia Olívia devia estar sorrindo, a umedecer com a ponta da língua os lábios brilhantes. Na Europa eram tão carnudas... Na Europa.

Abri a caixa de sabonete escondida sob o tufo de samambaia. O escorpião foi saindo penosamente de dentro. Deixei-o caminhar um bom pedaço e só quando ele atingiu o centro da varanda é que me decidi a despejar a gasolina. As chamas azuis

Museu do Louvre, Paris, França

Theodore Gericault. *Le dressage* man training *(breaking) a horse with docked tail.*/World History Archive/Other Images

subiram num círculo fechado. O escorpião rodou sobre si mesmo, erguendo-se nas patas traseiras, procurando uma saída. A cauda contraiu-se desesperadamente. Encolheu-se. Investiu e recuou em meio das chamas que se apertavam mais.

– Será que você não se envergonha de fazer uma maldade dessas?

Voltei-me. Marcelo cravou em mim o olhar feroz. Em seguida, avançando para o fogo, esmagou o escorpião no tacão da bota.

– Diz que ele se suicida, Marcelo...

– Era capaz mesmo quando descobrisse que o mundo está cheio de gente como você.

Tive vontade de atirar-lhe a gasolina na cara. Tapei o vidro.

– E não adianta ficar furiosa, vamos, olhe para mim. Sua boba. Pare de chorar e prometa que não vai mais judiar dos bichos.

Encarei-o. Através das lágrimas ele pareceu-me naquele instante tão belo quanto um deus, um deus de cabelos dourados e botas, todo banhado de luar. Fechei os olhos, já não me envergonhava das lágrimas, já não me envergonhava de mais nada. Um dia ele iria embora do mesmo modo imprevisto como chegara, um dia ele sairia sem se despedir e desapareceria para sempre. Mas isso também já não tinha importância. Marcelo, Marcelo!, chamei. E só meu coração ouviu.

Quando ele me tomou pelo braço e entrou comigo na sala, parecia completamente esquecido do escorpião e do meu pranto. Voltou-lhe o sorriso.

— Então é essa a famosa tia Olívia? Ah, ah, ah.

Enxuguei depressa os olhos na barra da saia.

— Ela é bonita, não?

Ele bocejou.

— Usa um perfume muito forte. E aquele galho de cerejas dependurado no peito. Tão vulgar.

— Vulgar?

Fiquei chocada. E contestei; mas, em meio da paixão com que a defendi, senti uma obscura alegria ao perceber que estava sendo derrotada.

— E, além do mais, não é meu tipo – concluiu ele voltando o olhar indiferente para o trabalho de filé que Madrinha deixara desdobrado na cadeira. Apontou para o anjinho esvoaçando entre grinaldas. – Um anjinho cego.

— Por que cego? – protestou Madrinha descendo a escada. Foi nessa noite que perdeu os óculos. – Cada ideia, Marcelo!

Ele debruçara-se na janela e parecia agora pensar em outra coisa.

— Tem dois buracos em lugar dos olhos.

— Mas filé é assim mesmo, menino! No lugar de cada olho deve ficar uma casa vazia – esclareceu ela sem muita convicção. Examinou o trabalho. E voltou-se nervosamente para mim: – Por que não vai buscar o dominó para jogarem uma partida? E vê se encontra meus óculos que deixei por aí.

Quando voltei com o dominó, Marcelo já não estava na sala. Fiz um castelo com as pedras. E soprei-o com força. Perdia-o sempre, sempre. Passava as manhãs galopando como louco. Almoçava rapidamente e mal terminava o almoço, fechava-se no quarto e só reaparecia no lanche, pronto para sair outra vez. Restava-me correr ao alpendre para vê-lo seguir em direção à estrada, cavalo e cavaleiro tão colados um ao outro que pareciam formar um corpo só.

Como um corpo só os dois tombaram no divã, tão rápido o relâmpago e tão longa a imagem, ele tão grande, tão poderoso, com aquela mesma expressão com que galopava como que agarrado à crina do cavalo, arfando doloridamente na reta final.

Foram dias de calor atroz os que antecederam à tempestade. A ansiedade estava no ar. Dionísia ficou mais casmurra. Madrinha ficou mais falante, procurando disfarçadamente os óculos nas latas de biscoito ou nos potes de folhagens, esgotada a busca em gavetas e armários. Marcelo pareceu-me mais esquivo, mais crispado. Só tia Olívia continuava igual, sonolenta e lânguida no seu negligê branco. Estendia-se na rede. Desatava a cabeleira. E, com um movimento brando, ia se abanando com a ventarola. Às vezes vinha com as cerejas que se esparramavam no colo polvilhado de talco. Uma ou outra cereja resvalava por entre o rego dos seios e era então engolida pelo decote.

— Sofro tanto com o calor...

Madrinha tentava animá-la:

— Chovendo, Olívia, chovendo você verá como vai refrescar.

Ela sorria umedecendo os lábios com a ponta da língua.

— Você acha que vai chover?

— Mas claro, as nuvens estão baixando, a chuva já está aí. E vai ser um temporal daqueles, só tenho medo é que apanhe esse menino lá fora. Você já viu menino mais esquisito, Olívia? Tão fechado, não? E sempre com aquele arzinho de desprezo.

– É da idade, querida. É da idade.

– Parecido com o pai. Romeu também tinha essa mesma mania com cavalo.

– Ele monta tão bem. Tão elegante.

Defendia-o sempre enquanto ele a atacava, mordaz, implacável: "É afetada, esnobe. E como representa, parece que está sempre no palco". Eu contestava, mas de tal forma que o incitava a prosseguir atacando.

Lembro-me de que as primeiras gotas de chuva caíram ao entardecer, mas a tempestade continuava ainda em suspenso, fazendo com que o jantar se desenrolasse numa atmosfera abafada. Densa. Pretextando dor de cabeça, tia Olívia recolheu-se mais cedo. Marcelo, silencioso como de costume, comeu de cabeça baixa. Duas vezes deixou cair o garfo.

– Vou ler um pouco – despediu-se assim que nos levantamos.

Fui com Madrinha para a saleta. Um raio estalou de repente: como se esperasse por esse sinal, a casa ficou completamente às escuras enquanto a tempestade desabava.

– Queimou o fusível! – gemeu Madrinha. – Vai, filha, vai depressa buscar o maço de velas, mas leva primeiro ao quarto de tia Olívia. E fósforos, não esqueça os fósforos!

Subi a escada. A escuridão era tão viscosa, que se eu estendesse a mão, poderia senti-la amoitada como um bicho por entre os degraus. Tentei acender a vela mas o vento me envolveu. Escancarou-se a porta do quarto. E em meio do relâmpago que rasgou a treva, vi os dois corpos completamente azuis, tombando enlaçados no divã.

Afastei-me cambaleando. Agora as cerejas se despencavam sonoras como enormes bagas de chuva caindo de uma goteira. Fechei os olhos. Mas a casa continuava a rodopiar desgrenhada e lívida com os dois corpos rolando na ventania.

– Levou as velas para tia Olívia? – perguntou Madrinha.

Desabei num canto, fugindo da luz do castiçal aceso em cima da mesa.

– Ninguém respondeu, ela deve estar dormindo.

– E Marcelo?

– Não sei, deve estar dormindo também.

Madrinha aproximou-se com o castiçal:

– Mas que é que você tem, menina? Está doente? Não está com febre? Hem?! Sua testa está queimando... Dionísia, traga uma aspirina, esta menina está com um febrão, olha aí!

Até hoje não sei quantos dias me debati esbraseada, a cara vermelha, os olhos vermelhos, escondendo-me debaixo das cobertas para não ver por entre clarões de fogo milhares de cerejas e escorpiões em brasa, estourando no chão.

– Foi um sarampo tão forte – disse Madrinha ao entrar certa manhã no quarto. – E como você chorava, dava pena ver como você chorava! Nunca vi um sarampo doer tanto assim.

Sentei-me na cama e fiquei olhando uma borboleta branca pousada no pote de avencas da janela. Voltei-me em seguida para o céu límpido. Havia um passarinho cantando na paineira. Madrinha então disse:

– Marcelo foi-se embora ontem à noite, quando vi, já estava de mala pronta, sabe como ele é. Veio até aqui se despedir, mas você estava dormindo tão profundamente.

Dois dias depois, tia Olívia partia também. Trazia o costume preto e o chapeuzinho com os alfinetes de pérola espetados na capa. Na blusa branca, bem no vértice do decote, o galho de cerejas.

Sentou-se na beirada da minha cama:

– Que susto você nos deu, querida – começou com sua voz pesada. – Pensei que fosse alguma doença grave. Agora está boazinha, não está?

Prendi a respiração para não sentir seu perfume.

— Estou.

— Ótimo! Não te beijo porque ainda não tive sarampo – disse ela calçando as luvas. Riu o risinho cascateante. – E tem graça eu pegar nesta altura doença de criança?

Cravei o olhar nas cerejas que se entrechocavam sonoras, rindo também entre os seios. Ela desprendeu-as rapidamente:

— Já vi que você gosta, pronto, uma lembrança minha.

— Mas ficam tão lindas aí – lamentou Madrinha. – Ela nem vai poder usar, bobagem, Olívia, leve suas cerejas!

— Comprarei outras.

Durante o dia seu perfume ainda pairou pelo quarto. Ao anoitecer, Dionísia abriu as janelas. E só ficou o perfume delicado da noite.

— Tão encantadora a Olívia – suspirou Madrinha sentando-se ao meu lado com sua cesta de costura. – Vou sentir falta dela, um encanto de criatura. O mesmo já não posso dizer daquele menino. Romeu também era assim mesmo, o filho saiu igual. E só às voltas com cavalos, montando em pelo, feito índio. Eu quase tinha um enfarte quando via ele galopar.

Exatamente um ano depois ela repetiria, num outro tom, esse mesmo comentário ao receber a carta onde Romeu comunicava que Marcelo tinha morrido de uma queda de cavalo.

— Anjinho cego, que ideia! – prosseguiu ela desdobrando o filé nos joelhos. – Já estou com saudades de Olívia, mas dele?

Sorriu alisando o filé com as pontas dos dedos. Tinha encontrado os óculos.

(*As cerejas*. São Paulo: Atual, 1992. p. 4-15.)

Quem conta um conto

Um conto é uma narrativa curta. Não faz rodeios: vai direto ao assunto.

No conto tudo importa: cada palavra é uma pista. Em uma descrição, as informações são valiosas; cada adjetivo é insubstituível; cada vírgula, cada ponto, cada espaço – tudo está cheio de significado.

Já se disse que o conto está para o romance assim como a fotografia está para o cinema: tanto o contista quanto o fotógrafo devem selecionar uma situação e tentar extrair dela o máximo. Escritores, estudiosos e amantes da literatura em geral vêm há muito tempo tentando definir o que é, afinal, o conto – mas esse debate, pelo jeito, está longe de acabar...

Enquanto isso, os contos vão sendo escritos. O Brasil tem uma lista extensa de grandes contistas: Mário de Andrade, Murilo Rubião, Guimarães Rosa, Rubem Braga, Clarice Lispector, Rubem Fonseca, Dalton Trevisan, Otto Lara Resende e inúmeros outros [...].

(In: Antônio de Alcântara Machado et alii. *De conto em conto*. São Paulo: Ática, 2003. p. 103.)

Otto Lara Resende.

---

carapinha: cabelo crespo, pixaim.
cascateante: com som de cascata.
casmurro: teimoso, implicante.
crispado: contraído.
desgrenhado: despenteado.
enfastiado: entediado, enfadado.
enfatuado: presumido, vaidoso.

filé: uma espécie de renda feita artesanalmente.
lânguido: langoroso, fraco, abatido.
mordaz: satírico, crítico.
negligê: roupão fino.
tacão: salto.
tosado: tosquiado, aparado.

1. Como a fábula, o conto é um texto que pertence ao grupo dos gêneros narrativos ficcionais. Caracteriza-se por ser condensado, isto é, apresentar poucas personagens, poucas ações e tempo e espaço reduzidos. No conto "As cerejas", a ação desenrola-se em uma chácara.

a) Quais personagens viviam na chácara?

b) Quais estavam ali a passeio?

c) Como você imagina a narradora do conto?

d) Que parentesco havia entre a narradora e Marcelo? E entre ela e Olívia?

2. Em relação ao espaço do conto, responda:

a) Em que lugar da chácara ocorrem os fatos?

b) O tempo é indicado de forma precisa? Quanto tempo você supõe que transcorreu desde a chegada até a partida de Olívia?

c) A narração se dá muito tempo depois da ocorrência dos fatos. Que fala da narradora deixa isso explícito?

d) Que elemento material restou da experiência narrada?

3. A frase "Aquela gente teria mesmo existido?" dá início à apresentação do conto, na qual são evocadas imagens situadas na memória da narradora. A partir de que parágrafo se inicia propriamente a narração dos fatos?

4. Nos gêneros narrativos, a sequência de fatos que mantêm entre si uma relação de causa e efeito constitui o **enredo**. Um dos elementos mais importantes do enredo é o **conflito**, geralmente apresentado no seu desenvolvimento, ou **complicação**. O conflito consiste em uma oposição de interesses que cria uma tensão em torno da qual se organizam os fatos narrados. É ele que faz a história caminhar e prende a atenção do leitor ou ouvinte. No conto em estudo, que fato novo dá início a uma complicação e introduz o conflito?

5. Observe estes trechos do texto:

> • "Fiquei chocada. E contestei; mas, em meio da paixão com que a defendi, senti uma obscura alegria ao perceber que estava sendo derrotada."
> • "Eu contestava, mas de tal forma que o incitava a prosseguir atacando."

O que explica os sentimentos contraditórios da narradora em relação a Olívia? Justifique sua resposta com elementos do texto.

6. Nos contos, o **clímax** constitui a parte de maior tensão da narrativa. Em que momento se dá o clímax no conto lido?

7. Após o clímax, momento no qual o conflito é superado, o enredo caminha para o **desfecho**. Normalmente, no desfecho as ações retornam à situação de equilíbrio inicial. No conto lido, após o clímax, a narradora fica doente. Quando desperta, percebe ao seu redor elementos naturais anunciadores de paz. Quais são esses elementos?

8. O adoecimento da personagem pode ser visto como um rito de passagem, isto é, um momento de transformação, no qual a narradora deixa para trás sua condição de menina e se torna mulher. Explique a relação entre o sofrimento físico e emocional da personagem e o seu renascimento.

9. Nos contos, a narração pode ser feita em 1ª ou em 3ª pessoa. No primeiro caso, o narrador participa da história, e, no segundo caso, ele observa e narra os fatos, sem participar deles. Observe estes trechos do conto lido:

> • "O relâmpago apagou-se. E no escuro que se fez, veio como resposta o ruído das cerejas se despencando no chão."
> • "Aproximei-me fascinada. Nunca tinha visto ninguém como tia Olívia, ninguém com aqueles olhos pintados de verde e com aquele decote assim fundo."

Em que pessoa é feita a narração?

10. No enredo dos contos, ocorrem fatos aparentemente sem importância, mas que podem contribuir para a construção do sentido geral do texto. Indique possíveis interpretações para os seguintes aspectos ou passagens do conto lido:

• A palavra *cerejas* dá título ao conto e aparece em vários momentos da narrativa.

• A menina tenta matar o escorpião com fogo logo após a chegada de tia Olívia.

• A menina faz um castelo com as peças do dominó e sopra-o com força.

• Há menção a anjinho cego, figura que se via na renda feita por Madrinha.

• Madrinha perde os óculos e só aparece usando-os de novo no final.

PRODUÇÃO
DE TEXTO

11. Observe a linguagem do conto lido.

   a) Que variedade linguística foi empregada?

   b) Que tempo verbal predomina?

12. Reúna-se com seus colegas de grupo e, juntos, concluam: Quais são as características do conto? Respondam, considerando os seguintes critérios: finalidade do gênero, perfil dos interlocutores, suporte ou veículo, tema, estrutura, linguagem.

Loucos por contos

Para aqueles que são aficionados de contos, sugerimos a leitura de: *Geração 90 – Os transgressores*, organização de Nelson de Oliveira (Boitempo); *Os melhores contos de loucura*, organização de Flávio Moreira da Costa (Ediouro); *Boa companhia – contos*, de vários autores (Companhia das Letras); *Os cem menores contos brasileiros do século*, organização de Marcelino Freire (Ateliê Editorial); *Meus contos preferidos*, de Lygia Fagundes Telles (Rocco); *A selva do amor – Contos clássicos da guerra dos sexos*, seleção de Roberto Maggiati (Record); *Os cem melhores contos brasileiros do século*, seleção de Italo Moriconi (Objetiva); *Os 100 melhores contos de humor da literatura universal*, organização de Flávio Moreira da Costa (Ediouro); *Ficção – Histórias para o prazer da leitura*, organização de Miguel Sanches Neto (Leitura); *Os 100 melhores contos de crime e mistério*, organização de Flávio Moreira da Costa (Ediouro); *Contos fantásticos do século XIX*, escolhidos por Italo Calvino (Companhia das Letras).

PRODUZINDO O CONTO

Escolha uma das seguintes propostas de produção de texto.

1. Escolha um assunto e desenvolva-o em um conto com um destes títulos:

- A guitarra mágica
- A rosa traída
- Morangos mofados
- Escorpião em círculo de fogo
- O binóculo desfocado

2. A seguir são reproduzidos trechos de três contos de escritores brasileiros. Leia-os e escolha um deles para fazer parte de uma narrativa. Você pode usar o trecho escolhido como introdução, clímax ou desfecho de um conto.

a)

> Uma noite, voltando de metrô para casa, como fazia cinco vezes por semana, onze meses por ano, ele ouviu uma voz. Estava exausto, com o nó da gravata frouxo no pescoço, o colarinho desabotoado, a cabeça jogada para trás, o walkman a todo o volume e os fones enterrados nos ouvidos. De repente, antes mesmo de poder perceber a interrupção, a música que vinha ouvindo cessou sem explicações e, ao cabo de um breve silêncio, no lugar dela surgiu uma voz que ele não sabia nem como, nem de quem, nem de onde. Ergueu a cabeça. Olhou para os lados, para os outros passageiros. Mas era só ele que a ouvia.
>
> (Bernardo Carvalho. "A vida de um homem normal". In: Moacyr Scliar et alii. *Boa companhia - contos*. São Paulo: Companhia da Letras, 2003. p. 11.)

526

b)

> Zero Manivela deu meia-volta e embarafustou ladeira abaixo. Ezequiel não queria correr atrás dele, mas quando percebeu já estava correndo. Passaram por duas ruas, chegaram perto da avenida e nem perceberam. Alguém deu um berro, mas eles não ouviram, estavam surdos de raiva.
>
> (Pedro Cavalcanti. "Olho por olho". In: Moacyr Scliar et alii. *Boa companhia – contos*, cit., p. 88.)

Planejamento do texto

- Decida com os colegas e o professor em que suporte e veículo os contos irão circular. Sugerimos que reúnam os contos em uma revista literária digital da classe, a ser montada no capítulo **Vivências** desta unidade.
- Decidido o suporte, pense no perfil do leitor: você vai escrever para jovens como você e para adultos. A linguagem deve estar, portanto, adequada ao gênero e ao perfil do público leitor.
- Imagine o conflito, ou seja, a situação problemática que as personagens viverão, e como ocorrerá sua superação. Depois planeje a organização dos fatos, isto é, a estruturação do enredo em introdução, complicação, clímax e desfecho, ou uma maneira interessante de subverter essa estrutura.
- A linguagem deve seguir a norma-padrão, mas, dependendo do perfil do narrador e das personagens, pode haver variações de registro e até o uso de uma variedade linguística em desacordo com a norma-padrão.

Revisão e reescrita

Antes de fazer a versão final do seu conto, reveja-o, observando se:
- o texto consiste em uma narrativa ficcional curta;
- apresenta poucas personagens, poucas ações e tempo e espaço reduzidos;
- o enredo está estruturado em introdução, complicação, clímax e desfecho ou se essa estrutura é subvertida intencionalmente;
- a linguagem está de acordo com a norma-padrão ou com o perfil do narrador e das personagens.

Faça as alterações necessárias e passe seu conto para o suporte em que ele irá circular.

LÍNGUA: USO E REFLEXÃO

Broken forms, s/d, Franz Marc. The Bridgeman Art Library/Grupo Keystone/Haags Gemeente Museum, The Hague, Holanda

CAPÍTULO 48

A pontuação

CONSTRUINDO O CONCEITO

Leia o anúncio:

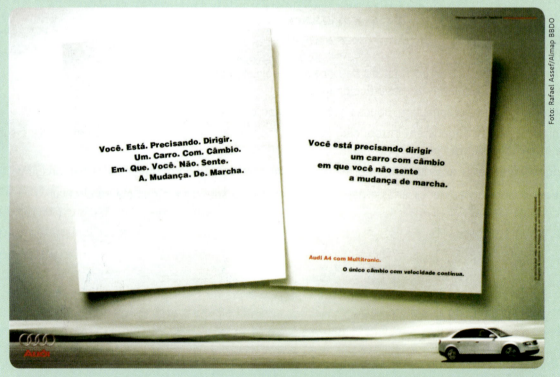

(*28º Anuário do Clube de Criação de São Paulo.*)

528

1. Na parte inferior do anúncio, há um logotipo, à esquerda, e um carro, à direita.
   a) Esse logotipo representa qual marca de automóvel?
   b) Sabe-se que, no mercado automobilístico, essa marca fabrica carros caros, com motores de grande potência e alta tecnologia. Deduza: Qual é o perfil do público consumidor desse carro?

2. Há, no anúncio, um enunciado que é escrito de duas formas diferentes. Relacionando as formas desse enunciado ao conteúdo, interprete:
   a) O que sugere o ponto após cada uma das palavras, no primeiro enunciado?
   b) O que sugere o emprego de um único ponto no segundo enunciado?

CONCEITUANDO

Você observou que um texto escrito adquire sentidos diferentes quando pontuado de formas diferentes. O uso da pontuação depende da intenção do locutor no discurso. Assim, os sinais de pontuação estão diretamente relacionados ao contexto, ao interlocutor e às intenções. Servem para marcar as pausas e as entonações e também para representar outros componentes específicos da língua falada, como os gestos e a expressão facial. Desse modo, facilitam a leitura e tornam o texto mais claro e preciso.

> A **pontuação** marca na escrita as diferenças de entonação, contribuindo para tornar mais preciso o sentido que se quer dar ao texto.

Há alguns sinais de pontuação cujo emprego, atualmente, obedece a uma razoável disciplina, como o ponto e vírgula, o dois-pontos e o ponto de interrogação. Outros têm emprego mais livre, mais subjetivo, como o ponto de exclamação e as reticências.

A entonação

Na fala, a frase é marcada pela entonação, isto é, pelo tom que o falante dá à voz para expressar sua intenção. Na escrita, os sinais de pontuação, indicando pausas, altura de voz, ênfase, etc., aproximam o texto escrito da fala. Observe que, se quisermos expressar a intenção do homem sentado, no cartum abaixo, devemos ler sua fala com um tom de voz mais alto e que revele uma chamada.

(Mário Dimov Mastrotti, org. *Isto é um absurdo!*. São Caetano do Sul: Virgo, 2004. p. 49.)

VÍRGULA

A vírgula entre os termos da oração

Emprega-se a vírgula:
- para separar termos que exercem a mesma função sintática – *sujeito composto, complementos, adjuntos* –, quando não vêm unidos por *e*, *ou* e *nem*:

> Deu-me *livros, revistas de arte, discos antigos e CDs.*
> objeto direto

- para isolar o *aposto*:

  > O resto, *as louças, os cristais, os talheres*, irá nas caixas menores.

- para isolar o *vocativo*:

  > Você ouviu, *Maria*, que notícia estranha?

- para isolar o *adjunto adverbial*, quando ele é extenso ou quando se quer destacá-lo:

  > *À noite*, faço um curso de inglês intensivo.

- para isolar expressões explicativas como *isto é, por exemplo, ou melhor, a saber, ou seja*, etc.

  > Entregaram-me a encomenda, *isto é*, os móveis e as cadeiras, com um mês de atraso.

- para isolar o *nome de um lugar* anteposto à data:

  > *Recife*, 20 de dezembro de 2012.

Quando não empregar a vírgula

Não se recomenda empregar a vírgula entre o sujeito e o predicado e entre o verbo e seus complementos, a não ser que haja termo ou oração intercalados. Assim, no anúncio abaixo, no enunciado "Um bom conteúdo perde muito sem um bom papel", não se separa por vírgula o sujeito *Um bom conteúdo* do predicado *perde muito sem um bom papel*.

A vírgula entre as orações

Coordenadas

Emprega-se a vírgula para separar:

- as orações *coordenadas assindéticas*: Foi à porta, espiou, correu para dentro assustada.

- as orações *coordenadas sindéticas*, com exceção das introduzidas pela conjunção *e*:

  > Talvez seja engano meu, mas acho-a agora mais serena.

> **OBSERVAÇÃO**
>
> As orações coordenadas sindéticas unidas pela conjunção *e* podem vir separadas por vírgulas quando:
> - têm sujeitos diferentes: "A criatura desviou-se, e ao cabo de um minuto as linhas moveram-se [...]" (Graciliano Ramos)
> - a conjunção é repetida várias vezes: Queria não ver, e abaixava os olhos, e tapava-os com as mãos, e sentia-se fechar em si mesma.

Subordinadas substantivas

Somente as orações *subordinadas substantivas apositivas* devem ser separadas por vírgula (ou dois-pontos) da oração principal; as demais substantivas, não.

Ele só pensava numa coisa, *que não cederia*.

Subordinadas adjetivas

Somente as orações *subordinadas adjetivas explicativas* devem ser separadas por vírgula da oração principal; as *restritivas*, não.

Nem ele, *que é o melhor da turma*, quis jogar.

Etc.

Considerando que *etc.* é abreviatura da expressão latina *et coetera*, que significa "e outras coisas", o emprego da vírgula antes dele seria dispensável. Entretanto, o acordo ortográfico em vigor no Brasil exige que empreguemos *etc.* precedido de vírgula. Veja o exemplo:

Trouxe nesta pasta as fotografias, as cartas, os documentos, etc.

Subordinadas adverbiais

As orações *subordinadas adverbiais* são separadas por vírgula:
- opcionalmente, se vierem *após* a oração principal:

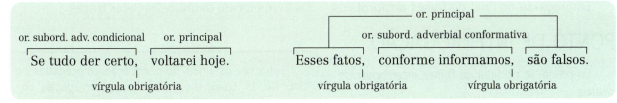

- obrigatoriamente, se vierem *antepostas* ou *intercaladas* à oração principal:

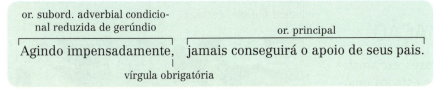

- obrigatoriamente, quando forem reduzidas de gerúndio, particípio e infinitivo:

or. subord. adverbial condicional reduzida de gerúndio	or. principal
Agindo impensadamente,	jamais conseguirá o apoio de seus pais.

vírgula obrigatória

Observe que, no balão do 1º quadrinho, a oração subordinada adverbial temporal *Depois que troquei o violão pela flauta* vem anteposta à oração principal *as formigas passaram a gostar de mim*. Nesse caso, para separar as orações, a vírgula é obrigatória.

(Fernando Gonsales. *Níquel Náusea – Em boca fechada não entra mosca*. São Paulo: Devir, 2008. p. 17.)

PONTO E VÍRGULA

Emprega-se o ponto e vírgula:

- antes das orações sindéticas adversativas e conclusivas, quando apresentarem a conjunção deslocada:

> Os alunos pretendiam montar um pequeno laboratório de ciências; o dinheiro arrecadado, entretanto, não foi o suficiente.
> Você já recebeu dois convites; deve, portanto, comparecer à cerimônia.

Observe que, nesse caso, a conjunção vem entre vírgulas.

- para separar orações, desde que a segunda contenha zeugma:

> Vocês anseiam pela violência; nós, pela paz.

- para separar os itens dos enunciados enumerativos:

> As águas das chuvas provocam sérios problemas à rede de esgotos. Evite problemas, procedendo da seguinte forma:
> a) não ligue ralos de fundo de quintais às redes de esgoto;
> b) tampe as caixas de inspeção e limpe-as a cada três meses;
> c) não jogue nos vasos sanitários fraldas descartáveis, absorventes higiênicos, plásticos, estopas, panos e produtos similares.

PONTO

Emprega-se no final de frases *declarativas*:

> Os livros foram danificados pelas traças.

PONTO DE INTERROGAÇÃO

Emprega-se no final de frases *interrogativas diretas*:

> E eu? O que devo fazer?

PONTO DE EXCLAMAÇÃO

Emprega-se no final de frases exclamativas, com a finalidade de indicar estados emocionais, como espanto, surpresa, dor, alegria, súplica, etc.:

> Saia daqui já!

Observe os sinais de pontuação empregados na tira. No 1º quadrinho, o sinal de interrogação conota a fala meio irônica da personagem de óculos; na resposta de seu interlocutor, a exclamação indica indignação; já no segundo quadrinho, a exclamação indica ênfase, certeza.

(Fernando Gonsales. *Folha de S. Paulo*, 23/7/2004.)

DOIS-PONTOS

É usado para introduzir palavras, expressões, orações ou citações que servem para enumerar ou esclarecer o que se afirmou anteriormente:

> "Lembrei-me do nome e do tipo: era João Francisco Gregório, caboclo robusto, desconfiado..."
> (Graciliano Ramos)

ASPAS

São usadas no início e no final de citações; para destacar palavras estrangeiras, neologismos, gírias; para marcar ironia; para indicar mudança de interlocutor nos diálogos; quando o termo não é muito preciso para o contexto, como se pode observar no último quadrinho da tira abaixo.

PARÊNTESES

São empregados para separar palavras ou frases explicativas e nas indicações bibliográficas:

> "Depois do jantar (mal servido) Seu Dagoberto saiu do Grande Hotel e Pensão do Sol (Familiar) palitando os dentes caninos."
>
> (Alcântara Machado)

TRAVESSÃO

É utilizado:
- para indicar a mudança de interlocutor nos diálogos:

> — Quer saber de uma coisa?
> O melhor é nós terminarmos.
> — Terminarmos?
>
> Ele sentiu um frio.
> — Não combinamos mais mesmo.
>
> (Luiz Vilela)

- para isolar a fala da personagem da fala do narrador:

> — Que deseja agora? — gritou-lhe afinal, a voz transtornada. — Já não lhe disse que não tenho nada a ver com suas histórias?
>
> (Fernando Sabino)

- para destacar ou isolar palavras ou expressões no interior de frases:

> Grande futuro? Talvez naturalista, literato, arqueólogo, banqueiro, político, ou até bispo — bispo que fosse —, uma vez que fosse um cargo...
>
> (Machado de Assis)

RETICÊNCIAS

Indicam a interrupção da frase, feita com a finalidade de sugerir:
- dúvida, hesitação, surpresa:

> Não quero sair porque... porque não quero vê-la.
> Qualquer dia destes, embarco... pra China!

- prolongamento da frase:

> Naquele jardim havia de tudo: dálias, rosas, crisântemos, violetas...

- interrupção do pensamento ou sugestão para que o leitor complete o raciocínio:

> Depois de tantos anos, finalmente nos encontramos e...

- destaque a uma palavra ou expressão:

> De todas as minhas experiências, nada equivaleu a... ser pai!

- supressão de trecho em textos:

> "A democratização dos estudos trouxe para as escolas de ensino médio alunos que outrora ingressavam diretamente na vida ativa. [...] No ensino médio, os estabelecimentos escolares recebem alunos muito heterogêneos no que tange à relação com o saber."
>
> (Philippe Perrenoud)

EXERCÍCIOS

Leia o poema a seguir, de Mário Quintana, e responda às questões 1 e 2:

O gato

O gato chega à porta do quarto onde escrevo.
Entrepara... hesita... avança...

Fita-me.
Fitamo-nos.

Olhos nos olhos...
Quase com terror!

Como duas criaturas incomunicáveis e solitárias
Que fossem feitas cada uma por um Deus diferente.

(*Preparativos de viagem*. São Paulo: Globo, 1997. p. 25.)

PBNJ Productions/Corbis/Latinstock

1. Considerando que a pontuação marca na escrita as diferenças de entonação, contribuindo para tornar mais preciso o sentido que se quer dar ao texto, analise semanticamente o emprego da pontuação no poema "O gato" e justifique:

a) o emprego do ponto e das reticências na primeira estrofe:

> "O gato chega à porta do quarto onde escrevo.
> Entrepara... hesita... avança..."

b) o emprego do ponto na segunda estrofe:

> "Fita-me.
> Fitamo-nos."

c) O emprego das reticências e do ponto de exclamação na terceira estrofe:

> "Olhos nos olhos...
> Quase com terror!"

2. Analise e interprete os últimos versos do poema:

> "Como duas criaturas incomunicáveis
> [e solitárias
> Que fossem feitas cada uma por um
> [Deus diferente."

534

A PONTUAÇÃO NA CONSTRUÇÃO DO TEXTO

Leia o anúncio abaixo.

1. Segundo o anúncio, "Uma vírgula muda tudo". Analise semanticamente o emprego da vírgula nas frases destacadas em cada uma das situações a seguir e interprete a diferença entre os enunciados.

   a) "A vírgula pode ser uma pausa, ou não.
   Não, espere.
   Não espere."

   b) "A vírgula pode criar heróis.
   Isso só, ele resolve.
   Isso, só ele resolve."

   c) "Ela pode forçar o que você não quer.
   Aceito, obrigado.
   Aceito obrigado."

   d) "Pode acusar a pessoa errada.
   Esse, juiz, é corrupto.
   Esse juiz é corrupto."

   e) "A vírgula pode mudar uma opinião.
   Não quero ler.
   Não, quero ler."

2. Observe o texto verbal e a imagem na parte inferior do anúncio e o logotipo na parte superior, em verde.

   a) Quem é o locutor do texto?

   b) Levante hipóteses: Onde, provavelmente, foi veiculado o anúncio? Justifique.

   c) Explique qual é a finalidade do anúncio.

   d) A quem se dirige esse discurso?

3. Considerando o discurso como um todo, ou seja, o texto, o contexto, os interlocutores, a intencionalidade:

   a) O que pode agregar semanticamente ao discurso a cor preta da vírgula, a cor vermelha das vírgulas menores e a cor branca das palavras?

   b) Analise a ambiguidade da expressão em destaque:

   > "ABI. 100 anos lutando para que ninguém mude *nem uma vírgula* da sua informação."

   c) Considerando-se o passado histórico brasileiro de repressão à liberdade de expressão, qual é a mensagem implícita do discurso?

   d) O fundo preto do texto forma uma grande vírgula. Interprete: Por que a vírgula, sendo um sinal gráfico tão pequeno, foi escrita com esse tamanho?

Para que serve a pontuação?

Diferentemente da fala, que, além da palavra, conta com vários outros recursos para a construção de sentido – expressão facial, entonação, gestos, postura corporal, ambiente, etc. –, a linguagem escrita dispõe apenas de recursos gráficos. Entre esses recursos, a pontuação é um dos mais importantes, pois ajuda a organizar sintaticamente o texto, a evitar ambiguidades, a enfatizar um termo da oração e a tornar as ideias do texto mais claras e precisas.

SEMÂNTICA E DISCURSO

Leia o texto a seguir e responda às questões de 1 a 3.

eu estava ali deitado olhando através da vidraça as roseiras no jardim, fustigadas pelo vento que zunia lá fora e nas venezianas do meu quarto e de repente cessava e tudo ficava tão quieto tão triste e de repente recomeçava e as roseiras frágeis e assustadas irrompiam na vidraça e eu estava ali o tempo todo olhando estava em minha cama com a minha blusa de lã as mãos enfiadas nos bolsos os braços colados ao corpo as pernas juntas estava de sapatos Mamãe não gostava que eu deitasse de sapatos deixe de preguiça menino! mas dessa vez eu estava deitado de sapatos e ela viu e não falou nada ela sentou-se na beirada da cama e pousou a mão em meu joelho e falou você não quer mesmo almoçar?

eu falei que não não quer comer nada? eu falei que não nem uma carninha assada daquelas que você gosta? com uma cebolinha de folha lá da horta um limãozinho uma pimentinha? ela sorriu e deu uma palmadinha no meu joelho e eu também sorri mas falei que não não estava com a menor fome nem uma coisinha meu filho? uma coisinha só? eu falei que não e então ela ficou me olhando e então ela saiu do quarto eu estava de sapatos e ela não falou nada ela não falaria nada meus sapatos engraxados bonitos brilhantes

ele não quer comer nada? escutei papai perguntando e mamãe decerto só balançou a cabeça porque não escutei ela responder e agora eles estavam comendo em silêncio os dois sozinhos lá na mesa em silêncio o barulho dos garfos a casa quieta e fria e triste o vento zunindo lá fora e nas venezianas de meu quarto.

[...]

(Luiz Vilela. "Eu estava ali deitado". *No bar.* São Paulo: Ática,1984. Disponível em: http://literaturanoallyrio.blogspot.com.br/2010/12/eu-estava-ali-deitado.html. Acesso em: 10/7/2012.)

1. Com base na leitura do texto, responda:
   a) O narrador participa da história? Justifique sua resposta com base em elementos do texto.
   b) Quais personagens aparecem no trecho lido?
   c) De que trata a narrativa?

2. Há poucos sinais de pontuação no texto lido. Reescreva os trechos abaixo, pontuando-os segundo as regras de uso dos sinais de pontuação.
   a) "e eu estava ali o tempo todo olhando estava em minha cama com a minha blusa de lã as mãos enfiadas nos bolsos os braços colados ao corpo as pernas juntas"
   b) "ela sentou-se na beirada da cama e pousou a mão em meu joelho e falou você não quer mesmo almoçar?"
   c) "ele não quer comer nada? escutei papai perguntando e mamãe decerto só balançou a cabeça porque não escutei ela responder"

3. Levante hipóteses: Que efeito de sentido o autor pretendeu construir ao optar por escrever o texto com tão poucos sinais de pontuação?

PARA COMPREENDER O FUNCIONAMENTO DA LÍNGUA

PERÍODO COMPOSTO POR SUBORDINAÇÃO: AS ORAÇÕES ADJETIVAS

Leia este poema, de Ferreira Gullar:

Perde e ganha

Vida tenho uma só
  que se gasta com a sola do meu sapato
  a cada passo pelas ruas
  e não dá meia-sola.

Perdi-a já
em parte
num pôquer solitário,
mas ganhei de novo
para um jogo comum.

E neste jogo a jogo
inteira, a cada lance,
que a vida ou se perde ou se ganha com os demais
e assim se vive
que o mais é pura perda.

(*Toda poesia*. 18. ed. Rio de Janeiro: José Olympio, 2009. p. 172.)

1. Na primeira estrofe do poema há um período composto por subordinação. Observe:

> "Vida tenho uma só que se gasta com a sola do meu sapato"

A oração *que se gasta com a sola do meu sapato* está subordinada à oração anterior por meio do conectivo *que*, um pronome relativo.

a) Que palavras, expressas anteriormente, esse conectivo retoma e substitui?

b) Substitua o pronome relativo *que* pelas palavras que são retomadas por ele. Que função sintática essas palavras desempenham na oração *que se gasta com a sola do meu sapato*?

2. O período composto analisado na questão anterior também poderia ter sido construído assim:

> Tenho só uma vida, *gasta* com a sola do meu sapato.

a) Nesse período, qual é a classe gramatical da palavra *gasta*?

b) Que função sintática a palavra *gasta* desempenha?

3. No poema "Perde e ganha", o eu lírico reflete sobre a vida e compara-a a um jogo.

a) Que expressões do campo semântico de jogo são utilizadas para construir essa comparação?

b) Nesse jogo, o eu lírico prefere o jogo solitário ou o jogo coletivo? Por quê?

Você observou que, na primeira estrofe do poema, há um período composto por subordinação, que pode ser desmembrado assim:

Vida tenho uma só	que se gasta com a sola do meu sapato
oração principal	oração subordinada

Ou, na ordem direta:

Tenho só uma vida,	que se gasta com a sola do meu sapato
oração principal	oração subordinada

LÍNGUA: USO E REFLEXÃO

537

Como vimos, a expressão *que se gasta*, da oração subordinada, poderia ser expressa por meio do adjetivo *gasta*. Teríamos, então:

(eu) Tenho	só	uma vida,	gasta	com a sola do meu sapato
sujeito	adj. adv.	OD	pred. do objeto	complemento nominal

A oração *que se gasta com a sola do meu sapato* tem o mesmo papel que o adjetivo *gasta*, que é o de modificar o substantivo *vida*. A oração que cumpre esse papel é chamada de **oração subordinada adjetiva**.

Observe também que a oração *que se gasta com a sola do meu sapato* tem com a anterior (*Vida tenho uma só*) uma relação de dependência, de subordinação.

Concluindo:

> **Oração subordinada adjetiva** é aquela que tem valor de adjetivo, pois cumpre papel de determinar um substantivo (nome ou pronome) antecedente.

As orações subordinadas adjetivas são introduzidas pelos pronomes relativos *que, quem, onde, o qual* (*a qual, os quais, as quais*), *cujo* (*cuja, cujos, cujas*).

Valores semânticos das orações adjetivas

Imagine a seguinte situação: está acontecendo uma reunião de professores, e o coordenador diz:

> — Neste bimestre, se todos concordarem, adotaremos algumas medidas pedagógicas. Os alunos que têm dificuldade em compreensão de textos terão aulas aos sábados.

Observe a estrutura sintática da última frase dita pelo coordenador:

Os alunos	que têm dificuldade em compreensão de textos	terão aulas aos sábados.
or. principal	or. subordinada adjetiva	or. principal

Nesse caso, quem terá aulas aos sábados? Naturalmente a intenção do coordenador é informar que somente terá aulas aos sábados *uma parte dos alunos*, isto é, aqueles que têm dificuldade em compreensão de textos.

Repare, agora, na alteração de sentido que ocorre na frase quando a oração adjetiva é colocada entre vírgulas:

> Os alunos, que têm dificuldade em compreensão de textos, terão aulas aos sábados.

Nesse outro caso, quem terá aulas aos sábados? Todos os alunos. A intenção do coordenador agora é outra. Ele afirma que *todos os alunos* têm dificuldade em compreensão de textos.

No primeiro caso, a oração adjetiva *restringe*, *particulariza* o sentido da palavra *alunos*; por isso, é uma **oração subordinada adjetiva restritiva**. No segundo caso, a oração acrescenta à palavra *alunos* uma informação que já é de conhecimento do interlocutor; por isso, é uma **oração subordinada adjetiva explicativa**. Ela *generaliza*, *universaliza* o sentido da palavra *alunos*: todos os alunos têm dificuldade em compreensão de textos; por isso, todos terão aulas aos sábados.

538

Classificação das orações adjetivas

As orações subordinadas adjetivas classificam-se em:

restritivas

São as que delimitam, restringem ou particularizam o sentido de um nome (substantivo ou pronome) antecedente. Na escrita, ligam-se ao antecedente diretamente, sem vírgulas.

> Ela distribuiu às crianças os doces *que estavam sobre a mesa*.

explicativas

São as que acrescentam ao antecedente uma informação que já é do conhecimento do interlocutor; assim, generalizam ou universalizam o sentido do antecedente. Na escrita, aparecem entre vírgulas.

> A candidata, *de quem temos excelentes referências*, chegou para a entrevista.

Substantivas ou adjetivas?

Na frase "Espero que ele saiba o *que faz...* odiaria estar servindo de cobaia ou coisa assim", do quadrinho ao lado, a oração destacada é subordinada substantiva ou adjetiva?

Observe que a forma verbal *saiba* da oração subordinada substantiva objetiva direta é transitiva direta e que seu objeto é a palavra *o* (pronome demonstrativo com o sentido de "aquele, aquilo"), e não a oração *que faz*. Trata-se, portanto, de uma *oração subordinada adjetiva restritiva*, que se refere ao antecedente *o*.

Veja como ficaria o período com a substituição de *o* por *aquilo*:

> Espero que ele saiba *aquilo* *que* faz...
>   OD   pron. relativo

(Laerte. *Overman – O álbum. O mito*. São Paulo: Devir: Jacarandá, 2003. p. 18.)

Orações adjetivas reduzidas

As orações subordinadas adjetivas podem ser desenvolvidas ou reduzidas. Quando reduzidas, têm o verbo no *infinitivo*, no *gerúndio* ou no *particípio*.

Observe os exemplos:

> Encontrei pai e filho a *discutir* futebol.
> Na sala havia um garoto *mascando* chiclete.
> Você já viu os livros *comprados* pela biblioteca?

Funções sintáticas do pronome relativo

O pronome relativo por meio do qual se inicia uma oração adjetiva, além de indicar a subordinação, exerce também uma função sintática na oração a que pertence.

Um pronome relativo pode desempenhar uma das seguintes funções:
- **sujeito**: As cartas *que* estão na gaveta são para você.
- **objeto direto**: Aqui está o livro *que* você me emprestou.
- **objeto indireto**: As músicas *de que* gosto são muitas.
- **predicativo**: "Reduze-me ao pó *que* fui". (Cecília Meireles)
- **complemento nominal**: O projeto com *o qual* ficou entusiasmado não foi aprovado pela diretoria.
- **adjunto adnominal**: O homem *cujo* carro comprei mudou-se para os Estados Unidos.
- **adjunto adverbial**: A cidade *onde* nasci é muito tranquila.
- **agente da passiva**: O colega *por quem* fomos enganados desapareceu.

EXERCÍCIOS

Leia o anúncio a seguir e responda às questões de 1 a 3.

(http://capuccinobrain.blogspot.com.br/)

Em português, o texto do anúncio é "Não é só uma árvore que está sendo cortada".

1. O anúncio foi publicado pelo Greenpeace, uma ONG (organização não governamental) que luta em defesa do meio ambiente. Observe a imagem e o enunciado verbal do anúncio.

   a) Como é o ambiente retratado na imagem? Descreva-o.

   b) A figura em destaque na imagem representa uma simbiose entre dois seres vivos. Quais são eles?

   c) Por que, no anúncio, a figura em destaque na imagem e o enunciado verbal se complementam?

   d) Que interpretação pode ser dada ao anúncio como um todo?

2. No enunciado verbal do anúncio, há duas orações. Identifique e classifique cada uma delas.

3. Empregando uma ou mais orações adjetivas – restritivas ou explicativas –, crie outro enunciado verbal que explicite a ideia principal do anúncio.

Leia os versos a seguir, de Carlos Drummond de Andrade, e responda às questões 4 e 5.

Canção amiga

Eu preparo uma canção
em que minha mãe se reconheça,
todas as mães se reconheçam,
e que fale com dois olhos.
[...]

(*Reunião*. 10. ed. Rio de Janeiro: José Olympio, 1980. p. 154.)

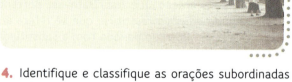

4. Identifique e classifique as orações subordinadas adjetivas presentes no versos.

5. O que justifica o emprego da conjunção *e* antes da oração "que fale com dois olhos"?

6. Compare, quanto ao sentido, estes enunciados:

> O mico-leão-dourado que está em extinção vive no Sudeste do país.

> O mico-leão-dourado, que está em extinção, vive no Sudeste do país.

   a) Que diferença de sentido há entre os enunciados?

   b) Como se classificam as orações subordinadas desses enunciados?

   c) Levando em conta as informações que você tem sobre a fauna brasileira, qual dos enunciados você considera mais coerente com a realidade? Por quê?

LITERATURA

O ovo (Urutu) (1928), de Tarsila do Amaral.

CAPÍTULO 49

O Modernismo no Brasil: a primeira geração

Após a Semana de Arte Moderna, o Modernismo passou a viver sua "fase heroica", isto é, a fase de divulgação das ideias modernistas em todo o país e de aprofundamento das questões estéticas lançadas pela Semana. Essa fase foi marcada essencialmente por duas tendências: destruição e construção.

A Semana de Arte Moderna (1922) é considerada o marco inicial do Modernismo brasileiro. Contudo, ela não foi o começo das mudanças, mas o ponto culminante de um processo que se iniciara duas décadas antes, com as tentativas de renovação dos pré-modernistas, passando por vários eventos importantes, como publicações de livros, exposições de pintura, críticas, conferências, etc.

Entre esses eventos, o que ganhou mais repercussão foi a exposição da pintora Anita Malfatti, em 1917, e a crítica contundente que Monteiro Lobato — escritor e crítico do jornal *O Estado de S. Paulo* — fez de sua obra. Com o artigo, intitulado "Paranoia ou mistificação", Lobato insinuava que a pintora, influenciada pelo Expressionismo europeu, fosse paranoica ou estivesse mistificando artistas como Picasso — na opinião de Lobato, um pintor sem nenhum valor. Se, por um lado, a crítica de Lobato acarretou consequências negativas para a vida artística e pessoal de Anita Malfatti, por outro lado ela provocou reações dos modernistas, que se uniram em torno das ideias de renovação, o que resultou, cinco anos depois, na Semana de Arte Moderna.

A SEMANA DE ARTE MODERNA

A Semana ocorreu entre 13 e 18 de fevereiro de 1922, no Teatro Municipal de São Paulo, com participação de artistas de São Paulo e do Rio de Janeiro. O evento contou com apresentação de conferências, leitura de poemas, dança e música. A mais agitada das noites foi a segunda, na qual houve uma conferência sobre poesia e declamação de poemas. Quando foi lido, por exemplo, o poema "Os sapos", de Manuel Bandeira, a plateia teve uma reação surpreendente, ora vaiando, relinchando e latindo, ora aplaudindo.

Na época, a Semana não teve grande repercussão na imprensa. Apesar disso, ela foi aos poucos ganhando importância histórica. Primeiramente porque representou a confluência das várias tendências de renovação que vinham ocorrendo na arte e na cultura brasileira antes de 1922 e cujo objetivo era combater a arte tradicional. Em segundo lugar porque conseguiu chamar a atenção dos meios artísticos de todo o país e, ao mesmo tempo, aproximar os artistas com ideias modernistas, que até então se encontravam dispersos.

Os reflexos da Semana perduraram durante toda a década de 1920, atravessaram a década de 1930 e, de alguma forma, estão relacionados com a arte que se faz hoje.

: Organizadores da Semana de Arte Moderna. De pé, entre outros, Manuel Bandeira (de óculos e gravata-borboleta); Mário de Andrade e Guilherme de Almeida (atrás das cadeiras); Paulo Prado (de bigode, ao centro); Gofredo Silva Telles (último à direita). Sentado no chão, Oswald de Andrade.

A PRIMEIRA FASE DO MODERNISMO

O movimento modernista no Brasil contou com duas fases: a primeira foi de 1922 a 1930 e a segunda, de 1930 a 1945. A primeira fase caracterizou-se pelas tentativas de solidificação do movimento renovador e pela divulgação de obras e ideias modernistas.

Apesar da diversidade de correntes e ideias, pode-se dizer que, de modo geral, os escritores de maior destaque dessa fase defendiam estas propostas: reconstrução da cultura brasileira sobre bases nacionais; promoção de uma revisão crítica de nosso passado histórico e de nossas tradições culturais; eliminação definitiva do nosso complexo de colonizados, apegados a valores estrangeiros. Portanto, todas elas estão relacionadas com a visão nacionalista, porém crítica, da realidade brasileira.

Mário de Andrade, na conferência que fez em 1942 sobre a Semana de Arte Moderna, assim se referiu a esse período: "E vivemos uns oito anos, até perto de 1930, na maior orgia intelectual que a história artística do país registra".

: Capa do primeiro número da revista *Klaxon*.

Várias obras, grupos, movimentos, revistas e manifestos ganharam o cenário intelectual brasileiro, numa investigação profunda e por vezes radical de novos conteúdos e de novas formas de expressão.

Entre os fatos mais importantes, destacam-se a publicação da revista *Klaxon*, lançada logo após a Semana para dar continuidade ao processo de divulgação das ideias modernistas, e o lançamento de quatro movimentos culturais: o Pau-Brasil, o Verde-Amarelismo, a Antropofagia e a Anta.

Esses quatro movimentos representavam, na verdade, duas tendências ideológicas distintas, duas formas diferentes de expressar o nacionalismo.

Fundado em 1925, o movimento Pau-Brasil defendia a criação de uma poesia primitivista, construída com base na revisão crítica de nosso passado histórico e cultural e na aceitação e valorização das riquezas e contrastes da realidade e da cultura brasileiras. Em 1928, com a Antropofagia, a exemplo dos rituais antropofágicos dos índios brasileiros, nos quais eles devoravam seus inimigos para lhes extrair a força, Oswald propõe a devoração simbólica da cultura do colonizador europeu, sem com isso perder nossa identidade cultural.

OSWALD DE ANDRADE: O ANTROPÓFAGO DO MODERNISMO

A obra de Oswald de Andrade (1890-1954) representa um dos cortes mais profundos do Modernismo brasileiro em relação à cultura do passado. Paulista, de família rica, Oswald cursou Direito e ingressou na carreira jornalística. Em 1911, fundou a revista semanal *O Pirralho*, que, com Alcântara Machado e Juó Bananére, dirigiu até 1917, ano em que a publicação teve fim. Nesse mesmo ano, em sua coluna no *Jornal do Commercio*, defendeu Anita Malfatti das críticas de Monteiro Lobato. Viajava frequentemente à Europa, onde fez várias amizades nos meios artísticos, o que lhe permitiu estar a par das novidades introduzidas pelas correntes de vanguarda e, no Brasil, assumir um papel de liderança. Em 1926, casou-se com Tarsila do Amaral.

> **Pondo ordem na casa: quais as diferenças?**
>
> Não é difícil distinguir ideologicamente os movimentos liderados por Oswald de Andrade e os liderados por Plínio Salgado, uma vez que os primeiros tendem ao anarquismo e ao comunismo, e os últimos, defendendo um nacionalismo ufanista, tendem ao fascismo e ao nazismo. Contudo, não é tão fácil estabelecer a diferença entre o Pau-Brasil e a Antropofagia, uma vez que um deu origem ao outro e ambos tinham uma posição crítica diante da cultura e do passado brasileiro. A comparação entre um e outro mostra que o Pau-Brasil voltava-se mais para a "redescoberta" dos valores brasileiros e era menos agressivo ideologicamente, enquanto a Antropofagia representava um posicionamento ideológico mais firme, com bases assentadas no comunismo, no matriarcado e nas teorias de Freud.

Em 1929, sofreu um grande abalo financeiro com a crise do café. Em 1930, casou-se com a escritora comunista Patrícia Galvão (a Pagu). Junto com ela militou nos meios operários e, em 1931, ingressou no Partido Comunista, no qual permaneceu até 1945. Desse período são suas obras mais marcadas ideologicamente, como o *Manifesto Antropófago*, o romance *Serafim Ponte Grande* e a peça teatral *O rei da vela*.

Tal qual a obra que escreveu, Oswald sempre foi debochado, irônico e crítico, pronto para satirizar os meios acadêmicos ou a própria burguesia, classe de que se originara.

Seu conceito de nacionalismo era diferente daquele pregado pelos românticos e mesmo por certos grupos modernistas, como o Verde-Amarelismo e o Anta. Sem ser ingênuo e ufanista, Oswald defendia a valorização de nossas origens, de nosso passado histórico e cultural, mas de forma crítica, isto é, recuperando, parodiando, ironizando e atualizando nossa história de colonização. Sua visão de Brasil, ao mesmo tempo que procura captar a natureza e as cores próprias do país, flagra igualmente as contradições moderno-primitivas de nossa realidade. Observe, nos poemas que seguem, as cores locais em "bucólica" e as contradições entre o primitivo (*sapos, mata*), o provinciano e o moderno (*o cinema, a orquestra*) em "cidade".

Retrato de Oswald de Andrade (1923), de Tarsila do Amaral.

bucólica

Agora vamos correr o pomar antigo
Bicos aéreos de patos selvagens
Tetas verdes entre folhas
E uma passarinhada nos vaia
Num tamarindo
Que decola para o anil
Árvores sentadas
Quitandas vivas de laranjas maduras
Vespas

(*Pau-Brasil*. 2. ed. São Paulo: Globo, 2003. p. 132.)

cidade

Foguetes pipocam o céu quando em quando
Há uma moça magra que entrou no cinema
Vestida pela última fita
Conversas no jardim onde crescem bancos
Sapos
Olha
A iluminação é de hulha branca
Mamães estão chamando
A orquestra rabecoa na mata

(Idem, p. 144.)

Oswald e os tropicalistas

Imitando a cultura estrangeira, os artistas brasileiros quase sempre negaram ou desprezaram o lado primitivo ou pouco desenvolvido de nosso país, que passou a ser valorizado por Oswald de Andrade.

O Tropicalismo, na década de 1960, retomou a concepção oswaldiana de um Brasil contraditório, em que se mesclam o primitivo e o moderno.

Veja, nestes versos de "Geleia geral", de Torquato Neto e Gilberto Gil, os aspectos contraditórios do nosso país:

> As relíquias do Brasil:
> Doce mulata malvada,
> Um elepê do Sinatra
> Maracujá, mês de abril,
> Santo barroco-baiano,
> Superpoder de paisano,
> Formiplac e céu de anil

Tarsila e Pagu redescobertas

Tarsila do Amaral e Pagu têm em comum o fato de terem vivido com Oswald de Andrade. Contudo, também se destacam como duas das figuras femininas brasileiras mais importantes nas décadas de 1920 e 1930.

Nos últimos anos tem aumentado o interesse pela obra das duas mulheres. A vida de Tarsila, por exemplo, foi levada ao palco com a peça *Tarsila*, de Maria Adelaide Amaral. Além disso, sua sobrinha-neta, também chamada Tarsila do Amaral, publicou recentemente o livro *Tarsila por Tarsila*, em que divulga importantes informações a respeito da vida e da obra da pintora. Sobre Pagu foram publicados os livros *Pagu – Vida-obra*, de Augusto de Campos, e *Croquis de Pagu*, de Lúcia M. Teixeira Furlani.

LEITURA

Leia, a seguir, quatro poemas de Oswald de Andrade e responda às questões propostas.

a transação

O fazendeiro criara filhos
Escravos escravas
Nos terreiros de pitangas e jabuticabas
Mas um dia trocou
O ouro da carne preta e musculosa
As gabirobas e os coqueiros
Os monjolos e os bois
Por terras imaginárias
Onde nasceria a lavoura verde do café

(*Pau-Brasil*, cit., p. 123.)

3 de maio

Aprendi com meu filho de dez anos
Que a poesia é a descoberta
Das coisas que nunca vi

(Idem, p. 141.)

pronominais

Dê-me um cigarro
Diz a gramática
Do professor e do aluno
E do mulato sabido
Mas o bom negro e o bom branco
Da Nação Brasileira
Dizem todos os dias
Deixa disso camarada
Me dá um cigarro

(*Pau-Brasil*. 2. ed. São Paulo: Globo, 2003. p. 167.)

maturidade

O Sr. e a Sra. Amadeu
Participam a V. Exa.
O feliz nascimento
De sua filha
Gilberta

(*Primeiro caderno do aluno de poesia Oswald de Andrade*. 4. ed. São Paulo: Globo, 2006. p. 50.)

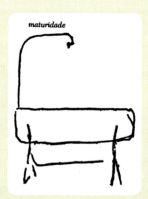

Desenho do próprio Oswald de Andrade para ilustrar seu poema "maturidade".

1. Uma das mais importantes propostas do projeto artístico de Oswald de Andrade é a ruptura com os padrões da língua literária culta e a busca de uma língua brasileira.
   a) Em qual dos poemas essa proposta se torna mais evidente?
   b) De acordo com esse poema, o que é ser um "bom brasileiro"?

2. Tanto em sua poesia quanto em sua prosa, Oswald de Andrade fez uso de paródias, de colagens e da técnica dadaísta do *ready-made*, isto é, a atribuição de valor artístico a objetos deslocados de seu contexto normal de uso. Observe o poema "maturidade".
   a) Com que tipo de gênero textual o corpo do poema se assemelha?
   b) Que novo sentido o texto ganha com o título "maturidade"?

3. Um dos traços da poesia Pau-Brasil, de Oswald, são os temas nacionais, vistos por uma perspectiva crítica. Em relação ao poema "a transação":
   a) Identifique elementos da paisagem nacional.
   b) O poema expressa um momento de profunda transformação vivida pela economia brasileira no início do século XX. Explicite esse momento.
   c) Associe o poema aos principais ciclos da economia brasileira.

4. No *Manifesto da Poesia Pau-Brasil*, Oswald de Andrade propunha: "Nenhuma fórmula para a contemporânea expressão do mundo. Ver com olhos livres".
   a) Aponte semelhanças entre o poema "3 de maio" e as ideias defendidas por Oswald no *Manifesto da Poesia Pau-Brasil*.
   b) De acordo com as ideias presentes no poema e no manifesto, em que consiste "ver com olhos livres"?

5. Observe nos textos a pontuação e o modo como os títulos foram escritos. Descreva esses procedimentos formais e situe-os no projeto estético do Modernismo.

MÁRIO DE ANDRADE: VANGUARDA E TRADIÇÃO

Mário de Andrade (1893-1945) nasceu em São Paulo, cidade que amou intensamente e que retratou em várias de suas obras. Estudou música no Conservatório Musical de São Paulo e cedo iniciou sua carreira como crítico de arte, em jornais e revistas. Com apenas 20 anos e com o pseudônimo de Mário Sobral, publicou seu primeiro livro, *Há uma gota de sangue em cada poema*, no qual fazia críticas à carnificina produzida pela Primeira Guerra Mundial e defendia a paz. As inovações formais da obra desagradaram aos críticos de orientação parnasiana.

O autor teve um papel decisivo na implantação do Modernismo no Brasil. Homem de vasta cultura, pesquisador paciente, Mário soube dar a substância teórica de que necessitava o movimento em algumas ocasiões decisivas: em 1922, meses após a Semana, publicou o seu "Prefácio interessantíssimo", tex-

Retrato de Mário de Andrade (1935), de Portinari.

to teórico que abre *Pauliceia desvairada*, sua primeira obra de poemas verdadeiramente modernista. Em 1925, quando se articulavam revistas e movimentos por todo o país, Mário lançou o ensaio *A escrava que não é Isaura*, no qual retomava e aprofundava suas considerações iniciais sobre arte moderna.

A partir de 1924, Mário de Andrade empreendeu uma pesquisa profunda sobre a cultura brasileira – o folclore, as lendas, os ritmos, a dança, os costumes, as variações linguísticas – cujos resultados contribuíram para a produção de obras decisivas em sua carreira, como *Macunaíma* (1928).

Da década de 1930 até 1945, quando de sua morte, Mário cultivou uma poesia que toma duas direções: a poesia intimista e introspectiva e a poesia social, de denúncia da realidade brasileira.

Na prosa, Mário escreveu contos, publicados em *Primeiro andar* (1926) e *Contos novos* (1946), crônicas, reunidas em *Os filhos da Candinha* (1945), o romance *Amar, verbo intransitivo* (1927) e a rapsódia *Macunaíma* (1928). Em quase todas essas obras se destaca a preocupação com a descoberta e a exploração de novas técnicas narrativas e, ao mesmo tempo, com a sondagem do universo social e psicológico do ser humano das grandes cidades.

Macunaíma: a obra-prima

Das obras em prosa, *Macunaíma* é a obra-prima do autor e, provavelmente, a mais importante realização da primeira fase do Modernismo. A obra representa não apenas o resultado das pesquisas e das qualidades do autor como poeta, prosador, músico e folclorista, mas também a plena realização do projeto nacionalista dos escritores de sua geração.

O ponto de partida para a criação de *Macunaíma* foi a leitura que Mário fez da obra *Vom Roraima zum Orinoco*, do etnógrafo alemão Koch-Grünberg, que colheu na Amazônia (Brasil e Venezuela), entre 1911 e 1913, um ciclo de lendas dos índios taulipangues e arecunás. Mário fez algumas modificações na lenda original, acrescentou-lhe outras, de origens diversas, incluiu anedotas da história brasileira, aspectos da vida urbana e rural do país, introduziu personagens reais e fictícias, sem deixar de fora a feitiçaria, o erotismo e o absurdo surrealista.

Quanto à língua, também se verifica uma verdadeira miscelânea, formada por vocábulos indígenas, africanos, frases feitas, expressões e provérbios populares, gírias, tudo isso formando um estilo narrativo dinâmico e irônico, como num delicioso painel antropofágico da cultura brasileira.

Perseguindo a tradição das canções de gesta, das epopeias, das novelas picarescas e dos contos populares — enfim, perseguindo a tradição oral da literatura —, *Macunaíma* foi com propriedade chamada por Mário de *rapsódia*, nome que, na música, designa composição que envolve uma variedade de motivos populares. Contudo, a designação *romance* não lhe é de todo inadequada, já que a obra apresenta semelhanças com os romances medievais.

LEITURA

O texto a seguir integra o capítulo V de *Macunaíma*. A personagem Macunaíma, após nascer e crescer às margens do rio Uraricoera, em Roraima, parte com os irmãos Maanape e Jiguê em busca de aventuras. Na viagem encontra Ci, Mãe do Mato, rainha das índias amazonas, e, com a ajuda dos irmãos, consegue dominá-la e tê-la como esposa, tornando-se assim o imperador da Mata-Virgem. Com Ci, Macunaíma tem um filho (quebrando, portanto, pela segunda vez, as tradições da tribo das amazonas), que vem a morrer; em seguida Ci também morre e vira estrela.

Antes de morrer, porém, Ci dá a Macunaíma a muiraquitã, um amuleto que vai parar nas mãos do vilão da história, o gigante comedor de gente Venceslau Pietro Pietra.

A exemplo das epopeias, em que o herói é um eterno viajante em busca de um ideal, Macunaíma e seus irmãos dirigem-se a São Paulo, onde mora o gigante.

O episódio que você vai ler a seguir retrata a viagem dos três irmãos rumo a São Paulo em busca da muiraquitã.

V. Piaimã

No outro dia Macunaíma pulou cedo na ubá e deu uma chegada até a foz do rio Negro pra deixar a consciência na ilha de Marapatá. Deixou-a bem na ponta dum mandacaru de dez metros, pra não ser comida pelas saúvas. Voltou pro lugar onde os manos esperavam e no pino do dia os três rumaram pra margem esquerda da Sol.

O batizado de Macunaíma (1956), por Tarsila do Amaral, tela inspirada na obra de Mário de Andrade.

Muitos casos sucederam nessa viagem por caatingas rios corredeiras, gerais, corgos, corredores de tabatinga matos virgens e milagres do sertão. Macunaíma vinha com os dois manos pra São Paulo. Foi o Araguaia que facilitou-lhes a viagem. Por tantas conquistas e tantos feitos passados o herói não ajuntara um vintém só mas os tesouros herdados da icamiaba estrela es-

546

tavam escondidos nas grunhas do Roraima lá. Desses tesouros Macunaíma apartou pra viagem nada menos de quarenta vezes quarenta milhões de bagos de cacau, a moeda tradicional. Calculou com eles um dilúvio de embarcações. E ficou lindo trepando pelo Araguaia aquele poder de igaras duma em uma duzentas em ajojo que-nem flecha na pele do rio. Na frente Macunaíma vinha de pé, carrancudo, procurando no longe a cidade. Matutava matutava roendo os dedos agora cobertos de berrugas de tanto apontarem Ci estrela. Os manos remavam espantando os mosquitos e cada arranco dos remos repercutindo nas duzentas igaras ligadas, despejava uma batelada de bagos na pele do rio, deixando uma esteira de chocolate onde os camuatás pirapitingas dourados piracanjubas uarus-uarás e bacus se regalavam.

Uma feita a Sol cobrira os três manos duma escaminha de suor e Macunaíma se lembrou de tomar banho. Porém no rio era impossível por causa das piranhas tão vorazes que de quando em quando na luta pra pegar uma naco de irmã espedaçada, pulavam aos cachos pra fora d'água metro e mais. Então Macunaíma enxergou numa lapa bem no meio do rio uma cova cheia d'água. E a cova era que-nem a marca dum pé gigante. Abicaram. O herói depois de muitos gritos por causa do frio da água entrou na cova e se lavou inteirinho. Mas a água era encantada porque aquele buraco na lapa era marca do pezão do Sumé, do tempo em que andava pregando o evangelho de Jesus pra indiada brasileira. Quando o herói saiu do banho estava branco louro e de olhos azuizinhos, água lavara o pretume dele. E ninguém não seria capaz mais de indicar nele um filho da tribo retinta dos Tapanhumas.

Nem bem Jiguê percebeu o milagre, se atirou na marca do pezão do Sumé. Porém a água já estava muito suja da negrura do herói e por mais que Jiguê esfregasse feito maluco atirando água pra todos os lados só conseguiu ficar da cor do bronze novo. Macunaíma teve dó e consolou:

— Olhe, mano Jiguê, branco você ficou não, porém pretume foi-se e antes fanhoso que sem nariz.

Maanape então é que foi se lavar, mas Jiguê esborrifava toda a água encantada para fora da cova. Tinha só um bocado lá no fundo e Maanape conseguiu molhar só a palma dos pés e das mãos. Por isso ficou negro bem filho da tribo dos Tapanhumas. Só que as palmas das mãos e dos pés dele são vermelhas por terem se limpado na água santa. Macunaíma teve dó e consolou:

— Não se avexe, mano Maanape, não se avexe não, mais sofreu nosso tio Judas!

E estava lindíssimo na Sol da lapa os três manos um louro um vermelho outro negro, de pé bem erguidos e nus. Todos os seres do mato espiavam assombrados. O jacareúna o jacaretinga o jacaré-açu o jacaré-ururau de papo amarelo, todos esses jacarés botaram os olhos de rochedo pra fora d'água. Nos ramos das ingazeiras das aningas das mamoramas das embaúbas dos catauaris de beira-rio o macaco-prego o macaco-de-cheiro o guariba o bugio o cuatá o barrigudo o coxiú o cairara, todos os quarenta macacos do Brasil, todos, espiavam babando de inveja. E os sabiás, o sabiacica o sabiapoca o sabiaúna o sabiapiranga o sabiagongá que quando come não me dá, o sabiá-barranco o sabiá-tropeiro o sabiá-laranjeira o sabiá-gute todos esses ficaram pasmos e esqueceram de acabar o trinado, vozeando vozeando com eloquência. Macunaíma teve ódio. Botou as mãos nas ancas e gritou pra natureza:

— Nunca viu não!

Então os seres naturais debandavam vivendo e os três manos seguiram caminho outra vez.

Porém entrando nas terras do igarapé Tietê adonde o burbom vogava e a moeda tradicional não era mais cacau, em vez, chamava arame contos contecos milréis borós tostão duzentorréis quinhentorréis, cinquenta paus, noventa bagarotes, e pelegas cobres xenxéns caraminguás selos bicos-de-coruja massuni bolada calcáreo gimbra siridó bicha e pataracos, assim, adonde até liga pra meia ninguém comprava nem por vinte mil cacaus. Macunaíma ficou muito contrariado. Ter de trabucar, ele, herói... Murmurou desolado:

— Ai! que preguiça!...

(*Macunaíma – o herói sem nenhum caráter*. Ed. crítica de Telê Porto A. Lopez. Rio de Janeiro/ São Paulo: Livros Técnicos e Científicos/Secretaria da Cultura, Ciência e Tecnologia. p. 33-4.)

> **abicar:** fazer chegar a proa da embarcação em terra.
> **burbom:** café ou cafeeiro.
> **grunha:** parte côncava nas serras.
> **icamiaba:** referência a Ci, líder das índias icamiabas, com quem Macunaíma se casara e que virou estrela depois de morrer.
> **igara:** canoa escavada em um tronco de árvore.
> **lapa:** grande pedra ou laje; gruta.
> **Sumé:** na mitologia dos índios tupis e guaranis, homem branco, barbado, que teria vivido entre os índios antes da chegada dos portugueses e que lhes havia transmitido uma série de ensinamentos. Os jesuítas associaram essa figura a São Tomé, apóstolo que teria feito pregações ao redor do mundo, inclusive na América.
> **trabucar:** trabalhar, labutar.
> **ubá:** o mesmo que cana-do-rio; planta da família das gramíneas que atinge até 10 metros de altura.

1. Em *Macunaíma*, Mário de Andrade procurou fazer uso de uma "língua brasileira", síntese da fusão do português com dialetos indígenas e africanos, mesclada de inúmeras variações linguísticas, com regionalismos, expressões coloquiais, estrangeirismos, etc.
   Troque ideias com os colegas e tente descobrir a origem destas palavras e expressões:
   a) ubá, Marapatá, mandacaru, tabatinga, igara, pirapitinga.
   b) deu uma chegada, que-nem flecha, feito maluco, antes fanhoso que sem nariz, cinquenta paus, bolada.
   c) Não se avexe.
   d) burbom

2. Antes de escrever *Macunaíma*, Mário de Andrade viajou pelo Brasil, pesquisou e fez anotações relativas a diversos elementos da geografia, da fauna, da flora e da cultura das diferentes regiões do país. De que modo essa pesquisa se revela no trecho lido?

Cartaz do filme *Macunaíma*, de Joaquim Pedro de Andrade.

3. Observe o trecho em que os três irmãos se banham na água da cova feita pelo pé de Sumé.
   a) O que se explica, nessa cena, de forma folclórica?
   b) Apesar de Jiguê ter se lavado, ele "só conseguiu ficar da cor do bronze novo". E Macunaíma lhe diz: "branco você ficou não, porém pretume foi-se e antes fanhoso que sem nariz". Na sua opinião, essa fala de Macunaíma é preconceituosa? Justifique sua resposta.

4. Macunaíma é o imperador da mata virgem. Como tal, imagina chegar a São Paulo com muito cacau – que na floresta equivalia a dinheiro – e liderando uma comitiva de duzentas canoas.
   a) Na realidade, com quantas canoas Macunaíma chega à capital paulista?
   b) Que valor tinha na cidade o cacau que Macunaíma trouxera?
   c) Como se posiciona Macunaíma diante da necessidade de trabalhar?

5. As preocupações reveladas na obra *Macunaíma* quanto à busca dos elementos da paisagem nacional – a fauna, a flora, o homem, a língua e as tradições da cultura brasileira – lembram o projeto nacionalista do Romantismo. Comparando *Macunaíma* às obras indianistas românticas, responda:
   a) A personagem Macunaíma pode ser considerada um herói igual aos do Romantismo? Por quê?
   b) Como conclusão do estudo feito, responda: O nacionalismo presente em Macunaíma é igual ao das obras do Romantismo? Justifique sua resposta.

MANUEL BANDEIRA: O RESGATE LÍRICO

Manuel Bandeira (1886-1968) compõe, juntamente com Oswald e Mário de Andrade, a tríade maior da primeira fase modernista, responsável pela divulgação e pela solidificação do movimento em nosso país.

Entre as inúmeras contribuições deixadas pela poesia de Manuel Bandeira, duas se destacam: o seu papel decisivo na solidificação da poesia de orientação modernista, com todas as suas implicações (verso livre, língua coloquial, irreverência, liberdade criadora, etc.), e o alargamento da lírica nacional pela sua capacidade de extrair a poesia das coisas aparentemente banais do cotidiano.

Partindo de temas até então considerados "baixos" para a criação da "grande poesia", tais como a própria doença, o quarto, as ações mecânicas do cotidiano, o jornal, a cultura popular, etc., Bandeira cria uma poesia rica em construção e significação, apesar de sua aparência quase prosaica. Veja, por exemplo, como ele concilia, nos versos a seguir, a crítica social e a reflexão filosófica acerca da condição humana com as oposições formais e a coloquialidade linguística:

Poema tirado de uma notícia de jornal

João Gostoso era carregador de feira-livre e morava no
    [morro da Babilônia num barracão sem número
Uma noite ele chegou no bar Vinte de Novembro
Bebeu
Cantou
Dançou
Depois se atirou na Lagoa Rodrigo de Freitas e morreu afogado.

(*Estrela da vida inteira*. 2. ed. Rio de Janeiro: J. Olympio, 1970. p. 117.)

Caricatura de Manuel Bandeira.

Retomando certos motivos já explorados por poetas românticos — a saudade, a infância, a solidão — e procurando estreitar os laços entre poesia e cultura popular, Manuel Bandeira mantém, de fato, alguns pontos de contato com o Romantismo, mas é um poeta essencialmente modernista.

Jamais cai, por exemplo, num sentimentalismo piegas ao lembrar-se da infância. A infância que evoca é uma experiência vívida e concreta, não idealizada, que, contrastada com o presente, acentua-lhe a condição trágica.

LEITURA

O poema que você vai ler a seguir é um dos mais conhecidos de Manuel Bandeira e chegou a ser musicado por Gilberto Gil em 1986. Após a leitura, responda às questões propostas.

O que é "Pasárgada"?

É o próprio Bandeira quem explica:
"Vou-me embora pra Pasárgada" foi o poema de mais longa gestação em toda a minha obra. Vi pela primeira vez esse nome de Pasárgada quando tinha os meus dezesseis anos e foi num autor grego. [...] Esse nome de Pasárgada, que significa "campo dos persas", suscitou na minha imaginação uma paisagem fabulosa, um país de delícias [...]. Mais de vinte anos depois, quando eu morava só na minha casa da Rua do Curvelo, num momento de fundo desânimo, da mais aguda doença, saltou-me de súbito do subconsciente esse grito estapafúrdio: "Vou-me embora pra Pasárgada!". Senti na redondilha a primeira célula de um poema [...].

Vou-me embora pra Pasárgada

Vou-me embora pra Pasárgada
Lá sou amigo do rei
Lá tenho a mulher que eu quero
Na cama que escolherei
Vou-me embora pra Pasárgada

Vou-me embora pra Pasárgada
Aqui eu não sou feliz
Lá a existência é uma aventura
De tal modo inconsequente
Que Joana a Louca de Espanha
Rainha e falsa demente
Vem a ser contraparente
Da nora que nunca tive

Desenho a nanquim do artista plástico Cícero Dias, em homenagem a Manuel Bandeira e sua Pasárgada.

549

E como farei ginástica
Andarei de bicicleta
Montarei em burro brabo
Subirei no pau-de-sebo
Tomarei banhos de mar!
E quando estiver cansado
Deito na beira do rio
Mando chamar a mãe-d'água
Pra me contar as histórias
Que no tempo de eu menino
Rosa vinha me contar
Vou-me embora pra Pasárgada

Em Pasárgada tem tudo
É outra civilização
Tem um processo seguro
De impedir a concepção
Tem telefone automático

Tem alcaloide à vontade
Tem prostitutas bonitas
Para a gente namorar
E quando eu estiver mais triste
Mas triste de não ter jeito
Quando de noite me der
Vontade de me matar
— Lá sou amigo do rei —
Terei a mulher que eu quero
Na cama que escolherei
Vou-me embora pra Pasárgada.

(*Estrela da vida inteira*, cit., p. 127-8.)

> **Rosa:** mulata clara que serviu de ama-seca a Manuel Bandeira e a seus irmãos quando meninos.
>
> **alcaloide:** substância química encontrada nas plantas que, entre outros fins, serve para a fabricação de drogas.

1. Os versos "Vou-me embora pra Pasárgada / Aqui eu não sou feliz" exprimem o desejo do eu lírico de fugir da realidade concreta e adentrar outro tipo de realidade, a sonhada ou idealizada. Esse desejo se associa ao *escapismo* dos escritores românticos, e a oposição existente no texto entre o *aqui* e o *lá* faz lembrar os versos da "Canção do exílio", de Gonçalves Dias. Veja:

> Minha terra tem palmeiras,
> Onde canta o Sabiá;
> As aves, que aqui gorjeiam,
> Não gorjeiam como lá.
> ....
> Minha terra tem primores,
> Que tais não encontro eu cá;
> Em cismar — sozinho, à noite
> — Mais prazer encontro eu lá;
> Minha terra tem palmeiras,
> Onde canta o Sabiá.

a) A que espaço se refere o *cá / aqui* de cada um?

b) Que semelhanças e diferenças há entre o *lá* de Gonçalves Dias e o *lá* de Manuel Bandeira?

2. Pasárgada é o mundo da liberdade, do permitido, da realização plena dos desejos. Opõe-se, portanto, ao mundo real, cheio de proibições, de regras, de lógica e de moral.

a) Em sua lógica particular, o eu lírico afirma: "Lá sou amigo do rei". Que vantagens há nessa condição?

b) Identifique no texto exemplos de transgressão das normas da considerada "boa conduta social".

c) Os surrealistas consideravam a razão e a lógica como uma verdadeira prisão para a criação artística. Assim, procuravam desenvolver procedimentos que as driblassem, como o *nonsense* (textos sem nexo) e a escrita automática, e, dessa forma, alcançar a liberdade total. Identifique, no poema, um exemplo de *nonsense*.

3. Na 3ª estrofe, o poema faz menção a um conjunto de ações comuns na infância. Levando em conta os dados biográficos do autor, por que essas ações são supervalorizadas?

4. Identifique no texto aspectos linguísticos e formais do poema que revelam a preocupação do autor em incorporar em sua poesia elementos da cultura popular.

5. Releia a última estrofe. Nela se percebe que, às vezes, o mundo de prazeres oferecidos por Pasárgada sucumbe diante da força da vida ingrata.

a) Identifique os versos em que isso ocorre.

b) Com base nos três últimos versos, que elemento se opõe à morte e se configura como saída para o eu lírico?

·· VIVÊNCIAS ··

Projeto

ARTE EM REVISTA

Sob a orientação de seu professor, junte-se ao seu grupo para a produção de uma **revista literária digital** da classe.

Piauí/Editora Alvinegra/Editora Abril/Capa: Yoko Komura

Bravo!/Editora Abril/Capa: Indio San

Magma Revista/FFLCH/DTLLC/USP

Instituto Estadual do Livro (IEL)/Companhia Rio-grandense de Artes Gráficas (Corag)

CRIANDO A REVISTA LITERÁRIA

Sob a orientação do professor, escolha na seção "Trabalhando em equipe" o tipo de atuação que pretende ter na criação da revista literária e forme um grupo com os colegas que queiram ter o mesmo tipo de participação.

Primeiramente, devem ser recolhidos os contos produzidos por todos os alunos da sala. Depois, cada grupo deverá ficar responsável por uma etapa do trabalho.

Eduardo Simões/Instituto Moreira Salles

551

TRABALHANDO EM EQUIPE

Eis as etapas que envolvem a produção e divulgação da revista literária digital:

Formatação do material

O grupo cuida da parte digital do trabalho. Por isso, pensa e discute um projeto gráfico para a revista, decidindo, entre outros aspectos, sobre:

- os programas a serem utilizados;
- como será a diagramação do material: número de colunas, tamanho do corpo, tipo de letra, uso de molduras, fundos com textura ou cor, etc.;
- como processar o material, de modo que ele esteja pronto para ser diagramado;
- quem realiza a tarefa de diagramação.

Edição do material

O grupo cuida da parte editorial do trabalho. Por isso, discute e delibera sobre os seguintes aspectos:
- qual será o nome da revista;
- a produção de um editorial ou um texto de apresentação da revista;
- aprovação, em parceria com o grupo de formatação, do projeto gráfico da revista;
- elaboração de créditos, informando o tipo de participação de cada aluno na revista;
- escolha de fotos, planejamento de ilustrações, fotomontagens e de como estabelecer a relação entre imagens e textos verbais, em parceria com o grupo de formatação;

- o número de páginas da revista e o número de textos por página;
- o critério para a inclusão dos textos na revista, caso não seja possível a inserção de todos.

552

Imagens: fotos, ilustrações, fotomontagens

O grupo fica responsável pelas imagens da revista. Por isso, participa, com as equipes de formatação e edição, das discussões que envolvem a parte visual da revista e delibera, entre outros aspectos, sobre:

- o *layout* da capa;
- o *layout* do editorial ou texto de apresentação da revista;
- o número de imagens por texto;
- os tipos de imagem a serem utilizados: fotografias, ilustrações, fotomontagens, quadrinhos, cartuns, etc.;
- quem faz a produção e/ou coleta das imagens.

Divulgação da revista

Cabe ao grupo o planejamento e execução de todas as formas de divulgação da revista, seja em meio digital, seja em meio não digital.

Assim, o grupo fica responsável pela criação de um *blog* da classe – ou reativação, caso ele exista – para a postagem da revista e, entre outros aspectos, delibera sobre:

- como será o ambiente do *blog*;
- a possibilidade de os leitores interagirem por meio de algumas ferramentas, postando comentários, elegendo os melhores textos, encaminhando para um amigo um texto de que gostaram, etc.
- formas de divulgação do endereço do *blog*: por *e-mail*, pelas redes sociais, por cartazes afixados na escola, etc.

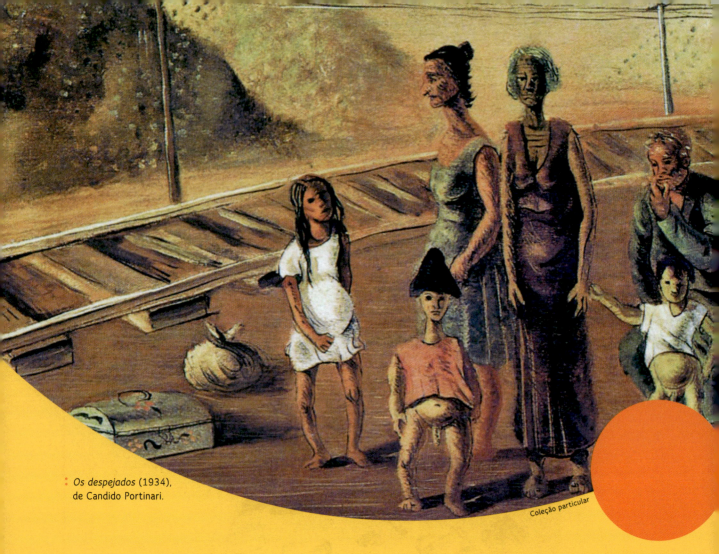

Os despejados (1934), de Candido Portinari.

Coleção particular

UNIDADE 8
A SEGUNDA FASE DO MODERNISMO: A PROSA E A POESIA

Na década de 1930, enquanto o rádio – o mais moderno meio de comunicação de massa da época – encurtava as distâncias, aproximando o país de ponta a ponta, nossa prosa de ficção, com renovada força criadora, nos punha em contato com um Brasil pouco conhecido.

Por meio da obra de autores como Rachel de Queiroz, José Lins do Rego, Graciliano Ramos, Jorge Amado, Érico Veríssimo, Dionélio Machado, desponta um Brasil multifacetado, apresentado em sua diversidade regional e cultural, mas com problemas semelhantes em quase todas as regiões: a miséria, a ignorância, a opressão nas relações de trabalho, as forças da natureza sobre o homem desprotegido.

Herdeiros diretos dos modernistas de 1922, os modernistas da segunda geração (1930-45) também se voltam para a realidade brasileira, mas agora com uma intenção clara de denúncia social e engajamento político. A segunda geração modernista, tanto na prosa quanto na poesia, constitui um dos momentos mais significativos da literatura brasileira.

Fique ligado! Pesquise!

Para estabelecer relações entre a literatura e outras artes e áreas do conhecimento, eis algumas sugestões:

▶ Assista

- *O engenho de Zé Lins*, de Vladimir Carvalho; *São Bernardo*, de Leon Hirszman; *Vidas secas* e *Memórias do cárcere*, de Nélson Pereira dos Santos; *Deus e o diabo na terra do sol*, de Glauber Rocha; *Menino de engenho* e *Capitães da Areia*, de Walter Lima Júnior; *Dona Flor e seus dois maridos* e *Gabriela*, de Bruno Barreto; *O quatrilho* e *Bela Donna*, de Fábio Barreto; *Tieta do Agreste*, de Cacá Diegues.

📖 Leia

- *O quinze*, de Rachel de Queiroz (Siciliano); *Vidas secas* e *São Bernardo*, de Graciliano Ramos (Record); *Banguê* e *Fogo morto*, de José Lins do Rego (José Olympio); *Capitães da Areia* e *Terras do sem-fim*, de Jorge Amado (Record); *Ana Terra*, *Um certo capitão Rodrigo* e *Incidente em Antares*, de Érico Veríssimo (Globo); *Os ratos*, de Dionélio Machado (Ática); *Crônica da casa assassinada*, de Lúcio Cardoso (Ediouro); *Os Corumbas*, de Amando Fontes (José Olympio); *Digo e não peço segredo* (Escrituras) e *Conte lá que eu canto cá* (Vozes), de Patativa do Assaré.

🎵 Ouça

- Ouça os discos *Carlos Drummond de Andrade – Antologia poética* (Philips, 1979), que contém poemas declamados pelo próprio autor; *Amor poesia* (Som Livre), com poemas de Drummond declamados por Scarlet Moon e trilha sonora de Sacha Amback; *História de dois amores* (Projeto Luz da Cidade), com declamação de Odete Lara; *Carlos Drummond de Andrade* (Projeto Luz da Cidade), com poemas declamados por Paulo Autran; e o audiolivro *O Brasil dizendo Drummond* (Projeto Luz da Cidade). Ouça também o disco *O grande circo místico*, de Edu Lobo e Chico Buarque (Som Livre, 1983, e Velas, 1993), inspirado no poema homônimo de Jorge de Lima; CDs de Vinícius de Morais e Toquinho, com músicas de ambos e poemas de Vinícius declamados por ele próprio.

@ Navegue

Conheça mais a respeito dos escritores da segunda fase modernista, acessando os *sites*:
- www.graciliano.com.br
- www.fundacaojorgeamado.com.br
- www.jorgeamado.com.br
- Sobre Drummond: www.carlosdrummond.com.br
- Sobre Cecília Meireles: www.revista.agulha.nom.br/ceciliameireles.html
- Sobre Vinícius de Morais: http://viniciusdemoraes.com.br/
- Sobre Jorge de Lima: www.revista.agulha.nom.br/jorge.html
- Sobre Mário Quintana: www.revista.agulha.nom.br/quinta.html
- Sobre Manoel de Barros: www.poesiaspoemaseversos.com.br/manoel-de-barros-poemas/

💬 Pesquise

- Pesquise sobre o contexto em que surge a segunda geração modernista, na década de 1930: o *crack* da Bolsa de Valores de Nova Iorque (1929) e seus efeitos na economia brasileira, a Revolução de 30, a crise cafeeira, a Intentona Comunista, o Estado Novo, etc.

VIVÊNCIAS

Projeto:

Mostra de arte moderna: duas gerações

Pesquisa e montagem de uma mostra de arte sobre as correntes de vanguarda do início do século XX e a literatura brasileira dos anos 1930-1940.

Os retirantes nordestinos de Graciliano Ramos em *Vidas secas*, pressionados pelo sertão esturricado, se encaminham para o sul, a uma cidade grande, com a esperança de redimir os males de sua triste condição; o pobre homem de Dionélio [Machado] se debate inutilmente para encontrar uma saída em sua cidade no extremo sul. O romance de 30 se tornou, entre tantas coisas relevantes, um mapa moral da geografia humana do Brasil.

(Davi Arrigucci Jr.)

Quando escrevi *O quinze*, eu não tinha ideologia. Depois houve uma fase em que quase todos nós, escritores brasileiros, vivemos – aquele período de literatura militante. Não foi, portanto, uma característica do meu trabalho exclusivamente.

(Rachel de Queiroz)

Sebastião Bisneto/Folhapress

CAPÍTULO 50

O romance de 30

Quando a literatura se volta para um retrato mais objetivo da realidade, quase sempre o romance é o gênero que ela privilegia. Nas décadas de 1930 e 1940, período em que o país e o mundo viveram profundas crises, não foi diferente. O romance brasileiro de então, encontrando no regionalismo uma de suas principais vertentes, ganhou matizes ideológicos e se transformou em um importante instrumento de análise e denúncia da realidade brasileira.

A ESTÉTICA DO COMPROMISSO

Desde a década de 1920, a literatura brasileira vinha ganhando matizes cada vez mais ideológicos. Foram ideológicos, por exemplo, os debates nascidos em torno da questão da nacionalidade, liderados, de um lado, por Oswald de Andrade e, de outro, por Plínio Salgado.

Na década de 1930, o quadro político-econômico brasileiro e internacional – composto por reflexos da crise de 1929 na Bolsa de Nova Iorque, pela crise cafeeira, Revolução de 30, Intentona Comunista (de 1935), Estado Novo (1937-1945), ascensão do nazismo e do fascismo e combate ao socialismo, Segunda Guerra Mundial (1939-1945) – exigia dos artistas e intelectuais uma tomada de posição ideológica. Dessa exigência resultou uma arte engajada, de clara militância política, como se observa em muitos romances de Jorge Amado, ou de engajamento espiritual, como se verifica nas obras de Jorge de Lima e Murilo Mendes.

CAMINHOS DA FICÇÃO DE 30

O romance de 30 trilhou diferentes caminhos, dos quais o *regionalismo*, especialmente o nordestino, é o mais importante. A tradição da ficção regionalista nordestina já contava com nomes como Franklin Távora, Rodolpho Teófilo e Domingos Olímpio. Mas, com a publicação de *A bagaceira* (1928), de José Américo de Almeida, e, em seguida, *O quinze* (1930), de Rachel de Queiroz, o romance nordestino entrou numa fase nova, de denúncia das agruras da seca e da migração, dos problemas do trabalhador rural, da miséria, da ignorância.

Nos anos seguintes, esse veio literário foi explorado por muitos outros autores, como Amando Fontes, Jorge Amado, José Lins do Rego e Graciliano Ramos, cujas obras trazem temas novos, como o cangaço, o fanatismo religioso, o coronelismo, a luta pela terra, a crise dos engenhos. O regionalismo também se manifestou no Sul do país, na ficção histórica e épica de *O tempo e o vento*, de Érico Veríssimo, ou no romance de fazenda de Ivan Pedro de Martins, com *Fronteira agreste*. Nessas obras, é ressaltado o homem hostilizado pelo ambiente, pela terra, pela cidade, pelos poderosos, o homem sendo devorado pelos problemas que o meio lhe impõe. Em algumas delas, o romance alcança um perfeito equilíbrio entre a abordagem sociológica e a introspecção psicológica.

Além do regionalismo, os anos 1930 viram florescer outras linhas temáticas no romance. No Rio de Janeiro, surgiu o *romance urbano e psicológico*, representado por Marques Rebelo, Cornélio Pena, Octávio de Faria. Em Minas Gerais teve vez o *romance poético-metafísico* de Lúcio Cardoso. No Rio Grande do Sul, o romance urbano e psicológico, também cultivado por Érico Veríssimo, alcançou um momento de rara introspecção em *Os ratos*, de Dionélio Machado. Jorge de Lima, escritor católico militante, publicou no Rio de Janeiro *O anjo*, uma *narrativa surrealista* com matizes ideológicos cristãos e claras referências a reformas sociais.

GRACILIANO RAMOS: A PROSA NUA

: Graciliano Ramos.

De todos os escritores nordestinos que se revelaram por volta de 1930, Graciliano Ramos (1892-1953) é, sem dúvida, o romancista que, sem se deixar encantar pelo pitoresco da região, soube exprimir com maior agudeza a dura realidade do seu habitante.

Como romancista, Graciliano Ramos alcançou raro equilíbrio ao reunir análise sociológica e psicológica. Como poucos, retratou o universo do sertanejo nordestino, tanto na figura do fazendeiro autoritário quanto na do caboclo comum, o homem de inteligência limitada, vítima das condições do meio natural e social, sem iniciativa, sem consciência de classe, passivo ante os poderosos.

Contudo, em Graciliano o regional não caminha na direção do específico, do particular ou do pitoresco; ao contrário, as especificidades do regional são um meio para alcançar o *universal*. Suas personagens, em vez de traduzir experiências isoladas, traduzem uma condição coletiva, a do homem explorado socialmente ou brutalizado pelo meio.

Graciliano escreveu contos e romances, tendo se destacado neste último gênero. Entre outras obras, é autor de *São Bernardo* (1934), *Angústia* (1936) e *Vidas secas* (1938). Na obra *Memórias do cárcere* (1953), relata sua experiência como prisioneiro político, em 1936, durante o governo de Getúlio Vargas.

Entre os demais ficcionistas de sua época, Graciliano destaca-se pelas suas qualidades universalistas e, sobretudo, pela linguagem enxuta, rigorosa e conscientemente trabalhada, no que se mostra o legítimo continuador de Machado de Assis na trajetória do romance brasileiro.

Vidas secas

Vidas secas é uma das mais importantes obras de Graciliano Ramos e, provavelmente, a mais conhecida do grande público. Em linguagem enxuta, fazendo uso preciso da introspecção psicológica e da técnica do discurso indireto livre, narra as dificuldades de uma família sertaneja, vitimada pela seca e sujeita a vários tipos de humilhação. A obra é um romance, organizado em capítulos, que também podem ser lidos autonomamente, como se fossem contos.

LEITURA

Fabiano ia satisfeito. Sim senhor, arrumara-se. Chegara naquele estado, com a família morrendo de fome, comendo raízes. Caíra no fim do pátio, debaixo de um juazeiro, depois tomara conta da casa deserta. Ele, a mulher e os filhos tinham-se habituado à camarinha escura, pareciam ratos — e a lembrança dos sofrimentos passados esmorecera.

Pisou com firmeza no chão gretado, puxou a faca de ponta, esgaravatou as unhas sujas. Tirou do aió um pedaço de fumo, picou-o, fez um cigarro com palha de milho, acendeu-o ao binga, pôs-se a fumar regalado.

— Fabiano, você é um homem, exclamou em voz alta.

Conteve-se, notou que os meninos estavam perto, com certeza iam admirar-se ouvindo-o falar só. E, pensando bem, ele não era homem: era apenas um cabra ocupado em guardar coisas dos outros. Vermelho, queimado, tinha os olhos azuis, a barba e os cabelos ruivos; mas como vivia em terra alheia, cuidava de animais alheios, descobria-se, encolhia-se na presença dos brancos e julgava-se cabra.

Olhou em torno, com receio de que, fora os meninos, alguém tivesse percebido a frase imprudente. Corrigiu-a, murmurando:

— Você é um bicho, Fabiano.

Isto para ele era motivo de orgulho. Sim senhor, um bicho, capaz de vencer dificuldades.

Chegara naquela situação medonha — e ali estava, forte, até gordo, fumando o seu cigarro de palha.

Era. Apossara-se da casa porque não tinha onde cair morto, passara uns dias mastigando raiz de imbu e semente de mucunã. Viera a trovoada. E, com ela, o fazendeiro, que o expulsara. Fabiano fizera-se desentendido e oferecera os seus préstimos, resmungando, coçando os cotovelos, sorrindo aflito. O jeito que tinha era ficar. E o patrão aceitara-o, entregara-lhe as marcas de ferro.

Agora Fabiano era vaqueiro, e ninguém o tiraria dali. Aparecera como um bicho, entocara-se como um bicho, mas criara raízes, estava plantado. Olhou as quipás, os mandacarus e os xiquexiques. Era mais forte que tudo isso, era como as catingueiras e as baraúnas. Ele, Sinhá Vitória, os dois filhos e a cachorra Baleia estavam agarrados à terra.

Chape-chape. As alpercatas batiam no chão rachado. O corpo do vaqueiro derreava-se, as pernas faziam dois arcos, os braços moviam-se desengonçados. Parecia um macaco.

Entristeceu. Considerar-se plantado em terra alheia! Engano. A sina dele era correr mundo, andar para cima e para baixo, à toa, como judeu errante. Um vagabundo empurrado pela seca. Achava-se ali de passagem, era hóspede. Sim senhor, hóspede que demorava demais, tomava amizade à casa, ao curral, ao chiqueiro das cabras, ao juazeiro que os tinha abrigado uma noite.

(*Vidas secas*. 27. ed. São Paulo: Martins Fontes, 1970. p. 53-5.)

Vidas Secas 70 anos
Graciliano Ramos
fotografias Evandro Teixeira

Editora Record

: Em 2008, em homenagem aos 70 anos de publicação de *Vidas secas*, o fotógrafo Evandro Teixeira publicou uma obra que reúne, além do texto de Graciliano, fotos atuais do ambiente retratado pelo escritor.

aió: bolsa usada na caça.
binga: isqueiro.
camarinha: quarto de dormir.
derrear-se: vergar-se, inclinar-se.
gretado: rachado, com fendas.
mucunã: trepadeira de grande porte, comum nas Guianas e em alguns Estados brasileiros.
quipá: planta brasileira da família dos cactos.
regalado: com prazer, satisfeito.

1. Nesse episódio de *Vidas secas* lido, é possível extrair algumas informações a respeito da personagem Fabiano e de sua família.

    a) Que razões teriam levado Fabiano e sua família à fazenda onde ele mora e trabalha como vaqueiro?

    b) Portanto, que tipo de problema social é enfocado pela obra?

2. Além de abordar temas ligados à realidade nacional, outro traço do romance de 30 é a busca de uma linguagem brasileira. Observe a linguagem empregada no texto e as referências ao homem e à natureza.

    a) Que palavras do texto são típicas do português brasileiro e servem para designar elementos da paisagem nacional?

    b) Considerando o tema da obra e as descrições de Fabiano e da paisagem, levante hipóteses: Qual é a região brasileira retratada na obra?

    c) Predomina, nessa linguagem, uma variedade de acordo ou em desacordo com a norma-padrão da língua?

3. Ao longo do texto, a personagem é caracterizada de três formas diferentes. Observe:

    > "— Fabiano, você é um homem"
    >
    > "encolhia-se na presença dos brancos e julgava-se cabra"
    >
    > "— Você é um bicho, Fabiano."
    >
    > "Parecia um macaco"

    a) A que elementos da natureza Fabiano é comparado do segundo ao quarto fragmento?

    b) Essas comparações lembram procedimentos de outro movimento literário, que também enfocou as relações entre o homem e o meio natural e social. Qual é esse movimento?

4. Observe o 2º e 3º parágrafos do texto. Fabiano, depois de preparar um cigarro de palha, exclama satisfeito: "– Fabiano, você é um homem". Considerando o histórico da personagem, responda: Para Fabiano, o que é sentir-se um homem?

5. Observe estes dois trechos do texto:

    > "Agora Fabiano era vaqueiro, e ninguém o tiraria dali. [...] estava plantado."
    >
    > "Entristeceu. Considerar-se plantado em terra alheia! Engano."

    Esses trechos mostram uma mudança no pensamento de Fabiano, como se ele tomasse consciência de sua real condição.

    a) De que Fabiano toma consciência?

    b) Que tipo de problema social, amplamente denunciado pelo Movimento dos Sem-Terra (MST) no Brasil de hoje, se verifica na base da real condição de Fabiano?

6. Outro traço que caracteriza o romance de 30 é o emprego de novas técnicas narrativas, principalmente aquelas que sustentam a introspecção e a análise psicológica de personagens. É o caso, por exemplo, do discurso indireto livre, que funde a fala do narrador à fala ou ao pensamento da personagem. Observe estes fragmentos do texto:

    > "Fabiano ia satisfeito. Sim senhor, arrumara-se."
    >
    > "Olhou as quipás, os mandacarus e os xiquexiques. Era mais forte que tudo isso, era como as catingueiras e as baraúnas."
    >
    > "Entristeceu. Considerar-se plantado em terra alheia!"

    Identifique nesses fragmentos os trechos que correspondem ao pensamento de Fabiano.

7. Com base no estudo de texto feito, conclua: De modo geral, como se caracteriza o romance de 30:

    a) quanto aos temas e ao recorte da realidade?

    b) quanto à linguagem e às técnicas narrativas?

    c) quanto ao trabalho com as personagens?

559

LITERATURA

RACHEL DE QUEIROZ E O DRAMA DA SECA NO NORDESTE

Rachel de Queiroz (1910-2003) tornou-se conhecida com a publicação de *O Quinze* (1930), obra em que aborda o tema da seca. Militou no Partido Comunista e, em 1937, foi presa por defender ideias esquerdistas. Publicou nesse período também os romances *João Miguel*, *Caminho de pedras* e *As três Marias*. Dedicou-se ao teatro e à crônica jornalística. Foi a primeira mulher a ingressar na Academia Brasileira de Letras. Em 1992, depois de mais de cinquenta anos sem se dedicar ao gênero, a autora surpreendeu o público com uma nova produção, o romance *Memorial de Maria Moura*.

: Rachel de Queiroz.

No conjunto, a prosa de Rachel de Queiroz é enxuta e dinâmica, sobretudo pelos efeitos que a autora extrai da técnica do discurso direto, o que associa sua forma de narrar à tradição da novelística popular. Como consequência, seu texto ganha agilidade, aproxima os fatos narrados e se torna saboroso ao gosto do grande público. Embora as obras da escritora cearense se voltem para a denúncia da realidade social, seu texto introduz elementos psicológicos, conferindo uma dimensão mais completa e humana aos problemas abordados.

O excerto a seguir, extraído de sua obra mais conhecida, *O Quinze*, retrata a situação de miséria e degradação por que passa a família de Chico Bento, trabalhador rural vitimado pela seca.

> Eles tinham saído na véspera, de manhã, da Canoa.
> Eram duas horas da tarde.
> Cordulina, que vinha quase cambaleando, sentou-se numa pedra e falou, numa voz quebrada e penosa:
> — Chico, eu não posso mais... Acho até que vou morrer. Dá-me aquela zoeira na cabeça!
> Chico Bento olhou dolorosamente a mulher. O cabelo em falripas sujas, como que gasto, acabado, caía, por cima do rosto, envesgando os olhos, roçando na boca. A pele, empretecida como uma casca, preguejava nos braços e nos peitos, que o casaco e a camisa rasgada descobriam.
> ....
> No colo da mulher, o Duquinha, também só osso e pele, levava, com um gemido abafado, a mãozinha imunda, de dedos ressequidos, aos pobres olhos doentes.
> E com a outra tateava o peito da mãe, mas num movimento tão fraco e tão triste que era mais uma tentativa do que um gesto.
> Lentamente o vaqueiro voltou as costas; cabisbaixo, o Pedro o seguiu.
> E foram andando à toa, devagarinho, costeando a margem da caatinga.
>
> (Rio de Janeiro: J. Olympio, s.d. p. 72.)

falripas: cabelos muito ralos na cabeça.

JOSÉ LINS DO REGO: REALIDADE E FICÇÃO NO ENGENHO

José Lins do Rego (1901-1957) é o escritor regionalista que mais profundamente retratou a decadência dos engenhos de cana nordestinos, no início do século XX.

Proveniente de uma família de senhores de engenho (era neto do coronel José Paulino, importante latifundiário na Paraíba), José Lins do Rego soube conciliar suas vivências de menino de engenho e de adolescente à sua extraordinária capacidade para contar histórias, numa linguagem fluida, solta, livre, popular.

Embora não tivesse a envergadura ideológica nem a capacidade de crítica e análise social de Graciliano Ramos, José Lins do Rego retratou como poucos o processo de transformações econômicas, sociais e políticas pelas quais passava o Nordeste nas primeiras décadas do século XX. Além disso, transpôs para a literatura o imaginário do povo nordestino, antes dele expresso apenas nas narrativas orais, nos romances cantados e na literatura de cordel.

Fogo morto e o ciclo da cana-de-açúcar

Em sua primeira obra, *Menino de engenho*, José Lins do Rego pretendia escrever a biografia de seu avô José Paulino, uma das mais representativas figuras da tradição fundamentada no sistema patriarcalista, escravocrata e latifundiário. A obra deveria, também, conter cenas autobiográficas da infância do escritor. Entretanto, o José Lins biógrafo foi superado pela imaginação criadora do José Lins romancista.

Caricatura de José Lins do Rego.

Desse modo, *Menino de engenho* inicia em torno da figura do garoto Carlos de Melo uma trilogia em que se incluem também *Doidinho* e *Banguê*. As tensões socioeconômicas do engenho de açúcar apontadas pelo narrador-personagem dessas obras têm continuidade nos outros romances que integram o ciclo da cana-de-açúcar, principalmente em *Fogo morto*, romance-síntese do ciclo, que marca a parte mais significativa das produções do autor.

Fogo morto é a mais madura das obras de José Lins do Rego. Nela o autor consegue captar, na paisagem e no elemento humano, não só as imagens oriundas de suas lembranças pessoais, mas principalmente a bruta realidade de uma estrutura social em decomposição.

O texto a seguir, extraído do romance *Fogo morto*, encontra-se no capítulo que narra as agruras do Coronel Lula de Holanda, senhor do então decadente engenho Santa Fé. O trecho mostra a perda de autoridade de Lula de Holanda na tentativa de expulsar de suas terras um dos moradores, o mestre Amaro.

Parara na porta da casa-grande do Santa Fé um cargueiro com uma carta para o senhor de engenho. Seu Lula chamou D. Amélia.

— Vem cá, Amélia, lê isto, hein, vê que desaforo.

Era um bilhete do Capitão Antônio Silvino em termos de ordem. Mandava dizer que o mestre José Amaro tinha que ficar no sítio, até quando ele bem quisesse. A casa inteira se alarmou com a notícia. O negro Floripes atribuía tudo ao mestre. Bem que ele dizia todos os dias que aquele homem tramava uma desgraça para o povo do Santa Fé. O velho

Engenho de açúcar (1660), de Frans Post.

Lula entrou para o santuário e rezou muito. Nunca se vira tanta ruindade. D. Amélia, que esperava por um estouro do marido, espantou-se da calma que ele apresentara. Não falou com mais ninguém durante o resto do dia. Na manhã seguinte tomou o carro e saiu para o Santa Rosa. Lá conversou com o velho José Paulino que se alarmou com a notícia. Era o diabo. Mas quem podia com o cangaceiro que mandava por todo o interior do Estado, como um governo? Era um absurdo, mas era a verdade. Nada podia fazer contra a força. O Coronel Lula de Holanda voltou do engenho vizinho mais calmo ainda! Em casa, não dava uma palavra. D. Amélia e a

> filha Neném pensaram em abandonar a casa-grande, em fugir para a capital. Antônio Silvino com raiva de uma criatura fazia o diabo. Não viram o que sucedera ao prefeito, ao Comendador Quinca Napoleão? O que podiam fazer eles, que eram tão fracos, tão sem ajuda de ninguém? Seu Lula não sairia de seu engenho. Que viessem, podiam tocar fogo em tudo que era seu, mas dali não sairia. [...]
>
> (*Fogo morto.* Rio de Janeiro: José Olympio Editora, 1989. p. 198.)

JORGE AMADO: LIRISMO E MILITÂNCIA NA BAHIA

: Caricatura de Jorge Amado.

As obras da fase inicial da carreira de Jorge Amado (1912-2001) são ideologicamente marcadas por ideias socialistas. Em romances como *O país do carnaval, Cacau* e *Suor*, o autor retrata, num tom direto, lírico e participante, a miséria e a opressão do trabalhador rural e das classes populares, abordagem que foi se aprofundando ao longo de sua carreira. A seca, o cangaço, a exploração do trabalhador urbano e rural, o coronelismo são alguns dos temas abordados.

Tendo a Bahia como espaço social de suas obras, em *Capitães da Areia*, o escritor denuncia o abandono das crianças de rua de Salvador; em *Terras do sem-fim* e *São Jorge dos Ilhéus*, retrata as lutas entre coronéis do cacau e exportadores. Na fase final de sua obra, em romances como *Gabriela, cravo e canela, Dona Flor e seus dois maridos* e *Tieta do Agreste*, entre outros, o escritor compõe um rico painel de costumes da sociedade baiana, em seus aspectos culturais, comportamentais, linguísticos, religiosos, etc.

Parte da crítica literária vê pouco valor na obra de Jorge Amado, principalmente nos romances da última fase. Certos críticos rejeitam o caráter militante de algumas de suas obras, acusando-as de panfletárias; outros rejeitam sua linguagem despretensiosa e popular, acusando-o de escrever mal; outros rejeitam o apimentado de suas histórias mais populares, recheadas de erotismo; outros o consideram repetitivo em relação a personagens e enredos. Independentemente da opinião da crítica, porém, Jorge Amado tornou-se um dos mais prestigiados escritores brasileiros no Brasil e no exterior. Suas obras foram traduzidas em 55 países e, no Brasil, venderam 20 milhões de exemplares.

Em março de 2012, entre os eventos comemorativos do centenário do escritor, houve o relançamento de suas obras, o lançamento do filme *Capitães da Areia* e a montagem de uma exposição sobre ele no Museu da Língua Portuguesa, em São Paulo.

Capitães da Areia

Capitães da Areia, obra publicada em 1937, explora questões sociais que têm como pano de fundo a cidade de Salvador, mas são, com poucas alterações, as mesmas de muitas outras cidades brasileiras. Suas personagens são dezenas de crianças de rua, de idade entre 8 e 16 anos, que, atiradas à própria sorte, cometem delitos para sobreviver. Detidas, são humilhadas e castigadas.

Lideradas por Pedro Bala, moram num velho trapiche, um armazém abandonado e cercado pela areia no cais de Salvador, a "cidade da Bahia". A relação que mantêm entre si é regida por códigos de lealdade e de solidariedade, e contam com a ajuda de apenas duas pessoas: um padre e uma mãe de santo.

No trecho a seguir, os Capitães da Areia, tornados adultos à força, pela necessidade de sobrevivência, deixam aflorar seu lado infantil.

: Capa do DVD do filme *Capitães da Areia*.

As luzes do carrossel

— Quer ver uma coisa bonita?

Todos queriam. O sertanejo trepou no carrossel, deu corda na pianola e começou a música de uma valsa antiga. O rosto sombrio de Volta Seca se abria num sorriso. Espiava a pianola, espiava os meninos envoltos em alegria. Escutavam religiosamente aquela música que saía do bojo do carrossel na magia da noite da cidade da Bahia só para os ouvidos aventureiros e pobres dos Capitães da Areia. Todos estavam silenciosos. Um operário que vinha pela rua, vendo a aglomeração de meninos na praça, veio para o lado deles. E ficou também parado, escutando a velha música. Então a luz da lua se estendeu sobre todos, as estrelas brilharam ainda mais no céu, o mar ficou de todo manso (talvez que Iemanjá tivesse vindo também ouvir a música) e a cidade era como que um grande carrossel onde giravam em invisíveis cavalos os Capitães da Areia. Neste momento de música eles sentiram-se donos da cidade. E amaram-se uns aos outros, se sentiram irmãos porque eram todos eles sem carinho e sem conforto e agora tinham o carinho e conforto da música. Volta Seca não pensava com certeza em Lampião neste momento. Pedro Bala não pensava em ser um dia o chefe de todos os malandros da cidade. O Sem-Pernas em se jogar no mar, onde os sonhos são todos belos. Porque a música saía do bojo do velho carrossel só para eles e para o operário que parara. E era uma valsa velha e triste, já esquecida por todos os homens da cidade.

(*Capitães da Areia*. São Paulo: Companhia das Letras, 2008. p. 67-8.)

ÉRICO VERÍSSIMO: RESGATE HISTÓRICO E CRÍTICA

A estreia de Érico Veríssimo (1905-1975) na literatura ocorreu em 1932, com *Fantoches*, uma coletânea de contos. O marco inicial de sua popularidade, entretanto, foi a publicação do romance *Clarissa*, no ano seguinte.

A obra do autor costuma ser dividida em três fases. A primeira inicia-se com a publicação de *Clarissa* (1933), obra que acaba sendo a primeira de uma série de romances – *Caminhos cruzados*, *Música ao longe*, *Um lugar ao sol*, *Saga* – que têm como traço de união a presença constante de certas personagens, principalmente os pares Vasco-Clarissa e Fernanda-Noel, e completa-se com *Olhai os lírios do campo* e *O resto é silêncio*. Essa primeira fase do romancista caracteriza-se pelo registro do cotidiano da vida urbana de Porto Alegre e pela apresentação de certos problemas morais, sociais e humanos decorrentes da vigência de valores degradados. Verdadeiros *best-sellers*, suas obras foram vertidas para diversas línguas.

Érico Veríssimo.

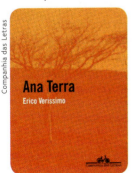

A segunda fase do escritor corresponde a *O tempo e o vento*, obra cíclica que trata da formação do Rio Grande do Sul. Nessa obra de envergadura épica, Érico Veríssimo demonstra pleno amadurecimento de processos técnicos e expressivos e se firma como um legítimo retratista de seu povo. A obra é constituída de três partes: "O continente", "O retrato" e "O Arquipélago".

Pode-se reconhecer na obra do romancista ainda uma terceira fase, representada por *O prisioneiro*, *O senhor embaixador* e *Incidente em Antares*, caracterizada por uma postura mais universalista, mais crítica e de engajamento social.

O texto a seguir faz parte de *Ana Terra*, episódio de "O continente", que conta a origem da família Terra. No início da ação de *Ana Terra*, situado em 1777, a moça se encontra à beira de um regato quando descobre um homem ferido e desmaiado, que depois se soube chamar Pedro Missioneiro, mestiço de índio e português, criado e educado na missão de São Miguel. Por sua habilidade com cavalos, como oleiro e com a música, ganha a confiança de todos. No verão, Ana fica grávida de Pedro, o que não é aceito pela família.

Vieram outros dias e outras noites. E nunca mais o nome de Pedro foi pronunciado naquela estância. O inverno entrou e houve horas, longas horas, em que o minuano arrepelou as macegas e cortou o ar como uma navalha. Vieram as chuvas, que prenderam na cabana os cinco membros da família, que às vezes se reuniam junto do fogo, onde os homens ficavam a falar da lavoura, do gado, do tempo. Para Maneco Terra a filha estava morta e enterrada: não tomava conhecimento de sua presença naquela casa. Antônio e Horácio tratavam Ana com uma aspereza meio constrangida, que lhes vinha de uma consciência culpada. Ao lhe dirigirem a palavra, não olhavam para ela de frente, e ficavam desconcertados quando, para lhe evitar os olhos, baixavam a cabeça e davam com o ventre crescido da irmã.

Quando não chovia Ana descia para a sanga. Agora levava duas cargas: a cesta de roupa e o filho, que cada vez lhe pesava mais. Muitas vezes pela manhã seus pés pisavam a geada do caminho. E na água gelada seus dedos ficavam roxos e entanguidos. Durante todo o tempo que passava junto da sanga, a lembrança de Pedro permanecia com ela.

Um dia, olhando o bordado branco que a espuma do sabão fazia na água, teve a sensação de que Pedro nunca tinha existido, e que tudo o que acontecera não passara dum pesadelo. Mas nesse mesmo instante o filho começou a mexer-se em suas entranhas e ela passou a brincar com uma ideia que dali por diante lhe daria a coragem necessária para enfrentar os momentos duros que estavam para vir. Ela trazia Pedro dentro de si. Pedro ia nascer de novo e portanto tudo estava bem e o mundo no fim de contas não era tão mau. Voltou para casa exaltada...

Mas num outro dia foi tomada de profunda melancolia e escondeu-se para chorar. Ficou na frente da casa, olhando o horizonte e esperando que longe surgisse o vulto dum cavaleiro – Pedro voltando para casa; porque ele não tinha morrido: conseguira fugir e agora vinha buscar a mulher e o filho. Um entardecer sentiu o repentino desejo de montar a cavalo e sair pelo campo em busca do cadáver de seu homem: levaria uma pá, revolveria a terra ao redor de todas as árvores solitárias que encontrasse... Mas montar a cavalo no estado em que se encontrava? Loucura. Seu ventre estava cada vez maior. E Ana notava que, quanto mais ele crescia, mais aumentava a irritação dos irmãos. O pai, esse nunca olhava para ela nem lhe dirigia a menor palavra. Comia em silêncio, de olhos baixos, pigarreando de quando em quando, conversando com os filhos ou pedindo uma ou outra coisa à mulher.

[...]

(*Ana Terra*. São Paulo: Companhia das Letras, 2005. p. 50-1.)

Veríssimo pai e Verissimo filho

Dois escritores de vulto da geração de 30, Graciliano Ramos e Érico Veríssimo tiveram filhos que também se tornaram escritores de destaque: Ricardo Ramos (já falecido) e Luis Fernando Verissimo, respectivamente.

Luis Fernando Verissimo é hoje um dos escritores gaúchos de maior projeção em nossa literatura. Versátil, além de escritor e jornalista, é autor de quadrinhos e instrumentista (sax). Suas obras mais conhecidas são *O analista de Bagé* e *Comédias da vida privada*.

PRODUÇÃO DE TEXTO

CAPÍTULO 51

As cartas argumentativas

A CARTA DE LEITOR

TRABALHANDO O GÊNERO

Leia estas cartas de leitores:

Moradora orgulhosa

Fiquei muito feliz ao ler a reportagem sobre Paragominas, "Amazônia ontem e hoje: o bom exemplo de Paragominas", (HG 139). Eu sou moradora do município desde quando eu nasci, em 1984, e posso afirmar que somos, sim, uma cidade que luta para ser correta. É verdade que é "obrigação" de todos os municípios se preocuparem com o meio ambiente, mas, como não o fazem, Paragominas está na mídia porque decidiu fazer a diferença. Vamos continuar lutando para que possamos, a cada dia, construir um novo tempo. **K. G.**, via *blog*.

(*Horizonte Geográfico*, nº 140, p. 15.)

565

Capa

Todo brasileiro, mesmo não sendo um "militante" das causas ambientalistas, tem de se manifestar e cobrar da presidenta Dilma Rousseff o veto ao projeto do Código Florestal aprovado recentemente na Câmara Federal. Não podemos facilitar o aumento do desmate. "Veta, Dilma!" (ISTOÉ, 2 216).

U. V. B. – Santos, SP

Parabéns à revista pela corajosa capa. Às vésperas da Rio+20, a Câmara dos Deputados demonstrou que seus faróis estão voltados para trás, perdendo oportunidade de ancorar o Brasil numa agenda do século XXI. Certamente, a presidenta Dilma Rousseff será sensível ao movimento "Veta, Dilma!", liderado pela sociedade civil, setor empresarial cosmopolita e líderes na mídia comprometidos com o nosso futuro, a exemplo de ISTOÉ.

F. F., consultor em sustentabilidade (*IstoÉ*, 9/5/2012, p. 16.)

As cachoeiras goianas da política suja têm baixado a autoestima do povo sério e trabalhador deste estado. Ver na capa de VEJA mulheres vitoriosas que, diferentemente de muitos políticos, superam desafios e mostram seu valor, foi uma boa notícia para este fim de semana prolongado. E ver em destaque uma goiana — Andrea Alvares, presidente da divisão de bebidas da PepsiCo Brasil — melhorou o meu humor. Que proliferem as Andreas neste país!

R. C. – Goiânia, GO (*Veja*, 9/5/2012, p. 42.)

Medicina

Sobre o editorial "Mais e melhores médicos" ("Opinião", 9/6), o que o governo federal faz, assim como o estadual, é ceder à pressão da iniciativa privada para a formação de novos cursos de medicina, assim como para a manutenção daqueles já existentes e que não têm a menor condição de formar médicos. Talvez por trás dessa política esteja a ideia de abarrotar o mercado de trabalho com médicos, para que mais e mais deles se submetam às péssimas condições de trabalho e salários oferecidas não só nos postos públicos, como também nos planos de saúde privados.

S. M. R., professor de medicina na Unesp – Botucatu, SP

Em relação ao editorial "Mais e melhores médicos", devemos lembrar que a saúde pública no Brasil está jogada às baratas. Não basta só criar novas vagas nas universidades, mas, principalmente, atrair os profissionais para a rede pública, com salários dignos e condições de trabalho adequadas. Se isso não acontecer, a concentração de profissionais nos grandes centros é inevitável. É necessário parar de fazer "política na saúde", e implementar "política de saúde".

H. A. C., médico – São Carlos, SP (*Folha de S. Paulo*, 11/6/2012.)

O poderio dos EUA

Em "O mundo seria pior sem o domínio dos EUA" (728/2012), o historiador Robert Kagan afirmou que o declínio da supremacia americana é um mito

É uma ilusão achar que os EUA serão uma potência mundial para sempre. Isso é impossível. A China está dando passos largos e não vai demorar nada para tomar o lugar dos EUA. Também não acredito que o mundo será um lugar pior quando isso acontecer.

C. E. G. – Nova Friburgo, RJ
(*Época*, 7/5/2012.)

1. A carta de leitor é um gênero textual que permite o diálogo dos leitores com o editor de jornais e revistas ou entre leitores. É geralmente publicada numa seção de cartas de jornais ou revistas, como, por exemplo, Painel do Leitor, Fórum dos Leitores, Cartas, etc.

a) Observando os assuntos a que se referem as cartas de leitores lidas, responda: Qual é a finalidade da carta de leitor?

b) Na sua opinião, a carta de leitor constitui uma forma de exercício da cidadania? Por quê?

2. Nas cartas de leitor em estudo:

a) Qual ou quais fazem elogio?

b) Qual ou quais comentam matérias publicadas pelo jornal ou revista?

c) Em qual ou quais o leitor argumenta, tendo como referência uma experiência pessoal?

3. Dois leitores se manifestaram a respeito do Código Florestal.

a) Eles se manifestaram contra ou a favor do Código?

b) Quais foram os argumentos utilizados por eles para sustentar suas opiniões?

4. Das cartas em estudo:

a) Quais abordam problemas nacionais?

b) Qual(Quais) aborda(m) temas internacionais?

c) Qual foi encaminhada à redação da revista ou do jornal explicitamente por Internet?

5. Observe a linguagem empregada pelos leitores nas cartas lidas.

a) Que variedade linguística predomina?

b) Considerando os veículos em que as cartas foram publicadas, levante hipóteses: Por que essa variedade foi empregada nas cartas?

6. A carta de leitor tem estrutura semelhante à da carta pessoal. Ela contém elementos como local e data, vocativo, assunto, expressão cordial de despedida e assinatura. Além disso, não apresenta título. As cartas lidas, porém, não se mostram de acordo com esse padrão.

a) Por que, na sua opinião, alguns desses elementos das cartas foram suprimidos?

b) Na sua opinião, a supressão de partes das cartas originais pode modificar o sentido, ou seja, a ideia do leitor a respeito do assunto que ele comenta?

c) As cartas normalmente não apresentam título. Levante hipóteses: Por que as cartas de leitor, publicadas em seções específicas para isso, costumam aparecer intituladas?

7. Reúna-se com seus colegas de grupo e, juntos, concluam: Quais são as características da carta de leitor? Respondam, levando em conta os critérios a seguir: finalidade do gênero, perfil dos interlocutores, suporte/veículo, tema, estrutura e linguagem.

E-mail de leitor

A popularização da Internet deu origem a um novo gênero do discurso, semelhante à carta de leitor – o *e-mail* de leitor, que apresenta praticamente as mesmas características da carta, mudando apenas o suporte ou veículo. Enquanto a carta é escrita em folhas de papel e enviada pelo correio, o *e-mail* utiliza um programa de computador, como, por exemplo, o Outlook, e é enviado eletronicamente.

PRODUÇÃO
DE TEXTO

567

PRODUZINDO A CARTA DE LEITOR

Reúna-se com seus colegas de grupo e, juntos, escolham um jornal ou uma revista para leitura. Pode ser um jornal do bairro, da escola, da cidade, do Estado ou uma revista que trate de música, esportes, cinema, etc., impressos ou digitais. Selecionem na publicação escolhida uma matéria ou reportagem que seja interessante e que, do ponto de vista de vocês, mereça comentários, quer positivos, quer negativos, ou ainda dos dois tipos. Escrevam então uma carta ao jornal ou à revista, comentando a matéria ou reportagem. Na assinatura da carta, pode constar o nome dos integrantes do grupo e a identificação da turma e da escola.

Planejamento do texto

- Leiam mais de uma vez a matéria ou reportagem a que a carta irá se referir e certifiquem-se da procedência das críticas que pretendem fazer, observando se estão diretamente relacionadas ao teor do texto.
- Deixem claro, desde o início, a data e a edição em que a matéria ou reportagem foi publicada. Identifiquem a matéria ou reportagem pelo título e/ou pelo nome do jornalista que a assinou.
- Desenvolvam seus argumentos e, para enriquecê-los, exemplifiquem, citem fatos, notícias, autoridades e especialistas no assunto.
- Se optaram por fazer comentários negativos, procurem considerar também pontos positivos da matéria ou reportagem, a fim de não passar a ideia de que estão sendo motivados pela intenção de "falar mal".
- Se optaram por fazer comentários positivos, procurem considerar também pontos fracos da matéria ou reportagem e relativizá-los, a fim de não passar a ideia de que estão sendo motivados pela intenção de "bajular".
- Tentem introduzir opiniões contrárias ao ponto de vista de vocês, fazendo ressalvas a ele e já mobilizando contra-argumentos para fortalecer a argumentação.
- Pensem no leitor da sua carta. Ela será lida por um editor ou diretor de redação, isto é, um profissional responsável pela área de jornalismo do jornal ou revista selecionada, e, se publicada, também pelos leitores da publicação.

Revisão e reescrita

Antes de finalizar a carta de leitor e passá-la para o suporte final, releiam-na, observando:
- se ela está redigida e estruturada de acordo com a situação de comunicação;
- se a linguagem empregada está adequada aos leitores;
- se ela apresenta local e data, vocativo, assunto, expressão cordial de despedida e assinatura;
- se o ponto de vista do grupo sobre o assunto abordado na matéria ou reportagem está claro e bem-fundamentado;
- se elogios e críticas estão bem dosados no texto, com menção não apenas a pontos positivos ou a pontos negativos, e se são feitas ressalvas e ponderações.

Modifiquem o que for necessário e leiam a carta para os outros grupos. Ouçam opiniões dos colegas e, se as considerarem procedentes, façam novas modificações no texto.

Passem a carta a limpo em papel de carta e enviem-na para a redação do jornal ou revista, tomando o cuidado de preencher corretamente o envelope. Se preferirem, enviem a carta pela Internet, para o endereço de *e-mail* do jornal ou da revista. Depois, acompanhem os números subsequentes da publicação, a fim de observar se ela foi publicada.

CARTAS ARGUMENTATIVAS DE RECLAMAÇÃO E DE SOLICITAÇÃO

TRABALHANDO O GÊNERO

A carta de reclamação

O texto a seguir é uma carta de reclamação, publicada na Internet. Leia-a.

Senhores,

Comprei um apartamento, no condomínio C. I., em Salvador, BA, da construtora [...]. O imóvel foi adquirido na planta e o pagamento foi sendo feito de acordo com o avanço da construção. Quando o empreendimento ficou pronto, com um atraso de 12 meses, restou um saldo devedor que deve ser quitado em prazo determinado pela construtora. Ciente deste prazo, procurei a construtora [...], proprietária e vendedora do imóvel, em 06/09 e 09/09/11, e apresentei uma proposta de pagamento deste saldo devedor. A proposta inclui a utilização de uma carta de crédito de consórcio imobiliário, complementando o pagamento através de recursos próprios. Quando uma carta de crédito é usada na compra de um imóvel, a administradora do consórcio exige que este fique alienado em garantia. Em vista disso, o vendedor do imóvel é solicitado a fornecer uma relação de documentos, que devem ser apresentados para análise da administradora do consórcio. O vendedor do imóvel também é informado que o valor da carta de crédito só será creditado em sua conta, em até 45 dias, se a documentação solicitada for entregue e estiver rigorosamente em ordem.

Para minha surpresa, a construtora [...] não atendeu a solicitação da administradora do consórcio em relação ao fornecimento da documentação necessária para que eu pudesse usar a carta de crédito quitando o saldo devedor do meu imóvel, tampouco emitiu qualquer comunicado informando os motivos dessa recusa ou a impossibilidade de atendimento. No entanto, manteve o cronograma relativo ao prazo para pagamento do saldo devedor, instalação do condomínio e condiciona a entrega das chaves do imóvel à quitação do saldo devedor. Dessa forma, como a construtora [...] não forneceu a documentação, necessária para viabilizar a utilização da carta de crédito, fico impossibilitado de efetuar a quitação do saldo devedor e receber as chaves do meu imóvel. Além disso, com a instalação do condomínio (1ª assembleia), iniciou-se a obrigação de pagar a taxa condominial, devida por todos os proprietários, estejam ou não com o saldo devedor quitado. E mais uma vez me considero prejudicado, pois irei pagar a taxa condominial sem estar morando no local. Considero a atitude da construtora [...] uma aberração, uma falta de respeito e uma prepotência sem limites, na medida em que seus prepostos parecem agir sem qualquer respeito à ética e à dignidade humana.

Meu objetivo com essa reclamação, especialmente nesse site, é alertar as pessoas que pretendem comprar imóveis na planta para que fiquem atentas às mirabolantes promessas de corretores e construtoras e que mais tarde se mostram falsas. Na ânsia de efetuar a venda, as construtoras e os corretores "paparicam" o comprador atendendo-o nos mínimos detalhes. Quando chega o momento de entregarem o prometido, aí tudo fica complicado, difícil e os personagens, sempre presentes e solícitos durante a venda, desaparecem, inclusive levando o tapete vermelho!

Obrigado,

E. S.

(Disponível em: www.reclamao.com/reclamacao/30600/construtora-oas-nao-entrega-documentacao-necessaria-para-utilizacao-de-carta-de-credito-e-impede-que-o-comprador-quite-o-do-saldo-devedor-do-imovel/. Acesso em: 6/7/2012.)

PRODUÇÃO
DE TEXTO

569

1. A carta argumentativa de reclamação apresenta, como o nome sugere, uma reclamação a respeito de algum problema enfrentado pelo remetente. Essas cartas são normalmente endereçadas a órgãos públicos, como ministérios, secretarias, Procon, ou *sites* especializados em divulgar reclamações. Considerando que a carta lida foi publicada em um desses *sites*, responda:

    a) Qual é a função social de veículos como esse, que permitem aos cidadãos reclamar de um problema que estejam enfrentando?

    b) Você já utilizou ou conhece alguém que tenha utilizado algum desses meios para fazer uma reclamação? Houve alguma resposta?

2. Quanto à carta de reclamação lida:

    a) Quem faz a reclamação?

    b) Do que ele reclama?

    c) Segundo o remetente, por que ele se serviu de um espaço aberto – o *site* – para fazer sua reclamação?

3. Uma reclamação pode ser feita diretamente a um órgão público (como o Procon ou secretarias do município ou do Estado) ou à empresa que é alvo da reclamação. Entretanto, muitas pessoas preferem reclamar em espaços abertos, como *sites*. Levante hipóteses: Qual é a intenção do produtor desse tipo de carta ao se servir desses meios para publicar sua reclamação?

4. As cartas em geral costumam ser datadas. Levante hipóteses: Por que não há data na carta lida?

5. Observe a linguagem utilizada pelo autor da carta. Que tipo de variedade linguística foi empregada?

6. Leia, abaixo, a observação feita pelo *site* de onde a carta em estudo foi extraída.

(Disponível em: http://www.reclamao.com/reclamao_consciente.asp. Acesso em: 6/7/2012.)

a) Segundo o texto, o que caracteriza um bom "reclamão"?

b) Levante hipóteses: Por que uma pessoa que não age da maneira descrita no texto não seria um bom "reclamão"?

A carta de solicitação

Leia esta carta de solicitação:

Belém, 12 de janeiro de 2013.
Ao
BANCO DA AMAZÔNIA S.A.
Gerência de Imagem e Comunicação
Coordenação de Patrocínio

Ref.: Evento/projeto 1º Passeio Ciclístico Ecológico da Ilha do Mosqueiro

Vimos pela presente carta solicitar a Vossa Senhoria patrocínio para o projeto do 1º Passeio Ciclístico Ecológico da Ilha do Mosqueiro, a ser realizado no dia 5 de junho próximo (Dia do Meio Ambiente), no distrito de Mosqueiro, Belém, PA.

O evento/projeto vai incentivar a prática da atividade física através do uso da bicicleta, proporcionando momento de descontração e lazer junto aos familiares e amigos, e divulgar a conscientização por um planeta mais saudável, enfatizando a preservação do meio ambiente, tendo como público-alvo mais de 300 participantes inscritos, entre ciclistas profissionais e amadores, adultos, jovens e crianças, contando com ampla estratégia de mídia em contrapartida ao apoio de participação dos parceiros na realização do evento.

Anexas a esta carta, seguem três vias do projeto, conforme determina o edital do banco a respeito de patrocínios. Estamos certos de que poderemos contar com sua importante parceria e nos colocamos à disposição para esclarecimentos ou para discutir eventual alteração no projeto.

Atenciosamente,

J. C. da S.

(Disponível em: http://passeiociclisticoecologicodemosqueiro.blogspot.com.br/2010/11/carta-de-solicitacao-de-apoio-e.html. Acesso em: 3/7/2012.)

1. A carta argumentativa de solicitação, como o nome sugere, faz um pedido a alguém ou a uma instituição. Esse pedido pode estar relacionado à resolução de um problema enfrentado pelo remetente ou pode ter o objetivo de conseguir algum benefício para o próprio remetente ou para o grupo que ele representa. Essas cartas são normalmente endereçadas a entidades que teriam poder para atender à solicitação. Considerando a carta lida, responda: Qual é o objetivo do remetente?

2. Levante hipóteses:
a) Por que, diferentemente das cartas de reclamação, as cartas de solicitação não costumam ser publicadas em espaços públicos?
b) Quais são os veículos mais eficientes para o envio de cartas de solicitação?

3. Para ter sua solicitação atendida, o remetente necessita apresentar argumentos convincentes. Na carta lida:
a) Quem é o destinatário?
b) De que argumentos o remetente se serve para convencer seu interlocutor?
c) É possível considerar que esses argumentos levam em consideração os interesses do destinatário? Justifique sua resposta.

4. Como na carta de reclamação, é importante que o remetente da carta de solicitação, para ter seu pedido atendido, não fale apenas de seus interesses pessoais e procure fundamentar sua argumentação.

a) Releia as orientações para ser um bom "reclamão" apresentadas na questão 6 do estudo sobre a carta de reclamação. Depois adapte-a para a situação da carta de solicitação, ou seja, descreva o que seria um bom "solicitante".

b) Há algum requisito importante para ser um bom "solicitante" que não tenha sido incluído na resposta do item anterior?

5. As cartas de reclamação e de solicitação podem ter estrutura semelhante à de uma carta pessoal, como se verifica nas cartas lidas. Como podemos descrever a estrutura desses tipos de carta, em termos gerais?

6. Observe a linguagem empregada nos textos.

a) Que variedade linguística predomina?

b) Em ambas as cartas, o remetente se apresenta na 1ª pessoa, mas há uma variação nesse uso. Em que consiste essa variação?

c) Levante hipóteses: Por que ocorre essa variação nas duas cartas?

7. Reúna-se em grupo com seus colegas e, juntos, concluam: Quais são as principais características das cartas argumentativas de reclamação e de solicitação? Respondam, levando em conta os critérios a seguir: finalidade do gênero, perfil dos interlocutores, suporte/veículo, tema, estrutura, linguagem.

PRODUZINDO AS CARTAS ARGUMENTATIVAS DE RECLAMAÇÃO E DE SOLICITAÇÃO

1. A carta a seguir apresenta simultaneamente uma reclamação e uma solicitação. Leia-a.

Prezados senhores,

Comprei um tênis em uma das lojas da famosa rede BomTênis e, depois de cinco vezes que o usei, ele rasgou. Como já tinha mais de três meses da compra, fui informado na birosca onde fiz a compra de que deveria entrar em contato com a central. Quase que diariamente eu ligo para esses canalhas para pedir a resolução do meu problema e sempre os atendentes respondem de forma "robótica", dizendo: Senhor, não temos previsão de receber novamente esse modelo de tênis; Senhor, não podemos fazer a troca por outro modelo.

Quer dizer, estou há semanas sem um tênis para praticar minhas atividades físicas e eles não podem fazer nada? Paguei um preço monstruoso no tênis e agora eles não querem arcar com a garantia?

Hoje, para minha surpresa, recebi uma ligação de mais um robô, funcionária da BomTênis, que me informou que o modelo do meu tênis saiu de linha e que não adianta, que eles não podem fazer nada. Só depois de eu quitar todas as 12 parcelas eles poderão pensar sobre o meu caso. Quer dizer então que a BomTênis está preocupada apenas com o dinheiro????? E a satisfação dos clientes?? E o bem-estar das pessoas???

Gostaria de receber uma resposta concreta, com data para ir até a loja e fazer a troca desse produto horrível que eles vendem nessa espelunca.

Gostaria de saber também se os atendentes dessa rede conseguem dormir normalmente, pois, sinceramente, se eu tivesse que trabalhar em um pardieiro que vive de embromações como esse lugar, não conseguiria dormir em paz.

Com certeza, a partir de hoje, farei o possível e o impossível para mostrar ao mercado como essa "grande rede" de uma figa trata seus clientes.

Furiosamente,

Claudionor Hermógenes Pinto

A carta lida não está adequada aos padrões das cartas de reclamação e solicitação. Identifique, com a ajuda dos colegas e do professor, as inadequações que ela apresenta. Depois, em grupo, proponham uma nova versão dela, mais adequada, considerando os interlocutores envolvidos, o problema, a solicitação feita e possibilidades de argumentação mais consistente.

2. Você já passou por um problema que poderia ter sido amenizado com uma carta de reclamação? Discuta com os colegas e o professor sobre problemas que atualmente estejam afligindo diretamente a comunidade escolar ou o bairro, e que deveriam receber maior atenção dos responsáveis. Vocês podem pensar, por exemplo, em problemas relacionados a:
   • Falta de parques e de áreas de lazer no município
   • Falta de bibliotecas públicas no bairro
   • Falta de manutenção das praças públicas
   • Falta de segurança nas imediações da escola ou no bairro
   • Má qualidade do transporte coletivo
   • Falta de *wi-fi* gratuito na escola ou em lugares públicos do bairro ou da cidade
   • Falta de cursos oferecidos gratuitamente pela prefeitura à comunidade para promover a inclusão digital de jovens e idosos
   • Ausência de equipamento de informática na escola ou dificuldade de acesso a ele
   Escolham um dos temas e, em pequenos grupos, produzam uma carta argumentativa de reclamação ou de solicitação. Depois enviem-na à direção da escola ou ao órgão público competente ou divulguem-na pela Internet.

PLANEJAMENTO DO TEXTO

• Procurem ter clareza quanto a qual será o problema focalizado na reclamação e/ou o pedido feito na solicitação.
• Considerando o problema ou pedido que será tema da carta, decidam quanto ao gênero mais adequado: uma carta argumentativa de reclamação, uma carta argumentativa de solicitação, ou uma carta argumentativa de reclamação e solicitação.
• Procurem ter clareza quanto ao objetivo que a carta terá em vista. No caso de reclamação, o objetivo é a solução de um problema ou a sua divulgação? No caso de solicitação, esta será relativa a um interesse pessoal, particular, ou a um interesse coletivo?
• Considerem também os interesses do interlocutor e de outras pessoas.
• Desenvolvam argumentos e, para enriquecê-los, escolham exemplos que os fundamentem.
• Ao redigir, empreguem a estrutura própria do gênero, as formas de tratamento adequadas e apresentem com clareza o problema e/ou pedido.
• Tenham em mente o leitor da carta. Ela poderá ser lida pela pessoa responsável por resolver o problema ou atender à solicitação e, se publicada em um *site*, pelo público internauta.

REVISÃO E REESCRITA

Antes de finalizar a carta argumentativa e passá-la para o suporte final, releiam-na, observando:
• se ela apresenta local e data, vocativo, corpo do texto, despedida e assinatura;
• se a maneira como ela foi redigida e estruturada está de acordo com a situação de comunicação;
• se a linguagem empregada está adequada ao(s) leitor(es);
• se ela faz uma reclamação e/ou solicitação;
• se há argumentos que explicam ou fundamentam os motivos de ela ter sido escrita;
• se ela considera também interesses do interlocutor.
Façam as alterações necessárias, passem a carta a limpo e discutam com o professor e os colegas a melhor forma de encaminhá-la ao interlocutor.

Autour du cercle (1940), de Wassily Kandinsky.

LÍNGUA: USO E REFLEXÃO

CAPÍTULO 52

Regência verbal e regência nominal

CONSTRUINDO O CONCEITO

Leia a seguir a letra de uma canção de Tom Jobim. Se possível, ouça a canção.

Meditação

Quem acreditou
No amor, no sorriso, na flor
Então sonhou, sonhou...
E perdeu a paz
O amor, o sorriso e a flor
Se transformam depressa demais

Quem, no coração
Abrigou a tristeza de ver tudo isso
[se perder
E, na solidão
Procurou um caminho e seguiu,
Já descrente de um dia feliz

Quem chorou, chorou
E tanto que seu pranto já
[secou
Quem depois voltou
Ao amor, ao sorriso e à flor
Então tudo encontrou
E a própria dor
Revelou o caminho do amor
E a tristeza acabou

(Disponível em: http://letras.mus.br/tom-jobim/49049/. Acesso em: 24/7/2012.)

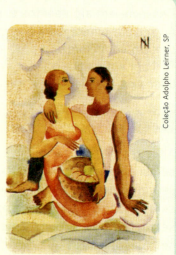

Os namorados (s/d.), de Ismael Nery.

574

Na língua portuguesa, para construir sentido nos enunciados que produzimos, os verbos e nomes ligam-se a outros termos de diferentes formas.

1. Releia estes versos da canção:

> "Procurou um caminho e seguiu,
> Já descrente de um dia feliz"

a) O verbo *procurar*, no primeiro verso, é transitivo direto. Qual é o termo que completa o seu sentido?

b) O nome *descrente*, no segundo verso, também precisa de um termo para lhe completar o sentido. Qual é esse termo?

c) Observe suas respostas nos itens anteriores. Qual dos termos é introduzido por preposição?

2. Observe os seguintes pares de versos:

I. "Quem acreditou
No amor, no sorriso, na flor"

II. "*O amor, o sorriso e a flor*
Se transformam depressa demais"

III. "Quem depois voltou
Ao amor, ao sorriso e à flor"

a) Na oração que cada par de versos constitui, o termo em destaque:
- liga-se a qual termo?
- tem qual função sintática?

b) Em quais pares de versos o termo em destaque se liga ao verbo por meio de preposição?

3. Os substantivos *amor*, *sorriso* e *flor* se repetem ao longo da canção, vinculados aos verbos *acreditar*, *transformar-se* e *voltar*.

a) Que relação de sentido há entre o título da canção e a repetição desses substantivos, cada vez vinculados a um desses verbos?

b) Levante hipóteses: A que conclusão sobre o amor, o sorriso e a flor o eu lírico chega na última estrofe da canção?

CONCEITUANDO

Ao responder às questões anteriores, você certamente observou que há termos que exigem a presença de outro termo para construir sentido, como é o caso dos verbos *procurar*, *acreditar* e *voltar* e do adjetivo *descrente*. Na letra da canção, *procurar* precisou do termo *um caminho*; *acreditar*, do termo *no amor, no sorriso e na flor*; *voltar*, do termo *ao amor, ao sorriso e à flor*; *descrente*, do termo *de um dia feliz*.

Quando um termo – verbo ou nome – exige a presença de outro, ele se chama *regente* ou *subordinante*; os que completam a sua significação chamam-se *regidos* ou *subordinados*.

Observe a regência nestes versos da canção lida:

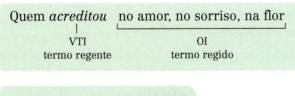

LÍNGUA: USO E REFLEXÃO

575

No primeiro e no terceiro exemplos, os termos *no amor, no sorriso e na flor* e *ao amor, ao sorriso e à flor* completam o sentido dos verbos *acreditar* e *voltar*, respectivamente. No segundo exemplo, *de um dia feliz* completa o sentido do nome (adjetivo) *descrente*.

Assim:

> Quando o termo regente é um *verbo*, ocorre **regência verbal**.
> Quando o termo regente é um *nome* – substantivo, adjetivo, advérbio –,
> ocorre **regência nominal**.

REGÊNCIA VERBAL

Há verbos que admitem mais de uma regência. Geralmente a diversidade de regência corresponde a uma diversidade de significados do verbo. Por exemplo, o verbo *agradar*, no sentido de "acariciar", é *transitivo direto*, enquanto no sentido de "satisfazer, contentar" é *transitivo indireto*. Observe:

> A mãe, comovida, *agradava* o filho choroso.
> VTD   OD
>
> Suas palavras *agradaram* ao público.
> VTI   OI

Certos verbos, no entanto, são empregados em acepção semelhante com mais de uma regência. Veja um exemplo:

> A voluntária *distribuía* leite às crianças.
> VTDI   OD   OI
>
> A voluntária *distribuía* leite com as crianças.
> VTD   OD   adj. adverbial

E há, ainda, verbos que podem ter vários significados e uma única regência. Por exemplo:

> Este caso *carece* de importância. (*carecer* = não ter)
> VTI   OI
>
> Este menino *carece* de um par de tênis novos. (*carecer* = precisar)
> VTI   OI

A identificação da regência de alguns verbos costuma apresentar dificuldade, seja devido à informalidade da língua falada, na qual muitas construções se mostram em desacordo com a norma-padrão, seja porque muitos verbos têm mais de um significado e, quase sempre, mais de uma regência. Em caso de dúvida, recomenda-se consultar o dicionário.

Veja, a seguir, um quadro com alguns verbos cuja regência costuma suscitar dúvidas.

576

VERBO	CLASSIFICAÇÃO	SIGNIFICADO	EXEMPLO
aspirar	VTD VTI	sorver, respirar pretender, desejar	Os atletas **aspiravam** *o ar das montanhas.* O vereador **aspirava** *a um alto cargo.*
assistir	VTI VTD ou VTI VI	estar presente, presenciar, ver, acompanhar, prestar assistência morar, residir (rege adjunto adverbial com a preposição *em*)	Ontem **assisti** *a um filme iraniano.* O médico **assiste** *o doente* (ou *ao doente*). Minha comadre **assiste** *em Santos.*
chamar	VTD VTI VTD ou VTI	convocar, fazer vir invocar (exige a preposição *por*) cognominar, qualificar, denominar + predicativo do objeto	Chamem *a polícia!* O pai **chamava** desesperadamente *pela filha.* **Chamava**-*o* irresponsável. **Chamava**-*o* de irresponsável. **Chamava**-*lhe* irresponsável. **Chamava**-*lhe* de irresponsável.
esquecer e lembrar	VTD VTI VTI	(quando não pronominais) (quando pronominais, exigem a preoposição *de*) cair no esquecimento/vir à lembrança	Que chateação! **Esqueci** *o nome dele.* **Lembrei** *o nome dele.* **Esqueci-me** *do livro.* **Lembrei-me** *do fato.* **Esqueceram**-*me* as chaves em casa.
informar	VTD VTDI	dar notícias, esclarecer (mesmo significado)	Os jornais **informaram** *o público consumidor.* A secretária **informou** *a nota ao aluno.* A secretária **informou** *o aluno da nota.*
obedecer e desobedecer	VTI	(exigem a preposição *a*)	O bom motorista **obedece** *às leis do trânsito.* Felipe **desobedeceu** *a seus superiores.*
pagar e perdoar	VTD VTI VTDI	(quando o objeto é coisa) (quando o objeto é pessoa)	**Paguei** *a conta.* **Perdoei** *aos inimigos.* **Paguei** *a conta ao feirante.* **Perdoei** *a ofensa ao menino.*
preferir	VTDI VTD	querer antes, escolher entre duas ou várias coisas ter predileção por	**Prefiro** *o amor à guerra.* **Preferimos** *a alegria,* não aceitamos a dor.
querer	VTD VTI	desejar estimar, querer bem (exige a preposição *a*)	Ela queria *o disco da Gal*, mas não *o* **quer** mais. Eu **quero** *a meus amigos* e sempre *lhes* **quis**.
simpatizar e antipatizar	VTI	(exigem a preposição *com*; não são pronominais)	**Simpatizava** *com a ideia.* Ao sermos apresentados, **antipatizei** *com ele.*
visar	VTD VTI	mirar; pôr visto ter em vista, pretender (exige a preposição *a*)	**Visou** *o alvo* e atirou. O fiscal, aborrecido, **visava** *os passaportes.* Ele só **visava** *a uma posição de destaque.*

Quando o uso muda a regra

Há alguns verbos, como *aspirar, atender, visar*, que, embora apresentem diferentes regências para sentidos diferentes, na linguagem usual e na linguagem jornalística costumam ser empregados como transitivos diretos. Assim, tradicionalmente, o verbo *visar*, no sentido de "ter em vista, pretender", exige a preposição *a*:

> A reunião com representantes estrangeiros visava **à** ampliação das exportações de soja.

Entretanto, é possível também encontrar esse verbo empregado assim:

> A reunião com representantes estrangeiros visava **a** ampliação das exportações de soja.

LÍNGUA:
USO E REFLEXÃO

577

REGÊNCIA NOMINAL

Leia o cartaz:

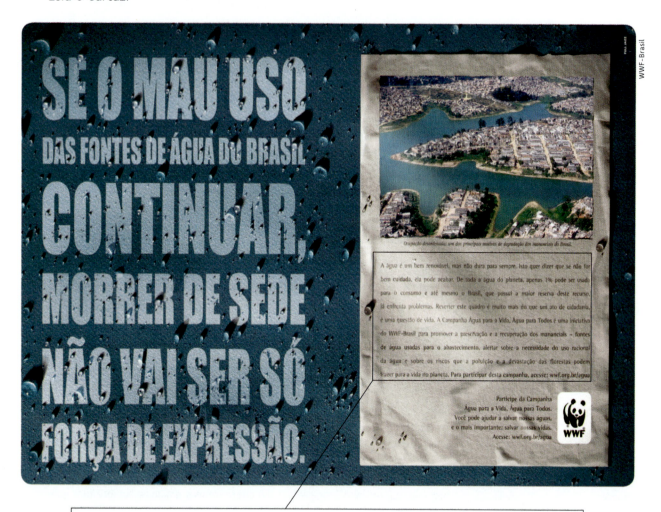

A água é um bem renovável, mas não dura para sempre. Isto quer dizer que se não for bem cuidada, ela pode acabar. De toda a água do planeta, apenas 1% pode ser usada para o consumo e até mesmo o Brasil, que possui a maior reserva deste recurso, já enfrenta problemas. Reverter este quadro é muito mais do que um ato de cidadania, é uma questão de vida. A Campanha Água para a Vida, Água para Todos é uma iniciativa do WWF-Brasil para promover a preservação e a recuperação dos mananciais – fontes de água usadas para o abastecimento, alertar sobre a necessidade do uso racional da água e sobre os riscos que a poluição e a devastação das florestas podem trazer para a vida no planeta. Para participar desta campanha, acesse: wwf.org.br/agua

Na frase principal do cartaz, "Se o mau uso das fontes de água do Brasil continuar", observe que o substantivo *uso* exige o termo *das fontes de água* para completar seu sentido. Observe também que a relação entre o nome *uso* e seu complemento é estabelecida pela preposição *de*.

No texto da direita, o nome *usada* é completado por *para o consumo*; *reserva*, por *deste recurso*; *preservação e recuperação*, por *dos mananciais*; *necessidade*, por *do uso racional*; *poluição e devastação*, por *das florestas*.

Veja, a seguir, um quadro com alguns nomes e preposições que comumente eles exigem.

REGÊNCIAS DE ALGUNS NOMES

a	acessível, adequado, alheio, análogo, apto, avesso, benéfico, cego, conforme, contíguo, desatento, desfavorável, desleal, equivalente, fiel, grato, guerra, hostil, idêntico, inacessível, inerente, indiferente, infiel, insensível, nocivo, obediente, odioso, oposto, peculiar, pernicioso, próximo (de), superior, surdo (de), visível
de	amante, amigo, ansioso, ávido, capaz, cobiçoso, comum, contemporâneo, curioso, devoto, diferente, digno, dessemelhante, dotado, duro, estreito, fértil, fraco, incerto, indigno, inocente, menor, natural, nobre, orgulhoso, pálido, passível, pobre, pródigo (em), temeroso, vazio, vizinho
com	afável, amoroso, aparentado, compatível, conforme, cruel, cuidadoso, descontente, furioso (de), inconsequente, ingrato, intolerante, liberal, misericordioso, orgulhoso, parecido (a), rente (a, de)
contra	desrespeito, manifestação, queixa
em	constante, cúmplice, diligente, entendido, erudito, exato, fecundo, fértil, fraco, forte, hábil, impossibilidade (de), incansável, incerto, inconstante, indeciso, lento, morador, parco (de), perito, prático, sábio, sito, último (de, a), único
entre	convênio, união
para	apto, bom, diligente, disposição, essencial, idôneo, incapaz, inútil, odioso, pronto (em), próprio (de), útil
para com	afável, amoroso, capaz, cruel, intolerante, orgulhoso
por	ansioso, querido (de), responsável, respeito (a, de)
sobre	dúvida, influência, triunfo

EXERCÍCIOS

Leia a tira a seguir e responda às questões de 1 a 4.

(*Folha de S. Paulo*, 14/3/2012.)

1. Na frase do 1º quadrinho da tira:
  a) Qual é o termo regente?
  b) E qual é o termo regido?
  c) Qual é a função sintática do termo regido?

2. Na frase do 2º quadrinho, há duas situações de regência.
  a) Que termo complementa o nome *bem-vindo*?
  b) Que termo complementa o verbo *contemplando*?

3. Troque ideias com os colegas: No último balão do 3º quadrinho, o termo *uma paz* é ou não regido pela forma verbal *dá*? Justifique sua resposta.

4. Considerando que Garfield é um gato que passa todo o tempo comendo ou dormindo, por que o pensamento dele, no último quadrinho, cria humor?

5. Reescreva as frases a seguir, substituindo os verbos destacados pelos verbos indicados para cada grupo de frases. Faça as adaptações necessárias.

- assistir
    a) Você *viu* o jogo final do Mundial de Tênis?
    b) O rapaz *socorreu* as vítimas do acidente.
    c) Não *cabe* a você o direito de julgá-lo.
- preferir
    d) *Gosto* mais de carnes do que de verduras.
- querer
    e) O rapaz *desejava* uma moto mais moderna e potente.
    f) Sempre o *estimei* como a um irmão.
- aspirar
    g) Nas grandes cidades industriais, a população *respira* um ar poluído e insuportável.
    h) *Desejo* sucesso e saúde.
- chamar
    i) Desesperado, *invocava* Deus.

j) É necessário que *façam vir* à secretaria os aprovados na segunda fase.
k) Os inquilinos *qualificaram* o proprietário de ladrão.

- esquecer
    l) *Perdi a lembrança* de algumas passagens de minha infância.
    m) *Caíram-me no esquecimento* os nomes de meus colegas de faculdade.
- lembrar
    n) O casal de velhinhos, de mãos dadas, *recordava-se* de seus tempos de namoro.
    o) Sem querer, *veio-me à lembrança* seu doce perfume.
- simpatizar
    p) *Gosto* muito de Maria Alice.
- perdoar
    q) O juiz não *absolveu* o réu.

CRASE

Leia o cartaz ao lado.
Compare estas duas frases do cartaz, observando as palavras destacadas:

> "É assim que o mosquito da dengue vê *a* água parada."
> "Dia Nacional de Combate *à* Dengue."

Na primeira frase, é empregado o verbo *ver* (transitivo direto), que tem como objeto direto o termo *a água parada*. Como o verbo *ver* não exige preposição, a palavra *a* que precede o substantivo feminino *água* é artigo feminino.

Na segunda frase, o substantivo *combate* tem como complemento o termo *à dengue*, que é seu complemento nominal. O substantivo *combate* rege a preposição *a*, e o substantivo feminino *dengue* admite o artigo feminino *a*:

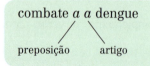

A preposição *a* e o artigo *a* se fundem em um único *a*, dando origem ao fenômeno chamado *crase*. Na escrita, marcamos a crase com o acento grave:

combate *à* dengue
|
a + a

Assim:

> **Crase** é a fusão escrita e oral de duas vogais idênticas.

A palavra *crase* nomeia a contração ou fusão da preposição *a* exigida pela regência de um verbo ou um nome (substantivo, adjetivo ou advérbio) com:

- o artigo feminino *a(s)*:

  > Exceto para quem é alérgico *à* qualidade.

- os pronomes demonstrativos *aquele(s)*, *aquela(s)*, *aquilo*:

  > Por favor, encaminhe-se *àquele* balcão.

- o pronome demonstrativo *a(s)*:

  > Nossos atletas estão em condições semelhantes *às* dos americanos.

Portanto, excluindo-se os casos dos demonstrativos, *a crase ocorre apenas antes de palavra feminina*. Como a crase é um fenômeno fonético, ou seja, próprio da língua falada, o *acento grave* o assinala na escrita nos três casos.

Quando a crase é possível?

Diante de palavras femininas. Observe que, na frase do anúncio abaixo, por exemplo, ocorre crase porque o nome *alérgico* exige a preposição *a* e o substantivo *qualidade* é feminino e exige o artigo *a*.

(*Casa Claudia*, ano 23, nº 6.)

EXERCÍCIOS

Os exercícios tratam da regra geral da crase e de alguns casos especiais. Antes de realizá-los, leia os boxes. Leia a tira a seguir, de Adão Iturrusgarai, e responda às questões 1 e 2.

(*Kiki – A primeira vez*. São Paulo: Devir, 2002. p. 31.)

1. Na frase do 1º quadrinho:
   a) De acordo com o contexto, qual é o sentido do verbo *assistir*?
   b) Como ficaria a frase, de acordo com a norma-padrão?

2. De acordo com a norma-padrão, qual palavra completa adequadamente a frase do último quadrinho: *as*, *à* ou *às*?

3. Reescreva as frases a seguir, completando-as com *a*, *à*, *as* ou *às*.
   a) O supermercado vende ☐ atacadistas ☐ vista e ☐ prazo e ainda faz entrega em domicílio ☐ pedido do freguês.
   b) Saboreamos um tutu ☐ mineira, num restaurante aconchegante ☐ pouca distância do hotel, mais ou menos ☐ sete horas.

c) Sentou-se ☐ máquina e pôs-se ☐ reescrever uma ☐ uma ☐ páginas do relatório.

d) Sua objeção ☐ contratação do novo funcionário restringia-se ☐ exigências salariais do candidato, e não ☐ sua capacidade profissional.

e) Garanto ☐ você que compete ☐ ela, pelo menos ☐ meu ver, tomar ☐ providências para resolver o caso, pois ☐ qualquer hora estará ☐ entrada do prédio ☐ comissão parlamentar.

4. Reescreva as frases a seguir, completando-as com *aquele(s)*, *aquela(s)*, *aquilo*, *àquele(s)*, *àquela(s)*, *àquilo*.

a) Preferimos isto ☐.

b) Precisamos verificar se temos ou não direito ☐ abono.

c) ☐ hora, sua atitude só agradou ☐ que não visavam ao lucro.

d) Abra, por favor, ☐ janelas: o calor está insuportável.

e) Seu espírito agressivo levou-o ☐ atitude extrema.

Em caso de dúvida...

Existem dois procedimentos que auxiliam na identificação da crase:

• Verifique se a palavra admite o artigo *a*, colocando-a depois de um verbo que exige uma preposição diferente de *a*:

> Vim *da* Itália. → Vou *à* Itália.
> Vim *de* Recife. → Vou *a* Recife.

• Substitua a palavra feminina por uma masculina e observe se ocorre a combinação *ao* antes do nome masculino:

> Seu discurso não fez referência *aos* candidatos. →
> Seu discurso não fez referência *às* candidatas.

Casos especiais

Ocorre crase:

• em *locuções adverbiais* e *prepositivas* formadas por substantivos femininos: *À direita* ficava a sala.

A rigor, não ocorre crase nas locuções adverbiais que indicam instrumento: bordar *a mão*, cortar *a faca*, escrever *a máquina*. Entretanto, alguns gramáticos defendem o uso do acento nessas expressões para assegurar maior clareza.

• antes de nomes de lugares determinados pelo artigo: O papa regressou *à Itália*.

Os nomes de lugar que normalmente não admitem artigo passam a exigi-lo se seguidos de um termo especificador. Compare:

> Fiz uma excursão *a Roma*.   Fiz uma excursão *à Roma de meus avós*.

• nas expressões proporcionais *à medida que*, *à proporção que*:

> *À proporção que* se aproximava o dia da entrega do prêmio, mais ansiosos ficavam os atores.

• antes da palavra *casa*, se ela for determinada: Voltamos *à antiga casa de nossos pais* um dia destes.

Quando indica residência, lar, morada, a palavra *casa* não admite artigo e, portanto, não ocorre crase. Compare:

> Vou a casa depois da aula de ginástica.   Venho de casa.   Estou em casa.

• antes da palavra *Terra*:   A nave espacial russa já voltou *à Terra*.

Quando se opõe a *bordo*, a palavra *terra* não admite artigo e, portanto, não ocorre crase:

> Os marinheiros, assim que o navio atracou no cais, desceram *a terra*.

• quando estão subentendidas as expressões *à moda de*, *à maneira de* ou palavras como *faculdade*, *empresa*, *companhia*, mesmo que seja diante de palavras masculinas:

> Refiro-me *à UFRJ*. (*à universidade*)

582

Leia o poema abaixo e responda às questões 5 e 6.

> **Moda de viola**
>
> Os olhos daquela ingrata as vezes
> Me castigam as vezes me consolam
> Mas sua boca nunca me beija.
>
> (Antonio Carlos de Brito (Cacaso). *LeroLero*. Rio de Janeiro: 7 Letras, 2002. p. 91.)

5. No poema, os acentos foram retirados propositadamente. Qual(is) palavra(s) devem receber acento, de acordo com a norma-padrão? Explique a regra para essa(s) acentuação(ões).

6. O poema retrata um relacionamento amoroso, em que a mulher amada parece oscilar entre corresponder ou não a esse amor.

a) Qual é a expressão responsável pela conotação de indecisão?

b) Como você interpreta o verso "Mas sua boca nunca me beija"?

c) Levante hipóteses: Por que o poema intitula-se "Moda de viola"?

A crase é facultativa:

- diante de nomes próprios femininos: Procurou ser agradável *a* Lia (ou à Lia).
- diante de pronomes possessivos femininos: O diretor fez uma advertência *a* sua irmã. (ou *à* sua irmã).
- na locução prepositiva *até a*: Levou a discussão até *as* (ou até *às*) últimas consequências.

A REGÊNCIA VERBAL NA CONSTRUÇÃO DO TEXTO

Leia o texto:

1. Considerando que o texto cumpre uma função comunicativa, responda:

a) Quem é o produtor?

b) Quem são os destinatários?

c) A que gênero do discurso ele pertence?

2. As aspas do enunciado principal indicam discurso direto.

a) De quem é essa fala?

b) A indicação da idade, nessa situação, seria dispensável. Contudo, nesse contexto, essa indicação tem uma função importante. Por quê?

3. Observe a regência do verbo *ir* na fala reproduzida no texto.

a) Ela está de acordo com a norma-padrão? Justifique sua resposta.

b) Levante hipóteses: A escolha da preposição que rege o verbo *ir*, nesse contexto, cumpre algum propósito na construção de sentido do texto?

583

4. Releia o seguinte trecho do texto:

> "Peter Souter, o *responsável* pela campanha de The Economist, em palestra exclusiva a convite do CCSP."

a) Identifique o termo que é regido pelo nome em destaque no trecho.

b) Que sentido o nome em destaque, associado a seu complemento, agrega ao enunciado?

5. Tendo em vista suas respostas nas questões anteriores, conclua:

a) De que forma a fala entre aspas, a regência verbal e a descrição do palestrante contribuem para a construção de sentidos do texto?

b) Na sua opinião, esses recursos utilizados são persuasivos, considerando-se o público que o texto pretende atingir? Por quê?

6. No português brasileiro, especialmente em situações informais de fala, é comum as pessoas empregarem a preposição *em* no lugar de *a*: "Vou na feira", "fui no cinema", etc.

a) Levante hipóteses: Em que situações sociais seria necessário seguir estritamente a regência recomendada pela norma-padrão?

b) No texto, caso a regência tivesse sido empregada de acordo com a norma-padrão, o sentido dele seria o mesmo?

SEMÂNTICA E DISCURSO

Leia o aviso de elevador ao lado e responda às questões de 1 a 3.

1. Identifique no texto do aviso:

a) a única forma verbal que ele apresenta;

b) a voz em que essa forma está.

2. Apesar de conter apenas uma única forma verbal, o texto do aviso faz referência a ações diversas.

a) Quais são essas ações?

b) De que forma essas ações são referidas no texto?

"É vedada, sob pena de multa, qualquer forma de discriminação em virtude de raça, sexo, cor, origem, condição social, idade, porte ou presença de deficiência e doença não contagiosa por contato social, no acesso aos elevadores deste edifício".
Lei 11995 - Decreto n 36.434 de 04/10/96

Thinkstock/Getty Images

3. A nominalização e a voz passiva são recursos muito utilizados para conferir maior impessoalidade aos textos.

a) Reescreva o texto do aviso, transformando em verbos os nomes *vedada*, *discriminação*, *porte*, *presença* e *acesso*. Faça a adaptação dos termos regidos por esses nomes.

b) Levante hipóteses: Por que o aviso adota o tom impessoal?

584

PARA COMPREENDER O FUNCIONAMENTO DA LÍNGUA

PERÍODO COMPOSTO POR SUBORDINAÇÃO: AS ORAÇÕES ADVERBIAIS

Abaixo estão reproduzidas as páginas de abertura de uma reportagem sobre hábitos alimentares. Leia-as.

(*Galileu*, nº 251, p. 46-7.)

1. A imagem de um brigadeiro riscado por um X é ilustrativa das afirmações feitas nos enunciados verbais que iniciam a reportagem.

a) No contexto, o que representa o xis no brigadeiro?

b) Que palavra ou expressão do título da página da esquerda corresponde a esse sinal?

2. Nos enunciados dispostos acima e abaixo da imagem do brigadeiro, há palavras e expressões adverbiais indicativas de tempo.

a) Identifique-as.

b) Que relação semântica há entre essas palavras e expressões e as palavras *hábitos* e *rotina* empregadas nos enunciados da página da esquerda?

3. No período "Quando [você] sobe na balança, sempre se arrepende", da página da direita, há duas orações. Veja:

> Quando [você] sobe na balança, | sempre se arrepende.

Observe o tipo de relação que há entre as duas orações e responda:

a) Qual das orações é a principal? Qual é a subordinada?

b) Que palavra faz conexão entre as orações? Qual é o valor semântico expresso por ela?

c) Conclua: Que tipo de circunstância relativa ao verbo da oração principal a oração subordinada expressa?

Ao responder às questões anteriores, você notou que o enunciado "Quando [você] sobe na balança, sempre se arrepende" constitui um período composto, formado por duas orações, uma das quais (a subordinada) complementa o sentido da outra (a principal). Veja:

> Quando [você] sobe na balança, | sempre se arrepende.
>   oração subordinada   oração principal

A oração subordinada *quando [você] sobe na balança* poderia ser substituída por uma palavra como, por exemplo, *depois*, que desempenharia a função de adjunto adverbial.

Veja a correspondência entre a oração *quando [você] sobe na balança* e a palavra que poderia substituí-la:

> Depois, sempre se arrepende.
> adjunto adverbial

> Quando [você] sobe na balança, sempre se arrepende.
> oração subordinada adverbial

Observe que:
- a oração *quando [você] sobe na balança* é dependente sintaticamente da oração principal, porque equivale a um adjunto adverbial; por isso, é uma **oração subordinada adverbial**.
- a oração *quando [você] sobe na balança* corresponde a um adjunto adverbial de tempo – *depois*, por exemplo – e, assim, exerce a mesma função que este; por isso, é denominada **oração subordinada adverbial temporal**.

Concluindo:

> **Oração subordinada adverbial** é aquela que tem valor de advérbio (ou de locução adverbial) e, por isso, exerce em relação ao verbo da oração principal a função de adjunto adverbial.

As orações adverbiais se relacionam com a oração principal exprimindo diversas circunstâncias: causa, condição, concessão, comparação, consequência, conformidade, tempo, finalidade, proporção.

Valores semânticos das orações adverbiais

De acordo com as circunstâncias que expressam, as orações subordinadas adverbiais classificam-se em *causais, consecutivas, conformativas, concessivas, comparativas, condicionais, finais, proporcionais* e *temporais*.

Causais

Indicam a *causa* do efeito expresso na oração principal:

> Não compareceu à reunião dos condôminos *porque viajou*.

São introduzidas pelas conjunções subordinativas causais: *porque, visto que, que, posto que, uma vez que, como* (sempre anteposto à oração principal), etc.

Consecutivas

Expressam uma *consequência*, um efeito do fato mencionado na oração principal:

> Trabalhou tanto *que adoeceu*.

São introduzidas pelas conjunções subordinativas consecutivas: *que* (precedida de *tal, tão, tanto, tamanho*), *de sorte que, de modo que*, etc.

Conformativas

Estabelecem uma ideia de concordância, de *conformidade* entre um fato nelas mencionado e outro expresso na oração principal:

> *Conforme prometeu*, pagará a dívida na próxima semana.

586

São introduzidas pelas conjunções subordinativas conformativas: *como, conforme, segundo, consoante*, etc.

Concessivas

Indicam uma *concessão*, um fato contrário ao expresso na oração principal, porém insuficiente para anulá-lo:

> Não percebeu nada, *embora estivesse atento*.

São introduzidas pelas conjunções subordinativas concessivas: *embora, conquanto, que, ainda que, mesmo que, se bem que, por mais que*, etc.

Comparativas

Estabelecem uma *comparação* em relação a um elemento da oração principal:

> Trabalha *como um escravo*.

São introduzidas pelas conjunções subordinativas comparativas: *como, que, do que, assim como, (tanto) quanto*, etc.

Nas orações comparativas, é comum o verbo ser o mesmo da oração principal e, por isso, ficar subentendido. Na frase "Faça como a gente, adote o consumo consciente!", do folheto reproduzido ao lado, subentende-se a forma verbal *faz*: "Faça como a gente [faz]".

Condicionais

Expressam uma hipótese ou *condição* para que ocorra o fato expresso na oração principal:

> Irei à praia logo cedo, *se não chover*.

São introduzidas pelas conjunções subordinativas condicionais: *se, caso, contanto que, desde que, salvo se, a menos que, sem que*, etc.

Finais

Indicam uma *finalidade* relativa ao fato expresso na oração principal:

> Tentei de tudo *para que ele tocasse um instrumento musical*.

São introduzidas pelas conjunções subordinativas finais: *para que, a fim de que, que*.

Proporcionais

Indicam uma *proporção* relativa ao fato expresso na oração principal:

À medida que se aproximava a hora do exame, a tensão aumentava.

São introduzidas pelas conjunções subordinativas proporcionais: *à proporção que*, *à medida que*, *ao passo que*, *quanto mais... (mais)*, etc.

Temporais

Indicam o momento, a época, o *tempo* de ocorrência do fato expresso na oração principal:

Houve protestos *depois que o diretor saiu da reunião*.

São introduzidas pelas conjunções subordinativas temporais: *quando*, *enquanto*, *logo que*, *assim que*, *mal*, etc.

Orações adverbiais reduzidas

Do mesmo modo que as orações substantivas e adjetivas, as orações adverbiais podem apresentar-se nas formas **desenvolvida** ou **reduzida**, com o verbo no *infinitivo*, no *gerúndio* ou no *particípio*. Veja os exemplos:

Apesar de se esforçar muito, não obteve a premiação.
 or. subord. adv. concessiva reduzida de infinitivo

Estudando, aprenderá Matemática.
 or. subord. adv. condicional reduzida de gerúndio

Distribuídas as tarefas, cada um voltou ao trabalho.
 or. subord. adv. temporal reduzida de particípio

EXERCÍCIOS

1. Leia o seguinte texto de campanha:

(*Superinteressante*, nº 289, p. 28-9.)

Observe estes enunciados do texto:

- "Se você agir, podemos evitar."
- "Se você tiver febre alta com dor de cabeça, dor atrás dos olhos, no corpo e nas juntas, vá imediatamente a uma unidade de saúde."

a) Os dois enunciados constituem períodos compostos em que há uma oração subordinada adverbial. Identifique e classifique essas orações subordinadas adverbiais.

b) Considerando a situação de comunicação, justifique o emprego do tipo de oração subordinada adverbial presente nos enunciados.

c) Como ficariam os enunciados caso as orações subordinadas que eles representam fossem transformadas em orações reduzidas?

2. Leia este poema:

Razão de ser

Escrevo. E pronto.
Escrevo porque preciso,
   preciso porque estou tonto.
Ninguém tem nada com isso.
   Escrevo porque amanhece,
e as estrelas lá no céu
   lembram letras no papel,
quando o poema me anoitece.

A aranha tece teias.
O peixe beija e morde o que vê.
Eu escrevo apenas.
Tem que ter por quê?

(Paulo Leminski. *Melhores poemas*. 6. ed. Seleção de Fred Góes, Álvaro Martins. São Paulo: Global, 2002. p. 133.)

Há, no poema, dois tipos de oração subordinada adverbial.

a) Quais são eles? Cite uma oração de cada tipo.

b) Considerando o tema e o título do poema, por que há predomínio de um desses tipos de oração subordinada adverbial?

Leia a tira a seguir e responda às questões 3 e 4.

(Angeli. *Luke e Tantra – Sangue bom*. São Paulo: Devir/Jacarandá, 2000. p. 11.)

3. No 1º quadrinho da tira, na fala da personagem Luke, há um período composto. Nesse período, a oração *vendo os meninos bonitos do colégio* é subordinada reduzida. Desenvolva-a e classifique-a.

4. Observe, no 2º quadrinho da tira, a frase dita pela personagem Luke. Trata-se de um período composto de duas orações. Que tipo de relação semântica existe entre elas?

Segunda classe (1933), de Tarsila do Amaral, demonstra a inclinação da arte pelos temas sociais na década de 1930.

LITERATURA

CAPÍTULO 53

A poesia de 30

A poesia e o romance de 30 tomaram rumos diferentes, embora tenham conservado algumas características em comum. Os poetas de 30, interessados fundamentalmente no sentido da existência humana, no confronto do homem com a realidade, enfim, no "estar-no-mundo", seguiram caminhos diferentes, que vão da reflexão filosófico-existencialista ao espiritualismo, da preocupação social e política ao regionalismo, da metalinguagem ao sensualismo.

O regionalismo, marca central do romance de 30, só eventualmente se manifesta na poesia, que tende à universalização e, por isso, retrata os conflitos do homem em geral, e não do homem brasileiro ou do homem de uma das regiões do país.

Em 1930, a primeira geração modernista já se saíra vitoriosa na luta travada contra a cultura acadêmica. Muitas de suas propostas, como o verso livre, a afirmação de uma língua brasileira, a priorização da paisagem nacional e a abordagem de temas ligados ao cotidiano, estavam definitivamente consolidadas em nossa literatura.

A segunda geração modernista, livre do compromisso de combater o passado, manteve muitas das conquistas da geração anterior, mas também se sentia inteiramente à vontade para voltar a cultivar certos recursos poéticos que o radicalismo da primeira geração tornara objeto de desprezo, tais como os versos regulares (metrificados), a estrofação criteriosa e as formas fixas, como o soneto, a balada, o rondó, o madrigal.

Não se trata de uma geração antimodernista no interior do próprio Modernismo. Pelo contrário, esses poetas levaram adiante o projeto de liberdade de expressão dos seus antecessores, a ponto até de se permitirem empregar as formas utilizadas pelos clássicos. Por isso não é de causar espanto que grandes autores do verso livre desse período, como Manuel Bandeira (da primeira geração), Murilo Mendes, Jorge de Lima, Carlos Drummond de Andrade, Vinícius de Morais e Mário Quintana, tenham sido também excelentes sonetistas.

CARLOS DRUMMOND DE ANDRADE: O *GAUCHISMO* E O SENTIMENTO DO MUNDO

Carlos Drummond de Andrade (1902-1987) foi poeta e prosador (contista e cronista) admirável. A dimensão e a riqueza de seus escritos produzidos de 1930 a 1986 ainda requerem investigação mais profunda e abrangente.

Como contista e cronista, escreveu, entre outras obras, *Fala, amendoeira*, *A bolsa e a vida*, *Quadrante 1 e 2*, *Cadeira de balanço*. Apesar da qualidade desse material, daremos ênfase ao estudo de sua poesia, gênero em que o escritor mais se destacou.

Dada a farta produção poética de Drummond, a organização de suas obras em partes ou em fases permite acompanhar com maior clareza a evolução de seus temas, de sua visão de mundo e de seus traços estilísticos.

Se considerarmos os primeiros trinta anos dos 56 de carreira poética do autor, pelo menos quatro fases podem ser identificadas: a fase *gauche* (década de 1930); a fase social (1940-45); a fase do "não" (décadas de 1950 e 1960); e a fase da memória (décadas de 1970 e 1980).

A fase *gauche*: consciência e isolamento

As obras que representam essa fase são *Alguma poesia* (1930), a primeira publicação de Drummond, e *Brejo das almas* (1934). Nelas, ainda podem ser encontrados certos recursos que se associam à primeira geração modernista, tais como a ironia, o humor, o poema-piada, a síntese, a linguagem coloquial. Veja o poema-pílula ao lado, que lembra os de Oswald de Andrade:

Mas o que essencialmente caracteriza essa fase é o *gauchismo* da maioria dos poemas. A palavra *gauche*, de origem francesa, significa "lado esquerdo". Aplicada ao ser humano, significa aquele que se sente às avessas, torto, que não consegue estabelecer uma comunicação com a realidade. São comuns a essa fase da poesia drummondiana certos traços como o *pessimismo*, o *individualismo*, o *isolamento*, a *reflexão existencial*, além de certas atitudes permanentes, que se estenderão por toda a obra, como a ironia e o uso da *metalinguagem*.

Ao *gauche* não há saídas: nem o amor, nem a morte, nem mesmo o isolamento. Desesperado, ele busca comunicar-se com o mundo por meio do canto, mesmo que seja um canto torto e *gauche*.

> **Cota zero**
>
> Stop.
> A vida parou
> ou foi o automóvel?
>
> (*Alguma poesia*. Rio de Janeiro: Record. © Graña Drummond. www.carlosdrummond.com.br)

Retrato de Carlos Drummond de Andrade (1936), de Candido Portinari.

LEITURA

O texto que segue é o poema de abertura de *Alguma poesia*, a primeira obra publicada por Drummond. Sua importância reside no fato de apresentar pela primeira vez o tema do *gauchismo* e por conter uma síntese de vários aspectos que caracterizarão a obra do autor no futuro.

Poema de sete faces

Quando nasci, um anjo torto
desses que vivem na sombra
disse: Vai, Carlos! Ser *gauche* na vida.

As casas espiam os homens
que correm atrás de mulheres.
A tarde talvez fosse azul,
não houvesse tantos desejos.

O bonde passa cheio de pernas:
pernas brancas pretas amarelas.
Para que tanta perna, meu Deus,
    [pergunta meu coração.
Porém meus olhos
não perguntam nada.

O homem atrás do bigode
é sério, simples e forte.
Quase não conversa.
Tem poucos, raros amigos
o homem atrás dos óculos e do bigode.

Meu Deus, por que me abandonaste
se sabias que eu não era Deus
se sabias que eu era fraco.

Caricatura de Drummond, por Moura.

Mundo mundo vasto mundo,
se eu me chamasse Raimundo
seria uma rima, não seria uma solução.
Mundo mundo vasto mundo
mais vasto é meu coração.

Eu não devia te dizer
mas essa lua
mas esse conhaque
botam a gente comovido como o diabo.

(In: *Alguma poesia*. Rio de Janeiro: Record. © Graña Drummond - www.carlosdrummond.com.br)

---

1. Apesar de publicado em 1930, o poema apresenta certas características que o associam à produção dos primeiros modernistas, como a construção fragmentada, os *flashes* e a falta de pontuação no 2º verso da 3ª estrofe. Que correntes de vanguarda se associam a essas características?

2. O *gauchismo* do eu lírico é anunciado por um "anjo torto". Os anjos são comuns nas histórias religiosas, como na do anjo Gabriel, que aparece a José e ordena a ele que fuja de Jerusalém com o menino Jesus. O que diferencia os anjos das histórias religiosas do anjo do poema?

3. Releia a 2ª estrofe. Nela o mundo exterior é descrito pela ótica do eu lírico.
   a) O eu lírico participa diretamente do mundo que descreve?
   b) O que parece interessar mais às pessoas que fazem parte do mundo exterior?

4. A 3ª estrofe surpreende com uma imagem insólita – "o bonde passa cheio de pernas" –, e estabelece, ainda, uma oposição de ideias quanto à forma como o eu lírico vê as pernas. Levando em conta que *coração* se relaciona com *emoção* e *olhos* com *razão*, dê uma interpretação coerente a essa contradição vivida pelo eu lírico.

5. Na 4ª estrofe, é descrito o "homem atrás dos óculos e do bigode".
   a) É possível afirmar que ele é *gauche*? Por quê?
   b) Que diferença há em dizer que o homem "usa óculos e bigode" e está "*atrás* dos óculos e do bigode"?

Anjo torto e o interdiscurso

O "Poema de sete faces" motivou a criação de vários outros textos, que com ele mantêm uma relação interdiscursiva. Veja, como exemplo, um trecho do poema "Com licença poética", de Adélia Prado:

Quando nasci um anjo esbelto
desses que tocam trombeta, anunciou:
vai carregar bandeira.
Cargo muito pesado para mulher,
esta espécie ainda envergonhada.

(*Bagagem*. 24. ed. Rio de Janeiro/São Paulo: Record, 2007. p. 9.)

O homem atrás do bigode

A quarta estrofe se singulariza bastante entre as sete: talvez seja a "face" mais intrigante. Isto virá do uso exclusivo da terceira pessoa gramatical, por meio da qual se retrata "o homem". O desnorteio está em que se abandonou, aparentemente, a instância lírica, consumando-se o passo na descrição objetiva de um rosto e de uma personalidade. O único elemento perturbador dessa ordem é o termo "atrás", que pode remeter à ideia de máscara e de encobrimento.

(Alcides Villaça. In: *Teresa – Revista de literatura brasileira*, USP, Editora 34, nº 3, 2002. p. 29.)

6. A 5ª estrofe lembra uma passagem bíblica: quando Cristo, em momento de fraqueza, dirige-se ao Pai e se queixa do seu abandono e desamparo. Compare as duas situações, em que Cristo e o *gauche* se dirigem a Deus, e responda:

a) Que semelhança há, nessas situações, entre Cristo e o *gauche* quanto ao seu relacionamento com o mundo?

b) Considerando o verso "se sabias que eu não era Deus", por que se pode afirmar que a queixa do *gauche* é ainda mais dramática do que a do próprio Cristo?

7. A 6ª estrofe apresenta um jogo de palavras. O *gauche* supõe a possibilidade de chamar-se Raimundo (um nome que contém a palavra *mundo*); no entanto, afirma, tal fato levaria apenas a uma rima, não a uma solução.

a) O fato de *mundo* estar contido no nome *Raimundo* permitiria que o eu lírico estivesse devidamente enquadrado no mundo exterior? Que verso justifica sua resposta?

b) No verso "Mundo mundo vasto mundo, / mais vasto é meu coração", pode-se supor um sentimento de superioridade por parte do eu lírico? Justifique.

8. Na última estrofe, é introduzido um interlocutor, até então ausente, identificado pelo pronome *te*.

a) Levante hipóteses: Quem poderia ser esse interlocutor?

b) De acordo com essa estrofe, o conhaque e a atmosfera noturna deixaram o eu lírico comovido. É como se todo o poema fosse fruto de bebedeira, não fosse coisa séria. Na sua opinião, o eu lírico estaria falando a sério ou blefando? Por quê?

9. O poema está organizado em sete estrofes. Observe a relação existente entre elas.

a) Por que o poema se intitula "Poema de sete faces"?

b) Apesar de não explícito, existe um fio condutor que liga, no plano do conteúdo, todas as estrofes do poema. Qual é esse fio?

10. A introdução na 1ª estrofe do nome *Carlos* parece situar o poema e o *gauchismo* no plano autobiográfico. Contudo, os temas abordados – o "estar-no-mundo", o eu perante os valores sociais, a comunicação com o outro, etc. – são particulares ou universais? Por quê?

A fase social: todo o sentimento do mundo

Sentimento do mundo (1940), o terceiro livro de Drummond, marca uma sensível mudança na orientação da poesia do autor, comentada por ele próprio:

Meu primeiro livro, *Alguma poesia* (1930), traduz uma grande inexperiência do sofrimento e uma deleitação ingênua com o próprio indivíduo. Já em *Brejo das almas* (1934), alguma coisa se compôs, se organizou; o individualismo será mais exacerbado, mas há também uma consciência crescente de sua precariedade e uma desaprovação tácita da conduta (ou falta de conduta) espiritual do autor. Penso ter resolvido as contradições elementares de minha poesia num terceiro volume, *Sentimento do mundo* (1940).

Quando Drummond afirma que pensa ter resolvido as contradições elementares de sua poesia, refere-se às contradições entre o eu e o mundo – o veio principal da sua obra poética.

593

LITERATURA

Nessa fase, o eu lírico dos poemas manifesta interesse pelos problemas da vida social, da qual estivera isolado até então. De certa forma, o *gauchismo* da primeira fase é deixado de lado.

Essa mudança de postura diante da realidade observada nos poemas drummondianos relaciona-se, sem dúvida, ao contexto histórico. No período de gestação das três obras que compõem a segunda fase (1935 a 1945) do autor – além de *Sentimento do mundo*, também *José* (1942) e *Rosa do povo* (1945) –, o mundo presenciou a ascensão do nazifascismo, a guerra na Espanha e a Segunda Guerra Mundial; no Brasil, tiveram lugar ainda a Intentona Comunista (1935) e a ditadura de Vargas (1937-1945). Em todo o mundo se verificava o crescimento de uma literatura social, engajada numa causa política.

Além disso, pode-se supor que o *gauche* da primeira fase percebe que seu *gauchismo* não lhe é exclusivo – é universal. Todos os homens são *gauches*, pois essa é a consequência de se estar num mundo problemático. Portanto, em vez de o eu se excluir do mundo, tenta transformá-lo e garantir nele o seu espaço.

Essa consciência da debilidade do mundo e da necessidade de transformá-lo levou o poeta a simpatizar com o Partido Comunista e com a causa socialista. A adesão do poeta aos problemas do seu tempo e o sentimento de solidariedade diante das frustrações e das esperanças humanas resultaram na criação da melhor poesia social brasileira do século XX, da qual é exemplo o poema "José", escrito durante a Segunda Guerra Mundial.

José

E agora, José?
A festa acabou,
a luz apagou,
o povo sumiu,
a noite esfriou,
e agora, José?
e agora, você?
você que é sem nome,
que zomba dos outros,
você que faz versos,
que ama, protesta?
e agora, José?

Está sem mulher,
está sem discurso,
está sem carinho,
já não pode beber,
já não pode fumar,
cuspir já não pode,
a noite esfriou,
o dia não veio,
o bonde não veio,
o riso não veio,
não veio a utopia
e tudo acabou
e tudo fugiu
e tudo mofou,
e agora, José?

E agora, José?
sua doce palavra,
seu instante de febre,
sua gula e jejum,
sua biblioteca,
sua lavra de ouro,
seu terno de vidro,
sua incoerência,
seu ódio — e agora?

Com a chave na mão
quer abrir a porta,
não existe porta;
quer morrer no mar,
mas o mar secou;
quer ir para Minas,
Minas não há mais.
José, e agora?

Se você gritasse,
se você gemesse,
se você tocasse
a valsa vienense,
se você dormisse,
se você cansasse,
se você morresse...

Thin man in a Derby (séc. XX), de John Armstrong.

Mas você não morre,
você é duro, José!
Sozinho no escuro
qual bicho do mato,
sem teogonia,
sem parede nua
para se encostar,
sem cavalo preto
que fuja a galope,
você marcha, José!
José, para onde?

(*Reunião*. 10. ed. Rio de Janeiro: J. Olympio, 1980. p. 70.)

A terceira fase: o signo do não*

Na década de 1950, a poesia de Drummond tomou novos rumos. O período crítico de guerras, ditaduras e medo tinha passado. O mundo vivia então a Guerra Fria e o poeta acumulava o desencanto de sua aventura política pela poesia.

A partir de *Claro enigma* (1951), a criação poética de Drummond começou a seguir duas orientações: de um lado, a poesia reflexiva, filosófica e metafísica – em que, com frequência, aparecem os temas da morte e do tempo –; de outro, a poesia nominal, com tendências ao Concretismo, em que ressalta a preocupação com recursos fônicos, visuais e gráficos do texto.

A fase final: tempo de memória

A produção poética de Drummond das décadas de 1970 e 1980 dá amplo destaque ao universo da memória. Nela, ao lado de temas universais, são retomados e aprofundados certos temas que nortearam toda a obra do escritor, tais como a infância, Itabira, o pai, a família, a piada, o humor cotidiano, a autoironia.

MURILO MENDES: EM BUSCA DA UNIDADE

Murilo Mendes (1901-1975) lançou-se na literatura como autor modernista, publicando algumas de suas produções nas revistas paulistas da década de 1920. Sua obra de estreia, *Poemas*, veio a público somente em 1930 e nela já se notavam alguns dos traços que iriam marcar sua poesia futura: a dilaceração do eu em conflito, a presença constante de metáforas e símbolos, a inclinação para o surrealismo e os contrastes entre abstrato e concreto, lucidez e delírio, realidade e mito.

No início da década de 1930, suas experiências foram múltiplas: tomou contato com o marxismo, de que resultou a obra *Bumba-meu-poeta* (escrita em 1930 e publicada em 1959), que demonstra solidariedade para com a classe operária. Em 1932, publicou *História do Brasil*, uma obra de fundo nacionalista, que retrata nossa história sob um ponto de vista ufanista-irônico.

Posteriormente, o autor enveredou por um caminho bastante particular, conciliando poesia religiosa com as contradições do eu, com a preocupação social e com o sobrenatural surrealista. Criou, assim, um conceito particular de religiosidade, unido à arte e a um senso prático da vida – erotismo, democracia e socialismo.

Em sua concepção religiosa, elementos contrastantes, tais como finito e infinito, visível e invisível, matéria e espírito, não se excluem. Para ele, essas polaridades confundem-se no Corpo Místico, em Deus, e apenas passam por uma experiência terrestre.

Observe, neste poema, a união de algumas dessas polaridades:

Poema espiritual

Eu me sinto um fragmento de Deus
Como sou um resto de raiz
Um pouco de água dos mares
O braço desgarrado de uma constelação.

A matéria pensa por ordem de Deus,
Transforma-se e evolui por ordem de Deus.
A matéria variada e bela
É uma das formas visíveis do invisível.
Cristo, dos filhos do homem és o perfeito.

Na Igreja há pernas, seios, ventres e cabelos
Em toda parte, até nos altares.
Há grandes forças de matéria na terra no mar
[e no ar
Que se entrelaçam e se casam reproduzindo
Mil versões dos pensamentos divinos
A matéria é forte e absoluta
Sem ela não há poesia.

(In: Laís C. de Araújo. *Murilo Mendes*.
7. ed. Petrópolis: Vozes, 1972. p. 128-9.)

---

*O título e algumas informações desta parte do capítulo foram extraídos da *História concisa da literatura brasileira*, de Alfredo Bosi.

LITERATURA

Entre outras obras, Murilo Mendes é autor de *Tempo e eternidade*, feita em parceria com Jorge de Lima, e de *Contemplação de Ouro Preto*, *Siciliana* e *Tempo espanhol*.

JORGE DE LIMA: EM BUSCA DO ELO PERDIDO

Jorge de Lima (1893-1953) iniciou sua carreira como parnasiano e, na década de 1920, aderiu às propostas modernistas, passando a cultivar temas relacionados à paisagem nordestina, como o folclore, a fauna e a flora locais, o reencontro com a infância, o negro, a miséria do povo e a consciência social. São dessa fase as obras *O mundo do menino impossível* (1925), *Poemas* (1927) e *Poemas negros*, entre outras.

A exemplo de Murilo Mendes, na década de 1930 Jorge de Lima envereda por um caminho poético particular, fundindo a experiência religiosa, com muitas imagens e referências bíblicas, ao sentimento de fraternidade para com os oprimidos. São dessa época as obras em prosa que escreveu, como *O anjo* (1934) e *Calunga* (1935), nas quais são fortes as referências ao Gênesis e à Queda edênica. Os protagonistas de suas obras demonstram ser personagens incompletas existencialmente, perdidas, cheias de culpa. Na visão de Jorge de Lima,

Pierrot (1944), de Jorge de Lima.

o homem contemporâneo seria o resultado de várias gerações, de erros e desenganos; a síntese das várias quedas, individuais e coletivas, que compõem a história humana.

O *Livro de sonetos* e a *Invenção de Orfeu* constituem a parte final e o ponto alto de sua obra poética. A última é um longo poema épico, constituído por dez cantos, com versos regulares e variados, e propõe-se a ser uma biografia épica do homem em busca de sua plenitude sensível e espiritual. Veja um trecho dessa obra:

Era um cavalo todo feito em lavas
recoberto de brasas e de espinhos.
Pelas tardes amenas ele vinha
e lia o mesmo livro que eu folheava.

Depois lambia a página, e apagava
a memória dos versos mais doridos;
então a escuridão cobria o livro,
e o cavalo de fogo se encantava.

Bem se sabia que ele ainda ardia
na salsugem do livro subsistido
e transformado em vagas sublevadas.

Bem se sabia: o livro que ele lia
era a loucura do homem agoniado
em que o incubo cavalo se nutria.

(*Poesia completa*. 2. ed. Rio de Janeiro: Nova Fronteira, 1980.)

doridos: tristes, doloridos.
incubo: que se deita sobre algo; de acordo com a crença popular, demônio masculino que copula com as mulheres enquanto elas dormem.
salsugem: lodo, detritos que flutuam próximo das praias.

CECÍLIA MEIRELES: O EFÊMERO E O ETERNO

Cecília Meireles (1901-1964), a primeira grande escritora da literatura brasileira e a principal voz feminina de nossa poesia moderna, nasceu no Rio de Janeiro, onde fez seus primeiros estudos e se formou professora. Sempre preocupada com a educação de crianças, dedicou-se ao magistério, ao mesmo tempo que desenvolvia uma intensa atividade literária e jornalística, colaborando em quase todos os jornais e revistas cariocas da época. Em 1919, lançou seu primeiro livro de poemas, *Espectros*, bem recebido pela crítica. A partir da década de 1930, já conhecida e respeitada, passou

Caricatura de Cecília Meireles.

a lecionar literatura luso-brasileira na Universidade do Distrito Federal e a dar cursos e fazer conferências em vários países, como Portugal e Estados Unidos. Sempre cultivou um interesse enorme pelo Oriente e, em 1953, esteve em Goa, na Índia.

A produção literária de Cecília Meireles é ampla. Embora mais conhecida como poetisa, deixou contribuições no domínio do conto, da crônica, da literatura infantil e do folclore.

É dela um dos livros de literatura infantil mais lidos e apreciados, *Ou isto ou aquilo*, que reúne poemas suaves e musicais sobre os sonhos e as fantasias do imaginário infantil: os jogos, os brinquedos, os animais, as flores, a chuva.

A poesia: o neossimbolismo

A rigor, Cecília Meireles nunca esteve filiada a nenhum movimento literário. Sua poesia, de modo geral, filia-se às tradições da lírica luso-brasileira. Apesar disso, as publicações iniciais da escritora – *Espectros* (1919), *Nunca mais... e poema dos poemas* (1923) e *Baladas para El-Rei* (1925) – evidenciam certa inclinação pelo Simbolismo. Essa tendência é confirmada por sua participação na revista carioca *Festa*, publicação literária de orientação espiritualista que defendia o universalismo e a preservação de certos valores tradicionais da poesia.

Além disso, a frequente presença de elementos como o vento, a água, o mar, o ar, o tempo, o espaço, a solidão e a música dá à poesia de Cecília Meireles um caráter fluido e etéreo, que confirma a inclinação neossimbolista da autora.

O espiritualismo e o orientalismo, tão prezados pelos simbolistas, também se fazem presentes na obra da poetisa, que sempre se interessou pela cultura oriental e foi admiradora e tradutora do poeta hindu Tagore, do chinês Li Po e do japonês Bashô.

Do ponto de vista formal, a escritora foi das mais habilidosas em nossa poesia moderna, sendo cuidadosa sua seleção vocabular e forte a inclinação para a musicalidade (outro traço associado ao Simbolismo), para o verso curto e para os paralelismos, a exemplo da poesia medieval portuguesa.

Raramente a poesia de Cecília Meireles foge à orientação intimista. Um desses momentos é representado por *Romanceiro da Inconfidência* (1953), que, pelo viés da História, abre importante espaço em sua obra para a reflexão sobre questões de natureza política e social, tais como a liberdade, a justiça, a miséria, a ganância, a traição, o idealismo.

Fruto de um longo trabalho que envolveu dez anos de pesquisas, *Romanceiro da Inconfidência* é "uma narrativa rimada", segundo a autora, que reconstrói, fundindo história e lenda, os acontecimentos de Vila Rica à época da Inconfidência Mineira (1789).

A efemeridade do tempo

Cecília Meireles cultivou uma poesia reflexiva, de fundo filosófico, que aborda, entre outros, temas como a transitoriedade da vida, o tempo, o amor, o infinito, a natureza, a criação artística. Mas não se deve entender sua atitude reflexiva como postura intelectual, racional. Cecília foi antes de tudo uma escritora intuitiva, que sempre procurou questionar e compreender o mundo a partir das próprias experiências: a morte dos pais quando menina, a morte da avó que a educara, o suicídio do primeiro marido, o silêncio, a solidão. Ela mesma revelou os objetivos que buscava alcançar por meio da poesia: "Acordar a criatura humana dessa espécie de sonambulismo em que tantos se deixam arrastar. Mostrar-lhes

Cecília cronista

Além de poetisa, Cecília Meireles foi autora de uma farta e variada produção em prosa. Grande parte dessa produção, realizada nas décadas de 1930, 40 e 50, foi publicada em jornais da época e só recentemente foi reunida e submetida ao devido estudo crítico.

Como cronista, Cecília Meireles tem sido equiparada aos principais autores do gênero no Brasil, situando-se ao lado de Rubem Braga e Paulo Mendes Campos.

a vida em profundidade. Sem pretensão filosófica ou de salvação – mas por uma contemplação poética afetuosa e participante"*.

Desses temas, os que mais se destacam são a *fugacidade do tempo* e a *efemeridade das coisas*. Tal preocupação filosófica, rico filão explorado por toda a tradição clássica, sobretudo pelo Barroco, tem bases na experiência pessoal da autora, conforme ela própria declarou:

> Nasci aqui mesmo no Rio de Janeiro, três meses depois da morte de meu pai, e perdi minha mãe antes dos três anos. Essas e outras mortes ocorridas na família acarretaram muitos contratempos materiais, mas, ao mesmo tempo, me deram, desde pequenina, uma tal intimidade com a Morte que docemente aprendi essas relações entre o Efêmero e o Eterno [...] Em toda a vida, nunca me esforcei por ganhar nem me espantei por perder. A noção ou sentimento da transitoriedade de tudo é o fundamento mesmo da minha personalidade.
>
> (In: *Cecília Meireles*, cit., p. 3.)

Ao reunir seus escritos para a publicação de *Obras poéticas* (1958), Cecília Meireles não incluiu seus três livros iniciais, por entender que sua verdadeira maturidade poética se iniciara com *Viagem* (1939). A escritora publicou, entre outras, estas obras de poesia: *Vaga música* (1942), *Mar absoluto e outros poemas* (1945), *Doze noturnos de Holanda* e *O aeronauta* (1952), *Romanceiro da Inconfidência* (1953), *Solombra* (1963) e *Cânticos* (1981).

LEITURA

Este é o primeiro de uma série de cinco poemas que abordam o tema da efemeridade do tempo, todos intitulados "motivo da rosa", da obra *Mar absoluto*.

1º motivo da rosa

Vejo-te em seda e nácar,
e tão de orvalho trêmula,
que penso ver, efêmera,
toda a Beleza em lágrimas
por ser bela e ser frágil.

Meus olhos te ofereço:
espelho para a face
que terás, no meu verso,
quando, depois que passes,
jamais ninguém te esqueça.

Então, de seda e nácar,
toda de orvalho trêmula,
serás eterna. E efêmero
o rosto meu, nas lágrimas
do teu orvalho... E frágil.

(*Obra poética*, cit., p. 232.)

> **efêmero**: de pouca duração, passageiro, transitório.
> **nácar**: substância branca, com reflexos irisados, que se encontra no interior das conchas.

Roberto Weigand

1. Compare a estrutura formal do poema – métrica, seleção vocabular, construção sintática, sonoridades – à dos poemas modernistas da primeira geração. Em que elas se diferenciam?

2. De acordo com a 1ª estrofe do poema de Cecília Meireles, que atributos tem a rosa para simbolizar a efemeridade das coisas?

3. Identificado com a condição da rosa, o eu lírico busca um meio para eternizar a flor. Qual é esse meio?

4. A identificação com a condição da rosa revela uma profunda inquietude do eu lírico perante a força avassaladora do tempo.

*In: *Cecília Meireles*. São Paulo: Abril Educação, 1982. p. 6. Literatura Comentada.

598

a) Destaque da última estrofe do poema elementos que comprovem, além da identificação, a transferência dos atributos da rosa para o eu lírico.

b) Se a rosa pode alcançar a imortalidade, levante hipóteses: Por que meio o eu lírico também pode eternizar-se?

VINÍCIUS DE MORAIS: UM CANTO DE POETA E DE CANTOR

Você conhece estes versos?

> Olha que coisa mais linda
> Mais cheia de graça
> É ela menina
> Que vem e que passa...
>
> ("Garota de Ipanema", de Vinícius de Morais e Tom Jobim.)

E estes?

> Eu sei que vou te amar
> Por toda a minha vida eu vou te amar
> A cada despedida eu vou te amar
> Desesperadamente,
> Eu sei que eu vou te amar.
>
> ("Eu sei que vou te amar", de Vinícius de Morais e Tom Jobim.)

> É melhor ser alegre que ser triste
> Alegria é a melhor coisa que existe
> É assim como a luz no coração
> Mas pra fazer um samba com beleza
> É preciso um bocado de tristeza
> Senão não se faz um samba, não.
>
> ("Samba da bênção", de Vinícius de Morais e Baden Powell.)

Os versos dessas canções são de Vinícius de Morais (1913-1980), autor que, além de ter sido um dos mais famosos compositores da música popular brasileira e um dos fundadores, na década de 1950, do movimento musical Bossa Nova, foi também poeta significativo da segunda fase do Modernismo.

Vinícius nasceu no Rio de Janeiro, em uma família de intelectuais. Já em 1928, começou a fazer suas primeiras composições musicais. Formou-se em Letras em 1929 e em Direito em 1933, ano em que publicou seu primeiro livro de poemas, *O caminho para a distância*. Tornou-se representante do Ministério de Educação junto à Censura Cinematográfica. Na década de 1940 ingressou na carreira diplomática e também no jornalismo, como cronista e crítico de cinema. Como diplomata, viveu durante muitos anos em Los Angeles, Paris e Montevidéu, com alguns intervalos no Brasil. Nesse período, conheceu intelectuais e artistas de todo o mundo.

Na década de 1950, interessou-se por música de câmara e popular e começou a compor. Em 1956, publicou a peça teatral *Orfeu da Conceição*, levada ao palco do Teatro Municipal do Rio de Janeiro com grande sucesso. A peça continha músicas do próprio Vinícius e de Tom Jobim. Algum tempo depois, João Gilberto juntou-se à dupla, e dessa reunião de compositores surgiu o movimento da Bossa Nova. Ainda em 1956, Vinícius publicou o poema "O operário em construção". A partir daí, passou a dedicar-se cada vez mais à atividade de cantor e compositor, compondo e fazendo *shows* com vários parceiros, como Dorival Caymmi, Tom Jobim, Edu Lobo, Baden Powell, Toquinho, Chico Buarque.

599

LITERATURA

A poesia: da transcendência espiritual ao amor sensual

Como poeta, Vinícius integra o grupo de poetas religiosos que se formou no Rio de Janeiro entre as décadas de 1930 e 40.

Em sua *Antologia poética*, publicada em 1955, Vinícius de Morais assinalava que sua obra consistia em duas fases: "A primeira, transcendental, frequentemente mística, resultante de sua fase cristã, termina com o poema 'Ariana, a mulher', editado em 1936". Na segunda "estão nitidamente marcados os movimentos de aproximação do mundo material, com a difícil mas consistente repulsa ao idealismo dos primeiros anos".

A exemplo de outros poetas de sua geração, a primeira fase da poesia de Vinícius é marcada pela preocupação religiosa, pela angústia existencial diante da condição humana e pelo desejo de superar, por meio da transcendência mística, as sensações de pecado, culpa e desconsolo que a vida terrena oferece.

> ## Poesia: reinvenção da língua
>
> Reinventar a língua. Um grande poeta não quer menos que isso. E cada poema – mesmo que não aparente – tem como horizonte essa reinvenção. Para tanto, há que se operar dentro da linguagem. O destino da poesia é a forma.
>
> [...]
>
> Ao longo da obra viniciana, deparamo-nos com uma série de estratégias de reinvenção da língua, o que não deve ser confundido com a criação de neologismos [...]. O que chamei de reinvenção tem a ver com uma vasta consciência dos códigos linguísticos e com sua exploração: as palavras ganham outra consistência; tudo passa a significar; o ritmo adquire conteúdo; novas significações ganham corpo; a lógica utilitária encolhe-se diante do jogo e do prazer.
>
> (Eucanaã Ferraz. "Um poeta entre a luz e a sombra". Revista *Língua portuguesa*, nº 26.)

A poesia sensual e social

Cinco elegias (1943) é a obra que marca, na poesia de Vinícius, a passagem para uma fase de proximidade maior com o mundo material. O poeta torna-se interessado nos temas cotidianos, nas coisas simples da vida, e explora com sensualismo os temas do amor e da mulher. A linguagem também tende à simplicidade: o verso livre passa a ser mais empregado, a comunicação fica mais direta e dinâmica.

Pode-se dizer que, pela primeira vez, Vinícius aderiu às propostas dos modernistas de 22, embora certa dicção clássica e o gosto pelo soneto sempre tenham feito parte de sua poesia. Contudo, em suas mãos o soneto ganhou uma roupagem diferente, mais moderna e real, fazendo uso de vocábulos do cotidiano, pouco comuns nesse tipo de composição.

Além de ter explorado a poesia sensual, Vinícius também se interessou pela poesia social. O poema "O operário em construção" (1956) é o melhor exemplo desse envolvimento: por meio de uma linguagem simples e direta, quase didática, o poeta manifesta solidariedade às classes oprimidas e almeja atingir a consciência daqueles que o leem ou ouvem.

Do último Vinícius, poeta sensual e social, para o Vinícius cantor e compositor foi um passo. A partir da década de 1960 o poeta entregou-se de corpo e alma à música. Se a poesia perdeu para a música popular um grande talento, não se sabe. O certo é que Vinícius foi o poeta mais conhecido e amado do público brasileiro, aquele que levou às rodas de bar, aos teatros e ao rádio composições de requinte literário.

Vinícius, além da poesia, também escreveu prosa, em especial crônicas. Dessa produção destacam-se as obras *Para viver um grande amor* (1962), que também contém alguns poemas, e *Para uma menina com uma flor* (1966).

> ## Vinícius e a renovação do soneto
>
> Vinícius de Morais, segundo o crítico Antonio Candido, "foi o responsável pela reconstrução do soneto na literatura brasileira":
>
> Se hoje dermos um balanço no que Vinícius de Morais ensinou à poesia brasileira, é capaz de nem percebermos quanto contribuiu, porque, justamente por ter contribuído muito, o que fez de novo entrou na circulação, tornou-se moeda corrente e linguagem de todos.
>
> (Apud Aluízio Falcão, *O Estado de S. Paulo*, 11/10/2003.)

LEITURA

TEXTO I

Soneto de separação

De repente do riso fez-se o pranto
Silencioso e branco como a bruma
E das bocas unidas fez-se a espuma
E das mãos espalmadas fez-se o
                    [espanto.

De repente da calma fez-se o vento
Que dos olhos desfez a última chama
E da paixão fez-se o pressentimento
E do momento imóvel fez-se o drama.

De repente, não mais que de repente
Fez-se de triste o que se fez amante
E de sozinho o que se fez contente.

Fez-se do amigo próximo o distante
Fez-se da vida uma aventura errante
De repente, não mais que de repente.

(*Nova antologia poética de Vinícius de Moraes*, sel. e
org. Antonio Cícero e Educanaã Ferraz. São Paulo: Cia. das
Letras, Editora Schwarcz Ltda., 2008. p. 100. Autorizado
pela VM Empreendimentos Artísticos e Culturais Ltda.
© VM e © Cia. das Letras, Editora Schwarcz.)

TEXTO II

Soneto de fidelidade

De tudo, ao meu amor serei
                    [atento
Antes, e com tal zelo, e sempre,
                    [e tanto
Que mesmo em face do maior
                    [encanto
Dele se encante mais meu
                    [pensamento.

Quero vivê-lo em cada vão momento
E em seu louvor hei de espalhar meu canto
E rir meu riso e derramar meu pranto
Ao seu pesar ou seu contentamento.

E assim, quando mais tarde me procure
Quem sabe a morte, angústia de quem vive
Quem sabe a solidão, fim de quem ama

Eu possa me dizer do amor (que tive):
Que não seja imortal, posto que é chama
Mas que seja infinito enquanto dure.

(Idem, p. 39.)

Clip Art

---

1. Observe a construção dos textos, o tipo de composição, a métrica dos versos, o vocabulário e a sintaxe. Identifique a que representantes da tradição literária – clássicos, românticos, realistas, simbolistas – os poemas estão ligados, justificando com elementos dos textos.

2. A beleza dos poemas se deve, em grande parte, ao emprego de recursos sonoros e de imagens construídas a partir de comparações, metáforas, antíteses e outras figuras.
   a) Destaque da 1ª estrofe do texto I um exemplo de aliteração e outro de comparação.
   b) Identifique a figura de linguagem a partir da qual, para estabelecer a oposição entre o passado e o presente, é construído todo o texto I.
   c) Destaque do texto II um exemplo de polissíndeto e outro de pleonasmo.

3. O texto I reitera a oposição entre *como era* no passado e *como é* no presente.

a) Caracterize cada um desses momentos.
b) Além da oposição entre passado e presente, por várias vezes é repetida a expressão "de repente". Com que finalidade essa expressão foi empregada repetidamente?

4. No texto II, o eu lírico jura fidelidade à pessoa amada, seja nos momentos de dor, seja nos de alegria. A respeito dos tercetos do poema:
   a) explique o que significam, para o eu lírico, a morte e a solidão;
   b) dê uma interpretação coerente ao emprego dos parênteses no verso "Eu possa me dizer do amor (que tive)";
   c) interprete a metáfora presente no verso "Que não seja imortal, posto que é chama";
   d) dê uma interpretação coerente ao paradoxo "que seja infinito enquanto dure", empregado pelo eu lírico para expressar seu conceito de fidelidade.

LITERATURA

PRODUÇÃO DE TEXTO

CAPÍTULO 54

O texto dissertativo-argumentativo

TRABALHANDO O GÊNERO

Durante décadas, as aulas de produção de texto nas escolas brasileiras limitaram-se ao trabalho com três tipos de texto: a narração, a descrição e a dissertação. Com a introdução do estudo dos gêneros do discurso, entretanto, as aulas começaram a se aproximar mais das práticas textuais desenvolvidas na sociedade e passaram a ter o objetivo de instrumentalizar os alunos para atuar socialmente, seja escrevendo uma carta ou um artigo de opinião, seja fazendo uma crônica ou falando em público.

Apesar disso, a *dissertação* ainda vem sendo exigida em alguns vestibulares do país e nas provas do Enem como meio de avaliação da competência linguístico-discursiva do estudante. Por essa razão, em todos os volumes desta coleção propomos o trabalho com a dissertação, a fim de ajudar você a se preparar para os exames que deverá enfrentar no final do ensino médio.

Dissertar é o mesmo que explanar sobre um tema, desenvolvê-lo. Em princípio, o texto dissertativo não tem como finalidade a persuasão, e sim a transmissão de conhecimentos. Apesar disso, os temas propostos para o texto dissertativo na esfera escolar são quase sempre polêmicos – desarmamento, violência urbana, meio ambiente, ética, vantagens e desvantagens da comunicação digital, etc. – e exigem um posicionamento argumentativo do autor. Por essa razão, o que se espera do estudante é que analise e discuta o tema apresentado, defenda seu ponto de vista e, às vezes, proponha soluções.

A dissertação escolar tem uma estrutura formada por três partes convencionais – a tese (ou ideia principal), o desenvolvimento e a conclusão –, que coincidem com a estrutura da maior parte dos gêneros argumentativos, como o debate regrado e o artigo de opinião. Por isso, se você se saiu bem na produção do artigo de opinião, provavelmente não terá dificuldades para desenvolver dissertações.

A seguir você vai conhecer o tema de redação proposto no vestibular da Fuvest, em 2010, e a dissertação do estudante que obteve a nota máxima no exame. O texto do estudante está reproduzido conforme sua redação original.

Um mundo por imagens

A imaginação simbólica é sempre um fator de equilíbrio. O símbolo é concebido como uma síntese equilibradora, por meio da qual a alma dos indivíduos oferece soluções apaziguadoras aos problemas.

Gilbert Durand

Ao invés de nos relacionarmos diretamente com a realidade, dependemos cada vez mais de uma vasta gama de informações, que nos alcançam com mais poder, facilidade e rapidez. É como se ficássemos suspensos entre a realidade da vida diária e sua representação.

Tânia Pellegrini. Adaptado.

Na civilização em que se vive hoje, constroem-se imagens, as mais diversas, sobre os mais variados aspectos; constroem-se imagens, por exemplo, sobre **pessoas**, **fatos**, **livros**, **instituições** e **situações**.

No cotidiano, é comum substituir-se o real imediato por essas imagens.

Dentre as possibilidades de construção de imagens enumeradas acima, em negrito, escolha *apenas uma* como tema de seu texto e redija uma dissertação em prosa, lançando mão de argumentos e informações que deem consistência a seu ponto de vista.

Instruções:
- Lembre-se de que a situação de produção de seu texto requer o uso da modalidade escrita culta da língua portuguesa.
- Dê um título para sua redação, a qual deverá ter entre 20 e 30 linhas.
- **Não** será aceita redação em forma de verso.

Narcisos do século XXI

O aumento da importância da imagem na vida humana tem acarretado a sobreposição do mundo imaginário ao mundo real. Gradativamente, o homem tem optado por priorizar o exterior ao interior. Isso é consequência de uma sociedade que exige a propagação e dinamização de padrões estéticos e sociais, que levarão o homem à descaracterização massificada.

A preocupação do homem quanto à sua figura existe há séculos. O mito de Narciso, que se apaixonou por seu reflexo na água e na busca por ele, morreu afogado, é um exemplo. Platão também discutia isso. Para ele, o amor imaginário, impossível de se realizar, é melhor, pois pode ser perfeito, ao passo que na realidade, nunca é. Mais tarde, com os poetas, a imagem novamente ganhou importância, dessa vez, com a idealização feminina. Fosse com Marília de Dirceu, fosse com Iracema, de José de Alencar, ambos autores tinham em mente a figura de uma mulher, por eles tão necessária.

No entanto, o aumento da importância da imagem na vida humana ocorreu principalmente a partir do século XX. A preocupação com modelos externos se deu segundo um padrão surgido nos Estados Unidos pós-1ª Guerra Mundial, em que o "American Way of Life" de se ter casa própria, carros e filhos, passou a ser a imagem da felicidade.

Hoje essa preocupação pode ser vista nos jovens, figurativizada na busca pela beleza. Podemos acompanhá-la nas milhares de fotos do Orkut que tem Photoshop para tornar a pessoa perfeita, ou no aumento da procura por clínicas de estética e academias, além da grande demanda por produtos de beleza. Essa geração L'Oreal, fruto de uma sociedade capitalista que incentiva o consumo em larga escala, vai perdendo sua personalidade e individualidade na busca por ser uma Angelina Jolie ou um Brad Pitt, priorizando sempre a beleza externa em detrimento da interna.

Assim, podemos perceber que é da natureza do homem preocupar-se com sua imagem. No entanto, a preocupação doentia iniciada no século XX não pode se tornar obsessiva a ponto de dominar a juventude e espalhar-se por toda a raça humana, que um dia pode vir a ser um grande Narciso e matar-se em busca de sua imagem perfeita.

(Disponível em: http://vestibular.uol.com.br/ultnot/2010/05/11/ult7336u55.jhtm. Acesso em: 12/4/2012.)

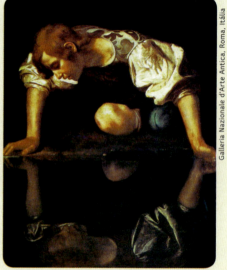

Narciso (1594-6), de Caravaggio.

1. Há, no texto dissertativo, três partes essenciais: uma *introdução*, na qual é exposta a tese ou a ideia principal que resume o ponto de vista do autor acerca do tema; o *desenvolvimento*, constituído pelos parágrafos que explicam e fundamentam a tese; e a *conclusão*. Numere os parágrafos do texto em estudo e identifique:

    a) o parágrafo em que é feita a introdução do texto;
    b) os parágrafos que constituem o desenvolvimento do texto;
    c) o(s) parágrafo(s) de conclusão.

2. Releia o parágrafo em que é feita a introdução do texto. Qual é a tese defendida pelo autor?

3. O desenvolvimento é formado pelos parágrafos que fundamentam a tese. Normalmente, em cada parágrafo é apresentado e desenvolvido um argumento. Cada argumento pode ser desenvolvido por meio de procedimentos como:

- comparação
- alusão histórica
- citação
- definição
- exemplificação
- oposição ou contraste
- apresentação de dados estatísticos
- relação de causa e efeito

Reconheça no desenvolvimento do texto o(s) parágrafo(s) em que é feito o uso de:

    a) alusão histórica;
    b) citação;
    c) exemplificação;
    d) relação de causa e efeito.

4. O texto dissertativo-argumentativo faz uso de dois tipos básicos de conclusão: a conclusão-resumo, que retoma as ideias do texto, e a conclusão-sugestão, em que são feitas propostas para a solução de problemas. Que tipo de conclusão o texto em estudo apresenta?

5. Observe a linguagem do texto.
   a) Que tempo e modos verbais são predominantes?
   b) Qual é a variedade linguística empregada?
   c) A linguagem é predominantemente pessoal ou impessoal? Justifique sua resposta com base na pessoa do discurso, nas formas verbais e nos pronomes empregados.
   d) O texto revela maior preocupação com a expressividade, com a emotividade ou com a precisão das informações?

6. Reúna-se com seus colegas de grupo e, juntos, concluam: Quais são as principais características de um texto dissertativo-argumentativo? Respondam levando em conta os seguintes critérios: finalidade do texto, perfil dos interlocutores, suporte/veículo, tema, estrutura e linguagem.

PRODUZINDO O TEXTO DISSERTATIVO-ARGUMENTATIVO

(ENEM)

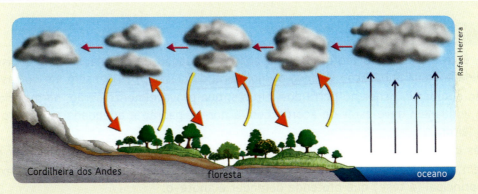

Pode parecer que os isótopos de oxigênio e a luta dos seringueiros no Acre tenham pouco em comum. No entanto, ambos estão relacionados ao futuro da Amazônia e a parte significativa da agroindústria e da geração de energia elétrica no Brasil.

À época em que Chico Mendes lutava para assegurar o futuro dos seringueiros e da floresta, um dos mais respeitados cientistas brasileiros, Eneas Salati, analisava proporções de isótopos de oxigênio na precipitação pluviométrica amazônica do Atlântico ao Peru. Sua conclusão foi irrefutável: a Amazônia produz a parte maior de sua própria chuva; implicação óbvia desse fenômeno: o excesso de desmatamento pode degradar o ciclo hidrológico.

Hoje, imagens obtidas por sensoriamento remoto mostram que o ciclo hidrológico não apenas é essencial para a manutenção da grande floresta, mas também garante parcela significativa da chuva que cai ao sul da Amazônia, em Mato Grosso, São Paulo e até mesmo ao norte da Argentina. Quando a umidade do ciclo, que se desloca em direção ocidental, atinge o paredão dos Andes, parte dela é desviada para o sul. Boa parte da cana-de-açúcar, da soja, de outras safras agroindustriais dessas regiões e parte significativa da geração de energia hidrelétrica dependem da máquina de chuva da Amazônia.

(T. Lovejoy e G. Rodrigues. A máquina de chuva da Amazônia. *Folha de S. Paulo*, 25/7/2007. Com adaptações.)

O texto apresentado, que focaliza a relevância da região amazônica para o meio ambiente e para a economia brasileira, menciona a "máquina de chuva da Amazônia". Suponha que, para manter essa "máquina de chuva" funcionando, tenham sido sugeridas as ações a seguir:

1 suspender completa e imediatamente o desmatamento na Amazônia, que permaneceria proibido até que fossem identificadas áreas onde se poderia explorar, de maneira sustentável, madeira de florestas nativas;

> **2** efetuar pagamentos a proprietários de terras para que deixem de desmatar a floresta, utilizando-se recursos financeiros internacionais;
>
> **3** aumentar a fiscalização e aplicar pesadas multas àqueles que promoverem desmatamentos não autorizados.
>
> Escolha *uma* dessas ações e, a seguir, redija um texto dissertativo, *ressaltando as possibilidades e as limitações da ação escolhida*.
>
> Ao desenvolver seu texto, procure utilizar os conhecimentos adquiridos e as reflexões feitas ao longo de sua formação. Selecione, organize e relacione argumentos, fatos e opiniões para defender seu ponto de vista, sem ferir os direitos humanos.
>
> Observações:
> • Seu texto deve ser escrito na modalidade padrão da língua portuguesa.
> • O texto *não* deve ser escrito em forma de poema (versos) ou narração.
> • O texto com até 7 (sete) linhas escritas será considerado texto em branco.

PLANEJAMENTO DO TEXTO

- Decida, com a classe e o professor, uma possível situação de circulação para a dissertação. Uma possibilidade é sua publicação no *blog* ou no mural da classe, mas pensem em outras opções.
- Decidido o suporte, pense no perfil dos leitores, que provavelmente serão, na maioria, jovens como você. A linguagem deve estar de acordo com a norma-padrão e adequada ao gênero e ao perfil do público leitor.
- Anote as ideias e os argumentos que considerar mais interessantes para desenvolver o tema.
- Pense em um enunciado (formado por uma ou mais frases) capaz de introduzir o texto e expressar a ideia principal (a tese) que pretende defender e anote-o.
- Entre os argumentos que anotou, escolha aqueles que podem fundamentar a ideia principal de modo mais consistente. Em vez de quantidade, dê preferência à qualidade e à profundidade dos argumentos.
- Pense na melhor forma de concluir seu texto: ou retomando o que foi exposto e confirmando a ideia principal, ou fazendo uma citação de algum escritor ou alguém importante na área relativa ao tema debatido, ou fazendo uma proposta.

> Tese:
> Desenvolvimento:
>   1º argumento:
>   2º argumento:
>   3º argumento:
> Conclusão:

- Se quiser, desenvolva previamente um esquema para visualizar a estrutura e o conjunto de ideias. Se a dissertação apresentasse, por exemplo, três argumentos no desenvolvimento, ela poderia ter o esquema ao lado.
- Dê ao texto um título que desperte o interesse do leitor.

REVISÃO E REESCRITA

Antes de fazer a versão final de sua dissertação, releia-a, observando:
- se você tratou, de fato, do tema proposto e adotou um ponto de vista claro sobre ele;
- se o texto apresenta uma tese que resume o ponto de vista que você adotou;
- se a tese é fundamentada com argumentos claros e consistentes;
- se os argumentos são bem desenvolvidos;
- se a conclusão retoma o ponto de vista defendido, confirmando-o, ou apresenta uma proposta;
- se o título dado ao texto é, além de atraente, coerente com as ideias desenvolvidas;
- se o texto como um todo é persuasivo;
- se a linguagem está de acordo com a norma-padrão e com o grau de formalidade adequado ao público-alvo.

Faça as alterações necessárias e passe o texto a limpo.

606

ESCREVENDO COM ADEQUAÇÃO

A IMPESSOALIZAÇÃO DA LINGUAGEM

Leia os textos a seguir e responda às questões propostas.

TEXTO I

Acesso à informação é motivo para ir à escola?

Hoje em dia não mais. A informação está na mão. Nas pontas dos dedos para ser mais preciso. [...]

Passei esta semana viajando pela América do Sul [...]. Segunda-feira, em Santa Cruz de la Sierra, dei duas conferências interativas similares, baseadas em minha atividade acadêmica. Os públicos eram bem distintos: alunos de uma escola secundária privada de alto nível (na faixa dos 17 anos) e adultos procurando cursos de pós-graduação no exterior (na faixa dos 30 anos).

Para minha surpresa, mesmo sem ter nenhuma experiência profissional no assunto, os alunos do colégio estavam mais bem informados sobre os assuntos discutidos do que os adultos, em geral profissionais destacados em suas profissões.

(Newton Campos. Disponível em: http://blogs.estadao.com.br/a-educacao-no-seculo-21/. Acesso em: 21/6/2012.)

TEXTO II

A hora da geração digital

[...] O poder da internet para descentralizar o conhecimento acarretou um profundo deslocamento de poder dos produtores para os consumidores. Os jovens da Geração Internet têm mais acesso a informações sobre produtos e serviços e podem discernir o valor real com mais facilidade do que as gerações anteriores. [...] A influência também está sendo descentralizada à medida que a Geração Internet se manifesta a partir das trincheiras modernas, também conhecidas como blogs. Blogs e outras mídias geradas por consumidores estão alterando as fontes de poder e de autoridade em nossa sociedade. Algumas dessas fontes têm uma capacidade surpreendente de influência, afastando a balança de poder de fontes mais tradicionais e reconhecidas. [...]

(Don Tapscott. Trecho do livro *A hora da geração digital*. Disponível em: http://catracalivre.folha.uol.com.br/2010/06/%e2%80%9ca-hora-da-geracao-digital%e2%80%9d-don-tapscott/. Acesso em: 22/6/2012.)

1. Quem escreve um texto pode adotar pelo menos dois pontos de vista diferentes diante do assunto que aborda: impessoal e pessoal. No primeiro, trata o assunto de forma aparentemente impessoal, distanciada e objetiva (nesse caso, os verbos e pronomes ficam em 3ª pessoa) e, no segundo, de forma pessoal, explicitando quem fala e o seu ponto de vista, deixando, assim, transparecer boa dose de subjetividade (nesse caso, são empregados verbos e pronomes em 1ª pessoa).

PRODUÇÃO DE TEXTO

607

Em relação aos textos lidos, identifique aquele em que o autor tem, diante do assunto abordado:

a) um ponto de vista que transparece impessoalidade e objetividade.

b) um ponto de vista declaradamente pessoal e subjetivo.

2. Ambos os textos têm por tema a presença da tecnologia na vida dos jovens e as mudanças que isso acarreta. Um deles, entretanto, faz afirmações mais genéricas, utilizando os verbos no presente, como se eles se referissem a verdades indiscutíveis. Qual dos textos parece tratar o tema de forma mais esclarecedora e científica?

3. Observe, depois dos textos, a indicação que informa de onde cada um deles foi retirado.

a) Que relação há entre a situação de comunicação em que circula cada um dos textos e a construção do ponto de vista pessoal ou impessoal neles expresso?

b) No texto mais subjetivo e pessoal, que elementos são responsáveis por essa abordagem?

c) E no texto mais impessoal e objetivo?

Como você observou, o autor de um texto pode adotar, em relação ao assunto do qual trata, uma postura impessoal ou pessoal.

As duas formas de tratamento são válidas e podem alcançar plenamente o objetivo que o autor tem em vista. Porém, nos textos em que há necessidade de maior precisão e objetividade, como os de caráter científico e os argumentativos em geral – a crítica, o editorial e o texto dissertativo-argumentativo exigido na maioria dos vestibulares –, a impessoalidade tende a conferir maior credibilidade aos argumentos. Assim, o texto pode dar a impressão de expressar uma verdade indiscutível.

Já o texto com marcas explícitas de pessoalidade leva a crer que as ideias defendidas pelo autor constituem opiniões particulares, e não verdades. Por isso, sempre que desejamos expor um assunto de forma objetiva e persuadir nossos interlocutores, convém lançar mão da impessoalidade.

É possível, entretanto, mesmo em textos com marcas de pessoalidade, apresentar argumentos convincentes. Dependendo de quem é o autor de um texto (uma autoridade ou um especialista em uma área, por exemplo), as marcas de pessoalidade podem, em vez de atrapalhar, contribuir para a sua credibilidade. Portanto, antes de adotar um ponto de vista, convém sempre analisar os objetivos do texto e a situação de comunicação, a fim de avaliar qual deles pode ser mais eficiente.

Vale lembrar que expressões como *Eu acho, Na minha opinião, No meu modo de ver, Do meu ponto de vista*, etc. costumam ser associadas, equivocadamente, a opiniões particulares e sem fundamentação. Por isso, mesmo quando há opção pelo ponto de vista pessoal, convém evitá-las, substituindo-as por outras como *Convém observar, É bom lembrar, É preciso considerar, É importante levar em conta*, etc.

Estratégias de impessoalização da linguagem

Existem várias formas de impessoalizar a linguagem. Partindo de frases dos textos lidos, observe, a seguir, alguns procedimentos que podem ser adotados para esse fim.

Indeterminação do sujeito

Para isso, existem duas possibilidades:

- suprime-se o sujeito e coloca-se o verbo na 3ª pessoa do plural;
- emprega-se verbo intransitivo ou transitivo indireto ou de ligação + pronome *se*.

Veja os exemplos:

> "Dei duas conferências interativas similares."
> *Deram* duas conferências interativas similares. (3ª pessoa do plural)
> *Assistiu-se* a duas conferências interativas similares. (VTI + *se*)
> "Os alunos do colégio estavam mais bem informados sobre os assuntos discutidos do que os adultos."
> No colégio *se estava* mais bem informado sobre o assunto do que no meio profissional. (VL + *se*)

608

Emprego da voz passiva e supressão do agente da passiva

Há duas maneiras de passar orações na voz ativa para a voz passiva:

• emprega-se verbo transitivo direto na forma analítica, acompanhado do auxiliar *ser* ou *estar*;

• emprega-se verbo transitivo direto na forma sintética, acompanhado da partícula apassivadora *se*.

Veja os exemplos:

> "Blogs e outras mídias estão alterando as fontes de poder e de autoridade em nossa sociedade."
>
> As fontes de poder e de autoridade em nossa sociedade *estão sendo alteradas*. (voz passiva analítica)
>
> *Estão-se alterando* as fontes de poder e de autoridade em nossa sociedade. (voz passiva sintética)

Emprego de verbos como *haver, fazer, existir* e de expressões como *É preciso, Convém observar, É importante, É bom lembrar*, etc.

Veja os exemplos:

> "Os jovens da Geração Internet têm mais acesso a informações sobre produtos e serviços do que as gerações anteriores."
>
> *Há* atualmente mais acesso a informações sobre produtos e serviços do que na época das gerações anteriores.
>
> "Para minha surpresa, os alunos do colégio estavam mais bem informados."
>
> *Convém observar* que os alunos do colégio estavam mais bem informados.

EXERCÍCIOS

1. Identifique a(s) estratégia(s) de impessoalização utilizada(s) nos textos a seguir. Depois discuta com os colegas e levantem hipóteses sobre os motivos da(s) escolha(s).

a) PMs são baleados em confronto na zona oeste do Rio

> (Manchete de jornal. Disponível em: http://www1.folha.uol.com.br/cotidiano/1099776-pms-sao-baleados-em-confronto-na-zona-oeste-do-rio.shtml. Acesso em: 22/6/2012.)

b) Onde se vive mais depois dos 65?

> (Manchete de jornal. Disponível em: http://opiniaoenoticia.com.br/vida/saude/onde-se-vive-mais-depois-dos-65/. Acesso em: 22/6/2012.)

2. Os textos apresentados na questão anterior foram reescritos, tomando a forma em que aparecem nos itens a seguir. Identifique os procedimentos adotados na reescrita e possíveis alterações de sentido decorrentes da nova redação dos textos.

a) Traficantes baleiam PMs em confronto na zona oeste do Rio.

b) Onde vivem mais depois dos 65?

3. Modifique a estratégia de impessoalização utilizada nas frases abaixo e depois explique em que consiste a alteração de sentido decorrente da nova estratégia.

a) Acusaram de fraude o presidente do partido.

b) Espera-se uma atitude mais enérgica por parte dos responsáveis.

c) As cartas foram enviadas ontem no período da tarde.

d) É importante que todos cumpram com o combinado.

PRODUÇÃO DE TEXTO

609

LITERATURA

Coimbra, palco da renovação presencista.

CAPÍTULO 55

O Modernismo em Portugal: a segunda geração

No final da década de 1920, um grupo de acadêmicos de Coimbra fundou a revista Presença. *Sem romper com a geração anterior, os presencistas pretendiam abrir novos canais de participação para aqueles que tinham ficado fora do orfeísmo e, ao mesmo tempo, trazer à literatura portuguesa uma discussão mais profunda sobre teoria da literatura e novas formas de expressão.*

O presencismo, ou a segunda geração do Modernismo português, articulou-se em torno da revista *Presença*, lançada em 1927. Portugal vivia então uma forte crise política, gerada pelo golpe integralista de 1926, que levaria o país à ditadura dois anos depois. Um sentimento de pessimismo político e descrença na República tomava conta do país.

Presença deveria ser uma publicação estritamente literária, sem nenhum compromisso com correntes políticas, sociais ou religiosas. O objetivo central a ser alcançado com sua divulgação era levar adiante o projeto de modernidade iniciado por *Orpheu* e varrer resquícios de romantismo, historicismo e decadentismo que ainda perduravam na cultura portuguesa. Ao mesmo tempo, influenciados por pensadores e escritores como Bergson, Freud, Gide e Proust, os presencistas queriam trazer à literatura portuguesa uma discussão teórica mais consistente sobre as formas de expressão literária.

Entre os presencistas, destacaram-se José Régio e João Gaspar Simões. Também fizeram parte do grupo Adolfo Casais Monteiro, Miguel Torga, Branquinho da Fonseca e Edmundo de Bettencourt.

JOSÉ RÉGIO: A POESIA ENTRE DEUS E O DIABO

José Régio (1901-1969) é dos mais significativos escritores portugueses do século XX e, provavelmente, a principal expressão do grupo formado em torno da revista *Presença*, da qual foi um dos fundadores e diretores. O poeta nasceu em Vila do Conde (Porto), estudou Letras em Coimbra e exerceu o magistério.

Sua vasta produção, iniciada com a publicação de *Poemas de Deus e do diabo*, em 1925, dois anos antes da criação da revista *Presença*, abrange a poesia, o romance, o conto, o teatro e a crítica literária.

Entre outras obras em verso, publicou *As encruzilhadas de Deus* e *Mas Deus é grande*. Seu primeiro romance, *Jogo da cabra cega* (1934), é considerado um dos marcos da prosa contemporânea; sucederam-no *Davam grandes passeios aos domingos* e *A velha casa* (ciclo de cinco romances). No teatro, entre outras peças, escreveu *Jacob e o anjo* e *Benilde ou a virgem-mãe*.

: José Régio.

De modo geral, a produção de José Régio caracteriza-se pela abordagem introspectiva e psicanalítica e pela sondagem dos conflitos e das aspirações do homem em sua relação com o mundo.

O tema religioso ganha destaque especial porque põe a nu as contradições do ser humano, dividido entre o bem e o mal, entre o espírito e a matéria, entre Deus e o diabo.

Nos poemas de fundo religioso dos primeiros livros de José Régio, costuma haver uma identificação entre o eu lírico e a figura de Cristo, ambos irmanados pela dor, pelo sofrimento e pelo sentimento de inadaptação ao mundo.

LEITURA

Cântico negro

"Vem por aqui" — dizem-me alguns com olhos doces,
Estendendo-me os braços, e seguros
De que seria bom que eu os ouvisse
Quando me dizem: "vem por aqui"!
Eu olho-os com olhos lassos,
(Há, nos meus olhos, ironias e cansaços)
E cruzo os braços,
E nunca vou por ali...

A minha glória é esta:
Criar desumanidade!
Não acompanhar ninguém.
— Que eu vivo com o mesmo sem-vontade
Com que rasguei o ventre a minha Mãe.

: Ilustração do próprio José Régio para o poema "Cântico negro".

Não, não vou por aí! Só vou por onde
Me levam meus próprios passos…
Se ao que busco saber nenhum de vós responde,
Por que me repetis: "vem por aqui"?
Prefiro escorregar nos becos lamacentos,
Redemoinhar aos ventos,
Como farrapos, arrastar os pés sangrentos,
A ir por aí…

Se vim ao mundo, foi
Só para desflorar florestas virgens,
E desenhar meus próprios pés na areia
[inexplorada!
O mais que faço não vale nada.
Como, pois, sereis vós
Que me dareis impulsos, ferramentas, e
[coragem
Para eu derrubar os meus obstáculos?…
Corre, nas vossas veias, sangue velho dos avós,
E vós amais o que é fácil!

Eu amo o Longe e a Miragem,
Amo os abismos, as torrentes, os desertos…

Ide! tendes estradas,
Tendes jardins, tendes canteiros,
Tendes pátrias, tendes tetos,
E tendes regras, e tratados, e filósofos, e sábios.

Eu tenho a minha Loucura!
Levanto-a, como um facho, a arder na noite
[escura,
E sinto espuma, e sangue, e cânticos nos
[lábios…
Deus e o Diabo é que me guiam, mais
[ninguém.
Todos tiveram pai, todos tiveram mãe;
Mas eu, que nunca principio nem acabo,
Nasci do amor que há entre Deus e o Diabo.

Ah, que ninguém me dê piedosas intenções!
Ninguém me peça definições!
Ninguém me diga: "vem por aqui"!
A minha vida é um vendaval que se soltou.
É uma onda que se alevantou.
É um átomo a mais que se animou…
Não sei por onde vou,
Não sei para onde vou
— Sei que não vou por aí!

(*Poemas de Deus e do diabo*, cit., p. 57-9.)

> **lasso:** cansado, fatigado.

1. O eu lírico dirige-se a seus interlocutores, criticando-os por seus valores e por sua visão de mundo. De acordo com o texto:

a) Quem provavelmente são esses interlocutores e qual a sua visão de mundo?

b) Em que os valores do eu lírico diferem dos valores de seus interlocutores?

c) Como se sente o eu lírico em sua relação com o mundo?

2. Na penúltima estrofe do poema, é apontada uma causa possível da inadaptação do eu ao mundo. Identifique-a e explique-a.

3. Com base nas ideias do poema, justifique o seu título.

4. José Régio persegue, na literatura portuguesa, a tradição de Guerra Junqueiro, cuja poesia é marcada por um tom grandiloquente e dramático. Em "Cântico negro", o caráter dramático do texto reside, sobretudo, no tom declamatório dos versos e na força de algumas imagens.

a) Destaque alguns versos que comprovem essa afirmação.

b) Que aspectos do poema se identificam com a representação teatral?

612

INTERPRETAÇÃO DE TEXTO

CAPÍTULO 56

Competências e habilidades do Enem (II)

Na unidade anterior, você aprendeu o que são competências e habilidades. E conheceu também algumas competências e habilidades específicas da área de Linguagens, códigos e suas tecnologias avaliadas no exame do Enem. Neste capítulo, você vai conhecer mais algumas competências e habilidades e observar como elas são avaliadas nesse exame.

COMPETÊNCIAS DE ÁREA 4, 5 E 6 REFERENTES A LINGUAGENS, CÓDIGOS E SUAS TECNOLOGIAS

A seguir apresentamos as competências 4, 5 e 6 e suas respectivas habilidades indicadas pela Matriz de referência de Linguagens, códigos e suas tecnologias.

COMPETÊNCIA DE ÁREA 4 – Compreender a arte como saber cultural e estético gerador de significação e integrador da organização do mundo e da própria identidade.	
H12	Reconhecer diferentes funções da arte, do trabalho da produção dos artistas em seus meios culturais.
H13	Analisar as diversas produções artísticas como meio de explicar diferentes culturas, padrões de beleza e preconceitos.
H14	Reconhecer o valor da diversidade artística e das inter-relações de elementos que se apresentam nas manifestações de vários grupos sociais e étnicos.
COMPETÊNCIA DE ÁREA 5 – Analisar, interpretar e aplicar recursos expressivos das linguagens, relacionando textos com seus contextos, mediante a natureza, função, organização, estrutura das manifestações, de acordo com as condições de produção e recepção.	
H15	Estabelecer relações entre o texto literário e o momento de sua produção, situando aspectos do contexto histórico, social e político.
H16	Relacionar informações sobre concepções artísticas e procedimentos de construção do texto literário.
H17	Reconhecer a presença de valores sociais e humanos atualizáveis e permanentes no patrimônio literário nacional.
COMPETÊNCIA DE ÁREA 6 – Compreender e usar os sistemas simbólicos das diferentes linguagens como meios de organização cognitiva da realidade pela constituição de significados, expressão, comunicação e informação.	
H18	Identificar os elementos que concorrem para a progressão temática e para a organização e estruturação de textos de diferentes gêneros e tipos.
H19	Analisar a função da linguagem predominante nos textos em situações específicas de interlocução.
H20	Reconhecer a importância do patrimônio linguístico para a preservação da memória e da identidade nacional.

Veja agora como essas competências e habilidades são exigidas em questões do Enem:

1.

Cultivar um estilo de vida saudável é extremamente importante para diminuir o risco de infarto, mas também de problemas como morte súbita e derrame. Significa que manter uma alimentação saudável e praticar atividade física regularmente já reduz, por si só, as chances de desenvolver vários problemas. Além disso, é importante para o controle da pressão arterial, dos níveis de colesterol e de glicose no sangue. Também ajuda a diminuir o estresse e aumentar a capacidade física, fatores que, somados, reduzem as chances de infarto.

Exercitar-se, nesses casos, com acompanhamento médico e moderação, é altamente recomendável.

ATALIA, M. Nossa vida. *Época*. 23 mar. 2009.

As ideias veiculadas no texto se organizam estabelecendo relações que atuam na construção do sentido. A esse respeito, identifica-se, no fragmento, que:

a) a expressão "Além disso" marca uma sequenciação de ideias.
b) o conectivo "mas também" inicia oração que exprime ideia de contraste.
c) o termo "como", em "como morte súbita e derrame", introduz uma generalização.
d) o termo "Também" exprime uma justificativa.
e) o termo "fatores" retoma coesivamente "níveis de colesterol e de glicose no sangue".

a) a preferência por tintas naturais, em razão de seu efeito estético.
b) a inovação na técnica de pintura, rompendo com modelos estabelecidos.
c) o registro do pensamento e das crenças das sociedades em várias épocas.
d) a repetição dos temas e a restrição de uso pelas classes dominantes.
e) o uso exclusivista da arte para atender aos interesses da elite.

2.

TEXTO I

Toca do Salitre – Piauí.
Disponível em: http://www.fumdham.org.br.
Acesso em: 27 jul. 2010.

TEXTO II

Arte Urbana. Foto: Diego Sin.
Disponível em: http://www.diaadia.pr.gov.br.
Acesso em: 27 jul. 2010.

O grafite contemporâneo, considerado em alguns momentos como uma arte marginal, tem sido comparado às pinturas murais de várias épocas e às escritas pré-históricas. Observando as imagens apresentadas, é possível reconhecer elementos comuns entre os tipos de pinturas murais, tais como:

3.

TEXTO I

O meu nome é Severino,
não tenho outro de pia.
Como há muitos Severinos,
que é santo de romaria,
deram então de me chamar
Severino de Maria;
como há muitos Severinos
com mães chamadas Maria,
fiquei sendo o da Maria
do finado Zacarias,
mas isso ainda diz pouco:
há muitos na freguesia,
por causa de um coronel
que se chamou Zacarias
e que foi o mais antigo
senhor desta sesmaria.
Como então dizer quem fala
ora a Vossas Senhorias?

MELO NETO, J. C. *Obra completa*. Rio de Janeiro: Aguilar, 1994 (fragmento).

TEXTO II

João Cabral, que já emprestara sua voz ao rio, transfere-a, aqui, ao retirante Severino, que, como o Capibaribe, também segue no caminho do Recife. A autoapresentação do personagem, na fala inicial do texto, nos mostra um Severino que, quanto mais se define, menos se individualiza, pois seus traços biográficos são sempre partilhados por outros homens.

SECCHIN, A. C. *João Cabral: a poesia do menos*. Rio de Janeiro: Topbooks, 1999 (fragmento).

INTERPRETAÇÃO DE TEXTO

615

Com base no trecho de *Morte e Vida Severina* (Texto I) e na análise crítica (Texto II), observa-se que a relação entre o texto poético e o contexto social a que ele faz referência aponta para um problema social expresso literariamente pela pergunta "Como então dizer quem fala / ora a Vossas Senhorias?". A resposta à pergunta expressa no poema é dada por meio da:

a) descrição minuciosa dos traços biográficos do personagem-narrador.

b) construção da figura do retirante nordestino como um homem resignado com a sua situação.

c) representação, na figura do personagem-narrador, de outros Severinos que compartilham sua condição.

d) apresentação do personagem-narrador como uma projeção do próprio poeta, em sua crise existencial.

e) descrição de Severino, que, apesar de humilde, orgulha-se de ser descendente do coronel Zacarias.

Confronte as questões lidas às competências de área 4, 5 e 6 e suas respectivas habilidades indicadas pela Matriz de referência de Linguagens, códigos e suas tecnologias definidas pelo Enem. Depois responda:

1. Em relação à questão 1:
   a) Qual é a competência de área avaliada? Por quê?
   b) Que habilidade(s) está(ão) sendo avaliada(s)? Por quê?

2. Em relação à questão 2:
   a) Qual é a competência de área avaliada? Por quê?
   b) Que habilidade(s) está(ão) sendo avaliada(s)? Por quê?

Roy Lichtenstein. *Mulher com chapéu*, 1962/AUTVIS. Coleção do Sr. e Sra. Burton Tremaine, Meriden (CT).

3. Em relação à questão 3:
   a) Qual é a competência de área avaliada? Por quê?
   b) Que habilidade(s) está(ão) sendo avaliada(s)? Por quê?

PREPARE-SE PARA O ENEM E O VESTIBULAR

1. Leia o seguinte fragmento de um conto de Álvares de Azevedo:

— Meu Deus! meu Deus! por que tanta infâmia, tanto lodo sobre mim? Ó minha Madona! por que maldissestes minha vida, por que deixastes cair na minha cabeça uma nódoa tão negra?

As lágrimas, os soluços abafavam-lhe a voz.

— Perdoai-me, senhora, aqui me tendes a vossos pés! tende pena de mim, que eu sofri muito, que vos amei, que vos amo muito! Compaixão! que serei vosso escravo, beijarei vossas plantas, ajoelhar-me-ei à noite à vossa porta, ouvirei vosso ressonar, vossas orações, vossos sonhos... e isso me bastará... Serei vosso escravo e vosso cão, deitar-me-ei a vossos pés quando estiverdes acordada, velarei com meu punhal quando a noite cair, e, se algum dia, se algum dia vós me puderdes amar... então... então...

(Claudius Hermann. In: *Macário e Noite na taverna*. São Paulo: Saraiva, 2010. Col. Clássicos Saraiva.)

No fragmento, predomina a função emotiva da linguagem, pois:

a) há amplo uso da exclamação e da subjetividade.

b) prevalece o vocativo.

c) destaca-se a explicação do próprio texto.

d) há amplo uso de aliterações.

e) explora-se a descrição de imagens tristes.

O texto a seguir é trecho de uma obra de José de Alencar, um dos mais importantes escritores do Romantismo brasileiro. Leia-o e responda à questão 2.

AZEVEDO – Então ela não é bem feita de corpo?
PEDRO – Corpo?... Não tem! Aquilo tudo que senhor vê é pano só! Vestido vem acolchoado da casa da Bragaldi; algodão aqui, algodão aqui, algodão aqui! Cinturinha faz suar rapariga dela; uma aperta de lá, outra aperta de cá...
AZEVEDO – Não acredito! Estás aí a pregar-me mentiras.
PEDRO – Mentira! Pedro viu com estes olhos. Um dia de baile ela foi tomar respiração, cordão quebrou; e rapariga, bum: lá estirada. Moça ficou desmaiada no sofá; preta deitando água-de-colônia na testa para voltar a si.
AZEVEDO – E tu viste isto?
PEDRO – Vi, sim senhor; Pedro tinha ido levar *bouquet* que nhanhã Carlotinha mandava. Mas depois viu outra coisa... Um!...
AZEVEDO – Que foi? dize; não me ocultes nada.
PEDRO – Água-de-colônia caiu no rosto e desmanchou reboque branco!...
AZEVEDO – Que diabo de história é esta! Reboque branco?
PEDRO – Ora, senhor não sabe; este pó que mulher deita na cara com pincel. Sinhá Henriqueta tem rosto pintadinho, como ovo de peru; para não aparecer, caia com pó de arroz e essa mistura que cabeleireiro vende.

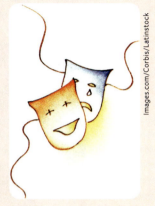

(*Obra completa*. Rio de Janeiro: José Aguilar, 1960. v. 4.)

2. José de Alencar notabilizou-se principalmente pelos romances que escreveu. A obra de que faz parte o fragmento lido, porém, consiste em um gênero textual diferente do romance.

Esse gênero é:

a) crônica

b) texto teatral

c) novela

d) poesia

e) conto

3. Leia a tira abaixo:

(http://revistaescola.com.br/img/galeria-fotos/calvin/calvin-110.gif)

O garoto Calvin queria fazer uma experiência com um balão de gás. O humor da tira decorre:

a) do fato de um tigre falar e ser parceiro do garoto nas brincadeiras.

b) da dor do garoto por causa da queda sofrida após a perda do balão.

c) do fato de o tigre nada entender sobre balão.

d) da expectativa de que o balão pudesse evitar a queda.

e) do fato de a escada ter atrapalhado o projeto de voar feito pelo garoto.

···VIVÊNCIAS···

: *O café* (1935), de Candido Portinari.

Participe com a classe da realização de uma mostra de arte moderna sobre as correntes de vanguarda do início do século XX, sobre a literatura brasileira das décadas de 1930-40 e sobre o contexto sociopolítico do Brasil nos anos 1930. Para isso, convide seus professores de História e de Geografia, a fim de que a mostra alcance um caráter interdisciplinar.

Leia as propostas a seguir e, com a orientação do professor, escolha uma delas para desenvolver em grupo. Depois, na mostra, apresente seu trabalho.

Projeto
MOSTRA DE ARTE MODERNA: DUAS GERAÇÕES

: *A dança* (1910), de Henri Matisse.

: *Carga de lanceiros* (1914-1915), de Umberto Boccioni.

Fazendo arte de vanguarda

O Futurismo, com suas sugestões de dinamismo e velocidade; o Cubismo, com a multiplicidade de perspectivas; o Expressionismo, com a abstração cada vez maior do objeto retratado; o Dadaísmo, por seus *happenings* (intervenções de rua) em praças públicas e pelo uso da técnica do *ready-made*; o Surrealismo, com a exploração do inconsciente – essas propostas, além de terem influenciado as produções artísticas de todo o século XX, continuam presentes na arte da atualidade.

Juntamente com seus colegas de grupo, informem-se mais sobre essas correntes de vanguarda e seus principais artistas nos livros indicados ao lado, em bibliotecas e na Internet.

> **Arte moderna e correntes de vanguarda**
>
> Sugerimos a leitura dos livros da coleção Movimentos da Arte Moderna (CosacNaify):
>
> - *Modernismo*, de Charles Harrison
> - *Cubismo*, de David Cottington
> - *Futurismo*, de Richard Humphreys
> - *Expressionismo*, de Shulamith Behr
> - *Surrealismo*, de Fiona Bradley

Escolham uma das correntes de vanguarda e tragam para a escola materiais e objetos para a execução de uma obra de criação coletiva, de acordo com as propostas dessa corrente. Veja algumas sugestões:

1. Declamação, feita em grupo, na forma de jogral, do *Manifesto Futurista*, de Marinetti.
2. Criação de desenhos, pinturas, colagem ou fotomontagens em que sejam empregadas as técnicas e propostas do Futurismo, Cubismo e Surrealismo.
3. Criação de uma obra dadaísta a partir de objetos do cotidiano (*ready-made*).
4. Criação de esquetes teatrais (cenas curtas de 1 a 2 minutos), com ou sem o uso de palavras, que ilustrem características e propostas do Surrealismo.
5. Montagem de um vídeo a partir de cenas de filmes surrealistas de Luís Buñuel, como *O fantasma da liberdade*, *Esse obscuro objeto do desejo*, *O anjo exterminador*, *O discreto charme da burguesia*, entre outros.

Criando literatura de vanguarda

Escolham uma destas duas propostas de produção de texto:

1. À maneira de Oswald de Andrade no poema abaixo, criem poemas cubistas, construídos a partir de *flashes*, com um destes títulos:

   - Domingo
   - Brasil
   - Festa no interior
   - Clube
   - Família
   - Rodeio
   - Recreio

   são josé del rei
   Bananeiras
   O Sol
   O cansaço da ilusão
   Igrejas
   O ouro na serra de pedra
   A decadência
   (*Poesias reunidas*, cit., p. 134.)

619

2. Reúnam material (jornais e revistas velhos, tesouras, saquinhos, papel sulfite) e criem um poema, seguindo a receita de Tristan Tzara:

Para fazer um poema dadaísta

Pegue um jornal.
Pegue a tesoura.
Escolha no jornal um artigo do tamanho que deseja dar a seu poema.
Recorte em seguida com atenção algumas palavras que formam esse
[artigo e meta-as num saco.
Agite suavemente.
Tire em seguida cada pedaço um após o outro.
Copie conscienciosamente na ordem em que elas são tiradas do saco.
O poema se parecerá com você.
E ei-lo finalmente original e de uma sensibilidade graciosa, ainda que
[incompreendido do público.

(Apud Gilberto Mendonça Telles. *Vanguardas europeias e Modernismo brasileiro*, cit., p. 132.)

Max Ernst e Hans Arp. *Physio Mythological Diluvian*, 1920/Sprengel Museum, Hanover, Alemanha

O Nordeste no cinema

O Nordeste brasileiro é cenário de muitos filmes nacionais de qualidade. Pesquisem os principais filmes de temática nordestina da última década, assistam a parte deles e escolham os melhores momentos de alguns para produzir um vídeo. Esse vídeo deve mostrar qual é, na opinião do grupo, a visão sobre o Nordeste predominante entre os cineastas brasileiros.

No dia da mostra, apresentem o vídeo produzido pelo grupo e abram com os professores de História e de Geografia e com o público a discussão sobre essa visão dos cineastas. Ela corresponde à realidade? É estereotipada? É paternalista? Por quê?

Há, a seguir, uma relação de filmes de temática nordestina, desde clássicos do cinema brasileiro até filmes atuais. Se preferirem, poderão escolher um deles e fazer uma sessão de cinema, com exibição do filme seguida de debate.

- *Vidas secas*, de Nelson Pereira dos Santos
- *Deus e o diabo na terra do sol*, de Glauber Rocha
- *Bye, bye, Brasil*, de Cacá Diegues
- *Central do Brasil* e *Abril despedaçado*, de Walter Sales
- *Amarelo manga*, de Cláudio Assis
- *Kenoma*, de Eliana Caffé
- *Baile perfumado* e *Árido movie*, de Lírio Ferreira

Cena do filme *Abril despedaçado*, de Walter Sales.

Diálogos negros: Brasil e África

A presença dos negros no Nordeste brasileiro trouxe muitas contribuições culturais para o Brasil. Pesquisem sobre autores nacionais que retrataram a presença negra na região nordestina e façam uma coletânea de poemas e textos em prosa desses escritores. Entre os autores nacionais que fizeram esse retrato destacam-se Jorge Amado e o poeta Jorge de Lima, autor de "Negra Fulô" e até mesmo um livro específico sobre o tema, *Poemas negros*.

Fundação Pierre Verger, BA

Pierre Verger. *Capoeira*, 1946

Pesquisem na Internet também sobre escritores africanos de língua portuguesa e selecionem textos que tenham afinidade com os temas tratados pelos escritores brasileiros nas décadas de 1930 e 1940. Entre outros escritores africanos, vale a pena conhecer: Craveirinha, Antônio Jacinto, Manuel Lopes.

Reunidos os textos de autores brasileiros e africanos, preparem e ensaiem a apresentação deles. No dia da mostra, leiam ou declamem os textos com um fundo musical.

O romance de 30 na visão de Antonio Candido

O historiador e crítico literário Antonio Candido é um dos principais especialistas no Brasil sobre a obra de Graciliano Ramos.

Com a participação do público e dos professores de Língua Portuguesa, História, Geografia e outros, assistam ao vídeo *Depoimento de Antonio Candido no Simpósio Graciliano Ramos - 75 anos do livro "Angústia"*, disponível no *site* http://tvcultura.cmais.com.br/entrelinhas/depoimento-de-antonio-candido-no-simposio-graciliano-ramos-75-anos-de-angustia, no qual Antonio Candido fala da literatura brasileira nos anos 1920-30, do romance de 30, do contexto histórico em que nasceu esse romance e da obra de Graciliano.

Visto o vídeo, promovam um debate com os professores e com o público, tentando abordar as seguintes questões, entre outras:

Poema da alienação

[...]
O meu poema anda na praça trabalha na
                      [cozinha
vai à oficina
enche a taberna e a cadeia
é pobre roto e sujo
vive na noite da ignorância
o meu poema nada sabe de si
nem sabe pedir
O meu poema foi feito para se dar
para se entregar
sem nada exigir

Mas o meu poema não é fatalista
o meu poema é um poema que já quer
e já sabe
o meu poema sou eu-branco
montado em mim-preto
a cavalgar pela vida.

(Antônio Jacinto, poeta angolano. In: Manuel Ferreira, org. *No reino de Caliban*. Lisboa: Seara Nova, 1976. p. 136.)

REALIZANDO A MOSTRA

Com a orientação do professor, escolham um local adequado para a realização da mostra.

Preparem o local para a apresentação do jogral futurista, das esquetes e dos vídeos surrealistas, para a leitura e exposição dos textos cubistas, dadaístas e surrealistas que produziram e também para a exibição do vídeo sobre o Nordeste no cinema e a leitura ou declamação de textos representativos do diálogo entre Brasil e África.

Convidem para o evento colegas de outras classes, professores e funcionários da escola, amigos e familiares.

- Por que os anos 1930 marcam um momento de mudança profunda no quadro político brasileiro?
- Qual a importância do rádio e da música popular brasileira para a transformação dos costumes na década de 1930?
- Por que o romance de 1930 pode ser visto como um romance de descoberta, responsável pela unificação do Brasil?
- Que novidades o romance de 1930 trazia em relação ao retrato do Brasil?
- Por que, na visão de Antonio Candido, Graciliano Ramos era o principal expoente entre os romancistas de 1930?

621

Bananas (1970), de Antonio Henrique Abreu Amaral.

UNIDADE 9
A LITERATURA CONTEMPORÂNEA

Terminada a Segunda Guerra, o Brasil entrou em um novo período de sua história, marcado pelo desenvolvimento econômico, pela democratização política e pelo surgimento de novas tendências artísticas e culturais.

A primeira manifestação de mudança na literatura se deu com a geração de 1940-1950, cujo objetivo era renovar os meios de expressão a partir de uma pesquisa em torno da linguagem. No fim da década de 1950 e início da de 1960, esse movimento conviveu com o Concretismo, que, de certa forma, deu continuidade às pesquisas da geração de 1940-1950, porém acentuando seu aspecto formal. Esse foi o momento em que a Bossa Nova e o Cinema Novo ganharam seu espaço. No final da década de 1960, em meio à efervescência cultural refletida nos festivais de música da TV Record, surgiu o Tropicalismo, que representou a retomada de algumas propostas do Modernismo de 1922.

Com o fechamento político do país imposto pelo AI-5, em 1969, e a onda de censura, prisões e exílios, a produção artística como um todo sofreu um refluxo. A partir daí, houve uma dispersão cultural, que teve como consequência o aparecimento de valores individuais em lugar de movimentos artísticos organizados. Esse quadro tem se mantido até o início do século XXI.

Fique ligado! Pesquise!

Para estabelecer relações entre a literatura e outras artes e áreas do conhecimento, eis algumas sugestões:

▶ Assista

- *A hora da estrela*, de Suzana Amaral; *Morte e vida severina*, de Walter Avancini; *O pagador de promessas*, de Anselmo Duarte; *Eles não usam black-tie*, de Leon Hirszman; *A história oficial*, de Luís Puenzo; *A terceira margem do rio*, de Nelson Pereira dos Santos; *Lamarca*, de Sérgio Rezende; *O que é isso, companheiro?*, de Bruno Barreto; *As meninas*, de Emiliano Pereira; *Central do Brasil*, de Walter Salles; *Outras histórias*, de Pedro Bial; *Benjamin*, de Monique Gardenberg; *Cidade de Deus*, de Fernando Meirelles; *Mutum*, de Sandra Kogut.

📖 Leia

- *Laços de família* e *A hora da estrela*, de Clarice Lispector (Rocco); *Sagarana* e *Grande sertão: veredas*, de Guimarães Rosa (Nova Fronteira); *Morte e vida severina* e *A educação pela pedra*, de João Cabral de Melo Neto (Nova Fronteira); *Poesia*, de Mário Quintana (Global); *Poema sujo*, de Ferreira Gullar (Civilização Brasileira); *Sombra de reis barbudos*, de J. J. Veiga (Bertrand); *Sargento Getúlio*, de João Ubaldo Ribeiro (Nova Fronteira); *As meninas*, de Lygia Fagundes Telles (Rocco); *Não verás país nenhum*, de Ignácio de Loyola Brandão (Global); *Poesia concreta* e *Poesia jovem – Anos 70* (coleção Literatura Comentada, Abril Educação); *Vestido de noiva*, de Nelson Rodrigues (Companhia das Letras); *Verdade tropical*, de Caetano Veloso (Companhia das Letras); *Dois ou + corpos no mesmo lugar*, de Arnaldo Antunes (Perspectiva); *Poesia indigesta (1974-2004)*, de Glauco Mattoso (Landy); *Na virada do século – Poesia de invenção no Brasil*, organização de Claudio Daniel e Frederico Barbosa (Landy).

🎵 Ouça

- Ouça o disco *João Cabral de Melo Neto*, com música de Egberto Gismonti (Somlivre, 1984), e os CDs *7 episódios do Grande sertão: veredas* nas vozes de Antonio Candido, Davi Arrigucci Jr. e José Mindlin (coleção Ler e Ouvir), *João Guimarães Rosa nas vozes dos contadores de estórias de Cordisburgo*, com cinco contos de *Primeiras estórias* (coleção Ler e Ouvir), *Clarice Lispector – Contos*, por Aracy Balabanian (Luz da Cidade).

@ Navegue

- Conheça mais profundamente a proposta da poesia concreta no Brasil, acessando o vídeo *Frederico Barbosa - Concretismo - São Paulo na literatura* (2004), apresentado pelo poeta, professor e crítico Frederico Barbosa: https://www.youtube.com/watch?v=MafBfT1GELI&feature=related.

🏛 Visite

- A fim de conhecer o que se produz em arte nos dias de hoje, visite o Museu de Arte Contemporânea de São Paulo, Niterói e Curitiba.

art at its best!/Flickr/Getty Images

·· VIVÊNCIAS ··

Projeto:

Sarau: Poesia e música

Produção e apresentação de um *show* literomusical inspirado na poesia de Drummond, Vinícius de Morais, Cecília Meireles, João Cabral e de outros poetas brasileiros contemporâneos.

abstração

com pincéis e nanquim
esboças sobre mim
uma obra sem fim

(Sandra Regina. In: *Haicaos*. São Paulo: Limiar, 2012. p. 43.)

tentativa de definição nº 1

amor
é essa porção
de batimentos acelerados

cercada de você

por todos os

lados

(Múcio Góes. In: *Haicaos*. cit. p. 22.)

623

Flor (déc. de 1950), de Aldemir Martins.

LITERATURA

CAPÍTULO 57

A geração de 45

Durante o período de 1930-45, tanto a literatura quanto as artes plásticas no Brasil foram essencialmente ideológicas, voltadas para a discussão dos problemas brasileiros.

Em 1945, terminou a Segunda Guerra Mundial e, no Brasil, a ditadura de Vargas. O mundo passou a viver a Guerra Fria, e o Brasil, um período democrático e desenvolvimentista, que chegaria à euforia no governo de Juscelino Kubitschek (1956-1961).

Menos exigidos social e politicamente, os artistas empreendiam uma pesquisa estética em busca de novas formas de expressão. Nas artes plásticas, por exemplo, a pintura figurativista, cujo centro é uma figura representativa da realidade, passou a dividir espaço com a pintura abstrata, antifigurativista, que não apresenta relação direta com a realidade.

Na literatura, ao lado de obras que mantinham certa preocupação social e davam continuidade até ao regionalismo, começaram a se destacar produções literárias em que a grande novidade era a pesquisa em torno da própria linguagem literária.

A poesia de 45 trouxe ao cenário das discussões literárias a seguinte questão: *a poesia é a arte da palavra*. Esse princípio implicava a alteração de pontos de vista da poesia de 30, que já tinha sido social, política, religiosa, filosófica...

O *traço formalizante* é, portanto, o que caracteriza essa geração de poetas. Alguns tenderam mais ao estilo culto e elevado, de feição neoparnasiana; outros caminharam na direção da busca de

624

uma linguagem essencial, sintética, precisa, concreta e racional, dando continuidade a algumas experiências feitas nesse sentido por Drummond e Murilo Mendes.

Várias obras significativas em prosa foram publicadas nesse período, principalmente nos gêneros conto e romance.

Parte dessa prosa retoma e aprofunda a sondagem psicológica que já vinha sendo desenvolvida, especialmente por autores como Mário de Andrade e Graciliano Ramos. É o que se verifica, por exemplo, nos contos e romances de Clarice Lispector e Lygia Fagundes Telles.

CLARICE LISPECTOR: A ESCRITURA SELVAGEM

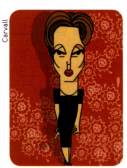

: Caricatura de Clarice Lispector.

Clarice Lispector (1926-1977) é um dos três principais nomes da geração de 45 e uma das principais expressões da ficção brasileira de todos os tempos. Quando publicou sua primeira obra, *Perto do coração selvagem* (1944), a escritora provocou verdadeiro espanto na crítica e no público. Acostumada a certo tipo de romance, como o de 30, a crítica reconheceu o talento da jovem escritora (então com 17 anos), mas apontou-lhe inúmeras falhas, sobretudo de construção. Álvaro Lins, por exemplo, importante crítico da época, escreveu: "Li o romance duas vezes, e ao terminar só havia uma impressão: a de que ele não estava realizado, a de que estava incompleta e inacabada a sua estrutura como obra de ficção"*.

Clarice Lispector, na verdade, introduzia em nossa literatura novas técnicas de expressão, que obrigavam a uma revisão de critérios avaliativos. Sua narrativa subverte com frequência a estrutura dos tradicionais gêneros narrativos (o conto, a novela, o romance), quebra a sequência "começo, meio e fim", assim como a ordem cronológica, e funde a prosa à poesia ao fazer uso constante de imagens, metáforas, antíteses, paradoxos, símbolos, sonoridades, etc.

Minha liberdade é escrever

Deixemos que a própria Clarice Lispector fale de si mesma:

> Nasci na Ucrânia, terra de meus pais. Nasci numa aldeia chamada Tchetchelnik, que não figura no mapa de tão pequena e insignificante. Quando minha mãe estava grávida de mim, meus pais já estavam se encaminhando para os Estados Unidos ou Brasil, ainda não haviam decidido: pararam em Tchetchelnik para eu nascer, e prosseguiram viagem. Cheguei ao Brasil com apenas dois meses de idade.
>
> Sou brasileira naturalizada, quando, por uma questão de meses, poderia ser brasileira nata. Fiz da língua portuguesa a minha vida interior, o meu pensamento mais íntimo, usei-a para palavras de amor. Comecei a escrever pequenos contos logo que me alfabetizaram, e escrevi-os em português, é claro. Criei-me em Recife. [...] E nasci para escrever. Minha liberdade é escrever. A palavra é o meu domínio sobre o mundo.

(Apud Berta Waldman. *Clarice Lispector*. São Paulo: Brasiliense, 1983. p. 9-10.)

Fluxo de consciência e epifania

Outro aspecto inovador da prosa de Clarice é o *fluxo de consciência*, uma experiência mais radical do que a introspecção psicológica, já praticada por vários escritores desde o Realismo no século XIX.

A introspecção psicológica tradicional procura desvendar o universo mental da personagem de forma linear, com espaços determinados e com marcadores temporais nítidos. O leitor tem pleno domínio da situação e distingue com facilidade momentos do passado – revividos pela personagem por meio da memória –, momentos do presente e momentos de imaginação.

O fluxo de consciência quebra esses limites espaço-temporais que tornam a obra verossímil. Por meio dele, presente e passado, realidade e desejo se misturam. Como se fosse um painel de imagens

---

* *Os mortos de sobrecasaca*. Rio de Janeiro: Civilização Brasileira, 1963. p. 189.

captadas por uma câmera instalada no cérebro de uma personagem que deixa o pensamento solto, o fluxo de consciência cruza vários planos narrativos, sem preocupação com a lógica ou com a ordem narrativa.

Essas experiências já vinham sendo feitas no exterior pelos escritores Marcel Proust e James Joyce. No Brasil, foi Clarice quem as introduziu.

Muitas vezes, além do fluxo de consciência, as personagens de Clarice vivem também um *processo epifânico*. (O termo *epifania* tem sentido religioso, significando "revelação".) Esse processo pode ser irrompido a partir de fatos banais do cotidiano: um encontrão, um beijo, um olhar, um susto. A personagem, mergulhada num fluxo de consciência, passa a ver o mundo e a si mesma de outro modo. É como se tivesse tido, de fato, uma revelação e, a partir dela, passasse a ter uma visão mais aprofundada da vida, das pessoas, das relações humanas, etc.

De modo geral, esses momentos epifânicos são dilacerantes e dão origem a rupturas de valores, a questionamentos filosóficos e existenciais, permitindo a aproximação de realidades opostas, tais como nascimento e morte, bem e mal, amor e ódio, matar ou morrer por amor, seduzir e ser seduzido, etc.

Perfis femininos e universalismo

Clarice Lispector nunca aceitou o rótulo de escritora feminista. Apesar disso, muitos de seus romances e contos têm como protagonistas personagens femininas, quase sempre urbanas. A escritora, ao explicar sua vocação para a literatura, comenta:

> [...] talvez porque para as outras vocações eu precisaria de um longo aprendizado, enquanto que para escrever o aprendizado é a própria vida se vivendo em nós e ao redor de nós. É que não sei estudar. E, para escrever, o único estudo é mesmo escrever.
>
> (Apud Berta Waldman, op. cit., p. 11.)

Portanto, o ponto de partida da literatura de Clarice é o da experiência pessoal da mulher e o seu ambiente familiar. Contudo, a escritora extrapola os limites desse universo. Seus temas, no conjunto, são essencialmente humanos e universais, como as relações entre o eu e o outro, a falsidade das relações humanas, a condição social da mulher, o esvaziamento das relações familiares e, sobretudo, a própria linguagem – única forma de comunicação com o mundo.

Clarice é considerada uma escritora intimista e psicológica. É dela esta explicação: "Algumas pessoas cosem para fora; eu coso para dentro". Mas, como toda boa literatura, sua produção acaba por envolver outros universos. Sua obra não deixa de ser também social, filosófica, existencial e metalinguística. O último livro que publicou, por exemplo, *A hora da estrela* (1977), é uma narrativa que, entre outros aspectos, aborda a condição social de uma migrante nordestina no Rio de Janeiro e faz reflexões existencialistas sobre o ser humano, a condição e o papel do escritor moderno e a história da própria escritura literária.

Clarice publicou romances, contos, crônicas e literatura infantil. De suas mais de vinte obras, destacam-se, além de *Perto do coração selvagem*, *O lustre* (romance, 1946), *Laços de família* (contos, 1960), *A paixão segundo G. H.* (romance, 1964), *Uma aprendizagem ou O livro dos prazeres* (romance, 1969), *Água viva* (prosa, 1973), *A hora da estrela* (romance, 1977), *A bela e a fera* (contos, 1979). No gênero infantil publicou, entre outros, os livros *O mistério do coelho pensante* (1967), *A mulher que matou os peixes* (1969), *A vida íntima de Laura* (1974).

LEITURA

O conto que você vai ler a seguir é um dos mais importantes que Clarice Lispector escreveu e integra a obra *Laços de família*.

Os laços de família

A mulher e a mãe acomodaram-se finalmente no táxi que as levaria à Estação. A mãe contava e recontava as duas malas tentando convencer-se de que ambas estavam no carro. A filha, com seus olhos escuros, a que um ligeiro estrabismo dava um contínuo brilho de zombaria e frieza, assistia.

— Não esqueci de nada? perguntava pela terceira vez a mãe.

— Não, não, não esqueceu de nada, respondia a filha divertida, com paciência.

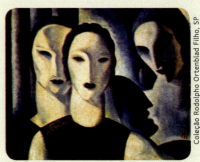

A família (c. 1924), de Ismael Nery.

Ainda estava sob a impressão da cena meio cômica entre sua mãe e seu marido, na hora da despedida. Durante as duas semanas da visita da velha, os dois mal se haviam suportado; os bons-dias e as boas-tardes soavam a cada momento com uma delicadeza cautelosa que a fazia querer rir. Mas eis que na hora da despedida, antes de entrarem no táxi, a mãe se transformara em sogra exemplar e o marido se tornara o bom genro. "Perdoe alguma palavra mal dita", dissera a velha senhora, e Catarina, com alguma alegria, vira Antônio não saber o que fazer das malas nas mãos, a gaguejar — perturbado em ser o bom genro. "Se eu rio, eles pensam que estou louca", pensara Catarina franzindo as sobrancelhas. "Quem casa um filho perde um filho, quem casa uma filha ganha mais um", acrescentara a mãe, e Antônio aproveitara sua gripe para tossir. Catarina, de pé, observava com malícia o marido, cuja segurança se desvanecera para dar lugar a um homem moreno e miúdo, forçado a ser filho daquela mulherzinha grisalha... Foi então que a vontade de rir tornou-se mais forte. Felizmente nunca precisava rir de fato quando tinha vontade de rir: seus olhos tomavam uma expressão esperta e contida, tornavam-se mais estrábicos — e o riso saía pelos olhos. Sempre doía um pouco ser capaz de rir. Mas nada podia fazer contra: desde pequena rira pelos olhos, desde sempre fora estrábica.

[...]

— Não esqueci de nada..., recomeçou a mãe, quando uma freada súbita do carro lançou-as uma contra a outra e fez despencarem as malas. — Ah! ah! — exclamou a mãe como a um desastre irremediável, ah! dizia balançando a cabeça em surpresa, de repente envelhecida e pobre. E Catarina?

Catarina olhava a mãe, e a mãe olhava a filha, e também a Catarina acontecera um desastre? seus olhos piscaram surpreendidos, ela ajeitava depressa as malas, a bolsa, procurando o mais rapidamente possível remediar a catástrofe. Porque de fato sucedera alguma coisa, seria inútil esconder: Catarina fora lançada contra Severina, numa intimidade de corpo há muito esquecida, vinda do tempo em que se tem pai e mãe. Apesar de que nunca se haviam realmente abraçado ou beijado. Do pai, sim. Catarina sempre fora mais amiga. Quando a mãe enchia-lhes os pratos obrigando-os a comer demais, os dois se olhavam piscando em cumplicidade e a mãe nem notava. Mas depois do choque no táxi e depois de se ajeitarem, não tinham o que falar — por que não chegavam logo à Estação?

— Não esqueci de nada?, perguntou a mãe com voz resignada.

Catarina não queria mais fitá-la nem responder-lhe.

— Tome suas luvas! disse-lhe, recolhendo-as do chão.

— Ah! ah! minhas luvas! exclamava a mãe perplexa. Só se espiaram realmente quando as malas foram dispostas no trem, depois de trocados os beijos: a cabeça da mãe apareceu na janela.

Catarina viu então que sua mãe estava envelhecida e tinha os olhos brilhantes.

O trem não partia e ambas esperavam sem ter o que dizer. A mãe tirou o espelho da bolsa e examinou-se no seu chapéu novo, comprado no mesmo chapeleiro da filha. Olhava-se compondo um ar excessivamente severo onde não faltava alguma admiração por si mesma. A filha observava divertida. Ninguém mais pode te amar senão eu, pensou a mulher rindo pelos olhos; e o peso da responsabilidade deu-lhe à boca um gosto de sangue. Como se "mãe e filha" fosse vida e repugnância. Não, não se podia dizer que amava sua mãe. Sua mãe lhe doía, era isso. [...]

— ... Não esqueci de nada? perguntou a mãe.

Também a Catarina parecia que haviam esquecido de alguma coisa, e ambas se olhavam atônitas — porque se realmente haviam esquecido, agora era tarde demais. Uma mulher arrastava uma criança, a criança chorava, novamente a campainha da Estação soou... Mamãe, disse a mulher. Que coisa tinham esquecido de dizer uma a outra? e agora era tarde demais. Parecia-lhe que deveriam um dia ter dito assim: sou tua mãe, Catarina. E ela deveria ter respondido: e eu sou tua filha.

— Não vá pegar corrente de ar! gritou Catarina.

— Ora menina, sou lá criança, disse a mãe sem deixar porém de se preocupar com a própria aparência. A mão sardenta, um pouco trêmula, arranjava com delicadeza a aba do chapéu e Catarina teve subitamente vontade de lhe perguntar se fora feliz com seu pai:

— Dê lembranças a titia! gritou.

— Sim, sim!

— Mamãe, disse Catarina porque um longo apito se ouvira e no meio da fumaça as rodas já se moviam.

— Catarina! disse a velha de boca aberta e olhos espantados, e ao primeiro solavanco a filha viu-a levar as mãos ao chapéu: este caíra-lhe até o nariz, deixando aparecer apenas a nova dentadura. O trem já andava e Catarina acenava. O rosto da mãe desapareceu um instante e reapareceu já sem o chapéu, o coque dos cabelos desmanchado caindo em mechas brancas sobre os ombros como as de uma donzela — o rosto estava inclinado sem sorrir, talvez mesmo sem enxergar mais a filha distante.

[...]

O elevador zumbia no calor da praia. Abriu a porta do apartamento enquanto se libertava do chapeuzinho com a outra mão; parecia disposta a usufruir da largueza do mundo inteiro, caminho aberto pela sua mãe que lhe ardia no peito. Antônio mal levantou os olhos do livro. A tarde de sábado sempre fora "sua", e, logo depois da partida de Severina, ele a retomava com prazer, junto à escrivaninha.

— "Ela" foi?

— Foi sim, respondeu Catarina empurrando a porta do quarto de seu filho. Ah, sim, lá estava o menino, pensou com alívio súbito. Seu filho. Magro e nervoso. Desde que se pusera de pé caminhara firme; mas quase aos quatro anos falava como se desconhecesse verbos: constatava as coisas com frieza, não as ligando entre si. Lá estava ele mexendo na toalha molhada, exato e distante. A mulher sentia um calor bom e gostaria de prender o menino para sempre a este momento; puxou-lhe a toalha das mãos em censura: este menino! Mas o menino olhava indiferente para o ar, comunicando-se consigo mesmo. Estava sempre distraído. Ninguém conseguira ainda chamar-lhe verdadeiramente a atenção. A mãe sacudia a toalha no ar e impedia com sua forma a visão do quarto: mamãe, disse o menino. Catarina voltou-se rápida. Era a primeira vez que ele dizia "mamãe" nesse tom e sem pedir nada. Fora mais que uma constatação: mamãe! A mulher continuou a sacudir a toalha com violência e perguntou-se a quem poderia contar o que sucedera, mas não encontrou ninguém que entendesse o que ela não pudesse explicar. Desamarrotou a toalha com vigor antes de pendurá-la para secar. Talvez pudesse contar, se mudasse a forma. Contaria que o filho dissera: mamãe, quem é Deus. Não, talvez: mamãe, menino quer Deus. Talvez. Só em símbolos a verdade caberia, só em símbolos é que a receberiam. Com os olhos sorrindo de sua mentira necessária, e sobretudo da própria tolice, fugindo de Severina, a mulher inesperadamente riu de fato para o menino, não só com os olhos: o corpo todo riu quebrado, quebrado um invólucro, e uma aspereza aparecendo como uma rouquidão. Feia, disse então o menino examinando-a.

— Vamos passear! respondeu corando e pegando-o pela mão.

Passou pela sala, sem parar avisou ao marido: vamos sair! e bateu a porta do apartamento.

Antônio mal teve tempo de levantar os olhos do livro — e com surpresa espiava a sala já vazia. Catarina! chamou, mas já se ouvia o ruído do elevador descendo. Aonde foram? perguntou-se inquieto, tossindo e assoando o nariz. Porque sábado era seu, mas ele queria que sua mulher e seu filho estivessem em casa enquanto ele tomava o seu sábado. Catarina! chamou aborrecido embora soubesse que ela não poderia mais ouvi-lo.

[...]

(In: *Laços de família*. Editora Rocco, 1998.)

1. Severina passara quinze dias na casa da filha e do genro. Observe os diálogos entre a sogra e o genro.

a) Como se caracteriza a relação entre eles? Indique um trecho que comprove sua resposta.

b) Na hora da despedida, Catarina sente vontade de rir. Por quê?

2. Nos contos de Clarice Lispector, é comum um fato banal do cotidiano desencadear um processo de epifania, isto é, um processo de revelação, de tomada de consciência da personagem.

a) Que fato desencadeia um processo epifânico no relacionamento entre mãe e filha?

b) A partir desse momento, o que se revela à Catarina quanto ao relacionamento com a mãe? Por quê?

3. Releia este fragmento do conto:

> [...] A mãe tirou o espelho da bolsa e examinou-se no seu chapéu novo, comprado no mesmo chapeleiro da filha. Olhava-se compondo um ar excessivamente severo onde não faltava alguma admiração por si mesma. A filha observava divertida. Ninguém mais pode te amar senão eu, pensou a mulher rindo pelos olhos; e o peso da responsabilidade deu-lhe à boca um gosto de sangue. Como se "mãe e filha" fosse vida e repugnância. Não, não se podia dizer que amava sua mãe. Sua mãe lhe doía, era isso.

a) Na prosa de Clarice, é comum o emprego de metáforas ou de antíteses e paradoxos surpreendentes. Identifique nesse trecho um exemplo de um desses recursos.

b) Dê uma interpretação coerente à frase "Sua mãe lhe doía".

4. Há diferentes formas de o narrador inserir os pensamentos das personagens na narrativa. Ele pode fazê-lo, por exemplo, de modo linear, delimitando nitidamente a voz do narrador e o pensamento das personagens; pode também empregar o discurso indireto livre, misturando a fala do narrador com a fala das personagens; pode, ainda, inserir pensamentos das personagens simultaneamente ao acontecimento dos fatos. No fragmento reproduzido na questão anterior:

a) De que modo o narrador introduz o pensamento das personagens?

b) Que efeito esse recurso provoca no andamento da narrativa?

c) O que se destaca mais na literatura de Clarice Lispector: o enredo ou a introspecção psicológica das personagens? Por quê?

5. Os diálogos entre mãe e filha são repetitivos e vazios, evidenciando uma oposição entre o que é dito e o que é pensado.

a) Constantemente Severina diz "Não esqueci de nada...". Considerando o relacionamento das duas, o que elas realmente poderiam estar esquecendo?

A experiência interior em primeiro plano

Em *Perto do coração selvagem* o modo de apreensão artística da realidade se faz a partir de um centro que é a consciência individual; daí resultam características tais como o monólogo interior, a digressão, a fragmentação de episódios, que caracterizam a ficção moderna em geral, e inclui a totalidade da obra de Clarice Lispector.

Graças à escolha desse centro, a experiência interior passa para o primeiro plano da criação literária e com ela a temática da existência. Ao lado desse tema, a linguagem, a arte e a morte são, via de regra, os acionadores das digressões que retardam a narrativa [...]

(Berta Waldman, op. cit., p. 25-6.)

b) Com base em elementos do texto, responda: O que as duas personagens efetivamente gostariam de ter dito? O que as impede de dizerem uma à outra o que realmente pensam e sentem?

6. Clarice, em vários de seus contos, retrata a condição da mulher na sociedade, o casamento sem amor e a vida alienada da mulher ao lado do marido. No conto "Os laços de família", o processo epifânico vivido por Catarina faz com que ela chegue a sua casa diferente, mudada. E a palavra que o filho lhe diz parece dar continuidade ao processo epifânico.

a) Que efeito tem sobre o marido a iniciativa de Catarina de sair do apartamento com o filho?

b) Considerando "os laços de família" (título do conto) observados entre Catarina e a mãe, troque ideias com os colegas e dê uma interpretação coerente: Por que Catarina toma a iniciativa de sair do apartamento com o filho?

c) Na sua opinião, Catarina vai voltar?

7. Com base no conto "Os laços de família", responda: Mesmo trabalhando com o universo da consciência individual de personagens, a literatura de Clarice Lispector consegue ser também social? Justifique sua resposta.

GUIMARÃES ROSA: A LINGUAGEM REINVENTADA

João Guimarães Rosa (1908-1967) é uma das principais expressões da prosa ficcional brasileira. Estreou em 1946 com o lançamento de *Sagarana* (contos). De cunho regionalista, a obra surpreendeu a crítica, em virtude da originalidade de sua linguagem e de suas técnicas narrativas, que apontavam uma mudança substancial na velha tradição regionalista, que já tinha contado com José de Alencar, Visconde de Taunay e Euclides da Cunha, entre outros.

A novidade linguística trazida pelo regionalismo de Rosa foi a de recriar, na literatura, a fala do sertanejo não apenas no plano do vocabulário, como outros autores tinham feito, mas também no da sintaxe (a construção das frases) e no da melodia da frase. Dando voz ao homem do sertão por meio de técnicas como o foco narrativo em 1ª pessoa, o discurso direto, o discurso indireto, o monólogo interior, a língua falada no sertão está presente em toda a obra, resultado de muitos anos de observação, anotações e pesquisa linguística.

João Guimarães Rosa retratado por Novaes.

Contudo, a linguagem do escritor não tem a intenção de retratar realisticamente a língua do sertão mineiro. Ela vai além: tomando por base a língua regional, Guimarães recria a própria língua portuguesa, por meio do aproveitamento de termos em desuso, da criação de neologismos, do emprego de palavras tomadas de empréstimo a outras línguas e da exploração de novas estruturas sintáticas.

Além disso, sua narrativa faz uso de recursos mais comuns à poesia, tais como o ritmo, as aliterações, as metáforas e as imagens, obtendo, assim, uma prosa altamente poética, no limite entre a poesia e a prosa.

Outro aspecto de destaque da obra roseana é sua capacidade de transpor os limites do espaço regional, em que quase sempre se situam seus textos, e alcançar uma dimensão universal.

Em *Grande sertão*, o narrador Riobaldo afirma: "o sertão é o mundo". E é com base nesse pressuposto que a narrativa roseana vai nos envolvendo, como se também fôssemos sertanejos e jagunços e fizéssemos parte daquele mundo. Passamos então a lidar com os mais variados temas, conforme vamos nos identificando com as preocupações do homem sertanejo: o bem e o mal, Deus e o diabo, o amor, a violência, a morte, a traição, o sentido e o aprendizado da vida, a descoberta infantil do mundo, etc.

E notamos, então, que essas reflexões não são exclusivas do sertão mineiro; são também nossas, do homem urbano, e do homem do campo, do norte e do sul do país. Na verdade, Guimarães Rosa é um escritor universal, que consegue vasculhar com profundidade a alma humana e captar suas inquietações, seus conflitos e anseios, sem, contudo, perder o sabor da psicologia, da língua e dos valores do homem do sertão mineiro.

Enfim, Guimarães Rosa é um desses escritores que representam a síntese de toda uma trajetória de experiências formais e ideológicas da literatura de uma geração e, às vezes, da literatura de um século. Assim foi com Machado de Assis no século XIX; assim é com Guimarães Rosa na prosa brasileira do século XX.

Guimarães Rosa também é autor de *Primeiras estórias*, *Tutameia – terceiras histórias* e *Manuelzão e Miguilim*, entre outras.

Grande sertão: *veredas* ou a história de uma travessia

Grande sertão: veredas é a obra-prima de Guimarães Rosa e um dos mais importantes romances de nossa literatura. Riobaldo, seu narrador-protagonista, um velho e pacato fazendeiro, faz um relato de sua vida a um interlocutor, um "doutor" que nunca aparece na história, mas cuja fala é sugerida pelas respostas de Riobaldo.

Assim, apesar do diálogo sugerido, a narração é um longo monólogo em que Riobaldo traz à tona suas lembranças em torno de lutas sangrentas de jagunços, perseguições e emboscadas nos sertões de Minas, Goiás e sul da Bahia, bem como suas aventuras amorosas.

Ao mesmo tempo, Riobaldo vai relatando as preocupações metafísicas que sempre marcaram a sua vida. Entre elas, destaca-se a questão da existência ou não do diabo. Pelo que se depreende da obra, ele provavelmente fizera um pacto com o demônio a fim de vencer Hermógenes, chefe do bando inimigo. Portanto, desse fator depende a sua salvação e daí advêm as inquietações da personagem.

O amor e suas ambiguidades

Riobaldo conhece e relata três amores na história: o envolvimento com Otacília, moça recatada que conheceu numa fazenda; o amor sensual de Nhorinhá, uma prostituta; e o amor ambíguo e envolvente de Diadorim. Desses três, o último é o mais importante e, ao mesmo tempo, o amor impossível.

Diadorim é o nome íntimo (que só Riobaldo conhece) de Reinaldo, valente jagunço e o melhor amigo de Riobaldo. Ele entrara na guerra porque queria vingar a morte do pai, o chefe Joca Ramiro. A descoberta do amor por Diadorim surpreende Riobaldo, que nunca tivera nenhum traço homossexual.

631

No término da obra, depois que Diadorim mata Hermógenes e é morto por ele no encontro final, os corpos são recolhidos para serem lavados. Então é que se descobre: Diadorim era uma mulher (Diadorina, seu verdadeiro nome) que se disfarçara de homem apenas para ser aceita no bando e vingar a morte do pai. A revelação leva Riobaldo ao desespero: "Uivei. Diadorim! Diadorim era uma mulher. Diadorim era mulher como o sol não acende a água do rio Urucuia, como eu solucei meu desespero".

A travessia

A travessia está presente em vários momentos da obra: uma difícil travessia que certa vez Riobaldo faz do rio São Francisco; a travessia do sertão, do amor e do medo; a travessia da morte e do diabo. E também a travessia que Riobaldo faz de sua própria vida, ao repassá-la na memória e contar sua história ao interlocutor.

Somente no final da narrativa é que as coisas fazem sentido para Riobaldo. E o sentido da vida também fica claro: "Porque aprender a viver é que é o viver mesmo". E chega a uma conclusão sobre sua dúvida inicial: "O diabo não há! É o que eu digo, se for... Existe é homem humano. Travessia".

LEITURA

No fragmento de *Grande sertão: veredas* a seguir, Riobaldo começa a contar sua história e a revelar suas inquietações ao seu interlocutor. Leia-o e responda às questões propostas.

De primeiro, eu fazia e mexia, e pensar não pensava. Não possuía os prazos. Vivi puxando difícil de difícil, peixe vivo no moquém: quem mói no asp'ro, não fantaseia. Mas, agora, feita a folga que me vem, e sem pequenos dessossegos, estou de range rede. E me inventei neste gosto, de especular ideias. O diabo existe e não existe? Dou o dito. Abrenúncio. Essas melancolias. O senhor vê: existe cachoeira; e pois? Mas cachoeira é barranco de chão, e água se caindo por ele, retombando; o senhor consome essa água, ou desfaz o barranco, sobra cachoeira alguma? Viver é negócio muito perigoso...

Explico ao senhor: o diabo vige dentro do homem, os crespos do homem — ou é o homem arruinado, ou o homem dos avessos. Solto, por si, cidadão, é que não tem diabo nenhum. Nenhum! — é o que digo. O senhor aprova? Me declare tudo, franco — é alta mercê que me faz; e pedir posso, encarecido. Este caso — por estúrdio que me vejam — é de minha certa importância. Tomara não fosse... Mas, não diga que o senhor, assisado e instruído, que acredita na pessoa dele?! Não? Lhe agradeço! Sua alta opinião compõe minha valia.

Já sabia, esperava por ela — já o campo! Ah, a gente, na velhice, carece de ter sua aragem de descanso. Lhe agradeço. Tem diabo nenhum. Nem espírito. Nunca vi. Alguém devia de ver, então era eu mesmo, este vosso servidor. Fosse lhe contar... Bem, o diabo regula seu estado preto, nas criaturas, nas mulheres, nos homens. Até: nas crianças — eu digo. Pois não é ditado: "menino — trem do diabo"? E nos usos, nas plantas, nas águas, na terra, no vento... Estrumes. ... *O diabo na rua, no meio do redemunho...*

Hem? Hem? Ah. Figuração minha, de pior pra trás, as certas lembranças. Mal haja-me! Sofro pena de contar não... Melhor, se arrepare: pois num chão, e com igual formato de ramos e folhas, não dá a mandioca mansa, que se come comum, e a mandioca-brava, que mata? Agora, o senhor já viu uma estranhez? A mandioca-doce pode de repente virar azangada — motivos não sei; às vezes se diz que é por replantada no terreno sempre com mudas seguidas, de manaíbas — vai em amar-

A geografia do sertão, em desenho de Poty, na orelha da capa de *Grande sertão: veredas*.

gando, de tanto em tanto, de si mesma toma peçonhas. E, ora veja: a outra, a mandioca-brava, também é que às vezes pode ficar mansa, a esmo de se comer sem nenhum mal. E que isso é? Eh, o senhor já viu, por ver, a feiura de ódio franzido, carantonho, nas faces duma cobra cascavel? Observou porco gordo cada dia mais feliz bruto, capaz de, pudesse, roncar e engulir por sua suja comodidade o mundo todo? E gavião, corpo, alguns, as feições deles já representam a precisão de talhar para adiante, rasgar e estraçalhar a bico, parece uma quicé muito afiada por ruim desejo. Tudo. Tem até tortas raças de pedras, horrorosas, venenosas — que estragam mortal a água, se estão jazendo em fundo de poço; o diabo dentro delas dorme: são o demo. Se sabe? E o demo — que é só assim o significado dum azougue maligno — tem ordem de seguir o caminho dele, tem licença para campear?! Arre, ele está misturado em tudo.

Que o que gasta, vai gastando o diabo de dentro da gente, aos pouquinhos, é o razoável sofrer. E a alegria de amor — compadre meu Quelemém diz. Família. Deveras? É, e não é. O senhor ache e não ache. Tudo é e não é... Quase todo mais grave criminoso feroz, sempre é muito bom marido, bom filho, bom pai, e é bom amigo-de-seus-amigos! Sei desses. Só que tem os depois — e Deus, junto. Vi muitas nuvens.

(15. ed. Rio de Janeiro: J. Olympio, 1982. p. 11-2.)

> **moquém:** grelha de varas para secar ou assar carne ou peixe.
> **abrenúncio:** do latim *abrenuntio*, interjeição que tem o sentido de "credo", "Deus me livre".
> **assisado:** que tem siso, juízo; ajuizado.
> **manaíba:** do tupi, muda de mandioca.
>
> **peçonha:** veneno.
> **carantonho:** cara grande e feia.
> **quicé:** do tupi, o mesmo que "faca velha".
> **azougue:** do árabe, pessoa muito viva e esperta.
> **campear:** andar pelo campo, procurar.

1. Riobaldo, o narrador, conta sua história a um interlocutor que está presente, mas cuja voz não se manifesta explicitamente na narrativa.

a) Identifique um trecho do texto em que a fala de Riobaldo leva em conta a presença do interlocutor.

b) No trecho "Hem? Hem? Ah. Figuração minha [...]", o que o interlocutor deve ter perguntado a Riobaldo?

2. Riobaldo afirma que, antes, quando era jagunço, não tinha tempo para fantasiar, mas agora, aposentado (de "range rede"), dera para especular ideias. Qual é o assunto que lhe interessa?

3. O excerto lido, embora narrativo, apresenta uma estrutura dissertativo-argumentativa, isto é, o narrador desenvolve uma ideia central com argumentos e, no final, chega a uma conclusão.

a) Qual é a tese ou ideia central – apresentada no 2º parágrafo – que o narrador pretende desenvolver?

b) O exemplo da mandioca fundamenta a tese adequadamente? Por quê?

4. Segundo o 3º parágrafo, o mal está nas coisas: nas plantas, nos animais, nas pedras, está misturado em tudo.

a) De acordo com o último parágrafo, o que pode combater o mal?

b) "Tudo é e não é...". Que sentido tem essa frase no contexto? Os argumentos expostos fundamentam essa afirmação?

c) Compare a conclusão com a tese. Há coincidência ou contradição entre elas?

5. Não chega a ficar claro em *Grande sertão* se Riobaldo fizera ou não um pacto com o demônio. A própria personagem não tem certeza desse episódio.

a) Considerando a etapa da vida em que se encontra Riobaldo, por que essa questão lhe interessa tanto?

b) Pela conclusão a que chega, Riobaldo tem motivos para continuar se preocupando?

c) Na sua opinião, Riobaldo acredita em seus próprios argumentos?

6. A linguagem regionalista de Guimarães Rosa é um dos traços da originalidade de sua obra.

a) O excerto lido é uma narração oral ou escrita? Identifique marcas no texto que justifiquem sua resposta.

b) Com a ajuda do glossário apresentado no final do texto, comente a linguagem do autor, levando em conta a seleção vocabular, a estruturação sintática e a melodia das frases.

633

LITERATURA

JOÃO CABRAL DE MELO NETO: A LINGUAGEM OBJETO

Homero Sérgio/Folhapress

João Cabral de Melo Neto (1920-1999) é o mais importante poeta da geração de 45 e um dos maiores poetas brasileiros de todos os tempos. Sua poesia dá continuidade a certos traços delineados na poesia de Drummond e Murilo Mendes, tais como a poesia substantiva, a objetividade e a precisão dos vocábulos. Sua obra inaugural, *Pedra do sono* (1942), já apresentava uma inclinação para a objetividade (o lado "pedra", do título), embora esteja identificada com a orientação surrealista (o lado "sono").

A partir da obra seguinte, *O engenheiro* (1945), verifica-se um afastamento da linha surrealista e uma tendência crescente à geometrização e à exatidão, como se o poeta procurasse ter como exemplo o trabalho de um engenheiro.

Talvez se possa afirmar que a poesia de João Cabral tenha sido a primeira a estabelecer um corte profundo entre a poesia romântica e a moderna. Para o poeta, a poesia não é fruto de inspiração nem de estados emocionais, como o amor, a alegria, etc.; ela resulta de um trabalho racional, árduo, que implica fazer e desfazer várias vezes o texto até que ele atinja sua forma mais adequada.

Veja, como exemplo, a exatidão e a economia da linguagem do poeta neste poema:

O engenheiro

A Antônio B. Baltar

A luz, o sol, o ar livre
envolvem o sonho do engenheiro.
O engenheiro sonha coisas claras:
superfícies, tênis, um copo de água.

O lápis, o esquadro, o papel;
o desenho, o projeto, o número:
o engenheiro pensa o mundo justo,
mundo que nenhum véu encobre.

(Em certas tardes nós subíamos
ao edifício. A cidade diária,
como um jornal que todos liam,
ganhava um pulmão de cimento
[e vidro.]

A água, o vento, a claridade,
de um lado o rio, no alto as nuvens,
situavam na natureza o edifício
crescendo de suas forças simples.

(*O cão sem plumas*. Rio de Janeiro: Alfaguara. © by herdeiros de João Cabral de Melo Neto.)

Losango em vermelho, amarelo e azul, de Piet Mondrian. Com a geometrização, Mondrian levou o racionalismo na pintura às últimas consequências. Cabral, admirador de Mondrian, chegou a escrever um ensaio sobre a obra do pintor.

No conjunto da obra de Cabral, destacam-se três tendências fundamentais: a preocupação com a realidade, na qual se destaca seu trabalho mais conhecido, *Morte e vida severina*, a reflexão permanente sobre a criação artística e o aprimoramento da poética da linguagem objeto, isto é, a linguagem que, pela própria construção, procura sugerir o assunto retratado.

Entre outras obras, João Cabral ainda publicou *O cão sem plumas, O rio, A educação pela pedra* e *Museu de tudo*.

Morte e vida severina

Morte e vida severina é a obra mais conhecida de João Cabral e a responsável por sua relativa popularidade. Trata-se de um auto de Natal, que, seguindo a tradição dos autos medievais, faz uso da redondilha, do ritmo e da musicalidade, recursos de agrado popular.

Eis o enredo da peça: Severino, um lavrador do sertão pernambucano, foge da seca e da miséria e parte em busca de trabalho na capital, Recife. Trilha o leito seco do rio Capibaribe e, no caminho, só encontra fome, miséria e mortes, mortes de severinos como ele.

Ao se aproximar do mar, vê campos verdejantes de cana, mas a miséria dos trabalhadores é a mesma. Já na capital, ouve a conversa de dois coveiros, por meio da qual fica sabendo que ali também, na capital, a miséria e a morte são irmãs. O que vê nos manguezais são homens misturados ao barro, vivendo em condições precárias. Desolado, o retirante aproxima-se de um dos cais do Capibaribe e pensa em suicídio. Mas aproxima-se de Severino um morador daquele mangue, "Seu José, mestre carpina", que, com sua sabedoria de muitos anos de vida severina, desperta-lhe alguma esperança.

Logo depois, Seu José é chamado por uma vizinha, que lhe dá a notícia do nascimento do filho que ele aguardava. Severino os acompanha e presencia a homenagem que os vizinhos fazem à criança.

Cena da peça *Morte e vida severina*, levada ao palco do Teatro Aliança Francesa, em São Paulo, em 1996.

LEITURA

À casa de mestre carpina, os vizinhos levam presentes humildes: leite do peito, jornal para servir de cobertor, água, um canário, etc. O texto que segue reproduz as últimas falas que compõem o desfecho de *Morte e vida severina*.

Falam as duas ciganas que haviam aparecido com os vizinhos:

— Atenção peço, senhores,
para esta breve leitura:
somos ciganas do Egito,
lemos a sorte futura.
Vou dizer todas as coisas
que desde já posso ver
na vida desse menino
acabado de nascer:
aprenderá a engatinhar
por aí, com aratus,
aprenderá a caminhar
na lama, com goiamuns,
e a correr o ensinarão
os anfíbios caranguejos,
pelo que será anfíbio
como a gente daqui mesmo.
Cedo aprenderá a caçar:
primeiro, com as galinhas,
que é catando pelo chão
tudo o que cheira a comida;
depois, aprenderá com
outras espécies de bichos:
com os porcos nos monturos,
com os cachorros no lixo.
Vejo-o, uns anos mais tarde,
na ilha do Maruim,
vestido negro de lama,
voltar de pescar siris;
e vejo-o, ainda maior,
pelo imenso lamarão
fazendo dos dedos iscas
para pescar camarão.
— Atenção peço, senhores,
também para minha leitura:
também venho dos Egitos,
vou completar a figura.
Outras coisas que estou vendo
é necessário que eu diga:
não ficará a pescar
de jereré toda a vida.
Minha amiga se esqueceu
de dizer todas as linhas;
não pensem que a vida dele
há de ser sempre daninha.
Enxergo daqui a planura
que é a vida do homem de ofício,
bem mais sadia que os mangues,
tenha embora precipícios.
Não o vejo dentro dos mangues,
vejo-o dentro de uma fábrica:
se está negro não é lama,
é graxa de sua máquina,
coisa mais limpa que a lama
do pescador de maré
que vemos aqui, vestido
de lama da cara ao pé.
E mais: para que não pensem
que em sua vida tudo é triste,
vejo coisa que o trabalho
talvez até lhe conquiste:
que é mudar-se destes mangues
daqui do Capibaribe
para um mucambo melhor
nos mangues do Beberibe.

O carpina fala com o retirante que esteve de fora, sem tomar parte em nada.

— Severino retirante,
deixa agora que lhe diga:
eu não sei bem a resposta
da pergunta que fazia,
se não vale mais saltar
fora da ponte e da vida;
nem conheço essa resposta,
se quer mesmo que lhe diga;
é difícil defender,
só com palavras, a vida,
ainda mais quando ela é
esta que vê, severina;
mas se responder não pude
à pergunta que fazia,
ela, a vida, a respondeu
com sua presença viva.
E não há melhor resposta
que o espetáculo da vida:
vê-la desfiar seu fio,
que também se chama vida,
ver a fábrica que ela mesma,
teimosamente, se fabrica,
vê-la brotar como há pouco
em nova vida explodida;
mesmo quando é assim pequena
a explosão, como a ocorrida;
mesmo quando é uma explosão
como a de há pouco, franzina;
mesmo quando é a explosão
de uma vida severina.

(*Poesias completas*, p. 236-41.)

Mangue no Piauí. Homens extraindo a vida do barro.

aratu: pequeno caranguejo de cabeça triangular.
carpina: carpinteiro.
goiamum: tipo de crustáceo que vive em lugares lamacentos, em tocas que ele mesmo cava.
jereré: aparelho feito de madeira e rede usado na pesca de siris, camarões e peixes pequenos.
monturo: grande quantidade de lixo.
mucambo: barraco.

1. De origem medieval, os autos são textos teatrais que representam um nascimento, quase sempre o de Cristo, encenado por ocasião das festas do Natal.
No fragmento lido de *Morte e vida severina*:
a) A presença de duas personagens confere ambientação mística à cena. Quais são essas personagens?
b) Elas correspondem a que personagens da cena do nascimento de Cristo?
c) O que há em comum entre o bebê nascido e Cristo?

2. Ambas as ciganas fazem previsões quanto ao futuro do bebê.
a) Em que se diferenciam as previsões?
b) Em que se assemelham?

3. Na conversa entre Severino e mestre carpina, o retirante pergunta ao mestre "se não vale mais saltar / fora da ponte e da vida". De acordo com o texto:
a) Quem acaba respondendo a Severino?
b) Qual é a resposta dada?

4. Nos últimos versos, mestre carpina diz:

mesmo quando é uma explosão
como a de há pouco, franzina;
mesmo quando é a explosão
de uma vida severina.

a) *Severino* é um substantivo próprio, é o nome do retirante. No entanto, nesses versos a palavra *severina* é empregada como adjetivo. Qual o seu sentido no contexto?
b) O texto, no conjunto, faz uma forte crítica social. Contudo, pela ótica que ele apresenta, há esperança?

5. A explosão de mais "uma vida severina" parece dar continuidade a essa corrente de severinos. Eles não estão somente no sertão seco do Nordeste; estão em todo o país, severinamente lutando contra a "morte em vida".
a) Afinal, quem são os severinos deste país?
b) Como se justifica o título da obra: *Morte e vida severina*?

Fredrik Skold/Photographer's Choice/Getty Images

PRODUÇÃO DE TEXTO

CAPÍTULO 58

Como desenvolver as partes de um texto dissertativo-argumentativo

TRABALHANDO O GÊNERO

Na unidade 8, você estudou o texto dissertativo-argumentativo, frequentemente exigido nas provas de redação do Enem e de alguns vestibulares.

A fim de ampliar seus recursos de expressão nessa modalidade de texto, você vai retomar e aprofundar esse trabalho, examinando em detalhes como se desenvolve cada uma das partes de uma dissertação.

Não há uma regra ou um modelo único para a construção de um texto dissertativo-argumentativo. As possibilidades para iniciar, desenvolver ou concluir um texto desse tipo são muitas e dependem do tema, do conhecimento que se tem a respeito dele, do conjunto de ideias que se pretende desenvolver, do enfoque que se deseja dar a elas e da criatividade de quem escreve.

O texto a seguir está entre as melhores redações do vestibular da Fuvest de 2011. Com base nas ideias e sugestões presentes em uma imagem e numa coletânea de textos, os candidatos deveriam redigir uma dissertação argumentativa em prosa sobre o tema: *O altruísmo e o pensamento a longo prazo ainda têm lugar no mundo contemporâneo?*.

Leia o texto, reproduzido tal qual está no original:

637

A contemporaneidade do "Panis et circenses"

No período denominado "século de ouro", na Roma Antiga, instituiu-se o chamado "Panis et circenses". A população recebia o alimento, a diversão, e tudo estava resolvido. Posteriormente, com a Revolução Industrial, deu-se a ideia do imediatismo, da rapidez nas linhas de produção. A história expõe que as ações e os pensamentos a longo prazo são cada vez menos priorizados pelo ser humano, em decorrência de uma construção ideológica que preza pela síntese, pelo veloz. Mas por quais razões isso ocorre?

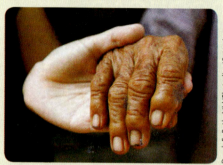

O tempo é tido — ou dado — como o agente condicionante da vida contemporânea. Ou melhor, a falta dele. Tornamo-nos escravos dos ponteiros, tornamo-nos vítimas de medidas que nós mesmos criamos. Esperar tornou-se uma tortura: deve-se viver — ou simplesmente "existir" — de acordo com o modelo *just-in-time*. Quando G. Lipovetsky afirma que a cultura do sacrifício está morta, é possível aplicar tal ideia ao fato de que a cultura do agora destruiu paulatinamente o poder do ser humano sobre o tempo, fazendo-o temer o passar dos dias, dos meses, do ano. Teme-se o envelhecimento, teme-se a morte.

Mas o que verdadeiramente morre, se morrer o homem? O legado humano reduz-se porque não há tempo para deixar registros. Deve-se ler o jornal, pegar o metrô, trabalhar. Práticas como a leitura vêm sendo abandonadas pelas novas gerações que nasceram com um cronômetro instalado em suas mentes. O altruísmo e o amor natural e desinteressado já não existem, pois vive-se em prol do individual, do singular, não havendo, portanto, o estabelecimento de um "todo" harmonioso e relativamente equilibrado que leva o nome de "coletivo". Levaria.

Sucumbir ao paradoxo dos instantes, em prol da ascensão dos valores pregados por aqueles que defendem o estilo de vida que somos condicionados a levar, é anular a essência do ser humano como item imprescindível para o estabelecimento e disseminação da condição animal a que pertencemos. Exigir o veloz, o imediato e o sintético, sem ter a consciência de que estes valores são injetados em nossas mentes, é ter a confirmação de que o "Panis et circenses" da Roma Antiga é tão contemporâneo quanto o advento da globalização.

(Candidato da Fuvest. Disponível em: http://www.fuvest.br/vest2011/bestred/118731.jpg. Acesso em: 23/7/2012.)

altruísmo: interesse pelo bem-estar do próximo.
panem et circenses: expressão latina que significa "pão e espetáculos circenses".

---

1. A tese ou ideia principal desenvolvida no texto encontra-se no 1º parágrafo. Qual é ela?

2. Considere as seguintes formas de desenvolvimento do texto dissertativo-argumentativo: alusão histórica, provas concretas, argumentos de autoridade, enumeração, definição, citação ou testemunho, exemplificação, comparação e contraste, causa e consequência. Indique qual desses procedimentos foi utilizado nos seguintes trechos do texto:

a) "O tempo é tido – ou dado – como o agente condicionante da vida contemporânea."

b) "Tornamo-nos escravos dos ponteiros, tornamo-nos vítimas de medidas que nós mesmos criamos."

c) "Quando G. Lipovetsky afirma que a cultura do sacrifício está morta"

d) "O legado humano reduz-se porque não há tempo para deixar registros."

e) "O altruísmo e o amor natural e desinteressado já não existem, pois vive-se em prol do individual"

f) "vive-se em prol do individual, do singular, não havendo, portanto, o estabelecimento de um 'todo' harmonioso e relativamente equilibrado que leva o nome de 'coletivo'"

3. A conclusão do texto em estudo é feita no último parágrafo. Compare esse parágrafo com o 1º, o da introdução.
  a) A ideia presente na conclusão coincide com as ideias expressas no parágrafo de introdução? Justifique sua resposta.
  b) Os procedimentos mais utilizados para concluir um texto são de três tipos: *síntese*, *proposta* e *surpresa*. Com que tipo de conclusão o autor encerra o texto?

TIPOS DE INTRODUÇÃO DO TEXTO DISSERTATIVO-ARGUMENTATIVO

A introdução pode ser construída por um ou mais parágrafos. Quando o texto é construído pelo método dedutivo (do geral para o particular), é nela que se lança a *tese* ou *ideia principal* a ser desenvolvida no texto.

Os principais tipos de introdução são os relacionados a seguir.

Formulação de uma tese a partir de uma declaração inicial

> No dia 13 de maio, comemoramos 124 anos da Lei Áurea, que abolia a escravidão no Brasil. Mas ainda temos trabalho escravo e seguimos acorrentados numa visão de mundo que não saiu do século 19. Há até iniciativas políticas para retroceder em direitos conquistados pelos negros, descendentes dos escravos e herdeiros de uma dívida histórica da nação.
>
> (Marina Silva. *Folha de S. Paulo*, 18/5/2012.)

Nesse parágrafo, a autora primeiramente apresenta a idade da lei que aboliu a escravidão no Brasil para, a partir desse dado, formular a tese em torno da qual o texto será desenvolvido nos parágrafos seguintes: apesar da lei, persiste no país uma mentalidade atrasada e há ações com vistas a retirar direitos de afro-brasileiros.

Às vezes, a tese apresenta uma subdivisão. Veja um exemplo:

> O lamentado resultado da Rio+20 pelo ativismo ambientalista tem merecido nos dias que seguiram o encerramento do fórum diversas abordagens críticas – que vão da falta de vontade política dos países desenvolvidos de avançar em ações efetivas pelo desenvolvimento sustentável até à desidratação da chamada economia verde.
>
> (João Bosco Rabello. *O Estado de S. Paulo*, 24/6/2012.)

Nesse caso, é comum o autor desenvolver a tese em um número de parágrafos equivalente ao da subdivisão. No texto de que faz parte a introdução acima, por exemplo, o autor criou dois parágrafos no desenvolvimento: um para analisar o argumento da "falta de vontade política dos países desenvolvidos" e outro para desenvolver o argumento do insucesso de movimentos ambientalistas, a "desidratação da chamada economia verde".

Interrogação

> Faz sentido comparar os crimes perpetrados por um regime sanguinário com aqueles cometidos pelas forças que resistiam a ele? Vale a pena reabrir feridas, falar de tortura, desaparecimentos e execuções sumárias, 40 anos depois? Que destino merecem traidores e delatores que, coagidos, se aliaram aos próprios carrascos?
>
> (Álvaro Pereira Jr. *Folha de S. Paulo*, 23/6/2012.)

Nesse tipo de introdução, o autor formula uma ou mais perguntas sobre o tema e ele próprio deve dar respostas a elas ao longo do texto. Nenhuma pergunta deve ficar sem resposta.

Exemplo

> Olho para o meu gato e medito. Medito teologias. Diziam os teólogos de séculos atrás que a harmonia da natureza deve ser o espelho em que os seres humanos devem buscar suas perfeições. O gato é um ser da natureza. Olho para o gato como um espelho. Não percebo nele nenhuma desarmonia. Sinto que devo imitá-lo.
>
> (Rubem Alves. *Pimentas*. São Paulo: Planeta, 2012. p. 14.)

Para introduzir e situar a tese do texto – a harmonia da natureza deve ser o referencial para a busca humana da perfeição – o autor fala de seu gato e toma-o como modelo da sua busca.

Essa introdução é ilustrativa e simbólica e pode ser retomada diversas vezes. Nas redações para o vestibular, entretanto, é preciso tomar cuidado para que a narrativa do exemplo não seja longa demais e prejudique o desenvolvimento da argumentação.

Citação

> O filósofo John Rawls propõe um experimento mental para definir o que é justo. Você e seus concidadãos irão estabelecer as regras sob as quais seu país vai funcionar. Virarão normas os princípios com os quais a maioria concordar.
>
> (Hélio Schwartsman. *Folha de S. Paulo*, 27/4/2012.)

Nessa introdução, o autor constrói sua tese a partir de uma citação, o que confere maior credibilidade ao seu ponto de vista, pois ele se apoia na palavra de outrem, que pode ser uma autoridade no assunto, como no texto apresentado, ou em documentos e órgãos de imprensa dignos de crédito, como neste outro texto do mesmo autor:

> A revista britânica "The Economist" da semana passada trouxe interessante reportagem sobre o futuro da medicina. De acordo com o periódico, com o envelhecimento da população e o aumento da prevalência das doenças crônicas, vai ser impossível formar tantos médicos quantos seriam necessários pelos padrões do século XX.
>
> (*Folha de S. Paulo*, 10/6/2012.)

Roteiro

> Recentemente, envolvi-me num debate com o físico Lawrence Krauss, que publicou um livro no qual afirma que a física hoje explica como o Universo surgiu do nada. Ou seja, a velha questão da Criação sob roupagem científica, e mais um exemplo de arrogância intelectual. É bom começar com Aristóteles, que decidiu que a "natureza detesta o vácuo", declarando que o "nada" não existe, ao menos como vazio absoluto. [...]
>
> (Marcelo Gleiser. *Folha de S. Paulo*, 10/6/2012.)

Nesse tipo de introdução, o autor anuncia o que pretende desenvolver e a forma como vai fazê-lo. Na introdução acima, o roteiro fornecido pelo autor consiste na questão do surgimento do Universo a partir do nada (o que ele pretende desenvolver) e na análise histórica desse conceito (a forma como pretende desenvolver a questão).

TIPOS DE ARGUMENTO DO TEXTO DISSERTATIVO-ARGUMENTATIVO

Comparação

Estabelece o confronto entre duas realidades diferentes, seja no tempo, seja no espaço, seja quanto a características físicas, etc. Veja o exemplo:

> [...] Nos EUA, o porcentual de pessoas que têm curso superior (cerca de 40%) é o mesmo tanto para quem tem idade entre 25 e 34 anos como para os que têm de 55 a 64 anos. O dado é um indicativo de que a população jovem no país não se escolarizou mais do que a geração anterior. [...] Mas, no Canadá, por exemplo, a população entre 55 e 64 anos tem exatamente a mesma escolaridade que nos EUA (40% têm superior completo), porém os jovens já estão à frente dos seus pais (e dos jovens americanos) em educação formal: quase 60% completaram o curso universitário [...].
>
> (*Leituras da História*, maio 2012, p. 15.)

Nesse caso, compara-se o porcentual de pessoas com curso superior nos Estados Unidos e no Canadá.

Alusão histórica

O autor retoma acontecimentos do passado para explicar fatos do presente. Veja o exemplo:

> Seres humanos são capazes de colaborar uns com os outros numa escala desconhecida no reino animal, porque viver em grupo foi essencial à adaptação de nossa espécie. Agrupar-se foi a necessidade mais premente para escapar de predadores, obter alimentos e construir abrigos seguros para criar os filhos.
>
> (Drauzio Varella. "As raízes do racismo". *Folha de S. Paulo*, 30/6/2012.)

Argumentos com provas concretas

Consistem na apresentação de números, dados estatísticos, resultados de enquetes, cifras relativas a investimentos, despesas e lucros, renda *per capita*, valores de dívida externa, índices de mortalidade infantil, aumento ou diminuição dos casos de Aids, etc. Veja um exemplo em que se usam resultados de pesquisa:

> O número de cidades brasileiras com coleta seletiva de lixo mais que dobrou de 2000 a 2008, mas ainda assim apenas 1.087 municípios, ou 19,5% do total, têm alguma forma de separação para reciclagem. Segundo a pesquisa Índices de Desenvolvimento Sustentável (IDS 2012), divulgada nesta segunda-feira pelo Instituto Brasileiro de Geografia e Estatística (IBGE), em 2000, apenas 8,2% das cidades tinham coleta seletiva.
>
> (Disponível em: http://veja.abril.com.br/noticia/brasil/ibge-revela-carencia-de-coleta-seletiva-de-lixo. Acesso em: 27/6/2012.)

Argumentos consensuais

São aqueles em que certas "verdades" aceitas por todos são utilizadas. Consistem em afirmações que geralmente não dependem de comprovação, como, por exemplo, "Todo ser humano precisa de uma boa alimentação e lazer", "A poluição diminui a qualidade de vida nas grandes cidades", etc.

Argumentos de autoridade ou de exemplo

Apresentam o ponto de vista ou sugerem a imitação das ações de uma autoridade ou uma pessoa conhecida na área do assunto em discussão. Consistem em frases célebres ou em trechos de escritos de cientistas, técnicos, artistas, filósofos, políticos, etc., citados em discurso direto, discurso indireto ou discurso segundo. No caso de citação em discurso indireto, menciona-se o nome da pessoa e faz-se um resumo de suas ideias. Quando transcrita em discurso direto, a citação deve vir entre aspas, com a indicação do autor. Em discurso segundo, usam-se expressões como *segundo fulano*, *de acordo com fulano...* e faz-se um resumo de suas ideias. Veja um exemplo:

> Michel de Montaigne (1533-1592) era um admirador de Sócrates, e não apenas por motivos intelectuais. "Não há nada mais notável em Sócrates do que ele ter encontrado tempo para aprender a dançar", dizia. O filósofo francês não admitiria o ritmo de vida de um profissional do século 21, multitarefa e sem tempo para nada. "Quando eu danço, eu danço; quando eu durmo, eu durmo", escreveu. "Numa época em que os pensadores valorizavam os escritos longos e difíceis, Montaigne passou a fazer textos curtos. Ele queria resgatar a ideia da filosofia da Antiguidade de guia para a vida das pessoas comuns", afirma o historiador de filosofia Thomas Dixon, professor da Universidade de Londres [...].
>
> (Tiago Cordeiro e André Bergamin. *Galileu*, abril 2012, p. 41.)

Argumentos de presença

Consistem em ilustrar com histórias, lendas ou parábolas a tese que se quer defender. No texto a seguir, sobre a gravidez na adolescência, o autor ilustrou sua tese com a história de nossas avós:

> Nossas avós casavam-se aos 15 ou 16 anos e começavam a procriar, nunca ocorrendo a ninguém daquela época que isso pudesse ser um problema, pois essas gestações eram desejadas. [...]
>
> (Nelson Vitiello. *Pais & Teens*, ano 2, nº 3.)

Argumentos de retorção

O autor utiliza os próprios argumentos do interlocutor para destruí-los. Drauzio Varella, para combater o argumento de algumas pessoas segundo as quais haveria maior segurança na sociedade "se nossa polícia fosse bem paga, treinada e aparelhada de modo a mandar para atrás das grades todos os bandidos", usa argumento de retorção:

> Não sejamos ridículos [...] Os recursos para mantê-los viriam do aumento dos impostos? Dos cortes nos orçamentos da educação e da saúde?
>
> (*Folha de S. Paulo*, 25/2/2012.)

Ao estruturar um texto dissertativo-argumentativo, convém diversificar os tipos de argumento. Porém, mais importante do que a diversidade e a quantidade dos argumentos, é a utilização de argumentos fortes e bem-fundamentados, que possam, de fato, persuadir o leitor.

TIPOS DE CONCLUSÃO DO TEXTO DISSERTATIVO-ARGUMENTATIVO

A conclusão de um texto dissertativo-argumentativo geralmente ocupa o último ou os dois últimos parágrafos do texto. Ela pode ser construída a partir de pelo menos cinco procedimentos básicos, relacionados a seguir.

Síntese

> Os frutos do programa são inegáveis hoje. A experiência já serviu de modelo para outras partes do mundo. As críticas de que não vingaria dado o seu cunho demagógico caíram por terra após um trabalho sistemático de combate aos desvios e irregularidades. E, em grande medida, por conta da iniciativa, o País viveu uma alavancagem econômica com a chegada ao mercado de milhões de novos compradores.
>
> ("Os emergentes do Bolsa Família". *IstoÉ*, 26/10/2011.)

Nesse parágrafo, o autor faz uma síntese dos aspectos que abordou no desenvolvimento do texto, salientando os resultados positivos do programa Bolsa Família. Observe que os argumentos não são retomados por inteiro, pois isso tornaria o texto repetitivo. A retomada, nesse caso, deve ser feita de forma sintética, evitando-se a mera repetição de palavras e frases.

Embora não seja obrigatório, é comum haver um elemento de coesão entre as demais partes do texto e a conclusão. Às vezes, esse elemento fica subentendido, como ocorreu no parágrafo acima, que poderia ter sido introduzido por um elemento coesivo, como *assim, portanto, desse modo, diante disso, nesse sentido*, entre outros.

Agregação

> Talvez o século XX tenha sido o que mais evidenciou o poder da imagem. Os meios de comunicação de massa serviram a interesses de governos autoritários. O nazismo lançou mão de todo um aparato de propaganda para insuflar a população e difundir suas crenças e ideias. Assim o fizeram tantos outros, como os EUA por meio de Disney, de Hollywood e do "american way of life". Assim o fazem as grandes corporações contemporâneas, elegendo e difundindo ícones e símbolos para gravar suas marcas em nossas cabeças. E assim, de imagem a imagem, caminha a humanidade.
>
> (Candidato da Fuvest. Disponível em: http://www.fuvest.br/vest2010/bestred/106820.jpg. Acesso em: 23/7/2012.)

Nesse tipo de conclusão, finaliza-se com uma palavra ou frase que tenha um valor mais abrangente, isto é, apresenta-se uma ideia capaz de reunir todos os aspectos abordados anteriormente.

Na conclusão acima, o autor amplia sua análise sobre o poder da imagem no século XX, desmembrando sua ação em três frentes: a política, a ideológica e a do consumo.

Proposta

> Privatizar a escola brasileira não resolve. O que precisamos fazer é torná-la efetivamente pública, de modo que ela passe a atender às necessidades do país e dos alunos que a frequentam. Precisamos parar de pensar nossa educação em termos ideológicos ou mágicos, acreditando em balas de prata, planos nacionais, cláusulas de financiamento ou outras soluções mirabolantes. Não há decreto que resolva. A máquina é complexa e cheia de enguiços. Ou arregaçamos as mangas e mexemos nas engrenagens defeituosas, ou continuaremos nos lamentando.
>
> (Gustavo Ioschpe. "As escolas não são públicas". E privatizar não resolve. *Veja*, 27/6/2012.)

Nesse tipo de conclusão, o autor faz propostas ou sugestões para que o problema em análise seja resolvido. Quanto mais concretas forem as propostas, evitando-se sugestões vagas, como "É preciso que todos tomem consciência", ou "Somente quando cada um de nós fizer sua parte", mais persuasivo será o texto como um todo.

No texto acima, em que se discute a privatização das escolas públicas, o autor posiciona-se contra a adoção da medida e sugere que a escola pública deve, antes, tornar-se pública, ou seja, atender, de fato, às necessidades de pais e alunos, e complementa afirmando, de forma metafórica, que é necessário trabalhar com a realidade concreta da educação, sem planos fora da realidade.

Pergunta

> Mas, se o futuro é a orientação ideal, não deve ser a única. É preciso valorizar as tradições, que nos fizeram quem somos. Também cabe um hedonismo: ao lado do acelerador está o freio, para que o dia tenha duas dúzias de horas e o ano não passe em branco. Falar nisso, o Natal já tá aí — como vai ser o seu?
>
> (Emiliano Urbim. "Mercado do tempo". *Superinteressante*, nº 285.)

Nesse tipo de conclusão, a pergunta é puramente retórica, pois sua resposta, direta ou indiretamente, já foi apresentada. No texto de que faz parte a conclusão acima, por exemplo, o leitor é orientado a viver com rapidez, estudando, poupando e planejando seu futuro. A conclusão, porém, faz uma ressalva, incentivando-o a ter, também, momentos de lazer, e, na pergunta, apresenta uma síntese dessa ideia.

Surpresa

> Ou, numa mistura maligna de arrogância e ignorância — talvez simplesmente porque não temos nada melhor a fazer —, vamos deletar as palavras que nos incomodam, os costumes que nos irritam, as pessoas que nos atrapalham e, quem sabe, iniciar uma campanha de queima de livros. De autores, seria um segundo passo. E assim caminhará para trás, velozmente, o que temos de humanidade.
>
> (Lya Luft. "Vamos queimar os dicionários." *Veja*, 14/3/2012.)

Nesse texto, no qual é discutida a censura a um dicionário por trazer o sentido pejorativo da palavra *cigano*, a autora, de forma irônica, enumera uma série de ações para abolir tudo o que nos incomoda.

Na conclusão-surpresa, além da ironia e do humor, pode haver a citação de escritores, filósofos, estadistas, compositores e outros, de forma literal ou em forma de paródia. Pode haver também uma pequena história, uma piada, um pensamento que ilustre tudo o que se desenvolveu ou atribua novos sentidos ao texto.

PRODUZINDO O TEXTO DISSERTATIVO-ARGUMENTATIVO

As ferramentas digitais estão presentes, atualmente, em todas as áreas das atividades humanas. Assim, será que um jovem pode, hoje, viver bem sem ter acesso a essas ferramentas? Ele poderá competir em igualdade de condições no mundo da escola e do trabalho? Qual é o papel do Estado em relação aos milhares de jovens que ainda estão excluídos da "era da informática"?

A fim de colher informações para realizar um debate e produzir um texto dissertativo-argumentativo sobre a inclusão digital dos jovens, leia trechos de uma entrevista dada pela professora da Universidade Federal do Rio Grande do Sul, Léa da Cruz Fagundes, pioneira no uso da informática educacional no Brasil.

[...]

A senhora coordena programas ligados à inclusão digital em escolas públicas. Que lições tirou dessa experiência?

Na década de 1980, descobri que o computador é um recurso "para pensar com", e que os alunos aprendem mais quando ensinam à máquina. Em escolas municipais de Novo Hamburgo, crianças programaram processadores de texto quando ainda não existiam os aplicativos do Windows, produziram textos de diferentes tipos, criaram protótipos em robótica e desenvolveram projetos gráficos. Hoje, encontro esses meninos em cursos de ciência da computação, mecatrônica, engenharia e outras áreas. Na Escola Parque, que atendia meninos de rua em Brasília, a informática refletiu na formação da garotada, melhorando sua autoestima e evidenciando o desempenho de pessoas socialmente integradas. Alguns desses garotos foram contratados como professores e outros como técnicos.

Os alunos da rede pública têm o mesmo desempenho no uso da informática que os de escolas particulares e bem equipadas?

Sim. A tese de doutorado que defendi em 1986 me permitiu comprovar o funcionamento dos mecanismos cognitivos durante a construção de conhecimentos. Nos anos 1990 iniciei as experiências de conexão e confirmei uma das minhas hipóteses: as crianças pobres consideradas de pouca inteligência pelas escolas, quando se conectam e se comunicam no ciberespaço, apresentam as mesmas possibilidades de desenvolvimento que os alunos bem-atendidos e saudáveis.

A educação brasileira pode vencer a exclusão digital?

Há excelentes condições para que isso aconteça. No Brasil já temos mais de 20 anos de estudos e experiências sobre a introdução de novas tecnologias digitais na escola pública. Esses dados estão disponíveis. O Ministério da Educação vem criando projetos nacionais com apoio da maioria dos estados, como o Programa Nacional de Informática Educativa (Proninfe) e o Programa Nacional de Informática na Educação (Proinfo). Muitas organizações sociais e comunitárias também colaboram nesse processo.

O que mais emperra o uso sistemático da informática nas escolas públicas?

A falta de continuidade dos programas existentes nas sucessivas administrações. Não se pode esperar que educadores e gestores tomem a iniciativa se o estado e a administração da educação não garantem a infraestrutura nem sustentam técnica, financeira e politicamente o processo de inovação tecnológica.

Como o computador pode contribuir para a melhoria da educação?

Inclusão digital não é só o amplo acesso à tecnologia, mas a apropriação dela na resolução de problemas. Veja a questão dos baixos índices de alfabetização e de letramento, por exemplo. Uma solução para melhorá-los seria levar os alunos a sentir o poder de se comunicar rapidamente em grandes distâncias, ter ideias, expressá-las como autores e publicar seus escritos no mundo virtual.

[...]

(Disponível em: http://revistaescola.abril.com.br/politicas-publicas/planejamento-e-financiamento/podemos-vencer-exclusao-digital-425469.shtml. Acesso em: 18/7/2012.)

Opinando e debatendo

Com base na entrevista lida e em outros textos, participe com a classe de um debate sobre o tema *A inclusão digital*, discutindo, entre outras, estas questões:

- O futuro dos excluídos da "era digital"
- Inclusão digital e sucesso nos estudos
- Inclusão digital e sucesso profissional
- A inclusão digital e o desenvolvimento do país
- O papel do Estado na inclusão digital
- Inclusão digital e inclusão social

Para a realização do debate, reveja as orientações dadas nas páginas 145 e 146.

Anote as ideias mais importantes apresentadas no debate, pois elas lhe serão úteis para a produção do texto escrito.

Produzindo o texto

Após o debate, planeje os procedimentos para a produção de um texto dissertativo-argumentativo sobre o tema: *Inclusão digital: para quê?*.

Ao redigir, escolha um dos tipos de introdução estudados, levando em conta o que você considerar mais conveniente para organizar seu texto.

Planejamento do texto dissertativo-argumentativo

- Tenha em vista o perfil dos leitores. Seu texto será divulgado no *blog* da classe. Logo, será lido por jovens de toda a classe e por internautas em geral.
- Tome uma posição sobre o tema e deixe claro o seu ponto de vista já nos primeiros parágrafos.
- Inicie o texto a partir de um dos tipos de introdução estudados: formulação de uma tese a partir de uma declaração inicial, interrogação, exemplo, citação e roteiro. Deixe claro na introdução a tese que pretende desenvolver.
- Ao redigir, organize o texto em parágrafos. A introdução pode corresponder a um parágrafo ou, no máximo, dois. Cada um dos argumentos pode corresponder a um parágrafo. Se um argumento for amplo e envolver mais de um aspecto, é possível desenvolvê-lo em dois parágrafos. Para a conclusão, geralmente se destina o último parágrafo.
- Procure desenvolver argumentos baseados em ideias consistentes e claras.
- Utilize o tipo de conclusão mais adequado para seu texto: do tipo síntese, que retoma as ideias do texto, do tipo proposta, do tipo que faz uma citação, ou outro que imaginar.
- Empregue uma linguagem de acordo com a norma-padrão, mas leve em conta sua adequação ao perfil do público.
- Dê um título sugestivo ao texto.

Revisão e reescrita

Antes de fazer a versão final de seu texto dissertativo-argumentativo, releia-o, observando:
- se você se ateve ao tema proposto e se posicionou claramente sobre ele;
- se o texto apresenta uma tese, se ela resume seu ponto de vista e é fundamentada em argumentos claros, consistentes e bem-desenvolvidos;
- se a conclusão retoma e confirma o ponto de vista defendido, apresenta uma proposta, faz uma citação ou é de outro tipo;
- se o título dado ao texto é, além de sugestivo, coerente com as ideias desenvolvidas;
- se o texto como um todo é persuasivo;
- se a linguagem está de acordo com a norma-padrão da língua e com grau de formalidade adequado ao perfil do público.

Faça as alterações necessárias e passe o texto a limpo.

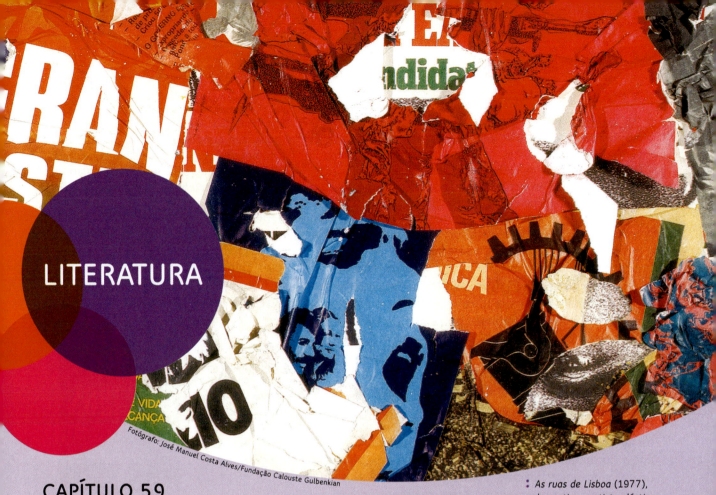

As ruas de Lisboa (1977), da poetisa e artista plástica portuguesa Ana Hatherly.

CAPÍTULO 59

A literatura portuguesa contemporânea: do Neorrealismo aos dias de hoje

No final da década de 1930, coincidindo com a eclosão da Segunda Guerra Mundial, surge, em Portugal, o Neorrealismo, um movimento de literatura social, de combate ao fascismo. E, a partir da década de 1950, essa literatura se renovou, enriquecendo-se com atitudes existencialistas e surrealistas. Com a Revolução dos Cravos (1974), a produção literária ganhou novos matizes, incorporando a literatura de guerra e o experimentalismo estético.

A PROSA NEORREALISTA E EXISTENCIALISTA

O surgimento do Neorrealismo em Portugal está diretamente relacionado com a resistência à ditadura salazarista, ao antifascismo e à eclosão da Segunda Guerra Mundial (1939-1945).

Os neorrealistas propunham uma literatura engajada, voltada para as discussões dos problemas sociais, opondo-se à literatura dita "descompromissada" da geração presencista. Extrapolando os domínios da literatura, o movimento teve repercussão em diferentes áreas da cultura, como a crítica literária, a historiografia e a linguística.

> **A literatura engajada**
>
> Na década de 1930, com a expansão do nazifascismo, muitos escritores – em grande parte identificados com as ideias socialistas – começaram a produzir uma literatura engajada na defesa de causas sociais e políticas. Em Portugal, por exemplo, o romance *Gaibéus*, de Alves Redol, denuncia a opressão e as precárias condições de vida e trabalho dos camponeses do Norte. No Brasil, *Vidas secas*, de Graciliano Ramos, denuncia as condições sub-humanas dos nordestinos vitimados pela seca.

> **Alves Redol**
>
> António Alves Redol (1911-1969) pode ser considerado o autor mais representativo do Neorrealismo português. Atuante na imprensa e filiado ao Partido Comunista Português, nas obras *Gaibéus* (1940), *Marés* (1941) e *Avieiros* (1942) retratou a vida difícil de trabalhadores de diferentes lugares. Em *Barranco de cegos* (1961), conseguiu conciliar os temas sociais com a questão estética e, na obra – que gira em torno dos conflitos de um prepotente latifundiário que tem dificuldade de se adaptar à realidade econômica de seu tempo –, desenvolve uma narrativa não linear, feita a partir de diferentes pontos de vista e em diferentes vozes, e cria uma metáfora da situação do país.
>
>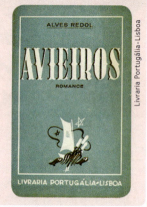
> Livraria Portugália-Lisboa

Ferreira de Castro (1898-1974) é considerado o primeiro neorrealista. Em sua obra, que denuncia a violência e a desumanidade de homens contra homens, destacam-se os romances *Emigrantes* (1928) e *Selva* (1930), nos quais, em uma prosa enxuta e didática, é discutida a precariedade da vida e a exploração de trabalhadores.

Até meados da década de 1950, o romance neorrealista manteve-se preso à estrutura dos romances realistas tradicionais, como os de Eça de Queirós, e revelava forte intenção documental, resultante também da influência do romance social norte-americano, especialmente de autores como Sinclair Lewis, John Steinback e John dos Passos, e do regionalismo brasileiro representado por Jorge Amado e Graciliano Ramos.

Entre os principais escritores neorrealistas sobressaem Fernando Namora, com *Retalhos da vida de um médico*, Manuel da Fonseca, com *Seara de vento*, e Carlos Oliveira, com *Pequenos burgueses*.

A partir dos anos 1950, por influência do existencialismo, o questionamento sobre a condição humana presente nas obras de alguns desses autores neorrealistas ultrapassou o terreno do discurso engajado e ganhou aspectos de reflexão filosófica. Pensadores existencialistas como o alemão Martin Heidegger e o francês Jean-Paul Sartre tornaram-se, então, referências para a criação de romances de feição existencialista.

> **José Cardoso Pires**
>
> José Cardoso Pires (1925-1998) é um dos nomes mais importantes da literatura portuguesa. Produziu romances, peças, ensaios e crônicas, mas é nos contos que se encontra o ponto mais alto de sua ficção. As narrativas do autor, em linguagem enxuta e concisa, não perdem de vista a denúncia social, as histórias que conta parecem muitas vezes não ter roteiro, assemelhando-se a quadros cinematográficos. Entre suas obras, destacam-se *Os caminheiros e outros contos* (1946), *História de amor* (1952), *O hóspede de Job* (1964) e *O delfim* (1968).
>
>
> Editora Biis

A obra do romancista, contista e ensaísta Vergílio Ferreira (1916-1996) é exemplo desse alargamento, no romance português, da discussão social em torno da condição humana. Por meio da análise da sociedade portuguesa e das relações humanas, o autor mostra com mais profundidade o drama existencial do homem moderno. Entre seus livros principais estão *Mudança* (1949), *Aparição* (1959) e *Alegria breve* (1965).

Outros autores que se distinguiram na prosa ficcional existencialista portuguesa são Urbano Tavares Rodrigues com *A porta dos limites* e Maria Judite de Carvalho com *Tanta gente, Mariana*.

A LITERATURA PORTUGUESA ATUAL

A prosa

A Revolução dos Cravos (1974), que pôs fim a 48 anos de salazarismo, deu origem a uma literatura de extração revisionista, que busca reler os fatos históricos sob uma ótica crítica e social, contrapondo-se ao discurso oficial do Estado ditatorial salazarista.

Nessa produção destacam-se duas linhas: a literatura de guerra, criada por escritores que tiveram participação nos conflitos ocorridos nas colônias portuguesas na África, e a literatura de fundo histórico, que procura resgatar criticamente, de modo explícito ou alegórico, a história de Portugal.

Ao primeiro grupo pertencem escritores como António Lobo Antunes, com o seu *Conhecimento do inferno*; Wanda Ramos, com *Percurso*; Francisco Assis Pacheco, com *Walt*; e Martins Garcia, com *A fome*; no segundo grupo situam-se, entre outros, José Saramago, com *História sobre o cerco de Lisboa* e *Memorial do convento*; José Cardoso Pires, com *Balada da praia dos cães*; Augusto Abelaira, com *Sem teto, entre ruínas*; e Jorge de Sena, com *Sinais de fogo*.

José Saramago: a utopia e a crítica da realidade

José Saramago (1922-2010) é o mais conhecido escritor da literatura portuguesa contemporânea e, depois de ganhar o prêmio Nobel de literatura, em 1998, tornou-se o mais conhecido escritor em língua portuguesa.

Filho de camponeses, o autor exerceu profissões como serralheiro, mecânico e desenhista técnico antes de se tornar funcionário público, jornalista e escritor. Ideologicamente, sempre se assumiu como homem de esquerda e ateu.

Saramago escreveu poesia, contos, peças teatrais, crônicas e romances, gênero com o qual ganhou notoriedade. Estreou na literatura com o romance *Terra do pecado* (1947), mas foi a partir de *Levantado do chão* (1980) que adotou um estilo particular em que, entre os sinais convencionais de pontuação, são utilizados exclusivamente a vírgula e o ponto. Com parágrafos que podem ter páginas inteiras, ele conduz a narrativa às vezes de forma ágil e leve, às vezes de forma lenta e intrincada, conforme sua intenção. A fala do narrador frequentemente se mistura à fala das personagens, isoladas apenas pela vírgula, o que exige uma leitura muito atenta.

: José Saramago.

Nos romances de Saramago encontra-se uma reflexão aguda a propósito da legitimidade das instituições oficiais (religiosas, governamentais e militares) e da condição humana no mundo contemporâneo. A proposta revisionista de romances como *Memorial do convento* (1982), *História do cerco de Lisboa* (1989) e *A viagem do elefante* (2008), por exemplo, oferece ao leitor uma análise crítica dos fatos históricos.

Em várias das obras do escritor, há uma atmosfera onírica e surpreendente, que se aproxima das situações insólitas criadas pelo Surrealismo ou pelo realismo fantástico. Em *A jangada de pedra* (1986), por exemplo, a península Ibérica se desprende do continente; em *Ensaio sobre a cegueira* (1995), um surto de

cegueira se alastra entre os habitantes de uma cidade; em *Todos os nomes* (1997), uma obra de atmosfera kafkiana, um correto funcionário público da Conservadoria, o Sr. José — responsável pelos arquivos que guardam o registro das realizações de cada uma das pessoas da cidade —, passa a investigar, na vida real, o paradeiro de uma mulher cujos papéis desaparecem da Conservadoria.

Em *Ensaio sobre a lucidez* (2004), Saramago volta ao tema de *Ensaio sobre a cegueira*, retomando algumas personagens e a atmosfera de absurdo do livro anterior, só que agora transposto para uma nova situação insólita: durante as eleições de um país imaginário, os votos não vão nem para os partidos de esquerda, nem para os de centro, nem para os de direita; são todos votos em branco. O branco dos votos, nesse livro, substitui o branco da cegueira, do outro livro.

Partindo de contextos que vão desde a Idade Média em Portugal até os conflitos do homem urbano contemporâneo na virada do milênio, Saramago propicia em seus livros profundas reflexões sobre temas universais e atemporais, como a dominação e a manipulação política por parte dos poderosos, a participação do povo na construção da História, as barreiras que se opõem aos mais profundos sentimentos humanos, como o amor e a solidariedade, a falta de consciência do homem, sua incomunicabilidade, a solidão, o sentido da vida e da morte.

Saramago, que também foi poeta e dramaturgo, escreveu ainda, entre outros, os romances *O ano da morte de Ricardo Reis* (1984) e *O evangelho segundo Jesus Cristo* (1991).

Cia. das Letras

Ensaio sobre a cegueira ou o ensaio sobre a (des)razão

Diante do semáforo, vários motoristas esperam o sinal verde. Finalmente ele aparece, mas o carro que está à frente da fila não arranca. Depois de protestos e buzinadas, os motoristas saem de seus carros para ver o que está acontecendo. Surpreendem-se: o motorista daquele automóvel havia subitamente ficado cego.

Assim se inicia a intrigante narrativa de *Ensaio sobre a cegueira*. Depois desse episódio, muitos outros, sucessivamente, vão formando um cenário de caos e horror: os habitantes, um a um, vão ficando cegos, os serviços públicos vão sendo suspensos, começam a ocorrer assaltos a supermercados, as pessoas já não conseguem sair de casa, corpos se amontoam pela cidade, em estado de putrefação. Os valores e os papéis sociais caem por terra, e as pessoas passam a praticar atos e crimes os mais ignóbeis. Vive-se a ética da desrazão.

> ### Saramago e Buñuel
>
> A situação insólita criada em *Ensaio sobre a cegueira* assemelha-se à do filme surrealista *O anjo exterminador* (1962), de Luis Buñuel.
>
> Depois de uma ópera, um grupo de pessoas da alta sociedade se reúne na casa de um milionário para jantar. Porém, no fim da noite, algo inexplicável os impede de sair da casa. Os dias vão passando, os alimentos vão acabando e, aos poucos, as pessoas vão se despindo das regras sociais e mostrando a face oculta de seu ser. Assassinato, estupro e traição são alguns dos comportamentos que afloram em meio à selvageria do grupo de seletos.

LEITURA

O texto que você vai ler a seguir retrata uma cena do cotidiano de um grupo de sete cegos, liderados pela mulher do médico, a única pessoa da cidade que não perdeu a visão. Neste episódio, ela acaba de ler um livro para os companheiros.

Nessa noite houve novamente leitura e audição, não tinham outra maneira de se distraírem, lástima que o médico não fosse, por exemplo, violinista amador, que doces serenatas poderiam então ouvir-se neste quinto andar, os vizinhos invejosos diriam, Aqueles, ou lhes corre bem a vida, ou são uns inconscientes e julgam poder fugir à desgraça rindo-se da desgraça dos mais. Agora não há outra música senão a das palavras, e essas, sobretudo as que estão nos livros, são discretas, ainda que a curiosidade trouxesse a escutar à porta alguém do prédio, não ouviria mais do que um murmúrio solitário, este longo fio de som que poderá infinitamente prolongar-se, porque os livros do mundo, todos juntos, são como dizem que é o universo, infinitos. Quando a leitura terminou, noite dentro, o velho da venda preta disse, A isto estamos reduzidos, a ouvir ler, Eu não me queixo, poderia ficar assim para sempre, disse a rapariga dos óculos escuros, Nem eu me estou a queixar, só digo que apenas servimos para isto, para ouvir ler a história de uma humanidade que antes de nós existiu, aproveitamos o acaso de haver aqui ainda uns olhos lúcidos, os últimos que restam, se um dia eles se apagarem, não quero nem pensar, então o fio que nos une a essa humanidade partir-se-á, será como se estivéssemos a afastar-nos uns dos outros no espaço, para sempre, e tão cegos eles como nós, Enquanto puder, disse a rapariga dos óculos escuros, manterei a esperança, a esperança de vir a encontrar os meus pais, a esperança de que a mãe deste rapaz apareça, Esqueceste-te de falar da esperança de todos, Qual, A de recuperar a vista, Há esperanças que é loucura ter, Pois eu digo-te que se não fossem essas já eu teria desistido da vida, Dá-me um exemplo, Voltar a ver,

Cena do filme *Ensaio sobre a cegueira*.

Esse já conhecemos, dá-me outro, Não dou, Porquê, Não te interessa, E como sabes que não me interessa, que julgas tu conhecer de mim para decidires, por tua conta, o que me interessa e o que não me interessa, Não te zangues, não tive intenção de magoar-te, Os homens são todos iguais, pensam que basta ter nascido de uma barriga de mulher para saber tudo de mulheres, Eu de mulheres sei pouco, de ti nada, e quanto a homem, para mim, ao tempo que isso vai, agora sou um velho, E zarolho, além de cego, não tens mais nada para dizeres contra ti, Muito mais, nem tu imaginas quanto a lista negra das autorrecriminações vai crescendo à medida que os anos passam, Nova sou eu, e já estou bem servida, Ainda não fizeste nada de verdadeiramente mau, Como podes sabê-lo, se nunca viveste comigo, Sim, nunca vivi contigo, Por que repetiste nesse tom as minhas palavras, Que tom, Esse, Só disse que nunca vivi contigo, O tom, o tom, não finjas que não compreendes, Não insista, peço-te, Insisto, preciso saber, Voltamos às esperanças, Pois voltemos, O outro exemplo de esperança que me recusei a dar era esse, Esse, qual, A última autorrecriminação da minha lista, Explica-te, por favor, não entendo de charadas, O monstruoso desejo de que não venhamos a recuperar a vista, Porquê, Para continuarmos a viver assim, Queres dizer, todos juntos ou tu comigo, Não me obrigues a responder, Se fosses só um homem poderias fugir à resposta, como todos fazem, mas tu mesmo disseste que és um velho, e um velho, se ter vivido tanto tem algum sentido, não deveria virar a cara à verdade, responde, Eu contigo, E por que queres tu viver comigo, Esperas que o diga diante de todos eles, Fizemos uns diante dos outros as coisas mais sujas, mais feias, mais repugnantes, com certeza não é pior o que tens para dizer-me, Já que o queres, então seja, porque o homem que eu ainda sou gosta da mulher que tu és, Custou assim tanto a fazer a declaração de amor, Na minha idade, o ridículo mete medo, Não foste ridículo, Esqueçamos isto, peço-te, Não tenciono esquecer nem deixar que esqueças, É um disparate, obrigaste-me a falar, e agora, E agora é a minha vez, Não digas nada de que te possas arrepender, lembra-te da lista negra, Se eu estiver a ser sincera hoje, que importa que tenha de arrepender-me amanhã, Cala-te, Tu queres viver comigo e eu quero viver contigo, Estás doida, Passaremos a viver juntos aqui, como um casal, e juntos continuaremos a viver se tivermos de nos separar dos nossos amigos, dois cegos devem poder ver mais do que um, É uma loucura, tu não gostas de mim, Que é isso de gostar, eu nunca gostei de ninguém, só me deitei com homens, Estás a dar-me razão, Não estou, Falaste de sinceridade, responde-me então se é mesmo verdade gostares de mim, Gosto o suficiente para querer estar contigo, e isto é a primeira vez que o digo a alguém, Também não mo dirias a mim se me tivesse encontrado antes por aí, um homem de idade, meio calvo, de cabelos brancos, com uma pala num olho e uma catarata no outro, A mulher que eu então era não o diria, reconheço, quem o disse foi a mulher que sou hoje, Veremos então o que terá para dizer a mulher que serás amanhã, Põe-me à prova, Que ideia, quem seria eu para pôr-te à prova, a vida é que decide essas coisas, Uma já ela decidiu.

(*Ensaio sobre a cegueira*. São Paulo: Companhia das Letras, 1995. p. 289-92.)

1. Releia este trecho da narrativa: "Quando a leitura terminou, noite dentro, o velho da venda preta disse, A isto estamos reduzidos, a ouvir ler, Eu não me queixo, poderia ficar assim para sempre, disse a rapariga dos óculos escuros".

    a) Identifique nesse trecho a fala do narrador e a das personagens.

    b) De que recursos o autor se valeu para delimitar as falas de cada um?

2. No diálogo entre o velho da venda preta e a rapariga dos óculos escuros, o velho, referindo-se aos olhos da mulher do médico, que ainda podem ver, afirma: "se um dia eles se apagarem, não quero nem pensar, então o fio que nos une a essa humanidade partir-se-á, será como se estivéssemos a afastar-nos uns dos outros no espaço, para sempre, e tão cegos eles como nós".

    a) Explique essa afirmação do velho.

    b) A condição de cegueira absoluta, pela perspectiva do velho, pode ser vista como a era da desrazão? Por quê?

3. No diálogo das duas personagens, o velho diz que tem um monstruoso desejo: o de que as pessoas não recuperem a vista. Qual é a razão de tal desejo?

4. A cegueira de que quase todos são vítimas por um lado brutaliza o ser humano, levando-o à condição de animal irracional; por outro, pode aproximar as pessoas. Explique por que, com base no relacionamento entre o velho e a moça.

5. No final dessa obra, as personagens recuperam a visão, mas estão agora irremediavelmente modificadas, pois, depois daquela experiência, já não podem ver o mundo da mesma forma que antes.

    a) Ao abrirmos a obra, deparamos com a seguinte epígrafe: "Se podes olhar, vê. Se podes ver, repara". Estabeleça diferenças entre *olhar*, *ver* e *reparar*.

Enigmas do olhar

A percepção visual da realidade, que tanto interessa a Saramago em *Ensaio sobre a cegueira*, também foi objeto de pesquisa de pintores de todos os tempos, como é o caso do surrealista Salvador Dalí.

No quadro abaixo, por exemplo, os cisnes e os tocos refletidos na água têm a aparência de elefantes, mas, se virarmos o quadro de cabeça para baixo, os cisnes se transformam em elefantes, e vice-versa.

Cisnes refletindo elefantes (1937), de Salvador Dalí.

   b) A visão que se tem da realidade está associada diretamente à consciência de cada indivíduo. No poema "Tabacaria", Álvaro de Campos diz: "Se eu casasse com a filha da minha lavadeira / Talvez fosse feliz". Considerando esse dado, responda: Por que a mulher do médico é a personagem que mais sofre na obra?

   c) As personagens, depois de recuperarem a visão, passam a perceber a realidade de modo diferente. O leitor da obra, por sua vez, é conduzido pelo narrador ao mundo da cegueira para emergir dele com uma visão cada vez mais clara e ampla da realidade. Com qual dos verbos mencionados na epígrafe (*olhar*, *ver* e *reparar*) essa visão se relaciona?

Lobo Antunes

António Lobo Antunes (1941) é um dos mais importantes escritores portugueses vivos. Formado em Medicina e com especialização em Psiquiatria, viveu em Angola, na África, entre os anos de 1970 e 1973, onde participou da guerra colonial como médico do Exército português. Essa experiência está presente em livros como *Memória de elefante* (1979), *Os cus de Judas* (1980), *Fado alexandrino* (1983) e *Auto dos danados* (1985), que, além de discutir os horrores e a truculência da guerra, também abordam criticamente a situação de Portugal como país colonizador ao longo da História.

Lobo Antunes.

As narrativas de Lobo Antunes vão além das memórias do *front* de batalhas ou de relatos sobre a sociedade urbana burguesa. Em estilo denso e arrojado, apresentam mudanças abruptas de narrador e diálogos que fundem presente e passado, exigindo do leitor um esforço de atenção concentrado. A consciência crítica acerca da situação histórico-cultural contemporânea tem como foco tanto o contexto português como o homem europeu contemporâneo.

José Luís Peixoto

José Luís Peixoto é autor de peças de teatro, poesias, contos, textos para musicais, mas é no romance que tem se destacado no panorama mundial, tendo obras já traduzidas para vinte idiomas. Foi professor em várias cidades portuguesas e em Cabo Verde e estreou nas letras com o romance *Morreste-me* (2000). Seus romances *Nenhum olhar* (2000) e *Cemitério de pianos* (2006) são considerados exemplos ímpares da produção portuguesa atual.

: José Luís Peixoto.

A poesia

O desenvolvimento da poesia portuguesa na segunda metade do século XX resultou em composições de grande diversidade estética, indo da poesia filosófica de Fernando Echevarría à poesia metalinguística de António Ramos Rosa; do experimentalismo de E. M. de Melo e Castro ao lirismo de Ruy Belo. Essa diversidade é a tônica da poesia portuguesa contemporânea.

As publicações coletivas: dos *Cadernos de Poesia* à poesia de 1961

Na década de 1940, escritores que não tinham vínculo nem com o grupo organizado em torno da revista *Presença* – cujo último número foi publicado em 1940 – nem com o grupo neorrealista criaram a revista *Cadernos de Poesia*. Editada até 1952, a revista sustentava o lema "Poesia é uma só" e deixava explícito o compromisso de divulgar "poesia atual sem dependência de escolas ou grupos literários, estéticas ou doutrinas, fórmulas ou programas".

Participaram dessa publicação tanto escritores consagrados, vindos da *Presença*, quanto novos escritores, como Tomás Kim, Sophia de Mello Breyner Andersen e Eugénio de Andrade, que depois se tornaram grandes nomes da poesia portuguesa.

É de Jorge de Sena (1919-1978), um dos escritores mais atuantes dos *Cadernos*, este poema:

> **Independência**
>
> Recuso-me a aceitar o que me derem.
> Recuso-me às verdades acabadas;
> recuso-me, também, às que tiverem
> pousadas no sem-fim as sete espadas.
>
> Recuso-me às espadas que não ferem
> e às que ferem por não serem dadas.
> Recuso-me aos eus-próprios que vierem
> e às almas que já foram conquistadas.
>
> Recuso-me a estar lúcido ou comprado
> e a estar sozinho ou estar acompanhado.
> Recuso-me a morrer. Recuso a vida.
>
> Recuso-me à inocência e ao pecado
> como a ser livre ou ser predestinado.
> Recuso tudo, ó Terra dividida!
>
> (*Poesia 1*. 2. ed. Lisboa: Moraes, 1977. p. 114-5.)

No transcorrer dos anos 1950, começaram a circular em Portugal, em pequenas brochuras, várias publicações de poesia e crítica literária. Desse movimento editorial fizeram parte revistas como *Távola Redonda* (1950-1954), *Árvore* (1951-1953), *Sísifo* (1952), *Graal* (1956-1957) e *Tempo Presente* (1959-1961). Essas publicações foram responsáveis pela revelação de nomes importantes da poesia lusitana atual, entre os quais Egito Gonçalves, António Ramos Rosa, Sebastião Gama e David Mourão-Ferreira.

David Mourão-Ferreira

David Mourão-Ferreira (1927-1996) produziu prosa, ensaio e poesia, gênero em que mais se destacou.

Após a publicação de *A secreta viagem* (1950), seu primeiro livro de poesia, escreveu uma série de poemas para serem cantados como letras de fado pela cantora Amália Rodrigues (1920-1999). Dessa parceria nasceram obras-primas do fado, como as canções "Maria Lisboa", "Madrugada de Alfama", "Primavera" e "Barco negro".

Um desses poemas, intitulado "Abandono", composto em 1962, é letra da canção que ficou conhecida como "Fado Peniche" e nele é feita referência à prisão de segurança máxima para onde eram levados os opositores da ditadura de Salazar. Leia-o.

Aurora Hiante (1942), de Cândido da Costa Pinto.

Por teu livre pensamento
Foram-te longe encerrar.
Tão longe que o meu lamento
Não te consegue alcançar.
E apenas ouves o vento
E apenas ouves o mar.

Levaram-te, a meio da noite:
A treva tudo cobria.
Foi de noite, numa noite
De todas a mais sombria.
Foi de noite, foi de noite,
E nunca mais se fez dia.

Ai! Dessa noite o veneno
Persiste em me envenenar.
Oiço apenas o silêncio
Que ficou em teu lugar.
E ao menos ouves o vento
E ao menos ouves o mar.

(Disponível em: http://caminhosdamemoria.wordpress.com/2008/11/02/%C2%ABfado-peniche%C2%BB/. Acesso em: 24/7/2012.)

Alexandre O'Neill e o Grupo Surrealista português

Em 1948, foi fundado em Portugal o Grupo Surrealista de Lisboa, do qual fizeram parte poetas e artistas plásticos como Alexandre O'Neill, Mário Cesariny, José-Augusto França, António Domingues, Fernando Azevedo, Moniz Pereira e António Pedro. O grupo sustentava ideias antirrealistas e buscava nas propostas de André Breton, como o automatismo psíquico, a escrita automática, a pesquisa em torno do desejo e do inconsciente, as bases para a elaboração de suas produções.

A obra paradigmática desse movimento foi o livro *A ampola miraculosa*, de Alexandre O'Neill, publicado em 1941. As quinze imagens legendadas que compõem o livro e aparentemente não têm relação umas com as outras levam o leitor a uma experiência quase onírica.

Na década de 1960, procurando ir além das propostas do Surrealismo difundidas na década anterior, muitos poetas se envolveram com experiências formais arrojadas, inspiradas no Concretismo brasileiro. Em 1961, foi lançada a revista *Poesia 61*, que, editada pelos jovens poetas Casimiro de Brito, Luiz Neto Jorge, Fiama Hasse e Maria Teresa Horta, tinha em vista promover a poesia experimental e a exploração da potencialidade do signo como objeto. A partir dessa, outras publicações, como *Cadernos de Hoje* e *Poesia Experimental* (1965-1966), ajudaram a construir a variedade de experiências estéticas que hoje se vê na poesia portuguesa.

Intervenção romântica (1940), de António Pedro, expressão da pintura surrealista em Portugal.

A poesia dos anos 1970 até hoje

A produção dos poetas que surgiriam a partir da década de 1970 revela opções estéticas variadas e muitas vezes pessoais, sem vínculo com plataformas de grupo ou de geração. Nela se fazem presentes desde influências de poetas do modernismo português, como Fernando Pessoa e Almada Negreiros, e do Surrealismo até o experimentalismo que reúne à palavra elementos próprios da música, das artes plásticas, da teoria da comunicação, do cinema.

Representativos das principais linhas estéticas que compõem a multiplicidade de caminhos vista na poesia portuguesa contemporânea são poetas como Manuel Antonio Pina, António Osório, José Augusto Seabra, Mário Cláudio, Nuno Júdice, Al Berto, Orlando Neves, Margarida Vale de Gato e Filipa Leal.

Nuno Júdice e a reflexão

Poeta, ensaísta, ficcionista e professor, Nuno Júdice (1949) estreou na literatura em 1972, com o livro *A noção do poema*. Em sua obra estão presentes reflexões sobre o fazer poético e a existência do homem contemporâneo, realizadas por meio da abordagem de temas como amor, metafísica, vida, morte, tempo.

O poema ao lado é uma mostra da poesia reflexiva do autor.

Nuno Júdice.

Filipa Leal e o cotidiano

Filipa Leal (1979) estreou na literatura com *Talvez os lírios compreendam* (2004) e, em 2011, com *A inexistência de Eva* (2009), foi finalista do Prêmio Literário Casino da Póvoa. De sua poesia, que reflete sobre o cotidiano e a vida contemporânea, é exemplo o poema ao lado.

Obra de Filipa Leal.

Plano

Trabalho o poema sobre uma hipótese: o amor que se despeja no copo da vida, até meio, como se o pudéssemos beber de um trago. No fundo, como o vinho turvo, deixa um gosto amargo na boca. Pergunto onde está a transparência do vidro, a pureza do líquido inicial, a energia de quem procura esvaziar a garrafa; e a resposta são estes cacos, que nos cortam as mãos, a mesa da alma suja de restos, palavras espalhadas num cansaço de sentidos. Volto, então, à primeira hipótese. O amor. Mas sem o gastar de uma vez, esperando que o tempo encha o copo até cima, para que o possa erguer à luz do teu corpo e veja, através dele, o teu rosto inteiro.

(Disponível em: www.citador.pt/poemas/plano-nuno-judice. Acesso em: 26/7/2012.)

Quarto minguante

Os adolescentes da cidade
deitavam-se cada vez mais cedo.

Faltava-lhes o espaço para a náusea
desse lugar diminuto,
desse tédio
que só no quarto a sós
lhes denunciava a paixão.

Os adultos da cidade
deitavam-se cada vez mais tarde.

Não suportavam a náusea
desse lugar diminuto,
desse tédio
que no quarto só
lhes denunciava a solidão.

(Disponível em: http://quintasdeleitura.blogspot.com.br/2010/03/poesia-de-filipa-leal.html. Acesso em: 26/7/2012.)

LÍNGUA: USO E REFLEXÃO

Ron Waddams. Live Adventurously, 1998/The Bridgeman Art Library/Grupo Keystone

CAPÍTULO 60

A colocação. Colocação pronominal

CONSTRUINDO O CONCEITO

Leia o anúncio:

(34º Anuário do Clube de Criação de São Paulo, p. 117.)

1. Observe o seguinte texto verbal do anúncio e os logotipos que o acompanham:

 Saiba como diminuir o impacto ambiental da sua empresa em wwf.org.br e afilie-se já. Ainda dá tempo de salvar o planeta.

   a) Quem é locutor do anúncio?
   b) A quem o anúncio é dirigido?
   c) O que é oferecido ao destinatário?

2. Observe agora a parte não verbal do anúncio.
   a) Que elementos a compõem?
   b) Associe a imagem mostrada no anúncio ao enunciado principal: "Na natureza esta empresa ainda vai durar uns 100 anos". Que efeito de sentido resulta dessa associação?
   c) No contexto, o pronome *esta* tem a função de identificar um objeto no espaço. Qual é esse objeto?
   d) No enunciado principal do anúncio, foi empregada uma *metonímia*, figura de linguagem que consiste na substituição de uma palavra por outra em razão de haver entre elas uma relação de interdependência, de inclusão ou implicação. Explique como se dá, no anúncio, essa relação metonímica.

   e) Por que o locutor do texto afirma que na natureza a empresa "ainda vai durar uns 100 anos"?

3. Compare estes enunciados:

   "Na natureza esta empresa ainda vai durar uns 100 anos."
   Esta empresa ainda vai durar uns 100 anos na natureza.

   a) Que diferença de sentido há entre os enunciados?
   b) Qual é a função sintática do termo *na natureza* em cada um dos enunciados?
   c) No primeiro enunciado, os termos não estão empregados na ordem direta. Levante hipóteses: Por que o locutor optou por uma ordem diferente da direta?

CONCEITUANDO

Em todo texto, seja na linguagem verbal, seja na linguagem não verbal, há intenções argumentativas, explícitas ou implícitas. No anúncio, ressaltam-se elementos ambientais — parte da mata, tronco de árvore, vegetação —, um logotipo com a imagem de um urso panda (animal em extinção) e outro com as cores da bandeira brasileira e o desenho de um coração. Todos esses elementos funcionam como argumentos de sensibilização e persuasão para convencer o leitor da importância de diminuir os impactos ambientais provocados pela ação de empresas. Na linguagem verbal, mesmo havendo um princípio sintático que rege a combinação das palavras na frase, quando se quer dar um destaque a um termo ou um sentido diferente à oração, coloca-se o termo em primeiro plano, como ocorre com a expressão *na natureza*, que é intencionalmente destacada no enunciado principal do anúncio estudado.

Na língua portuguesa, chamamos de **ordem direta** àquela em que os termos da oração se dispõem na sequência sujeito + verbo + complemento (objeto direto, indireto), predicativo, adjuntos, etc.

Quando ocorre uma alteração nessa disposição dos termos, dizemos que a oração está na **ordem inversa**.

Colocação é o modo de dispor, na ordem direta ou inversa, os termos que compõem a oração.

Embora certas colocações sejam consagradas pelo uso, como o emprego do sujeito posposto ao verbo na voz passiva pronominal, na língua portuguesa a estrutura da oração admite bastante liberdade de colocação.

Há, entretanto, certos princípios básicos quanto à colocação que devem ser considerados na linguagem escrita e falada. Um desses princípios é o da colocação dos pronomes pessoais oblíquos átonos.

COLOCAÇÃO PRONOMINAL

Os pronomes pessoais oblíquos átonos *me, te, se, lhe(s), o(s), a(s), nos* e *vos* podem estar em três posições em relação ao verbo ao qual se ligam.

Leia o cartum a seguir e observe a colocação do pronome oblíquo.

(Laerte. *Folha de S. Paulo*, 13/3/2006.)

No cartum, foi empregado o pronome pessoal oblíquo átono *me*. Observe que ele está colocado depois do verbo. Nesse caso, dizemos que há **ênclise**. Se estivesse colocado antes do verbo, seria um caso de **próclise**.

O pronome oblíquo átono pode estar também no meio do verbo, colocação que é denominada **mesóclise**. Veja o exemplo:

Recebê-*lo*-emos no próximo verão.

A colocação pronominal em relação ao verbo

Ênclise

É a colocação normal do pronome na norma culta: Deseje-*me* boa sorte.

Próclise

É a colocação do pronome quando antes do verbo há palavras que exercem atração sobre ele. Na frase a seguir, por exemplo, a conjunção subordinativa *que* exerce atração sobre o pronome.

É verdade *que* ele se mudou?

Mesóclise

É a colocação do pronome quando o verbo se encontra no futuro do presente ou no futuro do pretérito do modo indicativo, desde que não haja condição de próclise:

O torneio de xadrez realizar-*se*-á no início da primavera.
Contar-*lhe*-ia o segredo, se pudesse.

Entre as três possibilidades de colocação do pronome pessoal oblíquo átono em relação ao verbo, a próclise merece atenção especial, pois há várias palavras e expressões que exercem atração sobre o pronome. Por isso, ao fazer os exercícios a seguir, leia o boxe que trata desse assunto.

EXERCÍCIOS

Leia o poema a seguir, de Mario Quintana, e responda às questões de 1 a 4:

A letra e a música

Quando nos encontramos
Dizemo-nos sempre as mesmas palavras
   [que todos os amantes dizem...
Mas que nos importa que as nossas palavras
   [sejam as mesmas de sempre?
A música é outra!

(*A cor do invisível*. Organização de Tania Franco Carvalhal. São Paulo: Globo, 2005. p. 113.)

1. O poema fala do amor de forma metafórica. A que é comparado o amor?

2. O eu lírico afirma que todos os amantes dizem sempre as mesmas palavras. O que diferencia, então, as situações amorosas?

3. Interprete: Nessa "canção de amor", a que corresponde:

a) a letra da canção?

b) a música?

4. Observe o emprego dos pronomes oblíquos átonos no poema. A colocação deles está de acordo com a norma-padrão? Justifique sua resposta.

5. Indique as frases em que a colocação pronominal está em desacordo com a norma-padrão. Em seguida, reescreva-as, adequando a colocação pronominal.

a) Nunca soubemos quem roubava-nos.

b) Pouco se sabe sobre este caso.

c) Que Deus acompanha-te!

d) Agora, se ajeite e durma bem.

e) Contaria-me tudo, se eu quisesse.

f) Em se tratando de conhecimentos de arte, podemos contar com ele.

6. Reescreva as frases a seguir, fazendo as alterações indicadas entre parênteses e observando a colocação pronominal prescrita pela norma-padrão.

a) Emprestei-lhe todas as revistas de ciências. (Troque *emprestei* por *emprestarei*.)

b) Agora, deixe-me só, por favor. (Elimine a vírgula depois da palavra *agora*.)

Emprego da próclise

Exercem atração sobre o pronome:

- palavra negativa (*não, nem, nunca, ninguém, nenhum, nada, jamais*, etc.) não seguida de pausa:

 Nunca *nos* revelou sua verdadeira identidade.

- advérbio não seguido de vírgula:

 Depois *me* dirigi ao balcão de informações.

Havendo vírgula depois de palavra negativa ou de advérbio, usa-se ênclise:

 Não, disse-*me* ele, não me deve mais nada.
 Em seguida, despediu-*se* de todos gentilmente.

- pronomes relativos e indefinidos:

 O rapaz que *me* procurou vendia enciclopédias.
 Quem *te* acompanhou até aqui?

- conjunção subordinativa:

 Pensei que *lhe* dariam o emprego.

Ocorre próclise também quando houver:

- preposição seguida de gerúndio:

 Em *se* tratando de brigas familiares, não me meto.

- infinitivo pessoal precedido de preposição:

 Para *se* desculparem, enviaram à menina flores e bombons.

- orações exclamativas e interrogativas diretas:

 Quanto *me* enganei!
 Quando *me* devolverás o livro?

- orações optativas, exclamativas ou interrogativas diretas:

 Deus *lhe* pague, moço!
 Que *me* importa sua opinião?

Havendo entre o pronome oblíquo e a palavra que exerce atração um termo ou oração intercalados, a próclise continua sendo necessária:

 Nunca, é bom saberem, *lhe* pedi dinheiro.

c) Chamá-lo-ei para fazer parte da equipe de atletismo no próximo mês. (Coloque a frase na forma negativa.)

d) Conversei com o gerente. O gerente disse-me que não aceitava devolução de mercadoria. (Junte as frases, empregando o pronome relativo *que*.)

e) Márcia enviou-lhe essa carta de recomendação. (Troque *Márcia* por *quem* e coloque a frase na forma interrogativa.)

LÍNGUA:
USO E REFLEXÃO

659

A colocação pronominal em relação aos tempos compostos e às locuções verbais

De acordo com a norma-padrão formal, o pronome oblíquo pode estar:
- enclítico em relação ao verbo principal se este estiver no infinitivo ou no gerúndio; *nunca* se estiver no particípio;
- proclítico ou enclítico em relação ao verbo auxiliar;
- mesoclítico em relação ao verbo auxiliar se este estiver no futuro do presente ou no futuro do pretérito.

Observe as posições do pronome nas frases:

> Eu quero contar-*lhe* a verdade.
> Eu *lhe* quero contar a verdade.
> Eu quero-*lhe* contar a verdade.

> Eu *lhe* tinha contado a verdade.
> Eu tinha-*lhe* contado a verdade.
> Ter-*lhe*-ia contado a verdade, se a soubesse.

Se houver fator de próclise, teremos:

> Disse que *lhe* quero contar a verdade.
> Disse que quero contar-*lhe* a verdade.

> Já *lhe* estou contando a verdade.
> Já estou contando-*lhe* a verdade.
> Já *lhe* tinha contado a verdade.

No Brasil, mesmo na norma culta a preferência é por construções em que o pronome oblíquo aparece solto entre as formas verbais. Veja:

> Quero *lhe* dizer o que sei.
> Ele já tinha *me* decepcionado.

> Estou *lhe* enviando notícias.

A colocação pronominal no português do Brasil e no português lusitano

Leia os textos abaixo. O primeiro é uma notícia de um jornal português; o segundo, uma tira do quadrinista brasileiro Caco Galhardo.

"Encostou-me a arma à cabeça"

"Atacou-me quando eu fechava a porta. Ainda tentei reagir, mas ele encostou-me a arma à cabeça e arrancou-me a mala", contou ao CM, ainda bastante abalada, a dona da pizaria La Fiamma, em Arcozelo, Barcelos. Anteontem foi assaltada quando fechava a porta do estabelecimento, cerca das 23h30. [...]

(Disponível em: http://www.cmjornal.xl.pt/detalhe/noticias/nacional/portugal/encostou-me-a-arma-a-cabeca. *Correio da Manhã*. Portugal. Acesso em: 28/6/2012.)

(Caco Galhardo. *Folha de S. Paulo*, 26/6/2012.)

A diferença de colocação pronominal decorre das diferenças eufônicas entre o português de Portugal e o do Brasil. Assim, para o falante português, é mais agradável dizer e ouvir: "atacou-me", "encostou-me", "arrancou-me". Já, para o falante brasileiro, é mais natural dizer e ouvir: "me dê".

Entretanto, as regras de colocação pronominal da norma-padrão de nossa língua ainda guardam fortes influências do português de Portugal, sendo orientadas pela entonação do falar lusitano.

EXERCÍCIOS

Leia a tira:

(*Folha de S. Paulo*, 23/11/2011.)

1. No 1º e no 2º quadrinhos da tira, o pronome oblíquo átono *me* foi empregado em locuções verbais. A colocação dos pronomes está de acordo com a fala brasileira. Ela está de acordo também com a norma-padrão? Justifique sua resposta.
2. De acordo com a norma-padrão, que outras possibilidades haveria para a colocação dos pronomes oblíquos?

A COLOCAÇÃO PRONOMINAL NA CONSTRUÇÃO DO TEXTO

Leia a tira:

(Fernando Gonsales. *Níquel Náusea – A perereca da vizinha.* São Paulo: Devir, 2005. p. 38.)

1. Observe para onde apontam os balões dos três primeiros quadrinhos. Que surpresa ocorre no último quadrinho?
2. A linguagem utilizada pelas personagens foge ao que seria normal na situação.
   a) Como é essa linguagem?
   b) Levante hipóteses: Qual é a razão de ter sido utilizada uma linguagem desse tipo?
3. Buscando um grau elevado de sofisticação, as personagens misturam formas de tratamento da 2ª pessoa do singular e 2ª pessoa do plural. Na tira:
   a) Que marcas gramaticais indicam o tratamento em 2ª pessoa do singular (tu)?
   b) Que marcas indicam o tratamento em 2ª pessoa do plural (vós)?
4. Na busca de uma linguagem diferenciada, as personagens fazem uma verdadeira confusão quanto ao emprego de verbos, pronomes e sua posição na frase. Que situação absurda, do ponto de vista gramatical, pode ser observada:
   a) no 2º quadrinho?
   b) no 3º quadrinho?
   c) no 4º quadrinho?
5. No último quadrinho, o rato demonstra estar irritado com o jogo.
   a) A que se deve essa irritação?
   b) Você acha que o comentário dos três insetos vai acalmá-lo? Por quê?

Para que servem as regras de colocação pronominal?

Enquanto as regras de colocação pronominal vigentes se mantêm distanciadas da prosódia brasileira, devemos conhecê-las e dominá-las a fim de empregar adequadamente os pronomes sempre que as situações de interação verbal exigirem a produção de um texto – oral ou escrito – na norma culta formal da língua. Fora dessa exigência, a colocação do pronome deve seguir os princípios do bom-senso e da eufonia.

6. Discuta com os colegas e o professor: Caso a escolha dos pronomes oblíquos estivesse adequada, a colocação deles nas frases também estaria de acordo com a norma-padrão? Por quê?

SEMÂNTICA E DISCURSO

Leia a tira a seguir, de Laerte, e responda às questões de 1 a 3.

(*Folha de S. Paulo*, 28/2/2012.)

1. Observe a colocação dos pronomes oblíquos na tira:

> "Procurei-vos..."
>
> "Explicar-mo-íeis?"
>
> "Banqueteamo-nos"

a) Em que posição os pronomes foram empregados?
b) Essa colocação está de acordo com a norma-padrão?
c) O que justifica o emprego de *mo* na posição em que se encontra?

2. A linguagem empregada nos quadrinhos revela indícios de que se trata de um português antigo. A palavra *debalde*, por exemplo, é rara no português moderno, e a forma pronominal *mo* – originada da contração dos pronomes oblíquos átonos *me* e *o* – só se encontra em textos literários antigos.
a) O que significa *debalde*?
b) A que se refere o pronome *o*, da contração *mo*?

3. As formas de tratamento e o nível de linguagem usados pelas personagens não são comuns no gênero história em quadrinhos. Considerando a finalidade principal da tira, o que justifica o emprego desses recursos linguísticos?

4. Certas palavras, dependendo da posição que ocupam na oração, podem mudar de significado. Dê o significado das palavras destacadas nos pares de frases a seguir.
a) Você tem que ir lá no dia *certo*.

   Certo dia, eis que meu filho chega sem avisar.

b) Dinheiro *algum* o fez mudar de ideia.

   É bom ter sempre *algum* dinheiro de reserva.

c) *Todo* homem é mortal.

   O homem *todo* era só alegria.

662

PARA COMPREENDER O FUNCIONAMENTO DA LÍNGUA

PERÍODO COMPOSTO POR COORDENAÇÃO: AS ORAÇÕES COORDENADAS

Leia este anúncio:

(*Fórum*, nº 100, p. 26-7.)

1. Um anúncio tem a finalidade de informar as pessoas, sensibilizá-las e convencê-las sobre determinado produto ou ideia. Observe a parte inferior do anúncio:

a) Quem é o anunciante? E o destinatário?
b) Qual é a finalidade do anúncio?

2. Observe a parte verbal do anúncio.
a) O enunciado "Separe o lixo e acerte na lata" apresenta ambiguidade, ou seja, duplo sentido. Explique em que consiste essa ambiguidade.
b) Nos três enunciados que compõem a parte verbal do anúncio, predominam formas verbais do imperativo: *mude*, *ajude*, *limpe*, *separe*, *acerte*. Na sua opinião, por que o anunciante deu preferência a esse modo verbal?

3. Observe a parte não verbal do anúncio.

a) Que imagem aparece em destaque?
b) Que relação há entre a parte verbal e a parte não verbal do anúncio?

4. Observe estes períodos:

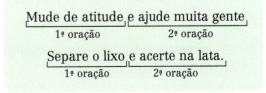

a) Há duas orações em cada período. Entre elas existe relação de dependência sintática? Justifique sua resposta.
b) As orações de cada período são conectadas por uma conjunção. Que conjunção estabelece a ligação entre elas?
c) Que tipo de relação essa conjunção estabelece entre as orações?

- oposição
- alternância
- explicação
- conclusão
- adição

d) Como é classificada a conjunção que estabelece esse tipo de relação?

663

Você notou que, nos períodos "Mude de atitude e ajude muita gente" e "Separe o lixo e acerte na lata", as orações são ligadas pela conjunção coordenativa aditiva *e* e são independentes sintaticamente. Como nenhuma funciona como termo da outra, elas constituem **orações coordenadas**, formando períodos compostos por coordenação.

A 1ª oração de cada período não se inicia com conjunção; por isso, é **coordenada assindética** (*síndeto* = conjunção coordenativa). Já a 2ª oração de cada período é introduzida por conjunção; por isso, é **coordenada sindética**.

> **Oração coordenada sindética** é aquela que é introduzida por conjunção coordenativa.
> **Oração coordenada assindética** é aquela que não é introduzida por conjunção.

Valores semânticos das orações coordenadas sindéticas

As orações coordenadas sindéticas têm relação com outra oração do período e classificam-se de acordo com o valor semântico da conjunção que as introduz.

Aditivas

Estabelecem em relação à oração anterior uma noção de acréscimo, adição.

> Ele comprou a passagem *e partiu no primeiro trem*.

São introduzidas pelas conjunções coordenativas aditivas: *e, nem, que*, ou pelas locuções correlativas: *não só... mas* (*também*), *tanto... como*, etc.

Adversativas

Estabelecem em relação à oração anterior uma ideia de oposição, contraste, compensação, ressalva.

São introduzidas pelas conjunções coordenativas adversativas: *mas, porém, todavia, contudo, no entanto, entretanto, senão*, etc.

Alternativas

Expressam alternância, ligando orações que indicam ideias que se excluem.

> Todas as tardes ia ao cinema *ou fazia pequenas compras em lojas da região*.

São introduzidas pelas conjunções coordenativas alternativas: *ou, ou... ou..., ora... ora, já... já, quer... quer*, etc.

> Observe que a oração *ou vai amarelar* liga-se à oração anterior com um valor alternativo, para exprimir a incompatibilidade das duas propostas sugeridas pelo anúncio.

Conclusivas

Exprimem ideia de conclusão relativa à declaração feita na oração anterior. Veja este ditado popular:

> O destino não é uma questão de sorte, é uma questão de escolha. *Portanto, não é algo* a se esperar, e sim a conquistar.

São introduzidas pelas conjunções coordenativas conclusivas: *logo*, *pois* (posposto ao verbo), *portanto*, *por isso*, *de modo que*, etc.

Explicativas

Exprimem ideia de explicação relativa à declaração feita na oração anterior:

> Use sempre protetor solar, passe um hidratante em sua pele e lave o rosto 2 vezes ao dia com água e sabonete neutro. A massagem também é sempre bem-vinda, *pois ajuda no relaxamento* e ativa a circulação linfática e venosa.
>
> (Campanha de prevenção de doenças venosas e arteriais – SBACVSP.)

São introduzidas pelas conjunções coordenativas explicativas: *porque*, *que*, *pois* (anteposto ao verbo), etc.

Distinção entre as orações coordenadas explicativas e as orações adverbiais causais

Tanto as orações coordenadas explicativas quanto as orações adverbiais causais podem ser introduzidas pelas conjunções *que* e *porque*. Por essa razão, às vezes fica difícil distinguir esses dois tipos de oração, principalmente quando não se conhece bem o contexto situacional e a intenção do locutor. Tal dificuldade, contudo, poderá ser eliminada se observarmos estes princípios básicos:

- A oração coordenada explicativa cumpre o papel de explicar o que foi afirmado na oração anterior. Veja:

> Choveu, | porque a rua está molhada.
> or. coord. assindética | or. coord. sindética explicativa

> Maria sumiu na festa, | porque ninguém mais a viu.
> or. coord. assindética | or. coord. sindética explicativa

- A oração subordinada adverbial causal cumpre o papel de advérbio em relação à oração principal, isto é, indica a causa da ação expressa pelo verbo da oração principal. Observe:

> Choveu | porque houve muita evaporação.
> or. principal | or. subord. adverbial causal

- A oração coordenada explicativa é empregada com frequência depois de orações imperativas e optativas. Veja:

> Não zombe dele, | que está apaixonado.
> or. imperativa | or. coord. sind. explicativa

> Deus te ajude, | porque és ousado.
> or. optativa | or. coord. sind. explicativa

Orações intercaladas

Leia as frases seguintes, de Machado de Assis, e observe as orações destacadas:

> É muito esperto o seu menino, *exclamaram os ouvintes*.
> Tive (*por que não direi tudo?*) tive remorsos.

Na primeira frase, a oração destacada indica quem exclamou "É muito esperto o seu menino"; na segunda, a oração entre parênteses corresponde a uma ressalva feita pelo narrador-personagem. Observe que essas orações constituem acréscimos feitos ao texto com a finalidade de dar algum esclarecimento adicional, não fundamental. Essas orações são chamadas de **orações intercaladas** ou **interferentes**.

Assim:

> **Oração intercalada** ou **interferente** é aquela que é inserida em outra com a finalidade de indicar o autor de uma citação, fazer um esclarecimento, uma ressalva, uma advertência, um desabafo, emitir uma opinião ou pedir desculpas.

Esse tipo de oração é sintaticamente independente e em geral aparece entre vírgulas, travessões ou parênteses. Veja outros exemplos:

> "Um dia — *que linda manhã fazia!* — resolvemos um grande problema." (Marques Rebelo)
> "E amaria o rapaz de suéter e sapato de basquete, que costuma ir ao Rio, ou (*murmurava-se*) o homem casado, que já tinha ido até à Europa e tinha um automóvel e uma coleção de espingardas magníficas." (Rubem Braga)

EXERCÍCIOS

1. Leia o anúncio:

(*Veja São Paulo*, ano 44, nº 12, p. 61.)

a) No enunciado principal do anúncio, embora haja um ponto separando as orações, há entre elas uma relação de coordenação. Classifique as orações.

b) No contexto, que relação semântica há entre a oração sindética e a oração anterior?

c) Normalmente, as orações dos períodos compostos são separadas por vírgulas. Nesse caso, qual a finalidade do anunciante ao colocar um ponto entre as orações?

2. Observe a parte não verbal do anúncio.
a) De que a imagem é constituída?
b) Que relação há entre a linguagem verbal e a linguagem não verbal do texto?

3. Leia as orações dos itens a seguir, observando o tipo de relação semântica existente entre elas. Depois reescreva-as, ligando-as com uma conjunção coordenativa que faça o período ficar coerente.
a) O garoto não estava bem. Chorava. Gemia baixinho.
b) Havia muito serviço ainda na cozinha. De raiva, ninguém trabalhava. Não falava.
c) Siga o roteiro proposto. Abandone a competição.
d) Façam silêncio. Há gente doente.
e) Ele é seu pai. Respeite-lhe a vontade pelo menos desta vez.
f) Dormi tarde. Acordei cedo.
g) Li. Reli seu texto. Não o entendi.

Tinho

LITERATURA

CAPÍTULO 61

Tendências da literatura brasileira contemporânea

A literatura da primeira metade do século XXI se apropria das tradições literárias desenvolvidas a partir da segunda metade do século XX. Metalinguagem, experimentalismo formal, engajamento social e mistura de tendências estéticas são alguns dos traços que marcam a produção contemporânea.

A POESIA

O crítico Manuel da Costa Pinto avalia assim o atual quadro da poesia brasileira:

> Existem duas ideias sobre a poesia brasileira que são consensuais, a ponto de terem virado lugares-comuns. A primeira diz que um de seus traços predominantes é o diálogo cerrado com a tradição. Mas não qualquer tradição. O marco zero, por assim dizer, seria a poesia que emergiu com a Semana de Arte Moderna de 22. A segunda ideia, decorrente da primeira, é que essa

linhagem modernista se bifurca em dois eixos principais: uma vertente mais lírica, subjetiva, articulada em torno de Mário de Andrade, Manuel Bandeira e Carlos Drummond de Andrade; e outra mais objetiva, experimental, formalista, representada por Oswald de Andrade, João Cabral de Melo Neto e a poesia concreta.

(*Literatura brasileira hoje*. São Paulo: Publifolha, 2004. p. 14.)

LEITURA

Você vai ler a seguir quatro poemas representativos de algumas das tendências da produção poética brasileira das últimas décadas. O texto I é de autoria de Ferreira Gullar e é um exemplo da poesia engajada da década de 1960; o texto II é de Paulo Miranda, representante da poesia visual da década de 1970; o texto III é de Paulo Leminski, poeta que fez parte da poesia marginal dos anos 1970-1980; e o texto IV é de autoria do poeta contemporâneo Donizete Galvão.

TEXTO I

Agosto 1964

Entre lojas de flores e de sapatos, bares,
    mercados, butiques,
viajo
    num ônibus Estrada de Ferro-Leblon
    Volto do trabalho, a noite em meio,
    fatigado de mentiras.

O ônibus sacoleja. Adeus, Rimbaud,
relógio de lilases, concretismo,
neoconcretismo, ficções da juventude, adeus,
    que a vida
    eu a compro à vista aos donos do mundo.
    Ao peso dos impostos, o verso sufoca,
A poesia agora responde a inquérito policial-militar.

    Digo adeus à ilusão
mas não ao mundo. Mas não à vida,
meu reduto e meu reino.
    Do salário injusto,
    da punição injusta,
    da humilhação, da tortura,
    do terror,
retiramos algo e com ele construímos um artefato

um poema
uma bandeira

(Ferreira Gullar. *Toda poesia*. Rio de Janeiro: José Olympio, 2001. p. 170.)

TEXTO II

Soneto 1m40cm

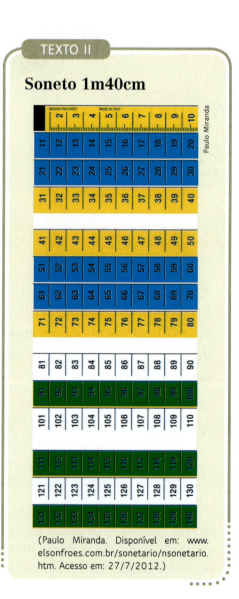

(Paulo Miranda. Disponível em: www.elsonfroes.com.br/sonetario/nsonetario.htm. Acesso em: 27/7/2012.)

TEXTO III

**PRA QUE CARA FEIA?
NA VIDA
NINGUÉM PAGA MEIA.**

(Paulo Leminski. Disponível em: http://cultalt.tripod.com/6.htm. Acesso em: 27/7/2012.)

TEXTO IV

Roedor

Parado no trânsito da Marginal
Vi você roendo as unhas com fúria.
Estava encostado no poste de esquina,
Ombros arqueados numa posição frouxa.
Você cuspia os tocos das unhas.
Arrancava lascas de **carne** dos dedos
E, depois, sugava o sangue dos cantos.
Ah, que triste figura você fazia, amigo!
Você era pouco mais que um rato.

(Donizete Galvão. *A carne e o tempo.*
São Paulo: Nankin, 1997. p. 31.)

---

1. No texto I, o eu lírico reflete sobre a sua condição e sobre o destino de sua poesia. Levando em conta também o título do poema, responda:
  a) Que fato histórico pode ter motivado essas reflexões?
  b) O eu lírico se sente derrotado? Justifique.
  c) De acordo com os últimos versos, de que modo o eu lírico pode contribuir para que a situação seja alterada?

2. O texto II é um exemplo do experimentalismo poético da década de 1970, no qual os poetas integram outras linguagens na construção do poema.
  a) Qual relação pode ser estabelecida entre o título e a forma como o poema foi construído?
  b) Quais são os sentidos que a palavra *métrica* traz ao poema?
  c) Do ponto de vista formal, o que o corte da fita em catorze partes iguais, cada uma com dez centímetros, sugere?
  d) A que se associam as cores utilizadas no poema?
  e) Do ponto de vista formal, qual é o significado da distribuição das diferentes cores no poema?

3. O poema "Soneto 1m40cm" foi publicado em 1976. Considerando essa informação, responda:
  a) Qual era a situação política do Brasil nessa época?
  b) Que relação pode ser estabelecida entre esse momento histórico brasileiro e o poema?

4. Levando em conta o contexto em que foram produzidos os textos I e II, compare-os e aponte semelhanças e diferenças entre eles.

5. O texto III, de Paulo Leminski, é inspirado no haicai, forma de poesia japonesa composta de três versos.
  a) Quais são as marcas linguísticas e de estilo desse texto?
  b) Que recursos empregados no poema podem favorecer sua memorização?
  c) Esse texto tem semelhança com *slogans* publicitários? Justifique sua resposta.

6. Em relação ao texto IV, responda:
  a) De que tipo é o espaço que ele menciona? Justifique sua resposta.
  b) A que é associada a pessoa a quem o eu lírico se dirige?

7. Com base nos quatro textos estudados, como você caracterizaria a poesia contemporânea?

O Concretismo ou o "*rock'n'roll* da poesia"

O Concretismo é um movimento de vanguarda tardio, surgido no Brasil em meio à euforia desenvolvimentista da década de 1950. Com foco principal na poesia, o movimento ganhou muita força e tornou-se uma referência importante no Brasil e em todo o mundo. Os experimentos estéticos dessa corrente artística exerceram grande influência sobre sucessivos grupos de poetas, artistas plásticos e compositores das décadas seguintes, o que reforça a ideia de que, em nossa cultura, foi o movimento de vanguarda mais importante.

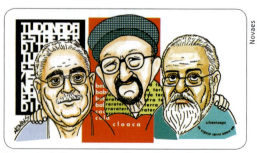

Augusto de Campos, Décio Pignatari e Haroldo de Campos em caricatura de Novaes.

As ideias que serviram de base para o Concretismo começaram a ser divulgadas em 1952, na revista-livro *Noigandres*, editada pelos jovens poetas Décio Pignatari e os irmãos Augusto e Haroldo de Campos. Além de poemas de autoria dos integrantes do grupo, a publicação trazia também manifestos e textos teóricos.

Nos anos de 1956 e 1957, foi realizada em São Paulo e no Rio de Janeiro, respectivamente, a Exposição Nacional de Arte Concreta, que apresentou para o grande público, exibidos na forma de pôsteres, os poemas concretos dos integrantes do grupo que editava *Noigandres* e dos poetas Ferreira Gullar, Wlademir Dias Pinto e Ronaldo Azeredo. A exposição, que contou também com obras de pintura e escultura, teve tamanha repercussão, que a revista *O Cruzeiro*, em uma manchete, chamava o movimento de "*rock'n'roll* da poesia", gênero musical que surgia naquele momento.

Os procedimentos radicais empregados na composição da poesia concreta foram influenciados pelo espírito revolucionário das vanguardas do início do século XX, como o Futurismo e o Cubismo. A proposta principal do Concretismo é a construção de poemas-objeto, trabalho que, à semelhança de um produto fabricado industrialmente, deixa de ter, no processo de sua composição, qualquer relação subjetiva ou psicológica com seu autor. Opondo-se ao que se considera poesia de expressão, os poetas concretos propõem o fim do eu lírico, a exemplo do que já fizera o poeta João Cabral de Melo Neto. Para eles, o poema deve falar por si, apresentando-se ao leitor como um objeto autônomo.

O manifesto Plano Piloto para Poesia Concreta, de 1958, que apresentava as ideias do movimento, dava por encerrado "o fim do ciclo histórico do verso". Na concepção ali exposta, as palavras devem ocupar o espaço

O contexto dos anos 1950-1960

O Brasil viveu da década de 1950 até 1964 um período de euforia política e econômica. Essa foi a época do governo democrático-populista de Juscelino Kubitschek (1956-1961), que empreendeu uma eficiente política econômica industrial e desenvolvimentista.

A aplicação do Plano de Metas do governo, concebido para permitir que o Brasil se desenvolvesse "cinquenta anos em cinco", levou à abertura do país ao capital estrangeiro, que aqui instalou suas indústrias, aproveitando-se de nossa mão de obra barata. A construção de Brasília, a geração de novos empregos na indústria e no comércio, a ampliação do consumo, tudo isso criou uma atmosfera ingênua de euforia entre as pessoas.

No plano internacional, a vitória da Revolução Cubana fez surgir a discussão sobre as relações de força entre as grandes nações e aguçou nos países do Terceiro Mundo a consciência da necessidade de independência em relação aos Estados Unidos e à União Soviética.

A cultura brasileira acompanhava o ritmo das mudanças. Novas ideias surgiam nos diferentes domínios da arte, com a Bossa Nova, o Cinema Novo, o Teatro de Arena, as vanguardas concretas na poesia e nas artes plásticas, os festivais de música transmitidos pela televisão.

Após 1964, quando se iniciou o regime militar, a atividade cultural do país se manteve dinâmica ainda por mais alguns anos. Surgiu o Teatro Oficina, que encenou *O rei da vela*, de Oswald de Andrade; foram criados os CPCs (Centros Populares de Cultura), que visavam levar cultura para as ruas; o Tropicalismo ganhou as rádios e a televisão. Esse período efervescente teve fim com a decretação do AI-5, em 1968, o exílio de políticos e artistas e a instituição de uma censura prévia a eventos culturais.

da página e, em detrimento da linearidade, estabelecer uma relação direta com elementos geométricos, gráficos e visuais.

Os recursos da poesia concreta são os mais variados; vão de experiências sonoras, com aliterações e paronomásias, até o emprego de caracteres tipográficos de diferentes formas e tamanhos; da diagramação do texto na página até a criação de neologismos. O poema assume a forma de cartografia, de cartaz, de cartão, de dobradura, de fotografia, de colagem, enfim, a forma de um objeto qualquer da produção industrial.

Observe estes poemas concretos:

nasce/morre (1958), Haroldo de Campos.

beba coca cola (1957), de Décio Pignatari.

O Concretismo foi o primeiro de vários movimentos de poesia visual no Brasil. A ele se seguiram o *Neoconcretismo*, com a participação de poetas e artistas plásticos como Ferreira Gullar, Hélio Oiticica e Lygia Clark; o movimento do *poema-processo*, liderado por Wladimir Dias Pinto; o do *poema-práxis*, liderado por Mário Chamie, e também os dos grupos que se dedicaram aos vários tipos de poesia visual nas décadas de 1970 e 1980, entre os quais se destacaram artistas como Philadelpho Menezes, Tadeu Jungle e João Bandeira.

Ferreira Gullar: poesia nos anos de chumbo

O poeta maranhense Ferreira Gullar (1930) tem uma produção extensa, que compreende, além de poesia, ensaio, dramaturgia, prosa e crítica de arte. Como poeta, foi um dos principais representantes da poesia social e engajada que se fez no Brasil principalmente nas décadas de 1960 e 1970, no contexto do regime militar no país e das ditaduras latino-americanas em geral.

Ferreira Gullar mudou-se para o Rio de Janeiro em 1951, onde trabalhou como revisor e depois como jornalista. Logo passou a ter participação ativa na cena cultural brasileira e, em 1956 e 1957, tomou parte da Exposição Nacional de Arte Concreta, realizada em São Paulo e no Rio de Janeiro. Em 1959, rompeu com o grupo que fazia a revista *Noigandres* e, junto com vários artistas, entre os quais Amílcar de Castro e Lygia Clark, fundou o grupo de arte Neoconcreto.

Ferreira Gullar.

O poema a seguir integra o livro-objeto *Formigueiro*, obra da fase neoconcretista do poeta.

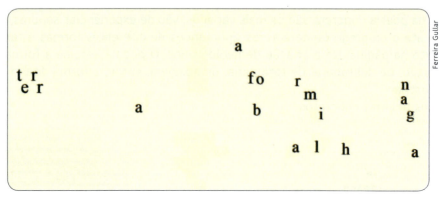

(Disponível em: http://www.antoniomiranda.com.br/poesia_visual/ferreira_gullar2_formigueiro.html. Acesso em: 30/7/2012.)

Em 1962, Ferreira Gullar retomou o verso discursivo e, resgatando o uso do eu lírico, voltou a abordar temas de interesse social, como a fome, a Guerra Fria, a corrida atômica, o neocapitalismo, o Terceiro Mundo, etc.

Com a implantação do regime militar no Brasil, em 1964, e o recrudescimento do autoritarismo político em 1968, acentuou-se o engajamento do autor, que, ao lado de outros escritores, artistas e compositores, como Chico Buarque, Caetano Veloso, Gianfrancesco Guarnieri, José Celso Martinez Correa, Thiago de Mello e Affonso Romano de Sant'anna, realizou a partir de então uma verdadeira poesia de resistência. São desse período as principais realizações de Ferreira Gullar na poesia: as obras *Dentro da noite Veloz* (1975) e *Poema sujo* (1976), esta escrita no exílio, em Buenos Aires.

Nos últimos anos, Ferreira Gullar tem escrito regularmente artigos para jornais do Rio de Janeiro e de São Paulo, e entre suas publicações em poesia mais recentes estão os livros *Muitas Vozes* (1999) e *Em alguma parte* (2010).

Veja um exemplo da poesia social do autor:

Não há vagas

O preço do feijão
não cabe no poema. O preço
do arroz
não cabe no poema.
Não cabem no poema o gás
a luz o telefone
a sonegação
do leite
da carne
do açúcar
do pão

O funcionário público
não cabe no poema
com seu salário de fome
sua vida fechada
em arquivos.

Como não cabe no poema
o operário
que esmerila seu dia de aço
e carvão
nas oficinas escuras

— porque o poema, senhores,
Está fechado:
"não há vagas"
Só cabe no poema
o homem sem estômago
a mulher de nuvens
a fruta sem preço

O poema, senhores,
não fede
não cheira

(*Toda poesia*. 18. ed. Rio de Janeiro: José Olympio, 2009. p. 162.)

672

A poesia marginal de 1970-1980

Os poetas das décadas de 1970-1980, principalmente os que faziam poesia social, tinham poucas opções diante do controle da censura: utilizar uma linguagem indireta, metafórica, e publicar nos meios editoriais convencionais, ou driblar a censura e cuidar eles mesmos da produção, divulgação e distribuição de seu trabalho.

Os que trilharam esse último caminho foram chamados de "poetas marginais" e se empenharam na criação de revistas e jornais literários, folhetos mimeografados, pôsteres poéticos, cartazes, caixas de poemas, antologias impressas em pequenas gráficas. Até uma "chuva de poesia" foi produzida em dezembro de 1980: partindo do alto do edifício Itália, papéis impressos tomaram os céus de São Paulo.

Um novo perfil de poeta começou a surgir. Deixando de ser um produtor cultural solitário, os poetas foram para as ruas, para os bares, para as portas de cinemas e teatros, onde expunham seu trabalho em forma de declamações, *happenings* e *shows* musicais e promoviam sua venda diretamente ao consumidor.

Na extensa lista de poetas desse período destacam-se: Waly Salomão, Torquato Neto, Chacal, Roberto Piva, Rodrigo Haro, Claudio Willer, Sebastião Leite Uchoa, Hilda Hilst.

Ana Cristina César e os jogos de linguagem

A poetisa, prosadora e tradutora Ana Cristina César (1952-1983) nasceu no Rio de Janeiro. Na década de 1970, escreveu para várias revistas e jornais literários e, em 1979, publicou os livros *Cenas de abril* e *Correspondência completa*.

Sua obra, de traço predominantemente confessional, oferece aos leitores jogos de linguagem em que os poemas, os fragmentos de prosa e as cartas misturam ficção e realidade.

Livro de Ana Cristina César.

Paulo Leminski: inovador na prosa e na poesia

O curitibano Paulo Leminski (1944-1989) foi poeta, compositor, professor, tradutor e ensaísta. Parceiro de músicos como Caetano Veloso, Morais Moreira e Itamar Assumpção, destacou-se como um dos principais poetas brasileiros dos anos 1970-1980. Algumas de suas produções são fundamentais para a literatura brasileira atual, como a prosa experimental do livro *Catatau* (1975) e os poemas dos livros *Caprichos e relaxos* (1983) e *Distraídos venceremos* (1987).

Sua obra é marcada pelo experimentalismo, pelo humor, pela economia verbal e pela objetividade.

Paulo Leminski.

Alguns críticos questionam a qualidade estética da produção poética desse período, marcada pela ausência de vínculo com projetos literários específicos. De modo geral, pode-se dizer que a poesia marginal caracteriza-se por um lirismo mais espontâneo e próximo do cotidiano, que, muitas vezes, deixa de lado o trabalho com a palavra, dando lugar à pura expressão. Os modelos literários retomados pelos autores dessa poesia foram os experimentos do Concretismo, os *beatniks* norte-americanos, como Allen Ginsberg e Jack Kerouac, e principalmente os modernistas da geração de 1922 (Bandeira e Oswald, em especial).

Observe, ao lado, a influência do poema-piada de Oswald de Andrade nestes poemas do poeta mineiro Francisco Alvim.

Argumento

Mas se todos fazem
(*Passatempo*. Rio: Frenesi, 1974.)

Descartável

Vontade de me jogar fora
(Idem.)

A poesia do fim do século XX à década atual

O grupo de poetas que surgiram nas décadas de 1990 e 2000 revela em sua produção influência tanto da poesia marginal, pela apropriação do lirismo espontâneo, quanto de grandes referências do passado recente da literatura brasileira, como Drummond, João Cabral e Manuel Bandeira. A pesquisa sobre as formas poéticas e o apuro da linguagem conferem uma marca de qualidade à produção de alguns desses poetas, enquanto outros se destacam pela realização de experimentos que envolvem o cruzamento da poesia com outras linguagens, como o vídeo, a fotografia e sobretudo a música.

Os temas dessa poesia brasileira atual são os mais variados possíveis, indo da vida nos grandes centros urbanos à discussão metalinguística.

Entre os poetas da atualidade destacam-se Carlito Azevedo, Fernando Paixão, Frederico Barbosa, Tarso de Melo, Antônio Risério, Angélica Freitas, Alberto Martins, Marcos Siscar, Antônio Cícero e Fabrício Carpinejar.

Poesia e música

Nos dias atuais, cresce o interesse dos poetas pela música popular, em razão de sua penetração entre o grande público. Waly Salomão, Capinam, Torquato Neto, Cacaso, Paulo Leminski, Antônio Cícero e Fabrício Corsaletti, por exemplo, são coautores de composições que fizeram sucesso no rádio e na televisão. E compositores como Caetano Veloso, Chico Buarque, Milton Nascimento, Cazuza, Paulinho Moska, Lenine, Rômulo Fróes, Mano Brown, Emicida e Criolo apresentam nas letras de suas canções uma sofisticação que as aproxima do literário.

Criolo.

Arnaldo Antunes: poesia multimídia

Nos últimos vinte anos, vários poetas incorporaram em sua produção o uso da tecnologia. O mais conhecido deles é Arnaldo Antunes.

Nascido em São Paulo, em 1960, Arnaldo Antunes ficou famoso por sua participação como letrista e músico na banda Titãs, no período de 1983 a 1992.

Na literatura, o autor encontrou na poesia experimental o seu caminho. Desde suas primeiras produções, faz uso de um cruzamento entre linguagens, resultando em um trabalho que reúne elementos do Concretismo, experimentos com videopoemas e instalações.

Arnaldo Antunes.

Fabrício Corsaletti e a poesia lírica

O poeta, prosador, compositor, editor e articulista Fabrício Corsaletti (1978) nasceu em Santo Anastácio, no Estado de São Paulo. Estreou na literatura em 2001, com o livro *Movediço*, e depois publicou mais sete livros, entre os quais obras de poemas, contos, novela e literatura infantil.

Sua poesia, de tom confessional, faz reflexões sobre a infância, o cotidiano e o amor. Do livro *História das demolições*, de 2007, é o poema que segue.

Poema de amor

Agora o meu amor envolve o seu rosto.
Você projeta a cidade de homens livres.
Tento aproximá-la do pássaro branco.
Você só quer que eu me concentre.
Percebo a cidade de homens livres.

Começo a existir e a você me dirijo.
Meus poemas fazem você nascer mais um pouco.
Mas você abandona a cidade de homens livres;
Em direção a porta de saída,
Seu passo aperfeiçoa o amor.

(In: *Estudos para seu corpo*. São Paulo: Cia. das Letras, 2007. p. 122.)

A PROSA

A partir da década de 1960 a ficção brasileira consolidou a tendência, já apontada pela geração de 1940-1950, de abandonar a abordagem realista. A visão de um mundo complexo e fragmentado manifestou-se na prosa de ficção com a ruptura da narrativa linear e totalizante e com a construção de uma narração desordenada, fragmentária, sem um foco narrativo claramente definido.

Nesse período, a crônica e o conto, mais do que a poesia, ganharam novos representantes. A crônica, amplamente difundida em jornais e revistas semanais, revelou ou confirmou autores como Luis Fernando Verissimo, Jô Soares, Marcos Rey, Walcyr Carrasco, Moacyr Scliar, Carlos Heitor Cony, Mário Prata, entre outros. O romance desdobra-se em diferentes linhas, como o romance policial, o psicológico, o histórico e o memorialista.

Luis Fernando Verissimo

Filho de Érico Veríssimo, o escritor gaúcho Luis Fernando Verissimo (1936) é um dos autores brasileiros mais lidos nos últimos tempos. Consagrou-se como cronista explorando com muito humor temas banais do cotidiano, o relacionamento amoroso, a infidelidade conjugal, a culinária, a política, o comportamento de gerações, o preconceito, a desigualdade social, etc.

Autor de obras como *O analista de Bagé* (1981) e *Comédias da vida privada* (1994), Verissimo é, segundo o crítico Manuel da Costa Pinto, "o grande retratista dos absurdos e das irrealidades de nossa realidade cotidiana".

Comenta o crítico Manuel da Costa Pinto a respeito da ficção mais recente:

A ficção brasileira contemporânea está concentrada em solo urbano. E, assim como acontece com as grandes metrópoles, é difícil encontrar um eixo que a defina. Não existe homogeneidade de estilos, no máximo uma afinidade temática — que às vezes pode ser surpreendente. Assim, se os autores da chamada Geração 90 frequentam os mesmos lugares inóspitos que os escritores da periferia — ruas deterioradas, botecos esquálidos, casas traumatizadas pelo desemprego, pela violência e pela loucura —, há uma percepção geral do isolamento e da vulnerabilidade do sujeito moderno (e urbano). Essa percepção pode tomar a forma dos fragmentos de Dalton Trevisan, das narrativas "instáveis" de Bernardo Carvalho e Chico Buarque ou dos nomadismos de João Gilberto Noll. Em todos eles, permanece como experiência de fundo o desenraizamento proporcionado pela cidade.

(*Literatura brasileira*, cit., p. 82.)

LEITURA

Você vai ler a seguir dois contos. O primeiro é de autoria de Dalton Trevisan, um dos mais importantes escritores da literatura brasileira atual; o segundo, de Fernando Bonassi, escritor revelação dos últimos anos.

675

TEXTO I

Sem fôlego, descansa. Fuma um cigarro, delicado. Já é manhã. Pedala devagar para a casa da mãe. Uma garoa fina. Repete o café, três pães, cata as migalhas: "Puxa, que fome." Exausto, desmaia na cama. De tardezinha, dorme ainda, chegam os tiras. Na delegacia bate a cabeça na parede: "... eu amava, sim... ela me traiu... só fiz por amor...".

(Dalton Trevisan. *234*. Rio de Janeiro: Rocco, 1997. p. 99.)

TEXTO II

094 paisagem com remédios

Na Baixada do Glicério um prédio inacabado foi conquistado por sofás velhos, encerados puídos, cachorros e pessoas vira-latas. Muito perto, o entreposto do Inamps bafeja uma fumaça de remédios vencidos. Filas e filas de receitas médicas encardidas, empunhadas as orações. Gosmentos de vergonha das suas sujeiras, os engenheiros cobrem o Tamanduateí com placas de concreto. Deixarão correr uma autoestrada moderníssima por cima. Os meninos vão rachar a cabeça nessas pistas lisinhas. Quem viver verá na TV.

(São Paulo – Brasil – 1993)

(Fernando Bonassi. *Passaporte*. São Paulo: Cosac & Naify, 2001. p. 94.)

1. No conto de Dalton Trevisan:

a) Quem é a personagem principal?

b) Levante hipóteses: Qual o motivo de a personagem ter sido conduzida à delegacia?

2. Como pode ser caracterizada a linguagem de Dalton Trevisan no conto lido?

3. No conto de Fernando Bonassi:

a) Que adjetivo é empregado para caracterizar as pessoas?

b) Por meio do painel de imagens apresentadas no texto, que caracterização é feita do espaço focalizado na narrativa? Justifique sua resposta com elementos do texto.

4. Compare os dois contos lidos. O que eles têm em comum quanto à linguagem e ao tema?

O conto

Com a estética modernista, o conto foi submetido a radicais transformações. Do ponto de vista técnico, o relato objetivo e linear, com sua estrutura de começo, meio e fim, e a narrativa em crescendo, mantida pelo suspense, deram pouco a pouco lugar à simples evocação, ao instantâneo fotográfico, aos episódios ricos de sugestão, aos flagrantes de atmosferas intensamente poéticas, aos casos densos de significação humana. São representantes do gênero, entre outros, Lygia Fagundes Telles, Osman Lins, Murilo Rubião, Moacyr Scliar, Otto Lara Rezende, Dalton Trevisan, José J. Veiga, Rubem Fonseca, João Antônio, Hilda Hilst, Milton Hatoum, Sérgio Sant'anna, Caio Fernando Abreu, Fernando Bonassi, Marcelino Freire, André Sant'anna, Veronica Stigger.

Dalton Trevisan: o lirismo da perversão

Os contos do curitibano Dalton Trevisan (1925) são a síntese do desenvolvimento da prosa urbana na literatura brasileira. Suas personagens, a maioria das quais em situação de marginalidade, são porta-vozes dos dilemas morais e sociais do homem moderno, e sua narrativa brutal mostra o lado obscuro das cidades.

Marcelino Freire e o miniconto

Uma das formas narrativas surgidas nos últimos anos é o miniconto. Experiência narrativa difundida na década de 1990, o miniconto propõe ao leitor um instantâneo de uma situação.

O escritor Marcelino Freire é um conhecido autor de minicontos. Leia dois deles:

CONTO NANICO NÚMERO 97: Só para o corpo, boiando morto, parou de chover.

CONTO NANICO NÚMERO 99: Subiu aos céus. Depois que o avião caiu.

(Disponível em: www.twitter.com/marcelinofreire. Acesso em: 30/7/2012.)

A crônica

A crônica tem assumido na literatura brasileira um papel cada vez mais relevante, destacando-se como o gênero literário mais lido pelo grande público. Veiculada geralmente em jornais ou em revistas, a crônica foi aos poucos abandonando o caráter exclusivamente jornalístico, voltado apenas para os fatos ocorridos no dia a dia, e penetrando lentamente o universo da ficção.

Hoje, o gênero é diversificado, apresentando feições que vão do comentário do fato jornalístico à ficção, do humor à crítica social, da reflexão filosófica à defesa de ideias, mas tendo sempre como base um olhar crítico sobre a vida presente e cotidiana.

Entre os cronistas que se destacaram nos últimos anos, estão: Fernando Sabino, Luis Fernando Verissimo, Millôr Fernandes, Moacyr Scliar, Carlos Heitor Cony, Fernando Bonassi, Affonso Romano Sant'anna, Walcyr Carrasco, Mário Prata, Antonio Prata, Marcelo Rubens Paiva, Ruy Castro e Xico Sá.

O romance

Em linhas gerais, o romance contemporâneo seguiu as direções mais tradicionais de nossa ficção – a do Realismo, em várias de suas vertentes, e a intimista. Contudo, ganhou novos matizes, representados pela adoção de novos temas, como a violência nas grandes cidades; ou por uma abordagem mais realista e crua de temas já gastos; ou pela introdução de personagens dos chamados grupos marginalizados; ou pela incorporação do fantástico, do simbólico, do absurdo; ou pelo uso de novas técnicas narrativas, originárias tanto da apropriação de técnicas da linguagem cinematográfica e pictórica quanto do resgate de procedimentos narrativos das vanguardas do início do século XX, como os utilizados por James Joyce e Virginia Woolf.

A ficção regionalista, que focaliza principalmente o homem no ambiente das zonas rurais, com os seus problemas geográficos e sociais, é representada por autores como João Ubaldo Ribeiro (*Sargento Getúlio*), Márcio de Souza (*Galvez, imperador do Acre*), Francisco Dantas (*Os desvalidos*), José Clemente Pozenato (*O quatrilho*), Nélida Piñon (*A república dos sonhos*), Antônio Callado (*Quarup*), José Cândido de Carvalho (*O coronel e o lobisomem*) e Milton Hatoum (*Cinzas do Norte*).

A ficção intimista desenvolve-se no sentido da indagação interior, da introspecção psicológica, dos problemas da alma, do destino, da consciência, da conduta da personalidade humana diante de si mesma ou diante dos outros homens. Preocupa-se com problemas psicológicos, religiosos, morais, metafísicos, mas também com os de convivência. Entre outros, integram essa linha: Fernando Sabino (*O encontro marcado*), Aníbal Machado (*João Ternura*), Lygia Fagundes Telles (*As meninas*), Raduan Nassar (*Lavoura arcaica*), Chico Buarque de Hollanda (*Budapeste*), Cristovão Tezza (*O filho eterno*), Bernardo de Carvalho (*O sol se põe em São Paulo*), Ronaldo Correia de Brito (*Galileia*), Daniel Galera (*Mãos de cavalo*), João Gilberto Noll (*Harmada*), Santiago Nazarian (*Feriado em mim mesmo*) e Andrea del Fuego (*Os Malaquias*).

Luiz Ruffato: uma visão realista de São Paulo

O contista e romancista mineiro Luiz Ruffato (1961) é um dos nomes mais celebrados da literatura brasileira contemporânea. Sua estreia na literatura se deu com os livros de contos *Histórias de remorsos e rancores* (1998) e *Os sobreviventes* (2000). Mas foi com o romance *Eles eram muitos cavalos* (2001) que ele ganhou notoriedade. Em uma narrativa estilhaçada, composta por 70 pequenos textos, o escritor dá voz a personagens de rua, trabalhadores, mendigos, donas de casa, empresários, construindo uma visão realista da cidade de São Paulo.

Joca Reiners Terron: novas formas de narrar

O cuiabano Joca Reiners Terron (1968) é poeta, prosador, artista gráfico e editor. Reconhecido como um dos principais talentos de sua geração, estreou na literatura com o livro de poemas *Eletrocefalodrama* (1998). Sua obra apresenta novas formas de narrar, integrando diferentes gêneros. Em *Não há nada lá* (2011), por exemplo, mistura prosa e ensaio, e em *Guias de ruas sem saída* (2012), a narrativa incorpora a linguagem dos quadrinhos.

O romance policial é uma vertente bastante difundida na literatura atual. Rubem Fonseca, autor de *O caso Morel* (1973), *A grande arte* (1983), *Buffo & Spallanzani* (1986), é referência obrigatória para os leitores do gênero, fortalecido no Brasil também por obras como *O matador* (1995), de Patrícia Melo, *O silêncio da chuva* (1997), de Luiz Alfredo Garcia-Roza, *Bellini e a esfinge* (1995), *Bellini e o demônio* (1997) e *Bellini e os espíritos* (2007), do escritor e músico Tony Bellotto.

Da década de 1980, há uma vasta produção de romances que misturam ficção com memórias, prosas autobiográficas, relatos de viagem, testemunhos e documentários, dos quais são exemplo *O que é isso, companheiro?* (1979), de Fernando Gabeira, e *Sangue de coca-cola* (1980), de Roberto Drummond. Nos últimos anos, uma nova safra de escritores ligados a essa vertente tem surgido,

Rubem Fonseca e a marginalidade

O escritor mineiro Rubem Fonseca (1925) situa-se entre os mais influentes autores da literatura brasileira contemporânea. Seus contos e romances retratam, com uma linguagem direta e objetiva, a marginalidade das grandes cidades. Entre suas personagens – detetives, assassinos, ladrões e prostitutas –, Mandrake é uma das mais emblemáticas. Mulherengo e cínico, é um detetive que usa a sagacidade para desvendar os mais misteriosos crimes, em obras como *Lúcia McCartney* (1967) e *Mandrake, a bíblia e a bengala* (2005).

Caricatura de Rubem Fonseca.

dando voz aos marginalizados pela sociedade e propondo uma reflexão sobre a vida nas periferias das grandes cidades, sobre os detentos e a situação do sistema penitenciário brasileiro, entre outras. Obras como *Estação Carandiru* (2001), de Dráuzio Varella, *Memórias de um sobrevivente* (2001), de Luiz Alberto Mendes, *Abusado* (2003), de Caco Barcelos, *Cabeça de porco* (2005), escrito por Celso Athayde, MV Bill e Luís Eduardo, além de *Cidade de Deus* (1997), de Paulo Lins, e *Capão pecado* (2000), de Ferréz, são representativas desse universo.

No romance histórico têm se destacado escritores como Ana Miranda, com *Boca do inferno*, que narra as aventuras políticas e amorosas de figuras que viveram na Bahia no século XVII; José Roberto Torero, com *O Chalaça*, que retrata os bastidores da vida política brasileira durante o Império; Rubem Fonseca, com *O Selvagem da Ópera*, que narra a trajetória pessoal e artística do compositor Carlos Gomes; Moacyr Scliar, com *Sonhos tropicais*, que resgata o mundo da medicina no Rio de Janeiro no início do século XX; Fernando Morais, com *Olga*, que conta a vida política dos comunistas brasileiros perseguidos na década de 1930 pelo governo getulista.

Há ainda inúmeros autores cujas obras ora se engajam em uma das linhas mencionadas, ora em outra, como a do realismo fantástico, a do surrealismo, a do novo romance, a da paródia. Esse é o caso dos escritores Josué Guimarães (*A ferro e fogo*), José J. Veiga (*A hora dos ruminantes*), Osman Lins (*Avalovara*), Ignácio Loyola Brandão (*Não verás país nenhum*), João Ubaldo Ribeiro (*Viva o povo brasileiro*), Antonio Torres (*Pelo fundo da agulha*), entre outros.

Milton Hatoum e o universo da cultura amazonense

Nascido em Manaus, em 1952, Milton Hatoum é escritor, crítico, professor e tradutor. Suas obras, como *Relato de um certo Oriente* (1990), *Dois irmãos* (2000), *Cinzas do Norte* (2005) e *Órfãos do Eldorado* (2008), focalizam o universo da cultura amazonense no contexto da exploração econômica e da industrialização dos tempos atuais. O regionalismo livre de excessos descritivos mostrado em sua produção ficcional ajuda a compor um retrato da diversidade cultural brasileira.

INTERPRETAÇÃO DE TEXTO

CAPÍTULO 62

Competências e habilidades do Enem (III)

Em unidades anteriores, você aprendeu o que são competências e habilidades e conheceu também seis competências e suas respectivas habilidades específicas da área de Linguagens, códigos e suas tecnologias avaliadas no exame do Enem. Neste capítulo, você vai conhecer mais três competências e suas respectivas habilidades e observar como elas são avaliadas nesse exame.

COMPETÊNCIAS DE ÁREA 7, 8 E 9 REFERENTES A LINGUAGENS, CÓDIGOS E SUAS TECNOLOGIAS

A seguir, apresentamos as competências 7, 8 e 9 e suas respectivas habilidades indicadas pela Matriz de referência de Linguagens, códigos e suas tecnologias.

COMPETÊNCIA DE ÁREA 7 – Confrontar opiniões e pontos de vista sobre as diferentes linguagens e suas manifestações específicas.

H21	Reconhecer, em textos de diferentes gêneros, recursos verbais e não verbais utilizados com a finalidade de criar e mudar comportamentos e hábitos.
H22	Relacionar, em diferentes textos, opiniões, temas, assuntos e recursos linguísticos.
H23	Inferir em um texto quais são os objetivos de seu produtor e quem é seu público-alvo, pela análise dos procedimentos argumentativos utilizados.
H24	Reconhecer no texto estratégias argumentativas empregadas para o convencimento do público, tais como a intimidação, sedução, comoção, chantagem, entre outras.

COMPETÊNCIA DE ÁREA 8 – Compreender e usar a língua portuguesa como língua materna, geradora de significação e integradora da organização do mundo e da própria identidade.

H25	Identificar, em textos de diferentes gêneros, as marcas linguísticas que singularizam as variedades linguísticas sociais, regionais e de registro.
H26	Relacionar as variedades linguísticas a situações específicas de uso social.
H27	Reconhecer os usos da norma-padrão da língua portuguesa nas diferentes situações de comunicação.

COMPETÊNCIA DE ÁREA 9 – Entender os princípios, a natureza, a função e o impacto das tecnologias da comunicação e da informação na sua vida pessoal e social, no desenvolvimento do conhecimento, associando-o aos conhecimentos científicos, às linguagens que lhes dão suporte, às demais tecnologias, aos processos de produção e aos problemas que se propõem solucionar.

H28	Reconhecer a função e o impacto social das diferentes tecnologias da comunicação e informação.
H29	Identificar, pela análise de suas linguagens, as tecnologias da comunicação e informação.
H30	Relacionar as tecnologias de comunicação e informação ao desenvolvimento das sociedades e ao conhecimento que elas produzem.

Agora leia e tente resolver estas questões de provas do Enem:

1.

Disponível em: http://www.wordinfo.info. Acesso em: 27 abr. 2010.

O homem evoluiu. Independentemente de teoria, essa evolução ocorreu de várias formas. No que concerne à evolução digital, o homem percorreu longo trajeto da pedra lascada ao mundo virtual. Tal fato culminou em um problema físico habitual, ilustrado na imagem, que propicia uma piora na qualidade de vida do usuário, uma vez que:

a) a evolução ocorreu e com ela evoluíram as dores de cabeça, o estresse e a falta de atenção à família.

b) a vida sem computador tornou-se quase inviável, mas se tem diminuído problemas de visão cansada.

c) a utilização em demasia do computador tem proporcionado o surgimento de cientistas que apresentam lesão por esforço repetitivo.

d) o homem criou o computador, que evoluiu, e hoje opera várias ações antes feitas pelas pessoas, tornando-as sedentárias ou obesas.

e) o uso contínuo do computador de forma inadequada tem ocasionado má postura corporal.

2.

Nós adoraríamos dizer que somos perfeitos. Que somos infalíveis. Que não cometemos nem mesmo o menor deslize. E só não falamos isso por um pequeno detalhe: seria uma mentira. Aliás, em vez de usar a palavra "mentira", como acabamos de fazer, poderíamos optar por um eufemismo. "Meia-verdade", por exemplo, seria um termo muito menos agressivo. Mas nós não usamos esta palavra simplesmente porque não acreditamos que exista uma "Meia-verdade". Para o Conar, Conselho Nacional de Autorregulamentação Publicitária, existem a verdade e a mentira. Existem a honestidade e a desonestidade. Absolutamente nada no meio. O Conar nasceu há 29 anos (viu só? não arredondamos para 30) com a missão de zelar pela ética na publicidade. Não fazemos isso porque somos bonzinhos (gostaríamos de dizer isso, mas, mais uma vez, seria mentira). Fazemos isso porque é a única forma da propaganda ter o máximo de credibilidade. E, cá entre nós, para que serviria a propaganda se o consumidor não acreditasse nela?

Qualquer pessoa que se sinta enganada por uma peça publicitária pode fazer uma reclamação ao Conar. Ele analisa cuidadosamente todas as denúncias e, quando é o caso, aplica a punição.

Anúncio veiculado na Revista *Veja*. São Paulo: Abril. Ed. 2120, ano 42, nº 27, 8 jul. 2009.

Considerando a autoria e a seleção lexical desse texto, bem como os argumentos nele mobilizados, constata-se que o objetivo do autor do texto é:

a) informar os consumidores em geral sobre a atuação do Conar.

b) conscientizar publicitários do compromisso ético ao elaborar suas peças publicitárias.

c) alertar chefes de família, para que eles fiscalizem o conteúdo das propagandas veiculadas pela mídia.

d) chamar a atenção de empresários e anunciantes em geral para suas responsabilidades ao contratarem publicitários sem ética.

e) chamar a atenção de empresas para os efeitos nocivos que elas podem causar à sociedade, se compactuarem com propagandas enganosas.

3.

> Há certos usos consagrados na fala, e até mesmo na escrita, que, a depender do estrato social e do nível de escolaridade do falante, são, sem dúvida, previsíveis. Ocorrem até mesmo em falantes que dominam a variedade padrão, pois, na verdade, revelam tendências existentes na língua em seu processo de mudança que não podem ser bloqueadas em nome de um "ideal linguístico" que estaria representado pelas regras da gramática normativa. Usos como *ter* por *haver* em construções existenciais (*tem* muitos livros na estante), o do pronome objeto na posição de sujeito (para *mim* fazer o trabalho), a não concordância das passivas com *se* (*aluga-se* casas) são indícios da existência, não de uma norma única, mas de uma pluralidade de normas, entendida, mais uma vez, norma como conjunto de hábitos linguísticos, sem implicar juízo de valor.
>
> CALLOU, D. Gramática, variação e normas. In: VIEIRA, S. R.; BRANDÃO, S. (orgs.). *Ensino de gramática*: descrição e uso. São Paulo: Contexto, 2007 (fragmento).

Considerando a reflexão trazida no texto a respeito da multiplicidade do discurso, verifica-se que:

a) estudantes que não conhecem as diferenças entre língua escrita e língua falada empregam, indistintamente, usos aceitos na conversa com amigos quando vão elaborar um texto escrito.

b) falantes que dominam a variedade padrão do português do Brasil demonstram usos que confirmam a diferença entre a norma idealizada e a efetivamente praticada, mesmo por falantes mais escolarizados.

c) moradores de diversas regiões do país que enfrentam dificuldades ao se expressar na escrita revelam a constante modificação das regras de emprego de pronomes e os casos especiais de concordância.

d) pessoas que se julgam no direito de contrariar a gramática ensinada na escola gostam de apresentar usos não aceitos socialmente para esconderem seu desconhecimento da norma-padrão.

e) usuários que desvendam os mistérios e sutilezas da língua portuguesa empregam forma do verbo *ter* quando, na verdade, deveriam usar formas do verbo *haver*, contrariando as regras gramaticais.

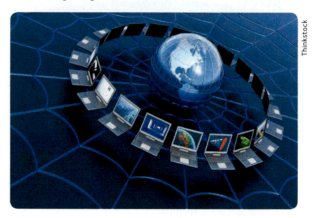

Confronte as questões lidas às três competências de área 7, 8 e 9 e suas respectivas habilidades indicadas pela Matriz de referências de Linguagens, códigos e suas tecnologias definidas pelo Enem. Depois responda:

1. Em relação à questão 1:
  a) Qual é a competência de área avaliada? Por quê?
  b) Que habilidade(s) está(ão) sendo avaliada(s)? Por quê?

2. Em relação à questão 2:
  a) Qual é a competência de área avaliada? Por quê?
  b) Que habilidade(s) está(ão) sendo avaliada(s)? Por quê?

3. Em relação à questão 3:
  a) Qual é a competência de área avaliada? Por quê?
  b) Que habilidade(s) está(ão) sendo avaliada(s)? Por quê?

VIVÊNCIAS

Toquinho, o quarteto MPB4 e Chico Buarque no festival da Música Popular Brasileira, em 1968.

Participe com seus colegas, em dupla ou em grupo, da preparação e realização de um sarau literomusical, intitulado **Poesia e música** ou com outro nome, se a classe preferir.

Escolham uma das propostas a seguir e, para realizá-la, contem com o apoio de professores de outras disciplinas, como História e Artes; além disso, busquem informações complementares em livros, enciclopédias e revistas especializadas no assunto escolhido e também em livros e filmes indicados na seção **Fique ligado! Pesquise!**, na abertura da unidade. No dia combinado com o professor, apresentem seus trabalhos.

Convidem outras classes, professores, funcionários, amigos e familiares para participar do evento.

Projeto
SARAU: POESIA E MÚSICA

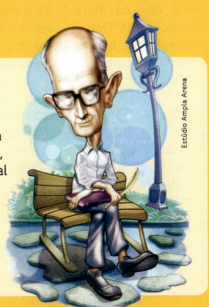

Preparando o sarau

1. Poesia em cena

Escolham poemas de poetas da geração de 1930, da geração de 1945 ou das últimas décadas como Drummond, Jorge de Lima, Cecília Meireles, Vinícius de Morais, João Cabral de Melo Neto, Cacaso, entre outros.

Memorizem o poema escolhido e preparem sua declamação. Em caso de trabalho em dupla, um aluno pode declamar o poema e outro fazer comentários, situando-o na obra do poeta. Para todas as declamações é possível utilizar fundo musical, gravado ou ao vivo.

683

2. "Olha que coisa mais linda / mais cheia de graça / É ela menina"

O "poetinha" Vinícius de Morais (como ele gostava de ser chamado) cantou o amor e a mulher em versos e músicas que embalaram danças "coladinhas" e namoros de mais de uma geração. Foi parceiro de músicos e compositores e deixou um repertório admirável de canções.

Pesquisem sobre a vida musical do poeta, seus parceiros, os movimentos musicais de que ele participou. Consultem, se necessário, os livros do autor, especialmente *Vinicius de Moraes – Obra poética* (Editora Aguilar) e *Vinicius de Moraes – Todas as letras* (Companhia das Letras). Escolham as músicas de que mais gostarem, ensaiem com acompanhamento de violão ou outros instrumentos e apresentem-nas no sarau. Se não for possível a execução ao vivo dessas composições, promovam sua audição.

Sugerimos as seguintes: "Garota de Ipanema", "Chega de saudade", "Felicidade", "Minha namorada", "Se todos fossem iguais a você".

Caricatura de Vinícius de Morais.

3. Contracultura: a cultura do "contra"

"Proibido proibir" – nome de uma canção que Caetano Veloso apresentou sob vaias em um festival de MPB em 1968 – é um ícone da efervescência cultural dos anos finais da década de 1960. Conviviam nas rádios canções da Bossa Nova, como "Chega de saudade" e "Garota de Ipanema", de Tom Jobim e Vinícius de Morais; o *rock'n'roll* de Celly Campello com "Estúpido cupido"; músicas de protesto, como "Pra não dizer que não falei das flores", de Geraldo Vandré; canções do Tropicalismo – principal manifestação brasileira do movimento da contracultura, com a participação de Os Mutantes, Caetano Veloso, Gilberto Gil, Tom Zé e outros –, como "Panis et circencis", "Alegria, alegria" e "Tropicália".

Havia também as músicas de outro movimento artístico, a Jovem Guarda, formada por Roberto Carlos, Erasmo Carlos e Wanderléa, sem contar as de uma série de outros compositores, como Chico Buarque de Hollanda, com "A banda"; Nara Leão, com "Opinião"; Jorge Ben Jor, com "País tropical"; Trio Esperança, com "Filme triste". Entre os cantores ou grupos estrangeiros que faziam sucesso, destacavam-se Chubby Checker, com "The twist"; The Beatles, com "Help"; Rolling Stones, com "Satisfaction", e Bob Dylan, com "Blowin'in the Wind".

Com o apoio do professor de História, escolham algumas dessas canções e apresentem-nas ao vivo ou coreografadas.

4. Os anos 1960 no cinema

Para quem quer conhecer melhor o que foram os anos 1960, com o apoio de seus professores de História e Artes, prepare um vídeo com trechos de filmes que retratam a época, como *Apocalypse now*, de Francis Ford Coppola; *Anos incríveis*, de Steve Miner e Neal Marlens; *O ano em que meus pais saíram de férias*, de Cao Hamburger; *Quase dois irmãos*, de Lúcia Murat; *Zuzu Angel* e *Lamarca*, de Sérgio Rezende; *Cabra marcado para morrer*, de Eduardo Coutinho; *O que é isso, companheiro?*, de Bruno Barreto; *Violeta foi para o céu*, de Andrés Wood.

Apresentem o vídeo e falem sobre os filmes com o público.

Para leitura, recomendamos *1968 – O ano que não terminou* e *1968 – O que fizemos de nós*, de Zuenir Ventura.

Apresentando o sarau

Escolham um colega para ser o apresentador do sarau. Ele deve apoiar o professor na organização dos trabalhos e, na realização do evento, deverá ter em mãos a lista com o nome de cada trabalho, o tema e a relação de seus participantes.

A ele cabe fazer a abertura do sarau, cumprimentar o público, chamar os grupos e apresentar pelo nome cada um dos participantes, além de encerrar o evento e agradecer a presença do público.

Divulguem o sarau em cartazes, destacando a data, o horário e o local do evento. Se quiserem, façam também convites e distribuam-nos a colegas de outras classes, à direção, aos professores e funcionários da escola, a amigos, familiares e pessoas da comunidade.

Filmem o sarau, para terem o registro do evento.

O público participa

Na plateia de um sarau, sempre há pessoas que sabem de cor algum poema ou alguma canção. Por isso, o apresentador, no final do sarau, deve convidar as pessoas da plateia para declamar seus textos preferidos ou cantar ao som de algum instrumento.

EM DIA COM O ENEM E O VESTIBULAR

Literatura e estudos de linguagem

(ENEM) Textos para a questão 1:

O canto do guerreiro

Aqui na floresta
Dos ventos batida,
Façanhas de bravos
Não geram escravos,
Que estimem a vida
Sem guerra e lidar.
— Ouvi-me, Guerreiros,
— Ouvi meu cantar.

Valente na guerra,
Quem há, como eu sou?
Quem vibra o tacape
Com mais valentia?
Quem golpes daria
Fatais, como eu dou?
— Guerreiros, ouvi-me;
— Quem há, como eu sou?

Gonçalves Dias.

Macunaíma
(Epílogo)

Acabou-se a história e morreu a vitória.

Não havia mais ninguém lá. Dera tangolomângolo na tribo Tapanhumas e os filhos dela se acabaram de um em um. Não havia mais ninguém lá. Aqueles lugares, aqueles campos, furos puxadouros arrastadouros meios-barrancos, aqueles matos misteriosos, tudo era solidão do deserto... Um silêncio imenso dormia à beira do rio Uraricoera. Nenhum conhecido sobre a terra não sabia nem falar da tribo nem contar aqueles casos tão pançudos. Quem podia saber do Herói?

Mário de Andrade.

1. A leitura comparativa dos dois textos acima indica que:

a) ambos têm como tema a figura do indígena brasileiro apresentada de forma realista e heroica, como símbolo máximo do nacionalismo romântico.

b) a abordagem da temática adotada no texto escrito em versos é discriminatória em relação aos povos indígenas do Brasil.

c) as perguntas "— Quem há, como eu sou?" (1º texto) e "Quem podia saber do Herói?" (2º texto) expressam diferentes visões da realidade indígena brasileira.

d) o texto romântico, assim como o modernista, aborda o extermínio dos povos indígenas como resultado do processo de colonização no Brasil.

e) os versos em primeira pessoa revelam que os indígenas podiam expressar-se poeticamente, mas foram silenciados pela colonização, como demonstra a presença do narrador, no segundo texto.

2. (PUC-SP)

Alguns dias antes estava sossegado, preparando látegos, consertando cercas. De repente, um risco no céu, outros riscos, milhares de riscos juntos, nuvens, o medonho rumor de asas a anunciar destruição. Ele já andava meio desconfiado vendo as fontes minguarem. E olhava com desgosto a brancura das manhãs longas e a vermelhidão sinistra das tardes.

O crítico Álvaro Lins, referindo-se a *Vidas Secas*, obra de Graciliano Ramos, da qual se extraiu o trecho acima, afirma que, além de ser o mais humano e comovente dos livros do autor, é "o que contém maior sentimento da terra nordestina, daquela parte que é áspera, dura e cruel, sem deixar de ser amada pelos que a ela estão ligados teluricamente". Por outro lado, merece destaque, dentre os elementos constitutivos dessa obra, a paisagem, a linguagem e o problema social.

Assim, a respeito da linguagem de *Vidas Secas*, é correto afirmar-se que:

a) apresenta um estilo seco, conciso e sem sentimentalismo, o que retira da obra a força poética e impede a presença de características estéticas.

b) caracteriza-se por vocabulário erudito e próprio dos meios urbanos, marcado por estilo rebuscado e grandiloquente.

c) revela um estilo seco, de frase contida, clara e correta, reduzida ao essencial e com vocabulário meticulosamente escolhido.

d) apresenta grande poder descritivo e capacidade de visualização, mas apoia-se em sintaxe marcada por períodos longos e de estrutura subordinativa, o que prejudica sua compreensão.

e) marca-se por estilo frouxo e sintaxe desconexa, à semelhança da própria estrutura da novela que se constrói de capítulos soltos e ordenação circular.

3. (ITA-SP) Os romances de Machado de Assis e os de Graciliano Ramos são exemplos bem-acabados da forte presença do realismo na Literatura Brasileira. Entretanto, há diferenças bem marcantes entre a ficção realista do século XIX e a ficção de cunho realista da geração de 30. Algumas delas são:

I. As obras realistas do século XIX (em particular os romances de Machado de Assis) retratam a burguesia rica, enquanto os romances de Graciliano Ramos retratam apenas os retirantes vítimas da seca.

II. No século XIX, o realismo tem preferência pela temática do adultério feminino e do triângulo amoroso, tema este que não é central nas obras da geração de 30, que se preocupam mais com a desigualdade social.

III. Os romances machadianos são urbanos; as obras de Graciliano Ramos retratam, em geral, os ambientes rurais do Nordeste.

IV. No realismo do século XIX, as personagens, em geral, são mesquinhas, vis e medíocres. Já na ficção realista dos anos 30, as personagens são, sobretudo, produtos de um meio social adverso e injusto.

Está(ão) correta(s):

a) apenas I, II e III.
b) apenas I, II e IV.
c) apenas II, III e IV.
d) apenas III e IV.
e) todas.

686

4. (UFC-CE) Analise o que se pede em cada subitem a seguir e assinale a *única* alternativa correta para cada item. A escolha de mais de uma alternativa por item anula a resposta.

a) Em "Inocêncio anunciou aos gritos para os companheiros: Deu o touro, ganhei!" *os dois pontos* são usados para:
- sugerir explicação.
- indicar quebra na sequência de ideias.
- introduzir declaração em estilo direto.

b) Em "– Eu sabia! Eu sabia que havia de me livrar desta corja...", *as reticências* são usadas para:
- denotar interrupção do pensamento.
- indicar a não resposta do interlocutor.
- denotar hesitação em anunciar o pensamento.

c) Em "Vão-se todos pro inferno, magote de miserável!", *a vírgula* é usada para:
- isolar o vocativo.
- isolar o adjunto adnominal.
- separar termos coordenados.

d) Em "Era uma voz de rapazote chamando Vivaldo, que se ausentara um momento", *a vírgula* é usada para separar oração:
- adverbial consecutiva.
- adjetiva explicativa.
- intercalada.

e) Em "– Olhe aqui! Seu Vivaldo pediu para informar a milhar assim que corresse.", *o travessão* é usado para:
- denotar pausa mais forte.
- indicar mudança de interlocutor.
- assinalar uma expressão intercalada.

5. (UFAL-AL) Assinale a alternativa na qual a regência nominal segue as regras da norma-padrão.

a) A tese de que a mídia é um quarto poder não é compatível ao pensamento do autor.
b) Algumas informações que são postas à disposição aos usuários da Internet nem sempre são confiáveis.
c) O gigantismo da internet perde no poder de concentração e análise, devido ao acúmulo de informações.
d) Pesquisas indicam que a mídia impressa ainda é preferível do que a Internet.
e) Há sites não confiáveis, que são propensos em darem informações apressadas.

6. (FGV-SP) Assinale a alternativa que completa, correta e respectivamente, de acordo com a norma culta, as frases:

Entretanto a estabilidade não deve levar □.
A expansão do segundo trimestre foi de 4,9%, maior que □.
A economia brasileira conseguiu crescer a uma taxa próxima □.
Na verdade, aspiramos □.

a) a uma estagnação / à do mesmo período de 2006 / à da economia mundial / a estabilidade da moeda

b) à uma estagnação / a do mesmo período de 2006 / a da economia mundial / pela estabilidade da moeda
c) a uma estagnação / a do mesmo período de 2006 / à da economia mundial / à estabilidade da moeda
d) a uma estagnação / à do mesmo período de 2006 / a da economia mundial / estabilidade da moeda
e) a uma estagnação / a do mesmo período de 2006 / a da economia mundial / na estabilidade da moeda

(FATEC-SP) Considere o trecho para responder às questões de números 7 e 8.

Se for em pedaços, faz-se da seguinte maneira: corta-se a couve-flor em diversos ramos e põe-se numa caçarola com água salgada a ferver em quantidade tal que os pedaços fiquem completamente cobertos de água para não escurecerem.

7. A oração – ... para não escurecerem... – indica uma:

a) causa.
b) finalidade.
c) indefinição.
d) comparação.
e) intensificação.

8. A primeira oração do trecho – *Se for em pedaços*, faz-se da seguinte maneira... – sinaliza a presença de:

a) uma imposição.
b) uma hipótese.
c) uma ordem.
d) um pedido.
e) um desejo.

Produção de texto

9. (UFBA-BA)

I.

O menino parado no sinal de trânsito vem em minha direção e pede esmola. Eu preferia que ele não viesse. [...] Sua paisagem é a mesma que a nossa: a esquina, os meios-fios, os postes. Mas ele se move em outro mapa, outro diagrama. Seus pontos de referência são outros.

Como não tem nada, pode ver tudo. Vive num grande playground, onde pode brincar com tudo, desde que "de fora". O menino de rua só pode brincar no espaço "entre" as coisas. Ele está fora do carro, fora da loja, fora do restaurante. A cidade é uma grande vitrine de impossibilidades. [...] Seu ponto de vista é o contrário do intelectual: ele não vê o conjunto nem tira conclusões históricas — só detalhes interessam. O conceito de tempo para ele é diferente do nosso. Não há segunda-feira, colégio, happy hour. Os momentos não se somam, não armazenam memórias. Só coisas "importantes": "Está na hora do português da lanchonete despejar o lixo..." ou "estão dormindo no meu caixote..." [...]

Se não sentir fome ou dor, ele curte. Acha natural sair do útero da mãe e logo estar junto aos canos de descarga pedindo dinheiro. Ele se acha normal; nós é que ficamos anormais com a sua presença.

JABOR, A. O menino está fora da paisagem. *O Estado de São Paulo*, São Paulo, 14 abr. 2009. Caderno 2, p. D 10.

II.

Vinte anos se passaram desde a queda do Muro de Berlim. A cidade comemora com uma programação rica em atividades. Pode-se conferir, por exemplo, uma grande exposição de fotografias na Alexander Platz ou ver de perto a restauração da East Side Gallery, um pedaço de muro ainda existente que se transformou numa galeria de arte a céu aberto. [...] Em Berlim, [...] tenho ouvido a afirmação recorrente de que o muro persiste enquanto paisagem interiorizada pelos habitantes da cidade. [...] Onde buscar esse muro internalizado?
[...]
Tudo isso faz pensar nas cidades brasileiras, onde os muros tomam conta da paisagem, seja segregando favelas e bairros populares, seja cercando os condomínios fechados dos bairros nobres. Berlim nos ensina que o muro é forma-conteúdo, é produto e também processo, reflete e condiciona o modo como uma sociedade lida com a diferença. O muro também produz a diferença e radicaliza a ocultação do "outro", transforma diferença em segregação e desigualdade.

SERPA, A. Muros internalizados. *A Tarde*, Salvador, 1º ago. 2009. Caderno Opinião, p. A 3.

III.

Todo muro tem dois lados. Se, do lado de cá, ele impede o avanço do nosso descaso para com os pobres; do lado de lá, ele vai servir de trincheira, casamata e torre para os que se aproveitam da pobreza "criminosamente" [...]. Com o muro, concretiza-se o que o Zuenir Ventura diagnosticou como uma cidade partida que, murada, será irremediavelmente repartida.

DAMATTA, Roberto. O problema do muro no Brasil. *O Estado de São Paulo*, 15 abr. 2009. Caderno 2. p. D 12.

Os três fragmentos oferecidos para a sua reflexão apresentam situações distintas, mas que se identificam ao tratarem dos **muros visíveis e invisíveis** que separam as pessoas.

A partir de uma análise das ideias desses fragmentos, produza um texto argumentativo – na forma de prosa que julgar conveniente – em que você **discuta a desigualdade reveladora de muros visíveis e invisíveis no Brasil, sugerindo alternativas de mudança.**

Interpretação de texto

10. (ENEM)

Soneto

Já da morte o palor me cobre o rosto,
Nos lábios meus o alento desfalece,
Surda agonia o coração fenece,
E devora meu ser mortal desgosto!

Do leito embalde no macio encosto
Tento o sono reter!... já esmorece
O corpo exausto que o repouso esquece...
Eis o estado em que a mágoa me tem posto!

O adeus, o teu adeus, minha saudade,
Fazem que insano do viver me prive
E tenha os olhos meus na escuridade.

Dá-me a esperança com que o ser mantive!
Volve ao amante os olhos por piedade,
Olhos por quem viveu quem já não vive!

AZEVEDO, A. *Obra completa*. Rio de Janeiro: Nova Aguilar, 2000.

O núcleo temático do soneto citado é típico da segunda geração romântica, porém configura um lirismo que o projeta para além desse momento específico. O fundamento desse lirismo é

a) a angústia alimentada pela constatação da irreversibilidade da morte.
b) a melancolia que frustra a possibilidade de reação diante da perda.
c) o descontrole das emoções provocado pela autopiedade.
d) o desejo de morrer como alívio para a desilusão amorosa.
e) o gosto pela escuridão como solução para o sofrimento.

11. (ENEM)

O desenvolvimento das capacidades físicas (qualidades motoras passíveis de treinamento) ajuda na tomada de decisões em relação à melhor execução do movimento. A capacidade física predominante no movimento representado na imagem é:

a) a velocidade, que permite ao músculo executar uma sucessão rápida de gestos em movimentação de intensidade máxima.
b) a resistência, que admite a realização de movimentos durante considerável período de tempo, sem perda da qualidade da execução.
c) a flexibilidade, que permite a amplitude máxima de um movimento, em uma ou mais articulações, sem causar lesões.
d) a agilidade, que possibilita a execução de movimentos rápidos e ligeiros com mudanças de direção.
e) o equilíbrio, que permite a realização dos mais variados movimentos, com o objetivo de sustentar o corpo sobre uma base.

caderno de Competências

Português

conecte

Editora Saraiva

Conecte Português – Caderno de competências
Volume Único

Direitos desta edição:
Saraiva S.A. – Livreiros Editores, São Paulo, 2014
Todos os direitos reservados

Gerente editorial	M. Esther Nejm
Editor responsável	Noé G. Ribeiro
Editores	Mônica Rodrigues de Lima, Paula Junqueira, Caroline Zanelli Martins, Fernanda Vilany de Carvalho
Texto de introdução	Novo + Enem – Ético Sistema de Ensino
Coordenador de revisão	Camila Christi Gazzani
Revisores	Cesar G. Sacramento, Clara Altenfelder Caratta, Gustavo de Moura
Coordenador de iconografia	Cristina Akisino
Pesquisa iconográfica	Camila Loos Von Losimfeldt
Licenciamento de textos	Ricardo Gimenez Corridoni
Gerente de artes	Ricardo Borges
Coordenador de artes	José Maria de Oliveira
Design e capa	Homem de Melo & Troia Design
Diagramação	Cristina Nogueira da Silva
Produtor gráfico	Robson Cacau Alves
Impressão e acabamento	Bercrom Gráfica e Editora

575.936.001.009

Rua Henrique Schaumann, 270 – Cerqueira César – São Paulo/SP – 05413-909

Sumário

Enem   4

   Os objetivos   4

   ProUni e Enem   5

   O Enem e as universidades   5

      Interdisciplinaridade e contextualização   6

Para ler o mundo   10

   Para ler o texto   10

   Infográficos   10

   Gráficos   12

   Ler os mapas para ler o mundo   15

   A linguagem publicitária   17

      Potencializando fantasias e desejos   17

      Mobilizando a população   17

      Mudando comportamentos   18

      Publicidade interativa   18

      Tiras, quadrinhos e charges   19

Os eixos cognitivos   22

   A matriz do Enem   23

Linguagens, códigos e suas tecnologias   24

   Linguagens e seus objetos do conhecimento   27

Atividades   29

   Literatura   29

   Gramática   97

Enem

O Enem — Exame Nacional do Ensino Médio — foi instituído em 1998 como forma de avaliar o desenvolvimento de competências por parte dos egressos do ensino médio e, consequentemente, nortear a criação de políticas públicas que pudessem resultar em melhores desempenhos. A partir de 2009, passou a funcionar como instrumento de admissão aos cursos de destacadas universidades brasileiras. Como reflexo de sua importância, o Enem vem sendo realizado por número crescente de alunos ao longo desses 15 anos, como demonstra o gráfico a seguir.

> **Dica:**
> Até a época da realização da prova, consulte regularmente o portal do Enem (www.enem.inep.gov.br) e leia todas as informações disponíveis.

Os objetivos

Atualmente, os educadores concordam que uma sólida formação geral — adquirida na educação básica — é absolutamente necessária para a continuidade dos estudos e para a inserção do indivíduo no mundo do trabalho, cada vez mais exigente e competitivo. A formação não inclui apenas os conteúdos tradicionais das diversas áreas do saber científico, mas também o desenvolvimento de estratégias cognitivas que permitam enfrentar problemas e tomar decisões em situações cotidianas.

A velocidade com que a moderna arquitetura social se modifica e altera a nossa vida exige que a educação básica — educação infantil, ensino fundamental e ensino médio — desenvolva competências com as quais os cidadãos busquem e assimilem novas informações, interpretem códigos e linguagens e empreguem os conhecimentos adquiridos, tomando decisões autônomas e socialmente relevantes.

A atual Lei de Diretrizes e Bases da Educação Nacional (LDB/1996) já propunha profundas transformações no ensino médio, para que, ao concluí-lo, o aluno fosse capaz de:

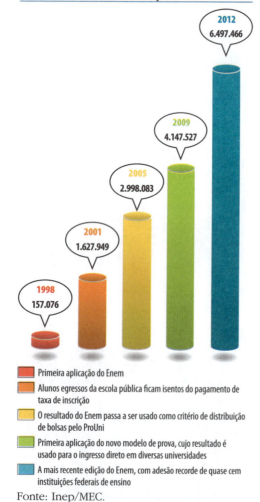

Fonte: Inep/MEC.

O sucesso no Enem necessariamente passa pelo conhecimento das características do exame, que não é mais fácil nem mais difícil do que a maioria dos vestibulares tradicionais e avaliações comuns no ensino médio, mas certamente tem diferenças em relação a eles.

I. dominar os princípios científicos e tecnológicos que regem o atual mundo do trabalho e da produção;

II. reconhecer e decodificar as diversas formas contemporâneas de linguagem;

III. dominar conhecimentos de filosofia e de sociologia necessários ao exercício da cidadania.

Foi diante dessa perspectiva que o MEC implementou o Enem para todos os alunos concluintes do ensino médio. É importante, todavia, perceber que algumas diretrizes dessa avaliação sofreram alterações durante os últimos anos. Nos documentos que nortearam a primeira versão do Enem (1998), o objetivo fundamental era "avaliar o desempenho do aluno ao término da escolaridade básica, para aferir o desenvolvimento de competências fundamentais ao exercício pleno da cidadania".

Tal meta permanece válida, em conjunto com as que foram anunciadas na remodelação do exame, em 2009:

- servir de referência para que cada cidadão possa proceder à autoavaliação com vistas a suas escolhas futuras, tanto em relação ao mundo do trabalho quanto no que se refere à continuidade de estudos;

- funcionar como modalidade alternativa ou complementar aos processos de seleção nos diferentes setores do mundo do trabalho;

- servir como modalidade alternativa ou complementar aos exames de acesso aos cursos profissionalizantes pós-médios e à educação superior;

- possibilitar a participação e criar condições de acesso a programas governamentais, como o ProUni;

- promover a certificação de jovens e adultos no nível de conclusão do ensino médio;

- promover a avaliação do desempenho acadêmico das escolas de ensino médio, de forma que cada unidade escolar receba o resultado global;

- promover a avaliação do desempenho acadêmico dos estudantes ingressantes nas instituições de educação superior.

ProUni e Enem

O **ProUni** — **Programa Universidade para Todos** — foi criado pelo Ministério da Educação, em 2004, e oferece bolsa de estudo integral ou parcial em instituições privadas de educação superior a estudantes de baixa renda e que ainda não possuam diploma de nível superior. As bolsas do ProUni são destinadas a estudantes que cursaram todo o ensino médio em escola pública e aos que cursaram escola particular com bolsa integral. Em ambos os casos, os alunos devem ser provenientes de famílias de baixa renda.

O resultado do Enem é o critério utilizado para a distribuição das bolsas, concedidas conforme as notas. Os estudantes com as melhores notas no Enem terão maiores chances de escolher o curso e a instituição em que desejam estudar.

Caso o estudante obtenha acesso a uma bolsa de 50% do valor da anuidade e não possa pagar os restantes 50%, o MEC pode financiar o valor restante por meio do **Financiamento Estudantil (Fies)**. Informações atualizadas a respeito do ProUni podem ser obtidas pela Internet, no endereço eletrônico http://portal.mec.gov.br/prouni. Nessa página, além de outros dados, encontra-se a relação de todas as instituições de ensino participantes do programa.

A página da Caixa Econômica Federal na Internet (www.caixa.gov.br) traz mais detalhes a respeito do programa de Financiamento Estudantil.

Atenção!

Há bolsas de estudo do ProUni reservadas para cidadãos portadores de deficiência e para os que se autodeclaram negros, pardos ou índios. Entretanto, o candidato a essas bolsas deve também se enquadrar nos demais critérios de seleção do programa, como renda familiar e desempenho no Enem.

O Enem e as universidades

A partir de 1998, quando foi criado, o Enem passou a ser usado por diversas instituições de ensino superior do país como forma de acesso aos cursos.

Em 2008, já eram mais de 500 as instituições que consideravam a pontuação obtida pelos candidatos no Enem — isoladamente ou acoplada a outras formas de avaliação — como critério de acesso. Algumas instituições reservam vagas aos participantes que obtêm média igual ou superior a determinado escore; outras acrescentam pontos à nota obtida pelos candidatos na primeira ou na segunda fase de seus vestibulares tradicionais; algumas, por sua vez, aboliram seus próprios vestibulares, usando como critério de seleção, única e exclusivamente, a nota média obtida pelos concorrentes na prova do Enem.

São pelo menos quatro as formas previstas de utilização do Enem pelas universidades. As instituições podem optar por empregar a pontuação obtida no Enem:

- como critério único de seleção, em substituição do vestibular tradicional;

- como primeira fase do processo seletivo, mantendo a segunda fase elaborada pela instituição;

- com a concessão de um acréscimo à pontuação do candidato no processo seletivo elaborado pela instituição, dependendo da pontuação obtida no Enem;

- como critério de preenchimento de vagas remanescentes.

O Inep vem apontando, como vantagem do Enem e de seu uso pelas instituições de ensino superior, a promoção da mobilidade dos alunos pelo país. Dito de outra forma, um candidato de determinada região do Brasil poderá ser aprovado e passar a frequentar uma universidade federal de outra região. Espera-se, dessa forma, democratizar o acesso às universidades federais.

Até a edição de 2008, a prova do Enem trazia uma proposta de redação e, na parte objetiva, 63 itens (ou questões) interdisciplinares, sem articulação direta com os conteúdos apresentados no ensino médio. Outra característica do antigo Enem era a impossibilidade de comparação de resultados, ou seja, estatisticamente era impossível dizer se um candidato com determinada pontuação em uma prova teve um desempenho superior ou inferior a outro com a mesma pontuação em outra edição do exame.

Com a reformulação do Enem, em 2009, o exame passa a ser comparável no tempo. Em outras palavras, a pontuação obtida por um candidato na versão de 2009 pode ser cotejada com a pontuação obtida na prova de 2010, por exemplo, e assim por diante.

Além disso, a prova aborda mais explicitamente os componentes curriculares apresentados no ensino médio. Cada prova será relativa a uma área do conhecimento:

I. linguagens, códigos e suas tecnologias (incluindo a prova de redação);

II. matemática e suas tecnologias;

III. ciências da natureza e suas tecnologias;

IV. ciências humanas e suas tecnologias.

Interdisciplinaridade e contextualização

Embora as questões estejam agrupadas em quatro grandes áreas do conhecimento (linguagens e códigos, matemática, ciências da natureza e ciências humanas), não são separadas por disciplina. Isso significa que, ao se ler o enunciado da questão, pode ser difícil afirmar se ela está associada apenas à biologia ou à química. Essa estratégia evidencia que o conhecimento humano é historicamente adquirido e não se subdivide em "gavetas" e que deve ser concebido como uma ampla rede, mutável e heterogênea. Na realidade, as disciplinas escolares são "estratégias didáticas" que facilitam a caminhada pela intricada rede do conhecimento.

Outra característica das questões do Enem é a **contextualização**, cujo objetivo é estabelecer relações entre o conhecimento e o mundo que nos cerca, envolvendo aspectos sociais, políticos, culturais e tecnocientíficos, sempre ligados ao cotidiano.

No enunciado, as questões do Enem trazem uma **situação-problema**, desafiadora e claramente relacionada ao contexto. Para sua resolução, o aluno deverá apoiar-se nas informações trazidas no próprio enunciado e em conhecimentos prévios. Por isso é tão importante a leitura atenta dos enunciados de todas as questões.

Ao realizar as provas do Enem o candidato terá cinco notas diferentes, uma para cada área do conhecimento e uma para a redação. Não haverá peso diferente para cada uma dessas notas. Entretanto, ao utilizarem as notas em seus processos seletivos, as instituições de ensino superior poderão conferir a elas pesos diferenciados, a fim de classificarem os candidatos entre as carreiras pleiteadas.

O Enem é elaborado de acordo com uma metodologia baseada na **Teoria da Resposta ao Item** (TRI), que permite que as notas de diferentes edições da prova sejam comparadas. As questões das provas do Enem têm diferentes graus de dificuldade e de complexidade. Então, para efeito de cálculo da nota final de cada área, questões mais difíceis devem ter maior valor ponderal que questões mais simples.

Diferentemente do que acontece em alguns vestibulares, as provas do Enem não incluem questões regionais. Assim, as questões de geografia, história e biologia, por exemplo, têm caráter nacional e não tratam de assuntos estritamente regionais. Com isso, pretende-se garantir a isenção do processo de avaliação, dando aos candidatos oriundos de qualquer lugar do país igualdade de condições na disputa por vagas nas universidades participantes do processo.

As provas do Enem sempre foram organizadas por habilidades, explorando a capacidade de leitura e interpretação e a abordagem interdisciplinar. Desde 2009, as provas correlacionam mais diretamente as habilidades ao conjunto dos conteúdos habitualmente estudados no ensino médio. Preserva-se, dessa maneira, o predomínio absoluto de questões que buscam explorar não o simples resgate da informação, mas a aplicação prática do conhecimento.

As provas do Enem deverão manter o **caráter operatório**, não baseado na memorização e na "decoreba".

> O Enem tem questões de língua estrangeira moderna, com opção entre inglês e espanhol.

Dicas para você, que vai prestar o Enem

1 Leia e analise textos predominantemente descritivos, como manuais de instrução de jogos ou de aparelhos eletrodomésticos, e tente executar uma tarefa proposta seguindo as orientações do texto. Em um texto informativo, selecione e destaque as informações principais e secundárias.

2 Leia gráficos (de barras, de setor ou linhas), diagramas, tabelas e infográficos que aparecem diariamente em jornais e revistas. Identifique as informações, reorganize-as em itens, reescreva-as em um texto discursivo, relacionando informações verbais com informações procedentes de outras fontes de referência (ilustrações, fotos, gráficos, tabelas, infográficos, etc.). Nos gráficos, identifique variáveis, descubra o comportamento da variável em um dado trecho e os trechos em que ela é constante, crescente ou decrescente; analise a taxa de variação. Leia o texto que acompanha os gráficos e diagramas, verificando se as suas interpretações correspondem aos comentários do texto.

3 Leia questões de provas anteriores do Enem e assinale as palavras-chave. Destaque o problema indicado; interprete e relacione as informações disponíveis nas questões. Estude as possibilidades de resolução por meio das linguagens e métodos das áreas curriculares, integre-as ao seu conhecimento e estabeleça um processo de resolução.

4 Leia textos literários de diversas naturezas, atentando para a biografia do autor e o contexto sócio-histórico das produções, identificando as principais características dos movimentos literários dos quais fazem parte. Procure distinguir os diversos tipos de linguagem, se possível, relacionando-os a determinada produção cultural da língua portuguesa. Escreva textos baseados na linguagem coloquial, até com o registro de gírias e vícios da linguagem oral. Reescreva-os, transformando-os em textos formais.

5 Em *sites* de busca na Internet, procure palavras e expressões, como fontes alternativas de energia, transformações de energia, hidreletricidade, energia nuclear, etc. Analise e interprete diferentes tipos de textos e comunicações referentes ao conhecimento científico e tecnológico da área.

6 Interprete informações de caráter biológico, químico e físico em notícias e artigos de jornais, revistas e televisão, a respeito de resíduos sólidos e reciclagem, aquecimento global e efeito estufa, chuva ácida, camada de ozônio, concentração de poluentes, defensivos agrícolas, aditivos em alimentos, cloro e flúor na água. Assista a documentários que abordem a temática da água e leia documentos e livros sobre seca, poluição das águas, tratamento de esgotos, degelo das geleiras, recursos naturais não renováveis, etc.

7 Em revistas e jornais, procure diferentes enfoques de autores que discorram sobre perturbações ou impactos ambientais e as implicações socioeconômicas dos processos de uso dos recursos naturais, materiais ou energéticos e tente elaborar argumentos concordantes e discordantes referentes às diversas opiniões.

8 Em *sites* da Internet, procure escalas do tempo geológico, que se divide em eras, que se dividem em períodos, que se dividem em épocas. Com base nessas informações, tente compreender a estrutura da Terra, a origem e a evolução da vida e as modificações no espaço geográfico. Procure uma tabela que traga o tempo histórico (da Pré-História à Idade Contemporânea) e compare as duas diferentes escalas para compreender os tempos do Universo, do planeta e da humanidade.

9 Leia textos sobre a diversidade da vida; identifique padrões constitutivos dos seres vivos dos pontos de vista biológico, físico ou químico.

10 Pesquise e escreva sobre situações que contribuem para a melhoria da qualidade de vida em sua cidade, na defesa da qualidade de infraestruturas coletivas ou na defesa dos direitos do consumidor. Elabore um texto descrevendo as intervenções humanas no meio ambiente, fazendo relação de causa e efeito e propondo medidas que poderiam contribuir para minimizar problemas.

11 Assista a documentários que abordem situações concretas evidenciando a relação entre biologia e ética, na definição de melhores condições de vida. Sugerem-se temas como biodiversidade, biopirataria, transgênicos, bioengenharia, transplantes e doação presumida, conflitos entre necessidades humanas e interesses econômicos, etc.

12 Observe os objetos a sua volta quanto à forma e ao tamanho; perceba as formas geométricas planas ou espaciais no mundo real. Identifique-os e caracterize-os de acordo com suas propriedades. Estabeleça relações entre os elementos observados; faça comparações entre objetos com o mesmo formato, avaliando quantas vezes um é maior que o outro.

13 Pesquise situações-problema ambientais ou de natureza social, econômica, política ou científica apresentadas em textos, notícias, propagandas, censos, pesquisas, etc. Proponha soluções que envolvam o uso e a aplicação de conhecimentos e métodos probabilísticos e estatísticos, realizando previsão de tendência, interpolação e interpretação.

14 Elabore uma tabela com os principais poluentes ambientais e como atuam; proponha formas de intervenção para reduzir e controlar os efeitos da poluição ambiental, buscando refletir sobre a possibilidade de redistribuição espacial das fontes poluidoras. Consulte jornais, revistas e sites que enfoquem assuntos sobre fontes energéticas e, por meio de comparações, avalie as que proporcionam menores impactos negativos ao ambiente e mais benefícios à sociedade.

15 Como treino da capacidade de argumentação, escreva uma carta solicitando ressarcimento de eventuais gastos no conserto de eletrodomésticos que se danificaram em consequência da interrupção do fornecimento de energia elétrica, argumentando com clareza e apresentando justificativas consistentes.

16 Assista a filmes que retratem o teor político, religioso e ético de manifestações da atualidade; compare as problemáticas atuais e as de outros momentos com base na interpretação de suas relações entre o passado e o presente.

17 Analise textos e compare os diferentes contextos históricos que contribuíram para o desenvolvimento da tolerância e do respeito pelas identidades e pela diversidade cultural. Observe as diversas formas de preconceito e de racismo no cotidiano.

18 Escolha determinado tema que apresente uma realidade sócio-histórica e leia dois ou três comentaristas com opiniões divergentes sobre a questão. Identifique os pressupostos de cada um, observe e elabore uma lista dos diferentes pontos de vista.

19 Conheça a realidade social e econômica de certo país e elabore uma tabela correlacionando os aspectos socioeconômicos com traços distintivos daquele fenômeno histórico-social.

20 Escolha um acontecimento histórico e escreva sobre ele, destacando a relação entre o tempo histórico, o espaço geográfico e os fatores sociais, políticos, econômicos e culturais constitutivos desse acontecimento. Posteriormente leia sobre o assunto escolhido, identifique os aspectos que foram observados e reescreva o texto, completando-o com as informações obtidas pela leitura.

Para ler o mundo

Uma característica marcante do Enem é cobrar dos candidatos a capacidade de ler o enunciado dos itens (ou questões). Parece óbvio, mas a maioria das questões traz, no próprio enunciado, as informações necessárias e suficientes para a tomada de decisão. Mesmo com as informações introduzidas em 2009, ainda que sejam exigidos os conteúdos comumente trabalhados no ensino médio, a leitura atenta dos enunciados continua sendo a "chave" para o bom desempenho.

Para ler o texto

Se fosse necessário resumir a prova do Enem em uma competência, certamente seria a **competência leitora**, ou seja, a capacidade de ler e compreender o que se leu. E não se trata apenas da leitura de textos formais, mas também da leitura das múltiplas linguagens com as quais o conhecimento e a cultura se transmitem, entre elas o texto, os infográficos e os diagramas, os mapas, a publicidade, as tirinhas e as charges.

Infográficos

Informações de diversas naturezas são frequentemente apresentadas em jornais, noticiários de TV e revistas de circulação nacional, na forma de textos ilustrados denominados infográficos, como os que são exemplificados a seguir.

1 Atualmente, é comum as pessoas buscarem hábitos saudáveis e bons modos de vida, praticando atividades físicas e preocupando-se com a alimentação. Entretanto, fatores hereditários também são importantes na determinação de alguns problemas de saúde, como, por exemplo, níveis elevados de colesterol.

Fonte: editoria de arte, com base em informações médicas.

Com base nas informações apresentadas, é correto afirmar que:

a) fatores genéticos são os principais causadores de níveis elevados de colesterol.

b) para pessoas com níveis de LDL (popularmente chamado de "colesterol ruim") acima de 190, o estilo de vida é o principal fator determinante do colesterol elevado.

c) pacientes com LDL acima de 190 podem se manter controlados, bastando para isso que pratiquem hábitos saudáveis.

d) o uso de medicação é recomendado para controlar o colesterol das pessoas com LDL inferior a 130.

e) há pessoas para as quais os fatores hereditários parecem pesar tanto quanto a manutenção de hábitos saudáveis.

Para pessoas com LDL entre 130 e 190, parece haver equilíbrio na importância dos fatores genéticos e ambientais. Assim, está correta a alternativa e.
a) Incorreta. A afirmação é verdadeira apenas para determinado grupo de pessoas (aquelas com LDL muito elevado).
b) Incorreta. A análise das informações mostra que, para esse grupo, o fator determinante é o genético.
c) Incorreta. Dos membros desse grupo, 90% necessitam de medicação, não bastando alterar o estilo de vida.
d) Incorreta. Apenas 10% das pessoas com LDL inferior a 130 necessitam de medicação.

2 Discute-se muito o uso de sacolas plásticas descartáveis, comumente empregadas para acondicionar compras de supermercados, em razão dos potenciais danos ambientais que podem acarretar.

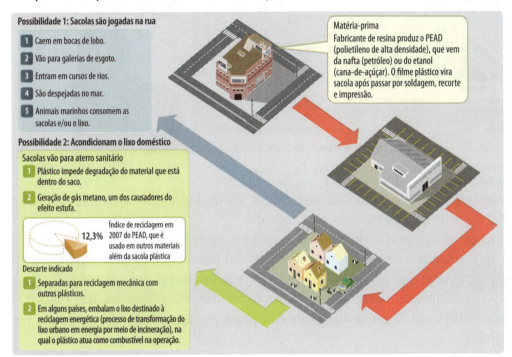

Fontes: Abrelpe, Greenpeace e Plastivida.

Considerando-se as informações, pode-se afirmar que:

a) no fabricante de resina, o polietileno de alta densidade (PEAD) obtido do petróleo é convertido em etanol.
b) uma vez lançadas no ambiente, as sacolas plásticas sofrem decomposição antes de atingirem rios e oceanos.
c) nos aterros sanitários, as sacolas plásticas facilitam a decomposição do material orgânico componente do lixo doméstico.
d) separado do lixo, o PEAD pode ser reciclado e, se for incinerado, pode ser usado na geração de energia.
e) o PEAD é usado, exclusivamente, na confecção de sacolas plásticas descartáveis.

O infográfico destaca, com a possibilidade 2, a separação dos plásticos para reciclagem e sua eventual atuação como combustível na incineração do lixo com vistas à obtenção de energia. Isso corresponde ao que afirma a alternativa d.
a) Incorreta. O PEAD pode ser obtido do petróleo ou do etanol e não convertido neste último.
b) Incorreta. As sacolas plásticas não se decompõem com facilidade e atingem rios e mares.
c) Incorreta. As sacolas plásticas dificultam a decomposição do lixo doméstico.
e) Incorreta. O PEAD é usado na confecção de outros materiais, além de sacolas.

3. Muito se discute a respeito das condições de infraestrutura do Brasil para grandes eventos esportivos, como a Copa do Mundo, em 2014, e a Olimpíada de 2016. Um dos "gargalos" está no transporte de cargas e passageiros.

Fonte: editoria de arte, com base em dados do Ipea.

A partir das informações apresentadas, pode-se afirmar que:
a) entre os países que compõem o chamado BRIC (Brasil, Rússia, Índia e China), o Brasil é o que apresenta a maior porcentagem de estradas pavimentadas.
b) ainda que triplicasse a proporção de rodovias pavimentadas em um prazo de cinco anos, o Brasil continuaria apresentando o menor percentual de estradas pavimentadas entre os países do BRIC.
c) o transporte de 50 toneladas de Rio Verde (GO) para o porto de Paranaguá (PR) custa cerca de US$ 75,00. Nos Estados Unidos, o transporte de carga equivalente, na mesma distância, custaria US$ 18,00.
d) no Brasil, a duração média de um amortecedor de caminhão é quase o dobro da duração em países desenvolvidos.
e) rodando na Argentina, pneus de caminhão apresentam durabilidade três vezes maior do que se rodassem na Alemanha.

Mesmo triplicando o percentual de estradas pavimentadas (de 6% para 18%), o Brasil continuaria com o menor percentual entre os países do BRIC, o que torna correta a alternativa b.
a) Incorreta. O infográfico mostra exatamente o oposto.
c) Incorreta. US$ 75,00 é o preço de uma tonelada transportada entre Rio Verde e Paranaguá. Portanto, 50 toneladas custariam US$ 3.750,00.
d) Incorreta. A duração média de um amortecedor de caminhão, rodando no Brasil, equivale à metade da duração em países desenvolvidos.
e) Incorreta. Rodando na Argentina, pneus de caminhão apresentam durabilidade menor do que se rodassem na Alemanha.

Gráficos

Ao abrirmos um jornal ou revista de grande circulação, é comum encontrarmos notícias que empregam linguagem matemática expressa em equações, índices, fórmulas, tabelas e gráficos. As situações apresentadas a seguir exigem a compreensão de diferentes tipos de gráficos e seu diálogo com tabelas, diagramas e textos, mostrando como nossa compreensão do mundo é bastante facilitada pela habilidade de se trabalhar com tais recursos.

1 Uma indústria automobilística publicou, nos jornais, material publicitário com a tabela de custos de manutenção de certa marca de veículo produzido por ela.

Tabela de preços de revisão					
Quilometragem	10 000 km	20 000 km	30 000 km	40 000 km	50 000 km
Peças	R$ 200,00	R$ 200,00	R$ 400,00	R$ 200,00	R$ 400,00
Mão de obra	Gratuita	Gratuita	60 minutos	60 minutos	120 minutos

Em outra propaganda, a mesma indústria divulgou o gráfico ao lado, que traz o custo total das revisões programadas (de 10 000 km a 50 000 km).

Qual é o custo de uma hora da mão de obra?

a) R$ 10,00
b) R$ 50,00
c) R$ 100,00
d) R$ 200,00
e) R$ 300,00

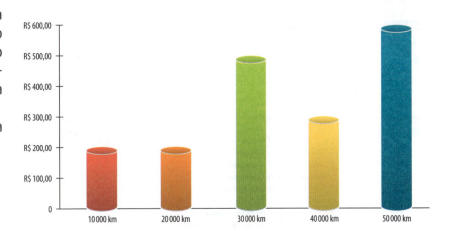

Vejamos, por exemplo, a revisão de 30 000 km. Ela custa R$ 500,00 (dos quais R$ 400,00 de peças) e consome 60 minutos de mão de obra. Portanto, essa hora trabalhada custa R$ 100,00. A alternativa c é a correta.

2 Três alunos de uma classe (Sandra, Pedro e Luís) tiveram seu desempenho comparado em cinco componentes curriculares (Matemática, Leitura, Ciências, História e Geografia) e em dois bimestres consecutivos. Seus escores foram distribuídos em gráficos do tipo "radar", mostrados a seguir.

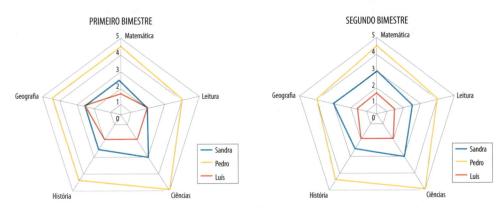

A afirmação corretamente associada aos dados apresentados pelos gráficos é:

a) No primeiro bimestre, a pontuação média de Luís foi superior à pontuação média de Sandra.
b) No primeiro bimestre, Sandra e Luís alcançaram a mesma pontuação em Leitura e em Geografia.
c) Do primeiro bimestre para o segundo bimestre, Pedro elevou seu desempenho em todos os componentes curriculares.
d) No segundo bimestre, o rendimento escolar médio de Luís foi superior ao do primeiro bimestre.
e) No segundo bimestre, o componente curricular que atingiu a maior pontuação média entre os três alunos foi Geografia.

Quando dois alunos apresentam a mesma pontuação, as curvas que os representam se tangenciam. Isso acontece duas vezes no gráfico referente ao primeiro bimestre, indicando igualdade entre as notas de Geografia e Leitura de Sandra e Luís. Dessa forma, está correta a alternativa b.

a) Incorreta. No primeiro bimestre, a média de Sandra foi maior que a de Luís.
c) Incorreta. A pontuação de Pedro em Geografia diminuiu de 4,5 para 4,0.
d) Incorreta. O desempenho médio de Luís diminuiu do primeiro para o segundo bimestre.
e) Incorreta. A maior pontuação média no segundo bimestre foi a de Ciências (média de 3,3), e não a de Geografia (média de 2,8).

3 As pirâmides a seguir mostram (*A*) a distribuição etária da população brasileira em 1960 e (*B*) a projeção para 2050.

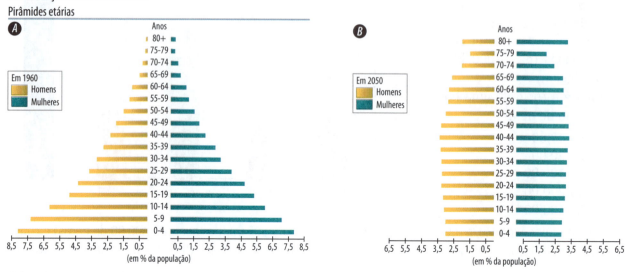

Fonte: IBGE.

Após a análise cuidadosa das pirâmides, pode-se afirmar que:

a) se nota, no período, um nítido "envelhecimento" da população brasileira.
b) a distribuição etária brasileira, em 1960, se assemelhava à distribuição etária atual de países europeus desenvolvidos e a projetada para 2050 se assemelha à atual distribuição de países da África subsaariana.
c) pirâmide de distribuição etária do tipo *A* pressiona os gastos com previdência social (aposentadorias e pensões), ao passo que distribuição do tipo *B* acarreta gastos proporcionalmente maiores com saúde e educação.
d) a transição da pirâmide etária do tipo *A* para a pirâmide do tipo *B* decorre de elevação da taxa de natalidade e redução da expectativa média de vida.
e) a transição de *A* para *B* decorre do rápido aumento da população total do país.

A comparação entre as duas pirâmides mostra redução na quantidade de jovens e ampliação da faixa etária correspondente aos idosos, o que indica aumento da expectativa de vida, como assinala a alternativa a.

b) Incorreta. A distribuição brasileira de 1960 lembra a atual pirâmide africana, enquanto a pirâmide projetada para 2050 se assemelha à atual pirâmide de países desenvolvidos europeus.
c) Incorreta. Pirâmide do tipo *A* indica país com predomínio de crianças e jovens, com maiores gastos em saúde e educação; pirâmide do tipo *B* indica população mais velha e implica maiores gastos com previdência social.
d) Incorreta. A transição da pirâmide etária do tipo *A* para a pirâmide do tipo *B* decorre de redução da taxa de natalidade e aumento da expectativa média de vida.
e) Incorreta. A transição de *A* para *B*, em geral, é acompanhada por crescimento lento, estabilização ou mesmo redução da população total do país.

Ler os mapas para ler o mundo

Assim como os gráficos, os mapas também não são livres de influências econômicas, geopolíticas, religiosas, etc. Isso pode ser observado pela escolha da **projeção cartográfica**.

A **projeção de Mercator**, por exemplo, distorce a proporção do tamanho dos continentes, mas mantém correta a forma (contorno). Quanto ao aspecto ideológico, a projeção de Mercator reforça uma visão eurocêntrica — a Europa como o centro do mundo.

Repare o tamanho proporcional da Europa e da América do Norte em relação à América do Sul e à África. Na projeção de Mercator, à medida que se afastam da linha do Equador, as massas continentais em médias e altas latitudes apresentam tamanho distorcido, desproporcionalmente maior.

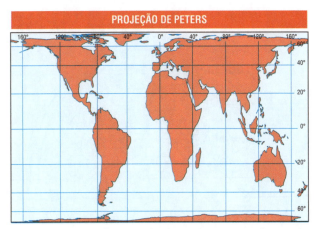

Fonte: *Atlas 2000: la France et le monde*. Paris: Nathan, 1998.

Fonte: *Atlas 2000: la France et le monde*. Paris: Nathan, 1998.

Já a **projeção de Peters** não altera as áreas relativas, mantendo verdadeiras as proporções entre a área de uma região no mapa e a área correspondente na superfície da Terra.

A projeção de Peters distorce a forma dos continentes, alongando-os no sentido norte-sul, mas mantém corretas as proporções entre suas áreas. Não por acaso, essa projeção é chamada de "mapa para um mundo solidário", pois é vista como uma representação que valoriza os países subdesenvolvidos e tenta eliminar a visão de superioridade dos países do hemisfério norte sobre os países do hemisfério sul.

Na **projeção azimutal**, a superfície terrestre é projetada sobre um plano a partir de determinada região. O ponto escolhido é projetado sempre no centro do mapa e, consequentemente, os meridianos são vistos como linhas divergentes, partindo do centro do mapa, enquanto os paralelos são apresentados como círculos concêntricos (com o centro no ponto de onde parte a projeção). Essa projeção tem forte caráter ideológico e transmite uma ideia: determinado ponto é "o centro do planeta". Evidentemente, a escolha do ponto do qual parte essa projeção tem efeito marcante no aspecto final do mapa. Compare os exemplos a seguir:

PROJEÇÃO AZIMUTAL CENTRADA NO BRASIL

Fonte: *Atlas 2000: la France et le monde*. Paris: Nathan, 1998.

Um tipo de mapa que merece destaque é a **anamorfose** (ou cartograma). Trata-se de uma representação cartográfica em que as áreas de logradouros (municípios, estados, países ou continentes) sofrem deformações matematicamente calculadas, tornando-se diretamente proporcionais a determinado parâmetro que se está considerando. Por exemplo, numa anamorfose, a área de certa região aumenta ou diminui proporcionalmente à sua população, ao produto interno bruto (PIB), ao consumo de petróleo, etc. Veja alguns exemplos.

No mapa 1, a área dos países corresponde exatamente à superfície real de cada um.

No mapa 2, a área dos países corresponde à taxa de acesso à Internet em 2008.

Repare no efeito obtido. Os Estados Unidos "engordam" bastante, ao passo que o Brasil "emagrece". Isso significa que o Brasil possui, proporcionalmente, menos usuários da Internet que os Estados Unidos.

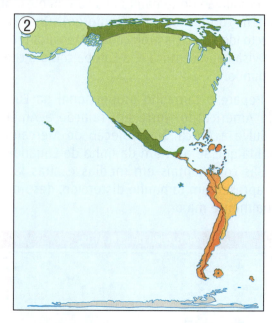

Na anamorfose 3, o parâmetro considerado é a ocorrência de mortes violentas por 100 mil habitantes.

A Colômbia fica "enorme", assim como alguns países da América Central. O México adquire quase o mesmo "tamanho" que os Estados Unidos, indicando maior taxa proporcional de mortes violentas. O Canadá, por sua vez, quase "desaparece".

A linguagem publicitária

Peça essencial em uma sociedade de consumo, a publicidade está presente, sobretudo, nos estudos da área de linguagens, mas também surge nas demais áreas. Em uma peça publicitária, é preciso não somente compreender a ideologia e o contexto que a permeiam, mas todo um jogo de palavras, cujo propósito é vender um objeto ou uma ideia. Para tanto, palavras e imagens (textos verbais e não verbais) procuram seduzir, encantar e conquistar o interlocutor (leitor/consumidor), fazendo com que ele se identifique com aquilo que é comunicado, quebrando-lhe qualquer resistência.

A linguagem publicitária faz uso da função apelativa (ou conativa) e emprega outros recursos, simples ou sofisticados, de acordo com o público-alvo: os sentidos denotativo e conotativo, a ambiguidade, as figuras e os vícios de linguagem, as variações linguísticas, a ironia, o humor. Sob imagens e palavras, escondem-se informações importantes que somente conseguimos "enxergar" com a experiência da leitura e os conhecimentos adquiridos.

O estudo da propaganda e da linguagem publicitária em sala de aula deve ir além das imagens e dos jogos de palavras. Precisa, sobretudo, mostrar o efeito que esse conjunto tem sobre o indivíduo e a coletividade e a responsabilidade dos publicitários e do próprio consumidor na sociedade, já que o consumo excessivo está afetando o meio ambiente e comprometendo a sustentabilidade do planeta.

Potencializando fantasias e desejos

Peças publicitárias não somente apelam para fantasias, sonhos e desejos do consumidor, como também os potencializam. Na busca incessante para atingir o padrão ideal de beleza de nossa sociedade (corpo perfeito e "sarado", pele macia e sem marcas de expressão, cabelos sedosos e brilhantes etc.), o consumidor se deixa seduzir, sem lhes opor resistência, pelos apelos das propagandas. Em contrapartida, existe uma (pequena) vertente da publicidade que explora o cotidiano e associa seus produtos a pessoas reais e não a estereótipos consagrados.

Mobilizando a população

A publicidade alcança pessoas dos mais longínquos lugares, com hábitos e padrões de vida distintos. As campanhas em massa do Ministério da Saúde que alertam e mobilizam a população em geral são exemplo disso.

Nesta campanha referente à saúde pública, os verbos são usados no imperativo ("Cuide", "Fale", "Converse"), mas não se percebe intenção de impor ou obrigar a uma ação; o que se faz é uma solicitação à participação da população, deixando claro que evitar a dengue somente será possível se todos ajudarem a combatê-la.

A campanha de vacinação contra a gripe conquista a atenção pela simpatia de seus "modelos": artistas conhecidos do grande público que gozam de boa reputação e representam indivíduos que fazem parte dos grupos a que a peça se refere. A maioria do público-alvo se identifica com eles e age da mesma forma, buscando um posto de saúde para ser vacinada. Além disso, a peça chama a atenção da população para um direito assegurado pelo Sistema Único de Saúde (SUS), que, nas campanhas de vacinação, é bastante efetivo.

Mudando comportamentos

Existem peças publicitárias que vendem ideias capazes de levar a mudanças (positivas) de comportamento e de costumes ou, ao menos, propor uma reflexão sobre o assunto.

A peça faz parte de uma campanha contra a corrupção e busca promover a reflexão sobre práticas comuns no dia a dia. Nela são apresentadas atitudes vistas com frequência na sociedade, que muitas vezes minimiza a gravidade desses comportamentos. As frases contundentes não dão margem a outras interpretações: o cidadão tem o dever de lutar contra a corrupção; do contrário, também será corrupto por omissão (e, portanto, por conivência) ou por adotar o mesmo comportamento nas situações mais corriqueiras.

Publicidade interativa

Especialistas da área de publicidade definem dois tipos de propaganda: a tradicional baseia-se em uma relação na qual o consumidor assimila a mensagem e, então, está cumprido o papel da comunicação; a moderna vislumbra o consumidor como multiplicador de opinião e, assim, a relação que há na propaganda tradicional revela-se apenas parcial.

O novo consumidor tem audiência própria, conhece o mercado e domina as redes de comunicação, especialmente as de relacionamento. Nesse contexto entra a propaganda interativa — se o consumidor é um multiplicador de conceitos, ideias e opiniões, a interatividade convoca-o a participar diretamente e, consequentemente, (com)partilhar sua experiência com grupos e pessoas, gerando novos hábitos, comportamentos e consumos.

Em 2006, uma empresa do ramo de automóveis, comemorando 30 anos no Brasil, convidou os brasileiros a pensar no futuro daqui a 30 anos. Os depoimentos foram gravados em diversos tipos de mídia. O material foi transformado em um documento e guardado para divulgação em 2036, quando se saberá o que o brasileiro pensava sobre o futuro, 30 anos antes.

Aqui, a rua, especificamente a faixa de pedestres, foi o local escolhido para interagir com as pessoas. A faixa foi substituída pelas batatas fritas de uma conhecida rede de lanchonetes, durante um festival em Zurique, na Suíça. Além de criativa, essa peça publicitária emprega estratégia ousada, usando um espaço destinado ao pedestre, que podia não decifrar os códigos como tais.

Quanto mais poderosa a publicidade, maior sua responsabilidade com o consumidor. Ela pode vender fantasias, mas não mentiras; pode induzir, mas não enganar. A leitura atenta dos textos publicitários é o caminho para compreendê-los na totalidade, incluindo informações implícitas, e deve ser reforçada no ambiente da sala de aula por meio de discussões e troca de conhecimentos, uma vez que abrangem as diversas áreas do saber.

Tiras, quadrinhos e charges

Quadrinhos e charges frequentemente estão presentes nos mais diversos exames (vestibulares, Enem, concursos públicos, etc.), tratando dos mais variados temas. Como reúnem textos verbais e não verbais, empregando linguagem concisa e, comumente, bem-humorada, ganham a simpatia dos leitores, especialmente dos jovens. Embora tenham semelhanças, apresentam também diferenças significativas.

As tiras e os quadrinhos podem ou não apresentar um ponto de vista político e, usando cores, movimentos, formas, sombras e desenhos (principalmente), incitam o leitor a exercer suas habilidades interpretativas visuais e verbais. A linguagem visual é questionadora e ainda é potencializada pela criação do artista e pela interpretação do leitor.

Esta tira discute dois temas relacionados a disciplinas distintas: a lei da selva, expressão que, tomada ao "pé da letra", pertence à biologia ou, em sentido figurado, à sociologia; e a lei da gravidade, à física. Para o ratinho, ambas representam vida e morte: se fosse destinado à lei da selva (a sobrevivência dos mais fortes e adaptados), ele morreria; como prevaleceu a lei da gravidade (força que atrai para o centro da Terra todos os corpos), ele foi salvo.

As ciências da natureza usam esquemas e fórmulas para facilitar a apresentação, a explicação e a apreensão de determinados assuntos. Isso pode ser feito de forma descontraída e bem-humorada por meio das tiras, uma excelente ferramenta pedagógica que torna o estudo mais lúdico e produtivo.

Neste exemplo, os significados diferentes de uma mesma expressão são explorados para produzir o humor.

Muitas cartilhas recorrem a histórias em quadrinhos para falar sobre assuntos polêmicos e importantes, como aids, dengue, drogas, desmatamento, desperdício de água e energia, poluição, etc. Com outros meios, não atingiriam, sensivelmente, tantas pessoas.

A charge tem características peculiares. Na definição de um estudioso, "a charge é essencialmente política em todos os sentidos da palavra e, obrigatoriamente, carrega grande força crítica, poder reivindicatório e contestador. A simbologia das personagens e temáticas de que o chargista se apossa indica e aponta para um mundo vivido. Somente há sentido fazer charge de figuras públicas e que sejam reconhecidas pela grande massa da população, que é o que produz o impacto maior no humor" (CONFORTINI, 1999:84).

Embora frequentemente explore o humor, como no exemplo à esquerda, a charge não tem a obrigatoriedade de provocar o riso, até porque algumas situações retratadas não são nada engraçadas. O exemplo à direita revela a dificuldade de os japoneses lidarem com o vazamento de energia nuclear (provocado pelo maior terremoto de sua história, seguido de um tsunami), que não poderia ser controlado com medidas tradicionais (representadas pelo guerreiro samurai).

A charge reaviva a memória e a história. Como seu "prazo de validade" é curto, exige do leitor um acompanhamento dos fatos: o que aconteceu, onde, como, quando e quem está envolvido. Quem estiver desprovido dessas informações dificilmente entenderá a charge, seja no que ela tem de explícito, seja no que tem de implícito.

Neste exemplo, há uma crítica à elevação do preço do etanol, o que levou proprietários de carros *flex* a abastecê-los frequentemente com gasolina, daí a interpretação de "abstinência de álcool" do carro da charge, frequentando o Alcoólicos Anônimos (AA).

Como linguagens distintas que são, tiras, quadrinhos e charges, como quaisquer outros textos, não devem ser usados apenas como pretexto. O trabalho com as diversas áreas do saber vai muito além da transmissão de conteúdos de seus componentes curriculares. Ele adentra o domínio das linguagens, que permeia os saberes específicos. Seus esquemas e fórmulas continuam sendo importantes, mas, aliados a outros tipos de texto, tornam-se vigorosos e ganham sentidos mais concretos na vida dos alunos.

Os eixos cognitivos

O Enem está estruturado em cinco grandes **eixos cognitivos**, os mesmos para as quatro áreas do conhecimento. Até a edição de 2008, esses eixos cognitivos compunham as cinco **competências gerais**.

Afinal, o que são essas "competências"?

Imagine a seguinte situação: você está dirigindo um automóvel, à noite, por uma estrada que une duas cidades. De repente, os faróis se apagam. Você se encontra em uma autêntica **situação-problema**. Como resolvê-la, contando apenas com os recursos disponíveis?

Em primeiro lugar, você analisa a situação, respondendo a algumas questões, e a primeira delas deve ser: por que os faróis se apagaram?

Você levanta algumas hipóteses, que serão confirmadas ou refutadas. Será que a bateria está sem carga? Não, pois você verifica que outros equipamentos elétricos, como a buzina e o rádio, estão funcionando normalmente. Será que a lâmpada está queimada? Essa hipótese também não parece boa, pois os dois faróis apagaram-se simultaneamente. Nesse momento, você percebe que a causa do problema pode ser um fusível queimado. Olhando os fusíveis, você constata que, de fato, um deles está com o filamento metálico interrompido, o que ocorre em situação de sobrecarga elétrica.

Com o diagnóstico feito, como resolver o problema? Você não traz consigo fusíveis de reserva, mas encontra um clipe de metal, desses usados para prender papéis. Desfazendo as dobras do clipe, você o transforma em um "fio" improvisado, coloca-o no lugar do fusível queimado e — eureca! — os faróis voltam a funcionar.

> **Atenção!**
> Improvisar também é arriscado. Aliás, sem ter verificado a razão da sobrecarga que fez queimar o fusível, não se pode excluir a possibilidade de que o "quebra-galho" feito com o clipe de metal acabe por provocar um curto-circuito.

Para resolver a situação-problema apresentada, você precisou usar conhecimentos científicos com os quais entrou em contato durante sua vida escolar, sendo o mais relevante a informação de que metais são bons condutores de eletricidade.

O que estava em jogo não eram apenas **conhecimentos**, mas determinadas **competências**, por meio das quais você conseguiu estabelecer relações entre situações, fatos, informações, pessoas, etc.

Chama-se **competência** a capacidade de agir eficazmente em determinado tipo de situação, apoiada em conhecimentos, mas sem se limitar a eles. Veja que foi fundamental saber que "metal conduz eletricidade" (esse é um conhecimento), mas só o domínio dessa informação não seria suficiente. Você empregou uma certa competência e fez a correlação que o tornou capaz de agir eficazmente nessa situação, apoiado em um conhecimento, mas sem se limitar a ele. As competências não são, em si, conhecimentos, mas são elas que mobilizam, utilizam e integram os conhecimentos.

A matriz do Enem

A matriz do Enem estrutura-se sobre os cinco eixos cognitivos, em associação com as **competências de área**, específicas de cada uma das áreas do conhecimento que compõem o exame (linguagens e códigos, ciências da natureza, ciências humanas e matemática). O cruzamento entre os eixos cognitivos e as competências de área define as **habilidades** a serem avaliadas, que decorrem das competências adquiridas e referem-se ao plano imediato do "saber fazer".

Esse cruzamento origina uma **matriz de referência**, como mostra o esquema abaixo.

Competências de área	EIXOS COGNITIVOS (OU COMPETÊNCIAS GERAIS)				
	I	II	III	IV	V
1	H1	H2	...		
2					
...					
					...

Além disso, o documento oficial do Enem incorpora um conjunto de conteúdos das diferentes áreas do conhecimento, com o objetivo de atuar sobre o currículo do ensino médio. Assim, o Enem exige os mesmos conteúdos dos vestibulares, mas o formato da prova é diferente. Os estudantes precisam usar mais a capacidade de raciocínio e compreensão do que a memorização. Estes são os cinco eixos cognitivos sobre os quais se estrutura o Enem:

I. **Dominar a norma culta da língua portuguesa e fazer uso das linguagens matemática, artística e científica.** O Enem pretende verificar se o aluno é capaz de compreender as múltiplas linguagens que escrevem a realidade, se é capaz de decifrar os diversos códigos verbais e não verbais, gerando significado a partir deles.

II. **Construir e aplicar conceitos das várias áreas do conhecimento para a compreensão de fenômenos naturais, de processos histórico-geográficos, da produção tecnológica e das manifestações artísticas.** A avaliação desse eixo cognitivo procura aferir o conhecimento nas diferentes áreas do saber. É avaliada a capacidade de empregar os conceitos já aprendidos e a capacidade de inter-relacioná-los. É importante destacar, porém, que não basta ter "decorado" fórmulas, resumos e esquemas. É preciso conseguir aplicá-los para interpretar corretamente situações concretas.

III. **Selecionar, organizar, relacionar, interpretar dados e informações representadas de diferentes formas, para tomar decisões e enfrentar situações-problema.** O aluno é avaliado por sua capacidade de resolver problemas, aplicando conhecimentos adquiridos na escola, mas sem se limitar a eles, pois assim é na vida prática. O Enem procura perceber se o aluno consegue abrir a caixa de "ferramentas intelectuais" adquiridas durante a vida escolar, escolher a ferramenta mais apropriada e usá-la adequadamente.

IV. **Relacionar informações, representadas em diferentes formas, e conhecimentos disponíveis em situações concretas, para construir argumentação consistente.** A prova do Enem avalia a capacidade de argumentação, isto é, se diante de determinado assunto o aluno assume uma posição e a defende, usando para isso argumentos consistentes. Não se trata de "adivinhar" o que o examinador quer, mas de expor opiniões com convicção, fundamentação e coerência.

V. **Recorrer aos conhecimentos desenvolvidos na escola para a elaboração de propostas de intervenção solidária na realidade, respeitando os valores humanos e considerando a diversidade sociocultural.** Verifica a competência para analisar problemas concretos, opinar sobre eles e propor soluções, exercendo a cidadania em plenitude. Nesse eixo cognitivo, incluem-se ações que visam à proteção dos recursos naturais, à preservação dos valores democráticos, às estratégias de combate às desigualdades e a todas as formas de preconceito e de racismo, como atenuar os efeitos perversos da globalização da economia, como lutar pela melhoria das condições de vida, saúde e educação da população e muitos outros aspectos da vida em comunidade.

Linguagens, códigos e suas tecnologias

Tradicionalmente, associava-se o conhecimento da linguagem à memorização de classificações gramaticais. Saber língua portuguesa significava, nessa concepção, dominar as classes de palavras e a análise sintática: distinguir substantivos, adjetivos e advérbios; reconhecer sujeito e predicado; diferenciar adjunto adnominal de complemento nominal. O estudo da literatura, por sua vez, convencionalmente propunha decorar características de determinados estilos de época.

O estudo da gramática já não se resume ao domínio de uma nomenclatura: priorizam-se o texto, o uso proficiente do idioma e os efeitos de sentido obtidos a partir das opções que a língua oferece. Poemas ou romances já não são apenas pretexto para a demonstração de características de "escolas" literárias, mas, sim, produções artísticas singulares, ainda que em diálogo com determinado contexto histórico e social.

Para alguns, pode parecer que literatura e educação física não tenham nada em comum; no entanto, ambas são **linguagens** de expressão da atividade humana cotidiana. Como tais, formam-se a partir de múltiplos códigos, datados no tempo e situados no espaço.

A linguagem da língua

A língua e as linguagens são as principais ferramentas de produção do conhecimento; assim sendo, estão situadas social e historicamente. Em outras palavras, cada época e cada lugar produzirão coletivamente sua cultura.

O estudo da língua não pode ser um concorrente, mas um aliado do estudante em suas práticas cotidianas. Se ocorrer dessa maneira, não teremos no estudo das linguagens apenas uma oportunidade de ampliação dos conhecimentos, mas um espaço para a superação de preconceitos linguísticos e para a investigação do elo "oral e escrito".

O estudo da língua pretende, dessa forma, explorar ao máximo as várias possibilidades de se atribuir sentido aos textos, e não mais a assimilação dos conteúdos sistematizados artificialmente e deslocados da realidade social, sem contemplar os diversos contextos de uso da língua.

A linguagem das letras

Os textos literários parecem ter uma capacidade especial de lidar com a linguagem: a escolha e a combinação das palavras, as diferentes formas de ler e escrever textos diferentes. Quem confundiria um poema de Manuel Bandeira com um conto de Machado de Assis? E o melhor é que a diferença entre os dois não resulta apenas das diferenças na maneira de escrever de cada gênero, mas também do que esses escritores imaginavam, cada um a seu tempo, o que era literatura.

Não é só na literatura que temos que ajustar nossos óculos para enxergar melhor cada produção em seu contexto específico. Diante de uma fotografia antiga, quase instantaneamente, sentimos vontade de entender as roupas, o cenário, o sorriso diferente das personagens. Observe, por exemplo, a fotografia abaixo, de 1949.

O que faz esse casal, andando na praia com roupas tão diferentes das que usaríamos? Seria o Rio de Janeiro mais frio? Seriam as pessoas mais conservadoras ou, talvez, tentassem seguir a moda europeia?

À primeira vista, todas essas hipóteses seriam plausíveis, se desconhecêssemos um dado fundamental. Conforme conta uma matéria da revista *Piauí*, as roupas faziam parte de uma "passeata-protesto-desfile" contra uma portaria que proibia que banhistas andassem sem camisa fora da orla. Para reconstruirmos o significado da fotografia, foi necessário conhecer o contexto em que ela foi produzida.

Na literatura, para se distinguir uma "interpretação plausível" de uma "superinterpretação" (termo criado por Umberto Eco), é necessário também recorrer ao contexto de produção e recepção. Quando lemos em Camões "Amor é fogo que arde sem se ver", por exemplo, provavelmente o eu lírico não desejava segredar-nos um momento íntimo, mas raciocinar sobre as contradições do Amor, amor com maiúscula, uma vez que é uma alegoria. Além disso, podemos pensar que, no afã de buscar a perfeição formal do poema, nada mais adequado que apresentá-lo em um soneto.

Álvares de Azevedo, no entanto, em seu poema "Lembrança de morrer", canta "Quando em meu peito rebentar-se a fibra, / Que o espírito enlaça à dor vivente", revelando os sentimentos do eu lírico de maneira particular. Não é à toa que são autores distantes no tempo, o primeiro impregnado pelas ideias do Renascimento; o segundo, pelas do Romantismo.

A grande tarefa dos estudos literários é tentar ressignificar os textos do passado, reconhecendo suas características formais particulares. Nesse processo de leitura, é importante reconhecer os principais temas tratados e traduzi-los para nossa vida.

Veja só o que Plutarco escreveu, por volta do século II d.C., sobre os tagarelas: "Ora, a natureza não protegeu nada com tanto cuidado em nós como a língua, diante da qual postou a guarnição dos dentes para que, se ela não obedecer às 'rédeas rutilantes' que o pensamento puxa para dentro e se não se contiver, nós possamos controlar sua incontinência mordendo-a até arrancar sangue".

Obviamente, não morderíamos a língua se fôssemos tagarelas, mas a lição ainda é válida. Quem já não passou por uma situação em que "falou demais"? Acabamos de fazer um exercício que deve ser constante na literatura, ou seja, "atualizar" as obras literárias e perceber que nelas são discutidos temas universais.

Perceba que, para tanto, não foi necessário reduzir o vocabulário à meia dúzia de palavras a que estamos acostumados em nosso cotidiano, e sim refletir sobre os temas nelas presentes.

Livros como *Harry Potter* e *Crepúsculo* estão mais próximos de nós porque sua produção participa do mesmo contexto que o nosso e o vocabulário também é mais próximo. Consumimos esses livros, e o nome que recebem — *best-sellers* (numa tradução livre, os mais vendidos) — mostra-nos sua estreita relação com o consumo. E por que os consumimos? Porque são escritos de acordo com um padrão de enredo e linguagem que agrada a grande parte dos leitores.

Lendo esses livros, provamos que apreciamos e consumimos leitura. Todavia, a escola nos mostra que é preciso ter cuidado e não sair por aí comprando tudo o que vemos. Precisamos ser leitores críticos, e para isso não há mágica! É possível "viajar" no tempo, desvendar novos universos e atentar para o fato de que a elaboração da linguagem é o princípio da literatura. Quando realizamos essas tarefas, estamos próximos da formação do leitor crítico, aquele que não fica à mercê da alienação imposta pelo mercado.

A linguagem das artes

Assim como a literatura não deve ser entendida como uma imensa lista de características de estilo de época e de autores, outras produções artísticas — música, dança, artes visuais e teatro — devem ser compreendidas em relação à sua linguagem específica e em relação aos seus aspectos sociais. Assim, deve-se reconhecer a arte não apenas como um objeto estético, mas também como manifestação de diferentes culturas (do erudito ao popular), cuja função pode variar da elaboração de um artefato útil à busca do prazer estético.

Nesse sentido, objetos do cotidiano podem ser lidos como representações artísticas. Os abajures a seguir remetem a características bem distintas. No primeiro, percebe-se a preocupação com a diversificação das cores e o uso de formas assimétricas, em materiais como o ferro forjado e o vidro, típicos do estilo conhecido como *art nouveau*. Já o segundo apresenta somente duas cores contrastantes e formas geométricas simétricas, em materiais como plástico e madeira, num estilo derivado da escola Bauhaus de arquitetura e *design*.

Os dois estilos são resultado de influências e concepções estéticas particulares, que dialogam com contextos de produção diferentes. Compreendê-los significa legitimar cada um em sua singularidade, para além de juízos de valor como "mais bonito" ou "mais prático".

O simples fato de gostarmos de uma música, por exemplo, pode nos levar à reflexão sobre a natureza da linguagem musical e sobre suas funções sociais. A sensibilização provocada pela melodia e pelo ritmo pode ser acompanhada pela sensação de nos sentirmos pertencentes mais a uma determinada "tribo" que a outra. A apreciação musical não é gratuita e faz parte de nossa identidade. Outros tipos de música fazem parte de outras identidades e devem ser também respeitados; quando compreendemos isso, valorizamos a diversidade das produções artísticas.

É necessário reconhecer, então, que os padrões artísticos variam com o tempo e estão ligados diretamente ao contexto de produção e recepção da obra de arte. Deve-se valorizar a pluralidade das manifestações, como forma de compreensão das diversidades dos grupos sociais e étnicos.

A linguagem do corpo

Acima de tudo, a linguagem do corpo deve ser inclusiva. É isso que deve nos orientar quando o assunto é "o que estudar em educação física". Não precisamos pensar nos "conteúdos", pois eles não existem de fato, pelo menos como uma grade curricular preestabelecida. Os conteúdos de educação física constituem-se de maneira natural, pois são produto das relações estabelecidas entre diferentes sujeitos, em práticas corporais múltiplas e espontâneas, dentro de vários e diferenciados contextos culturais.

No Brasil, atividades mais representativas dessas práticas culturais são o esporte, a ginástica, os jogos, as lutas e a dança. Apesar do caráter competitivo atribuído a essas manifestações nas últimas décadas — com regras, torneios e premiação dos melhores —, cabe à escola resistir à tentação do "esporte a serviço da indústria cultural, do espetáculo televisivo e da venda de produtos".

As linguagens do texto, da arte, da música e do corpo constroem significados e fazem parte da essência da cultura de um povo.

Devem ser resgatadas as relações solidárias e a diversidade cultural das (e nas) práticas corporais, que podem ser iniciadas na escola, mas estendidas a todos os outros contextos de vida.

Assim como a literatura e a arte, as práticas corporais — desde as danças até as lutas — também encontram vinculação com seus contextos espaciais, culturais e históricos. Os diferentes estilos de *kung fu*, por exemplo, remontam às necessidades de treinos e lutas desenvolvidas em diferentes solos: a luta mais lenta e pesada no solo alagado das plantações de arroz do sul da China e a luta mais veloz nos solos rochosos do norte. Dessa maneira, olhando as lutas sob essa perspectiva, percebemos não só uma disputa com vencedores e vencidos, mas também a ligação com a disciplina de um corpo saudável, boa condição física e mente capaz de enxergar no corpo do outro os caminhos para um combate limpo.

Mais que isso, as lutas, a ginástica e a dança deixam transparecer a riqueza das influências dos vários povos formadores do Brasil. Da mesma maneira, os jogos são marcas de acordos coletivos e de identidades nacionais e locais: cada região e cada grupo têm seu jogo mais valorizado.

Em suma, a linguagem corporal deve ser percebida e entendida não apenas como um espaço de conquista de títulos ou disputa por melhores desempenhos, mas como algo capaz de unir semelhantes e diferentes, consolidando identidades e incluindo singularidades.

Linguagens e seus objetos do conhecimento

- **Estudo do texto.** As sequências discursivas e os gêneros textuais no sistema de comunicação e informação — modos de organização da composição textual; atividades de produção escrita e de leitura de textos gerados nas diferentes esferas sociais — públicas e privadas.

- **Estudo das práticas corporais.** A linguagem corporal como integradora social e formadora de identidade — *performance* corporal e identidades juvenis; possibilidades de vivência crítica e emancipada do lazer; mitos e verdades sobre os corpos masculino e feminino na sociedade atual; exercício físico e saúde; o corpo e a expressão artística e cultural; o corpo no mundo dos símbolos e como produção da cultura; práticas corporais e autonomia; condicionamentos e esforços físicos; o esporte; a dança; as lutas; os jogos; as brincadeiras.

- **Produção e recepção de textos artísticos.** Interpretação e representação do mundo para o fortalecimento dos processos de identidade e cidadania. Artes visuais: estrutura morfológica, sintática, o contexto da obra artística, o contexto da comunidade. Teatro: estrutura morfológica, sintática, o contexto da obra artística, o contexto da comunidade, as fontes de criação. Música: estrutura morfológica, sintática, o contexto da obra artística, o contexto da comunidade, as fontes de criação. Dança: estrutura morfológica, sintática, o contexto da obra artística, o contexto da comunidade, as fontes de criação. Conteúdos estruturantes das linguagens artísticas (artes visuais, dança, música, teatro) elaborados a partir de suas estruturas morfológicas e sintáticas; inclusão, diversidade e multiculturalidade: a valorização da pluralidade expressa nas produções estéticas e artísticas das minorias sociais e dos portadores de necessidades educacionais especiais.

- **Estudo do texto literário.** Relações entre produção literária e processo social, concepções artísticas, procedimentos de construção e recepção de textos — produção literária e processo social; processos de formação literária e de formação nacional; produção de textos literários, sua recepção e a constituição do patrimônio literário nacional; relações entre a dialética cosmopolitismo/localismo e a produção literária nacional; elementos de continuidade e ruptura entre os diversos momentos da literatura brasileira; associações entre concepções artísticas e procedimentos de construção do texto literário em seus gêneros (épico/narrativo, lírico e dramático) e formas diversas; articulações entre os recursos expressivos e estruturais do texto literário e o processo social relacionado ao momento de sua produção; representação literária: natureza, função, organização e estrutura do texto literário; relações entre literatura, outras artes e outros saberes.

- **Estudo dos aspectos linguísticos em diferentes textos.** Recursos expressivos da língua, procedimentos de construção e recepção de textos — organização da macroestrutura semântica e a articulação entre ideias e proposições (relações lógico-semânticas).

- **Estudo do texto argumentativo, seus gêneros e recursos linguísticos.** Argumentação: tipo, gêneros e usos em língua portuguesa — formas de apresentação de diferentes pontos de vista; organização e progressão textual; papéis sociais e comunicativos dos interlocutores, relação entre usos e propósitos comunicativos, função sociocomunicativa do gênero, aspectos da dimensão espaçotemporal em que se produz o texto.

- **Estudo dos aspectos linguísticos da língua portuguesa.** Usos da língua: norma culta e variação linguística — uso dos recursos linguísticos em relação ao contexto em que o texto é constituído: elementos de referência pessoal, temporal, espacial, registro linguístico, grau de formalidade, seleção lexical, tempos e modos verbais; uso dos recursos linguísticos em processo de coesão textual: elementos de articulação das sequências dos textos ou da construção da microestrutura do texto.

- **Estudo dos gêneros digitais.** Tecnologia da comunicação e informação: impacto e função social — o texto literário típico da cultura de massa; o suporte textual em gêneros digitais; a caracterização dos interlocutores na comunicação tecnológica; os recursos linguísticos e os gêneros digitais; a função social das novas tecnologias.

Atividades
Literatura

C4 • H13, C5 • H16 e C6 • H19

1 Leia com atenção os textos:

Texto 1

A um poeta

Tu, que dormes, espírito sereno,
Posto à sombra dos cedros seculares,
Como um levita à sombra dos altares,
Longe da luta e do fragor terreno,

Acorda! É tempo! O sol, já alto e pleno,
Afugentou as larvas tumulares...
Para surgir do seio desses mares,
Um mundo novo espera só um aceno...

Escuta! É a grande voz das multidões!
São teus irmãos, que se erguem! São canções...
Mas de guerra... e são vozes de rebate!

Ergue-te, pois, soldado do Futuro,
E dos raios de luz do sonho puro,
Sonhador, faze espada de combate!

(Antero de Quental. *Sonetos*. Lisboa: Imprensa Nacional, 1994.)

Texto 2

A um poeta

Longe do estéril turbilhão da rua,
Beneditino escreve! No aconchego
Do claustro, na paciência e no sossego,
Trabalha e teima, e lima, e sofre, e sua!

Mas que na forma se disfarce o emprego
Do esforço; e a trama viva se construa
De tal modo que a imagem fique nua,
Rica, mas sóbria como um templo grego.

Não se mostre na fábrica o suplício
Do mestre. E, natural, o efeito agrade
Sem lembrar os andaimes do edifício:

Porque a Beleza, gêmea da Verdade,
Arte pura, inimiga do artifício,
É a força e a graça na simplicidade.

(Olavo Bilac. Obra reunida. Rio de Janeiro: Nova Aguilar, 1996.)

a) Justifique as escolhas dos títulos dos textos.

_____

_____

_____

_____

b) Sabendo-se que Bilac e Antero de Quental viveram na mesma época histórica, é possível afirmar que há semelhanças, quanto ao estilo, entre seus textos?

_____

_____

c) Quanto ao assunto, qual é a diferença entre os dois textos?

_____

_____

_____

_____

d) Quais funções da linguagem estão presentes em ambos os textos?

_____

C1 • H4 e C8 • H27

2 Leia os textos:

Texto 1

INTER TESTA LIDERANÇA DO MILAN

Num torneio acirrado, o Milan testa hoje sua força diante da arquirrival Inter, que está em quarto lugar — só três pontos separam os dois times. O clássico será às 17h30 (com ESPN e ESPN HD). Ontem, Juventus e Roma empataram em 1 a 1.

(Folha de S. Paulo, 14/11/2010.)

Texto 2

Na 2ª semana, festival traz mais sete peças

DE RIBEIRÃO PRETO

Depois de uma semana com sucesso de público, que lotou praças e teatros, o 1º Festival de Teatro de Ribeirão Preto entra em seus últimos dias de espetáculos.

Na quarta-feira, último dia do evento, acontece um fórum de políticas teatrais.

[...]

Já o Teatro Municipal traz "Vestido de Noiva", um clássico do dramaturgo Nelson Rodrigues. A peça é para maiores de 14 anos.

(Folha de S. Paulo, 14/11/2010.)

Texto 3

Ensaio: caçada a Monteiro Lobato

A releitura de "Caçadas de Pedrinho" e de outros clássicos de Monteiro Lobato, avaliados como "racistas" em recente polêmica na Folha, revela uma prosa anterior aos ditames politicamente corretos. Expressões em desuso, ainda que eivadas de racismo, não impedem a construção de um mundo ficcional complexo e rico.

(Folha de S. Paulo, 14/11/2010.)

a) Repare que, na mesma edição, o jornal *Folha de S. Paulo* empregou a palavra *clássico* em diferentes textos. O sentido da palavra é o mesmo em todos os textos?

_____

_____

_____

_____

b) Em que outra situação, diferente das vistas nos textos lidos, o termo *clássico* pode ser empregado?

_____

_____

_____

_____

C6 • H19

3 No *Dicionário escolar da Língua Portuguesa*, da ABL (Academia Brasileira de Letras), lemos:

literatura [...] s.f. (Lit.) **1.** Arte que tem sua expressão na linguagem oral e, mais frequentemente, na escrita [...]. **2.** Teoria e estudo das manifestações literárias [...]. **3.** Todo o conjunto das obras literárias de um país, de uma língua, de uma época [...]

(São Paulo: Nacional, 2008.)

Os verbetes são um gênero textual. Sabe-se que descrever uma linguagem por meio dela própria, como faz o verbete lido, constitui uma das funções da linguagem. Qual é essa função?

a) poética
b) metalinguística
c) referencial
d) fática
e) imperativa

C6 • H18

4

O teste da rosa

Digamos que você tem uma rosa. Uma só. Antes que eu continue, ela me interrompe: de que cor? Pensei na rosa, mas não pensei na cor. Cor-de-rosa, digo. Ela faz uma carinha de quem não aprova. Rosa cor-de-rosa, que falta de imaginação! Branca, me corrijo. Branca, não, ela corta. Vermelha. Tá bem. Uma rosa vermelha. Vermelhinha? Sim, vermelhíssima. Da cor do sangue vivo.

Digamos que você tem uma rosa, recomeço. É a única que existe no mundo. A última? Não interessa. No caso é a única. E é sua. Digamos que você quer dar essa rosa a alguém. E se eu não quiser dar? Aí a história acaba. Continuo? Continua. Você tem que dar essa rosa a alguém. Uma pessoa só? Sim, uma só. Fui dar corda, a menina não para de falar. Verdadeira matraca. Já quer saber por que tem de dar a rosa. Se é dela e é única, não vai dar a ninguém. Vai vender.

Mas a história é assim: é a única, a última rosa do mundo. E você tem que passar pra frente. Se não der, ela explode e queima a sua mão. Carinha de nojo, ela resmunga: rosa que explode e pega fogo, essa não. Finjo que não ouço e vou adiante. Você vai entregar essa rosa a quem mais a merece. A faladeira quer saber se a rosa é bonita. Lindíssima, já disse. Fresquinha. A última e mais bela rosa do mundo. Não, não pode guardar. Nem pode vender.

Novas tentativas de sair do script, mas eu fecho todas as portas. Não pode mudar. Não interessa quem inventou. É o teste da rosa. Existe desde o princípio do mundo, digo convicto. E cale a boca, por favor. Mais um minuto e a rosa estoura na sua mão. Não é bomba, mas estoura. História inventada é assim. Rosa estoura e pronto. Você tem que dar a rosa pra alguém que a merece. A pessoa que você mais ama. Dona do seu coração. Vale, vale tudo. Gente grande, ou criança. Quem você quiser. Não, não podem ser duas pessoas. Mesmo casadas, morando na mesma casa, não pode. Também não vale. Pétala por pétala, não. É a rosa inteira, perfumada. Uma beleza. Já disse que é a mais bonita do mundo. Nunca mais vai existir outra igual. E depressa, senão explode. Na sua mão, não no vaso. Fresquinha, com gotas de orvalho que brilham como pequenos sóis. Vamos logo, quem? A quem você dá essa rosa? Ela sorri, zombeteira e me faz a pergunta fatal: você está crente que eu dou pra você, não está?

(Otto Lara Resende. *Bom dia para nascer*. São Paulo: Cia. das Letras, 1993.)

A partir da leitura da crônica "O teste da rosa", podemos inferir que:

a) as pessoas que conversam são duas crianças.

b) um adulto e uma criança interagem verbalmente.

c) trata-se de uma fábula; por isso, a rosa, a criança e o adulto interagem verbalmente.

d) um adulto e uma rosa conversam.

e) a narrativa é toda contada por uma criança.

Textos para as questões 5 e 6:

Texto 1

[...] Habilidade ou disposição dirigida para a execução de uma finalidade prática ou teórica, realizada de forma consciente, controlada e racional [...]; ofício, profissão [...]; forma de agir, maneira, jeito [...].

(*Dicionário Houaiss da língua portuguesa*. Rio de Janeiro: Objetiva, 2009.)

Texto 2

No passado, entretanto, a obra-prima era aquela que coroava o aprendizado de um ofício, que testemunhava a competência de seu autor. [...] a obra-prima, no passado, era julgada a partir de critérios precisos de fabricação por artesãos que dominavam perfeitamente as técnicas necessárias.

(Jorge Coli. *O que é arte*. 10. ed. São Paulo: Brasiliense, 1989.)

Texto 3

[...] é a obra de arte, sistema de signos dotado de coerência estrutural e de originalidade.

(Haroldo de Campos. *Metalinguagem & outras metas*. 4. ed. São Paulo: Perspectiva, 1992.)

C7 • H22

5. Quais palavras dos textos 2 e 3 podem ser consideradas equivalentes, quanto ao sentido, à palavra *execução*, presente no texto 1?
   a) *fabricação* (texto 2) e *coerência* (texto 3)
   b) *ofício* (texto 2) e *coerência* (texto 3)
   c) *coroava* (texto 2) e *originalidade* (texto 3)
   d) *competência* (texto 2) e *originalidade* (texto 3)
   e) *técnicas* (texto 2) e *estrutural* (texto 3)

C6 • H18 e C7 • H22

6. Sabe-se que o termo *arte*, no cotidiano, tem também o significado de "travessura", quando aplicado a certo tipo de ação de crianças e jovens. Em qual ou quais dos três textos encontramos uma definição que se aproxima desse sentido?
   a) texto 1
   b) texto 2
   c) texto 3
   d) textos 2 e 3
   e) nenhum deles

Texto para as questões 7, 8 e 9:

EMÍLIA – E os nossos parentes quando nos obrigam a seguir uma carreira para a qual não temos inclinação alguma, dizem que o tempo acostumar-nos-á.

CARLOS – O tempo acostumar! Eis aí por que vemos entre nós tantos absurdos e disparates. Este tem jeito para sapateiro: pois vá estudar medicina... Excelente médico! Aquele tem inclinação para cômico: pois não senhor, será político... Ora, ainda isso vá. Estoutro só tem jeito para caiador ou borrador: nada, é ofício que não presta... Seja diplomata, que borra tudo quanto faz. Aqueloutro chama-lhe toda a propensão para a ladroeira; manda o bom senso que se corrija o sujeitinho, mas isso não se faz; seja tesoureiro de repartição fiscal, e lá se vão os cofres da nação à garra... Essoutro tem uma grande carga de preguiça e indolência e só serviria para leigo de convento, no entanto vemos o bom do mandrião empregado público, comendo com as mãos encruzadas sobre a pança o pingue ordenado da nação.

EMÍLIA – Tens muita razão; assim é.

CARLOS – Este nasceu para poeta ou escritor, com uma imaginação fogosa e independente, capaz de grandes cousas, mas não pode seguir a sua inclinação, porque poetas e escritores morrem de miséria, no Brasil... E assim o obriga a necessidade a ser o mais somenos amanuense em uma repartição pública e a copiar cinco horas por dia os mais soníferos papéis. O que acontece? Em breve matam-lhe a inteligência e fazem do homem pensante máquina estúpida, e assim se gasta uma vida? É preciso, é já tempo que alguém olhe para isso, e alguém que possa.

(Martins Pena. *Comédias de Martins Pena*. Ediouro. Edição crítica por Darcy Damasceno.)

C6 • H18

7 Na obra de que o texto faz parte, o jovem Carlos é obrigado a ir para um seminário, por imposição de Ambrósio, um falastrão casado com sua tia. Às voltas com a necessidade de sair do lugar em que está confinado, para poder ficar com sua amada Emília, Carlos se envolve em muitas situações inesperadas.

Quando Emília, no trecho lido, diz "assim é", a que ela estaria se referindo?

a) À falta de vocação religiosa mencionada por Carlos.

b) Aos médicos que também fazem humor.

c) Ao absurdo de muitas escolhas profissionais.

d) À necessidade de combater a ladroeira (corrupção).

e) À falta de vocação para o serviço público.

C6 • H18

8 Com base apenas no trecho lido, é possível identificar o gênero literário dessa obra de Martins Pena? Assinale a alternativa que apresenta esse gênero:

a) conto

b) poesia épica

c) texto teatral

d) romance

e) crônica

C5 • H15 e H17

9 A partir da leitura do trecho, pertencente a uma obra filiada ao nosso Romantismo (século XIX), podemos concluir que a fala de Carlos:

a) reflete um dilema típico da elite brasileira da época, apenas.

b) expõe, com humor, a rotina dos jovens que querem seguir a carreira religiosa.

c) denota um conflito — a carreira ou o amor? — que se estende até os nossos dias.

d) revela a cultura da imposição da vontade da família sobre o futuro dos jovens.

e) mostra a rebeldia típica dos heróis românticos, como em José de Alencar, por exemplo.

C5 • H17 e C6 • H18

10 Leia com atenção o seguinte trecho do romance *Vidas secas*:

> [...] Devia ser ignorância da mulher, provavelmente devia ser ignorância da mulher. Até estranhara as contas dela. Enfim, como não sabia ler (um bruto, sim senhor), acreditara na sua velha. Mas pedia desculpa e jurava não cair noutra.
>
> O amo abrandou, e Fabiano saiu de costas, o chapéu varrendo o tijolo. Na porta, virando-se, enganchou as rosetas das esporas, afastou-se tropeçando, os sapatões de couro cru batendo no chão como cascos.
>
> Foi até a esquina, parou, tomou fôlego. Não deviam tratá-lo assim. Dirigiu-se ao quadro lentamente. Diante da bodega de seu Inácio virou o rosto e fez uma curva larga. Depois que acontecera aquela miséria, temia passar ali. Sentou-se numa calçada, tirou do bolso o dinheiro, examinou-o, procurando adivinhar quanto lhe tinham furtado. Não podia dizer em voz alta que aquilo era um furto, mas era. Tomavam-lhe o gado quase de graça e ainda inventavam juro. Que juro! O que havia era safadeza.

(Graciliano Ramos. *Vidas secas*. Rio de Janeiro: Record, 1984.)

Depois da conversa com seu patrão a respeito do pagamento que recebeu, "Fabiano saiu de costas, o chapéu varrendo tijolo". O que esse comportamento da personagem indica?

a) subserviência e vergonha

b) falta de alimento e doença

c) sujeira e ressentimento

d) cansaço e raiva

e) falta de sorte e fome

C1 • H3 e C4 • H12

11 **Imagem 1**

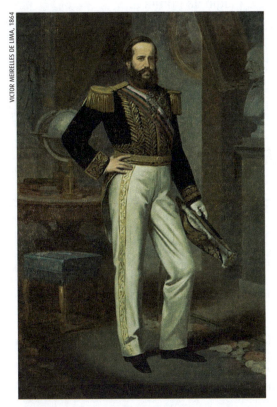

D. Pedro II, o Magnânimo (1864), de Vítor Meireles. Museu de Arte de São Paulo, SP.

Imagem 2

Pedro II, imperador brasileiro.

As imagens 1 e 2 retratam o mesmo personagem: o imperador brasileiro Pedro II. Ambas são obras de arte e sobre elas é correto afirmar:

a) A imagem 2 é plágio da primeira.
b) A imagem 1 é caricatura de Pedro.
c) A imagem 2 é uma caricatura do imperador.
d) A imagem 2 é uma fotografia de Pedro.
e) A imagem 2 satiriza Pedro, retratado na imagem 1.

C4 • H12 e C5 • H16

12

XXXVI

E há poetas que são artistas
E trabalham nos seus versos
Como um carpinteiro nas tábuas!...
Que triste não saber florir!
Ter que pôr verso sobre verso, como quem constrói um muro
E ver se está bem, e tirar se não está!...
Quando a única casa artística é a Terra toda
Que varia e está sempre bem e é sempre a mesma.
Penso nisto, não como quem pensa, mas como quem respira,
E olho para as flores e sorrio...
Não sei se elas me compreendem
Nem se eu as compreendo a elas,
Mas sei que a verdade está nelas e em mim
E na nossa comum divindade
De nos deixarmos ir e viver pela Terra
E levar ao colo pelas Estações contentes
E deixar que o vento cante para adormecermos
E não termos sonhos no nosso sono.

(Alberto Caeiro. *O guardador de rebanhos*. Rio de Janeiro: Nova Aguilar, 1986.)

A partir da leitura do poema, pode-se afirmar que:

I. O poeta deve amar a natureza mas não a si mesmo, para entender a Terra.
II. Os poetas, em geral, devem compreender a relação entre o homem e a natureza.
III. A poesia deve ser resultado não de reflexão, mas de vivência natural.

Estão corretas as afirmações:

a) apenas I.
b) I e II.
c) I e III.
d) II e III.
e) todas.

C5 • H15 e C7 • H22

13

Texto 1

Leve-me a sementeira muito embora
O rio sobre os campos levantado:
Acabe, acabe a peste matadora,
Sem deixar uma rês, o **nédio** gado.
Já destes bens, Marília, não preciso:
Nem me cega a paixão, que o mundo arrasta;
Para viver feliz, Marília, basta
Que os olhos movas, e me dês um riso.
Graças, Marília bela,
    Graças à minha Estrela!

nédio: gordo; brilhante

(Tomás Antônio Gonzaga. *A poesia dos inconfidentes*. Rio de Janeiro: Aguilar, 1996.)

Texto 2

O grande divisor de águas no tocante à evolução da noção de progresso civilizatório e do seu impacto sobre a felicidade humana foi o iluminismo europeu do século XVIII — a "era da razão" baseada na fé sobre o poder da própria razão. [...] Como apontam os melhores especialistas no assunto, o conceito iluminista de progresso — e tudo o que ele implicava em termos de otimismo quanto ao futuro terreno da espécie humana — assinala uma clara ruptura em relação às ideias dominantes no mundo antigo, medieval e renascentista [...]. A equação fundamental do iluminismo europeu pressupunha a existência de uma espécie de harmonia preestabelecida entre o progresso da civilização e o aumento da felicidade. A resultante do processo, ou seja, a construção gradativa de um mundo como nunca se vira na história, desde a expulsão do primeiro casal do paraíso, era efeito da combinação de vetores de mudança que não só corriam juntos mas que alimentavam e se reforçavam mutuamente. Eram eles:

– o avanço do saber científico;

– o domínio crescente da natureza pela tecnologia;

– o aumento exponencial da produtividade e da riqueza material;

– a emancipação das mentes após séculos de opressão religiosa, superstição e servilismo;

– o aprimoramento intelectual e moral dos homens por meio da ação conjunta da educação e das leis.

(Eduardo Gianetti. *Felicidade*. São Paulo: Cia. das Letras, 2002.)

Contrariamente ao que faz o texto 1, o texto 2 apresenta uma pequena lista de elementos dos quais dependeria a felicidade. Qual é a principal diferença de enfoque entre os dois textos quanto aos requisitos para a felicidade?

a) O enfoque dado no texto 1 é universal, coletivo, enquanto no texto 2 é particular.

b) No texto 1, o eu lírico olha para si mesmo, enquanto no texto 2 a questão da felicidade é considerada socialmente.

c) Tanto no texto 1 quanto no texto 2 não há ponto de vista emotivo na abordagem do tema.

d) O texto 2 apresenta uma visão semelhante à da poesia quando se refere à natureza.

e) O texto 1 se aproxima da ideia de felicidade exposta no texto 2, pois recusa a opressão religiosa.

O trinco (1778), de Jean Fragonard.

C4 • H12 e H13

14 A obra reproduzida na página anterior é do século XVIII, e na cena que ela mostra pode-se antever uma pequena narrativa. Qual alternativa melhor explicita essa narrativa?

a) A jovem moça hesita, mas acaba entregando-se ao amante que, por sua vez, busca fuga.

b) A jovem estava presa e, nesse instante, está sendo libertada por seu amante.

c) Os jovens se encaminham para a saída, buscando fugir de possível flagrante.

d) Os jovens amantes estão se preparando para uma noite de sono, uma vez que o cenário e os trajes dele indicam período noturno.

e) O jovem amante insiste na sedução e, ao mesmo tempo, busca impedir que a jovem fuja.

C5 • H15

15 **ILUMINISMO** – movimento de ideias desenvolvido essencialmente no século 18. [...] Tratava-se de um verdadeiro recenseamento cultural. Finalmente, não parece haver dúvida de que as ideias iluministas tenham influenciado muitas das posições assumidas pelos revolucionários franceses de 1789. [...] Às vésperas da revolução francesa, o homem do século 18, individualista e burguês, concilia a razão com o desejo de ser útil e progressista.

(Antônio Carlos Amaral Azevedo. *Dicionário de nomes, termos e conceitos históricos*. Rio de Janeiro: Nova Fronteira, 1990.)

I. É claro, no verbete, que as ideias dos burgueses cristãos influenciaram a revolução.

II. O texto separa, nitidamente, o "homem individualista" do "homem burguês".

III. A razão e o desejo de ser útil, segundo o texto, são elementos compatíveis.

Estão corretas as afirmações:

a) apenas I.
b) apenas I e II.
c) apenas III.
d) apenas II.
e) nenhuma.

C6 • H18 e C7 • H24

16 Palavra que estive a pique de crer que era vítima de uma grande ilusão, uma fantasmagoria de alucinado; mas a entrada repentina de Ezequiel, gritando: "Mamãe! mamãe! é hora da missa!" restituiu-me à consciência da realidade. Capitu e eu, involuntariamente olhamos para a fotografia de Escobar, e depois um para o outro. Desta vez a confusão dela fez-se confissão pura. Este era aquele; havia por força alguma fotografia de Escobar pequeno que seria o nosso pequeno Ezequiel. De boca, porém não confessou nada; repetiu as últimas palavras, puxou o filho e saíram para a missa.

(Machado de Assis. *Dom Casmurro*. In: *Obra completa*. Rio de Janeiro: Nova Aguilar, 1979.)

O trecho acima pertence a *Dom Casmurro*, obra conhecida pela obsessão do narrador pela ideia de que fora traído. Qual alternativa apresenta a expressão que melhor corresponde a essa ideia do narrador?

a) "Este era aquele"
b) "era vítima de uma grande ilusão"
c) "é hora da missa"
d) "puxou o filho"
e) "olhamos para a fotografia"

Imagem para as questões 17 e 18:

A *vendedora de amores* (1763), de Joseph Vien.

C4 • H12 e H13

17 A cena retratada na tela, vista no conjunto, permite associar a obra ao estilo neoclássico. Atente para as seguintes afirmações a respeito da tela de Vien:

  I. O jogo entre claro e escuro prevalece e o caráter da cena é teocêntrico.
  II. As linhas verticais na parede e as expressões humanas sérias são típicas do Neoclassicismo.
  III. Trajes sóbrios, como o das pessoas à direita e cenário requintado são característicos do Neoclassicismo.

a) Apenas I está correta.
b) I e II estão corretas.
c) Apenas III está correta.
d) II e III estão corretas.
e) Todas estão corretas.

C4 • H12 e H13

18 A tela de Vien é do século XVIII. Que aspecto da cena nela retratada sugere a necessidade do produto oferecido pela vendedora?
a) As cores usadas pela pessoa sentada na cadeira, que indicam luto.
b) A feição da pessoa sentada, que indica tristeza, solidão.
c) A nobreza do lugar, que combina com o produto.
d) A posição da vendedora, pois ela indica urgência na venda.
e) A disposição dos móveis, que indica o lugar em que ficarão as estatuetas (os amores).

C6 • H18

19

Moça com brinco de pérola, de Vermeer.

No campo das artes plásticas, as obras do Barroco revelam maior liberdade do que as do Renascimento, o movimento artístico anterior.

Em relação à obra *Moça com brinco de pérola*, de Vermeer (1632-1675), podemos afirmar que o apelo proveniente do conjunto rosto-brinco sobre fundo implica:

a) sedução
b) medo
c) valor (preço)
d) maturidade
e) apreensão

Imagem e texto para as questões 20 e 21:

Futebol (1935), de Cândido Portinari.

É uma partida de futebol

Bola na trave não altera o placar

Bola na área sem ninguém pra cabecear

Bola na rede pra fazer o gol

Quem não sonhou em ser um jogador de futebol?

A bandeira no estádio é um estandarte

A flâmula pendurada na parede do quarto

O distintivo na camisa do uniforme

Que coisa linda é uma partida de futebol

Posso morrer pelo meu time

Se ele perder, que dor, imenso crime

Posso chorar, se ele não ganhar

Mas se ele ganha, não adianta

Não há garganta que não pare de berrar

A chuteira veste o pé descalço

O tapete da realeza é verde

Olhando para bola eu vejo o sol

Está rolando agora, é uma partida de futebol

O meio-campo é lugar dos craques

Que vão levando o time todo pro ataque

O centroavante, o mais importante

Que emocionante, é uma partida de futebol

O meu goleiro é um homem de elástico

Os dois zagueiros têm a chave do cadeado

Os laterais fecham a defesa

Mas que beleza é uma partida de futebol

Bola na trave não altera o placar

Bola na área sem ninguém pra cabecear

Bola na rede pra fazer o gol

Quem não sonhou em ser um jogador de futebol?

(Samuel Rosa e Nando Reis. In: Skank. *O samba Poconé*. Gravadora Sony, 1996. Disponível em: http://letras.terra.com.br/skank/36667/)

C4 • H13 e C7 • H22

20 Apesar da distância no tempo, há um diálogo entre as duas obras. Na tela de Portinari é possível supor que quem participa da partida de futebol são crianças. Entre os seguintes versos da canção, quais melhor traduzem a cena apresentada na tela?

a) "Posso morrer pelo meu time"

b) "Não há garganta que não pare de berrar"

c) "Quem não sonhou em ser um jogador de futebol?"

d) "Bola na rede pra fazer o gol"

e) "Olhando para bola eu vejo o sol"

C3 • H11

21 No trabalho de Cândido Portinari (1903–1962), como percebemos que o pintor retrata uma situação de plena interatividade humana, apesar do caráter competitivo?

a) Destaca-se a presença de animais domésticos junto às crianças.

b) As crianças jogam bola e a disputa envolve animais domésticos.

c) A posição das crianças e o campo improvisado revelam integração e cumplicidade.

d) A posição das crianças indica brincadeira de guerra, luta.

e) A representação do ambiente com cemitério e animais se aproxima de uma representação teatral.

Texto para as questões 22, 23 e 24:

Eros e Psique

... E assim vedes, meu Irmão, que as verdades que vos foram dadas no Grau de Neófito, e aquelas que vos foram dadas no Grau de Adepto Menor, são, ainda que opostas, a mesma verdade

DO RITUAL DO GRAU DE MESTRE DO ÁTRIO
NA ORDEM TEMPLÁRIA DE PORTUGAL

Conta a lenda que dormia
Uma Princesa encantada
A quem só despertaria
Um Infante, que viria
De além do muro da estrada.

Ele tinha que, tentado,
Vencer o mal e o bem,
Antes que, já libertado,
Deixasse o caminho errado
Por o que à Princesa vem.

A Princesa Adormecida
Se espera, dormindo espera.
Sonha em morte a sua vida,

E orna-lhe a fronte esquecida,
Verde, uma grinalda de hera.

Longe o Infante, esforçado,
Sem saber que intuito tem,
Rompe o caminho fadado.
Ele dela é ignorado.
Ela para ele é ninguém.

Mas cada um cumpre o Destino —
Ela dormindo encantada,
Ele buscando-a sem tino
Pelo processo divino
Que faz existir a estrada.

E, se bem que seja obscuro
Tudo pela estrada fora,
E falso, ele vem seguro,
E, vencendo estrada e muro,
Chega onde em sono ela mora.

E, inda tonto do que houvera,
À cabeça, em maresia,
Ergue a mão, e encontra hera,
E vê que ele mesmo era
A Princesa que dormia.

(Fernando Pessoa. Cancioneiro. In: *Obra poética*.
Rio de Janeiro: Nova Aguilar, 1986.)

C6 • H18

22 Na primeira metade do poema, há uma indicação do que ocorre entre as duas personagens no final da narrativa. Qual é o verso que prenuncia esse evento?

a) "Pelo processo divino"

b) "Uma princesa encantada"

c) "Sonha em morte a sua vida,"

d) "Sem saber que intuito tem,"

e) "Se espera, dormindo espera."

C7 • H24

23 Uma das condições para a ocorrência do evento narrado no final do poema era que o infante vencesse o mal e o bem. Culturalmente, estamos habituados à ideia de derrota do mal. E vencer o bem, o que seria?

_____

_____

_____

_____

_____

_____

_____

_____

C6 • H18

24 A impressão de que a narrativa feita no poema envolve duas personagens é desfeita na última estrofe. Qual é a narrativa que, de fato, o poema faz, conforme mostra o seu final?

_____
_____
_____
_____

C4 • H12 e H13

25 Imagem 1

O pensador (1902), de Auguste Rodin.

Imagem 2

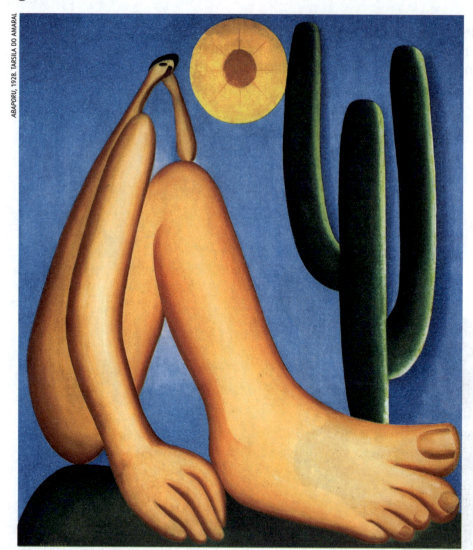

Abaporu (1928), de Tarsila do Amaral.

Representativas de dois diferentes campos das artes plásticas, as duas obras retratadas são de materiais diferentes, de autores diferentes e, além disso, produzidas em países diferentes (a primeira, na França, e a segunda, no Brasil).

a) O que a posição das figuras humanas retratadas nas obras expressa?

b) De que campos das artes plásticas as duas obras são representativas?

Texto para as questões 26 e 27:

Na saga de Portugal, mito e história se mesclam de forma quase indissolúvel. A ancestral tradição céltico-druídica, o paganismo germânico, o misticismo islâmico, as lendas da cavalaria de Carlos Magno, as antigas profecias bíblicas, as fábulas milenaristas, os Templários e sua busca do Santo Graal, o espírito das cruzadas: todos esses ingredientes se mesclaram para fundir a nacionalidade lusitana e modelar seu projeto utópico de conquistar o mundo pela navegação dos mares. A origem etimológica de "Porto Cale" é nebulosa, mas a palavra talvez signifique "Porto da Gália" (ou Porto da França). Para o genial escritor irlandês James Joyce, o país que exportou o modelo europeu para o resto do planeta deveria se chamar "Portocall" — o Porto do Chamamento, cujo sinal seria prontamente atendido pelas demais nações da velha Europa.

(Eduardo Bueno. *A viagem do descobrimento*. Rio de Janeiro: Objetiva, 1998.)

C6 • H18 e C7 • H23

26 No texto do jornalista e pesquisador Eduardo Bueno, três épocas da história do homem são consideradas. Quais são essas épocas e as referências a elas no texto?

a) Idade Média – Carlos Magno / Iluminismo – projeto de conquista do mundo / Antiguidade – navegantes portugueses conquistadores

b) Antiguidade – céltico-druídica e islâmica / Idade Média – cruzadas / Renascimento – navegantes portugueses conquistadores

c) Antiguidade – templários / Idade Média – cruzadas / Iluminismo – projeto de conquista do mundo

d) Renascimento – antigas profecias bíblicas / Era Contemporânea – busca do Santo Graal / Antiguidade – misticismo islâmico

e) Renascimento – lendas de cavalaria / Era Contemporânea – James Joyce / Iluminismo – céltico-druídica

C8 • H27

27 A afirmação, feita no texto, de que a origem da palavra *Porto Calle*, da qual resultou *Portugal*, é "nebulosa", nos leva a entender que tal origem é:

a) esbranquiçada.
b) imprecisa.
c) mentirosa.
d) mítica.
e) política.

C6 • H18

28 Leia o texto, da poetisa Martha Medeiros:

> acho que não sou daqui
> paro em sinal vermelho
> observo os prazos de validade
> bato na porta antes de entrar
> sei ler, escrever
> digo obrigado, com licença
> telefono se digo que vou ligar
> renovo o passaporte
> não engano no troco
> até aí tudo bem
>
> mas não sou daqui
> também
> porque não gosto de samba
> de carnaval, de chimarrão
> prefiro tênis ao futebol
> não sou querida, me atrevo

a cometer duas vezes o mesmo erro

não sou de turma

a cerveja me enjoa

prefiro o inverno

e não me entrego

sem recibo

(Martha Medeiros. *Poesia reunida*.
Porto Alegre: L&PM, 1999.)

O eu lírico apresenta uma lista de atitudes e gostos que o distinguem da maioria das pessoas. Qual verso comprova o sentimento de não integração do eu lírico?

a) até aí tudo bem

b) porque não gosto de samba

c) acho que não sou daqui

d) não engano no troco

e) a cerveja me enjoa

C4 • H12

29

Magali e Mônica de Rosa e Azul, 1989
acrílica sobre tela, 115 X 95 cm

Rosa e Azul, 1881
Auguste Renoir (1841-1919)
óleo sobre tela, 119 X 74 cm
Masp - Museu de Arte de São Paulo
Assis Chateaubriand, São Paulo, Brasil

Para realizar seu desenho, Mauricio de Sousa baseou-se em uma obra conhecida, *Rosa e Azul*, de Auguste Renoir. A partir desse diálogo, podemos concluir que uma obra de arte:

a) é sempre produzida a partir de outra, original.
b) pode ser vítima de plágio.
c) só permite recriações bem-humoradas.
d) só pode ser compreendida a partir de outra.
e) pode estimular a criação de outra obra de arte.

Textos para as questões de 30 a 32:

Texto 1

Sete anos de pastor Jacó servia
Labão, pai de Raquel, serrana bela,
Mas não servia ao pai, servia a ela,
E a ela só por prêmio pretendia.

Os dias, na esperança de um só dia,
Passava, contentando-se com vê-la;
Porém o pai usando de cautela,
Em lugar de Raquel lhe dava Lia.

Vendo o triste pastor que com enganos
Lhe fora assim negada a sua pastora,
Como se a não tivera merecida,

Começa de servir outros sete anos,
Dizendo: — Mais servira, se não fora
Para tão longo amor tão curta a vida

(Luís de Camões. *Rimas*. In: *Obra completa*.
Rio de Janeiro: Nova Aguilar, 1988.)

Texto 2

Não obstante, achei que Capitu estava um tanto impaciente por descer. Concordava em ficar, mas ia falando do pai e de minha mãe, da falta de notícias nossas, disto e daquilo, a ponto que nos arrufamos um pouco. Perguntei-lhe se já estava aborrecida de mim.

— Eu?

— Parece.

— Você há de ser sempre criança, disse ela fechando-me a cara entre as mãos e chegando muito os olhos aos meus. Então eu esperei tantos anos para aborrecer-me em sete dias? Não, Bentinho; digo isto porque é realmente assim, creio que eles podem estar desejosos de ver-nos e imaginar alguma doença, e, confesso, pela minha parte, que queria ver papai.

— Pois vamos amanhã.

— Não; há de ser com tempo encoberto, redarguiu rindo.

Peguei-lhe no riso e na palavra, mas a impaciência continuou, e descemos com sol. A alegria com que pôs o seu chapéu de casada, e o ar de casada com que me deu a mão para entrar e sair do carro, e o braço para andar na rua, tudo me mostrou que a causa da impaciência de Capitu eram os sinais exteriores do novo estado. Não lhe bastava ser casada entre quatro paredes e algumas árvores; precisava do resto do mundo também.

(Machado de Assis. *Dom Casmurro*. In: *Obra completa*. Rio de Janeiro: Nova Aguilar, 1979.)

C4 • H13 e C5 • H15

30 Sabe-se que o período renascentista valorizou o antropocentrismo e a razão. No texto 1, contudo, vemos que o soneto camoniano (século XVI) parte de uma crença cristã, presente na Bíblia. Assinale a alternativa que melhor esclarece a aparente contradição.

a) O Velho Testamento é tema que ajudou a instalar o estilo renascentista, nos séculos XV e XVI.

b) Apesar da fonte religiosa, o assunto é lírico-amoroso, marca típica do Renascimento.

c) Independentemente da fonte, o assunto é tratado de forma humanizada, expondo o dilema do homem universal.

d) O século XVI, em Portugal, é sabidamente teocentrista, uma vez que lá predominou o sebastianismo.

e) Teocentrismo e antropocentrismo nunca se opuseram no Renascimento.

C4 • H13

31 Na última frase do texto 2, Bento faz um comentário a respeito do comportamento de Capitu. Pelo trecho todo, é possível crer que o narrador se deu por satisfeito diante das respostas de sua esposa? Por quê?

_____

_____

_____

C5 • H16 E H17

32 Os dois textos foram produzidos em épocas e locais diferentes. Contudo, o tema parece aproximá-los. Assinale a alternativa que indica o que têm em comum.

a) Tanto Lia quanto Capitu foram figuras renegadas pelos seus amantes.

b) O ciúme é o tema comum a ambos os textos.

c) A espera pela união aproxima um texto do outro.

d) Jacó e Bentinho sofreram com a morte de suas esposas.

e) Em ambos os casos os casamentos duraram sete anos e foram malsucedidos.

Texto para as questões 33 e 34:

O operário em construção

E o Diabo, levando-o a um alto monte, mostrou-lhe num momento de tempo todos os reinos do mundo. E disse-lhe o Diabo: — Dar-te-ei todo este poder e a sua glória, porque a mim me foi entregue e dou-o a quem quero; portanto, se tu me adorares, tudo será teu. E Jesus, respondendo, disse-lhe: — Vai-te, Satanás; porque está escrito: adorarás o Senhor teu Deus e só a Ele servirás.

Lucas, Cap. V, vs. 5-8.

Era ele que erguia casas
Onde antes só havia chão.
Como um pássaro sem asas
Ele subia com as casas
Que lhe brotavam da mão.
Mas tudo desconhecia

De sua grande missão:
Não sabia, por exemplo
Que a casa de um homem é um templo
Um templo sem religião
Como tampouco sabia
Que a casa que ele fazia
Sendo a sua liberdade
Era a sua escravidão.
De fato, como podia
Um operário em construção
Compreender por que um tijolo
Valia mais do que um pão?
Tijolos ele empilhava
Com pá, cimento e esquadria
Quanto ao pão, ele o comia...
Mas fosse comer tijolo!
E assim o operário ia
Com suor e com cimento
Erguendo uma casa aqui
Adiante um apartamento
[...]
Mas ele desconhecia
Esse fato extraordinário:
Que o operário faz a coisa
E a coisa faz o operário.
De forma que, certo dia
À mesa, ao cortar o pão
O operário foi tomado

De uma súbita emoção
Ao constatar assombrado
Que tudo naquela mesa
— Garrafa, prato, facão —
Era ele quem os fazia
Ele, um humilde operário,
Um operário em construção.
Olhou em torno: gamela
Banco, enxerga, caldeirão
Vidro, parede, janela
Casa, cidade, nação!
Tudo, tudo o que existia
Era ele quem o fazia
Ele, um humilde operário
Um operário que sabia
Exercer a profissão. [...]

(Vinícius de Morais. *Obra completa*.
Rio de Janeiro: Nova Aguilar, 1986.)

C5 • H15 e H17

33 Um dos pilares do pensamento socialista era a denúncia da alienação produzida pelo trabalho no modo de produção capitalista. De acordo com esse pensamento, quem vende sua força de trabalho acaba por perder a noção da realidade e de si mesmo. No poema, qual verso melhor registra o instante em que o operário toma consciência de sua importância social?

a) "Era a sua escravidão."
b) "Mas ele desconhecia"
c) "Ao constatar assombrado"
d) "Ele, um humilde operário,"
e) "Como um pássaro sem asas"

C5 • H17

34 Ao final da leitura do poema, concluímos que, ao longo dos versos, há mais do que prédios ou casas em "construção". Afinal, o que também se constrói no poema?

a) oração e insubordinação
b) identidade e arte
c) rebeldia e fé
d) sedução e socialismo
e) arte e riqueza

C4 • H12 e C7 • H22

35

Saudade (1899), de Almeida Júnior.

Minha musa é a lembrança
Dos sonhos em que eu vivi,
É de uns lábios a esperança
E a saudade que eu nutri!
É a crença que alentei,
As luas belas que amei,
E os olhos por quem morri!

(Álvares de Azevedo. Minha musa. *Lira dos vinte anos*. In: *Obra completa*. Rio de Janeiro: Nova Aguilar, 2000.)

A tela de Almeida Júnior e os versos de Álvares de Azevedo têm em comum:

a) o caráter místico.
b) o apelo sensual.
c) a tristeza.
d) a morbidez.
e) a valorização da vida rústica.

C5 • H15 e C6 • H18

36 Leia o poema, de Carlos Drummond de Andrade:

O medo

> "Porque há para todos nós um problema sério...
> Este problema é o do medo."
>
> (Antônio Cândido, *Plataforma de uma geração*)

Em verdade temos medo.
Nascemos escuro.
As existências são poucas:
Carteiro, ditador, soldado.
Nosso destino, incompleto.

E fomos educados para o medo.
Cheiramos flores de medo.
Vestimos panos de medo.
De medo, vermelhos rios
vadeamos.

Somos apenas uns homens
e a natureza traiu-nos.
Há as árvores, as fábricas,
doenças galopantes, fomes.

Refugiamo-nos no amor,
este célebre sentimento,
e o amor faltou: chovia,
ventava, fazia frio em São Paulo.

Fazia frio em São Paulo...
Nevava.
O medo, com sua capa,
nos dissimula e nos berça.

Fiquei com medo de ti,
meu companheiro moreno.
De nós, de vós: e de tudo.
Estou com medo da honra.

[...]

(Carlos Drummond de Andrade. *Nova reunião*.
Rio de Janeiro: José Olympio, 1987.)

O poema "O medo" foi produzido e publicado no contexto da Segunda Guerra Mundial. Que saída (definitiva ou não) o eu lírico vislumbra para o medo, sentimento que é o tema do poema?

a) as árvores
b) o amor
c) a neve
d) o destino
e) as flores

C4 • H12 e C7 • H22

37 **Texto 1**

(Laerte. *Folha de S. Paulo*, 2006.)

Texto 2

Hino à razão

Razão, irmã do Amor e da Justiça,
Mais uma vez escuta a minha prece.
É a voz dum coração que te apetece,
Duma alma, livre, só a ti submissa.

Por ti é que a poeira movediça
De astros e sóis e mundos permanece;
E é por ti que a virtude prevalece,
E a flor do heroísmo medra e viça.

Por ti, na arena trágica, as nações
Buscam a liberdade, entre clarões;
E os que olham o futuro e cismam, mudos,

Por ti, podem sofrer e não se abatem,
Mãe de filhos robustos, que combatem
Tendo o teu nome escrito em seus escudos!

(Antero de Quental. *Sonetos*. Imprensa Nacional: Lisboa, 1994.)

Antero de Quental, citado no texto 1 e autor do texto 2, é considerado o iniciador do movimento realista luso.

a) Em que medida, o soneto "Hino à razão" mostra oposição ao estilo romântico?

b) Em que consiste o humor na tira do cartunista Laerte?

Textos para as questões 38, 39 e 40:

Texto 1

A Carolina

Querida, ao pé do leito derradeiro

Em que descansas dessa longa vida,

Aqui venho e virei, pobre querida,

Trazer-te o coração do companheiro.

Pulsa-lhe aquele afeto verdadeiro

Que, a despeito de toda a humana lida,

Fez a nossa existência apetecida

E num recanto pôs um mundo inteiro.

Trago-te flores, — restos arrancados

Da terra que nos viu passar unidos

E ora mortos nos deixa e separados.

Que eu, se tenho nos olhos malferidos

Pensamentos de vida formulados,

são pensamentos idos e vividos.

(Machado de Assis. In: *Toda poesia de Machado de Assis*. São Paulo: Record, 2008.)

Texto 2

Alma minha gentil, que te partiste
Tão cedo desta vida, descontente,
Repousa lá no Céu eternamente
E viva eu cá na terra sempre triste.

Se lá no assento etéreo, onde subiste,
Memória desta vida se consente,
Não te esqueças daquele amor ardente
Que já nos olhos meus tão puro viste.

E se vires que pode merecer-te
Algua cousa a dor que me ficou
Da mágoa, sem remédio, de perder-te,

Roga a Deus, que teus anos encurtou,
Que tão cedo de cá me leve a ver-te,
Quão cedo de meus olhos te levou.

(Luís de Camões. *Rimas*. In: *Obra completa*.
Rio de Janeiro: Nova Aguilar, 1988.)

C5 • H16

38 Os sonetos pertencem, respectivamente, ao Realismo e ao Renascimento. Embora distantes trezentos anos um do outro, eles permitem estabelecer algumas aproximações. Qual alternativa melhor expõe tais semelhanças?

a) versos brancos e platonismo amoroso
b) forma fixa e caráter lírico
c) forma fixa e caráter satírico
d) linguagem coloquial e teor lírico
e) versos livre e saudosismo

C6 • H18 e C7 • H22

39 No texto 1, o eu lírico busca um alívio para a ausência física da amada, aproximando-se do túmulo em que ela se encontra. No texto 2, qual recurso busca o eu lírico para se reaproximar de sua musa?

a) Valoriza a tristeza.
b) Pede a Deus que a traga de volta.
c) Deseja a própria morte.
d) Pede à amada que volte.
e) Deseja a solidão

C5 • H16 e C7 • H22

40 Os dois poemas apresentam eufemismos para a ideia de morte, falecimento ou túmulo. Quais termos correspondem a essa figura de linguagem no soneto de Machado de Assis e no de Camões, respectivamente?

a) "afeto verdadeiro" e "amor ardente"
b) "descansas" e "alma minha gentil"
c) "restos arrancados" e "descontente"
d) "ora mortos" e "sempre triste"
e) "leito derradeiro" e "repousa"

Veja uma foto do *Monumento às bandeiras*, de Victor Brecheret, e leia dois textos que dão explicações sobre a obra. A seguir responda às questões 41 e 42.

Monumento às Bandeiras — Uma das maiores esculturas do mundo e considerada um marco da cidade, a obra do escultor Victor Brecheret é uma homenagem aos bandeirantes paulistas que estenderam as fronteiras brasileiras e desbravaram os sertões nos séculos 17 e 18. A obra foi inaugurada no dia 25 de janeiro de 1953 como parte das comemorações do 399º aniversário de São Paulo

(http://www.saopaulo.sp.gov.br/conhecasp/turismo_monumentos_bandeiras)

Autoria: Victor Brecheret (n. Itália, 1894 - São Paulo-SP, 1955)
Dimensões: peça — granito 5,15 x 8,30 x 39,31 m
Data de instalação: 1953
Localização: praça Armando de Salles Oliveira (Ibirapuera)

C4 • H12

41 Com base na imagem mostrada na foto e nos textos lidos, podemos afirmar que a obra *Monumento às bandeiras*:

a) tem caráter político e homenageia a cidade de São Paulo.

b) tem caráter histórico e também estético.

c) apresenta uma visão crítica da colonização, expressa pela postura dos animais.

d) com os cavalos à frente, é uma nítida homenagem ao homem do campo.

e) tem conotação histórica e religiosa.

C4 • H13

42 O título da obra de Brecheret, *Monumento às bandeiras*, faz pensar em bandeiras de pano, simbolizando algum país ou alguma organização, civil ou militar. Esse tipo de bandeira, no entanto, não é visto na obra. Isso acontece porque:

a) as bandeiras são o manto dos cavaleiros que aparecem à frente.

b) o termo *bandeiras* é uma referência aos bandeirantes do Brasil colonial.

c) o termo *bandeiras* é uma metáfora para a cavalaria que existiu no Brasil imperial.

d) o termo *bandeiras* é uma referência à comunidade indígena, representada ao fundo, na escultura.

e) o monumento é uma homenagem aos desbravadores espanhóis da época do Império no Brasil.

Texto para as questões 43 e 44:

ENCONTRA DOIS HOMENS CARREGANDO UM DEFUNTO NUMA REDE,
AOS GRITOS DE: "Ó IRMÃOS DAS ALMAS! IRMÃOS DAS ALMAS!
NÃO FUI EU QUE MATEI NÃO!"

— A quem estais carregando,
   irmãos das almas,
   embrulhado nessa rede?
   dizei que eu saiba.

— A um defunto de nada,
  irmão das almas,
  que há muitas horas viaja
  à sua morada.
— E sabeis quem era ele,
  irmãos das almas,
  sabeis como ele se chama
  ou se chamava?
— Severino Lavrador,
  irmão das almas,
  Severino Lavrador,
  mas já não lavra.

— E de onde que o estais trazendo,
  irmãos das almas,
  onde foi que começou
  vossa jornada?
— Onde a Caatinga é mais seca,
  irmão das almas,
  onde uma terra que não dá
  nem planta brava.
— E foi morrida essa morte,
  irmãos das almas,
  essa foi morte morrida
  ou foi matada?
— Até que não foi morrida,
  irmão das almas,
  esta foi morte matada,
  numa emboscada.

(João Cabral de Melo Neto. *Obra completa*.
Rio de Janeiro: Nova Aguilar, 1994.)

C5 • H15

43 O texto é um trecho de *Morte e vida severina*, de 1956, auto de Natal em que é contada a história de Severino, um retirante que parte do sertão de Pernambuco para Recife, em busca de uma situação melhor para viver. No caminho, o sertanejo vai encontrando outros tantos Severinos e tomando conhecimento de suas vidas sofridas.

Em qual verso é possível notar que o poeta faz referência ao sertão do Nordeste?

a) "Onde a Caatinga é mais seca,"
b) "embrulhado nessa rede?"
c) "Até que não foi morrida,"
d) "irmãos das almas"
e) "que há muitas horas viaja"

C8 • H25

44 No contexto do poema, qual é o sentido da expressão "morte morrida"?

a) assassinato
b) acidente
c) morte natural
d) suicídio
e) loucura

C6 • H18

45 Leia:

> Morrer não é problema. O terrível é quando a morte te faz contar dez, nove, oito, sete, seis, cinco, as doenças sem cura, os aviões que têm as turbinas quebradas, quatro, três, dois, cair, cair, cair, até atingir o mar e explodir, foi isso o que fiz com Ezequiel. Errei, a vida inteira tinha sido assim, errar, largar coisas pela metade, fazer malfeito, errar. Nunca consegui aprender matemática. Nem química. Nunca entendi as palavras que eles usam nos jornais. Viviam desenhando orelhas de burro nas capas dos meus cadernos [...].
>
> (Patrícia Melo. *O matador*. Rio de Janeiro: Rocco, 2009.)

No romance *O matador*, do qual faz parte o texto lido, o narrador, Máiquel, torna-se matador de aluguel. Com base nesse fato, indique o sentido da enumeração, no trecho reproduzido quando o narrador afirma que o terrível de morrer é quando a morte "te faz contar dez, nove, oito, sete, seis, cinco".

a) criação de expectativa quanto ao que pode vir a acontecer
b) oportunidade de eliminar o medo
c) perspectiva de não errar
d) vontade de morrer
e) possibilidade de aprender mais

C6 • H18

46 No poema a seguir é relatada uma conversa entre duas moças, que falam sobre o casamento de uma delas.

O bom marido

Nunca vou esquecer a palavra ingrediente
no plural.
À tarde, Arabela conversava
com Teresa, na sala de visitas.
Passei perto, ouvi:
— Custódio tem todos os ingredientes
para ser bom marido.
Se me pedir a mão, papai não nega.

— Quais são os ingredientes?
a outra lhe pergunta.
Arabela sorri, sem responder.
Guardo a palavra com cuidado,
corro ao dicionário:
continua o mistério.

(Carlos Drummond de Andrade. In: *Nova reunião*.
Rio de Janeiro: José Olympio, 1987.)

O "mistério" a que se refere o eu lírico, no poema, diz respeito a:

a) quem seria o marido.
b) aceitação ou não, pelo pai de Arabela, do pedido de casamento.
c) o que significa "bom", no título.
d) o significado de "ingredientes".
e) quando Custódio pedirá a mão da moça.

C4 • H12

47 No livro *A arte secreta de Michelangelo* (São Paulo: ARX Editora, 2004), Gilson Barreto e Marcelo Oliveira, seus autores, afirmam que, no quadro reproduzido a seguir, o manto de Deus é referência ao cérebro humano. Segundo eles, traços como esses constituem verdadeiras aulas de anatomia, encontradas também em outras pinturas de Michelangelo.

Dia da criação, de Michelangelo Buonarotti.

Com base na informação anterior e também em seus conhecimentos sobre o período renascentista (época de que data o trabalho do artista), indique a alternativa que expressa um dos possíveis sentidos para a inclusão desse "cérebro" na obra *Dia da criação*.

a) valorização da razão e do antropocentrismo
b) destaque para a vitória do teocentrismo
c) homenagem ao manto papal
d) reprodução de uma cena de batalha
e) necessidade de cobrir o nu

C5 • H15

48

Vagabundo

*Eat, drink and love; what can
the rest avail us?...*

(Byron)

Eu durmo e vivo ao sol como um cigano,
Fumando meu cigarro vaporoso;
Nas noites de verão namoro estrelas;
Sou pobre, sou mendigo e sou ditoso!

Ando roto, sem bolsos, nem dinheiro,
Mas tenho na viola uma riqueza:
Canto à lua de noite serenatas,
E quem vive de amor não tem pobreza.

[...]

Tenho por meu palácio as longas ruas;
Passeio a gosto e durmo sem temores;
Quando bebo, sou rei como um poeta,
E o vinho faz sonhar com os amores.

O degrau das igrejas é meu trono
Minha pátria é o vento que respiro
[...]

[...]

Ora, se por aí alguma bela
Bem doirada e amante da preguiça
Quiser a nívea mão unir à minha,
Há de achar-me na Sé, domingo, à Missa.

(Álvares de Azevedo. *Lira dos vinte anos*.
São Paulo: FTD, 1994.)

O poema "Vagabundo", romântico, descreve a vida do eu lírico. Apesar de não ter emprego nem dinheiro, o eu lírico que nele se expressa parece viver feliz. Explique o conceito de felicidade adotado no poema.

_____
_____
_____
_____

C5 • H16

49 Leia o poema, de Augusto dos Anjos:

O deus-verme

Fator universal do transformismo,
Filho da teleológica matéria,
Na superabundância ou na miséria,
Verme — é o seu nome de batismo.

Jamais emprega o acérrimo exorcismo
Em sua diária ocupação funérea,
E vive em contubérnio com a bactéria,
Livre das roupas do antropomorfismo.

Almoça a podridão das drupas agras,

Janta hidrópicos, rói vísceras magras

E dos defuntos novos incha a mão...

Ah! Para ele é que a carne podre fica,

E no inventário da matéria rica

Cabe aos seus filhos a maior porção!

> (Augusto dos Anjos. *Obra completa*.
> Rio de Janeiro: Nova Aguilar, 1995.)

A poesia de Augusto dos Anjos (1884-1914), identificada como pré-modernista, revela influência de outros estilos como, o Naturalismo e o Simbolismo. Identifique, nas alternativas abaixo, o verso que melhor representa cada uma dessas escolas.

a) Ah! Para ele é que a carne podre fica / Filho da teleológica matéria

b) Verme — é o seu nome de batismo / Almoça a podridão das drupas agras

c) E dos defuntos novos incha a mão... / Ah! Para ele é que a carne fica

d) Almoça a podridão das drupas agras / Verme — é o seu nome de batismo

e) Livre das roupas do antropomorfismo / E dos defuntos novos incha a mão

C6 • H18

50 Leia o soneto a seguir, do poeta baiano Pedro Kilkerry (1885-1917).

Cetáceo

Fuma. É cobre o zênite. E, chagosos no flanco,

Fuga e pó, são corcéis de anca na atropelada.

E tesos no horizonte, a muda cavalgada.

Coalha bebendo o azul um largo voo branco.

Quando e quando esbagoa ao longe uma enfiada

De barcos em betume indo as proas de arranco.

Perto uma janga embala um marujo no banco

Brunindo ao sol brunida a pele atijolada.

Tine em cobre o zênite e o vento arqueja e o oceano

Longo enfoca-se a vez e vez e arrufa,

Como se a asa que o roce ao côncavo de um pano.

E na verde ironia ondulosa de espelho

Úmida raiva iriando a pedraria. Bufa

O cetáceo a escorrer d'água ou do sol vermelho.

> (In: Augusto de Campos. *ReVisão de Kilkerry*.
> São Paulo: Brasiliense, 1985.)

Uma das marcas do estilo simbolista de Kilkerry é a sonoridade, aliada à musicalidade, nos versos. Assinale a alternativa que apresenta essa característica.

a) Fuma. É cobre o zênite. E, chagosos no flanco / Perto de uma janga embala um marujo no banco

b) Coalha bebendo o azul num largo voo branco / E na verde ironia ondulosa de espelho

c) Como se a asa que o roce ao côncavo de um pano / Úmida raiva iriando a pedraria. Bufa

d) Quando e quando esbagoa ao longe uma enfiada / Brunindo ao sol brunida a pele atijolada

e) Fuga e pó, são corcéis de anca na atropelada / Tine em cobre o zênite e o vento arqueja e o oceano

C5 • H15 e H16

51 O uso da descrição, a erudição e a subjetividade são marcas da produção de poetas como Mário Pederneiras e Alphonsus de Guimaraens. Essas características podem ser encontradas, de maneira marcante, no:

a) Parnasianismo

b) Modernismo

c) Pré-Modernismo

d) Simbolismo

e) Expressionismo

Texto para as questões 52, 53 e 54:

A quinta história

Esta história poderia chamar-se "As Estátuas". Outro nome possível é "O Assassinato". E também "Como Matar Baratas". Farei então pelo menos três histórias, verdadeiras porque nenhuma delas mente a outra. Embora uma única, seriam mil e uma, se mil e uma noites me dessem.

A primeira, "Como Matar Baratas", começa assim: queixei-me de baratas. Uma senhora ouviu-me a queixa. Deu-me a receita de como matá-las. Que misturasse em partes iguais açúcar, farinha e gesso. A farinha e o açúcar as atrairiam, o gesso esturricaria o de-dentro delas. Assim fiz. Morreram.

A outra história é a primeira mesmo e chama-se "O Assassinato". Começa assim: queixei-me de baratas. Uma senhora ouviu-me. Segue-se a receita. E então entra o assassinato. A verdade é que só em abstrato me havia queixado de baratas, que nem minhas eram: pertenciam ao andar térreo e escalavam os canos do edifício até o nosso lar. Só na hora de preparar a mistura é que elas se tornaram minhas também. Em nosso nome, então, comecei a medir e pesar ingredientes numa concentração um pouco mais intensa. [...]

A terceira história que ora se inicia é a das "Estátuas". Começa dizendo que eu me queixara de baratas. Depois vem a mesma senhora. Vai indo até o ponto em que, de madrugada, acordo e ainda sonolenta atravesso a cozinha. Mais sonolenta que eu está a área na sua perspectiva de ladrilhos. E na escuridão da aurora, um arroxeado que distancia tudo, distingo a meus pés sombras e brancuras: dezenas de estátuas se espalham rígidas. As baratas que haviam endurecido de dentro para fora. [...] Da história anterior canta o galo.

A quarta narrativa inaugura nova era no lar. Começa como se sabe: queixei-me de baratas. Vai até o momento em que vejo os monumentos de gesso. Mortas, sim. [...] Eu iria então renovar todas as noites o açúcar letal? como quem já não dorme sem a avidez de um rito. [...] Áspero instante de escolha entre dois caminhos que, pensava eu, se dizem adeus, e certa de que qualquer escolha seria a do sacrifício: eu ou minha alma. Escolhi. E hoje ostento secretamente no coração uma placa de virtude: "Esta casa foi dedetizada".

A quinta história chama-se "Leibnitz e a Transcendência do Amor na Polinésia". Começa assim: queixei-me de baratas.

(Clarice Lispector. *Felicidade clandestina*. Rio de Janeiro: Rocco, 1998.)

C5 • H16 e C6 • H18

52 Em "A quinta história", é possível identificar outro gênero, além daquele que estrutura toda a narrativa, o conto. Identifique esse gênero nas alternativas abaixo.

a) epistolar

b) receita

c) notícia

d) resenha

e) crônica

C6 • H18 e H19

53 O texto de Clarice Lispector apresenta uma sequência de diferentes modos de contar um fato. Esse processo é conhecido como metalinguagem. Confira, nas alternativas abaixo, aquela que melhor ilustra essa definição.

a) Que misturasse em partes iguais açúcar, farinha e gesso.
b) Depois vem a mesma senhora.
c) [...] comecei a medir e pesar ingredientes [...]
d) A verdade é que só em abstrato me havia queixado de baratas [...]
e) Farei então pelo menos três histórias [...]

C4 • H12 e C5 • H16

54 Considerando a maneira como o texto se encerra, é possível inferir várias possibilidades de continuidade, como se o tema "matar baratas" fosse uma fonte para outras histórias. Partindo dessa observação e da reflexão suscitada pelo conto, qual seria a função do escritor?

_____
_____
_____
_____
_____

C6 • H18

55 Leia o seguinte trecho do romance *Budapeste*, de Chico Buarque:

[...] No princípio ela até gostou, ficou lisonjeada quando eu lhe disse que estava escrevendo um livro nela. Depois deu pra ter ciúme, deu pra me recusar seu corpo, disse que eu só a procurava a fim de escrever nela, e o livro ia pelo sétimo capítulo quando ela me abandonou. Sem ela, perdi o fio do novelo, voltei ao prefácio, meu conhecimento da língua regrediu, pensei até em largar tudo e ir embora para Hamburgo. Passava os dias catatônico diante de uma folha de papel em branco, eu tinha me viciado em Teresa. Experimentei escrever alguma coisa em mim mesmo, mas não era tão bom, então fui a

Copacabana procurar as putas. Pagava para escrever nelas, e talvez lhes pagasse além do devido, pois elas simulavam orgasmos que me roubavam toda a concentração. [...]

(Chico Buarque. *Budapeste*. São Paulo: Cia. das Letras, 2004.)

De modo inusitado, a narrativa relata a tentativa, feita pelo personagem-narrador, de produzir um livro escrevendo no corpo de uma mulher. Se mulheres podem equivaler a folhas de papel, o ato de escrever equivaleria a quê?

a) fotografar
b) despir
c) amar
d) odiar
e) plantar

O texto que segue é de Mário Faustino, poeta que viveu de 1930 a 1962. Leia-o e responda às questões 56 e 57.

Soneto antigo

Esse estoque de amor que acumulei
Ninguém veio comprar a preço justo.
Preparei meu castelo para um rei
Que mal me olhou, passando, e a quanto custo.

Meu tesouro amoroso há muito as traças
Comeram, secundadas por ladrões.
A luz abandonou as ondas lassas
De refletir um sol que só se põe

Sozinho. Agora vou por meus infernos
Sem fantasma buscar entre fantasmas.
E marcho contra o vento, sobre eternos

Desertos sem retorno, onde olharás
Mas sem o ver, estrela cega, o rastro
Que até aqui deixei, seguindo um astro.

(In: Benedito Nunes, org. *Os melhores poemas de Mário Faustino*. São Paulo: Global. p. 44.)

C6 • H18

56 A presença, no poema, de expressões como "fantasmas", "traças comeram", "ladrões" e "desertos sem retorno" nos levam a inferir que o tema do poema é:
a) paixão.
b) arte.
c) solidão.
d) morte.
e) a própria poesia.

C6 • H18

57 Na terceira estrofe do poema, o eu lírico afirma: "Agora vou por meus infernos". Contudo, em outro momento, ele se refere a um lugar diferente, de sentido oposto a "inferno". Que expressão representa a oposição a "infernos"?
a) "vento"
b) "Desertos"
c) "castelo"
d) "sol que só se põe"
e) "entre fantasmas"

O soneto seguinte é de Gregório de Matos, poeta que viveu de 1633 a 1696. Leia-o e responda às questões 58 e 59.

ACHANDO-SE UM BRAÇO PERDIDO DO MENINO DEUS DE N. S. DAS MARAVILHAS, QUE DESTACARAM INFIÉIS NA SÉ DA BAHIA

Soneto

O todo sem a parte não é todo;
A parte sem o todo não é parte;
Mas se a parte o faz todo, sendo parte,
Não se diga que é parte, sendo todo.

Em todo o sacramento está Deus todo,
E todo assiste inteiro em qualquer parte,
E feito em partes todo em toda a parte,
Em qualquer parte sempre fica todo.

O braço de Jesus não seja parte,
Pois que feito Jesus em partes todo,
Assiste cada parte em sua parte.

Não se sabendo parte deste todo,
Um braço que lhe acharam, sendo parte,
Nos diz as partes todas deste todo.

(Gregório de Matos. *Poemas escolhidos*. São Paulo: Cultrix, 1976.)

C7 • H24

58 Leia com atenção as afirmações abaixo:

I. O soneto valoriza cada parte do corpo inteiro de Cristo.

II. O poeta considera sagrado apenas o corpo inteiro e não as partes.

III. O texto é satírico e humaniza a figura divina de Cristo.

Assinale a alternativa correta a respeito das afirmações:

a) apenas I está correta.

b) apenas II está correta.

c) todas estão corretas.

d) apenas I e II estão corretas.

e) apenas III está correta.

C5 • H16 e H17

59 A discussão a respeito da relação entre "todo" e "parte" feita no poema é motivada por um ato praticado por "infiéis". Qual conclusão sobre essa relação é apresentada no final do poema? Que versos melhor correspondem a essa conclusão?

_____

_____

_____

_____

_____

_____

Leia o poema a seguir, de Gonçalves Dias (1823-1864), e depois responda às questões 60 e 61.

A minha Musa

Minha Musa não é como ninfa
Que se eleva das águas — gentil —
Co'um sorriso nos lábios mimosos,
Com requebros, com ar senhoril.

Nem lhe pousa nas faces redondas
Dos fagueiros anelos a cor;
Nesta terra não tem uma esp'rança,
Nesta terra não tem um amor.

Como fada de meigos encantos,
Não habita um palácio encantado,
Quer em meio de matas sombrias,
Quer à beira do mar levantado.

Não tem ela uma senda florida,
De perfumes, de flores bem cheia,
Onde vague com passos incertos,
Quando o céu de luzeiros se arreia.

Não é como a de Horácio a minha Musa;
Nos soberbos alpendres dos Senhores
Não é que ela reside;
Ao banquete do grande em lauta mesa,
Onde gira o falerno em taças d'oiro,
Não é que ela preside.

Ela ama a solidão, ama o silêncio,
Ama o prado florido, a selva umbrosa
E da rola o carpir.
Ela ama a viração da tarde amena,
O sussurro das águas, os acentos
De profundo sentir.
[...]

(Gonçalves Dias. *Poesia e prosa completas*.
Rio de Janeiro: Nova Aguilar, 1998.)

C5 • H16

60 O poema tem um caráter descritivo e compara duas musas. Nessa comparação, pode-se identificar a postura romântica de aproximar a literatura da vida burguesa vigente. Assinale a alternativa cujo verso denuncia essa postura:

a) Co'um sorriso nos lábios mimosos

b) Ela ama a solidão, ama o silêncio

c) Não habita um palácio encantado

d) Nesta terra não tem um amor

e) Não tem ela uma senda florida

C4 • H12

61 Na comparação entre as figuras femininas, qual é a razão da preferência do eu lírico pela sua musa?

a) A primeira musa pertence ao mundo do sonho, enquanto a outra está morta.

b) A primeira musa é a de "Horácio", uma "ninfa", enquanto a outra vive nos campos.

c) A musa do eu lírico tem sentimento, enquanto a outra é distante e idealizada.

d) A musa descartada é figura triste, gosta da natureza, enquanto a musa do eu lírico é uma ninfa.

e) A musa do eu lirico é simples e gosta de palácios e banquetes, enquanto a outra prefere os sons da natureza.

Leia os versos a seguir, de Severino Gonçalves de Oliveira (1908-1953), também conhecido como Cirilo, autor de literatura de cordel, e a letra de uma canção de Chico Buarque e depois responda às questões de 62 a 64.

A vitória do príncipe Roldão no Reino do Pensamento

Neste livro que se vê
Um drama misterioso
Do rei mais criativo
Hospitaleiro e bondoso
Pai de dois filhos solteiros
Um justo outro orgulhoso

Esse rei era viúvo
Mas vivia alegremente
Um dia, pela manhã,
Sem esperar, de repente
Deu-lhe uma dor de cabeça,
Cegou instantaneamente

[...]

Roldão, o filho mais moço,
Também disse nessa hora:
— Eu amanhã vou seguir
Por este mundão afora...
Vou arrumar um remédio
Pra ver se meu pai melhora

[...]

A voz disse pra Roldão:
— Esse remédio é custoso
Ao mesmo tempo era fácil
Se existisse um corajoso
Que se atrevesse a ir buscá-lo
No Reino Misterioso

Existe lá nesse reino
Um papagaio excelente
Todo meio-dia chora
Como quem uma dor sente
A lágrima desse louro
Cura um cego de repente
[...]

(*Literatura de cordel*. São Paulo: Luzeiro, 1993. Col. Luzeiro.)

Paratodos

O meu pai era paulista
Meu avô, pernambucano
O meu bisavô, mineiro
Meu tataravô, baiano
Meu maestro soberano
Foi Antonio Brasileiro
Foi Antonio Brasileiro
Quem soprou esta toada
Que cobri de redondilhas
Pra seguir minha jornada
E com a vista enevoada
Ver o inferno e maravilhas
Nessas tortuosas trilhas
A viola me redime
Creia, ilustre cavalheiro
Contra fel, moléstia, crime
Use Dorival Caymmi
Vá de Jackson do Pandeiro
Vi cidades, vi dinheiro
Bandoleiros, vi hospícios
Moças feito passarinho
Avoando de edifícios
Fume Ari, cheire Vinícius

Beba Nelson Cavaquinho

Para um coração mesquinho

Contra a solidão agreste

Luiz Gonzaga é tiro certo

Pixinguinha é inconteste

Tome Noel, Cartola, Orestes

Caetano e João Gilberto

Viva Erasmo, Ben, Roberto

Gil e Hermeto, palmas para

Todos os instrumentistas

Salve Edu, Bituca, Nara

Gal, Bethania, Rita, Clara

Evoé, jovens à vista

O meu pai era paulista

Meu avô, pernambucano

O meu bisavô, mineiro

Meu tataravô, baiano

Vou na estrada há muitos anos

Sou um artista brasileiro

(*Paratodos*. Chico Buarque. Sony/BMG, 1993.)

C5 • H15

62 Mesmo sabendo que o texto de Severino (Cirilo) foi produzido no século XX, percebemos estreita ligação com o estilo trovadoresco, reinante na Península Ibérica na Alta Idade Média. Qual das alternativas abaixo contempla essa ligação?

a) sátira, uso de redondilha e crítica social

b) caráter narrativo, uso de redondilha e misticismo

c) medida nova, teocentrismo e caráter narrativo

d) crítica social, teocentrismo e medida nova

e) lirismo sensual, verso livre e misticismo

C4 • H14

63 Os versos de Cirilo e de Chico Buarque apresentam a mesma estrutura poética. Além dessa característica, há outra que os aproxima — o caráter aventureiro das narrativas. Identifique a alternativa cujos versos justificam essa informação.

a) Sem esperar, de repente / Meu avô, pernambucano
b) Mas vivia alegremente / Vi cidades, vi dinheiro
c) Pai de dois filhos solteiros / Contra a solidão agreste
d) Por este mundão afora... / Pra seguir minha jornada
e) Roldão, o filho mais moço / Vou na estrada há muitos anos

C4 • H12 e C5 • H17

64 No texto de Chico Buarque, que papel cumprem os artistas citados?

_____
_____
_____
_____

Os versos a seguir, de autoria de Manoel de Barros, fazem parte da obra *O livro das ignorãças*. Leia-os e depois responda às questões 65 e 66.

Para apalpar as intimidades do mundo é preciso saber:

a) Que o esplendor da manhã não se abre com faca
b) O modo como as violetas preparam o dia para morrer
c) Por que é que as borboletas de tarjas vermelhas têm devoção
[por túmulos
d) Se o homem que toca de tarde sua existência num fagote, tem
[salvação
e) Que um rio que flui entre dois jacintos carrega mais ternura
[que um rio que flui entre dois lagartos
f) Como pegar na voz de um peixe
g) Qual o lado da noite que umedece primeiro

Etc.

etc.

etc.

Desaprender oito horas por dia ensina os princípios.

(Manoel de Barros. *O livro da ignorãças*.
Rio de Janeiro: Record, 1993.)

C5 • H16 e H17

65 O eu lírico apresenta uma pequena lista do que é preciso saber e, ao final, afirma o que é necessário "desaprender" para conhecer os princípios. De acordo com o poema, de qual "desaprendizado" o eu lírico poderia estar tratando?

a) esquecer as teorias matemáticas
b) negar a vida no que ela tem de previsível
c) desaprender a justiça dos homens
d) esquecer as convenções religiosas
e) abolir as leis da física

C4 • H12

66 O poema de Manoel de Barros é um convite à reflexão e à criatividade. Que significados podem ser depreendidos da expressão "apalpar as intimidades do mundo"?

_____
_____
_____

Texto para as questões 67 e 68:

XX

O Tejo é mais belo que o rio que corre pela minha aldeia.
Mas o Tejo não é mais belo que o rio que corre pela minha
[aldeia.
Porque o Tejo não é o rio que corre pela minha aldeia.

O Tejo tem grandes navios
E navega nele ainda,
Para aqueles que veem em tudo o que lá não está,
A memória das naus.

O Tejo desce de Espanha
E o Tejo entra no mar em Portugal.
Toda a gente sabe isso.
Mas poucos sabem qual é o rio da minha aldeia
E para onde ele vai
E donde ele vem.
E por isso, porque pertence a menos gente,
É mais livre e maior o rio da minha aldeia.

Pelo Tejo vai-se para o mundo
Para além do Tejo há a América
E a fortuna daqueles que a encontram.
Ninguém nunca pensou no que há para além
Do rio da minha aldeia.

O rio da minha aldeia não faz pensar em nada.
Quem está ao pé dele está só ao pé dele.

(Alberto Caeiro. *O guardador de rebanhos*.
Rio de Janeiro: Nova Aguilar, 1986.)

C6 • H18

67 No poema, o eu lírico reconhece a beleza e a importância do Tejo. Contudo, ele afirma preferir o rio de sua aldeia. Por que ele tem essa preferência?

a) Pela beleza do rio da aldeia.

b) O Tejo vem da Espanha e o rio da aldeia é português.

c) O rio da aldeia está próximo dele, enquanto o Tejo está longe.

d) O rio da aldeia vai para a América.

e) O Tejo não o faz pensar em nada, ao contrário do rio da aldeia.

C7 • H23 e H24

68 A leitura da primeira estrofe do poema pode, inicialmente, causar estranheza. Contudo, a presença de uma conjunção adversativa (mas) na estrofe ajuda a entender a comparação entre o rio Tejo e o rio da aldeia do poeta. Que sentido o emprego dessa conjunção confere à comparação entre os dois rios?

a) Os dois rios formam um único na imaginação do poeta.

b) O rio da aldeia se sobrepõe ao Tejo.

c) A importância do rio da aldeia é minimizada.

d) O Tejo é descrito como um rio histórico.

e) Nenhum dos dois rios é importante para o poeta.

Textos para as questões 69, 70 e 71:

Texto 1

Quem vê, Senhora, claro e manifesto
O lindo ser de vossos olhos belos,
Se não perder a vista só com vê-los,
Já não paga o que deve a vosso gesto.

Este me parecia preço honesto;
Mas eu, por de vantagem merecê-los,
Dei mais a vida e alma por querê-los.
Donde já me não fica mais de resto.

Assim que a vida e alma e esperança,
E tudo quanto tenho, tudo é vosso,
E o proveito disso eu só o levo.

Porque é tamanha bem-aventurança
O dar-vos quanto tenho e quanto posso,
Que quanto mais vos pago, mais vos devo.

(Luís de Camões. "Rimas". In: *Obra completa*.
Rio de Janeiro: Nova Aguilar, 1988.)

Texto 2

Olhos verdes

São uns olhos verdes, verdes,
Uns olhos de verde-mar,
Quando o tempo vai bonança;
Uns olhos cor de esperança,
Uns olhos por que morri;
Que ai de mim!
Nem já sei qual fiquei sendo
Depois que os vi!
Como duas esmeraldas,
Iguais na forma e na cor,
Têm luz mais branda e mais forte,
Diz uma — vida, outra — morte;
Uma — loucura, outra — amor.
Mas ai de mim!
Nem já sei qual fiquei sendo
Depois que os vi!

São verdes da cor do prado,
Exprimem qualquer paixão,
Tão facilmente se inflamam,
Tão meigamente derramam
Fogo e luz do coração

Mas ai de mim!

Nem já sei qual fiquei sendo

depois que os vi!

[...]

(Gonçalves Dias. *Poesia e prosa completas*.
Rio de Janeiro: Nova Aguilar, 1998.)

C6 • H19 e C7 • H23

69 Nos dois poemas, de caráter lírico, a construção do conflito — a busca da mulher amada — se sustenta em uma contradição. Identifique, entre os itens abaixo, o verso que expõe essa contradição em cada um dos textos.

a) texto 1: O lindo ser de vossos olhos belos; texto 2: Uns olhos de verde-mar

b) texto 1: Se não perder a vista só com vê-los; texto 2: Como duas esmeraldas

c) texto 1: O dar-vos quanto tenho e quanto posso; texto 2: Diz uma — vida, outra — morte

d) texto 1: Que quanto mais vos pago, mais vos devo; texto 2: Uma — loucura, outra — amor

e) texto 1: E tudo quanto tenho, tudo é vosso; texto 2: Fogo e luz do coração

C7 • H22

70 Os dois textos desenvolvem o mesmo tema: os olhos da amada. Apesar de um ter sido produzido no período renascentista e o outro no romântico, é possível encontrar identidade nos dois poemas quanto ao estado emocional do eu lírico diante do objeto de desejo? Justifique.

_____
_____
_____
_____
_____

C4 • H13

71 Na última estrofe do texto 1, o conflito do eu lírico é explicitado por meio de um paradoxo. Identifique o trecho correspondente a essa figura e explique o significado que ela apresenta no poema.

O soneto a seguir é de Cláudio Manuel da Costa, poeta que viveu no século XVIII. Leia-o e depois responda às questões 72 e 73.

Se sou pobre pastor, se não governo
Reinos, nações, províncias, mundo, e gentes;
Se em frio, calma, e chuvas inclementes
Passo o verão, outono, estio, inverno;

Nem por isso trocara o abrigo terno
Desta choça, em que vivo, coas enchentes
Dessa grande fortuna: assaz presentes
Tenho as paixões desse tormento eterno.

Adorar as traições, amar o engano,
Ouvir dos lastimosos o gemido,
Passar aflito o dia, o mês, e o ano;

Seja embora prazer; que a meu ouvido
Soa melhor a voz do desengano,
Que da torpe lisonja o infame ruído.

(Péricles Eugênio da Silva Ramos, org. *Poemas de Cláudio Manuel da Costa*. São Paulo: Cultrix, 1976.)

C6 • H18

72 O Arcadismo, movimento literário do século XVIII, representa um apelo à simplicidade e à valorização da natureza. No poema lido, essas características aparecem no verso:

a) "Tenho as paixões desse tormento eterno."

b) "Adorar as traições, amar o engano,"

c) "Passar aflito o dia, o mês, e o ano;"

d) "Se sou pobre pastor, se não governo"

e) "Ouvir dos lastimosos o gemido,"

C4 • H12 e C5 • H15

73 No soneto, o eu lírico opõe duas concepções de vida. Quais são essas concepções? Justifique a escolha que o eu lírico faz por uma delas.

_____
_____
_____
_____
_____
_____

Veja as imagens a seguir e depois responda às questões 74 e 75:

3 de maio de 1808 (1814), de Francisco de Goya.

(Laerte. *Folha de S. Paulo*, 17/12/2010.)

C5 • H16

74 A tira de Laerte faz uma citação do quadro de Goya. Que elemento do quadro corresponde aos pincéis dos artistas desenhados na tira?

a) as mãos das pessoas cobrindo o rosto
b) os chapéus dos soldados
c) o sangue, no chão, à esquerda
d) os fuzis dos soldados
e) as espadas na cintura dos soldados

C6 • H18

75 No quadro de Goya destaca-se a morte, representada também pelo sangue de um dos fuzilados, no chão. Na tira, como a situação de morte por execução está representada?

a) pelas telas dos pintores, em tom avermelhado
b) pelos respingos de tinta na parede
c) pela venda nos olhos do modelo
d) pela ausência de expressão no rosto dos pintores
e) pela expressão de desespero do modelo

Texto para as questões 76, 77 e 78:

A lagartixa

A lagartixa ao sol ardente vive,
E fazendo verão o corpo espicha:
O clarão dos teus olhos me dá vida,
Tu és o sol e eu sou a lagartixa.

Amo-te como o vinho e como o sono,
Tu és meu copo e amoroso leito...
Mas teu néctar de amor jamais se esgota,
Travesseiro não há como teu peito.

Posso agora viver: para coroas
Não preciso no prado colher flores;
Engrinaldo melhor a minha fronte
Nas rosas mais gentis de teus amores.

Vale todo um harém a minha bela,
Em fazer-me ditoso ela capricha;
Vivo ao sol de seus olhos namorados,
Como ao sol de verão a lagartixa.

(Álvares de Azevedo. *Lira dos vinte anos*. In: *Obra completa*. Rio de Janeiro: Nova Aguilar, 2000.)

C4 • H13 e C5 • H16

76 Nos versos, o eu lírico fala da importância da amada na sua vida. Qual efeito ele obtém ao comparar-se com uma lagartixa?

a) Ridicularizar o pequeno animal.
b) Enaltecer seu amor.
c) Maldizer a sorte.
d) Satirizar o sentimentalismo.
e) Valorizar as paixões.

C6 • H18

77 Logo na primeira estrofe do poema, há duas comparações implícitas, ou seja, nas quais o elemento comparativo está ausente. Que nome se dá a essa figura de linguagem?

a) metonímia
b) metáfora
c) antítese
d) paradoxo
e) personificação

C5 • H16

78 Apesar do caráter irônico, o poema é uma produção filiada ao Romantismo, movimento literário da primeira metade do século XIX, o Romantismo. Em qual alternativa o verso reproduzido contém elementos característicos desse movimento?

a) "E fazendo verão o corpo espicha:"
b) "Nas rosas mais gentis de teus amores."
c) "A lagartixa ao sol ardente vive,"
d) "Não preciso no prado colher flores;"
e) "Como ao sol de verão a lagartixa."

Texto para as questões 79 e 80:

Educação

Durante algum tempo tentou ensiná-lo a fazer pipi no lugar certo. Esfregava-lhe o nariz na poça amarela, batia com jornal e, duas vezes ao dia, o levava a passear. Mas o homem relutava em aprender. E o cachorro não teve outro remédio senão mantê-lo para sempre trancado no banheiro.

(Marina Colasanti. *Zooilógico — Minicontos fantásticos.* Rio de Janeiro: Nórdica, 1985.)

C6 • H18

79 A leitura do texto "Educação" produz estranheza, advinda da possibilidade do descompromisso com a racionalidade, por tratar-se de texto literário. O que, na trama lida, produz essa estranheza?

a) Bater com jornal.
b) Inversão do ponto de vista a respeito da relação homem-animal.
c) O pipi não é feito no lugar certo.
d) O texto induz o leitor a achar que o cachorro é desobediente.
e) O homem precisou prender o cão no banheiro para sempre.

C6 • H18

80 O subtítulo do livro de Marina Colasanti, do qual foi retirado o texto lido é: *Minicontos fantásticos*. Que elemento presente no texto leva o leitor a considerá-lo, de fato, um pequeno conto?

a) a estrutura, em versos, de uma só estrofe
b) o caráter lírico, assim como de um autorrelato
c) o conflito
d) um fato cotidiano narrado com humor
e) narrativa em 3.ª pessoa contendo crítica social

Textos para as questões 81, 82 e 83:

Texto 1

Ode ao burguês

Eu insulto o burguês! O burguês-níquel,
o burguês-burguês!
A digestão benfeita de São Paulo!
O homem-curva! o homem-nádegas!
O homem que sendo francês, brasileiro, italiano,
é sempre um cauteloso pouco-a-pouco!
Eu insulto as aristocracias cautelosas!
Os barões lampiões! os condes Joões! os duques zurros!
que vivem dentro de muros sem pulos;
e gemem sangues de alguns mil-réis fracos
para dizerem que as filhas da senhora falam o francês
e tocam os "Printemps" com as unhas!
Eu insulto o burguês-funesto!

O indigesto feijão com toucinho, dono das tradições!
Fora os que algarismam os amanhãs!
Olha a vida dos nossos setembros!
Fará Sol? Choverá? Arlequinal!
Mas à chuva dos rosais
o êxtase fará sempre Sol!
Morte à gordura!
Morte às adiposidades cerebrais!
Morte ao burguês-mensal!
ao burguês-cinema! ao burguês-tílburi!
Padaria Suissa! Morte viva ao Adriano!
"— Ai, filha, que te darei pelos teus anos?
— Um colar... — Conto e quinhentos!!!
Mas nós morremos de fome!"
Come! Come-te a ti mesmo, oh gelatina pasma!
Oh! *purée* de batatas morais!
Oh! cabelos nas ventas! oh! carecas!
Ódio aos temperamentos regulares!
Ódio aos relógios musculares! Morte à infâmia!
Ódio à soma! Ódio aos secos e molhados!
Ódio aos sem desfalecimentos nem arrependimentos,
sempiternamente as mesmices convencionais!
De mãos nas costas! Marco eu o compasso! Eia!
Dois a dois! Primeira posição! Marcha!
Todos para a Central do meu rancor inebriante
Ódio e insulto! Ódio e raiva! Ódio e mais ódio!
Morte ao burguês de giolhos,
cheirando religião e que não crê em Deus!
Ódio vermelho! Ódio fecundo! Ódio cíclico!
Ódio fundamento, sem perdão!
Fora! Fu! Fora o bom burgês!...

(Mário de Andrade. *Poesias completas*.
São Paulo: Círculo do Livro, 1982.)

Texto 2

Burguesinha

Vai no cabeleireiro

No esteticista

Malha o dia inteiro

Pinta de artista

Saca dinheiro

Vai de motorista
Com seu carro esporte
Vai zoar na pista
Final de semana
Na casa de praia
Só gastando grana
Na maior gandaia
Vai pra balada
Dança bate estaca
Com a sua tribo
Até de madrugada
Burguesinha, burguesinha
Burguesinha, burguesinha
Burguesinha
Só no filé
Burguesinha, burguesinha
Burguesinha, burguesinha
Burguesinha
Tem o que quer
Burguesinha, burguesinha
Burguesinha, burguesinha
Burguesinha
Do croissant
Burguesinha, burguesinha
Burguesinha, burguesinha
Burguesinha
Suquinho de maçã

(Seu Jorge, Moura e Serrinha. In: *América Brasil*. EMI, 2007.)

C4 • H12 e H13

81 O texto 1 foi escrito na década de 20 do século passado, e o outro, "Burguesinha", é do século XXI. Em que consiste o diálogo que os textos mantêm entre si?

a) No assunto, que é o mesmo: casarões e carros.

b) No ódio ao burguês, que prevalece em ambos.

c) Na valorização da absorção da cultura estrangeira, presente em ambos.

d) No tema, que é a xenofobia.

e) Na ridicularização da figura do(a) burguês (burguesa).

C6 • H18

82 No texto 1, o verso "Morte às adiposidades cerebrais!" pode ser entendido como:

a) conclamação ao combate à ignorância da burguesia.

b) ironia em relação aos burgueses obesos.

c) campanha pela erradicação da cegueira entre os burgueses.

d) sátira à calvície da classe burguesa.

e) ordem para o assassinato da cultura burguesa.

C5 • H15

83 Que visão da classe burguesa é expressa no poema de Mário de Andrade e na música "Burguesinha", cantada por Seu Jorge? Há semelhanças entra as maneiras como essa classe social é vista nas duas produções?

Gramática

C7 • H23

Como ensinar por meio da pesquisa

Importante ferramenta didática para todas as disciplinas, a pesquisa precisa ser mais bem usada em aula. Ao planejá-la e executá-la adequadamente, você possibilita que as crianças e os jovens aprendam os conteúdos do currículo, enquanto se tornam estudantes autônomos. Ensinar os alunos a estudar para que se saiam bem em toda a Educação Básica, no Ensino Superior e por toda a vida é, sem dúvida, uma das grandes responsabilidades da escola. Poucas atividades atendem tão bem a essa demanda como a pesquisa — que tem como procedimentos básicos ler para estudar e ler para escrever. Realizada com acompanhamento e numa escala progressiva de dificuldade, ela desenvolve as habilidades de localizar, selecionar e usar informações, essenciais para aprender com independência. "A criança transforma conhecimentos já disponíveis na sociedade em algo novo para ela", explica Pedro Demo, da Universidade de Brasília (UnB). Ninguém chega à escola sabendo pesquisar e também não aprende a fazer isso num passe de mágica, assim que é alfabetizado — apesar de muitos professores simplesmente passarem a tarefa sem antes ensinar a realizá-la. Essa é uma competência que se desenvolve com a prática e com direcionamento. "A investigação na escola está intimamente ligada à orientação. Se até mesmo um doutorando tem um orientador, por que as crianças da Educação Básica dariam conta do trabalho sozinhas?", questiona Bernadete Campello, da Universidade Federal de Minas Gerais (UFMG) e autora de obras sobre o assunto. [...]

(Anderson Moço. *Nova Escola*, n.º 237 nov. 2010. Editora Abril.)

O uso do termo *você* no primeiro parágrafo indica que o texto é dirigido a um leitor específico?

a) Sim; o suposto leitor seria um professor, uma professora ou um estudante interessados no assunto *pesquisar*.

b) Não; o leitor seria toda e qualquer pessoa, alfabetizada ou não.

c) Sim, pois apenas estudantes do ensino médio poderiam se interessar pelo tema.

d) Não, pois está claro que *você* se refere ao professor Pedro Demo, da UnB.

e) Sim; o leitor seriam professores assinantes da revista, alunos da UnB e universitários em geral.

C6 • H18

85 Leia o texto:

Hubble detecta nascimento de estrelas em galáxias envelhecidas

Fusão com galáxias menores rejuvenesce as antigas galáxias elípticas

Cientistas costumavam acreditar que galáxias elípticas eram relíquias antigas, onde o auge do surgimento de novas estrelas teria ficado bilhões de anos no passado.

Mas novas observações do Telescópio Espacial Hubble estão ajudando a mostrar que as galáxias elípticas ainda têm algum vigor juvenil, graças ao contato com galáxias menores.

Imagens do núcleo da galáxia NGC 4150, feitas na faixa do ultravioleta próximo, revelam fiapos de poeira e gás e aglomerados de jovens estrelas azuis, com bem menos de um bilhão de anos de idade. A evidência indica que o nascimento de estrelas foi desencadeado pela fusão com uma galáxia anã.

(*O Estado de S. Paulo*, 18/11/2010.
http://www.estadao.com.br/noticias/vidae,hubbledetecta-nascimento-de-estrelas-em-galaxias-envelhecidas,641805,0.htm.)

A leitura apenas do título do texto não permite concluir que *Hubble* é o nome de um telescópio. Somente com conhecimento prévio o leitor associaria o instrumento (telescópio) ao seu nome. Esse processo configura uma:

a) antítese.
b) metonímia.
c) paradoxo.
d) alegoria.
e) ironia.

C4 • H12 e C6 • H18

86 Leia a charge:

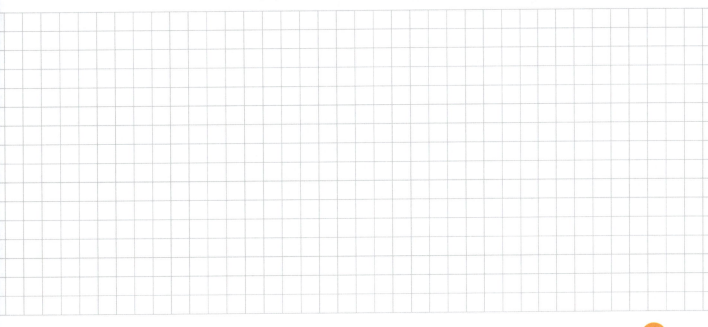

(Laerte. *Folha de S. Paulo*, 18/11/2010.)

Que elemento do desenho é responsável pelo humor na charge?

a) máscara

b) rastro do arado

c) linguagem do personagem

d) trajes

e) homem flechado, ao fundo

Texto para as questões 87 e 88:

João Grande sentou para espiar, Pedro Bala se afastou com o Professor para um canto. Queria combinar uma maneira de roubar a imagem de Ogum da polícia. Discutiram parte da noite e já eram onze horas quando Pedro Bala, antes de sair, falou para todos os Capitães da areia:

— Minha gente, eu vou fazer um troço difícil. Se eu não aparecer até de manhã, vocês fica sabendo que eu tou na polícia e não demoro a tá no reformatório, até fugir. Ou até vocês me tirar de lá...

(Jorge Amado. *Capitães da areia*. São Paulo: Cia. das Letras, 2008.)

O livro *Capitães da areia*, de autoria de Jorge Amado, foi publicado em 1937 e trata da vida de menores abandonados, em Salvador, Bahia. Pedro Bala é um dos líderes do grupo.

No episódio narrado, uma imagem de Ogum, divindade cultuada em rituais religiosos afro-brasileiros, está em poder da polícia. Pelas leis brasileiras da época retratada na obra, manifestações religiosas que não fossem ligadas à Igreja Católica eram proibidas.

C8 • H25 e H26

87 No trecho, para obter o efeito da verossimilhança, o autor utilizou, na fala de Pedro Bala:

a) a linguagem típica do nordestino.
b) o jeito de falar de quem busca esconder alguma coisa.
c) o jeito de falar típico de quem tem pouca idade.
d) uma linguagem diferente da norma-padrão.
e) uma linguagem bem mais coloquial, diferente da do narrador.

C8 • H27

88 No trecho, há uma expressão ambígua, ou seja, que pode ter mais de um sentido. Assinale a alternativa que apresenta a expressão e também a solução para a ambiguidade, no contexto da narrativa.

a) "a imagem de Ogum da polícia" / a imagem de Ogum que estava em poder da polícia
b) "com o Professor para um canto" / com o Professor para uma música
c) "Discutiram parte da noite" / Debateram em nome da noite
d) "uma maneira de roubar" / um jeito de furtar
e) "vocês fica sabendo" / todos fiquem conhecendo

Texto para as questões 89, 90 e 91:

O teste da rosa

Digamos que você tem uma rosa. Uma só. Antes que eu continue, ela me interrompe: de que cor? Pensei na rosa, mas não pensei na cor. Cor-de-rosa, digo. Ela faz uma carinha de quem não aprova. Rosa cor-de-rosa, que falta de imaginação! Branca, me corrijo. Branca, não, ela corta. Vermelha. Tá bem. Uma rosa vermelha. Vermelhinha? Sim, vermelhíssima. Da cor do sangue vivo.

Digamos que você tem uma rosa, recomeço. É a única que existe no mundo. A última? Não interessa. No caso é a única. E é sua. Digamos que você quer dar essa rosa a alguém. E se eu não quiser dar? Aí a história acaba. Continuo? Continua. Você tem que dar essa rosa a alguém. Uma pessoa só? Sim, uma só. Fui dar corda, a menina não para de falar. Verdadeira matraca. Já quer saber por que tem de dar a rosa. Se é dela e é única, não vai dar a ninguém. Vai vender.

Mas a história é assim: é a única, a última rosa do mundo. E você tem que passar pra frente. Se não der, ela explode e queima a sua mão. Carinha de nojo, ela resmunga: rosa que explode e pega fogo, essa não. Finjo que não ouço e vou adiante. Você vai entregar essa rosa a quem mais a merece. A faladeira quer saber se a rosa é bonita. Lindíssima, já disse. Fresquinha. A última e mais bela rosa do mundo. Não, não pode guardar. Nem pode vender.

Novas tentativas de sair do script, mas eu fecho todas as portas. Não pode mudar. Não interessa quem inventou. É o teste da rosa. Existe desde o princípio do mundo, digo convicto. E cale a boca, por favor. Mais um minuto e a rosa estoura na sua mão. Não é bomba, mas estoura. História inventada é assim. Rosa estoura e pronto. Você tem que dar a rosa pra alguém que a merece. A pessoa que você mais ama. Dona do seu coração. Vale, vale tudo. Gente grande, ou criança. Quem você quiser. Não, não podem ser duas pessoas. Mesmo casadas, morando na mesma casa, não pode. Também não vale. Pétala por pétala, não. É a rosa inteira, perfumada. Uma beleza. Já disse que é a mais bonita do mundo. Nunca mais vai existir outra igual. E depressa, senão explode. Na sua mão, não no vaso. Fresquinha, com gotas de orvalho que brilham como pequenos sóis. Vamos logo, quem? A quem você dá essa rosa? Ela sorri, zombeteira e me faz a pergunta fatal: você está crente que eu dou pra você, não está?

(Otto Lara Resende. *Bom dia para nascer*. São Paulo: Cia. das Letras, 1993.)

C7 • H24

89 Na narrativa lida, é possível identificar os interlocutores? Como?

_____

_____

_____

_____

_____

C8 • H27

90 No texto de Otto Lara Resende, os termos *matraca* e *zombeteira* podem ser substituídos por quais outros, sem perda de sentido?

a) *tagarela* e *autoritária*

b) *papagaio* e *piadista*

c) *tagarela* e *piadista*

d) *rádio* e *nervosinha*

e) *megafone* e *delicadinha*

C8 • H27

91 As palavras *corda*, *nojo* e *fresquinha*, empregadas na crônica de Otto Lara Resende, obedecem à mesma regra de acentuação?

a) Sim, pois todas são proparoxítonas.
b) Não; uma delas é paroxítona e as demais são oxítonas.
c) Não; uma delas é paroxítona e as demais são proparoxítonas.
d) Sim, pois as três são oxítonas.
e) Sim, porque todas são paroxítonas.

C4 • H12 e C6 • H18

92 O cartunista procurou, no cartum abaixo, produzir humor por meio da metalinguagem. O cartum mostra uma situação atípica para um vampiro: ver-se em um espelho.

(Adão. *Folha de S. Paulo*, 11/8/2010.)

Os termos *cartum* e *obcecado*, na fala do desenhista, poderiam ser substituídos, respectivamente, por:

a) *arte* e *obstinado*
b) *cartão* e *apaixonado*
c) *tirinha* e *enganado*
d) *desenho* e *vampiresco*
e) *piada* e *difamado*

C7 • H21 e H24

93 Leia o anúncio:

FORMAS TÃO ATRAENTES QUE ESTE ANÚNCIO QUASE FOI CENSURADO.

Louças sanitárias Eternit. A Eternit em nova forma.

Confira em nosso site a loja mais próxima de você.

Eternit Louças

(*Casa Claudia*, maio 2010.)

Para obter o efeito publicitário pretendido, o anúncio buscou chamar a atenção do leitor por meio:

a) da aproximação do termo *formas* com os termos *anúncio* e *censurado*.

b) da aproximação do termo *anúncio* com o termo *quase*.

c) da modificação de sentido do termo *quase*.

d) da repetição do nome do fabricante.

e) da alteração de sentido dos termos *formas* e *censurado*.

Texto para as questões 94 e 95:

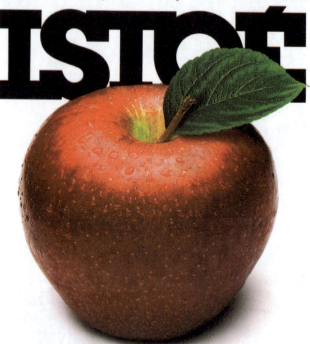

(IstoÉ, 23/9/2009.)

C7 • H21 e H24

94 Qual é a função da linguagem relacionada ao objetivo de que a revista seja lida ou comprada? Que expressão corresponde a essa função?

a) fática / "alimentos que despertam o desejo"
b) referencial / "segundo médicos e nutricionistas"
c) emotiva / "aumentam a fertilidade"
d) conativa / "conheça esse cardápio do prazer"
e) poética / "dieta da sexualidade"

C7 • H21 e H24

95 A capa da revista associou termos como *orgasmo*, *fertilidade* e *desejo* à figura da fruta. Qual efeito de sentido o autor da capa buscou obter com essa associação?

a) Juntar o apetite sexual ao principal elemento que o brasileiro consome: maçãs.

b) Estimular a curiosidade sobre um tema tradicionalmente tratado como tabu.

c) Desmitificar a ideia de que a vida sexual pode fazer uma pessoa emagrecer.

d) Sugerir que a maçã tem efeito afrodisíaco e, com isso, vender mais revistas.

e) Ridicularizar o mito do "pecado original".

C8 • H27

96 Atenção para as afirmações:

1. Pedro e Lúcia são crianças. Os dois estão em livros de Monteiro Lobato.

2. Personagens de Monteiro Lobato, Pedro e Lúcia são crianças.

3. Crianças espertas, Pedro e Lúcia podem ser vistos em livros de Monteiro Lobato.

Em qual dos três itens está *explícita* a informação sobre o caráter literário, ou seja, fictício, de Pedro e Lúcia? Por quê?

a) No item 1, pois nele há o nome *Monteiro Lobato*, no final.

b) No item 2, em razão de o termo *personagens* ser associado a Pedro e Lúcia.

c) No item 3, apenas, pois nele fica claro que o público-alvo é o infanto-juvenil.

d) No item 1, pois a palavra *livro* só pode indicar "ficção".

e) No item 2, uma vez que a referência é "crianças".

Texto para as questões 97 e 98.

Torcida propõe jogo contra atletas do Guarani

Descontente com a performance do time no início do Campeonato Paulista, a torcida do Guarani se manifestou e pediu um desafio contra a equipe profissional. Os bugrinos pretendem organizar uma partida entre torcedores e jogadores.

A ideia surgiu em 2006, quando o Guarani estava para ser rebaixado no Paulista. Na ocasião, os torcedores compareceram ao Estádio Brinco de Ouro de chuteiras e uniformes, mas o jogo não aconteceu. Com dois jogos e duas derrotas, um fã decidiu repetir esse desafio, e está recrutando atletas pela Internet.

Os torcedores também fizeram algumas exigências para essa partida. A primeira é a de que a torcida usará o uniforme do time, pois os jogadores não o merecem. A segunda é que, em caso de algum destaque, o torcedor será contratado para jogar o Paulista. A terceira é que, se o time da torcida vencer, serão eles que irão enfrentar o Noroeste na quinta-feira. A última exigência é a presença do treinador Roberval Davino, do diretor de futebol José Carlos Hernandes e também de muitos atletas do grupo.

O treinador Roberval Davino ainda não se pronunciou sobre o assunto, mas o diretor de futebol saiu em sua defesa. "Eu respeito a opinião da torcida, mas ainda é cedo para fazer qualquer análise. Nós da diretoria temos que ter os pés no chão, equilíbrio e muita calma", afirmou José Carlos Hernandes.

(http://esportes.terra.com.br/futebol/estaduais2008/interna/0,,OI2261365-EI10799,00.html. Acesso em 22/1/2008.)

C8 • H27

97 O termo *bugrino* é próprio da informalidade. No próprio texto, há dois sinônimos próprios da norma culta para o termo. Quais são eles?

a) *fã* e *torcedor*

b) *uniforme* e *fã*

c) *diretor* e *torcedor*

d) *Guarani* e *treinador*

e) *atletas* e *torcedor*

C6 • H18 e C7 • H23

98 Considerando a estrutura do texto, seu conteúdo e o suporte em que foi veiculado, o leitor sabe que está diante de:

a) uma crônica literária.

b) uma resenha.

c) uma notícia.

d) um relato pessoal.

e) um editorial.

Texto para as questões 99 e 100:

(*IstoÉ*, 1/12/2010.)

C8 • H27

99 Na manchete estampada na capa da revista, qual é o valor semântico da oração subordinada?

a) concessão
b) proporção
c) comparação
d) restrição
e) conformidade

C7 • H23 e H24

100 A capa da revista, de uma edição de dezembro de 2010, faz referência a uma situação vivida em muitas das grandes cidades brasileiras. Com que evento específico a montagem feita com a imagem da estátua do Cristo Redentor, na capa da revista, tem relação?

a) Lançamento do filme *Tropa de elite 2*.

b) Necessidade de segurança para a Copa do Mundo de 2014 e as Olimpíadas de 2016.

c) Avanço do crime organizado em templos religiosos.

d) Campanha eleitoral, destacando a insegurança da população.

e) Ocupação dos morros cariocas pelas forças policiais (incluindo o Bope) na guerra contra os traficantes.

Texto para as questões 101, 102 e 103:

DF tem a maior expectativa de vida, com média de 75,79 anos

Pesquisa do IBGE coloca o Distrito Federal na frente entre as unidades da Federação onde as pessoas vivem mais: média de 75,79 anos. Segundo especialista, se o estudo fosse dividido por cidade, haveria discrepância na capital

Basta um passeio pelas praças do Cruzeiro ou uma visita ao Parque da Cidade no fim do dia para se dar conta do crescimento da população idosa no Distrito Federal. Prova do envelhecimento dos moradores da capital é a mais recente pesquisa sobre expectativa de vida realizada pelo Instituto Brasileiro de Geografia e Estatística (IBGE), divulgada na quarta-feira. De acordo com o estudo, no Plano Piloto e nas regiões administrativas, as pessoas chegaram, em 2009, em média, aos 75,79 anos. Com o resultado, o DF se mantém pelo 10º ano consecutivo na liderança do ranking das unidades da federação onde as pessoas vivem mais. A média nacional é de 73,17 anos.

O pesquisador do IBGE Gabriel Borges acredita que o bom desempenho do DF está diretamente ligado à situação econômica dos trabalhadores. "Os fatores socioeconômicos estão envolvidos com a esperança de vida da população. Assim como as baixas taxas de mortalidade infantil, que são indicadores de que a expectativa de vida será maior. De uma maneira geral, nos estados onde há uma incidência maior de mortes entre crianças, há também menor esperança de longevidade", analisou Gabriel.

Ele ainda ressalta outros aspectos que influenciam na longevidade da população de um determinado lugar. Para ele, quando o poder público investe em educação, saneamento básico e trabalho, a tendência é de longevidade. Talvez essa seja a explicação para que os idosos de locais como Brasília, Rio Grande do Sul e Santa Catarina estejam num patamar bem à frente do que aqueles que residem nas regiões do Norte e do Nordeste.

EM ASCENSÃO

Evolução da expectativa de vida no DF nos últimos 18 anos

1991 – 68,64	2001 – 73,90
1992 – 69,25	2002 – 74,15
1993 – 69,84	2003 – 74,40
1994 – 70,43	2004 – 74,64
1995 – 71,00	2005 – 74,87
1996 – 71,56	2006 – 75,11
1997 – 72,10	2007 – 75,34
1998 – 72,63	2008 – 75,57
1999 – 73,15	2009 – 75,79
2000 – 73,64	

(Saulo Araújo. http://www.correiobraziliense.com.br/app/noticia/cidades/2010/12/03/interna_cidadesdf,225940/df-tem-a-maior-expectativa-de-vida-com-media-de-75-79-anos.shtml)

C8 • H27

101 A frase que inicia o primeiro parágrafo do texto pode, opcionalmente, ser pontuada de outra maneira. Qual é a alternativa em que essa outra pontuação aparece?

a) Basta um passeio pelas praças do Cruzeiro ou uma visita ao Parque da Cidade, no fim do dia, para se dar conta do crescimento da população idosa no Distrito Federal.

b) Basta um passeio pelas praças do Cruzeiro ou uma visita ao Parque da Cidade no fim do dia para se dar conta: do crescimento da população idosa no Distrito Federal.

c) Basta um passeio pelas praças do Cruzeiro, ou, uma visita ao Parque da Cidade no fim do dia para se dar conta do crescimento da população idosa no Distrito Federal.

d) Basta um passeio, pelas praças do Cruzeiro ou, uma visita ao Parque da Cidade no fim do dia para se dar conta do crescimento da população idosa no Distrito Federal.

e) Basta um passeio pelas praças do Cruzeiro ou uma visita ao Parque da Cidade no fim do dia para se dar conta do crescimento da população, idosa, no Distrito Federal.

C7 • H24

102 De acordo com o texto, uma das causas para o crescimento da expectativa de vida no Distrito Federal é:

a) O Brasil tornou-se a 4ª economia mundial, no início do século XXI.

b) A produção agrícola aumentou, fazendo cair o preço dos alimentos.

c) A situação econômica dos trabalhadores melhorou.

d) Houve aumento do número de casas com água tratada e encanada.

e) A taxa da mortalidade infantil é crescente.

C1 • H3 e C6 • H18

103 A sequência dos números relativos aos últimos nove anos do século XX e dos primeiros nove anos do século XXI indica que o crescimento da expectativa de vida nesses períodos:

a) foi maior no século XX do que no XXI.

b) foi igual nos dois períodos.

c) foi maior no período do século XXI.

d) foi de 48 décimos entre o último ano do século XX e o primeiro ano do XXI.

e) foi de 73,90 no ano da primeira eleição de Luís Inácio Lula da Silva.

C7 • H23 e H24

104 Leia esta capa de livro:

O enunciado "frases soltas que deveriam ser presas", que aparece como subtítulo na capa do livro, tem mais de um sentido. Qual alternativa explicita melhor um dos sentidos desse subtítulo?

a) As frases são engraçadas, mas proibidas para menores de idade.
b) O conteúdo do livro é constituído por charadas.
c) O livro é constituído por frases de pessoas procuradas pela Justiça.
d) As frases do livro são bem-humoradas e divertidas.
e) O conteúdo do livro é ofensivo.

C1 • H3 e C6 • H18

105 Leia esta capa de revista:

(*Veja*, 3/3/1971.)

A capa da revista *Veja* apresenta a frase: "ela [a minha professora] é boazinha mas". Lendo com cuidado, pode-se perceber, por trás do elogio, uma crítica à atuação da professora. Por quê?

a) O desenho da professora sugere um comportamento oposto ao sugerido pela palavra *boazinha*.
b) A presença da conjunção *mas* sugere algo que pode contrastar com *boazinha*.
c) A palavra *boazinha*, associada ao desenho, torna a frase contraditória.
d) O uso do diminutivo sugere que a professora não sabe ensinar.
e) A preposição *mas* torna a frase ambígua: a professora pode não ser "boazinha".

C8 • H27

106 O diminutivo empregado na capa da revista tem sua formação e seu sentido explicitados em qual das alternativas abaixo?

a) uso do prefixo *inha* / carinhoso
b) uso do prefixo *inha* / medida
c) presença do sufixo *zinha* / carinhoso
d) presença do radical *zinha* / carinhoso
e) uso da desinência *nha* / medida

Texto para as questões 107 e 108.

Eles não usam black-tie (1981)

Em 22 de fevereiro de 1958 estreava a primeira montagem de "Eles não usam black-tie" no Teatro de Arena e é surpreendente como, ao chegar ao cinema 23 anos depois, a história não tenha envelhecido nada. Autor do texto, Gianfrancesco Guarnieri, dava sua chancela à adaptação do cinema-novista Leo Hirszman ao viver o líder operário Otávio, pai do metalúrgico Tião (Carlos Alberto Riccelli). [...]

No início da década de 80, época de grande turbulência social no ABC paulista, Hirszman enxergou nas greves de metalúrgicos — de onde despontara como líder sindical o futuro presidente Lula — o contexto perfeito para reencenar o texto engajado, mas atento às fraquezas do ser humano.

Seu Otávio, um homem de tradição na militância política, entra em rota de colisão com o filho, cujo pragmatismo diante da possibilidade de perda do emprego o leva à condição de fura-greve. Embora claramente alinhado com o pensamento político de Otávio, o filme procura não vilanizar Tião, mesmo pintando-o como fraco de espírito. Romana, sua mãe, na interpretação internacionalmente aclamada de Fernanda Montenegro (o filme causou sensação e levou o grande prêmio do júri do Festival de Veneza), é o ponto de equilíbrio da trama, e seu olhar compassivo aponta para o real vilão: a tragédia social brasileira. [...]

(Steven J. Schneider. *1001 filmes para ver antes de morrer*. Rio de Janeiro: Sextante, 2008.)

C8 • H27

107 Na tentativa de traduzir certa intenção do filme, o autor do texto empregou uma palavra nova. Em qual das alternativas abaixo aparece essa palavra?

a) fura-greve

b) vilanizar

c) militância

d) *black-tie*

e) aclamada

C8 • H25

108 Com base na construção, no nome da obra em que foi publicado e no assunto de que trata, o texto lido pode ser considerado como representativo do gênero:

a) notícia

b) crônica

c) editorial

d) resumo

e) resenha

Texto para as questões 109 e 110:

Mãe,

O chefe da nação morreu e não declararam luto oficial, as bandeiras não ficaram a meio-pau e os governos estrangeiros não vieram ao funeral.

O chefe da nação morreu e as rádios não mudaram sua programação habitual, continuaram tocando animados bailes de carnaval.

O chefe da nação morreu e os jornais não publicaram sua biografia, não saíram edições extraordinárias e nem escreveram editoriais destacando as qualidades do grande homem, grande patriota, grande chefe e amantíssimo pai.

O chefe da nação morreu e as escolas não suspenderam suas aulas, as fábricas não paralisaram suas máquinas e os bancos e repartições públicas funcionaram normalmente.

O chefe da nação morreu e a seleção nacional sequer respeitou um minuto de silêncio antes da partida sensacional.

O chefe da nação morreu, mas as igrejas não repicaram seus sinos, os padres não vestiram seus paramentos roxos e nenhuma missa foi celebrada em sufrágio de sua alma imortal.

O chefe da nação morreu e deputado algum, vereador nenhum pediu que o novo aeroporto, aquela pracinha, o grande estádio de futebol, eternizassem seu nome para todo o sempre.

Perdoai-os não, cacique Apoena. Eles sabem o que fazem.

(Henfil. *Cartas da mãe*. Porto Alegre: Codecri, 1980.)

C5 • H15

109 Sabendo que o texto é da época da ditadura militar (1964-1985) e com base em seus conhecimentos sobre esse período da história brasileira, indique quem seria o sujeito do termo *não declararam*, no primeiro parágrafo.

a) os índios

b) a polícia política de Vargas

c) os representantes do governo militar

d) escolas e jornais

e) deputados e vereadores

C8 • H25

110 A repetição da expressão "O chefe da nação morreu" e o trecho "Perdoai-os não, cacique Apoena. Eles sabem o que fazem", aproximam o texto lido de qual tipo de texto?

a) receita

b) relato pessoal

c) texto religioso

d) texto poético

e) biografia

C8 • H18

111 Leia o texto:

Inaugurada a UPP dos Macacos

Quase 40 mil pessoas serão beneficiadas

RIO — A mais nova Unidade de Polícia Pacificadora (UPP) é inaugurada hoje no Morro dos Macacos, em Vila Isabel. Esta é a 13ª UPP, que engloba as comunidades do Pau da Bandeira e Parque Vila Isabel, e vai beneficiar 39 mil moradores da comunidade e do entorno. O capitão Felipe Barreto será o responsável pelos 228 policiais que trabalharão na unidade.

O governador Sérgio Cabral e o secretário de Segurança, José Mariano Beltrame, estavam no local, assim como os recém-eleitos senador Lindberg Faria e o deputado estadual Carlos Minc e autoridades da Polícia Militar. Os traficantes que dominavam o morro foram expulsos no dia 14 de outubro. Um ano antes, um helicóptero da polícia foi atingido depois de intenso tiroteio. Com a queda da aeronave, três policiais morreram.

Na época da ocupação foram necessários 110 homens do Bope, 40 do Batalhão de Choque e 25 policiais do 3º BPM (Meier) e 6º BPM (Tijuca) para cercar a comunidade.

O Morro São João, no Engenho Novo, é o próximo a receber o projeto de pacificação, que terá extensão nas comunidades do Quieto e da Matriz. Os morros da Cachoeirinha e do Encontro, no Lins de Vasconcelos, estão incluídos na terceira etapa de pacificação, mas ainda não há datas para a ocupação.

(*Jornal do Brasil*, 30/11/2010. http://www.jb.com.br/rio/noticias/2010/11/30/inaugurada-a-upp-dos-macacos/)

O que possibilitou a inauguração da UPP dos Macacos, conforme se pode depreender da leitura do texto?

a) A eleição de Faria e Minc para o Congresso, em Brasília.
b) A expulsão de criminosos do local.
c) Uma decisão do governador Sérgio Cabral e do secretário de segurança Beltrame.
d) A morte de três policiais.
e) A continuação dos trabalhos já realizados em outros morros.

Texto para as questões 112 e 113:

O assassino era o escriba

Meu professor de análise sintática era o tipo do sujeito
                              [inexistente.
Um pleonasmo, o principal predicado de sua vida,
regular como um paradigma da 1ª conjugação.
Entre uma oração subordinada e um adjunto adverbial,
ele não tinha dúvidas: sempre achava um jeito
assindético de nos torturar com um aposto.
Casou com uma regência.
Foi infeliz.
Era possessivo como um pronome.

E ela era bitransitiva.

Tentou ir para os EUA.

Não deu.

Acharam um artigo indefinido na sua bagagem.

A interjeição do bigode declinava partículas expletivas, conectivos e agentes da passiva o tempo todo.

Um dia, matei-o com um objeto direto na cabeça.

(*Caprichos e relaxos*. Paulo Leminsky. São Paulo: Brasiliense, 1983.)

C6 • H18 e C7 • H22

112 Qual era a principal qualificação do professor, segundo o texto?
a) ser bitransitivo
b) ser viajante
c) ser redundante
d) ser muito velho
e) ser nacionalista

C6 • H18 e C7 • H22

113 Pelos versos, pode-se supor que a relação do eu-lírico com a gramática era:
a) leve e engraçada.
b) conflitante.
c) fantástica.
d) pior do que com a língua inglesa.
e) uma aventura.

Textos para as questões 114 e 115:

Texto 1

(Fernando Gonsalez. *Folha de S. Paulo*, 30/11/2010.)

Texto 2

Dos pontos de vista

A mosca, a debater-se: "Não! Deus não existe!
Somente o Acaso rege a terrena existência!"
A aranha: "Glória a Ti, Divina Providência,
que à minha humilde teia essa mosca atraíste!"

(Mário Quintana. *Espelho mágico*. São Paulo: Globo.
© by Elena Quintana.)

C4 • H12 e C8 • H27

114 Considerando-se o sentido que as palavras *rede* (texto 1) e *teia* (texto 2) têm nas duas narrativas, que relação elas estabelecem entre si?
a) oposição
b) sinonímia
c) coordenação
d) homonímia
e) coesão

C6 • H18

115 De acordo com os pontos de vista da mosca e da aranha expressos no poema de Mário Quintana, qual teria sido a causa da captura de um inseto pelo outro? Indique a alternativa que apresenta os termos correspondentes a essa "causa".
a) "terrena" e "humilde"
b) "somente" e "minha"
c) "acaso" e "Divina Providência"
d) "Deus" e "Divina"
e) "terrena" e "teia"

C1 • H3

116 Leia com atenção o gráfico:

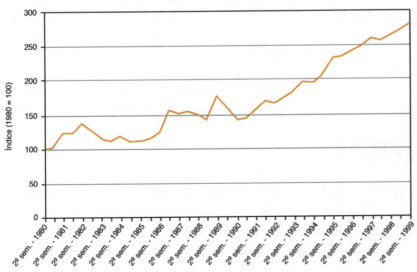

(http://www.fapesp.br/indct/graftab/graftab1.htm. Acesso em 20/12/2010.)

Tendo em vista que, após o fim da ditadura militar (1964-85), seguiram-se no Brasil os governos de José Sarney, Fernando Collor de Melo, Itamar Franco, Fernando Henrique Cardoso e Luís Inácio Lula da Silva, podemos concluir que o poder de compra do salário na construção civil:

a) melhorou após o fim da ditadura militar, jamais voltando a patamares anteriores.

b) entre os governos de Sarney e Collor não oscilou.

c) nos últimos anos do período da ditadura militar não oscilou.

d) somente após o fim da ditadura militar diminuiu.

e) durante o governo Lula, oscilou de 200 a 250 pontos.

Texto para as questões 117 e 118:

Conteúdo preconceituoso é o que predomina na internet

Em um mês foram registradas cerca de mil denúncias de crimes

Brasília — Apesar das punições previstas em lei para atitudes preconceituosas, a internet se tornou terreno fértil para que milhares de pessoas divulguem e consumam material contra negros, judeus, religiosos, homossexuais e até imigrantes. Entre outubro e novembro deste ano, a SaferNet Brasil, associação civil de direito privado com atuação nacional, registrou mais de mil denúncias contra esse tipo de manifestação. Além disso, pelo menos 20 mil sites hospedados no Brasil produzem conteúdo discriminatório.

A maior parte das denúncias é contra manifestações xenofóbicas, com 1.042 registros. Em seguida, homofobia (781), racismo (269), crimes neonazistas (220) e intolerância religiosa (176). No primeiro semestre de 2010 foram registradas 16.636 denúncias de material discriminatório. Homofobia ficou em primeiro lugar nas denúncias (5.937), seguida por xenofobia (4.541), crimes neonazistas (3.019), racismo (1.675) e intolerância religiosa (1.464).

(*Jornal do Brasil*, 21/11/2010. http://www.jb.com.br/pais/noticias/2010/11/21/conteudo-preconceituoso-e-o-que-predomina-na-internet/)

C8 • H27

117 Em relação ao emprego da palavra *apesar*, logo no início do texto, podemos afirmar:

a) trata-se de uma noção de acréscimo à informação que segue: denúncias.

b) é uma ressalva diante das manifestações das vítimas.

c) trata-se da construção de uma ironia, relativa às questões legais.
d) é uma ressalva que destaca a contradição entre existência de lei e ocorrência de crime.
e) significa introdução de informação que pode não ser verdadeira.

C8 • H27

118 Para referir-se a crimes e hostilidades contra imigrantes, judeus e negros, o texto empregou, respectivamente, os termos:
a) antissemitismo – xenofobia – homofobia
b) xenofobia – antissemitismo – racismo
c) neonazismo – antissemitismo – xenofobia
d) xenofobia – neonazismo – racismo
e) racismo – homofobia – xenofobia

C6 • H18

119 Leia o poema:

O bom marido

Nunca vou esquecer a palavra ingrediente
no plural.
À tarde, Arabela conversava
com Teresa, na sala de visitas.
Passei perto, ouvi:
— Custódio tem todos os ingredientes
para ser bom marido.
Se me pedir a mão, papai não nega.

— Quais são os ingredientes?
a outra lhe pergunta.
Arabela sorri, sem responder.
Guardo a palavra com cuidado,
corro ao dicionário:
continua o mistério.

(Carlos Drummond de Andrade. *Boitempo*. Rio de Janeiro: Record. © Graña Drummond_www.carlosdrummond.com.br)

Na segunda estrofe do poema, há um pronome indefinido. Qual é esse pronome e a quem ele se refere?

a) "outra" / Teresa
b) "outra" / Arabela
c) "lhe" / Custódio
d) "lhe" / papai
e) "ao" / livro

C6 • H18

120 Leia o seguinte trecho do *Auto da barca do inferno*, de Gil Vicente:

DIABO – Ora entrai, entrai aqui!
ONZENEIRO – Não hei eu i de embarcar!
DIABO – Oh! Que gentil recear,
e que cousas para mi!...
ONZENEIRO – Inda agora faleci,
deixai-me buscar batel!
DIABO – Pesar de João Pimentel!
Por que não irás aqui?

ONZENEIRO – E para onde é a viagem?
DIABO – Para onde tu hás-de ir;
estamos para partir,
não cures de mais linguagem.
ONZENEIRO – Mas para onde é a passagem?
DIABO – Para a infernal comarca.
ONZENEIRO – Disse, não vou em tal barca.
Estoutra tem avantagem.

Vai-se à barca do Anjo, e diz:
ONZENEIRO – Hou da barca! Hou-lá! Hou!
Haveis logo de partir?
ANJO – E onde queres tu ir?
ONZENEIRO – Eu pra o paraíso vou.
ANJO – Pois quanto eu bem fora estou
de te levar para lá.
Essoutra te levará.
Vai para quem te enganou!

ONZENEIRO – Por quê?
ANJO – Porque esse bolsão
tomará todo o navio.

(Gil Vicente. *Obras-primas do teatro vicentino*.
Organização de Segismundo Spina. São Paulo: Difel, 1975.)

Nessa peça de Gil Vicente, autor que viveu no século XVI e é considerado o iniciador do teatro leigo em Portugal, personagens já mortos passam pelas barcas do Anjo e do Diabo em busca de salvação para suas almas. Um deles é o Onzeneiro. O termo *onzeneiro* aplica-se a pessoa que arma intrigas ou faz fuxicos, avarenta, usurária (que empresta dinheiro a juros). Com base nesses significados da palavra e sabendo que a personagem acaba condenada à barca do inferno, assinale a alternativa na qual aparece a palavra que, no trecho lido, tem relação com a causa dessa condenação.

a) bolsão
b) viagem
c) comarca
d) vantagem
e) recear

C7 • H24

121

No processo comunicativo do anúncio, os termos *felicidade* e *pedaço de terra* estabelecem entre si qual tipo de relação?

a) paradoxal
b) irônica
c) metafórica
d) metonímica
e) eufemística

C6 • H18

122. Naquela mulata estava o grande mistério, a síntese das impressões que ele recebeu chegando aqui: ela era a luz ardente do meio-dia; ela era o calor vermelho das sestas da fazenda; era o aroma quente dos trevos e das baunilhas, que o atordoara nas matas brasileiras; era a palmeira virginal e esquiva que se não torce a nenhuma outra planta; era o veneno e era o açúcar gostoso; era o sapoti mais doce que o mel e era a castanha do caju, que abre feridas com o seu azeite de fogo; ela era a cobra verde e traiçoeira, a lagarta viscosa, e muriçoca doida, que esvoaçava havia muito tempo em torno do corpo dele, assanhando-lhe os desejos, acordando-lhe as fibras, embambecidas pela saudade da terra, picando-lhe as artérias, para lhe cuspir dentro do sangue uma centelha daquele amor setentrional, uma nota daquela música feita de gemidos de prazer, uma larva daquela nuvem de cantáridas que zumbiam em torno da Rita Baiana e espalhavam-se pelo ar numa fosforescência afrodisíaca.

(Aluísio Azevedo. *O cortiço*. São Paulo: Saraiva, 2009.)

No trecho acima, para descrever Rita Baiana, personagem do romance *O cortiço*, o narrador faz uso de metáforas, figura de linguagem que amplia o sentido do que se pretende destacar. Qual é o elemento que é a base dessa figura de linguagem?

a) a repetição de sons

b) o verbo *ser*

c) os verbos no pretérito

d) a presença da natureza

e) atitudes humanas em animais

C6 • H18 e C8 • H27

123. Leia o poema:

acho que não sou daqui
paro em sinal vermelho
observo os prazos de validade
bato na porta antes de entrar
sei ler, escrever
digo obrigado, com licença
telefono se digo que vou ligar
renovo o passaporte
não engano no troco
até aí tudo bem

mas não sou daqui
também
porque não gosto de samba
de carnaval, de chimarrão
prefiro tênis ao futebol
não sou querida, me atrevo
a cometer duas vezes o mesmo erro
não sou de turma
a cerveja me enjoa
prefiro o inverno
e não me entrego
sem recibo

(Martha Medeiros. *Poesia reunida*.
Porto Alegre: L&PM, 1999.)

A palavra *mas* é uma conjunção adversativa. Contudo, no poema, na segunda estrofe, ela tem outra função. Qual é a ideia relacionada à palavra *mas*, nessa situação?

a) coordenação
b) humor
c) incoerência
d) repulsa
e) adição

Texto para as questões 124 e 125:

Baiano de Salvador foi o grande vencedor da Bienal do Recôncavo

Não foi fácil levar o soteropolitano Pedro Marighella, 30, artista vencedor do Grande Prêmio da 10ª edição da Bienal do Recôncavo, para posar ao lado de seu trabalho, a instalação **Mata**, logo após o anúncio da premiação, por volta das 22 horas de sábado, 27, no Centro Cultural Dannemann, em São Félix. A cada passo, um abraço, um aperto de mão, tapinhas nas costas de inúmeros colegas da Escola de Belas Artes da UFBA (Universidade Federal da Bahia), onde ele estuda, e de artistas renomados, como o professor Juarez Paraíso, a curadora Alejandra Muñoz e o secretário de Cultura do Estado, Márcio Meirelles.

Depois de vencer a multidão, o jovem artista se tornou o centro das atenções das artes visuais da Bahia, parou diante da instalação **Mata**, trabalho escolhido pelo júri como o mais significativo entre os 200 selecionados desta Bienal. "Ainda não caiu a ficha. Posso dizer uma dessas coisas óbvias, como 'vai trazer novas perspectivas para o meu trabalho', mas ainda não pensei sobre isso", comentou.

De bermuda, boné e camiseta, Pedro, neto de Carlos Marighella, um dos ícones da resistência política durante a Ditadura Militar, voltou o olhar para **Mata**, como se fosse a primeira vez que podia refletir sobre o trabalho. "São cenas retiradas do Carnaval e outras festas populares. Tem muita gente que vai se reconhecer neste trabalho. Olha ali aquela dupla, vestida como no comercial da Skol, de sunga, pochete e blazer de ombreira. São dois caras daqui, de Cachoeira, que vi na Festa da Ajuda", divertiu-se.

Mata (título que, segundo o autor, remete a um paralelo entre um conjunto de plantas que crescem desordenadamente em um canteiro não planejado e uma concentração de pessoas em uma manifestação popular) é um dos trabalhos que refletiu a preocupação do júri de contemplar o trabalho de jovens artistas articulados com conceitos contemporâneos e questões que unem o local e o global. Marighella foi premiado com um curso de especialização em Milão, na Itália.

[...]

(Cassia Candra. *A tarde*. 28/11/2010. http://www.atarde.com.br/cultura/noticia.jsf?id=5656285)

C7 • H23

124 As declarações do artista reproduzidas no início da reportagem, dadas por ele logo após a premiação, revelam que uma das preocupações do jovem era:

a) distanciar-se do passado guerrilheiro do avô.

b) evitar o uso de clichês.

c) evitar a propaganda de bebidas.

d) desvencilhar-se da multidão.

e) expor suas reflexões sobre o concurso.

C6 • H18

125 A reportagem destaca o parentesco do artista Pedro Marighella com Carlos Marighella (Salvador, 1911 - São Paulo, 1969). Contudo, expõe um forte contraste entre as duas figuras, observado no trecho:

a) "o jovem artista se tornou o centro das atenções"

b) "Depois de vencer a multidão"

c) "De bermuda, boné e camiseta"

d) "'mas ainda não pensei sobre isso'"

e) "se tornou o centro das atenções das artes"

C8 • H25

126 Morrer não é problema. O terrível é quando a morte te faz contar dez, nove, oito, sete, seis, cinco, as doenças sem cura, os aviões que têm as turbinas quebradas, quatro, três, dois, cair, cair, cair, até atingir o mar e explodir, foi isso o que fiz com Ezequiel. Errei, a vida inteira tinha sido assim, errar, largar coisas pela metade, fazer malfeito, errar. Nunca consegui aprender matemática. Nem química. Nunca entendi as palavras que eles usam nos jornais. Viviam desenhando orelhas de burro nas capas dos meus cadernos [...].

(Patrícia Melo. *O matador*. Rio de Janeiro: Rocco, 2009.)

Na linguagem literária empregada por Patrícia Melo no romance *O matador* há certa oralidade. No trecho reproduzido, do que resulta essa característica da linguagem?

a) da repetição das palavras *cair* e *errar* e da enumeração gradativa

b) do uso da expressão *orelhas de burro* e da presença de termos chulos

c) do uso da 1ª pessoa

d) do apelo lírico e da sensualidade

e) da aproximação de assuntos sem o uso de elementos de conexão e interjeições

Texto para as questões 127 e 128:

Língua portuguesa

Última flor do Lácio, inculta e bela,
És, a um tempo, esplendor e sepultura:
Ouro nativo, que na ganga impura
A bruta mina entre os cascalhos vela...

Amo-te assim, desconhecida e obscura.
Tuba de alto clangor, lira singela,
Que tens o trom e o silvo da procela,
E o arrolo da saudade e da ternura!

Amo o teu viço agreste e o teu aroma
De virgens selvas e de oceano largo!
Amo-te, ó rude e doloroso idioma,

Em que da voz materna ouvi: "meu filho",
E em que Camões chorou, no exílio amargo,
O gênio sem ventura e o amor sem brilho!

(Olavo Bilac. In: *Obra reunida*.
Rio de Janeiro: Nova Aguilar, 1997.)

C6 • H20

127 O soneto de Olavo Bilac, poeta que viveu no século XIX, é tipicamente parnasiano. O termo *Lácio* faz referência a Lacium, região da Itália onde teria surgido o idioma *lacium*, depois chamado *latim*. Pergunta-se: Por que o poeta se refere à língua portuguesa como a *última* flor do Lácio?

C5 • H16

128 Há, no poema, a ocorrência de paradoxos, empregados com o fim de caracterizar o idioma. Qual alternativa inclui apenas expressões que, no poema, correspondem a essa figura de linguagem?

a) "tempo" / "esplendor" e "tuba / lira"

b) "ouro" / "impuro" e "rude" / "doloroso"

c) "flor" e "bela" / "esplendor" e "sepultura"

d) "tuba" e "lira" / "esplendor" e "sepultura"

e) "desconhecida" e "obscura" / "chorou" e "amargo"

C1 • H3 e C6 • H18

129 As primeiras políticas públicas nacionais destinadas à instrução dos jovens e adultos foram implementadas a partir de 1947, quando se estruturou o Serviço de Educação de Adultos do Ministério da Educação e teve início a Campanha de Educação de Adolescentes e Adultos (CEAA). [...] No final dos anos 50, inúmeras críticas foram dirigidas às campanhas, devido ao caráter superficial do aprendizado, que se efetivava num curto período de tempo, e à inadequação dos programas, modelos e materiais pedagógicos, que não consideravam as especificidades do adulto e a diversidade regional.

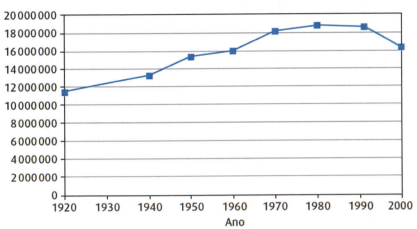

Evolução do número de analfabetos entre a população de 15 anos ou mais, segundo os censos demográficos. Brasil, 1920 a 2000.

(*Alfabetização de jovens e adultos no Brasil*: lições da prática. Brasília: Unesco, 2008.)

Pode-se dizer que o número de analfabetos, no Brasil:

a) decresceu entre 1930 e 1960.
b) cresceu entre 1990 e 2000.
c) somente cresceu desde o início do censo.
d) manteve-se estável, entre 1980 e 2000.
e) foi quase igual em 1960 e em 2000.

Texto para as questões 130 e 131:

Para conter a carnificina em andamento, a Polícia Militar interveio com um helicóptero — que foi simplesmente abatido pelos bandidos. Ao final do conflito, o número oficial era de 21 mortos (entre eles 3 PMs). A comoção foi amplificada pelo fato de que, apenas 15 dias antes, a cidade havia sido escolhida como sede dos Jogos Olímpicos de 2016. É como se na cena do filme em que o Bope invade o morro de helicóptero, os bandidos, em vez de fugir, tivessem derrubado a máquina.

A situação nas favelas cariocas está muito longe da descrita pelo filme. Enquanto na ficção, o Bope sobe o morro, expulsa os bandidos e deixa um vácuo de poder ocupado pelas milícias, no mundo real, o batalhão ainda está muito longe de, ao menos, ter livrado as comunidades da violência. O Rio está recheado de zonas de tensão, com traficantes brigando entre si pelo controle do comércio de drogas e enfrentando a concorrência das milícias pelo domínio das vastas áreas da cidade. O tráfico não é um ator coadjuvante no cotidiano: ele ainda é protagonista das suas piores cenas. [...]

(Maurício Svartman. *Superinteressante*, nov. 2010.)

C7 • H22

130 Segundo o que se conhece da situação social no Rio de Janeiro, o que são as "milícias" a que o texto faz referência?

a) São personagens típicos da ficção, presentes no filme.
b) São grupos de pessoas armadas (militares ou não) que disputam com os traficantes o domínio das favelas.
c) É o exército de outras regiões do país que auxiliava o Bope, no passado.
d) São traficantes disfarçados, que usam carros oficiais e têm a imprensa a seu favor.
e) São soldados da guarda oficial dos altos escalões do governo do Estado do Rio de Janeiro.

C7 • H24

131 O filme *Tropa de Elite 2*, dirigido por José Padilha, trata da situação de violência e crise social no Rio de Janeiro. Em que trecho o texto lido transmite a ideia de que uma das soluções para a violência na cidade é a atuação do Bope (Batalhão de Operações Especiais)?

a) No 1º parágrafo, quando relata que um helicóptero da PM foi derrubado por bandidos.
b) No 2º parágrafo, quando afirma que "o batalhão ainda está muito longe de [...] ter livrado as comunidades da violência".
c) Quando descreve o número de PMs mortos em conflito.
d) No 2º parágrafo, quando reconhece que ficção e realidade se igualam.
e) Ao sugerir que o Bope deveria usar helicóptero para combater traficantes.

Texto para as questões 132 e 133:

Brigas motivadas pela internet podem indicar imaturidade no relacionamento

Apostar em momentos a dois e evitar exposição na rede ajuda a evitar conflitos

Um recado de um desconhecido, uma foto, um amigo virtual. São inúmeras as ferramentas da internet que podem suscitar uma briga entre casais. Basta uma simples desconfiança virtual para que o relacionamento fique abalado.

E não são poucos os relacionamentos que entram em atrito por causa da internet. A psicóloga e psicoterapeuta de casais Iara Camaratta Anton, autora dos livros *A Escolha do Cônjuge* e *Homem e Mulher — Seus Vínculos Secretos*, da editora ARTMED, acredita que esse comportamento representa, em muitos casos, uma certa imaturidade por parte do casal.

— De um modo geral, o clima de brigas tem a ver com imaturidade, sugerindo que ambos não estão conseguindo, de fato, um bom nível de comunicação e entendimento. Brigar é uma atitude que pode estar a serviço de intolerâncias, de dificuldades em escutar e compreender — explica Iara, que também é presidente da Sociedade de Psicologia do RS.

Segundo ela, algumas pessoas ficam fixadas no virtual e se dedicam muito mais às fantasias do que à convivência real com o parceiro e, consequentemente, deixam de investir na relação.

— A internet permite que, num "clique", a relação seja instantaneamente desfeita, sem maiores responsabilidades... Quando as pessoas usam o "virtual" em substituição ao "real", alienam-se cada vez mais, perdendo os parâmetros do que é real e do que não é — diz a especialista.

Vasculhar informações e páginas do parceiro na internet é sinônimo de insegurança e pode gerar atitudes invasivas e desrespeitosas. [...]

De acordo com Iara, se, mesmo após um bom diálogo, o relacionamento termina, fica evidente que nenhum dos dois está disposto a fazer concessões e a investir em adaptações para levar o relacionamento adiante. Mas, de qualquer forma, esta é uma saída melhor do que ficar em uma relação onde a desconfiança e o ciúme pautem a vida do casal.

[...]

(*Zero Hora*, 22/11/2010. http://www.clicrbs.com.br/especial/rs/bem estar/19,0,3117239,Brigas-motivadas-pela-internet-podem-indicar imaturidade-no-relacionamento.html)

C9 • H28

132 O artigo trata de relacionamento de casais. De acordo com ele, em que circunstâncias a internet pode atrapalhar esse processo?

a) Quando a relação permanece no campo virtual, desprezando-se a convivência real.

b) A partir do momento em que ocorrem ameaças entre as pessoas.

c) Sempre que se faz chantagem via Internet.

d) Quando uma pessoa não conhece todas as ferramentas de seu computador.

e) Quando a relação virtual torna-se real.

C8 • H27

133 Na frase "A internet permite que, num 'clique', a relação seja instantaneamente desfeita", a palavra *clique*:

a) é um advérbio de modo e indica lugar na rede de computadores.

b) adquire um caráter coloquial e tem o significado de "gesto".

c) apresenta um valor técnico e indica a especificidade do jogo amoroso.

d) é um advérbio de tempo.

e) é uma metáfora que corresponde a discussão verbal.

C6 • H18

134

(Adão. *Folha de S. Paulo*, 18/3/2008.)

Para conseguir o efeito humorístico, o cartunista aliou linguagem não verbal a uma figura de linguagem. Qual é essa figura de linguagem?

a) interjeição

b) prosopopeia

c) aliteração

d) onomatopeia

e) ironia

Texto para as questões de 135 a 137:

(*Diário de Pernambuco*, 24/11/2010.)

C7 • H21 e H24

135 O discurso dos textos instrucionais caracteriza-se pela clareza de linguagem e pelo seu direcionamento a quem lê. O emprego das formas verbais no modo imperativo (*feche, mantenha*, etc.) evidencia:

a) a busca pela reordenação do cotidiano por meio do humor.

b) a possibilidade de se escolher melhor uso para a água, dentro de casa.

c) a crítica àqueles que não usam água encanada.

d) ordens de ação ligadas ao público infantojuvenil.

e) a necessidade de seguir à risca as recomendações.

C7 • H21 e C8 • H26

136 A ideia veiculada pelo anúncio tem em vista a economia de recursos de uso da coletividade. Troque "água" por "energia elétrica" e produza uma mensagem com finalidade semelhante à do anúncio.

C1 • H3 e C7 • H22 e H24

137 Por meio da imagem e do texto da matéria, é possível perceber a recomendação para que se evite determinado comportamento. Qual é esse comportamento e qual foi o recurso linguístico empregado para esse fim?

C1 • H3 e C7 • H22 e H24

138 A Agência de Regulação de Pernambuco (Arpe) autorizou um reajuste tarifário de 5% em todas as contas de água administradas pela Companhia Pernambucana de Saneamento (Compesa). O aumento começará a ser cobrado, de maneira progressiva, a partir do dia 23 de dezembro, mas só a partir de janeiro, quando o reajuste incidirá integralmente nas contas, os consumidores irão sentir uma alteração mais expressiva nos valores das contas.

A autorização da Arpe é uma resposta ao pedido de reajuste feito pela Compesa no último dia 28 de outubro, onde a concessionária indicava que apenas um aumento de 7,74%

conseguiria manter o financeiro da empresa. Este foi o primeiro reajuste julgado pela agência, pois, até o ano passado, os aumentos nas contas de água eram regidos pelas revisões tarifárias, quando a Compesa solicitava o percentual de reajuste a partir de estudos de aumento de seus custos operacionais e de investimentos. Esta prática só ocorrerá a cada quatro anos e os aumentos anuais serão realizados por um indicador financeiro.

Para chegar ao reajuste de 5%, Hélio Lopes Carvalho, diretor de regulação econômico-financeira da Arpe, explicou que o cálculo — que pode ser alterado em novembro de 2011 — foi uma composição entre o Índice Nacional de Preços ao Consumidor Amplo (IPCA) e o Índice Geral de Preços do Mercado (IGP-M). "Nossas análises técnicas indicaram que o IPCA é o indicador mais adequado para compensar o efeito da inflação nas despesas da Compesa decorrentes de pessoal, serviços de terceiros, produtos químicos e gastos fiscais e o IGP-M se encaixa melhor como indexador para os gastos com energia elétrica da companhia", afirmou.

(*Diário de Pernambuco*, 24/11/2010.)

No trecho: "é uma resposta ao pedido de reajuste feito pela Compesa no último dia 28 de outubro, onde a concessionária indicava que apenas um aumento de 7,74", segundo a norma-padrão do nosso idioma, conviria:

a) trocar *onde* por *quando*.

b) trocar *Compesa* por *Companhia Pernambucana de Saneamento*.

c) escrever a *um pedido*, em vez de *ao pedido*.

d) trocar *28* por *vinte e oito*.

e) em vez de *reajuste*, grafar *aumento*.

C8 • H27

139 Palavra que estive a pique de crer que era vítima de uma grande ilusão, uma fantasmagoria de alucinado; mas a entrada repentina de Ezequiel, gritando: — "Mamãe! mamãe! é hora da missa!" restituiu-me à consciência da realidade. Capitu e eu, involuntariamente, olhamos para a fotografia de Escobar, e depois um para o outro. Desta vez a confusão dela fez-se confissão pura. Este era aquele; havia por força alguma fotografia de Escobar pequeno que seria o nosso pequeno Ezequiel. De boca, porém, não confessou nada; repetiu as últimas palavras, puxou o filho e saíram para a missa.

(Machado de Assis. Dom Casmurro. In: *Obra completa*. Rio de Janeiro: Nova Aguilar, 1979.)

A palavra *pequeno* aparece duas vezes no trecho reproduzido: "Escobar pequeno" e "pequeno Ezequiel". Que diferença de sentido a palavra *pequeno* apresenta nas duas ocorrências?

_____
_____
_____
_____
_____
_____
_____
_____
_____

C4 • H12 e C7 • H22

140 Observe a imagem com atenção e leia o texto.

Independência ou morte, de Pedro Américo.

A montaria usada por D. Pedro nem de longe lembra o fogoso alazão que, meio século mais tarde, o pintor Pedro Américo colocaria no quadro "Independência ou morte", também chamado "O grito do Ipiranga". [...] o padre mineiro Belchior Pinheiro de Oliveira cita uma "bela besta baia". Em outras palavras, uma mula sem nenhum charme, porém forte e confiável. Era essa a forma correta e segura de subir a serra do Mar naquela época de caminhos íngremes, enlameados e esburacados. [...]

(Laurentino Gomes. *1822*. Rio de Janeiro: Nova Fronteira, 2010.)

Segundo o autor do texto, há diferenças entre a cena que aconteceu no dia 7 de setembro de 1822 e a maneira como a retratou o pintor Pedro Américo. Por que o pintor teria retratado a cena como ela aparece na imagem?

a) Para modificar politicamente a cena.
b) Queria ridicularizar o príncipe.
c) Desejava alterar a história de São Paulo.
d) Pretendia enaltecer a figura do príncipe.
e) Queria valorizar hábitos de cavalaria de D. Pedro.

C7 • H21

141 Na tira abaixo, de Adão, podemos observar que em cada quadrinho há uma relação entre o desenho e o que se lê entre aspas. O humor é obtido:

(Adão. *Folha de S. Paulo*, 24/8/2010.)

a) pela necessidade de criticar profissões ligadas à arte.
b) pela relação de similaridade entre as profissões das personagens.
c) por meio das expressões faciais.
d) no duplo sentido que os termos entre aspas apresentam.
e) a partir da relação de oposição entre termos estabelecida em cada quadro.

C6 • H18 e C7 • H24

142

(*Arquitetura & construção*, nov. 2010.)

No anúncio, a palavra *marca* é empregada duas vezes, com sentidos diferentes. Indique a alternativa que contém os dois sentidos principais da palavra, na ordem em que ela aparece no anúncio.

a) sinal / logomarca
b) selo / boxe
c) sujeira / logomarca
d) mancha / etiqueta
e) qualidade / mancha

C8 • H27

143 A pluralidade de sentidos que caracteriza certas palavras constitui o fenômeno linguístico denominado:

a) sinonímia
b) polissemia
c) semântica
d) ironia
e) erudição

144 Distribuição porcentual da matrícula no Ensino Médio – Unidades da Federação mais representativas, 1998

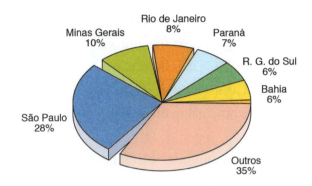

(http://www.fapesp.br/indct/graftab/graftab1.htm)

O gráfico apresenta percentuais de matrículas no ensino médio no país. Pelo que se pode notar:

a) apenas um Estado do Norte do país está registrado individualmente; os demais estão incluídos em "Outros".

b) o Estado de Goiás e o Distrito Federal não foram incluídos na pesquisa.

c) em "Outros" estão incluídos os Estados do Norte e do Nordeste, apenas.

d) o Distrito Federal foi contemplado na pesquisa e registra percentual igual ao da região Sudeste.

e) individualmente estão registrados três Estados da região Sudeste, cujos percentuais, somados, não representam metade das matrículas.

Texto para as questões 145 e 146:

O medo

"Porque há para todos nós um problema sério...
Este problema é o do medo."

(Antônio Cândido, *Plataforma de uma geração*)

1   Em verdade temos medo.
     Nascemos escuro.
     As existências são poucas:
     Carteiro, ditador, soldado.
5   Nosso destino, incompleto.

E fomos educados para o medo.
Cheiramos flores de medo.
Vestimos panos de medo.
De medo, vermelhos rios
10   vadeamos.

Somos apenas uns homens
e a natureza traiu-nos.
Há as árvores, as fábricas,
doenças galopantes, fomes.

Refugiamo-nos no amor,
este célebre sentimento,
e o amor faltou: chovia,
ventava, fazia frio em São Paulo.

Fazia frio em São Paulo...
20   Nevava.
O medo, com sua capa,
nos dissimula e nos berça.

Fiquei com medo de ti,
meu companheiro moreno,
De nós, de vós; e de tudo.
Estou com medo da honra.
[...]

(Carlos Drummond de Andrade.
A rosa do povo. Rio de Janeiro: Record. © Graña Drummond_www.carlosdrummond.com.br.)

C8 • H27

145 Neologismos são palavras novas, criadas para designar ideias ou objetos novos. No poema, que palavra ou expressão constitui um neologismo?

a) berça

b) galopantes

c) flores de medo

d) nevava

e) vermelhos rios

C5 • H16

146 No verso 7, "Cheiramos flores de medo", há ambiguidade, resultante da disposição das palavras. Quais são os dois possíveis sentidos do verso?

_____
_____
_____
_____
_____
_____
_____

C6 • H18 e C7 • H21 e H24

147 Observe esta capa de revista:

(*Época*, 14/6/2010.)

Que relação há entre a imagem estampada na capa da revista e o título da reportagem principal anunciada?

a) A imagem retrata uma passagem de tempo: antes e depois do vício do uso de drogas.

b) A imagem mostra o sofrimento da mãe, de um lado, e a felicidade da filha, sem drogas, do outro.

c) Na montagem da imagem há duas jovens diferentes: uma que usa drogas e outra saudável.

d) A pessoa que aparece na foto tem mais idade na metade em que aparece saudável do que na outra metade.

e) A divisão da imagem, feita verticalmente, procura mostrar a divisão de classes sociais.

C8 • H27

148 Sobre o processo de criação vocabular denominado *sigla* afirmam os estudiosos Celso Cunha e Lindley Cintra: "Também moderno — e cada vez mais generalizado — é o processo de criação vocabular que consiste em reduzir longos títulos a meras siglas, constituídas das letras iniciais das palavras que a compõem. Atualmente, instituições de natureza vária — como organizações internacionais, partidos políticos, serviços públicos, sociedades comerciais, associações operárias, patronais, estudantis, culturais, recreativas, etc. — são, em geral, mais conhecidas pelas siglas do que pelas denominações completas".

(*Nova gramática do português contemporâneo.* Rio de Janeiro: Lexicon, 2007.)

Esse fenômeno do idioma é objeto de estudo predominantemente:

a) das classes de palavras.

b) dos processos de formação de palavras.

c) da semântica.

d) da estilística.

e) da análise sintática.

C8 • H25

149 É importante não confundir *sigla* com *abreviação*. Esta última é um processo de redução de palavras que consiste na sua diminuição até limites que não comprometem a sua compreensão. Muitas vezes, pode surgir da oralidade e da variante coloquial da língua. Assinale a alternativa em que todas as palavras são abreviações empregadas no âmbito coloquial.

a) moto (motocicleta), Sampa (São Paulo), foto (fotografia)

b) Floripa (Florianópolis), pneu (pneumático), moto (motocicleta)

c) japa (japonês), Sampa (São Paulo), rebu (rebuliço)

d) portuga (português), ONU (Organização das Nações Unidas), quilo (quilograma)

e) EUA (Estados Unidos), fone (telefone), vestiba (exame vestibular)

C7 • H24 e C8 • H27

150 A expressão **com tudo** é própria da oralidade e, no anúncio, foi usada com o intuito de atrair clientes. Veja:

(*Época*, 29/11/2010. p. 71.)

Que palavra pode substituir a expressão *com tudo* sem alterar o sentido pretendido pelo anunciante?

a) apressadamente
b) barulhento
c) completo
d) arrasando
e) artisticamente

C8 • H27

151   **Como ensinar por meio da pesquisa**

Importante ferramenta didática para todas as disciplinas, a pesquisa precisa ser mais bem usada em aula. Ao planejá-la e executá-la adequadamente, você possibilita que as crianças e jovens aprendam os conteúdos do currículo, enquanto se tornam estudantes autônomos. Ensinar os alunos a estudar para que se saiam bem em toda a Educação Básica, no Ensino Superior e por toda a vida é, sem dúvida, uma das grandes responsabilidades da escola. Poucas atividades atendem tão bem a essa demanda como a pesquisa — que tem como procedimentos básicos ler para estudar e ler para escrever. Realizada com acompanhamento e numa escala progressiva de dificuldade, ela desenvolve as habilidades de localizar, selecionar e usar informações, essenciais para aprender com independência. "A criança transforma conhecimentos já disponíveis na sociedade em algo novo para ela", explica Pedro Demo, da Universidade de Brasília (UnB). Ninguém chega à escola sabendo pesquisar e também não aprende a fazer isso num passe de mágica assim que é alfabetizado — apesar de muitos professores simplesmente passarem a tarefa sem antes ensinar a realizá-la. Essa é uma competência que se desenvolve com a prática e com direcionamento. "A investigação na escola está intimamente ligada à orientação. Se até mesmo um doutorando tem um orientador, por que as crianças da Educação Básica dariam conta do trabalho sozinhas?", questiona Bernadete Campello, da Universidade Federal de Minas Gerais (UFMG) e autora de obras sobre o assunto. [...]

(Anderson Moço. *Nova Escola*, n? 237, nov. 2010. Editora Abril.)

Reescreva o trecho "Ao planejá-la e executá-la adequadamente, você possibilita que as crianças e jovens aprendam os conteúdos do currículo", usando outro recurso de impessoalização.

_____
_____
_____
_____

Leia, abaixo, o trecho de um poema de Gregório de Matos (1633-1696). A seguir, responda às questões 152, 153 e 154.

Romance

Senhora Dona Bahia,
nobre e opulenta cidade,
madrasta dos Naturais,
e dos Estrangeiros madre.

Dizei-me por vida vossa,
em que fundais o ditame
de exaltar os que aí vêm,
e abater os que ali nascem?

Se o fazeis pelo interesse,
de que os estranhos vos gabem,
isso os Paisanos fariam
com conhecidas vantagens.

E suposto que os louvores
em boca própria não cabem,
se tem força esta sentença,
mor força terá a verdade.
[...]

(Gregório de Matos. *Poemas escolhidos*.
São Paulo: Cultrix, 1976.)

C6 • H18

152 O poeta, por meio de um jogo de palavras, refere-se à mesma cidade como se ela fosse duas. Identifique, na 1ª e na 2ª estrofes, os termos que se aplicam a uma e a outra cidade.

_____
_____
_____
_____
_____

C6 • H18 e C8 • H27

153 Feroz crítico das políticas locais e imperiais da época em que viveu, o poeta criou no poema um eu lírico que se dirige à cidade de Salvador (antes chamada *Bahia*), por meio de um vocativo. Em qual alternativa aparece esse vocativo?
a) "opulenta cidade"
b) "madre"
c) "Senhora dona Bahia"
d) "vossa"
e) "madrasta"

154. Imagine um leitor que não tivesse a informação sobre quando o poema foi publicado. Qual é a palavra ou expressão que, ainda assim, ele reconheceria como variante antiga do nosso idioma?

a) "de exaltar"
b) "dizei-me por vida"
c) "mor"
d) "ali nascem"
e) "madre"

Texto para as questões 155 e 156:

Linguagem de SMS e Messenger "contamina" testes e trabalhos escolares

Helena de Sousa Freitas

Lisboa, julho (Lusa) — A linguagem utilizada nas mensagens de telemóvel e nos programas de comunicação instantânea, como o Messenger, tem vindo a ser transportada pelos mais jovens para o contexto escolar, surgindo nos trabalhos e até nos testes.

"É certo que a língua não é homogênea e que os jovens utilizam abreviaturas e um estilo coloquial quando enviam SMS ou estão no Messenger, mas, na comunicação escrita formal, devem seguir a ortografia em vigor", defende João Malaca Casteleiro, professor da Faculdade de Letras da Universidade de Lisboa, para quem "estes dois planos não podem ser confundidos".

Todavia, a realidade é distinta — os estudantes nem sempre estabelecem uma fronteira entre as formas de comunicação informal e a grafia a utilizar na sala de aula.

"Usei muito as abreviaturas, até mesmo nas fichas escolares. Por exemplo, em vez de 'porquê' colocava 'pk' e tirava todas as vogais da palavra 'contigo'", contou Carolina Lourenço, de 13 anos, à agência Lusa.

Esta aluna da Escola Básica 2/3 Pedro Nunes, em Alcácer do Sal, chegou a ouvir dos professores "toma atenção, não estás no computador", contou à agência Lusa, acrescentando que a mãe também a alertou para "ter mais cuidado com a Língua Portuguesa".

[...]

Alexandra Cabral, docente de Português na Escola Secundária Dom Manuel Martins, em Setúbal, também destacou à Lusa o papel de quem ensina, sustentando que "os alunos gostam de usar as abreviaturas porque acham que é giro e moderno, mas só o fazem se os professores não retirarem pontuação ao trabalho".

"Quando isso acontece num primeiro trabalho e eu corrijo, não volta a verificar-se", assegurou.

Também a leccionar Português em Setúbal, na Escola Secundária do Viso, Ana Maria Pedro concorda que é importante os professores combaterem "a contaminação" causada pela linguagem usada nas mensagens de telemóvel e nos espaços de conversação digitais. [...]

(LUSA – Agência de Notícias de Portugal. http://www.gforum.tv/board/1601/250544/linguagem-de-sms-e-messenger-contamina-testes-e-trabalhos-escolares.html)

C8 • H26

155 No texto, é possível identificar traços do português lusitano. A que correspondem, no português brasileiro, as seguintes expressões?

a) telemóvel _____

_____

b) giro _____

_____

c) pontuação _____

_____

d) leccionar _____

_____

C8 • H26

156 Qual é a opinião dos professores entrevistados quanto ao uso, no contexto escolar, da linguagem utilizada em mensagens de celular e nos espaços de conversação digitais? Você concorda com ela?

_____

_____

_____

_____

_____

Texto para as questões 157 e 158:

Coleção reúne "literatura" no Twitter

"Clássicos da Twitteratura Brasileira" reúne frases de autores díspares como Eike Batista e Fabrício Carpinejar

Série de 15 livros, recém-publicada pela editora Suzano, tenta valorizar as pensatas de até 140 caracteres

O cidadão que trabalha, vive ou visita uma capital brasileira há de deparar, em algum momento, com algo que tenha o dedo empresarial de Eike Batista.

O motorista que abastece o carro em um posto de gasolina, em Belo Horizonte, pode estar consumindo petróleo de Eike Batista. O empreiteiro que constrói um edifício na Vila Nova Conceição, em São Paulo, pode estar usando aço de Eike Batista. O pedestre que caminha na lagoa Rodrigo de Freitas, no Rio de Janeiro, estará ladeado de águas despoluídas por Eike Batista.

O que o brasileiro não esperava era adentrar uma livraria e dar de cara, entre Machado de Assis (1839-1908) e Fiódor Dostoievski (1821-1881), com um livro assinado por Eike Batista. Isso, até a última quarta-feira, 15 de dezembro, data do lançamento da série "Clássicos da Twitteratura Brasileira".

A coleção, publicada pela Suzano Papel e Celulose, agrupou 15 tuiteiros, em uma lista que inclui, além do empresário, o cantor Leo Jaime, o psicanalista Flávio Gikovate e o poeta Fabrício Carpinejar, entre outros. Cada um foi agraciado com um livro próprio, de 24 páginas, contendo 20 tweets.

Assim, o leitor pode escolher entre um ensinamento de Eike Batista ("Quer ser diferente? Tem que trabalhar diferente. Tem que suar a camisa, sim!"), uma alfinetada de Felipe Neto ("Tô me sentindo feliz... Vou dizer que amo todos vocês no próximo tweet."), uma delicadeza de Fabrício Carpinejar ("Passamos a amar quando telefonamos para ficar em silêncio."), ou um desabafo de Hugo Gloss ("BOM DIA dedo mindinho! Qual sua função na vida além de bater na quina das coisas? Vamos ser + produtivos? Obrigado!").

Adriano Canela, gerente executivo de estratégia e marketing da Suzano, diz que a ideia da série foi mostrar que frases do Twitter, de 140 caracteres, ganham um brilho especial se impressas em papel de livro. "Fala-se muito sobre a ameaça do mundo digital, sobre o fim da palavra impressa. Mas esses dois meios — o papel e a tela do computador — podem ser complementares", apontou.

Para formar a lista de tuiteiros, Canela definiu quatro temas (humor, autoajuda, relacionamento e opinião) e contratou os publicitários Paulo Lemos, Daniela Ribeiro e Rodrigo Zannin, da agência Santa Clara, para levantar nomes que se encaixassem nessa lista.

Roberto Kaz

(*Folha de S. Paulo*, 18/12/2010.)

C6 • H18

157 Logo no início da matéria, podemos ler que Eike Batista e Fabrício Carpinejar seriam autores "díspares". Por que o articulista teria utilizado esse termo?

C8 • H27

158 O texto apresenta um termo novo (neologismo), formado a partir de outros dois, um deles oriundo do idioma inglês. Qual é esse neologismo e que palavra de nosso idioma serviu de base para a formação dele?

a) neologismo: *tweeteratura*; palavra: *pássaro*

b) neologismo: *autoajuda*; palavra: *ajuda*

c) neologismo: *tuiteiros*; palavra: *tweets*

d) neologismo: *tweeteratura*; palavra: *literatura*

e) neologismo: *marketing*; palavra: *mercado*

Texto para as questões 159 e 160:

A alegria é um produto de mercado

Arnaldo Jabor

Está chegando o Carnaval. Antigamente, o Carnaval vinha aos poucos, junto com as cigarras e o imenso verão, com as marchinhas de rádio que aprendíamos a cantar. Hoje, o Carnaval se anuncia como um prenúncio de calamidade pública, uma "selva de epiléticos", com massas se esmagando para provar nossa felicidade. A alegria natural do brasileiro foi transformada em produto.

Hoje em dia é proibido sofrer. Temos de "funcionar", temos de rir, de gozar, de ser belos, magros, chiques, tesudos, em suma, temos de ter "qualidade total", como os produtos. Para isso, há o Prozac, o Viagra, os "uppers", os "downers", senão nos encostam como mercadorias depreciadas.

O bode pós-moderno vem da insatisfação de estar aquém da felicidade prometida pela propaganda. É impossível ser feliz como nos anúncios de margarina, é impossível ser sexy como nos comerciais de cerveja. Ninguém quer ser "sujeito", com limites, angústias; homens e mulheres querem ser mercadorias sedutoras, como BMWs, Ninjas Kawasaki... E aí, toma choque, toma pílula, toma tarja preta. Só nos resta essa felicidade vagabunda fetichizada em êxtases volúveis, famas de 15 minutos, "fast fucks", "raves" sem rumo. A infelicidade de hoje é dissimulada pela alegria obrigatória. [...]

(Jornal *Correio Popular*, 22/2/2011, Campinas, SP.)

C6 • H18

159 Levando-se em conta o tema, o veículo em que o texto foi publicado e o tipo de linguagem, podemos concluir que estamos diante de:
a) um artigo científico.
b) uma crônica opinativa.
c) um editorial.
d) uma resenha crítica.
e) um texto publicitário.

C6 • H18 e C7 • H24

160 O cronista afirma que é necessário consumir alguns produtos e se comportar de certa forma, sob pena de sermos "encostados" como mercadoria depreciada. Afinal, quem poderia "encostar" as pessoas? Discuta com seus colegas e com o professor, antes de redigir sua resposta.

Texto para as questões 161 e 162:

Facebook desenvolve sistema para alerta de suicídios

O Facebook anunciou o lançamento de um sistema que permite que os usuários comuniquem à equipe do site sobre amigos que eles acham que podem estar considerando o suicídio. A iniciativa é o resultado de uma parceria com a ONG britânica The Samaritans (Os Samaritanos, em inglês), após uma série de casos polêmicos de pessoas que anunciaram suicídios em suas páginas pessoais.

O novo dispositivo consiste em um formulário específico a ser encontrado na Central de Ajuda do Facebook, em que qualquer pessoa pode detalhar as preocupações que tem sobre outro usuário, dizendo seu nome completo, o endereço da página onde ele postou mensagens suspeitas e dando mais detalhes sobre os grupos a que ele pertence.

O formulário é enviado para a equipe de moderadores [...] que podem acionar a polícia imediatamente caso seja reportado algum caso de intenção de suicídio. Caso não seja necessária uma ação imediata, as informações serão encaminhadas à ONG britânica, que poderá entrar em contato com a pessoa para oferecer aconselhamento. [...]

Segundo a The Samaritans, o novo sistema não foi lançado em relação com um caso específico, mas para conscientizar as pessoas sobre as maneiras como podem obter ajuda. Em comunicado, a diretora executiva do grupo, Catherine Johnstone, disse que o sistema pretende "aproveitar o poder da amizade". "O Facebook é parte da vida diária de muitos de nós e devemos assegurar que as pessoas que estão on line terão ajuda quando precisarem." O diretor de políticas do Facebook para a Europa, Richard Allan, disse que, com o novo dispositivo, "os amigos serão encorajados a cuidar uns dos outros no Facebook, como fazem na vida real".

(*Estado de Minas*, 8/3/2011. http://www.em.com.br/app/noticia/tecnologia/2011/03/08/interna_tecnologia,214016/facebook-desenvolve-sistema-para-alerta-de-suicidios.shtml)

C6 • H18 e C9 • H28

161 O artigo alerta para a possibilidade de ajudar usuários do *site* de relacionamentos que podem vir a cometer suicídio. Para que os administradores do Facebook acreditassem na eficácia de um sistema como esse, partiram de qual pressuposto?

a) o caráter científico das pesquisas
b) a origem religiosa dos usuários
c) a amizade entre usuários
d) o alcance mundial do *site*
e) o apoio de uma ONG

C9 • H29

162 Embora o trecho da matéria não explicite que *Facebook* é um *site*, é possível perceber que se trata de uma atividade ligada à Internet em razão dos termos:

a) usuário – britânica
b) *on line – site*
c) ONG – *site*
d) formulários – sistema
e) amigos – ONG

Texto para as questões 163 e 164:

RECORTES DE VIAGEM

Rosane Tremea

Tempos atrás, o Joaquim António Emídio, jornalista, escritor e editor do jornal português O MIRANTE nos visitou na Redação. Depois disso, ele voltou ao Brasil, mais especificamente ao Rio, onde escreveu a crônica abaixo, que me enviou. Para ler com calma, em um sábado de verão:

José Saramago e o coco gelado numa praia do Brasil

Joaquim António Emídio

"O esquecimento é a maior das misérias". Acabei de folhear, na praia de Copacabana, três jornais do dia. No meio de centenas de palavras e dezenas de títulos retive esta citação de um jovem poeta que viveu em Paris nos últimos dois anos a fazer um doutoramento em poesia. É notícia do jornal no meio de muitos outros assuntos desinteressantes.

Acabei de viajar dez horas de avião com o Memorial do Convento debaixo do nariz. Está confirmado: Este é o melhor livro de Saramago na minha fraca opinião. Saramago já tinha escrito este livro quando convivi com ele em várias iniciativas e mantive sempre uma certa reserva em relação à força da sua prosa. Se o maior cego é aquele que não quer ver, então eu sou definitivamente um dos maiores cegos do mundo.

Nem o Levantado do Chão, O Ano da Morte de Ricardo Reis ou Todos os Nomes me abriram tanto os olhos em relação ao autor quanto As Pequenas Memórias.

Mesmo assim não tive alento, na altura, para ler Memorial do Convento, e acho que me deixei cegar pela leitura dos Cadernos de Lanzarote; [...] Na impossibilidade de escrever na minha pele os sentimentos de gratidão para com este livro e seu autor, gastei a carga de uma caneta a assinalar as páginas do livro. Estou a tomar notas para esta crónica, com o livro entre pernas, no meio de um mar de gente numa das praias mais concorridas do mundo (no Brasil), e não me sai da cabeça o episódio de uma noite de convívio na esplanada das piscinas de Golegã (Azinhaga), terra de nascimento de Saramago, em que Saramago, com seu rosto austero e voz autoritária, mandou calar um conterrâneo que só fazia perguntas estúpidas e estragava aquelas duas horas de regresso às origens. Nessa altura, percebo agora, já o escritor tinha criado estas duas personagens extraordinárias (Blimunda e Baltazar), que estão para este livro como o coco gelado que bebo agora está para a minha sede debaixo de uma temperatura de 30 °C.

(*Zero Hora*, Porto Alegre, 12/3/2011. http://wp.clicrbs.com.br/recortesdeviagem/?topo=13,1,1,,,13)

C7 • H24

163 Que relação o cronista estabelece com a obra de José Saramago?

a) emocionada

b) severamente crítica

c) reservada

d) lúdica

e) irônica

C8 • H25

164 Há duas expressões, pelo menos, que indicam ser o português lusitano o utilizado no texto "José Saramago e o coco gelado numa praia do Brasil". Quais?

a) crónica – a assinalar
b) debaixo do nariz – crónica
c) convivi com ele – debaixo do nariz
d) a fazer – à força
e) não tive alento – mar de gente

Texto para as questões 165 e 166:

Texto 1

Livro "Comer Animais", de Jonathan Safran Foer, reacende a polêmica em torno do vegetarianismo. Confira a entrevista.

Durante três anos, Jonathan – autor dos romances "Tudo se ilumina" e "Extremamente alto & incrivelmente perto" [...] – procurou dados sobre a produção de bovinos, aves e peixes. O motivo era pessoal: queria decidir como alimentar seu primeiro filho. "Impulsos inesperados me surpreenderam quando descobri que seria pai. Comecei a arrumar a casa, a substituir lâmpadas queimadas, a limpar janelas e arquivar papéis. [...] e decidi escrever um livro sobre comer animais", diz no livro. Vegetariano ocasional, Foer adotou de vez a dieta durante esse processo.

O debate não é novo. O mérito de Foer em sua nova obra talvez seja apresentar uma grande quantidade de dados atuais e trazê-los para um campo – se não neutro – real. A começar por admitir que há "coisas em que acreditamos quando estamos deitados na cama, à noite, e escolhas que fazemos à mesa do café, na manhã seguinte".

Foer conversou com **Marie Claire** por telefone de sua casa, no Brooklyn, em Nova York. Hoje pai de dois filhos (o mais velho tem cinco anos), ele aproveitou a experiência para aconselhar: "a mesa de jantar não é o melhor lugar para esse tipo de conversa". Sobre o Brasil, disse: "A pior parte é que vocês estão perdendo biodiversidade e floresta tropical para criar animais que serão comidos em outros lugares. Se eu fosse um brasileiro, estaria p. da vida".

MC – O que mais o assustou enquanto fazia sua pesquisa?

JSF – Como a maioria das pessoas, eu achei que soubesse mais ou menos como as coisas se passavam e imaginava que a coisa era ruim, mas não conseguia perceber o quão ruim. Antes de fazer a pesquisa, não sabia que os pequenos produtores haviam se tornado tão raros, a ponto de 99% da comida que comemos vir da produção industrial.

MC – Um mundo em que todos fossem vegetarianos seria melhor e equilibrado?

JSF – Com certeza seria um mundo melhor, sob todas as perspectivas, mas isso não vai acontecer. Não há nenhuma chance disso acontecer, acho. Mas consigo imaginar um mundo em que a maioria das refeições seja vegetariana. Não a maioria das pessoas, mas das refeições. Esse é, para mim, o objetivo que deveríamos buscar: pensar menos na identidade de cada um e mais na realidade de cada prato.

MC – Sente saudade de algum prato com carne?

JSF – Um pouco. Às vezes ando na rua e sinto cheiro de churrasco e penso "isso parece bom". Também teria vontade de comer frango, se não soubesse que a indústria é tão nojenta. E sushi, eu adorava comer sushi. Mas, sabe, humanos são muito bons em dizer "não" para coisas que queremos porque nossa consciência assim nos diz. É como quando você vê alguém muito lindo na rua. Você não volta para casa e se espanca porque não pode ter um relacionamento com aquela pessoa. É só a vida. [...]

(Revista *Marie Claire*, março de 2011.)

Texto 2

Cinco bons motivos para comer carne vermelha

É verdade que a carne vermelha é fonte de colesterol e gordura saturada, mas ninguém pode esquecer os benefícios que ela traz ao metabolismo. As carnes mantêm a sensação de saciedade e evitam os ataques à geladeira entre as refeições mais importantes do dia.

A carne vermelha fornece nutrientes fundamentais para manter a boa saúde. Quer saber quais? Dá uma olhadinha na listinha abaixo e veja os benefícios de cada um deles.

1. **Fonte de proteínas**: possuem todos os aminoácidos essenciais, aqueles que não são produzidos pelo organismo e devem ser obtidos através da alimentação. Além disso, são mais bem absorvidas do que as proteínas de origem vegetal.

2. **Fonte de ferro**: é a melhor fonte de ferro. Ela fornece o ferro, que é mais bem absorvido se comparado com o ferro encontrado nos vegetais e evita a anemia.

3. **Fonte de vitamina B12**: essa vitamina é essencial para o nosso organismo, sendo responsável pela manutenção do sistema nervoso central e das células do sangue.

4. **Diversidade de opções**: para controlar as gorduras que as carnes possuem, basta escolher carnes magras com me-

nor teor desses componentes. Coxão mole, lagarto, filé-mignon e patinho são exemplos de cortes com menor quantidade de gordura.

5. Variedade de preparações: a carne pode ser usada em vários pratos: saladas, cozidos, tortas. É só usar sua criatividade e variar sempre nas receitas. [...]

(http://www.magraemergente.com/deficiencia-alimentar/cinco-bons motivos-para-comer-carne-vermelha. Acesso em: 19/3/2011.)

C7 • H22

165 Os textos 1 e 2 tratam do mesmo tema. Contudo, um deles, no modo como se apresenta, procura ser mais convincente, argumentando. Qual? Por quê?

Assinale a alternativa mais completa.

a) O primeiro, pois relata uma experiência de vida.

b) O segundo, porque traz dados numéricos.

c) O segundo, pois apresenta dados de teor científico.

d) O primeiro, porque apresenta dados de um cientista.

e) O segundo, pois trata dos malefícios da falta de vitamina B12.

C7 • H24

166 No texto 1, Foer afirma que, numa opção pelo vegetarianismo, teríamos um "mundo melhor". Qual trecho do texto melhor justifica essa afirmação?

a) ando na rua e sinto cheiro de churrasco

b) descobri que seria pai

c) a mesa de jantar não é o melhor lugar

d) a indústria é tão nojenta

e) isso parece bom

C8 • H27

167 O texto 2 apresenta uma linguagem de acordo com a norma-padrão escrita. Há, entretanto, uma passagem do texto que difere desse registro. Identifique-a.

a) Dá uma olhadinha

b) Coxão mole, lagarto, filé-mignon e patinho

c) possuem todos os aminoácidos essenciais

d) É só usar sua criatividade

e) Ela fornece o ferro, que é mais bem absorvido

Texto para as questões 168 e 169:

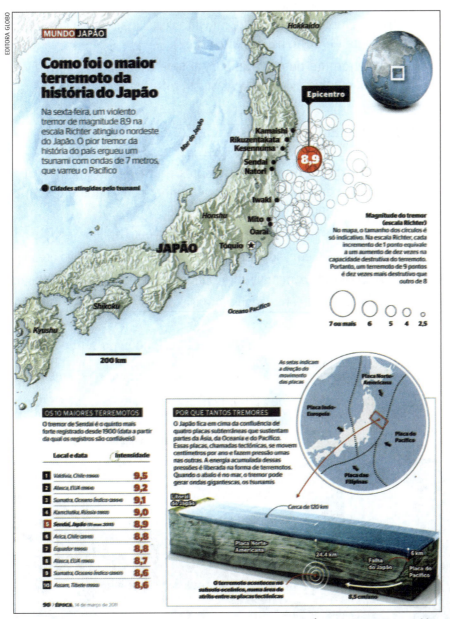

(*Época*, 14/3/2011, nº 669.)

C1 • H13 e C7 • H22

168 Na escala Richter, cada incremento de um ponto equivale a um aumento de dez vezes na capacidade do terremoto.

Considerando a lista dos 10 maiores terremotos do mundo, à esquerda, é possível afirmar que:

a) o tremor na Rússia não foi menor que o ocorrido em Valdívia, no Chile (1960).

b) o terremoto em Valdívia foi quase dez vezes maior que o tremor no Tibete (1950).

c) o terremoto no Equador foi quinze vezes maior do que aquele no Tibete (1950).

d) os tremores no Alasca foram vinte vezes maiores do que os de Tibete (1950) e de Sumatra (2007).

e) o terremoto que atingiu Sendai teve o dobro da intensidade daquele que alcançou o Alasca (1965).

C1 • H1 e C7 • H21

169 Pelo texto da lista dos terremotos e através da imagem que mostra o epicentro no círculo vermelho (com o número 8,9), é possível concluir que o terremoto:

a) pode ter percorrido mais de 300 km para atingir Sendai.

b) aconteceu em várias cidades do Japão e se estendeu ao oceano.

c) foi sentido com mais intensidade nas cidades de Mito e Oaral.

d) foi sentido com menos intensidade em Sendai do que em Tóquio.

e) aconteceu próximo a Natori e se estendeu no sentido norte-sul do Japão.

Texto para as questões 170 e 171:

Dê um oi pro Van Gogh

Depois do Google Street View, chegou a vez do Google Museum View – no caso, o Google Art Project, que registrou o interior de 17 grandes museus do mundo e disponibilizou para quem quiser ver. Dá para andar pelos corredores, analisar de perto os melhores quadros e ler as informações sobre as pinturas. Uma obra de cada museu pode ser vista em super-master-alta-resolução, com 7 bilhões de pixels. É melhor do que ver ao vivo! (Bem, quase...)

- www.googleartproject.com

(*Superinteressante*, março 2011, nº 289, p. 89.)

C1 • H4

170 O texto da revista defende a ideia de que ver imagens via computador é quase o mesmo que estar no museu. Por quê?

a) O custo do deslocamento é menor do que o acesso ao Google Art.
b) É possível analisar de perto as obras dos artistas.
c) Podem ser vistos quadros ao mesmo tempo, em 17 museus diferentes.
d) A imagem ao vivo não seria tão clara como numa tela de computador.
e) É possível conversar com os artistas através do sistema digital.

C7 • H23 e H24

171 Conhecendo o suporte (meio) por onde a matéria foi publicada e a linguagem usada, podemos supor que seu autor buscava um público preferencialmente:

a) crítico de arte e poliglota.
b) jovem e artista.
c) crítico de arte e estudante de informática.
d) artista e poliglota.
e) jovem e com conhecimento digital.

C4 • H12 e H13

172

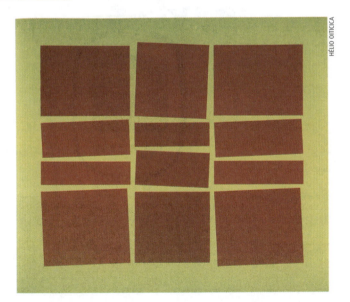

Sobre a obra de arte acima, *Metaesquema II* (1958), de Hélio Oiticica (1937-1980), lemos:

[...] sugere a desestabilização de um padrão de distribuição das figuras, segundo um referencial perpendicular. Nesse caso, Hélio Oiticica escapa do padrão supostamente universal para uma composição singularizada, ao mesmo tempo geométrica e não estática. O caráter sensível dessa obra de transição na trajetória do artista é alcançado pela junção de um símbolo de rigor objetivo ocidental, _____, com a ideia de movimento.

("Roteiro de visita", MAC, SP. http://www.mac.usp.br/mac/templates/projetos/roteiro/PDF/35.pdf)

Propositadamente, foi retirado o termo que completa o raciocínio do discurso, no final do trecho. Qual seria esse símbolo de rigor objetivo ocidental, perceptível na obra *Metaesquema II*?

a) ângulo reto
b) número II
c) vários quadrados
d) jogo de claro-escuro
e) cor escura

C1 • H3 e C7 • H21

173 A imagem abaixo fez parte de uma campanha divulgada em grandes centros metropolitanos brasileiros em 2009.

Segundo o que se vê, pode-se afirmar que o tema da campanha estava ligado a:

a) acidentes de trânsito.
b) pessoas com necessidades especiais.
c) combate às pichações.
d) transporte alternativo.
e) esportes radicais.